中国语言资源保护工程

中国语言资源集·浙江　编委会

主任

朱鸿飞

主编

王洪钟　黄晓东　叶　晗　孙宜志

编委

（按姓氏拼音为序）

包灵灵　蔡　嵘　陈筱姁　程　朝　程永艳　丁　薇
黄晓东　黄沚青　蒋婷婷　雷艳萍　李建校　刘力坚
阮咏梅　施　俊　宋六旬　孙宜志　王洪钟　王文胜
吴　众　肖　萍　徐　波　徐　越　徐丽丽　许巧枝
叶　晗　张　薇　赵翠阳

教育部语言文字信息管理司
浙 江 省 教 育 厅　指导

中国语言资源保护研究中心　统筹

中国语言资源集

浙江

口头文化一

王洪钟 黄晓东
叶晗 孙宜志 主编

ZHEJIANG UNIVERSITY PRESS
浙江大学出版社
·杭州·

图书在版编目（CIP）数据

中国语言资源集. 浙江. 口头文化卷 / 王洪钟等主编. — 杭州：浙江大学出版社，2023.5
ISBN 978-7-308-23127-5

Ⅰ. ①中… Ⅱ. ①王… Ⅲ. ①吴语—方言研究—浙江 Ⅳ. ①H17

中国版本图书馆CIP数据核字（2022）第185777号

审图号：浙S〔2022〕27号

中国语言资源集·浙江（口头文化卷）

王洪钟 黄晓东 叶 晗 孙宜志 主编

出 品 人	褚超孚
丛书策划	陈 洁 包灵灵
丛书统筹	包灵灵 陆雅娟
责任编辑	田 慧 诸葛勤
责任校对	仝 林 曾 庆
责任印制	范洪法
封面设计	周 灵
出版发行	浙江大学出版社
	（杭州市天目山路148号 邮政编码 310007）
	（网址：http://www.zjupress.com）
排 版	杭州林智广告有限公司
印 刷	杭州宏雅印刷有限公司
开 本	787mm×1092mm 1/16
印 张	57.5
字 数	1030千
版 印 次	2023年5月第1版 2023年5月第1次印刷
书 号	ISBN 978-7-308-23127-5
定 价	360.00元（共三册）

总　序

　　教育部、国家语言文字工作委员会（以下简称"国家语委"）于 2015 年 5 月发布《教育部　国家语委关于启动中国语言资源保护工程的通知》（教语信〔2015〕2 号），启动中国语言资源保护工程（以下简称"语保工程"），在全国范围内开展以语言资源调查、保存、展示和开发利用等为核心的各项工作。

　　在教育部、国家语委统一领导下，经各地行政主管部门、专业机构、专家学者和社会各界人士共同努力，至 2019 年年底，语保工程超额完成总体规划的调查任务。调查范围涵盖包括港澳台在内的全国所有省份、123 个语种及其主要方言。汇聚语言（含方言）原始语料文件数据 1000 多万条，其中音视频数据各 500 多万条，总物理容量达 100 TB，建成世界上最大规模的语言资源库和展示平台。

　　语保工程所获得的第一手语料具有原创性、抢救性、可比性和唯一性，是无价之宝，亟待开展科学系统的整理加工和开发应用，使之发挥应有的重要作用。编写《中国语言资源集（分省）》（以下简称"资源集"）是其中的一项重要工作。

　　早在 2016 年，教育部语言文字信息管理司（以下简称"语信司"）就委托中国语言资源保护研究中心（以下简称"语保中心"）编写了《中国语言资源集（分省）编写出版规范（试行）》。2017 年 1 月，语信司印发《关于推进中国语言资源集编写的通知》（教语信司函〔2017〕6 号），要求"各地按照工程总体要求和本地区进展情况，在资金筹措、成果设计等方面早设计、早谋划、早实施，积极推进分省资源集编写出版工作"，"努力在第一个'百年'到来之际,打造标志性的精品成果"。2018 年 5 月,又印发了《关于启动中国语言资源集(分省)编写出版试点工作的通知》(教语信司函〔2018〕27 号),部署在北京、上海、山西等地率先开展资源集编写出版试点工作,并明确"中国语言资源集(分省)编写出版工作将于 2019 年在全国范围内全面铺开"。2019 年 3 月,教育部办公厅印发《关于部署中国语言资源保护工程 2019 年度汉语方言调查及中国语言资源集编制工作的通知》(教语信厅函〔2019〕2 号),要求"在试点基础上,在全国范围内开展资源集编制工作"。

为科学有效开展资源集编写工作,语信司和语保中心通过试点、工作会、研讨会等形式,广泛收集意见建议,不断完善工作方案和编写规范。语信司于 2019 年 7 月印发了修订后的《中国语言资源集(分省)实施方案》和《中国语言资源集(分省)编写出版规范》(教语信司函〔2019〕30 号)。按规定,资源集收入本地区所有调查点的全部字词句语料,并列表对照排列。该方案和规范既对全国做出统一要求,保证了一致性和可比性,也兼顾各地具体情况,保持了一定的灵活性。

各省份语言文字管理部门高度重视本地区资源集的编写出版工作,在组织领导、管理监督和经费保障等方面做了大量工作,给予大力支持。各位主编认真负责,严格要求,专家团队团结合作,协同作战,保证了资源集的高水准和高质量。我们有信心期待《中国语言资源集》将成为继《中国语言文化典藏》《中国濒危语言志》之后语保工程的又一重大标志性成果。

语保工程最重要的成果就是语言资源数据。各省份的语言资源按照国家统一规划规范汇集出版,这在我国历史上尚属首次。而资源集所收调查点数之多,材料之全面丰富,编排之统一规范,在全世界范围内亦未见出其右者。从历史的眼光来看,本系列资源集的出版无疑具有重大意义和宝贵价值。我本人作为语保工程首席专家,在此谨向多年来奋战在语保工作战线上的各位领导和专家学者致以崇高的敬意!

曹志耘

2020 年 10 月 5 日

序

  《中国语言资源集·浙江》是"中国语言资源保护工程·浙江"项目的成果汇编,是集体工作的结晶。内容包括四部分:语音卷、词汇卷、语法卷、口头文化卷。

  "少小离家老大回,乡音无改鬓毛衰",乡音即方言。许多人自孩提时代就用方言思考问题、交流思想、获取信息、认识世界。说哪种方言成为我们的特征之一。了解自己所说的方言,也是我们认识自身、认识世界的要求。

  在运用方言的同时,我们创造了丰富多彩的以方言为载体的地域文化。例如浙江的越剧、婺剧、道情、山歌等都用当地方言表现,儿歌、童谣、谜语、谚语等也都用当地方言承载。方言是我们每个人拥有的宝贵的文化资源。

  每种汉语方言的语音、词汇和语法都自成系统、各具特色,是汉语的具体呈现,在历朝历代都是学术研究的主要对象之一。孔子曾说"诗书执礼,皆雅言也",说明三千多年前我们的先辈就关注到了方言与共同语的差异问题。西汉扬雄《輶轩使者绝代语释别国方言》就调查记录了当时全国方言的词汇。今天,方言学的研究更是得到重视,我们研究各种方言现象并从中提炼理论,丰富语言学的研究。

  方言形成的主要原因是语言的分化。地域的区隔导致交际密度降低,久而久之就会导致语言发展的速度、发展的方向不同,从而形成方言。随着社会的发展,这种由地域的阻隔导致交际困难的现象急剧减少,方言在加快消失。可以预计,在不久的将来很多方言将成为我们记忆深处温馨的回忆,对个人和学术研究都是很遗憾和可惜的事情。为了保护方言资源,在张振兴等学术前辈的呼吁和推动下,教育部在2015年启动了以曹志耘教授为首席专家的中国语言资源保护工程,运用汉语方言学传统的纸笔记录的方式并结合现代音像摄录的方式调查和保存各地汉语方言,在全国调查了约1200个汉语方言点,实现了全国34个省份全覆盖。这项工程的意义在于:

(1)准确记录各地方言;

(2)发掘方言中保存的文化信息;

(3)运用现代多媒体技术和计算机技术保存方言文化,传承后世。

这是功在当代利在千秋的大事。

浙江方言资源丰富,自然成为中国语言资源保护工程实施的重要省份。在教育部语信司的统一部署和语保中心的专业指导下,浙江省成立了以浙江省语委办为领导核心的调查研究团队。在语保中心的领导下,浙江省语委办根据省内方言专业人员的实际情况,先后组建了20多个调查团队。自2015年开始,浙江语保团队就奋战在各个县市区方言田野调查的一线,调查、摄录、整理语料,参加语保中心组织的中期检查、预验收和验收,并于2020年年初圆满完成了任务。根据语信司和语保中心的规划,我们将纸笔记录的材料整理出版,形成"中国语言资源集·浙江"系列。

浙江省位于中国东南沿海、长江三角洲地区,东临东海,南接福建,西与安徽、江西相连,北与上海、江苏接壤,总面积10.55万平方公里。截至2019年,浙江省下辖11个地级市(其中杭州、宁波为副省级城市),下分90个县级行政区,包括37个市辖区、20个县级市、32个县、1个自治县。

浙江的汉语方言种类众多。从方言种类上看,有吴语、徽语、闽语、畲话、客家方言、赣方言、官话方言。吴语为浙江的主要方言,分布在浙江的各个县市,使用人口占浙江人口的百分之九十五以上。《中国语言地图集》将浙江吴语分为五片,分别为太湖片、台州片、金衢片、上丽片、瓯江片。

徽语分布在淳安、建德。淳安、建德明清时期属严州府,与皖南徽州地区相邻,钱塘江的北源——新安江水系将严州府与徽州府相连。严州又是杭州的上游门户,从徽州走水路经过严州到杭州,是最为便捷的通道。可见,浙江的徽语区历史上与皖南的徽语区联系密切。

闽语分布在苍南、泰顺、平阳、文成、洞头、玉环、瑞安等地。浙江的闽方言主要分为两类。一类是闽南方言,学术界称为"浙南闽语",分布在苍南、平阳、洞头、玉环等地,是浙江闽方言的主要种类。"浙南闽语"是明清以来福建泉州、漳州一带闽南方言区的人民移居到浙江形成的。另一类是闽东方言,主要分布在泰顺和苍南,在泰顺称为"蛮讲",在苍南称为"蛮话"。一般认为浙江的闽东方言是唐代以来福建闽东区的人民移居到浙江形成的。

浙江的畲话是浙江畲族人使用的方言。浙江畲族人"大分散小聚居"。政府在畲族人口较多的县或乡镇设置民族自治政府。例如有景宁畲族自治县、文成周山畲族乡、武义柳城畲族镇等。浙江畲族家谱显示,浙江的畲族人主要是从福建辗转迁徙到现居地的。在与汉族人的长期接触中,浙江畲族人的畲话汉语化,目前学术界一般认为浙江的畲话属于客家方言。

赣方言、客家方言和官话方言以方言岛的形式分布。浙江的客家方言岛主要分布在金华、衢州、丽水、温州一带,大多是福建闽西汀州的移民移居到浙江形成的。浙江的赣方言岛主要分布在衢州各县市,以南丰话居多,例如常山县招贤镇的南丰话。浙江的官话方言岛比较出名的有江山廿八都官话、开化华埠的土官话以及安吉的河南话、湖北话、安庆话等。

此外,闽语和畲话有些地方也呈岛状分布。

浙江汉语方言不仅种类多,内部差异也很大。例如同属吴方言金衢片的相邻的金华和汤溪,它们的方言语音特点迥然不同,说金华话的人与说汤溪话的人也不能相互通话。基于这种特点,浙江语言资源保护工程的布点基本上为一县一点,调查地点统一选取县市区政府驻地的乡镇,有的县市区内部方言差异较大,或包含晚近撤并的旧县,则根据具体情况增加调查地点,总共有88个方言调查点,包括吴语80个点,徽语4个点,闽语3个点,畲话1个点。

接到编纂任务后,在浙江省语委领导下,浙江语保团队成立了编纂团队。先由各点调查负责人根据统一规范在原有的纸笔记录材料的基础上初校,然后主编进行汇总并二校、三校。为了与常规方言出版物习惯保持一致,主要做了如下改动:一是将原来的纸笔记录的零声母符号"ø"去掉,二是将声调调值统一改为上标,三是进行了用字的初步统一。2020年12月底,语保中心组织专家对《中国语言资源集·浙江》初稿进行了检查和审议,提出了宝贵意见。主编根据专家意见对书稿进行了修改和加工,然后由各点负责人分别核校,如是者三,最后汇总校对,形成本丛书。

本丛书共 4 卷 11 册。

语音卷(3 册):包括各调查点的音系、1000 个单字的字音对照。

词汇卷(4 册):包括 1200 条方言词语。

语法卷(1 册):包括 50 条语法例句。

口头文化卷(3 册):包括歌谣、故事等。

运用现代语言学的理论和方法对浙江方言进行大规模的调查,主要有如下四次:20 世纪 20 年代我国现代语言学的奠基人之一赵元任先生,调查了全国 33 个地点的吴方言,其中浙江有 14 个,调查成果汇集成《现代吴语的研究》一书,该书成为现代方言学的经典之作;20 世纪 50 年代到 60 年代,以傅国通、郑张尚芳、方松熹、蔡勇飞、鲍士杰等人组成的方言调查组对浙江方言进行了调查,最终成果《浙江省语言志》于 2015 年由浙江人民出版社出版;21 世纪初,曹志耘教授主持编写《汉语方言地图集》,对全国的汉语方言进行了调查,成果由商务印书馆于 2008 年出版;本次调查是第四次。

本次的调查与以往的区别如下:

一是组织严密周到。本次调查是全国调查的浙江部分,教育部语信司司长亲自领导,并设立了教育部语信司中国语言资源保护研究中心,从技术规范、调查条目、人员培训、质量控制都有统一明确的标准。调查任务承担者大多为具有博士学位的高校方言学教师;调查材料经过了语保中心组织的专家的中检、预验收和验收三次核实检查。

二是调查项目更多。

三是采取了现代的多媒体技术和计算机信息技术。

因此,本丛书有如下特点:

一是内容丰富。本丛书收录了"中国语言资源保护工程·浙江"项目所有方言调查点的纸笔调查材料。

二是收录了大量的成篇语料。

浙江语言资源保护工程的实施以及本丛书的编纂自始就得到中国语言资源保护研究中心的指导。教育部语信司领导和语保工程首席专家多次到浙江指导工作,省语委领导有方,做了很多协调和后勤服务的工作,各县、市、区语委在帮助物色方言发音人、寻找录音摄像的合适场所等方面做了很多工作,各点方言发音合作人克服酷暑对我们的工作大力协助,来自外省的语保核心专家对调查材料、音视频以及各种形式要件再三核实。这些是我们调查材料和音视频材料符合语保要求的有力保障。值此丛书出版之际,我们心中涌起对他们的感激之情。

编委会

2023 年 3 月 31 日

调查点分布图

1 : 3 300 000

江 苏 省　　上 海 市

安　　徽　　省

江　西　省

福　建　省

东　海

长兴
湖州
嘉兴　嘉善
安吉　　武康　德清　　　平湖
孝丰　　　崇德　海宁　海盐
桐乡
临安　余杭　杭州　　　　　　　慈溪
昌化　於潜　富阳　萧山　绍兴　上虞　　　镇海
新登　　　　　　　余姚　　　宁波
分水　桐庐　　　　　　　　　奉化
淳安　　　　诸暨　　嵊州　　宁海　象山
遂安　建德　　浦江　　新昌
开化　寿昌　兰溪　东阳　　天台
　　　龙游　金华　义乌　　　临海　三门
衢州　汤溪　武义　永康　磐安
常山　衢江　　　　　　　仙居　椒江
江山　遂昌　宜平　缙云　　　黄岩
　　　　　丽水　　　　　　温岭
松阳
龙泉　云和　青田　永嘉　乐清　玉环
　　景宁　　　温州　　　洞头
庆元　景宁畲　文成　瑞安
　　泰顺　　　平阳
　　泰顺闽　苍南
　　　　　苍南闽

岱山
定海
普陀

图例
● 吴语点
▲ 徽语点
■ 闽语点
◆ 畲话点

地图审核号：浙S〔2022〕27号

总 目 录

语 音 卷

词 汇 卷

语 法 卷

口头文化卷

目　录

概　述

一、方言点

本卷收入 88 个浙江省境内汉语方言点的口头文化材料。方言点排列顺序如下:

吴语

太湖片:杭州、嘉兴、嘉善、平湖、海盐、海宁、桐乡、崇德、湖州、德清、武康、安吉、孝丰、长兴、余杭、临安、昌化、於潜、萧山、富阳、新登、桐庐、分水、绍兴、上虞、嵊州、新昌、诸暨、慈溪、余姚、宁波、镇海、奉化、宁海、象山、普陀、定海、岱山、嵊泗

台州片:临海、椒江、黄岩、温岭、仙居、天台、三门、玉环

金衢片:金华、汤溪、兰溪、浦江、义乌、东阳、永康、武义、磐安、缙云、衢州、衢江、龙游

上丽片:江山、常山、开化、丽水、青田、云和、松阳、宣平、遂昌、龙泉、景宁、庆元、泰顺

瓯江片:温州、永嘉、乐清、瑞安、平阳、文成、苍南

徽语:建德徽、寿昌徽、淳安徽、遂安徽

闽语:苍南闽、泰顺闽、洞头闽

畲话:景宁畲

今已撤并的旧县"崇德、武康、孝丰、昌化、於潜、新登、分水、汤溪、寿昌、遂安"等 10 个方言点,分别排在其现在所归属的县(市、区)后;旧县"宣平"大部今属武义,因两地方言归属不同,故另行排序。

二、本卷内容

本卷内容包括概述、各地口头文化、附录、后记。

各地口头文化主要描写中国语言资源保护工程（以下简称语保工程）浙江省88个调查点的口头文化，包括歌谣、规定故事、其他故事、自选条目等内容。

"歌谣"主要收录各地流传的歌谣。

"规定故事"讲述规定故事"牛郎和织女"。

"其他故事"讲述具有地域特色的民间故事。

"自选条目"主要收录各地的谚语、俗语、谜语、歇后语、顺口溜、隐语、吆喝、号子、曲艺、戏曲、笑话等内容。

需要指出的是，并非每个调查点都包含上述全部内容。

本卷附录一包括发音合作人名单（含方言发音人和口头文化发音人的姓名、性别、出生年月、文化程度等信息），调查点、调查人和协助调查者名单，调查设备和调查时间等方面内容。附录二包括方言点及撰稿人信息等内容。

三、编排体例

歌谣、故事、笑话等篇幅较长的条目均有标题，标题为方言说法，但不注音标。

歌谣、故事、笑话、谜语、吆喝等条目每类均注明调查时间和发音人信息；俗语、谚语等如有若干条目均出自同一发音人，则只标注一次发音人信息，前加"以上"两字。

歌谣、谚语、俗语、谜语等具有韵文性质的条目无意译，只对其中部分方言词进行注释。故事、笑话等长篇条目则既有句中注释，也有全文意译。

长篇故事、笑话等分段表述。为保证统一，相应的意译也分段表述。

谚语按类排列。各句之间空一行，无序号。同一句谚语中的各分句自成一行。

四、用字

有本字可写者一律写本字。

合音字有通用俗字形的，采用俗字，如"勿""甮""覅"等；没有通用俗字的，用原形加"［　］"表示，例如汤溪的"弗要"合音作 fi^{52}，写作"［弗要］"；义乌的"豆腐"合音作 dau^{22}，写作"［豆腐］"。

同音字的选用尽量做到各方言相对一致，采用字后加上标等号"$^{=}$"的方式表示同音，例如浦江"剩"义的"射$^{=}$dʑiɑ^{24}"，海盐"给"义的"本$^{=}$pən^{423}"。

有音无字采用"□"表示，例如永康"和"义的"□ xa^{52}"，江山"啃，咬"义的"□ gɒ^{22}"。

方言里自成音节的"儿"用正常大小的字体表示，例如杭州的"男伢儿 nɛ^{22}ia^{45}əl^{53}"，德清的"囡儿 nɔ^{11}n^{35}"；不能自成音节的"儿"用小号字体表示，例如温岭"父亲"义的"伯ℓ pã^{51}"，磐安"时候"义的"时节ℓ zɿ^{21}tɕian^{33}"。

五、标音

轻声用"^{0}"表示。

送气符号"h"及调值数字统一上标。

零声母符号［∅］一律不标。

所有方言词句只标实际读音，不标本音。

歌谣、戏曲中部分条目无法标调，音节之间以空格分隔。

六、注释

需要解释说明的方言词，统一采用小号字放在句末音标后。为简洁起见，如同一章内某方言词多次出现，则仅在首次出现时进行注释。内容较多的注释采用脚注形式释义。

吴语

杭 州

一、歌谣

小伢儿

小伢儿，搞搞儿，［ɕiɔ⁵⁵iɑ⁰əl⁰，kɔ⁵⁵kɔ⁰əl⁰］小伢儿：小孩儿。搞搞儿：玩儿

搞了不好闹架儿。［kɔ⁵⁵lə⁰pəʔ³xɔ⁴⁵nɔ¹³tɕia⁴⁵əl⁰］闹架儿：吵架

摇啊摇

摇啊摇，［iɔ²¹³a⁰iɔ²¹³］

摇到外婆桥，［iɔ²²tɔ⁵³ŋa¹³bəu⁵³dʑiɔ²¹³］

外婆请我吃年糕。［ŋa²¹³bəu⁵³tɕʰiŋ⁵³ŋəu⁵³tɕʰioʔ⁵n̠iɛ²²kɔ⁴⁵］

糖蘸蘸，多吃块，［daŋ²¹³tsɛ³³tsɛ⁵³，təu³³tɕʰioʔ⁵kʰuei⁰］

盐蘸蘸，少吃块，［iɛ²¹³tsɛ³³tsɛ⁵³，sɔ⁵⁵tɕʰioʔ⁰kʰuei⁰］

酱油蘸蘸没吃头。［tɕiaŋ⁴⁵y⁵³tsɛ³³tsɛ⁵³məʔ²tɕʰioʔ³dei⁴⁵］

一只鸡

一只鸡，［iɛʔ⁵tsəʔ⁵tɕi³³⁴］

二会飞，［əl¹³uei⁴⁵fi³³⁴］

三个铜板买来的。［sɛ³³kəʔ⁵doŋ²²pɛ⁴⁵mɛ⁵⁵lɛ⁰ti⁰］

四川带来的，［sʅ⁴⁵tsʰuo⁵³tɛ⁴⁵lɛ⁵⁵ti⁰］

五颜六色的。［u⁵⁵iɛ³³loʔ²səʔ³ti⁰］①

---

① 亦有版本在此句后有"骆驼背来的"一句。

七高八低的，［tɕʰiɛʔ³kɔ⁴⁵pəʔ³ti⁴⁵ti⁰］
爸爸买来的。［pa³³pa⁴⁵mɛ⁵⁵lɛ⁰ti⁰］
酒里浸过的，［tɕy⁵⁵li⁰tɕiŋ⁴⁵ku⁵⁵ti⁰］
实在没有的。［zəʔ²dzɛ⁴⁵məʔ²y⁴⁵ti⁰］

千゠煞煞

千゠煞煞，［tɕʰiɛ³³səʔ⁵səʔ⁵］千゠煞煞：矫揉造作的样子
拜菩萨，［pɛ⁵⁵bu²²səʔ³］
菩萨叫你矮゠答゠答゠。［bu²²səʔ⁵tɕiɔ⁴⁵n̩i⁵³a⁵⁵təʔ⁰təʔ⁰］矮゠答゠答゠：傻乎乎

哭作猫儿笑嘻嘻

哭作猫儿笑嘻嘻，［kʰoʔ⁵tsoʔ⁵mɔ⁵⁵əl⁰ɕiɔ⁴⁵ɕi⁵⁵ɕi⁰］哭作猫儿：爱哭的小孩儿
两只眼睛开大炮。［liaŋ⁵⁵tsəʔ⁰iɛ³³tɕiŋ³³kʰɛ⁵⁵da¹³pʰɔ⁵³］

唉哟哇

唉哟哇！［ei⁵⁵iɔ⁰ua⁰］
做啥啦？［tsəʔ³sa⁴⁵la⁰］
蚊子咬我啦！［vəŋ²²tsʅ⁴⁵iɔ⁵⁵ŋəu⁰la⁰］
快快爬上来。［kʰuɛ⁴⁵kʰuɛ⁵³ba²²zaŋ⁴⁵lɛ⁵³］
爬不上来节゠个办？［ba²²pəʔ³zaŋ⁵⁵lɛ⁰tɕiɛʔ⁵kəʔ⁵bɛ¹³］节゠个：怎么
飞机飞上来。［fi³³tɕi⁴⁵fi³³zaŋ⁴⁵lɛ⁵³］

点点罗罗

点点罗罗，［tiɛ⁵⁵tiɛ⁰ləu²²ləu⁴⁵］点点罗罗：点兵点将
油炒鸡窠。［y²²tsʰɔ⁵⁵tɕi³³kʰəu⁴⁵］鸡窠：鸡窝
马儿吃草，［ma⁵⁵əl⁰tɕʰioʔ⁵tsʰɔ⁵³］
牛儿管稻，［n̩y²²əl⁰kuo⁵⁵dɔ¹³］
点到哪个就是哪个。［tiɛ⁵⁵tɔ⁰na⁵⁵koʔ⁰dʑy²²zʅ⁴⁵na⁵⁵koʔ⁰］

（以上 2015 年 8 月，发音人：谢浩宇）

二、规定故事

牛郎和织女

古代个辰光呢，［ku⁵⁵dɛ⁰kəʔ⁰zəŋ²²kuaŋ⁴⁵n̠iɛ⁰］辰光：时候

有介个小伙子，［y⁵⁵ka⁴⁵kəʔ⁰ɕiɔ⁵⁵xu⁰tsʅ⁰］介：这么

爹娘呢都没嘚唻，［tia³³n̠iaŋ⁴⁵n̠iɛ⁰tu⁴⁵mei²²təʔ⁰lɛ⁰］

是个孤儿。［zʅ²²kəʔ⁰ku³³əl⁴⁵］

屋里头呢，［uoʔ³li⁴⁵dei⁵³n̠iɛ⁰］

有一只冒ᵌ老个牛跟他一道生活，［y⁵³iɛʔ³tsəʔ⁰mɔ¹³lɔ⁵³kəʔ⁰n̠y²¹³kəŋ³³tʰa⁴⁵iɛʔ³dɔ⁴⁵səŋ³³ uoʔ⁵］冒ᵌ：很

大家都叫他牛郎。［da²²tɕia⁴⁵tu³³tɕiɔ³³tʰa⁵³n̠y²²laŋ⁴⁵］

格只老牛呢看格小伙子呢，［kəʔ³tsəʔ⁵lɔ⁵⁵n̠y⁰n̠iɛ⁰kʰɛ⁴⁵kəʔ⁵ɕiɔ⁵⁵xu⁰tsʅ⁰n̠iɛ⁰］

良心蛮好的，［liaŋ²²ɕiŋ⁴⁵mɛ²²xɔ⁵³tiʔ⁰］

做生活呢也蛮巴结的，［tsəu⁴⁵səŋ⁵³uoʔ²n̠iɛ⁰ia¹³mɛ²²pa⁵³tɕiɛʔ³tiʔ⁰］

想拨他成个家。［ɕiaŋ⁵³pəʔ³tʰa³³dzəŋ²²kəʔ⁵tɕia³³⁴］拨：给

格只牛呢，［kəʔ³tsəʔ⁵n̠y²²n̠iɛ⁰］

其实是天高头个金牛星啦。［dʑi²²zəʔ⁵zʅ²²tʰiɛ³³kɔ⁴⁵dei⁵³kəʔ⁰tɕiŋ³³n̠y⁴⁵ɕiŋ⁵³la⁰］

他晚晌头呢，［tʰa⁴⁵uɛ⁵⁵ɕiaŋ⁰dei⁰n̠iɛ⁰］晚晌头：晚上

就托梦拨即个小伙子，［dʑy¹³tʰoʔ⁵moŋ¹³pəʔ³tɕiɛʔ³kəʔ⁰ɕiɔ⁵⁵xu⁰tsʅ⁰］即个：这个

跟他话，［kəŋ³³tʰa⁵⁵uo¹³］话：说

明朝呢村头个河港里头呢，［məŋ²²tsɔ⁴⁵n̠iɛ⁰tsʰuəŋ³³dei⁴⁵kəʔ⁰əu²²kaŋ⁴⁵li⁵⁵dei⁰n̠iɛ⁰］河港：河

有仙女要来汏浴嘚，［y⁵³ɕiɛ³³n̠y⁵³iɔ²²lɛ²²da¹³ioʔ²təʔ⁰］汏浴：洗澡

格么你呢跑过去拨其中呢一件衣裳呢拿落来，［kəʔ³məʔ³n̠i⁵⁵n̠iɛ⁰bɔ²²ku³³tɕʰi⁴⁵pəʔ⁵ dʑi²²tsoŋ⁴⁵n̠iɛ⁰iɛʔ³dʑiɛ⁴⁵i³³zaŋ⁴⁵n̠iɛ⁰nəu²²loʔ²lɛ⁴⁵］格么：那么。拨：把

拿好就回去。［nəu²²xɔ⁵³dʑy¹³uei²²tɕʰi⁴⁵］

格么即个牛郎呢到了第二天呢，［kəʔ³məʔ³tɕiɛʔ³kəʔ⁰n̠y²²laŋ⁴⁵n̠iɛ⁰tɔ³³ləʔ⁰di²²əl⁴⁵tʰiɛ⁵³ n̠iɛ⁰］

他就半信半疑个走到即个河港旁边，［tʰa⁴⁵dʑy¹³puo⁴⁵ɕiŋ⁵³puo³³i²¹³kəʔ⁰tsei⁵³tɔ³³tɕiɛʔ³
kəʔ⁰əu²²kaŋ⁴⁵baŋ²²piɛ⁴⁵］

格么发现呢，［kəʔ³məʔ³fəʔ³ɕiɛ⁴⁵n̴iɛ⁰］

确实有几个姑娘儿辣ᵈ动ᵈ汏浴。［tɕʰyɛʔ³zəʔ⁵y²²tɕi⁵³kəʔ⁰ku³³n̴iaŋ⁴⁵əl⁵³lə²²doŋ⁵⁵da¹³
yɛʔ²］辣ᵈ动ᵈ：在。

格么，他就捞了一件粉红色的衣裳呢，［kəʔ³məʔ³,tʰa⁴⁵dʑy¹³liɔ²²ləʔ⁰iɛʔ³dʑiɛ¹³fəŋ⁵³oŋ²²
səʔ⁰tiʔ⁰i³³zaŋ⁴⁵n̴iɛ⁰］

马上窜回去嘚咪。［ma⁵⁵zaŋ⁰tsʰuo⁴⁵uei²²tɕʰi⁴⁵təʔ⁰lɛ⁰］

格天子夜道头呢，［kəʔ³tʰiɛ⁵⁵tsɿ⁰ia¹³dɔ⁵⁵dei⁰n̴iɛ⁰］夜道头：晚上

格么，就有一个姑娘儿来敲门嘚咪。［kəʔ³məʔ³,dʑy¹³y⁵³iɛʔ³kəʔ⁰ku³³n̴iaŋ⁴⁵əl⁵³lɛ²²kʰɔ⁵⁵
məŋ²¹³təʔ⁰lɛ⁰］

格么即个姑娘儿呢就是织女。［kəʔ³məʔ³tɕiɛʔ³kəʔ⁵ku³³n̴iaŋ⁴⁵əl⁵³n̴iɛ⁰dʑy¹³zɿ²²tsəʔ³n̴y⁵³］

格么他们夜道头呢就结为夫妻嘚。［kəʔ³məʔ³tʰa³³məŋ⁵⁵ia¹³dɔ⁵⁵dei⁰n̴iɛ⁰dʑy¹³tɕiɛʔ³uei⁴⁵
fu³³tɕʰi⁴⁵təʔ⁰］

日子呢是过得定该快啦，［zəʔ²tsɿ⁴⁵n̴iɛ⁰zɿ²²ku³³təʔ⁰diŋ²²kɛ⁵⁵kʰuɛ⁴⁵la⁰］定该：真的

一记头三年过去嘚啦。［iɛʔ³tɕi⁴⁵dei⁵⁵sɛ³³n̴iɛ⁴⁵ku³³tɕʰi⁴⁵təʔ⁰la⁰］

他们两个人呢生了一个男伢儿，［tʰa³³məŋ⁴⁵liaŋ⁵³kəʔ⁰zəŋ²²n̴iɛ⁰səŋ³³ləʔ⁰iɛʔ³kəʔ⁰nɛ²²ia⁴⁵
əl⁵³］

生了一个姑娘儿，［səŋ³³ləʔ⁰iɛʔ³kəʔ⁰ku³³n̴iaŋ⁴⁵əl⁵³］

日子也过得冒ᵈ开心。［zəʔ²tsɿ⁴⁵ia⁵⁵ku⁵⁵təʔ⁰mɔ¹³kʰɛ³³ɕiŋ⁴⁵］

但是呢，格事情啦拨玉皇大帝晓得嘚咪，［dɛ¹³zɿ⁵⁵n̴iɛ⁰, kəʔ⁵zɿ¹³dʑiŋ⁵⁵la⁰pəʔ⁵ioʔ⁰uaŋ⁴⁵
da¹³di⁵⁵ɕiɔ⁵³təʔ⁰təʔ⁰lɛ⁰］

仙女不好下凡嘚啦！［ɕiɛ³³n̴y⁴⁵pəʔ³xɔ⁴⁵ia¹³vɛ⁵⁵təʔ⁰la⁰］

有一天子哦，［y⁵³iɛʔ⁰tʰiɛ³³tsɿ⁰ɔ⁰］

狂风大作，［guaŋ²²foŋ⁴⁵da¹³tsoʔ⁵］

落暴雨嘚嘞，［loʔ²bɔ¹³y⁵³təʔ⁰lɛ⁰］

织女一下子就没见嘚咪。［tsəʔ³n̴y⁵³iɛʔ³ia⁴⁵tsɿ⁵³dʑy¹³məʔ²tɕiɛ⁴⁵təʔ⁰lɛ⁰］

两个小伢儿急煞嘚咪，［liaŋ⁵³kəʔ⁰ɕiɔ⁵⁵ia⁰əl⁰tɕiɛʔ³səʔ⁵təʔ⁰lɛ⁰］

拼命个要妈妈妈妈。［pʰiŋ³³miŋ⁴⁵kəʔ⁰iɔ³³ma⁵⁵ma⁰ma⁵⁵ma⁰］

牛郎没办法，［n̴y²²laŋ⁴⁵mei⁴⁵bɛ²²fəʔ⁵］

格么他想办法去寻唻。[kəʔ³məʔ³tʰa⁴⁵ɕiaŋ³³be¹³fəʔ⁵tɕʰi³³dʑiŋ²¹³lɛ⁰]

格么格辰光呢，[kəʔ³məʔ³kəʔ⁵zəŋ²²kuaŋ⁰n̠iɛ⁰]

格老牛就开口话话语嘚唻，[kəʔ³lɔ⁵⁵n̠y⁰dʑy¹³kʰɛ³³kʰei⁵³uo⁴⁵ua¹³y⁵³təʔ⁰lɛ⁰] 话话语：说话

他话呢，你拨我两只角拿落来，[tʰa⁴⁵uo¹³n̠iɛ⁰, n̠i⁵³pəʔ³ŋəu²²liaŋ⁵³tsəʔ⁰tɕiɛʔ⁵nəu²²loʔ⁰lɛ⁴⁵]

就变成两只箩筐，[dʑy¹³piɛ³³dzəŋ⁴⁵liaŋ⁵⁵tsəʔ⁰ləu²²kʰuaŋ⁴⁵]

带了两个伢儿呢到天高头去寻你个老婆去，[te³³ləʔ⁰liaŋ⁵⁵kəʔ⁰ia²²əl⁴⁵n̠iɛ⁰tɔ³³tʰiɛ³³kɔ⁴⁵dei⁵³tɕʰi³³dʑiŋ²²n̠i⁴⁵kəʔ⁰lɔ⁵⁵bəu⁰tɕʰi⁰]

遭=么，格牛啊就拨两只角拿落来啦，[tsɔʔ³³məʔ³, kəʔ³n̠y²¹³a⁰dʑy¹³pəʔ³liaŋ⁵⁵tsəʔ⁰tɕiɛʔ⁵nəu²²loʔ⁰lɛ⁵⁵la⁰]

确实变成了两只箩筐啦。[tɕʰyɛʔ³zəʔ⁵piɛ³³dzəŋ⁴⁵ləʔ⁰liaŋ⁵³tsəʔ⁰ləu²²kʰuaŋ⁴⁵la⁰]

格么就带了即个牛郎啊就去嘚唻。[kəʔ³məʔ³dʑy¹³te⁴⁵ləʔ⁰tɕiɛʔ³kəʔ⁰n̠y²²laŋ⁴⁵a⁰dʑy¹³tɕʰi⁴⁵təʔ⁰lɛ⁰]

哪里晓得呢，[na⁵⁵li⁰ɕiɔ⁵³təʔ⁰n̠iɛ⁰]

即个王母娘娘晓得嘚唻，[tɕiɛʔ³kəʔ⁰uaŋ²²mu⁴⁵n̠iaŋ²²n̠iaŋ⁴⁵ɕiɔ⁵³təʔ⁰təʔ⁰lɛ⁰]

晓得他上来嘚唻。[ɕiɔ⁵³təʔ⁰tʰa⁴⁵zaŋ²²lɛ⁵⁵təʔ⁰lɛ⁰]

格么拨她个金钗啦一划，[kəʔ³məʔ³pəʔ³tʰa⁴⁵kəʔ⁰tɕiŋ³³tsʰɛ⁴⁵la⁰iɛʔ⁵uəʔ²]

马上天空高头啊划出了一道天河啦，[ma⁵⁵zaŋ⁰tʰiɛ³³koŋ³³kɔ⁵⁵dei⁰a⁰uəʔ²tsʰəʔ³ləʔ⁰iɛʔ³dɔ⁴⁵tʰiɛ³³əu⁴⁵la⁰]

牛郎跟织女就分隔两界嘚。[n̠y²²laŋ⁴⁵kəŋ³³tsəʔ³n̠y⁴⁵dʑy²²fəŋ³³kəʔ⁵liaŋ⁵³tɕiɛ⁰təʔ⁰]

但是呢，喜鹊看到牛郎织女介个故事啊，[de²²zɿ⁵⁵n̠iɛ⁰, ɕi⁵⁵tɕʰyɛʔ⁰kʰɛ³³tɔ⁴⁵n̠y²²laŋ⁴⁵tsəʔ³n̠y⁵³ka³³kəʔ⁰ku⁵⁵zɿ⁰a⁰]

都冒=感动，[tu⁵⁵mɔ¹³kɛ⁵⁵doŋ⁰]

纷纷啊飞到了天高头啊，[fəŋ³³fəŋ⁴⁵a⁰fi³³tɔ⁴⁵ləʔ⁰tʰiɛ³³kɔ⁴⁵dei⁵³a⁰]

变成了一只鹊桥，[piɛ³³dzəŋ⁴⁵ləʔ⁰iɛʔ³tsəʔ⁰tɕʰyɛʔ⁵dʑiɔ²¹³]

让他们能够相会。[zaŋ²²tʰa⁵⁵məŋ⁵⁵nəŋ²²kei⁴⁵ɕiaŋ⁵⁵uei¹³]

但是呢，每年呢介个相会呢就嘚一卯，[de¹³zɿ⁵⁵n̠iɛ⁰, mei⁵⁵n̠iɛ²²n̠iɛ⁰ka⁴⁵kəʔ⁵ɕiaŋ⁵⁵uei¹³n̠iɛ⁰dʑy¹³təʔ⁵iɛʔ³mɔ²¹³] 一卯：一次

日子呢就拨它定落个七月七号，[zəʔ²tsɿ⁴⁵n̠iɛ⁰dʑy¹³pəʔ³tʰa³³diŋ¹³loʔ²kəʔ⁰tɕʰiɛʔ³yɛʔ⁵tɕʰiɛʔ³ɔ⁴⁵]

农历七月七号而且是。[noŋ²²liɛʔ⁵tɕʰiɛʔ³yɛʔ⁵tɕʰiɛʔ³ɔ⁴⁵əl²²tɕʰiɛ⁵³z̩⁰]
哦，格么他们就辣⁼动⁼格一天呢就相会。[ɔ⁰, kəʔ³məʔ⁵tʰa³³məŋ⁴⁵dʑy¹³ləʔ³doŋ⁴⁵kəʔ⁵
　　iɛʔ⁰tʰiɛ⁰ɲiɛ⁰dʑy¹³ɕiaŋ⁵⁵uei¹³]

在古代，有这么一个小伙子，爸妈都没了，是个孤儿。家里有一头很老的牛跟他一起生活，大家都叫他牛郎。

这头牛看这小伙子良心挺好，做事情也勤快，就想给他成个家。这头牛其实是天上的金牛星。他晚上就托梦给这个小伙子，跟他说，明天村头的河里有仙女要来洗澡，那么你就跑过去把其中一件衣服拿下来，拿好就回去。

到了第二天，牛郎就半信半疑地走到这个河边，发现确实有几个姑娘在那里洗澡。于是，他就拎起一件粉红色的衣裳，马上跑了回去。

这天晚上，就有一个姑娘来敲门了。这个姑娘就是织女。于是他们晚上就结成了夫妻。

日子过得真快，一下子三年过去了。他们两人生了一个男孩、一个女孩，日子过得很开心。但是，这件事情被玉皇大帝知道了，仙女是不能下凡的！有一天，狂风大作，下起了暴雨，织女一下子就不见了。两个小孩急死了，拼命要妈妈。牛郎没办法，于是，他就想办法去找。

这时，这头老牛开口说话了。他说，你把我的两只角拿下来，就会变成两只箩筐，带上这两个孩子到天上去寻找你老婆。于是，这头牛就把两只角拿了下来，真的变成了两只箩筐，于是牛郎就带上孩子们走了。可是哪里知道，这被王母娘娘知道了，知道他上天来了。于是，她把她的金钗一划，天空中划出了一道天河，牛郎和织女就被分隔在了天河两边。

喜鹊听到牛郎织女的这个故事，都很感动，纷纷飞到天上，变成了一座鹊桥，让他们能够相会。但是，每年这个相会只有一次，日子定在七月七日，是农历七月七日。于是，他们就在这一天相会。

（2015 年 8 月，发音人：谢浩宇）

三、其他故事

火烧净寺

杭州呢有个净寺呢是冒ᵈ有名气唻，［aŋ²²tsei⁴⁵n̠iɛ⁰y⁵³kəʔ⁰dʑiŋ¹³z̩⁵³n̠iɛ⁰z̩¹³mɔ¹³y⁵³miŋ²²
tɕʰi⁴⁵lɛ⁰］

为啥呢？ ［uei¹³sa⁵³n̠iɛ⁰］

因为啊原来个济公和尚啊就辣ᵈ动ᵈ格嘚修行。［iŋ³³uei⁴⁵a⁰yo²²lɛ⁴⁵kəʔ⁰tɕi⁴⁵koŋ⁵³əu²²
zaŋ⁴⁵a⁰dʑy¹³ləʔ²doŋ⁴⁵kəʔ⁵təʔ⁵ɕy⁵⁵iŋ²¹³］格嘚：这里

格只寺呢它坐落在即个雷峰塔个对面，［kəʔ⁵tsəʔ⁵z̩⁴⁵n̠iɛ⁰tʰa³³⁴dzəu⁴⁵loʔ⁵dzɛʔtɕiɛʔ⁰kəʔ⁰
lei²²foŋ⁴⁵tʰəʔ⁵kəʔ⁰tei⁴⁵miɛ⁵³］格：这

南山路高头。［nɛ²²sɛ³³lu⁴⁵kɔ⁰dei⁰］高头：上面

格么，格只寺呢原来是被烧过的，［kəʔ⁵məʔ⁵，kəʔ⁵tsəʔ⁵z̩⁴⁵n̠iɛʔ⁰yo²²lɛ⁴⁵z̩¹³bei⁵⁵sɔ³³
ku⁴⁵tiʔ⁰］

而且呢就辣ᵈ动ᵈ即个济公和尚修行个辰光，［əl²²tɕʰiɛ⁴⁵n̠iɛʔ⁰dʑy¹³ləʔ²doŋ⁵³tɕiɛʔ⁰kəʔ⁰
tɕi⁴⁵koŋ⁵³əu²²zaŋ⁴⁵ɕy³³iŋ⁴⁵kəʔ⁰zəŋ²²kuaŋ⁴⁵］

烧歪过的。［sɔ⁵³uɛ³³⁴ku⁰tiʔ⁰］

节ᵈ个回事情呢？ ［tɕiɛʔ⁵kəʔ⁰uei²²z̩¹³dʑiŋ⁵³n̠iɛ⁰］

有一天子，［y⁵³iɛʔ⁰tʰiɛ⁰tsɿ⁰］一天子：一天

农历二月二十三号，［noŋ²²liɛʔ⁵əl¹³yɛʔ⁵əl¹³zəʔ⁵sɛ³³ɔ⁴⁵］

格么，有一个女伢儿，［kəʔ³məʔ³，y⁵⁵iɛʔ⁰kəʔ⁰n̠y⁵⁵ia⁰əl⁰］

哦，到庙里头来烧香。［ɔ⁰，tɔ⁵⁵miɔ¹³li⁵³dei⁰lɛ²²sɔ⁵⁵ɕiaŋ³³⁴］

穿了一身红衣裳呢，［tsʰuo³³ləʔ⁰iɛʔ⁵səŋ⁵⁵oŋ²²i³³zaŋ⁴⁵n̠iɛ⁰］

专门拿了一把小阳伞。［tsuo³³məŋ⁴⁵nəu²²ləʔ⁰iɛʔ³pa³³ɕiɔ⁵⁵iaŋ⁰sɛ⁰］

哦！格眼珠子滴碌滴碌个看辣ᵈ哈ᵈ。［ɔ⁰！ kəʔ⁵iɛ⁵⁵tsɿ³³tsɿ³³tiɛʔ³loʔ⁵tiɛʔ³loʔ⁵kəʔ⁰kʰɛ⁴⁵
ləʔ⁵xəʔ⁰］辣ᵈ哈ᵈ：在那里

在格辰光济公师父跑出来嘚唻，［dzɛ²²kəʔ⁵zəŋ⁵⁵kuaŋ³³tɕi³³koŋ⁵⁵sɿ³³vu⁰bɔ²²tsʰəʔ³lɛ⁴⁵təʔ⁰
lɛ⁰］

他不拨她进去。［tʰa³³⁴pəʔ³pəʔ³tʰa⁴⁵tɕiŋ⁰tɕʰi⁰］拨：让

唉，即个女的望东边钻呢，[ε⁰, tɕiɛʔ⁵kəʔ⁵n̠y⁵⁵tiʔ⁰maŋ¹³toŋ³³piɛ⁴⁵tsuo⁵⁵n̠iɛ⁰]

他望东边挡牢；[tʰa³³⁴maŋ¹³toŋ³³piɛ⁴⁵taŋ⁵⁵lɔ⁰]

要望右边钻呢，[iɔ¹³maŋ⁵⁵y¹³piɛ⁵³tsuo³³n̠iɛ⁰]

他拨右边挡牢。[tʰa⁵⁵pəʔ⁵y¹³piɛ⁵³taŋ⁵⁵lɔ⁰]

格么，来的香客啊，和尚啊，[kəʔ⁵məʔ⁵, lɛ²¹³tiʔ⁰ɕiaŋ³³kʰəʔ⁵a⁰, əu²²zaŋ⁴⁵a⁰]

看到嗻咪。[kʰɛ⁴⁵tɔ⁵³təʔ⁰lɛ⁰]

格么看看即个，[kəʔ³məʔ³kʰɛ⁵⁵kʰɛ⁵⁵tɕiɛʔ⁵kəʔ⁵]

咦？济公你辣⁼哈⁼调戏良家妇女嘛。[iɛʔ⁰？ tɕi⁴⁵koŋ⁵³n̠i³³ləʔ²xəʔ⁵diɔ²²ɕi⁴⁵liaŋ²²tɕia⁴⁵ vu¹³n̠y⁵³ma⁰]

啊，格事情节⁼个弄弄呢？[a⁰, kəʔ⁵z̩¹³dʑiŋ⁵³tɕiɛʔ⁵kəʔ⁵noŋ⁰noŋ⁰n̠iɛ⁰]

遭⁼么，寺庙里格住持跑出来嗻咪。[tsɔ³³məʔ⁰, z̩²²miɔ⁴⁵li⁰kəʔ⁰dzu⁵⁵dʐɿ⁰bɔ²²tsʰəʔ³lɛ⁴⁵ təʔ⁰lɛ⁰] 遭⁼：这下子

遭⁼他骂济公嗻咪。[tsɔ³³tʰa⁵⁵ma¹³tɕi³³koŋ⁴⁵təʔ⁰lɛ⁰]

他话，济癫，[tʰa³³⁴uo¹³, tɕi⁴⁵tiɛ⁵³]

哦，你不好实⁼个套的！[ɔ⁰, n̠i⁵³pəʔ⁵xɔ⁴⁵zəʔ²kəʔ³tʰɔ⁴⁵tiʔ⁰] 实⁼个套：这样

哦，大庭广众之下，[ɔ⁰, da¹³tʰiŋ⁵³kuaŋ⁵⁵dzoŋ³³tsɿ⁵⁵ia¹³]

去调戏良家妇女！[tɕʰi⁴⁵diɔ²²ɕi⁴⁵liaŋ²²tɕia⁴⁵vu¹³n̠y⁵³]

啊，出家人节⁼个好实⁼个套的呢？[a⁰, tsʰəʔ⁵tɕia³³zəŋ⁴⁵tɕiɛʔ⁵kəʔ⁵xɔ³³zəʔ²kəʔ³tʰɔ⁴⁵tiʔ⁰ n̠iɛ⁰]

即个济公问他嗻咪，[tɕiɛʔ⁵kəʔ⁵tɕi³³koŋ³³vəŋ¹³tʰa⁵³təʔ⁰lɛ⁰]

他话，住持啊，我问你，[tʰa³³⁴uo¹³, dzu⁴⁵dʐɿ⁵³a⁰, ŋəu⁵³vəŋ¹³n̠i⁵³]

你要多一事呢还是不如少一事？[n̠i⁵³iɔ³³təu³³iɛʔ⁵sɿ⁵⁵n̠iɛ⁰a²²z̩⁴⁵pəʔ⁵zu²²sɔ⁵⁵iɛʔ⁰z̩¹³]

节⁼个，住持没听懂哎，[tɕiɛʔ⁵kəʔ⁵, dzu²²dʐɿ⁴⁵mei¹³tʰiŋ⁴⁵toŋ⁵³ɛ⁰]

啥个意思啦？[səʔ⁵kəʔ⁵i⁰sɿ⁰la⁰]

格么，多一事么肯定不如少一事好啦。[kəʔ⁵məʔ⁵, təu³³iɛʔ⁵z̩⁵⁵məʔ⁰kʰəŋ⁵⁵diŋ⁰pəʔ³zu²² sɔ⁵³iɛʔ⁰z̩⁰xɔ⁵³la⁰]

哦，格么，少一事，[ɔ⁰, kəʔ⁵məʔ⁵, sɔ⁵³iɛʔ⁰z̩⁰]

好的，格么我拨她放进来。[xɔ⁵⁵tiʔ⁰, kəʔ⁵məʔ⁵ŋəu⁵³pəʔ³tʰa³³⁴faŋ⁴⁵tɕiŋ⁵⁵lɛ⁰]

放进来遭⁼之后么，[faŋ⁴⁵tɕiŋ⁵⁵lɛ⁰tsɔ⁰tsɿ³³ei¹³məʔ⁰]

遭⁼马上即个姑娘儿啦冲到即个大雄宝殿里头，[tsɔ³³ma⁵⁵zaŋ⁰tɕiɛʔ⁵kəʔ³ku³³n̠iaŋ⁴⁵əl⁰ la^{0}ts^{h}oŋ^{33}tɔ^{45}tɕiɛʔ^{5}kəʔ^{5}da^{13}ioŋ^{53}pɔ^{55}tiɛ^{0}li^{0}dei^{0}]

一记头变成了一只蜘蛛啦，[iɛʔ^{5}tɕi^{45}dei^{53}piɛ^{33}dzəŋ^{33}lə^{0}iɛʔ^{3}tsəʔ^{3}tsɿ^{33}tsʮ^{45}la^{0}]

还冲到即个天花板高头，[a^{22}ts^{h}oŋ^{33}tɔ^{45}tɕiɛʔ^{3}kəʔ^{3}t^{h}iɛ^{33}xua^{45}pɛ^{53}kɔ^{0}dei^{0}]

一记头哦火苗儿就“哗哇哇哇”个落来嘚。[iɛʔ^{3}tɕi^{45}dei^{53}ɔ^{0}xu^{55}miɔ^{0}əl^{0}dʑy^{13}xua^{45}ua^{0}ua^{0} ua^{0}kəʔ^{0}loʔ^{2}lɛ^{45}təʔ^{0}]

遭⁼是格寺庙是烧嘚唻冒⁼旺冒⁼旺了，[tsɔ^{45}zɿ^{22}kəʔ^{5}zɿ^{45}miɔ^{53}zɿ^{22}sɔ^{33}təʔ^{5}lɛ^{0}mɔ^{13}uaŋ^{13}mɔ^{13} uaŋ^{13}lə^{0}]

遭⁼是香客、和尚都没处逃了。[tsɔ^{45}zɿ^{55}ɕiaŋ^{33}k^{h}əʔ^{5}、əu^{22}zaŋ^{45}təu^{33}məʔ^{2}ts^{h}ʮ^{33}dɔ^{213}lə^{0}]

遭⁼，还、还有一个柴房没烧了，[tsɔ^{45}，a^{22}、a^{22}y^{53}iɛʔ^{0}kəʔ^{0}dzɛ^{22}vaŋ^{45}mei^{45}sɔ^{334}liɔ^{0}]

遭⁼“耙⁼……”大家拥到即个柴房里头去嘚唻。[tsɔ^{0}ba^{45}……da^{22}tɕia^{45}oŋ^{33}tɔ^{45}tɕiɛʔ^{5} kəʔ^{5}dzɛ^{22}vaŋ^{45}li^{55}dei^{55}tɕ^{h}i^{0}təʔ^{0}lɛ^{0}]耙⁼：象声词

遭⁼一看啦即个济公和尚已经辣⁼哈⁼睏觉嘚唻！ [tsɔ^{45}iɛʔ^{5}k^{h}ɛ^{334}la^{0}tɕiɛʔ^{3}kəʔ^{3}tɕi^{45}koŋ^{53} əu^{22}zaŋ^{45}i^{33}tɕiŋ^{33}ləʔ^{2}xəʔ^{5}k^{h}uəŋ^{55}kɔ^{45}təʔ^{0}lɛ^{0}]睏觉：睡觉

遭⁼格住持啊，拨他敲醒来，[tsɔ^{334}kəʔ^{5}dzu^{55}dzɿ^{0}a^{0}，pəʔ^{3}t^{h}a^{55}k^{h}ɔ^{33}ɕiŋ^{53}lɛ^{0}]

他话，济公你啥个意思，[t^{h}a^{334}uo^{13}，tɕi^{45}koŋ^{53}n̠i^{33}səʔ^{5}kəʔ^{5}i^{0}sɿ^{0}]

啊？辣⁼哈⁼格埲睏觉？ [a^{0}？ ləʔ^{2}xəʔ^{5}kəʔ^{3}təʔ^{5}k^{h}ueŋ^{55}kɔ^{45}]

遭⁼，济公跟他话唉，[tsɔ^{45}，tɕi^{45}koŋ^{53}kəŋ^{33}t^{h}a^{334}uo^{13}ɛ^{0}]

格么，住持我已经问过你嘚唻，[kəʔ^{5}məʔ^{5}，dzu^{55}dzɿ^{0}ŋəu^{53}i^{55}tɕiŋ^{0}vəŋ^{13}ku^{55}n̠i^{53}təʔ^{0}lɛ^{0}]

你话是啊多一事（寺）还不如少一事（寺），[n̠i^{53}uo^{22}zɿ^{22}a^{0}təu^{33}iɛʔ^{5}zɿ^{55}a^{22}pəʔ^{3}zu^{22}sɔ^{55} iɛʔ^{0}zɿ^{13}]

你话的要少一寺，[n̠i^{53}uo^{13}tiʔ^{0}iɔ^{33}sɔ^{55}iɛʔ^{0}zɿ^{13}]

就格么格么格只寺，就烧了嘚唻。[dʑy^{13}kəʔ^{5}məʔ^{5}kəʔ^{5}məʔ^{5}kəʔ^{5}tsəʔ^{5}zɿ^{13}，dʑy^{13}sɔ^{33} liɔ^{45}təʔ^{0}lɛ^{0}]

哦，格辰光哦，即个住持哦，[ɔ^{0}，kəʔ^{5}zəŋ^{22}kuaŋ^{0}ɔ^{0}，tɕiɛʔ^{5}kəʔ^{5}dzu^{55}dzɿ^{0}ɔ^{0}]

才子听懂啦，[dzɛ^{22}tsɿ^{53}t^{h}iŋ^{33}toŋ^{53}la^{0}]

他即个是“寺庙”个“寺”啦，[t^{h}a^{334}tɕiɛʔ^{5}kəʔ^{5}zɿ^{22}zɿ^{45}miɔ^{53}kəʔ^{0}zɿ^{45}la^{0}]

不是“事情”个“事”啦。[pəʔ^{3}zɿ^{45}zɿ^{13}dʑiŋ^{53}kəʔ^{0}zɿ^{13}la^{0}]

遭⁼么实⁼个套么格只寺啊，[tsɔ^{334}məʔ^{5}zəʔ^{2}kəʔ^{3}t^{h}ɔ^{45}məʔ^{5}kəʔ^{5}tsəʔ^{5}zɿ^{45}a^{0}]

就介烧了嘚唻。[dʑy^{13}ka^{53}sɔ^{33}liɔ^{45}təʔ^{0}lɛ^{0}]

　　杭州有个净寺很有名，为什么呢？因为以前济公和尚就在这里修行。这座寺坐落在雷峰塔的对面，在南山路上。这座寺原来是被烧掉过的，而且就在这个济公和尚修行的时候被烧掉过。怎么回事呢？

　　有一天，农历二月二十三号，有一个女孩子，到庙里来烧香。她穿了一身红衣裳，拿了一把小阳伞。哦！这眼珠子骨碌碌地看着。这个时候济公师父跑了出来，他不让她进去。这个女的往东边钻呢，他就往东边挡住；要往右边钻呢，他就把右边挡住。那么，来的香客啊，和尚啊，都看到了。看到这个，他们想：咦？济公你在调戏良家妇女嘛。

　　这事情怎么办呢？寺庙里的住持跑了出来，他便骂了济公。他说，济癫，你不能这样的！大庭广众之下，调戏良家妇女！出家人怎么好这样呢？济公就问他：住持，我问你，你要多一事呢还是少一事？住持没听懂，什么意思啊？那么，多一事么肯定不如少一事好咯。哦，少一事，好的，那么我把她放进来。

　　放进来之后，这个姑娘马上冲到大雄宝殿里头，一下子变成了一只蜘蛛，还冲到天花板上，一下子火苗就窜了下来。这下子这个寺庙烧得很旺很旺，香客、和尚都没处逃了。

　　这时，还有一个柴房没烧掉，大家都挤到这个柴房里去了。这时一看，这个济公和尚已经在睡觉了！这个住持就把他敲醒，他说，济公你什么意思？在这里睡觉？这时，济公跟他说，住持我已经问过你了，你说是多一事（寺）还不如少一事（寺），你说的要少一寺。所以这座寺就烧掉了。

　　这时候，这个住持才听明白，他这个是"寺庙"的"寺"，不是"事情"的"事"。这下好了，这座寺庙就这样烧掉了。

　　　　　　　　　　　　　　　　　　　　　　（2015 年 8 月，发音人：谢浩宇）

四、自选条目

（一）谚语

雄鸡不啼，［ioŋ²²tɕi⁴⁵pəʔ⁵di²¹³］
天照样亮。［tʰiɛ³³tsɔ⁴⁵iaŋ⁵⁵liaŋ¹³］

话越话越明，［ua¹³yɛʔ²uo⁴⁵yɛʔ²miŋ²¹³］
理越辩越清。［li⁵³yɛʔ²biɛ⁴⁵yɛʔ²tɕʰiŋ³³⁴］

硬揪牛头不吃水。［ŋaŋ¹³tɕʰiŋ⁴⁵n̩y²²dei⁴⁵pəʔ⁵tɕʰio⁵suei⁵³］揪：搊

石看纹理山看脉，［zəʔ²kʰɛ⁴⁵vəŋ²²li⁵³sɛ³³kʰɛ⁴⁵məʔ²］
人看志气树看材。［zəŋ²²kʰɛ⁴⁵tsɿ⁴⁵tɕʰi⁵³zu¹³kʰɛ³³dzɛ²¹³］

花盆里长不出苍松，［xua³³bəŋ⁴⁵li⁵³tsaŋ⁵³pəʔ⁰tsʰəʔ⁰tsʰaŋ³³soŋ³³⁴］
鸟笼里飞不出雄鹰。［ȵiɔ⁵⁵loŋ⁰li⁰fi³³⁴pəʔ²tsʰəʔ⁵ioŋ²²iŋ⁴⁵］

远地烧香，［yo⁵⁵di¹³sɔ³³ɕiaŋ⁴⁵］
不如近地祝福。［pəʔ⁵zu⁴⁵dʑiŋ¹³di²²tsoʔ⁵foʔ³］

船到江心补漏迟。［dzuo²²tɔ⁴⁵tɕiaŋ³³ɕiŋ³³⁴pu⁵³lei¹³dzɿ²¹³］

晴天带伞，［dʑiŋ²²tʰiɛ⁴⁵tɛ³³sɛ⁵³］
肚饱带饭。［du¹³pɔ⁵³tɛ³³vɛ¹³］

春雪麦得病，［tsʰuəŋ³³ɕyɛʔ⁵məʔ²təʔ⁵biŋ¹³］
冬雪麦得被。［toŋ³³ɕyɛʔ⁵məʔ²təʔ⁵bi¹³］

一个雨点一个泡，［iɛʔ³kəʔ⁵y⁵⁵tiɛ⁰iɛʔ³kəʔ⁵pʰɔ⁴⁵］

还有大雨没有到。［uəʔ²y⁵³da¹³y⁵³məʔ²y⁵⁵tɔ⁴⁵］

云在东，一阵风；［yŋ³³dzɛ⁵⁵toŋ³³⁴，iɛʔ³dzəŋ⁴⁵foŋ³³⁴］
云在南，雨涟涟；［yŋ³³dzɛ⁵⁵nɛ²¹³，y⁵⁵liɛ²²liɛ⁴⁵］
云在西，渔翁披蓑衣；［yŋ³³dzɛ⁵⁵ɕi³³⁴，y²²uəŋ⁴⁵pʰi⁵⁵səu³³i⁴⁵］
云在北，明朝好晒谷。［yŋ³³dzɛ⁵⁵poʔ⁵，məŋ²²tsɔ⁴⁵xɔ⁵⁵sɛ³³koʔ⁵］

虹低日头高，［oŋ²²ti⁴⁵zəʔ²dei⁴⁵kɔ³³⁴］
落雨要讨饶；［loʔ²y⁵³iɔ³³tʰɔ⁵⁵n̠iɔ²¹³］
虹高日头低，［oŋ²²kɔ⁴⁵zəʔ²dei⁴⁵ti³³⁴］
晒煞老雄鸡。［sɛ⁴⁵səʔ⁵lɔ⁵⁵ioŋ²²tɕi³³⁴］

南闪火门开，［nɛ²²sɛ⁵³xu⁵⁵məŋ²²kʰɛ³³⁴］闪：闪电
北闪有雨来。［poʔ³sɛ⁵³y⁵³y⁵⁵lɛ²¹³］

九九落雪，［tɕy⁵³tɕy⁵³loʔ²ɕyɛʔ⁵］
西湖开裂。［ɕi³³u⁴⁵kʰɛ³³liɛʔ²］

东虹日头西虹雨，［toŋ³³oŋ⁴⁵zəʔ²dei⁴⁵ɕi³³oŋ⁴⁵y⁵³］
南虹出来落大雨。［nɛ²²oŋ⁴⁵tsʰəʔ³lɛ⁴⁵loʔ²dəu¹³y⁵³］

有收无收在于水，［y⁵³sei³³u²²sei³³⁴dzɛ¹³y³³suei⁵³］
多收少收在于肥。［təu³³sei⁴⁵sɔ⁵⁵sei⁰dzɛ¹³y³³vi²¹³］

（以上 2018 年 10 月，发音人：谢浩宇）

（二）歇后语

西湖里倒酱油［ɕi³³u⁴⁵li⁵³tɔ³³tɕiaŋ⁴⁵y⁵³］——拆空［tsʰəʔ⁵kʰoŋ³³⁴］拆空：白搭

城隍山高头看火烧［dzəŋ²²uaŋ⁴⁵sɛ⁵⁵kɔ⁰dei⁰kʰɛ⁴⁵xu⁵⁵sɔ⁰］——看热闹［kʰɛ⁵⁵zəʔ²nɔ⁴⁵］

一脚闹⁼过钱塘江［ iɛʔ⁵tɕiɛʔ⁵nɔ¹³ku⁵³dziɛ²²daŋ²²tɕiaŋ⁴⁵ ］闹⁼: 跨——吹腮儿［ tsʰuei⁵⁵sɛ³³əl⁰ ］

　　吹腮儿: 吹牛

刨黄瓜儿［ bɔ¹³uaŋ²²kua⁴⁵əl⁰ ］——被人敲竹杠［ bei⁵⁵zən²²kʰɔ⁵⁵tsoʔ³kaŋ⁴⁵ ］

黄连树下弹琴［ uaŋ³³liɛ⁴⁵zu⁵⁵ia⁰dɛ⁴⁵dʑiŋ²¹³ ］——苦中作乐［ kʰu⁵³tsoŋ³³tsoʔ⁵loʔ² ］

三个指头捏田螺［ sɛ³³kəʔ⁵tsɿ⁵⁵dei⁰n̩iɛʔ⁵diɛ²²ləu⁴⁵ ］——十拿九稳［ zəʔ²na⁴⁵tɕy⁵³uəŋ⁵³ ］

芥菜子跌在针眼里［ ka⁴⁵tsʰɛ⁵⁵tsɿ⁰tiɛʔ³dzɛ⁴⁵tsəŋ³³iɛ⁵⁵li⁰ ］——掽巧［ baŋ¹³tɕʰiɔ⁵³ ］掽: 碰撞

西湖里挖月亮［ ɕi³³u⁴⁵li⁵³uəʔ⁵yɛʔ²liaŋ⁴⁵ ］——枉费心机［ uaŋ⁵⁵fi³³ɕiŋ³³tɕi⁴⁵ ］

西湖里捞月亮［ ɕi³³u⁴⁵li⁵³lɔ⁴⁵yɛʔ²liaŋ⁴⁵ ］——空牢牢［ kʰoŋ³³lɔ⁴⁵lɔ⁵³ ］

白娘子遇许仙［ bəʔ²n̩iaŋ⁴⁵tsɿ⁵³y¹³ɕy⁵⁵ɕiɛ⁰ ］——两厢情愿［ liaŋ⁵⁵ɕiaŋ³³dʑiŋ²²yo⁴⁵ ］

白娘子哭断桥［ bəʔ²n̩iaŋ⁴⁵tsɿ⁵³kʰoʔ⁵duo¹³dʑiɔ⁵³ ］——怀念旧情［ uɛ²²n̩iɛ⁴⁵dʑy¹³dʑiŋ⁵³ ］

（以上 2018 年 10 月，发音人: 谢浩宇）

（三）顺口溜

城外楼外楼，［ dzən²²uɛ⁴⁵lei²²uɛ⁴⁵lei⁵³ ］
城里天香楼。［ dzən²²li⁵³tʰiɛ³³ɕiaŋ⁴⁵lei⁵ ］
龙井茶叶虎跑水。［ loŋ²²tɕiŋ⁵⁵dza²²iɛʔ²xu⁵⁵bɔ⁰suei⁰ ］

杭儿风，一把葱，［ aŋ²²əl⁰foŋ⁵³，iɛʔ⁵pa⁵³tsʰoŋ³³⁴ ］杭儿风: 杭州风潮, 指跟风
花簇簇，里头空。［ xua³³⁴tsʰoʔ⁵tsʰoʔ⁵，li⁵⁵dei⁰kʰoŋ³³⁴ ］花簇簇: 花哨

（以上 2015 年 8 月，发音人: 谢浩宇）

嘉　兴

一、歌谣

摇啊摇

摇啊摇，摇到外婆桥。［iɔ¹³ɑ²¹iɔ¹³，iɔ¹³tɔ²¹ɑ²¹bu³³dʑiɔ²⁴²］
外婆买条娃娃烧。［ɑ²¹bu³³mɑ²¹diɔ³³uɑ²¹uɑ³³sɔ⁴²］娃娃：娃娃鱼
烧得头勿熟来尾巴焦。［sɔ⁴²təʔ¹dei²¹vəʔ⁵zoʔ³lᴇ²¹mi²¹bɔ⁴²tɕiɔ⁴²］
外甥吃仔发火跳。［ɑ²¹sɑ̃⁴²tɕʰieʔ⁵tsɿ²¹fɑʔ⁵fu⁵⁴⁴tʰiɔ³³］发火跳：打虎跳

田田坂坂

田田坂坂，坂过南山。［die²¹die³³pᴇ³³pᴇ²¹，pᴇ³³kou²¹nə²¹sᴇ³³］
南山勿陡，水浸动物。［nə²¹sᴇ³³vəʔ⁵tei²¹，sɿ³³tɕiŋ²¹doŋ²¹vəʔ⁵］
眉毛也湿，杨柳扫脚。［mi²¹mɔ³³ɑ²¹səʔ⁵，iɑ̃¹³liu⁴²sɔ²¹tɕiɑʔ⁵］

俫姓啥

俫姓啥？我姓黄。［nei¹³ɕiŋ³³zɑ¹³？ ŋ²¹ɕiŋ⁴²uɑ̃²⁴²］
啥个黄？草头黄。［zɑ³³gəʔ⁵uɑ̃⁴²？ tsʰɔ²¹dei²¹uɑ̃⁴²］
啥个草？碧绿草。［zɑ³³gəʔ⁵tsʰɔ¹³？ pieʔ⁵loʔ⁵tsʰɔ⁴²］
啥个笔？毛笔。［zɑ³³gəʔ⁵pieʔ⁵？ mɔ²¹pieʔ⁵］
啥个毛？三毛。［zɑ³³gəʔ⁵mɔ¹³？ sᴇ³³mɔ⁴²］

啥个三？高山。[ᶻA³³gəʔ⁵sE⁴² ?　kɔ³³sE⁴²]

啥个高？年糕。[ᶻA³³gəʔ⁵kɔ⁴² ?　n̠ie²¹kɔ³³]

啥个年？2015年。[ᶻA³³gəʔ⁵n̠ie¹³ ?　ŋE²¹liŋ³³iʔ⁵ŋ²¹n̠ie²¹]

割⸗里吃碗肉丝面。[kE²¹li³³tɕʰieʔ⁵uə²¹n̠ioʔ⁵sʅ³³mie²¹]

落雨哩

落雨哩，打烊哩。[loʔ⁵y³³li³³，tã³³iã³³li³³]

小百⸗癞子开会哩。[ɕiɔ³³pAʔ⁵lA³³tsʅ²¹kʰE³³ui¹³li³³]小百⸗癞子: 小孩

（以上 2015 年 7 月，发音人：许瑞芳）

二、规定故事

牛郎和织女

我从前小人家呢，[ŋ¹³zoŋ²¹dʑie³³ɕiɔ⁵⁴⁴n̠iŋ³³kA³³ne²¹]

听我家大人讲牛郎织女个故事。[tʰiŋ³³ŋ¹³kA⁴²dou¹³n̠iŋ³³kã⁴²n̠iu²¹lã³³tsəʔ⁵n̠yʔgəʔ²¹ku³³
zʅ¹³]

牛郎织女是实⸗介个，[niu²¹lã³³tsəʔ⁵n̠y²¹zʅ¹³zəʔ³kA¹³gəʔ³]

有一家人家，[iu³³iʔ⁵kA³³n̠iŋ³³kA³³]

有弟兄两家头。[iu¹³di²¹ɕioŋ⁴²lã²¹kA²¹dei⁴²]

大佬呢已经结婚哩。[dou²⁴lɔ²¹ne²¹iʔ⁴²tɕiŋ²¹tɕieʔ⁵huəŋ³³li²¹]

因为伊拉个爷娘死来早。[in³³uei⁴²iʔ²¹lA²¹gəʔ¹iA¹³n̠iã⁴²ɕiʔ⁴²lE²¹tsɔ⁵⁴⁴]

那么兄弟呢还无没结婚。[nA²¹məʔ²¹ɕioŋ³³di²¹ne²¹E²¹m²¹məʔ¹tɕieʔ⁵huəŋ³³]

伊拉讲："阿嫂呢蛮坏个。"[i²¹lA³³kã⁴² : Aʔ⁵sɔ²¹ne²¹mE³³uA¹³gəʔ⁵]

总归蛮凶个。[tsoŋ³³kuei³³mE³³ɕioŋ⁴²gəʔ¹]

那么合拢讲，[nA²¹məʔ¹kəʔ⁵loŋ³³kã³³]

管伊兄弟结婚勿结婚呢还要分家，[kuə⁵⁴⁴i¹³ɕioŋ³³di³³tɕieʔ⁵huəŋ³³vəʔ⁵tɕieʔ⁵huəŋ³³ne²¹
E¹³iɔ³³fəŋ³³kA⁴²]

那么就实⸗介兄弟无没办法分，[nA²¹məʔ¹dʑiu¹³zəʔ¹kA²¹ɕioŋ³³di³³m¹³məʔ⁵bE¹³fAʔ¹
fəŋ³³]

就分家哩。［dʑiu¹³fəŋ³³kA⁴²li²¹］

分家么，［fəŋ³³kA⁴²mə²¹］

虽然蛮穷么，［sui⁴²zE³³mE³³dʑioŋ¹³mə²¹］

房子勒⁼刮⁼呢，［vã²⁴tsɿ²¹lə ʔ¹kuA³³ne²¹］

全分本⁼大佬哩，［zE²⁴fəŋ⁴²pəŋ²¹dou²⁴lɔ²¹li²¹］

兄弟呢就分着一只牛。［ɕioŋ⁴²di²¹ne²¹dʑiu¹³fəŋ⁴²dzAʔ¹iʔ⁵tsAʔ⁵n̩iu²⁴²］

那么好哩，［nA²¹məʔ¹hɔ²¹li²¹］

兄弟呢就同一只牛相依为命，［ɕioŋ³³di²¹ne²¹dʑiu¹³doŋ²⁴iʔ⁵tsAʔ⁵n̩iu²⁴²ɕiã³³i³³ui¹³miŋ¹³］

过日脚。［kou³³n̩ieʔ³tɕiAʔ¹³］日脚：日子

那么只牛呢，［nA²¹məʔ¹tsAʔ⁵n̩iu²⁴ne²¹］

其实是天浪⁼个金牛星，［dʑi¹³zəʔ³zɿ¹³tʰie³³lã¹³gəʔ¹tɕiŋ⁴²n̩iu⁴²ɕiŋ²¹］

个牛呢看个兄弟人么介好，［gəʔ¹n̩iu²⁴ne²¹kʰə²¹gəʔ³ɕioŋ³³di²¹n̩iŋ¹³məʔ¹³kA³³hɔ⁵⁴⁴］

老老实实，勤勤恳恳。［kA³³hɔ⁵⁴⁴，lɔ²¹lɔ²¹zəʔ³zəʔ¹，dʑiŋ²¹dʑiŋ³³kʰəŋ³³kʰəŋ²¹］

日脚么过来介苦，［n̩ieʔ³tɕiAʔ⁵mə²¹kou³³lE³³kA³³kʰou⁵⁴⁴］

看起来老婆讨勿起。［kʰə³³tɕʰi²¹lE⁴²lɔ²¹bu⁴²tʰɔ¹³vəʔ⁵tɕʰi²¹］

那么总归想呢，［nA²¹məʔ¹tsoŋ⁵⁴⁴kui³³ɕiã⁵⁴⁴ne²¹］

拨伊讨个老婆。［pəʔ⁵i³³tʰɔ¹³gəʔ⁵lɔ²¹bu⁴²］

那么有一天呢，［nA²¹məʔ¹iu¹³iʔ⁵tʰie³³ne²¹］

伊托梦拨牛郎，［i²¹tʰoʔ⁵moŋ¹³pəʔ⁵n̩iu¹³lã³³］

梦里朝伊讲，［moŋ¹³li²¹zɔ²¹i⁴²kã⁵⁴⁴］

说："明早啊天浪⁼有七个仙女要到凡间来汏浴。［səʔ³：məŋ²¹tsɔ⁵⁴⁴A²¹tʰie³³lã²¹iu¹³tɕʰieʔ⁵gəʔ¹ɕie⁴²n̩y²¹iɔ³³tɔ³³vE¹³tɕie⁴²lE¹³dA²¹ioʔ⁵］

算，侬看，伊拉汏浴么，衣裳全要脱光哩，侬去看。［sua²²⁴，nei¹³kʰə¹³，i⁴²lA²¹dA²¹ioʔ⁵mə²¹，i³³zã²¹zE¹³iɔ³³tʰoʔ⁵kuã³³li²¹，nei³³tɕʰi³³kʰə¹³］

拿件顶漂亮个衣裳拿去，［nE³³dʑie³³tiŋ⁵⁴⁴piɔ²¹liã²¹gəʔ¹i⁴²zã²¹nei³³tɕʰi²¹］

侬拿仔⁼么快点逃勿要去睬伊拉。"［nei¹³nE³³tsɿ²¹məʔ¹kuA³³tie⁵⁴⁴dɔ¹³vE³³iɔ³³tɕʰi³³tsʰE¹³i⁴²lA²¹］

那么牛郎心转里介⁼想：［nA²¹məʔ¹n̩iu¹³lã³³ɕiŋ³³tse⁴²li²¹kA²¹ɕiã⁵⁴⁴］

"有实⁼介刮⁼事体个。还算葛么明朝过去试试看。"［iu²¹zA²¹kA²¹kuAʔ⁵zɿ¹³tʰi⁴²gəʔ¹。E³³sua³³gəʔ⁵məʔ¹məŋ²¹tsɔ³³kou³³tɕʰi³³sɿ¹³sɿ²⁴kʰə⁰］

明早到湖边浪⁼过去一看，［məŋ²¹tsɔ³³tɔ³³vu²¹pie³³lã¹³kou³³tɕʰi³³iʔ⁵kʰə²¹］

真介样！有七个仙女，［tsəŋ³³kʌ²⁴iã²¹！ iu¹³tɕʰie⁵gəʔ¹ɕie³³n̠y²¹］

一件件衣裳全蛮漂亮个。［iʔ³dʑie²⁴dʑie²¹iʔ²¹zã⁰ʑɛ¹³mɛ³³pʰiɔ²¹liã¹³gəʔ¹］

红唉，黄唉，绿唉，蓝唉，天蓝唉，粉红色唉，［oŋ¹³ɛ²¹， uã¹³ɛ²¹， loʔ⁵ɛ²¹， lɛ¹³ɛ²¹，
　　tʰie³³lɛ¹³ɛ²¹， fəŋ⁵⁴⁴oŋ³³səʔ⁵ɛ²¹］

那伊拣件顶漂亮个——粉红色个拿仔⁼走里。［nʌ¹³iʔ⁴²kɛ⁵⁴⁴dʑie¹³tiŋ⁵⁴⁴piɔ²¹liã¹³kɛ²¹
　　——fəŋ⁵⁴⁴oŋ³³səʔ⁵gəʔ¹nɛ¹³tsʅ²¹tsei²¹li²¹］

勿管介样逃到屋里。［vəʔ⁵kuə²¹kʌ³³iã³³dɔ¹³tɔ³³uəʔ⁵li²¹］

那么再讲割⁼七仙女呢，［nʌ²¹məʔ¹tsɛ³³kã⁵⁴⁴kəʔ⁵tɕʰieʔ⁵ɕie⁵n̠y²¹ne²¹］

其实是玉皇大帝个七个囡儿。［dʑi²⁴zəʔ¹zʅ¹³ioʔ⁵uã²⁴dʌ¹³di²¹gəʔ¹tɕʰieʔ⁵kɛ³³nə²¹ŋ⁴²］

葛件粉红色个呢是顶小个，［gəʔ¹dʑie¹³fəŋ⁵⁴⁴oŋ³³səʔ⁵gəʔ¹ne²¹zʅ¹³tiŋ⁵⁴⁴ɕiɔ⁵⁴⁴gəʔ¹］

叫七仙女。［tɕiɔ³³tɕʰieʔ⁵ɕie³³n̠y⁴²］

那么大家全拉起来寻衣裳着么，［nʌ²¹məʔ¹dʌ²¹kʌ²⁴ʑɛ³³lʌ⁴²tɕʰi³³lɛ³³dʑiŋ¹³iʔ³³zã²¹tsʌʔ⁵
　　məʔ¹］

只有七仙女葛件衣裳无没。［tsʌʔ⁵iu¹³tɕʰieʔ⁵ɕie³³n̠y⁴²kəʔ⁵dʑie³³iʔ³³zã²¹m³³məʔ¹］

天浪⁼面点晓得唉，［tʰie⁴²lã¹³mie²¹tie⁵⁴⁴ɕiɔ⁵⁴⁴təʔ⁵ɛ⁴²］

哦，葛牛郎拿去哩。［o²¹， gəʔ¹n̠iu¹³lã³³nɛ³³tɕʰi²⁴li²¹］

那么七仙女追到牛郎拉屋里，［nʌ²¹məʔ¹tɕʰieʔ⁵ɕie³³n̠y⁴²tsei⁴²tɔ³³n̠iu¹³lã³³lʌ¹³uəʔ⁵li²¹］

看看牛郎呢，［kʰə³³kʰə³³n̠iu¹³lã³³ne²¹］

人苗啊倒蛮好，［n̠iŋ²⁴miɔ²¹ʌ²¹tɔ³³mɛ⁴²hɔ⁵⁴⁴］

一表人才，生来勿差，［iʔ⁵piɔ⁵⁴⁴n̠iŋ¹³zɛ¹³， sã³³lɛ²¹vəʔ¹tsʰo³³］

看伊呢蛮惨过。［kʰə²⁴iʔ⁴²ne²¹mɛ¹³tsʰɛ¹³kou³³］

葛么伊拉，［gəʔ¹məʔ¹iʔ⁴²lʌ⁴²］

仙女其实还蛮向往人间，［ɕie⁴²n̠y²¹dʑi¹³zəʔ¹ɛ¹³mɛ⁴²ɕiã³³uã²¹zəŋ²¹tɕie³³］

人间到底呢哪鞋⁼么生活，［zəŋ²¹tɕie³³tɔ³³ti²¹ne²¹nʌ²¹ʌ¹³məʔ¹sã³³uəʔ¹］

还蛮向往人间个情爱个。［ɛ¹³mɛ⁴²ɕiã³³uã²¹zəŋ²¹tɕie³³gəʔ¹dʑiŋ²⁴ɛ²¹gəʔ¹］

合落介看看牛郎倒蛮看得落个，［kəʔ⁵ləʔ¹kʌ³³kʰə³³kʰə³³n̠iu¹³lã³³tɔ³³mɛ⁴²kʰə³³təʔ⁵ləʔ⁵
　　gəʔ¹］

葛么就留辣⁼人间哩，［kəʔ⁵məʔ¹dʑiu¹³liu¹³lʌ⁵zəŋ²¹tɕie³³li²¹］

同牛郎做夫妻哩。［doŋ¹³n̠iu¹³lã³³tsou³³fu³³tɕʰi³³li²¹］

那么，时间么倒过得蛮快，[nᴀ^{21}məʔ^{1}，zɿ^{21}tɕie^{33}məʔ^{1}tɔ^{33}kou^{33}təʔ^{5}mᴇ^{13}kʰuᴀ^{13}]
伊拉做哩夫妻三年哩。[i^{42}lᴀ^{21}tsou^{33}li^{21}fu^{33}tɕʰi^{33}sᴇ^{33}ȵie^{13}li^{21}]
养勒⁼一个囡儿，一个儿子。[iᴀ̃^{13}ləʔ^{5}iʔ^{5}kᴇ^{33}nə^{13}ŋ^{33}，iʔ^{5}kᴇ^{33}ŋ^{24}tsɿ^{21}]

那么，其实人间三年伊拉讲起天浪⁼只有三天，[nᴀ^{21}mə^{21}，dʑi^{13}zəʔ^{5}ȵiŋ^{13}tɕie^{42}sᴇ^{33}ȵie^{21}i^{13}lᴀ^{42}kᴀ̃^{42}tɕʰi^{42}tʰie^{42}lᴀ̃^{13}tsəʔ^{5}iu^{13}sᴇ^{33}tʰie^{42}]
三天以后呢，玉皇大帝觉得哩，[sᴇ^{33}tʰie^{42}i^{42}ei^{13}ȵi^{21}，yeʔ^{5}uᴀ̃^{242}dᴀ^{13}ti^{21}koʔ^{5}təʔ^{5}li^{21}]
哪哈，葛么拖囡儿哪哈见啊弗见，[nᴀ^{21}hᴀ^{24}，kəʔ^{5}mə^{21}tʰou^{33}nə^{42}ŋ^{21}nᴀ^{21}hᴀ^{24}tɕie^{21}ᴀ^{21}fəʔ^{5}tɕie^{21}]
那么瞒弗牢么晓得哩，[nᴀ^{21}mə^{21}mᴇ^{24}fəʔ^{5}lɔ^{24}mə^{21}ɕiɔ^{544}təʔ^{5}li^{21}]
哦，原来到人间去同人家做夫妻去。[o^{21}，ȵyə^{21}lᴇ^{33}tɔ^{33}ȵiŋ^{21}tɕie^{42}tɕʰy^{21}doŋ^{13}ȵiŋ^{21}ko^{33}tsou^{33}fu^{33}tɕʰi^{33}tɕʰy^{21}]
葛弗来赛，天浪⁼同人间好像弗能通婚个，[kəʔ^{5}fəʔ^{1}lᴇ^{21}sᴇ^{42}，tʰie^{33}lᴀ̃^{13}doŋ^{13}ȵiŋ^{13}tɕie^{42}xɔ^{33}ʑiᴀ̃^{13}fəʔ^{5}nəŋ^{13}tʰoŋ^{33}xuəŋ^{33}kəʔ^{1}]
好像伊拉想个。[xɔ^{33}ʑiᴀ̃^{13}i^{33}lᴀ^{33}ɕiᴀ̃^{544}kəʔ^{1}]
我估想想，葛落伊拉要拨伊捉回来个。[ŋ^{33}ku^{544}ɕiᴀ̃^{544}ɕiᴀ̃^{544}，kəʔ^{5}loʔ^{5}i^{21}lᴀ^{33}iɔ^{33}pəʔ^{5}i^{33}tsoʔ^{5}uei^{24}lᴇ^{21}kəʔ^{1}]

那么那就有一天么，[nᴀ^{21}mə^{21}nᴀ^{21}dʑiu^{24}iu^{21}iʔ^{5}tʰie^{42}mə^{21}]
好哩，发大风落雨啊，[xɔ^{42}li^{21}，fᴀʔ^{5}dou^{13}foŋ^{42}loʔ^{5}y^{42}ᴀ^{21}]
落趁风大落雨个辰光么，[loʔ^{5}tsʰəŋ^{33}foŋ^{42}dou^{113}loʔ^{5}y^{42}kəʔ^{5}zəŋ^{13}kuᴀ̃^{42}mə^{21}]
那么个七仙女捉一起哩，[nᴀ^{21}məʔ^{1}kəʔ^{5}tɕʰieʔ^{5}ɕie^{33}ȵy^{42}tsoʔ^{5}iʔ^{5}tɕʰi^{42}li^{21}]
那么牛郎又弗晓得鞋⁼回事体，[nᴀ^{21}mə^{21}ȵiu^{13}lᴀ̃^{33}i^{24}fəʔ^{5}ɕiɔ^{544}təʔ^{5}ᴀ^{13}uei^{13}zɿ^{13}tʰi^{42}]
那么个只牛同伊拉讲哩，[nᴀ^{21}mə^{21}kəʔ^{5}tsᴀʔ^{5}ȵiu^{13}doŋ^{13}i^{21}lᴀ^{33}kᴀ̃^{42}li^{21}]
葛个其实玉皇大帝个囡儿呀，[kəʔ^{5} kəʔ^{1}dʑi^{21}zəʔ^{13}yəʔ^{5}uᴀ̃^{13}dᴀ^{13}ti^{21}kəʔ^{1}nə^{13}ŋ^{21}iᴀ^{21}]
倷快滴去追。[nei^{13}kʰuᴀ^{544}tiəʔ^{5}tɕʰi^{33}tsei^{42}]
牛郎想，哪哈追法子啊。[ȵiu^{13}lᴀ^{33}ɕiᴀ̃^{544}，nᴀ^{21}hᴀ^{24}tsei^{33}fᴀʔ^{5}tsɿ^{21}ᴀ^{21}]
说你呶呶，只牛，[soʔ^{5}ȵi^{24}nɔ^{33}nɔ^{33}，tsᴀʔ^{1}ȵiu^{24}]
葛两只角倷拿出来好哩，拿出来，[kəʔ^{1}liᴀ̃^{33}tsᴀʔ^{5}koʔ^{5}nei^{33}nᴇ^{33}tsʰəʔ^{5}lᴇ^{13}xɔ^{21}li^{21}，nᴇ^{33}tsʰəʔ^{5}lᴇ^{13}]
是两个簸箕挑着小人。[zɿ^{13}liᴀ̃^{13}kəʔ^{5}pu^{21}tɕi^{42}tʰiɔ^{33}zəʔ^{13}ɕiɔ^{42}ȵiŋ^{242}]
快滴小人追伊去么，[kʰuᴀ^{21}tiəʔ^{5}ɕiɔ^{33}ȵiŋ^{242}tsei^{42}i^{21}tɕʰi^{21}mə^{21}]

顶好伊拉发发善心噢。[tiŋ⁴²xɔ⁴²i¹³lʌ⁴²fʌʔ⁵fʌʔ⁵zɛ¹³ɕiŋ⁴²ɔ⁴²]

那么牛郎说，噢个么个么，[nʌ²¹mə²¹ȵiu¹³lã³³soʔ⁵，ɔ²¹kəʔ⁵mə²¹kəʔ⁵mə²¹]

确实个辰光么只牛郎就掉脱来，[kʰoʔ⁵zəʔ¹³kəʔ⁵zəŋ¹³kuã⁴²mə²¹tsʌʔ¹ȵiu¹³lã³³dʑiu²¹tiɔ³³tʰoʔ⁵lɛ³³]

只牛个角掉脱来么，[tsʌʔ¹niu¹³kəʔ⁵koʔ⁵tiɔ³³toʔ⁵lɛ¹³mə²¹]

边浪＝个箩筐么，[pie³³lã¹³kəʔ⁵lou¹³kʰuã⁴²mə²¹]

牛郎挑起就追。[niu¹³lã³³tʰiɔ⁴²tɕʰi⁵⁴⁴dʑiu²¹tsei⁴²]

追啊追啊追啊追，[tsei⁴²ʌ²¹tsei⁴²ʌ²¹tsei⁴²ʌ²¹tsei⁴²]

到底是人间追弗过天宫个啊，[tɔ³³ti⁵⁴⁴zʅ¹³ȵiŋ¹³tɕie⁴²tsei⁴²fəʔ⁵kou²¹tʰie³³koŋ⁴²kəʔ⁵ʌ²¹]

弗过就要追到快哩呐，[fəʔ⁵kou³³dʑiu¹³iɔ³³tsei³³tɔ³³kʰuʌ³³li²¹nə²¹]

王母娘娘看见要追到快哩呐，[uã²⁴mu⁴²ȵiã¹³ȵiã¹³kʰə³³tɕie³³iɔ³³tsei⁴²tɔ³³kʰuʌ³³li²¹nə²¹]

想着哈弗来赛，[ɕiã⁵⁴⁴zə²¹xʌ²⁴fəʔ⁵lɛ²¹sɛ³³]

那么快淲在衣浪＝拔出一只玉簪。[nʌ²¹mə²¹kʰuʌ³³ti⁴²dzɛ¹³i¹³lʌ¹³bʌʔ¹³tsʰəʔ⁵iʔ⁵tsʌʔ⁵ȵyeʔ¹³tsə³³]

落天浪＝"哗"一划，划出一条河，[loʔ¹³tʰie³³lã²¹kuʌ¹iʔ⁵uʌʔ⁵，uʌʔ⁵tsʰəʔ⁵iʔ⁵diɔ¹³vu¹³]

葛条河就是伊拉讲起来银河，[kəʔ¹diɔ¹³vu¹³dʑiu²¹zʅ¹³i¹³lʌ³³kã²¹tɕʰi⁴²lɛ³³ȵiŋ²⁴vu¹³]

银河就是王母娘娘划出来个。[ȵiŋ²⁴vu¹³dʑiu²¹zʅ¹³uã²⁴mu⁴²ȵiã²¹ȵiã¹³uʌʔ⁵tsʰəʔ⁵lɛ³³kəʔ¹]

那么好了呀，有了银河相隔么，[nʌ²¹mə²¹xɔ²¹liɔ²¹iʌ²¹，iu¹³liɔ²¹ȵiŋ²⁴vu¹³ɕiã³³kəʔ⁵mə²¹]

牛郎同织女么，好了呀，[ȵiu¹³lã³³doŋ²⁴tsəʔ⁵ȵy⁴²mə²¹，xɔ²¹liɔ²¹iʌ²¹]

"达，"弗着哩呀。[dʌʔ¹³，fəʔ⁵tsəʔ⁵li²¹iʌ²¹]

那么伊拉讲，讲起七月初七每天夜里呐，[nʌ²¹mə²¹i²¹lʌ²¹kã⁵⁴⁴，kã⁵⁴⁴tɕʰi⁵⁴⁴tɕʰieʔ⁵ȵyeʔ⁵tsʰou⁴²tɕʰieʔ¹mei³³tʰie³³iʌ³³li³³nə²¹]

喜鹊看见罪过呐搭成桥，[ɕi³³tɕʰiʌʔ⁵kʰə³³tɕie²¹zəʔ⁵ku³³nə³³tʌʔ⁵zəŋ¹³dʑiɔ¹³]

让伊拉鹊桥相会。[ȵiã¹³i¹³lʌ³³tɕʰiʌʔ⁵dʑiɔ¹³ɕiã³³uei²¹]

葛落讲，伊拉讲那七月初七下底，[kəʔ⁵loʔ⁵kã⁵⁴⁴，i¹³lʌ³³kã⁵⁴⁴nʌ²⁴tɕʰieʔ⁵ȵyeʔ⁵tsʰou⁴²tɕʰieʔ¹o²¹ti⁴²]

葡萄棚下底呐，到七月初七夜里呐，[bu²¹dɔ³³bã³³o²¹ti⁴²nə²¹，tɔ³³tɕʰieʔ⁵ȵyeʔ⁵tsʰou⁴²tɕʰieʔ¹iʌ¹³li⁴²nə²¹]

看得着好像天浪＝是弗有一条，[kʰə³³təʔ⁵zəʔ¹³xɔ³³ziã¹³tʰie³³lã¹³zʅ¹³fəʔ⁵iu¹³iʔ⁵diɔ¹³]

伊葛叫，伊拉讲看得着，［i³³kəʔ⁵tɕio³³, i¹³lʌ³³kʌ̃⁵⁴⁴kʰə³³təʔ⁵zəʔ¹³］
就是辣⁼个事体。［dʑiu¹³zɿ¹³lʌʔ¹³kəʔ⁵zɿ¹³tʰi⁴²］

　　我小的时候，听我家长辈说起过牛郎和织女的故事。牛郎和织女是讲有一户人家有弟兄两个，大哥已经结婚了，兄弟俩父母死得早，弟弟还没结婚。嫂子很坏，很凶。大哥结婚了，嫂子就闹着要两兄弟分家。那么兄弟俩实在没办法在一起了，就分家了。

　　兄弟俩没什么财产，房子分给了大哥，弟弟分到了一头牛。后来弟弟就和这头牛相依为命。这头牛其实是天上的金牛星，他看见弟弟为人很好，老老实实，勤勤恳恳，日子过得这么苦，看起来娶不起老婆，就想帮弟弟娶个老婆。

　　有一天，牛托梦给牛郎，告诉他第二天会有七个仙女来到凡间洗澡，会把衣服全脱掉，让他去看看，把那件最漂亮的衣裳拿走，拿了就跑，别理睬她们。牛郎心想："真的吗？那我明天过去试试看。"

　　第二天牛郎到湖边一看果真有七个仙女，脱下来的一件件衣服都很漂亮，红色的、黄色的、绿色的、蓝色的、天蓝色的、粉红色的。牛郎拿了一件最漂亮的粉红色衣服，不管怎么样逃到了家里。

　　其实这七个仙女是玉皇大帝的七个女儿。这件粉红色的是最小的仙女的，她叫七仙女。七个仙女洗完澡起来找衣服穿，只有七仙女的衣服没有了。天上面有点知道了，哦，衣服被牛郎拿去了。七仙女就追到牛郎家，见到牛郎人很好，一表人才，长得不错，发现他曾经很惨。

　　仙女们很向往人间生活和人间感情的。总之，七仙女看看牛郎倒是很看得顺眼，于是就留在了人间，与牛郎结为夫妻。时间过得很快，七仙女同牛郎已经做了夫妻三年了。生了一个女儿，一个儿子。

　　人间三年天上三天。三天以后，玉皇大帝知道了。怎么了？他的女儿不见了。瞒是瞒不住的，原来她到人间去同人家做夫妻去了。这不行，天上与人间好像不能通婚的，好像他们是这么想的。我估计，这下他们要把他抓回来。

　　有一天，大风大雨，在这时候，七仙女被抓了。牛郎不知道发生了什么事，那头牛跟他讲："她其实是玉皇大帝的女儿呀，你快点去追。"牛郎想，哪有法子追呀。这头牛说："这两只角你拿下来好了，拿下来，用这两个簸箕挑着小孩，快点去追她。最好他们发发善心。"牛郎说的时候，牛头上的角就掉下来了，变成了箩筐，牛郎挑起就追。追呀追呀追呀追，到底是凡人追不过天上的神仙呀，不过就快要追到了。王母娘娘看见他快要追到了，想着那不行，很快从衣上拔出一支玉簪，在天上一划，划出一条河。这条河就是他们讲的银河，银河就是王母娘娘划出来的。有了银河相隔，牛郎同织女就不能在一起了。

他们讲，七月初七夜里，喜鹊觉得他们可怜，就搭成桥，让他们鹊桥相会。他们讲七月初七，葡萄棚下，到夜里，看着好像天上有一条河。他们说看得见，就是这么回事。

（2015 年 7 月，发音人：许瑞芳）

三、自选条目

（一）歇后语

十二月廿三［$zə ʔ^1 n̠i^{13} ye ʔ^1 n̠ie^{21} sE^{42}$］——事体犯关［$z̩^{13} t^h i^{21} vE^{21} kuE^{42}$］

南瓜生髭里［$nə^{21} ko^{33} sÃ^{33} bÃ^{21} li^{21}$］——死蟹一只［$çi^{544} hA^{42} i ʔ^5 tsA ʔ^5$］

棋高一着［$dʑi^{21} kɔ^{42} i ʔ^5 tsA ʔ^5$］
——缚手缚脚。［$bo ʔ^1 sei^{21} bo ʔ^5 tçiA ʔ^5$］

网船浪＝只鸭［$moŋ^{13} zə^{24} lÃ^{21} tsA ʔ^5 A ʔ^5$］——拖煞［$t^h ou^{33} sA ʔ^5$］

两只哑子面对面［$liÃ^{13} tsA ʔ^5 o^{544} ts̩^{21} mie^{13} tei^{33} mie^{21}$］——无没闲话讲哩［$m^{33} mə ʔ^2 E^{13} uo^{33} kÃ^{544} li^0$］

肉骨头敲铜鼓［$n̠io ʔ^5 kuə ʔ^5 dei^{33} k^h ɔ^{33} doŋ^{13} kou^{42}$］——荤咚咚［$huəŋ^{33} toŋ^{42} toŋ^{21}$］

太湖里搅马桶［$t^h A^{33} vu^{42} li^{21} dʑiɔ^{13} mo^{21} doŋ^{13}$］——野划划［$iA^{21} huA ʔ^{21} huA ʔ^{42}$］
（以上 2015 年 7 月，发音人：黄咏春）

（二）谜语

千条线，[tɕʰie³³diɔ³³ɕie¹³]
万条线，[vɛ²¹diɔ¹³ɕie¹³]
落辣⁼湖里全勿见。[loʔ⁵lAʔ¹vu¹³li²¹zɛ²¹vəʔ⁵tɕie²¹]
——雨 [y⁵⁴⁴]

王先生，[uÃ²¹ɕie³³sÃ⁴²]
白先生，[bAʔ¹ɕie³³sÃ⁴²]
一同坐辣⁼石头浪⁼。[iʔ⁵doŋ²¹zou²¹lAʔ¹zəʔ¹dei²⁴lÃ⁴²]
——碧 [piəʔ⁵]

大雨落辣⁼横山浪⁼。[dou¹³y²¹loʔ⁵lAʔ¹uÃ²¹sɛ⁴²lÃ⁴²]
——雪 [ɕieʔ⁵]

（以上 2015 年 8 月，发音人：许瑞芳）

嘉 善

一、歌谣

摇啊摇

摇啊摇，[iɔ¹³a³³iɔ³¹]
摇到外婆桥，[iɔ¹³tɔ³⁵ŋa³⁵buᵒdʑiɔ³¹]
外婆娘娘道伊好，[ŋa³⁵buᵒȵiæ⁵³ȵiæ³¹dɔ³³i⁵³xɔ⁵⁵] _{外婆娘娘：外婆，叙称。道伊好：待他好}
买条鱼来烧，[ma¹³diɔ³¹ŋ³¹lɛ³³sɔ⁰]
烧到头弗熟来尾巴焦，[sɔ³⁵tɔ⁵³də³³fɝʔⁱzuoʔlɛ³³ȵi³³po⁵³tɕiɔ⁵³]
吃到宝宝发虎跳。[tɕʰiɜʔⁱtɔ³⁵pɔ⁵⁵pɔ⁵³fɝʔfu⁵⁵tʰiɔ⁰] _{发虎跳：打虎跳}

冬瓜皮

冬瓜皮，[toŋ³⁵ko⁵³bi³¹]
西瓜皮，[ɕi³⁵ko⁵³bi³¹]
小姑娘赤膊老面皮。[ɕiɔ⁵⁵ku³⁵ȵiæ³¹tsʰaʔⁱpuoʔⁱlɔ³³miɪ¹³bi³¹] _{老面皮：厚脸皮，喻不害臊}

大块头

大块头，[du³³kʰuɛ³⁵də⁰] _{大块头：胖子}
无清头，[m³⁵tɕʰin⁵⁵də³¹] _{无清头：不动脑子}
射浼射辣⁼门口头。[za³³u³⁵za³³laʔⁱmən¹³kʰə⁵⁵də³¹] _{射：排泄。浼：大便。辣⁼：在}

赖学狗

赖学狗，［la³³uoʔ²kə⁰］

躲灶头，［tu³⁵tsɔ⁵⁵də⁰］

一躲躲到年夜头，［ieʔ⁵tu³⁵tu⁵⁵tɔ⁵³n̠i₁³ia⁵⁵də⁰］年夜头：大年三十晚

便得吃块年糕头。［biɪ¹³dʒʔ⁵tɕʰiʒʔ⁵kʰuɛ⁰n̠i₁³kɔ³⁵də⁰］便得：只

排排坐

排排坐，吃果果，［ba¹³ba³¹zu⁰, tɕʰiʒʔ⁵ku⁵⁵ku⁵³］

阿爹回来割耳朵，［aʔ⁵tia⁵³uɛ¹³lɛ³¹kʒʔ⁵n̠i₃³tu³⁵］阿爹：爷爷。耳朵：指猪耳朵

称称看，二斤半，［tsʰən³⁵tsʰən⁵³kʰø⁰, n̠i¹³tɕin⁵³pø³⁵］

烧烧看，一大碗。［sɔ³⁵sɔ⁵³kʰø⁰, ieʔ⁵du¹³ø⁰］

白鼻头白脚爪白猫

我拉屋里有只白鼻头白脚爪白猫，［ŋ³³ŋa¹³uoʔ⁵li⁰iə³³tsaʔ⁵baʔ²bʒʔ³də³¹baʔ²tɕiaʔ⁵tsɔ⁵⁵baʔ²mɔ³¹］我拉：我们

隔壁白家白伯伯拉=，［kʒʔ⁵pieʔ⁴baʔ²ka⁵³baʔ²paʔ⁴paʔ⁵la³¹］白伯伯拉=：白伯伯家

也有只白鼻头白脚爪白猫，［a¹³iə³³tsaʔ⁵baʔ²bʒʔ³də³¹baʔ²tɕiaʔ⁵tsɔ⁵⁵baʔ²mɔ³¹］

我拉屋里葛只白鼻头白脚爪白猫，［ŋ³³ŋa¹³uoʔ⁵li⁰kʒʔ⁵tsaʔ⁴baʔ²bʒʔ³də³¹baʔ²tɕiaʔ⁵tsɔ⁵⁵baʔ²mɔ³¹］

同隔壁白家白伯伯拉=葛只白鼻头白脚爪白猫，［doŋ³¹kʒʔ⁵pieʔ⁴baʔ²ka⁵³baʔ²paʔ⁴paʔ⁵la⁰kʒʔ⁵tsaʔ⁵baʔ²bʒʔ³də³¹baʔ²tɕiaʔ⁵tsɔ⁵⁵baʔ²mɔ³¹］同：介词，跟。

辣=白墙头浪=别=粒拔=辣=打相打，［laʔ²baʔ²ʑiæ¹³də³³lã⁰bieʔ²lieʔ²baʔ²laʔ²tæ³⁵ɕiæ³⁵tæ⁵³］辣=：在……地方。别=粒拔=辣=：打架的声音。打相打：打架

我拉屋里葛只白鼻头白脚爪白猫，［ŋ³³ŋa¹³uoʔ⁵li⁰kʒʔ⁵tsaʔ⁴baʔ²bʒʔ³də³¹baʔ²tɕiaʔ⁵tsɔ⁵⁵baʔ²mɔ³¹］

拿隔壁白家白伯伯拉=葛只白鼻头白脚爪白猫敲煞敌=，［nɛ⁵³kʒʔ⁵pieʔ⁴baʔ²ka⁵³baʔ²paʔ⁴paʔ⁵la⁰kʒʔ⁵tsaʔ⁵baʔ²bʒʔ³də³¹baʔ²tɕiaʔ⁵tsɔ⁵⁵baʔ²mɔ³¹kʰɔ⁵⁵sʒʔ⁵dieʔ²］敲煞：打死。敌=：表陈述和祈使，相当于语气词"了"

我拉只好拿我拉自家葛只白鼻头白脚爪白猫，［ŋ³³ŋa¹³tsʒʔ⁵xɔ⁵³nɛ⁵³ŋ³³ŋa¹³zɿ¹³ka⁵³kʒʔ⁴tsaʔ⁵baʔ²bʒʔ³də³¹baʔ²tɕiaʔ⁵tsɔ⁵⁵baʔ²mɔ³¹］

赔拨辣ᵂ隔壁白家白伯伯拉ᵂ，[bɛ¹³pɜʔᵂ⁵laʔ²kɜʔᵂ⁵pieʔ²⁴baʔ²kaⁿ⁵³baʔ²paʔᵂ²⁴paʔᵂ⁵laⁿ³¹]赔拨辣ᵂ：

赔给

我拉自家白落落养了一只白鼻头白脚爪白猫。[ŋ³³ŋa¹³zɿ¹³kaⁿ⁵³baʔ²luoʔ²luoʔᵂ²³iæ³³lɜʔ²

ieʔᵂ⁵tsaʔᵂ²⁴baʔ²bɜʔᵂ³də³¹baʔ²tɕiaʔᵂ⁵tsɔ⁵⁵baʔ²mɔ³¹]白落落：白白地

今朝礼拜三

今朝礼拜三，[tsən³⁵tsɔ⁵³li³³pa³⁵sɛ⁵³]今：音同"真"，"今"的白读音

外头来个小瘪三，[ŋa³³də¹³lɛ³¹kɜʔᵂ⁵ɕiɔ³⁵pieʔᵂ⁵sɛ⁵³]小瘪三：游手好闲的人

手里撑顶小洋伞，[sə⁵⁵li⁰tsʰæ⁵³tin⁰ɕiɔ³⁵iæ¹³sɛ⁵³]

走起路来幺二三，[tsə⁵⁵tɕʰi⁰lu³³lɛ³¹iɔ¹³n̩i⁵⁵sɛ⁵³]

前山弗走走后山，[zir¹³sɛ⁵³fɜʔᵂ⁵tsə⁵⁵tsə⁵⁵ə³³sɛ⁵³]

登辣ᵂ山浪ᵂ掼蹋来，[tən³⁵laʔ²sɛ³⁵lã³¹guɛ³³tʰɜʔᵂ⁵lɛ³¹]登辣ᵂ山浪ᵂ：从山上。掼蹋ᵂ来：摔下来

叫个医生猪头三，[tɕiɔ³⁵kɜʔᵂ⁵i³⁵sæ⁵³tsɿ³⁵də³³sɛ⁵³]猪头三：喻傻瓜

买粒药片咬弗碎，[ma³³lieʔ²²iaʔ²pʰir³⁵ŋɔ³³fɜʔᵂ⁵sɛ⁰]

打个电话三零三，[tæ̃⁵⁵kɜʔᵂ⁵dir³³o¹³sɛ³⁵lin³¹sɛ⁵³]

用蹋ᵂ钞票三千三百三十三。[ioŋ¹³tʰɜʔᵂ⁵tsʰɔ⁵⁵pʰiɔ³⁵sɛ³⁵tɕʰir⁵³sɛ⁵⁵paʔᵂ⁵sɛ³⁵zɜʔᵂ²sɛ⁵³]用蹋ᵂ：花

掉。"蹋ᵂ"：动态助词

阿大阿大

阿大阿大，[aʔᵂ⁵du¹³aʔᵂ⁵du¹³]阿大：兄弟姐妹中排行第一的人

桥浪ᵂ买柿砣，[dʑiɔ¹³lã³¹ma¹³zɿ³³du¹³]柿砣：柿饼

柿砣烂蹋ᵂ，[zɿ³³du¹³lɛ³³tʰɜʔᵂ⁵]

阿大翘蹋ᵂ。[aʔᵂ⁵du¹³tɕʰiɔ⁵⁵tʰɜʔᵂ⁵]翘蹋ᵂ："死"的戏称

阿二阿二，[aʔᵂ⁵n̩i⁰aʔᵂ⁵n̩i⁰]

屁股里挖泥。[pʰi³⁵gu⁵⁵li⁰uaʔᵂ⁵n̩i³¹]

阿三阿三，[aʔᵂ⁵sɛ⁵³aʔᵂ⁵sɛ⁵³]

锣鼓搭台，[lu¹³ku⁵³tɜʔᵂ⁵dɛ³¹]

搭来弗牢，[tɜʔᵂ⁵lɛ³¹fɜʔᵂ⁵lɔ³¹]

拔ᵂ沓ᵂ一跤，[bɜʔᵂ²dɜʔᵂ³ieʔᵂ⁵kɔ⁵³]拔ᵂ沓ᵂ：摔跤的声音

想想苦恼，[ɕiæ³⁵ɕiæ⁵³kʰu⁵⁵nɔ³¹]苦恼：可怜

眼泪一包。[ŋæ³³li¹³ieʔᵂ⁵pɔ⁵³]

（以上 2020 年 7 月，发音人：徐越）

二、规定故事

牛郎和织女

从前搭=有个小伙子，［zoŋ¹³ziɪ³¹tʒʔ⁵iə¹³kəʔ⁵ɕiɔ³⁵fu⁵⁵tsʅ⁰］从前搭=：从前。"搭="：表时间的一种过

　　去形态

伊奴屋里向呢，［i³⁵nu³¹uoʔ⁵li³³ɕiæ̃⁵³nə⁰］里向：里面

爷娘呢老早侪死蹋=敌=，［ia¹³n̠iæ̃³¹nə⁰lɔ¹³tsɔ³⁵zɛ³¹ɕi⁴⁴tʰʒʔ⁵dieʔ²］爷娘：爹妈

日脚呢过到穷到嗨=回=。［n̠ieʔ²tɕiaʔ⁵nə⁰ku³⁵tɔ⁵³dʑioŋ¹³tɔ⁵³xɛ⁴⁴uɛ⁵³］日脚：日子。嗨=回=：程度

　　副词，相当于普通话的"很"

旁边头呢只有一只老牛，［pã³⁵piɪ⁵³də³¹nə⁰tsʒʔ⁵iə⁵³ieʔ⁵tsaʔ⁴lɔ²²n̠iu³¹］旁边头：身旁

同伊两家头呢相依为命，［doŋ¹³i⁵³niæ̃²²ka³⁵də³¹nə⁰ɕiæ̃³⁵i⁵³uɛ¹³min¹³］两家头：两人

那么村里向个人呢，［nʒʔ²mʒʔ³tsʰən³⁵li¹³ɕiæ̃⁴⁴gʒʔ⁵n̠in³¹nə⁰］个：结构助词，相当于普通话的"的"

大家侪叫伊牛郎。［da²²ka³⁵zɛ³¹tɕiɔ³⁵i⁵³n̠iə¹³lã³¹］

那么葛只老牛呢，［nʒʔ²mʒʔ³kʒʔ⁵tsaʔ⁴lɔ²²n̠iu³¹nə⁰］

实在是天浪=向个金牛星。［zʒʔ²zɛ¹³zʅ¹³tʰiɪ³⁵lã⁴⁴ɕiæ̃⁵³gʒʔ²tɕin³⁵n̠iu¹³ɕin⁵³］天浪=向：天上

葛只老牛呢，［kʒʔ⁴tsaʔ⁵lɔ²²n̠iu³¹nə⁰］

蛮喜欢牛郎葛个小伙子，［mɛ⁵³ɕi⁴⁴xø⁵³n̠iə¹³lã³¹kəʔ⁴kəʔ⁵ɕiɔ³⁵fu⁴⁴tsʅ⁰］

又介勤精=，［i²²ka³⁵dʑin¹³tɕin⁵³］又介=：又。勤精=：勤快

又介能干，［i²²ka³⁵nən¹³kø⁵³］

又介善良。［i²²ka³⁵zø²²liæ̃³¹］

老牛呢，［lɔ²²n̠iu³¹nə⁰］

总是想要早点相帮牛郎呢，［tsoŋ³⁵zʅ¹³ɕiæ̃³⁵iɔ³⁵tsɔ³⁵tiɪʔ⁵ɕiæ̃³⁵poŋ⁵³n̠iə¹³lã³¹nə⁰］相帮：帮助

讨个家婆做份人家。［tʰɔ⁴⁴kəʔ⁵ka³⁵bu³¹tsu³⁵vən³¹n̠in¹³ka⁵³］家婆：妻子

那么有一日天么，［nʒʔ²mʒʔ³iə¹³ieʔ⁵n̠ieʔ²tʰiɪ⁵³mʒʔ²］一日天：一天

只老牛灵着市面敌=，［tsaʔ⁵lɔ²²n̠iu³¹liɪ³¹zaʔ²zʅ¹³miɪ¹³dieʔ²］灵着市面：打听到消息

哈个市面呢？［xa⁵³gʒʔ²zʅ¹³miɪ¹³nə⁰］哈个：什么。

哎，［ɛ¹¹³］

伊打听到天浪=向个七仙女啊，［i⁵³tæ⁴⁴tʰin³⁵tɔ⁵³tʰir³⁵lã⁵⁵ɕiæ⁵³gɜʔ²tɕʰieʔ⁵ɕir³⁵n̠y⁵³aˀ⁰］

明朝滴=［早上］头，［mən¹³tsɔ⁵³tieʔ⁵tsã³⁵də³¹］明朝滴=：明天

要到伊拉=村里向，［iɔ³⁵tɔ³⁵i⁵³laˀ⁰tsʰən³⁵li¹³ɕiæ⁵³］伊拉=：他们

东面葛个河浜里向来潮=浴。［toŋ³⁵mir⁵³kəʔ⁴kəʔ⁵u¹³pæ̃⁵³li¹³ɕiæ⁵³lɛ³¹zɔ³¹ioʔ²］河浜：一头不
　　通的小河。潮=浴：洗澡

那么老牛想葛个当势好个呀！［nɜʔ²mɜʔ³lɔ²²n̠iu³¹ɕiæ⁵³kəʔ⁴kəʔ⁵tã³⁵sʅ⁵³xɔ⁴⁴gəʔ²iaˀ⁰］当势：
　　机会

那么伊马上托梦拨葛个牛郎，［nɜʔ²mɜʔ³i⁵³ma⁵⁵zæ̃ʔ⁰tʰuoʔ⁵moŋ¹³pɜʔ⁵kəʔ⁴kəʔ⁵n̠iə¹³lã³¹］
　　拨：给

辣=梦里向伊塔=牛郎讲：［lɜʔ²moŋ¹³li³⁵ɕiæ⁵³i⁵³tʰɜʔ⁵n̠iə¹³lã³¹kã⁴⁴］辣=：在。塔=：跟

"牛郎啊，倷明朝滴=［早上］头呢，［n̠iə¹³lã³¹aˀ⁰，nə¹³mən¹³tsɔ³⁵tieʔ⁵tsã³⁵də³¹nəˀ⁰］

一拉拉起来呢，［ieʔ⁵la³⁵la³⁵tɕʰi³⁵lɛ³¹nəˀ⁰］拉起来：起床

要快点邪=到东头，［iɔ³⁵kʰua³⁵tieʔ⁵zia¹³tɔ³⁵toŋ³⁵də³¹］邪=：跑

葛只河浜个里向去，［kəʔ⁴tsaʔ⁵u¹³pæ̃⁵³kəʔ⁵li³¹ɕiæ⁵³tɕʰiˀ⁰］

河浜里向呢，［u¹³pæ̃⁵³li³¹ɕiæ⁵³nəˀ⁰］

有七个仙女呢辣=葛里潮=浴，［iə¹³tɕʰieʔ⁵kəʔ⁵ɕir³⁵n̠y⁵³nəˀ⁰laʔ²kəʔ⁵li³¹zɔ³¹ioʔ²］

伊拉=个衣裳呢，［i⁵³laˀ³¹gəʔ²i³⁵zã³¹nəˀ⁰］

侪挂辣=个树浪=向个，［zɛ³¹kɔ³⁵laʔ²kɜʔ⁵zʅ¹³lã¹³ɕiæ⁵³gɜʔ²］

倷呢轻轻叫跑过去，［nə¹³nəˀ⁰tɕʰin³⁵tɕʰin⁵³tɕiɔˀ⁰bɔ¹³ku⁵³tɕʰiˀ⁰］轻轻叫：轻轻儿地。跑：走

拿一件倷喜欢个衣裳，［nɛ⁵³ieʔ⁵dzir³¹nə¹³ɕi³⁵xø⁵³gɜʔ²i³⁵zã³¹］

拿氏=呢，［nɛ⁵³zʅ¹³nəˀ⁰］氏=：了，表动作完成

头也愞字=就介望屋里向邪=，［də³¹aʔ²ɕiɔ³⁵bɜʔ²ziə¹³ka³⁵mã¹³uoʔ⁵li³¹ɕiæ⁵³zia³¹］字=：转。就
　　介=：马上

直=介呢，［zɜʔ²ka³⁵nəʔ²］直=介=：这样

倷就会得讨着一个仙女，［nə¹³ziə¹³uɛ³⁵dɜʔ²tʰɔ³⁵zaʔ²ieʔ⁵kɜʔ⁴ɕir³⁵n̠y⁵³］讨着：娶到

做倷个老婆。"［tsu³⁵nə¹³gəʔ²lɔ¹³bu³¹］

那么葛个牛郎，［nɜʔ²mɜʔ³kəʔ⁴kəʔ⁵n̠iə¹³lã³¹］

第二日［早上］头一觉醒来么，［di¹³n̠i¹³n̠ieʔ²tsã³⁵də³¹ieʔ⁵kɔ⁰ɕin³⁵lɛ¹³məʔ²］

想起个梦敨=呀！［ɕiæ̃³⁵tɕʰiˀ⁰kɜʔ⁵moŋ¹³dieʔ²iaˀ⁰］

一醒醒来么，［ieʔ⁵ɕin⁵³ɕin³⁵lɛ³¹məʔ²］

伊快点邪=到村东头，［i⁵³kʰua³⁵tir⁵³zia¹³tɔ³⁵tsʰən⁵³toŋ³⁵də³¹］

葛个河嗨ᵔ边去看，［kəʔ⁴kəʔ⁵u¹³xɛ³⁵piɪ⁵³tɕʰi³⁵kʰø³⁵］

瞌眬懵懂一看么，［kʰɜʔ⁵tsʰoŋ³⁵moŋ¹³toŋ⁵³ieʔ⁵kʰø³⁵mɜʔ²］

正式个闹ᵔ，［tsən⁵⁵sɜʔ⁴gəʔnɔ⁰］ _{闹ᵔ：语气词，表惊讶}

有七个仙女辣ᵔ葛里潮ᵔ浴来蛮ᵔ水呀。［iə¹³tɕʰieʔ⁴kəʔ⁵ɕiɪ³⁵n̠y³¹laʔ²kəʔ⁵li³¹zɔ³¹ioʔ²lɛ⁰
　　mɛ³¹s̠ʅ⁴⁴ia⁰］ _{蛮ᵔ水：戏水}

那么伊瞌眬也醒敌ᵔ来，［nɜʔ²mɜʔ²i⁵³kʰɜʔ⁵tsʰoŋ³⁵a⁰ɕin³⁵dieʔ²lɛ⁰］

劲道也来敌ᵔ，［dʑin¹³dɔ¹³a⁰lɛ¹³dieʔ²］ _{劲道：劲头}

快点跑过去，［kʰua³⁵tiɪ⁵³bɔ¹³ku³⁵tɕʰi⁵³］

轻轻叫么拿氏ᵔ一件粉红色个衣裳，［tɕʰin³⁵tɕʰin⁵³tɕiɔ⁰mɜʔ²nɛ³⁵zʅ³¹ieʔ⁵dʑiɪ³¹fən⁴⁴oŋ³¹
　　sɜʔ⁵gəʔ²i³⁵zã⁵³］

拿氏ᵔ么掇转屁股就跑，［nɛ³⁵zʅ³¹mɜʔ²tɜʔ⁵tsø³⁵pʰi³⁵ku⁵³ʑiə¹³bɔ³¹］ _{掇转：转}

一口气跑到屋里向么，［ieʔ⁵kʰə⁰tɕʰi³⁵bɔ¹³tɔ⁵³uoʔ⁵li⁵⁵ɕiæ̃⁵³mɜʔ²］

门一关么，［mən³¹ieʔ⁵kuɛ⁵³mɜʔ²］

葛个胸口头个气还急到嗨ᵔ回ᵔ呀。［kəʔ⁴kəʔ⁵ɕioŋ³⁵kʰə⁵³də³¹gəʔ²tɕʰi³⁵ɛ³⁵tɕieʔ⁵tɔ³⁵xɛ⁴⁴uɛ⁵³
　　ia⁰］

那么傛晓得哦，［nɜʔ²mɜʔ²nə¹³ɕiɔ³⁵dʒʔ²vɜʔ²］ <sub>哦："弗啊"的合音，俗作"哦"，表疑问。与普通话表疑
　　问语气的"吗"相当</sub>

葛件衣裳啦，［kəʔ⁵dʑiɪ⁰i³⁵zã³¹la⁰］

粉红色葛个衣裳啦，［fən⁴⁴oŋ³¹sɜʔ⁵gəʔ²kəʔ⁵i³⁵zã⁵³la⁰］

实在呢就是织女个衣裳。［zɜʔ²zɛ¹³nə⁰ʑiə¹³zʅ³¹tsɜʔ⁵n̠y⁰gəʔ²i³⁵zã⁵³］

那么葛个一日天呢，［nɜʔ²mɜʔ²kəʔ⁴kəʔ⁵ieʔ⁵n̠ieʔ²tʰiɪ⁵³nə⁰］

牛郎是过到个来是，［n̠iə¹³lã³¹zʅ⁰ku³⁵tɔ³⁵kəʔ⁵lɛ³¹zʅ⁰］ _{过到个来：过得来}

又加激动来又加紧张。［i²²ka³⁵tɕieʔ⁵doŋ¹³lɛ⁰i²²ka³⁵tɕin³⁵tsæ̃⁵³］

伊一直等啊等，［i⁵³ieʔ⁵zɜʔ²tən⁴⁴a⁰tən⁴⁴］

等到个半夜把么，［tən⁴⁴tɔ⁰kɜʔ⁵pø³⁵ia³⁵po⁴⁴mɜʔ²］ _{半夜把：半夜时分}

哦唷，［uoʔ⁵ioʔ⁴］

"笃笃笃"，［tuoʔ⁵tuoʔ⁵tuoʔ⁵］

真个有人来敲门敌ᵔ诰，［tsən³⁵gɜʔ²iə¹³n̠in³¹lɛ³¹kʰɔ⁵³mən³¹dieʔ²kɔ⁰］ <sub>诰ᵔ：表达指责、惊讶等
　　语气</sub>

那么伊面孔□红来紧张到来，［nɜʔ²mɜʔ²i⁵³miɪ¹³kʰoŋ⁵³guæ̃³¹oŋ³¹lɛ⁰tɕin³⁵tsæ̃⁵³tɔ³⁵lɛ³¹］ <sub>□红：
　　绯红</sub>

快点去拿门开开来呀，[kʰua³⁵tieʔ⁵tɕʰi³⁵nɛ⁵³mən³¹kʰɛ³⁵kʰɛ⁵³lɛ³¹ia⁰]

一开开开来么，[ieʔ⁵kʰɛ⁵³kʰɛ³⁵kʰɛ⁵³lɛ³¹mɜʔ²]

葛织女走进来敌＝呀。[kəʔ⁵tsɜʔ⁵n̠y⁰tsə³⁵tɕin³⁵lɛ³¹dieʔ²ia⁰]

就直＝介，[ʑiə¹³zaʔ²ka³⁵]

牛郎同织女呢，[n̠iə¹³lã³¹doŋ³¹tsɜʔ⁵n̠y⁰nɜʔ²]同：和

做成了一对恩爱个夫妻。[tsu³⁵zən³¹ləʔ²ieʔ⁵tɛ⁰ən³⁵ɛ⁵³gɜʔ²fu³⁵tɕʰi⁵³]

日脚过到快到嗨＝回＝，[n̠ieʔ²tɕiaʔ⁵ku³⁵tɔ⁵³kʰua³⁵tɔ⁵³xɛ⁴⁴uɛ⁵³]

眼睛一眨么三年过蹋＝敌＝呀，[ŋɛ¹³tɕin⁵³ieʔ⁵tsaʔ²mɜʔ²sɛ³⁵n̠iɿ⁵³ku⁵⁵tʰɜʔ⁵dieʔ²ia⁰]

牛郎同织女两家头呢，[n̠iə¹³lã³¹doŋ³¹tsɜʔ⁵n̠y⁰niæ²²ka³⁵də³¹nɜʔ²]

养氏＝一男一女两个小人。[iæ²²zɿ¹³ieʔ⁵nø³¹ieʔ⁵ny⁰liæ²²kəʔ⁵ɕiɔ⁴⁴n̠in³¹]

平常日脚呢？[bin¹³zɛ³¹n̠ieʔ²tɕiaʔ⁵nɜʔ²]

一个种田么一个织布，[ieʔ⁴kɜʔ⁵tsoŋ³⁵diɿ³¹mɜʔ²ieʔ⁴kɜʔ⁵tsɜʔ⁵pu³⁵]

一个挑水么一个浇菜，[ieʔ⁴kɜʔ⁵tʰiɔ⁵³sɿ⁴⁴mɜʔ²ieʔ⁴kɜʔ⁵tɕiɔ⁵³tsʰɛ³⁵]

葛日脚么过到来蛮平静蛮幸福。[kəʔ²n̠ieʔ²tɕiaʔ⁵mɜʔ²ku³⁵tɔ⁵³lɛ³¹mɛ⁵³bin¹³zin³¹mɛ⁵³in¹³
　fuoʔ⁵]

好敌＝，[xɔ³⁵dieʔ²]

那么闲话讲回来。[nɜʔ²mɜʔ²ʔɜ¹³oˀ³¹kã³⁵uɛ¹³lɛ³¹]

葛个天浪＝向个玉皇大帝啊，[kəʔ⁴kəʔ⁵tʰiɿ³⁵lã⁴⁴ɕiæ⁵³kəʔ⁵n̠ioʔ²uã¹³da²²ti⁵³a⁰]

晓得敌＝呀，[ɕiɔ⁴⁴dəʔ²dieʔ²ia⁰]

伊晓得葛个织女诰＝，[i⁵³ɕiɔ⁴⁴dəʔ²kəʔ⁴kəʔ⁵tsɜʔ⁵n̠y⁰kɔ⁰]

自说自话自家跑落去来，[zɿ²²sɜʔ⁵zɿ²²oˀ³¹zɿ¹³ka⁵³bɔ³¹luoʔ²tɕʰi³⁵lɛ⁰]

蹋＝葛个牛郎两家头又是做夫妻来，[tʰɜʔ⁵kəʔ⁴kəʔ⁵n̠iə¹³lã³¹niæ²²ka³⁵də³¹i¹³zɿ¹³tsu³⁵fu³⁵
　tɕʰi⁵³lɛ⁰]蹋＝：跟

又是养小人么，[i¹³zɿ¹³iæ¹³ɕiɔ³⁵n̠in³¹mɜʔ²]养小人：生小孩

火煞敌＝呀，[xu³⁵sɜʔ⁵dieʔ²ia⁰]

伊直＝介大发雷霆呀。[i⁵³zaʔ²ka³⁵du¹³fɜʔ⁵lɛ¹³din³¹ia⁰]

有一日天大太阳个辰光，[iə¹³ieʔ⁵n̠ieʔ²tʰiɿ⁵³du¹³tʰa³⁵iæ³¹gɜʔ²zən¹³kuã⁵³]

突然之间雷响霍险＝，[dɜʔ²zø¹³tsɿ³⁵tɕiɿ⁵³lɛ¹³ɕiæ⁵³xuoʔ⁵ɕiɿ⁰]霍险＝：闪电

邪风邪雨呀，[ʑia¹³foŋ⁵³ʑia¹³y⁴⁴ia⁰]邪风邪雨：大风大雨

葛个雨是大到个来是，［kəʔ⁴kəʔ⁵y³⁵zɹ̩⁰du¹³tɔ³⁵kəʔ⁵lɛ³¹zɹ̩⁰］

对面对也看弗清爽呀。［tɛ³⁵miɪ¹³tɛ³⁵aʔ²kʰø³⁵fʒʔ⁵tɕin³⁵sã⁵³iaᵒ］

那么就辣＝葛个辰光闹＝，［nʒʔ²mʒʔ³ʑiə¹³laʔ²kəʔ⁴kəʔ⁵zən¹³kuã⁵³nɔᵒ］

一歇歇，［ieʔ⁴ɕieʔ⁵ɕieʔ⁵］

个织女弗见踢＝敌＝呀。［kəʔ⁵tsʒʔ⁵n̩yᵒfʒʔ⁵tɕiɪ³⁵tʰʒʔ⁵dieʔ²iaᵒ］

那么两个小人么哭煞敌＝呀，［nʒʔ²mʒʔ³liæ²²kəʔ⁵ɕiɔ⁴⁴n̩in³¹mʒʔ²kʰuoʔ⁴sʒʔ⁵dieʔ²iaᵒ］

一面喊一面哭，［ieʔ⁵miɪ³¹xɛ³⁵ieʔ⁵miɪ³¹kʰuoʔ⁵］

要阿妈。［iɔ³⁵aʔ⁵ma³¹］ 阿妈：妈妈，叙称

那么牛郎么也无设法敌＝，［nʒʔ²mʒʔ³n̩iə¹³lã³¹mʒʔ²a¹³m²²søʔ⁵fʒʔ⁵dieʔ²］ 无设法：手足无措

急到个来团团转。［tɕieʔ⁵tɔ³⁵kəʔ⁵lɛ³¹dø¹³dø³¹tsø⁴⁴］

正辣＝葛个辰光么，［tsən³⁵laʔ²kəʔ⁴kəʔ⁵zən¹³kuã⁵³mʒʔ²］

格只老牛走过来敌＝，［kəʔ⁴tsaʔ⁵lɔ²²n̩iə¹³tsə³⁵ku⁵⁵lɛ³¹dieʔ²］

伊朝牛郎讲：［i⁵³zɔ³¹n̩iə¹³lã³¹kã⁴⁴］ 朝牛郎讲：跟牛郎讲

"牛郎啊，偌急么也［弗要］急，［n̩iə¹³lã³¹aᵒ，nə¹³tɕieʔ⁵mʒʔ²a¹³fiɔ³⁵tɕieʔ⁵］

偌奴拿我头浪＝向葛两只角掰踢＝来，［nə¹³nu¹³nɛ³⁵ŋ³¹də¹³lã³¹ɕiæ⁵³kəʔ⁵liæ¹³tsaʔ⁵kuoʔ⁵
　　paʔ⁵tʰʒʔ²lɛ³¹］

会得变做两只箩筐个，［uɛ³⁵dəʔ²piɪ⁴⁴tsu⁵³liæ²²tsaʔ⁵lu¹³kʰuã³⁵gəʔ²］

偌呢，一只箩筐一个小人，［nə¹³nʒʔ²，ieʔ⁵tsaʔ⁴lu¹³kʰuã⁵³ieʔ⁵kəʔ⁴ɕiɔ⁴⁴n̩in³¹］

挑氏＝快点去追葛个织女。"［tʰiɔ³⁵zɹ̩³¹kʰua⁴⁴tieʔ⁵tɕʰiʔ³⁵tsɛ⁵³kəʔ⁴kəʔ⁵tsʒʔ⁵n̩yᵒ］

个牛郎呆踢＝敌＝呀！［kəʔ⁵n̩iə¹³lã³¹ŋɛ³¹tʰʒʔ⁵dieʔ²iaᵒ］

伊纳＝介相信呀，［i⁵³naʔ²ka³⁵ɕiæ³⁵ɕin⁵³iaᵒ］

对哦啦。［tɛ³⁵vʒʔ²laᵒ⁵³］

正辣＝葛个辰光么，［tsən³⁵laʔ²kəʔ⁴kəʔ⁵zən¹³kuã⁵³mʒʔ²］

葛只老牛头浪＝向葛两只角，［kəʔ⁴tsaʔ⁵lɔ²²n̩iə³¹də¹³lã³¹ɕiæ⁵³kəʔ⁵liæ¹³tsaʔ⁵kuoʔ⁵］

拔＝辣＝特＝一下，［baʔ²laʔ²daʔ³ieʔ⁵ɕiaᵒ］ 拔＝辣＝特＝：象声词

自家落落来敌＝呀，［zɹ̩¹³ka⁵³luoʔ²luoʔ³lɛ¹³dieʔ²iaᵒ］ 落落来：掉下来

落辣＝地浪＝向么，［luoʔ²laʔ³di¹³lã¹³ɕiæ⁵³mʒʔ²］

马上就变做两只箩筐。［ma⁵⁵zæᵒʑiə¹³piɪ³⁵tsu⁵³liæ²²tsaʔ⁵lu¹³kʰuã³⁵］

葛＝么个牛郎么，［kuoʔ⁵mʒʔ²kəʔ⁵n̩iə¹³lã³¹mʒʔ²］

快点两个小人一面一个么，［kʰua³⁵tieʔ⁵liæ²²kəʔ⁵ɕiɔ⁴⁴n̩in³¹ieʔ⁵miɪ³¹ieʔ⁵kəʔ⁵mʒʔ²］

挑氏﹦就走。［tʰiɔ³⁵zɿ³¹ʑiə¹³zə⁰］

那么，伊也想弗着呀！［nɝʔ²mɝʔ³，i⁵³a⁰ɕiæ³⁵fɝʔ⁵zaʔ²ia⁰］

葛个两只箩筐呢，［kəʔ⁴kəʔ⁵liæ¹³tsaʔ⁵lu¹³kʰã⁵³nə⁰］

就像两只肌﹦律﹦一样个，［ʑiə¹³ʑiæ¹³niæ¹³tsaʔ⁵tɕi⁴⁴lieʔ²ieʔ⁵iæ⁰gəʔ²］肌﹦律﹦：翅膀

哎，［ɛ¹¹³］

牛郎是挑氏﹦副担子是飞个呀，［n̠iə¹³lã³¹zɿ⁰tʰiɔ³⁵zɿ¹³fu⁴⁴tɛ³⁵tsɿ⁰zɿ²²fi⁵³gəʔ²ia⁰］氏﹦：着

飞到是快尽快尽，［fi³⁵tɔ⁵³zɿ¹³kʰua³⁵ʑin¹³kʰua³⁵zɿ⁰］快尽快尽：很快

一下子就差弗多要追牢个织女敌﹦。［ieʔ⁵ɕia⁴⁴tsɿ⁰ʑiə²²tsʰɔ⁵³fɝʔ⁵tu⁵³iɔ³⁵tsɛ³⁵lɔ⁵³kəʔ⁵tsɝʔ⁵n̠y⁰dieʔ²］

正辣﹦葛个辰光么，［tsən³⁵laʔ²kəʔ⁴kəʔ⁵zən¹³kuã⁵³mɝʔ²］

拨个皇母娘娘看见敌﹦呀，［pəʔ⁵kəʔ⁵uã¹³mu³⁵n̠iæ⁵⁵n̠iæ³¹kʰø⁴⁴tɕiɿ³⁵dieʔ²ia⁰］

葛个皇母娘娘诰﹦一声也弗响呀，［kəʔ⁴kəʔ⁵uã¹³mu³⁵n̠iæ⁵⁵n̠iæ³¹kɔ⁰ieʔ⁵sæ⁵³a⁰fɝʔ⁵ɕiæ⁴⁴ia⁰］

"嚓"叫，［tsʰaʔ⁵tɕiɔ⁰］

头浪﹦向拔出一只金钗诰﹦。［də¹³lã³¹ɕiæ⁵³bɝʔ²tsʰɝʔ⁵ieʔ⁴tsaʔ⁵tɕin³⁵tsʰo⁵³kɔ⁰］

伊拿氏﹦葛只金钗么，［i⁵³nɛ³⁵zɿ³¹kəʔ⁵tsaʔ⁵tɕin³⁵tsʰo⁵³mɝʔ⁰］

有辣﹦牛郎同织女两家头当中横里向么［iə²²laʔ⁵n̠iə¹³lã³¹doŋ³¹tsɝʔ⁵n̠y⁰liæ²²ka³⁵də³¹tã³⁵tsoŋ⁵³uæ¹³li⁰ɕiæ³⁵mɝʔ⁰］当中横里：中间

划氏﹦一条线呀，［uaʔ²zɿ¹³ieʔ⁵diɔ³¹ɕiɿ³⁵ia⁰］

那么葛条线么，［nɝʔ²mɝʔ³kəʔ⁵diɔ³¹ɕiɿ³⁵mɝʔ²］

马上就变做一条滚滚个天河呀，［ma⁵⁵zæ⁰ʑiə¹³piɿ³⁵tsu⁵³ieʔ²diɔ³¹kuən³⁵kuən⁵³gəʔ²tʰiɿ³⁵u³¹ia⁰］天河：银河

葛条天河阔是阔到来是啊，［kəʔ⁵diɔ³¹tʰiɿ³⁵u³¹kʰuoʔ⁵zɿ¹³kʰuoʔ⁵tɔ³⁵lɛ¹³zɿ⁰a⁰］是啊：表感叹

望弗到对岸个呀，［moŋ¹³fɝʔ⁵tɔ³⁵tɛ⁴⁴ŋø³¹gəʔ²ia⁰］

就直﹦介，［ʑiə¹³zɝʔ²ka³⁵］

活生生个拿牛郎搭织女两家头呢，［uoʔ²sən³⁵sən⁵³gəʔ²nɛ⁵³n̠iə¹³lã³¹tɝʔ⁵n̠y⁰niæ²²ka³⁵də³¹nə⁰］

隔辣﹦葛个河个两对岸，［kɝʔ⁵laʔ²kəʔ⁴kəʔ⁵u³¹gəʔ²liæ²²tɛ⁵⁵ŋø⁰］

看也看弗见。［kʰø³⁵a⁰kʰø³⁵fɝʔ⁵tɕiɿ⁰］

那么牛郎同织女葛个遭遇呢，［nɝʔ²mɝʔ³n̠iə¹³lã³¹doŋ³¹tsɝʔ⁵n̠y⁰kəʔ⁴kəʔ⁵tsɔ³⁵n̠y³¹nə⁰］

拨葛个喜鹊晓得敌﹦，［pɝʔ⁵kəʔ⁴kəʔ⁵ɕi⁴⁴tɕʰiaʔ⁵ɕiɔ³⁵dɝʔ²dieʔ²］

喜鹊蛮同情伊拉⸗个，[ɕi⁴⁴tɕʰia⁵mæ⁵³doŋ¹³dzin³¹i⁵³la⁰gəʔ²]

伊拉⸗呢就想办法敆⸗。[i⁵³la⁰nə⁰ziɵ¹³ɕiæ⁴⁴bɛ¹³fʒʔ⁵dieʔ²]

叫天底下倸拉所有个喜鹊，[tɕiɔ³⁵tʰiɪ³⁵ti⁵³o⁰nə¹³la¹³su⁵⁵iə⁰gʒʔ²ɕi⁴⁴tɕʰiaʔ⁵]

每年到了七月七号葛日天呢，[mɛ⁴⁴n̺ir³¹tɔ³⁵ləʔ²tɕʰieʔ⁵n̺ioʔ⁴tɕʰieʔ⁵ɔ¹³kəʔ²n̺ieʔ²tʰiɪ⁵³nə⁰]

大家侪飞到葛条天河浪⸗来，[da¹³ka³⁵zɛ¹³fi³⁵tɔ⁵³kəʔ⁵diɔ³¹tʰiɪ³⁵u³¹lã¹³lɛ³¹]

喜鹊呢一只衔牢一只个尾巴，[ɕi⁴⁴tɕʰiaʔ²nə⁰ieʔ⁵tsaʔ⁴ɛ¹³lɔ³¹ieʔ⁵tsaʔ⁴gəʔ²n̺i²²po⁵³]

有辣⸗葛条天河浪⸗向呢，[iɵ¹³laʔ²kəʔ⁵diɔ³¹tʰiɪ³⁵u³¹lã⁴⁴ɕiæ⁵³nə⁰]

搭起一顶长尽长尽个天桥。[tɜʔ⁵tɕʰi⁰ieʔ⁵tin⁵³zæ¹³ʑin³¹zæ¹³ʑin³¹gəʔ²tʰiɪ³⁵dziɔ³¹]

那么叫葛个牛郎同织女两家头呢，[nɛʔ²mɜʔ³tɕiɔ³⁵kəʔ⁴kəʔ⁵n̺iə¹³lã³¹doŋ³¹tsʒʔ⁵n̺y⁰niæ²² ka³⁵də³¹nə⁰]

每年有辣⸗葛日天呢，[mɛ⁴⁴n̺ir³¹iə¹³laʔ²kəʔ²n̺ieʔ²tʰiɪ⁵³nə⁰]

到葛个天桥浪⸗向去呢，[tɔ³⁵kəʔ⁴kəʔ⁵tʰiɪ³⁵dziɔ³¹lã⁴⁴ɕiæ⁵³tɕʰi³⁵nɜ⁰]

鹊桥浪⸗向去呢见一面。[tɕʰiaʔ⁵dziɔ¹³lã⁴⁴ɕiæ⁵³tɕʰi⁰nɜ⁰tɕiɪ³⁵ieʔ⁵miɪ⁰]

葛个就是牛郎同织女个故事。[kəʔ⁴kəʔ⁵ziə¹³zɿ¹³n̺iə¹³lã³¹doŋ³¹tsʒʔ⁵n̺y⁰gəʔ²ku⁴⁴zɿ⁰]

　　从前有个小伙子，他的家里呢，父母亲很早就去世了，日子过得很穷。他身旁只有一头老牛，就他们两个相依为命。于是，村里人都叫他牛郎。

　　这头老牛啊，其实是天上的金牛星。这头老牛挺喜欢牛郎这个小伙子的，他又很勤恳，又很能干，又很善良。老牛总是想要早一点帮牛郎，帮他娶个老婆组个家庭。

　　有一天老牛打听到了一个消息，是什么消息呢？他打听到第二天早上天上的七个仙女要到他们村子里东面的河里洗澡。老牛就想这个事情真好！于是他就马上托梦给牛郎，在梦里对牛郎说："牛郎啊，你明天早上呢，一起床就快点到东边的那个河边去，河里有七个仙女在洗澡，她们的衣服都挂在树上面。你轻轻地走过去拿一件你喜欢的衣服，拿了衣服，你就头也不要回地往家里赶，这样做了之后你就会得到一个仙女做老婆。"这个牛郎早上一觉醒来想起了这个梦！醒过来后，他就飞快地跑到村子东面的河边去一探究竟。牛郎迷迷糊糊的，猛地一看，真的有七个仙女在里面洗澡玩水。于是他瞌睡也睡了，也来劲儿了，赶快跑过去，蹑手蹑脚地拿了一件粉红色的衣服，拿了之后转身就跑，一口气跑到家里，赶紧关上门，紧张得上气不接下气。你知道吗？这件粉红色的衣服，其实就是织女的衣服。这一整天牛郎过得是又激动又紧张。他一直等，等到了半夜。"笃笃笃"，真的有人来敲门了。于是他红着脸，赶紧去把门打开。他一开门，织女走了进来。就这样，牛郎和织女成了一对恩爱的夫妻。

日子过得很快，眼睛一眨呀，三年过去了，牛郎和织女两个人生养了一男一女两个小孩。平常的日子里，他们一个种地，一个织布，一个挑水，一个浇菜，日子过得挺平静挺幸福的。

好的，那么闲话讲回来。天上的玉皇大帝知道了这件事，他得知这个织女竟然自说自话地自己跑到人间去，和这个牛郎两个人一起又是做了夫妻又是生了孩子。他气死了，大发雷霆。有一天大太阳的时候，突然响起雷来，暴风骤雨。这场雨下得就连面对面也看不清楚。于是就在这个时候，一下子，织女就消失不见了。

这下子，两个小孩都大哭起来，一边喊一边哭，吵着要妈妈。牛郎也没什么办法，急得团团转。就在这个时候，老牛走了过来，他对牛郎说："牛郎啊，你也不要着急，你把我头上的两个角掰下来，会变成两个箩筐。你呢，一只箩筐装一个小孩，挑起来，去追织女。"牛郎怔住了！他怎么会相信呢，对不对？就在这个时候，这头老牛头上的两只角一下子"啪嗒"掉下来了，落到了地上，马上就变成了两只箩筐。于是，牛郎飞快地把两个小孩一边一个装在箩筐里，挑起就走。他哪里会想到这两只箩筐就像两只翅膀一样，他挑着一副担子就飞了起来，飞得很快，一下子都快要追上织女了。就在这个时候王母娘娘看见了，这个王母娘娘一声也不响，从头上拔下一支金钗来。她拿着这支金钗，在牛郎和织女的中间划出一条线，于是这条线马上就变成了一条滚滚的天河。这条天河宽得看不见对岸，强行把牛郎和织女两个人隔在河的两边，谁也看不见谁。牛郎和织女的这个遭遇被喜鹊知道了，喜鹊同情他们的遭遇，它们就想了个办法。它们叫上天底下所有的喜鹊，每年到了七月七日这一天，一起飞到这条天河上。一只喜鹊咬紧另一只的尾巴，就在这条天河上面搭起一条长长的天桥。于是牛郎和织女两个人便在每年的这一天到这天桥上去，也就是鹊桥上去见一面。

这就是牛郎和织女的故事。

（2020 年 7 月，发音人：徐越）

三、自选条目

（一）谚语

阿大哭，［aʔ⁵du¹³kʰuoʔ⁵］
阿二叫，［aʔ⁵n̻i¹³tɕiɔ³⁵］
阿三床浪ᵚ发虎跳。［aʔ⁵sɛ⁵³zã¹³lã³¹fɜʔ⁵fu⁵⁵tʰiɔ⁰］ 发虎跳：打虎跳。喻手忙脚乱

（2020 年 7 月，发音人：徐越）

臭屁值千厘。［tsʰə³³pʰi³⁵zɜʔ²tɕiɪ³⁵li⁰］ 臭屁：喻不值钱的东西

哈货哈价钿。［xa⁵⁵fu⁰xa⁵⁵ka³⁵diɪ⁵³］ 哈：什么。价钿：价钱。指只有买错没有卖错

癫痫头儿子自道好。［lɜʔ²li¹³də³¹ŋ¹³tsɿ⁵³zɿ³³dɔ¹³xɔ⁰］ 自道好：自己觉得很好

贴对陆家浜。［tʰieʔ⁵tɛ³⁵luoʔ²ka³⁵pæ̃⁵³］ 贴对：正对

谢谢阿伯爷。［ʑia¹³ʑia³¹aʔ⁵paʔ⁴ia³¹］ 指不要来帮倒忙

眼睛骨碌碌。［ŋɛ¹³tɕin⁵³kuoʔ⁵luoʔ²luoʔ²］ 指眼睛转来转去很灵活的样子

自有自便当。［zɿ³³iə¹³zɿ³³biɪ³³tã⁰］ 便当：方便。极言向人借东西的不方便

嘴硬骨头酥。［tsɿ⁵⁵ŋɛ⁵⁵kuoʔ⁵də³¹su⁵³］ 指外强中干

（以上 2020 年 7 月，发音人：钟爱文）

（二）歇后语

宜兴夜壶［n̻i¹³ɕin⁵³ia⁵⁵u⁰⁵］——好只嘴［xɔ⁵⁵tsaʔ⁵tsɿ⁵⁵］喻嘴巴很会说，实际没能力的人

吃素碰着月大［tɕʰiʒʔ⁵su³⁵bæ̃³³zaʔ²n̩yøʔ²du¹³⁵］——轮档弗好［lən¹³tã⁵³fʒʔ⁵xɔ⁰］月大：大月。轮档：时机。喻碰到不想碰到的事或做事不顺

秤砣跌辣＝棉花里［tsʰən³⁵du³¹tieʔ⁵laʔ²miɪ¹³xo⁵⁵li⁰］——一声弗响［ieʔ⁵sæ⁵³fʒʔ⁵ɕiæ̃⁰］喻不吭声的人

灶君公公上天［tsɔ³⁵tɕin⁰koŋ³³koŋ⁵³zã³³tʰiɪ⁵³⁵］——有哈讲哈［iə³³xa⁵³kã³⁵xa⁵³］喻按实际情况说事

（以上 2020 年 7 月，发音人：钟爱文）

（三）吆喝

棒冰要哦？　［bã³³pin⁵³iɔ³⁵vʒʔ²］

奶油雪糕棒冰，［na³³iə³¹ɕieʔ⁵kɔ⁵³bã³³pin⁵³］

奶油雪糕棒冰要哦？　［na³³iə³¹ɕieʔ⁵kɔ⁵³bã³³pin⁵³iɔ³⁵vʒʔ²］

奶油雪糕棒冰五分洋钿一株，［na³³iə³¹ɕieʔ⁵kɔ⁵³bã³³pin⁵³ŋ³³fən⁵³iæ̃¹³diɪ³¹ieʔ⁵tsʅ⁵³］洋钿：钱

绿豆棒冰三分一株，［luoʔ²də¹³bã³³pin⁵³sɛ³⁵fən⁵³ieʔ⁵tsʅ⁵³］

棒冰要哦棒冰。［bã³³pin⁵³iɔ³⁵vʒʔ²bã³³pin⁵³］

（2020 年 7 月，发音人：钟爱文）

平 湖

一、歌谣

正月正

正月正，挨家场浪⁼吊木灯，［tsən⁴⁴n̥yoʔ⁰tsən⁵³，a⁴⁴ka⁵³zã³³lã³¹tiɔ⁴²³moʔ²³tən⁵³］浪⁼：表方位，上

二月二，菠菜落苏侪落地，［n̥i²¹³n̥yoʔ⁰n̥i²¹³，pu⁵³tsʰɛ⁰loʔ²³su⁵³zɛ³¹loʔ³di²¹³］落苏：茄子。侪：都

三月三，荠菜开花结木旦，［sɛ⁴⁴n̥yoʔ⁰sɛ⁵³，zi²⁴tsʰɛ⁰kʰɛ⁴⁴ho⁵³tɕiəʔ⁵moʔ⁵tɛ⁵³］

四月四，馍馍变癞司⁼，［sʅ⁴⁴n̥yoʔ⁵sʅ⁴⁴，mo²⁴mo⁵³piɛ³³⁴la²⁴sʅ⁰］癞司⁼：癞蛤蟆

五月五，买个黄鱼过端午，［ŋ²¹³n̥yoʔ⁵ŋ²¹³，ma²⁴kəʔ⁵uã²⁴ŋ⁵³ku³³⁴tø⁴⁴ŋ⁰］

六月六，买把扇子踢⁼粒⁼托⁼，［loʔ²³n̥yoʔ⁵loʔ²³，ma²⁴po⁴⁴sø⁴⁴tsʅ⁰tʰiəʔ²³liəʔ⁵tʰoʔ⁵］踢⁼粒⁼托⁼：拟声词

七月七，买个西瓜切牢⁼切，［tɕʰiəʔ²³n̥yoʔ⁵tɕʰiəʔ²³，ma²⁴kəʔ⁵ɕi⁴⁴ko⁵³tɕʰiəʔ²³lɔ⁰tɕʰiəʔ²³］

八月八，买个月饼擘牢⁼擘，［paʔ³n̥yoʔ⁵paʔ⁵，ma²⁴kəʔ⁵n̥yoʔ²¹pin³³⁴paʔ⁵lɔ⁰paʔ⁵］擘：掰

九月九，九个姑娘侪吃酒，［tɕiəɯ⁴⁴n̥yoʔ⁵tɕiəɯ⁴⁴，tɕiəɯ⁴⁴kəʔ⁵ku⁴⁴n̥iã⁰zɛ³¹tɕʰiəʔ²³tɕiəɯ³³⁴］

十月十，十个姑娘齐本⁼出，［zəʔ²³n̥yoʔ⁵zəʔ²³，zəʔ²³kəʔ⁵ku⁴⁴n̥iã⁰zi²⁴pən⁴⁴tsʰəʔ⁵］本⁼：给 出⁼：出嫁

一个勿本⁼出，［iəʔ³kəʔ⁵vəʔ²³pən⁴⁴tsʰəʔ⁵］

蹲辣⁼门角落里眼泪出。［tən⁵³laʔ⁰mən³¹koʔ³loʔ⁵li⁰ŋɛ²¹³li⁰tsʰəʔ⁵］辣⁼：在

（2017年8月，发音人：马旻斐）

鞋 ˭ 里去

鞋˭里去？〔a⁴⁴li⁰tɕʰi³³⁴〕鞋˭里：哪里

鞋˭里去？〔a⁴⁴li⁰tɕʰi³³⁴〕

娘娘拉去〔n̠iã²⁴n̠iã⁵³laʔ⁰tɕʰi³³〕娘娘拉：外祖母家

去做啥？吃枇杷。〔tɕʰi³³⁴tsu²¹sa³³⁴？tɕʰiəʔ²³biəʔ²³bo³¹〕

枇杷树浪˭一朵花，〔biəʔ²³bo³¹zʅ²¹lã⁴⁴iəʔ²³to⁴⁴ho³¹〕

娘娘吃只坏枇杷，〔n̠iã²⁴n̠iã²⁴tɕʰiəʔ²³tsaʔ⁵va²¹³biəʔ²³bo⁵³〕

弟弟吃只好枇杷，〔di⁴⁴di⁰tɕʰiəʔ²³tsaʔ⁵hɔ²¹³biəʔ²³bo³¹〕

娘舅炖个焐鸡蛋，〔n̠iã²⁴dʑiɯ⁵³tən³³⁴kəʔ⁵u²¹³tɕi⁵⁵dɛ⁰〕

舅妈横个白眼乌珠吃。〔dʑiɯ²¹ma⁵³vã³¹kəʔ⁰baʔ²³ŋɛ²¹u⁵⁵tsʅ³¹tɕʰiəʔ²³〕横个白眼乌珠：翻个白眼

阿宝

阿宝，阿宝，〔aʔ²³pɔ³³⁴，aʔ²³pɔ³³⁴〕

看牛斫草，〔kʰø²⁴n̠iɯ⁵³tsoʔ³tsʰɔ⁴⁴〕斫：砍，割

斫出一只麻鸟。〔tsoʔ³tsʰəʔ⁵iəʔ³tsaʔ⁵mo²⁴tiɔ⁵³〕麻鸟：麻雀

麻鸟觥觥飞，〔mo²⁴tiɔ⁵³koŋ²¹koŋ⁴⁴fi⁵³〕

阿宝大肚皮。〔aʔ²³pɔ³³⁴du²¹³du²¹bi³¹〕

（以上 2017 年 8 月，发音人：黄萌萌）

二、其他故事

金平湖同银嘉善

今朝个平湖中大镇，〔tɕin⁴⁴tsɔ⁰kəʔ⁰bin²⁴u⁵³tsoŋ⁵³da⁰tsən³³⁴〕

辣˭过去，〔laʔ²³ku⁴⁴tɕʰy⁰〕

是一个比较大个集镇。〔zʅ⁰iəʔ³kəʔ⁵pi⁴⁴tɕiɔ⁵³du²¹³kəʔ⁰ziə²³tsən³³⁴〕

辣˭葛档˭镇浪˭呢，〔laʔ²³kəʔ⁵tã⁴⁴tsən³³⁴lã⁰nəʔ⁰〕葛档˭：这个

生意蛮兴诶，〔sã⁵³i⁰mɛ³¹ɕin²¹³e⁰〕

客人来来往往蛮多。〔kʰaʔ³n̠in⁵³lɛ³¹lɛ⁴⁴uã⁴⁴uã⁰mɛ³¹du³¹〕

有一日天呢，［iəɯ²¹³iəʔ³n̩iəʔ⁵tʰiɛ⁵³nə⁰］

镇浪＝来兹两个客人，［tsən³³⁴lã⁰lɛ³¹zʅ⁰liã²¹kəʔ⁵kʰaʔ²³n̩in⁵³］

一个是从平湖来诶，［iəʔ³kəʔ⁵zʅ⁰zoŋ³¹bin²⁴u⁵³lɛ³¹e⁰］

一个是从嘉善来诶，［iəʔ³kəʔ⁵zʅ⁰zoŋ³¹ka⁵³zø⁰lɛ³¹e⁰］

那么，正好伊拉辣＝同一个店里向吃茶。［naʔ²³mə⁰，tsən⁴⁴hɔ⁰i⁴⁴la⁰laʔ²³doŋ³¹iəʔ³kəʔ⁵
　　tiɛ³³⁴li⁰ɕiã⁵³tɕʰiəʔ²³zɔ³¹］伊拉：他们

那个平湖人讲，［naʔ²³kəʔ⁵bin²⁴u⁵³n̩in³¹kã⁴⁴］

伊讲："俚平湖啊肯定比倷嘉善好！"［i⁴⁴kã⁴⁴：ŋa²¹³bin²⁴u⁵³aˀkʰən²¹din⁴⁴pi²¹³na²¹³ka⁵³
　　zø⁰hɔ²¹³］伊：他。俚："我拉"的合音，我们。倷："尔拉"的合音，你们

嘉善人讲："［ka⁵³zø⁰n̩in³¹kã⁴⁴］

倷㰦吹牛屄，［na²¹³va²¹³tsʰʅ⁵³n̩iəɯ²⁴pi⁵³］㰦：别。吹牛屄：吹牛

俚嘉善肯定比倷平湖好！"［ŋa²¹³ka⁵³zø⁰kʰən⁴⁴din²¹³pi³³⁴na²¹³bin²⁴u⁵³hɔ²¹³］

正辣＝葛档＝辰光呢，［zen⁴⁴laʔ⁰kəʔ⁵tã⁴⁴zən²⁴kuã⁵³nəʔ⁰］辰光：时候

店老板走过来讲："［diɛ³³⁴lɔ⁴⁴pɛ⁰tsəɯ⁴⁴ku⁴⁴lɛ⁰kã⁴⁴］

中大，葛档＝集镇实＝介大法子，［tsoŋ⁵³da⁰，kəʔ³tã⁴⁴ziəʔ²³tsən³³⁴zaʔ²³ga²¹³du²¹³faʔ⁵tsʅ⁰］
　　实＝介：这么

生意也实＝介好法子。［sã⁵³i⁰ia⁴⁴zaʔ²³ga²¹³hɔ²¹³faʔ⁵tsʅ⁰］

葛么，肯定是俚中大顶好，［kəʔ⁵mə⁰，kʰən²¹din⁴⁴zʅ⁰ŋa²¹³tsoŋ⁵³da⁰tin⁴⁴hɔ⁰］葛么：那么。
　　顶：最

倷肯定侪比勿牢＝俚！"［na²¹³kʰən²¹din³³⁴zɛ³¹pi²¹³vəʔ⁵lɔ⁰ŋa²¹³］

那么三个人呢侪勿肯认输，［naʔ²³mə⁰sɛ⁴⁴kəʔ⁰n̩in³¹nəʔ⁰zɛ³¹vəʔ²³kʰən³³⁴n̩in²⁴sʮ⁰］

所以呢，决定打赌。［su⁴⁴;³³⁴i⁰nəʔ⁰，tɕyoʔ³din⁴⁴tã⁴⁴tu⁴⁴］

哪蟹＝打法呢？［naʔ²³ha⁴⁴tã⁴²³faʔ⁵nəʔ⁰］哪蟹＝：怎么，怎样

就是平湖人、嘉善人、中大人，［ziəɯ²⁴zʅ⁰bin²⁴u⁵³n̩in³¹，ka⁵³zø⁰n̩in³¹，tsoŋ⁵³da⁰n̩in³¹］

侪担自家屋里向个，哎，田里向个泥去掘垃，［zɛ³¹nɛ⁵³zʅ²⁴kaˀoʔ³li³³⁴ɕiã⁵³kəʔ⁰，e³¹，
　　diɛ²⁴li⁵³ɕiã⁵³kəʔ⁰n̩i³¹tɕʰi³³⁴dʑyoʔ²³baʔ⁵］担：拿。垃：块

掘垃来哪蟹＝呢？［dʑyoʔ²³baʔ⁵lɛ³¹naʔ²³ha⁴⁴nəʔ⁰］

放辣＝一样大小个物事里，［fã²⁴laʔ⁰iəʔ³iã³³⁴du²⁴ɕiɔ⁰kəʔ⁰məʔ²³zʅ³³⁴li⁰］物事：东西

那么就称称看，［naʔ²³mə⁰ziəɯ²¹³tsʰən⁴⁴tsʰən⁵³kʰø⁰］

看啥人个泥，［kʰø³³⁴sa⁴⁴n̩in³¹kəʔ⁰n̩i³¹］

个坡泥顶重，［kəʔ³baʔ⁵n̩i⁵³tin²¹zoŋ²¹³］

那么，依次呢就为金，［naʔ²³məᵒ, i⁵³tsʰʅᵒnəʔᵒzɪəɯ³¹ue²¹³tɕin⁵³］

第二呢就是银，［di²¹n̩i²¹³nəʔᵒzɪəɯ²⁴zʅᵒn̩in³¹］

第三呢就无没啥。［di²¹sɛ⁵³nəʔᵒzɪəɯ³¹m⁴⁴məʔᵒsaᵒ］

那么平湖人呢蛮聪明，［naʔ²³məᵒbin²⁴u⁵³n̩in³¹nəʔᵒmɛ³¹tsʰoŋ⁴⁴minᵒ］

俚讲起来，有人讲叫"狗屎乖"，蛮乖诶，［ŋa²¹³kã⁴⁴tɕʰiᵒlɛ³¹, iəɯ²⁴n̩in⁵³kã⁴⁴tɕiɔ³³⁴kəɯ⁴⁴sʅ⁴⁴kua³¹, mɛ³¹kua⁵³eᵒ］

哎，伊回去啊掘坺泥，［e³³⁴, i⁴⁴ue²⁴tɕʰiᵒaᵒdʑyoʔ²³baʔ²³n̩i³¹］

担点啥？［nɛ³¹tiɛᵒsa³³⁴］

担点沙去放辣꞊泥里向，［nɛ³¹tiɛᵒsoᵒ⁵³tɕʰiᵒfã³³⁴laʔ⁵n̩i²⁴li⁵³ɕiãᵒ］

哎，葛档꞊分量肯定重诶，［e³³⁴, kəʔ⁵tã⁴⁴vən²⁴liãᵒkʰən²¹din⁴⁴zoŋ²¹³e³¹］

那么嘉善人呢回去啊狗屎乖，［naʔ²³məᵒka⁵³zø⁰n̩in³¹nəʔᵒue²⁴tɕʰiᵒa³³⁴kəɯ⁴⁴sʅ⁴⁴kua³¹］

哎，担点水呢去浇难꞊浇辣꞊泥里向，［e³³⁴, nɛ³¹tiɛᵒsʅ²¹³nəʔᵒtɕʰi³³⁴tɕiɔ⁵³nɛᵒtɕiɔ⁵³laʔ²³n̩i²⁴li⁵³ɕiãᵒ］

那么担到中大之后呢，［naʔ²³məᵒnɛ³¹tɔ³³⁴tsoŋ⁵³daᵒtsʅᵒəɯ²¹³nəʔᵒ］

哎，平湖人呢泥里向枪꞊沙，［e³³⁴, bin²⁴u⁵³n̩in³¹nəʔᵒn̩i³¹li⁵³ɕiã⁴⁴tsʰiã⁵³so⁵³］枪꞊：掺

嘉善人呢泥里向喷水。［ka⁵³zøᵒn̩in³¹nəʔᵒn̩i³¹li⁵³ɕiã⁴⁴pʰən⁵³sʅ²¹³］

哎，那么葛档꞊店主中大人呢，［e³³⁴, naʔ²³məᵒkəʔ⁵tã⁴⁴tiɛ⁴⁴tsʅ⁴⁴tsoŋ⁵³daᵒn̩in³¹nəʔᵒ］

哎，俚讲，确确实实是个老实人，［e³³⁴, ŋa²¹³kã⁴²³, tɕʰyoʔ²³tɕʰyoʔ⁵zəʔ²³zəʔ⁵zʅ³³⁴kəʔᵒlɔ⁴⁴zəʔ²³n̩in³¹］

伊马上跑出去呢，［i⁴⁴ma⁴⁴zã⁰bɔ³¹tsʰəʔ²³tɕʰi³³⁴nəʔᵒ］

从外头去挖来块泥，［zoŋ³¹a⁴⁴dəɯᵒtɕʰi³³⁴uaʔ⁵lɛ³¹kʰue³³⁴n̩i³¹］

俦放辣꞊一样大小的物事里。［zɛ³¹fã³³⁴laʔ⁵iəʔ³iã³³⁴du²⁴ɕiɔᵒkəʔᵒməʔ²³zʅ³³⁴liᵒ］

好，接落去要过秤哩。［hɔ³³⁴, tɕiɛʔ³loʔ⁵tɕʰiᵒiɔ³³⁴ku⁴⁴tsʰən³³⁴liᵒ］

称好之后，［tsʰən⁴⁴hɔᵒtsʅ²¹əɯ²¹³］

葛档꞊㑚得话得，［kəʔ³tã⁴⁴va²¹³təʔᵒo³³⁴təʔᵒ］

平湖葛块泥么肯定顶重，［bin²⁴u⁵³kəʔ³kʰue³³⁴n̩i³¹məʔᵒkʰən²¹din⁴⁴tin⁴⁴zoŋ²¹³］

嘉善葛块泥呢第二个重，［ka⁵³zøᵒkəʔ³kʰue³³⁴n̩i³¹nəʔᵒdi²¹n̩i²¹³kəʔ⁵zoŋ²¹³］

中大葛块泥呢第三个。［tsoŋ⁵³daᵒkəʔ³kʰue³³⁴n̩i³¹nəʔᵒdi²¹sɛ⁵³kəʔ⁵］

所以呢，俚就称平湖呢"金平湖"，［su⁴⁴i³³⁴nəʔᵒ, ŋa²¹³zɪəɯ³¹tsʰən⁵³bin²⁴u⁵³nəʔᵒtɕin⁴⁴bin²⁴u⁵³］

嘉善呢为"银嘉善"，［ka⁵³zø⁰nə?⁰ue³¹n̪in⁴⁴ka⁵³zø⁰］

中大，葛么一难⁼啊挨勿着。［tsoŋ⁵³da⁰，kə?³mə?⁵iə?⁵ne³¹a⁰a⁴⁴və?²³za?⁰］

从此以后呢，［zoŋ²⁴tsʰ̩ʅ⁵³i²¹əɯ³³⁴nə?⁰］

哎，中大挨勿着以后呢，［e³³⁴，tsoŋ⁵³da⁰a⁴⁴və?⁵za?²³i²¹əɯ³³⁴nə?⁰］

伊侤葛档⁼地位越来越低。［i⁴⁴nəɯ⁰kə?³tã⁴⁴di²⁴ue⁰yo?²³lɛ³¹yo?²³ti⁵³］伊侤：第三人称代词单数，这里指"它"

因为啥，"金平湖、银嘉善"一讲么好哩，［in²⁴ue⁰sa³³⁴，tɕin⁴⁴bin²⁴u⁵³、n̪in⁴⁴ka⁵³zø⁰ iə?³kã⁴⁴mə?⁰hɔ²¹li⁴⁴］

中大无啥名堂。［tsoŋ⁵³da⁰m⁴⁴sa³³⁴min²⁴dã⁵³］

所以生意呢越来越清淡，［su⁴⁴i³³⁴sã⁵³i⁰nə?⁰yo?²³lɛ³¹yo?²³tsʰin⁴⁴dɛ⁰］

葛档⁼店面呢缩小再缩小。［kə?³tã⁴⁴tie⁴⁴mie²¹³nə?⁰so?³ɕiɔ⁴⁴tsɛ³³⁴so?³ɕiɔ⁴⁴］

弄到最后呢清静来海⁼饭⁼，［noŋ²⁴tɔ⁰tsue⁴⁴əɯ²¹³nə?⁰tsʰin⁴⁴zin⁰lɛ⁰hɛ⁴⁴vɛ²¹³］海⁼饭⁼：非常

生意也无没啥。［sã⁵³i⁰ia⁴⁴m⁴⁴mə?⁰sa³³⁴］

所以到后来啊，［su⁴⁴i³³⁴tɔ³³⁴əɯ²⁴lɛ⁵³a⁰］

中大，哎，顶多成个小个集镇，［tsoŋ⁵³da⁰，e³³⁴，tin²¹tu⁵³zən³¹kə?³ɕiɔ⁴⁴kə?⁰ziə?²³tsən³³⁴］

就是侤今朝个中大镇。［ziəɯ²⁴z̩⁵³ŋa²¹³tɕin⁴⁴tsɔ⁰kə?⁵tsoŋ⁵³da⁰tsən³³⁴］

而"金平湖"同"银嘉善"呢一直叫到葛个歇。［əl³¹tɕin⁴⁴bin²⁴u⁵³doŋ³¹n̪in⁴⁴ka⁵³zø⁰nə?⁰ iə?³zə?⁵tɕiɔ³³⁴tɔ⁰kə?³kə?⁵ɕiə?⁰］葛个歇：现在

那么至于后来啊，［na?²³mə⁰ts̩¹y⁴⁴əɯ²⁴lɛ⁰a⁰］

出现叫"金平湖、银嘉善、铁海盐"。［tsʰə?²³iɛ³³⁴tɕiɔ³³⁴tɕin⁴⁴bin²⁴u⁵³n̪in⁴⁴ka⁵³zø⁰tʰiə?²³hɛ²⁴iɛ⁵³］

葛档⁼铁海盐到底哪蟹⁼来诶，［kə?³tã⁴⁴tʰiə?²³hɛ²⁴iɛ⁵³tɔ⁴⁴tiə?⁵na?²³ha⁴⁴lɛ³¹e⁰］

葛么我倒啊勿清爽，［kə?³mə?⁵ŋ²¹³tɔ³³⁴a⁰və?²³tsʰin⁴⁴sã⁰］

好，只有再去问问人家再讲。［hɔ³³⁴，tsa?⁵iəɯ²¹³tsɛ³¹tɕʰi³³⁴mən²⁴mən⁰n̪in²⁴ka⁵³tsɛ³¹kã⁴⁴］

好，今朝葛只故事我就讲到葛里为止。［hɔ³³⁴，tɕin⁴⁴tsɔ⁰kə?³tsa?⁵ku⁴⁴z̩²¹³ŋ²¹³ziəɯ³¹ kã⁴⁴tɔ⁰kə?³li³³⁴ue²⁴ts̩⁰］

　　今天的平湖中大镇，在过去是一个比较大的集镇。这个镇上生意很好，客人来来往往很多。

　　有一天，镇上来了两个客人，一个是从平湖来的，一个是从嘉善来的。正好他们在同一家店里喝茶。那个平湖人说："我们平湖肯定比你们嘉善好！"嘉善人说："你别吹牛，我们嘉善肯定比你们平湖好！"正在这个时候，店老板走过来说："中大这个集镇这么大，生意这么好，那么肯定是我们中大最好，你们肯定比不上我们！"

　　三个人都不肯认输，于是他们决定打赌。怎么打赌呢？就是平湖人、嘉善人、中大人，都去自己家田里挖块泥。挖来怎么办呢？放在一样大小的容器里，然后就称一下，看谁的那块泥最重。那么，第一重的就为金，第二就为银，第三就什么都没有。

　　那个平湖人很聪明，我们称之为"狗屎乖"，很聪明的。他回去挖了块泥，把沙掺在泥里。这个分量肯定重的。那个嘉善人也"狗屎乖"，他把水掺在泥里。拿到中大后，发现平湖人的泥里掺了沙，嘉善人的泥里掺了水。那么那个店主中大人呢，他确实是个老实人，他马上跑出去挖了一块一样大小的泥放在了容器里。好，接下来要过秤了。称了之后，那不用说，平湖的泥肯定最重，嘉善的泥第二重，中大的泥第三重。所以我们就把平湖称为"金平湖"，嘉善是"银嘉善"，中大呢，一点都没轮上。

　　从此以后，中大轮不上以后呢，它的地位越来越低。因为"金平湖、银嘉善"一叫出来，中大什么称号都没有，所以生意越来越冷清，那店面一再缩小，最后很冷清，没有什么生意。所以到后来，中大就只是一个小集镇，而"金平湖"和"银嘉善"一直叫到现在。那么至于后来出现"金平湖、银嘉善、铁海盐"的说法。那个"铁海盐"到底怎么来的，我倒也不知道。好，只能再去问问别人再讲。

　　好，今天的故事就讲到这里为止。

　　　　　　　　　　　　　　　　　　（2017 年 8 月，发音人：龚国铭）

三、自选条目

铙子书

东海泛起碧波浪，［toŋ hɛ fɛ tɕʰi piəʔ pu lã］

杭州湾里闪银光。［ã tsɯ uɛ li sø n̠in kuã］

滨海小城金平湖，［pin hɛ siɔ zən tɕin bin u］

水乡遍地撒金黄，撒金黄。［sɿ ɕiã pʰiɛ di sa tɕin uã，sa tɕin uã］

平湖处处吐芬芳，［bin u tsʰʅ tsʰʅ tʰu fən fã］

万紫千红添兴旺。［uɛ tsɿ tsʰiɛ oŋ tʰiɛ ɕin uã］

麦黄稻香鱼塘活，［maʔ uã dɔ ɕiã ŋ dã vəʔ］

菜青棉白养蚕忙。［tsʰɛ tsʰin miɛ baʔ iã zø mã］

高新科技育青苗，［kɔ sin kʰu tɕi yoʔ tsʰin miɔ］

大棚里飞出金凤凰。［du bã li fi tsʰəʔ tɕin voŋ uã］

请你到关帝庙商城看一看，［tsʰin n̠i tɔ kuɛ ti miɔ sã zən kʰø iəʔ kʰø］

商品琳琅生意忙，［sã pʰin lin lã sã i mã］

五光十色景致美，［ŋ kuã zəʔ səʔ tɕin tsɿ me］

小桥流水树成行。［siɔ dziɔ liəɯ sue zɿ zən hã］

请你到莫氏庄园看一看，［tɕʰin n̠i tɔ moʔ zɿ tsã yø kʰø iəʔ kʰø］

古色古香古装潢，［ku səʔ ku ɕiã ku tsã uã］

晚清建筑有特色，［uɛ tsʰin tɕiɛ tsoʔ iəɯ dəʔ səʔ］

亭台楼阁花园厅堂，［din dɛ ləɯ kəʔ ho yø tʰin dã］

连围廊，连围廊。［liɛ ue lã，liɛ ue lã］

请你到湖东公园看一看，［tsʰin n̠i tɔ u doŋ koŋ yø kʰø iəʔ kʰø］

十里方圆着新装，［zəʔ li fã yø zaʔ sin tsã］

水乡满眼玲珑体，［sɿ ɕiã mø ŋɛ lin loŋ tʰi］

宝塔顶头尽春光。［pɔ tʰaʔ tin dəɯ zin tsʰən kuã］

（2017 年 8 月，发音人：邵婷婷）

海　盐

一、歌谣

正月蒲⁼忙踢毽子

正月蒲⁼忙踢毽子，［tsən⁵⁵yɔʔ⁵bu²⁴mã⁵³tʰiəʔ²³tɕiɛ⁵⁵tsʅ²¹］指正月不忙踢毽子

二月长线放鹞子，［n̠i²¹³yɔʔ⁵zɛ̃⁴²³ɕiɛ⁵³fã³³⁴iɔ¹³tsʅ²¹］鹞子：风筝

三月清明做团子，［sɛ⁵⁵yɔʔ⁵tɕʰin⁵⁵min³¹tsu³³⁴dɤ²⁴tsʅ⁵³］

四月养蚕采茧子，［sʅ²¹yɔʔ²³iɛ̃⁵⁵zɤ²¹tsʰɛ⁴²³tɕiɛ⁵³tsʅ³³⁴］

五月端午裹粽子，［n²¹yɔʔ⁵tɤ⁵³n²¹ku⁵⁵tsoŋ⁵⁵tsʅ²¹］

六月双暑拍蚊子，［lɔʔ⁵yɔʔ⁵sã⁵³ɕy²¹pʰaʔ²³mən²⁴tsʅ⁵³］

七月馄饨裹馅子，［tɕʰiəʔ²³yɔʔ⁵uən²⁴dən⁵³ku⁴²³ɛ¹³tsʅ²¹］

八月桂花勿结子，［paʔ⁵yɔʔ⁵kue⁵⁵xo²¹vəʔ²³tɕiəʔ⁵tsʅ⁴²³］

九月竹竿敲枣子，［tɕy⁵³yɔʔ⁵tsɔʔ⁵kɤ⁵³kʰɔ⁵³tsɔ⁵³tsʅ²¹³］

十月在田穿袜子，［zəʔ²³yɔʔ⁵zɛ⁵⁵diɛ²¹tsʰɤ⁵³ma²³tsʅ²¹³］

十一月绣花做鞋子，［zəʔ²³iəʔ⁵yɔʔ⁵se³³xo⁵³tsu³³⁴ɑ²⁴tsʅ⁵³］

十二月打糕杀年猪。［zəʔ²³n̠i²¹yɔʔ⁵tɛ̃⁵³kɔ⁵³saʔ⁵n̠iɛ²⁴tsʅ⁵³］

（2016 年 7 月，发音人：沈永康）

5652 吱吱叫

5652 吱吱叫，［sɔ⁵⁵lɑ³³sɔ⁵⁵lɛ³³tsʅ⁵⁵tsʅ⁵³tɕiɔ³³⁴］

姑娘眉毛弯弯叫，[ku⁵⁵n̠iɛ²¹mi²⁴mɔ⁵³uɛ²⁴uɛ⁵³tɕiɔ²¹]

剪脱头发穿旗袍，[tɕi⁵³tʰəˀ⁵de²⁴faˀ⁵tsʰɤ⁵³dʑi²⁴bɔ⁵³]

金戒指带手表，[tɕin³³kɑ⁵⁵tsɿ²¹tɑ³³⁴se⁵³piɔ⁵³]

金牙齿嵌老宝，[tɕin⁵⁵ɑ²⁴tɕʰy⁵³kʰɛ³³⁴lɔ¹³pɔ²¹] 老宝：旧指镶牙用的黄金

丝光洋袜脚来套，[sɿ⁵⁵kuɑ̃⁵³iɛ²⁴maˀ²¹tɕiaˀ⁵lɛ³¹tʰɔ³³⁴]

皮底鞋子呱呱叫，[bi²⁴ti⁵³ɑ²⁴tsɿ⁵³kuaˀ⁵kuaˀ⁵tɕiɔ³³⁴]

走落岸浪꞊扭两扭，[tse⁴²³ləˀ²¹ɤ¹³lɑ̃²¹n̠io²¹³liɛ¹³n̠io²¹] 浪꞊：表方位，上

前头扭来唱小调，[dʑiɛ²⁴de⁵³n̠io²¹³lɛ²¹tsʰɑ̃³³⁴ɕiɔ⁵³tiɔ²¹³]

后头扭来吹簧箫，[e⁵⁵de²¹n̠io²¹³lɛ²¹tsʰɿ⁵³uɑ̃²⁴ɕiɔ⁵³]

地主拉姑娘真时髦，[di⁵⁵tɕy²¹laˀ²³ku⁵⁵n̠iɛ⁵³tsən⁵³zɿ²⁴mɔ⁵³] 地主拉：地主家（的）

倷点时髦鞋꞊里来，[ne⁴²³tiɛ²¹zɿ²⁴mɔ⁵³ɑ⁵⁵li²¹lɛ³¹] 倷：你。鞋꞊里：哪里

穷人头浪꞊剥削来。[dʑioŋ²⁴n̠in⁵³de²⁴lɑ̃⁵³pɔˀ⁵ɕiaˀ⁵lɛ³¹]

姊妹两个学踏车

姊妹两个学踏车，[tɕi⁵³me³³⁴liɛ²¹³kəˀ⁵ɔˀ²³daˀ²³tsʰo⁵³]

妹妹踏来团团转，[me¹³me²¹daˀ²³lɛ³¹dɤ²⁴dɤ⁵³tsɤ⁴²³]

姊姊踏来敲蒲桃，[tɕi⁵³tɕi⁵³daˀ²³lɛ³¹kʰɔ⁵³bu²⁴dɔ⁵³] 蒲桃：核桃

蒲桃栗子做山枣。[bu²⁴dɔ⁵³liəˀ²³tsɿ⁴²³tsu³³⁴se⁵³tsɔ²¹]

养个囡来害世宝，[iɛ²¹³kəˀ⁵nɤ³¹lɛ³¹ɛ²⁴sɿ²¹pɔ²¹] 害世宝：忤逆子

本꞊来本꞊去本꞊勿了，[pən⁴²³lɛ³¹pən⁵³tɕʰi³³⁴pən⁴²³vəˀ²³liɔ³¹] 本꞊：给

本꞊了河南张三宝。[pən⁴²³ləˀ²³u²⁴nɤ⁵³tsɛ̃⁵⁵sɛ³³pɔ³¹]

张三宝命勿好，[tsɛ̃⁵⁵sɛ³³pɔ³¹min²¹³vəˀ⁵xɔ⁴²³]

买鱼买个烂菜条，[mɑ⁵⁵n²¹mɑ²¹³kəˀ⁵lɛ²⁴tsʰɛ⁵⁵diɔ³¹]

买肉买只猪八鸟。[mɑ²¹n̠iɔˀ⁵mɑ²¹tsaˀ⁵tsɿ⁵⁵paˀ⁵tiɔ³³⁴] 八鸟：雄性生殖器

蹲勒꞊娘娘房里隔壁烧，[tən⁵³ləˀ²³n̠iɛ²⁴n̠iɛ⁵³vɑ̃²⁴li⁵³kaˀ⁵piəˀ⁵sɔ⁵³] 勒꞊：在。娘娘：奶奶

娘娘看见发火跳，[n̠iɛ²⁴n̠iɛ⁵³kʰɤ⁵⁵tɕiɛ²¹faˀ²³fu²¹³tʰiɔ³³⁴] 发火跳：打虎跳。

一发发到刘王庙，[iəˀ⁵faˀ⁵faˀ⁵tɔ⁵³le²⁴uɑ̃⁵³miɔ²¹³]

香炉蜡扦侪看꞊倒。[ɕiɛ⁵⁵lu³¹laˀ²³tɕʰiɛ⁵³zɛ³¹kʰɤ⁵³tɔ³³⁴] 侪：都。看꞊倒：倒下去

（以上 2016 年 7 月，发音人：徐玉英）

二、其他故事

做魇殃

我诺＝今朝来讲只我拉海盐大家侪家喻户晓个一只小故事，［ɔʔ²³nɔ²³tsən⁵⁵tsɔ⁵³lɛ²¹
kuã⁴²³tsaʔɔʔ²³la²¹³xɛ⁵⁵iɛ³¹da¹³ka²¹zɛ³¹tɕia⁵⁵y⁵³u¹³ɕiɔ²¹kəʔiəʔtsaʔɕiɔ⁴²³ku⁵⁵zɿ²¹］我 诺＝：我。

侪：都

叫"做魇殃"。［tɕiɔ³³⁴tsu³³⁴iɛ⁵³iɛ̃⁵³］

因为大家以前侪造房子，［in⁵⁵ue⁵³da¹³ka²¹i⁵⁵dʑiɛ²¹zɛ³¹zɔ⁴²³vã²⁴tsɿ⁵³］

请泥水木匠，［tɕʰin⁴²³n̠i²⁴sɿ⁵³mɔʔ²³dʑiɛ²¹³］泥水：泥水匠

大家呢对泥水木匠呢侪非常尊重，［da¹³ka²¹n̠i²¹te³³⁴n̠i²⁴sɿ⁵³mɔʔ²³dʑiɛ²¹³n̠i²¹zɛ³¹fi⁵⁵zɛ̃²¹
tsən⁵³zoŋ²¹］

羿＝个尊重呢，［gəʔ²³kəʔtsən⁵³zoŋ²¹n̠i²¹］羿＝：这

勿仅仅是伊俫因为同俫造房子，［vəʔtɕin⁵⁵tɕin²¹zɿ²¹³eʔ²¹neʔ²³in²⁴ue⁵³doŋ³¹ne⁴²³zɔ²¹³vã²⁴
tsɿ⁵³］伊俫：他

大家呢侪敬畏啥——泥水木匠要做魇殃。［da¹³ka²¹n̠i²¹zɛ³¹tɕin⁵⁵ue³³⁴sa³³⁴——n̠i²⁴sɿ⁵³
mɔʔ²³dʑiɛ²¹³iɔ⁵⁵tsu³³⁴iɛ⁵³iɛ̃⁵³］

哪瞎＝做魇殃呢？［naʔ²³xaʔtsu³³⁴iɛ⁵³iɛ̃⁵³n̠i²¹］哪瞎＝：怎么

我诺＝愁＝讲一家人家。［ɔʔ²³nɔʔ²³zeʔ³¹kuã⁴²³iəʔka⁵³n̠in²⁴ka⁵³］愁＝：就

羿＝家呢陈家村浪＝有个陈老太，［gəʔ²³ka⁵³n̠i²¹zən²⁴ka⁵³tsʰən⁵³lã²¹³iɔ⁵³kəʔzən²⁴lɔ⁵³
tʰa³³⁴］

伊俫呢有个儿子，［eʔ²¹neʔ²³n̠i²¹iɔ⁵³kəʔn²⁴tsɿ⁵³］

伊拉屋里呢虽然过来勿是哪瞎＝富裕，［eʔ²¹la²¹³ɔʔli³³⁴n̠i²¹se³³zɤ²¹ku³³lɛ³¹vəʔzɿ³³⁴naʔ²³
xaʔfu³³y³¹］

但是啊平平安安蛮好。［dɛ²⁴zɿ³¹a³³⁴bin⁵⁵bin⁵³ɤ³³ɤ²¹mɛ⁵³xɔ²¹］

伊拉呢有三间房子，［eʔ²¹la²¹³n̠i²¹iɔ⁴²³sɛ⁵⁵kɛ²¹vã²⁴tsɿ⁵³］

伊俫想再翻翻新，［eʔ²¹neʔ²³ɕiɛ̃⁴²³tse³³⁴fɛ⁵³fɛ³¹ɕin⁵³］

羿＝日呢请兹泥水木匠到伊拉屋里做生活。［gəʔ²³n̠iəʔn̠iʔn̠i²¹tɕʰin⁴²³zɿ²¹n̠i²⁴sɿ⁵³mɔʔ²³dʑiɛ²¹³
tɔ³³⁴eʔ²¹la²¹³ɔʔli³¹tsu³³⁴sɛ̃⁵⁵ɔʔ⁵］

造房子呢，［zɔ⁴²³vã²⁴tsʐ̩⁵³n̩i²¹］

要吃饭诶，［iɔ³³⁴tsʰəʔ²³vɛ²¹³e²¹］

葛了辫⁼个老太呢平常人好来勿得了诶，［kəʔ⁵ləʔ⁵gəʔ²³kəʔ⁵lɔ²¹tʰa³³⁴n̩i²¹bin²⁴zɛ̃⁵³n̩in³¹
　　xɔ⁵³lɛ³¹vəʔ⁵təʔ⁵liɔ²¹e²¹］葛了：所以

屋里向有点啥呢，［ɔʔ⁵li³³⁴ɕiɛ̃⁵³io⁵⁵tiɛ²¹sa³³⁴n̩i²¹］

总归村浪⁼总归样样式式帮忙，［tsoŋ⁵³kue⁵³tsʰən⁵³lã²¹tsoŋ⁵³kue⁵³iɛ̃¹³iɛ̃²¹səʔ⁵səʔ⁵pã⁵³mã³¹］

再大家有样啥侪分拨大家吃诶，［tsɛ³³⁴da¹³ka²¹io⁵³iɛ̃²¹sa³³⁴zɛ³¹fən⁵⁵pəʔ⁵da¹³ka²¹tsʰəʔ²³
　　e²¹］

葛了人家呢侪对伊啊，［kəʔ⁵ləʔ⁵n̩in²⁴ka⁵³n̩i²¹zɛ³¹te⁵⁵i⁵³a²¹］

葛个陈老太呢侪好来勿得了，［kəʔ⁵kəʔ⁵zən²⁴lɔ⁵³tʰa³³⁴n̩i²¹zɛ³¹xɔ⁵³lɛ³¹vəʔ⁵təʔ⁵liɔ²¹］

葛陈婆婆，噢。［kəʔ⁵zən²⁴bu²⁴bu⁵³，ɔ²¹］

那么，今朝泥水木匠来兹以后呢，［naʔ²³məʔ⁵，tsən⁵⁵tsɔ⁵³n̩i²⁴sʐ̩⁵³moʔ²³dʑiɛ̃²¹³lə³¹zʐ̩²¹i⁵³
　　e²¹n̩i²¹］

伊倷总归总归拣好诶买，［e²¹neʔ²³tsoŋ⁵³kue⁵³tsoŋ⁵³kue⁵³kɛ⁵³xɔ⁴²³e²¹ma⁴²³］

拣好诶拨伊拉吃。［kɛ⁵³xɔ⁴²³e²¹pəʔ⁵e²¹la²¹³tsʰəʔ²³］

辫⁼天呢，［gəʔ²³tʰiɛ⁵³n̩i²¹］

伊倷买羹⁼黄鱼，［e²¹neʔ²³ma⁵³kɛ̃²¹uã²⁴n⁵³］

那么伊倷想啊，［naʔ²³məʔ⁵e²¹neʔ²³ɕiɛ̃⁴²³a²¹］

黄鱼么刺虽然少，［uã²⁴n⁵³məʔ⁵tsʰʐ̩³³⁴se³³zʐʅ²¹sɔ⁴²³］

我诺⁼拆拆啊省力，［ɔʔ²³nɔʔ²³tsʰaʔ²³tsʰaʔ⁵a²¹sɛ̃⁵³liəʔ⁵］

那么耽烧好黄鱼呢刺拆脱兹拨伊拉吃。［naʔ²³məʔ⁵tɛ⁵³sɔ⁵³xɔ⁵³uã²⁴n⁵³n̩i²¹tsʰʐ̩³³⁴tsʰaʔ²³
　　tʰəʔ⁵zʐ̩²¹pəʔ⁵e²¹la²¹³tsʰəʔ²³］耽：等

结果呢，泥水木匠一上台子一看么，［tɕiəʔ⁵ku³³⁴n̩i²¹，n̩i²⁴sʐ̩⁵³moʔ²³dʑiɛ̃²¹³iəʔ⁵zã²¹³dɛ²⁴
　　tsʐ̩⁵³iəʔ⁵kʰɤ³³⁴məʔ²³］

一看羹⁼鱼么：［iəʔ⁵kʰɤ³³⁴kɛ̃⁵³n³¹məʔ²³］

"喔唷娘，辫⁼家人家勿成名堂，［ɔʔ⁵io³³⁴n̩iɛ̃³¹，gəʔ²³ka²⁴n̩in²⁴ka⁵³vəʔ²³zən³¹min²⁴dã⁵³］

烧羹⁼鱼来么糊哒哒，［sɔ⁵³kɛ̃²¹n²⁴lə³¹məʔ²¹u²³daʔ²¹daʔ²³］

好哩哦，我拉有数拉哩。"［xɔ⁴²³li³¹ɔ²¹，ɔʔ²³la²¹³io⁵³su²¹laʔ²¹li²¹］

伊倷葛个有数呢，［e²¹neʔ²³kəʔ⁵kəʔ⁵io⁵³su²¹n̩i²¹］

愁⁼是好哩，［ze³¹zʐʅ²¹xɔ⁵⁵li³³⁴］

算过得要报复哩，［sɤ⁵⁵ku³³⁴təʔ²¹iɔ³³pɔ⁵⁵fɔʔ²¹li²¹］算过得：算起来

介衣⁼个意思。［ka³³⁴i³¹kəʔ⁵i⁵⁵sʅ²¹］介衣⁼：这样

介衣⁼对陈老太呢误会哩。［ka³³⁴i³¹te³³zən²⁴lɔ⁵³tʰa³³⁴n̠i²¹u¹³ue²¹li²¹］

那么房子一造好呢看看介房子啊造来蛮好。［naʔ²³məʔ⁵vã²⁴tsʅ⁵³iəʔ⁵zɔ⁵³xɔ⁴²³n̠i²¹kʰɤ⁵⁵ kʰɤ²¹ka²¹vã²⁴tsʅ⁵³aʔ²¹zɔ⁵³lɛ²¹mɛ⁵³xɔ²¹］

陈老婆婆呢，［zən²⁴lɔ³¹bu²⁴bu⁵³n̠i²¹］

哦唷开心来勿得了，［ɔʔ⁵io³³⁴kʰɛ⁵⁵ɕin⁵³lɛ²³vəʔ²³təʔ⁵liɔ²¹］

哦唷泥水木匠，［ɔʔ⁵io³³⁴n̠i²⁴sʅ⁵³mɔʔ²³dʑiɛ̃²¹³］

俉总归谢谢俉，［na⁴²³tsoŋ⁵³kue⁵³dʑia¹³dʑia²¹na⁴²³］俉：你们

谢谢俉，千恩万谢。［dʑia¹³dʑia²¹na⁴²³，tɕʰiɛ⁵³ən³¹vɛ¹³dʑia²¹³］

等到房子造好过兹五年以后呢，［tən⁵³tɔ⁵³vã²⁴tsʅ⁵³zɔ⁵⁵xɔ²¹ku³³⁴zʅ²¹n⁵⁵n̠iɛ²¹i¹³e²¹n̠i²¹］

犟⁼个木匠呢，［gəʔ²³kəʔ⁵mɔʔ²³dʑiɛ̃²¹³n̠i²¹］

伊倷走过伊拉，［e²¹neʔ²³tse⁵³ku³³⁴e²¹lɑ²¹³］

齐巧路过伊拉屋里，［dʑi²⁴tɕʰiɔ⁵³lu¹³ku²¹e²¹la²¹³ɔʔ⁵li³³⁴］

伊倷想那五年过去哩，［e²¹neʔ²³ɕiɛ̃⁴²³na³¹n⁵⁵n̠iɛ²¹ku⁵⁵tɕʰi²¹li²¹］

去看看犟⁼家人家看。［tɕʰi²⁴kʰɤ⁵⁵kʰɤ²¹gəʔ²³ka²¹n̠in²⁴ka⁵³kʰɤ²¹］

结果跑到伊拉屋里呢鬼冷冰清，［tɕiəʔ⁵ku³³⁴bɔ²⁴tɔ⁵³e²¹la²¹³ɔʔ⁵li³³⁴n̠i²¹tɕy¹³lɛ̃²¹pin⁵⁵tɕʰin⁵³］

房子里一样东西啊无没，［vã²⁴tsʅ⁵³li²¹iəʔ⁵iɛ̃³³⁴toŋ⁵⁵ɕi²¹a²¹m⁵⁵məʔ²¹］

只听得一把摇纱机嗯啊嗯啊落霍⁼摇。［tsɔʔ⁵tʰin⁵⁵təʔ²¹iəʔ⁵pɔ⁴²³iɔ²⁴sɔ⁵³tɕi²¹n⁵⁵a²¹n⁵⁵a²¹ lɔʔ²³xɔʔ⁵iɔ³¹］

跑进去一看呢，［bɔ²⁴tɕin⁵⁵tɕʰi²¹iəʔ⁵kʰɤ³³⁴n̠i²¹］

葛老太落霍⁼摇纱，［kəʔ⁵lɔ⁵³tʰa³³⁴lɔʔ²³xɔʔ⁵iɔ²⁴sɔ⁵³］

伊倷一看呢正式愁⁼是犟⁼个陈老太。［e²¹neʔ²³iəʔ⁵kʰɤ³³⁴n̠i²¹tsən²¹səʔ⁵ze³¹zʅ²¹gəʔ²³kəʔ⁵ zən²⁴lɔ⁵³tʰa³³⁴］

那么伊倷愁⁼问，［naʔ²³maʔ⁵e²¹neʔ²³ze³¹mən²¹³］

念："婆婆啊！"［n̠iɛ²¹³：bu²⁴bu⁵³a²¹］

念："我诺⁼外头过来诶，［n̠iɛ²¹³：ɔʔ²³nɔʔ²³a²⁴de⁵³ku³³lɛ³¹e²¹］

天热来呀，同倷讨口茶来吃！"［tʰiɛ⁵³n̠iəʔ²³lɛ⁴¹ia²¹，doŋ³¹ne⁴²³tʰɔ⁴²³kʰe²¹zɔ³¹lɛ²¹tsʰəʔ²³］

婆婆念：［bu²⁴bu⁵³n̠iɛ²¹³］

"好诶呀，不过我拉屋里呀，［xɔ⁴²³e²¹ia²¹，piəʔ⁵ku³³⁴ɔʔ²³la²¹³ɔʔ⁵li³³⁴ia²¹］

现在屋里穷来勿得了，［iɛ¹³zɛ²¹ɔʔ⁵li³³⁴dʑioŋ³¹lɛ²¹vəʔ⁵təʔ⁵liɔ²¹³］

茶是无没诶，［zo³¹z̩²¹m²⁴məʔ²¹e²¹］

我诺⁼要么舀口水俫吃好哩！”［ɔʔ²³nɔ²³iɔ³³⁴məʔ²¹iɔ⁵³kʰe⁵³s̩⁴²³ne⁴²³tsʰəʔ²³xɔ²¹li²¹］

那伊念好诶。［na³¹i⁵³n̠iɛ²¹³xɔ⁴²³e²¹］

陈老太呢愁⁼从纺车浪⁼向呢立起来，［zən²⁴lɔ⁵³tʰa³³⁴n̠i²¹ze³¹zoŋ³¹fã⁵⁵tsʰo⁵³lã²⁴ɕiɛ̃⁵³n̠i²¹
　　　liəʔ⁵tɕʰi⁵⁵lɛ³¹］

跑到呢灶边头，［bɔ²⁴tɔ⁵³n̠i²¹tsɔ⁵⁵piɛ²¹de²¹］

担只碗呢同伊舀口水来担过去。［nɛ⁵³tsaʔ⁵uɤ⁴²³n̠i²¹doŋ³¹i⁵³iɔ⁵⁵kʰe⁵³s̩⁴²³lɛ²¹tɛ⁵³ku⁵⁵
　　　tɕʰi²¹］担:拿

结果木匠师父担牢⁼一看么，［tɕiəʔ⁵ku³³⁴mɔʔ²³dʑiɛ̃²¹³s̩⁵⁵vu²¹nɛ⁵³lɔ⁵³iəʔ⁵kʰɤ³³⁴məʔ⁵］

心里想火啊愁⁼大起来。［ɕin⁵³li²¹ɕiɛ²¹fu⁴²³a²¹ze³¹du²⁴tɕʰi⁵³lɛ³¹］

“我诺⁼同俫讨口水来吃么，［ɔʔ²³nɔ²³doŋ³¹ne⁴²³tʰɔ⁴²³kʰe²¹s̩⁴²³lɛ²¹tsʰəʔ²³məʔ⁵］

俫同我摘⁼兹一把砻糠，［ne⁴²³doŋ³¹u³¹tsaʔ⁵z̩²¹iəʔ⁵po³³⁴loŋ²⁴kʰuã⁵³］

垃圾来介，［la¹³ɕi²¹lɛ³¹ka³³⁴］

俫要吃煞我啊！”［ne⁴²³iɔ³³⁴tsʰəʔ²³saʔ⁵u³¹a²¹］

那么陈老太愁⁼同伊念：［naʔ²³məʔ⁵zən²⁴lɔ⁵³tʰa³³⁴ze³¹doŋ³¹i³¹n̠iɛ²¹³］

“客人啊，勿是我诺⁼要吃煞俫，［kʰaʔ²³n̠in³¹a²¹，vəʔ⁵z̩²¹³ɔʔ²³nɔ²³iɔ³³⁴tsʰəʔ²³saʔ⁵ne⁴²³］

我诺⁼是看俫，［ɔʔ²³nɔʔ²³z̩²¹kʰɤ⁵⁵ne²¹］

外头太阳大来微⁼完⁼，［a¹³de²¹tʰa⁵⁵iɛ̃²¹du²⁴lɛ²¹vi²⁴vɤ⁵³］微⁼完⁼:非常

满身个汗，［mɤ⁵⁵sən²¹kəʔ⁵ɤ²¹³］

我诺⁼无没茶来拨俫吃，［ɔʔ²³nɔʔ²³m²⁴məʔ²¹zo³¹lɛ²¹pəʔ⁵ne⁴²³tsʰəʔ²³］

本⁼得俫吃口冷水。［pən⁴²³təʔ⁵ne⁴²³tsʰəʔ²³kʰe⁵³lɛ̃⁵⁵s̩²¹］

葛么同俫摘⁼把砻糠霍⁼呢，［kəʔ⁵məʔ⁵doŋ³¹ne⁴²³tsaʔ⁵po³³⁴loŋ²⁴kuã⁵³xɔʔ²³n̠i²¹］

俫吃口吹吹，吃口吹吹，［ne⁴²³tsʰəʔ²³kʰe²¹³tsʰ̩⁵³tsʰ̩⁵³，tsʰəʔ²³kʰe²¹³tsʰ̩⁵³tsʰ̩⁵³］

介衣⁼慢慢叫吃落去呢勿会得生病诶。［ka³³i⁵³mɛ¹³mɛ²¹tɕiɔ⁵³tsʰəʔ²³lɔʔ⁵tɕʰi⁵³n̠i²¹vəʔ⁵
　　　ue²¹³təʔ⁵sɛ̃⁵³bin²¹³e²¹］

我诺⁼葛人心好来微⁼完⁼诶！”［ɔʔ²³nɔʔ²³kəʔ⁵n̠in³¹ɕin⁵³xɔ⁴²³lɛ²¹vi²⁴vɤ⁵³e²¹］

那么葛木匠师父一听么晓得误会兹……误会拉哩，［naʔ²³məʔ⁵kəʔ⁵mɔ²³dʑiɛ̃²¹³s̩⁵⁵
　　　vu²¹iəʔ⁵tʰin⁵³məʔ²¹ɕiɔ⁵³təʔ⁵u¹³ue²¹z̩²¹……u¹³ue²¹laʔ²¹li²¹］

心里啊蛮惭愧。［ɕin⁵³li²¹a²¹mɛ³¹zɛ²⁴kʰue⁵³］

那么坐倒来同伊讲空头。［naʔ²³məʔ⁵zu²¹tɔ³³⁴lɛ³¹doŋ³¹i⁵³kuã⁵³kʰoŋ⁵⁵de²¹］讲空头:聊天

那么陈老太愁⁼同伊讲：［naʔ²³məʔ⁵zən²⁴lɔ⁵³tʰa³³⁴ze³¹doŋ³¹i³¹kuã⁴²³］

"喔唷，我诺＝葛人么总归梦＝别人家好诶，[ɔʔ²³io²¹³，ɔʔ²³nɔʔ²³kəʔ⁵n̩in³¹məʔ²¹tsoŋ⁵³ kue⁵³moŋ¹³biəʔ²³n̩in²⁴ka⁵³xɔ⁴²³e²¹]

结果呢恰介命苦来么，[tɕiəʔ⁵ku³³⁴n̩i²¹tɕʰia²³ka²¹³min¹³kʰu⁴²³lɛ²¹məʔ²¹]

葛儿子么现在赌博赌来么屋里一样倒无啥啥，[kəʔ⁵n²⁴tsʅ⁵³məʔ²¹iɛ¹³zɛ²¹tu⁵³pɔʔ⁵tu⁴²³lɛ³¹ məʔ²¹ɔʔ⁵li³³⁴iəʔ⁵iɛ̃³³⁴tɔ²¹m³¹sa²¹sa²¹]

那俫啊看见，[na³¹ne⁴²³a²¹kʰɤ²¹tɕiɛ³³⁴]

我诺＝啊做人做来怨来，[ɔʔ²³nɔʔ²³a²¹tsu⁵⁵n̩in²¹tsu³³⁴lɛ²¹yɤ²¹³lɛ²¹]

勿晓得为点啥。"[vəʔ⁵ɕiɔ³³⁴təʔ²¹ue²¹³tiɛ⁵³sa³³⁴]

那么葛木匠师父心里惭愧来微＝完＝，[naʔ²³məʔ⁵kəʔ⁵mɔʔ²³dʑiɛ²¹³sʅ⁵⁵vu²¹ɕin⁵³li²¹zɛ²⁴kʰue⁵³ lɛ³¹vi²⁴vɤ⁵³]

朝伊念：[zɔ²⁴i⁵³n̩iɛ²¹³]

"俫个人介个好法子啊，[ne⁴²³kəʔ⁵n̩in³¹ka³³⁴kəʔ²¹xɔ⁴²³faʔ⁵tsʅ²¹a²¹]

下趟要会有好报诶！[o²¹tʰã³³⁴iɔ³³⁴ue¹³iɔ²¹xɔ⁵³pɔ³³⁴e²¹]

我诺＝啊，担把箱梯，[ɔʔ²³nɔʔ²³a²¹，tɛ⁵³pɔ⁵³ɕiɛ̃⁵⁵tʰi⁵³]

同俫啊，[doŋ³¹ne⁴²³a²¹]

屋浪＝去看看看，噢！"[ɔʔ⁵lã³³⁴tɕʰi³³⁴kʰɤ⁵⁵kʰɤ³³⁴kʰɤ²¹，ɔ⁵³]

那么伊俫担把箱梯呢，[naʔ²³məʔ⁵e²¹ne²³tɛ⁵³pɔ⁵³ɕiɛ̃⁵⁵tʰi⁵³n̩i²¹]

差到哩屋浪＝，[bɛ²⁴tɔ⁵³li²¹ɔʔ⁵lã³³⁴]

蚕＝守＝得呢伊俫当时个辰光，[zɤ²⁴se⁵³tə²¹n̩i²¹e²¹ne²³tã⁵³zʅ³¹kəʔ⁵zən²⁴kuã⁵³]

因为伊俫葛羹＝鱼啊同伊拆脱兹骨头以后呢，[in⁵³ue²¹e²¹nəʔ²³kəʔ⁵kɛ̃⁵³n³¹a²¹doŋ³¹i³¹ tsʰaʔ²³tʰəʔ⁵zʅ²¹kəʔ⁵de³¹i⁵³e²¹n̩i²¹]

总归心里勿开心哩，[tsoŋ⁵³kue⁵³ɕin⁵³li²¹vəʔ⁵kʰɛ⁵⁵ɕin⁵³li²¹]

同伊屋浪＝做起只魔殃霍＝，[doŋ²⁴i⁵³ɔʔ⁵lã³³⁴tsu⁵⁵tɕʰi⁴²³tsaʔ⁵iɛ⁵³iɛ̃⁵³xɔʔ²¹]

摆三只头子。[pa⁴²³sɛ⁵⁵tsaʔ⁵de²⁴tsʅ⁵³]

摆三只头子呢是一二三，[pa⁴²³sɛ⁵⁵tsaʔ⁵de²⁴tsʅ⁵³n̩i²¹zʅ²¹³iəʔ⁵n̩i²¹³sɛ⁵³]

算过得侪是败诶。[sɤ⁵⁵ku³³⁴təʔ²¹zɛ³¹zʅ²¹ba²¹³e²¹]

那么伊俫呢担只头子来同伊翻个身，[naʔ²³məʔ⁵e²¹ne²³n̩i²¹tɛ⁵³tsaʔ⁵de²⁴tsʅ⁵³lɛ²¹doŋ²⁴i⁵³ fɛ⁵³kəʔ⁵sən⁵³]

变四五六。[piɛ³³sʅ⁵⁵n³¹lɔʔ²³]

好，拉脱来兹以后呢同葛陈家婆婆念：[xɔ⁴²³，la²¹³tʰəʔ⁵lɛ³¹zʅ²¹i⁵³e²¹n̩i²¹doŋ²⁴kəʔ⁵zən²⁴ ka⁵³bu²¹bu⁵³n̩iɛ²¹³]

"婆婆啊，那俫叫放心好哩，噢，[bu²¹bu⁵³a²¹，na³¹ne⁴²³tɕiɔ³³⁴fã³³ɕin⁵³xɔ⁴²³li²¹，ɔ⁵³]

俹屋里呢，［na⁴²³ɔʔ⁵li³³⁴n̠i²¹］

儿子呢会得回来诶，［n²⁴tsɿ⁵³n̠i²¹ue¹³təʔ²¹ue²⁴lɛ⁵³e²¹］

俹屋里呢会得好诶，［na⁴²³ɔʔ⁵li³³⁴n̠i²¹ue¹³təʔ²¹xɔ⁴²³e²¹］

慢慢叫有得兴头起来！”［mɛ¹³mɛ²¹tɕiɔ²¹io¹³təʔ²¹ɕin³³de³¹tɕʰi⁵³lɛ³¹］

好，那么从此以后呢，［xɔ⁴²³，naʔ²³məʔ⁵zoŋ²⁴tsʰɿ⁵³i⁵³e²¹n̠i²¹］

到慢慢叫呢伊拉儿子呢，［tɔ³³⁴mɛ¹³mɛ²¹tɕiɔ²¹n̠i²¹e²¹la²¹³n²⁴tsɿ⁵³n̠i²¹］

赌博啊勿赌哩，［tu⁵³pɔʔ⁵a²¹vəʔ⁵tu⁵³li²¹］

做来呢越来越兴头，越来越兴头。［tsu⁵⁵lɛ³¹n̠i²¹yɔʔ²³lɛ⁵³yɔʔ²³ɕin⁵⁵de²¹，yɔʔ²³lɛ⁵³yɔʔ²³ ɕin⁵⁵de²¹］

葛个，葛了呢㑚＝个愁＝叫“做魇殃”。［kəʔ⁵kəʔ⁵，kəʔ⁵ləʔ²¹n̠i²¹gəʔ²³kəʔ⁵ze³¹tɕiɔ³³⁴tsu⁴²³ iɛ⁵³ĩɛ̃⁵³］

　　我今天给大家讲一个家喻户晓的小故事，叫“做魇殃”。因为以前造房子都要请泥水匠和木匠，大家对他们很尊重，这个尊重不仅仅是因为他们帮忙造房子，还因为他们会做魇殃。怎么做魇殃呢？我就来讲一家人家的故事。

　　陈家村上有个陈老太，她有个儿子，他们家虽然不是很富裕，但是也平平安安过得挺好。他们有三间房间，想再翻翻新。那天请了泥水师傅和木匠到他们家干活。造房子要吃饭的，这个老太人平时很好的，谁家有点什么事呢，她总是会去帮忙的，有什么东西都分给大家吃，所以大家对陈老太都很好。

　　泥水师傅和木匠来了以后呢，她当然是挑好的买给他们吃。那天她买了条黄鱼，想着鱼刺少拆掉鱼刺也省力，等烧好了就拆了鱼刺给他们吃。结果泥水师傅和木匠上桌一看就想：“啊呀，这家人家不上台面，把鱼烧得这样烂糟糟。好了，我们心里有数了！”这个有数呢就是打算报复了，对陈老太产生误会了。等房子造好，看起来造得很好。陈老太很开心，对泥水师傅和木匠千恩万谢。

　　等房子造好五年后，这个木匠路过这户人家，想：五年过去了，我去看看这户人家。结果到她家一看，发现房子里什么东西都没有，只有一台摇纱机在摇，一个老太太在摇，一看正是陈老太。于是他就问：“婆婆啊，我是外面来的，天很热，向你要口茶来喝！”婆婆说：“好的啊，不过我家现在很穷，没有茶，我要不就弄口水给你喝。”他就说好的。陈老太就从纺车上站起来，到厨房去拿只碗盛了水给他送过去。

　　结果木匠拿到水一看，心里就火起来了：“我向你要口水来喝，你撒了一把砻糠，这么脏，你要喝死我啊！"于是，陈老太就对他说："客人啊，不是我要喝死你，外面太阳很大，你满身是汗，我没有茶来给你喝，只给你喝口冷水，我撒把砻糠呢，你边喝边吹，慢慢喝不会生病的。我很善良的！"木匠一听知道误会陈老太了，心里很惭愧。于是坐下来和她说话。于是陈老太就说："我这个人总希望别人好，结果命这么苦，儿子赌博赌得家里什么都没有了，我做人做得很失败，不知道为什么！"木匠心里很惭愧，对她说："你这人这么好，会有好报的。我拿把梯子到房子上去帮你看看！"于是他拿了把梯子爬到了屋子上。其实因为当时她把鱼骨头拆了，木匠心里不开心，给她做了魇魅，放了三个头子，是一二三，无论怎么样这个家是要破败的。于是他把头子翻个身，变成四五六。下来后，木匠对陈婆婆说："婆婆啊，放心好了，你儿子会回来的，家里会好的，慢慢会好起来的！"

从此以后，她儿子也不赌博了，家里越来越好。这个就叫"做魇魅"。

（2016年7月，发音人：张圣英）

三、 自选条目

（一）谚语

东线日头西线雨，[toŋ⁵³ɕiɛ²¹n̩iəʔ²³de³¹ɕi⁵³ɕiɛ³³⁴y⁴²³]线：这里指虹
南线火门开，[nɤ²⁴ɕiɛ⁵³fu⁵³mən³¹kʰɛ²¹]
北线有雨来。[pɔʔ⁵ɕiɛ³³⁴io⁵³y²¹³lɛ³¹]

（2016年7月，发音人：张圣英）

（二）谜语

一只瘄湖羊，[iəʔ⁵tsaʔ⁵piəʔ⁵u²⁴iɛ̃⁵³]
尾巴攀着梁，[mi²¹pɔʔ⁵pʰɛ⁵³zaʔ²³liɛ̃³¹]
只见吃枯草，[tsəʔ⁵tɕiɛ³³⁴tsʰəʔ²³kʰu⁵³tsʰɔ²¹]
勿见养小羊。[vəʔ²³tɕiɛ³³⁴iɛ̃⁴²³ɕio⁵³iɛ̃³¹]
——灶头[tsɔ⁵⁵de²¹]

（2016年7月，发音人：徐玉英）

海　宁

一、歌谣

蜜蜂叮癞痢

蜜蜂叮癞痢，［mieʔ²foŋ⁵⁵tiŋ⁵⁵ləʔ²li³³］

癞痢掮枪，［ləʔ²li³³dʑie³³tɕʰiã⁵⁵］掮：扛

枪打老虎，［tɕʰiã⁵⁵tã⁵⁵lɔ¹³fu⁰］

老虎吃人，［lɔ¹³fu⁰tɕʰieʔ⁵n̠iŋ¹³］

人捉蜜蜂。［n̠iŋ¹³tsoʔ⁵mieʔ²foŋ⁵⁵］

蜜蜂叮癞痢，［mieʔ²foŋ⁵⁵tiŋ⁵⁵ləʔ²li³³］

癞痢掮枪，［ləʔ²li³³dʑie³³tɕʰiã⁵⁵］

枪打老虎，［tɕʰiã⁵⁵tã⁵⁵lɔ¹³fu⁰］

老虎吃人，［lɔ¹³fu⁰tɕʰieʔ⁵n̠iŋ¹³］

人捉蜜蜂。［n̠iŋ¹³tsoʔ⁵mieʔ²foŋ⁵⁵］

落雨哩

落雨哩，［loʔ²y⁵⁵li³³］

打烊哩，［tã⁵⁵iã⁵⁵li⁵³］

小百辣˭子开会哩。［ɕiɔ⁵⁵pəʔ⁵laʔ²tsɿ⁵⁵kʰɛ⁵³ue¹³li³¹］小百辣˭子：小老百姓

新剃头

新剃头，[ɕiŋ³⁵tʰi⁵³dəɯ⁰]

癞痢头，[ləʔ²li³³dəɯ³³]

弗敲三记触霉头。[fəʔ⁵kʰɔ⁵³sɛ⁵⁵tɕi⁵⁵tsʰoʔ⁵mei³³dəɯ³³] 触霉头：倒霉

笃笃笃

笃笃笃，[toʔ⁵toʔ⁵toʔ⁵]

卖糖粥，[ma¹³dɑ̃³³tsoʔ⁵]

三斤葡萄四斤壳，[sɛ⁵⁵tɕiŋ⁵³bəɯ³³dɔ³³sʅ⁵⁵tɕiŋ⁵³kʰoʔ⁵] 葡萄：大核桃

吃倷辥=肉，[tɕʰieʔ⁵nəɯ⁵⁵gəʔ²n̩ioʔ²] 倷：你。辥=：结构助词，相当于普通话的"的"

还倷辥=壳。[ue³³nəɯ⁵⁵gəʔ²kʰoʔ⁵]

癞鸦哇哇叫

癞鸦哇哇叫，[la³³o⁵³ua⁵⁵ua⁵³tɕiɔ³⁵] 癞鸦：乌鸦

蛐蟮两头跳。[tɕʰioʔ⁵zɛ³³liɑ̃¹³dəɯ³³tʰiɔ³⁵] 蛐蟮：蚯蚓

大块头

大块头，[dəɯ³³kʰuɛ³⁵dəɯ³¹] 大块头：胖子

无清头，[m³³tɕʰiŋ⁵⁵dəɯ³³] 无清头：不会动脑子

吃饭吃哩三钵头，[tɕʰieʔ⁵vɛ³¹tɕʰieʔ⁵li³¹sɛ³⁵pəʔ⁵dəɯ³¹]

射浣射拉=门口头。[za¹³u³¹za¹³la³¹məŋ³³kʰəɯ⁵⁵dəɯ³³] 射浣：排泄大便。拉=：在

新娘子

新娘子，[ɕiŋ⁵⁵n̩iɑ̃⁵⁵tsʅ⁵⁵]

摆架子，[pa⁵⁵ka³⁵tsʅ⁵³]

一摆摆到屠甸寺，[ieʔ⁵pa⁵⁵pa⁵³tɔ⁵³dəɯ³³die³³zʅ³³] 屠甸寺：地名

吃哩两只冷粽子，[tɕʰieʔ⁵li³¹liɑ̃¹³tsaʔ⁵lɑ̃¹³tsoŋ⁵⁵tsʅ⁰]

吃哩射哩一裤子。[tɕʰieʔ⁵li³¹za¹³li³¹ieʔ⁵kʰəɯ⁵³tsʅ⁰]

坐要坐相

坐要坐相，[zəu¹³iɔ⁵⁵zəu¹³ɕiã⁰]

立要立相，[lieʔ²iɔ⁵⁵lieʔ²ɕiã⁰]

三铷买只夜壶要摆相。[sɛ⁵⁵die³¹ma¹³tsaʔ⁵ia⁵⁵əu³¹iɔ⁵⁵pa³⁵ɕiã⁰] 三铷: 形容便宜。摆相: 摆放的样子

吃点着点

吃点着点，[tɕʰieʔ⁵tieʔ⁵tsaʔ⁵tieʔ⁵] 着: 穿

棺材薄点，[kue⁵⁵zɛ³³boʔ²tieʔ⁵]

弗吃弗着，[fəʔ⁵tɕʰieʔ⁵fəʔ⁵tsaʔ⁵]

蒲包一只。[bəu³³pɔ⁵⁵ieʔ⁵tsaʔ⁵] 蒲包: 草包，喻傻瓜

三个和尚

一个和尚挑水吃，[ieʔ⁵kəʔ⁵əu³³zã³¹tʰiɔ⁵³sʅ⁵⁵tɕʰieʔ⁵]

两个和尚抬水吃，[liã¹³kəʔ⁵əu³³zã³¹dɛ³³sʅ⁵⁵tɕʰieʔ⁵]

三个和尚无水吃。[sɛ³⁵kəʔ⁵əu³³zã³¹ŋ³³sʅ⁵³tɕʰieʔ⁵]

鸡朵ꞏ朵ꞏ

鸡朵ꞏ朵ꞏ，[tɕi⁵⁵tɔ⁵⁵tɔ⁵⁵] 朵ꞏ朵ꞏ: 象声词

毛朵ꞏ朵ꞏ，[mɔ³³tɔ⁵⁵tɔ⁵⁵]

共ꞏ共ꞏ飞起。[goŋ³³goŋ³³fi⁵³tɕʰiꞏ⁰] 共ꞏ共ꞏ: 象声词

冬瓜皮

冬瓜皮，[toŋ⁵⁵ko⁵⁵bi³³]

西瓜皮，[ɕi⁵⁵ko⁵⁵bi³³]

小姑娘赤膊老面皮。[ɕiɔ⁵³ku⁵⁵n̩iã⁵⁵tsʰaʔ⁵poʔ⁵lɔ¹³mie³¹bi⁰] 老面皮: 厚脸皮，喻不害臊

从前有个白先生

从前有个白先生，［zoŋ³³ʑie³³iəu¹³kəʔ²baʔ²ɕie³⁵sã⁵³］"白""八"均用哑嘴声代替

日日眰到八点钟，［n̠ieʔ²n̠ieʔ²kʰueŋ⁵⁵tɔ³⁵paʔ⁵tie⁵⁵tsoŋ⁵³］

跑到白家埭，［bɔ³³tɔ⁵³baʔ²ka⁵⁵da⁰］白家埭：地名

吃哩一碗八宝饭，［tɕʰieʔ⁵li⁰ieʔ⁵ue³¹paʔ⁵pɔ⁵⁵vɛ⁰］

铜钿付哩八十八块八角八分八厘八毫八。［doŋ³³die³¹fu⁵⁵li³¹paʔ⁵zəʔ²paʔ⁵kʰuɛ⁵⁵paʔ⁵ koʔ⁵paʔ⁵fəŋ⁵⁵paʔ⁵li⁵⁵paʔ⁵ɔ³¹paʔ⁵］

（以上2017年8月，发音人：徐伟平）

二、规定故事

牛郎和织女

老早辰光，［lɔ¹³tsɔ⁵³zəŋ³³kuã⁰］辰光：时候

有个小伙子，［iəu¹³gəʔ²ɕiɔ⁵⁵fu⁵⁵tsɿ⁰］

爷娘侪死脱哩，［ia³³n̠iã³¹zei³¹ɕi⁵⁵tʰəʔ⁵li⁰］死脱：死掉

独吊吊哎孤苦伶仃，［doʔ²tiɔ⁵⁵tiɔ⁵⁵ɛ⁵⁵kəu⁵⁵kʰəu⁵³liŋ³³tiŋ⁵⁵］独吊吊：孤单单

屋里向呢便得一只老牛，［oʔ⁵li³³ɕiã⁵³nie⁰bie¹³təʔ⁵ieʔ⁵tsaʔ⁵lɔ¹³n̠iəu³³］里向：里面。便得：只有

侪家叫伊牛郎。［zei³³ka⁵³tɕiɔ⁵³i⁵³n̠iəu³³lã³³］侪家：大家都

牛郎呢靠格只老牛耕田为生，［n̠iəu³³lã³³nie⁰kʰɔ⁵⁵kəʔ²tsaʔ⁵lɔ¹³n̠iəu³¹kəŋ⁵³die³¹ue³³səŋ⁵⁵］

同老牛呢相依为命，［doŋ³¹lɔ¹³n̠iəu³¹nie⁰ɕiã⁵⁵i⁵⁵ue¹³miŋ¹³］

格只老牛，［kəʔ⁵tsaʔ⁵lɔ¹³n̠iəu³¹］

其实是天浪゠爿゠金牛星。［dʑi³³zəʔ²zɿ³³tʰie⁵⁵lɔ⁵⁵gəʔ²tɕiŋ⁵⁵n̠iəu⁵⁵ɕiŋ⁵⁵］天浪゠：天上

伊呢蛮喜欢牛郎哎勤劳肯做，［i⁵³nie⁰mɛ⁵⁵ɕi⁵⁵hue⁵³n̠iəu³³lã³³ɛ⁵³dʑiŋ⁵³lɔ³³kʰəŋ³⁵tsəu³⁵］

所以呢想帮伊成个家。［səu³⁵i⁵⁵nie⁰ɕiã⁵³pã⁵⁵i⁵³zəŋ³³kəʔ⁵ka⁵⁵］

有一日天，［iəu¹³ieʔ⁵n̠ieʔ²tʰie⁵⁵］一日天：一天

金牛星晓得天浪゠向爿゠仙女啊，［tɕiŋ⁵⁵n̠iəu⁵⁵ɕiŋ⁵⁵ɕiɔ⁵⁵təʔ⁵tʰie⁵³lɔ⁵⁵ɕiã⁵⁵gəʔ²ɕie⁵⁵n̠i⁵⁵a⁰］

天浪゠向：天上

要到村东边孵⁼湖里向汏浴。［iɔ⁵⁵tɔ⁵³tsʰəŋ⁵⁵toŋ⁵⁵pie⁵⁵gəʔ²əu³³li³³ɕiɑ̃⁵³da³³ioʔ²］汏浴：洗澡

伊呢就托梦拨牛郎，［i⁵³nie⁰dʑiəu³³tʰoʔ⁵moŋ¹³pəʔ⁵n̠iəu³³lɑ̃³³］拨：给

要伊第二天早浪⁼向呢，［iɔ⁵⁵i⁵³di³³n̠i³¹tʰie⁵³tsɔ⁵³lɑ̃³³ɕiɑ̃⁵³nie⁰］

到湖边里向，［tɔ⁵³əu¹³pie⁵⁵li⁵⁵ɕiɑ⁵⁵］

趁个仙女们汏浴孵⁼辰光呢，［tsʰəŋ³⁵kəʔ⁵ɕie⁵⁵n̠i⁵⁵məŋ⁰da³³ioʔ²gəʔ²zəŋ³³kuɑ̃⁵⁵nie⁰］

挪走一件仙女挂辣⁼树浪⁼向孵⁼衣裳，［no⁵⁵tsəɯ⁵³ieʔ⁵dʑie³¹ɕie⁵⁵n̠i⁵⁵ko⁵⁵laʔ²z̩³³lɑ̃³¹ɕiɑ⁵⁵

　　gəʔ²i⁵⁵zɑ̃³³］挪：拿

头也弗好回，［dəɯ¹³aʔ³³fəʔ⁵hɔ⁵⁵ue¹³］

直接跑到屋里向，［zəʔ²tɕieʔ⁵bɔ³³tɔ³⁵oʔ⁵li³³ɕiɑ̃⁰］

就会得到一个漂亮个仙女做老婆。［dʑiəu³³ue⁵⁵təʔ⁵tɔ⁵³ieʔ⁵kəʔ⁵pʰiɔ⁵³liɑ̃³³kəʔ⁵ɕie⁵⁵n̠i⁵⁵

　　tsəɯ³⁵lɔ¹³bəu⁰］

格一日早上，［kəʔ⁵ieʔ⁵n̠ieʔ²tsɔ⁵⁵zɑ̃⁰］

牛郎呢，［n̠iəu³³lɑ̃³³nie⁰］

半信半疑孵⁼来到山边孵⁼湖边浪⁼向去看，［pɛ⁵⁵ɕiŋ⁵³pɛ⁵⁵n̠i¹³gəʔ²lei³³tɔ⁵⁵sɛ⁵⁵pie⁵⁵gəʔ²

　　əu³³pie⁵⁵lɔ⁵⁵ɕiɑ⁵⁵tɕʰi⁵⁵kʰɛ³⁵］

哎，果然看见啊，［ɛ³⁵，kəu⁵⁵zɛ³³kʰɛ⁵³tɕie⁵³aʔ⁰］

七个美女呢有起湖里向汏浴，［tɕʰieʔ⁵kəʔ⁵mei⁵⁵n̠i⁰nie⁰iəu¹³tɕʰi⁵⁵əu³³li³³ɕiɑ⁵⁵da³³ioʔ²

　　有起：在

伊马浪⁼挪起树浪⁼向一件粉红色孵⁼衣裳，［i⁵³mo¹³lɑ̃³¹no⁵⁵tɕʰi⁵⁵z̩³³lɔ¹³ɕiɑ̃⁵³ieʔ⁵dʑie³³

　　fəŋ⁵⁵oŋ³³səʔ⁵gəʔ²i⁵⁵zɑ̃³³］马浪：马上

蛮快孵⁼跑回屋里向。［mei⁵⁵kʰua³⁵gəʔ²bɔ³³ue¹³oʔ⁵li³³ɕiɑ̃⁰］

格个被抢走衣裳的仙女呢，［kəʔ⁵kəʔ⁵bi¹³tɕʰiɑ̃⁵³tsəɯ⁵⁵i⁵⁵zɑ̃³³gəʔ²ɕie⁵⁵n̠i⁵⁵nie⁰］

就是织女，［dʑiəu¹³z̩¹³tsəʔ⁵n̠i⁰］

就是格日夜里向，［dʑiəu¹³z̩¹³kəʔ⁵n̠ieʔ²iɑ³³li³¹ɕiɑ̃⁵³］

伊轻轻叫敲开哩牛郎屋里孵⁼门，［i¹³tɕʰiŋ⁵⁵tɕʰiŋ⁵⁵tɕiɔ⁵⁵kʰɔ⁵⁵kʰei⁵⁵li³³n̠iəu³³lɑ̃³³oʔ⁵li³³gəʔ⁵

　　məŋ¹³］

两家头呢做唻夫妻。［liɑ̃¹³ka⁵⁵dəɯ³³nie⁰tsəɯ³⁵lei³¹fu⁵⁵tɕʰi⁵⁵］两家头：两人

眼睛一眙，［ɛ¹³tɕiŋ⁵³ieʔ⁵kaʔ⁵］一眙：一眨

三年过去，［sɛ⁵⁵n̠ie³¹kəu³⁵tɕʰi⁵³］

牛郎和织女养哩一男一女两个小人，［n̠iəu³³lɑ̃³³əu³¹tsəʔ⁵n̠i⁰iɑ¹³li⁰ieʔ⁵nɛ³³ieʔ⁵n̠i³³liɑ̃¹³ gəʔ²ɕiɔ⁵⁵n̩iŋ⁵⁵]养：生（孩子）

一家人家过唻蛮开心。[ieʔ⁵ka⁵³n̩iŋ³³ka⁵⁵kəu³⁵lei⁰mɛ³¹kʰɛ⁵⁵ɕiŋ⁵⁵]

但是呢，[dɛ¹³zɿ³¹nie⁰]

织女私下底下凡斛⁼事体，[tsəʔ⁵n̩iɔ⁵sɿ⁵⁵o⁵⁵ti⁵⁵ɕia³⁵vɛ¹³gəʔ²zɿ³³tʰi⁵³]

被玉皇大帝晓得哩。[pəʔ⁵n̩ioʔ²uã³³da³³ti⁵⁵ɕiɔ⁵⁵təʔ⁵li⁰]

有一日天，[iəu¹³ieʔ⁵n̩ieʔ²tʰie⁵⁵]

天浪⁼向呢雷响霍险⁼，[tʰie⁵⁵lɔ⁵⁵ɕiã⁵³nie⁰lei³³ɕiã⁵³hoʔ⁵ɕie⁰]雷响：打雷。霍险⁼：闪电

吹起哩大风，[tsʰɿ⁵⁵tɕʰi⁵⁵li³³dəu³³foŋ⁵³]

落起哩大雨，[loʔ²tɕʰi⁵⁵li³³dəu³³i⁵³]

个织女突然弗见哩。[kəʔ⁵tsəʔ⁵n̩i⁰dəʔ²zɛ³¹fəʔ⁵tɕie⁵³li⁰]

两个小人呢哭来要寻姆妈，[liã¹³gəʔ²ɕiɔ⁵⁵n̩iŋ⁵⁵nɛ⁵⁵kʰoʔ⁵lei⁰iɔ³⁵ziŋ¹³m̩⁵⁵ma⁵⁵]

牛郎急得来弗晓得纳⁼介做是好。[n̩iəu³³lã³¹tɕieʔ⁵təʔ⁵lei⁰fəʔ⁵ɕiɔ⁵⁵təʔ⁵naʔ²ka⁵³tsəu³⁵ zɿ³³hɔ⁵³]纳⁼介：怎么

格个辰光，[kəʔ⁵kəʔ⁵zəŋ³³kuã⁵⁵]

格只老牛呢开口哩，[kəʔ⁵tsaʔ⁵lɔ¹³n̩iəu³³nie⁰kʰɛ⁵⁵kʰəu⁵³li⁰]

哎，俆[弗要]难过，[ɛ⁰, nəɯ¹³fiɔ³⁵nɛ³³kəu⁵⁵]

俆[弗要]难过，[nəɯ¹³fiɔ³⁵nɛ³³kəu⁵⁵]

听我，[tʰiŋ⁵⁵əu⁵³]

俆呢挪我格只角挪落来，[nəɯ⁵³nie⁰no⁵⁵əu⁵³kəʔ⁵tsaʔ⁵koʔ⁵no⁵⁵loʔ²lei⁰]

格两只角呢，[kəʔ⁵liã⁵⁵tsaʔ⁵koʔ⁵nie⁰]

可以变做两只箩筐，[kʰo³⁵i³¹pie³⁵tsəu⁵³liã¹³tsaʔ⁵ləu³³kʰuã⁵⁵]

俆呢装上格两个小人，[nəɯ⁵³nie⁰tsã⁵⁵zã³³kəʔ⁵liã¹³kəʔ⁵ɕiɔ⁵⁵n̩iŋ⁵⁵]

就可以到天河浪⁼向去，[dziəu¹³ko⁵³i³³tɔ³⁵tʰie⁵⁵əɯ³³lã⁵⁵ɕiã⁵³tɕʰi³⁵]天河：银河

寻织女去哩。[dziŋ¹³tsəʔ⁵n̩i⁰tɕʰi⁵³li⁰]

牛郎呢还辣⁼打呆鼓⁼，[n̩iəu³³lã³¹nie⁰uɛ³³la³³ta⁵³ɛ³³kəu³⁵]打呆鼓⁼：发呆

哎，格牛角倒真斛⁼开⁼到地浪⁼哩，[ɛ¹³, kəʔ⁵n̩iəu³³koʔ⁵tɔ⁵³tsəŋ⁵⁵gəʔ²kʰɛ⁵⁵tɔ⁵³di³³lã³¹ li⁰]开⁼到地浪⁼：掉到地上

变做两只箩筐，[pie³⁵tsəu⁵³liã¹³tsaʔ⁵ləu³³kʰuã³³]

牛郎呢，[n̩iəu³³lã³¹nie⁰]

就把两个小人呢，[dziəu¹³pa⁵³liã¹³kəʔ⁵ɕiɔ⁵⁵n̡iŋ⁵⁵nie⁰]

放到格只筐里向，[fã³⁵tɔ⁵³kəʔ⁵tsaʔ⁵kʰuã⁵⁵li³³ɕiã⁵⁵]

挪个扁担挑起来。[no³⁵kəʔ⁵pie³⁵tɛ⁵³tʰiɔ⁵⁵tɕʰi⁵⁵lei³³]

只觉着一阵清风吹过去呢，[tsəʔ⁵koʔ⁵zaʔ²ieʔ⁵zəŋ¹³tɕʰiŋ⁵⁵foŋ⁵⁵tsʰ̩⁵³kəu⁵⁵tɕʰi⁵⁵nie⁰]

格两只箩筐像会得长哩翅膀，[kəʔ⁵liã¹³tsaʔ⁵ləu¹³kʰuã³¹dziã¹³ue³⁵təʔ⁵tsã⁵³li³³tsʰ̩⁵⁵pã⁵³]

马浪⁼飞高去哩，[mo¹³lã³¹fi⁵⁵kɔ⁵⁵tɕʰi⁵⁵li⁰]

哦，飞到天宫去哩。[o⁰, fi⁵⁵tɔ⁵³tʰie⁵⁵koŋ⁵⁵tɕʰi⁵⁵li⁰]

哎，飞呀飞呀，[ɛ³⁵, fi⁵⁵ia⁵³fi⁵⁵ia⁵³]

眼睛一看，[ɛ¹³tɕiŋ⁵³ieʔ⁵kʰɛ³⁵]

眼睛一晗，[ɛ¹³tɕiŋ⁵³ieʔ⁵kəʔ⁵]眼睛一晗：眼睛一眨

就可能要追像弗得要追牢织女哩，[dziəu¹³kʰo⁵⁵nəŋ³¹iɔ⁵⁵tsɛ⁵⁵ʑiã¹³fəʔ⁵təʔ⁵iɔ³⁵tsɛ⁵⁵lɔ⁵⁵tsəʔ⁵n̡i⁰li⁰]像弗得：好像。追牢：追上

拨王母娘娘看见哩，[pəʔ⁵uã³³məu³³n̡iã⁵⁵n̡iã⁵³kʰɛ³⁵tɕie⁵³li⁰]拨：被

伊呢拨落头浪⁼向拵⁼金钗，[i⁵³nie⁰bəʔ²lɔʔ²dəu³³lɔ¹³ɕiã⁵³gəʔ²tɕiŋ⁵⁵tsʰo⁵⁵]

在牛郎织女当中呢一划，[zɛ¹³n̡iəu³³lã³¹tsəʔ⁵n̡i⁰tã⁵⁵tsoŋ⁵⁵nie⁰ieʔ⁵uəʔ²]

马浪⁼出现一条蛮大蛮大拵⁼天河，[mo¹³lã³¹tsʰəʔ⁵ie¹³ieʔ⁵diɔ³¹mɛ³³dəu³¹mɛ³³dəu³¹gəʔ²tʰie⁵⁵əu³³]

宽得来望弗到对岸，[kʰuɛ³⁵təʔ⁵lei⁰mã¹³fəʔ⁵tɔ³⁵tei³⁵ɛ⁵³]

就挪两个人呢隔开哩。[dziəu¹³no⁵⁵liã¹³kəʔ⁵n̡iŋ⁵⁵nie⁰kaʔ⁵kʰɛ⁵⁵li⁰]

格喜鹊呢，[kəʔ⁵ɕi⁵⁵tɕʰiaʔ⁵nie⁰]

也蛮同情牛郎同织女，[a³³mɛ⁵³doŋ³³dziŋ³¹n̡iəu³³lã³¹doŋ³¹tsəʔ⁵n̡i⁰]

所以呢，[səu⁵⁵i⁵⁵nie⁰]

在阴历拵⁼每年拵⁼阴历七月初七，[zɛ³³iŋ⁵⁵lieʔ²gəʔ²mei⁵⁵n̡ie⁵⁵gəʔ²iŋ⁵⁵lieʔ²tɕʰieʔ⁵iɔʔ²tsʰəu⁵⁵tɕʰieʔ⁵]

成千上万只喜鹊，[zəŋ³³tɕʰie⁵³zã¹³vɛ¹³tsaʔ⁵ɕi⁵⁵tɕʰiaʔ⁵]

侪飞到天河浪⁼向来，[zɛ³³fi⁵⁵tɔ⁵⁵tʰie⁵⁵əu³³lã³³ɕiã⁵³lei⁰]

一直衔着另一只拵⁼尾巴，[ieʔ⁵tsaʔ⁵ɛ³³zaʔ²liŋ¹³ieʔ⁵tsaʔ⁵gəʔ²m¹³po⁵⁵]

搭起哩一座蛮长蛮长拵⁼鹊桥，[taʔ⁵tɕʰi⁵³li³³ieʔ⁵zəu¹³mɛ⁵⁵zã³³mɛ⁵⁵zã³³gəʔ²tɕʰiaʔ⁵dʑiɔ³³]

让牛郎织女呢一道来团聚。[n̡iã³¹n̡iəu³³lã³¹tsəʔ⁵n̡i⁰nie⁰ieʔ⁵dɔ³³lei³³dəu³³dʑi³³]

古时候，有一个小伙子，父母都去世了，孤苦伶仃，家里只有一头老牛，大家都叫他牛郎。

牛郎靠老牛耕地为生，与老牛相依为命。这头老牛其实是天上的金牛星，他喜欢牛郎的勤劳善良，所以想帮他成个家。

有一天，金牛星得知天上的仙女们要到村东边的湖里洗澡，就托梦给牛郎。老牛叫他第二天一早到那个湖边去，趁仙女们洗澡的时候，拿走一件她们挂在树上的衣服，头也别回跑回家里去，然后就会有一个漂亮的仙女给他做老婆。

那天早晨，牛郎半信半疑地来到湖边，果然看到有七个美女在洗澡。他马上拿起挂在树上的一件粉红色的衣服，直奔家里。这个被抢走衣服的仙女就是织女。当天夜里，织女就轻轻地敲开了牛郎家的门，两人便做了夫妻。

眼睛一眨，三年过去了，牛郎和织女生了一男一女两个孩子，一家人过得很开心。但是好景不长，织女私自下凡的事被玉皇大帝知道了。有一天，天上电闪雷鸣，狂风大作，大雨倾盆，织女突然不见了。两个孩子哭着要妈妈，牛郎也不知如何是好。

这时候那头老牛开口说话了。老牛说你不要难过，你听我的，把我的两只角拿下来，它们会变成两只箩筐。你装上这对儿女，就可上天去追织女。

牛郎还在发呆，两只牛角就自己掉在了地上，变成了两个箩筐。牛郎就把两个孩子装进箩筐，拿起扁担挑了起来。只觉着一阵清风吹过，两只箩筐像长了翅膀一样马上往天上飞去。

飞啊飞啊，眼看快要追上织女时，他们被王母娘娘发现了。王母娘娘拔下头上的一根金钗在他俩之间划了一下，马上出现了一条看不到对岸的宽阔的天河把两个人隔开了。

喜鹊们非常同情牛郎和织女，所以每年阴历的七月初七，成千上万只喜鹊飞到银河，用嘴巴一只衔着另一只的尾巴搭起了一座长长的鹊桥，让牛郎和织女团圆。

（2017 年 8 月，发音人：徐伟平）

三、自选条目

（一）谚语

脚痛冤家，［tɕiaʔ⁵tʰoŋ⁰ie⁵⁵ka⁵⁵］

手痛仙家。［səɯ⁵⁵tʰoŋ⁰ɕie⁵⁵ka⁵⁵］仙家：神仙

（2018 年 7 月，发音人：陈韵超）

天浪˭跑马云，［tʰie⁵⁵lã³¹bɔ³³mo³³iŋ³³］跑马云：碎积云

地浪˭雨淋淋。［di¹³lã³¹i³⁵liŋ³³liŋ³³］

日里白讲，［n̠ie ʔ²li⁰baʔ²kã⁰］日里：白天

夜里黑讲。［ia⁵⁵li⁵³həʔ⁵kã⁰］黑讲：瞎说，"黑" 谐 "瞎"

牙子痛弗是病，［a³³tsʅ⁵⁵tʰoŋ⁵⁵fəʔ⁵zʅ³³biŋ¹³］

痛煞无人问。［tʰoŋ³⁵səʔ⁵m³³n̠iŋ³³məŋ¹³］痛煞：痛死

见人讲人话，［tɕie³⁵n̠iŋ³¹kã⁵⁵n̠iŋ³³o³³］

见鬼讲鬼话。［tɕie³⁵tɕi⁵³kã⁵⁵tɕi⁵³o⁰］

生米煮成熟饭，［sã⁵⁵mi⁵⁵tsʅ⁵⁵zeŋ³¹zoʔ²vɛ⁰］

木头做做觚板。［moʔ²dɯ³¹tsəu³⁵tsəu⁵³sɛ⁵⁵pɛ⁵⁵］

早来勤今˭夜来忙。［tsɔ⁵⁵lei⁵⁵dʑiŋ³³tɕiŋ⁵⁵ia³⁵lei⁵⁵moŋ³¹］勤今˭：勤快

脚踏西瓜皮，［tɕiaʔ⁵dəʔ²ɕi⁵⁵ko⁵⁵bi³³］

滑到阿˭里是阿˭里。［uaʔ²tɔ⁵⁵a³³li³³zʅ³³a³³li³³］阿˭里：何处

茅坑越淘越臭，［mɔ³³kʰã⁵⁵ioʔ²dɔ¹³ioʔ²tsʰɯ³⁵］

茶壶弗汏弗馊。［zo³³əu³¹fəʔ⁵da³¹fəʔ⁵səɯ⁵⁵］汏：洗

送佛送到西天浪﹦，［ soŋ³⁵vəʔ²soŋ³⁵tɔ⁵³ɕi⁵⁵tʰie⁵⁵lã⁵⁵ ］

摆渡摆到江边浪﹦。［ pa³⁵dəu³¹pa⁵³tɔ⁵⁵kã⁵⁵pie⁵⁵lã⁵⁵ ］

小来苦弗叫苦，［ ɕiɔ⁵⁵lei³³kʰəu⁵³fəʔ²tɕiɔ⁵³kʰəu⁵³ ］小来苦：年轻时受苦

老来苦真叫苦。［ lɔ¹³lei³³kʰəu⁵³tsəŋ⁵⁵tɕiɔ⁵⁵kʰəu⁵⁵ ］

毛头姑娘十八变，［ mɔ¹³dəu³¹kəu⁵⁵n̩iã³¹zəʔ²paʔ⁵pie⁵⁵ ］毛头姑娘：小姑娘

临时上轿变三变。［ liŋ³³ʐʅ³¹zã³¹dʑiɔ³¹pie³⁵sɛ⁵⁵pie⁵⁵ ］临时上轿：临上轿出嫁时

前脚走进敲前脚，［ ʑie¹³tɕiaʔ⁵tsɯ⁵⁵tɕiŋ⁵³kʰɔ⁵³dʑie¹³tɕiaʔ⁵ ］敲：打

后脚走进敲后脚。［ əu¹³tɕiaʔ⁵tsɯ⁵⁵tɕiŋ⁵³kʰɔ⁵³əu¹³tɕiaʔ⁵ ］

临时上轿穿耳朵。［ liŋ³³ʐʅ³¹zã¹³dʑiɔ³¹tsʰɛ⁵⁵n̩i⁵³təu⁰ ］穿耳朵：打耳洞戴耳环

（以上 2018 年 7 月，发音人：徐伟平）

（二）谜语

咪咪细细细咪咪，［ mi⁵⁵mi⁵⁵ɕi⁵⁵ɕi⁵³ɕi³⁵mi⁵³mi⁵³ ］

弗生翼肌会得飞。［ fəʔ⁵sã⁵⁵ieʔ²tɕi³⁵ue¹³təʔ⁵fi⁵⁵ ］翼肌：翅膀。会得：会

——灰尘［ hue⁵⁵zeŋ⁵⁵ ］

外婆拉门底一爿桥，［ a³³bəu³¹la²¹meŋ³³ti⁵⁵ieʔ⁵bɛ³³dʑiɔ¹³ ］外婆拉：外婆家。门底：门前

桥牢﹦一只缸，［ dʑiɔ³³lɔ³¹ieʔ⁵tsaʔ⁵kã⁵⁵ ］桥牢﹦：桥上

缸里一条蛇，［ kã⁵⁵li³³ieʔ⁵diɔ³¹zo¹³ ］

蛇头浪﹦开朵牡丹花。［ zo³³dəu¹³lã³¹kʰɛ⁵³to⁵⁵məu¹³tɛ⁵⁵ho⁵⁵ ］

——油盏头［ iəu³³tsɛ⁵⁵dəu³³ ］油盏头：油灯

弟兄两个要分家，［ di¹³ɕioŋ⁵⁵liã¹³kəʔ⁵iɔ⁵⁵feŋ⁵⁵ka⁵⁵ ］

趱进趱出无设法，［ zəʔ²tɕiŋ⁰zəʔ²tsʰəʔ⁵m³³soʔ⁵faʔ⁵ ］趱进趱出：一下快速进去一下快速出来

趱出来碰着个五大伯，［ zəʔ²tsʰəʔ⁵lɛ⁰bã¹³zaʔ²kəʔ⁵ŋ¹³du³³paʔ⁵ ］五大伯：喻手掌

抓哩一把就掼煞。［ tsa⁵⁵li⁵⁵ieʔ⁵poˀdʑiəu¹³gue³³saʔ⁵ ］掼煞：摔死

——擤鼻涕［ hoŋ⁵⁵bieʔ⁵tʰi⁰ ］

青竹环环，［tɕʰiŋ⁵⁵tsoʔ⁵guɛ¹³guɛ³³］

飞过高山，［fi⁵⁵ku⁵⁵kɔ⁵⁵sɛ⁵⁵］

大风弗怕，［da³³foŋ⁵³fəʔ⁵pʰo⁰］

只怕小雨潺潺。［tsəʔ⁵pʰo⁵⁵ɕiɔ⁵³i⁵⁵zɛ¹³zɛ³³］

——风筝［foŋ⁵⁵tseŋ⁵⁵］

湿帉⁼搭起来，［səʔ⁵gəʔ⁵taʔ⁵tɕʰi⁵⁵lɛ⁰］

干帉⁼晾起来。［kɛ⁵⁵gəʔ⁵lɑ̃¹³tɕʰi⁵⁵lɛ⁰］

——抹布、帐子［məʔ²pu⁰、tsɑ̃⁵⁵tsɿ⁵³］

外婆拉门底一盆葱，［a³³bəu³¹la²¹meŋ³³ti⁵⁵ieʔ⁵beŋ³³tsʰoŋ⁵⁵］

一日拔三通。［ieʔ⁵n̠ieʔ²bəʔ²sɛ⁵⁵tʰoŋ⁵⁵］三通：三次

——筷盝［kʰuɛ⁵⁵loʔ²］筷盝：筷筒

（以上 2018 年 7 月，发音人：陈韵超）

（三）歇后语

驼子上高轿［du³³tsɿ⁵³zɑ̃³³kɔ⁵⁵dʑiɔ³³］——两头弗着实［liɑ̃¹³dəɯ³¹fəʔ⁵zaʔ²zəʔ⁰］

肉包子打狗［n̠ioʔ²pɔ⁵⁵tsɿ⁵⁵tɑ̃⁵⁵kəɯ⁵³］——有去无回［iəu⁵⁵tɕʰi⁵³u³³uɛ¹³］

瞎子吃馄饨［haʔ⁵tsɿ⁰tɕʰieʔ⁵veŋ³³deŋ³³］——心里有数［ɕiŋ⁵⁵li⁵³iəu³³su⁵³］

膝壳头牢⁼打瞌眈［ɕieʔ⁵kʰoʔ⁵dəɯ³³lɔ³³tɑ̃⁵⁵kʰəʔ⁵tsʰoŋ⁵³］——自靠自［zɿ³³kʰɔ⁵³zɿ¹³］膝壳

头：膝盖。打瞌眈：打瞌睡

太湖里搅马桶［tʰa⁵⁵u³³li⁰dʑiɔ³³mo⁵⁵doŋ⁰］——野豁豁［ia¹³huaʔ⁵huaʔ⁵］搅马桶：刷马桶。

野豁豁：不着边际

瘌痢头儿子［ləʔ²li³³dəɯ³³ŋ³³tsɿ⁵⁵］——自家好［zɿ³³ka⁵³hɔ⁰］

棺材里伸手［kuɛi⁵⁵zɛ³³li⁵⁵səŋ⁵⁵səɯ⁵³］——死要铜钿［ɕi³⁵iɔ⁵³doŋ³³die³³］铜钿：钱

南瓜生牢⁼甏里［nei³³ko⁵⁵sã⁵⁵lɔ³³bã³³li³¹］——拿弗出［no⁵⁵fəʔⁱtsʰəʔ⁰］_{生牢=甏里: 长在甏里}

茶馆店搬家［zo³³kuɛ⁵³tie⁰pɛ⁵⁵kã⁵⁵］——另起炉灶［liŋ³³tɕʰi⁵³lu³³tsɔ⁵⁵］

韭菜面孔［tɕiəu³⁵tsʰɛ⁵³mie³³kʰoŋ⁵³］——一拌就熟［ieʔⁱbei⁰dʑiəu³³zoʔ²］

哮徒吃酱蟹［hɔ⁵⁵du³¹tɕʰieʔⁱtɕiã⁵⁵ha⁵³］——只只好［tsaʔⁱtsaʔⁱhɔ⁵³］_{哮大: 患哮喘的人}

独眼龙打鸟［doʔⁱɛ³³loŋ³¹tã⁵³tiɔ⁵³］——瞄得准［miɔ³³təʔⁱtsəŋ⁵³］

（以上 2018 年 7 月，发音人: 徐伟平）

（四）口彩

福如东海长流水，［foʔⁱzɿ³¹toŋ⁵⁵hɛ⁵⁵zã³³ləɯ⁵³sɿ⁵³］
寿比南山弗老松。［zəɯ³¹pi⁵³nei³³sɛ⁵³fəʔⁱlɔ³³soŋ⁵³］

早养儿子早得福。［tsɔ³⁵iã³¹ŋ³³tsɿ⁵⁵tsɔ⁵⁵təʔⁱfoʔⁱ］

（以上 2018 年 7 月，发音人: 徐伟平）

（五）吆喝声

棒冰吃哦，［bã³³piŋ⁵⁵tɕʰieʔⁱvəʔ²］_{哦: "弗啊" 的合音，俗作"哦"，表疑问。与普通话表疑问语气的"吗" 相当}
雪糕吃哦，［ɕieʔⁱkɔ⁵⁵tɕʰieʔⁱvəʔ²］
棒冰两分，［bã³³piŋ⁵⁵liã³³feŋ⁵³］
雪糕三分。［ɕieʔⁱkɔ⁵⁵sɛ⁵⁵feŋ⁵³］

火烛小心，［fu⁵⁵tsoʔⁱɕiɔ⁵⁵ɕiŋ⁵⁵］
查火烛哩。［dzo³³fo⁵⁵tsoʔⁱli⁵⁵］

棕绷修哦？［tsoŋ⁵⁵pã⁵⁵ɕiəu⁵⁵vəʔ²］
洋伞修哦？［iã³³sɛ⁵⁵ɕiəu⁵⁵vəʔ²］

剃头刮胡子。［tʰi³⁵dɯ⁵⁵kuaʔ⁵u³¹tsʅ⁰］

生铁补镬子。［sã⁵⁵tʰieʔ⁵pu³⁵oʔ²tsʅʔ⁰］

鸡毛换草纸。［tɕi⁵⁵mɔ⁵⁵ue³⁵tsʰɔ⁵⁵tsʅ⁰］

削刀磨剪刀。［ɕiaʔ⁵tɔ⁵⁵mu³³tɕie⁵⁵tɔ⁰］

修缸补甏。［ɕiəu⁵⁵kuã⁵⁵pu⁵³bã⁰］

馄饨吃哦？［veŋ³³deŋ³³tɕʰieʔ⁵vəʔ⁰］

（以上 2018 年 7 月，发音人：徐伟平）

桐 乡

一、歌谣

过桥

小姐喂，〔ɕiɔ⁴⁴tɕi⁰uei²¹³〕

彩头绳弗要拉得忒加紧？〔tsʰɛ⁵³dɤɯ²¹zəŋ⁴⁴fəʔⁱɔ³³⁴laⁱ³³təʔ⁰tʰəʔⁱ³kaⁱ³³⁴tɕiŋ⁵³〕

叔叔啊，彩头绳上还是金，还是银？〔soʔ³soʔⁱ⁵aⁱ⁰，tsʰɛ⁵³dɤɯ²¹zəŋ⁴⁴zãⁱve²⁴z̩⁰tɕiŋ⁴⁴，veⁱ²⁴z̩⁰n̠iŋ³³⁴〕

一非金，两非银，串了七个细铜文。〔iəʔ⁵fi⁴⁴tɕiŋ⁵³，liãⁱ²¹³fi⁴⁴n̠iŋ³³⁴，tsʰɛ⁴⁴ləⁱ⁰tɕʰiəʔⁱ⁵kəʔ⁵ɕi³³⁴doŋ²¹vən⁴⁴〕

倘若㑚，扯断即个彩头绳，〔tʰãⁱ⁴⁴zaʔⁱ⁵nɤɯ²⁴²，tsʰa⁴⁴dɛ⁰tɕiəʔ⁵kəʔ⁰tsʰɛ⁵³dɤɯ²¹zəŋ⁴⁴〕㑚：你

七个铜钿河底沉，〔tɕʰiəʔⁱ³kəʔ⁵doŋ²¹dieⁱ⁴⁴u¹³ti²¹³zəŋ¹³〕

硬烧饼买勿成，〔ãⁱ²¹³sɔ⁴⁴piŋ⁴⁴ma⁴⁴vəʔ⁰zəŋ⁰〕

要饿煞我葛命穷人。〔iɔ³³⁴u²¹saʔⁱ⁵u²⁴²kəʔ⁰miŋ²¹dʑioŋ¹³n̠iŋ¹³〕

叔叔喂，〔soʔ³soʔⁱ⁵uei²¹³〕

㑚只管，千万，千万来放心，〔nɤɯ²¹³tsəʔⁱ³kuɛ⁴⁴，tɕʰiɛ⁴⁴vɛ⁴⁴，tɕʰiɛ⁴⁴vɛ⁴⁴lɛ¹³fãⁱ³³ɕiŋ⁴⁴〕

千放心来万放心，〔tɕʰiɛ⁴⁴fãⁱ³³ɕiŋ⁴⁴lɛ⁰vɛⁱ²¹³fãⁱ³³ɕiŋ⁴⁴〕

倘若扯断彩头绳，〔tʰãⁱ⁴⁴zaʔⁱ⁵tsʰa²⁴dɛ⁰tsʰɛ⁵³dɤɯ²¹zəŋ⁴⁴〕

姑娘我，一回回到家中去，〔ku²¹n̠iãⁱ⁴⁴u⁵³，iəʔⁱ⁵ueiⁱ³¹ueiⁱ²¹tɔ⁴⁴tɕia⁴⁴tsoŋ⁴⁴tɕʰiⁱ⁰〕

禀告爹娘得知情，〔piŋ³³kɔ³³⁴tia⁴⁴n̠iãⁱ⁴⁴təʔ⁵ts̩³³dʑiŋ⁵³〕

赔㑚金来赔㑚银。〔bi⁴⁴nɤɯ²¹³tɕiŋ⁴⁴lɛⁱ⁰bi⁴⁴nɤɤm²¹³n̠iŋ¹³〕

小姐喂，［ɕiɔ⁴⁴tɕi⁰uei²¹³］

赔我金银我弗要，［bi⁴⁴u⁵³tɕiŋ⁴⁴n̠iŋ⁴⁴u⁵³fəʔ⁵iɔ³³⁴］

富归富来，贫归贫。［fu³³⁴kuei⁴⁴fu³³⁴lɛ⁰，biŋ²¹kuei⁴⁴biŋ¹³］

叔叔喂，［soʔ³soʔ⁵uei²¹³］

为人只要良心好，［uei²¹n̠iŋ⁵³tsəʔ⁰iɔ³³⁴liã²¹ɕiŋ⁴⁴hɔ²¹³］

弗论富，弗论贫，［fəʔ⁵ləŋ⁵³fu³³⁴，fəʔ⁵ləŋ⁵³biŋ¹³］

贫富总要□头称。［biŋ²¹fu³³⁴tsoŋ⁵³iɔ³³⁴bã²¹³dɤɯ²¹tsʰəŋ⁴⁴］□bã²¹³：碰

我与侬，太太平平来过桥亭，［u⁵³y⁵³nɤɯ²⁴²，tʰa³³tʰa³³biŋ¹³biŋ⁴⁴lɛ⁰ku³³⁴dʑiɔ²¹diŋ⁴⁴］

太太平平来过桥亭，［tʰa³³tʰa³³biŋ¹³biŋ⁴⁴lɛ⁰ku³³⁴dʑiɔ²¹diŋ⁴⁴］

我与侬上桥一步高一步，［u⁵³y⁵³nɤɯ²⁴²zã²¹dʑiɔ⁵³iəʔ³bu⁴⁴kɔ⁴⁴iəʔ³bu⁴⁴］

下桥一层低一层。［ɕia³³dʑiɔ¹³iəʔ⁵zəŋ⁴⁴ti⁴⁴iəʔ⁵zəŋ⁴⁴］

真好比，山里个客人剥毛笋，［tsəŋ⁴⁴hɔ²⁴²pi⁰，sɛ⁴⁴li⁴⁴kəʔ⁰kʰaʔ⁵n̠iŋ⁴⁴poʔ⁵mɔ²¹səŋ⁴⁴］

剥了一层又一层。［poʔ⁵liɔ²⁴²iəʔ⁵zəŋ⁴⁴iɤɯ⁴⁴iəʔ⁵zəŋ⁴⁴］

感谢叔叔来帮衬，［kɛ²¹dʑia⁴⁴so³³so³³⁴lɛ³¹pã⁴⁴tsʰəŋ⁴⁴］

两人双双来过桥哎呀啊亭。［liã²¹n̠iŋ⁵³sã⁴⁴sã⁴⁴lɛ⁰ku³³⁴dʑiɔ¹³ɛ⁴⁴ia⁴⁴a⁴⁴diŋ¹³］

（2018 年 8 月，发音人：席丽萍）

二、其他故事

福源寺

桐乡崇福呢有一座威严宏伟个庙宇，［doŋ²¹ɕiã⁴⁴zoŋ²¹fɔʔ⁵nə⁰iɤɯ²⁴²iəʔ³zu²¹³uei⁴⁴n̠iɛ⁴⁴oŋ²¹uei⁴⁴kəʔ⁰miɔ²¹i⁵³］

伊呢是叫福源禅寺。［i⁵³nə⁰zɿ²¹tɕiŋ³³⁴fɔʔ³n̠iɛ⁴⁴zɛ⁴⁴zɿ⁴⁴］伊：第三人称代词单数，这里指"它"

噢，那么据即个石补钟个记载呢，［ɔ³¹，na³¹məʔ⁰tɕi³³tɕiəʔ³kəʔ³zaʔ²³pu⁵³tsoŋ⁴⁴kəʔ⁵tɕi⁴⁴tsɿ⁴⁴nə⁰］石补钟：福源禅寺里的一口大钟，相传铸造时铜不够了，加入石头铸成

伊算顾得是葛座庙宇呢是，［i⁵³sᴇ³³ku⁴⁴təʔ⁰zɿ²¹³kəʔ³zu³³⁴miɔ²¹i⁵³nə⁰zɿ⁰］算顾得：算起来

经过得几次摧毁，［tɕiŋ⁴⁴ku⁴⁴təʔ⁰tɕi⁵³tsʰɿ³³⁴tsʰuei⁴⁴huei⁴⁴］

几次个修复，［tɕi⁵³tsʰɿ³³⁴kəʔ⁰ɕiɤɯ⁴⁴fɔʔ⁵］

反反复复呢已经有上千年得。［fɛ⁵³fɛ⁰fɔʔ⁵fɔʔ⁵nə⁰i⁵³tɕiŋ⁴⁴iɤɯ²⁴²zã²¹³tɕʰiɛ⁴⁴n̠iɛ⁴⁴təʔ⁰］

照我拉桐乡人讲起来，[tsɔ³³⁴uə²³la²¹³doŋ²¹ɕiã⁴⁴n̠iŋ⁴⁴kã⁵³tɕʰi⁰lɛ⁰] 我拉：我们

先有福源寺，[ɕiɛ⁴⁴iɤɯ⁴⁴fɔʔ³n̠iɛ⁴⁴zɻ⁴⁴]

后有灵隐寺。[ɤɯ²¹iɤɯ²¹³liŋ²¹iŋ⁴⁴zɻ⁴⁴]

那么，葛个寺里向呢有几样葛种镇寺之宝，[na³¹məʔ⁰, kəʔ³kəʔ⁵zɻ²¹³li²¹ɕiã⁵³nə⁰iɤɯ²¹³
   tɕi⁵³iã³³⁴kəʔ⁵tsoŋ³¹tsən³³zɻ³³⁴tsɻ⁴⁴pɔ⁵³]

一个呢阴阳镜，[iəʔ³kəʔ⁵nə⁰iŋ⁴⁴iã⁴⁴tɕiŋ⁴⁴]

还有一个石补钟，[a²¹iɤɯ⁴⁴iəʔ³kəʔ⁵zaʔ²³pu⁵³tsoŋ⁴⁴]

还有一个呢，[a²¹iɤɯ⁴⁴iəʔ³kəʔ⁵nə⁰]

漏沙镬子，[lɤɯ²¹so⁴⁴vɔʔ²³tsɻ⁵³] 镬子：锅

那么，葛个阴阳镜呢是，[na³¹məʔ⁰, kəʔ³kəʔ⁵iŋ⁴⁴iã⁴⁴tɕiŋ⁴⁴nə⁰zɻ³³⁴]

直径是一点七三米，[zəʔ²³tɕiŋ³³⁴zɻ³³⁴iəʔ³tiɛ³³⁴tɕʰiəʔ³sɛ⁴⁴mi⁴⁴]

重两百九十公斤，[zoŋ²⁴²liã²⁴²paʔ⁵tɕiɤɯ⁴⁴səʔ²³koŋ⁴⁴tɕiŋ⁴⁴]

是康熙八年个辰光，[zɻ⁴⁴kʰã⁴⁴ɕi⁴⁴paʔ³n̠iɛ⁴⁴kəʔ⁰zəŋ²¹kuã⁴⁴]

由志中埭一个叫吴树冠葛个出资建正，[iɤɯ⁵³tsɻ¹³tsoŋ⁵³da³³⁴iəʔ³kəʔ⁵tɕiɔ³³⁴u³³⁴zɻ⁴⁴
   kuɛ⁴⁴kəʔ³kəʔ⁵tsʰəʔ³tsɻ⁴⁴tɕiɛ⁴⁴tsən⁴⁴]

杭州余中和制造个。[ã²¹tsɤɯ⁴⁴i¹³tsoŋ⁴⁴u⁴⁴tsɻ³³zɔ³³⁴kəʔ⁰]

那么葛镜面呢有文字，[na³¹məʔ⁰kəʔ³tɕiŋ³³miɛ³³⁴nə⁰iɤɯ²¹³vən²¹zɻ⁴⁴]

无不花纹个，[m²¹pəʔ⁵ho²¹vəŋ⁴⁴kəʔ⁰] 无不：没有

那么两个字呢是非常端庄个，[na³¹məʔ⁰liã²⁴²kəʔ⁵zɻ³³⁴nə⁰zɻ³³⁴fi⁴⁴zã⁴⁴tᴇ⁴⁴tsã⁴⁴kəʔ⁰]

那么传说呢葛面镜子呢能够照到阴阳，[na³¹məʔ⁰zᴇ²¹səʔ⁵nə⁰kəʔ⁵miɛ³³⁴tɕiŋ³³tsɻ⁵³nə⁰
   nəŋ²¹kɤɯ⁴⁴tsɔ³³tɔ⁵³iŋ⁴⁴iã⁴⁴]

葛个阴阳，阴阳地府里向个，[kəʔ³kəʔ⁵iŋ⁴⁴iã⁴⁴, iŋ⁴⁴iã⁴⁴di²¹fu²¹³li⁴⁴ɕiã⁴⁴kəʔ⁵]

那么侪家叫伊叫阴阳镜。[na³¹məʔ⁰zᴇ³¹ka⁴⁴tɕiɔ³³i⁴⁴tɕiɔ³³⁴iŋ⁴⁴iã⁴⁴tɕiŋ⁴⁴] 侪家：大家

那么，有一年呢，[na³¹məʔ⁰, iɤɯ²¹³iəʔ³n̠iɛ⁴⁴nə⁰]

葛个，小年子一个女诶噢伊拉话，[kəʔ³kəʔ⁵, ɕiɔ⁵³n̠iɛ⁴⁴tsɻ⁰iəʔ³kəʔ⁵n̠i²⁴²e⁰ɔ⁰iəʔ²³la²¹³o²¹³]

   小年子：小妇人。伊拉：他们

葛个小人个儿子呢夭折得，[kəʔ³kəʔ⁵ɕiɔ⁵³n̠iŋ⁴⁴kəʔ³ŋ¹³tsɻ⁴⁴nə⁰iɔ⁴⁴tsəʔ⁵təʔ⁰]

那伊呢是非常痛苦，噢。[na³¹i⁵³nə⁰zɻ³³⁴fi⁴⁴zã⁴⁴tʰoŋ³³kʰu⁵³, ɔ⁵³]

日思夜想，[n̠iəʔ²³sɻ⁴⁴ia³³ɕiã⁵³]

噢，饭弗吃，[ɔ⁵³, vɛ²¹³fəʔ⁵tɕʰiəʔ⁵] 弗：不

那么茶弗思饭弗吃，实゠介，［na³¹məʔ⁰za²¹fəʔ⁵sʅ⁴⁴vɛ²¹³fəʔ⁵tɕʰiəʔ⁵，zəʔ²³ga²¹³］实゠介:
这样

那么伊呢总归想，［na³¹məʔ⁰i⁵³nə⁰tsoŋ⁵³kuei⁴⁴ɕiã⁴⁴］

看看，还想看看葛儿子看，［kʰE³³kʰE³³⁴，a⁴⁴ɕiã⁵³kʰE³³kʰE³³⁴kəʔ⁵ŋ¹³tsʅ⁴⁴kʰE⁴⁴］

那么弗晓得哪蟹゠半゠伊打听牢゠，［na³¹məʔ⁰fəʔ⁵ɕiɔ⁵³təʔ⁰na²¹ha³³⁴pE⁵³i⁴⁴tã⁵³tʰiŋ⁴⁴lɔ³¹］哪
蟹゠:怎么。半゠:被

算得福源寺里向有实゠介一面镜子，［sE³³təʔ⁵fəʔ⁵n̠iɛ⁴⁴zʅ⁴⁴li²⁴²ɕiã⁴⁴iɤɯ²¹³zəʔ²³ga²¹³iəʔ⁵
miɛ²⁴²tɕiŋ³³tsʅ⁵³］

噢，那伊呢一定要看看儿子。［ɔ³¹，na³¹i⁵³nə⁰iəʔ³diŋ⁴⁴iɔ³³⁴kʰE³³kʰE³³⁴ŋ¹³tsʅ⁴⁴］

那么伊倷来得寻到寻到福源寺来得。［na³¹məʔ⁰iəʔ²³nɤɯ²¹³lɛ⁴⁴təʔ⁰ziŋ²¹tɔ⁴⁴ziŋ²¹tɔ⁴⁴fəʔ⁵
n̠iɛ⁴⁴zʅ⁴⁴lɛ⁴⁴təʔ⁰］伊倷:他

那么葛面镜子呢真讲算得弗负众望，算顾得，［na³¹məʔ⁰kəʔ³miɛ⁴⁴tɕiŋ³³tsʅ⁵³nə⁰tsən⁴⁴
kã⁴⁴sE³³təʔ⁵fəʔ⁵vu⁴⁴tsoŋ³³vã³³⁴，sE³³ku⁴⁴təʔ⁰］

葛个，小人呢算顾得镜子门底一立呢，［kəʔ³kəʔ⁵，ɕiɔ⁵³n̠iŋ⁰nə⁰sE³³ku⁴⁴təʔ⁰tɕiŋ³³tsʅ⁵³
mən²¹ti⁴⁴iəʔ³liəʔ⁵nə⁰］门底:面前。立:站

伊倷自家看见伊拉个儿子来得，［iəʔ²³nɤɯ²¹³zʅ²¹ka⁵³kʰE³³⁴tɕiɛ³³⁴iəʔ²³la²¹³kəʔ⁵ŋ¹³tsʅ⁴⁴lɛ⁴⁴
təʔ⁰］自家:自己

赤得双脚，［tsʰaʔ⁵təʔ⁰sã⁴⁴tɕiaʔ⁵］

拎得葛双鞋子，［liŋ⁴⁴təʔ⁰kəʔ⁵sã⁴⁴a²¹tsʅ⁴⁴］

一路走一路哭，喊"姆妈姆妈"实゠介。［iəʔ³lu³³⁴tsɤɯ⁵³iəʔ³lu³³⁴kʰɔʔ⁵，hɛ³³⁴m⁴⁴
ma⁴⁴m⁴⁴ma⁴⁴zəʔ²³ga²¹³］姆妈:妈妈

那么葛个娘看见得呢，［na³¹məʔ⁰kəʔ³kəʔ⁵nɪã¹³kʰE³³tɕiɛ³³⁴təʔ⁵nə⁰］

啊呀，难过得来，［a⁴⁴ia⁴⁴，nɛ²¹kʰu⁴⁴təʔ⁵lɛ⁴⁴］

噢，看见葛儿子住牢゠葛头受苦，［ɔ⁵³，kʰE³³tɕiɛ³³⁴kəʔ⁵ŋ¹³tsʅ⁴⁴zʅ²⁴²lɔ⁰kəʔ³de³³⁴zɤɯ²⁴³
kʰu⁵³］

自家呢一点帮勿牢゠忙，［zʅ²¹ka⁵³nə⁰iəʔ³tiE⁵³pã⁴⁴vəʔ⁵lɔ³¹mã¹³］

噢，要想安慰两句啊真讲弗来。［ɔ³¹，iɔ³³ɕiã⁵³E⁴⁴uei⁴⁴liã²⁴tɕi³³⁴a⁰tsən⁴⁴kã⁴⁴fəʔ⁵lɛ³¹］

葛么真讲难过得来，［kəʔ⁵məʔ⁰tsən⁴⁴kã⁴⁴nɛ¹³ku⁵³təʔ³lɛ⁴⁴］

心如算顾得刀割牢゠算顾得，［ɕiŋ⁴⁴zʅ¹³sE³³ku⁴⁴təʔ⁰tɔ⁴⁴kəʔ⁰lɔ⁰sE³³ku³³⁴təʔ⁰］

火急火燎□着拉，［fu⁵³tɕiəʔ⁵fu⁵³liɔ⁴⁴bã²¹³zaʔ⁵la⁵³］□bã:碰

那么伊倷实゠介想算顾得，［na³¹məʔ⁰iəʔ²³nɤɯ²¹³zəʔ²³ga²¹³ɕiã⁵³sE³³ku⁴⁴təʔ⁰］

葛个儿子算顾得一家头住勒゠头受苦，［kəʔ³kəʔ⁵ŋ¹³tsʅ⁴⁴sE³³ku⁴⁴təʔ⁰iəʔ⁵ka⁴⁴dɤɯ⁰zʅ³³⁴ləⁿ⁰ dɤɯ⁰zɤɯ²⁴²kʰu⁵³]一家头：一个人

噢，还要承受算顾得阴阳两隔葛个痛苦，[ɔ³¹, a³³iɔ³³⁴zəŋ¹³zɤɯ²⁴³SE³³ku⁴⁴təʔ⁰iŋ⁴⁴iã⁴⁴ liã²⁴²kaʔ⁵kəʔ³kəʔ⁵tʰoŋ³³kʰu⁵³]

伊傸想想看也是我傸也算顾得，[iəʔ²³nɤɯ²¹³ɕiã⁵³ɕiã⁵³kʰE³³⁴a⁰zʅ³¹uəʔ²³nɤɯ²¹³ia³¹SE³³ ku⁴⁴təʔ⁰]我傸：我

同伊一道去得么好得，[doŋ²¹i⁴⁴iəʔ³dɔ⁴⁴tɕʰi³³⁴təʔ⁰məʔ⁰hɔ⁵³təʔ⁰]

那呢，伊傸呢是算顾得"嘡当"一记呢，[na³¹nə⁰, iəʔ²³nɤɯ²¹³nə⁰zʅ³¹SE³³ku⁴⁴təʔ⁰bã²¹ tã⁴⁴iəʔ³tɕi³³⁴nə⁰]

撞牢˭葛阴阳镜浪˭是撞煞脱得。[zoŋ¹³lɔ⁰kəʔ⁵iŋ⁴⁴iã⁴⁴tɕiŋ⁴⁴lã⁰zʅ²¹zoŋ²¹saʔ⁵tʰəʔ⁰təʔ⁰]

那么，大慈大悲葛个观世音菩萨呢，[na³¹məʔ⁰, da⁴⁴zʅ⁴⁴da⁴⁴pi³¹kəʔ³kəʔ⁵kuE⁴⁴sʅ⁴⁴iŋ⁴⁴ bu²⁴²saʔ⁵nə⁰]

晓得葛桩事体以后呢，[ɕiɔ⁵³təʔ⁵kəʔ⁵tsã⁴⁴zʅ²¹tʰi⁵³i²⁴²ɤɯ⁵³nə⁰]

也算顾得心生怜悯，算顾得，[ia³¹SE³³ku⁴⁴təʔ⁰ɕiŋ⁴⁴səŋ⁴⁴liɛ²¹miŋ⁴⁴, SE³³ku⁴⁴təʔ⁰]

葛种事体啊，[kəʔ⁵tsoŋ³¹zʅ²¹tʰi⁵³a⁰]

尽量总归，[dʑiŋ²⁴liã⁰tsoŋ⁵³kuei⁴⁴]

让伊弗发生来葛面镜子看得见，[n̠iã³³⁴i⁵³fəʔ³faʔ³səŋ⁴⁴lɛ³¹kəʔ³miɛ⁴⁴tɕiŋ³³tsʅ⁵³kʰE³³təʔ⁵ tɕiɛ³³⁴]

有星˭东西也弗是好东西算顾得。[iɤɯ⁵³ɕiŋ⁰toŋ⁴⁴ɕi⁴⁴ia⁵³fəʔ³zʅ⁴⁴hɔ⁵³toŋ⁴⁴ɕi⁴⁴SE³³ku⁴⁴ təʔ⁰]有星˭：有些

伊傸愁˭是算顾得是勒镜子门底呢，[iəʔ²³nɤɯ²¹³zɤɯ³¹zʅ²¹³SE³³ku⁴⁴təʔ⁰zʅ²¹³ləʔ⁵tɕiŋ³³tsʅ⁵³ mən²¹ti⁴⁴nə⁰]

实˭介哈得一口气，[zəʔ²³ga²¹³ha⁴⁴təʔ⁵iəʔ³kʰɤɯ⁵³tɕʰi³³⁴]

那么从此呢，[na¹³məʔ⁰zoŋ²¹tsʰʅ⁵³nə⁰]

葛面镜子变得模糊弗清嘚，[kəʔ⁵miɛ³³⁴tɕiŋ³³tsʅ⁵³piɛ³³təʔ⁵mo²¹u⁴⁴fəʔ³tɕʰiŋ⁴⁴təʔ⁵]

那么，也再也看勿到阴曹地府嘚。[na³¹məʔ⁰, ia⁴⁴tsɛ³³⁴ia⁴⁴kʰE³³vəʔ⁵tɔ³³⁴iŋ⁴⁴zɔ⁴⁴di²¹fu³³⁴ təʔ⁰]

那么，阴阳镜呢，[na³¹məʔ⁰, iŋ⁴⁴iã⁴⁴tɕʰiŋ⁴⁴nə⁰]

是一直是保存起牢˭瞎˭牢˭塔˭福源寺里向。[zʅ³³iəʔ⁵zəʔ⁵zʅ³³pɔ⁴⁴zən⁴⁴tɕʰi³³⁴lɔ⁰haʔ⁵lɔ⁰ tʰaʔ⁰fɔʔ³n̠iɛ⁴⁴zʅ⁴⁴li⁴⁴ɕiɔ⁰]瞎˭牢˭塔˭：那里

那么，伊个故事呢也一直流来下来得。[na³¹məʔ⁰, i⁵³kəʔ⁵ku⁴⁴zʅ⁴⁴nə⁰ia³¹iəʔ⁵zəʔ⁰lɤɯ²¹ lɛ⁴⁴o⁴⁴lɛ⁴⁴təʔ⁰]

桐乡崇福有一座威严宏伟的庙宇，叫福源禅寺。据史书上关于石补钟的记载，这座庙宇经过了几次摧毁，几次修复，反反复复已经有上千年了。照我们桐乡人说起来，先有福源寺，后有灵隐寺。

那个寺里有几样镇寺之宝，有个阴阳镜，有一个石补钟，还有一个漏沙镬子。那个阴阳镜直径是一点七三米，重两百九十公斤，是康熙八年时由志中埭一个叫吴树冠的人出资建造的，杭州余中和制造的。镜面有文字，没有花纹，那些字是非常端庄的。传说这面镜子能照出阴阳，照出阴曹地府里面的，于是大家都叫它阴阳镜。

有一年，他们说有一个女的，她的儿子夭折了，她非常痛苦，日思夜想，饭都不吃，茶不思饭不想。她总是想看看儿子，不知道怎么就打听到福源寺里面有这样一面镜子。她一定要看看儿子，于是她就找到福源寺来了。这面镜子果然不负众望，在镜子前一站，她就看见她自己的儿子，光着脚，拎着鞋子，边走边哭，叫"妈妈妈妈"。这当娘的看见了，很伤心，看见儿子在那边受苦，自己一点都帮不上，想安慰几句不行，心里难过极了，心如刀割，赶紧要见到他。于是她就想：儿子一个人在那里受苦，还要承受阴阳两隔的痛苦，她想想还是我和他一起去了算了，于是她一下就撞在阴阳镜上撞死了。那个大慈大悲的观世音菩萨知道这件事情以后也心生怜悯，这种事啊，尽量让它不要发生，有些东西也不是好的。她就在镜子前哈了一口气，从此以后，镜子变得模糊不清了，再也看不到阴曹地府了。那个阴阳镜呢，还一直保存在福源寺里，然后它的故事也一直流传下来了。

（2018 年 8 月，发音人：张幸华）

三、自选条目

（一）谚语

冬吃萝卜夏吃姜，$[\text{toŋ}^{44}\text{tɕʰiəʔ}^5\text{lo}^{21}\text{bo}^{44}\text{o}^{21}\text{tɕʰiəʔ}^5\text{tɕiaŋ}^{44}]$
郎中先生卖老娘。$[\text{laŋ}^{21}\text{tsoŋ}^{44}\text{ɕiɛ}^{44}\text{sã}^{44}\text{ma}^{213}\text{lɔ}^{242}\text{n̩iã}^0]$老娘：老婆

吃得端午粽，$[\text{tɕʰiəʔ}^5\text{təʔ}^0\text{ŋ̍}^{37}\text{ɕi}^{44}\text{tsoŋ}^{44}]$
还要冻三冻。$[\text{a}^{21}\text{iɔ}^{44}\text{•ci}^{44}\text{toŋ}^{44}\text{sɛ}^{44}\text{toŋ}^{44}]$

白露身弗露，［baʔ²³lu²¹³səŋ⁴⁴fəʔ²⁴lu⁴⁴］
赤脖当猪猡。［tsʰaʔ³poʔ⁵tã⁴⁴tsʅ⁴⁴lu⁴⁴］猪猡：猪

三斤嫩姜，［sɛ⁴⁴tɕiŋ⁴⁴nəŋ²¹tɕiã⁵³］
弗及一斤老姜。［fəʔ⁵dʑiəʔ²³iəʔ³tɕiŋ⁴⁴lɔ²⁴tɕiã⁰］

吃勿穷，［tɕʰiəʔ⁵vəʔ⁵dʑioŋ¹³］
着勿穷，［tsaʔ⁵vəʔ⁵dʑioŋ¹³］着：穿
勿会打算一世穷。［vəʔ⁵ue²¹³tã⁴⁴sɛ⁴⁴iəʔ⁵sʅ⁴⁴dʑioŋ¹³］

衣裳越着越旧，［i⁴⁴zã⁴⁴iəʔ²³tsaʔ⁵iəʔ²³dʑiɤɯ²¹³］
脑子越用越新。［nɔ⁴⁴tsʅ⁰iəʔ²³ioŋ³³⁴iəʔ²³ɕiŋ⁴⁴］

生出来志气，［sã⁴⁴tsʰəʔ²⁴lɛ⁴⁴tsʅ³³tɕʰi³³⁴］
教出来出气。［kɔ³³tsʰəʔ⁵lɛ⁵⁵tsʰəʔ⁵tɕʰi³³⁴］

上半夜想想自家，［zã²¹pɛ³³ia³³ɕiã⁴⁴ɕiã⁰zʅ²¹ka⁵³］
下半夜想想别人家。［o⁴⁴pɛ³³ia³³ɕiã⁴⁴ɕiã⁰bəʔ²³n̩iŋ¹³ka⁴⁴］

叫人勿折本，［tɕiɔ³³n̩iŋ¹³vəʔ²³zəʔ²³pən⁵³］
舌头浪⁼打个滚。［zəʔ²³dɤɯ⁴⁴lã⁴⁴tã⁵³kəʔ⁰kuəŋ⁵³］浪⁼：表方位，上

（以上2018年8月，发音人：席丽萍）

（二）谜语

外婆拉屋里儿一棵葱，［a²¹bu⁵³laʔ⁰ʔⁿ⁵liŋ⁰iəʔ⁵kʰu⁴⁴tsʰoŋ⁴⁴］外婆拉：外婆家
一日到夜拔三通。［iəʔ⁵n̩iəʔ⁰tɔ³³ia³³⁴boʔ²³sɛ⁴⁴tʰoŋ⁴⁴］
——筷［kʰuɛ³³⁴］

外婆拉屋里儿一只鸡，［a²¹bu⁵³laʔ⁰ʔⁿ⁵liŋ⁰iəʔ⁵tsaʔ³tɕi⁴⁴］
来得客人提三提。［lɛ¹³təʔ⁰kʰaʔ³n̩iŋ⁴⁴di¹³sɛ⁴⁴di⁴⁴］
——茶壶［zo²¹u⁴⁴］

外婆拉门角落里一棵菜，［a²¹bu⁵³la⁰mən²¹koʔ⁵loʔ⁵li⁵⁵iəʔ³kʰu⁴⁴tsʰɛ³³⁴］

落雨就发开。［loʔ²³i⁵³dʑiɤɯ¹³faʔ⁵kʰɛ⁴⁴］_{发开：打开}

——伞［sɛ³³⁴］

外婆拉门底一只碗，［a²¹bu⁵³la⁰mən²¹ti⁵³iəʔ⁵tsaʔ⁵uɛ⁵³］

三日三夜落勿满。［sɛ⁴⁴ȵiəʔ⁵sɛ⁴⁴ia³³⁴loʔ²³vəʔ⁵mɛ³¹］

——鸟巢［tio⁵³kʰəu⁴⁴］

（以上 2018 年 8 月，发音人：席丽萍）

崇　德

一、歌谣

正月踢毽子

正月踢毽子，［tsəŋ⁴⁴iəʔ⁴tʰiəʔ⁵tɕiɨ³³tsɿ⁵³］

二月放鹞子，［ȵi²¹iəʔ⁵fã³³⁴iɔ²¹tsɿ⁵³］鹞子：风筝

三月清明裹圆子，［sɛ⁴⁴iəʔ⁴tɕʰiŋ⁴⁴miŋ⁴⁴ku¹³iɨ²¹tsɿ⁴⁴］

四月养蚕采茧子，［sɿ³³iəʔ⁵iã³³ze¹³tsʰε⁵³tɕiɨ⁵⁵tsɿ⁰］

五月端午裹粽子，［ŋ⁵⁵iəʔ⁰te⁴⁴ŋ⁴⁴ku¹³tsoŋ³³tsɿ⁵³］

六月买把花扇子，［lɔʔ²³iəʔ⁵³mɑ⁵³po⁰ho⁴⁴se⁴⁴tsɿ⁴⁴］

七月赶蚊子，［tɕʰiəʔ³iəʔ⁵³kɛ⁵³məŋ²¹tsɿ⁴⁴］

八月对贴子，［pɔʔ³iəʔ⁵³ti³³tʰiaʔ³tsɿ⁵³］

九月造房子，［tɕiɤɯʔ⁵⁵iəʔ⁰zɔ²⁴²vã²¹tsɿ⁴⁴］

十月讨娘子，［zəʔ²³iəʔ⁵³tʰɔ⁵³ȵiã²¹tsɿ⁴⁴］娘子：妻子

十一月养儿子，［zəʔ²³iəʔ⁵iəʔ⁴iã⁵³ŋ²¹tsɿ⁴⁴］

十二月叫声爸爸老头子。［zəʔ²³ȵi²¹iəʔ⁴tɕiɔ³³⁴sã⁴⁴pa⁴⁴pa⁴⁴lɔ⁵⁵dɤɯ⁰tsɿ⁰］

空响碰响

空响嘭响，［kʰoŋ⁴⁴ɕiã⁴⁴bã²⁴²ɕiã⁴⁴］

搞＝牢＝囡囡肚皮里，［kɔ¹³lɔ⁴⁴no⁴⁴no⁰du²⁴bi⁰li⁰］搞＝：放。囡囡：孩子

弗要想，［fəʔ³iɔ⁴⁴ɕiã⁵³］弗要：不要，别

想一想，［ɕiã⁴⁴iəʔ⁰ɕiã⁴⁴］

敲倷三记毛巴掌，［kʰɔ⁴⁴nɤɯ⁴⁴sɛ⁴⁴tɕi⁴⁴mɔ¹³po⁴⁴tsã⁴⁴］倷：你。毛巴掌：巴掌

张，张果老，［tsã⁴⁴，tsã⁴⁴ku⁴⁴lɔ⁵³］

老，老寿星，［lɔ⁵³，lɔ⁵⁵zɤɯ⁰ɕiŋ⁰］

新，新娘子，［ɕiŋ⁴⁴，ɕiŋ⁴⁴n̠iã⁵⁵tsɿ⁰］

猪，猪八戒，［tsɿ⁴⁴，tsɿ⁴⁴pəʔ⁵kɔ⁰］

街，街檐石，［kɑ⁴⁴，kɑ³³iɪ⁵⁵zaʔ²³］街檐石：临街住户门口的台阶，宽度不超过屋檐

石，石宝塔，［zaʔ²³，zaʔ²³pɔ⁵⁵tʰaʔ⁰］

宝塔尖，［pɔ⁵⁵tʰaʔ⁰tɕiɪ⁴⁴］

戳破天，［tsʰɔʔ³pʰu⁵³tʰiɪ⁴⁴］

天天地地，［tʰiɪ⁴⁴tʰiɪ⁴⁴di¹³di¹³］

城隍老爷射个大响屁！［zəŋ²¹uã⁴⁴lɔ⁵³iɑ¹³zɑ¹³kəʔ⁰du¹³ɕiã⁵⁵pʰi⁰］射：放

摇啊摇

摇啊摇，［iɔ¹³ɑ⁰iɔ¹³］

摇到外婆桥，［iɔ²¹tɔ⁴⁴ɑ²¹bu³³⁴dʑiɔ¹³］

外婆叫我好宝宝，［ɑ²¹bu³³⁴tɕiɔ³³⁴o⁵³hɔ⁵⁵pɔ⁰pɔ⁰］

糖一包，［dã¹³iəʔ⁵pɔ⁴⁴］

果一包，［ku⁵³iəʔ⁵pɔ⁴⁴］

吃嘚还要担一包，［tɕʰiɔʔ³dəʔ⁰uɑ²¹iɔ⁴⁴tɛ⁴⁴iəʔ⁵pɔ⁴⁴］担：拿

娘舅到枇杷树浪゠采枇杷，［n̠iã²¹dʑiɤɯ⁴⁴tɔ⁴⁴biəʔ²³bo⁴⁴zɿ¹³lã⁴⁴tsʰE⁴⁴biəʔ²³bo⁴⁴］浪゠：表方位，上

枇杷树浪゠一条蛇，［biəʔ²³bo⁴⁴zɿ¹³lã⁴⁴iəʔ³diɔ¹³zo¹³］

吓得囡囡地浪゠爬。［haʔ⁵təʔ⁰no⁴⁴no⁰di²¹lã⁴⁴bo¹³］

蚂蚁叮叮

蚂蚁叮叮，［mo⁵⁵n̠i⁰tiŋ⁴⁴tiŋ⁴⁴］

买肉买三斤，［ma⁵³n̠iɔʔ²³ma⁵³sɛ⁴⁴tɕiŋ⁴⁴］

精肉自家吃，［tɕiŋ⁴⁴n̠iɔʔ⁴zɿ²¹kɑ⁴⁴tɕʰiəʔ⁴］

油肉请客人，［iɤɯ²¹n̠iɔʔ⁴tɕʰiŋ⁵³kʰaʔ³n̠iŋ⁴⁴］油肉：肥肉

客人㑦伊吃，［kʰaʔ³n̠iŋ⁴⁴ɕiɔ³³⁴i⁵³tɕʰiəʔ⁵］㑦：不要，别

蚂蚁乒零乓嘟抢来吃。［mo⁵⁵n̠i⁰biŋ²¹liŋ⁴⁴pã⁴⁴lã⁵³tɕʰiã⁵³lɛ⁰tɕʰiəʔ⁰］

（以上 2019 年 8 月，发音人：蔡淑敏）

二、规定故事

牛郎和织女

我今朝呢同大家讲一个民间个传说，［o⁵³kəŋ⁴⁴tsɔ⁴⁴nəʔ⁰doŋ¹³dɑ²¹kɑ⁴⁴kuã⁵³iəʔ⁵kəʔ⁰miŋ²¹
tɕiɪ⁴⁴kəʔ⁰ᴢE²¹səʔ⁵］个：的

就是牛郎织女。［dzɪɤɯ⁵³z̩⁵³n̠iɤɯ²¹lã⁴⁴tsɔʔ³n̠i⁵³］

同鹊桥相会，是哪隑﹦一回事体，噢！［doŋ¹³tɕʰiaʔ³dziɔ¹³ɕiã⁴⁴ui¹³, z̩¹³nE⁵⁵gE⁰iəʔ³
ui¹³z̩²¹tʰi⁵³, ɔ⁵³］哪隑﹦：怎么。事体：事情

远古个辰光呢，［iɪ⁵⁵ku⁰kəʔ⁰zəŋ²¹kuã⁴⁴nəʔ⁰］辰光：时候

有一个小伙子呢，［iɤɯ⁵³iəʔ⁵kəʔ⁰ɕiɔ⁵⁵hu⁰tsᶹ⁰nəʔ⁰］

屋里儿向爷娘呢全部过世嘚。［ɔʔ³liŋ⁵³ɕiã⁵³iɑ²¹n̠iã⁴⁴nəʔ⁰ʑiɪ²¹bu⁴⁴ku⁵⁵sᶹ⁰dəʔ⁰］屋里儿向：家
里，"向"表方位

那么一个人呢孤苦伶仃，［nəʔ²³məʔ⁵³iəʔ³kəʔ⁴⁴n̠in⁴⁴nəʔ⁰ku⁴⁴kʰu⁴⁴liŋ⁴⁴tiŋ⁴⁴］

只有一头老牛呢同伊相依为命。［tsəʔ³iɤɯ⁵³iəʔ⁵dɤɯ³¹lɔ⁴⁴n̠iɤɯ⁴⁴nəʔ⁰doŋ²¹i⁵³ɕiã⁴⁴i⁴⁴ui²¹
miŋ⁴⁴］

那么，伊呢，村里向个人呢侪叫伊牛郎。［nəʔ²³məʔ⁵³, i¹³nəʔ⁰, tsʰəŋ⁴⁴li⁴⁴ɕiã⁴⁴kəʔ⁰n̠iŋ¹³
nəʔ⁰ᴢE¹³tɕiɔ³³i¹³n̠iɤɯ²¹lã⁴⁴］侪：都

葛个，葛头老牛呢实际浪﹦呢是天浪﹦向个金牛星，［kəʔ³kəʔ⁵³ˌ kəʔ³dɤɯ¹³lɔ⁴⁴n̠iɤɯ⁴⁴
nəʔ⁰zəʔ²³tɕi³³⁴lã⁴⁴nəʔ⁰z̩¹³tʰiɪ⁴⁴lã⁴⁴ɕiã⁴⁴kəʔ⁰tɕiŋ⁴⁴n̠iɤɯ⁴⁴ɕiŋ⁴⁴］

因为老牛呢，非常同情葛个牛郎个处境，［iŋ⁴⁴ui⁴⁴lɔ⁴⁴n̠iɤɯ⁴⁴nəʔ⁰, fi⁴⁴zã⁴⁴doŋ²¹dziŋ⁴⁴
kəʔ³kəʔ⁵n̠iɤɯ²¹lã⁴⁴kəʔ⁰tsʰᶹ³³tɕiŋ⁴⁴］

那么，想拨葛牛郎呢成个家。［nəʔ²³məʔ⁵³, ɕiã⁵³pəʔ⁵kəʔ⁵n̠iɤɯ²¹lã⁴⁴nəʔ⁰zəŋ¹³kəʔ⁵tɕiɑ⁴⁴］

拨：给

因为葛个牛郎呢人善良，为人呢要好。［iŋ⁴⁴ui⁴⁴kəʔ³kəʔ⁵³n̠iɤɯ²¹lã⁴⁴nəʔ⁰n̠iŋ¹³ᴢE²¹liã³³⁴,
ui¹³zəŋ¹³nəʔ⁰iɔ³³hɔ⁵³］

那么有一日呢，葛个金牛星呢，[nəʔ²³məʔ⁵³iɤɯ⁵³iəʔ³n̠iəʔ⁵³nəʔ⁰, kəʔ³kəʔ⁵³tɕiŋ⁴⁴
n̠iɤɯ⁴⁴ɕiŋ⁴⁴nəʔ⁰]

晓得嘚天浪ᵈ个仙女呢要到村东边个，[ɕiɔ⁵⁵təʔ⁰dəʔ⁰tʰiɪ⁴⁴lã⁴⁴kəʔ⁰ɕiɪ⁴⁴n̠i⁴⁴nəʔ⁰iɔ³³tɔ³³⁴
tsʰən⁴⁴toŋ⁴⁴piɪ⁴⁴kəʔ⁵]

山脚下底葛个一垹小河里向呢去汏浴，[sɛ⁴⁴tɕiaʔ⁵o⁵⁵diⁿkəʔ³kəʔ⁵³iəʔ³da¹³ɕiɔ⁵³u¹³li⁵³ɕiã⁰
nəʔ⁰tɕʰi³³⁴da²¹iʔ²³] 垹：条。汏浴：洗澡

那么伊就呢夜里向呢托梦拨葛个牛郎。[nəʔ²³məʔ⁵³i¹³dʑiɤɯ¹³nəʔ⁰ia³³li⁵⁵ɕiã⁰nəʔ⁰tʰɔʔ³
moŋ¹³pəʔ⁵kəʔ³kəʔ⁵n̠iɤɯ²¹lã⁴⁴]

同个牛郎讲，噢：[doŋ¹³kəʔ³n̠iɤɯ²¹lã⁴⁴kuã⁵³, ɔ⁴⁴]

"倷明朝早晨头一早呢，[nɤɯ⁵³məŋ²¹tsɔ⁴⁴tsɔ⁵⁵zəŋ⁰dɤɯ⁰iəʔ³tsɔ⁵³nəʔ⁰] 早晨头：早上

就馋ᵈ到村东边葛垹小河边浪ᵈ，噢！[dʑiɤɯ¹³zɛ²¹tɔ⁴⁴tsʰən⁴⁴toŋ⁴⁴piɪ⁴⁴kəʔ³da¹³ɕiɔ⁵³u¹³
piɪ⁴⁴lã⁴⁴, ɔ⁵³] 馋ᵈ：跑

[弗要]拨别人家发现。[fiɔ³³⁴pəʔ⁵bəʔ²³n̠iŋ⁴⁴ka⁴⁴faʔ³iɪ³³⁴]

看见渠拉有花ᵈ汏浴辰光呢，[kʰE³³tɕiɪ³³⁴gəʔ²³laʔ²³iɤɯ⁵⁵hoⁿda²¹iɔʔ²³zəŋ²¹kuã⁴⁴nəʔ⁰] 有
花ᵈ：在

倷拿嘚渠拉挂牢ᵈ树浪ᵈ个一件衣裳，[nɤɯ⁵³no⁴⁴dəʔ⁰gəʔ²³laʔ²³ko³³⁴lɔⁿzɿ¹³lãⁿkəʔ⁰iəʔ³
dʑiɪ²⁴i⁴⁴zã⁴⁴] 渠拉：他们，这里指"她们"。勒：在

头啊幌回，[dɤɯ¹³aⁿɕiɔ³³⁴ui¹³]

直接馋ᵈ来蛮快回到屋里ㄦ，噢。"[zəʔ²³tɕiəʔ⁵³zɛ¹³lɛ¹³mɛ²¹kʰua⁴⁴ui¹³tɔ³³ɔʔ³liŋ⁵³, ɔ⁵³]

那么葛个第二日早上呢，[nəʔ²³məʔ⁵³kəʔ³kəʔ⁵³di²¹n̠i²¹n̠iəʔ⁵tsɔ⁵⁵zã⁰nəʔ⁰]

葛牛郎呢早上头起来，[kəʔ⁵n̠iɤɯ²¹lã⁴⁴nəʔ⁰tsɔ⁵⁵zã⁰dɤɯ⁰tɕʰi⁴⁴lɛ¹³]

朦朦胧胧呢看见远处呢有一群仙女呢有花ᵈ汏浴。[moŋ²¹moŋ³³⁴loŋ⁴⁴loŋ⁴⁴nəʔ⁰kʰE³³
tɕiɪ³³⁴iɪ⁵⁵tsʰɿⁿnəʔ⁰iɤɯ⁴⁴iəʔ³dʑiŋ¹³ɕiɪ⁴⁴n̠i⁴⁴nəʔ⁰iɤɯ⁵⁵hoⁿda²¹iɔʔ²³]

噢，那么，[ɔ⁵³, nəʔ²³məʔ⁵³]

伊呢盘ᵈ好起勒ᵈ边浪ᵈ，[i¹³nəʔ⁰bE¹³hɔ⁴⁴tɕʰi⁴⁴ləʔ⁰piɪ⁴⁴lã⁴⁴] 盘ᵈ：躲

那么看见渠拉衣裳脱起牢ᵈ葛个树旁边么，[nəʔ²³məʔ⁵³kʰE³³tɕiɪ³³⁴gəʔ²³laʔ²³i⁴⁴zã⁴⁴tʰəʔ³
tɕʰiⁿlɔⁿkəʔ³kəʔ⁵zɿ¹³bã⁴⁴piɪ⁴⁴məʔ⁰]

伊照树浪ᵈ向拿嘚一件粉红个衣裳，[i¹³tsɔ³³⁴zɿ¹³lã¹³ɕiã⁵³no⁴⁴dəʔ⁰iəʔ³dʑiɪ²⁴fəŋ⁵³oŋ²¹
kəʔ⁰i⁴⁴zã⁴⁴]

按照金牛个讲法呢，[E³³tsɔ³³⁴tɕiŋ⁴⁴n̠iɤɯ⁴⁴kəʔ⁵kuã⁵⁵faʔ⁰nəʔ⁰]

头也弗回呃，［dɤɯ¹³ia⁵³fə?⁵ui⁴⁴ə?⁵］

就馋＝到嗻屋里儿向。［dʑiɤɯ¹³zE¹³tɔ³³⁴də?⁰ɔ?³liŋ⁵⁵ɕiã⁰］

那么实际浪＝葛件粉红衣裳是啥人呢？［nə?²³mə?⁵³zə?²³tɕi³³⁴lã³³⁴kə?³dʑi?³³⁴fəŋ⁵³oŋ¹³i⁴⁴ zã⁴⁴zʅ³³⁴sa³³ȵiŋ³³⁴nə?⁰］

是葛个叫织女诶一个仙女诶！［zʅ³³⁴kə?³kə?⁵tɕiɔ³³⁴tsə?³ȵi⁵³ə?⁰iə?³kə?³ɕii⁴⁴ȵi⁴⁴e⁰］

那么，伊葛件衣裳拿到屋里儿之后呢，［nə?²³mə?⁵³，i¹³kə?³dʑiɪ¹³i⁴⁴zã⁴⁴no⁴⁴tɔ³³⁴ɔ?³liŋ⁵³ tsʅ⁴⁴ɤɯ⁴⁴nə?⁰］

葛日夜里向呢，［kə?⁵ȵiə?²³ia³³li⁵⁵ɕiã⁰nə?⁰］

葛个织女呢就敲开嗻牛郎屋里儿向个门，［kə?³kə?⁵tsə?³ȵi⁵³nə?⁰dʑiɤɯ¹³kʰɔ⁴⁴kʰɛ⁴⁴də?⁰ ȵiɤɯ²¹lã⁴⁴ɔ?³liŋ⁵⁵ɕiã⁰kə?⁰məŋ¹³］

同牛郎呢结为嗻夫妻。［doŋ¹³ȵiɤɯ²¹lã⁴⁴nə?⁰tɕiə?³ui⁴⁴də?⁰fu⁴⁴tɕʰi⁴⁴］

两个人呢相当恩爱。［lã¹³kə?⁰ȵiŋ¹³nə?⁰ɕiã⁴⁴tã⁴⁴əŋ⁴⁴ɛ⁴⁴］

那么时间呢也过来蛮快，［nə?²³mə?⁵³zʅ²¹tɕii⁴⁴nə?⁰a⁵³ku³³lɛ¹³mɛ⁴⁴kʰua⁴⁴］

一转眼呢三年过去嗻，［iə?⁵tsE⁵³ɛ⁵³nə?⁰sɛ⁴⁴ȵiɪ¹³ku³³tɕʰi¹³də?⁰］

牛郎同织女呢分别养嗻一男一女个，［ȵiɤɯ²¹lã⁴⁴doŋ²¹tsə?³ȵi⁵³nə?⁰fəŋ⁴⁴piə?⁴iã⁵⁵də?⁰ iə?³nE¹³iə?³ȵi⁵³kə?⁰］

两个小人。［liã⁵⁵kə?⁰ɕiɔ⁵⁵ȵiŋ⁰］小人：小孩

那么，日脚呢也过来其乐融融，非常个和合。［nə?²³mə?⁵³，ȵiə?²³tɕia?⁵nə?⁰ia⁵³ku³³ lɛ¹³dʑi²¹lɔ?⁵ioŋ²¹ioŋ⁴⁴，fi⁴⁴zã⁴⁴kə?⁵u²¹ɤ?⁵］日脚：日子。和合：和睦

但是呢，织女下凡偷偷同凡人成家葛个事体呢，拨玉皇大帝晓得嗻。［dɛ²¹zʅ⁴⁴nə?⁰， tsə?³ȵi⁵³ɕia⁵³ve¹³tʰɤɯ⁴⁴tʰɤɯ⁴⁴doŋ³¹ve¹³ȵiŋ¹³zəŋ²¹ka⁴⁴kə?³kə?⁵zʅ²¹tʰi⁵³nə?⁰，pə?⁵ȵiɔ?²³uã⁴⁴da⁴⁴ di⁴⁴ɕiɔ⁵³tə?⁵də?⁰］

葛玉皇大帝呢是弗愿意个，［kə?⁵ȵiɔ?²³uã⁴⁴da⁴⁴di⁴⁴nə?⁰zʅ¹³fə?³ȵiɔ⁴⁴i⁴⁴kə?⁰］

伊呢就是要叫葛个仙女呢回到天浪＝去。［i¹³nə?⁰dʑiɤɯ¹³zʅ¹³iɔ³³⁴tɕiɔ⁴⁴kə?³kə?⁵ɕii⁴⁴ȵi⁴⁴ nə?⁰ui¹³tɔ⁴⁴tʰiɪ⁴⁴lã⁴⁴tɕʰi¹³］

那么有一日呢，狂风大作，［nə?²³mə?⁵³iɤɯ⁵³iə?³ȵiə?⁵nə?⁰，guã²¹foŋ⁴⁴da²¹tsə?⁵］

又豁＝险＝又打雷，［iɤɯ⁵³hua?³ɕiɪ⁵³iɤɯ⁵³tã⁵³li¹³］

那么倾盆大雨呢落得来整个村坊浪＝向呢走啊走弗出。［nə?²³mə?⁵³tɕʰiŋ⁴⁴bəŋ⁴⁴da²¹i⁵³ nə?⁰lɔ?²³tə?⁵lɛ²¹tsəŋ⁵³kə?⁵tsʰəŋ⁴⁴fã⁴⁴lã⁴⁴ɕiã⁰nə?⁰tsɤɯ⁵³a⁰tsɤɯ⁵³fə?⁵tsʰə?⁰］村坊：村子

那么葛日夜里呢葛织女呢拨葛玉皇大帝呢召唤到嘚天浪＝，［nəʔ²³məʔ⁵³kəʔ⁵n̠iəʔ⁵
ia³³li⁵⁵nəʔ⁰kəʔ⁵tsəʔ³n̠i⁵³nəʔ⁰pəʔ³kəʔ⁵n̠iʔ⁵uã⁴⁴dɑ⁴⁴di⁴⁴nəʔ⁰tsɔ⁴⁴huE³³⁴tɔ³³⁴dəʔ⁰tʰir⁴⁴lã⁴⁴］

那么两个小人家没得嘚姆妈是哭得来要死。［nəʔ²³məʔ⁵³liã⁵⁵kəʔ⁰ɕiɔ⁵⁵n̠iŋ⁰kɑ⁵³mE²¹təʔ⁵
dəʔ⁰m⁴⁴mɑ⁴⁴zʅkʰɔʔ⁵təʔ⁵lɛ⁴⁴iɔ³³⁴ɕi⁵³］小人家：小孩。姆妈：妈妈

那么就问葛个爷要讨葛个姆妈嘚。［nəʔ²³məʔ⁵³dʑiɤɯ¹³məŋ¹³kəʔ³kəʔ⁵ia¹³iɔ³³⁴tʰɔ⁵³
kəʔ³kəʔ⁵m⁴⁴mɑ⁴⁴dəʔ⁰］爷：父亲，叙称

那么牛郎呢也没得办法，［nəʔ²³məʔ⁵³n̠iɤɯ²¹lã⁴⁴nəʔ⁰ia⁵³mE²¹təʔ⁵bɛ¹³faʔ⁵］

垂头丧气，噢，［zui²¹dɤɯ⁴⁴sã³³tɕʰi³³⁴，ɔ⁵³］

伊想想看葛么哪隑＝添＝呢？［i¹³ɕiã⁴⁴ɕiã⁴⁴kʰE⁰kəʔ⁵məʔ⁰nE⁵⁵gE⁰tʰir⁵³nəʔ⁰］葛么：那么

那么正当葛个辰光呢葛个金牛开口嘚，［nəʔ²³məʔ⁵³tsəŋ³³tã⁴⁴kəʔ⁵kəʔ⁵zəŋ²¹kuã⁴⁴nəʔ⁰
kəʔ³kəʔ⁵tɕiŋ⁴⁴n̠iɤɯ⁴⁴kʰɛ⁴⁴kʰɤɯ⁴⁴dəʔ⁰］

就是葛只老牛啊同伊烦＝：［dʑiɤɯ¹³zʅ¹³kəʔ³tsaʔ⁵lɔ⁴⁴n̠iɤɯ⁴⁴a⁰doŋ²¹i¹³ve¹³］烦：说

"倷［弗要］急，倷［弗要］急！［nɤɯ⁵³fiɔ³³⁴tɕiəʔ⁵，nɤɯ⁵³fiɔ³³⁴tɕiəʔ⁵］

我有个办法个！［o⁵³iɤɯ⁵⁵kəʔ⁰bɛ¹³faʔ⁵kəʔ⁰］

我头浪＝个两只角倷叫拿脱来呢，［o⁵³dɤɯ²¹lã⁴⁴kəʔ³liã⁵³tsaʔ⁵kɔ⁵nɤɯ⁵³tɕiɔ³³⁴no⁴⁴tʰəʔ⁴
lɛ⁴⁴nəʔ⁰］

就是箩筐，［dʑiɤɯ¹³zʅ¹³lu²¹kʰuã⁴⁴］

倷把斒＝两个小人家分别装牢＝两只箩筐里向，［nɤɯ⁵⁵pa³³⁴kəʔ⁵liã⁵⁵kəʔ⁵ɕiɔ⁵⁵n̠iŋ⁰kɑ⁰
fəŋ⁴⁴piəʔ⁵tsã⁴⁴lɔ⁴⁴liã⁵⁵tsaʔ⁰lu²¹kʰuã⁴⁴li⁴⁴ɕiã⁴⁴］

挑嘚葛担子呢，［tʰiɔ⁴⁴dəʔ⁰kəʔ⁵tɛ³³tsʅ⁵³nəʔ⁰］

可以到天浪＝去寻倷个……葛个织女诶！"［kʰo⁴⁴i;⁴⁴tɔ³³⁴tʰir⁴⁴lã⁴⁴tɕʰi¹³zin¹³nɤɯ⁵³
kəʔ⁰……kəʔ³kəʔ⁵tsəʔ³n̠i⁵³E⁰］

那么葛牛郎呢听得锁＝话呢，［nəʔ²³məʔ⁵³kəʔ⁵niɤɯ²¹lã⁴⁴nəʔ⁰tʰiŋ⁴⁴təʔ⁵so²¹o⁴⁴nəʔ⁰］锁=话：话

葛牛郎突然之间看见呢，［kəʔ⁵n̠iɤɯ²¹lã⁴⁴dəʔ²³zE⁵³tsʅ⁴⁴tɕir⁴⁴kʰE³³tɕir³³⁴nəʔ⁰］

葛个金牛两只角呢凯＝到得地浪＝，［kəʔ³kəʔ⁵tɕiŋ⁴⁴n̠iɤɯ⁴⁴liã⁵⁵tsaʔ⁰kəʔ⁵nəʔ⁰kʰE⁴⁴tɔ⁵
təʔ⁰di²¹lã⁴⁴］凯=：掉

变成呢一对箩筐。［pir³³zəŋ¹³nəʔ⁰iəʔ⁵ti⁴⁴lu²¹kʰuã⁴⁴］

那么牛郎呢捉两个小人呢分别装牢＝箩筐里向呢，［nəʔ²³məʔ⁵³niɤɯ²¹lã⁴⁴nəʔ⁰tsɔʔ⁵liã⁵⁵
kəʔ⁵ɕiɔ⁵⁵n̠iŋ⁰nəʔ⁰fəŋ⁴⁴piəʔ⁵tsã⁴⁴lɔ⁴⁴lu²¹kʰuã⁴⁴li⁴⁴ɕiã⁴⁴nəʔ⁰］捉：把

拿葛扁担一挑呢，［no⁴⁴kəʔ⁵pir⁵⁵tɛ⁰iəʔ³tʰiɔ⁴⁴nəʔ⁰］

刚刚扁担挑起来呢，[kuã44kuã0piɪ55tɛ0tʰiɔ44tɕʰi44lɛ44nəʔ0]
就好像一阵风勒⁼隑⁼呢，[dʑiɤɯ13hɔ55dʑiã40iəʔ5zəŋ44foŋ44ləʔ23gE13nəʔ0]
掼⁼葛点吹倒……吹上去嘚。[guã13kəʔ3tiɪ44tsʰɿ44tɔ44……tsʰɿ44zã13tɕʰi44dəʔ0]
蛮快个，就是飞上去嘚，[mɛ13kʰuɑ334kəʔ0，dʑiɤɯ13zɿ13fi44zã13tɕʰi44dəʔ0]
那么，飞到嘚天浪⁼个辰光呢，[nəʔ23məʔ53，fi44tɔ44dəʔ0tʰiɪ44lã44kəʔ0zəŋ21kuã44nəʔ0]
拨个葛王母娘娘呢看见嘚。[pəʔ3kəʔ5uã21m44ȵiã44ȵiã44nəʔ0kʰE33tɕiɪ334dəʔ5]
伊呢捉牛郎就要看见葛织女辰光呢，[i13nəʔ0tsɔʔ5ȵiɤɯ21lã44dʑiɤɯ13iɔ13kʰE33tɕiɪ334kəʔ5tsəʔ3ȵi53zəŋ21kuã44nəʔ0]
捉牛郎织女中间呢，担葛只头浪⁼拨脱葛只金钗，[tsɔʔ5ȵiɤɯ21lã44tsəʔ3ȵi53tsoŋ44tɕiɪ44nəʔ0，nɛ44kəʔ3tsaʔ5dɤɯ21lã44bɔʔ23tʰəʔ5kəʔ3tsaʔ5tɕiŋ44tsʰo44]
担葛只金钗呢划嘚一条线。[nɛ44kəʔ3tsaʔ5tɕiŋ44tsʰo44nəʔ0uaʔ23dəʔ5iəʔ5diɔ21ɕiɪ334]
葛条线划出之后呢，[kəʔ5diɔ21ɕiɪ334uaʔ23tsʰəʔ5tsɿ44ɤɯ334nəʔ0]
瞬……瞬间呢就变成个天河嘚！[səŋ334……səŋ33tɕiɪ334nəʔ0dʑiɤɯ13piɪ33zəŋ13kəʔ5tʰiɪ44u44dəʔ5]
宽阔无边个一条河有牢⁼牛郎织女两个人个面前，[kʰuE44kʰɔʔ4u21piɪ334kəʔ0iəʔ5diɔ21u44iɤɯ55lɔ0ȵiɤɯ21lã44tsəʔ3ȵi53liã55kəʔ0ȵiŋ13kəʔ0miɪ21ʑiɪ334]
所以呢渠拉仍旧弗能够相会。[so55i0nəʔ0gəʔ23laʔ23zəŋ21dʑiɤɯ13fəʔ5nəŋ21kɤɯ44ɕiã44ui13]

葛么，喜鹊呢也晓得牛郎织女个事情之后呢非常同情，[kəʔ5məʔ0，ɕi55tɕʰiaʔ0nəʔ0iɑ55ɕiɔ55təʔ0ȵiɤɯ21lã44tsəʔ3ȵi53kəʔ0zɿ21dʑiŋ44tsɿ44ɤɯ334nəʔ0fi44zã44doŋ21dʑiŋ334]
伊拉呢为嘚使渠拉能够相会呢，[i13laʔ23nəʔ5ui13dəʔ5sɿ44gəʔ23laʔ23nəŋ21kɤɯ44ɕiã44ui13nəʔ53]
在每一年个七月初七个一日，[zE13mi53iəʔ5ȵiɪ44kəʔ0tɕʰiəʔ5iəʔ53tsʰu44tɕʰiəʔ5kəʔ5iəʔ5ȵiəʔ53]
农历个七月初七，[loŋ21liəʔ4kəʔ5tɕʰiəʔ5iəʔ53tsʰu44tɕʰiəʔ5]
所有个喜鹊全部呢召集同来，[so55iɤɯ0kəʔ0ɕi55tɕʰiaʔ0ʑiɪ21bu44nəʔ0zɔ21ʑiəʔ5doŋ44lɛ44]
一只喜鹊衔牢⁼一只喜鹊个尾巴，[iəʔ3tsaʔ5ɕi55tɕʰiaʔ0ɛ21lɔ44iəʔ3tsaʔ5ɕi55tɕʰiaʔ0kəʔ5ȵi55po0]
在葛个天河浪⁼呢，[zE242kəʔ3kəʔ5tʰiɪ44u44lã44nəʔ0]
搭起嘚一座鹊桥，[taʔ3tɕʰi55dəʔ0iəʔ3zo13tɕʰiaʔ3dʑiɔ44]
让牛郎同两个小人家可以同葛个织女呢相会。[ȵiã13ȵiɤɯ21lã44doŋ13liã55kəʔ0ɕiɔ55ȵiŋ0kɑ0ko55i0doŋ13kəʔ3kəʔ5tsəʔ3ȵi53nəʔ0ɕiã44ui13]

所以呢葛个就是叫"牛郎织女七夕鹊桥相会"，［so⁵⁵i⁰nəʔ²⁰kəʔ²³kəʔ²⁵dziɤɯ²¹z̩⁴⁴tɕio³³⁴

n̩iɤɯ²¹lã⁴⁴tsəʔ²³n̩i⁵³tɕʰiəʔ²³ziə⁵³tɕʰia²³dziə⁴⁴ɕiã⁴⁴ui¹³］

葛个民间传说呢就是改⁼介一个故事。［kəʔ²³kəʔ²⁵miŋ²¹tɕii⁴⁴zɛ²¹səʔ²⁵nəʔ²⁰dziɤɯ²¹z̩⁴⁴kɛ⁵⁵

kaʔ⁰iəʔ²⁵kəʔ²⁵ku³³z̩¹³］

　　我今天给大家讲一个民间传说，就是牛郎织女。和鹊桥相会是同一件事！很早的时候，有一个小伙子，家里父母都过世了，一个人孤苦伶仃，只有一头老牛和他相依为命，于是村里人都叫他牛郎。

　　这头老牛其实是天上的金牛星。老牛非常同情牛郎的处境，想要帮牛郎成个家，因为牛郎心地善良，人很好。

　　有一天，这个金牛星得知天上的仙女要到村东边山脚下的一条小河里去洗澡，于是夜里就托梦给牛郎。老牛和牛郎说："你明天一早，就跑到村东边那条小河边，不要被人发现。趁她们洗澡的时候，你就拿起她们挂在树上的一件衣服，头也不回地直接跑回家。"

　　第二天早上，牛郎早起，隐隐约约看见远处有一群仙女在洗澡。于是，他就躲在旁边，看见她们把衣服脱在树旁边，就从树上拿了一件粉红色的衣服，按照金牛星的说法，头也不回地跑回了家。

　　这件粉色衣服是谁的呢？是一个叫织女的仙女的！这件衣服拿回家之后呢，那天晚上，织女就敲开了牛郎家里的门，和牛郎结为了夫妻。两个人十分相爱。

　　时间过得很快，一转眼三年过去了，牛郎和织女生了一儿一女两个孩子。他们日子过得其乐融融，非常和睦。但是，织女偷偷下凡和凡人成家的事被玉皇大帝知道了。玉皇大帝是不同意的，他就是要让这仙女回到天上去。有一天狂风大作，又是下雨又是闪电打雷，倾盆大雨下得整个村子的人都出不了门。那天晚上织女就被玉皇大帝召唤回了天庭，两个孩子没了妈哭得要死，就问他们的爸爸要妈妈。牛郎没有办法，垂头丧气的，他想这可怎么办好。

　　这时候金牛星又开口了，就是那头老牛和他说："你不要急，你不要急！我有办法的！你只管把我头上的那两只角拿下来，就会变成箩筐，你把两个孩子分别装在这两只箩筐里，挑着这个担子，就可以到天上去找织女了！"牛郎刚听得这话，就突然看见，金牛的两只角掉到了地上，变成了一对箩筐。牛郎把两个孩子分别装到箩筐里，用扁担一挑，刚挑起来，就好像一阵风那样，被吹到天上去了。飞到天上的时候，被王母娘娘看见了。他挑牛郎就要看见织女的时候，在牛郎织女中间，用头上拔下来的金钗划了一条线。这条线划了以后瞬间就变成天河了！一条宽阔无边的河出现在了牛郎织女面前，所以他们俩还是不能相会。

喜鹊们知道了牛郎织女的事情之后非常同情他们，为了使他们能够相会，每年七月初七那一天，农历七月初七，所有喜鹊都被召集来，一只喜鹊衔着另一只喜鹊的尾巴，在天河上，搭起一座鹊桥，让牛郎带着两个孩子和织女相会。所以这个就叫"牛郎织女七夕鹊桥相会"。这个民间传说就是这样一个故事。

（2019 年 8 月，发音人：杜秋熊）

三、自选条目

（一）谚语

夏天雾露醒，[o²¹tʰɪɪ⁴⁴u²¹lu¹³ɕiŋ⁵³] 雾露：雾
赤膊跳落井。[tsʰaʔ³poʔ⁵³tʰiɔ³³lɔʔ²³tɕiŋ⁵³]

上昼天上有云帐，[zã²¹tsɣɯ³³tʰiɪ⁴⁴zã⁴⁴iɣɯ⁵³iŋ²¹tsã³³⁴] 上昼：上午。云帐：云
下昼晒煞老和尚。[o⁵³tsɣɯ³³so³³saʔ⁵⁵lɔ⁵³u⁰zã⁰] 下昼：下午

春天出门弗带衣，[tsʰən⁴⁴tʰiɪ⁴⁴tsʰəʔ³məŋ¹³fəʔ³ta³³i⁴⁴]
回到屋里儿请名医。[ui²¹tɔ⁴⁴ɔʔ³liŋ⁵³tɕʰiŋ⁵³miŋ²¹i⁴⁴]

二月十九晴，[ȵi²¹iəʔ⁴zəʔ²³ɕiɣɯ⁵⁵ziŋ¹³]
麦柴好搓绳。[maʔ²³za⁴⁴hɔ⁵³tsʰu⁴⁴zən¹³] 麦柴：麦秸

端午枇杷熟，[tᴇ⁴⁴ŋ⁴⁴bi²¹bo⁴⁴zɔʔ²³]
养蚕忙头落。[iã⁵³zᴇ¹³moŋ²¹dɣɯ⁴⁴lɔʔ²³] 忙头：农忙季节

有收无收看小蚕，[iɣɯ⁵⁵sɣɯ⁰mɯ²¹sɣɯ⁴⁴kʰᴇ³³⁴ɕiɔ⁵⁵zᴇ⁰]
多收少收看大蚕。[tu⁴⁴sɣɯ⁴⁴sɔ⁵⁵sɣɯ⁰kʰᴇ³³⁴du²¹zᴇ¹³]

弗识洋钿叫人估，［fəʔ³səʔ⁵iã²¹diɿ⁴⁴tɕiɔ³³⁴n̠iŋ¹³ku⁵³］洋钿：钱

弗识人头一世苦。［fəʔ³səʔ⁵n̠iŋ²¹dɤɯ⁴⁴iəʔ³sʅ⁴⁴kʰu⁵³］

天河笔直，［tʰiɿ⁴⁴u⁴⁴piəʔ³zəʔ²³］

人眠簟席。［n̠iŋ¹³kʰuəŋ³³⁴miəʔ²³ziəʔ²³］

生煞个性，［sã⁴⁴saʔ⁴kəʔ⁰ɕiŋ³³⁴］

定煞个秤。［diŋ²¹saʔ⁴kəʔ⁰tsʰəŋ³³⁴］指生好的个性，定好的秤，比喻本性难移

少吃多滋味，［sɔ⁵³tɕʰiəʔ⁵tu⁴⁴tsʅ⁴⁴mi⁴⁴］

多吃坏肚皮。［tu⁴⁴tɕʰiəʔ⁵uɑ³³⁴du²⁴bi⁰］

（以上 2019 年 8 月，发音人：杜秋熊）

（二）吆喝

素鸡素肠素香肠个素火腿，［su³³tɕi⁴⁴su³³zã³³⁴su³³⁴ɕiã⁴⁴zã¹³kəʔ⁰su³³⁴hu⁵⁵tʰE⁰］

香极豆腐干！［ɕiã⁴⁴dziəʔ²³dɤɯ²¹vu⁴⁴kE⁴⁴］

生炒热白果，［sã⁴⁴tsʰɔ⁴⁴n̠iəʔ²³baʔ⁵³ku⁰］白果：银杏

香以=香来糯以=糯，［ɕiã⁴⁴i⁴⁴ɕiã⁴⁴lɛ⁰nu¹³i⁵³nu¹³］以=：又

三个铜钿买六颗。［sɛ⁴⁴kəʔ⁰doŋ²¹diɿ⁴⁴mɑ⁵³lɔʔ²³kʰu⁴⁴］

卖糖烧荸荠，［mɑ¹³dã²¹sɔ⁴⁴bəʔ²³zɿ¹³］

糖拌风菱哦！［dã²¹pE³³⁴foŋ⁴⁴liŋ⁴⁴ɤɯ⁰］风菱：风干的菱角

削刀磨剪刀。［ɕiaʔ⁵tɔ⁴⁴moŋ¹³tɕiɿ⁵⁵tɔ⁰］

阿有坏个棕绷坏个藤榻修嗝哦？［aʔ⁵iɤɯ³³⁴uɑ³³⁴kəʔ⁰tsoŋ⁴⁴pã⁴⁴uɑ³³⁴kəʔ⁰dəŋ²¹tʰaʔ⁵sɤɯ⁴⁴vaʔ⁰］阿：表疑问

（以上 2019 年 8 月，发音人：杜秋熊）

湖　州

一、歌谣

财神菩萨到偓来

猫也来，狗也来，［mɔ⁴⁴a⁴⁴lɛ⁴⁴，køɥ⁵³a³¹lɛ⁰］
财神菩萨到偓来，［dzɛ³¹zən¹³bu¹³saʔ⁵tɔ³⁵ŋa³⁵lei⁰］偓：我们
金元宝门角落里轧进来。［tɕin⁴⁴ie⁴⁴pɔ⁴⁴mən³¹kuoʔ²luoʔ³li⁴⁴gaʔ²tɕin³⁵lɛ⁰］轧：挤

木头人

三三三，［sɛ⁴⁴sɛ⁴⁴sɛ⁴⁴］
山浪⁼有个木头人，［sɛ⁴⁴lã⁴⁴iɥ⁵³kəʔ⁵muoʔ²døɥ¹³n̩in⁰］浪⁼：上
弗准动，弗准笑，［fəʔ⁵tsən³⁵doŋ³¹，fəʔ⁵tsən³⁵ɕiɔ³⁵］
一、两、三。［ieʔ⁵、liã⁵²、sɛ⁴⁴］

喜鹊叫

喜鹊叫，［ɕi³⁵tɕʰiaʔ⁵tɕiɔ³⁵］
客人到，［kʰaʔ⁵n̩in¹³tɔ³⁵］
有得担来哈哈笑，［iɥ³⁵təʔ⁵tɛ⁴⁴lei⁴⁴xa⁴⁴xa⁴⁴ɕiɔ³⁵］有得担来：有礼品送来
无不担来嘴巴翘。［m³³pəʔ⁵tɛ⁴⁴lei⁴⁴tsei⁵³buʔ⁰tɕʰiɔ³⁵］无不：没有

娘舅娘舅

娘舅娘舅，［n̠iã³⁵dʑiʉ¹³n̠iã³⁵dʑiʉ¹³］
带只空手，［ta³⁵tsa³⁵kʰoŋ⁴⁴ɕiʉ⁴⁴］
吃饭像只饿煞狗，［tɕʰiəʔ⁵uɛ³⁵ʑiã¹³tsaʔ⁵ŋəu³⁵saʔ⁵kei⁵³］
吃酒像只漏斗。［tɕʰiəʔ⁵tɕiʉ⁵³ʑiã¹³tsaʔ⁵lei³⁵tei³⁵］

东判官西判官

东判官姓潘，［toŋ⁴⁴pʰɛ⁴⁴kuɛ⁴⁴ɕin⁵³pʰɛ⁴⁴］
西判官姓管，［ɕi⁴⁴pʰɛ⁴⁴kuɛ⁴⁴ɕin⁵³kuɛ⁵³］
潘判官［弗要］管管判官，［pʰɛ⁴⁴pʰɛ⁴⁴kuɛ⁴⁴fiɔ⁵³kuɛ⁵³kuɛ⁵³pʰɛ⁴⁴kuɛ⁴⁴］
管判官［弗要］管潘判官。［kuɛ⁵³pʰɛ⁴⁴kuɛ⁴⁴fiɔ⁵³kuɛ⁵³pʰɛ⁴⁴pʰɛ⁴⁴kuɛ⁴⁴］

西门大洋桥

西门大洋桥，［ɕi⁴⁴mən⁴⁴dəu¹³iã¹³dʑiɔ³¹］
雪白白馒头，［ɕieʔ²baʔ³baʔ²mɛ¹³dei¹³］
三八廿四只，［sɛ⁴⁴puoʔ⁵n̠ie³³s̩³⁵tsaʔ⁵］
廿三只、廿二只、廿一只，［n̠ie³³sɛ³⁵tsaʔ⁵、n̠ie³³n̠i³⁵tsaʔ⁵、n̠ie³³ieʔ⁵tsaʔ⁵］
廿只、十九只、十八只，［n̠ie³³tsaʔ⁵、zəʔ²tɕiʉ⁵³tsaʔ⁵、zəʔ²puoʔ⁵tsaʔ⁵］
十七只、十六只、十五只，［zəʔ²tɕʰieʔ⁵tsaʔ⁵、zəʔ²luoʔ³tsaʔ⁵、suo³³ŋ³⁵tsaʔ⁵］
十四只、十三只、十二只，［zəʔ²sŋ⁵³tsaʔ⁵、zəʔ²sɛ⁴⁴tsaʔ⁵、zəʔ²n̠i¹³tsaʔ⁵］
十一只、十只、九只，［zəʔ²ieʔ⁵tsaʔ⁵、zəʔ²tsaʔ⁵、tɕiʉ⁵³tsaʔ⁵］
八只、七只、六只、五只，［puoʔ⁴tsaʔ⁵、tɕʰie⁴tsaʔ⁵、luoʔ²tsaʔ⁵、ŋ⁵³tsaʔ²］
四只、三只、两只、一只，［sŋ³³tsaʔ⁵、sɛ⁴⁴tsaʔ⁵、liã⁵³tsaʔ⁵、ieʔ⁵tsaʔ⁵］
吃完［嘚嗳］。［tɕʰieʔ⁵uɛ¹³dei¹³］［嘚嗳］: 相当于普通话的"了啊"

（以上 2018 年 7 月，发音人：崔少俊）

二、规定故事

牛郎和织女

有拉＝个辰光，［iɥ³⁵la³³kəʔ⁵zən³³kuã⁰］有拉＝：在。个辰光：那个时候

很久很久以前，［xən⁵³tɕiɥ³⁵xən⁵³tɕiɥ³⁵i¹³ʑie¹³］

一个小伙子，［ieʔ⁴kəʔ⁵ɕiɔ⁵³xəu³¹tsʐ⁰］

屋里向么，［uoʔ²li¹³ɕiã⁵³məʔ⁰］里向：里面

姆妈阿伯么也过世［嘚嗳］，［m⁴⁴ma⁴⁴aʔ²paʔ⁵məʔ²a¹³ku³³sʐ³⁵dei¹³］姆妈阿伯：妈妈爸爸

屋里向经济条件么［uoʔ²li¹³ɕiã⁵³tɕin⁴⁴tɕi⁴⁴diɔ³³dʑie¹³məʔ⁰］

也差得了混，［ia³⁵tsʰa⁴⁴təʔ⁵ləʔ²uən¹³］混：很

孤苦伶仃，［kəu⁴⁴kəu⁴⁴lin¹³tin⁵³］

就剩渠一个人，［ʑiɥ¹³zã¹³dʑie¹³ieʔ⁴kəʔ⁵n̩in¹³］渠：他

还有一只老黄牛，［a³³iɥ³⁵ieʔ⁴tsaʔ⁵lɔ⁵³uã¹³n̩iɥ¹³］

个＝牢＝介呢，［kəʔ⁵lɔ¹³ka³⁵nei¹³］个＝牢＝介：所以

大家侪叫伊叫牛郎，［da³³ka³⁵zei¹³tɕiɔ³⁵i³⁵tɕiɔ³⁵n̩iɥ³³lã³⁵］

牛郎个生活水平么，［n̩iɥ³³lã³⁵kəʔ⁵sən⁴⁴uoʔ⁴sɛ⁵³bin¹³məʔ²］

是蛮差哎，［zʐ¹³mɛ³³tsʰa⁴⁴ɛ¹³］

个＝牢＝介也讨弗起老婆，［kəʔ⁵lɔ¹³ka³⁵ia⁵³tʰɔ⁵³fəʔ⁵tɕʰi³⁵lɔ⁵³bu¹³］

实际浪＝伽屋里向格只老黄牛呢，［zəʔ²tɕi³⁵lã⁰dʑia¹³uoʔ²li¹³ɕiã⁵³kəʔ⁴tsaʔ⁵lɔ⁵³uã¹³n̩iɥ¹³n̩i¹³］伽：他们

是天浪＝向个金牛星，［zʐ¹³tʰie⁴⁴lɔ⁴⁴ɕiã⁴⁴kəʔ⁵tɕin⁴⁴n̩iɥ⁴⁴ɕin⁴⁴］天浪＝向：天上

是渠看着即个小伙子也蛮罪过，［zəʔ²dʑi¹³kʰɛ³⁵zaʔ²tɕieʔ⁴kei³⁵ɕiɔ⁵³xəu³¹tsʐ⁰ia⁵³mɛ³³zei¹³kəu³⁵］是渠：他。即个：这个。罪过：可怜

是渠托了一个梦拨渠，［zəʔ²dʑi¹³tʰuoʔ⁵ləʔ²ieʔ⁴kəʔ⁵moŋ¹³pəʔ⁵dʑi³¹］拨：给

讲，喊明朝天浪＝，［kã⁵³，xɛ³⁵min³³tsɔ³⁵tʰie⁴⁴lɔ⁴⁴］喊：说

有烂多烂多仙女要到偃凡间，［iɥ⁵³lɛ³⁵təu³³lɛ³⁵təu³³ɕie⁴⁴n̩i⁴⁴iɔ³⁵tɔ³⁵ŋa³⁵vɛ³³tɕie³⁵］烂多：很多

到一条港里向潮＝浴。［tɔ³⁵ieʔ⁵diɔ¹³kã⁵³li¹³ɕiã⁵³zɔ³³ioʔ²］

是尔去偷，偷伽一条衣裳，［zəʔ²n³⁵tɕʰi³⁵tʰei⁴⁴，tʰei⁴⁴dʑia³³ieʔ⁵diɔ¹³i⁴⁴zã⁴⁴］是尔：你。一条
衣裳：一件衣服

介介尔就可能能够讨得着一个老婆也弗一定哎，［ka³³ka³⁵n³⁵dʑiʉ¹³kʰuo⁵³nən¹³nən³³
　　kei³⁵tʰɔ⁵³dəʔ²zaʔ³ieʔ⁴kəʔ⁵lɔ⁵³bu¹³a³¹fəʔ⁵ieʔ⁵din¹³ɛ³³］介介：这样

葛么牛郎么，［kəʔ⁵məʔ²ɲiʉ³³lã³⁵məʔ²］葛￣么：那么

葛么也总归弗纳￣哈￣相信哦啦，［kəʔ⁵məʔ²ia⁵³tsoŋ⁵³guei¹³fəʔ⁵naʔ²xa⁰ɕiã⁴⁴ɕin⁴⁴vəʔ²la⁰］纳￣
　　哈￣：怎么

将信将疑介，［ɕiã⁴⁴ɕin⁴⁴tɕiã⁵³i¹³ka⁰］

是渠醒来特￣之后，［zəʔ²dʑi¹³ɕin³⁵lei¹³dəʔ²tsʅ⁵³øʉ³¹］特￣：动态助词，相当于普通话的"了1"

抱着一种试试看个态度，［bɔ³³zəʔ²ieʔ⁵tsoŋ⁵³sʅ³³sʅ³⁵kʰɛ⁵³gəʔ²tʰei³³dəu¹³］

是渠去［嘚嗳］，［zəʔ²dʑi¹³tɕʰi³⁵dei¹³］

去么真哎看见烂多怪￣仙女，［tɕʰi³⁵məʔ²tsən⁴⁴ei⁴⁴kʰɛ³³tɕie³⁵lɛ³⁵təu³⁵kua⁵³ɕie⁴⁴ɲi⁴⁴］怪￣：那种

有拉￣港里潮￣浴介，［iʉ⁵³la¹³kã⁵³li¹³dzɔ³³ioʔ²ka⁰］潮￣浴：洗澡

是渠磨磨蹭蹭磨磨蹭蹭偷特￣其中一条，［zəʔ²dʑi¹³məʔ²məʔ³tsʰəʔ⁵tsʰəʔ⁵məʔ²məʔ³
　　tsʰəʔ⁵tsʰəʔ⁵tʰei⁴⁴dəʔ²dʑi³³tsoŋ³⁵ieʔ⁵diɔ¹³］

偷回转。［tʰei⁴⁴uei⁴⁴tsɛ⁴⁴］回转：回家

葛么巧么也巧，［kəʔ⁵məʔ²tɕʰiɔ⁵³məʔ²ia³⁵tɕʰiɔ⁵³］

正好其中一个叫织女个条衣裳，［tsən³³xɔ³⁵dʑi³³tsoŋ³⁵ieʔ⁴kəʔ⁵tɕiɔ³⁵tsəʔ⁵ɲi⁵³kəʔ⁵diɔ¹³i⁴⁴
　　zã⁴⁴］个条：那件

拨渠偷回转［嘚嗳］。［pəʔ⁵dʑi¹³tʰei⁴⁴uei⁴⁴tsɛ⁴⁴dei¹³］

葛么当日夜隔头么，［kəʔ⁵məʔ²tã⁴⁴ɲieʔ²ia³⁵kəʔ⁵dei³¹məʔ²］夜隔头：晚上

个织女么，［kəʔ⁵tsəʔ⁵ɲi⁵³məʔ²］

也赶到伽屋里向，［ia⁵³kɛ³⁵tɔ¹³dʑia³¹uoʔ²li¹³ɕiã⁵³］

敲门进去［嘚嗳］，［kʰɔ⁵³mən¹³tɕin³⁵tɕʰi¹³dei¹³］

伽两个人见面得之后，［dʑia¹³liã⁵³kəʔ⁵ɲin¹³tɕie³⁵mie¹³dəʔ²tsʅ³³ei⁵³］

就好像乌龟对王八，［dʑiʉ¹³xɔ⁵³ʑiã¹³əu⁴⁴tɕi⁴⁴tei³⁵uã¹³paʔ⁵］

对上眼［嘚嗳］。［tei³⁵zã¹³ŋɛ⁵³dei¹³］

那么，［nəʔ²məʔ³］

伽两个人就介也结婚［嘚嗳］，［dʑia¹³liã⁵³kəʔ⁵ɲin¹³dʑiʉ³³ka³⁵ia⁵³tɕieʔ⁵xuən³⁵dei⁰］就
　　介：就

感情也相当好。［kɛ³³dʑin³⁵ia⁵³ɕiã⁴⁴tã⁴⁴xɔ⁵³］

三年之后么，［sɛ³³ɲie³⁵tsʅ⁵³øʉ³¹məʔ²］

也养得一个囡儿牢=一个儿子，[ia³⁵iã⁵³dəʔ²ieʔ⁵kei³⁵nuo⁵³n̩¹³lɔ¹³ieʔ⁵kei³⁵n̩³³tsʅ³⁵] 养：生养。

　　牢=：语气词

怪=两个小百戏。[kua³⁵liã⁵³kəʔ⁵ɕiɔ⁵³paʔ⁵ɕi³⁵] 小百戏：小孩儿

但是呢，[dɛ¹³zʅ¹³nəʔ²]

好景弗长。[xɔ⁵³tɕin³⁵fəʔ⁵dzã¹³]

织女是天浪=个仙人呀，[tsəʔ⁵n̩i⁵³zʅ³³tʰie⁴⁴lɔ⁴⁴kəʔ⁵ɕie⁴⁴n̩in⁴⁴ia⁵³]

是渠下凡特=之后么，[zəʔ²dʑi¹³ɕia³⁵veʔ¹³dəʔ²tsʅ⁵³ei³¹məʔ²]

总归要拨天浪=另外怪=仙人晓得个呀，[tsoŋ⁵³kuei³¹iɔ³⁵pəʔ⁵tʰie⁴⁴lɔ⁴⁴lin³⁵ua³⁵kua⁵³ɕie⁴⁴

　　n̩in⁴⁴ɕiɔ⁵³təʔ²gəʔ²ia⁰] 拨：被

那么个事体，[nəʔ²məʔ³kəʔ⁵zʅ³³tʰi³⁵]

侪拉=玉皇大帝个耳朵里 [嘚嗳]，[zei¹³la¹³ioʔ²uã¹³da³¹ti⁵³kəʔ⁵n̩⁵³tuo¹³li³³dəʔ⁰] 拉=：在

玉皇大帝火得辣=势，[ioʔ²uã¹³da³¹ti⁵³xəu⁵³təʔ⁵ləʔ²sʅ³⁵] 火得辣=势：火得很

大发雷霆，[da¹³faʔ⁵lei³³din³⁵]

那么天浪=又打雷牢=又霍险=，[nəʔ²məʔ³tʰie⁴⁴lɔ⁴⁴i³⁵tã⁵³lei¹³lɔ⁴⁴i³⁵xuaʔ⁵ɕie⁰] 霍险=：闪电

那么拿两个牛郎织女两个小百戏呢，[nəʔ²məʔ³nei⁴⁴liã⁵³kəʔ⁵n̩iɵ³³lã³⁵tsəʔ⁵n̩i⁵³liã⁵³kəʔ⁵

　　ɕiɔ⁵³paʔ⁵ɕi⁰nəʔ²]

也吓得了要死。[ia⁵³xaʔ⁵təʔ⁵ləʔ²iɔ³⁵sʅ⁵³]

那么关键呢，[nəʔ²məʔ³kuɛ³³dʑie¹³nəʔ²]

个织女也突然之间消失 [嘚嗳]，[kəʔ⁵tsəʔ⁵n̩i⁵³ia⁵³dəʔ²lɛ¹³tsʅ⁴⁴tɕie⁴⁴ɕiɔ⁴⁴səʔ²⁴dei³³]

两个小百戏么，[liã⁵³kəʔ⁵ɕiɔ⁵³paʔ⁵ɕi⁰məʔ²]

也一日到夜介哭。[ia⁵³ieʔ⁵n̩i¹³tɔ³⁵ia³⁵ka⁴⁴kʰuoʔ⁵]

哦唷，[uo⁴⁴io⁴⁴]

我要姆妈呀，[ŋ³⁵iɔ³⁵m⁴⁴ma⁴⁴ia⁴⁴]

我要姆妈呀，[ŋ³⁵iɔ³⁵m⁴⁴ma⁴⁴ia⁴⁴]

姆妈纳=弗见得啦？[m⁴⁴ma⁴⁴na⁵³fəʔ⁵tɕie³⁵təʔ⁵la¹³] 纳：怎么

那么个老黄牛，[nəʔ²məʔ³kəʔ⁵lɔ⁵³uã¹³n̩iɵ¹³]

就是个金牛星呀，[dʑiɵ³³zʅ¹³kəʔ⁵tɕin⁴⁴n̩iɵ⁴⁴ɕin⁴⁴ia⁰]

是渠看伽罪过，[zəʔ²dʑi¹³kʰɛ³⁵dʑia³⁵zei¹³kəu⁰]

是渠开口讲闲话 [嘚嗳]，[zəʔ²dʑi¹³kʰɛ⁴⁴kʰei⁴⁴kã⁵³ɛ¹³uo¹³dei¹³] 讲闲话：说话

牛郎牛郎，［n̠iɯ³³lã³⁵n̠iɯ³³lã³⁵］

我搭尔讲呀，［ŋ³⁵taʔ⁵n³⁵kã⁵³ia¹³］搭：跟，介词

是我头浪=两只角，［zəʔ²ŋ³⁵dei³³lɔ¹³liã⁵³tsaʔ⁵kuoʔ⁵］头浪=：头上

我来搭渠变成两只箩，［ŋ³⁵lei¹³taʔ⁵dʑi¹³pie³⁵zən¹³liã⁵³tsaʔ⁵bu³¹］搭=：把，介词

是尔拿㑚儿子囡儿摆辣=箩里向，［zəʔ²n³⁵nɛ⁴⁴na⁵³ŋ³³tsʅ³⁵nuo⁵³n¹³paʔ⁵laʔ²bu¹³li¹³çiã³⁵］㑚：你们

拿㑚连人带箩一道飞到天浪=去，［nɛ⁴⁴na⁵³lie³⁵n̠in¹³taʔ⁵buʔ³¹ieʔ⁵dɔ¹³fi³³tɔ³⁵tʰie⁴⁴lɔ⁴⁴tɕʰi⁴⁴］

搭织女见面，［taʔ⁵tsəʔ⁵n̠i⁵³tɕie³⁵mie³⁵］

牛郎么也无不办法，［n̠iɯ³³lã³⁵məʔ²ia⁵³m³³pəʔ⁵bɛ³³faʔ⁵］

只好相信渠个讲法。［tsəʔ⁵xɔ⁵³çiã⁴⁴çin⁴⁴dʑi¹³kəʔ⁵kã⁵³faʔ⁵］

好，［xɔ⁵³］

小百戏箩里向一装，［çiɔ⁵³paʔ⁵çiºbu¹³li¹³çiã⁰ieʔ⁵tsã⁴⁴］

扁担肩膀浪=一摆，［pie⁵³tɛºtɕie⁴⁴pã⁴⁴lã⁴⁴ieʔ⁵pa⁵³］

哎，［ei³⁵］

只箩就介像自家生节骨啊介=，［tsaʔ⁵bu³¹dʑiɯ³³ka³⁵ʑiã³¹zʅ³³ka³⁵sã⁴⁴tɕieʔ⁴kuoʔ⁵aºka⁴⁴］

　　节骨：翅膀

飞起来［嘚嗳］。［fi⁴⁴tɕʰi⁴⁴lɛi⁴⁴deiº］

飞呀飞呀飞，［fi⁴⁴ia⁴⁴fi⁴⁴ia⁴⁴fi⁴⁴］

飞到天浪=。［fi⁴⁴tɔ⁴⁴tʰie⁴⁴lɔ⁴⁴］

飞到天浪=，［fi⁴⁴tɔ⁴⁴tʰie⁴⁴lɔ⁴⁴］

葛么离织女越来越近特=啰，［kəʔ⁵məʔ²li¹³tsəʔ⁵n̠i⁵³ieʔ⁵lei¹³ieʔ⁵dʑin¹³dəʔ²luo¹³］

弗小心又拨王母娘娘看见［嘚嗳］，［fəʔ⁵çiɔ⁵³çin³¹i³⁵pəʔ⁵uã³³məu³⁵n̠iã³³n̠iã³⁵kʰɛ³³tɕie³⁵dəʔ²］

王母娘娘肯定弗拨渠搭织女见面哎，［uã³³məu³⁵n̠iã³³n̠iã³⁵kʰən⁵³din³¹fəʔ⁴pəʔ⁵dʑi¹³taʔ⁵tsəʔ⁵n̠i⁵³tɕie³⁵mie¹³ei¹³］拨：让，允许

王母娘娘拿头浪=个金钗拔脱来，［uã³³məu³⁵n̠iã³³n̠iã³⁵nɛ³³dei¹³lɔ¹³kəʔ⁵tɕin⁴⁴tsʰei⁴⁴bəʔ² tʰəʔ⁵leiº］

介一划，［ka³⁵ieʔ⁴uaʔ⁵］介：这样

一划么就介形成一条天河，［ieʔ⁴uaʔ⁵məʔ²dʑiɯ³³ka³⁵in³³zən¹³ieʔ⁵diɔ¹³tʰie⁴⁴əu⁴⁴］

个条天河呢，［kəʔ⁵diɔ¹³tʰie⁴⁴əu⁴⁴neiº］

拿个牛郎搭织女两个人，［nɛ³³kəʔ⁵n̠iɯ³³lã³⁵taʔ⁵tsəʔ⁵n̠i⁵³liã⁵³kəʔ⁵n̠in¹³］搭：和，连词

隔开来［嘚嗳］，［kaʔ⁵kʰɛ³⁵lei³³deiº］

伽就看得着，［dʑia¹³dʑiɥ¹³kʰɛ³⁵dəʔ²zaʔ³］

但是讲就是无法靠近，［dɛ³³zɿ³⁵kã⁵³dʑiɥ¹³zɿ¹³əu³³faʔkʰɔ³⁵dʑin³¹］

罪么也罪过煞哎。［zei¹³məʔ²ia⁵³zei¹³kəu³⁵saʔ⁵ei⁰］

那么天浪⁼怪⁼喜鹊，［neʔ²məʔ³tʰie⁴⁴lɔ⁴⁴kua³⁵çi⁵³tɕʰiaʔ⁵］

晓得个件事体得⁼么，［çiɔ⁵³dəʔ²kəʔ⁵dʑie¹³zɿ³³tʰiʔ³⁵dəʔ³məʔ²］

也对牛郎搭织女蛮同情哎，［ia³⁵tei³⁵ȵiɥ³³lã³⁵taʔ⁵tsəʔ⁵ȵi⁵³mɛ³³doŋ¹³dʑin¹³ei¹³］

伽辣⁼每年个农历个七月初七，［dʑia¹³laʔ²mei⁵³ȵie³⁵kei⁰noŋ¹³lieʔ²kei⁰tɕʰieʔ⁵ieʔ²tsʰəu³⁵tɕʰieʔ⁵］

伽总归讲讲好牢⁼，［dʑia¹³tsoŋ³⁵guei¹³kã⁵³kã⁵³xɔ⁵³lɔ¹³］

结结伴牢⁼，［tɕieʔ⁴tɕʰieʔ⁵bɛ¹³lɔ¹³］

飞到天浪⁼，［fi⁴⁴tɔ⁴⁴tʰie⁴⁴lɔ¹³］

大家排排队，［da³³ka³⁵ba³³ba¹³dei¹³］

一只衔一只，［ieʔ⁴tsaʔ⁵ɛ¹³ieʔ⁴tsaʔ⁵］

介介么成千上万只喜鹊有辣⁼天浪⁼组成一座桥，［ka⁴⁴ka⁵³məʔ²dzən¹³tɕʰie³⁵zã¹³vɛ¹³tsaʔ⁵çi⁵³tɕʰiaʔ⁵iɥ³⁵laʔ²tʰie⁴⁴lɔ⁴⁴tsəu⁵³dzən³¹ieʔ²zəu¹³dʑiɔ¹³］介⁼介么：这样么。有辣⁼天浪⁼：在天上

方便牛郎搭织女通过个座桥会面，［fã⁴⁴bie⁴⁴ȵiɥ³³lã³⁵taʔ⁵tsəʔ⁵ȵi⁵³tʰoŋ⁴⁴kəu⁴⁴kəʔ⁵zəu¹³dʑiɔ¹³uɛ³⁵mie³⁵］

奈⁼个座桥呢，［nei¹³kəʔ⁵zəu¹³dʑiɔ¹³nei¹³］奈⁼：那么

偓老百姓就叫渠叫鹊桥，［ŋa⁵³lɔ⁵³paʔ⁵çin⁰dʑiɥ¹³tɕiɔ³⁵dʑi¹³tɕiɔ⁵³tɕʰioʔ⁵dʑiɔ³¹］

介⁼牢介⁼压末来呢就介⁼有只故事，［kəʔ⁵lɔ¹³kaʔa⁰aʔ²məʔ³lei¹³nei¹³dʑiɥ¹³kaʔ⁵iɥ³⁵tsaʔ⁵kəu³³zɿ³⁵］介⁼牢⁼介⁼：所以。压末来：最后

农历七月初七，［noŋ¹³lieʔ²tɕʰieʔ⁵ieʔ²tsʰəu³⁵tɕʰieʔ⁵］

牛郎搭织女总归会得辣⁼鹊桥浪⁼相会哎，［ȵiɥ³³lã³⁵taʔ⁵tsəʔ⁵ȵi⁵³tsoŋ⁵³kuei⁰uei³⁵təʔ⁵laʔ²tɕʰioʔ⁵dʑiɔ¹³lã¹³çiã³³uei³⁵ei⁰］

即个就是牛郎搭织女个故事。［tɕieʔ⁴kəʔ⁵dʑiɥ³³zɿ¹³ȵiɥ³³lã³⁵taʔ⁵tsəʔ⁵ȵi⁵³kəʔ⁵kəu³³zɿ³⁵］

　　很久很久以前，有一个年轻人，爸妈都死了。家里条件很差，就剩他一个人，还有一头老牛相伴，所以大家都叫他牛郎。

　　牛郎的生活条件很差，讨不到老婆。其实，这个老牛是天上的金牛星，看他很可怜，就给他托了一个梦，告诉他第二天有仙女要到河里去洗澡，要他去拿一

件衣服，这样就会得到一位仙女做老婆。

　　牛郎半信半疑地抱着一种试试看的态度去了，去后真的有仙女在那里洗澡。他磨磨蹭蹭地偷了一件衣服，回家了。

　　正好这个被牛郎拿走衣服的仙女就是织女。等天黑了以后，她赶到牛郎家里，把门敲开。两个人见面之后，互相喜欢，便做了夫妻，感情也相当好。三年过去了，牛郎跟织女生了一个儿子和一个女儿。

　　但是，好景不长，仙女是天上的仙人，她下凡之后总是会被天上的其他仙人知道的，这件事也被玉皇大帝知道了。玉皇大帝大发雷霆，不一会儿，电闪雷鸣，两个小孩儿也吓得哭了起来。这时候，仙女也消失了。两个小孩儿一直哭，哭着要妈妈，问妈妈怎么不见了。

　　这个老黄牛，也就是金牛星，看他们很难过，就开口讲话了："牛郎，我跟你讲：用我的两只角，变作两个箩筐，把你的儿子女儿放到筐里面，连人带筐一起飞到天上去，和织女见面。"牛郎也没有办法，只好相信这个办法。他赶快把小孩儿一边一个装进去，用扁担挑在肩上，然后箩筐像长了翅膀一样飞起来了。飞啊飞啊飞，飞到了天上。

　　他们飞到了天上，离织女越来越近了，但不小心被王母娘娘看见了。王母娘娘不让他与织女见面，便拔下头上的金钗，在牛郎和织女中间一划，马上出现了一条天河。那条天河把他们两个人隔开了，看得到，但就是无法靠近。牛郎织女心里也十分着急。

　　天上的喜鹊知道这个事情之后，也对牛郎织女很同情。于是每年农历七月初七这一天，喜鹊们互相结伴，飞到天上，大家排排队，一只衔一只，成千上万只喜鹊飞到天河上面，搭成一座桥，方便牛郎织女通过这座桥会面。这座桥，我们老百姓就叫它鹊桥。我们这有这个故事，农历七月初七，牛郎和织女总在这鹊桥相会。这个就是牛郎和织女的故事。

（2018 年 7 月，发音人：崔少俊）

三、自选条目

（一）谚语

鲳鱼到杭州，[tsʰa^{44}ŋ^{44}tɔ^{35}ã^{33}tsiʉ^{35}]
螺蛳到埠头。[ləu^{33}sɿ^{35}tɔ^{35}bu^{33}dei^{35}]

豆腐要吃得烫，[dei^{33}vəu^{35}iɔ^{35}tɕʰieʔ^{5}təʔ^{4}tʰã^{35}]
烧饼要吃得燥。[sɔ^{44}pin^{44}iɔ^{35}tɕʰieʔ^{5}təʔ^{4}sɔ^{35}]

眉毛先出世，[mi^{33}mɔ^{35}ɕie^{44}tsʰəʔ^{5}sɿ^{44}]
胡子倒长转。[vu^{33}tsɿ^{35}tɔ^{35}zã^{33}tsɛ^{35}] 倒长转：反而更长。后来居上

宁丝$^{=}$一日弗吃，[ȵin^{35}sɿ^{35}ieʔ^{4}ȵieʔ^{5}fəʔ^{4}tɕʰieʔ^{5}] 宁丝$^{=}$：宁可
弗可以一日天无不茶。[fəʔ^{5}kʰuo^{35}i^{0}ieʔ^{4}ȵieʔ^{5}tʰie^{44}m^{33}pəʔ^{5}dzuo^{13}]

太湖里弗死死辣$^{=}$夜壶里。[tʰa^{33}əu^{35}li^{53}fəʔ^{5}sɿ^{53}sɿ^{53}laʔ^{2}ia^{33}əu^{35}li^{53}] 指阴沟里翻船

拿个鲳鱼钓个白鱼。[nei^{44}kəʔ^{5}tsʰa^{44}ŋ^{44}tiɔ^{33}kəʔ^{5}baʔ^{2}ŋ^{0}] 白鱼：太湖白鱼，湖州特产

车到升山八里店。[tsʰuo^{44}tɔ^{53}sən^{44}sɛ^{53}puoʔ^{5}li^{35}tie^{0}] 升山八里店：升山、八里店都是湖州郊外的地名。喻快到目的地了

（以上 2018 年 7 月，发音人：崔少俊）

（二）谜语

干嗳么哏拉$^{=}$，[kɛ^{44}ɛ^{0}məʔ^{2}lɔ^{35}la^{35}] 哏拉$^{=}$：哏着
湿嗳么厾拉$^{=}$。[səʔ^{5}ɛ^{0}məʔ^{2}tuoʔ^{5}la^{0}] 厾拉$^{=}$：扔着
——帐子、抹布 [tsã^{33}tsɿ^{35}、maʔ^{2}pu^{53}]

弗去动渠么四只脚，[fəʔ^{5}tɕʰi^{35}doŋ^{13}dʑi^{13}məʔ^{2}sɿ^{35}tsaʔ^{4}tɕiaʔ^{5}]
动动渠么生节骨。[doŋ^{13}doŋ^{0}dʑi^{13}məʔ^{2}sã^{35}tɕieʔ^{4}kuəʔ^{5}] 节骨：翅膀
——大衣柜 [da^{11}i^{44}gei^{44}]

千只脚，［tɕʰie⁴⁴tsaʔ⁵tɕiaʔ⁵］

万只脚，［vɛ²²tsaʔ⁵tɕiaʔ⁵］

日日隉墙脚。［n̠ieʔ²n̠ieʔ³gei¹³dʑiã¹³tɕiaʔ⁵］

——笤帚［diɔ³³tsiɥ³⁵］

日里向皮泡水，［n̠ieʔ²li³⁵ɕiã⁵³bi¹³pʰɔ⁵³sei⁵³］

夜里向水泡皮。［ia³³li³⁵ɕiã⁵³sei⁵³pʰɔ⁵³bi¹³］

——泡茶、潮゠浴［pʰɔ³³dzuo³⁵、dzɔ³³ioʔ³］

外婆拉゠屋里向一颗黄芽菜，［a³³bu³⁵la⁴⁴uoʔ²li⁵³ɕiã⁵³ieʔ⁵kʰəu⁴⁴uã³³ŋa³⁵tsʰei⁴⁴］外婆拉: 外婆家

落雨特゠么□开来。［luoʔ²iʔ⁵dəʔ²məʔ⁰gua¹³kʰei⁴⁴lei⁴⁴］□开来: 张开

——雨伞［i⁵³sɛ¹³］

外婆拉゠屋里一只碗，［a³³bu³⁵la⁴⁴uoʔ²li⁵³ɕiã⁵³ieʔ⁵tsaʔ⁵uɛ⁵³］

落特゠三日三夜落弗满。［luoʔ²dəʔ³sɛ⁴⁴n̠ieʔ⁴sɛ³³ia³⁵luoʔ²fəʔ⁵mɛ⁵³］

——燕窝［ie³³u³⁵］

泥里逤过，［n̠i³³li³⁵kã³³kəu³⁵］

桥浪゠跑过，［dʑiɔ³³lɔ³⁵bɔ³³kəu³⁵］

水里游过，［sei⁵³li¹³iɥ³³kəu³⁵］

天浪゠飞过。［tʰie⁴⁴lɔ⁴⁴fi⁴⁴kəu⁴⁴］

——慈姑、师姑、蚌哥、八哥［zɹ³³ku³⁵、sɹ⁴⁴ku⁴⁴、bã³⁵ku³¹、paʔ⁵ku⁵³］

（以上 2018 年 7 月，发音人: 崔少俊）

（三）歇后语

橄榄头浪゠插尼゠线［kɛ⁵³lɛ⁰dei³³lɔ³⁵tsʰaʔ⁵n̠i⁵³ɕi⁰］——尖得浪゠混［tɕie⁴⁴təʔ⁵lɔ⁴⁴uən¹³］

尼゠线: 缝衣针。尖得浪゠混: 尖的很

囫囵吞枣［uoʔ²lən⁵³tʰən⁴⁴tsɔ⁵³］——［弗晓］得滋味［fiɔ⁵³təʔ⁵tsɹ⁴⁴mi⁴⁴］

八只鬏七只盖［puoʔ⁴tsaʔ⁵bã¹³tɕʰieʔ⁴tsaʔ⁵kei³⁵］——盖弗好［嘚嗳］［kei³⁵vəʔ²xɔ³⁵dɛ⁰］

三只节头管捏田螺［sɛ⁴⁴tsaʔ⁵tɕieʔ⁵dei¹³kuɛ⁵³n̠iaʔ²die³³ləu³⁵］——稳搭=稳［uən⁵³taʔ⁵uə⁰］

稳搭稳：很稳

山东人吃麦冬［sɛ⁴⁴toŋ⁴⁴n̠in⁴⁴tɕʰieʔ⁵maʔ²toŋ⁵³］——一懂弗懂［ieʔ⁵toŋ³⁵fəʔ⁵toŋ⁰］麦冬：

中草药，长于南方

乌鸡吃大麦［əu⁴⁴tɕi⁴⁴tɕʰieʔ⁵dəu¹³maʔ²］——糟蹋粮食［tsɔ⁴⁴tʰaʔ⁵liã³³zəʔ²］

新开马桶［ɕin⁴⁴kʰei⁴⁴muo⁵³doŋ⁰］——三日香［sɛ⁴⁴n̠ieʔ⁴ɕiã⁴⁴］喻做事没长性

（以上 2018 年 7 月，发音人：崔少俊）

德　清

一、歌谣

摇丝他

摇丝他，摇丝他，[iɔ¹¹sʅ⁴⁴tʰa⁴⁴，iɔ¹¹sʅ⁴⁴tʰa⁴⁴] 摇丝他：象声词，知了

翻得河里无人拖，[fɛ⁴⁴təʔ⁵vu¹¹li³¹m¹¹n̩in⁴⁴tʰa⁴⁴]

侬阿伯要瓶酒喝喝，[na⁵³aʔ²paʔ⁵iɔ³³bin¹³tɕiɤ⁴⁴xaʔ⁵xaʔ⁴] 阿伯：父亲。侬：你们

侬阿妈要瓶粉搨搨，[na⁵³aʔ⁵ma⁵³iɔ³³bin¹³fen⁴⁴tʰaʔ⁵tʰaʔ⁴] 阿妈：母亲。搨：涂、擦

丫头要朵花戴戴，[ɔ⁴⁴døɤ⁴⁴iɔ³³tɔ³⁵xuo⁴⁴ta⁴⁴ta⁴⁴]

囡儿要个泥菩萨，[nɔ¹¹n³⁵iɔ³³kəʔ⁵n̩i¹¹bu¹¹saʔ⁵]

葛么我来拖尔。[kəʔ⁵məʔ²ŋ³¹lɛ³¹tʰa⁴⁴n⁴⁴] 葛么：那么。尔：你

破夹巴

白大褂，镶鸟毛，[baʔ²da¹³kuo⁵³，ɕiã⁴⁴tiɔ³⁵mɔ³⁵] 镶鸟毛：喻官员。此句指医生和官员两种职业

四个擂坨="一把刀，[sʅ⁴⁴kəʔ⁵lɛ¹¹dəu¹³ieʔ⁵puo⁵³tɔ⁴⁴] 擂坨=：车轮。此句指驾驶员和卖肉的两种职业

还及弗来渔船浪="条破夹巴。[uɛ³¹dʑieʔ²fəʔ⁵lɛ¹¹ŋ¹¹zøɤ¹³lã³¹diɔ³¹pʰu³⁵kəʔ⁵puo³⁵] 浪=：上。

夹巴：夹袄。此句喻关键时刻比不上一件破夹袄

3. 天浪=飞过三只鸟

天浪=飞过三只鸟，[tʰie⁴⁴lã⁵³fi⁴⁴kəu⁵³sɛ⁴⁴tsəʔ⁵tiɔ⁵³]

落脱三根毛，［luoʔ²tʰəʔ⁵sɛ⁴⁴ken⁴⁴mɔ¹³］落脱：掉下

毛啊毛过桥，［mɔ¹³a³¹mɔ¹³kuo⁵³dʑiɔ¹³］毛过桥：地名

桥呀桥神土，［dʑiɔ¹³ia⁵³dʑiɔ¹³zen¹¹tʰəu⁵³］

土啊土地堂，［tʰəu⁵³a³¹tʰəu³⁵diºdã³¹］

堂啊糖揾饼，［dã¹³a³¹dã¹³tʰəʔ⁵pin⁴⁴］糖揾饼：一种立夏吃的糯米饼

饼呀禀过老，［pin⁴⁴ia³¹pin⁵³kəu⁵³lɔ⁵³］

老，老寿星，［lɔ⁵³，lɔ⁵³dʑiʉ¹¹ɕin³⁵］

新，新娘子，［ɕin⁴⁴，ɕin⁴⁴n̠iã⁴⁴tsʅ⁴⁴］

子啊猪八戒，［tsʅ⁴⁴a³¹tsʅ⁴⁴pəʔ⁴ka⁵³］

戒啊阶沿石，［ka⁵³a³¹ka⁴⁴ie⁴⁴zaʔ²］阶沿石：沿街台阶

石啊石宝塔，［zaʔ²a³¹zaʔ²pɔ³⁵tʰaʔ⁵］

宝塔尖，戳破天，［pɔ³⁵tʰaʔ⁵tɕie⁴⁴，tsʰuoʔ⁵pʰu⁵³tʰie⁴⁴］

天浪˭菩萨一个屁，［tʰie⁴⁴lã⁴⁴bu¹¹saʔ²ieʔ⁴kəʔ⁵pʰi³⁵］

阿大阿小吃弗全。［aʔ⁵dou³¹aʔ⁵ɕiɔ⁵³tɕʰioʔ⁵fəʔ⁴dʑie¹³］阿大阿小：老大和老小

山里来个大姑娘

山里来个大姑娘，［sɛ⁴⁴li⁵³lɛ⁴⁴kəʔ⁵dəu¹¹kəu³⁵n̠iã³⁵］

大么大得野汪汪，［dəu¹³məʔ²dəu¹³təʔ⁵ia⁴⁴uã³⁵uã³⁵］野汪汪：表程度深，不着边际

要吃冬菜十八髦，［iɔ³⁵tɕʰioʔ⁵toŋ⁴⁴tsʰɛ⁵³zəʔ²puoʔ⁵bã¹³］冬菜：冬腌菜

要吃豆腐廿四箱。［iɔ³⁵tɕʰioʔ⁵døʉ¹¹vəu¹³n̠ie³⁵sʅ⁵³ɕiã⁴⁴］

倒拖鞋爿无后跟

倒拖鞋爿无后跟，［tɔ⁴⁴tʰəu³⁵a¹¹bɛ¹³m¹¹øʉ³⁵ken⁰］

一条裤子三条筋，［ieʔ⁵diɔ³¹kʰəu³⁵tsʅ³⁵sɛ⁴⁴diɔ⁴⁴tɕin⁴⁴］一条裤子破得只剩三条筋

一条衣裳么无背心，［ieʔ⁵diɔ³¹i⁴⁴zã⁴⁴məʔ²m¹¹pɛ³⁵ɕin³⁵］一件衣服破得连背心都不是

烟囱管里去钓鳑鲏，［ie⁴⁴tsʰoŋ⁴⁴køʉ⁴⁴li³¹tɕʰi³⁵tiɔ³⁵bã¹¹bi¹³］鳑鲏：一种小鱼

膝壳˭头浪˭么生癞痢。［səʔ⁵kʰəu³⁵døʉ³¹lãºməʔ²sã⁴⁴laʔ⁵li³¹］膝壳˭头：膝盖

东边出日头

东边出日头，［toŋ⁴⁴pie⁴⁴tsʰəʔ⁵n̠ieʔ²døʉ³¹］

西边打潮头，［ɕi⁴⁴pie⁴⁴tã⁵³zɔ¹³døɯ³³］打潮头：下阵雨

池塘鹦哥叫，［zɿ¹¹dã³¹ã⁴⁴kəu⁴⁴tɕiɔ³⁵］鹦哥：鹦鹉

水里白鱼跳。［sɿ³⁵li⁰baʔ²ŋ³¹tʰiɔ³⁵］白鱼：太湖白鱼

新娘子

新娘子，大面孔，［ɕin⁴⁴n̠iã⁴⁴tsɿ⁴⁴，dəu¹¹mie³³kʰoŋ³⁵］面孔：脸

新客人，细头颈，［ɕin⁴⁴kʰaʔ⁵n̠in⁴⁴，ɕi⁴⁴diɯ³³tɕin³⁵］新客人：新郎。头颈：脖子

媒人阿爹活⁼狲精，［mɛ³³n̠in³⁵aʔ⁵tia⁵³uoʔ²sen³⁵tɕin⁴⁴］媒人阿爹：男媒人

扯扯婆只烂眼睛。［tsʰa³³tsʰa³⁵bu²²tsaʔ⁵lɛ⁴⁴ŋɛ⁴⁴tɕin⁴⁴］扯扯婆：喜娘。烂眼睛：喻察言观色，带贬义，
　　与"活⁼狲精"对应

（以上 2018 年 7 月，发音人：唐小英）

二、规定故事

牛郎和织女

我来讲哦，［ŋuo³⁵lɛ³³kã⁵³ɔ⁰］

牛郎呢，从小呢爷娘呢俇死脱特⁼哦，［n̠iɯ³³lã³⁵ni⁰,zoŋ³³ɕiɔ⁵³ni⁰ia³³n̠iã³⁵ni⁰zɛ¹³ɕi⁵³tʰəʔ⁵
　　dəʔ²ɔ⁰］特⁼：动态助词，相当于普通话的"了1"

搭个阿哥阿嫂拉⁼同介过日脚个哦，［taʔ⁵kəʔ⁴aʔ⁵kəu⁵³aʔ⁵sɔ⁵³la³³doŋ³³ka³⁵kəu³⁵n̠ieʔ²
　　tɕiaʔ⁵kəʔ⁵ɔ⁰］辤⁼：语气助词，相当于"的"。搭：介词，相当于"跟"。拉：表复数。同介⁼：一起。过日脚：过日子

那么后首来呢，［nəʔ²məʔ³øɯ³⁵søɯ³⁵lɛ³³ni⁰］后首来：后来

伊呢一直介就养只牛哦，［i¹³ni⁰ieʔ⁵zəʔ²ka³⁵dʑiɯ¹³iã⁵³tsaʔ⁵n̠iɯ¹³ɔ⁰］一直介：一直

搭只牛呢照顾得特别好，［təʔ⁵tsaʔ⁵n̠iɯ¹³ni⁰tsɔ³³kəu³⁵təʔ⁵dəʔ²bieʔ³xɔ⁵³］

那么村坊浪⁼怪人呢，［nəʔ²məʔ³tsʰen⁴⁴fã⁴⁴lã⁴⁴kua⁵³n̠in¹³ni⁰］浪⁼：上。怪：那些

也搭伊个名字也俇介弗叫［嘚嗳］，［a¹³taʔ⁵i¹³kəʔ⁵min³³zɿ³⁵a³³zɛ³³kaʔ⁵fəʔ⁵tɕiɔ³⁵dɛ¹³］俇
　　介：都。［嘚嗳］：相当于普通话的"了啊"

俇介叫伊牛郎牛郎介叫。［zɛ³³ka³⁵tɕiɔ³⁵i³⁵n̠iɯ³³lã³⁵n̠iɯ³³lã³⁵ka³⁵tɕiɔ³⁵］介：这样

那么拉⁼阿嫂呢，［nəʔ²məʔ³la³⁵aʔ⁵sɔ⁵³ni⁰］阿嫂：嫂子

后首来看看看呢，［øɯ³⁵søɯ³⁵lɛ³³kʰøɯ³⁵kʰøɯ⁵³kʰøɯ³⁵ni⁰］

想出来呢要搭伊分家特﹦哦，［ɕiã³⁵tsʰə²⁵lə⁰ni⁰iɔ³⁵taʔ²i³⁵fen³³ka³⁵dəʔ²ɔ⁰］

那么葛牛郎么介想，［nəʔ²məʔ³kəʔ⁵n̠iɰ³³lã³⁵məʔ²ka³⁵ɕiã⁵³］

我随便奈﹦介葛房子啊田地产业，［ŋ³¹sɛ³⁵bie¹³naʔ²ka⁵³kəʔ⁵vã³³tsɿ³⁵a⁰die³³di³⁵tsʰɛ⁵³ieʔ²］

　　　随便奈﹦介：不管怎样

我侪㑖伊，［ŋ³¹zɛ³⁵ɕiɔ³⁵i⁰］

因为呢伊从小介搭葛只牛养大来呢［in³³uɛ³⁵ni⁰i³⁵zoŋ³³ɕiɔ⁵³kaʔ³⁵taʔ²kəʔ⁴tsaʔ⁵n̠iɰ¹³iã³⁵

　　douʔ¹³lɛ³⁵ni⁰］葛﹦：指示代词，这

搭葛只牛呢嗨﹦回﹦介好个，［taʔ⁵kəʔ⁴tsaʔ⁵n̠iɰ¹³ni⁰xɛ³³uɛ³⁵ka³⁵xɔ⁵³kəʔ⁵］嗨﹦回：表程度深

那么伊讲，［nəʔ²məʔ³i¹³kã⁵³］

我［只要］得要只牛就够待﹦，［ŋ³⁵tɕiɔ³⁵təʔ⁵iɔ³⁵tsaʔ⁵n̠iɰ¹³dziɰ¹³køɰ³⁵dɛ¹³］

葛么拉阿嫂拉﹦听特﹦，［kəʔ⁵məʔ²la³³aʔ⁵sɔ⁵³la³³tʰin³³dəʔ²］

巴弗得一巴，［puo³⁵fəʔ⁵təʔ⁴ieʔ⁴puoʔ⁵］巴弗得一巴：巴不得

就是拨伊间草棚牢﹦一个牛棚，［dziɰ¹³zɿ¹³pəʔ⁵i¹³kɛ⁵³tsʰɔ⁵³bã⁰lɔ¹³ieʔ⁴kəʔ⁵n̠iu³³bã³⁵］牢﹦：语气词

那么伊拉就直﹦介分家分开特﹦。［nəʔ²məʔi³³la³⁵dziɰ³⁵zəʔ²ka⁵³fen⁴⁴ka⁴⁴fen⁴⁴kʰɛ⁴⁴dəʔ²］

　　　直﹦介：这样

分开特﹦么，［fen⁴⁴kʰɛ⁴⁴dəʔ²məʔ²］

葛一日呢是七月七闹﹦，［kəʔ⁵ieʔ⁴n̠ieʔ⁵ni⁰zɿ¹³tɕʰieʔ⁴ieʔ⁵tɕʰieʔ⁵nɔ¹³］闹﹦：语气词

七月七呢嗨﹦回﹦介热个，［tɕʰieʔ⁴ieʔ⁵tɕʰieʔ⁵ni⁰xɛ³³uɛ³⁵ka³⁵n̠ieʔ²gəʔ³］

总归热得来，［tsoŋ³⁵kuɛ⁵³n̠ieʔ²təʔ⁵lɛ¹³］

总归好像，葛人瞓啊瞓弗着介，［tsoŋ³⁵kuɛ⁵³xɔ³³ʑiã³⁵，kəʔ⁵n̠in¹³kʰuen³⁵a³⁵kʰuen³⁵fəʔ⁵

　　zaʔ²ka⁰］

那么伊么听见，［nəʔ²məʔ³i¹³məʔ²tʰin⁴⁴tɕie⁴⁴］

葛只牛么哇啦哇啦介叫，［kəʔ⁴tsaʔ⁵n̠iɰ¹³məʔ²ua³³la³⁵ua³³la³⁵ka³⁵tɕiɔ³⁵］

那么去拨牛么吃特﹦介点水哦，［nəʔ²məʔ³tɕʰi³⁵pəʔ⁵n̠iɰ¹³məʔ²tɕʰieʔ⁵dəʔ²ka³⁵tie³⁵sɿ⁵³ɔ⁰］拨﹦：给

那么，［nəʔ²məʔ³］

只牛呢就开口讲说话待﹦，［tsaʔ⁵n̠iɰ¹³ni⁰dziɰ¹³kʰɛ³³kʰøɰ⁵³kã⁵³suoʔ⁵uo³¹dɛ⁰］讲说话：讲话

伊弗晓得葛只牛是天浪﹦个金牛星下凡㑚﹦闹﹦，［i¹³fəʔ⁵ɕiɔ⁵³dəʔ²kəʔ⁴tsaʔ⁵n̠iɰ¹³zɿ¹³tʰie⁴⁴lɔ⁴⁴

　　kəʔ⁴tɕin⁴⁴n̠iɰ⁴⁴ɕin⁴⁴ɕiã³⁵vɛ¹³gəʔ²nɔ¹³］

葛只牛呢搭伊介讲，［kəʔ⁴tsaʔ⁵n̠iɰ¹³ni⁰taʔ⁵i¹³ka³⁵kã⁵³］

今朝七月七，［ken⁴⁴tsɔ⁴⁴tɕʰieʔ⁴ieʔ⁵tɕʰieʔ⁵］今朝：今天

伊讲，天浪﹦呢怪﹦仙女呢［i¹³kã⁵³，tʰie⁴⁴lɔ⁴⁴ni⁰kua³⁵ɕie⁴⁴n̠i⁴⁴ni⁰］伊讲：插入语

侪到介葛荷花池里去汏浴个，伊讲，［zɛ³³tɔ³⁵ka³³kəʔ⁵əu³³xuo³⁵z̩¹³li³⁵tɕʰi³⁵da³³ioʔ²
　　kəʔ⁵，i¹³kã⁵³］汏浴：洗澡

今朝是个，［tɕin⁴⁴tsɔ⁴⁴z̩³³kəʔ⁵］

是尔闹⁼骑特⁼我背浪⁼，［zəʔ²n⁵³nɔ⁰dʑi³³dəʔ²ŋ⁵³pɛ³⁵lã³⁵］是尔：你

我可以上天个，［ŋ⁵³kʰuo³⁵i⁰zã³³tʰie³⁵kəʔ⁵］

今朝七月七，［tɕin⁴⁴tsɔ⁴⁴tɕʰieʔ⁴ieʔ⁵tɕʰieʔ⁵］

那么牛郎呢就骑特⁼葛只牛身浪⁼［nəʔ²məʔ³n̠iʉ³³lã³⁵ni⁰dʑiʉ¹³dʑi¹³dəʔ²kəʔ⁴tsaʔ⁵n̠iʉ¹³
　　sen³³lã³⁵］

葛只牛么就会得飞特⁼哦，［kəʔ⁴tsaʔ⁵n̠iʉ¹³məʔ²dʑiʉ¹³uɛ¹³dəʔ²fi⁴⁴dəʔ²ɔ⁰］

哗……介腾云驾雾介飞到特⁼天浪⁼，［ua¹³……ka⁵³den¹³in³¹tɕia³⁵u³⁵ka⁵³fiʔⁱtɔ⁴⁴dəʔ²tʰie⁴⁴
　　lɔ⁴⁴］

葛荷花池边浪⁼么，［kəʔ⁵əu³³xuo³⁵z̩¹³pie⁴⁴lã⁴⁴məʔ²］

看见交关人呢，［kʰɛ³³tɕie³⁵tɕiɔ⁴⁴kuɛ⁴⁴n̠in¹³ni⁰］交关：表程度，很多

交关姑娘儿呢侪介霍⁼汏浴，［tɕiɔ⁴⁴kuɛ⁴⁴kəu⁴⁴n̠iã⁴⁴n⁴⁴ni⁰zɛ¹³ka³⁵xuoʔ⁵da³³io²］霍⁼：在，正在

那么，那么葛只牛介讲，［nəʔ²məʔ³，nəʔ²məʔ³kəʔ⁴tsaʔ⁵n̠iʉ¹³ka³⁵kã⁵³］

黑⁼里葛条粉红个衣裳快点尔去担把，［xəʔ⁵li³¹kəʔ⁵diɔ³¹fen³⁵oŋ⁰gəʔ²i⁴⁴zã⁴⁴kʰua³³tie³⁵
　　n⁵³tɕʰi³⁵tɛ⁴⁴puo⁴⁴］喝⁼里：这里。担把：拿一下

搭伊囥把过，［taʔ⁵i¹³kʰã³⁵puo³⁵kəu³⁵］囥把过：藏起来

如果侪介回去特⁼呢，［z̩³³kəu³⁵zɛ³³ka³⁵uɛ³³tɕʰi³⁵dəʔ²ni⁰］

葛个人回去弗来［嘚嗳］，［kəʔ⁴kəʔ⁵n̠in¹³uɛ³³tɕʰi³⁵fəʔ⁵lɛ¹³dɛ¹³］

葛么好，［kəʔ⁵məʔ²xɔ³³］

伊拨尔做老婆［嘚嗳］介，［i¹³pəʔ⁵n⁵³tsəu³⁵lɔ³⁵bəu¹³dɛ¹³ka⁰］

做老娘［嘚嗳］介，［tsəu³⁵lɔ³⁵n̠iã¹³dɛ¹³ka⁰］老娘：老婆

葛牛郎么就听到葛里，［kəʔ⁵n̠iʉ³³lã³⁵məʔ²dʑiʉ¹³tʰin⁴⁴tɔ⁴⁴kəʔ⁵li¹³］

介条粉红个衣裳担过牢⁼囥把过，［ka³⁵diɔ¹³fen⁴⁴oŋ⁴⁴kəʔ⁵i⁴⁴zã⁴⁴tɛ⁴⁴kəu⁴⁴lɔ⁴⁴kʰã³⁵puo³⁵
　　kəu³⁵］

那么到特⁼一定个辰光，［nəʔ²məʔ³tɔ³⁵dəʔ²ieʔ⁵din¹³kəʔ⁵zen³³kuã³⁵］辰光：时候。辯⁼：结构助
　　词，相当于“的”

侪介汏浴汏过特⁼么，［zɛ³³ka³⁵da³³ioʔ²da³³kəu³⁵dəʔ²məʔ²］

侪介要回去特⁼闹⁼，［zɛ³³ka³⁵iɔ³⁵uɛ³³tɕʰi³⁵dəʔ²nɔ⁵³］

侪介着衣裳特⁼，［zɛ³³ka³⁵tsaʔ⁵i⁴⁴zã⁴⁴dəʔ²］

侪介去特⁼呢，［ zɛ³³ka³⁵tɕʰi³⁵də?²ni⁰ ］

就是葛个女人家叫织女闹⁼，［ dʑiʉ¹³zʔ¹³kə?⁴kə?⁵n̠i⁵³n̠in³¹ka³⁵tɕiɔ³⁵tsə?⁵n̠i⁵³nɔ¹³ ］

伊条衣裳寻弗着特⁼，［ i¹³diɔ¹³i⁴⁴zã⁴⁴zin¹³fə?⁵za?²də² ］

葛么俫⁼纳⁼介好呀哦，［ kə?⁵mə?²nɛ¹³na?²ka³⁵xɔ⁵³ia¹³ɔ⁰ ］ 俫⁼奈⁼介：那怎么

心里向蛮急特⁼，［ ɕin⁴⁴li⁴⁴ɕiã⁵³mɛ³⁵tɕie?⁵də² ］

那么葛牛郎跑出来特⁼。［ nə?²mə?²kə?⁵n̠iʉ³³lã³⁵bɔ¹³tsʰə?⁵lɛ³³də² ］跑：走

姑娘好，葛条衣裳还特⁼尔闹⁼，［ kəu⁴⁴n̠iã⁴⁴xɔ⁵³，kə?⁵diɔ¹³i⁴⁴zã⁴⁴uɛ¹³də?²n̠³⁵nɔ⁰ ］

那么葛辰光呢，［ nə?²mə?²kə?⁵zen³³kuã³⁵ni⁰ ］

边浪⁼有指使人闹⁼，［ pie³³lã³⁵iʉ⁵³tsʔ³³sʔ³⁵n̠in¹³nɔ¹³ ］

树浪⁼有只喜鹊闹⁼，［ zʔ³³lã³⁵iʉ⁵³tsa?⁵ɕi³⁵tɕʰia?⁵nɔ¹³ ］

只喜鹊开口讲［ 嘚嗳 ］，［ tsa?⁵ɕi³⁵tɕʰia?⁵kʰɛ⁴⁴køu⁴⁴kã⁵³dɛ⁰ ］

喔唷，织女啊，［ uo¹³io¹³，tsə?⁵n̠i⁵³a⁰ ］

尔登特⁼天空里么，［ n̠³⁵ten⁴⁴də?²tʰie⁴⁴kʰoŋ⁴⁴li⁴⁴mə?² ］登特⁼：待在……地方

一日到夜介叫俰织布啰哦，［ ie?⁵n̠ie?²tɔ³⁵ia³⁵ka³⁵tɕiɔ³⁵na³⁵tsə?⁵pu³⁵luo¹³ɔ⁰ ］

伊讲蛮气闷蛮寂寞介，伊讲，［ i¹³kã³⁵mɛ³³tɕʰi³³men³⁵mɛ³³dʑie?²muo?³ka³⁵，i¹³kã³⁵ ］

牛郎葛个小伙子呢，伊讲，［ n̠iʉ³³lã³⁵kə?⁴kə?⁵ɕiɔ³³xəu³⁵tsʔ¹³ni⁰，i¹³kã⁵³ ］

良心也蛮好个，［ liã³³ɕin³⁵a³¹mɛ³³xɔ³⁵gə?² ］

蛮忠厚个，伊讲，［ mɛ³³tsoŋ³³øʉ³⁵gə?²，i¹³kã⁵³ ］

伊讲尔还是，伊话，搭伊去过日脚么好［ 嘚嗳 ］，［ i¹³kã⁵³n¹³uɛ¹³zʔ¹³，i¹³uo¹³，ta?²i¹³tɕʰi³⁵kəu³⁵n̠ie?²tɕia?⁵mə?²xɔ³⁵dɛ⁰ ］过日脚：过日子

嫁拨特⁼伊么好［ 嘚嗳 ］，［ ka³⁵pə?⁵də?²i¹³mə?²xɔ³⁵dɛ⁰ ］

那么个织女呢听听么也好像蛮傲⁼，［ nə?²mə?²kə?⁵tsə?⁵n̠i⁵³ni⁰tʰin⁴⁴tʰin⁴⁴mə?²ia¹³xɔ³³ziã³⁵mɛ³³ŋɔ³⁵ ］傲⁼：满意

葛个好像老百姓怪⁼生活哦，［ kə?⁴kə?⁵xɔ³³ziã³⁵lɔ³⁵pa?⁵ɕin⁰kua³⁵sen³³uo³⁵ɔ⁰ ］

葛么搭伊同介去［ 嘚嗳 ］。［ kə?⁵mə?²ta?⁵i¹³doŋ³³ka³⁵tɕʰi³⁵dɛ¹³ ］

那么两个人下凡得以后呢，［ nə?²mə?³liã³⁵kə?⁵n̠in¹³ɕia³⁵vɛ¹³də?²i³³øʉ³¹ni⁰ ］

过得三年。［ kəu³⁵də?²sɛ³³n̠ie³⁵ ］

三年里向呢，［ sɛ³³n̠ie³⁵li³⁵ɕiã⁰ni⁰ ］

个织女呢养特⁼一对双胞胎，［ kə?⁵tsə?⁵n̠i⁵³ni⁰iã⁵³də?²ie?⁵tɛ³⁵sã⁴⁴pɔ⁴⁴tʰɛ⁴⁴ ］

一个儿子牢⁼一个囡儿哦，［ ie?⁴kə?⁵n³³tsʔ³⁵lɔ³⁵ie?⁴kə?⁵nɔ³⁵n⁰ɔ⁰ ］

那么葛一日么，［nəʔ²məʔ³kəʔ⁵ieʔ⁴n̠ieʔ⁵məʔ²］

弗晓得纳ᵈ介天蛮热个辰光么，［fəʔ⁵ɕiɔ⁵³dəʔ²naʔ²ka³⁵tʰie³³mɛ³³n̠ieʔ²kəʔ⁵zen³³kuã³⁵ məʔ²］

又是个蛮热介一日，［i³⁵zɿ¹³kəʔ⁵mɛ³³n̠ieʔ²ka³⁵ieʔ⁴n̠ieʔ⁵］

刮风落雨介特ᵈ，［kuaʔ⁵foŋ³⁵luoʔ²i⁵³ka³⁵dəʔ²］

介雷公豁ᵈ险介特哦，［ka³⁵lɛ³³koŋ³⁵xuaʔ⁵ɕie⁵³ka³⁵dəʔ²ɔ⁰］豁ᵈ险：闪电

好像是顷刻介要下，［xɔ³³ziã³⁵zɿ³³tɕʰin⁵³kəʔ⁵ka³⁵iɔ³⁵ɕia³⁵］

要落大雨介特，［iɔ³⁵luoʔ²dəu³⁵i³⁵ka³⁵dəʔ²］

葛辰光呢天浪ᵈ向呢，［kəʔ⁵zen³³kuã³⁵ni⁰tʰie⁴⁴lã⁴⁴ɕiã⁴⁴ni⁰］

晓得个织女呢好像下凡霍ᵈ呢，［ɕiɔ⁵³təʔ⁵kəʔ⁵tsəʔ⁵n̠i⁵³ni⁰xɔ³⁵ziã⁰ɕia³³ve³⁵xuoʔ⁵ni⁰］

有起霍ᵈ葛个牛郎拉屋里ⱼⱼ，［iɯ³⁵tɕʰi⁰xuoʔ⁵kəʔ⁴kəʔ⁵n̠iɯ³³lã³⁵la³⁵uoʔ⁵lin⁵³］有起霍ᵈ：在…… 地方

要搭伊呢搭大ᵈ去特ᵈ哦，［iɔ³⁵taʔ⁵i¹³ni⁰kʰuo³⁵da¹³tɕʰi³⁵dəʔ²ɔ⁰］搭大ᵈ去：抓去

那么个牛郎呢，［nəʔ²məʔ³kəʔ⁵n̠iɯ³³lã³⁵ni⁰］

回到屋里ⱼ一看呢，［uɛ³³tɔ³⁵uoʔ⁵lin⁵³ieʔ⁵kʰøɯ³⁵ni⁰］

正好是还搭伊，［tsen³³xɔ³⁵zɿ³³uɛ¹³taʔ⁵i³⁵］

正好是有介点介点霍ᵈ拖上去，［tsen³³xɔ³⁵zɿ³³iɯ⁵³ka³⁵tie³⁵ka³⁵tie³⁵xuoʔ⁵tʰəu⁴⁴zã³³tɕʰi³⁵］

有拉ᵈ个天边拨伊看见特ᵈ，［iɯ³⁵la⁰kəʔ⁵tʰie⁴⁴pie⁴⁴pəʔ⁵i¹³kʰøɯ³³tɕie³⁵dəʔ²］有拉ᵈ：在……地方

快点呢挪特ᵈ个挑谷个箩筐，［kʰua³³tie³⁵ni⁰nuo⁴⁴dəʔ²kəʔ⁵tʰiɔ⁴⁴kuoʔ⁴kəʔ⁵ləu³³kʰuã³⁵］

一弯边个儿子，［ieʔ⁵uɛ³⁵pie⁵³kəʔ⁵n³³tsɿ³⁵］一弯边：一边

一弯边个囡儿，［ieʔ⁵uɛ³⁵pie⁵³kəʔ⁵nɔ³⁵n⁰］

挑特ᵈ，拔ᵈ，后头介抄上去，［tʰiɔ³⁵dəʔ²，baʔ²，øɯ³³døɯ³³ka³⁵tsʰɔ⁴⁴zã³³tɕʰi⁴⁴］拔ᵈ：象声词

抄到，拼命介抄上去，［tsʰɔ⁴⁴tɔ⁴⁴，pʰin³³min³³ka³⁵tsʰɔ⁴⁴zã³³tɕʰi⁴⁴］

那么一直抄到天浪ᵈ个天庭当中呢，［nəʔ²məʔ³ieʔ⁴dzəʔ⁵tsʰɔ⁴⁴tɔ⁴⁴tʰie⁴⁴lã⁴⁴kəʔ⁵tʰie⁴⁴din⁴⁴ tã⁴⁴tsoŋ⁴⁴ni⁰］

个王母娘娘呢发脾气待ᵈ，［kəʔ⁵uã³³məu³⁵n̠iã⁴⁴n̠iã⁴⁴ni⁰faʔ⁵bi³³tɕʰi³⁵de¹³］

伊讲尔葛个犯人，伊讲，［i³³kã³⁵nˀ³⁵kəʔ⁴kəʔ⁵veʔ³³n̠in³⁵，i³³kã³⁵］

弄到个天浪ᵈ来牢ᵈ，伊讲，［noŋ³³tɔ³⁵kəʔ⁵tʰie⁴⁴lã⁴⁴lɛ³⁵lɔ⁴⁴，i³³kã³⁵］

同我回去啊，伊讲，［doŋ³¹ŋ⁵³uɛ¹³tɕʰi³⁵a⁰，i³³kã³⁵］同：介词，跟

那么就从头浪ᵈ呢，［nəʔ²məʔ³dziɯ¹³dzoŋ³¹døɯ³³lã³⁵ni⁰］

拔脱特ᵈ只金簪来呢，［baʔ²tʰəʔ⁵dəʔ²tsaʔ⁵tɕin⁵⁵tsʰɛ⁴⁴lɛ⁴⁴ni⁰］

搭拉两个人面前呢直=一划，［taʔ⁵la¹³liã⁵³kəʔ⁵n̩in¹³mie³³dʑie³⁵niˀzəʔ²ieʔ⁴uaʔ⁵］直=：象声词

一划呢，［ieʔ⁴uaʔ⁵ni⁰］

就介变得交交关关个水，［dʑiʉ¹³ka³⁵pie³⁵dəʔ²tɕiɔ⁴⁴tɕiɔ⁴⁴kuɛ⁴⁴kuɛ⁴⁴kəʔ⁵s̩⁵³］交交关关：很多

就是倻葛歇介，［dʑiʉ³³z̩³⁵ŋa⁵³kəʔ⁴ɕieʔ⁵ka³⁵］葛=歇介=：现在

讲起来葛条银河闹=，［kã⁵³tɕʰi³¹lɛ⁰kəʔ⁵diɔ¹³n̩in³³əu³⁵nɔ⁰］

变特=葛条侪是怪=水狂=特=狂=特=介翻起来特=么，［pie³⁵dəʔ²kəʔ⁵diɔ¹³zɛ³³z̩³⁵kua⁵³s̩⁵³

　　guã³³dã³⁵guã³³dã³⁵kaˀfɛ³⁵tɕʰi⁵³lɛ⁰dəʔ²məʔ³］狂=特=狂=特=：水很满，波浪翻滚的样子

伽两个人只特=自顾自介退开去闹=，［dʑia¹³liã⁵³kəʔ⁵n̩in¹³tsəʔ⁵dəʔ²z̩³³kəu³⁵z̩³⁵ka³⁵

　　tʰɛ³³kʰɛ³⁵tɕʰi³nɔ³⁵］

搭拉两个人又分开待=。［taʔ⁵la¹³liã⁵³kəʔ⁵n̩in¹³i³⁵fen⁴⁴kʰɛ⁴⁴dəʔ²］

又分开特=呢，［i³⁵fen⁴⁴kʰɛ⁴⁴dəʔ²ni⁰］

那么葛个牛郎就告=个王母娘娘话，伊讲，［nəʔ²məʔ³kəʔ⁴kəʔ⁵n̩iʉ³³lã³⁵dʑiʉ¹³kɔ³⁵kəʔ⁵

　　uã³³məu³⁵n̩iã⁴⁴n̩iã⁴⁴uo¹³，i³³kã³⁵］告=：介词，跟

葛么看特=倻两个小人面浪=，［kəʔ⁵məʔ²kʰøʉ³³dəʔ²ŋa⁵³liã⁵³kəʔ⁵ɕiɔ³⁵n̩in⁰mie³³lã⁰］

几时么拨倻两个人好会介会，［tɕi³⁵z̩⁰məʔ²pəʔ⁵ŋa⁵³liã⁵³kəʔ⁵n̩in¹³xɔ⁵³uɛ³⁵ka³⁵uɛ⁰］会介

　　会：会一会

那么个王母娘娘介讲，［nəʔ²məʔ²kəʔ⁵uã³³məu³⁵n̩iã⁴⁴n̩iã⁴⁴ka³⁵kã⁵³］

每一年个七月七，［mɛ⁵³ieʔ⁵n̩ie³³kəʔ⁵tɕʰieʔ⁴ieʔ⁵tɕʰieʔ⁵］

七月初七，［tɕʰieʔ⁴ieʔ⁵tsʰəu⁴⁴tɕʰieʔ⁵］

倻夜隔头呢可以会一会，［na⁵³ia³⁵kəʔ⁵døʉ³¹ni⁰kʰuo³⁵i⁰uɛ³⁵ieʔ⁵uɛ³⁵］夜隔头：晚上

那么个牛郎呢就回去待=。［nəʔ²məʔ²kəʔ⁵n̩iʉ³³lã³⁵ni⁰dʑiʉ¹³uɛ³³tɕʰi³⁵dɛ¹³］

到特=第二年子个七月七个一日呢，［tɔ³³dəʔ²di³³n̩i³⁵n̩ie³⁵ts̩⁰kəʔ⁵tɕʰieʔ⁴ieʔ⁵tɕʰieʔ⁵kəʔ⁵

　　ieʔ⁴n̩ieʔ⁵ni⁰］

葛么伊想，［kəʔ⁵məʔ²i¹³ɕiã⁵³］

到特=天浪=个条银河里纳=介过去呢，［tɔ³⁵dəʔ²tʰie⁴⁴lã⁴⁴kəʔ⁵diɔ³³n̩in³³əu³⁵li⁵³na⁵³ka³⁵

　　kəu³⁵tɕʰi³⁵ni⁰］

那么怪=喜鹊闹=晓得［嘚嗳］，［nəʔ²məʔ²kua³⁵ɕi⁵³tɕʰiaʔ⁵nɔ⁰ɕiɔ⁵³dəʔ²dɛ⁰］

因为个喜鹊呢，［in⁴⁴uɛ⁴⁴kəʔ⁵ɕi⁵³tɕʰiaʔ⁵ni⁰］

伊做起个媒霍=好像，［i³³tsəu³⁵tɕʰi³³kəʔ⁵mɛ¹³xuoʔ⁵xɔ³⁵ʑiã⁰］

搭拉好像搭起一腔霍=闹=，［taʔ⁵la¹³xɔ³⁵ʑiã⁰taʔ⁵tɕʰi³⁵ieʔ⁵tɕʰiã⁵³xuoʔ⁵nɔ⁰］搭起一腔：插过一脚

倻德清人叫哦，［ŋa⁵³təʔ⁵tɕʰiŋ⁵³n̩in³¹tɕiɔ³⁵ɔ⁰］

葛么到特＝，［kə?⁵mə?²tɔ³⁵də?²］

偓老百姓介讲呢，［ŋa⁵³lɔ³⁵pa?⁵ɕin⁰ka³⁵kã⁵³ni⁰］

讲迷信呢讲呢，［kã⁵³mi³³ɕin³⁵ni⁰kã⁵³ni⁰］

到特＝七月七个一日下半日，［tɔ³⁵də?²tɕʰie?⁴ie?⁵tɕʰie?⁵kə?⁵ie?⁴n̠ie?⁵ɔ³⁵pøɥ⁵³n̠ie?²］

吃特＝夜饭之后呢，［tɕʰie?⁵də?²ia³³vɛ³⁵tsɿ³³øɥ⁵³ni⁰］

好像怪＝喜鹊就看弗见介［嘚嗳］，［xɔ³⁵ʑiã⁰kua³⁵ɕi⁵³tɕʰia?⁵dʑiɥ¹³køɥ³⁵fə?⁵tɕie³⁵ka³⁵
　　dɛ¹³］

因为葛只喜鹊呢是喜鹊当中个王，［in³³uɛ³⁵kə?⁵tsə?⁵ɕi⁵³tɕʰia?⁵ni⁰zɿ¹³ɕi⁵³tɕʰia?⁵tã⁴⁴tsoŋ⁴⁴
　　kə?⁵uã¹³］

伊号召呢天下底所有个喜鹊呢，［i¹³ɔ³³zɔ³⁵ni⁰tʰie⁴⁴ɔ⁴⁴ti⁵³suo³⁵iɥ⁰kə?⁵ɕi⁵³tɕʰia?⁵ni⁰］

七月七个日呢，［tɕʰie?⁴ie?⁵tɕʰie?⁵kə?⁵n̠ie?²ni⁰］

夜隔头呢全部飞到天浪＝个银河，［ia³⁵kə?⁵døɥ³¹ni⁰ʑie³³bu³⁵fi⁴⁴tɔ⁴⁴tʰie⁴⁴lã⁴⁴kə?⁵n̠in³³
　　əu³⁵］

银河里去停霍＝，［n̠in³³əu³⁵li³⁵tɕʰi⁵³diŋ³³xuo?⁵］

成千成万个喜鹊呢搭葛条，［dzen³³tɕʰie³⁵dzen³³uɛ³⁵kə?⁵ɕi⁵³tɕʰia?⁵ni⁰ta?⁵kə?⁵diɔ³¹］

搭起葛爿鹊桥，［ta?⁵tɕʰi³⁵kə?⁵bɛ¹³tɕʰia?⁵dʑiɔ³¹］

那么个牛郎呢，［nə?²mə?kə?⁵n̠iɥ³³lã³⁵ni⁰］

就挑特＝个儿子囡儿呢，［dʑiɥ¹³tʰiɔ⁴⁴də?⁴kə?⁵n³³tsɿ³⁵nɔ³⁵n⁰ni⁰］

搭个喜鹊身浪＝向介踏过去呢，［ta?⁵kə?⁵ɕi⁵³tɕʰia?⁵sen⁴⁴lã⁴⁴ɕiã⁴⁴ka³⁵da?²kəu³⁵tɕʰi⁰ni⁰］

搭个织女两个呢去相会，［ta?⁵kə?⁵tsə?⁵n̠i⁵³liã⁵³kə?⁵ni⁰tɕʰi³⁵ɕiã⁴⁴uɛ⁴⁴］

介牢＝老百姓就是有介个戏里向唱介一句，［ka³³lɔ³⁵lɔ³⁵pa?⁵ɕin⁰dʑiɥ³³zɿ³⁵iɥ⁵³ka³⁵kə?⁵
　　ɕi³⁵li³⁵ɕia⁵³tsã³⁵ka³⁵ie?⁵tɕi⁵³］

叫鹊桥相会鞋＝事哦，［tɕiɔ³⁵tɕʰie?⁵dʑiɔ¹³ɕiã⁴⁴uɛ⁴⁴a³³zɿ³⁵ɔ⁰］鞋＝事：什么

就是介介一只叫牛郎织女个。［dʑiɥ³³zɿ³⁵ka³⁵ka³⁵ie?⁴tsa?⁵tɕiɔ³⁵n̠iɥ³³lã³⁵tsə?⁵n̠i⁵³kə?⁵］介
　　介：这样

　　牛郎从小父母就都去世了，和他哥哥、嫂嫂一起过日子。后来他就一直养着一头牛，因为他把牛照顾得特别好，村里的人都不叫他的名字了，直接叫他牛郎。

　　后来他嫂嫂琢磨来琢磨去，想出要跟牛郎分家的馊主意。牛郎就想，房子啊，田地啊，都不想要。因为这头牛是他从小养大的，跟这头牛感情很深，于是他就说，我要那头牛就够了。他嫂嫂巴不得他这样做，马上把一间草房和一间牛

棚分给了他，于是他们就这样分家了。

　　分家以后，到了七月初七这天，天气很热，热得睡也睡不着，牛郎听见他的牛在不停地叫，于是就过去给他喂了点水，没想到老牛开口跟他讲话了。牛郎不知道，实际上这老牛是天上的金牛星。只听得老牛对他说：今天是七月七，天上的仙女都会到荷花池里去洗澡，你骑到我的背上，我背你上天去。于是牛郎就骑到牛背上，牛就飞了起来，腾云驾雾地飞到了天上。在荷花池边有很多人，有好多姑娘在那里洗澡。老牛对牛郎说：那边有件粉红色的衣服，你快去把它拿来藏好，等到大家都要回去时，她就回不去了，她就可以留下来给你做老婆了。牛郎听到这儿，赶紧把那件粉红色的衣服拿来藏好。时间一到，大家都洗好了，都要回去了。大家都穿好衣服走了以后，有一个叫织女的姑娘，她找不着自己的衣服。怎么办呢？心里正着急呢，只见牛郎走了过来，对她说："姑娘好，这件衣服是你的。"这一幕正好被树上的喜鹊看到了，喜鹊说："织女啊，你在天宫里，一天到晚就织布，又无聊又寂寞。牛郎这个小伙子呢，既心地善良，又忠厚老实，你嫁给他吧，跟他一起过日子吧。"织女听后觉得过一过普通老百姓的生活也挺好，就跟着牛郎回家去了。

　　两个人就这样一过就是三年，织女生了一对双胞胎，一个儿子一个女儿。一天，天气很热，突然间毫无征兆地刮起了大风，下起了大雨，雷电交加。原来是天上知道织女下凡的事了，就到牛郎家里，要把她抓回去。牛郎回到家一看，正好碰上织女一点点被天兵天将拖回天宫这一幕。他赶紧拿起担子和箩筐，一头放着儿子，一头放着女儿，挑着就追上去。他拼命地追啊追，一直追到天宫。这时，王母娘娘发脾气了，她说："你这个犯人！还追到天上来了。"就从头上拔下一支金簪，在他们俩人中间一划，这一划就变出了许多水，这就是我们说的银河。河水哗啦啦地翻滚着，两个人只能退回去。就这样，河水把两个人分开了。牛郎就跟王母娘娘求情："看在两个孩子的份上，总得让我们见一见。"于是王母娘娘就说："每年的七月初七，那天晚上给你们会一面。"牛郎听后就回去了。

　　到了第二年七月初七这一天，牛郎就想，到了天上，银河怎么过去呢？喜鹊知道了他的烦恼，因为这是喜鹊做的媒，我们德清人叫"插过一脚"。我们老百姓讲，就是到了七月初七的下午，晚饭之后，好像喜鹊就看不见了。因为有一只喜鹊是喜鹊当中的王，它号召天下所有的喜鹊在七月初七这天晚上全都飞到天上的银河去，在那里停好。成千成万只喜鹊搭起一座鹊桥，让牛郎挑着儿女从鹊桥上过去，跟织女相会。这就是我们老百姓戏里唱的鹊桥相会。这就是牛郎和织女的故事。

（2018 年 7 月，发音人：唐小英）

三、自选条目

（一）谚语

猜贼弗着贼人笑，［tsʰɛ⁵³zəʔ²fəʔ⁵zaʔ²zəʔ²n̩in³¹ɕiɔ³⁵］

贼骨头拉˭门前发虎跳。［zəʔ²kuoʔ⁵døɯ³¹laºmen¹³dʑie³¹faʔ⁵xəu³⁵tʰiɔ⁰］贼骨头：小偷。拉˭门前：在面前。发虎跳：打虎跳

东闪风，［toŋ⁴⁴søɯ⁵³foŋ⁴⁴］东面闪电要刮风
西闪空，［ɕi⁴⁴søɯ⁵³kʰoŋ⁴⁴］西面闪电将放晴
南闪火门开，［nøɯ¹³søɯ⁵³fu³⁵men³¹kʰɛ⁴⁴］火门开：形容天热
北闪雨就来。［puoʔ⁵søɯ⁵³i⁵³dʑiɯ¹³lɛ¹³］

冬吃萝卜夏吃姜，［toŋ⁴⁴tɕʰioʔ⁵lo¹¹buo¹³ɔ¹³tɕʰioʔ⁵tɕiã⁴⁴］
郎中先生卖老娘，［lã¹¹tsoŋ³⁵ɕie⁴⁴sã⁵³ma⁵³lɔ³⁵n̩iã⁰］老娘：老婆

料得穷人无饭吃，［liɔ³⁵təʔ⁵dʑioŋ¹¹n̩in³¹m¹¹vɤtɕʰioʔ⁵］料得：以为
穷人自有铜钿买面吃。［dʑioŋ¹¹n̩in¹³zɹ̩¹¹iɯ⁵³doŋ¹¹die³¹ma³³mie¹³tɕʰioʔ⁵］

六月里弗烧背，［luo²ieʔ³li¹³fəʔ⁵sɔ⁵³pɛ³⁵］烧背：形容天热
十二月里叫懊悔。［zəʔ²n¹³ieʔ²li¹³tɕiɔ³⁵ɔ³⁵xuɛ³⁵］

牙子痛弗是病，［a¹¹tsɹ̩³⁵tʰoŋ³⁵fəʔ⁵zɹ̩¹³ben¹³］
痛煞无人问。［tʰoŋ³⁵saʔ⁵m¹³n̩in¹³men¹³］痛煞：痛死

（以上 2018 年 7 月，发音人：唐小英）

（二）谜语

外婆拉˭门前一爿桥，［a³⁵bu¹³laºmen³¹dʑie⁵³ieʔ⁵bɛ³¹dʑiɔ¹³］外婆拉˭：外婆家
跑过十个小强盗，［bɔ¹³kəu⁵³zəʔ²kəʔ⁵ɕiɔ⁵³dʑiã¹³dɔ¹³］

个个戴凉帽。[ku³⁵ku⁵³ta⁴⁴liã¹³mɔ¹³]

——十个节头 [zəʔ²kəʔ⁵tɕieʔ⁵døʉ³¹] 十个手指头

青叶青梗子，[tɕʰin⁴⁴ieʔ²tɕʰin⁴⁴kã³⁵tsɿ⁰]

无花结果子，[m¹¹xuo⁵³tɕieʔ⁵kəu³⁵tsɿ⁰]

三个铜钿一盅子，[sɛ⁴⁴kəʔ⁵doŋ¹¹die³¹ieʔ⁵tsoŋ⁴⁴tsɿ⁴⁴] 盅子：酒盅

爿爿店里无买处。[bɛ¹³bɛ³¹die¹³li³¹m¹¹ma³⁵tsʰɿ⁰] 无买处：无处买

——桑果子 [sã⁴⁴ku⁴⁴tsɿ⁴⁴] 桑葚

外婆拉⁼屋里ₙ一盆葱，[a³⁵bu¹³laⁿuoʔ⁵lin³¹ieʔ⁵ben³¹tsʰoŋ⁴⁴]

一日滴⁼三通。[ieʔ²ȵieʔ³tieʔ²sɛ⁴⁴tʰoŋ⁴⁴] 滴⁼：摘。三通：三次

——拔筷ₙ [bəʔ²kʰuɛ³³nᵇ³⁵] 拔筷子

外婆拉⁼屋里ₙ一粒谷，[a³⁵bu¹³laⁿuoʔ⁵lin³¹ieʔ⁴løʉ¹³kuoʔ⁵]

照特⁼三间屋。[tsɔ³⁵dəʔ²sɛ⁴⁴kɛ⁴⁴uoʔ²]

——油盏火 [iʉ¹¹tsɛ⁴⁴xu⁴⁴] 油灯

（以上 2018 年 7 月，发音人：唐小英）

（三）歇后语

短脚裤子塞袜筒 [tøʉ³⁵tɕiaʔ⁵kʰəu³⁵tsɿ³⁵səʔ⁵məʔ²tʰoŋ³⁵] ——脱开得一大截 [tʰəʔ⁵kʰɛ³⁵ dəʔ²ieʔ⁵dəu¹³dʑieʔ²] 脱开：离开

黄篾提篮拎水 [uã¹¹mieʔ¹³di¹¹lɛ¹³lin⁵³sɿ⁵³] —— 一场空 [ieʔ⁵zã³¹kʰoŋ⁴⁴]

师姑养囡ₙ [sɿ⁴⁴kəu⁴⁴iã⁵³nɔ³³nᵇ³⁵] ——众人服侍 [tsoŋ³³ȵin³⁵vuoʔ²zᵇ³¹] 师姑：尼姑。服侍：伺候

哑子吃黄莲 [ɔ³⁵tsɿ⁰tɕʰioʔ⁵uã¹¹lie¹³] ——有苦难讲 [iʉ⁵³kʰəu⁵³nɛ¹¹kã⁵³]

癫痫头撑伞 [ləʔ²li³⁵døʉ³¹tsʰã⁵³sɛ⁵³] ——无法无天 [əu¹¹faʔ⁵əu¹¹tʰie⁵³] "法" 谐 "发"

（以上 2018 年 7 月，发音人：唐小英）

武 康

一、歌谣

小老鼠

小老鼠，上灯台，［ɕiɔ³³lɔ³⁵tsʰŋ⁵³，zã¹³tin⁴⁴dɛ⁴⁴］
偷油吃，滑落来，［tʰø³³iø¹³tɕʰiɜʔ⁵，uɜʔ²luɔʔ³lɛ³¹］落来：下来
喵喵喵，猫来［嗻嗳］，［miɔ⁴⁴miɔ⁴⁴miɔ⁴⁴，mɔ⁴⁴lɛ¹¹dɛ¹³］来［嗻嗳］：来了
叽哩咕噜滚落来。［tɕi⁴⁴li⁴⁴ku⁴⁴lu⁴⁴kuen⁴⁴luɔʔ²lɛ³¹］

咯咯鸡

咯咯鸡，度⁼飞，［kuɔʔ⁴kuɔʔ⁵tɕi⁴⁴，du¹³fi⁵³］咯咯鸡：老母鸡，小孩语。度：象声词
飞到鞋⁼里去，［fi⁴⁴tɔ⁴⁴a¹¹li³³tɕʰi³⁵］鞋⁼里：哪里
飞到秦山顶浪⁼去，［fi⁴⁴tɔ⁴⁴dʑin¹¹sɛ³⁵tin⁵³lã⁴⁴tɕʰiº］秦山：当地山名。顶浪⁼：顶上
秦山顶浪⁼咋事去，［dʑin¹¹sɛ³⁵tin⁵³lã³¹tsuɔʔ⁵zŋ¹³tɕʰiº］咋事：做什么事
秦山顶浪⁼去吃白米去。［dʑin¹¹sɛ³⁵tin⁵³lã³¹tɕʰi³⁵tɕʰiɜʔ⁵bɜʔ²mi⁵³tɕʰiº］

摇啊摇

摇啊摇，摇到外婆桥，［iɔ¹³a³³iɔ¹³，iɔ¹³tɔ³⁵a⁴⁴bu³¹dʑiɔ¹³］
外婆桥浪⁼掼一跤，［a⁴⁴bu³¹dʑiɔ³³lã¹³guɛ¹³ieʔ⁵kɔ³⁵］掼一跤：摔一跤
善⁼着一只花花大元宝。［zø¹³zɜʔ²ieʔ⁴tsɜʔ⁵xɔ⁴⁴xɔ⁴⁴da¹¹iɿ¹³pɔ³⁵］善⁼着：捡到

又要量米吃，又要买柴烧，［ i³⁵iɔ⁵³liã³³mi⁵³tɕʰiʔɜʔ⁵， i³⁵iɔ⁵³ma⁵³za¹³sɔ³⁵ ］

又要买肉吃，又要买鱼吃。［ i³⁵iɔ⁵³ma⁵³n̠ioʔ²tɕʰiʔɜʔ⁵， i³⁵iɔ⁵³ma⁵³ŋ¹³tɕʰiʔɜʔ⁵ ］

量米么量个蒸谷米，［ liã³³mi⁵³mɜʔ²liã³³kɜʔ⁵tsen⁴⁴kuoʔ⁵mi⁴⁴ ］蒸谷米：一种处理过的半熟米

买柴么买个春竹梢，［ ma⁵³za¹³mɜʔ²ma⁵³kɜʔ⁵tsʰen⁴⁴tsuoʔ⁵sɔ⁴⁴ ］梢：梢头

买鱼买个差꜀白条，［ ma⁵³ŋ¹³ma⁵³kɜʔ⁵tsʰa⁴⁴bɜʔ²diɔ⁴⁴ ］差꜀白条：白条鱼

买肉买个猪尾巴，［ ma⁵³n̠ioʔ²ma⁵³kɜʔ⁵tsɿ⁴⁴m⁴⁴po⁴⁴ ］

拨俇囡囡吃特꜀啪꜀啪꜀饱。［ pɜʔ⁵ŋa³⁵no³⁵no⁵³tɕʰiʔɜʔ⁵dɜʔ²pʰaʔ²⁴pʰaʔ⁵pɔ⁵³ ］拨：给。俇：我们。囡

囡：宝宝。吃特꜀：吃得。啪꜀啪꜀饱：非常饱

扇子扇凉风

扇子扇凉风，［ søʔ³³tsɿ³⁵søʔ³⁵liã¹³foŋ⁴⁴ ］

时时在手中，［ zɿ¹¹zɿ¹³dzɛ¹³sø⁵³tsoŋ⁴⁴ ］

别人问我借，［ bieʔ²n̠in³¹min¹³ŋu³¹tɕia³⁵ ］

要过八月中，［ iɔ³³ku³⁵puoʔ²⁴iøʔ⁵tsoŋ⁴⁴ ］

过特꜀八月中，［ ku³⁵dɜʔ²puoʔ²⁴iøʔ⁵tsoŋ⁴⁴ ］过特꜀：过了。特꜀：动态助词，相当于普通话的"了1"

借尔扇一冬。［ tɕia³⁵n⁵³søʔ⁵ieʔ⁵toŋ⁴⁴ ］尔：你。

（以上 2019 年 7 月，发音人：王红琴）

天旺旺

天旺旺，地旺旺，［ tʰir⁴⁴uã³⁵uã⁵³， di¹¹uã¹³uã⁵³ ］

我家有个小儿郎，［ ŋo³⁵tɕia⁵³iøʔ⁵kɜʔ⁵ɕiɔ⁵³ɚ¹³lã¹³ ］

夜夜啼哭吵爷娘，［ ia³⁵ia³⁵di¹³kʰuoʔ⁵tsʰɔ⁵³ia¹¹n̠iã¹³ ］爷娘：爹妈

过路君子读一遍，［ ku³³lu³⁵tɕin⁴⁴tsɿ⁴⁴duoʔ²ieʔ⁵pir⁵³ ］

东南西北传几声，［ toŋ³³nø¹³ɕi⁵³puoʔ⁵dzø¹³tɕi⁴⁴sã⁰ ］

一觉睏到大天亮。［ ieʔ⁵kɔ⁵³kʰen³⁵tɔ⁵³da¹¹tʰir⁵³liã³⁵ ］睏：睡

一二三四五

一二三四五，［ ieʔ⁵ɚ³⁵sɛ⁴⁴sɿ⁴⁴u⁵³ ］

上山打老虎，［ zã¹¹sɛ⁵³tã⁵³lɔ³⁵xu⁰ ］

老虎有几只？［ lɔ³⁵xu⁰iø⁵³tɕi³⁵tsɜʔ⁵ ］

让我数一数，［n̠iã¹³ŋu⁵³su⁵³ieʔ⁵su⁵³］

数来有数去，［su⁵³lɛ¹³iø⁵³su⁵³tɕʰi³⁵］

一二三四五，［ieʔ⁵ɚ³⁵sɛ⁴⁴sɿ⁴⁴u⁵³］

还有五只小松鼠。［uɛ¹³iø⁵³u⁵³tsɿɚʔ⁵ɕiɔ⁵³soŋ⁴⁴tsʰɿ⁴⁴］

荷花荷花几时开

荷花荷花几时开，［u¹¹xo³⁵u¹¹xo³⁵tɕi³⁵zɿ⁰kʰɛ⁴⁴］_{几时：何时}

一月勿开两月开；［ieʔ²iɜʔ³vɜʔ²kʰɛ⁵³liã³⁵iɜʔ²kʰɛ⁴⁴］

荷花荷花几时开，［u¹¹xo³⁵u¹¹xo³⁵tɕi³⁵zɿ⁰kʰɛ⁴⁴］

两月勿开三月开；［liã³⁵iɜʔ²vɜʔ²kʰɛ⁵³sɛ⁴⁴iɜʔ²kʰɛ⁴⁴］

荷花荷花几时开，［u¹¹xo³⁵u¹¹xo³⁵tɕi³⁵zɿ⁰kʰɛ⁴⁴］

三月勿开四月开；［sɛ⁴⁴iɜʔ²vɜʔ²kʰɛ⁵³sɿ³⁵iɜʔ²kʰɛ³⁵］

荷花荷花几时开，［u¹¹xo³⁵u¹¹xo³⁵tɕi³⁵zɿ⁰kʰɛ⁴⁴］

四月勿开五月开；［sɿ³⁵iɜʔ²vɜʔ²kʰɛ⁵³u³⁵iɜʔ²kʰɛ⁴⁴］

荷花荷花几时开，［u¹¹xo³⁵u¹¹xo³⁵tɕi³⁵zɿ⁰kʰɛ⁴⁴］

五月勿开六月开；［u³⁵iɜʔ²vɜʔ²kʰɛ⁵³luoʔ²iɜʔ³kʰɛ⁵³］

荷花荷花几时开，［u¹¹xo³⁵u¹¹xo³⁵tɕi³⁵zɿ⁰kʰɛ⁴⁴］

六月荷花朵朵开，［luoʔ²iɜʔ³u¹¹xo³⁵to³⁵to⁵³kʰɛ⁴⁴］

六月荷花朵朵开。［luoʔ²iɜʔ³u¹¹xo³⁵to³⁵to⁵³kʰɛ⁴⁴］

财神菩萨到偓来

猫也来，狗也来，［mɔ⁴⁴a⁴⁴lɛ⁴⁴，køʔ⁵³a¹¹lɛ³¹］

财神菩萨到偓来；［zɛ¹¹zen¹³bu¹¹sɜʔ²tɔ³⁵ŋa⁵³lɛ⁰］_{到偓来：到我家来}

金元宝，银元宝，［tɕin⁴⁴iɿ⁴⁴bɔ⁴⁴，n̠in¹¹iɿ¹³bɔ¹³］

门角落里轧进来，［min¹¹kuoʔ⁵luoʔ²li⁵³gɜʔ²tɕin³⁵lɛ⁰］_{轧：挤}

门角落里轧进来。［min¹¹kuoʔ⁵luoʔ²li⁵³gɜʔ²tɕin³⁵lɛ⁰］

木头人

一二三，［ieʔ⁵ɚ³⁵sɛ⁴⁴］

山浪＝一个木头人，［sɛ⁴⁴lã⁴⁴ieʔ⁴kɜʔ⁵muoʔ²døˑ¹³n̠in⁰］_{山浪＝：山上}

勿准动来勿准笑，［vʒʔ²tsen⁵³doŋ¹³lɛ³¹vʒʔ²tsen⁵³ɕiɔ³⁵］

一、两、三。［ieʔ⁵、liã⁵³、sɛ⁴⁴］

（以上 2019 年 7 月，发音人：余洁）

二、规定故事

牛郎和织女

老底子有个小伙子，［lɔ¹³ti⁴⁴tsɿ³¹iø⁵³kʒʔ⁵ɕiɔ³⁵fu⁴⁴tsɿ⁵³］老底子：从前

爷娘统已经死掉［嘚嗳］，［ia¹¹ȵiã¹³tʰoŋ⁵³i³⁵tɕin⁵³ɕi³⁵diɔ¹³dɛ¹¹］［嘚嗳］：动态助词，相当于普通
　　话的"了啊"

孛=特=一个人，［bʒʔ²dʒʔ³ieʔ⁴kʒʔ⁵ȵin¹³］孛=特=：只有

孤苦伶仃介牢=过日脚。［ku⁴⁴kʰu⁴⁴lin¹¹tin³⁵ka³⁵lɔ⁵³ku³⁵ȵieʔ²tɕiʒʔ⁵］介牢=：那样在

那么伊屋里儿就养特=一只牛，［nʒʔ²mʒʔ³i¹³uoʔ⁵lin⁵³dʑiø¹³iã³⁵dʒʔ²ieʔ⁴tsaʔ⁵ȵiø¹³］

葛只牛呢搭伊一道过过日脚，［kʒʔ⁴tsaʔ⁵ȵiø¹³ni¹¹tʒʔⁱ³ieʔ⁵dɔ¹³ku³³ku³⁵ȵieʔ²tɕiʒʔ⁵］葛：
　　　即指示代词"这，那"。搭=：跟。过过日脚：过日子

也还好。［ia¹³uɛ¹¹xɔ⁵³］

那么平常辰光呢，［nʒʔ²mʒʔ³bin¹¹zã¹³zen¹¹kuã³⁵ni³¹］辰光：平时

伊就搭葛只牛，［i³¹dʑiø¹³tʒʔ⁵kʒʔ⁴tsaʔ⁵ȵiø¹³］

耕耕地，种种田，［ken³³ken⁵³di¹³，tsoŋ³³tsoŋ⁵³diɿ¹³］

搭只牛介一直一道介过。［tʒʔ⁴tsʒʔ⁵ȵiø¹³ka⁵³ieʔ⁵zʒʔ²ieʔ⁵dɔ¹³ka³⁵ku³⁵］介=：那样，……的样子

结果呢，［tɕieʔ⁵ku⁵³ni¹³］

葛只牛是天浪=个金牛星，［kʒʔ⁴tsʒʔ⁵ȵiø¹³zɿ³¹tʰiɿ⁴⁴lã⁴⁴go¹³tɕin⁴⁴ȵiø⁴⁴ɕin⁴⁴］

平常辰光呢，［bin¹¹zã¹³zen¹¹kuã³⁵ni³¹］

也看特=葛小伙子蛮好，［ia⁵³kʰø³⁵dʒʔ²kʒʔ⁵ɕiɔ³⁵fu⁴⁴tsɿ⁵³mɛ⁵³xɔ⁵³］

又勤劳，又老实，［i³⁵dʑin¹¹lɔ³⁵，i³⁵lɔ¹³zʒʔ²］

葛么一心想帮伊结个婚，［kʒʔ⁵mʒʔ²ieʔ⁵ɕin³⁵ɕiã⁵³pã⁵³i³¹tɕieʔ⁴kʒʔ⁵xuen³⁵］葛么：那么，就
讨个老婆。［tʰɔ⁵³kʒʔ⁵lɔ¹³bu³¹］

有一日，［iø¹³ieʔ⁴ȵieʔ⁵］

葛只牛呢，［kɜʔ⁴tsɜʔ⁵n̠iø¹³ni³¹］

晓得天浪＝个仙女，［ɕiɔ³⁵tɜʔ⁵tʰiⁱ⁴⁴lã⁴⁴kɜʔ⁵ɕiⁱ⁴⁴n̠i⁴⁴］

要到凡间来搞水，［iɔ¹³tɔ³⁵vɛ¹¹tɕiⁱ³⁵lɛ³¹kɔ³⁵sʅ⁵³］搞水：玩水

所以葛个，［su³⁵i⁵³kɜʔ⁴kɜʔ⁵］

只牛夜头托梦拨葛牛郎，［tsɜʔ⁵n̠iø¹³ia³⁵dø¹³tʰuoʔ⁵moŋ³⁵pɜʔ⁵kɜʔ⁵n̠iø¹¹lã¹³］夜头：夜里。
　　　拨：给

搭伊讲，［ɜʔ⁵i¹³kã⁵³］

尔明朝［早上］头几点钟拉起来，［n³¹min¹¹tsɔ³⁵tsã⁵³dø³¹tɕiⁱ⁵³tiⁱ⁴⁴tsoŋ⁵³la¹³tɕʰi¹³lɛ³¹］明朝：
　　　明天。拉起来：起床

到黑＝里村坊浪＝葛只，［tɔ³⁵xɜʔ⁵li³¹tsʰen⁴⁴fã⁴⁴lã⁴⁴kɜʔ⁴tsɜʔ⁵］黑＝里：那里

东面葛只河港里向，［toŋ⁴⁴miⁱ⁴⁴kɜʔ⁴tsɜʔ⁵u¹¹kã³⁵li³⁵ɕiã⁵³］河港：河流。里向：里面

有两个姑娘儿辣＝哈＝汰浴，［iø³¹liã¹³kɜʔ⁵ku⁴⁴n̠iã⁴⁴n⁴⁴lɜʔ⁵xaʔ⁵da¹¹ioʔ⁵］辣＝哈＝：在那里。汰浴：
　　　洗澡

是尔［只要］到辰光，［zɜʔ²n¹³tɕiɔ⁵³tɔ⁵³zen¹¹kuã³⁵］

其中个一条衣裳偷把之后，［dʑi¹¹tsoŋ³⁵o¹¹ieʔ⁵diɔ³¹i⁴⁴zã⁴⁴tʰø⁴⁴po⁴⁴tsʅ⁴⁴ø⁵³］个：结构助词"的"

就介逃回转，［dʑiø¹¹ka³⁵dɔ¹¹uɛ¹³tsø⁵³］就介＝：就

屋里儿盘＝起来，［uoʔ⁵lin⁵³bø¹¹tɕʰi³³lɛ³⁵］盘＝：躲

葛么尔就到辰光讨得着老婆待＝。［kɜʔ⁵mɜʔ²n³¹dʑiø¹³tɔ⁵³zen¹¹kuã³⁵tʰɔ⁵³dɜʔ²zɜʔ³lɔ¹³bu³¹
　　　dɛ⁰］

葛个牛郎呢心里疑心疑活，［kɜʔ⁴kɜʔ⁵n̠iø¹¹lã¹³ni³¹ɕin⁴⁴li⁴⁴n̠i¹¹ɕin³⁵n̠i¹¹uoʔ²］疑心疑活：将信
　　　将疑

伊个＝牢＝想真哎牢＝假呢，［i¹³kɜʔ⁵lɔ¹³ɕiã⁵³tsen⁴⁴ɛ⁴⁴lɔ⁴⁴ka³⁵n̠i⁰］个＝牢＝：所以。真哎：真的。牢＝：呢

葛么想试试看么好［嘚嗳］，［kɜʔ⁵mɜʔ²ɕiã⁵³sʅ⁴⁴sʅ⁴⁴kʰø³⁵mɜʔ²xɔ⁵³dɛ⁰］

葛么所以到特＝第二日，［kɜʔ⁵mɜʔ²su³⁵i³¹tɔ³⁵dɜʔ²diⁱ¹¹ɚ¹³nieʔ²］

天刚刚蒙蒙亮辰光，［tʰiⁱ⁴⁴kã⁴⁴kã⁴⁴moŋ⁴⁴moŋ⁴⁴liã³⁵zen¹¹kuã³⁵］

是伊默滋滋介过去［嘚嗳］，［zɜʔ²i¹³muoʔ²tsʅ⁴⁴tsʅ⁴⁴ka³⁵ku³⁵tɕʰiⁱ³⁵dɛ¹³］默滋滋：悄悄地

到特＝村东面黑＝里呢，［tɔ³⁵dɜʔ²tsʰen⁴⁴toŋ⁴⁴miⁱ⁴⁴xɜʔ⁵li⁴⁴ni³¹］

伊木知木觉介看看呢，［i¹³muoʔ²tsʅ⁴⁴muoʔ²kuoʔ⁵ka⁵³kʰø³⁵kʰø³⁵ni³¹］木知木觉：不敏感

是好像有木佬佬小姑娘，［zʅ¹³xɔ⁴⁴ʑiã³¹iø⁵³muoʔ²lɔ³⁵lɔ³⁵ɕiɔ⁴⁴ku⁴⁴n̠iã⁵³］木佬佬：很多

辣＝霍＝汰浴，［lɜʔ⁵xuoʔ⁵da¹¹ioʔ²］辣＝霍＝：在那里

那么伊就介看见特＝旁边个树浪＝，［nɜʔ²mɜʔ²ʔi¹³dʑiø¹¹ka³⁵kʰø³³tɕiⁱ³⁵dɜʔ²bã¹¹biⁱ¹³ɜʔ⁰zʅ¹¹
　　　lã¹³］

木佬佬个怪ᵏ衣裳挂辣ᵏ霍ᵏ，［muoʔ²lɔ³⁵lɔ³⁵kɜʔ²kua⁵³i⁴⁴zã⁴⁴koᵏ³⁵lɜʔ²xuoʔ⁵］个怪ᵏ：这种，这类

伊看见特ᵏ一条粉红个衣裳，［i¹³kʰø³³tɕiɪ³⁵dɜʔ²ieʔ²diɔ¹³fen³⁵oŋ⁵³ʒⁿi⁴⁴zã⁴⁴］

捧起就介跑，［pʰoŋ³⁵tɕʰi⁰dʑiø¹¹ka³⁵bɔ¹³］

跑到特ᵏ屋里儿盘ᵏ好，［bɔ¹³tɔ³⁵dɜʔ²uoʔ⁵lin⁵³bø¹³xɔ³⁵］

盘ᵏ好特ᵏ之后呢伊介想，［bø¹³xɔ³⁵dɜʔ²tsʅ⁵³ø⁵³ni³¹i¹³ka³⁵çiã⁵³］

拉会得来呢还是勿会得来？［la¹³ue³⁵dɜʔ²lɛ¹³ni¹³ɛ¹¹zʅ¹³vɜʔ²ue¹³dɜʔ²lɛ⁰］拉：他们

那么后来等呀等，［nɜʔ²mɜʔ³ø¹³lɛ¹³tin⁵³ia³⁵tin⁵³］

等到特ᵏ夜头，［tin⁵³tɔ³⁵dɜʔ²ia³⁵dø¹³］

等到特ᵏ夜头之后，［tin⁵³tɔ³⁵dɜʔ²ia³⁵dø¹³tsʅ⁵³ø⁵³］

果然一个小姑娘来敲伊个门，［ku³⁵zɔ⁵³iø⁵³kɜʔ²çiɔ⁴⁴ku⁴⁴n̩iã⁵³lɛ¹¹kʰɔ⁵³i¹³ɜʔ²min¹³］

葛个呢就是织女。［kɜʔ²kɜʔ⁵ni¹³dʑiø¹³dʑi¹³tsɜʔ⁵n̩i⁵³］

那么结果呢，［nɜʔ²mɜʔ³ø³tɕieʔ⁵ku⁵³ni³¹］

拉两个人，［la¹³liã⁵³kɜʔ⁵n̩in¹³］

就蛮恩爱介过起特ᵏ日脚。［dʑiø¹³mɛ⁴⁴en⁴⁴ɛ⁴⁴ka⁴⁴ku³⁵tɕʰi⁵³dɜʔ²n̩iɪʔ²tɕiaʔ⁵］

那么时间也蛮快，［nɜʔ²mɜʔ³ʒʅ¹¹tɕiɪ³⁵a¹³mɛ³³kʰua³⁵］

一过呢过特ᵏ三年，［ieʔ⁵ku³⁵ni³¹ku³⁵dɜʔ²sɛ⁴⁴n̩iɪ⁴⁴］

拉夫妻一对呢，［la⁵³fu⁴⁴tɕʰi⁴⁴iɪʔ⁵tɛ³⁵ni³¹］

也蛮恩爱介过特ᵏ三年，［ia⁵³mɛ⁴⁴en⁴⁴ɛ⁴⁴ka⁴⁴ku³⁵dɜʔ²sɛ⁴⁴n̩iɪ⁴⁴］

养出特ᵏ一个男小人一个女小人。［iã³⁵tsʰɜʔ⁵dɜʔ²ieʔ⁴kɜʔ⁵nø¹¹çiɔ³⁵n̩in¹³ieʔ⁴kɜʔ⁵n̩i³⁵çiɔ⁵³ n̩in³¹］养：生

但是呢，［dɛ¹³zʅ³¹ni³¹］

葛个织女当时辰光下凡辰光呢，［kɜʔ²kɜʔ⁵tsɜʔ⁵n̩i⁵³tã⁴⁴zʅ⁴⁴zen¹¹kuã³⁵çia³⁵vɛ¹³zen¹¹kuã³⁵ ni³¹］

天公里向是勿晓得个，［tʰiɪ⁴⁴koŋ⁴⁴li³⁵çiã⁴⁴zʅ¹³vɜʔ²çiɔ³⁵dɜʔ²goʔ²］

葛来ᵏ乌ᵏ呢，［kɜʔ⁵lɛ¹³u⁵³ni¹³］葛来ᵏ乌ᵏ：这下

拨个玉皇大帝呢晓得待ᵏ，［pɜʔ²kɜʔ⁵n̩iɔ²uã¹³da¹¹ti³⁵ni³¹çiɔ³⁵tɜʔ⁵dɛ⁰］

晓得特ᵏ之后呢要搿伊回去，［çiɔ³⁵tɜʔ²dɜʔ²tsʅ⁵³ø⁵³ni³¹iɔ³⁵kʰo⁴⁴i⁴⁴ue⁴⁴tɕʰi⁴⁴］搿伊回去：把他抓 回去

所以有一日呢，［su³⁵i³¹iø⁵³ieʔ⁴n̩ieʔ⁵ni³¹］

"哎哟"又是霍ᵏ险又是打雷，［ɛ¹¹io⁰，i³⁵zʅ³¹xuoʔ⁵çiɪ⁵³i³⁵zʅ³¹tã³³lɛ³⁵］霍ᵏ险：闪电

又大风又大雨，［i⁴⁴du⁴⁴foŋ⁴⁴i⁴⁴du⁴⁴i⁵³］

突然之间葛织女寻勿着［嘚嗳］。［dʒɿ²²zø¹³tsɿ³⁵tɕiɪ⁵³kɜʔ⁵tsʒʔ⁵n̩i⁵³dʑin¹³vɜʔ²z ʒʔ³dɛ¹³］寻
勿着：找不到

寻勿着之后么，［dʑin¹³vɜʔ²zʒʔ³tsɿ⁵³ø⁵³mɜʔ²］

两个小人儿么，［liã¹³kɜʔ⁵ɕiɔ⁴⁴n̩in⁴⁴n⁴⁴mɜʔ²］

哭煞哭死介要寻妈妈，［kʰuoʔ⁴sɜʔ⁵kʰuoʔ⁵ɕi⁵³kaʔ³⁵iɔ³⁵dʑin¹³ma⁵⁵ma⁵³］哭煞哭死：哭得死去活来

葛么牛郎奈⁼介办呢？［kɜʔ⁵mɜʔ²n̩iø¹¹lã¹³nɜʔ²kɜʔ⁵bɛ¹³ni¹³］奈⁼介：怎么

葛牛郎想来想去想勿出办法待⁼，［kɜʔ⁵n̩iø¹¹lã¹³ɕiã³⁵lɛ⁵³ɕiã³⁵tɕʰiʔ⁵³ɕiã³⁵vɜʔ²tsʰɜʔ⁵bɛ¹¹fɜʔ⁵dɛ¹³］

葛么个辰光葛只牛终于开口待⁼，［kɜʔ⁵mɜʔ²kɜʔ⁵zen¹³kuã⁵³kɜʔ⁵tsʒʔ⁵n̩iø¹³tsoŋ³⁵i⁵³kʰɛ⁴⁴
kʰø⁴⁴dɛ⁰］

搭伊讲，［tɜʔ⁵i¹³kã⁵³］

尔搭我葛两只牛角担脱来，［n⁵³tɜʔ⁵ŋo⁵³kɜʔ⁵liã³⁵tsʒʔ⁵n̩iø¹³kuoʔ⁵tɛ⁴⁴tʰɜʔ⁵lɛ⁴⁴］搭：把

葛两只笆斗呢，［kɜʔ⁵liã³⁵tsʒʔ⁵po⁴⁴dø⁴⁴ni³¹］笆斗：竹制箩筐

尔搭两个小人儿摆把好，［n⁵³tɜʔ⁵liã¹³kɜʔ⁵ɕiɔ⁴⁴n̩in⁴⁴n⁴⁴pa⁴⁴po³⁵xɔ⁵³］摆把好：装好

然后呢，［zø¹¹ø¹³ni³¹］

尔叫去寻俉个老婆好待⁼。［n⁵³tɕiɔ³⁵tɕʰiʔ⁵³dʑin¹³na⁵³kuoʔ⁵lɔ¹³bu³¹xɔ⁴⁴dɛ⁰］

葛么葛个牛郎介想，［kɜʔ⁵mɜʔ²kɜʔ⁴kɜʔ⁵n̩iø¹¹lã¹³ka³⁵ɕiã⁵³］

葛个来煞⁼个啊，［kɜʔ⁴kɜʔ⁵lɛ¹¹sɜʔ⁵kɜʔ⁵a³¹］来煞⁼：行，可以

葛两只牛角奈⁼介来煞⁼呀？［kɜʔ⁵liã¹³tsʒʔ⁵n̩iø¹³kuoʔ⁵nɜʔ²kɜʔ⁵lɛ¹¹sɜʔ⁵ia³¹］

葛么刚刚介拉⁼想辰光呢，［kɜʔ⁵mɜʔ²kã⁴⁴kã⁴⁴ka³³lɔ¹³ɕiã⁵³zen¹¹kuã³⁵ni³¹］介拉⁼：这么

只老牛个两只牛角，［tsʒʔ⁵lɔ³³n̩iø¹³kɜʔ⁵liã¹³tsʒʔ⁵n̩iø¹³kuoʔ⁵］

"啪"介点丢把脱来，［pʰaʔ⁵ka³⁵tiɪ³¹tø⁴⁴po⁴⁴tʰɜʔ⁵lɛ³¹］

丢把脱来之后，［tø⁴⁴po⁴⁴tʰɜʔ⁵lɛ³¹tsɿ⁵³ø⁵³］

就介变特⁼两只笆斗，［dʑiø¹¹ka³⁵piɪ³⁵dʒɜʔ²liã³⁵tsʒʔ⁵po⁴⁴dø⁴⁴］

葛么牛郎就介一旁边一个小人儿，［kɜʔ⁵mɜʔ²n̩iø¹¹lã¹³dʑiø¹¹ka³⁵ieʔ⁵bã¹³piɪ⁵³ieʔ⁴kɜʔ⁵
ɕiɔ⁴⁴n̩in⁴⁴n⁴⁴］

搭伊摆好，［tɜʔ⁵i¹³pa³⁵xɔ⁵³］搭：把

弄特⁼根扁担"拔⁼"介挑好，［loŋ¹³dʒɜʔ²ken⁴⁴piɪ³⁵tɛ⁵³ba¹³ka⁵³tʰiɔ⁴⁴xɔ⁴⁴］"拔"⁼介：一下子

葛两只笆斗好像生特⁼两只翼刮⁼一样，［kɜʔ⁵liã³⁵tsʒʔ⁵po⁴⁴dø⁴⁴xɔ³³ziã¹³sã⁴⁴dʒɜʔ²liã³⁵tsʒʔ⁵
ieʔ²kuʒʔ⁵ieʔ⁵iã¹³］翼刮⁼：翅膀

飞起来［嘚嗳］话⁼，［fi⁴⁴tɕʰiʔ⁴⁴lɛ⁴⁴dɛ¹³o⁰］话：语气词，表惊讶

那么葛个牛郎挑起特⁼来个对小人儿，［nɜʔ²mɜʔ³kɜʔ⁴kɜʔ⁵n̩iø¹¹lã¹³tʰiɔ⁴⁴tɕʰi⁴⁴dʒɜʔ²lɛ⁴⁴kɜʔ⁵

tɛ³⁵ɕiɔ⁴⁴n̩in⁴⁴n³¹〕

飞呀飞，〔fi⁴⁴ia⁴⁴fi⁴⁴〕

望天公里向飞过去，〔mã⁵³tʰiɪ⁴⁴koŋ⁴⁴li⁴⁴ɕiã⁵³fi⁴⁴ku⁴⁴tɕʰiº〕

刚刚介牢⁼飞，〔kã⁴⁴kã⁴⁴ka³⁵lɔ³⁵fi⁴⁴〕

看起来就要追牢葛个织女快〔嘚嗳〕，〔kʰø³⁵tɕʰi³⁵lɛ³⁵dʑiø¹³iɔ³⁵tsɛ⁴⁴lɔ⁴⁴kɜʔkɜʔtsɜʔn̩i⁵³

　　kʰua³⁵dɛº〕

结果呢，〔tɕieʔ⁵ku⁵³ni³¹〕

拨葛个王母娘娘发觉〔嘚嗳〕，〔pɜʔ⁵kɜʔ⁴kɜʔuã¹³mu³⁵n̩iã³⁵n̩iã⁵³fɜʔtɕiøʔ⁵dɛº〕拨：被

王母娘娘头浪⁼拔脱特⁼一根金钗〔uã¹³mu³⁵n̩iã³⁵n̩iã⁵³dø¹¹lã¹³bɜʔ²tʰɜʔ⁵dɜʔ²ieʔ⁵ken⁴⁴tɕin⁴⁴

　　tsʰa⁴⁴〕

"唰⁼"介点一划，〔saʔ⁵ka³⁵tiɪ⁵³ieʔ⁴uaʔ⁵〕

好，〔xɔ⁵³〕

搭拉两个人活啦⁼啦⁼个分把开，〔tɜʔ⁵la¹³liã¹³kɜʔ⁵n̩in³¹uoʔ²la¹³la³¹kɜʔ⁵fin⁴⁴po⁴⁴kʰɛ⁴⁴〕活

　　啦⁼啦⁼：活生生

拨拉中间心里划出特⁼一条天河，〔pɜʔ⁵la³¹tsoŋ⁴⁴kɛ⁴⁴ɕin⁴⁴li⁴⁴uaʔ²tsʰɜʔ⁵dɜʔ²ieʔ⁵diɔ¹³tʰiɪ⁴⁴

　　u⁴⁴〕中间心里：正中间。天河：银河

条天河阔是阔得来，〔diɔ¹³tʰiɪ⁴⁴u⁴⁴kʰuoʔ⁵z̩¹³kʰuoʔ⁵tɜʔ⁵lɛ³¹〕

根本就看也看勿到边哦。〔kin⁴⁴pin⁴⁴dʑiø¹³kʰø³⁵aºkʰø³⁵vɜʔ²tɔ³⁵piɪ⁴⁴oº〕

那么无不办法，〔nɜʔ²mɜʔ³m¹¹pɜʔ⁵bɛ¹³fɜʔ⁵〕

两个人又拨拉隔开待⁼，〔liã¹³kɜʔ⁵n̩in³¹iʔ³⁵pɜʔ⁵la³¹kɜʔ⁵kʰɛ⁵³dɛ³¹〕

那么葛辰光葛喜鹊看见待⁼，〔nɜʔ²mɜʔ³kɜʔ⁵zen¹³kuã⁵³kɜʔ⁵ɕi³⁵tɕʰiøʔ⁵kʰø³³tɕiɪ³⁵dɛ³¹〕

喜鹊想想看，〔ɕi³⁵tɕʰiøʔ⁵ɕiã⁴⁴ɕiã⁴⁴kʰø⁵³〕

哎呀，〔ɜʔ²iaº〕

葛对夫妻真罪过，〔kɜʔ⁵tɛ³⁵fu⁴⁴tɕʰi⁴⁴tsen⁵³zɛ¹³ku⁵³〕

介介恩爱个一对夫妻，〔ka³⁵ka⁵³en⁴⁴ɛ⁴⁴gɜʔ²ieʔ⁵tɛ³⁵fu⁴⁴tɕʰi⁴⁴〕介介：这么

拨王母娘娘牢⁼葛介弄开特⁼，〔pɜʔ⁵uã¹³mu³⁵n̩iã³⁵n̩iã⁵³lɔºkɜʔ⁵ka³⁵loŋ⁴⁴kʰɛ⁴⁴dɜʔ²〕

多少肉⁼麻⁼呢，〔tu³⁵sɔ⁵³n̩ieʔ²mo³¹niº〕肉⁼麻⁼：心疼

所以叫特⁼无千无万个喜鹊全部飞辣⁼来，〔su³⁵i³¹tɕiɔ³⁵dɜʔ²u¹¹tɕʰiɪ⁵³u¹¹uɛ³¹uoʔ²ɕi³⁵tɕʰiøʔ⁵

　　dʑiɪ¹¹bu¹³fi⁴⁴lɜʔ²lɛ⁴⁴〕

飞辣⁼来之后，〔fi⁴⁴lɜʔ²lɛ⁴⁴tsɿ⁴⁴ø⁵³〕

到特⁼每年个七月初七，〔tɔ³⁵dɜʔ²mɛ⁵³n̩iɪ³¹uoʔ²tɕʰieʔ⁵ieʔ²tsʰu⁴⁴tɕʰieʔ⁵〕

喜鹊一只咬一只尾巴，［ɕi³⁵tɕʰiøʔ⁵ieʔ⁴tsʔɔ⁵ŋɔ⁵³ieʔ⁴tsʔɔ⁵m³⁵po⁵³］

咬起来搭拉搭成来一片鹊桥，［ŋɔ¹³tɕʰi³⁵lɛ³¹tɜʔɔ⁵laʔɔ⁵dzen³¹lɛ³¹ieʔ⁵bɛ¹¹tɕʰiøʔ⁵dʑiɔ³¹］

鹊桥搭好特＝之后呢，［tɕʰiøʔ⁵dʑiɔ³¹tɜʔɔ⁵xɔ⁵³dɜʔ²tsʅ⁴⁴ø⁵³ni³¹］

就是每年拨拉相聚会，［dʑiɔ¹¹zʅ¹³mɛ⁵³n̩i¹³pɔʔɔ⁵laʔ⁴⁴ɕiã⁵³dʑi⁵³uɛ³⁵］

两个人介能够小夫妻会会面。［liã¹³kɜʔɔ⁵n̩in³¹ka⁵³nen¹¹kø⁵³ɕiɔ⁴⁴fu⁴⁴tɕʰi⁴⁴uɛ³³uɛ³⁵miʔ³⁵］

　　从前有一个小伙子，爸妈都去世了，孤苦伶仃，家里只有一头老牛。他和老牛相依为命，日子过得还可以。平常时候他靠这头牛耕耕地、种种田，就这样和这头老牛一起生活。其实呢，这头牛是天上的金牛星，他平时看这个小伙子挺好的，勤劳又老实，所以一心想帮他成个家，讨个老婆。

　　有一天，这头牛得知天上的仙女要到凡间来玩水，所以就托梦给牛郎，对他说，你明天早上起来，到村东边的湖边去，那里有几个姑娘在洗澡。这个时候呢，你把其中一个姑娘的衣服拿走之后，就往回跑，到家里躲起来，然后你就能讨到老婆了。牛郎内心半信半疑，这个事情是真是假呢，那试试看吧。所以第二天，天刚蒙蒙亮的时候，他就悄悄地过去了。到了村东边后，他在朦胧之中看到果然有几个小姑娘在洗澡。他看衣服挂在旁边的树上，看见一件粉红的衣服，拿起就跑，跑到家里放好。放好之后就在想，她会不会来呢？后来等啊等，等到晚上，果然有一个小姑娘来敲他的门，这个人就是织女。结果呢，两个人就做了恩爱夫妻。

　　时间也很快，一过就过了三年，他们夫妻也恩爱地过了三年，生了一男一女两个小孩，但是当时织女下凡天上是不知道的。后来被玉皇大帝知道了，知道之后就要抓她回去，所以有一天天上闪电又打雷，刮大风，下大雨，突然之间织女就不见了。不见了之后，两个小孩就哭着要找妈妈，牛郎不知如何是好。牛郎想来想去想不出办法，这个时候老牛终于开口了，对他说，你把我的两只牛角拿下来，变成两只箩筐，把两个小孩放进里面，然后挑着它去找老婆好了。牛郎想，这两只牛角怎么行呢？正在想的时候，老牛的两只牛角突然掉了下来，掉下来之后就变成了两只箩筐。牛郎就一边放一个小孩，把两人放好后用扁担把箩筐挑起来。这两只箩筐就像长了翅膀一样，飞起来了。于是牛郎就挑着两个小孩，飞啊飞，往天上飞去。眼看就要追上织女了，却被王母娘娘发现了。王母娘娘拔下头上的一根金钗，"唰"地一划，好，两个人就活生生地被分开了。在他俩中间划出了一条天河，宽得望不到对岸。没有办法，两个人又被隔开了。这个时候喜鹊看见了。喜鹊想这对夫妻真是可怜，一对恩爱的夫妻，被王母娘娘给分开了，所以叫来成千上万只喜鹊飞来。在每年七月初七，喜鹊一只衔着一只的尾巴，搭成一座鹊桥。鹊桥搭好之后就让他俩每年相聚，让这对小夫妻见见面。

（2019 年 7 月，发音人：余洁）

三、自选条目

（一）谚语

千金难买老来瘦。［tɕʰir⁴⁴tɕin⁴⁴nɛ¹¹ma¹³lɔ⁵³lɛ⁴⁴sø³⁵］

癫痫头儿子自家好。［lʒʔ²li¹³dø³¹ŋ¹¹tsʅ⁵³dzʅ¹¹ka³³xɔ³⁵］

一分价钿一分货。［ieʔ⁵fen⁵³ka³³dir³⁵ieʔ⁵fen⁵³fu³⁵］价钿：价钱

乖面孔，呆肚肠。［kua³⁵mir⁴⁴kʰoŋ⁵³，ŋɛ¹¹du¹¹zã¹³］乖面孔：聪明脸。呆肚肠：人笨

好记性弗及个烂笔头。［xɔ⁵³tɕi³³ɕin⁵³fʒʔ⁵dzieʔ²kʒʔ⁵lɛ⁴⁴pieʔ⁵dø¹³］

圆子吃特꞊豆沙边。［ir¹¹tsʅ³⁵tɕʰiʒʔ⁵dʒʔ²dø¹¹so³³pir³⁵］圆子：糯米团子

春无雨，［tsʰen⁴⁴u³¹i⁵³］
夏无日，［o³⁵u³¹ȵieʔ²］
秋无凉风冬无雪。［tɕʰiø⁴⁴u³¹liã¹³foŋ⁵³toŋ⁴⁴u³¹ɕieʔ⁵］

吃苦勿记苦，［tɕʰiʒʔ⁵kʰu⁵³vʒʔ²tɕi³⁵kʰu⁵³］
老来无结果。［lɔ³⁵lɛ³¹m¹³tɕieʔ⁵ku⁵³］

冬吃萝卜夏吃姜，［toŋ³⁵tɕʰiʒʔ⁵lo¹¹bu¹³o⁴⁴tɕʰiʒʔ⁵tɕiã⁴⁴］
郎中先生卖老娘。［lã¹¹tsoŋ³⁵ɕir³³sã³⁵ma⁵³lɔ¹³ȵiã³¹］老娘：老婆

吃特꞊邋遢，［tɕʰiʒʔ⁵dʒʔ²lʒʔ²tʰʒʔ⁵］

做特‿菩萨。［tsu³⁵dʒʔ²bu¹³sʒʔ⁵］

鱼有鱼路，［ŋ¹¹iø⁵³ŋ¹¹lu³⁵］
虾有虾路。［xo⁴⁴iø⁵³xo⁴⁴lu⁴⁴］
穷人勿生病，［dʑioŋ¹¹n̠in¹³vʒʔ²sã³³bin¹³］
好比交大运。［xɔ⁵³pi³¹kɔ³⁵da¹¹in¹³］

打翻狗食盆，［tã³⁵fɛ⁵³kø⁴⁴zʒʔ²ben³¹］
大家吃勿成。［da¹¹ka³⁵tɕʰiʒʔ⁵vʒʔ²zen³¹］

（以上 2019 年 7 月，发音人：余洁）

（二）谜语

红房子，麻帐子，［oŋ¹¹vã³³tsʅ³⁵，mo¹¹tsã³³tsʅ³⁵］
里向住特‿个白胖子。［li⁵³ɕiã⁰dzʅ¹³dʒʔ²kʒʔ⁵bʒʔ²pʰã³⁵tsʅ⁵³］
——长生果［zã¹¹sen⁴⁴ku⁴⁴］

五颜六色一爿桥，［ŋ⁵³ŋɛ¹³luoʔ²sʒʔ⁵ieʔ⁵bɛ¹³dʑiɔ¹³］
跑来跑去跑勿到。［bɔ¹¹lɛ¹³bɔ¹³tɕʰi⁵³bɔ¹¹vʒʔ²tɔ³⁵］
——彩虹［tsʰɛ³⁵oŋ⁰］

爷蓬头，娘蓬头，［ia¹³boŋ¹³dø¹³，n̠iã¹³boŋ¹³dø¹³］_{蓬头：披头散发}
养出个儿子尖尖头。［iã⁵³tsʰʒʔ⁵kʒʔ⁵ŋ¹¹tsʅ³⁵tɕir⁴⁴tɕir⁴⁴dø⁴⁴］
——笋［sen⁵³］

要伊要辰光乢出去，［iɔ⁴⁴;⁴⁴i⁴⁴ɕiɔ⁴⁴zen³³kuã³⁵tuoʔ⁵tsʰʒʔ⁵tɕʰi⁰］_{要伊要辰光：需要的时候}
㦳伊要辰光收回来。［ɕiɔ⁴⁴;⁴⁴i⁴⁴ɕiɔ⁴⁴zen³³kuã³⁵ɕiø⁴⁴uɛ⁴⁴lɛ⁴⁴］_{㦳伊要辰光：不需要的时候}
——锚［mɔ¹¹³］

小辰光只好吃勿好用，［ɕiɔ⁵³zen³³kuã³⁵tsʒʔ⁵xɔ⁵³tɕʰiʒʔ⁵vʒʔ²xɔ⁵³ioŋ³⁵］_{好：能}
老辰光只好用勿好吃。［lɔ⁵³zen³³kuã³⁵tsʒʔ⁵xɔ⁵³ioŋ³⁵vʒʔ²xɔ⁵³tɕʰiʒʔ⁵］
——竹［tsuoʔ⁵］

上顶毛，下底毛，［zã¹¹tin³⁵mɔ¹³，o³⁵ti⁵³mɔ¹³］上顶：上面。下底：下面

中间心里一颗黑葡萄。［tsoŋ⁴⁴kɛ⁴⁴ɕin⁴⁴li⁴⁴ieʔ⁵kʰu⁵³xɜʔ⁵bu¹³dɔ⁰］

——眼睛［ŋɛ̃³⁵tɕin⁵³］

为特⁼尔要拍我，［ue³⁵dʒʔ²n⁵³iɔ³⁵pʰaʔ⁵ŋo⁵³］为特⁼尔：为了你

为特⁼我要拍尔，［ue³⁵dʒʔ²ŋo⁵³iɔ³⁵pʰaʔ⁵n⁵³］

拍破特⁼尔个肚皮，［pʰaʔ⁵pʰo³⁵dʒʔ²n³⁵kɜʔ⁵do¹³bi³¹］

放出来是是我个血。［fã⁴⁴tsʰɜʔ⁵lɛ¹³zʅ¹³zɜʔ²ŋo⁵³gɜʔ²ɕieʔ⁵］是我：我

——拍蚊子［paʔ⁵min¹¹tsʅ³⁵］

（以上 2019 年 7 月，发音人：余洁）

（三）歇后语

丈母娘看女婿——越看越有趣［dzã¹¹m̩¹³n̩iã³¹kʰø³⁵n̩i¹³ɕi⁰——ieʔ²kʰø³⁵ieʔ²iø³⁵tɕʰi⁰］

袖子管里骂老爷——弗敢当面上［dʑiø¹¹tsʅ³⁵kø³⁵li³¹mo¹³lɔ³⁵ia³¹——fɜʔ⁵kø⁵³tã³³miɪ³⁵

zã³¹］袖子管：袖子

寡妇门口是非多——人言可畏［kua³⁵u³¹min¹¹kʰø³⁵zʅ¹³fi⁵³tu⁴⁴——zen³¹iɪ³¹kʰo³⁵ue⁰］

江西人补碗——自顾自［tɕiã⁴⁴ɕi⁴⁴n̩in⁴⁴pu⁵³ø⁵³——zʅ¹³ku³⁵zʅ¹³］自顾自：谐补碗的声音"磁咕磁"

三个节头撮螺蛳——稳当当［sɛ⁴⁴kɜʔ⁵tɕieʔ⁵dø³¹tsʰuoʔ⁵lu¹¹sʅ³⁵——uen¹³tã³⁵tã⁵³］

青石板浪⁼掼乌龟——硬碰硬［tɕʰin⁴⁴zɜʔ²pɛ³³lã⁵³gue¹³u⁴⁴tɕi⁴⁴——ŋã³⁵pã³⁵ŋã³⁵］掼：摔

临时上轿穿耳朵——急煞活煞［lin¹¹zʅ¹³zã¹³dʑiɔ³¹tsʰø⁵³n⁵³tu⁰——tɕieʔ⁴sɜʔ⁵uɜʔ⁴sɜʔ⁵］
临时：临走前。穿耳朵：戴耳环

（以上 2019 年 7 月，发音人：余洁）

安 吉

一、歌谣

摇啊摇

摇啊摇，摇到外婆桥，［iɔ²²a⁰iɔ²²，iɔ²²tɔ³²ŋa²¹bʊ²¹³dʑiɔ²²］

摇啊摇，摇到外婆桥，［iɔ²²a⁰iɔ²²，iɔ²²tɔ³²ŋa²¹bʊ²¹³dʑiɔ²²］

外婆讲我好宝宝，［ŋa²¹bʊ²¹³kɔ̃⁵²ŋɔ²¹hɔ⁵²pɔ²¹pɔ²¹］

糖一包，果一包。［dɔ̃²²iɛʔ⁵pɔ⁵⁵，ku⁵²iɛʔ⁵pɔ⁵⁵］

如要吃，自家担，［zʅ²²iɔ³²⁴tɕʰɣəʔ⁵，zʅ²¹ka²¹³tɛ⁵⁵］担：拿

吃弗完，担回去。［tɕʰɣəʔ⁵fəʔ⁵uɛ²²，tɛ⁵⁵ue²²tɕʰi²²］

囡啊囡

囡啊囡，弗要哭，［nʊ⁵²a⁰nʊ⁵²，fəʔ⁵iɔ³²⁴kʰoʔ⁵］囡：女儿

隔壁阿婆拨倷做个媒，［kəʔ³piɛʔ⁵ɐʔ⁵bʊ²²poʔ⁵nəʔ²³tsʊ³²kəʔ⁵me²²］

做拨杭州小官人。［tsʊ³²pəʔ⁵ã̃²²tsəɪ²²ɕiɔ⁵²kuɛ²¹n̠iŋ²¹］拨：给。小官人：年轻男子

吃弗要愁，穿个愁，［tɕʰɣəʔ⁵fəʔ⁵iɔ³²⁴zəɪ²²，tsʰɛ⁵⁵kəʔ⁵zəɪ²²］

一生一世用弗完。［iɛʔ³sã⁵⁵iɛʔ⁵sʅ³²⁴ioŋ²¹fəʔ⁵uɛ²²］

囡啊囡，弗要哭，［nʊ⁵²a⁰nʊ⁵²，fəʔ⁵iɔ³²⁴kʰoʔ⁵］

外婆送倷金马桶，［ŋa²¹bʊ²¹³soŋ³²nəʔ²tɕiŋ⁵⁵mʊ⁵⁵doŋ⁵⁵］

舅母送倷银马桶，［dʑiu²⁴m⁵²soŋ³²nəʔ²n̠iŋ²²mʊ²²doŋ²²］

娘舅送俫毛竹桶。[n̠iã²²dʑiu²²soŋ³²nə⁷ mɔ²²tsoʔ²doŋ²²]

射起尿来咚咚咚。[dza²¹tɕʰi³²ɕi⁵⁵lɛ²²toŋ⁵⁵toŋ⁵⁵toŋ⁵⁵]

隔壁头阿婆听了阿＝当＝发龙凤。[kəʔ³piɛʔ⁵dəɪ⁵⁵ɐʔ⁵bʊ²²tʰiŋ⁵⁵ləʔ⁰ɐʔ⁵tɔ̃⁵⁵fɐʔ⁵loŋ²²fəŋ²²] 发
龙凤: 生气

阿婆娘娘弗像人，[ɐʔ⁵bʊ²²n̠iã²²n̠iã⁰fəʔ⁵n̠iã²¹³n̠iŋ²²]

叫我夜做生活日看牛，[tɕiɔ³²ŋɔ²¹³ia²¹³tsʊ³²sã⁵⁵uəʔ⁵n̠iɛʔ⁵kʰɛ³²n̠iu²²]

空了还要拨伊敲背扇凉风。[kʰoŋ⁵⁵ləʔ⁰a²²iɔ³²⁴pəʔ⁵i²¹³kʰɔ⁵⁵pəɪ³²⁴sɛ³²liã²²fəŋ²²]

我比老公大七八，[ŋɔ²¹³pi⁵²lɔ⁵²koŋ²¹dʊ²¹³tɕʰiɛʔ⁵pɔʔ⁵]

还要拨伊把尿浼。[a²²iɔ³²⁴pəʔ⁵i²¹³pʊ⁵²ɕi⁵⁵u⁵⁵]

客人一来，[kʰəʔ⁵n̠iŋ²¹³iɛʔ⁵lɛ²²]

躲到门角落头吃冷粽，[tʊ⁵²tɔ²¹məŋ²²koʔ⁵loʔ⁵dəɪ⁵⁵tɕʰʏəʔ⁵lã⁵²tsoŋ²¹]

阿婆娘娘又要打来又要骂。[ɐʔ⁵bʊ²²n̠iã²²n̠iã⁰i²¹³iɔ³²tã⁵²lɛ²¹³iɔ³²mʊ²¹³]

肚皮饿，开开橱门冷粥呼个呼。[dʊ²⁴bi⁵²ŋʊ²¹³，kʰɛ⁵⁵kʰɛ⁰dʐɿ²²məŋ²²lã⁵²tsoʔ⁵fu⁵⁵kəʔ⁰fu⁵⁵]

想想看，苦脑子，[ɕiã⁵²ɕiã⁰kʰɛ³²⁴，kʰu⁵²nɔ²¹tsɿ²¹] 苦脑子: 让人头疼难受

我个命运为介苦？[ŋɔ²¹³kəʔ⁵miŋ²¹yəŋ²¹³ue²¹³ka³²kʰu⁵²] 介: 这么

开开后门去投河，[kʰɛ⁵⁵kʰɛ⁰əɪ²²məŋ²²tɕʰi³²dəɪ²¹³ʊ²²]

碰着隔壁老阿婆，[pʰã³²dzəʔ⁵kəʔ³piɛʔ⁵lɔ⁵²ɐʔ⁵bʊ²²]

养新妇，弗要投河。[iã²²ɕiŋ²²vu²¹³，fəʔ⁵iɔ³²⁴dəɪ²¹³ʊ²²] 养新妇: 童养媳

十年媳妇十年婆，[zəʔ²n̠i²¹³ɕiɛʔ⁵vu²¹³zəʔ²n̠i²¹³bʊ²²]

再过十年做太婆。[tse³²ku⁰zəʔ²n̠i²¹³tsʊ³²⁴tʰa³²bʊ²¹³]

太师椅子坐啊坐，[tʰa³²sɿ⁵⁵i²¹tsɿ⁵⁵zʊ²⁴a⁰zʊ²⁴]

□人认得俫养新妇啊，[guəʔ²n̠iŋ⁵²n̠iŋ²¹təʔ⁰nəʔ²³iã²²ɕiŋ²²vu²⁴a⁰] □人: 谁

养新妇。[iã²²ɕiŋ²²vu²²]

（以上 2015 年 8 月，发音人: 章美莉）

二、规定故事

牛郎和织女

古时候呢，有一个小伙子，[ku⁵²zɿ²¹əɪ²¹ne⁰，iu⁵²iɛʔ⁵kəʔ⁰ɕiɔ⁵²hu²¹tsɿ²¹]

伽爹娘都死脱嘞，[dʑia²¹³tia⁵⁵n̠iã⁵⁵tu⁵⁵sɿ⁵²tʰɐʔ⁵le⁰]

家里向只剩了一头老牛，[ka⁵⁵li⁵⁵ɕiã⁵⁵tsəʔ⁵zã²²ləʔ⁰ieʔ⁵dəɪ²²lɔ⁵²n̠iu²¹]

搭伊做伴，[tɐʔ⁵i²¹tsu⁵²pɛ²¹]

所以人家都叫伊牛郎。[su⁵²i²¹n̠iŋ²²ka²²tu⁵⁵tɕiɔ⁵²i²¹³n̠iu²²lɔ̃²²]

牛郎就靠格头老牛耕地过日子，[n̠iu²²lɔ̃²²ʑiu²¹kʰɔ⁵²kəʔ³dəɪ²²lɔ⁵²n̠iu²¹kã⁵⁵di²¹³ku⁵²n̠ieʔ⁵tsʅ⁵⁵]

搭老牛相依为命。[tɐʔ⁵lɔ⁵²n̠iu²¹ɕiã⁵⁵i⁵⁵ue²²miŋ²¹³]

实际上啊，[zəʔ²tɕi²²zɔ̃²²a⁰]

格头老牛是天上个金牛星落凡。[kəʔ³dəɪ²²lɔ⁵²n̠iu²¹zʅ²¹tʰi⁵⁵zɔ̃⁵⁵kəʔ⁵tɕiŋ⁵⁵n̠iu⁵⁵ɕiŋ⁵⁵loʔ²³ vɛ²²]

渠就喜欢牛郎做事体又勤快嘞，[dʑi²¹³dʑiu²¹ɕi⁵²huɛ²¹n̠iu²²lɔ̃²²tsu⁴¹zʅ²¹tʰi²¹³iu²¹dʑiŋ²² kʰua²²le⁰]

对人又好，[te³²⁴n̠iŋ²²iu²¹hɔ⁵²]

所以老牛就想帮牛郎讨个老婆，[su⁵²i²¹lɔ⁵²n̠iu²¹dʑiu²¹ɕiã⁵²pɔ̃⁵⁵n̠iu²²lɔ̃²²tʰɔ⁴¹kəʔ⁵lɔ⁵² bu²¹]

成个家。[dzəŋ²²kəʔ⁵ka⁵⁵]

有一日，[iu⁵²ieʔ³n̠iɛʔ²]

金牛星晓得天上个仙女们啦，[tɕiŋ⁵⁵n̠iu⁵⁵ɕiŋ⁵⁵ɕiɔ⁵²təʔ⁰tʰi⁵⁵zɔ̃⁵⁵kəʔ⁰ɕi⁵⁵n̠y⁵⁵məŋ⁵⁵la⁵⁵]

要到村东边山脚下底个，[iɔ⁴¹to⁰tsʰəŋ⁵⁵toŋ⁵⁵pi⁵⁵sɛ⁵⁵tɕieʔ⁵ʊ⁵²ti²¹kəʔ⁵]

湖里向汏汤浴。[u²²li²²ɕiã²²da²¹tʰɔ̃⁵⁵ɤʔ⁵]

渠就托梦拨牛郎，[dʑi²¹³dʑiu²¹tʰoʔ⁵moŋ²¹³pəʔ⁵n̠iu²²lɔ̃²²]拨：给

渠对牛郎讲，[dʑi²¹te⁴¹n̠iu²²lɔ̃²²kɔ̃⁵²]

叫伊第二日朝起头呢，[tɕiɔ⁴¹i²¹³di²¹n̠i²²n̠iɛʔ²³tsɔ⁵⁵tɕʰi⁵⁵dəɪ⁵⁵ne⁰]

到溪滩边上去，[tɔ⁴¹tɕʰi⁵⁵tʰa⁵⁵pi⁵⁵zɔ̃⁵⁵tɕʰi⁵⁵]

顺手担走一条，[zəŋ²¹səɪ⁵²tɛ⁵⁵tsəɪ⁵ieʔ⁵diɔ²²]担：拿

仙女挂勒≡树上个衣裳，[ɕi⁵⁵n̠y⁵⁵ku⁴¹ləʔ⁰zʅ²¹zɔ̃²²kəʔ⁵i⁵⁵zɔ̃⁵⁵]

之后哪，头也弗回个就往家里向逃，[tsʅ⁵⁵əɪ²¹na⁰, dəɪ²¹³ia²¹fəʔ⁵ue²²kəʔ⁰dʑiu²¹³mɔ̃²¹ka⁵⁵ li⁵⁵ɕiã⁵⁵dɔ²²]

再≡渠就可以有，[tse⁴¹²dʑi²¹dʑiu²¹kʰʊ⁵²i²¹iu⁵²]

一个漂亮个仙女当老婆嘞。[ieʔ⁵kəʔ⁵pʰiɔ⁵²liã²¹kəʔ⁰ɕi⁵⁵n̠y⁵⁵tɔ̃⁵⁵lɔ⁵²bu²¹le⁰]

格日朝起头呢，[kəʔ³n̠iɛʔ²³tsɔ⁵⁵tɕʰi⁵⁵dəɪ⁵⁵ne⁰]

牛郎醒转来，[n̠iu²²lɔ̃²²ɕiŋ⁵²tsɛ²¹lɛ²²]

心里向还有点糊里糊涂，[ɕiŋ⁵⁵li⁵⁵ɕiã⁵⁵a²²iu⁵²ti²²u²²li⁰u²²du²²]

就来到了山高⁼下底，[dʑiu²¹³lE²²tɔ⁴¹lə?⁰sE⁵⁵kɔ⁵⁵u⁵²ti²¹]

哎，渠果然看见了，[E³²⁴，dʑi²¹ku⁵²zE²¹kʰE⁴¹tɕi⁴¹lə?⁰]

溪滩里有几个仙女来⁼铜⁼汏汤浴。[tɕʰi⁵⁵tʰa⁵⁵li⁵⁵iu⁵²tɕi⁵²kə?⁵ɕi⁵⁵n̠y⁵⁵lE⁵²doŋ²¹da²¹tʰɔ̃⁵⁵
　Ɣə?⁵]来⁼铜⁼：在

渠想起老牛个说话，[dʑi²¹ɕiã⁵²tɕʰi⁰lɔ⁵²n̠iu²²kə?⁵so?⁵ʊ⁵⁵]

就介担走一条，[ʑiu²¹ka²¹³tE⁵⁵tsəɪ⁵²iE?⁵diɔ²²]

挂勒⁼树上个粉红色个衣裳，[ku⁴¹lə?⁰z̩²¹zɔ̃²¹³kə?⁵fəŋ⁵²oŋ²¹sə?⁵kə?⁵z̩⁵⁵zɔ̃⁵⁵]

就跑回家里向去嘞。[dʑiu²¹³bɔ²²ue²²ka⁵⁵li⁵⁵ɕiã⁵⁵tɕʰi⁵²le⁰]

实际上啊，[zə?²tɕi²²zɔ̃²²a⁰]

牛郎担走格个衣裳个仙女呢，[n̠iu²²lɔ̃²²tE⁵⁵tsəɪ⁵²kə?⁵kə?⁵z̩⁵⁵zɔ̃⁵⁵kə?⁵ɕi⁵⁵n̠y⁵²ne⁰]

就是织女。[dʑiu²¹z̩²¹tsə?⁵n̠y⁵²]

当日夜里向，[tɔ̃⁵⁵n̠iE?⁵ia⁴¹li²²ɕiã³²⁴]

织女轻轻个敲开了，[tsə?⁵n̠y⁵²tɕʰiŋ⁵⁵tɕʰiŋ⁰kə?⁵kʰɔ⁵⁵kʰE⁵⁵lə?⁰]

牛郎家里向个门。[n̠iu²²lɔ̃²²ka⁵⁵li⁵⁵ɕiã⁵⁵kə?⁵məŋ²²]

从此以后，[dzoŋ²²tsʰɪ̩⁵²i⁵²əɪ²¹]

两个人就做了一对小夫妻，[liã⁵²kə?⁵n̠iŋ²²dʑiu²¹tsu⁴¹lə?⁰iE?⁵te⁴¹ɕiɔ⁵²fu²¹tɕʰi²¹]

眼睛一闪，三年个时光过去嘞。[ŋE⁵²tɕiŋ²¹iE?³sE⁵⁵，sE⁵⁵n̠i²²kə?⁵z̩²²kuɔ̃²²ku⁴¹tɕʰi⁵²le⁰]

牛郎搭织女两个人啦，[n̠iu²²lɔ̃²²tə?⁵tsə?⁵n̠y⁵²liã⁵²kə?⁵n̠iŋ²²la⁰]

生了一个儿子，一个囡儿，[sã⁵⁵lə?⁰iE?³kə?⁵ŋ²²tsɪ̩⁵⁵，iE?³kə?⁵nʊ⁵²ŋ²¹]

一家门日子过得蛮开心哦。[iE?³ka⁵⁵məŋ⁰n̠iE?³tsɪ̩⁵⁵ku⁴¹tə?⁰mE²²kʰE⁵⁵ɕiŋ⁵⁵ʊ⁵⁵]

但是啊，织女当时偷偷摸摸，[dE²¹z̩²¹³a⁰，tsə?⁵n̠y⁵²tɔ̃⁵⁵z̩²²tʰəɪ⁵⁵tʰəɪ⁵⁵mo?⁵mo?⁵]

跑到凡间来个事体啦，[bɔ²²tɔ⁴¹vE²²kE²²lE⁵²kə?⁰z̩²¹tʰi²¹³la⁰]

拨玉皇大帝晓得嘞，[pə?⁵n̠Ɣə?²uɔ̃²¹³da²¹ti²¹³ɕiɔ⁵²tə?⁰le⁰]拨：被

渠非常生气。[dʑi²¹fi⁵⁵dzã⁵⁵sã⁵⁵tɕʰi⁴¹]

有一日，天上又是霍闪又是打雷，[iu⁵²iE?³n̠iE?²³，tʰi⁵⁵zɔ̃⁵⁵iu²¹z̩²¹³ho?⁵sE⁵²iu²¹z̩²¹³
　tã⁵²le²²]

又是刮大风啦，又是落大雨，[iu²¹z̩²¹³kuɐ?⁵dɔ²¹fəŋ⁵⁵la⁰，iu²¹z̩²¹³lɔ?²³dɔ²¹i⁵²]

织女突然之间寻弗着嘞，[tsə?⁵n̠y⁵²do?²E²²tsɪ̩⁵⁵tɕi⁵⁵ʑin²²fə?⁵dzə?⁵le⁰]

两个小人啦，哭啦啦喊着寻姆妈。[liã⁵²kə?²ɕiɔ⁵²n̠iŋ²¹la⁰，kʰo?⁵la⁰la⁰hE⁵²dzə?⁰ʑiŋ²²m⁵⁵
　ma⁵⁵]

牛郎也急得弗要得，［ȵiu²²lɔ̃²²ia²¹tɕiɛʔ⁵təʔ⁰fəʔ³iɔ⁴¹təʔ⁰］

那꞊哈꞊办才好？ ［na²¹ha⁵⁵bɛ²¹³dze²²hɔ⁵²］那꞊哈꞊：怎么

格个辰光，［kəʔ³kəʔ⁵zəŋ²²kuɔ̃²²］辰光：时候

老牛突然之间开口讲说话嘞。［lɔ⁵²ȵiu²¹doʔ²ɛ²²tsɿ⁵⁵tɕi⁵⁵kʰɛ⁵⁵kʰəɪ⁵⁵kɔ̃⁵²soʔ⁵ʋ⁵⁵le⁰］

渠对牛郎讲，［dʑi²¹te⁴¹ȵiu²²lɔ̃²²kɔ̃⁵²］

"牛郎，倷弗要太难过，［ȵiu²²lɔ̃²²，nəʔ²³fəʔ³iɔ²¹³tʰa⁴¹nɛ²²ku²¹³］

倷拨我头上个两只牛角担落来，［nəʔ²³pəʔ⁵ŋɔ²¹³dəɪ²²zɔ̃²²kəʔ⁰liã⁵²tsəʔ⁵ȵiu²²koʔ²tɛ⁵⁵loʔ
   lɛ²²］

牛角呢，会得变成两只箩筐，［ȵiu²²koʔ²ne⁰，ue²¹təʔ²pi⁴¹dzəŋ²²liã⁵²tsəʔ⁵lʋ²²kʰuɔ̃²²］

倷拨两个小人啊，就摆到箩筐里。［nəʔ²³pəʔ⁵liã⁵²kəʔ⁰ɕiɔ⁵²ȵiŋ²¹a⁰，dʑiu²¹pa⁵²tɔ⁴¹
   lʋ²²kʰuɔ̃²²li²²］

箩筐可以带了倷，［lʋ²²kʰuɔ̃²²kʰʋ⁵²i²¹ta³²ləʔ⁰nəʔ²³］

飞到天上去寻织女。"［fi⁵⁵tɔ⁴¹tʰi⁵⁵zɔ̃⁵⁵tɕʰi⁴¹ziŋ²²tsəʔ⁵ȵy⁵²］

牛郎听了之后呢，［ȵiu²²lɔ̃²²tʰiŋ⁵⁵ləʔ⁰tsɿ⁵⁵əɪ⁵²ne⁰］

心里向还来꞊铜꞊感到奇怪个辰光呢，［ɕiŋ⁵⁵li⁵⁵ɕiã⁵⁵a²²lɛ⁵²doŋ²¹kɛ⁵²tɔ²¹dʑi²²kua²²kəʔ⁵
   zəŋ²²kuɔ̃²²ne⁰］

老牛头上个牛角就落勒꞊地上里嘞，［lɔ⁵²ȵiu²¹dəɪ²²zɔ̃²²kəʔ⁵ȵiu²²koʔ²ʑiu²¹³loʔ²ləʔ²³di²²
   zɔ̃²²li²²le⁰］

真个变出了两只箩筐啊。［tsəŋ⁵⁵kəʔ⁰pi³²tsʰəʔ⁵ləʔ⁰liã⁵²tsəʔ⁵lʋ²²kʰuɔ̃²²a⁰］

牛郎赶快拨两个小人摆到箩筐里。［ȵiu²²lɔ̃²²kɛ⁵²kʰua²¹pəʔ⁵liã⁵²kəʔ⁵ɕiɔ⁵²ȵiŋ²¹pa⁵²tɔ²¹
   lʋ²²kuɔ̃²²li²²］

突然之间就感觉到嘞，［doʔ²ɛ²²tsɿ⁵⁵tɕi⁵⁵dʑiu²¹kɛ⁵²tɕɤəʔ⁵tɔ⁴¹le⁰］

有一阵清风飘过来，［iu⁵²iɛʔ⁵dzəŋ²²tɕʰiŋ⁵⁵fəŋ⁵⁵pʰiɔ⁵⁵ku⁰lɛ²²］

两只箩筐得个长了翼胖介个，［liã⁵²tsəʔ⁵lʋ²²kuɔ̃²²təʔ⁵kəʔ⁰tsã⁵²ləʔ⁰iɛʔ²kuɐ²²ka⁴¹kəʔ⁰］

带了牛郎就望天上飞上去。［ta⁴¹ləʔ⁰ȵiu²²lɔ̃²²dʑiu²¹mɔ̃²¹tʰi⁵⁵zɔ̃⁵⁵fi⁵⁵zɔ̃⁵⁵tɕʰi⁵⁵］

就介飞呀飞呀，［dʑiu²¹³ka²²fi⁵⁵ia⁰fi⁵⁵ia⁰］

眼看就介要趖上织女嘞，［ŋɛ⁵²kʰɛ⁰dʑiu²¹ka⁴¹iɔ²¹biɛʔ²zɔ̃²¹tsəʔ⁵ȵy⁵²le⁰］趖：追

格个辰光呢，［kəʔ³kəʔ⁵zəŋ²²kuɔ̃²²ne⁰］

被王母娘娘发觉嘞，［pe⁴¹uɔ̃²²mʋ⁵²ȵiã²²ȵiã⁰fɐʔ⁵tɕɤəʔ⁵le⁰］

王母娘娘就从自家个头上，［uɔ̃²²mʋ⁵²ȵiã²²ȵiã⁰dʑiu²¹dzoŋ²²zɿ²¹ka²¹³kəʔ⁵dəɪ²²zɔ̃²²］

拔落来一只金钗，［bɐʔ²loʔ²lɛ²¹³iɛʔ⁵tsəʔ⁵tɕiŋ⁵⁵tsʰa⁵⁵］

来꞊铜꞊伽两个人中间。［ lE⁵²doŋ²¹dʑia²¹liã⁵²kəʔ⁵n̩iŋ²¹tsoŋ⁵⁵tɕi⁵⁵ ］

划了一条天河，［ uɐʔ²ləʔ⁰iEʔ⁵diɔ²²tʰi⁵⁵u⁵⁵ ］

格个天河啦，都是个水，［ kəʔ³kəʔ⁵tʰi⁵⁵u⁵⁵la⁵⁵，tu⁵⁵z̩²¹kəʔ⁵se⁵² ］

湖宽得哪，看都看弗见对面。［ u⁵⁵kʰue⁵⁵təʔ⁵na⁰，kʰE⁴¹tu⁵⁵kʰE⁴¹fəʔ⁵tɕi⁴¹te⁴¹mi²¹³ ］

就介，一对小夫妻呢，［ ʑiu²¹³ka²²，iEʔ⁵te²¹ɕiɔ⁵²fuʔ¹tɕʰi²¹ne⁰ ］

就硬生生个被分开来嘞。［ dʑiu²¹ŋã²¹sã²²sã⁰kəʔ⁵pe⁴¹fəŋ⁵⁵kʰE⁵⁵lE⁵⁵le⁰ ］

喜鹊晓得了格爿事体之后呢，［ ɕi⁵²tɕʰɤəʔ²ɕiɔ⁵²təʔ⁰ləʔ⁰kəʔ³bE²¹³z̩²¹tʰi²¹³tsʅ⁵⁵əʅ⁵²ne⁰ ］

非常同情牛郎搭织女，［ fi⁵⁵zɔ̃⁵⁵doŋ²²dʑiŋ²²n̩iu²²lɔ̃²²təʔ³tsəʔ⁵n̩y⁵² ］

所以，到了每年个，［ su⁵²i²¹，tɔ⁴¹ləʔ⁰me⁵²n̩i²¹kəʔ⁵ ］

阴历七月初七个辰光，［ iŋ⁵⁵liɛʔ⁵tɕʰiEʔ⁵ɤəʔ⁵tsʰu⁵⁵tɕʰiEʔ⁵kəʔ⁵zəŋ²²kuɔ̃²² ］

辰꞊多么嫂꞊个喜鹊。［ zəŋ²²tɔ⁵⁵məʔ²sɔ⁵²kəʔ⁵ɕi⁵²tɕʰɤəʔ² ］

就会得飞到天河旁边，［ dʑiu²¹ue²¹təʔ⁰fi⁵⁵tɔ⁴¹tʰi⁵⁵u⁵⁵bɔ̃²²pi²² ］

一只喜鹊叼了［ iEʔ⁵tsəʔ⁵ɕi⁵²tɕʰɤəʔ²tiɔ⁵⁵ləʔ⁰ ］

另外一只喜鹊个尾巴［ liŋ⁵²ue²¹iEʔ⁵tsəʔ⁵ɕi⁵²tɕʰɤəʔ²kəʔ⁵mi⁵²pu²¹ ］

就介搭起了一座喜鹊桥，［ ʑiu²¹³ka²²təʔ⁵tɕʰi⁴¹ləʔ⁰iEʔ⁵zʊ²⁴³ɕi⁵²tɕʰɤəʔ²dʑiɔ²² ］

外꞊个牛郎搭织女哪，［ ŋa²¹kəʔ⁵n̩iu²²lɔ̃²²təʔ⁵tsəʔ⁵n̩y⁵²na⁰ ］

就可以来꞊桥上相会嘞。［ dʑiu²¹kʰʊ⁵²i²¹lE²²dʑiɔ²²zɔ̃²²ɕiã⁵⁵ue²¹le⁰ ］

古时候，有一个小伙子，他的爹娘都死了，家里只有一头老牛给他做伴，所以人们都叫他牛郎。牛郎就靠这头老牛耕地过日子，和老牛相依为命。实际上啊，这头老牛是天上的金牛星下凡。他喜欢牛郎的勤快善良，所以想帮牛郎娶妻成家。

有一天，金牛星知道天上的仙女们要到村东边山脚下的河里洗澡。他就托梦给牛郎，让他第二天早晨到湖边拿走一件仙女挂在树上的衣裳。然后，头也不回地就往家里逃，这样他就会得到一位美丽的仙女做妻子。

这天早晨，牛郎半信半疑地到了山脚下，在朦胧之中，果然看见七个美女在湖中戏水。他想起老牛跟他说的话，就拿走了一件挂在树上的粉红色衣裳，然后跑回家。实际上，被牛郎拿走衣服的那个仙女就是织女。当天晚上，织女轻轻地敲开了牛郎家的门，从此两个人就成了一对小夫妻。

一转眼三年过去了，牛郎和织女生了一男一女两个孩子，一家人过得很开心。但是，织女私自下凡的事被玉皇大帝知道了，玉皇大帝非常生气。

　　有一天，天上电闪雷鸣，并刮起了大风，下起了大雨，织女突然不见了，两个孩子哭着要妈妈。牛郎急得不知如何是好，这时，那头老牛突然开口了："别难过，你把我的角拿下来，变成两个箩筐，装上两个孩子，就可以上天宫去找织女了。"牛郎正奇怪，牛角就掉到了地上，真的变成了两个箩筐。

　　牛郎把两个孩子放到箩筐里，用扁担挑起来，只觉得一阵清风飘过，箩筐像长了两个翅膀，突然飞了起来，腾云驾雾地向天宫飞去。飞啊，飞啊，眼看就要追上织女了，却被王母娘娘发现了，她拔下头上的一根金钗，在牛郎和织女中间一划，立刻出现一条天河。这条天河波涛滚滚，宽得望不到对岸，把小两口隔开了。

　　喜鹊听到这个事情之后，非常同情牛郎和织女。每年农历七月初七，成千上万只喜鹊就飞到天河上，一只衔着另一只的尾巴，搭起一座长长的鹊桥，让牛郎和织女团聚。

（2015 年 8 月，发音人：张丹妮）

三、自选条目

（一）谚语

乌云弗生脚，［u^{55}iŋ^{55}fəʔ^{5}sã^{33}tɕiɐʔ^5］
做生活弗要急；［tsu^{32}sã^{55}uəʔ^{5}fəʔ^{5}iɔ^{21}tɕiɐʔ^5］
乌云连山脚，［u^{55}iŋ^{55}li^{22}sɛ^{55}tɕiɐʔ^5］
赶紧回家歇。［kɛ^{52}tɕiŋ^{21}ue^{22}tɕia^{55}ɕiɐʔ^5］

春东风，［tsʰəŋ^{55}toŋ^{55}foŋ^{55}］
雨祖宗；［y^{52}tsu^{52}tsoŋ^{21}］
夏东风，［ʋ^{21}toŋ^{22}foŋ^{213}］
燥松松。［sɔ^{32}soŋ^{22}soŋ^{213}］ 燥：热

鲎低日头高，［həɪ^{324}ti^{55}n̠iɐʔ^{2}dəɪ^{22}kɔ^{55}］ 鲎：彩虹
大水没上灶；［dʋ^{21}se^{52}məʔ^{2}zɔ̃^{21}tsɔ^{324}］
鲎高日头低，［həɪ^{324}kɔ^{55}n̠iɐʔ^{2}dəɪ^{22}ti^{55}］

晒死老雄鸡。［sa³²⁴sʅ²¹³lɔ⁵²ioŋ²¹tɕi²¹］雄鸡：公鸡

邋遢冬至清爽年，［lɐʔ²tʰɐʔ⁵toŋ⁵⁵tsʅ⁵⁵tɕʰiŋ⁵⁵sɔ̃⁵⁵n̠i²²］邋遢：这里指下雨
清爽冬至邋遢年。［tɕʰiŋ⁵⁵sɔ̃⁵⁵toŋ⁵⁵tsʅ⁵⁵lɐʔ²tʰɐʔ⁵n̠i²²］

外头金窠银窠，［ŋa²¹dəɹ²¹³tɕiŋ⁵⁵kʰʊ⁵⁵n̠iŋ²²kʰʊ²²］窠：窝
弗如屋里向个草窠。［fəʔ³zʅ²¹³oʔ³li⁵²ɕiã²¹kəʔ⁵tsʰɔ⁵²kʰʊ²¹］屋里向：家里

（以上 2019 年 7 月，发音人：章云天）

（二）俗语

吹箫弗拜师，［tsʰue³³ɕiɔ⁵⁵fəʔ⁵pa³²sʅ⁵⁵］
好像狗咬猪。［hɔ⁵²ʑiã²¹kəɹ⁵²ŋɔ²¹tsʅ⁵⁵］

千日胡琴百日箫，［tɕʰi⁵⁵n̠iɛʔ⁵vu²²dʑiŋ²²pɐʔ³n̠iɛʔ⁵ɕiɔ⁵⁵］
三日喇叭呱呱叫。［sɛ⁵⁵n̠iɛʔ⁵la²¹pa²¹³kua⁵⁵kua⁵⁵tɕiɔ³²⁴］

吃是鸡好，［tɕʰɣəʔ⁵zʅ²¹tɕi⁵⁵hɔ⁵²］
做是嬉好。［tsʊ³²⁴zʅ²¹ɕi⁵⁵hɔ⁵²］嬉：玩

稻是人家好，［dɔ²¹³zʅ²¹n̠iŋ²²ka⁵⁵hɔ⁵²］
癞头儿子自道好。［la²¹dəɹ²²ŋ²²tsʅ⁵⁵zʅ²¹dɔ²¹hɔ²¹³］

天下第一苦：撑船、打铁、磨豆腐。［tʰi⁵⁵ʑia⁵⁵di²¹iɛʔ⁵kʰʊ⁵²：tsʰã̃⁵⁵zɛ²²、tã³³tʰiɛʔ⁵、
mʊ²¹³dəɹ²¹vu²¹³］

溪沟、白杨，做煞木匠。［tɕʰi⁵⁵kəɹ⁵⁵、bɐʔ²iã²¹³，tsʊ³²sɐʔ⁵moʔ²iã²¹³］溪沟：树名，即枫杨树，
　　不适合做家具

后来和尚吃厚粥。［əɹ⁵²lɛ²¹u²²zɔ̃²²tɕʰɣəʔ⁵əɹ⁵²tsoʔ²］厚：稠

竹管洞里放菩萨，［tsoʔ⁵kuɛ⁵²doŋ²¹li²¹³fɔ̃³²bu²²sɐʔ²］

搭搭一个，［tɐʔ⁵tɐʔ⁰iEʔ⁵kəʔ⁵］
歇歇一个。［ɕiEʔ⁵ɕiEʔ⁰iEʔ⁵kəʔ⁵］

（以上 2015 年 8 月，发音人：章云天）

（三）歇后语

红萝卜上蜡烛账——乱报账。［oŋ²²lʊ²²bʊ²²zɔ̃²⁴laʔ²tsoʔ²tsã³²⁴——lE²¹pɔ³²tsã³²⁴］

铜钿眼里翻跟斗——死要钞票。［doŋ²²di²²ŋE²²li²²fE⁵⁵kəŋ⁵⁵tɐɪ⁵⁵——sɿ⁵²iɔ³²tsʰɔ⁵⁵pʰiɔ³²⁴］
铜钿：金钱

三个手指头捏田螺——笃定。［sE⁵⁵kəʔ⁵sɐɪ⁵²tsɿ²¹dəɪ²¹n̠iEʔ²³di²²lʊ²²——toʔ⁵diŋ²¹］笃定：
十拿九稳

霉豆腐里摆咸盐——越弄越糟。［me²²dəɪ²²vu²²li⁰pa⁵²E²²i²²——iEʔ²loŋ²¹³iEʔ²tsɔ⁵⁵］

瞎子看戏文——眼弗见，心明。［hɐʔ³tsɿ⁵⁵kʰE³²ɕi³²uəŋ²¹³——ŋE⁵²fəʔ⁵tɕi³²⁴，ɕiŋ⁵⁵miŋ²²］
（以上 2015 年 8 月，发音人：章云天）

孝　丰

一、歌谣

红罗衫

红罗衫，［oŋ²²lʊ²²sɛ⁴⁴］

紫罗裙，［tsɿ⁵²lʊ²²dʑyŋ²²］

小小姑娘么要嫁人。［ɕiɔ⁵²ɕiɔ⁵²ku⁴⁴niã⁴⁴məʔ⁰iɔ³²ka³²n̠iŋ²²］

嫁拨那□人，［ka³²pəʔ⁵na³²guəʔ²n̠iŋ²²］拨：给。□人：谁

嫁把读书小官人。［ka³²pa⁵²du²²sɿ⁴⁴ɕiɔ⁵²kuei⁴⁴n̠iŋ⁴⁴］

□人做媒人？［guəʔ²n̠iŋ⁵²tsu³²mei²²n̠iŋ²²］

隔壁头先生做媒人。［kɐʔ⁵pieʔ⁵dəɪ⁴⁴ɕi⁴⁴sã⁴⁴tsu³²mei²²n̠iŋ²²］

媒人到，哭三声。［mei²²n̠iŋ²²to³²，kʰuoʔ⁵sɛ⁴⁴sã⁴⁴］

囡啊囡，倷弗要哭，［nu⁴⁴a⁰nu⁴⁴，nəʔ²³fəʔ⁵iɔ³²kʰuoʔ⁵］囡：女儿

嫁佴橱，嫁佴箱，［ka³²na³²⁴dzɿ²²，ka³²na³²⁴ɕiã⁴⁴］佴：你们

嫁佴么脚桶汏外孙，［ka³²na³²məʔ⁰tɕieʔ⁵doŋ⁴⁴da²¹³ŋa³²sã²¹］汏：洗

嫁佴么马桶射尿咚咚响。［ka³²na³²məʔ⁰mʊ⁵²doŋ⁴⁴dza²²sei⁴⁴toŋ⁴⁴toŋ⁴⁴ɕiã⁴⁴］射尿：撒尿

（2018 年 8 月，发音人：朱云）

小板凳

小板凳，两头翘，［ɕiɔ⁴⁵bɛ²¹təŋ²¹，liã⁴⁵dəɪ²¹tɕʰiɔ³²⁴］

阿婆叫我搭虼蚤。[aʔ⁵bu²²tɕiɔ³²ŋuoʔ²kʰaʔ⁵kəʔ⁵tsɔ⁴⁴] 搭: 抓。虼蚤: 跳蚤

虼蚤蹦，我也蹦，[kəʔ⁵tsɔ⁴⁴poŋ³²⁴，ŋuoʔ²³ia³²poŋ³²⁴]

阿婆讲我无不用。[aʔ⁵bu²²kɔ̃⁵²ŋuoʔ²¹m²²pəʔ⁵ioŋ³²⁴] 无不: 没有

新娘子

新娘子，旧娘子，[ɕiŋ⁴⁴n̠iã⁴⁴tsʅ⁴⁴，dʑiu²¹n̠iã²¹tsʅ²⁴]

盘ᵈ到房间里吃瓜子，[be²¹tɔ³²⁴võ̃²²kɛʔ⁵li²²tɕʰieʔ⁵kʊ⁴⁴tsʅ⁴⁴] 盘ᵈ: 躲藏

贴ᵈ里啪啦射鸡屎，[tʰieʔ⁵li⁰pʰaʔ⁵la⁰dza²¹tɕi⁴⁴sʅ⁴⁴]

茅坑板浪ᵈ斗圈子，[mɔ²²kʰã²²pɛ²²lɔ̃²²təʔ³²tɕʰi⁴⁴tsʅ⁴⁴] 茅坑: 厕所。斗圈子: 转圈

稻草窠里生儿子。[dɔ²⁴tsʰɔ⁵²kʰʊ⁴⁴li⁰sã⁴⁴n²²tsʅ²²]

（以上 2018 年 8 月，发音人: 刘勤）

二、其他故事

乌龟地的传说

听讲古时候，[tʰiŋ³²kɔ̃²¹³kʊ⁴⁵zʅ²¹əɪ²¹]

孝丰城个地形比较特别。[ɕiɔ³²foŋ²¹³dzəŋ²²kəʔ⁵di²¹ziŋ²⁴pi⁴⁵tɕiɔ²¹dəʔ²bieʔ²³]

徛勒ᵈ后头山浪ᵈ望下看，[ge²⁴ləʔ⁵əɪ⁴⁵dəɪ²¹sɛ⁴⁴lɔ̃⁴⁴mɔ̃³²ʊ⁵²kʰe³²⁴] 勒ᵈ: 在

就是中间高，四面低，[ʑiu²¹zʅ²⁴tsoŋ⁴⁴kɛ⁴⁴kɔ⁴⁴，sʅ³²miɪ²¹³ti⁴⁴]

像只乌龟。[ʑiã²⁴tsaʔ⁵u⁴⁴kue⁴⁴]

乌龟头勒南台浪ᵈ，[u⁴⁴kue⁴⁴dəɪ²²ləʔ⁵ne²²de²²lɔ̃⁴⁴]

乌龟尾巴望南门外 [u⁴⁴kue⁴⁴mi⁴⁵pʊ²¹mɔ̃³²ne²²məŋ²²ŋa³²⁴]

一直沿着南街伸出去。[ieʔ⁵dzəʔ²³iɪ²²dzaʔ⁰ne²²ka²²səŋ⁴⁴tsʰəʔ⁵tɕʰi³²⁴]

低个地方叫蛤蟆地，[ti⁴⁴kəʔ⁵di²¹fɔ̃²⁴tɕiɔ³²⁴gʊ²²mʊ²²di²²]

西门外头还有座山叫大阳山。[ɕi⁴⁴məŋ⁴⁴ŋa³²dəɪ²¹³a²²iu²²tsʊ²²sɛ⁴⁴tɕiɔ³²da²¹iã²²sɛ²¹³]

因为乌龟是吃蚊子个，[iŋ⁴⁴ue²²u⁴⁴kue⁴⁴zʅ²⁴tɕʰieʔ⁵məŋ²²tsʅ²²kəʔ⁰]

所以当时孝丰城里听讲无不蚊子。[su⁴⁵i²¹tɔ̃⁴⁴zʅ²¹ɕiɔ³²foŋ²¹³dzəŋ²²li²²tʰiŋ³²kɔ̃²¹m²²pəʔ⁵

　　məŋ²²tsʅ²²]

东门外有一只山叫蟒蛇山，［toŋ⁴⁴məŋ⁴⁴ŋa³²⁴iu⁵²ieʔ³tsaʔ³sɛ⁴⁴tɕiɔ³²⁴mɤ̃⁴⁵zʊ²¹sɛ²¹］

山浪＝有条蟒蛇成精嘞，［sɛ⁴⁴lɤ̃⁴⁴iu⁴⁵diɔ²¹mɤ̃⁴⁵zʊ²¹dzəŋ²²tɕiŋ²²le⁰］_{山浪＝：山上}

渠想吃蛤蟆地里个蛤蟆。［dʑi²²ɕiã⁵²tɕʰieʔ⁵gʊ⁴⁴mʊ²²di²¹³li²²kəʔ⁰gʊ²²mʊ²²］

那么，乌龟为了保护蛤蟆，［na³²məʔ⁰，u⁴⁴kue⁴⁴ue²²ləʔ⁰pɔ⁴⁵u²¹gʊ²²mʊ²²］

同蟒蛇精打起来嘞。［doŋ²²mɤ̃⁴⁵zʊ²¹tɕiŋ²¹tã⁵²tɕʰi²¹lɛ²²le⁰］

由于两个都是精怪，［iu²²y²²liã⁴⁵kəʔ²tu⁴⁴zʅ²⁴tɕiŋ⁴⁴kua⁴⁴］

打起来比较厉害。［tã⁴⁵tɕʰi²¹lɛ²¹pi⁴⁵tɕiɔ²¹li³²e²¹³］

闹得孝丰城像地震一样，［nɔ³²təʔ⁰ɕiɔ³²foŋ²¹³dzəŋ²²ʑiã²⁴di²¹tsəŋ³²⁴ieʔ⁵iã³²⁴］

家里向葛只东西吟吟八＝拉＝要响。［ka⁴⁴li⁴⁴ɕiã⁴⁴kəʔ⁵tsaʔ⁵toŋ⁴⁴ɕi⁴⁴liŋ⁴⁴liŋ⁰paʔ⁵la⁰iɔ³²⁴ɕiã⁵²］

所以孝丰城不得安宁。［su⁴⁵i²¹ɕiɔ³²foŋ²¹³dzəŋ²²pu⁴⁵təʔ²¹ɛ⁴⁴niŋ²²］

乌龟和蟒蛇经常打架。［u⁴⁴kue⁴⁴u²²mɤ̃⁴⁵zʊ²¹tɕiŋ⁴⁴dzã⁴⁴tã⁵²tɕia³²⁴］

那么，这个时候，［na³²məʔ⁰，tse³²⁴kəʔ⁵zʅ²²əɪ²²］

有一个得道和尚路过孝丰。［iu⁴⁵ieʔ³kəʔ³təʔ⁵dɔ²⁴³u²²zɤ̃²²lu³²ku³²⁴ɕiɔ³²foŋ²¹³］

葛个和尚名字叫云鸿师父。［kəʔ³kəʔ⁵u²²zɤ̃²²miŋ²²zʅ²²tɕiɔ³²iŋ²²oŋ²²sʅ⁴⁴u⁴⁴］

当时，渠得＝县官提出来，［tɤ̃⁴⁴zʅ²²，dʑi²²təʔ⁵ir³²kue²¹³di²²tsʰəʔ⁵lɛ²²］

渠讲："我有办法，［dʑi²²kɤ̃³²：ŋuoʔ²³iu⁵²bɛ²¹faʔ²³］

阻止蟒蛇跟乌龟个打架。"［tsu⁴⁵tsʅ²¹mɤ̃⁴⁵zʊ²¹kəŋ⁴⁴u⁴⁴kue⁴⁴kəʔ⁰tã⁵²tɕia³²⁴］

县官讲："倷用什么办法？"［ir³²kue²¹³kɤ̃⁵²：nəʔ²³ioŋ³²zəŋ⁴⁵məʔ²¹bɛ²¹faʔ²³］

云鸿师父提出来嘞：［iŋ²²oŋ²²sʅ⁴⁴vu⁴⁴di²²tsʰəʔ⁵lɛ²²le⁰：］

"第一，在蟒蛇山浪＝蟒蛇头个地方，［di²¹ieʔ⁵，tse³²mɤ̃⁴⁵zʊ²¹sɛ⁴⁴lɤ̃⁴⁴mɤ̃⁴⁵zʊ²¹dəɪ²²kəʔ⁵
　　di²¹fɤ̃²⁴］

造一只七层八角玲珑塔，［zɔ²⁴ieʔ⁵tsaʔ⁵tɕʰieʔ⁵dzəŋ²²paʔ⁵kuoʔ⁵liŋ²²loŋ²²tʰaʔ⁵］

把蟒蛇镇牢，［pa⁵²mɤ̃⁴⁵zʊ²¹tsəŋ³²lɔ²¹³］

再呢，在乌龟背脊浪＝打三个眼，［tsɛ³²⁴ne⁰，dze³²u⁴⁴kue⁴⁴pe³²tɕi²¹lɤ̃²¹³tã⁵²sɛ⁴⁴kəʔ⁵ŋɛ⁵²］

拨乌龟镇牢。"［pəʔ⁵u⁴⁴kue⁴⁴tsəŋ³²lɔ²¹³］

那么，县官看渠讲得有道理，［na³²məʔ⁰，ir³²kue⁴⁴kʰe³²dʑi²²kɤ̃⁵²təʔ⁰iu⁵²dɔ²⁴li²¹］

就照办嘞。［ʑiu²¹³tsɔ³²bɛ²¹³le⁰］

首先，在东门外蟒蛇头浪＝，［səɪ⁴⁵ɕir²¹，dze³²toŋ⁴⁴məŋ⁴⁴ŋa³²⁴mɤ̃⁴⁵zʊ²¹dəɪ²²lɤ̃²²］

造了一只八角七层玲珑宝塔，［zɔ²⁴³ləʔ⁰ieʔ⁵tsaʔ⁵paʔ⁵kuoʔ⁵tɕʰieʔ⁵dzəŋ²²liŋ²²loŋ²²pɔ⁴⁵tʰaʔ²］

把蛇镇牢嘞。［pa⁵²zʊ²²tsəŋ³²lɔ²¹le⁰］

又勒乌龟背浪=打了三个眼，［iu⁵²lə?⁰u⁴⁴kue⁴⁴pe³²lɔ²¹³tã⁵²lə?⁰sɛ⁴⁴kə?⁵ŋɛ⁵²］
听讲当时打眼个辰光，［tʰiŋ³²kɔ²¹tɔ̃⁴⁴zɿ²²tã⁵²ŋɛ⁵²kə?⁰dzəŋ²²kuɔ̃²²］
打出来个水，红哦，得=个血样个。［tã⁵²tsʰə?⁵lɛ²²kə?⁰se⁴⁵，oŋ²²ʊ⁰，tə?⁵kə?⁰ɕie?⁵iã³²kə?⁰］
好了，葛两桩事体做了以后呢，［hɔ³²lə?⁰，kə?⁵liã⁴⁵tsɔ²¹zɿ²¹tʰi²⁴tsu³²lə?⁰i³²əɿ⁵²ne⁰］
孝丰城就安宁嘞。［ɕiɔ³²foŋ²¹³dzəŋ²²ziu²¹ɛ⁴⁴niŋ⁴⁴le⁰］

后来，为了纪念云鸿师父，［əɿ⁴⁵lɛ²¹，ue²²lə?⁰tɕi³²n̦iɿ²¹³iŋ²²oŋ²²sɿ⁴⁴vu⁴⁴］
拨葛只塔起名为云鸿塔。［pə?⁵kə?⁵tsa?⁵tʰa?⁵tɕʰi⁵²miŋ²²ue²²iŋ²²oŋ²²tʰa?⁵］
乌龟背浪=三只眼现在还落=霍=，［u⁴⁴kue⁴⁴pe³²lɔ²¹³sɛ⁴⁴tsa?⁵ŋɛ⁵²iɿ³²dze²¹³vɛ²²luo?⁵huo?²］
　　落=霍=：在那
叫三眼井。［tɕiɔ³²⁴sɛ⁴⁴ŋɛ⁴⁴tɕiŋ⁴⁴］
东门外头，葛只蛇头个村子，［toŋ⁴⁴məŋ⁴⁴ŋa²¹dəɿ²⁴，kə?⁵tsa?⁵zʊ²²dəɿ²²kə?⁵tsʰəŋ⁴⁴tsɿ⁴⁴］
本来是蛇头村，［pəŋ⁴⁵lɛ²¹zɿ²¹³zʊ²²dəɿ²²tsʰəŋ²²］
后来镇了之后呢，改为无头村，［əɿ⁴⁵lɛ²¹tsəŋ³²lə?⁰tsɿ⁴⁴əɿ⁵²ne⁰，kɛ⁴⁵ue²¹vu²²dəɿ²²tsʰəŋ²²］
现在还叫无头村。［iɿ³²dze²¹³a²²tɕiɔ³²⁴vu²²dəɿ²²tsʰəŋ²²］
葛就是乌龟地个故事。［kə?⁵dziu²¹zɿ²¹u⁴⁴kue⁴⁴di²¹³kə?⁵ku³²zɿ²¹³］

　　听说古时候，孝丰城的地形比较特别。从后面往下看，中间高，四面低，像只乌龟。乌龟头在南台上，乌龟尾部一直沿着南街伸出去。低的地方叫蛤蟆地，西门外头还有座山叫大阳山，因为乌龟是吃蚊子的，所以当时孝丰城里听说是没蚊子的。

　　东门外有一座山叫蟒蛇山，山上有一条蟒蛇成精了，它想吃蛤蟆地里的蛤蟆。乌龟为了保护蛤蟆，同蟒蛇精打起来了。两个都是妖精，打得非常厉害。闹得孝丰城像地震一样，家里的东西叮当直响，所以孝丰城不得安宁。乌龟和蟒蛇经常打架。

　　这个时候，有一个得道和尚路过孝丰，这个和尚名字叫云鸿师父。当时，他对县官说："我有办法阻止蟒蛇跟乌龟打架。"县官问："你用什么办法？"云鸿师父提出来了："第一，在蟒蛇山上蟒蛇头部的地方造一个七层八角玲珑塔，把蟒蛇镇牢，然后，在乌龟背脊上打三个眼，把乌龟镇牢。"县官看他讲得有道理，就照办了。

　　首先，在东门外蟒蛇头上造了一只八角七层玲珑宝塔，把蛇镇牢了。又在乌龟背上打了三个眼，听说当时打眼的时候，打出来的水，红得像血一样。好了，这两桩事情做好了以后呢，孝丰城就安宁了。

后来，为了纪念云鸿师父，人们就把这个塔起名为云鸿塔。乌龟背上三只眼现在还在，叫三眼井。东门外的蛇头村，本来是蛇头村，后来镇了之后呢，改为无头村，现在还叫无头村。这就是乌龟地的故事。

（2018 年 8 月，发音人：刘勤）

三、自选条目

（一）谚语

有稻无稻，［iu⁵²dɔ²⁴³m²²dɔ²⁴³］
霜降放倒。［sɔ̃⁴⁴kɔ̃⁴⁴fɔ̃³²tɔ⁵²］

稻倒一担谷，［dɔ²⁴³tɔ⁵²ieʔ⁵tɛ⁴⁴kuoʔ⁵］
麦倒一张壳。［maʔ²³tɔ⁵²ieʔ⁵tsã⁴⁴kʰuoʔ⁵］

养囡儿要好娘，［iã⁵²nu⁴⁴ŋ²²iɔ³²⁴hɔ⁴⁵n̠iã²¹］
种稻要好秧。［tsoŋ³²dɔ²⁴³iɔ³²⁴hɔ⁵²iã⁴⁴］

六月砍竹，［luoʔ²³yəʔ⁵kʰɛ⁵²tsuoʔ⁴⁴］
爹哭娘哭。［tia⁴⁴kʰuoʔ⁵n̠iã²²kʰuoʔ⁵］

（以上 2018 年 8 月，发音人：刘勤）

（二）俗语

城里人到乡下，［dzəŋ²²li²²n̠iŋ²²tɔ³²ɕiã⁴⁴ʋ⁴⁴］
杀鸡杀鸭，［saʔ⁵tɕi⁴⁴saʔ⁵aʔ⁵］
乡下人到城里，［ɕiã⁴⁴ʋ⁴⁴n̠iŋ⁴⁴tɔ³²⁴dzəŋ²²li²²］
肩胛一搭。［tɕiɨ⁴⁴kaʔ⁵ieʔ⁵taʔ⁵］

破柴看丝留=，［pʰa³²⁴za²²kʰe²²sʅ⁴⁴liu⁴⁴］ 丝留=：纹路

讨老婆看阿舅。［tʰɔ³²lɔ⁴⁵buʔ²¹kʰe³²⁴aʔ³dʑiu²⁴³］

镬子弗滚，［oʔ²tsɿ⁵²fəʔ⁵kuəŋ²²］镬子：锅子
汤罐滚。［tʰɔ⁴⁴kue⁴⁴kuəŋ²²］

外头敲锣鼓，［ŋa³²dəɿ²¹³kʰɔ⁴⁴lʊ²²ku⁵²］
家里吃盐卤。［ka⁴⁴li⁴⁴tɕʰieʔ⁵iɿ²²lu⁵²］

（以上 2018 年 8 月，发音人：刘勤）

（三）谜语

稀奇稀奇真稀奇，［ɕi⁴⁴dʑi⁴⁴ɕi⁴⁴dʑi⁴⁴tsəŋ⁴⁴ɕi⁴⁴dʑi⁴⁴］
鼻头当马骑。［bieʔ²dəɿ²⁴tɔ⁴⁴mʊ⁵²dʑi²²］
——眼镜［ŋɛ⁴⁵tɕiŋ²¹］

骨里西，骨里西，［kuəʔ⁵li⁴⁵ɕi⁴⁴，kuəʔ⁵li⁴⁵ɕi⁴⁴］
俫妈生了介个鬼东西，［na³²ma⁴⁴sã⁴⁴ləʔ⁰ka³²⁴kəʔ⁰kue⁴⁵toŋ²¹ɕi²¹］
人家都是皮包骨，［ȵiŋ²²ka²²tu⁴⁴zɿ²⁴bi²²pɔ⁴⁴kuəʔ⁵］
就是俫是骨包皮。［ʑiu²¹³zɿ²⁴nəʔ²³zɿ²⁴kuəʔ⁵pɔ⁵⁵bi²²］
——螺丝［lu²²sɿ²²］

三个兄弟都姓竹，［sɛ⁴⁴kəʔ⁵ɕioŋ⁴⁴di⁴⁴tu⁴⁴ɕiŋ³²⁴tsuoʔ⁵］
就是老大无耳朵。［ʑiu²¹³zɿ²⁴lɔ⁴⁵du²¹³m²²n⁴⁵dʊ²¹］
——蒸笼［tsəŋ⁴⁴loŋ⁴⁴］

打个谜子拨俫猜猜，［tã⁵²kəʔ⁵me²²tsɿ²²pəʔ⁵nəʔ²³tsʰe⁴⁴tsʰe⁴⁴］
屁眼洞里□□。［pʰi³²ŋɛ²¹doŋ²¹li²⁴le⁴⁴le⁴⁴］□：扣
——顶针箍［tiŋ⁴⁵tsəŋ²¹kʰu²¹］

上面毛，［zɔ²⁴miɿ³²⁴mɔ²²］
后面毛，［əɿ⁴⁵miɿ²¹mɔ²²］

中间一颗水葡萄。〔tsoŋ⁴⁴kɛ⁴⁴ieʔ⁵kʰu⁴⁴se⁴⁵bu²²dɔ²²〕

——眼睛〔ŋɛ⁴⁵tɕiŋ²¹〕

半天里有只筼，〔pe³²tʰiɿ²¹³li⁴⁴iu⁵²tsaʔ⁵da²⁴³〕筼: 篮子

筼里有只蟹。〔da²⁴li²¹iu⁵²tsaʔ⁵ha⁵²〕

——蜘蛛网〔tsʅ⁴⁴tsʅ⁴⁴mɔ̃⁴⁴〕

（以上 2018 年 8 月，发音人：刘勤）

（四）顺口溜

天浪⁼星多月弗明，〔tʰiɿ⁴⁴lɔ̃⁴⁴ɕiŋ⁴⁴tu⁴⁴ieʔ²³fəʔ⁵miŋ²²〕

地浪⁼凼多路弗平，〔di²¹lɔ̃²⁴dã²¹³tu⁴⁴lu³²⁴fəʔ⁵biŋ²²〕凼: 水坑

塘里鱼多水弗清。〔dɔ̃²²li²²ŋ²²tu⁴⁴se⁵²fəʔ²³tɕʰiŋ⁴⁴〕

（2018 年 8 月，发音人：刘勤）

长　兴

一、歌谣

天浪ᵓ有颗星

天浪ᵓ有颗星，［tʰi⁴⁴lɔ̃⁴⁴i⁵²kʰəu³²⁴ʃiŋ⁴⁴］

地浪ᵓ有只钉，［dʐ²⁴lɔ̃⁴⁴i⁵²tsəʔ⁵tiŋ⁴⁴］

叮叮嗒嗒挂油瓶，［tiŋ⁴⁴tiŋ⁴⁴taʔ⁵taʔ⁵ku³²⁴iɤ¹²biŋ¹²］

油瓶漏，［iɤ¹²biŋ¹²lei³²⁴］

炒苋ᵓ豆，［tsʰɔ³²hᴇ³²dei²⁴］

苋ᵓ豆焦，［hᴇ³²dei²⁴tʃiɔ⁴⁴］

换把刀，［uɯ²⁴pu⁵²tɔ⁴⁴］

刀无柄，［tɔ³³vu¹²piŋ³²⁴］

换把秤，［uɯ²⁴pu⁵²tsʰəŋ³²⁴］

秤无砣，［tsʰəŋ³²⁴vu¹²dəu¹²］

换只锣，［uɯ²⁴tsəʔ⁵ləu¹²］

锣无底，［ləu¹²vu¹²tʐ⁵²］

换条被。［uɯ²⁴diɔ¹²bʐ²⁴³］

被无角，［bʐ²⁴³vu¹²koʔ⁵］

换张八仙桌，［uɯ²⁴tsã⁴⁴poʔ³ʃi⁴⁴tsoʔ⁵］

八个娘娘坐一桌，［poʔ³kei³²⁴n̠iã¹²n̠iã³³zəu²⁴iᴇʔ²tsoʔ⁵］

轧出个小癞痢勒ᵓ门角里哭。［kaʔ⁵tsʰəʔ⁵kəʔ⁰ʃiɔ⁵²la³²ʔʐ²¹ləʔ⁵məŋ¹²koʔ⁵ʔʐ²¹kʰoʔ⁵］小癞痢：小孩

揩揩眼泪吃碗粥，［kʰa⁴⁴kʰa⁴⁴ŋɛ⁴⁵lɿ²¹tʃʰiɛʔ⁵uɯ³²tsoʔ⁵］

揩揩鼻铁⁼吃碗肉。［kʰa⁴⁴kʰa⁴⁴biɛʔ²tʰiɛʔ⁵tʃʰiɛʔ⁵uɯ³²n̩ioʔ²］鼻铁⁼：鼻涕

洋枪打老虎

洋枪打老虎，［iã¹²tʃʰiã³³tã⁵²lɔ⁴⁵həu²¹］

老虎吃小儿，［lɔ⁴⁵həu²¹tʃʰiɛʔ⁵ʃiɔ⁴⁵əl²¹］

小儿抱公鸡，［ʃiɔ⁴⁵əl²¹bɔ²⁴koŋ⁴⁴tʃʅ⁴⁴］

公鸡啄蜜蜂。［koŋ⁴⁴tʃʅ⁴⁴toʔ⁵miɛʔ²foŋ⁴⁴］

蜜蜂叮癞痢，［miɛʔ²foŋ⁴⁴tiŋ⁴⁴la³²lɿ²⁴］

癞痢背洋枪，［la³²lɿ²⁴pei³²⁴iã¹²tʃʰiã³³］

洋枪打老虎。［iã¹²tʃʰiã³³tã⁵²lɔ⁴⁵həu²¹］

（以上2016年7月，发音人：乔纪良）

周扒皮

周扒皮，［tsei⁴⁴poʔ⁵bʅ⁴⁴］

周扒皮，［tsei⁴⁴poʔ⁵bʅ⁴⁴］

弗要面皮，［fəʔ⁵iɔ³²⁴mi²¹bʅ²⁴］面皮：脸面

深更半夜来偷鸡。［səŋ⁴⁴kəŋ⁴⁴pɯ³²ia²⁴lɯ¹²tʰei⁴⁴tʃʅ⁴⁴］

是偓正好勒⁼做游戏，［zəʔ²ŋa¹²tsəŋ³²⁴hɔ⁵²ləʔ⁵tsəu³²⁴iɣ¹²ʃʅ³²⁴］勒：在

一把搦牢周扒皮，［iɛʔ²pu⁵²kʰaʔ⁵lɔ³²⁴tsei⁴⁴poʔ⁵bʅ⁴⁴］搦牢：抓住

周扒皮。［tsei⁴⁴poʔ⁵bʅ⁴⁴］

（2016年7月，发音人：舒悦）

二、规定故事

牛郎和织女

古辰光，有一个小伙子，［kəu⁴⁵dzəŋ⁵⁵kɔ̃²¹，i⁵²iɛʔ²kei³²ʃiɔ⁴⁵həu⁵⁵tsʅ²¹］辰光：时候

蛮早个辰光爷娘就过世嘞，［mɛ⁴⁵tsɔ⁵⁵kəʔ³dzəŋ⁵⁵kɔ̃²¹ia¹²n̩iã³³ʒiɣ²⁴kəu³²sʅ²⁴lɛ⁰］

从小一家头孤苦伶仃，［dzoŋ¹²ʃiɔ⁵²iɛʔ²ka⁴⁴dei⁴⁴kəu⁴⁴kʰəu⁴⁴liŋ¹²tiŋ³³］

屋里向只有一头老牛，［oʔ²ɬ²⁴ʃiã⁴⁴tsəʔ⁵i⁵²iEʔ²diɔ¹²lɔ⁴⁵n̩i²¹］屋里向：家里

所以呢人家才喊伊牛郎。［səu⁴⁵ɻ²¹nei⁰n̩iŋ¹²ka³³dzɯ¹²hE³²ɻ¹²n̩i¹²lɔ̃³³］

牛郎呢，［n̩i¹²lɔ̃³³nei⁰］

就靠格只老牛耕地为生。［ʒiɤ²⁴kʰɔ³²⁴kəʔ²tsəʔ⁵lɔ⁴⁵n̩i²¹kã⁴⁴dʐ²⁴uei¹²səŋ⁴⁴］

格老牛呢，实际浪꞊呢，［kəʔ³lɔ⁴⁵n̩i²¹nei⁰，zəʔ²tʃɻ⁴⁴lɔ̃⁴⁴nei⁰］

是天浪꞊个金牛星下凡，［zɻ²⁴tʰi⁴⁴lɔ̃⁴⁴kəʔ⁵tʃiŋ⁴⁴n̩i⁴⁴ʃiŋ⁴⁴ʒia²⁴vE¹²］

是伊呢，蛮喜欢牛郎个，［zəʔ²ɻ¹²nei⁰，mE⁴⁵ʃɻ⁴⁵huɯ²¹n̩i¹²lɔ̃³³kəʔ⁰］

又勤劳，又善良，［iɤ²⁴dʒiŋ¹²lɔ³³，iɤ³²⁴zu²⁴liã²¹］

就想代伊寻一个老婆。［ʒiɤ¹²ʃiã⁵²dɯ²⁴ɻ¹²ʒiŋ¹²iEʔ²kei³²lɔ⁴⁵bu²¹］

有一日呢，［i⁵²iEʔ²n̩iEʔ²nei⁰］

格金牛星得知天浪꞊有七个仙女，［kəʔ³tʃiŋ⁴⁴n̩i⁴⁴ʃiŋ⁴⁴təʔ³tsɻ⁴⁴tʰi⁴⁴lɔ̃⁴⁴i⁵²tʃʰiEʔ³kei³²⁴ʃi⁴⁴m̩⁴⁴］

要到村东头个濠潭里去洗澡。［iɔ³²tɔ³²tsʰəŋ⁴⁴toŋ⁴⁴dei⁴⁴kəʔ⁵ɔ¹²dɯ²²ɬ³³tʃʰɻ³²⁴ʃɻ⁵²tsɔ⁵²］濠

潭：池塘

是伊呢，就搭格个消息托梦拨牛郎，［zəʔ²ɻ¹²nei⁰，ʒiɤ²⁴taʔ⁵kəʔ³kei³²⁴ʃiɔ⁴⁴ʃiEʔ⁵tʰoʔ⁵moŋ³²⁴pəʔ⁵n̩i¹²lɔ̃³³］

叫牛郎第二日早头，［tʃiɔ³²⁴n̩i¹²lɔ̃³³dɻ²⁴n³²n̩iEʔ²tsɔ⁴⁵dei²¹］

到村东头个港边浪꞊去，［tɔ³²⁴tsʰəŋ⁴⁴toŋ⁴⁴dei⁴⁴kəʔ⁵kɔ̃⁵²pi⁴⁴lɔ̃⁴⁴tʃʰɻ³²⁴］

看见仙女勒洗澡时呢，［kʰɯ³²tʃi²⁴ʃi⁴⁴m̩⁴⁴ləʔ⁵ʃɻ⁵²tsɔ⁵²zɻ²⁴nei⁰］

赶紧搭挂勒树浪꞊个仙女个衣裳，［kɯ⁵²tʃiŋ³²taʔ⁵ku³²ləʔ⁵zɻ²⁴lɔ̃²⁴kəʔ⁵ʃi⁴⁴m̩⁴⁴kəʔ⁵ɻ⁴⁴zɔ̃⁴⁴］

担一件头也弗要回，［tE⁴⁴iEʔ²dʒi²⁴dei¹²ia⁵²fəʔ⁵iɔ³²⁴uei¹²］

急急忙忙个要赶回去。［tʃiEʔ⁵tʃiEʔ⁰mɔ̃¹²mɔ̃⁰kəʔ⁰iɔ³²kɯ⁵²uei¹²tʃʰɻ³²⁴］

格么格件衣裳个仙女呢，［kəʔ³məʔ⁰kəʔ³dʒi²⁴ɻ⁴⁴zɔ̃⁴⁴kəʔ⁰ʃi⁴⁴m̩⁴⁴nei⁰］

就是伊个老婆。［ʒiɤ²⁴zɻ²⁴ɻ¹²kəʔ⁵lɔ⁴⁵bu²¹］

第二日早头，［dɻ²⁴n³²n̩iEʔ²tsɔ⁴⁵dei²¹］

牛郎嘛也有点半信半疑，［n̩i¹²lɔ̃³³ma⁰ia⁵²i⁵²ti³²pu³²ʃiŋ³²⁴pu³²m̩¹²］

是伊先跑去看看再讲，［zəʔ²ɻ¹²ɕi⁴⁴bɔ¹²tʃʰɻ³²kʰɯ³²kʰɯ³²⁴tsE³²kɔ̃⁵²］

跑到搭꞊只濠潭个边浪꞊，［bɔ¹²tɔ³²taʔ⁵tsəʔ⁵ɔ¹²dɯ³³kəʔ⁰pi⁴⁴lɔ̃⁴⁴］

朦胧当中一看啊，［moŋ¹²loŋ¹²tɔ̃⁴⁴tsoŋ⁴⁴iEʔ²kʰɯ³²⁴a⁰］

哎，果然有七个仙女［E³²⁴，kəu⁵²zɯ¹²i⁵²tʃʰiEʔ⁵kei³²ʃi⁴⁴m̩⁴⁴］

勒格头只濠潭里向戏水。［lə?⁵kə?⁵dei⁴⁴tsə?⁵ɔ¹²duɯ³³lʅ³³ʃiã³³ʃʅ³²sei⁵²］

是伊弗管三七二十一，［zə?²ʅ¹²fə?³kuɯ⁵²sᴇ⁴⁴tʃʰiᴇ?⁵n³²zə?²iᴇ?²］

担了一件衣裳就介跑，［tᴇ⁴⁴lə?⁰iᴇ?²dʒi²⁴ʅ⁴⁴zɔ̃⁴⁴ʒiɤ²⁴ka²¹bɔ¹²］

格件粉红色个衣裳，［kə?³dʒi²⁴fəŋ⁴⁵oŋ²¹sə?²kə?⁰ʅ⁴⁴zɔ̃⁴⁴］

实际浪＝就是最漂亮个，［zə?²tʃʅ³²lɔ̃⁴⁴ʒiɤ²⁴zʅ²¹tsei³²⁴pʰiɔ⁴⁵liã²¹kə?⁰］

一个仙女，叫织女，［iᴇ?²kei³²ʃi⁴⁴m̩⁴⁴，tʃiɔ³²tsə?⁵m̩⁵²］

格件衣裳。［kə?³dʒi²⁴ʅ⁴⁴zɔ̃⁴⁴］

半夜里向，［puɯ³²ia²¹lʅ²¹ʃiã³²⁴］

织女就敲开了牛郎个屋门，［tsə?⁵m̩⁵²ʒiɤ²⁴kʰɔ⁴⁴kʰuɯ⁴⁴lə?⁰ɲi¹²lɔ̃³³kə?⁵o?³məŋ³²⁴］

两个人做了恩爱夫妻。［liã⁵²kə?⁵n̩iŋ¹²tsəu³²lə?⁰əŋ⁴⁴uɯ⁴⁴fu⁴⁴tʃʰʅ⁴⁴］

一睁眼呢，已经三年过去嘞。［iᴇ?²tsəŋ⁴⁴ŋᴇ⁵²nei⁰，ʅ⁴⁵tʃiŋ²¹sᴇ⁴⁴ɲi²¹kəu³²tʃʰʅ³²lᴇ⁰］

牛郎和织女养了一男一女，［ɲi¹²lɔ̃³³vu¹²tsə?⁵m̩⁵²iã⁵²lə?⁰iᴇ?²nuɯ¹²iᴇ?²m̩⁵²］

两个小把戏，［liã⁵²kei³²ʃiɔ⁴⁵pa⁵⁵ʃʅ²¹］小把戏：小孩子

日子呢过得非常开心。［ɲiᴇ?²tsʅ⁴⁴nei⁰kəu³²tə?⁰fʅ⁴⁴dzɔ̃⁴⁴kʰuɯ⁴⁴ʃiŋ⁴⁴］

可是呢，格件事体呢，［kʰəu⁴⁵zʅ²¹nei⁰，kə?³dʒi²⁴zʅ²¹tʰʅ²⁴nei⁰］

因为织女下凡哪，［iŋ⁴⁴uei⁴⁴tsə?⁵m̩⁵²ʒia²⁴vᴇ²¹na⁰］

是私自下凡，［zʅ²⁴sʅ⁴⁴zʅ⁴⁴ʒia²⁴vᴇ²¹］

拨玉皇大帝晓得了格件事体，［pə?⁵n̩io?²ɔ̃²⁴da⁴⁴tʅ⁴⁴ʃiɔ⁴⁵tə?²lə?⁰kə?³dʒi²⁴zʅ²⁴tʰʅ²¹］

玉皇大帝呢，［n̩io?²ɔ̃²⁴da⁴⁴nei⁰］

就大发雷霆。［ʒiɤ²⁴da²⁴fa?⁵lei¹²diŋ¹²］

有一日，织女突然弗见呢，［i⁵²iᴇ?⁵ɲiᴇ?²，tsə?⁵m̩⁵²tʰo?²zuɯ²⁴fə?⁵tʃi³²nei⁰］

天浪＝嘛，电闪雷鸣。［tʰi⁴⁴lɔ̃⁴⁴ma⁰，di²⁴sᴇ⁵²lei¹²miŋ¹²］

又是打雷，又是落雨，又是刮风，［iɤ³²⁴zʅ²⁴tã⁵²lei¹²，iɤ³²⁴zʅ²⁴lo?²ʅ⁵²，iɤ³²⁴zʅ²⁴kua?⁵
　　foŋ⁴⁴］

两个小把戏呢，［liã⁵²kə?⁵ʃiɔ⁴⁵pa⁵⁵ʃʅ²¹nei⁰］

哇哇大哭，要喊妈妈。［ua²²ua⁴⁴dəu²⁴kʰo?⁵，iɔ³²⁴hᴇ³²ma⁴⁴ma⁴⁴］

格牛郎呢，［kə?⁵ɲi¹²lɔ̃³³nei⁰］

牛郎呢急得呢六神无主。［ɲi¹²lɔ̃³³nei⁰tʃiᴇ?³tə?⁵nei⁰lo?²zəŋ²⁴u¹²tsʅ⁵²］

一点办法无不。［iᴇ?²ti⁵²bᴇ²⁴fa?⁵m¹²pə?⁵］

格个辰光呢，［kəʔ³kəʔ⁵dzəŋ¹²kɔ̃³³nei⁰］

格只老牛呢开口嘞：［kəʔ³tsəʔ⁵lɔ⁴⁵n̠i²¹nei⁰kʰɯ⁴⁴kʰei⁵²lE⁰］

"牛郎牛郎，尔弗要难过，［n̠i¹²lɔ̃³³n̠i¹²lɔ̃³³，n¹²fəʔ³iɔ³²⁴nE¹²kəu³²⁴］

是尔只要搭我头浪＂两只角担脱，［zəʔ²n²⁴tsəʔ⁵iɔ³²⁴taʔ⁵ŋ¹²dei¹²lɔ̃³³liã¹²tsəʔ³kɔʔ⁵tE⁴⁴tʰəʔ⁵］

马上就介活＂得变成两只箩筐。［ma⁴⁵zɔ̃²¹ʒiɤ²¹ka²⁴uəʔ²təʔ⁵pi³²dzəŋ²⁴liã⁴⁵tsəʔ³ləu¹²kʰɔ̃³³］

　　　介活＂：会

格两只箩筐呢，［kəʔ³liã⁴⁵tsəʔ³ləu¹²kʰɔ̃³³nei⁰］

是尔就介搭小把戏装箩筐里之后呢，［zəʔ²n²⁴ʒiɤ²¹ka²⁴taʔ⁵ʃiɔ⁴⁵pa⁵⁵ʃ̩²¹tsɔ̃⁴⁴ləu¹²kʰɔ̃³³l̩³³ tsʅ⁴⁴i⁵²nei⁰］

尔就介好到天宫里向去寻织女嘞。"［n¹²ʒiɤ²¹ka²⁴hɔ⁵²tɔ³²tʰi⁴⁴koŋ⁴⁴l̩⁴⁴ʃiã⁴⁴tʃʅ³²ʒiŋ¹² tsəʔ⁵m̩⁵²lE⁰］

那么讲完后呢蛮奇怪，［na³²məʔ⁰kɔ̃⁵²uɯ¹²i⁵²nei⁰mE⁴⁵dʒʅ¹²kua³²⁴］

哎，只牛角就落脱嘞，［E⁴⁴，tsəʔ⁵n̠i¹²kɔʔ⁵ʒiɤ²⁴loʔ²tʰəʔ⁵lE⁰］

落勒地上嘞，［loʔ²ləʔ⁵dʅ²¹zɔ̃²⁴lE⁰］

变了两只箩筐，［pi³²ləʔ⁰liã⁴⁵tsəʔ⁵ləu¹²kʰɔ̃³³］

牛郎呢，搭两个小把戏呢，［n̠i¹²lɔ̃³³nei⁰，taʔ⁵liã⁴⁵kəʔ³ʃiɔ⁴⁵pa⁵⁵ʃʅ²¹nei⁰］

摆勒箩筐里。［pa⁴⁵ləʔ⁰ləu¹²kʰɔ̃³³l̩³³］

担起得＂扁担，［nE⁴⁴tʃʅ⁴⁴təʔ⁵pi⁴⁵tE²¹］担：拿

挑了肩胛浪＂之后呢，［tʰiɔ⁴⁴ləʔ⁰tʃi²¹ka⁴⁴lɔ̃⁴⁴tsʅ⁴⁴i⁵²nei⁰］

只觉得两只箩筐像上了两只脚管一样，［tsəʔ⁵tʃiE ʔ³təʔ⁵liã⁴⁵tsəʔ³ləu¹²kʰɔ̃²²ʒiã²⁴zɔ̃²⁴ləʔ⁰ liã⁴⁵tsəʔ³tʃia ʔ³kuE⁴⁴iEʔ²iã³²⁴］脚管：裤腿

叭＂叭＂叭＂个飞起来嘞，［ba²⁴ba²⁴ba²⁴kəʔ⁰fʅ⁴⁴tʃʅ⁴⁴lɯ⁴⁴lE⁰］

飞呀飞呀飞，［fʅ⁴⁴ia⁴⁴fʅ⁴⁴ia⁴⁴fʅ⁴⁴］

飞到天空当中，［fʅ⁴⁴tɔ³²tʰi⁴⁴kʰoŋ⁴⁴tɔ̃⁴⁴tsoŋ⁴⁴］

眼看见前头像得是织女哎。［ŋE⁵²kʰɯ³²tʃi³²⁴ʒi¹²dei³³ʒiã²⁴təʔ⁵zʅ²⁴tsəʔ⁵m̩⁵²E²¹］

织女也想跑过去，［tsəʔ⁵m̩⁵²ia⁵²ʃiã⁵²bɔ¹²kəu³²tʃʰʅ³²⁴］

寻伊个辰光呢，［ʒiŋ¹²ʅ¹²kəʔ⁵dzəŋ¹²kɔ̃³³nei⁰］

拨格王母娘娘看见嘞。［pəʔ⁵kəʔ⁵ɔ̃¹²mu²²n̠iã²²n̠iã³³kʰɯ³²tʃi²¹lE⁰］

王母娘娘搭头浪＂拔出只金钗，［ɔ̃¹²mu²²n̠iã²²n̠iã³³taʔ⁵dei¹²lɔ̃⁴⁴baʔ⁵tsʰəʔ⁵tsəʔ⁵tʃiŋ⁴⁴tsʰu⁴⁴］

搭牛郎和织女当中一划，［taʔ⁵n̠i¹²lɔ̃³³vu¹²tsəʔ⁵m̩⁵²tɔ̃⁴⁴tsoŋ⁴⁴iEʔ²ua ʔ²］

只见一条波涛滚滚，[tsəʔ⁵tʃi³²⁴iEʔ²diɔ¹²pʰu⁴⁴tʰɔ⁴⁴kuəŋ⁴⁵kuəŋ²¹]

一眼看弗到边个天河出现嘞：[iEʔ²ŋE⁵²kʰɯ³²fəʔ⁵tɔ³²pi⁴⁴kəʔ⁵tʰi⁴⁴vu¹²tsʰəʔ⁵i³²⁴lE⁰]

搭牛郎和织女隔勒一边。[taʔ⁵n̠i¹²lɔ̃³³vu¹²tsəʔ⁵m̩⁵²kəʔ⁵ləʔ⁰iEʔ²pi⁴⁴]

格喜鹊，[kəʔ⁵ʃʅ⁴⁵tʃʰiEʔ³]

亦蛮同情牛郎织女个事体。[iEʔ³mE⁵²doŋ¹²dʒiŋ³³n̠i¹²lɔ̃³³tsəʔ⁵m̩⁵²kəʔ⁰zʅ²⁴tʰʅ²¹]事体：事情

每一年个农历个七月初七，[mei⁵²iEʔ²n̠i¹²kəʔ⁰noŋ¹²liEʔ²kəʔ⁰tʃʰiEʔ³iEʔ⁵tsʰəu³³tʃʰiEʔ⁵]

成千上万个喜鹊，[dzəŋ¹²tʃʰi⁴⁴zɔ̃²⁴vE²⁴kəʔ⁰ʃʅ⁴⁵tʃʰiEʔ³]

赶到天河上头，[kɯ⁴⁵tɔ²¹tʰi⁴⁴vu⁴⁴zɔ̃⁴⁴dei⁴⁴]

一只喜鹊衔另外一只喜鹊个尾巴，[iEʔ²tsəʔ⁵ʃʅ⁴⁵tʃʰiEʔ³E¹²liŋ³²uei³²⁴iEʔ²tsəʔ⁵ʃʅ⁴⁵tʃʰiEʔ²
　　kəʔ⁰m⁴⁵pu²¹]

搭起了一条长长个鹊桥，[taʔ⁵tʃʰʅ⁴⁴ləʔ⁰iEʔ²diɔ⁴⁴dzã¹²dzã¹²kəʔ⁰tʃʰiEʔ³dʒiɔ²⁴]

帮助牛郎织女重聚。[pɔ̃⁴⁴dzəu⁴⁴n̠i¹²lɔ̃³³tsəʔ⁵m̩⁵²dzoŋ¹²ʑʅ²⁴]

　　古时候，有一个小伙子，很早的时候他的父母都死了，从小就孤苦伶仃，家里只有一头老牛，所以人们都叫他牛郎。牛郎就靠这头老牛耕地过日子。实际上，这头老牛是天上的金牛星下凡。他喜欢牛郎勤快善良，就想帮牛郎找一个妻子。

　　有一天，金牛星得知天上有七个仙女要到村东头的池塘里去洗澡。他就把这个消息托梦给牛郎，让牛郎第二天早晨到村东头的河岸边去，看见仙女洗澡的时候，就赶紧把挂在树上的仙女衣裳拿上一件，头也不要回地赶回家去。那么那件衣裳的仙女就是他的老婆。

　　第二天早晨，牛郎半信半疑，就先跑去看看，在朦胧之中，果然看见七个美女在湖里戏水。他就不管三七二十一，拿了一件衣裳就跑，这件粉红色的衣裳实际上是最漂亮的仙女织女的。当天半夜，织女敲开了牛郎家的门，从此两个人就成了一对恩爱夫妻。

　　三年过去了，牛郎和织女生了一男一女两个孩子，日子过得很开心。但是，织女私自下凡的事被玉皇大帝知道了，玉皇大帝非常生气。

　　有一天，织女突然不见了，天上电闪雷鸣，刮起了大风，下起了大雨，两个孩子哭着要妈妈。牛郎急得六神无主，一点办法也没有。这时，那头老牛开口了："牛郎，别难过，你只要把我的两只角拿下来，它们马上就会变成两个箩筐，你装上两个孩子，就可以上天宫去找织女了。"

　　牛郎正奇怪，牛角就掉到了地上，真的变成了两个箩筐。牛郎把两个小孩放到了箩筐里，拿起扁担，没挑多远，只觉得箩筐像长了两个翅膀，突然飞了起来。飞啊飞啊，眼看前面像是织女。织女也想跑过去，可是却被王母娘娘发现了。王母娘娘拔下头上的一根金钗，在牛郎和织女中间一划，立刻出现了一条波涛滚滚的天河，把牛郎和织女分开了。

　　喜鹊非常同情牛郎织女的遭遇。每年农历七月初七，成千上万的喜鹊就飞到天河上，一只喜鹊衔着另一只喜鹊的尾巴，架起了一座长长的鹊桥，帮助牛郎织女重聚。

（2016 年 7 月，发音人：乔纪良）

三、自选条目

（一）俗语

篱笆扎得紧，[lɿ¹²ba³³tsaʔ⁵təʔ⁰tʃiŋ⁵²]
野狗走弗进。[ia⁴⁵kei²¹tsei⁵²fəʔ⁵tʃiŋ³²⁴]

不知羞耻，[pəʔ³tsɿ⁴⁴ʃiɣ⁴⁴tsʰɿ⁵²]
不如早死。[pəʔ³zɿ¹²tsɔ⁵²sɿ⁵²]

叫花子弗留隔夜食。[kɔ³²hu²¹tsɿ²⁴fəʔ⁵lei¹²kəʔ⁵ia⁴⁴zəʔ⁵]叫花子：乞丐

活着干，[uəʔ²tsəʔ⁵kɯ³²⁴]
死嘞算。[sɿ⁴⁵lɛ²¹sɯ³²⁴]

人情大如债，[n̠iŋ¹²dʒiŋ³³dəu¹²zɿ³³tsa³²⁴]
顶嘞锅子卖。[tiŋ⁵²lɛ⁰kəu⁴⁴tsɿ⁴⁴ma³²⁴]

早睏早起身，[tsɔ⁵²kʰuəŋ³²⁴tsɔ⁵²tʃʰɿ⁵²səŋ⁴⁴]睏：睡觉
好比吃人参。[hɔ⁵²pɿ⁵²tʃʰiɛʔ⁵zəŋ¹²səŋ³³]

响水弗滚，[ʃiã⁴⁵sei²¹fəʔ⁵kuəŋ⁵²]

滚水弗响。〔kuəŋ⁴⁵sei²¹fəʔ⁵ʃiã⁵²〕

绣花枕头稻草心，〔ʃiɤ³²hu⁴⁴tsəŋ⁴⁵dei²¹dɔ²⁴tsʰɔ²¹ʃiŋ⁴⁴〕
肚皮里无不货。〔dəu²⁴bʐ̩²¹lʐ̩²¹m̩¹²pəʔ⁵həu³²⁴〕

　　　　　　　　　　　　　　　（以上 2016 年 7 月，发音人：王兵）

（二）谜语

千条线，〔tʃʰi⁴⁴diɔ⁴⁴ʃi³²⁴〕
万条线，〔vɛ²⁴diɔ¹²ʃi³²⁴〕
落勒港里看弗见。〔loʔ²ləʔ⁵kɔ̃⁴⁵lʐ̩²¹kʰɯ³²fəʔ³tʃi³²⁴〕港里：河里
——雨〔ʐ̩⁵²〕

望过去一棵青冬树，〔mɔ̃³²kəu³²tʃʰʐ̩²⁴iɛʔ²kʰəu⁴⁴tʃʰiŋ⁴⁴toŋ⁴⁴zʐ̩⁴⁴〕
青冬树浪⁼生果子，〔tʃʰiŋ⁴⁴toŋ⁴⁴zʐ̩⁴⁴lɔ̃⁴⁴sã⁴⁴kəu⁴⁵tsʐ̩²¹〕
果子里向生木梳，〔kəu⁴⁵tsʐ̩²¹lʐ̩⁴⁵ʃiã²¹sã⁴⁴moʔ²sʐ̩⁴⁴〕
木梳里向生珠珠。〔moʔ²sʐ̩⁴⁴lʐ̩⁴⁵ʃiã²¹sã⁴⁴tsʐ̩⁴⁴tsʐ̩⁴⁴〕
——橘子树〔tʃiɛʔ³tsʐ̩⁴⁴zʐ̩⁴⁴〕

日里空箱子，〔n̠iɛʔ²lʐ̩⁵²kʰoŋ⁴⁴ʃiã⁴⁴tsʐ̩⁴⁴〕
夜里满箱子。〔ia³²lʐ̩⁵²mɯ⁴⁵ʃiã⁴⁴tsʐ̩²¹〕
——床〔zɔ̃¹²〕

　　　　　　　　　　　　　　　（以上 2016 年 7 月，发音人：乔纪良）

（三）歇后语

石头浪⁼掼乌龟——硬碰硬。〔zəʔ²dei²⁴lɔ̃⁴⁴guɛ²⁴u⁴⁴tʃʐ̩⁵⁵——ŋã³²pʰã³²ŋã³²⁴〕掼：摔

桥头浪⁼跑马——走投无路。〔dʒiɔ¹²dei¹²lɔ̃⁴⁴bɔ¹²mu⁵²——tsei⁵²dei¹²vu¹²ləu³²⁴〕

　　　　　　　　　　　　　　　（以上 2016 年 7 月，发音人：乔纪良）

（四）顺口溜

生炒热白果

生炒热白果呢，〔sã⁴⁴tsʰɔ⁴⁴n̠iɛʔ²baʔ²kəu⁴⁴nei⁰〕白果：银杏果

香又香呢，〔ʃiã⁴⁴iɤ³²ʃiã⁴⁴⁴nei⁰〕

糯又糯，〔nəu³²iɤ³²nəu³²〕

大姑娘吃了奶奶大，〔dəu¹²kəu⁴⁴n̠iã⁴⁴tʃʰiɛʔ⁵ləʔ⁰nɛ⁴⁴nɛ⁴⁴dəu¹²〕奶奶：乳房

小伙子吃了布鸟大。〔ʃiɔ⁴⁵həu⁵⁵tsʅ²¹tʃʰiɛʔ⁵ləʔ⁰pu³²tiɔ⁵²dəu¹²〕

全家福

全家福嘞。〔ʒi¹²tʃia³³foʔ⁵lɛ⁰〕

一指高升，〔iɛʔ²tsʅ⁵²kɔ⁴⁴səŋ⁴⁴〕

两相好，〔liã⁵²ʃiã⁴⁴hɔ⁵²〕

三星高照，〔sɛ⁴⁴ʃiŋ⁴⁴kɔ⁴⁴tsɔ³²⁴〕

四喜旺，〔sʅ³²ʃʅ⁵²ɔ̃³²⁴〕

五金魁首，〔u⁴⁵tʃiŋ²¹kʰuei¹²sei⁵²〕

六六顺，〔loʔ²loʔ⁵zəŋ²⁴〕

七巧成大，〔tʃʰiɛʔ³tʃʰiɔ⁵²dzəŋ¹²dəu²⁴〕

八仙过海，〔poʔ³ʃi⁴⁴kəu³²hɯ⁵²〕

九长寿，〔tʃiɤ⁵²dzã¹²zei²⁴〕

全家福。〔ʒi¹²tʃia³³foʔ⁵〕

（以上 2016 年 7 月，发音人：乔纪良）

余 杭

一、歌谣

天黑黑

天黑黑，地汪汪，［tʰie⁵⁵xəʔ⁵xəʔ⁵, di³³uã³⁵uã³⁵ ］
我家有个小儿郎。［ŋo⁵³tɕia⁵³iɤ⁵³kəʔ⁰ɕiɔ⁵³ər³¹lã³¹ ］
有人走过读一篇，［iɤ³⁵n̠iŋ³¹tsɤ³⁵ku⁵³doʔ⁵ieʔ⁵pʰiẽ⁰ ］
一瘤睡到大天亮。［ieʔ⁵xoʔ⁵kʰuŋ⁵³tɔ³⁵da³³tʰiẽ⁵³liã¹³ ］一瘤：一觉

喝喝烫鼻头

喝喝烫鼻头，［xəʔ⁵xəʔ⁵tʰã³⁵bəʔ²døɤ¹³ ］鼻头：鼻子
照照见人头；［tsɔ⁵³tsɔ³⁵tɕie³⁵n̠iŋ³¹døɤ¹³ ］形容米少汤清
吃到肚里头，［tɕʰiəʔ⁵tɔ⁵³du³³li⁵³døɤ⁰ ］
一日饿到头。［ieʔ⁵n̠ieʔ²ŋu¹³tɔ⁵⁵døɤ³³ ］从早饿到夜

（以上 2016 年 8 月，发音人：叶天法）

叽咕当

叽咕当，勃唥当，［tɕi⁵⁵ku⁵⁵tã⁵⁵, bəʔ²lã³³tã⁵⁵ ］象声词
娘舅讨老娘，［n̠iã³³dʑiɤ¹³tʰɔ³⁵lɔ¹³n̠iã⁰ ］老娘：老婆
老娘弗肯来，［lɔ¹³n̠iã³³fəʔ⁵kʰiŋ⁵⁵lɛ⁰ ］弗肯：不愿意

一把头发拖得来。［ ieʔ⁵puo⁵³døɤ¹³fəʔ⁵tʰu⁵⁵təʔ⁵lɛ⁰ ］

天浪＝一颗星

天浪＝一颗星，［ tʰiẽ⁵⁵lã⁵⁵ieʔ⁵kʰu⁵⁵siŋ⁵⁵ ］天浪＝：天上

地浪＝一只钉，［ di⁵⁵lã⁵⁵ieʔ⁵tsaʔ⁵tiŋ⁵⁵ ］

兵＝零＝浜＝唧＝敲油瓶。［ piŋ⁵⁵liŋ⁵⁵pã⁵⁵lã⁵⁵tsʰɔ³⁵iɤ¹³biŋ³³ ］兵＝零＝浜＝唧＝：器物撞击的声音

油瓶漏，敲海螺，［ iɤ¹³biŋ³³lɤ¹³，tɕʰiɔ³⁵xɛ⁵⁵lɤ¹³ ］

海螺焦，换把刀，［ xɛ⁵⁵lɤ¹³tɕiɔ⁵⁵，uɤ¹³puo⁵⁵tɔ⁵⁵ ］

刀无柄，换个秤，［ tɔ⁵⁵m⁵⁵piŋ³⁵，uɤ¹³kəʔ⁵tsʰiŋ³⁵ ］

秤无砣，换张桌，［ tsʰiŋ³⁵m⁵⁵du³¹，uɤ¹³tsã⁵⁵tsoʔ⁵ ］

八个仙人坐一桌。［ poʔ⁵kəʔ⁵ɕiẽ⁵⁵n̩iŋ³³zu¹³ieʔ⁵tsoʔ⁵ ］

（以上 2016 年 8 月，发音人：金良瓶）

骑马浪＝浪＝

骑马浪＝浪＝，［ dʑia³³mo⁵³lã⁵⁵lã⁵⁵ ］浪＝浪＝：骑马时起伏的样子

骑到街浪＝，［ dʑia¹³tɔ⁵⁵ka⁵⁵lã⁵⁵ ］

买包酥糖，［ ma⁵³pɔ⁵⁵su⁵⁵dã³³ ］

望望干娘。［ moŋ³³moŋ¹³kɤ⁵⁵n̩iã⁵⁵ ］

摇啊摇

摇啊摇，摇啊摇，［ iɔ³³a⁵⁵iɔ³³，iɔ³³a⁵⁵iɔ³³ ］

摇到外婆桥。［ iɔ¹³tɔ⁵⁵a³³buo³³dʑiɔ¹³ ］

外婆正在打年糕，［ a³³buo³³tsiŋ⁵³zɛ³³tã⁵³n̩iẽ³¹kɔ³⁵ ］

糖蘸蘸，甜年糕，［ dã³³tsɛ̃⁵³tsɛ̃³⁵，diẽ³³n̩iẽ³¹kɔ³⁵ ］

盐蘸蘸，咸年糕。［ iẽ³³tsɛ̃⁵³tsɛ̃³⁵，ɛ̃³³n̩iẽ³¹kɔ³⁵ ］

小宝宝，［ ɕiɔ⁵⁵pɔ⁵⁵pɔ⁰ ］

吃得蛮蛮饱。［ tɕʰieʔ⁴təʔ⁵mɛ̃⁵⁵mɛ̃⁵⁵pɔ⁵³ ］蛮蛮：表程度高

咯咯哒舞＝飞

咯咯哒舞＝飞，［ koʔ²⁴koʔ⁵təʔ⁵, u³⁵fi⁵³ ］舞＝：飞的声音

飞到哪里去，［ fi⁵⁵təʔ⁵la⁵⁵li⁵⁵tɕʰi⁰ ］

飞到窑山顶浪＝去，［ fi⁵⁵təʔ⁵iɔ¹³sɛ̃⁵⁵tiŋ⁵⁵lã³³tɕʰi⁰ ］窑山：当地山名。浪＝：上

窑山顶浪＝去咋事？［ iɔ¹³sɛ̃⁵⁵tiŋ⁵⁵lã³³tɕʰi⁰tsuo³⁵dʐ̩⁰ ］咋事：做什么

买蛋，［ ma⁵³dɛ̃¹³ ］

买蛋咋事？［ ma⁵³dɛ̃¹³tsuo³⁵dʐ̩⁰ ］

孵小鸡儿，［ bu³³ɕiɔ⁵⁵tɕi⁵⁵n⁰ ］

孵小鸡儿咋事？［ bu³³ɕiɔ⁵⁵tɕi⁵⁵n⁰tsuo³⁵dʐ̩⁰ ］

雄鸡杀来吃，［ ioŋ³¹tɕi³⁵saʔ⁵lɛ³³tɕʰəʔ⁵ ］

雌鸡生蛋吃。［ tsʰ̩⁵⁵tɕi⁵⁵sã⁵³dɛ̃¹³tɕʰəʔ⁵ ］

（以上 2016 年 8 月，发音人：姚和玉）

二、规定故事

牛郎和织女

老早个辰光，［ lɔ⁵⁵tsɔ⁵³gəʔ² ziŋ¹³kuã³⁵ ］辰光：时候

有个小伙子儿，［ iɤ⁵³kəʔ⁵siɔ⁵⁵xu⁵⁵tsʅ⁵⁵n⁰ ］

伊个阿姆同伊个阿爸呢，［ i¹³gəʔ²aʔ⁵m³¹doŋ³¹i¹³gəʔ²aʔ⁵paʔ⁵ni⁰ ］阿姆：母亲。同：连词，和

老早就死掉待＝，［ lɔ¹³tsɔ³⁵ziɤ¹³sʅ⁵⁵diɔ¹³dɛ⁰ ］待＝：语气助词，相当于普通话的"了"，有"特"的变音

孤苦伶仃郭＝，［ ku⁵⁵kʰu⁵⁵liŋ³³tiŋ⁵⁵guo⁰ ］郭＝：语气助词，音近"郭"

屋里儿蛮罪过郭＝，［ oʔ⁵liŋ³¹mɛ̃³³zɛ³³ku⁵⁵guo⁰ ］罪过：可怜

但是屋里儿只有一只牛，［ dɛ¹³zʅ¹³oʔ⁵liŋ³¹tsəʔ⁵iɤ⁵³ieʔ⁵tsaʔ⁵ȵiɤ¹³ ］

即只牛人家都叫伊牛郎郭＝。［ tɕieʔ⁵tsaʔ⁵ȵiɤ¹³ȵiŋ³¹ka³⁵tu⁵⁵tɕiɔ⁵⁵i¹³ȵiɤ³³lã³¹guo⁰ ］即：这

牛郎呢靠耕地为生，［ ȵiɤ³³lã³¹ni¹³kʰɔ³⁵kiŋ⁵⁵di¹³uɛ³³siŋ⁵⁵ ］

与老牛喏＝，［ i¹³lɔ⁵⁵ȵiɤ³³nuo⁰ ］喏＝：语气助词，有"落＝"的变音

就是即只牛相依为命郭＝。［ dʑiɤ³³sʅ³⁵tɕieʔ⁵tsaʔ⁵ȵiɤ¹³siã⁵⁵i⁵⁵uɛ¹³miŋ¹³guo⁰ ］

即只牛呢，［ tɕieʔ⁵tsaʔ⁵ȵiɤ¹³ni¹³ ］

其实就是天浪＝个金牛星，［ dʑi³³zəʔ²ziɤ¹³sʅ¹³tʰie⁵⁵lã³¹kəʔ⁵tɕiŋ⁵⁵ȵiɤ³³siŋ⁵⁵ ］

即只牛呢蛮勤勤恳恳郭＝，［tɕie²⁵tsaʔ⁵n̠iɣ¹³ni¹³mɛ̃³³dʑiŋ³¹dʑiŋ¹³kʰiŋ⁵⁵kʰiŋ⁵³guo⁰］

蛮想着别人家郭＝。［mɛ̃³³siã³¹zəʔ²bieʔ²n̠iŋ³³ka⁵⁵guo⁰］

那有一日呢，［na³³iɣ¹³ieʔ⁵n̠ieʔ⁵ni⁰］

即只金牛星呢同即只牛郎讲，［tɕieʔ⁵tsaʔ⁵tɕiŋ⁵⁵n̠iɣ⁵⁵siŋ⁵⁵ni¹³doŋ³¹tɕieʔ⁵tsaʔ⁵n̠iɣ³¹lã¹³kã⁵³］

天浪＝个仙女落＝，［tʰiɛ̃⁵⁵lã³³goʔ²siɛ̃⁵⁵ni³³luo⁰］落＝：语气助词

要到村头旁边一个塘里要去汏浴郭＝。［iɔ⁵⁵tɔ³⁵tsʰiŋ⁵⁵døɣ³³bã³¹pie⁵⁵ieʔ⁵koʔ⁵dã³³li³¹iɔ⁵⁵tɕʰi³⁵da¹³ioʔ²guo⁰］汏浴：洗澡

那么就叫即只牛郎呢，［nəʔ²məʔ²dʑiɣ³³tɕiɔ³⁵tɕieʔ⁵tsaʔ⁵n̠iɣ¹³lã³¹ni¹³］

即一日呢，［tɕieʔ⁵ieʔ⁵n̠ieʔ²ni⁰］

到即个汏浴个旁边去担件衣裳，［tɔ³⁵tɕieʔ⁵kəʔ⁵da¹³ioʔ⁵kəʔ⁵bã³¹piɛ̃tɕʰi³⁵tɛ⁵⁵dʑiɛ̃³³i⁵⁵zã³³］担：拿

即件衣裳担回去以后呢，［tɕieʔ⁵dʑiɛ̃⁵⁵i⁵⁵zã³³tɛ⁵⁵ue⁵⁵tɕʰi⁵⁵i⁵⁵ɛ⁵⁵ni⁰］

就是渠老娘讨［嘚嗳］。［dʑiɣ³³zəʔ²dʑi¹³lɔ⁵⁵n̠iã⁵⁵tʰɔ⁵³dɛ⁰］是其：他

牛郎呢，［n̠iɣ¹³lã³¹ni⁰］

糊里糊涂走向即个湖边去郭＝，［u³³li³³u³³du⁰tsøɣ³³siã³³¹tɕieʔ⁵koʔ⁵u³³piɛ̃³⁵tɕʰi³⁵koʔ⁵］

去［嘚嗳］果然有木佬佬仙女拉＝里汏浴，［tɕʰi³⁵dəʔ⁵ku³⁵zøɣ³¹iɣ⁵³moʔ²lɔ¹³lɔ³¹siɛ̃⁵⁵ni³³la⁵⁵li³³da³³ioʔ²］木佬佬：表程度，很多。拉＝里：在那里

拉＝里汏浴呢，［la⁵⁵li³³da³³ioʔ²ni⁰］

牛郎就担件粉红色个衣裳，［n̠iɣ¹³lã³¹ziɣ³³tɛ⁵⁵dʑiɛ̃³³fiŋ⁵⁵oŋ³³səʔ⁵goʔ²i⁵⁵zã³³］

担到跑到屋里去挂拉＝里。［tɛ⁵⁵tɔ³⁵bɔ³³tɔ³⁵oʔ⁵li³¹tɕʰiʔ⁵ko⁵³la⁵⁵li⁰］

那即一日夜里呢，［nəʔ²tɕieʔ⁵ieʔ⁵n̠ieʔ²ia¹³li¹³ni⁰］

即个织女呢，［tɕieʔ⁵koʔ⁵tsəʔ⁵n̠i⁵³ni⁰］

住到牛郎屋里去［嘚嗳］，［zɻ¹³tɔ⁵³n̠iɣ¹³lã³¹oʔ⁵li³¹tɕʰi⁰dəʔ²］

结果两个人成了一对夫妻，［tɕieʔ⁵ku⁵³liã³¹kəʔ⁵n̠iŋ¹³ziŋ³³ləʔ²ieʔ⁵tɛ⁵³fu⁵⁵tsʰi⁵⁵］

恩爱夫妻。［iŋ⁵⁵ɛ⁵⁵fu⁵⁵tsʰi⁵⁵］

养了两个小人儿，［iã⁵³ləʔ²liã⁵³koʔ⁵siɔ⁵⁵n̠iŋ¹³n⁰］养：生养

一个男活＝，［ieʔ⁵koʔ⁵nɛ³¹o¹³］活＝：语气助词

一个女活＝。［ieʔ⁵koʔ⁵n̠i³¹o¹³］

葛一下子呢，［kəʔ⁵ieʔ⁵ʑia⁵³tsʅ⁵³ni⁰］葛：那么

三年过去［嘚嗳］，［sɛ̃⁵⁵n̠iẽ⁵⁵ku³⁵tɕʰi⁵³dɛ⁰］

三年过去［嘚嗳］呢，［sɛ̃⁵⁵n̠iẽ⁵⁵ku³⁵tɕʰi⁵³dɛ⁰ni⁰］

天浪⁼玉皇大帝晓得，［tʰiẽ⁵⁵lã³³ieʔ⁵uã³³da¹³ti⁵³ɕiɔ⁵⁵təʔ⁵］

即个仙女逃落去，［tɕieʔ⁵koʔ⁵siẽ⁵⁵n̠i³³dɔ³³lɔʔ⁵tɕʰi³⁵］

下凡拉⁼里成家。［ia¹³vɛ¹³la⁵⁵li³³ziŋ³³ka⁵⁵］

葛么就有一日啊，［kəʔ⁵məʔ²dʑiɤ³³iɤ⁵³ieʔ⁵n̠ieʔ²a⁰］

天浪⁼就是打雷豁⁼险⁼，［tʰiẽ⁵⁵lã³³dʑiɤ³³zʅ³¹tã⁵³lɛ³³xua⁵ɕiẽ⁵³］豁⁼险：闪电

起大风，［tɕʰi⁵³do³³foŋ⁵⁵］

实际上呢，［zəʔ²tɕi⁵⁵zã³³ni⁰］

玉皇大帝辣⁼收即个仙女［嘚嗳］，［ieʔ²uã³³da¹³ti⁵³laʔ²søɤ⁵⁵tɕieʔ⁵kəʔ⁵siẽ⁵⁵n̠i³³dɛ⁰］辣⁼：正在

那么即个两个小人儿呢，［nəʔ²məʔ²tɕieʔ⁵kəʔ⁵liã⁵³koʔ⁵siɔ⁵⁵n̠iŋ³³n³³ni⁰］

即个哭得来活⁼要寻即个姆妈，［tɕieʔ⁵kəʔ⁵kʰoʔ⁵təʔ⁵lɛ³³uo⁰iɔ⁵⁵ziŋ³³tɕieʔ⁵kəʔ⁵m³³ma³³］

牛郎呢急得来也无办法。［n̠iɤ¹³lã³¹ni¹³tɕieʔ⁵təʔ⁵lɛ³³a³³m⁵³bɛ³³fəʔ⁵］

纳⁼介弄呢，［naʔ²kaʔ⁵noŋ¹³ni¹³］捺⁼介弄：怎么办

即个时间呢，［tɕieʔ⁵kəʔ⁵zʅ³³tɕiẽ³⁵ni⁰］

只牛就是老牛来伊面前开始讲待⁼。［tsəʔ⁵n̠iɤ¹³ziɤ³³zʅ³³lɔ⁵⁵n̠iɤ¹³lɛ³³i³³mie³³ziẽ¹³kʰɛ⁵⁵sʅ⁵⁵kã⁵⁵dɛ⁰］

伊话："我即两只角，［i³³uo¹³：ŋo³¹tɕieʔ⁵liã⁵tsaʔ⁵koʔ⁵］

是尔担了去变成两只……"［zəʔ²n³¹tɛ⁵⁵ləʔ²tɕʰi⁵⁵piẽ³⁵ziŋ³³liã⁵³tsaʔ⁵……］是尔：你

说话还无不讲好［嘚嗳］，［soʔ⁵o³¹ɛ³³m³³pəʔ⁵kã⁵⁵xɔ⁵⁵dɛ⁰］无不：没有

即两只角就脱落辣⁼地浪⁼［嘚嗳］，［tɕieʔ⁵liã⁵³tsaʔ⁵koʔ⁵dʑiɤ⁵³tʰoʔ⁵lɔʔ²laʔ²di³³lã³⁵dɛ⁰］

　　辣⁼：在

变成两只篮儿。［piẽ³⁵ziŋ³³liã⁵³tsaʔ⁵lɛ̃³³n¹³］

即两只篮儿呢，［tɕieʔ⁵liã⁵³tsaʔ⁵lɛ̃³³n¹³ni⁰］

牛郎把两个小人儿，［n̠iɤ¹³lã³¹pa³⁵liã⁵³koʔ⁵siɔ⁵⁵n̠iŋ¹³n³³］

一只篮儿一个，［ieʔ⁵tsaʔ⁵lɛ̃³³n¹³ieʔ⁵koʔ⁵］

放来即个篮儿里。［fã⁵⁵lɛ³³tɕieʔ⁵koʔ⁵lɛ̃³³n³³li⁰］

放来篮儿以后呢，［fã⁵⁵lɛ³³lɛ̃³³n³³i³³ɛ¹³ni⁰］

来了一阵狂风，［lɛ³³ləʔ⁵ieʔ⁵ziŋ³¹guã³³foŋ³⁵］

狂风呢，［guã³³foŋ³⁵ni⁰］

拨两个小人儿，［poʔ⁵liã⁵³koʔ⁵siɔ⁵⁵n̩iŋ¹³n³³］

同得牛郎呢，［doŋ³³təʔ⁵n̩iɤ¹³lã³¹ni⁰］

吹到了天浪＝。［tsʰɛ⁵⁵tɔ⁵⁵ləʔ²tʰiẽ⁵⁵lã³³］

吹到了天浪＝呢，［tsʰɛ⁵⁵tɔ⁵⁵ləʔ²tʰie⁵⁵lã³³ni⁰］

刚刚要碰着，［kã⁵⁵kã⁵⁵iɔ³³bã³³zaʔ²］

即个织女碰牢了呢，［tɕieʔ⁵koʔ⁵tsəʔ⁵n̩i³¹bã³³lɔ¹³ləʔ²ni⁰］碰牢：碰见

王母娘娘看见待＝。［uã³³mu¹³n̩iã⁵⁵n̩iã⁵⁵kʰɛ⁵⁵tɕiẽ³⁵dɛ⁰］

王母娘娘呢，［uã³³mu¹³n̩iã⁵⁵n̩iã⁵⁵ni⁰］

看见得以后呢，［kʰɛ⁵⁵tɕiẽ³⁵dɛ⁰i³³ɛ¹³ni⁰］

就辣＝头浪＝拔落来一只金钗。［dʑiɤ³³laʔ²døɤ³³lã¹³baʔ²lɔ²lɛ³¹ieʔ⁵tsaʔ⁵tɕiŋ⁵⁵tsʰa⁵⁵］

面前划得一埭，［miẽ¹³ziẽ³¹uaʔ²dəʔ²ieʔ⁵da⁰］一埭：一道

划得一埭以后呢，［uaʔ²dəʔ²ieʔ⁵da⁰i⁵⁵øɤ³¹ni⁰］

变得木佬佬大个一条河港。［piẽ⁵³dəʔ²moʔ²lɔ³³lɔ³³du¹³øɤ¹³ieʔ⁵diɔ³³u³³kã⁵⁵］河港：河流

那么牛郎同织女呢，［nəʔ²məʔ²n̩iɤ¹³lã³¹doŋ³¹tsəʔ⁵n̩i³¹ni⁰］

就无不碰着待＝，［dʑiɤ³¹m³³pəʔ⁵bã³³zaʔ²dɛ⁰］

一个来＝河港即面，［ieʔ⁵koʔ⁵lɛ³³u¹³kã⁵³tɕieʔ⁵miẽ¹³］

一个来＝河港个黑＝里个旁边。［ieʔ⁵koʔ⁵lɛ³³u¹³kã⁵³kəʔ⁵xaʔ⁵li⁵kəʔ⁵bã³¹piẽ⁵⁵］黑＝里个旁边：
　　那边

那么即个喜鹊呢，［nəʔ²məʔ²tɕieʔ⁵koʔ⁵çi⁵⁵tɕʰiaʔ⁵ni⁰］

蛮高兴做喜事郭＝，［mẽ⁵⁵kɔ⁵⁵çiŋ⁵⁵tsu³⁵çi⁵⁵zɿ³³goʔ²］

那寻思来，［na³¹ziŋ¹³sɿ⁰lɛ³¹］那＝：眼下，这会儿

佣＝见勿来面了哩，［na⁵³tɕiẽ⁵⁵uəʔ²lɛ³¹miẽ³³ləʔ²li⁰］

每一年活＝七月初七来即个地方，［mɛ³¹ieʔ⁵niẽ³³uo⁰tsʰieʔ⁵ieʔ⁵tsʰu⁵⁵tsʰieʔ⁵lɛ³³tɕieʔ⁵koʔ⁵
　　di¹³fã⁵³］

是俚喜鹊呢，［zəʔ²ŋa⁵³çi⁵⁵tɕʰiaʔ⁵ni⁰］是俚：我们

一只连一只，［ieʔ⁵tsaʔ⁵liẽ³³ieʔ⁵tsaʔ⁵］

一只咬牢一只，［ieʔ⁵tsaʔ⁵ɔ⁵⁵lɔ⁰ieʔ⁵tsaʔ⁵］

变成一爿桥，［piẽ³⁵ziŋ¹³ieʔ⁵bẽ³¹dʑiɔ¹³］

拨拉两个人去会面。［pəʔ⁵la³¹liã³¹kəʔ⁵n̩iŋ¹³tɕʰi³⁵uɛ³³miẽ¹³］

　　古时候，有一个小伙子，父母都去世了，孤苦伶仃，家里只有一头老牛，大家都叫他牛郎。牛郎靠老牛耕地为生，与老牛相依为命。老牛其实是天上的金牛星，他喜欢牛郎的勤劳善良，所以想帮牛郎成个家。

　　有一天，金牛星得知天上的仙女们要到村东边山脚下的湖里洗澡，就告诉牛郎这件事。他托梦给牛郎，要牛郎第二天早晨到湖边去，趁仙女们洗澡的时候取走一件仙女挂在树上的衣裳，然后头也不回地跑回家，就会得到一位美丽的仙女做妻子。

　　这天早晨，牛郎半信半疑地到了山脚下，在朦胧之中，果然看见七个美女在湖中戏水。他立即拿起树上的一件粉红衣裳，飞快地跑回家。当天夜里，织女轻轻敲开了牛郎家的门，两人做了恩爱夫妻，生了一男一女两个孩子。

　　很快三年过去了，织女私自下凡的事被玉皇大帝知道了。有一天，天上电闪雷鸣，并刮起大风，织女突然不见了，两个孩子哭着要妈妈，牛郎急得不知如何是好。怎么办呢？这时候那头老牛来到他面前开口说话了。老牛说："你把我的两只角拿了去变成……"话没说完，两只牛角就掉下来变成了两个篮子。牛郎在两个篮子里各装上一个孩子，狂风袭来，把他们仨吹到天上去找织女了。到天宫后，牛郎正要跟织女相会时，被王母娘娘看见了。王母娘娘就从头上拔下一只金钗。王母娘娘用金钗在牛郎、织女中间一划，立刻出现了一条波涛滚滚的天河。牛郎和织女就这样被活生生地隔开了，一个在天河的这边，一个在江的那边。

　　喜鹊是很喜欢做好事的，寻思着他们见不了面，就在每年农历的七月初七来到这里。成千上万只喜鹊一只衔着另一只的尾巴，搭起一座长长的鹊桥，让牛郎和织女团聚。

（2016 年 8 月，发音人：叶天法）

三、自选条目

（一）谚语

一铁耙，两稻谷。[ieʔ⁴tʰieʔ⁵buo¹³，liã⁵³dɔ¹³koʔ⁵]

清泰＝冬至邋遢年。[tɕʰiŋ⁵⁵tʰa⁵³toŋ⁵⁵tsʅ⁵⁵laʔ²tʰaʔ⁵n̠iẽ¹³]清泰＝：干净。邋遢：下雨

雨落秋头，晒煞鳝头。 [i⁵³loʔ²tsʰøɤ⁵⁵døɤ³³，suo⁵³saʔ⁵zøɤ¹³døɤ³¹] 秋头：立秋。晒煞：晒死

二月二，花茄小菜都落地。 [ȵi¹³ieʔ²ȵi¹³，xuo⁵⁵ga³³ɕiɔ³⁵tsʰɛ⁰tu⁵⁵loʔ²di¹³] 花茄小菜：泛指蔬
菜。落地：下种

东鲎日头西鲎雨。 [toŋ⁵⁵xøɤ³⁵ȵieʔ²døɤ¹³ɕi⁵⁵xøɤ³⁵i⁵³]

藕断丝弗断。 [ŋøɤ³¹duɤ̃¹³sɿ⁵⁵fəʔ⁵duɤ̃³³]

睁开眼睛讲瞎话。 [tsã⁵⁵kʰɛ⁵⁵ŋɛ³⁵tɕiŋ⁰kã⁵³xəʔ⁵uo¹³]

活得健，死得快。 [oʔ²təʔ⁵dʑiẽ¹³，sɿ⁵⁵təʔ⁵kʰua³⁵]

大雄山个雨， [da³³ioŋ¹³sɛ̃⁵⁵gəʔ²i⁵³] 大雄山：地名
点点是白米。 [tiẽ⁵⁵tiẽ³⁵sɿ³⁵baʔ²mi⁵³]

天弗怕，地弗怕， [tʰie⁵⁵fəʔ⁵pʰuo³⁵，di¹³fəʔ⁵pʰuo³⁵]
只怕喉咙头筑个坝。 [tsəʔ⁵pʰuo³⁵uo⁵⁵loŋ³¹døɤ³¹tsoʔ⁵kəʔ⁵puo³⁵] 喉咙头筑个坝：喉咙发炎难以下咽

扁担像条龙， [pie³⁵tɛ̃⁵³ziã³⁵diɔ³³loŋ³³]
一生一世吃弗穷。 [ieʔ⁵sã⁵⁵ieʔ⁵sɿ⁵⁵tɕʰieʔ⁵fəʔ⁵dʑioŋ³¹]

西湖天下景， [ɕi⁵⁵u³³tʰiẽ⁵⁵ia³¹tɕiŋ⁵³]
一世看弗尽。 [ieʔ⁵sɿ⁵³kʰøɤ⁵³fəʔ⁵dʑiŋ³¹]

端午弗吃粽， [tøɤ⁵⁵ŋ³³fəʔ⁵tɕieʔ⁵tsoŋ³⁵]
到老无人送。 [tɔ⁵⁵lɔ⁵³m³³ȵiŋ³¹soŋ³⁵] 送：送终

吃苦弗记苦， [tɕʰieʔ⁵kʰu⁵³fəʔ⁵tɕi³⁵kʰu⁵³]
到老无不结果。 [tɔ⁵³lɔ⁵³m³³pəʔ⁵tɕieʔ⁵ku⁵³]

餐可以无不肉，［tsʰɛ̃³⁵kʰo³⁵i⁰m³³pə?⁵n̠io?²］

居弗可以无不竹。［tɕi⁵⁵fə?⁵kʰo³⁵i⁰m³³pə?⁵tso?⁵］

外头个金窠银窠，［ua¹³døɤ¹³kə?⁵tɕiŋ⁵⁵kʰu⁵⁵n̠in³¹kʰu³⁵］_{窠：窝}

还弗如屋里儿个草窠。［ɛ¹³fə?⁵z̩³¹o?⁵liŋ³¹kə?⁵tsʰɔ³⁵kʰu⁰］

（以上 2016 年 8 月，发音人：叶天法）

（二）谜语

桑树船，柏树橹，［sã⁵⁵z̩³³zøɤ¹³，ba?²z̩¹³³lu⁵³］

娘摇船，儿子坐。［n̠iã¹³iɔ³³zøɤ¹³，n¹³tsʅ³⁵zu³¹］

——摇篮［iɔ¹³lɛ³³］

是伊走，［zo?²i⁵³tsøɤ⁵³］

是我也走，［zo?²ŋ³¹ia³⁵tsøɤ⁵³］

叫伊弗回声。［tɕiɔ⁵³i³¹fə?²uɛ¹³siŋ³⁵］

是我停，［zo?²ŋ³¹diŋ¹³］

是伊也停。［zo?²i¹³ia³⁵diŋ³¹］

——影子［iŋ³⁵tsʅ⁰］

夏布帐子大红被，［uo¹³pu⁵³tsã⁵³tsʅ³⁵da³³oŋ³¹bi³¹］_{夏布：过去做蚊帐用的一种薄布}

只ⁿ白姑娘睏肚里。［tsa?⁵bə?²ku⁵⁵n̠iã³³kʰuŋ⁵³du¹³li³¹］_{只ⁿ白：雪白雪白}

——花生［xo⁵⁵sã⁵⁵］

（以上 2016 年 8 月，发音人：叶天法）

（三）歇后语

肉骨头打鼓——荤咚咚［n̠io?²ko?⁵døɤ³¹ta⁵³ku⁵³——xueŋ⁵⁵toŋ⁵⁵toŋ⁵⁵］_{荤咚咚：昏沉沉}

外婆做鞋子——年年老样子［ɑ³³bu³¹tsu³⁵a³¹tsʅ³⁵——n̠iɛ̃³¹n̠iɛ̃¹³lɔ⁵⁵iã⁵⁵tsʅ⁰］

（以上 2016 年 8 月，发音人：叶天法）

（四）顺口溜

正月踢毽子

正月踢毽子，［tsiŋ⁵⁵ieʔ²tʰieʔ⁵tɕiẽ⁵³tsʅ³⁵］

二月放鹞子，［n̠i³³ieʔ²fã⁵³iɔ¹³tsʅ³⁵］鹞子：纸鸢

五月端午裹粽子。［ŋ⁵⁵ieʔ²tɛ⁵⁵ŋ⁵⁵ku⁵⁵tsoŋ³⁵tsʅ³⁵］裹粽子：包粽子

东庄顺蚕头

东庄顺蚕头，［toŋ⁵⁵tsã⁵⁵ziŋ³³zuõ³³døɤ³¹］顺蚕头：地名

沿山官井头，［iẽ³³sɛ³⁵kuõ⁵³tsiŋ⁵⁵døɤ³¹］官井头：地名

后村木桥头。［øɤ³⁵tsʰiŋ⁵³moʔ²dʑiɔ³³døɤ³³］木桥头：地名

云嶂退落北

云嶂退落北，［iŋ³¹tsã³⁵tʰɛ⁵⁵loʔ²poʔ⁵］云嶂：云朵。退落北：退到北边

外婆门前好晒谷；［a³³bu³¹miŋ¹³ziẽ¹³xɔ⁵⁵suo³⁵koʔ⁵］

云障退上南，［iŋ³¹tsã³⁵tʰɛ⁵⁵zã³³nø³³］

外婆门前好撑船。［a³³bu⁵⁵miŋ³⁵ziẽ³⁵xɔ⁵⁵tsʰã⁵⁵zøɤ¹³］

若要富

若要富，［zəʔ²iɔ³⁵fu³⁵］

看看新娘娘个裤；［kʰøɤ⁵³kʰøɤ⁵³ɕiŋ⁵⁵n̠iã⁵⁵n̠iã⁵⁵gəʔ²kʰu³⁵］新娘娘：新娘

若要富浪⁼富，［zəʔ²iɔ³⁵fu³⁵lã¹³fu³⁵］富浪⁼富：富上加富

看看新娘娘个衬里裤。［kʰøɤ⁵³kʰøɤ⁵³ɕiŋ⁵⁵n̠iã⁵⁵n̠iã⁵⁵gəʔ²tsʰiŋ³⁵li⁵³kʰu⁰］衬里裤：内裤

初一不出门

初一不出门，［tsʰu⁵⁵ieʔ⁵pəʔ⁵tsʰəʔ⁵miŋ¹³］初一：大年初一

初二拜娘舅，［tsʰu⁵⁵n̠i¹³pa³⁵n̠iã³¹dʑiøɤ¹³］拜：拜访

初三拜姑夫，［tsʰu⁵⁵sɛ⁵⁵pa³⁵ku⁵⁵fu⁵⁵］

初四拜丈母，［tsʰu⁵⁵sʅ³⁵pa³⁵za¹³m³¹］丈母：丈母娘
初五供财神。［tsʰu⁵⁵ŋ⁵³koŋ³⁵zɛ¹³ziŋ¹³］

癫痫背长枪

癫痫背长枪，［laʔ²li³¹pɛ³⁵zã¹³tɕʰiã³⁵］
长枪打老虎，［zã¹³tɕʰiã³⁵tã⁵³lɔ³⁵xu⁰］
老虎吃小人，［lɔ³⁵xu⁰tɕʰieʔ⁵ɕiɔ³⁵ȵiŋ⁰］小人：小孩
小人抱公鸡，［ɕiɔ³⁵ȵiŋ⁰bɔ³³koŋ⁵⁵tɕi⁵⁵］
公鸡啄蜜蜂，［koŋ⁵⁵tɕi⁵⁵toʔ⁵mieʔ²foŋ¹³］
蜜蜂肿＝癫痫。［mieʔ²foŋ¹³tsoŋ³⁵laʔ²li³¹］肿＝：刺

一廊桥

一廊桥，［ieʔ⁵lã³³dʑiɔ³³］
二房斗，［ȵi¹³vã³¹tøɤ⁵⁵］
三仙桥，［sɛ⁵⁵ɕiẽ⁵⁵dʑiɔ³³］
四郎桥，［sʅ³⁵lã¹³dʑiɔ¹³］
五贵桥，［u⁵⁵kuɛ⁵⁵dʑiɔ³¹］
落马桥，［loʔ²muo¹³dʑiɔ³¹］"落"谐"六"
七贤桥，［tɕʰieʔ⁵iẽ³³dʑiɔ³³］
八字桥，［poʔ⁵zʅ¹³dʑiɔ¹³］
九房桥，［tɕiɤ⁵⁵vã³³dʑiɔ³¹］
日望桥。［zəʔ²vã¹³dʑiɔ¹³］"日"谐"十"

（以上2016年8月，发音人：叶天法）

（五）吆喝

刮刀磨剪刀。［kuəʔ⁵tɔ⁵⁵muo³³tɕiẽ⁵⁵tɔ⁵³］刮刀：磨刀

棒冰有到，［bã¹³piŋ⁵⁵iɤ⁵³tɔ⁵⁵］
蜜枣棒冰。［mieʔ²tsɔ⁵³bã¹³piŋ⁵⁵］

年糕要弗。[ȵiẽ¹³kɔ⁵⁵iɔ³⁵vəʔ²]

蛋糕要弗。[dɛ¹³kɔ⁵⁵iɔ³⁵vəʔ²] <small>蛋糕：当地出产的一种用米粉做的水蒸蛋糕</small>

旧货旧手机旧电视机。[dʑiɤ¹³xu⁵⁵dʑiɤ¹³søɤ³⁵tɕi⁵⁵dʑiɤ¹³diẽ¹³zɻ¹³tɕi⁵³]

调换新货。[diɔ¹³øɤ⁵³ɕiŋ⁵⁵xu⁵⁵]

（以上 2016 年 8 月，发音人：姚和玉）

临　安

一、歌谣

姆妈我要豆吃

姆妈我要豆吃，［m³⁵ma⁵⁵ŋuo¹³iɔ¹³dœ¹³tɕʰiɐʔ⁵］

啥个豆？罗汉豆，［sa⁵⁵gɐʔ²dœ¹³？ luo³³hã³⁵dœ³¹］

啥个罗？三斗箩，［sa⁵⁵gɐʔ²luo¹³？ sɛ³⁵tɤɣ³⁵luo³¹］三斗：三斗的容量

啥个三？破雨伞，［sa⁵⁵gɐʔ²sɛ³⁵？ pʰa³⁵y⁵⁵sɛ⁵³］

啥个破？斧头破，［sa⁵⁵gɐʔ²pʰa³⁵？ fu³⁵dœ³³pʰa⁵³］

啥个斧？状元斧，［sa⁵⁵gɐʔ²fu³⁵？ dzã³³n̩yœ⁵⁵fu⁵³］

啥个状？油车撞，［sa³⁵gɐʔ²dzã¹³？ iœ¹³tsʰuo³⁵dzã³¹］

啥个油？芝麻油，［sa³⁵gɐʔ²iœ³⁵？ tsɿ³⁵muo³⁵iœ⁵³］

啥个芝？白花籽，［sa³⁵gɐʔ²tsɿ³⁵？ bɐʔ²huo³⁵tsɿ⁵³］

啥个白？柏籽白，［sa³⁵gɐʔ²bɐʔ²？ dʑiœ³³tsɿ⁵³bɐʔ²］柏：乌柏树

啥个柏？老婆舅，［sa³⁵gɐʔ²dʑiœ¹³？ lɔ³³buo¹³dʑiœ³¹］

啥个老？萧山佬，［sa³⁵gɐʔ²lɔ¹³？ ɕiɔ³⁵sɛ³⁵lɔ⁵³］

啥个萧？门担销，［sa³⁵gɐʔ²ɕiɔ³⁵？ meŋ¹³tɛ³⁵ɕiɔ⁵³］门担销：门上的插销

啥个门？嵊县两头门。［sa³⁵gɐʔ²meŋ¹³？ zəŋ¹³yœ⁵³liã³³dœ³³meŋ³¹］

双轮双铧犁

双轮双铧犁，［sã⁵⁵leŋ⁵⁵sã³⁵ua³⁵li⁵³］

摆亨＝弄堂里，［pa⁵⁵hã⁵³loŋ³³dã³³li³¹］<small>亨＝：那里</small>

大人看看弗欢喜，［duo³³n̠iŋ⁵⁵kʰœ³⁵kʰœ⁵³feʔ⁵hœ³⁵ɕi⁵³］

小人拖来当马骑。［ɕiɔ⁵⁵n̠iŋ⁵⁵tʰa⁵⁵lɛ⁵⁵tã³⁵muo³⁵dʑi³¹］

啊啰啰

啊啰啰，［a⁵⁵luo⁵⁵luo⁵³］

啊啰啰，［a⁵⁵luo⁵⁵luo⁵³］

天亮啰，［tʰie⁵³liã¹³luo⁵³］

无得事体爬起烧饭啰，［m³³teʔ⁵z̩³³tʰi⁵³buo³³tɕʰi³⁵sɔ⁵⁵vɛ¹³luo⁵³］<small>爬起：起床</small>

烧得□事饭？［sɔ⁵⁵teʔ⁵guo³³z̩³¹vɛ¹³］<small>□事：什么</small>

烧得糯米饭，［sɔ⁵⁵teʔ⁵nuo³³mi³³vɛ³¹］

烧得□事菜？［sɔ⁵⁵teʔ⁵guo³³z̩³¹tsʰɛ³⁵］

黄芽菜心蒸鸭蛋。［uã³³ŋuo¹³tsʰɛ⁵⁵ɕiŋ⁵³tseŋ⁵⁵ɐʔ⁵dɛ¹³］

一颗星

一颗星，拨＝铃＝叮，［ieʔ⁵kʰuo⁵⁵ɕiŋ³⁵，pɐʔ²liŋ¹³tiŋ⁵³］<small>拨＝铃＝叮：一闪一闪的样子</small>

两颗星，挂油瓶，［liã³³kʰuo⁵⁵ɕiŋ³⁵，kuo⁵⁵iœ³³biŋ³¹］

油瓶油，好炒豆，［iœ³³biŋ³¹iœ¹³，hɔ⁵⁵tsʰɔ³⁵dœ¹³］

豆花香，过辣酱，［dœ¹³huo⁵⁵ɕiã⁵⁵，kuo⁵⁵lɐʔ²tɕiã³⁵］<small>过：配</small>

辣酱辣，赶蜉蚁，［lɐʔ²tɕiã³⁵lɐʔ²，kuo³⁵fu³⁵n̠i⁵³］<small>蜉蚁：蚂蚁</small>

蜉蚁会爬墙。［fu³⁵n̠i⁵³uɛ⁵⁵buo³¹dʑiã¹³］

（以上 2017 年 8 月，发音人：黄金森）

二、规定故事

牛郎和织女

古时候，﹝ku⁵³zๅ³³œ³³﹞

有个小伙子，﹝iœ³³kɐʔ⁵ɕiɔ⁵⁵fu⁵³tsๅ⁰﹞

幼小就无没了父母，﹝iœ⁵⁵ɕiɔ⁵⁵dʑiœ³³m³³mɐʔ²lɐʔ²vu³³mu³¹﹞

孤苦伶仃，﹝ku³⁵kʰu³⁵liŋ¹³tiŋ³⁵﹞

家里只有一头老牛，﹝tɕia⁵⁵li³⁵tsɐʔ⁵iœ⁵⁵ieʔ⁵dœ³³lɔ¹³n̠iœ³¹﹞

他就看着同牛为伴，﹝tʰa⁵³dʑiœ¹³kʰœ³⁵zɐʔ²doŋ³³n̠iœ³¹uɛ¹³bœ³¹﹞ 同：介词，跟

人家呢都叫伊牛郎。﹝n̠iŋ³³ka³⁵ni³³duo³³tɕiɔ⁵⁵i⁵⁵n̠iœ¹³lã¹³﹞

而且呢，﹝ɚ³³tɕʰie³⁵ni³¹﹞

伊也是以葛只牛耕田为生，﹝i⁵³ieʔ²zๅ¹³i³³kɐʔ⁵tsɐʔ⁵n̠iœ¹³kã⁵³die¹³uɛ³³seŋ⁵³﹞ 葛：指示代

词，这

葛样子呢，﹝kɐʔ⁵iã³³tsๅ⁵³ni⁰﹞

勉强郭ᵈ能够过过生活。﹝mie³³tɕʰiã⁵⁵kuo⁰neŋ³³kɛ⁵³gu⁵⁵gu⁵³seŋ⁵⁵uɔʔ²﹞ 郭：结构助词"地"。过

过生活：过日子

葛个老牛呢其实呢，﹝kəʔ⁵kəʔ⁵lɔ¹³n̠iœ³¹ni⁰dʑi³³zɐʔ²ni⁰﹞

就是天高头下凡郭ᵈ一颗金牛星﹝dʑiœ³³zๅ¹³tʰie⁵⁵kɔ⁵⁵dœ⁵⁵zia³⁵vɛ³³guɔʔ²ieʔ⁵kʰuo⁵⁵tɕiŋ⁵³

n̠iœ⁵⁵ɕiŋ³⁵﹞ 郭ᵈ：结构助词"的"

伊看到葛个小伙子呢，﹝i¹³kʰœ⁵⁵tɔ³⁵kɐʔ⁵kɐʔ⁵ɕiɔ⁵⁵fu⁵⁵tsๅ⁵⁵ni⁰﹞

勤劳、朴实，﹝dʑiŋ³³lɔ¹³、pʰuɔʔ⁵zɐʔ²﹞

总想拨伊成份人家。﹝tsoŋ⁵⁵ɕiã⁵⁵pɐʔ⁵i³⁵dzeŋ³³veŋ¹³n̠iŋ¹³ka³⁵﹞ 拨伊：帮他

有一日夜到呢，﹝iœ¹³ieʔ⁵n̠ieʔ⁵ia³³tɔ⁵⁵ni⁰﹞ 一日夜到：一天晚上

就托梦拨伊：﹝dʑiœ¹³tʰuɔʔ⁵moŋ¹³pɐʔ⁵i³¹﹞ 拨伊：给他

"牛郎啊，﹝n̠iœ¹³lã¹³a⁰﹞

侬明朝起个早，﹝noŋ¹³miŋ³³tsɔ³⁵tɕʰi⁵³kɐʔ⁵tsɔ³⁵﹞ 明朝：明天

到俪村口那个湖里去旁边去，﹝tɔ⁵⁵na⁵³tseŋ⁵³kœ³⁵na³³kɐʔ⁵vu¹³li¹³tɕʰi⁵³bã³³pie³⁵tɕʰi⁵³﹞

俪：你们

有一批美女来ᵈ东ᵈ亨ᵈ里洗澡，﹝iœ³³ieʔ⁵pʰi⁵⁵mɛ³³n̠y³³lɛ³³toŋ⁵³hã⁵⁵li³¹ɕi⁵³tsɔ⁵³﹞ 来ᵈ东ᵈ：在。

亨ᵈ里：那里

她们个衣服呢都挂东=树高头，［tʰa⁵⁵meŋ¹³gɐʔ²i⁵³vuɔʔ²ni⁰duo³³kua⁵⁵toŋ⁵³zʅ³³kɔ⁵⁵dœ⁰］

　　挂东=：挂在

侬看到中意个就偷一件来，［noŋ¹³kʰœ⁵³tɔ³⁵tsoŋ⁵³i³⁵kɐʔ⁵dʑiœ³³tœ⁵³ieʔ⁵dʑie³¹lɐ⁰］

头也弗要回辨=就朝着屋里走，［dœ³³ie⁵⁵fɐʔ⁵iɔ⁵⁵uɐ³³guɔʔ²dʑiœ³³zɔ³³zɐʔ²uɔʔ⁵li⁵⁵tsœ⁵³］

　　辨=：结构助词"地"，有"郭="的变体

被你拿唻衣服葛个人呢，［bɐ³³ni¹³na⁵⁵lɐ³³i⁵⁵vuɔʔ²kɐʔ⁵kɐʔ⁵n̠iŋ¹³ni⁰］唻：结构助词"了"

就会拨侬做老婆个。"［dʑiɔ³³uɐ¹³pɐʔ⁵noŋ¹³tsuo³⁵lɔ¹³pʰuo³³guo⁰］

牛郎呢也感到半信半疑。［n̠iœ¹³lã¹³ni⁰a³³kœ⁵⁵tɔ⁵⁵pœ⁵⁵ɕiŋ⁵⁵pœ³⁵n̠i¹³］

第二天呢，［di³³ɚ¹³tʰie⁵⁵ni⁰］

照着梦里个托付就去了，［tsɔ⁵⁵zɐʔ²moŋ³³li³³gɐʔ²tʰuɔʔ⁵fu³⁵dʑiœ³³tɕʰi⁵⁵lɐʔ²］

果然到了湖边一看呢，［ku⁵⁵zœ⁵⁵tɔ⁵⁵lɐʔ²vu³³pie⁵⁵ieʔ⁵kʰuœ⁵⁵ni⁰］

有七个美女来=东=亨=里洗澡，［iœ³³tɕʰieʔ⁵kɐʔ⁵mɐ³³n̠y³³lɐ³³toŋ⁵³hã⁵⁵li⁵⁵ɕi⁵³tsɔ⁵⁵］

而且湖里向呢来=东=取闹，［ɚ³³tɕʰiɐʔ⁵vu³³li³³ɕiã⁵⁵ni⁰lɐ³³toŋ⁵³tɕʰy⁵⁵nɔ³⁵］

他趁她们不备个辰光呢，［tʰa⁵⁵tsʰeŋ⁵⁵tʰa⁵⁵meŋ⁰pɐʔ⁵bɐ¹³gɐʔ²zeŋ³³kuã⁵⁵ni⁰］辰光：时候

就看了一件粉红色的衣服，［dʑiœ³³kʰuœ⁵³lɐʔ²ieʔ⁵dʑie³³feŋ⁵⁵oŋ³³sɐʔ⁵tieʔ⁵i⁵⁵vuɔʔ²］

偷了回过头就往家里跑了。［tʰœ⁵³lɐʔ²uɐ³³ku⁵⁵dœ³³dʑiœ³³uã⁵⁵tɕia⁵⁵li⁵⁵bɔ³³lɐʔ²］

葛一日半夜里，［kɐʔ⁵ieʔ⁵n̠iɐʔ⁵pœ³⁵ia⁵⁵li⁰］

葛个被偷衣服个人呢，［kɐʔ⁵kɐʔ⁵bi¹³tʰœ⁵³i⁵³vuɔʔ²gɐʔ²n̠iŋ¹³ni⁰］

就是织女，［dʑiœ³³zʅ³³tsɐʔ⁵n̠y¹³］

她呢，［tʰa⁵⁵ni⁰］

就轻轻敲开了牛郎家个门。［dʑiœ³³tɕʰiŋ⁵⁵tɕiŋ³⁵kʰɔ⁵⁵kʰɐ³⁵lɐʔ²n̠iœ¹³lã¹³tɕia⁵⁵gɐʔ²meŋ¹³］

就成了他个妻子。［dʑiœ¹³dzeŋ³³lɐʔ²tʰa⁵⁵gɐʔ²tɕʰi⁵³tsʅ⁰］

他们两个人呢也蛮恩爱，［tʰa⁵⁵meŋ¹³liã⁵⁵kuɔʔ⁵zeŋ³³ni⁰ia⁵⁵mɐ⁵⁵eŋ⁵³ɐ³⁵］

葛样子呢，［kɐʔ⁵iã⁵⁵tsʅ⁵⁵ni⁰］

敬老恩爱个过了三年，［tɕiŋ⁵⁵lɔ³¹eŋ⁵³ɐ³⁵gɐʔ²kuo⁵⁵lɐʔ²sɐ⁵³n̠ie³¹］

养了两个小人儿，［iã³³lɐʔ²liã⁵⁵kuɔʔ⁵ɕiɔ⁵⁵n̠iŋ⁵⁵n⁰］

屋里头呢生下了一男一女。［uɔʔ⁵li⁵⁵dœ³³ni⁰seŋ⁵³zia³⁵lɐʔ²ieʔ⁵nœ⁵⁵ieʔ⁵n̠y⁰］

可是好景弗长，［kʰuo⁵⁵zʅ³³hɔ⁵³tɕiŋ⁵⁵fɐʔ⁵dzã³¹］

葛件事情呢，［kɐʔ⁵dʑie³³zʅ³³dziŋ³¹ni⁰］

被玉皇大帝晓得唻。〔 bi¹³yoʔ⁵uã³³da³³ti⁵⁵ɕiɔ⁵⁵tɐʔ⁵lɐ⁰ 〕

所以马上就发难，〔 suo⁵⁵i⁵⁵muo³³zã¹³dʑiœ³³fɐʔ⁵nɐ³¹ 〕

电闪雷鸣，〔 die³³syœ³⁵lɛ³³miŋ³¹ 〕

狂风大作，〔 guã³³foŋ³⁵da¹³tsuɔʔ⁵ 〕

大雨倾盆，〔 duo¹³y⁵³tɕʰiŋ⁵⁵biŋ³³ 〕

一阵黑风过后呢，〔 ieʔ⁵dzeŋ¹³hɐʔ⁵foŋ³⁵ku³⁵œ¹³ni⁰ 〕

等牛郎再看个辰光呢，〔 teŋ⁵⁵ȵiœ¹³lã¹³tse⁵⁵kʰœ³⁵gɐʔ²dzeŋ³³kuã³⁵ni⁰ 〕

织女已经无没了了。〔 tseʔ⁵ȵy¹³i⁵⁵tɕiŋ⁵⁵m³³mɐʔ²liɔ¹³lɐʔ² 〕无没：没有

葛辰光，〔 kɐʔ⁵zeŋ³³kuã⁵³ 〕

正在焦急个辰光呢，〔 tseŋ⁵³zɛ¹³tɕiɔ⁵³tɕiɐʔ⁵gɐʔ²zeŋ³³kuã⁵³ni⁰ 〕

两个小人就哭着要妈妈，〔 liã¹³kɐʔ⁵ɕiɔ⁵³ȵiŋ⁵⁵dzyœ¹³kʰuɔʔ⁵zɐʔ²iɔ⁵⁵ma³³ma³¹ 〕

牛郎真是叫六神无主唻。〔 ȵiœ¹³lã¹³tseŋ⁵⁵z̩³³tɕiɔ⁵³luɔʔ²zeŋ³¹u³³tsy⁵³lɐ⁰ 〕

正在葛个辰光呢老牛开口唻，〔 tseŋ⁵⁵zɛ³¹kɐʔ⁵kɐʔ⁵zeŋ¹³kuã³⁵ni⁰lɔ³³ȵiœ³¹kʰɛ⁵⁵kʰœ⁵⁵lɐ⁰ 〕

说："牛郎啊，〔 syɐʔ⁵：ȵiœ¹³lã¹³a⁰ 〕

你把我的两只牛角驮落来，〔 ni¹³pa⁵⁵ŋuo¹³tieʔ⁵liã¹³tseʔ⁵ȵiœ¹³kuɔʔ⁵duo³³luɔʔ²lɐ⁰ 〕驮：拿

化成两只箩筐，〔 hua⁵⁵dzeŋ³³liã³⁵tseʔ⁵luo¹³kuã³⁵ 〕

挑着侬个对儿女，〔 tʰiɔ⁵⁵dzɐʔ²noŋ¹³kɐʔ⁵tɛ³⁵ɚ³³ȵy¹³ 〕

上天去追织女吧。"〔 zã³³tʰie⁵⁵tɕʰy⁵⁵tsɛ⁵⁵tseʔ⁵ȵy¹³ba³¹ 〕

正在说个辰光，〔 tseŋ⁵⁵tsɛ⁵⁵suɔʔ⁵kɐʔ⁵dzeŋ³³kuã³⁵ 〕

两只牛角，〔 liã³³tseʔ⁵ȵiœ¹³kuɔʔ⁵ 〕

就无缘无故个脱落地里了，〔 dʑiœ³³u³³yœ³⁵u³³ku⁵³gɐʔ²tʰuɔʔ⁵luɔʔ²di³³li¹³lɐʔ² 〕脱落：掉下。

　　地里：地上

化成两个箩筐，〔 hua⁵⁵dzeŋ³¹liã¹³kɐʔ⁵luo³³kʰuã³⁵ 〕

然后呢，〔 dzœ³³œ⁵³ni⁰ 〕

葛牛郎就拨小人呢，〔 kɐʔ⁵ȵiœ¹³lã¹³dʑiœ³³pɐʔ⁵ɕiɔ⁵⁵ȵiŋ⁵⁵ni⁰ 〕拨：把

放在两只箩筐里。〔 fã⁵⁵zɛ³³liã³³tseʔ⁵luo³³kʰuã⁵⁵li⁰ 〕

挑起葛副担子个辰光呢，〔 tʰiɔ⁵⁵tɕʰi³⁵kɐʔ⁵fu⁵⁵tɛ⁵⁵tsɿ⁵³gɐʔ²dzeŋ³³kuã⁵⁵ni⁰ 〕

哪里来个力气也弗晓得，〔 na³³li⁵⁵lɛ³³gɐʔ²lieʔ²tɕʰi⁵³ia³³fɐʔ⁵ɕiɔ⁵⁵tɐʔ⁵ 〕

好像就朝天高头，〔 hɔ⁵⁵dʑiã¹³dʑiœ³³dzɔ³¹tʰie⁵³kɔ⁵⁵dœ³¹ 〕天高头：天上

慢慢个飞啊飞啊飞上去来。〔 mɛ³³mɛ³³gɐʔ²fi⁵³a³³fi⁵³a³³fi³³zã³³tɕʰy⁵⁵lɐ⁰ 〕

刚刚飞上去，〔 kã³⁵kã³⁵fi³⁵zã¹³tɕʰi⁰ 〕

要见到织女个时候，〔 iɔ⁵⁵tɕie⁵⁵tɔ⁵⁵tsɐʔ⁵ȵy¹³gɐʔ²zɿ³³ɚ̯¹³ 〕

被王母娘娘发现了，［bi¹³uã³³mu¹³n̠iã⁵⁵n̠iã⁵³feʔ⁵ie³⁵leʔ²］

王母娘娘个辰光，［uã³³mu¹³n̠iã⁵⁵n̠iã⁵³geʔ²dzeŋ³³kuã⁵⁵］

就拔落来一桄金针，［dʑiœ¹³beʔ²luɔʔ²lɛ³³ieʔ⁵kuã⁵⁵tɕiŋ³⁵tseŋ³⁵］

在俚两个人个面前划了一道［dzɛ³³ia³⁵liã⁵³keʔ⁵n̠iŋ³⁵geʔ²mie¹³dʑie³¹ueʔ²leʔ²ieʔ⁵dɔ³¹］俚:
他们

一划呢，［ieʔ⁵ueʔ²n̠i⁰］

就是俚现在话个一条银河。［dʑiœ¹³z̩¹³ŋa¹³ie³³dzɛ³³uo¹³geʔ²ieʔ⁵diɔ³³n̠iŋ¹³u¹³］

宽阔无比，［kʰuã⁵⁵kʰuɔʔ⁵u³³pi⁵³］

两个人只能看得到，［liã¹³keʔ⁵zeŋ³³tseʔ⁵leŋ¹³kʰœ⁵⁵teʔ⁵tɔ⁵⁵］

但是见弗了面，［dɛ³³z̩³¹tɕie⁵⁵feʔ⁵liɔ³³mie¹³］

下面银河水凶猛个滚动。［ia³³mie³¹n̠iŋ³³uo³³suɛ⁵³ɕioŋ⁵⁵moŋ⁵³geʔ²kueŋ⁵⁵doŋ³¹］

那么葛辰光呢，［na³³meʔ²keʔ⁵dzeŋ³³kuã⁵⁵n̠i⁰］

喜鹊们非常同情牛郎和织女。［ɕi⁵⁵tɕʰieʔ⁵meŋ⁰fi⁵⁵dzã³³doŋ¹³dʑiŋ¹³n̠iœ¹³lã¹³u³³tseʔ⁵n̠y¹³］

它们用嘴含着前头一只个尾巴，［tʰa³³meŋ¹³ioŋ¹³tsuɛ⁵⁵œ³³zeʔ²dʑie³³dœ¹³ieʔ⁵tseʔ⁵geʔ²vi⁵⁵pa⁵⁵］

搭起了一座鹊桥，［teʔ⁵tɕʰi³⁵liɔ⁵⁵ieʔ⁵dzuo³³tɕʰieʔ⁵dʑiɔ¹³］

架在了银河上面，［tɕia³⁵tsɛ⁵³leʔ²n̠iŋ³³u¹³zã³³mie³¹］

让牛郎和织女，［zã¹³n̠iœ¹³lã¹³u³³tseʔ⁵n̠y¹³］

在七月初七个一日在桥上相会，［tsɛ⁵⁵tɕʰieʔ⁵yeʔ²tsʰu⁵⁵tɕʰieʔ⁵geʔ²ieʔ⁵n̠ieʔ²dzɛ³⁵dʑiɔ³³zã¹³ɕiã⁵⁵uɛ¹³］

葛个就是牛郎织女鹊桥会。［keʔ⁵keʔ⁵dʑiœ³³z̩³¹n̠iœ¹³lã¹³tseʔ⁵n̠y¹³tɕʰieʔ⁵dʑiɔ³³uɛ³¹］

古时候，有一个小伙子，父母都去世了，孤苦伶仃，家里只有一头老牛，大家都叫他牛郎。牛郎靠老牛耕地为生，与老牛相依为命。

老牛其实是天上的金牛星，他喜欢牛郎的勤劳善良，所以想帮牛郎成个家。有一天夜里，金牛星得知天上的仙女们要到村东边山脚下的湖里洗澡，就托梦给牛郎，叫他明天一早，到村口那个湖边去，有一批仙女在那里洗澡，她们的衣服都挂在树上，叫他看中哪件就偷哪件跑回家里去，那个被偷走衣服的仙女就会给他做老婆。牛郎感到半信半疑。

第二天，牛郎照着梦里的托付就去了，果然到了湖边一看，有七个美女在洗澡，而且在湖中戏水。他趁她们不备，就把一件粉红色的衣服偷了回来，就往家里跑。当天夜里，织女轻轻敲开了牛郎家的门，两人做了恩爱夫妻。他俩恩恩爱爱过了三年，生了一男一女两个孩子。

可是好景不长，织女私自下凡的事被玉皇大帝知道了。有一天，天上电闪雷鸣，狂风大作，大雨倾盆，一阵黑风过后，织女突然不见了。正在万分焦急的时候，两个孩子哭着要妈妈，牛郎也不知如何是好。正在这时候，那头老牛开口说话了，老牛说："你把我的两只角拿下来变成两只箩筐，挑着你这对儿女，上天去追织女吧。"正在这个时候，两只牛角就自己掉在了地上，变成了两只箩筐，牛郎就把两个孩子装进箩筐。牛郎挑起担子时也不知道哪来的力气，就朝天宫慢慢飞去。就在快要见到织女时，被王母娘娘发现了，王母娘娘拔下一只金钗在他俩之间划了一道，这就是银河。银河宽阔无比，波涛滚滚，两个人隔着银河见不了面。

喜鹊们非常同情牛郎和织女，它们在银河上用嘴巴一只衔着另一只的尾巴搭起了一座鹊桥，让牛郎和织女在七月初七这天相会，这就是牛郎织女鹊桥会。

（2017年8月，发音人：黄金森）

三、自选条目

（一）谚语

和尚打伞，〔o³³zã³¹tã³³sɐ³³〕
无法无天。〔u³³fɐʔ⁵u³³tʰie³³〕

孝敬田稻是侬个谷，〔çiɔ³⁵tçiŋ⁵³die³³dɔ¹³zɿ³³noŋ¹³gɐʔ²kuɔʔ⁵〕田稻：泛指农作物
孝敬公婆是侬自家个福。〔çiɔ³⁵tçiŋ⁵³koŋ⁵⁵buɔ¹³zɿ³³noŋ¹³zi³³ka³⁵gɐʔ²fuɔʔ⁵〕自家：自己

（以上2017年8月，发音人：黄金森）

（二）谜语

为官四十一年，〔uɐ³³kuœ⁵³sɿ⁵⁵zɐʔ²ieʔ⁵ȵie¹³〕
三十年在京城，〔sɐ⁵⁵zɐʔ²ȵie¹³dzɐ³³tçiŋ⁵³dzeŋ¹³〕

十一年在城外。［ zɐʔ²ieʔ⁵n̠ie³³dzɛ³³dzeŋ³³ua¹³ ］

——"壨［ lɛ³³ ］"字

父在云南做官，［ vu³³dzɛ³³ioŋ³³nɛ¹³tsu⁵⁵kuœ³⁵ ］

母在四川修阴，［ mu³³dzɛ³³sɿ⁵⁵tsʰuœ³⁵ɕiəɤ⁵⁵iŋ³⁵ ］

月旁生下一女，［ yœʔ²bã³¹seŋ³⁵ɕia³⁵ieʔ⁵n̠y¹³ ］

许配凡人为妻。［ ɕy⁵³pʰɛ⁵³vɛ¹³zeŋ¹³uɛ³³tɕʰi⁵⁵ ］

——"赢［ iŋ³³ ］"字

四角方方肚里花，［ sɿ⁵⁵kuɔʔ⁵fã⁵⁵fã⁵³du³³li³¹huo⁵⁵ ］

阿婆出门我当家，［ aʔ⁵buo¹³tsʰɐʔ⁵miŋ¹³ŋuo³³tã⁵³kuo³⁵ ］

油头光棍嫖戏我，［ iœ³³dœ³³kuã⁵⁵kueŋ⁵³biɔ³³ɕi³⁵ŋuo⁵³ ］

我有亲夫不要人。［ ŋuo⁵³iœ⁵³tɕʰiŋ⁵³fu³⁵pɐʔ⁵iɔ³⁵zeŋ¹³ ］

——锁［ suo⁵⁵ ］

高高山，低低山，［ kɔ⁵⁵kɔ⁵³sɛ⁵³，ti⁵⁵ti⁵³sɛ⁵³ ］

高高山浪⁼一个小妹妹。［ kɔ⁵⁵kɔ⁵³sɛ⁵³lã³³ieʔ⁵kɐʔ⁵ɕiɔ³⁵mɛ⁵⁵mɛ⁰ ］

松毛丝盖盖，［ soŋ⁵⁵mɔ³³sɿ⁵⁵kɛ³⁵kɛ⁵³ ］松毛丝：松毛针

骨碌骨碌擂擂。［ kuɔʔ⁵luɔʔ²kuɔʔ⁵luɔʔ²lɛ¹³lɛ³¹ ］骨碌骨碌：形容转来转去的样子。擂：转动

——眼睛［ ŋɛ³³tɕiŋ⁵³ ］

（以上 2017 年 8 月，发音人：黄金森）

（三）口彩

传袋，接袋，［ dzuã³⁵dɛ¹³，tɕiɐʔ⁵dɛ¹³ ］新娘进门时说的口彩，谐传代，接代

传袋，接袋。［ dzuã³⁵dɛ¹³，tɕiɐʔ⁵dɛ¹³ ］

新娘子脸孔圆圆，［ ɕiŋ⁵⁵n̠iã³⁵tsɿ⁵³lie³³kʰoŋ⁵³yœ¹³yœ⁵³ ］迎新娘时说的口彩。脸孔：脸

生出儿子中状元。［ sã⁵³tsʰɐʔ⁵n̠i³³tsɿ⁵⁵tsoŋ⁵³dzã¹³n̠yœ⁵³ ］

梁头圆圆，［ liã³³dœ¹³yœ¹³yœ¹³ ］造房上梁时说的口彩。梁头：房梁的前段

代代子孙中状元。［ dɛ¹³dɛ³¹tsɿ⁵⁵seŋ⁵³tsoŋ⁵³dzã¹³n̠yœ¹³ ］

梁中披红，［liã³³tsoŋ³⁵pʰi⁵⁵oŋ¹³］造房上梁时说的口彩。梁中：房梁的中段

代代儿孙在朝中。［dɛ³³dɛ³¹ɚ³³seŋ⁵⁵dzɛ³³dzɔ³¹tsoŋ⁵³］

梁尾尖尖，［liã¹³vi³¹tɕie⁵³tɕie³⁵］造房上梁时说的口彩。梁尾：房梁的后段

家中黄金万万千。［tɕia⁵⁵tsoŋ³⁵uã³³tɕiŋ³⁵vɛ¹³vɛ³¹tɕʰie³⁵］

（以上 2017 年 8 月，发音人：黄金森）

昌　化

一、歌谣

李三宝

李家出了个李三宝，［li⁴⁵ku⁵³tɕʰyɛʔ⁵ləʔ⁰kəʔ⁵li⁴⁵sɔ³³⁴pɔ⁴⁵］
讲起那个三宝真正无不好，［kũ⁴⁵tsʰɿ⁵³na²⁴kəʔ⁵sɔ̃³³pɔ⁴⁵tɕiəŋ³³tɕiəŋ⁵⁴m¹¹pəʔ⁵xɔ⁴⁵］
天天在家睏懒觉，［tʰĩ³³tʰĩ⁴⁵zɛ²⁴ku⁴⁵kʰuəŋ⁵⁴⁴lɔ̃²⁴kɔ⁵⁴］睏懒觉：睡懒觉
山里田头不去哎跑，［sɔ̃³³li⁴⁵dĩ¹¹dei¹¹²pəʔ⁵tɕʰi⁵⁴⁴ɛ⁵⁴bɔ²⁴］
哎，一呵朗当，［ɛ⁵⁴, iɛʔ⁵xəʔ⁵lɔ̃¹¹tɔ̃³³⁴］
郎格郎子里，［lɔ̃¹¹kəʔ⁵lɔ̃¹¹tsɿ⁴⁵li⁵³］
郎格里子郎［lɔ̃¹¹kəʔ⁵li⁴⁵tsɿ²³lɔ̃¹¹²］
讲起那个三宝真是一个宝，［kũ⁴⁵tsʰɿ⁵³na²⁴kəʔ⁵sɔ̃³³pɔ⁴⁵tɕiəŋ³³zɿ²⁴iɛʔ⁵kəʔ⁵pɔ⁴⁵］
讲起那个三宝真正无不好，［kũ⁴⁵tsʰɿ⁵³na²⁴kəʔ⁵sɔ̃³³pɔ⁴⁵tɕiəŋ³³tɕiəŋ⁵⁴m¹¹pəʔ⁵xɔ⁴⁵］
天天在家陪老婆，［tʰĩ³³tʰĩ⁴⁵zɛ¹¹ku⁴⁵bɛ¹¹²lɔ²³bu⁴⁵］
讨了老婆虱了哎娘，［tʰɔ⁴⁵ləʔ⁰lɔ²³bu⁴⁵tuəʔ⁵ləʔ⁰ɛ⁵⁴ɲiã¹¹²］虱：丢
哎，一呵朗当，［ɛ⁵⁴, iɛʔ⁵xəʔ⁵lɔ̃¹¹tɔ̃³³⁴］
郎格郎子里，［lɔ̃¹¹kəʔ⁵lɔ̃¹¹tsɿ⁴⁵li⁵³］
里格里子郎里，［li⁴⁵kəʔ⁵li⁴⁵tsɿ²³lɔ̃⁴⁵li⁴⁵］
郎格里子郎，［lɔ̃¹¹kəʔ⁵li⁴⁵tsɿ²³lɔ̃¹¹²］
讲起那个三宝宝宝哦宝宝，［kũ⁴⁵tsʰɿ⁵³na²⁴kəʔ⁵sɔ̃³³pɔ⁴⁵pɔ⁴⁵pɔ⁵³ɯ⁰pɔ⁴⁵pɔ⁵³］
讲起那个三宝真正无不好，［kũ⁴⁵tsʰɿ⁵³na²⁴kəʔ⁵sɔ̃³³pɔ⁴⁵tɕiəŋ³³tɕiəŋ⁵⁴m¹¹pəʔ⁵xɔ⁴⁵］

别侬劝合=合=不听，［biɛʔ²nəŋ¹¹²tɕʰyĩ³³əʔ²³əʔ²³pəʔ⁵tʰiəŋ³³⁴］合=：他

尔讲糟糕不糟哎糕哎［ŋ²⁴kũ⁴⁵tsɔ³³kɔʔ⁵pəʔ⁵tsɔ³³ɛ⁵⁴kɔ⁴⁵ɛ⁵⁴］尔：你

哎，一呵朗当，［ɛ⁵⁴，iɛʔ⁵xəʔ⁵lɔ̃¹¹tɔ̃³³⁴］

郎格郎子里，［lɔ̃¹¹kəʔ⁵lɔ̃¹¹tsʅ⁴⁵li⁵³］

里格里子郎，真呀真糟糕。［li⁴⁵kəʔ⁵li⁴⁵tsʅ²³lɔ̃¹¹²，tɕiəŋ³³ia⁰tɕiəŋ³³tsɔ³³kɔ⁴⁵］

（2019 年 7 月，发音人：翁三芳）

二、规定故事

牛郎和织女

先老早个时节，［ɕĩ³³lɔ²³tsɔ⁴⁵kəʔ⁵zʅ¹¹tɕiɛʔ⁵］

有一个毛后生，［i²⁴iɛʔ⁵kəʔ⁵mɔ¹¹ei²³sã⁴⁵］

家里也蛮罪过个，［ku³³li⁴⁵ie²⁴mɔ̃¹¹²zei²³ku⁴⁵kəʔ⁰］罪过：可怜

娘姆老子呢死得蛮早，［n̠iã¹¹m¹¹lɔ²³tsʅ⁴⁵nei⁰sʅ⁴⁵təʔ⁵mɔ̃¹¹tsɔ⁴⁵］娘姆老子：父母亲

渠家里是养着一头牛，［gɯ¹¹ku³³li⁴⁵zʅ²⁴iã²⁴zaʔ²iɛʔ⁵diɔ⁴⁵n̠i¹¹²］

人家呢也飘=得大=只=名字，［nəŋ¹¹ku³³⁴nei⁰ie²⁴pʰiɔ⁴⁵təʔ⁵da²³tsəʔ⁵miŋ¹¹zʅ²⁴］飘=得：不知道；

　　大=只=：什么

就是叫渠牛郎个。［zi²⁴zʅ²⁴tɕiɔ⁵⁴gɯ¹¹²n̠i¹¹lɔ̃¹¹²kəʔ⁰］渠：他

牛郎呢，渠是靠种地过日子个。［n̠i¹¹lɔ̃¹¹²nei⁰，gɯ¹¹²zʅ²⁴kʰɔ⁵⁴tsəŋ⁵⁴di²⁴kɯ⁵⁴n̠iɛʔ²tsʅ⁴⁵

　　kəʔ⁰］

葛头老牛指=道=渠做桃=房=。［kəʔ⁵diɔ⁴⁵lɔ²³n̠i¹¹²tsʅ⁴⁵dɔ²⁴gɯ¹¹²tsɯ⁵⁴dɔ¹¹vɔ̃¹¹²］指道=：和。做

　　桃=房=：相依为命

老牛呢，实际上呢，［lɔ²³n̠i¹¹²nei⁰，ziɛʔ²tsʅ⁴⁵zɔ̃²⁴nei⁰］

是天上个仙牛封下来个，［zʅ²⁴tʰĩ³³zɔ̃⁴⁵kəʔ⁵ɕĩ³³n̠i⁴⁵fəŋ³³u²⁴lɛ⁴⁵kəʔ⁰］

渠人也蛮欢喜牛郎个性格，［gɯ¹¹n̠iŋ⁴⁵ie²⁴mɔ̃¹¹²xuɔ̃³³sʅ⁴⁵n̠i¹¹lɔ̃¹¹kəʔ⁵ɕiəŋ⁵⁴kaʔ⁵］

渠人蛮勤劳、蛮潘=滴=个，［gɯ¹¹²n̠iəŋ⁴⁵mɔ̃¹¹²ziəŋ¹¹lɔ¹¹²、mɔ̃¹¹²pʰɔ̃³³tiɛʔ⁵kəʔ⁰］潘=滴=：

　　善良

渠人也想帮渠一记，［gɯ¹¹n̠iəŋ⁴⁵ie²⁴ɕiã³³pɔ̃³³gɯ¹¹²iɛʔ⁵tsʅ⁵⁴⁴］一记：一下

渠口把渠讨个老婆，［gɯ¹¹²nɔ̃⁴⁵pu⁴⁵gɯ¹¹tʰɔ⁴⁵kəʔ⁵lɔ²³bu⁴⁵］口：口头词，无义

成个家。［ʑiəŋ¹¹kəʔ⁵ku³³⁴］

有一日呢，渠得着消息嘞，［i²⁴iɛʔ⁵n̠iɛʔ²³nei⁰，guɯ¹¹təʔ⁵zaʔ²ɕiɔ³³ɕiɛʔ⁵lɛ⁰］

讲天上个七仙女，［kũ⁴⁵tʰiĩ³³zɔ̃⁵kəʔ⁵tɕʰiɛʔ⁵ɕiĩ³³n̠y⁴⁵］

要到渠拉村东边个溪塔=里，［iɔ⁵⁴tɔ⁵⁴guɯ¹¹la³³⁴tsʰɛ̃³³⁴təŋ³³piĩ⁴⁵kəʔ⁵tsʰʅ³³tʰaʔ⁵li⁴⁵］

山脚里个溪塔=里来洗浴。［sɔ̃³³tɕiaʔ⁵li⁴⁵kəʔ⁵tsʰʅ³³tʰaʔ⁵li⁴⁵lɛ¹¹sʅ⁴⁵yɛʔ²³］洗浴：洗澡

葛日夜快呢，［kəʔ⁵n̠iɛʔ²³ia²⁴kʰua⁵⁴nei⁰］夜快：傍晚

就托着个烂=梦把牛郎，［ʑi²⁴tʰuəʔ⁵zaʔ⁵kəʔ⁵lɛ²⁴məŋ⁴⁵pu⁴⁵n̠i¹¹lɔ̃¹¹²］烂=梦：梦

讲："尔呢明早起，［kũ⁴⁵：ŋ²⁴nei⁰məŋ¹¹tsɔ⁴⁵tsʰʅ⁴⁵］

到那个山脚里个溪塔=里，［tɔ⁵⁴na²³kəʔ⁵sɔ̃³³tɕiaʔ⁵li⁴⁵kəʔ⁵tsʰʅ³³tʰaʔ⁵li⁴⁵］

一、一帮美女们来=洗、洗浴个。［iɛʔ⁵、iɛʔ⁵pɔ̃³³mei⁴⁵n̠y⁵³məŋ³³lɛ¹¹²sʅ⁴⁵、sʅ⁴⁵yɛʔ²³kəʔ⁰］

尔呢疤=去呢把渠拉个衣裳，［ŋ²⁴nei⁰pu³³tɕʰi⁵⁴nei⁰pu⁴⁵guɯ¹¹la³³kəʔ⁵iʔ³³zɔ̃⁴⁵］疤=：跑

驮着一件，［duɯ¹¹zaʔ²³iɛʔ²zĩ²⁴］驮：拿

就疤=着啦盖=家，［ʑi²⁴pu³³zaʔ²³la³³kɛ⁵⁴ku³³⁴］盖=家：回家

□里肯定会有一个来寻尔个，［nɔ̃²⁴li⁵³kʰəŋ⁴⁵diŋ⁵³uei²⁴i²⁴iɛʔ⁵kəʔ⁵lɛ¹¹ʑiəŋ¹¹ŋ²⁴kəʔ⁰］□里：然后

尔呢就有仙女把尔做老婆嘞。"［ŋ²⁴nei⁰ʑi²⁴i²⁴ɕiĩ³³n̠y⁴⁵pu⁴⁵ŋ²⁴tsɯ⁵⁴lɔ²³bu⁴⁵lɛ⁰］

之后牛郎呢渠醒转来，［tsʅ³³ei⁴⁵n̠i¹¹lɔ̃¹¹²nei⁰guɯ¹¹²ɕiəŋ⁴⁵tɕyĩ⁴⁵lɛ⁴⁵］

天还是蒙蒙亮，［tʰiĩ³³a¹¹zʅ²⁴məŋ¹¹məŋ⁰liã²⁴］

渠人跑到葛山脚里，［guɯ¹¹n̠iəŋ⁴⁵bɔ¹¹tɔ⁵⁴kəʔ⁵sɔ̃³³tɕiaʔ⁵li⁴⁵］

看见呢当真有七个美女，［kʰɔ̃⁵⁴tɕiĩ⁵⁴nei⁰tɔ̃³³tɕiəŋ³³⁴i²⁴tɕʰiɛʔ⁵kəʔ⁵mei⁴⁵n̠y⁵³］

摸=里搞水，［muəʔ⁵li⁴⁵kɔ⁴⁵sei⁵³］

□里渠呢跑去，［nɔ̃²³li⁵³guɯ¹¹nei⁰bɔ¹¹tɕʰi⁵⁴］

不声不响跑去，［pəʔ⁵ɕiəŋ³³pəʔ⁵ɕiã⁴⁵bɔ¹¹tɕʰi⁵⁴］

驮着一件挂在树上个，［duɯ¹¹zaʔ²³iɛʔ⁵zĩ⁴⁵ku⁵⁴dzɛ⁵⁴ʑy²⁴zɔ̃⁴⁵kəʔ⁵］

粉红色个衣裳，［fəŋ⁴⁵əŋ¹¹səʔ⁵kəʔ⁵iʔ³³zɔ̃⁴⁵］

就疤=着啦盖=家嘞。［ʑi²⁴pu³³zaʔ²³la³³kɛ⁵⁴ku³³⁴lɛ⁰］

葛个讨=渠驮着衣裳个仙女呢，［kəʔ⁵kəʔ⁵tʰɔ⁴⁵guɯ¹¹²duɯ¹¹²zaʔ²³iʔ³³zɔ̃⁴⁵kəʔ⁵ɕiĩ³³n̠y⁴⁵nei⁰］讨=：被

叫织女，［tɕiɔ⁵⁴tɕiɛʔ⁵n̠y⁴⁵］

到夜快呢，［tɔ⁵⁴ie²⁴kʰua⁵⁴nei⁰］

就来敲渠个门嘞。[ʑi²⁴lɛ¹¹kʰɔ³³gɯ¹¹kəʔ⁵mən¹¹²lɛ⁰]

那两个侬就做了夫妻嘞。[na²⁴liã²⁴kəʔ⁵nəŋ⁴⁵ʑi²⁴tsɯ⁵⁴ləʔ⁰fu³³tsʰŋ⁴⁵lɛ⁰]

眼睛一晗呢，三年过去嘞。[ŋã²⁴tɕiəŋ⁴⁵iɛʔ⁵kaʔ⁵nei⁰, sã³³ɲĩ¹¹²kɯ⁵⁴tɕʰi⁵⁴lɛ⁰]晗：眨

牛郎织女生着两个小鬼，[ɲi¹¹lɔ̃¹¹²tɕiɛʔ⁵ɲy⁴⁵sã³³zaʔ⁵liã²⁴kəʔ⁵ɕiɔ⁴⁵kuei⁵³]小鬼：小孩

一个木⁼娘⁼头，[iɛʔ⁵kəʔ⁵muəʔ²ɲiã¹¹di¹¹²]木⁼娘⁼头：男孩

一个囡子头。[iɛʔ⁵kəʔ⁵nɔ̃²⁴tsŋ⁴⁵di⁵³]囡子头：女孩

织女呢，渠下凡呢，[tɕiɛʔ⁵ɲy⁴⁵nei⁰, gɯ¹¹ʑia²⁴vɔ̃¹¹²nei⁰]

渠是私自下凡个。[gɯ¹¹zŋ²⁴sŋ³³zŋ⁴⁵ʑia²⁴vɔ̃¹¹²kəʔ⁰]

葛个消息呢，[kəʔ⁵kəʔ⁵ɕiɔ³³ɕiɛʔ⁵nei⁰]

讨⁼玉皇大帝晓得嘞。[tʰɔ⁴⁵ɲyɛʔ²uɔ̃¹¹²da²³ti⁵³ɕiɔ⁴⁵təʔ⁰lɛ⁰]讨⁼：被

有一日呢，是天雷霍闪，大风大雨。[i²⁴iɛʔ⁵ɲiɛʔ²³nei⁰, zŋ²⁴tʰĩ³³lɛ⁴⁵xuəʔ⁵ɕyĩ⁴⁵, dɯ²⁴fəŋ⁴⁵dɯ²⁴y⁴⁵]

织女呢，好是无得无子扎⁼，[tɕiɛʔ⁵ɲy⁴⁵nei⁰, xɔ⁴⁵zŋ²⁴m¹¹təʔ⁰m¹¹tsŋ⁴⁵tsaʔ⁵]

寻不着子扎⁼。[ʑiəŋ¹¹pəʔ⁵zaʔ²³tsŋ⁴⁵tsaʔ⁵]寻：找

葛两个小鬼呢哭嘞□个，[kəʔ⁵liã²⁴kəʔ⁵ɕiɔ⁴⁵kuei⁵⁴nei⁰kʰuəʔ⁵lɛ⁰nɔ̃²⁴kəʔ⁰]

吵嘞要寻渠拉姆妈，[tsʰɔ⁴⁵lɛ⁰iɔ²⁴ʑiəŋ¹¹gɯ¹¹la³³⁴m⁴⁵ma⁵³]姆妈：妈妈

牛郎呢，[ɲi¹¹lɔ̃¹¹nei⁰]

也急得个飘⁼得吓⁼年好个呢。[ie²⁴tɕiɛʔ⁵təʔ⁰kəʔ⁰pʰiɔ³³təʔ⁵xaʔ⁵ɲĩ⁵³xɔ⁴⁵kəʔ⁵nei⁰]吓⁼年：
怎么

葛个时节呢，[kəʔ⁵kəʔ⁵zŋ¹¹tɕiɛʔ⁵nei⁰]

葛条老牛呢突然开口嘞：[kəʔ⁵diɔ⁴⁵lɔ²⁴ɲi¹¹²nei⁰duəʔ²ĩ¹¹²kʰɛ³³kʰi⁵³lɛ⁰]

"葛个尔不要难过，[kəʔ⁵kəʔ⁵ŋ²⁴pəʔ⁵iɔ⁵⁴nɔ̃¹¹kɯ⁵⁴⁴]

哎，尔侬呢把我侬两州⁼角驮下来，[ɛ⁰, ŋ²³nəŋ⁴⁵³nei⁰pa⁴⁵a²³nəŋ⁴⁵³liã⁴⁵tɕi³³kuəʔ⁵dɯ¹¹u²⁴
lɛ¹¹²]

变到两州⁼隔⁼笭。[pĩ⁵⁴tɔ⁵⁴liã²⁴tɕi³³kaʔ⁵lei¹¹²]隔⁼笭：笭筐

尔呢把两个小鬼放到隔⁼笭里，[ŋ²⁴nei⁰pu⁴⁵liã²⁴kəʔ⁵ɕiɔ⁴⁵kuei⁵³fɔ̃⁵⁴tɔ⁵⁴kaʔ⁵lei¹¹²li⁴⁵]

□里尔呢挑着，[nɔ̃⁴⁵li⁵³ŋ²⁴nei⁰tʰiɔ³³zaʔ⁵]

尔去追，寻得着个。"[ŋ²⁴tɕʰi⁵⁴tsei³³⁴, ʑiəŋ¹¹²təʔ⁰zaʔ⁵kəʔ⁰]

□□牛郎呢，[˙nɔ̃⁴⁵uɛ⁵³ɲi¹¹lɔ̃¹¹²nei⁰]□□：口头词，无义

正是呆煞个时节呢，[tɕiəŋ54zɿ24ŋε11saʔ5kəʔ5zɿ11tɕiεʔ5nei0]
突然之下葛两州⁼角呢，[duəʔ2ĩĩ112tsɿ33ʑia24kəʔ5liã24tɕi33kuəʔ5nei0]
笃⁼指⁼到脚跟，[tuəʔ5tsɿ45tɔ54tɕiaʔ5kĩĩ334]笃⁼指⁼：掉
变节⁼两州⁼隔⁼箩。[pĩĩ54tɕiεʔ5liã24tɕi33kaʔ5lei112]
牛郎呢速⁼急把两个小鬼呢，[ȵi11lɔ̃11nei0suəʔ5tɕiεʔ5pu45liã24kəʔ5ɕiɔ45kuei53nei0]速⁼急：迅速
就放着到隔⁼箩里，[ʑi24fɔ̃54zaʔ23tɔ54kaʔ5lei11li45]
驮上一州⁼扁担呢就挑着就跑嘞。[dɯ11zɔ̃24iεʔ5tɕi45pĩĩ45tɔ̃54nei0ʑi24tʰiɔ33zaʔ5ʑi24bɔ11lε0]
正好跑呢，一阵风就吹过来，[tɕiəŋ54xɔ45bɔ11nei0，iεʔ5ʑyəŋ24fəŋ334ʑi24tsʰei33kɯ54lε45]
葛个两州⁼隔⁼箩呢像渠生了翼，[kəʔ5kəʔ5liã24tɕi33kaʔ5lei112nei0ʑiã24gɯ112sã33ləʔ0iεʔ5]州⁼：个
生了两州⁼翼梢一样个啦，[sã33ləʔ0liã24tɕi33iεʔ5sɔ45iεʔ5iã45kəʔ5la0]翼梢：翅膀
就飞指⁼起来，[ʑi24fei33tsɿ45tsʰɿ45lε112]
越飞越快，越飞越快，[yεʔ2fei33yεʔ2kʰua544，yεʔ2fei33yεʔ2kʰua544]
腾云驾雾一样个。[dəŋ11yəŋ11tɕia54vu24iεʔ5iã24kəʔ0]

□飞来飞去呢，飞去飞去呢，[nɔ̃45fei33lε45fei33tɕʰi45nei0，fei33tɕʰi45fei33tɕʰi45nei0]
看着呢追指⁼织女个时节呢，[kʰɔ̃54zaʔ23nei0tsei33tsɿ45tɕiεʔ5ȵy45kəʔ5zɿ11tɕiεʔ5nei0]
讨⁼王母娘娘看指⁼见，[tʰɔ45uɔ̃11mu45ȵiã45ȵiã45kʰɔ̃54tsɿ45tɕĩĩ544]
王母娘娘呢，驮出一根金钗来呢，[uɔ̃11mu45ȵiã45ȵiã45nei0，dɯ11tsʰəʔ5iεʔ5kəŋ45tɕiəŋ33tsʰa45lε45nei0]
就把渠拉两个侬个中姜⁼，[ʑi24pu45gɯ11la33liã24kəʔ5nəŋ45kəʔ5tsəŋ33tɕiã45]中姜⁼：中间
划着一条啊，[uaʔ23zaʔ23iεʔ5diɔ112a0]
划着葛样呢？ [uaʔ2zaʔ23kəʔ5iã24nei0]
就是一条蛮大蛮阔个，[ʑi24zɿ24iεʔ5diɔ112mɔ̃112dɯ112mɔ̃112kʰuaʔ5kəʔ5]蛮阔：很宽阔
水也蛮大个河，[sei45ie24mɔ̃112dɯ112kəʔ5ɯ112]
阔得根本看不见对方，[kʰuaʔ5təʔ0kəŋ33pəŋ45kʰɔ̃54pəʔ5tɕĩĩ54tε54fɔ̃334]
把渠拉隔指开。[pu45gɯ11la33kaʔ5tsɿ45kʰε334]

葛时节呢，[kəʔ5zɿ11tɕiεʔ5nei0]
喜鹊呢蛮同情葛个牛郎织女个，[sɿ45tɕʰiaʔ5nei0mɔ̃112dəŋ11ʑiəŋ11kəʔ5kəʔ5ȵi11lɔ̃112tɕiεʔ5ȵy45kəʔ0]

到每年个正，［tɔ⁵⁴mei⁴⁵n̠ĩ¹¹²kəʔ⁵tɕiəŋ³³］

那个阴历个七月初七，［na²⁴kəʔ⁵iəŋ³³liɛʔ⁵kəʔ⁵tɕʰiɛʔ⁵yɛʔ⁵tsʰu³³tɕʰiɛʔ⁵］

□是蛮佬佬多个喜鹊，［nɔ̃²⁴³zŋ²⁴mɔ̃¹¹lɔ²⁴lɔ⁰tu⁻³³kəʔ⁵sŋ⁴⁵tɕʰiaʔ⁵］<small>蛮佬佬多：很多</small>

成千上万个，［ʑiəŋ¹¹tɕʰĩ³³zɔ̃²⁴vã²⁴kəʔ⁵］

把渠拉两个侬呢，［pu⁴⁵guɯ¹¹la³³⁴liã²⁴kəʔ⁵nəŋ¹¹²nei⁰］

就是讲，种⁼啊种⁼呢，［ʑi²⁴zŋ²⁴kũ⁴⁵，tsəŋ⁵⁴ᵃ⁰tsəŋ⁵⁴nei⁰］

尔啊咬着我个尾巴，［ŋ²⁴ᵃ⁰ŋɔ²⁴zaʔ²³a²⁴kəʔ⁵mi⁴⁵pa⁵³］

我咬着尔个尾巴呢，［a²⁴ŋɔ²⁴zaʔ²³ŋ²⁴kəʔ⁵mi⁴⁵pa⁵³nei⁰］

把渠架起了，［pu⁴⁵guɯ¹¹²tɕia⁵⁴tsʰŋ⁴⁵ləʔ⁰］

搭起了蛮长个一座桥，［taʔ⁵tsʰŋ⁴⁵ləʔ⁰mɔ̃¹¹²zã¹¹kəʔ⁵iɛʔ⁵zuɯ²⁴ʑiɔ¹¹²］

叫鹊桥，［tɕiɔ⁵⁴tɕʰiɛʔ⁵ʑiɔ¹¹²］

让渠拉呢夫妻团圆嘞。［n̠iã²⁴guɯ¹¹la³³⁴nei⁰fu³³tsʰŋ⁴⁵dẽ¹¹yĩ¹¹²lɛ⁰］

葛个呢就是牛郎织女个故事。［kəʔ⁵kəʔ⁵nei⁰ʑi²⁴zŋ²⁴n̠i¹¹lɔ̃¹¹tɕiɛʔ⁵n̠y⁴⁵kəʔ⁵ku⁵⁴zŋ²⁴］

　　从前，有一个年轻人，家里很可怜，父母死得很早。他家里养着一头牛，人家也不晓得他叫什么名字，就叫他牛郎。牛郎呢，他是靠耕地过日子的，这头老牛和他相依为命。老牛呢，实际上是天上的仙牛下凡的，他也非常喜欢牛郎的性格，因为牛郎非常勤劳、善良。他想帮牛郎一下，给牛郎娶个老婆，成个家。

　　有一天呢，他得到消息，说天上的七仙女要到他们村东边的小溪里，山脚下的小溪里来洗澡。这天晚上呢，老牛就托了一个梦给牛郎，说："你呢，明天早上，到那个山脚下的小溪边，有一帮美女们在洗澡，你呢，跑去把他们的衣服拿走一件，之后就跑回家。然后肯定会有一个仙女来寻你的，就会有仙女给你做老婆了。"

　　牛郎醒来后，天还是蒙蒙亮，他就跑到山脚下，看见当真有七个美女在那里洗澡。然后他呢就不声不响地跑去拿了一件挂在树上的粉红色衣裳，就跑回家去了。这个被他拿走衣服的仙女呢，叫织女。到晚上，她来敲牛郎的门。两个人就做了夫妻。

　　眼睛一眨呢，三年过去了。牛郎和织女生了两个小孩，一个男孩，一个女孩。织女是私自下凡，这个消息被玉皇大帝知道了。

　　有一天，天上打雷闪电，刮起了大风大雨。织女呢，突然也不见了，找不到了。这两个小孩呢哭着吵着要找妈妈，牛郎呢，也急得不知道怎么办才好。这个时候呢，这头老牛突然开口了："你不要难过，你把我的两只牛角拿下来，变成两只箩筐。你呢，就把两个小孩放到箩筐里，然后你就挑着去追，找得到织女的。"

牛郎正在发呆的时候，突然这两只角就掉到他脚下，变成了两只箩筐。牛郎马上把两个小孩放到箩筐里，拿上一根扁担挑着就跑。正跑着的时候，一阵风吹过来，这两只箩筐就像生了两只翅膀一样地飞起来了，越飞越快，越飞越快，腾云驾雾一样的。

飞来飞去，飞来飞去，看着要追上织女的时候，被王母娘娘看见了，王母娘娘拿出一根金钗来，就在他们两个人中间划一条，划了一条什么样的呢？就是一条很大很宽的，水也很大的河，宽得根本看不见对方，把他们两个隔开了。

这个时候呢，喜鹊很同情牛郎和织女。到每年的农历七月初七，有许许多多的喜鹊，有成千上万只，把他们两个呢，就是说一直你咬着我的尾巴，我咬着你的尾巴，给他架起了、搭起了很长的一座桥，叫鹊桥，让他们夫妻团圆。

这个就是牛郎织女的故事。

(2019 年 7 月，发音人：公仲木)

三、自选条目

（一）谚语

秋分不出头，[tɕʰi³³fəŋ⁴⁵pəʔ⁵tsʰəʔ⁵di¹¹²]
割来喂老牛。[kəʔ⁵lɛ⁴⁵uei⁵⁴lɔ²³n̩i¹¹²]

清明断雪，[tɕʰiəŋ³³miəŋ⁴⁵dẽ²⁴ɕiɛʔ⁵]
谷雨断霜。[kuəʔ⁵y⁴⁵dẽ²⁴suɑ̃³³⁴]

夏雨隔牛背，[ʑia²⁴y⁴⁵kaʔ⁵n̩i¹¹pɛ⁵⁴⁴]
秋雨隔田塍。[tɕʰi³³y⁴⁵kaʔ⁵dĩ¹¹ʑiəŋ¹¹²]

先响后落，[ɕĩ³³ɕiɑ̃⁴⁵ei²⁴luəʔ²³]
落不到一木杓。[luəʔ²pəʔ⁵tɔ⁵⁴iɛʔ⁵muəʔ²zuɔʔ²³]

猫吃水要天晴，［mɔ¹¹tɕʰiɛʔ⁵sei⁴⁵iɔ⁵⁴tʰĩ³³ʑiəŋ¹¹²］

狗吃水要落雨。［ki⁴⁵tɕʰiɛʔ⁵sei⁴⁵iɔ⁵⁴luəʔ²y⁴⁵］

（以上 2019 年 7 月，发音人：张南云）

八月毛雨碎，［paʔ⁵yɛʔ⁵mɔ¹¹y⁴⁵sɛ⁵⁴⁴］毛雨碎：指雨多。煨：烧

有米无柴煨。［i²⁴mi⁴⁵m¹¹za¹¹uɛ³³⁴］

（2019 年 7 月，发音人：姚亚平）

（二）俗语

远路无轻担。［yĩ²⁴lu⁴⁵m¹¹tɕʰiəŋ³³tɔ̃³³⁴］

生好个性，［sã³³xɔ⁴⁵kəʔ⁵ɕiəŋ⁵⁴⁴］性：脾气

钉好个秤。［tiəŋ³³xɔ⁴⁵kəʔ⁵tɕʰiəŋ⁵⁴⁴］

鸡多不生蛋，［tsɿ³³tɯ³³pəʔ⁵sã³³dɔ̃²⁴］

侬多不着力。［nəŋ¹¹tɯ³³pəʔ⁵zaʔ²liɛʔ²³］

箩里拣花，［lɯ¹¹li⁴⁵kɔ̃⁴⁵xu³³⁴］

越拣越花。［yɛʔ²kɔ̃⁴⁵yɛʔ²xu³³⁴］

过头个饭不吃，［kɯ⁵⁴⁴di¹¹kəʔ⁵vã²⁴pəʔ⁵tɕʰiɛʔ⁵］过头：过了时候

过头个天少谈。［kɯ⁵⁴⁴di¹¹kəʔ⁵tʰĩ³³⁴sɔ⁴⁵dɔ̃¹¹²］

变不了个。［piĩ⁵⁴⁴pəʔ⁵liɔ⁰kəʔ⁰］

若要好，［zaʔ²³iɔ⁵⁴xɔ⁴⁵］

大做小。［dɯ²⁴tsɯ⁵⁴ɕiɔ⁴⁵］

有货不求侬，［i²³xɯ⁵⁴⁴pəʔ⁵ʑi¹¹nəŋ¹¹²］

无货急煞侬。［m¹¹xɯ⁵⁴⁴tɕiɛʔ⁵saʔ⁵nəŋ¹¹²］

（以上 2019 年 7 月，发音人：张南云）

蛤蟆不要笑青蛙，［guəʔ²muɯ¹¹²pəʔ⁵iɔ⁵⁴ɕiɔ⁵⁴tɕʰiəŋ³³ua³³⁴］
辣⹀苏不要笑芋头。［laʔ²su³³⁴pəʔ⁵iɔ⁵⁴ɕiɔ⁵⁴y⁴⁵di⁵³］辣⹀苏：茄子

日子无到八十八，［n̠ieʔ²tsɿ⁴⁵m¹¹tɔ⁵⁴paʔ⁵ziɛʔ²paʔ⁵］
不要笑别侬脚跷手折眼睛瞎。［pəʔ⁵iɔ⁵⁴ɕiɔ⁵⁴bieʔ²nəŋ¹¹²tɕiaʔ⁵tɕʰiɔ⁵⁴ɕi⁴⁵ziɛʔ²³ŋɔ̃²⁴tɕiəŋ⁴⁵
xaʔ⁵］

（以上 2019 年 7 月，发音人：姚亚平）

（三）顺口溜

若要赌，龙井坞；［zaʔ²iɔ⁵⁴tu⁴⁵，ləŋ¹¹tɕiəŋ⁴⁵u⁵³］
若要嫖，龙井桥；［zaʔ²iɔ⁵⁴biɔ¹¹²，ləŋ¹¹tɕiəŋ⁴⁵ziɔ¹¹²］
若要钞票，龙井隔壁。［zaʔ²iɔ⁵⁴tsʰɔ³³pʰiɔ⁴⁵，ləŋ¹¹tɕiəŋ⁴⁵kaʔ⁵pieʔ⁵］

（2019 年 7 月，发音人：姚亚平）

（四）吆喝

嘭米胖嘞！［bã¹¹mi⁴⁵pʰɔ̃⁵³lɛ⁰］嘭米胖：爆爆米花
嘭米胖嘞！［bã¹¹mi⁴⁵pʰɔ̃⁵³lɛ⁰］

鸡毛换灯草，［tsɿ³³mɔ⁴⁵uɔ̃²⁴təŋ³³tsʰɔ⁴⁵³］鸡毛换灯草：用鸡毛交换一些小商品
越换越轻巧！［yɛʔ²uɔ̃²⁴yɛʔ²tɕʰiəŋ³³tɕʰiɔ⁴⁵³］
鸡毛换灯草嘞，［tsɿ³³mɔ⁴⁵uɔ̃²⁴təŋ³³tsʰɔ⁴⁵³lɛ⁰］
越换越轻巧嘞！［yɛʔ²uɔ̃²⁴yɛʔ²tɕʰiəŋ³³tɕʰiɔ⁴⁵lɛ⁰］

（以上 2019 年 7 月，发音人：张南云）

於 潜

一、歌谣

一个点子跌不跌

一个点子跌不跌，［ie?⁵³kə?⁵³tie⁵³tsʅ⁴⁵⁴tie?⁵³pə?²tie?⁵³］

马儿开花二十一。［ma⁵³ɚ²²³ke⁴³xua⁴³³ɚ²⁴zæ?⁵³ie?⁵³］

二八二五六，［ɚ²⁴pɐ?⁵³ɚ²⁴u⁵³læ?²³］

二八二五七，［ɚ²⁴pɐ?⁵³ɚ²⁴u⁵³tɕʰie?⁵³］

二八二九三十一。［ɚ²⁴pɐ?⁵³ɚ²⁴tɕiəu⁵³sɛ⁴³zæ?²⁴ie?⁵³］

三八三五六，［sɛ⁴³pɐ?⁵³sɛ⁴³u⁵³læ?²³］

三八三五七，［sɛ⁴³pɐ?⁵³sɛ⁴³u⁵³tɕʰie?⁵³］

三八三九四十一。［sɛ⁴³pɐ?⁵³sɛ⁴³tɕiəu⁵³sʅ³⁵zæ?³¹ie?⁵³］

四八四五六，［sʅ³⁵pɐ?⁵³sʅ³⁵u⁵³læ?²³］

四八四五七，［sʅ³⁵pɐ?⁵³sʅ³⁵u⁵³tɕʰie?⁵³］

四八四九五十一。［sʅ³⁵pɐ?⁵³sʅ³⁵tɕiəu⁵³u⁵³zæ?³¹ie?⁵³］

五八五五六，［u⁵³pɐ?⁵³u⁵³u⁵³læ?²³］

五八五五七，［u⁵³pɐ?⁵³u⁵³u⁵³tɕʰie?⁵³］

五八五九六十一。［u⁵³pɐ?⁵³u⁵³tɕiəu⁵³læ?²²zæ?²⁴ie?⁵³］

六八六五六，［læ?²²pɐ?⁵³læ?²²u⁵³læ?²³］

六八六五七，［læ?²²pɐ?⁵³læ?²²u⁵³tɕʰie?⁵³］

六八六九七十一。［læ?²²pɐ?⁵³læ?²²tɕiəu⁵³tɕʰie?⁵³zæ?³¹ie?⁵³］

七八七五六，［tɕʰieʔ⁵³peʔ⁵³tɕʰieʔ⁵³u⁵³læʔ²³］

七八七五七，［tɕʰieʔ⁵³peʔ⁵³tɕʰieʔ⁵³u⁵³tɕʰieʔ⁵³］

七八七九八十一。［tɕʰieʔ⁵³peʔ⁵³tɕʰieʔ⁵³tɕiəu⁵³peʔ⁵³zæʔ³¹ieʔ⁵³］

八八八五六，［peʔ⁵³peʔ⁵³peʔ⁵³u⁵³læʔ²³］

八八八五七，［peʔ⁵³peʔ⁵³peʔ⁵³u⁵³tɕʰieʔ⁵³］

八八八九九十一。［peʔ⁵³peʔ⁵³peʔ⁵³tɕiəu⁵³tɕiəu⁵³zæʔ³¹ieʔ⁵³］

九八九五六，［tɕiəu⁵³peʔ⁵³tɕiəu⁵³u⁵³læʔ²³］

九八九五七，［tɕiəu⁵³peʔ⁵³tɕiəu⁵³u⁵³tɕʰieʔ⁵³］

九八九九一百一。［tɕiəu⁵³peʔ⁵³tɕiəu⁵³tɕiəu⁵³ieʔ⁵³peʔ⁵³ieʔ⁵³］

（2019 年 8 月，发音人：应思帆）

二、规定故事

牛郎和织女

那呃蛮早以前，［ne²⁴əʔ²mɛ⁵³tsɔ⁵³i⁵³ʑie³¹］

有个小鬼头，［iəu⁵³kəʔ⁵³ɕiɔ⁵³kue⁵³diəu³¹］

家里阿爸姆妈都不在嘞，［tɕia⁴³li²²eʔ⁵³peʔ⁵³m⁵³ma⁴³³tu²²pəʔ⁵³dze²⁴læʔ²］

家里只有他一个人，［tɕia⁴³li²²tsʅ⁵³iəu⁵³tʰa⁴³ieʔ⁵³kəʔ⁵³n̠iŋ²²³］

蛮罪过相个。［mɛ⁵¹dzue²⁴ku³⁵ɕiaŋ³⁵kəʔ²］罪过相：可怜

他家里养了一只牛，［tʰa⁴³³tɕia⁴³li²²iaŋ⁵¹liəuʔ²ieʔ⁵³tseʔ⁵³n̠iəu²²³］

人家都叫他看牛小鬼。［n̠iŋ²²tɕia⁴³³tu²²tɕiɔ³⁵tʰa⁴³³kʰɛ³⁵n̠iəu²²³ɕiɔ⁵³kue⁵³］

看牛小鬼。［kʰɛ³⁵n̠iəu²²³ɕiɔ⁵³kue⁵³］

平时是靠格只牛过日子个，［biŋ²²dʑi²⁴zʅ²⁴kʰɔ³⁵kəʔ⁵³tseʔ⁵³n̠iəu²²³ku³⁵n̠iæʔ²tsʅ⁴⁵⁴kəʔ²］

平时拨人家犁犁田。［biŋ²²dʑi²⁴pəʔ⁵³n̠iŋ²²tɕia⁴³³li²⁴li⁵³die²²³］

格只牛，［kəʔ⁵³tseʔ⁵³n̠iəu²²³］

实际上是天高头个金牛星，［zæʔ²tɕi³⁵zaŋ²⁴zʅ²⁴tʰie⁴³³kɔ⁴³diəu²⁴kəʔ²tɕiŋ⁴³n̠iəu²⁴ɕiŋ⁴³³］

他木佬佬同情格个看牛小鬼个，［tʰa⁴³³mɑʔ²lɔ²⁴lɔ⁵³doŋ²²dʑiŋ²⁴kəʔ⁵³kəʔ⁵³kʰɛ³⁵n̠iəu²²ɕiɔ⁵³
　　kue⁵³kəʔ²］木佬佬：很

想拨他创一个家。［ɕiaŋ⁵³pəʔ⁵³tʰa⁴³³tsʰaŋ³⁵ieʔ⁵³kəʔ⁵³tɕia⁴³³］创一个家：成一个家

有一天，［iəu⁵³ie?⁵³tʰie⁴³³］

金牛星晓得天高头个仙女，［tɕiŋ⁴³ȵiəu²⁴ɕiŋ⁴³³ɕiɔ⁵³tə?²tʰie⁴³³kɔ⁴³diəu²⁴kə?²ɕie⁴³ȵy⁵³］

要来他们村边头个，［iɔ³⁵le²²³tʰa⁴³meŋ²²³tsʰueŋ³⁵pie⁴³diəu²⁴kə?²］

溪坑里洗澡。［tɕʰi⁴³kʰaŋ⁴³³li²²ɕi⁵³tsɔ⁵³］

他就托梦拨看牛小鬼，［tʰa⁴³³dʑiəu²⁴tʰuə?⁵³meŋ²⁴pə?⁵³kʰɛ³⁵ȵiəu²²³ɕiɔ⁵³kue⁵³］

叫看牛小鬼，［tɕiɔ³⁵kʰɛ³⁵ȵiəu²²³ɕiɔ⁵³kue⁵³］

到溪坑边头，［tɔ³⁵tɕʰi⁴³kʰaŋ⁴³pie⁴³diəu²⁴］

仙女们来洗澡个时候，［ɕie⁴³ȵy⁵³meŋ²²³le²²³ɕi⁵³tsɔ⁵³kə?²dʐ̩²⁴iəu²⁴］

拿了一件，［na²²³liəu³⁵ie?⁵³dʑie³¹］

挂得树高头个衣裳，［kua³⁵tə?²ʐy²⁴kɔ⁴³diəu²⁴kə?²i⁴³zaŋ²⁴］

要一口气逃回去，［iɔ³⁵ie?⁵³kʰiəu⁵³tɕʰi³¹dɔ²⁴ue²²³tɕʰi³⁵］

就有一个仙女拨他做老娘个。［dʑiəu²⁴iəu⁵³ie?⁵³kə?⁵³ɕie⁴³ȵy⁵³pə?⁵³tʰa⁴³³tsu³⁵lɔ⁵³ȵiaŋ³¹kə?²］

格天早起呢，［kə?⁵³tʰie⁴³³tsɔ⁵³tɕʰi³¹ni²²］

小鬼，［ɕiɔ⁵³kue⁵³］

看牛小鬼呢有点，［kʰɛ³⁵ȵiəu²²³ɕiɔ⁵³kue⁵³ni²²iəu⁵³tie³¹］

不大相信个，［pə?⁵³da²⁴ɕiaŋ⁴³ɕin²⁴kə?²］

来到坑边头。［le²²³tɔ³⁵kʰaŋ⁴³pie⁴³diəu²⁴］

天气呢不大好个，［tʰie⁴³tɕʰi³⁵ni²²pə?⁵³da²⁴xɔ⁵³kə?²］

当真看到，［taŋ⁴³³tseŋ³⁵kʰɛ³⁵tɔ³⁵］

有七个仙女来坑里搞水。［iəu⁵³tɕʰie?⁵³kə?⁵³ɕie⁴³ȵy⁵³le²²³kʰaŋ⁴³li²²kɔ⁵³sue⁵³］搞水：戏水、

　　玩水

他就蛮快个，［tʰa⁴³³dʑiəu²⁴mɛ⁵¹kʰua³⁵kə?²］

跑到坑边头树高头，［bɔ²²³tɔ³⁵kʰaŋ⁴³pie⁴³diəu²⁴ʐy²⁴kɔ⁴³diəu²⁴］

仙女挂那里件衣裳。［ɕie⁴³ȵy⁵³kua³⁵na²⁴li²²ie?⁵³dʑie³⁵i⁴³zaŋ²⁴］

格件衣裳呢颜色呢是粉红色个，［kə?⁵³dʑie³¹i⁴³zaŋ²⁴ȵi²²ŋɛ²²³sə?⁵³ni²²ʐ̩²⁴feŋ⁵³oŋ³¹sə?⁵³

　　kə?²］

就一口气逃到家里去了。［dʑiəu²⁴ie?⁵³kʰiəu⁵³tɕʰi³⁵dɔ²⁴tɔ³⁵tɕia⁴³li²²tɕʰi³⁵lə?²］

格个拨他拿去衣裳个仙女呢，［kə?⁵³kə?⁵³pə?⁵³tʰa⁴³³na²⁴tɕʰi³⁵i⁴³zaŋ²⁴kə?²ɕie⁴³ȵy⁵³ni²²］

叫织女。［tɕiɔ⁵³tsə?⁵³ȵy⁵³］

格天夜里呢，织女就来到他家里嘞，［kə?⁵³tʰie⁴³³ia²⁴li²²ni²²，tsə?⁵³ȵy⁵³dʑiəu²⁴le²²³tɔ³⁵ tʰa⁴³³tɕia⁴³li²²liæʔ²]

拨看牛小鬼做老娘嘞。[pəʔ⁵³kʰɛ³⁵n̠iəu²²³ɕiɔ⁵³kue⁵³tsu³⁵lɔ⁵³n̠iaŋ³¹liæʔ²]

日子呢，[n̠iæʔ²z̩⁴⁵⁴ni²²]

过得蛮快个，[ku³⁵təʔ²mɛ⁵¹kʰua³⁵kəʔ²]

三年里呢，[sɛ⁴³n̠ie²⁴li²²ni²²]

生了一男一女两个小人，[saŋ⁴³liəuʔ²ieʔ⁵³nɛ²²³ieʔ⁵³n̠y⁵³liaŋ⁵³kəʔ⁵³ɕiɔ⁵³n̠iŋ²²³]

日子也过得蛮开心个，[n̠iæʔ²z̩⁴⁵⁴ia⁵³ku³⁵təʔ²mɛ⁵¹kʰe⁴³ɕiŋ⁴³³kəʔ²]

但是好日子不长。[tɛ³⁵z̩⁵³xɔ⁵³n̠iæʔ²ts̩⁴⁵⁴pəʔ⁵³dzaŋ²²³]

织女偷拌⁼里，[tsəʔ⁵³n̠y⁵³tʰiəu⁴³pɛ⁴³³li²²] 偷拌⁼里：偷偷地

来到人间个事体呢，[le²²³tɔ³⁵zeŋ²²tɕie⁴³³kəʔ²z̩²⁴tʰi⁵³ni²²]

拨玉皇大帝晓得嘞。[pəʔ⁵³yæʔ²uaŋ²⁴da²⁴di²⁴tɕiɔ⁵³təʔ²liæʔ²]

有一天，[iəu⁵³ieʔ⁵³tʰie⁴³³]

天高头雷公霍闪，[tʰie⁴³³kɔ⁴³diəu²⁴le²²koŋ³⁵xuəʔ⁵³ɕie³⁵]

刮风落大雨，[kuəʔ⁵³foŋ⁴³³læʔ²³da²⁴y⁵³]

一记工夫，[ieʔ⁵³tɕi³⁵koŋ⁴³³fu³¹]

织女就不晓得到哪里去嘞。[tsəʔ⁵³n̠y⁵³dʑiəu²⁴pəʔ⁵³ɕiɔ⁵³təʔ²tɔ³⁵na⁵³li³¹tɕʰi³⁵liæʔ²]

两个小人呢，[liaŋ⁵³kəʔ⁵³ɕiɔ⁵³n̠iŋ²²³ni²²]

就哭个喊得来寻娘，[dʑiəu²⁴kʰuəʔ⁵³kəʔ²xɛ⁵¹təʔ²le²²³ʑiŋ²²³n̠iaŋ²²³]

格个时候呢，[kəʔ⁵³kəʔ⁵³dz̩²⁴iəu²⁴ni²²]

小鬼那个看牛小鬼呢也不晓得，[ɕiɔ⁵³kue⁵³na²⁴kəʔ⁵³kʰɛ³⁵n̠iəu²²³ɕiɔ⁵³kue⁵³ni²²ia⁵³pəʔ⁵³ɕiɔ⁵³təʔ²]

弄不灵清呢，做啥西好。[noŋ²⁴pəʔ⁵³liŋ²²tɕʰiŋ⁴³³ni²²，tsu³⁵sa⁵³ɕi³¹xɔ⁵³] 啥西：什么

就来格个时候呢，[dʑiəu²⁴le⁵³kəʔ⁵³kəʔ⁵³dz̩²⁴iəu²⁴ni²²]

格老牛呢讲话嘞，[kəʔ⁵³lɔ⁵³n̠iəu³¹ni²²tɕiaŋ⁵³ua²⁴liæʔ²]

叫他们不要急，啊，[tɕiɔ⁵³tʰa⁴³meŋ²²³pəʔ⁵³iɔ³⁵tɕie⁵³，a²²]

就讲要拨它头高头两只牛角拿落来，[dʑiəu²⁴tɕiaŋ⁵³iɔ³⁵pəʔ⁵³tʰa⁴³³diəu²²³kɔ⁴³diəu²⁴liaŋ⁵³tsæʔ³¹n̠iəu²²³kuəʔ⁵³na²²³læʔ²le²²³]

它就会变成两只谷箩个，[tʰa⁴³³dʑiəu²⁴ue²⁴pie⁵³dzeŋ³¹liaŋ⁵³dzæʔ³¹kuəʔ⁵³lu²²³kəʔ²]

好拨个小人呢装得高头呢到天高头去个。［xɔ⁵³pəʔ⁵³kəʔ⁵³ɕiɔ⁵³n̠iŋ²²³ni²²tsuaŋ⁴³təʔ²kɔ⁴³
　　diəu²⁴ni²²tɔ³⁵tʰie⁴³³kɔ⁴³diəu²⁴tɕʰi³⁵kəʔ²］

格么格个，［kəʔ⁵³məʔ²kəʔ⁵³kəʔ⁵³］

看牛小鬼呢，［kʰɛ³⁵n̠iəu²²³ɕiɔ⁵³kue⁵³ni²²］

有点不大相信个时候呢，［iəu⁵³tie³¹pəʔ⁵³da²⁴ɕiaŋ⁴³ɕiŋ³⁵kəʔ²dzɿ²⁴iəu²⁴ni²²］

格个牛角呢自己脱落来嘞，［kəʔ⁵³kəʔ⁵³n̠iəu²²³kuəʔ⁵³ni²²zi²⁴tɕi⁵³tʰəʔ⁵³læʔ³¹le²²³liæʔ²］

格么他呢就拿了当正变成两只谷箩，［kəʔ⁵³məʔ²tʰa⁴³³ni²²dziəu²⁴na²²³liəuʔ²taŋ⁴³³dzeŋ³⁵
　　pie⁵³dzeŋ³¹liaŋ⁵³tsɐʔ³¹kuəʔ⁵³lu²²³］

格么他就拨小人呢，［kəʔ⁵³məʔ²tʰa⁴³³dziəu²⁴pəʔ⁵³ɕiɔ⁵³n̠iŋ²²³ni²²］

放啦两只谷箩里，［faŋ³⁵la³⁵liaŋ⁵³tsɐʔ³¹kuəʔ⁵³lu²²³li⁵³］

啊，一个扁担挑出来，［a²²，ieʔ⁵³kəʔ⁵³pie⁵³tɛ⁴³³tʰiɔ⁴³³tsʰuəʔ⁵³le²²³］

蛮快一蓬风来，［mɛ⁵¹kʰua³⁵ieʔ⁵³boŋ²⁴foŋ⁴³³le²²³］

格个谷箩呢像装嘞格个翼膀一样个，［kəʔ⁵³kəʔ⁵³kuəʔ⁵³lu²²³ni²²ʑiaŋ²⁴tsuaŋ⁴³³liæʔ²kəʔ⁵³
　　kəʔ⁵³ieʔ²pʰaŋ⁵³ieʔ⁵³iaŋ²⁴kəʔ²］翼膀：翅膀

就飞起来嘞，［dziəu²⁴fi⁴³³tɕʰi³¹le²²³liæʔ²］

飞到天高头，［fi⁴³³tɔ³⁵tʰie⁴³³kɔ⁴³diəu²⁴］

去寻格织女去嘞。［tɕʰi³⁵ʑiŋ²²³kəʔ⁵³tsəʔ⁵³n̠y⁵³tɕʰi³⁵liæʔ²］

飞呢飞得蛮快个，［fi⁴³³ni²²fi⁴³³təʔ²mɛ⁵¹kʰua³⁵kəʔ²］

看看呢要追到快嘞，［kʰɛ³⁵kʰɛ³⁵ni²²iɔ³⁵tsue⁴³³tɔ³⁵kʰua³⁵liæʔ²］

就来格个时候呢，［dziəu²⁴le⁵³kəʔ⁵³kəʔ⁵³dzɿ²⁴iəu²⁴ni²²］

拨王母娘娘看到嘞，［pəʔ⁵³uaŋ²²mu⁵³n̠iaŋ²²n̠iaŋ²²³kʰɛ³⁵tɔ³⁵liæʔ²］

王母娘娘呢，［uaŋ²²mu⁵³n̠iaŋ²²n̠iaŋ²²³ni²²］

就从头高头，［dziəu²⁴dzoŋ²²³diəu²²³kɔ⁴³diəu²⁴］

拔了一个金钗落来，［bɑʔ²²³liəuʔ²ieʔ⁵³kəʔ⁵³tɕʰiŋ⁴³tsa³⁵læʔ³¹le²²³］

来看牛小鬼同格个织女中间，［le²²³kʰɛ³⁵n̠iəu²²³ɕiɔ⁵³kue⁵³doŋ²²³kəʔ⁵³kəʔ⁵³tsəʔ⁵³n̠y⁵³
　　tsoŋ⁴³kɛ⁴³³］

划了一记，［ua²⁴liəuʔ²ieʔ⁵³tɕi³⁵］

格么来格个看牛小鬼同格个织女中间呢，［kəʔ⁵³məʔ²le²²³kəʔ⁵³kəʔ⁵³kʰɛ³⁵n̠iəu²²³ɕiɔ⁵³
　　kue⁵³doŋ²²³kəʔ⁵³kəʔ⁵³tsəʔ⁵³n̠y⁵³tsoŋ⁴³kɛ⁴³ni²²］

就变了一条蛮大个坑出来嘞，［dʑiəu²⁴piɛ⁵³liəuʔ²ieʔ⁵³diəu²⁴mɛ⁵¹da²⁴kəʔ²kʰaŋ⁴³tsʰuəʔ⁵³le²²³
liæʔ²］

格条坑呢水蛮大个，［kəʔ⁵³diəu²⁴kʰaŋ⁴³³ni²²sue⁵³mɛ⁵¹da²⁴kəʔ²］

两边呢又不大看得灵清，［liaŋ⁵³piɛ⁴³³ni²²iəu²⁴pəʔ⁵³da²⁴kʰɛ³⁵təʔ²liŋ²²tɕʰiŋ⁴³³］

呃，太远嘞，［əʔ²，tʰe³⁵yɛ⁵³liæʔ²］

有点糊涂，看不灵清，［iəu⁵³tie³¹vu²²du²²³，kʰɛ³⁵pəʔ⁵³liŋ²²tɕʰiŋ⁴³³］

格么就把他们老公老婆呢分开来嘞。［kəʔ⁵³məʔ²dʑiəu²⁴pəʔ⁵³tʰa⁴³meŋ²²³lɔ⁵³koŋ⁴³³lɔ⁵³bu³¹
ni²²feŋ⁴³ke⁴³³le²²³liæʔ²］

格么天高头格个喜鹊呢，［kəʔ⁵³məʔ²tʰie⁴³³kɔ⁴³diəu²⁴kəʔ⁵³kəʔ⁵³ɕi⁵³tɕʰieʔ³¹ni²²］

木佬佬同情格个看牛小鬼和他格个老娘个。［mɑʔ²lɔ²⁴lɔ⁵³doŋ²²dʑiŋ²⁴kəʔ⁵³kəʔ⁵³kʰɛ³⁵n̥iəu²²³
ɕiɔ⁵³kue⁵³uʔ²²³tʰa⁴³³kəʔ⁵³kəʔ⁵³lɔ⁵³n̥iaŋ³¹kəʔ²］

格么就讲呢每年个农历七月初七，［kəʔ⁵³məʔ²dʑiəu²⁴tɕiaŋ⁵³ni²²me⁵³n̥ie³¹kəʔ²noŋ²²liæʔ²³
tɕʰieʔ⁵³yæʔ²³tsʰuəʔ⁵³tɕʰieʔ⁵³］

有木佬佬点不灵清个喜鹊，［iəu⁵³mɑʔ²lɔ²⁴lɔ⁵³tie⁵³pəʔ⁵³liŋ²²tɕʰiŋ⁴³³kəʔ²ɕi⁵³tɕʰieʔ³¹］

一只接一只搭牢，［ieʔ⁵³tsɐʔ⁵³tɕieʔ⁵³ieʔ⁵³tsɐʔ⁵³tɐʔ⁵³lɔ²²³］

搭出一顶桥来，［tɐʔ⁵³tsʰuəʔ⁵³ieʔ⁵³tiŋ⁵³dʑiɔ²²³le²²³］

好让他们呢，［xɔ⁵³zaŋ²⁴tʰa⁴³meŋ²²³ni²²］

来格个桥高头呢老公老婆相会。［le²²³kəʔ⁵³kəʔ⁵³dʑiɔ²²³kɔ⁴³diəu²⁴ni²²lɔ⁵³koŋ⁴³³lɔ⁵³bu³¹ɕiaŋ⁴³
ue²⁴］

格个就是牛郎织女极简单个故事。［kəʔ⁵³kəʔ⁵³dʑiəu²⁴zʅ²⁴n̥iəu²²³laŋ⁵¹tsəʔ⁵³n̥y⁵³tɕi⁵³tɕie⁵³
tɛ⁴³³kəʔ²ku³⁵zʅ³¹］

　　很早以前，有一个小伙子，父母都去世了，家里只有他一个人，很可怜。他家里养了一只牛，大家都叫他看牛小伙。看牛小伙平时靠这只牛帮人家犁田过日子。这只牛，实际上是天上的金牛星，他很同情这个看牛小伙，想帮看牛小伙成个家。

　　有一天，金牛星知道天上的仙女们，要到村边溪坑里洗澡，就托梦给看牛小伙，让他到溪坑边，趁仙女们在洗澡的时候，拿走一件挂在树上的衣裳，然后一口气逃回家里，就会有一个仙女给他做老婆。

　　这天一早，看牛小伙有点不大相信地来到溪坑边，天气不大好，但他真的看到有七个仙女在那里玩水，他就很快地跑到溪坑边的树上，拿了件仙女挂在那里的粉红色衣裳，然后一口气跑回家里去了。被这个给看牛小伙拿去衣裳的仙女叫织女，这天夜里，织女就来到他家里，给他做了老婆。

日子过得很快，三年里他们生了一男一女两个孩子。日子过得蛮开心的，但是好日子不长。织女偷偷摸摸来到人间的事，给玉皇大帝知道了。

有一天，天上电闪雷鸣，狂风大雨，一会工夫，织女就不见了。两个孩子，哭着喊着要妈妈，这时看牛小伙也不知如何是好了。正在这时候，那头老牛开口说话了，老牛说："你把我头上两只角拿下来，就会变成两只箩筐，就可以把两个孩子装在箩筐里，到天上去。"

正在看牛小伙不大相信的时候，两只牛角就自己掉在了地上，变成了两个箩筐，看牛小伙就把两个孩子装进箩筐里，用一根扁担挑起来，这时候一阵风来，箩筐就像装了翅膀一样飞了起来，飞到天上，去找织女去了。

飞啊飞，眼看快要追到了，就在这时候，给王母娘娘看到了，她就从头上拔了一根金钗下来，在看牛小伙和织女之间划了一下，在看牛小伙和织女中间，就变了一条蛮大的河出来，这条河水很大，两边都看不到尽头。唉，太远了，有点模糊，看不清楚，就这样把他们老公老婆俩分开了。

天上的喜鹊们都非常同情看牛小伙和织女，每年农历的七月初七，就有数不清的喜鹊，它们用嘴巴一只衔着另一只的尾巴搭起了一座鹊桥，好让看牛小伙和织女在桥上相会。

这就是牛郎和织女的简单故事。

（2019 年 8 月，发音人：潘敏）

三、自选条目

（一）谚语

清明断雪，[tɕʰiŋ⁴³miŋ²²³dɛ²⁴ɕieʔ⁵³]
谷雨断霜。[kuəʔ⁵³y⁵³dɛ²⁴suaŋ⁴³³]

春雾雨，[tsʰueŋ⁴³³u²⁴y⁵¹]
夏雾晴，[ʑia²⁴u²⁴dʑiŋ²²³]
秋雾凉风，[tɕʰiəu⁴³³u²⁴liaŋ²³³foŋ⁴³³]

冬雾雪。［toŋ⁴³³u²⁴ɕieʔ⁵³］

吃了端午粽，［tɕʰieʔ⁵³liəuʔ²teʔ⁴³u⁵³tsoŋ³⁵］
还要冻三冻。［ua²⁴iɔ³⁵toŋ³⁵sɛ⁴³³toŋ³⁵］

雷打中，［1e²²³ta⁵³tsoŋ⁴³³］
两头空。［liaŋ⁵³diəu³¹kʰoŋ⁴³³］

早雨一天晴，［tsɔ⁵³y⁵³ieʔ⁵³tʰie⁴³³dʑiŋ²²³］
夜雨到天明。［ia²⁴y⁵³tɔ³⁵tʰie⁴³miŋ²²³］

（以上 2019 年 8 月，发音人：潘敏）

（二）歇后语

江西佬补碗——自顾自［tɕiaŋ⁴³ɕi⁴³³lɔ⁵³puʔ⁵¹uɛ⁵¹—— zˌ²⁴ku³⁵zˌ²⁴］

石板高头扁乌龟——硬碰硬［zɑʔ²pɛ⁵¹kɔ⁴³³diəu³¹pieʔ⁵¹u⁴³kue⁴³³—— ŋaŋ²⁴pʰeŋ³⁵ŋaŋ²⁴］

（以上 2019 年 8 月，发音人：潘敏）

（三）顺口溜

蹲么蹲到山坞边角，［teŋ⁴³məʔ²teŋ⁴³tɔ³⁵sɛ⁴³vu⁵³pie⁴³kuəʔ⁵³］
吃么吃个番芋六谷，［tɕʰieʔ⁵³məʔ²tɕʰieʔ⁵³kəʔ²fɛ⁴³y²⁴læʔ²kuəʔ⁵³］
射起污嘞三斤十足。［za²⁴tɕʰiʔ²²u³⁵læʔ²sɛ⁴³³tɕiŋ⁴³³zæʔ²tsuəʔ⁵³］

白露到，［bɑʔ²lu²⁴tɔ³⁵］
竹竿摇，［tsuəʔ⁵³kɛ⁴³³iɔ²²³］
满地金，［mɛ⁵³di²⁴tɕiŋ⁴³³］
扁担挑。［pɛ⁵³tɛ⁴³³tʰiɔ⁴³³］

（以上 2019 年 8 月，发音人：潘敏）

萧　山

一、歌谣

斗斗虫虫

斗斗虫虫，〔 tiu⁴²tiu⁴²dʑyoŋ²¹dʑyoŋ²¹ 〕
虫虫牙⁼一口。〔 dʑyoŋ²¹dʑyoŋ³³ŋa¹³iʔ⁵kʰio⁴² 〕牙⁼：咬
连忙叫姆妈，〔 lie²¹mɔ̃³³tɕiɔ³³m³⁵ma²¹ 〕
姆妈来⁼许河埠头。〔 m³⁵ma²¹le¹³ha³³o²¹bu³³dio³³ 〕
连忙叫阿爹，〔 lie²¹mɔ̃³³tɕiɔ³³a¹³tia⁴² 〕
阿爹来⁼许猛⁼塘头。〔 a¹³tia⁴²le¹³ha³³mã¹³dɔ̃⁵⁵dio³³ 〕
连忙叫娘娘，〔 lie²¹mɔ̃³³tɕiɔ³³n̠iã²¹n̠iã³³ 〕
娘娘来⁼许庙里头。〔 n̠iã²¹n̠iã³³le¹³ha³³miɔ¹³li³⁵dio²¹ 〕
呼！〔 fu²¹ 〕

一朏穷

一朏穷，〔 iʔ⁵lo³⁵dʑyoŋ³³ 〕
两朏富，〔 liã¹³lo³⁵fu⁴² 〕
三朏抉狗浼，〔 sɛ³³lo³⁵tɕyəʔ⁵kio⁴²u⁴² 〕
四朏磨豆腐，〔 sʅ³³lo³⁵mo¹³dio¹³vu²¹ 〕
五朏磨刀枪，〔 ŋ¹³lo³⁵mo¹³tɔ³³tɕʰiã³³ 〕

六胭杀爹娘，［loʔ³³lo³⁵saʔ⁵tia³³n̠iã³³］

七胭八胭，银子用结＝笾，［tɕʰieʔ⁵lo³⁵paʔ⁵lo³⁵，n̠iŋ¹³tsʅ⁴⁵yoŋ¹³tɕieʔ⁵lo³⁵］

九胭十胭，讨饭［弗用］稻笾。［tɕiu³³lo³⁵zəʔ²¹lo³⁵，tʰɔ³³vɛ³³foŋ⁴²dɔ¹³lo³⁵］

十胭箕，前堂吃饭后堂嬉。［zəʔ²¹lo³⁵tɕi³³，z̠ie²¹dɔ̃³⁵tɕʰieʔ⁵vɛ¹³io²¹dɔ̃³⁵ɕi³³］

瞎子丁丁

瞎子丁丁，［haʔ⁵tsʅ²¹tiŋ³³tiŋ³³］

嫁因嫁到西兴。［ko³³no³⁵ko³³tɔ³³ɕi³³ɕiŋ³³］

要伊摇摇花，［iɔ³³i³³iɔ³³iɔ³³huo⁵⁴⁴］

掇部摇车跑人家。［təʔ⁵bu²¹iɔ¹³tsʰo⁴²tɕʰiã⁴²n̠iŋ¹³ko³³］

要伊淘淘米，［iɔ³³i³⁵dɔ¹³dɔ¹³mi¹³］

驮只淘笾搭鳑鲏。［do¹³tsəʔ⁵dɔ¹³lo³⁵kʰo⁴²bɔ̃¹³bi¹³］

要伊屝屝碗，［iɔ³³i³⁵hu⁴²hu⁴²ua⁴²］

叮当叮当开"轮船"。［tiŋ³³tɔ̃³³tiŋ³³tɔ̃³³kʰe⁴²ləŋ¹³zə¹³］

（以上 2018 年 7 月，发音人：吴怀德）

二、其他故事

白兰花

湘湖水啦，萧山个湘湖水啦，［ɕiã³³u³³sʅ⁴²la²¹，ɕiɔ³³sɛ³³kəʔ²¹ɕiã³³u³³sʅ⁴²la²¹］

原来个时光是蛮浑蛮浑个。［ye¹³le¹³kəʔ²¹zʅ²¹kuɔ̃³³zʅ³³mɛ⁴²ueŋ²⁴²mɛ⁴²ueŋ²⁴²kəʔ²¹］

啊，即个湘湖旁边葛个淳安山下底有个淳安村。［a²¹，tɕieʔ²¹kəʔ⁵ɕiã³³u³³bɔ̃¹³pie⁴²kəʔ⁵kəʔˡzəŋ¹³ɛ³³sɛ⁴²o¹³ti⁴²iɔ¹³kəʔ⁵zəŋ¹³ɛ⁴²tsʰəŋ⁴²］

淳安村里呢，［zeŋ²¹ɛ³⁵tsʰəŋ²¹li²¹n̠i²¹］

有个大姑娘呢，叫白兰花。［io¹³kəʔ⁵do¹³ku⁴²n̠iã²¹n̠i²¹，tɕiɔ³³baʔ¹³lɛ³⁵xuo²¹］

白兰花呢，生了亦漂亮亦好看。［baʔ¹³lɛ³⁵xuo³³n̠i³³，sã³³ləʔˡiʔ⁵pʰiɔ²¹liã²¹iʔˡxɔ⁴²kʰie²¹］

啊，有一次呢，皇帝呢，［a²¹，io³³iʔ⁵tsʰʅ³³n̠i²¹，uɔ̃¹³ti⁴²n̠i²¹］

路过即个淳安村，［lu¹³ku⁴⁵tɕieʔ⁵kəʔ²¹zəŋ¹³ɛ⁴²tsʰəŋ²¹］

看见即个白兰花呢，［kʰie³³tɕie³³tɕieʔ⁵kəʔ⁵baʔ²¹lɛ³¹xuo²¹n̠i²¹］

伊看伊介漂亮呢，［i¹³kʰie³³i¹³ka³³pʰiɔ³³liã¹³n̥i²¹］

伊想要拨伊做妃子。［i¹³ɕiã⁴²iɔ³³pə⁵i¹³tso³³fi⁴²tsɹ²¹］

葛么伊叫嘞下底两个人呢，［kəʔ⁵mə²¹i¹³tɕiɔ³³ləʔ²¹o¹³ti⁴²liã³³kəʔ⁵n̥iŋ³⁵n̥i³⁵］

要想给伊搭了去。［iɔ³³ɕiã³³tɕie³³i¹³kʰo⁵³³ləʔ⁵tɕʰi²¹］

搭嘞去呢，白兰花晓得呢，［kʰo⁵³³ləʔ⁵tɕʰi²¹n̥i²¹, baʔ²¹lɛ³⁵xuo³³ɕiɔ²¹təʔ⁵n̥i²¹］

白兰花弗肯。［baʔ²¹lɛ³⁵xuo³³foʔ⁵kʰiŋ³³］

白兰花么，要么要活个逃。［baʔ²¹lɛ³⁵xuo³³mə²¹, iɔ³³mə²¹iɔ²¹uoʔ²¹kəʔ²¹dɔ⁴²］

逃逃逃，［dɔ⁴²dɔ⁴²dɔ⁴²］

一逃两逃逃亨＝淳安个山高顶。［iʔ⁵dɔ⁴²liã¹³dɔ⁴²dɔ⁴²xã³³zəŋ¹³ɛ³³kəʔ⁵sɛ³³kɔ³³tiŋ¹³］

介［无有］埭坞敌＝，则么伊跳落来敌＝。［ka²¹n̥iɔ⁵³da¹³uʔ²dɔ⁴²dieʔ²¹, tsəʔ⁵mə³³i¹³tʰiɔ²¹loʔ³leʔ³dieʔ²¹］

跳嘞搁淳安山个半当中眼呢，［tʰiɔ³³ləʔ⁵kəʔ⁵zəŋ²¹ɛ³³sɛ³³kəʔ⁵pə²¹tɔ̃³³tɕyoŋ³³ŋe¹³n̥i²¹］

驮来死坏敌＝。［do¹³le³³ɕi³³ua³⁵dieʔ¹］

跌煞敌＝驮来，葛辰光呢，［tieʔ⁵saʔ⁵dieʔ¹do¹³le³³, kəʔ²¹zəŋ¹³ku̴⁴²n̥i²¹］

伊就是葛白兰花呢，就变成一朵花敌＝。［i¹³ʑio¹³zɹ¹³kəʔ⁵baʔ¹lɛ³³xuo³³n̥i²¹, ʑio¹³pie²¹zəŋ¹³iʔ¹³tɔ³³xuo⁵³dieʔ¹］

葛朵花呢，比牡丹花还来大，［kəʔ¹tɔ³⁵xuo⁵⁵n̥i³³, pi²¹mio³⁵tɛ⁴²xuo⁴²ua²¹lɛ³³do¹³］

葛一朵白兰花。［kəʔ¹i³³tɔ²¹baʔ²¹lɛ²xuo⁴²］

啊，有一日子呢，［a²¹, io¹³iʔ¹³n̥ieʔ³tsɹ³³n̥i²¹］

有个担烟煤佬呢，划嘞只小船。［io¹³kəʔ⁵tɛ³³ie³³me³³lɔ³³n̥i³³, uoʔ³ləʔ³tsəʔ⁵ɕiɔ³⁵zə²¹］

划嘞只小船，划到个淳安山脚心跟呢，［uoʔ³ləʔ³tsəʔ⁵ɕiɔ³⁵zə²¹, uoʔ¹³tɔ³⁵kəʔ²¹zəŋ¹³ɛ¹³sɛ¹³tɕiaʔ⁵ɕiŋ³³kiŋ⁵⁵n̥i³³］

伊来过过夜敌＝。［i¹³le³³ku³³ku³³ia¹³dieʔ²¹］

来过夜呢，咦？［le¹³ku³³ia¹³n̥i⁴², i³⁵］

夜里介睏东哪格＝有股香气呢？［ia¹³li³⁵ka³³kʰuəŋ³³toŋ³³naʔ¹kaʔ⁵io¹³ku³³ɕiã³³tɕi⁵³n̥i²¹］

葛香气哪格＝介猛呢？［kəʔ²¹ɕiã³³tɕʰi³⁵naʔ¹kaʔ⁵ka³³mã¹³n̥i²¹］

则＝伊船里头走出来敌＝。［tsəʔ²¹i³³zə¹³li³³dio³³tɕio³³tsʰəʔ⁵le³³dieʔ²¹］

葛夜里有月亮呀，［kəʔ¹ia³⁵li³³io²¹ye²¹liã¹³ia²¹］

葛伊船里头走出来一看呢，［kəʔ¹i¹³zə¹³li³³dio¹³tɕio³³tsʰəʔ⁵le³³iʔ³kʰie³³n̥i²¹］

葛山，淳安山高顶，［kəʔ¹sɛ³³, zəŋ¹³ɛ¹³sɛ³³kɔ³³tiŋ³⁵］

亮亮、亮亮个一朵白兰花来＝亨＝，［liã³⁵liã²¹、liã³⁵liã²¹kəʔ¹iʔ¹tɔ³³baʔ¹³lɛ³³xuo¹³le²¹xã³³］

香亦香嘞，亦会发亮个亦会香。[ɕiã³³i³³ɕiã³⁵lə¹, i³³ue³³faʔ⁵liã²¹kəʔ¹i³³ue³³ɕiã⁴²]

葛烟煤佬呢，就动坏脑筋，[kəʔ³ie³³me³³lɔ³³n̩i⁴², ʑio¹³doŋ⁴²ua³³nɔ³³tɕiŋ²¹]

伊想："我葛朵白兰花，总要摘伊去。"[i¹³ɕiã⁴² : ŋo¹³kəʔ⁵to³⁵baʔ¹lɛ³³xuo¹³, tsoŋ³³iɔ³³ tsaʔ⁵i²¹tɕʰi²¹]

则＝么伊驮嘞一梗绳则＝一把斧头呢，爬上去，[tsəʔ¹mə²¹i¹³do¹³ləʔ¹iʔ¹kuã³³zəŋ¹³tsəʔ⁵ iʔ⁵po³³fu³³dio²¹n̩i²¹, bo²¹zɔ̃¹³tɕʰi²¹]

则＝么爬啊爬啊爬么，[tsəʔ¹mə²¹bo¹³a²¹bo¹³a²¹bo¹³mə²¹]

刚刚驮把斧头要去斩，[kɔ̃³³kɔ̃³⁵do¹³po²¹fu⁴²dio²¹iɔ³³tɕʰi³³tsɛ³³]

斩棵白兰花个辰光呢，[tsɛ³³kʰo³³baʔ¹lɛ³³xuo²¹kəʔ¹zəŋ²¹kuɔ̃²¹n̩i²¹]

突然之间一只白个蛇逃来走出。[dəʔ¹zə¹³tsɿ³³tɕie³³iʔ¹tsəʔ³baʔ¹kəʔ⁵zo³³dɔ²¹le³³tɕio³³tsʰəʔ⁵]

看见只蛇话一慌么，[kʰie³³tɕie³³tsəʔ⁵zo¹³uo¹³iʔ⁵fɔ̃³³mə³³]

则＝伊慌坏敌＝。[tsəʔ⁵i¹³fɔ̃⁴²ua²¹dieʔ²¹]

葛辰光呢跳出嘞一只白老鼠，[kəʔ¹zəŋ¹³kuɔ̃³³n̩i³³tʰiɔ³³tsʰəʔ⁵ləʔ¹iʔ⁵tsəʔ⁵baʔ¹lɔ¹³tsʰ̩²¹]

只白老鼠呢，[tsəʔ⁵baʔ¹lɔ³³tsʰ̩³³n̩i²¹]

则＝烟煤佬个梗绳则＝伊咬断敌＝。[tsəʔ⁵ie³³me³³lɔ³³kəʔ¹kuã³³zəŋ¹³tsəʔ⁵i²¹ŋɔ¹³də¹³dieʔ¹]

咬断过之后呢，[ŋɔ¹³də¹³ku²¹tsɿ³³io³³n̩i²¹]

葛烟煤佬驮来跌煞敌＝。[kəʔ⁵ie³³me³³lɔ¹³do¹³le³³tieʔ⁵saʔ⁵dieʔ¹]

葛时光跌煞么，[kəʔ¹zɿ¹³kuɔ̃³³tieʔ⁵saʔ⁵mə²¹]

葛么旁边村里头晓得，哦，[kəʔ⁵mə²¹bɔ̃²¹pie³³tsʰəŋ³³li³³dio²¹ɕiɔ²¹təʔ¹, o²¹]

——葛辰光才兹晓得个朵白兰花啦，可能是个宝。[——kəʔ⁵zəŋ³³kuɔ̃²¹ze²¹tsɿ³³ɕiɔ²¹ təʔ¹kəʔ⁵to³⁵baʔ¹lɛ³³xuo¹la⁰, kʰo³³nəŋ¹³zɿ¹³kəʔ⁵pɔ⁴²]

葛么伊拉也蛮爱护伊，[kəʔ³³mə²¹i¹³la¹³a¹³mə¹³e⁴²ui²¹i²¹]

啊，葛么葛件事体传来传去，一场传呢，[a³³, kəʔ¹mə²¹kəʔ⁵dzie⁴²zɿ²¹ti⁴²dzə²¹le³⁵dzə²¹ tɕʰi⁴², iʔ⁵dzã²¹dzə²¹n̩i⁴²]

传到一个贪心人个耳朵里。[dzə²¹tɔ²¹iʔ⁵kəʔ⁵tʰə³³ɕiŋ³³n̩iŋ³³kəʔ¹n̩i³³tɔ³³li²¹]

葛贪心人弗相信，葛么，伊葛一看，[kəʔ¹tʰə³³ɕiŋ³³n̩iŋ²¹foʔ⁵ɕiã³⁵ɕiŋ²¹, kəʔ¹mə²¹, i³³kəʔ¹iʔ⁵kʰie⁴²]

伊也想摘葛朵白兰花。[i¹³a²¹ɕiã³⁵tsaʔ⁵kəʔ¹to²¹baʔ¹lɛ¹³xuo²¹]

葛日子呢，伊也驮嘞一梗绳嘞，[kəʔ¹n̩ieʔ¹tsɿ²¹n̩i²¹, i¹³a³³do³⁵ləʔ¹iʔ⁵kuã²¹zəŋ²¹ləʔ¹]

一把斧头呢，去摘朵白兰花。[iʔ⁵po⁴²fu⁴²dio²¹n̩i²¹, tɕʰi³³tsaʔ⁵to³⁵baʔ¹³lɛ¹³xuo²¹]

伊呢，爬嘞个三日三夜，三日三夜呢，［i¹³n̩i³⁵，bo¹³lə?³kə?⁵sɛ³³n̩ie?⁵sɛ³³ia⁴²，sɛ³³n̩ie?⁵sɛ³³ia⁴²n̩i³⁵］

爬到快敌=呢，［bo¹³tɔ³³kʰua⁴²die?¹n̩i²¹］

也刚刚想去摘朵白兰花呢，［ia³⁵kɔ³³kɔ³³ɕia⁴²tɕʰi²¹tsa?⁵to³³ba?¹lɛ¹³xuo²¹n̩i²¹］

高顶头呢，一记石头"呱"［kɔ³³tiŋ³⁵dio²¹n̩i²¹，i?⁵tɕi²¹zə?¹dio¹³kua¹³］

——擂=落来。［——le¹³lo?¹le²¹］

擂=落来呢，则=个贪心人呢，［le¹³lo?¹le²¹n̩i²¹，tsə?⁵kə?⁵tʰə¹³ɕiŋ⁴²n̩iŋ⁴²n̩i²¹］

介葛人则=伊压煞。［ka²¹kə?⁵n̩iŋ³³tsə?⁵i²¹a?⁵sa?⁵］

啊，介葛人压煞过之后呢，［a²¹，ka³³kə?⁵n̩iŋ³³a?⁵sa?⁵ku³³tsɿ³³io¹³n̩i²¹］

葛样事体呢，［kə?⁵iã²¹zɿ¹³ti⁴²n̩i²¹］

尔传我，我传尔，一场传，［ŋ³³dzə³⁵ŋo¹³，ŋo¹³dzə³⁵ŋ¹³，i?⁵dzã³³dzə³³］

传来传去传传呢，［dzə¹³le³³dzə¹³tɕʰi²¹dzə³³dzə³³n̩i²¹］

传亨=个王母娘娘个耳朵里。［dzə²¹xã³³kə?¹uõ³¹mo³⁵n̩iã²¹n̩iã²¹kə?¹n²¹to²¹li²¹］

啊，葛么伊话王母娘娘话，［a²¹，kə?⁵mə²¹i²¹uo²¹uõ¹³mo³⁵n̩iã²¹n̩iã²¹uo²¹］

葛个肯定是个亨=个，［kə?⁵kə?¹kʰəŋ¹³diŋ¹³zɿ¹³kə?⁵xã²¹kə?³］

则=是王母娘娘呢，派神仙呢，［tsə?¹zɿ²¹uõ¹³mo³⁵n̩iã²¹n̩iã²¹n̩i²¹，pʰa⁴²zəŋ¹³ɕie⁴²n̩i²¹］

把葛枝白兰花呢，［po²¹kə?³tsɿ³³ba?¹lɛ¹³xuo⁴²n̩i²¹］

移亨=湘湖里去。［i¹³xã³³ɕiã³³u³⁵li²¹tɕʰi²¹］

移得湘湖里。［i¹³tə?⁵ɕiã³³u³⁵li²¹］

从葛开始呢，湘湖里个水呢，［dzoŋ¹³kə?⁵kʰe³³sɿ¹³n̩i²¹，ɕiã³³u³⁵li²¹kə?⁵sɿ⁴²n̩i²¹］

就变清敌=，［dʑio¹³pie³³tɕʰiŋ³³die?¹］

耿清耿清个湘湖水，［kuã³⁵tɕʰiŋ³³kuã³⁵tɕʰiŋ³³kə?¹ɕiã³³u²¹sɿ³³］

则=个湘湖水呢，生水也好吃个。［tsə?¹kə?⁵ɕiã³³u²¹sɿ³³n̩i²¹，sã⁵³³sɿ¹³ia³³xɔ³³tɕʰie?⁵kə?¹］

吃东=也弗会肚皮射，弗会肚皮痛，［tɕʰie?⁵toŋ³³ia³⁵fo?⁵ve³⁵du¹³bi¹³dza⁴²，fo?⁵ve³⁵du¹³bi¹³tʰoŋ⁴²］

啊，则=从此以后呢，伊拉葛种人呢，［a²¹，tsə?⁵dzəŋ³⁵tsʰɿ⁴²i²¹io¹³n̩i²¹，i²¹la¹³kə?⁵tɕyoŋ²¹n̩iŋ¹³n̩i²¹］

则=就蛮爱惜葛湘湖水。［tsə?⁵ʑio¹³mɛ³⁵ɛ²¹ɕie?¹kə?¹ɕiã³³u²¹sɿ⁴²］

　　湘湖水，萧山的湘湖水，原来的时候是很浑浊的。在湘湖旁边有个淳安山，有个淳安村。淳安村里有个大姑娘，叫白兰花。白兰花，长得又漂亮又好看。一次，皇帝路过这个淳安村，看见这个白兰花，他看她这么漂亮，他想要让她做妃子。

所以他叫了手下两个人，要把她捉走。白兰花知道了，白兰花不肯。白兰花不要命地逃，逃一逃就逃到那淳安的山高顶，从上面跳下来了。从上面跳下来了，死了。白兰花死了，她变成了一朵花。这朵花比牡丹花还大。

有一年，来了个掸烟煤佬，划了只小船。划了只小船。他到淳安山山脚来过夜。过夜时突然发现，咦？夜里有一股香味呢？香气很馥郁，他从船里走了出来。夜里有月亮。他从船里走出来看，看到一朵发亮的白兰花，又会发亮又很香。这个烟煤佬就动了坏脑筋，想要摘白兰花。他拿了一根绳和一把斧头爬上去，爬啊爬啊，刚刚要拿斧头去砍，砍到白兰花的时候，突然一条白蛇出来。

看见蛇他吓坏了，这时候又跳出一只白老鼠，白老鼠把他的绳子咬断了。咬断过之后呢，烟煤佬跌下去。那时候跌了，旁边村里头晓得，哦，——才晓得这朵白兰花啦，可能是个宝。他们也很爱护她，这件事传到一个贪心人的耳朵里，他一看，也想摘这朵白兰花。他也拿了一根绳子和一把斧头，去摘白兰花。他爬了三天三夜，才到顶，刚想去摘白兰花，上面一块石头砸下来，这个贪心人就被压死了。

这件事情，你传我，我传你，这件事情到处流传，传到了王母娘娘耳中。王母娘娘派神仙把白兰花移到湘湖里去了。移到湘湖后，湘湖的水就变清了。清澈的湘湖水，生水也好喝。吃了也不会肚子胀痛，从此以后，人们都蛮爱惜这个湘湖水。

（2018 年 7 月，发音人：吴怀德）

三、自选条目

谚语

草籽种三年，[tsʰɔ¹³tsʅ³³tɕʯoŋ³³sɛ³³n̠ie¹³]
坏田变好田。[ua¹³die¹³pie³³xɔ¹³die⁴²]

春分春风，[tsʰəŋ⁵³³fəŋ³³tsʰəŋ⁵³³fəŋ³³]
麦苗起身。[maʔ²¹miɔ³⁵tɕʰi³⁵səŋ⁵³³]

九成熟，十成收。［ tɕio⁴²zəŋ²¹ʑyoʔ²¹，zəʔ²¹zəŋ²¹ɕio⁵³³ ］
十成熟，九成收。［ zəʔ²¹zəŋ²¹ʑyoʔ²¹，tɕio²¹zəŋ²¹ɕio²¹ ］

芒种芒种，［ mɔ̃²¹tɕyoŋ³⁵mɔ̃²¹tɕyoŋ³³ ］
样样要种。［ iã³³iã³³iɔ⁴²tɕyoŋ³³ ］

清明一到，［ tɕʰiŋ³³miŋ³³iʔ⁵tɔ⁴² ］
农民起跳。［ noŋ²¹miŋ³³tɕʰi³³tʰiɔ⁴² ］

吹过小满风，［ tsʰ̩³³ku³³ɕiɔ³³mə⁴²fəŋ⁵³³ ］
草籽好留种。［ tsʰɔ¹³ts̩³³xɔ¹³lio¹³tɕyoŋ¹³ ］

要棉好，有三宝：［ iɔ³³mie³³xɔ³³，io³³sɛ³³pɔ¹³ ： ］
施肥、治虫、勤除草。［ s̩³³v³³、dz̩¹³dʑyoŋ¹³、dʑiŋ¹³dʑy¹³tsʰɔ¹³ ］

一年春工十年粮，［ iʔ⁵n̠ie³tsʰəŋ³³koŋ³³zəʔ²¹n̠ie³³liã⁴² ］
十年春工谷满仓。［ zəʔ²¹n̠ie³³tsʰəŋ³³koŋ³³kuoʔ⁵mə²¹tsʰã⁴² ］

谷雨种棉花，［ kuoʔ⁵y³³tɕyoŋ³³mie²¹xuo³³ ］
要多一根杈。［ iɔ³³to³³iʔ⁵kəŋ³³tsʰo⁵³³ ］

（以上 2018 年 7 月，发音人：吴怀德）

富　阳

一、歌谣

热煞嘚

热煞嘚，热煞嘚，［n̠iɛʔ²saʔ⁵taʔ⁰，n̠iɛʔ²saʔ⁵taʔ⁰］
实别⁼热煞嘚。［ziɛʔ²biɛʔ²n̠iɛʔ²saʔ⁵taʔ⁰］实别⁼：实在
格爿天公介格热，［kɛʔ⁵bã¹³tʰiɛ̃⁵⁵koŋ⁵⁵ga²²⁴kɛʔ⁵n̠iɛʔ²］
苦头吃煞嘚。［kʰu³³⁵dei¹³tɕʰiɛʔ⁵saʔ⁵taʔ⁰］
风也无得，雨也弗落，［foŋ⁵⁵iɛ²²⁴m⁵⁵lɛʔ⁵，y²²⁴iɛ²²⁴fɛʔ⁵loʔ²］
身上黏溚溚。［ɕin⁵⁵lɔ̃⁰n̠iɛ̃⁵⁵taʔ⁵taʔ⁰］
饭也吃弗落，［vã³³⁵iɛ²²⁴tɕʰiɛʔ⁵fɛʔ⁵loʔ²］
觉也瞓弗着。［koʔ⁵iɛ²²⁴kʰuen³³⁵fɛʔ⁵dzaʔ⁰］
介也弗是，够⁼也弗是，［ga²²⁴iɛ²²⁴fɛʔ⁵z̩²²⁴，kei³³⁵iɛ²²⁴fɛʔ⁵z̩²²⁴］介：这，指示代词。够⁼：那，
　　指示代词
苦相摆出嘚。［kʰu⁴²³ɕiɔ̃⁵⁵pa⁴²³tsɛʔ⁵taʔ⁵］

阿拉富阳人

大江水清清，［dʊ²²⁴kɔ̃⁵⁵ɕyɛ⁴²³tɕʰin⁵⁵tɕʰin⁰］
格里好风景。［kɛʔ⁵li⁰hɔ⁴²³foŋ⁵⁵tɕin⁴²³］
鹳山矶头洗冷浴，［kuɛ³³⁵sã⁵⁵tɕi⁵⁵dei⁵⁵sɛ⁴²³lã²²⁴yoʔ²］鹳山矶头：当地地名

阿拉富阳人。［aʔ⁵laʔ⁵fu³³⁵iɔ̃⁵⁵nin³¹］

游对江，游大桥，［iʊ¹³tei³³⁵kɔ̃⁵³，iʊ¹³da¹³dʑiɔ⁵⁵］

新沙岛浪＝停一停。［ɕin⁵⁵so⁵⁵tɔ⁵⁵lɔ̃⁰din¹³iɛʔ⁵din¹³］岛浪＝：岛上

六月里，冬上里，［loʔ²yoʔ²li²²⁴，toŋ⁵⁵zã⁵⁵li⁵⁵］

水冷水热我顶灵清。［ɕyɛ⁴²³lã²²⁴ɕyɛ⁴²³n̠iɛʔ²ŋo²²⁴tin⁴²³lin¹³tɕʰin⁵⁵］顶：最。灵清：清楚

哎嘿哟，［ɛ³¹hɛʔ⁵iɔ³³⁵］

富春江里洗冷浴，［fu³³⁵tsʰen⁵⁵kɔ̃⁵⁵liⁿse⁴²³lã²²⁴yoʔ²］

阿拉富阳人。［aʔ⁵laʔ⁵fu³³⁵iɔ̃⁵⁵nin³¹］

（以上 2018 年 7 月，发音人：江幽松）

天皇皇

天皇皇，地皇皇，［tʰiɛ̃⁵⁵uɔ̃¹³uɔ̃¹³，di²²⁴uɔ̃¹³uɔ̃¹³］

我家有个小儿郎，［ŋo²²⁴tɕia⁵³iʊ²²⁴kɛʔ⁰ɕiɔ⁴²³l¹³lɔ̃⁵³］

过路君子读一遍，［ku³³⁵lu²²⁴tɕyen⁵⁵tsʅ⁰doʔ²iɛʔ⁵piɛ̃³³⁵］

一觉瞓到大天亮。［iɛʔ⁵kɔ³³⁵kʰuen³³⁵tɔ⁰dʊ²²⁴tʰiɛ̃⁵⁵liɔ̃³³⁵］

（2018 年 7 月，发音人：蒋金乐）

二、规定故事

牛郎和织女

前场啊，有一个后生家，［z̠iɛ̃¹³dzã⁵⁵aʔ⁰，iʊ²²⁴iɛʔ⁵koʔ⁵ei²²⁴sã⁵⁵ko⁵³］前场：从前

阿伯姆妈么死嘞早，［aʔ⁵paʔ⁵m̠²²⁴ma⁵⁵mɛʔ⁰sʅ⁴²³lɛʔ⁰tsɔ⁴²³］阿伯姆妈：父母

孤苦伶仃独自家，［ku⁵⁵kʰu⁵⁵lin¹³tin⁵⁵dʊ¹³zʅ²²⁴ko³³⁵］

屋里头呢只有一只老牛，［uoʔ⁵li²²⁴dei³³⁵n̠iⁿtsɛʔ⁵iʊ²²⁴iɛʔ⁵tsɛʔ⁵lɔ²²⁴n̠iʊ¹³］

格么大家都叫伊牛郎。［kɛʔ⁵mɛʔ⁰dʊ²²⁴ko⁵⁵tʊ⁵⁵tɕiɔ³³⁵i²²⁴n̠iʊ¹³lɔ̃⁵⁵］伊：他

牛郎同格只老牛是相依为命，［n̠iʊ¹³lɔ̃⁵⁵doŋ¹³kɛʔ⁵tsɛʔ⁵lɔ²²⁴n̠iʊ¹³zʅ²²⁴ɕiɔ̃⁵⁵i⁵⁵uɛ³³⁵min¹³］

靠格只老牛耕地为生。［kʰɔ³³⁵kɛʔ⁵tsɛʔ⁵lɔ²²⁴n̠iʊ¹³kã⁵⁵di¹³uɛ²²⁴sen⁵⁵］

老牛啊其实弗是牛，［lɔ²²⁴n̠iʊ¹³aʔ⁰dʑi¹³zɛʔ²fɛʔ⁵zʅ²²⁴n̠iʊ¹³］

是天浪＝个金牛星，［zʅ²²⁴tʰiɛ̃⁵⁵lɔ̃⁵⁵kɛʔ⁰tɕin⁵⁵n̠iʊ⁵⁵ɕin⁵⁵］

唉，是伊欢喜牛郎，［ei¹³，zɛʔ¹³i²²³huɛ̃⁵⁵ɕi³¹n̠iʊ¹³lɔ̃⁵⁵］是伊：他

觉着牛郎蛮勤劳、善良，［koʔ⁵dzɛʔ⁰n̠iʊ¹³lɔ̃⁵⁵mã⁵⁵dʑin¹³lɔ⁵⁵、ʑyɛ̃²²⁴liɔ̃³³⁵］

格么伊想帮渠成个家。［kɛʔ⁵mɛʔ⁰i²²⁴ɕiɔ³²³pɔ̃⁵⁵i²²⁴zen¹³kɛʔ⁰koⁿ⁵³］

有一日，金牛星得知天上仙女要到村党﹦东头个山脚上个池塘里洗冷浴。
［iu²²⁴iɛʔ⁵n̠iɛʔ²，tɕin⁵⁵n̠iʊ⁵⁵ɕin⁵⁵tɛʔ⁵tsɹ⁵⁵tʰiɛ̃⁵⁵lɔ̃⁵⁵ɕiɛ̃⁵⁵n̠y³¹iɔ³³⁵tɔ³¹tsʰen⁵⁵tɔ̃⁵⁵toŋ⁵⁵dei⁵⁵kɛʔ⁰
sã⁵⁵tɕiaʔ⁵lɔ̃⁰kɛʔ⁰dʐɹ¹³tɔ̃⁵⁵li⁰sɛ⁴²³lã²²⁴ioʔ²］村党：村子

格么渠托梦拨牛郎，［kɛʔ⁵mɛʔ⁰i²²⁴tʰɛʔ⁵moŋ³³⁵pɛʔ⁵n̠iʊ¹³lɔ̃⁵⁵］拨：给

要伊第二日早更到格塘边上去趁仙女勒﹦底洗浴个辰光，［iɔ³³⁵i²²⁴di²²⁴n̠i¹³n̠iɛʔ²tsɔ⁴²³kã⁵⁵
tɔ³³⁵kɛʔ⁵dɔ̃¹³piɛ̃⁵⁵lɔ̃⁰tɕʰi³³⁵tsʰen³³⁵ɕiɛ̃⁵⁵n̠y³¹lɛʔ²di²²⁴sɛ⁴²³ioʔ⁵kɛʔ⁰zen¹³kuɔ̃⁵⁵］勒﹦底：在，持续体标记

驮着一件仙女挂勒﹦树上个衣裳，［dʊ¹³dzɛʔ⁰iɛʔ⁵dʑiɛ̃²²⁴ ɕiɛ̃⁵⁵n̠y³¹kua³³⁵lɛʔ⁰ʑy²²⁴lɔ̃⁵⁵kɛʔ⁵i⁵⁵
zɔ̃³³⁵］驮：拿

驮好过之后头［弗要］回跑回去，［dʊ¹³hɔ⁵⁵ku⁵⁵tsɹ⁵⁵ei²²⁴dei¹³fiɔ³³⁴uɛ¹³pʰɔ⁴²³uɛ¹³tɕʰi⁵⁵］

格么是尔就会得到一位齐整个仙女做老娘。［kɛʔ⁵mɛʔ⁰zɛʔ²ŋ²²⁴dʑiʊ²²⁴uɛ³³⁴tɛʔ⁵tɔ³³⁴iɛʔ²
uɛ³³⁴ʑi¹³tsen⁵⁵kɛʔ⁰ɕiɛ̃⁵⁵n̠y³¹tsʊ³³⁵lɔ²²⁴n̠iɔ̃¹³］是尔：你。老娘：妻子

格日子早更，［kɛʔ⁵n̠iɛʔ²tsɹ³³⁵tsɔ⁴²³kã⁵⁵］

格么牛郎疑心疑惑来到山脚浪﹦，［kɛʔ⁵mɛʔ⁰n̠iʊ¹³lɔ̃⁵⁵i¹³ɕin⁵⁵i¹³uaʔ⁵lɛ¹³tɔ⁵⁵sã⁵⁵tɕiaʔ⁵lɔ̃⁰］

到格塘边浪﹦，［tɔ³³⁵kɛʔ⁵dɔ̃¹³piɛ̃⁵⁵lɔ̃⁰］

格么朦朦胧胧，［kɛʔ⁵mɛʔ⁰moŋ¹³moŋ⁵⁵loŋ⁵⁵loŋ⁵⁵］

唉，果然看见七个美女哦来﹦湖里洗冷浴，［ei¹³，ku⁴²³yɛ̃¹³kʰɛ̃⁵⁵tɕiɛ̃⁵⁵tɕʰiɛʔ⁵kɛʔ⁵mɛ²²⁴
n̠y¹³ɔ⁰lɛ¹³u¹³li⁵⁵sɛ⁴²³lã²²⁴ioʔ²］来﹦：在，持续体标记

格伊马浪﹦驮去树高头个一件粉红色个衣裳，［kɛʔ⁵i²²⁴ma²²⁴lɔ̃³³⁵dʊ¹³tɕʰi⁵⁵ʑy²²⁴kɔ⁵⁵dei⁵⁵
kɛʔ⁰iɛʔ⁵dʑiɛ̃²²⁴fen⁴²³oŋ⁵⁵sɛʔ⁵kɛʔ⁰i⁵⁵zɔ̃³³⁵］

"哒哒哒哒哒"头也弗回个跑到屋里。［da¹³da¹³da¹³da¹³da¹³dei¹³iɛ²²⁴fɛʔ⁵uɛ²²⁴kɛʔ⁰bɔ¹³tɔ⁵⁵
uoʔ⁵li⁰］

格个衣裳驮走是何尔？［kɛʔ⁵kɛʔ⁵i⁵⁵zɔ̃³³⁵dʊ¹³tsei⁵⁵zɹ²²³ga¹³ŋ⁵⁵］何尔：谁

就是织女。［dʑiu²²⁴zɹ³³⁵tsɛʔ⁵n̠y²²⁴］

格么格日子夜里头么伊轻轻到牛郎屋里门敲开，［kɛʔ⁵mɛʔ⁰kɛʔ⁵n̠iɛʔ²tsɹ³³⁵ia³³⁵li²²⁴dei⁵⁵
mɛʔ⁰i²²⁴tɕʰin⁵⁵tɕʰin⁵⁵tɔ³³⁵n̠iʊ¹³lɔ̃⁵⁵uoʔ⁵li⁰men¹³kʰɔ⁵⁵kʰɛ⁰］

格么两个人呢就成嘞恩爱夫妻。［kɛʔ⁵mɛʔ⁰liɔ̃²²⁴kɛʔ⁵nin¹³ni⁰dʑiu²²⁴dzen¹³lɛʔ⁰en⁵⁵ɛ³¹fu⁵⁵
tɕʰi³¹］

眼睛一眨时光蛮快个，［ŋã²²⁴tɕin⁵⁵iɛʔ⁵tsaʔ⁵z̩¹³kɔ⁵⁵mã⁵⁵kʰua³³⁵gɔ⁰］

三年过去嘞，［sã⁵⁵niɛ̃⁵⁵ku³³⁵tɕʰi³³⁵lɛʔ⁰］

牛郎同道织女生嘞一男一女两个小人，［n̠iʊ¹³lɔ̃⁵⁵doŋ¹³dɔ⁵⁵tsɛʔ⁵n̠y²²⁴sã⁵⁵lɛʔ⁰iɛʔ⁵nɛ̃¹³iɛʔ⁵n̠y²²⁴liɔ̃²²⁴kɛʔ⁵ɕiɔ⁴²³nin¹³］

格么一家人呢过得蛮开心蛮乐惠。［kɛʔ⁵mɛʔ⁰iɛʔ⁵ko⁵⁵nin⁵⁵ni⁰ku³³⁵tɛʔ⁰mã⁵⁵kʰɛ⁵⁵ɕin⁵⁵mã⁵⁵loʔ²uɛ³³⁵］

弗过格桩事体哦，［fɛʔ⁵ku³³⁵kɛʔ⁵tsɔ̃⁵⁵z̩²²⁴tʰi³³⁵ɔ⁰］

仙女下凡个事体拨玉皇大帝晓得嘞，［ɕiɛ̃⁵⁵n̠y³¹ʑia²²⁴fã⁵⁵kɛʔ⁰z̩²²⁴tʰi³³⁵pɛʔ⁵yoʔ²uɔ̃²²⁴da²²⁴di¹³ɕiɔ⁴²³tɛʔ⁵lɛʔ⁰］ 拨：被

玉皇嗻格还了得。［yoʔ²uɔ̃²²⁴tɛʔ⁰kɛʔ⁵ua¹³liɔ⁴²³tɛʔ⁵］

格么有一日么天浪꞊啊，［kɛʔ⁵mɛʔ⁰iʊ²²⁴iɛʔ⁵n̠iɛʔ²mɛʔ⁰tʰiɛ̃⁵⁵lɔ̃⁰a⁰］

雷公霍闪啊，大风大雨啊，［lɛ¹³koŋ⁵⁵huoʔ⁵ɕyɛ̃⁴²³a⁰，dʊ²²⁴foŋ⁵⁵dʊ²²⁴y¹³a⁰］

织女么就个弗勒底嗻，［tsɛʔ⁵n̠y²²⁴mɛʔ⁰ʑiʊ²²⁴ga⁰fɛʔ⁵lɛʔ²di²²⁴tɛʔ⁰］

格两个小人一儿一囡，［kɛʔ⁵liɔ̃²²⁴kɛʔ⁰ɕiɔ⁴²³nin¹³iɛʔ⁵ŋ¹³iɛʔ⁵no³³⁴］

格是哭嗻“姆妈姆妈”，［kɛʔ⁵z̩²²⁴kʰuoʔ⁵tɛʔ⁰m²²⁴ma⁵⁵m²²⁴ma⁵⁵］

格牛郎也弗晓得哪个套꞊嘞，［kɛʔ⁵n̠iʊ¹³lɔ̃⁵⁵iɛ²²⁴fɛʔ⁵ɕiɔ⁴²³tɛʔ⁵nɛ²²⁴kɛʔ⁰tʰɔ³³⁵lɛʔ⁰］ 哪个套꞊：怎么办

哪个套꞊好弗晓得嗻啦。［nɛ²²⁴kɛʔ⁰tʰɔ³³⁵hɔ⁴²³fɛʔ⁵ɕiɔ⁴²³tɛʔ⁵tɛʔ⁰la⁰］

格时光闹꞊，格只老牛讲说话嗻：［kɛʔ⁵z̩¹³kuɔ̃⁵⁵nɔ⁰，kɛʔ⁵tsɛʔ⁵lɔ²²⁴n̠iʊ¹³kɔ̃⁴²³ɕyoʔ²uo³³⁵tɛʔ⁰］ 闹꞊：语气词。讲说话：说话

唉，尔弗难过哦，［ei¹³，ŋ²²⁴fɛʔ⁵nã¹³ku⁵⁵ɔ⁰］

［弗要］嗻个，［fiɔ³³⁵tɛʔ⁵gɔ⁰］

是尔拨我头上个角驮落来，［zɛʔ⁵ŋ²²⁴pɛʔ⁵ŋo²²⁴dei¹³lɔ̃⁵⁵kɛʔ⁰koʔ⁵dʊ¹³loʔ²lɛ⁰］ 拨：把

驮落来变两只脚笋，［dʊ¹³loʔ²lɛ⁰piɛ̃³³⁵liɔ̃²²⁴tsɛʔ⁵tɕiaʔ⁵lʊ²²⁴］

装上尔两个小人，［tsɔ̃⁵⁵lɔ̃⁰ŋ²²⁴liɔ̃²²⁴kɛʔ⁰ɕiɔ⁴²³nin²²⁵］

挑嘞起，拨到天浪꞊去，［tʰiɔ⁵⁵lɛʔ⁰tɕʰi⁰，ba¹³tɔ⁵⁵tʰiã⁵⁵lɔ̃⁰tɕʰi³³⁵］ 拨：拟声词

到天宫浪꞊去寻织女去，［tɔ³³⁵tʰiã⁵⁵koŋ⁵⁵lɔ̃⁰tɕʰi³³⁵ʑin¹³tsɛʔ⁵n̠y²²⁴tɕʰi³³⁵］

［弗要］嗻个，去！［fiɔ³³⁵tɛʔ⁵gɔ⁰，tɕʰi³³⁵］

牛郎觉着，唉，介种事体哦，［n̠iʊ¹³lɔ̃⁵⁵koʔ⁵tsɛʔ⁰，ei¹³，ga¹³tsoŋ⁵⁵z̩²²⁴tʰi⁴²³ɔ⁰］

刚刚说话讲完么，［kɔ̃⁵⁵kɔ̃⁵⁵ʐy¹³u⁵⁵kɔ̃⁴²³uɛ̃¹³mɛʔ⁰］

格只牛两个角是个跌落来，［kɛʔ⁵tsɛʔ⁵n̠iʊ¹³liɔ̃²²⁴kɛʔ⁵koʔ⁵zʅ²²⁴gɔ⁰tieʔ⁵lɔʔ²lɛ⁰］

变嘞两只脚笋。［piɛ̃³³⁵lɛʔ⁰liɔ̃²²⁴tsɛʔ⁵tɕiaʔ⁵lʊ²²⁴］

格么牛郎连忙拨格儿子嘞囡放嘞脚笋里，［kɛʔ⁵meʔ⁰n̠iʊ¹³lɔ̃⁵⁵liɛ̃¹³mɔ̃⁵⁵pɛʔ⁵kɛʔ⁵ŋ²²⁴tsʅ⁴²³lɛʔ⁰no¹³fɔ̃³³⁵lɛʔ⁰tɕiaʔ⁵lʊ²²⁴li⁰］

唉，一阵清风吹过来一样个，［ei¹³，iɛʔ⁵dzen²²⁴tɕʰin⁵⁵foŋ⁵⁵tsʰɛ⁵⁵ku⁵⁵lɛ⁰iɛʔ⁵iɔ̃³³⁴gɔ⁰］

格两只脚笋好像长嘞翼膀一样个，［kɛʔ⁵liɔ̃²²⁴tsɛʔ⁵tɕiaʔ⁵lʊ²²⁴hɔ⁴²³ʑiɔ̃²²⁴tsɔ̃⁴²³lɛʔ⁰iɛʔ²bã¹³iɛʔ⁵iɔ̃²²⁴gɔ⁰］

"哒哒哒哒"飞起来个，［da¹³da¹³da¹³da¹³fei⁵⁵tɕʰi³³⁵lɛ⁰gɔ⁰］

腾云驾雾向天浪＝拔飞，飞嘚起来。［tʰen¹³yen⁵⁵tɕia³³⁵u³³⁵ɕiɔ̃³³⁵tʰiɛ̃⁵⁵lɔ̃baʔ¹³fei⁵⁵，fei⁵⁵tɛʔ⁵tɕʰi³³⁵lɛ⁰］

眼看就要趸着快嘚，［ŋã²²⁴kʰã̃⁵⁵ʑiu²²⁴iu³³⁵biɛʔ²tsɛʔ⁰kʰua³³⁵tɛʔ⁰］

织女格么何里晓得呢拨格王母娘娘看见嘚，［tsɛʔ⁵n̠y²²⁴kɛʔ⁵meʔ⁰aʔ²li²²⁴ɕiɔ⁴²³tɛʔ⁰ni⁰pɛʔ⁵kɛʔ⁵uɔ̃¹³m⁵⁵n̠iɔ̃¹³n̠iɔ̃⁵⁵kʰã̃⁵⁵tɕiã̃⁵⁵tɛʔ⁰］何里：哪里

王母娘娘头高头拔落嘞一根金钗，［uɔ̃¹³m⁵⁵n̠iɔ̃¹³n̠iɔ̃⁵⁵dei¹³kɔ⁵⁵dei⁵⁵baʔ²lo²²⁴lɛʔ⁰iɛʔ⁵ken⁵⁵tɕin⁵⁵tsʰo⁵⁵］

勒＝东＝牛郎织女个中间，［lɛʔ²doŋ⁵⁵n̠iʊ¹³lɔ̃⁵⁵tsɛʔ⁵n̠y²²⁴kɛʔ⁰tsoŋ⁵⁵kã̃⁵⁵］勒东：在

"唰"一划，划出来一埭河来嘞，［"zaʔ²"iɛʔ⁵uaʔ²，uaʔ²tsʰɛʔ⁵lɛ⁰iɛʔ⁵da²²⁴u¹³lɛ⁰lɛʔ⁰］

格埭河是波涛滚滚啊，［kɛʔ⁵da²²⁴u¹³zʅ²²⁴po⁵⁵tʰɔ⁵⁵kuen⁵³kuen⁴²³a⁰］

哎呀，木佬佬阔木佬佬阔，［hei⁵⁵ia⁰，moʔ²lɔ²²⁴lɔ⁰kʰuaʔ⁵moʔ²lɔ²²⁴lɔ⁰kʰuaʔ⁵］木佬佬：很，

非常

格面看去看弗到对面，［kɛʔ⁵miɛ̃³³⁵kʰã̃⁵⁵tɕʰiʔ⁰kʰã̃⁵⁵fɛʔ⁵tɔ³³⁵tei³³⁵miɛ̃³³⁵］

就拨格个牛郎织女呢分开嘞。［dzʑiʊ²²⁴pɛʔ⁵kɛʔ⁵kɛʔ⁰n̠iʊ¹³lɔ̃⁵⁵tsɛʔ⁵n̠y²²⁴ni⁰fen⁵⁵kʰɛ⁵⁵lɛʔ⁰］

格么喜鹊木佬佬同情牛郎同道织女个。［kɛʔ⁵meʔ⁰ɕi⁴²³tɕʰiaʔ⁵moʔ²lɔ²²⁴lɔ⁰doŋ¹³dzʑin⁵⁵n̠iʊ¹³lɔ̃⁵⁵doŋ¹³doŋ⁵⁵tsɛʔ⁵n̠y²²⁴gɔ⁰］同道：和

每一到阴历个七月初七，［mɛ²²⁴iɛʔ⁵tɔ³³⁵in⁵⁵liɛʔ²kɛʔ⁰tɕʰiɛʔ⁵yoʔ²tsʰu⁵⁵tɕʰiɛʔ⁵］

哎呀，发＝口个，［hei⁵⁵ia⁰，faʔ⁵ia³¹gɔ⁰］

喜鹊乌天黑地个，［ɕi⁴²³tɕʰiaʔ⁵vu⁵⁵tʰiɛ̃⁵⁵haʔ⁵di²²⁴gɔ⁰］

拔拔飞到天河上头，［ba¹³ba¹³fei⁵⁵tɔ⁵⁵tʰiɛ̃⁵⁵u⁵⁵sɔ̃²²⁴dei²²⁴］

一只跟牢一只，［iɛʔ⁵tsɛʔ⁵kin⁵⁵lɔ³¹iɛʔ⁵tsɛʔ⁵］

一只个嘴脯含牢前头一只个尾巴。［iɛʔ⁵tsɛʔ⁵kɛʔ⁰tsɛ⁴²³pu³³⁵ɛ̃¹³lɔ⁰ʑiɛ̃¹³dei⁵⁵iɛʔ⁵tsɛʔ⁵kɛʔ⁰ŋ²²⁴po³³⁵］

哪个呢，搭起嘞一梗长长个天桥，[nɛ²²⁴kɛʔ⁰ni⁰, taʔ⁵tɕʰi⁴²³lɛʔ⁰iɛʔ⁵kuã⁴²³dzã¹³dzã⁵⁵kɛʔ⁰

　　tʰiɛ̃⁵⁵dʑio⁵⁵]

让牛郎织女来格个天河高头相会。[ɲiɔ̃³³⁵n̩iɯ¹³lɔ̃⁵⁵tsɿʔ⁵n̩y²²⁴lɛ¹³kɛʔ⁵kɛʔ⁰tʰiɛ̃⁵⁵u⁵⁵kɔ⁵⁵

　　dei⁵⁵ɕiɔ̃⁵⁵uɛ³³⁵]

　　从前，有一个小伙子，父母死得早，孤苦伶仃一个人，家里只有一头老牛，所以大家都叫他牛郎。牛郎和这头老牛相依为命，靠这头老牛耕地为生。老牛其实不是牛，是天上的金牛星，他很喜欢牛郎，觉得牛郎勤劳善良，所以他想帮牛郎成个家。

　　有一天，金牛星得知天上的仙女要到村东边山脚下的池塘里洗澡。所以他就托梦给牛郎，要牛郎第二天早上，到池塘边上去，趁仙女在洗澡的时候，拿走仙女挂在树上的一件衣裳，拿走以后头也不回地跑回家，就会得到一位美丽的仙女做妻子。

　　这天早上，牛郎半信半疑地来到山脚下，到池塘边上，在朦朦胧胧中，果然看见七个美女在湖里洗澡，他马上拿走树上一件粉红色的衣裳，"哒哒哒哒哒"头也不回地跑回家里。那个衣裳被拿走的仙女是谁呢？就是织女。这天夜里，她轻轻敲开牛郎家的门，两个人就成了恩爱夫妻。

　　眼睛一眨时光飞逝，三年过去了，牛郎和织女生了一男一女两个小孩，一家人过得很幸福快乐。不过织女下凡的事情被玉皇大帝知道了，玉皇想那还了得。

　　有一天天上啊，电闪雷鸣，大风大雨，织女就不见了。一儿一女两个小孩哭着叫"妈妈"，牛郎也不知道怎么办了，不知道怎么办才好。这个时候，老牛说话了："唉，你不要难过，不要紧，你把我头上的角拿下来，拿下来变成两个箩筐，装上你两个小孩，挑起来，追到天上去，到天宫上去找织女，到天宫上去找织女，不要紧，去！"牛郎想居然还有这种事情，话音刚落，这头牛的两只角就掉了下来，变成了两只箩筐。牛郎连忙把儿子女儿放到箩筐里，像是一阵清风吹来，两只箩筐好像长了翅膀一样，"哒哒哒哒"飞起来，腾云驾雾地向天上飞去。

　　眼看就要追上了，哪知道被王母娘娘看见了，王母娘娘从头上拔下一根金钗，向牛郎织女中间"唰"一划，划出一条河来，那条河波涛滚滚，非常非常宽，这边望去望不到对面，就把牛郎织女分开了。

　　喜鹊非常同情牛郎和织女。每年农历七月初七，哎呀，非常多的喜鹊铺天盖地地飞到天河上，一只跟着一只，一只的嘴巴衔住前一只的尾巴，搭起一条长长的天桥，让牛郎织女来天河上相会。

　　　　　　　　　　　　　　　　　　　（2018年7月，发音人：江幽松）

三、自选条目

谚语

东边日头西边雨。［doŋ⁵⁵piɛ̃⁵⁵n̠iɛʔ²dei¹³ɕi⁵⁵piɛ̃⁵⁵y²²⁴］

燕子低飞蛇过道，［iɛ̃³³⁵tsʅ³³⁵ti⁵⁵fei⁵⁵zo¹³ku³³⁵dɔ²²⁴］
大雨不久就来到。［da²²⁴y¹³poʔ⁵tɕiʊ⁴²³dʑiʊ²²⁴lɛ⁵⁵tɔ³³⁵］

蜻蜓尾巴停停，［tɕʰin⁵⁵din⁵⁵ŋ²²⁴po⁵⁵din¹³din⁵⁵］
外公外婆拨尔个油瓶。［ŋa²²⁴koŋ⁵⁵ŋa²²⁴bu¹³pɛʔ⁵ŋ²²⁴kɛʔ⁵iʊ¹³pin⁵⁵］

金窠银窠，［tɕin⁵⁵kʰʊ⁵⁵in¹³ku⁵⁵］窠：窝
弗如自家屋里个草窠。［fɛʔ⁵ʑy¹³ʐʅ²²⁴ko⁵⁵uoʔ⁵li⁰kɛʔ⁵tsʰɔ⁴²³kʊ⁵⁵］

阳伞骨子里戳出。［iɔ̃¹³sã⁵⁵kuoʔ⁵tsʅ⁰li²²⁴tɕʰyoʔ⁵tsʰɛʔ⁵］形容吃里扒外

麻子搨粉，［mo¹³tsʅ⁰tʰaʔ⁵fen⁴²³］搨：涂
折煞老本。［ʑiɛʔ²saʔ⁵lɔ²²⁴ben⁴²³］

黄胖春年糕，［uɔ̃¹³pʰɔ̃⁵⁵ɕyɔ̃⁵⁵n̠iɛ̃¹³kɔ⁵⁵］
吃力弗讨好。［tɕʰiɛʔ⁵liɛʔ²fɛʔ⁵tʰɔ⁴²³hɔ³³⁵］

瞎子帮忙，［haʔ⁵tsʅ⁰pɔ̃⁵⁵mɔ̃¹³］
越帮越忙。［yoʔ²pɔ̃⁵⁵yoʔ²mɔ̃¹³］

半斤八两，［pɛ̃³³⁵tɕin⁵⁵poʔ⁵liɔ̃²²⁴］
黄鱼水鲞。［uɔ̃¹³y⁵⁵ɕyɛ⁴²³ɕiɔ̃³³⁵］

镬子里弗滚，［uoʔ²tsʅ⁰li²²⁴fɛʔ⁵kuen⁴²³］镬子：锅。滚：（水）沸腾

汤罐里先滚。［tʰɔ̃⁵⁵kuɛ̃³³⁵liº ɕiɛ̃⁵⁵kuen³¹］

烂田里□石臼，［lã²²⁴diɛ̃³³⁵liºboʔ²zaʔ²tɕiʊ⁴²³］□：翻滚移动物体
越□越深。［yoʔ²boʔ²yoʔ²ɕin⁵³］

大头痱子当发背，［dʊ²²⁴dei¹³fei⁵⁵tsɿº tɔ̃⁵⁵faʔ⁵pɛ³³⁵］
大惊小怪。［da²²⁴tɕin⁵⁵ɕiɔ⁴²³kua³³⁵］

当着弗着，［tɔ̃⁵⁵dzɛʔºfɛʔ⁵dzɛʔº］
镬窟洞里火着。［uoʔ²kʰuaʔ⁵doŋ²²⁴liºhu⁴²³dzɛʔº］镬窟洞里：灶里

出头橡子先烂。［tsʰɛʔ⁵dei¹³dʑyɛ̃¹³tsɿ⁵⁵ɕiɛ̃⁵⁵lã³³⁵］

人有良心，［nin¹³iʊ⁵⁵liɔ̃¹³ɕin⁵⁵］
狗弗吃涴。［kiʊ⁴²³fɛʔ⁵tɕʰiɛʔ⁵u³³⁵］涴：屎

花头经，［huo⁵⁵dei⁵⁵tɕin⁵⁵］花头经：花样
绿滴滴。［loʔ²diɛʔ²diɛʔ²］

（以上 2018 年 7 月，发音人：江幽松）

新　登

一、歌谣

六月到

六月到，[lɔʔ²yəʔ²tɔ⁴⁵]

知罗＝叫，[tɕia⁵³lu²³³tɕiɔ⁴⁵] 知罗＝：知了

小鬼头把脚跳，[ɕiɔ³³⁴kue⁴⁵dəu²³³pɑ³³⁴tɕiaʔ⁵tʰiɔ⁴⁵]

葛溪里洗冷浴，[kəʔ⁵tɕʰi⁵³li³³⁴sɛ³³⁴lɛ³³⁴yəʔ²] 葛溪：当地溪名。

姑娘嫂拔衣敲，[ku⁵³n̠iã²³³sɔ³³⁴pɑ³³⁴iʔ⁵³kʰɔ⁵³] 拔：把

摸螺蛳鱼钓钓，[mɔʔ⁵lu²³³sʅ³³⁴ʯ²³³tiɔ⁴⁵tiɔ⁰]

黄坝滩上真闹热。[uã²³³pɑ⁴⁵tʰ ɛ̃⁵³lã¹³tɕiŋ⁵³nɔ²¹n̠iəʔ²] 闹热：热闹

茶花开来早逢春

茶花开来早逢春，[dzɑ¹³hua⁵³kʰe⁵³le²¹tsɔ³³⁴voŋ²²³tsʰuen⁵³]

媳妇贤良敬大人，[ɕiəʔ⁵vu⁴⁵iɛ̃²³³liã⁴⁵tɕiŋ⁴⁵du²³³neiŋ¹³]

孝敬公婆有福得，[ɕiɔ⁴⁵tɕiŋ⁵³koŋ⁵³bu²³³y³³⁴fɔʔ⁵təʔ⁵]

门前大树好遮荫。[meiŋ²³³ʑiɛ̃²²³da²¹ʐ̩¹³hɔ³³⁴tsa⁴⁵eiŋ⁵³]

一朒巧

一朒巧，[iəʔ⁵lu²³³tɕʰiɔ³³⁴]

二脷考，［əl²³³lu²³³kʰɔ³³⁴］

三脷四脷穿红着绿，［sɛ⁵³lu²³³sɿ⁴⁵lu²³³tsʰuɛ⁵³oŋ²³³dzəʔ²lɔʔ²］

五脷六脷沿街讨，［ŋ⁵³lu²³³lɔʔ²lu²³³iɛ²³³ka⁵³tʰɔ³³⁴］

七脷八脷银子叠谷箩，［tɕʰiəʔ⁵lu²³³paʔ⁵lu²³³eiŋ²³³tsɿ³³⁴diəʔ²kɔʔ⁵lu²³³］

九脷十脷讨饭□路。［tɕy³³⁴lu²³³zəʔ²lu²³³tʰɔ³³⁴vɛ¹³mi⁵³lu¹³］□: 无; 没有

（以上 2019 年 7 月，发音人: 陈银娟）

哈鼾啦啦叫

哈鼾啦啦叫，［ha⁵³hɛ̃³³⁴laʔ²laʔ²tɕiɔ⁴⁵］哈鼾: 哈欠

心里想睏觉。［seiŋ⁵³li³³⁴ɕiɑ̃³³⁴kʰueŋ⁴⁵kɔ³³⁴］

猫近ᵈ近ᵈ

猫近ᵈ近ᵈ，［mɔ⁵³dʑiŋ²¹dʑiŋ¹³］

吓勒黄狗身浪ᵈ。［haʔ⁵ləʔ⁰uɑ̃²²³kəu³³⁴seiŋ⁵³lɑ̃⁰］

哦哦咚

哦哦咚，［ɔ³³⁴ɔ⁴⁵toŋ³³⁴］

囡囡将ᵈ精乖，［nɑ³³⁴nɑ⁴⁵tɕiɑ̃³³⁴tɕiŋ⁴⁵kua⁵³］将ᵈ精: 乖

射涴石头揩。［dza²¹u⁴⁵zəʔ²dəu²³³kʰa⁵³］射涴: 拉屎。揩: 擦

（以上 2019 年 7 月，发音人: 罗雁）

一箩麦

一箩麦，［iəʔ⁵lu²²³məʔ²］

两箩麦，［liɛ³³⁴lu²³³məʔ²］

三箩开始□荞麦，［sɛ⁵³lu²³³kʰe⁵³sɿ³³⁴guaʔ²dʑiɔ²³³maʔ²］□荞麦: 扇巴掌

噼噼啪，噼噼啪，［pʰiəʔ⁵pʰiəʔ⁵pʰa⁰，pʰiəʔ⁵pʰiəʔ⁵pʰa⁰］

阿姨叫我买饼干，［aʔ⁵i²³³tɕiɔ⁴⁵u³³⁴ma³³⁴peiŋ³³⁴kɛ̃⁴⁵］

我买嘞块烂饼干，［u³³⁴ma³³⁴ləʔ⁰kʰue⁴⁵lɛ²¹peiŋ³³⁴kɛ̃⁴⁵］

阿姨打我阿姨骂我，［aʔ⁵i²³³tɛ³³⁴u³³⁴aʔ⁵i²³³ma¹³u³³⁴］

我骂阿姨老太婆。［u³³⁴ma¹³aʔ⁵i²³³lɔ³³⁴tʰa²¹bu²³³］

哭作猫

哭作猫，［kʰuəʔ⁵tsəʔ⁵mɔ³³⁴］

背夜猫，［pe⁴⁵ia²¹mɔ⁴⁵］

背到城隍殿里一大刀。［pe⁴⁵tɔ⁴⁵dzein²³³uã²³³diɛ̃¹³li³³⁴iəʔ⁵da²¹tɔ⁴⁵］

一二三四五

一二三四五，［iəʔ⁵əl¹³sɛ⁵³sɿ⁴⁵u⁴⁵］

上山打老虎，［zã²¹sɛ⁵³tɛ³³⁴lɔ³³⁴hu⁴⁵］

老虎打弗着，［lɔ³³⁴hu⁴⁵tɛ³³⁴fəʔ⁵dzaʔ²］

打到小松鼠，［tɛ³³⁴tɔ⁴⁵ɕiɔ³³⁴son⁵³sʮ³³⁴］

松鼠有几只，［son⁵³sʮ³³⁴y³³⁴tɕi³³⁴tsaʔ⁵］

我来数一数，［u³³⁴le²³³sʮ³³⁴iəʔ⁵sʮ³³⁴］

数来□数去，［sʮ³³⁴le²³³i⁴⁵sʮ³³⁴tɕi⁴⁵］□：又

一二三四五。［iəʔ⁵əl¹³sɛ⁵³sɿ⁴⁵u⁴⁵］

一个毽子滴吧滴

一个毽子滴吧滴，［iəʔ⁵kəʔ⁵tɕiɛ̃⁴⁵tsɿ²¹tiəʔ⁵pɑ⁰tiəʔ⁵］

马儿开花二十一，［ma³³⁴əl¹³kʰe⁵³hua⁵³əl¹³zəʔ²iəʔ⁵］

二五六，二五七，［əl¹³u³³⁴lɔʔ²，əl¹³u³³⁴tɕʰiəʔ⁵］

二八二九三十一，［əl¹³paʔ⁵əl¹³tɕy³³⁴sɛ⁵³zaʔ²iəʔ⁵］

三五六，三五七，［sɛ⁵³u³³⁴lɔʔ²，sɛ⁵³u³³⁴tɕʰiəʔ⁵］

三八三九四十一。［sɛ⁵³paʔ⁵sɛ⁵³tɕy³³⁴sɿ⁴⁵zaʔ²iəʔ⁵］

我是一个兵

我是一个兵，［u³³⁴zɿ¹³iəʔ⁵kəʔ⁵pein⁵³］

来自吃棒冰，［le²³³dzɿ¹³tsʰəʔ⁵pʰã²¹pein¹³］

棒冰里哈有细菌，［pʰã²¹pein¹³li²³³hɑ⁰y³³⁴ɕi⁴⁵tɕyin⁵³］

吃嘞生毛病，［tsʰəʔ⁵ləʔ⁰sɛ⁵³mɔ²³³bein³³⁴］

毛病弗要紧，［mɔ²³³bein³³⁴fəʔ⁵iɔ⁴⁵tɕin³³⁴］

医生会打针，[i⁵³sɛ³³⁴ue¹³tɛ³³⁴tsein⁵³]

打嘞屁股红咚咚，[tɛ³³⁴lə?⁰pʰi⁴⁵ku³³⁴oŋ²³³toŋ³³⁴toŋ³³⁴]

还是要吃棒冰。[a?²zɿ¹³io⁴⁵tsʰə?⁵pʰã²¹pein¹³]

前托托 给小孩儿洗澡时哄小孩儿的童谣

前托托，[ʑiɛ̃²³³tʰa?⁵tʰa?⁵]

后托托，[əu²¹tʰa?⁵tʰa?⁵]

全靠水菩萨。[ʑiɛ̃²³³kʰɔ⁴⁵sʅ³³⁴bu²¹sa?⁵]

尔姓待＝拉

尔姓待＝拉，我姓黄，[ŋ³³⁴ɕin⁴⁵da²¹la¹³，u³³⁴ɕin⁴⁵uã²³³] 尔：你。待＝拉：什么

待＝拉黄，草头黄，[da²¹la¹³uã²³³，tsʰɔ³³⁴dəu²³³uã²³³]

待＝拉草，青草，[da²¹la¹³tsʰɔ³³⁴，tɕʰin⁵³tsʰɔ³³⁴]

待＝拉青，笔杆青，[da²¹la¹³tɕʰin⁵³，piə?⁵kɛ̃⁴⁵tɕʰin⁵³]

待＝拉笔，毛笔，[da²¹la¹³piə?⁵，mɔ²³³piə?⁵]

待＝拉毛，羊毛，[da²¹la¹³mɔ²³³，iã²³³mɔ²³³]

待＝拉羊，山羊，[da²¹la¹³iã²³³，sɛ⁵³iã²³³]

待＝拉山，高山，[da²¹la¹³sɛ⁵³，kɔ⁵³sɛ³³⁴]

待＝拉高，年糕，[da²¹la¹³kɔ⁵³，ɲiɛ̃²³³kɔ³³⁴]

白糖蘸蘸好味道。[ba?²dã²³³tsɛ⁴⁵tsɛ⁴⁵hɔ³³⁴vi²¹dɔ¹³]

（以上 2019 年 7 月，发音人：陈堃）

有一个地方叫新登

有一个地方叫新登，[y³³⁴iə?⁵kə?⁵di²¹fã⁴⁵tɕiɔ⁴⁵sein⁵³tein³³⁴]

千年历史千古镇。[tɕiɛ̃⁵³ɲiɛ̃²³³liə?²sʅ³³⁴tɕiɛ̃⁵³ku³³⁴tɕin⁴⁵]

到处都有好风景，[tɔ⁴⁵tɕʰy⁴⁵tu⁵³y³³⁴hɔ³³⁴foŋ⁵³tɕin³³⁴]

我来讲拔尔听一听。[u³³⁴le²³³kã³³⁴pɑ³³⁴ŋ³³⁴tʰein⁴⁵iə?⁵tʰein⁴⁵]

日里嬉嬉横街头，[ɲiə?²li¹³⁴ɕi⁵³ɕi⁵³ue²³³ka⁵³dəu²³³]

夜里趃趃观音弄。[ia²¹li⁴⁵dã²¹dã¹³kuɛ³³⁴in⁵³loŋ¹³] 趃：逛

葛溪桥头逛菜场，[kə?⁵tɕʰi⁵³dʑiɔ²³³dəu²³³guã²¹tsʰe⁴⁵dʑiã²¹]

共和街头买衣裳。［goŋ²¹u¹³ka⁵³dəu²³³ma³³⁴i⁵³zã²³³］

城坎底脚曝太阳，［dʑiŋ²³³kʰɛ³³⁴ti³³⁴tɕiaʔ⁵bu²¹tʰa⁴⁵iã²³³］

城河坎头乘风凉。［dʑiŋ²³³u²³³kʰɛ⁵³dəu²³³dʑiŋ¹³foŋ⁵³liã²³³］

黄坝滩上洗冷浴，［uã²³³pa⁴⁵tʰɛ̃⁵³lã⁰se³³⁴lɛ³³⁴iɔʔ²］

贤明山浪⁼找对象。［iɛ̃²³³miŋ²³³se⁵³lã⁰tsɔ³³⁴te⁴⁵ʑiã²¹］

新登是个好地方，［seiŋ⁵³teiŋ³³⁴ʐ̩¹³kəʔ⁵hɔ³³⁴di²¹fã⁴⁵］

希望大家来嬉一趟。［ɕi⁵³uã¹³da²¹ka⁴⁵le²³³ɕi⁵³iəʔ⁵tʰã⁴⁵］

（2019 年 7 月，发音人：许柏庭）

二、规定故事

牛郎和织女

以前哈头，有一个小伙子，［i³³⁴ʑiɛ̃²²³ha⁵³dəu²³³，y³³⁴iəʔ⁵kəʔ⁵ɕiɔ³³⁴hu³³⁴tsʐ̩⁴⁵］

家里爷娘都死光嘞，独个头人，［ka⁵³li¹³³⁴ia²³³n̠iã²³³tu⁵³sʐ̩³³⁴kuã⁵³ləʔ⁰，dɔʔ²kəʔ⁵dəu²³³neiŋ²³³］

家里只有一只老牛，［ka⁵³li³⁴⁴tsaʔ⁵y³³⁴iəʔ⁵tsaʔ⁵lɔ³³⁴n̠y²³³］

大家都喊伊牛郎。［da²¹ka⁴⁵tu⁵³hɛ⁴⁵i³³⁴n̠y²³³lã²³³］

牛郎靠老牛耕地过日子，［n̠y²³³lã²³³kʰɔ⁴⁵lɔ³³⁴n̠y²³³kɛ⁵³di¹³ku⁴⁵n̠iəʔ²tsʐ̩⁴⁵］

与老牛相依为命。［ɥ³³⁴lɔ³³⁴n̠y²³³ɕiã⁵³i³³⁴ue¹³meiŋ¹³］

老牛实际浪⁼是天浪⁼个金牛星，［lɔ³³⁴n̠y²³³zəʔ²tɕi⁴⁵lã⁰ʐ̩¹³tʰiɛ̃⁵³lã⁰kəʔ⁰tɕiŋ⁵³n̠y²³³ɕiŋ³³⁴］

是伊欢喜牛郎肯吃苦、人善，［zəʔ²i³³⁴hue⁵³ɕi³³⁴n̠y²³³lã²³³kʰeiŋ³³⁴tsʰəʔ⁵kʰu³³⁴、neiŋ¹³ ʐyɛ̃¹³］_{是伊: 他}

所以想帮伊成个家。［su³³⁴i⁴⁵ɕiã³³⁴pã⁵³i³³⁴dzeiŋ²³³kəʔ⁵ka⁵³］

有一日子，［y³³⁴iəʔ⁵n̠iəʔ²tsʐ̩⁴⁵］

金牛星听着讲天浪⁼个仙女们要到村宕⁼东面山角浪⁼个湖里哈来洗冷浴，［tɕiŋ⁵³n̠y²³³ ɕiŋ³³⁴tʰeiŋ⁵³dzəʔ⁰kã³³⁴tʰiɛ̃⁵³lã²¹kəʔ⁰ɕiɛ⁵³n̠y³³⁴meiŋ³³⁴iɔ⁴⁵tɔ³³⁴tɕʰiŋ⁵³tã⁴⁵toŋ⁵³miɛ̃¹³se⁵³kaʔ⁵lã⁰kəʔ⁵ u²³³li³³⁴ha⁵³le²³³se³³⁴lɛ³³⁴yəʔ²］_{村宕: 村子}

是伊就托梦拔牛郎，［zəʔ²i³³⁴ʐy¹³tʰaʔ⁵moŋ¹³pã³³⁴n̠y²³³lã²³³］

要伊第二日五更到湖边浪⁼去，［iɔ⁴⁵i³³⁴di²¹əl¹³n̠iəʔ²ŋ³³⁴kɛ⁵³tɔ⁴⁵u²³³piɛ̃⁵³lã⁰tɕʰi⁴⁵］

凑着仙女们洗浴个时节，［tɕʰy⁴⁵dzəʔ⁰ɕiɛ̃⁵³n̠y³³⁴meiŋ³³⁴se³³⁴yəʔ²kəʔ⁰ʐ̩²³³tɕiəʔ⁵］

担走一件仙女挂勒树浪〓个衣裳，［tɛ⁵³tɕy³³⁴iə?⁵dʑiɛ̃¹³ɕiɛ̃⁵³n̠y³³⁴kua⁴⁵lə?⁰zɿ¹³lɑ̃⁰kə?⁰i⁵³zɑ̃²¹］

然后弗要回头，［lɛ̃¹³həu³³⁴fə?³³⁴iɔ⁴⁵ue¹³dəu²³³］

直接跑到家里来。［dzə?²tɕiə?⁵bɔ²³³tɔ⁴⁵ka⁵³li¹³⁴le²³³］

介样子呢，［ka⁴⁵iɑ̃¹³tsɿ⁰ni⁰］

就会有一个蛮漂亮个仙女当老娘。［zy¹³ue³³⁴y³³⁴iə?⁵kə?⁵mɛ²³³pʰiɔ³³⁴liɑ̃⁴⁵kə?⁰ɕiɛ̃⁵³n̠y³³⁴tɑ̃⁵³lɔ³³⁴n̠iɑ̃⁴⁵］

格日五更，牛郎半信半疑个来到山脚上，［kə?⁵n̠iə?²ŋ³³⁴kɛ⁵³，n̠y²³³lɑ̃²³³pɛ̃⁴⁵seiŋ⁴⁵pɛ̃⁴⁵i²³³kə?⁰le²³³tɔ⁴⁵sɛ⁵³tɕiɑ?⁵lɑ̃⁰］

天蒙蒙亮，认真旺〓看着七个美女勒嘞湖里哈玩水。［tʰiɛ̃⁵³moŋ²³³moŋ²³³liɑ¹³，neiŋ²³³tɕiŋ⁵³uɑ̃¹³kʰɛ̃⁴⁵dzə?⁰tɕʰiə?⁵kə?⁵mɛ³³⁴n̠y⁴⁵lə?²lə?⁰u²³³li³⁴⁴ha⁰mɛ²³³sɿ³³⁴］认真旺〓：果真

是伊就马浪〓担起一件仙女挂勒树浪〓个粉红个衣裳，［zə?²i³³⁴zy¹³mɑ³³⁴lɑ̃⁰tɛ⁵³tɕʰi³³⁴iə?⁵dʑiɛ̃¹³ɕiɛ̃⁵³n̠y³³⁴kua⁴⁵lə?⁰zɿ¹³lɑ̃⁰kə?⁰feiŋ³³⁴oŋ²³³kə?⁰i⁵³zɑ̃²¹］

逃一样个跑到家里来嘞。［dɔ²³³iə?⁵iɑ̃¹³kə?⁰bɔ²³³tɔ⁴⁵ka⁵³li¹³⁴le²³³lə?⁰］

格个被抢走衣裳个仙女就是织女。［kə?⁵kə?⁰bi¹³tɕʰiɑ̃³³⁴tɕy⁴⁵i⁵³zɑ̃²¹kə?⁰ɕiɛ̃⁵³n̠y³³⁴zy²¹zɿ¹³tsə?⁵n̠y³³⁴］

格日夜里，［kə?⁵n̠iə?²ia¹³li³³⁴］

是伊轻悄悄个敲开嘞牛郎家里个门，［zə?²i³³⁴tɕʰiŋ⁵³tɕʰiɔ³³⁴tɕʰiɔ³³⁴kə?⁰kʰɔ⁵³kʰe³³⁴lə?⁰n̠y²³³lɑ̃²³³ka⁵³li¹³⁴kə?⁰meiŋ²³³］

两人做了两老太婆。［liɑ̃³³⁴neiŋ²³³tsu⁴⁵lə?⁰liɑ̃³³⁴lɔ³³⁴tʰɑ⁴⁵bu²³³］

一眨眼工夫呢，三年过去嘞，［iə?⁵tsa?²ɛ³³⁴koŋ⁵³fu³³⁴ni⁰，sɛ⁵³n̠iɛ̃²³³ku⁴⁵tɕʰi²¹lə?⁰］

牛郎搭织女生嘞一个儿子一个女两个小人，［n̠y²³³lɑ̃²³³ta?⁵tsə?⁵n̠y³³⁴sɛ⁵³lə?⁰iə?⁵kə?⁵ŋ²³³tsɿ³³⁴iə?⁵kə?⁵na³³⁴liɑ̃³³⁴kə?⁵ɕiɔ³³⁴neiŋ⁴⁵］

一家呢日子过得蛮开心个。［iə?⁵ka⁵³ni⁰n̠iə?²tsɿ⁴⁵ku⁴⁵tə?⁵mɛ²³³kʰe⁵³seiŋ³³⁴kə?⁰］

但是，织女私自落凡个事体拔玉皇大帝晓得咯。［dɛ²¹zɿ¹³，tsə?⁵n̠y³³⁴sɿ⁵³dzɿ¹³lɑ?²vɛ̃¹³kə?⁰zɿ²¹tʰi⁴⁵pɑ⁴⁵yə?²uɑ̃²³³da²¹di¹³ɕiɔ³³⁴tə?⁵lɔ⁰］

有一日子，天浪〓天雷霍闪，［y³³⁴iə?⁵n̠iə?²tsɿ⁴⁵，tʰiɛ̃⁵³lɑ̃⁰tʰiɛ̃⁵³le²³³huɑ?⁵sɛ̃³³⁴］

并刮嘞蛮大个风，［piŋ⁴⁵kuɑ?⁵lə?⁰mɛ²³³du¹³kə?⁰foŋ⁵³］

落嘞蛮多个雨。［lɑ?²lə?⁰mɛ²³³tu⁵³kə?⁰ɥ³³⁴］

织女呢突然之间看弗着咯，［tsə?⁵n̠y³³⁴ni⁰də?²lɛ²³³tsɿ⁵³tɕiɛ̃³³⁴kʰɛ̃⁵³fə?⁵dzə?²lɔ⁰］

两个小人哭着要寻娘，［lie³³⁴kəʔ⁵ɕiɔ³³⁴neiŋ⁴⁵kʰuəʔ⁵dzəʔ⁰iɔ⁴⁵zeiŋ²³³n̠iɑ̃²³³］

牛郎急得呢弗晓得［指ᵌ堂ᵌ］办办好嘞。［n̠y²³³lɑ̃²³³tɕiəʔ⁵təʔ⁵ni⁰fəʔ⁵ɕiɔ³³⁴təʔ⁵tsɑ̃³³⁴bɛ̃²¹bɛ̃¹³ hɔ³³⁴ləʔ⁰］［指ᵌ堂ᵌ］：怎样

格个时节，［kəʔ⁵kəʔ⁰z̩²³³tɕiəʔ⁵］

那头老牛开口讲话嘞：［na⁴⁵dəu²³³lɔ³³⁴n̠y²³³kʰe⁵³kʰəu³³⁴kɑ̃³³⁴uɑ¹³ləʔ⁰］

"弗要难过，尔拔我只角担落来，［fəʔ⁵iɔ⁴⁵nɛ̃²³³ku⁴⁵，ŋ³³⁴pɑ³³⁴u³³⁴tsaʔ⁵kaʔ⁵te⁵³laʔ⁵le²³³］

变成两个箩筐，［piɛ̃⁴⁵dzeiŋ²³³liɑ̃³³⁴kəʔ⁵lu²³³kʰuɑ̃³³⁴］

装上两个小人，［tɕyɑ̃⁵³lɑ̃⁰liɑ̃³³⁴kəʔ⁵ɕiɔ³³⁴neiŋ⁴⁵］

就可以上天浪ᵌ去寻织女略。"［ʐy¹³kʰu³³⁴i¹³zɑ̃¹³tʰiɛ̃⁵³lɑ̃⁰tɕʰi⁴⁵zeiŋ²³³tsəʔ⁵n̠y³³⁴lɔ⁰］

牛郎正感到奇怪，［n̠y²³³lɑ̃²³³tseiŋ⁴⁵kɛ̃³³⁴tɔ⁴⁵dʑi²³³kua⁴⁵］

牛角呢就自家脱落到地浪ᵌ来略，［n̠y²³³kaʔ⁵ni⁰ʐy¹³z̩²¹kɑ⁵³tʰaʔ⁵laʔ⁵tɔ⁴⁵di¹³lɑ̃⁰le²³³lɔ⁰］

认真旺ᵌ变嘞两个箩筐。［neiŋ²³³tɕiŋ⁵³uɑ̃¹³piɛ̃⁴⁵ləʔ⁰lie³³⁴kəʔ⁵lu²³³kʰuɑ̃⁵³］

牛郎拔两个小人放勒箩筐里哈，［n̠y²³³lɑ̃²³³pɑ³³⁴lie³³⁴kəʔ⁵ɕiɔ³³⁴neiŋ⁴⁵fɑ̃⁴⁵ləʔ⁰lu²³³kʰuɑ̃⁵³ li³³⁴ha⁰］

用扁担挑起来，［ioŋ¹³piɛ̃³³⁴tɛ̃⁴⁵tʰiɔ⁵³tɕʰi³³⁴le²³³］

只感到一□风吹过，［tsaʔ⁵kʰɛ̃³³⁴tɔ⁴⁵iəʔ⁵ze¹³foŋ⁵³tsʰ̩⁵³ku⁴⁵］□：量词

箩筐呢像生嘞翼膀一样，［lu²³³kʰuɑ̃⁵³ni⁰ʑiɑ̃¹³sɛ⁵³ləʔ⁰iəʔ⁵pʰɑ̃⁴⁵iəʔ⁵iɑ̃¹³］

突然之间飞嘞起来，［dəʔ²lɛ²³³ts̩⁵³tɕiɛ̃³³⁴fi⁵³ləʔ⁰tɕʰi³³⁴le⁰］

腾云驾雾个望天公飞去。［deiŋ¹³yiŋ²³³tɕia⁴⁵u¹³kəʔ⁰moŋ¹³tʰiɛ̃⁵³koŋ³³⁴fi⁵³tɕʰi⁰］

飞啊飞啊，眼看着就要追上织女嘞，［fi⁵³a⁰fi⁵³a⁰，ɛ³³⁴kʰɛ̃⁴⁵dzəʔ⁰ʐy¹³iɔ⁴⁵tse⁵³zɑ̃⁰tsəʔ⁵ n̠y³³⁴ləʔ⁰］

却拔王母娘娘看着嘞。［tɕʰiəʔ⁵pɑ³³⁴uɑ̃²³³mu³³⁴n̠iɑ̃²²³n̠iɑ̃⁴⁵kʰɛ̃³³⁴dzəʔ⁰ləʔ⁰］

是伊望头上拔嘞一根金钗，［zəʔ²i³³⁴moŋ¹³dəu²³³lɑ̃⁰baʔ²ləʔ⁰iəʔ⁵keiŋ⁵³tɕiŋ⁵³tsʰa³³⁴］

勒牛郎搭织女个中间划嘞一记，［ləʔ²n̠y²³³lɑ̃²³³taʔ⁵tsəʔ⁵n̠y³³⁴kəʔ⁰tsoŋ⁵³kɛ̃³³⁴uaʔ²ləʔ⁰iəʔ⁵ tɕi⁴⁵］

一记工夫呢出现一条蛮多水蛮多水个天河，［iəʔ⁵tɕi⁴⁵koŋ⁵³fu³³⁴ni⁰tsʰuəʔ⁵iɛ̃¹³iəʔ⁵diɔ¹³ mɛ²³³tu⁵³sʮ³³⁴mɛ²³³tu⁵³sʮ³³⁴kəʔ⁰tʰiɛ̃⁵³u²³³］

拔渠拉两老嬷隔开来略。［pɑ³³⁴i³³⁴ləʔ⁰lie²¹lɔ³³⁴mɑ³³⁴kaʔ⁵kʰe⁵³le²³³lɔ⁰］

格条天河呢蛮宽蛮宽个，［kəʔ⁵tiɔ⁴⁵tʰiɛ̃⁵³u²³³ni⁰mɛ²³³kʰuɛ⁵³mɛ²³³kʰuɛ⁵³kəʔ⁰］

看弗着对面，［kʰɛ̃⁵³fəʔ⁵dzəʔ⁰te⁴⁵miɛ̃³³⁴］

就介呢，拔渠两老嬷隔开来。[ʑy¹³ka⁴⁵ni⁰, pa³³⁴i³³⁴lie²¹lɔ³³⁴ma³³⁴kaʔ⁵kʰe⁵³le²³³]
喜鹊呢蛮同情牛郎搭织女，[ɕi³³⁴tɕʰiaʔ⁵ni⁰me²³³tʰoŋ²³³dʑiŋ¹³n̠y²³³lã²³³taʔ⁵tsɔʔ⁵n̠y³³⁴]
每一年个农历七月初七，[me³³⁴iəʔ⁵n̠iɛ̃²³³kəʔ⁵noŋ²³³liəʔ²tɕʰiəʔ⁵yəʔ²tsʰu⁵³tɕʰiəʔ⁵]
木佬佬多木佬佬多个喜鹊呢都飞到天河浪=去，[mɔʔ²lɔ³³⁴tu⁵³mɔʔ²lɔ³³⁴tu⁵³kəʔ⁰
    ɕi³³⁴tɕʰiaʔ⁵ni⁰tu⁵³fi⁵³tɔ⁴⁵tʰiɛ̃⁵³u²³³lã⁰tɕʰi⁰]
一只衔嘞另一只个尾巴，[iəʔ⁵tsaʔ⁵dʑiɛ̃¹³ləʔ⁰leiŋ¹³iəʔ⁵tsaʔ⁵kəʔ⁰ŋ³³⁴paʔ⁰]
搭起嘞蛮长个一座鹊桥，[taʔ⁵tɕʰiʔləʔ⁰me²³³dzã²³³kəʔ⁰iəʔ⁵dzu¹³tɕʰiaʔ⁵dʑiɔ²³³]
让牛郎搭织女团圆。[iã¹³n̠y²³³lã²³³taʔ⁵tsɔʔ⁵n̠y³³⁴dɛ̃²³³yɛ̃²³³]

　　以前，有一个小伙子，家里父母都去世了，独自一人，家里只有一头老牛，大家都叫他牛郎。牛郎靠老牛耕地过日子，与老牛相依为命。老牛实际上是天上的金牛星，他喜欢牛郎的肯吃苦、善良，所以想帮牛郎成个家。

　　有一天，金牛星听说天上的仙女们要到村东边山脚下的湖里洗澡。他就托梦给牛郎，要牛郎第二天早上去湖边，趁仙女们洗澡的时候，拿走一件仙女挂在树上的衣裳，然后不要回头，直接跑回家里。这样子呢，就会有一个很漂亮的仙女当妻子。

　　这天早上，牛郎半信半疑地来到山脚。天蒙蒙亮，果真看到七个美女在湖里玩水。他就马上拿起一件仙女挂在树上的粉红衣裳，逃一般地跑回家里。这个被抢走衣裳的仙女就是织女。这天夜里，她轻悄悄地敲开了牛郎家里的门，两人做了夫妻。

　　一眨眼工夫呢，三年过去了，牛郎和织女生了一个儿子一个女儿两个小孩，一家呢日子过得很开心。但是，织女私自下凡的事情被玉皇大帝知道了。

　　有一天，天上天雷闪电，并刮了很大的风，下了很大的雨。织女呢突然之间看不到了，两个小孩哭着要找妈妈，牛郎急得不知道怎么办了。这个时候，那头老牛开口说话了："不要难过，你把我的角拿下来，变成两个箩筐，装上两个小孩，就可以到天上去找织女了。"

　　牛郎正感到奇怪，牛角呢就自己脱落到了地上，果真变成了两个箩筐。牛郎把两个小孩放在箩筐里，用扁担挑起来，只感到一阵风吹过，箩筐呢像长了翅膀一样，突然之间飞了起来，腾云驾雾地向天空飞去。

　　飞啊飞啊，眼看着就要追上织女了，却被王母娘娘看到了。她从头上拔了一根金钗，在牛郎和织女的中间划了一下，一会儿工夫呢出现了一条很多水很多水的天河，把他们夫妻俩隔了开来。这条天河呢很宽很宽，看不到对面，就这样呢，把他们夫妻俩隔了开来。

喜鹊呢很同情牛郎和织女，每一年的农历七月初七，很多很多的喜鹊呢都飞到天河上去，一只衔着另一只的尾巴，搭起了很长很长的一座鹊桥，让牛郎和织女团圆。

（2019 年 7 月，发音人：陈桂儿）

三、自选条目

（一）谚语

三个新登人弗抵一个富阳人，［sɛ⁵³kəʔ⁵seiŋ⁵³teiŋ³³⁴neiŋ⁴⁵fəʔ⁵ti³³⁴iəʔ⁵kəʔ⁵fu⁴⁵iɑ̃²³³neiŋ²³³］
三个富阳人弗抵一个萧山人，［sɛ⁵³kəʔ⁵fu⁴⁵iɑ̃²³³neiŋ²³³fəʔ⁵ti³³⁴iəʔ⁵kəʔ⁵ɕiɔ⁵³sɛ³³⁴neiŋ⁴⁵］
三个萧山人弗抵一个绍兴人。［sɛ⁵³kəʔ⁵ɕiɔ⁵³sɛ³³⁴neiŋ⁴⁵fəʔ⁵ti³³⁴iəʔ⁵kəʔ⁵zɔ²¹ɕieiŋ¹³neiŋ⁴⁵］

三塔两断头，［sɛ⁵³tʰaʔ⁵liɛ³³⁴dɛ̃¹³dəu²³³］
清官弗到头。［tɕʰiŋ⁵³kuɛ̃³³⁴fəʔ⁵tɔ⁴⁵dəu²³³］据说新登原有三座塔，现仅存一座；讽刺当时朝廷腐败

钉头对铁头，［teiŋ⁵³dəu²³³te⁴⁵tʰiəʔ⁵dəu²³³］
冤家遇对头。［yɛ̃⁵³ka³³⁴ʮ¹³te⁴⁵dəu²³³］

六月六，［lɔʔ²yəʔ²lɔʔ²］
猫狗洗冷浴。［mɔ⁵³kəu³³⁴sɛ⁵³lɛ³³⁴yəʔ²］农历六月六习俗

猫倒翻，［mɔ³³⁴tɔ³³⁴fɛ⁴⁵］
狗造反。［kəu³³⁴zɔ¹³fɛ³³⁴］形容小孩儿无人管束时放纵玩耍

一懂都弗懂，［iəʔ⁵toŋ³³⁴tu⁵³fəʔ⁵toŋ³³⁴］
山东吃麦冬。［sɛ⁵³toŋ³³⁴tsʰəʔ⁵maʔ²toŋ⁴⁵］

眰记够记，［tsɑ̃³³⁴tɕi⁴⁵kəu²¹tɕi⁴⁵］眰：看

毛里拖鸡。［mɔ²³³li³³⁴tʰa³³⁴tɕi⁵³］形容贼眉鼠眼的样子

七对八对，［tɕiə²ʔ⁵te³³⁴paʔ⁵te⁴⁵］

裤裆劜开。［ku⁴⁵tã⁵³te³³⁴kʰe⁵³］劜：扯，指胡扯

砻糠搓绳起头难。［loŋ²³³kʰã³³⁴tsʰu⁵³zeiŋ²³³tɕʰi³³⁴dəu⁴⁵nɛ²³³］砻糠：稻谷砻过后脱下的稻壳

老酒日日醉，［lɔ³³⁴tɕy⁴⁵n̠iə²ʔ²n̠iə²ʔ²tse⁴⁵］

皇帝万万岁。［uã²³³di¹³vɛ²¹vɛ¹³se⁴⁵］形容日子过得潇洒

（以上 2019 年 7 月，发音人：楼雨文）

大麦□割，［du²¹maʔ²mi⁵³kəʔ⁵］□：无；没有

小麦先割。［ɕiɔ³³⁴maʔ²ɕiɛ̃⁵³kəʔ⁵］指年龄小的反倒早于年龄大的

八脚全通，［paʔ⁵tɕiaʔ⁵ziɛ̃²³³tʰoŋ⁵³］

米桶精空。［mi³³⁴doŋ¹³tɕiŋ⁵³kʰoŋ⁵³］形容杂而不精

少吃有滋味，［sɔ³³⁴tsʰəʔ⁵y³³⁴tsɿ³³⁴vi¹³］

多吃伤肚皮。［tu³³⁴tsʰəʔ⁵sã⁵³du²¹bi¹³］

干净冬至，［kɛ̃³³⁴neiŋ²³³toŋ³³⁴tsɿ⁴⁵］

邋遢过年。［ləʔ²tʰaʔ⁵ku⁴⁵niɛ̃²³³］

（以上 2019 年 7 月，发音人：余向雷）

啰里啰嗦，［lu⁵³li³³⁴lu⁵³su³³⁴］

老太婆出胡须。［lɔ³³⁴tʰa³³⁴bu⁴⁵tɕʰyəʔ⁵u²³³su⁴⁵］

（2019 年 7 月，发音人：许柏庭）

午时动雷未时雨。［u³³⁴zɿ²³³doŋ¹³le²³³vi²¹zɿ¹³ɥ³³⁴］

（2019 年 7 月，发音人：吴新人）

（二）俗语

娘舅外甥，陌里陌生。[ȵiɑ̃²³³dʑy¹³ua²¹sɛ⁴⁵, mɔʔ²li³³⁴mɔʔ²sɛ⁴⁵] 形容亲戚间关系生疏

继拜亲，稻草绳，要断就过清。[tɕi⁴⁵pa³³⁴tɕʰiŋ⁵³, dɔ²¹tsʰɔ⁴⁵zeiŋ²³³, iəʔ⁵dɛ̃¹³ʑy¹³ ku⁴⁵tɕʰiŋ⁵³] 继拜亲：一种类似认干亲的习俗；形容情义凉薄

（以上 2019 年 7 月，发音人：楼雨文）

多管闲事多吃屁。[tu⁵³kuɛ³³⁴ɛ²³³zɿ¹³tu⁵³tsʰəʔ⁵pʰi⁴⁵]

眼睛生勒额角头浪=。[ɛ³³⁴tɕiŋ⁵³sɛ⁵³ləʔ⁰aʔ²kaʔ⁵dəu²³³lɑ̃⁰] 形容高傲的样子

矮子道里拣长子。[a³³⁴tsɿ⁴⁵tɔ³³⁴li⁴⁵kɛ³³⁴dzɑ̃²³³tsɿ³³⁴]

白吃咸鲞还厌淡。[baʔ²tsʰəʔ⁵ɛ²²³ɕiɑ̃³³⁴ɑ¹³iɛ̃⁴⁵dɛ¹³] 形容贪得无厌不知满足

（以上 2019 年 7 月，发音人：余向雷）

（三）歇后语

鸡蛋里挑骨头——□事寻事 [tɕi⁵³dɛ¹³li³³⁴tʰiɔ³³⁴kuəʔ⁵dəu²³³——mi⁵³zɿ¹³zeiŋ²³³zɿ¹³] □：无，没有

黄胖春年糕——吃力弗讨好 [uɑ̃²³³pʰɑ̃⁴⁵suɑ̃⁵³ȵiɛ̃²³³kɔ³³⁴——tsʰəʔ⁵liəʔ²fəʔ⁵tʰɔ³³⁴hɔ³³⁴]

脚踏六谷钯——自敲自 [tɕiaʔ⁵daʔ²lɔʔ²kɔʔ⁵pa⁴⁵——zɿ²¹kʰɔ⁵³zɿ¹³]

（以上 2019 年 7 月，发音人：陈银娟）

地里爬勒簟里，菩萨还来=殿里——照旧 [di²¹li¹³bɑ²³³ləʔ⁰diɛ̃²¹li¹³, bu²³³saʔ⁵ua²³³ le¹³diɛ̃²¹li¹³——tsɔ⁴⁵dʑy¹³] 来=：在

癫痢头撑伞——无法无天 [laʔ²li¹³dəu²³³tsʰɛ⁵³sɛ³³⁴——u²³³faʔ⁵u²³³tʰiɛ̃⁵³]

托老鼠看大眼头——白托［tʰaʔ⁵lɔ³³⁴tsʰʅ⁴⁵kʰɛ̃⁴⁵du²¹miɛ̃²¹dəu¹³——baʔ²tʰaʔ⁵］_{大眼头：蚕}

江西人补碗——自顾自［tɕiã³³⁴ɕi³³⁴neiŋ⁴⁵pu⁴⁵uɛ³³⁴——zʅ²¹ku⁴⁵zʅ¹³］

济公和尚个扇子——条条是缝［tɕi¹³koŋ³³⁴u²³³zã³³⁴kəʔ⁵suɛ̃⁴⁵tsʅ⁰——diɔ¹³diɔ⁰zʅ¹³voŋ¹³］

形容漏洞百出

苋菜籽解板——小气鬼［ɛ¹³tsʰe⁴⁵tsʅ³³⁴ka³³⁴pɛ⁴⁵——ɕiɔ²¹tɕʰi⁴⁵kuɛ⁴⁵］

（以上 2019 年 7 月，发音人：楼雨文）

凌空八只脚——弗着边［leiŋ²²³kʰoŋ⁵³paʔ⁵tsaʔ⁵tɕiaʔ⁵——fəʔ⁵dzəʔ²piɛ̃⁵³］

落雨天公挑稻草——越挑越重［laʔ²ɥ³³⁴tʰiɛ̃⁵³koŋ³³⁴tʰiɔ³³⁴dɔ²¹tsʰɔ³³⁴——yəʔ²tʰiɔ³³⁴yəʔ²dzoŋ¹³］

门后头射涴——要天亮［meiŋ²³³əu³³⁴dəu²³³dza²¹u⁴⁵——iɔ⁴⁵tʰiɛ̃⁵³liã¹³］_{射涴：拉屎}

岩石岭浪⁼骂县官——听弗着［ɛ²³³zəʔ²leiŋ³³⁴lã⁰ma¹³yɛ̃²¹kuɛ⁴⁵——tʰieŋ⁵³fəʔ⁵dzəʔ⁰］

（以上 2019 年 7 月，发音人：余向雷）

桐　庐

一、歌谣

一颗星

一颗星，卜咙咚。［i³³kʰu³⁵ɕiŋ⁴²，bə²³loŋ³⁵toŋ²¹］

两颗星，掼油瓶。［liã⁴²kʰu³⁵ɕiŋ⁴²，guã¹³iəu²¹biŋ¹³］

油瓶油，炒蚕豆。［iəu²¹biŋ¹³iəu¹³，tsʰɔ⁴²ze²¹dei¹³］

豆子香，搭辣酱。［dei¹³tsʅ³⁵ɕiã⁴²，ta²ˡla²⁵tɕiã¹³］

辣酱辣，装水獭。［la²⁵¹tɕiã³⁵la²¹³，tɕyã³³ɕyE³³la²⁵］

水獭尾巴长，嫁姑娘。［ɕyE³³la²⁵mi³³po³³dzã¹³，tɕiA³³ku³⁵niã¹³］

姑娘耳朵聋，嫁裁缝。［ku³³niã³⁵ni³³tu³³loŋ¹³，kuo³³dzE²¹voŋ¹³］

裁缝手脚慢，嫁野鸳。［dzE²¹voŋ¹³sei³³tɕiA²⁵mã¹³，kuo³³ie³⁵sʅ²¹］

野鸳会飞，嫁只鸡。［ie³⁵sʅ²¹uE¹³fei⁴²，kuo³³tsA²⁵tɕi⁴²］

鸡要吃白米，嫁蚂蚁。［tɕi³³iɔ³³tɕʰiə²⁵ba²ˡmi¹³，kuo³³mo³⁵i¹³］

蚂蚁满地爬，暂时勿出嫁。［mo³⁵i¹³mã³³di¹³bo¹³，dzã¹³zʅ³⁵və²⁵tɕʰyE²⁵kuo²¹］

一箩麦

一箩麦，两箩麦，三箩掼荞麦。［iə²⁵lu³⁵ma²¹，liã³³lu³⁵ma²¹，sã³³lu³³guã³³dʑiɔ²¹ma²¹³］

噼噼啪，噼啪啪。［pʰiə²⁵pʰiə²⁵pʰa²⁵，pʰiə²⁵pʰa²⁵pʰa²⁵］

打得多，把阿哥。［tã³³tə²⁵tu⁴²，pA⁴²A⁴²ku⁴²］

打得少，把阿嫂。［tã³³təʔ⁵sɔ¹³，pʌ⁴²ʌ³³sɔ¹³］

噼噼啪，噼噼啪。［pʰiəʔ⁵pʰiəʔ⁵pʰaʔ⁵，pʰiəʔ⁵pʰiəʔ⁵pʰaʔ⁵］

摇啊摇

摇啊摇，摇到外婆家。［iɔ²¹ʌ³³iɔ¹³，iɔ¹³tɔ³³aʔ²¹bu³⁵kuo³³］

外婆勿来ᵈ家，舅姆来烧茶。［aʔ²¹bu³⁵vəʔ²¹lɛ³⁵kuo²¹，dʑiəu²¹mo³³lɛ²¹sɔ³³dʑyo¹³］

烧得达ᵈ得ᵈ茶？桂圆荔枝茶。［sɔ³³təʔ³daʔ²¹təʔ³dʑyo¹³？kuɛ³³yɛ³³li³³tsʅ³⁵dʑyo²¹］

烧拨达ᵈ人吃？烧拨宝宝吃。［sɔ³³pəʔ³daʔ¹³niŋ³⁵tɕʰiəʔ²¹？sɔ³³pəʔ³pɔ⁴²pɔ³⁵tɕʰiəʔ¹］

宝宝吃得还要吃，还要吃。［pɔ⁴²pɔ³⁵tɕʰiəʔ⁵təʔ⁵ʌ²¹iɔ³⁵tɕʰiəʔ¹，ʌ²¹iɔ³⁵tɕʰiəʔ¹］

老早有个老伯伯

老早有个老伯伯，［lɔ³³tsɔ³³iəu³³kəʔ³lɔ³⁵pəʔ⁵pəʔ⁵］

年纪活到八十八。［nie²¹tɕi³³uaʔ²¹tɔ³³pəʔ⁵zəʔ¹³pəʔ⁵］

早五更爬起来八点钟，［tsɔ³³ŋ³³kã³³bo²¹tɕʰi³³lɛ³³pəʔ⁵tie³⁵tsoŋ²¹］

走过一座八股桥，［tsei³³ku³³iʔ³dzu³³pəʔ⁵ku³⁵dʑiɔ²¹］

买得一块八股糕，［mʌ³³təʔ³iʔ³³kʰuɛ³³pəʔ⁵ku³⁵kɔ²¹］

钞票用得八千八百八十八块八角八分。［tsʰɔ³³pʰiɔ³³ioŋ²¹təʔ³pəʔ⁵tɕʰie³³pəʔ⁵paʔ³pəʔ⁵zəʔ³⁵
　　pəʔ⁵kʰuɛ³³pəʔ⁵kaʔ³⁵pəʔ⁵fən³⁵］

（以上 2017 年 7 月，发音人：金超英）

二　其他故事

桐君老人

我来讲一记桐君老人啊，［ŋo³³lɛ³³kã³³iəʔ³tɕi³³doŋ²¹tɕyŋ⁵³lɔ³³niŋ³⁵a⁰］

桐君老人个故事。［doŋ²¹tɕyŋ⁵³lɔ³³niŋ³⁵gəʔ¹ku³⁵zʅ²¹］

桐君老人，［doŋ²¹tɕyŋ⁵³lɔ⁵³niŋ³⁵］

葛么恐怕要讲到一个桐君山，［gəʔ²¹məʔ²¹kʰoŋ³³pʰʌ³³iɔ³³kã⁴²tɔ³³i¹³kəʔ⁵doŋ²¹tɕyŋ²¹sã³³］

桐君山搭桐君老人个来历。［doŋ²¹tɕyŋ²¹sã⁵³taʔ⁵doŋ²¹tɕyŋ²¹lɔ⁴²niŋ³⁵gəʔ¹lɛ¹³liəʔ⁵］

葛么偓桐庐呢，［gəʔ²¹məʔ²¹ŋʌ¹³doŋ²¹lu¹³ne⁰］

是个三面临水、［ zŋ³³gəʔˡsã³³mie³³liŋ¹³ɕyE²¹ ］

三面临水个么个地方呢，［ sã³³mie³³liŋ¹³ɕyE²¹gəʔˡməʔˡkəʔ⁵di²¹fã²¹ne⁰ ］

是个山城，［ zŋ³³kəʔ⁵sã⁵³dzəŋ¹³ ］

葛个山城顶上有个小山上，［ gəʔˡkəʔ⁵sã³³dzəŋ¹³tiŋ³³zã¹³iəu⁴²kəʔ⁵ɕiɔ³³sã¹³zã¹³ ］

葛个山上有个老人住，［ gəʔˡkəʔ⁵sã⁵³zã¹³iəu⁴²kəʔ⁵lɔ⁴²niŋ¹³dzy¹³ ］

葛个老人靠采采——采草药为生个，［ gəʔˡkəʔ⁵lɔ⁴²niŋ¹³kʰɔ³³tsʰE⁴²tsʰE⁴²——tsʰE⁴²tsʰɔ⁴²iaʔ⁵uE³³sã¹³gəʔˡ ］

葛么伊个山脚就是桐庐镇，［ gəʔˡməʔˡi²¹gəʔˡsã³⁵tɕiʌʔ³dziəu¹³zŋ¹³doŋ²¹lu²¹tsəŋ³⁵ ］

桐庐镇有一千八百多年历史。［ doŋ²¹lu²¹tsəŋ³⁵iəu⁴²iəʔ⁵tɕʰie³³paʔ⁵paʔ⁵tu³³nie²¹liəʔ⁵sŋ⁴² ］

当时呢桐庐镇上个老百姓生嘞一场瘟病，［ tã³³zŋ¹³nəʔ⁵doŋ²¹lu²¹tsəŋ²¹zã¹³kəʔ⁵lɔ⁴²paʔ⁵ɕiŋ²¹sã³³ləʔˡi³³dzã³³uəŋ³⁵biŋ¹³ ］

葛么桐庐镇上呢也有土郎中个，［ gəʔ²¹məʔ²¹doŋ²¹lu²¹tsəŋ³⁵zã¹³nəʔ³iəʔ⁵iəu¹³tʰu⁴²lã¹³tsoŋ²¹gəʔˡ ］

土郎中呢用了蛮多办法，［ tʰu⁴²lã¹³tsoŋ²¹nəʔ³ioŋ¹³ləʔ³mã¹³tu³³bã¹³faʔ⁵ ］

医弗好葛个瘟病。［ i³³fəʔ⁵xɔ⁴²gəʔˡkəʔ⁵uəŋ¹³biŋ¹³ ］

葛么后头有人介绍呢，［ gəʔ²¹məʔ²¹ei¹³dei²¹iəu⁴²niŋ¹³tɕie³³zɔ³³ne⁰ ］

对面葛山上有个老人，［ tei³³mie²¹gəʔˡsã⁵³zã²¹iəu⁴²kəʔ⁵lɔ²¹niŋ¹³ ］

葛个老人医术蛮好个。［ gəʔˡkəʔ⁵lɔ⁴²niŋ¹³i⁴²zyəʔ¹³mã¹³xɔ⁴²gəʔˡ ］

葛么后头伊得拨葛个老人请来，［ gəʔ³məʔˡei¹³dei²¹i³³təʔ⁵pəʔ⁵gəʔˡkəʔ⁵lɔ³³niŋ³³tɕʰiŋ⁴²lE¹³ ］

葛个老人请来一望呢，［ gəʔˡkəʔ⁵lɔ³³niŋ¹³tɕʰiŋ⁴²lE¹³i¹³⁵mã¹³nəʔ¹ ］

葛个是瘟病。［ gəʔˡkəʔ⁵zŋ¹³uəŋ⁵³biŋ¹³ ］

葛个老人葛个老人就是讲呢，［ gəʔ²¹kəʔ⁵lɔ⁴²niŋ¹³gəʔ²¹kəʔ⁵lɔ³³niŋ³³dziəu¹³zŋ¹³kã³³ne⁰ ］

开嘞方子，［ kʰE³³ləʔˡfã³⁵tsŋ²¹ ］

没几工夫就拨大家个瘟病医好嘞。［ məʔ¹³tɕi³³koŋ⁵³fu³³dziəu¹³pəʔ⁵dʌ¹³kuo⁵³gəʔˡuəŋ⁵³biŋ¹³i⁵³xɔ³³ləʔˡ ］

葛么，［ gəʔ²¹məʔ³ ］

医好嘞之后大家要感谢葛个老人。［ i⁴²xɔ³³ləʔ²¹tsŋ⁴²ei¹³dʌ¹³kuo³³iɔ³³kã³³zie¹³gəʔ¹³kəʔ⁵lɔ²¹niŋ¹³ ］

葛么，［ gəʔ²¹məʔ³ ］

大家就到葛个山上去望葛个老人，［dA¹³kuo³⁵dʑiəu¹³tɔ³³gəʔ¹kəʔ⁵sã³³zã²¹tɕʰi³³mã¹³gəʔ¹
kəʔ⁵lɔ⁴²niŋ¹³］

问葛个老人叫达⁼个名字。［məŋ¹³gəʔ¹kəʔ⁵lɔ⁴²niŋ¹³tɕiɔ³³dAʔ¹³kəʔ⁵miŋ¹³dzɿ³³］

葛个老人也没讲，［gəʔ¹kəʔ⁵lɔ⁴²niŋ¹³iəʔ¹məʔ¹³kã⁴²］

就指指伊后面有一棵桐树。［dʑiəu¹³tsɿ³³tsɿ³³i¹³ei¹³mie¹³iəu¹³i³³kʰu³³doŋ¹³ʑy¹³］

大家就讲，"哦，桐树"。［dA¹³kuo³³dʑiəu¹³kã⁴²，o¹³，doŋ¹³ʑy¹³］

葛么葛个老人是个君子，［gəʔ²¹məʔ²¹gəʔ¹kəʔ⁵lɔ⁴²niŋ¹³zɿ¹³kəʔ⁵tɕyŋ³⁵tsɿ²¹］

桐君老人就是从葛里来个。［doŋ¹³tɕyŋ⁵³lɔ³³niŋ¹³dʑiəu¹³zɿ¹³dzoŋ¹³gəʔ¹li³³lE¹³gəʔ¹］

葛个桐君老人后来为达⁼个成为中药鼻祖？［gəʔ¹kəʔ⁵doŋ²¹tɕyŋ⁵³lɔ³³niŋ¹³ei¹³lE¹³uE¹³
dAʔ¹³gəʔ⁵dzəŋ⁵³uE¹³tsoŋ³³iaʔ¹³biəʔ¹³tsu³³］

葛个桐君老人医术介好，［gəʔ¹kəʔ⁵doŋ²¹tɕyŋ⁵³lɔ³³niŋ¹³i³³ʑyəʔ¹³kA⁵³xɔ³³］

拜伊为师个人木佬佬多。［pA³³i⁴²uE¹³sɿ⁴²gəʔ¹niŋ¹³məʔ¹³lɔ¹³lɔ¹³tu⁵³］

富个人弗叫伊去望大病伊是勿会去个，［fu³⁵gəʔ¹niŋ¹³fəʔ⁵tɕiɔ³³i¹³tɕʰi¹³mã¹³do¹³biŋ¹³i¹³
zɿ¹³vəʔ⁵uE¹³tɕʰi³⁵gəʔ¹］

但是老百姓只要一叫，［dã¹³zɿ¹³lɔ³³paʔ⁵ɕiŋ³³tsɿ³³iɔ³³iəʔ⁵tɕiɔ³⁵］

没钞票拨伊伊也会去个。［məʔ¹³tsʰɔ⁴²pʰiɔ³⁵pəʔ⁵i²¹i¹³iəʔ⁵uE¹³tɕʰi³⁵gəʔ¹］

就是讲对老百姓蛮好个，［dʑiəu¹³zɿ¹³tɕiã²¹tei³³lɔ³³paʔ⁵ɕiŋ³³mã¹³xɔ²¹gəʔ²¹］

心肠蛮好，［ɕiŋ³³dzã¹³mã¹³xɔ⁴²］

老百姓望伊是葛么好个人，［lɔ⁴²paʔ⁵ɕiŋ²¹mã¹³i¹³zɿ¹³gəʔ¹mã¹³xɔ³³gəʔ¹niŋ¹³］

大家都愿意拜伊为师，［dA¹³kuo³³tu³³yE¹³i³⁵pA³⁵i³³uE¹³sɿ⁴²］

为老百姓服务。［uE¹³lɔ⁴²paʔ⁵ɕiŋ²¹vəʔ¹³vu¹³］

桐君老人伊葛个徒子徒孙现在已经蛮多嘞，［doŋ¹³tɕyŋ⁵³lɔ³³niŋ¹³i¹³gəʔ¹gəʔ¹du¹³tsɿ³³
du¹³səŋ⁵³ʑie¹³dzE¹³i³⁵tɕiŋ³³mã¹³tu⁵³ləʔ¹］

其中有个桐君阁，［dʑi¹³tsoŋ⁵³iəu³³gəʔ¹doŋ²¹tɕyŋ⁵³kəʔ⁵］

中国顶大个中药之厂。［tsoŋ³³kuəʔ⁵tiŋ³⁵do¹³gəʔ¹tsoŋ³³iaʔ⁵tsɿ³⁵tsʰã¹³］

葛么，桐君阁个几个领导班子，［gəʔ²¹məʔ²¹，doŋ²¹tɕyŋ⁵³kəʔ²¹gəʔ²¹tɕi³³gəʔ¹liŋ⁴²tɔ³³pã⁵³
tsɿ²¹］

董事长呀，总经理呀，［toŋ³³zɿ¹³tsã³³ia¹³，tsoŋ³³tɕiŋ⁵³li¹³ia¹³］

统统是桐庐人。［tʰoŋ³³tʰoŋ⁵³zɿ¹³doŋ⁴²lu¹³niŋ¹］

然后葛个桐君阁呢，［ie¹³ei¹³gəʔ¹kəʔ⁵doŋ²¹tɕyŋ²¹kəʔ⁵nəʔ¹］

桐君老人也写嘞本书，[doŋ²¹tɕyŋ³⁵lɔ³³niŋ¹³iəʔ⁵ɕiʌ⁴²ləʔ¹pəŋ³³ɕy¹³]

《黄帝内经》。[uã¹³ti³⁵nᴇ¹³tɕiŋ⁵³]

《黄帝内经》葛本书呢，[uã¹³nᴇ¹³tɕiŋ⁵³gəʔ¹pəŋ³³ɕy¹³nəʔ¹]

就是桐君老人所写。[dʑiəu¹³ẓ¹³doŋ²¹tɕyŋ³⁵lɔ³³niŋ¹³su³³ɕia⁴²]

葛本书呢遗传到现在已有几千年嘞。[gəʔ¹pəŋ³³ɕy⁴²nəʔ²¹i²¹dʑie³³tɔ³³ʑie¹³dzᴇ¹³i¹³iəu⁴²
tɕi³³tɕʰie⁴²nie¹³ləʔ¹]

所以桐庐个桐君山、[su³³i³³doŋ²¹lu¹³gəʔ⁵doŋ²¹tɕyŋ⁵³sã⁵³]

桐君老人是中药鼻祖，[doŋ²¹tɕyŋ⁵³lɔ³³niŋ¹³ẓ¹³tsoŋ³³iaʔ¹³biəʔ¹tsu³³]

葛个是通过中国卫生部所认名个。[gəʔ¹kəʔ⁵ẓ¹³tʰoŋ³³ku¹³tsoŋ³³kuəʔ⁵uᴇ¹³sã²¹bu¹³su³³
zəŋ¹³miŋ⁵³gəʔ¹]

　　我来说一个桐君老人的故事。桐君老人住在什么地方呢，那么要讲一下桐君山跟桐君老人的来历。桐庐是个三面临水的地方，是个山岗，山岗的上面有座小山，这座山上有个老人住在那里，这个老人靠采草药为生。山脚就是桐庐镇，桐庐镇已经有一千八百多年历史了。

　　当时桐庐镇上的老百姓生了一场瘟病，桐庐镇上也有土郎中，土郎中用了很多办法，医不好这个瘟病。后来有人介绍对面的山上有个老头，这个老头医术挺好。所以，后来他们把这个老头请来，这个老人请来一看，这是个瘟病，这个老人开了方子，没多少工夫就把大家的瘟病治好了。

　　医好了之后大家要感谢这个老人，大家就到这个山上去看这个老人，问这个老人叫什么名字。这个老人也没有说，就指指后面的一棵桐树。大家就说，哦，这个是叫桐树，再加上这个老人是个君子，桐君老人就是从这里来的。这个桐君老人后来为什么成为中药鼻祖呢？

　　这个桐君老人医术这么好，拜他为师的人很多。有钱人不叫他去看大病，他是不会去的，但是老百姓只要一叫，没钱给他，他也会去的。就是说他对老百姓很好，心肠很好，大家看他是这么好的人，都愿意拜他为师，为老百姓服务。桐君老人他的徒子徒孙已经很多了，还有个桐君阁，是中国最大的中药之厂。

　　桐君阁的几个领导班子，都是桐庐人。然后这个桐君阁呢，桐君老人也写了本书——《黄帝内经》，《黄帝内经》这本书呢，是桐君老人所写，这本书传到现在已有几千年了。所以桐庐桐君山的桐君老人是中药鼻祖，这个是通过中国卫生部认定的。

（2017 年 7 月，发音人：林胜华）

三 自选条目

谜语

高高山，低低山。[kɔ³³kɔ³³sã³³，ti³³ti³³sã³³]
高山顶上有蓬葱。[kɔ³³sã³³tiŋ²¹zã³³iəu³³boŋ³³tsʰoŋ⁵³]
一日拔三通。[i³⁵niəʔ⁵baʔ²¹sã⁵³tʰoŋ³³]
——筷子[kʰuA¹³tsʅ²¹]

黄鼠狼，[uã²¹tsʰʅ²¹lã¹³]
尾巴长。[mi³³po³³dzã¹³]
日里翻跟斗，[niəʔ¹³li³³fã³³kəŋ³⁵tei³³]
夜里乘风凉。[iA¹³li³⁵dzəŋ²¹foŋ³⁵liã³³]
——水竹筒[ɕyE⁴²tɕyəʔ³doŋ¹³]

高高山，[kɔ³³kɔ³³sã³³]
低低山。[ti³³ti³³sã³³]
高山顶上一帮小强盗，[kɔ³³sã³³tiŋ²¹zã³³iəʔ⁵pã³³ɕiɔ³³dʑiã³³dɔ³³]
个个戴草帽。[kəʔ⁵kəʔ⁵tA³³tsʰɔ⁴²mɔ²¹]
——柿子[zʅ²¹tsʅ⁴²]

石山高，[zəʔ¹sã³³kɔ⁵³³]
石山低。[zəʔ¹sã³³ti⁵³³]
石山弄里雪花飞。[zəʔ¹sã³³loŋ²¹li⁴²ɕyeʔ⁵xuo³³fi⁵³³]
——磨面[mo²⁴mie¹³]

四四方方一张床，[sʅ¹³sʅ¹³fã⁴²fã⁴²i³⁵tsã³³ʐyã¹³]
里面躲得⁼一百个小和尚。[li³³mie³³tu⁴²təʔ¹i³⁵paʔ¹gəʔ¹ɕiɔ⁴²u²¹dzã¹³]
——火柴[xu⁴²dza¹³]

高高山，低低山。[kɔ³³kɔ³³sã³³，ti³³ti³³sã³³]

高山顶上一座庙。[kɔ³³sã³³tiŋ²¹zã̃³³i³⁵dzu³³miɔ¹³]

庙里住着小和尚，[miɔ¹³li³³dʑy³³dzəʔ¹ɕiɔ³⁵u³³zã³⁵]

出来一个撞死一个，[tɕʰyəʔ⁵lɛ³³i³⁵gəʔ¹dʑyã¹³sʅ³⁵i³⁵gəʔ¹]

出来一个撞死一个。[tɕʰyəʔ⁵lɛ³³i³⁵gəʔ¹dʑyã¹³sʅ³⁵i³⁵gəʔ¹]

——火柴[xu⁴²dza¹³]

（以上 2017 年 7 月，发音人：金超英）

分　水

一、歌谣

月亮公公你姓什么

月亮公公你姓什么？ ［yəʔ¹²liã²⁴koŋ⁴⁴koŋ⁴⁴n̩i⁵³ɕin²¹zəʔ¹²ma⁰］
我姓陈。［ŋo⁵³ɕin²¹dzən²¹］
什么陈，陈老酒；［zəʔ¹²ma⁰dzən²¹，dzən²¹lɔ⁴⁴tɕiɵ⁵³］
什么酒，韭菜花；［zəʔ¹²ma⁰tɕiɵ⁵³，tɕiɵ⁵³tsʰɛ²¹³xua⁴⁴］
什么花，花蒜=子；［zəʔ¹²ma⁰xua⁴⁴，xua⁴⁴suã²¹tsʅ⁰］
什么蒜=，蒜=连风；［zəʔ¹²ma⁰suã²⁴，suã²⁴liã²¹fən⁴⁴］
什么两，两面通；［zəʔ¹²ma⁰liã⁵³，liã⁵³miã²⁴tʰoŋ⁴⁴］
什么通，童儿；［zəʔ¹²ma⁰tʰoŋ⁴⁴，tʰoŋ²¹ɵ²¹］
什么儿，儿女；［zəʔ¹²ma⁰ɵ²²，ɵ²¹n̩y⁵⁵］
什么女，女婿；［zəʔ¹²ma⁰n̩y⁵⁵，n̩y⁵³ɕi⁰］
什么婿，戏台高楼做个大把戏。［zəʔ¹²ma⁰ɕi²⁴，ɕi²¹dɛ²¹kɔ⁴⁴lɵ²¹tso²¹³kə²¹da²⁴pa⁴⁴ɕi²¹³］

（2018 年 8 月，发音人：刘春美）

三字歌

上海来个小缺=三，［zã²⁴xɛ²¹lɛ²²ko²¹³ɕiɔ⁵³tɕʰyəʔ⁵sã³³］
身穿夹克衫，［sən⁴⁴tɕʰyã⁴⁴tɕia²¹kʰəʔ⁵sã⁴⁴］

手拿小洋伞，［sɵ⁴⁴na²¹ɕiɔ⁴⁴iã²¹sã²¹］

来到分水五云山，［lɛ²¹dɔ²⁴fən²²sue⁴⁴u⁵³yn²¹sã⁴⁴］

前山不走走后山。［dʑiã²¹sã⁴⁴pəʔ⁵tsɵ⁴⁴tsɵ⁴⁴ɵ²⁴sã⁴⁴］

屁股跌了三块三，［pʰi²¹ku⁴⁴tiəʔ⁵la⁰sã⁴⁴kʰue²¹sã⁴⁴］

打个电话三角三，［da⁴⁴kə²¹diã²⁴ua²⁴sã⁴⁴tɕiɔʔ⁵sã⁴⁴］

请个医生猪头三，［tɕʰin⁴⁴kə²¹³i⁴⁴sən⁴⁴tɕy⁴⁴dɵ²¹sã⁴⁴］

钞票一共花了三万三千三百三十三块三。［tsʰɔ⁴⁴pʰiɔ²⁴iəʔ⁵goŋ²⁴xua⁴⁴la⁰sã⁴⁴uã²⁴sã⁴⁴tɕʰiã⁴⁴

sã⁴⁴pəʔ⁵sã⁴⁴səʔ¹²sã⁴⁴kʰue²¹sã⁴⁴］

数字歌

一，一只鸡；［iəʔ⁵，iəʔ⁵tsʅ⁴⁴tɕi⁴⁴］

二，二会飞；［ɵ²⁴，ɵ²⁴ue²¹fi⁴⁴］

三，三个铜板买来的；［sã⁴⁴，sã⁴⁴kə²¹doŋ²¹pã²⁴mɛ⁵³lɛ²¹ti⁰］

四，四川带来的；［sʅ²⁴，sʅ²⁴tɕʰyã⁴⁴tɛ²⁴lɛ²¹ti⁰］

五，五颜六色的；［u⁵³，u⁵³iã²²ləʔ¹²səʔ⁵ti⁰］

六，耳朵背来的；［ləʔ¹²，ləʔ¹²to⁴⁴pe²¹lɛ²¹ti⁰］

七，七高八低的；［tɕʰiəʔ⁵，tɕʰiəʔ⁵kɔ⁴⁴paʔ⁵ti⁴⁴ti⁰］

八，爸爸买来的；［paʔ⁵，pa⁴⁴pa⁰mɛ⁵³lɛ²¹ti⁰］

九，酒里浸过的；［tɕiɵ⁵³，tɕiɵ⁵³li⁴⁴tɕin²¹ku²⁴ti⁰］

十，实在没有的。［zəʔ¹²，zəʔ¹²tsɛ²⁴məʔ¹²iɵ⁴⁴ti⁰］

（以上 2018 年 8 月，发音人：何明珠）

二、规定故事

牛郎和织女

下面我讲个故事把大家听听，［ʑia²⁴mian²⁴ŋo⁵³tɕiã⁴⁴ko²¹ku²²zʅ⁰pa⁵³da²⁴tɕia⁰tʰin⁴⁴tʰin⁰］

牛郎与织女。［ȵiɵ²¹lã²⁴y⁵³dzəʔ¹²ȵy⁴⁴］

从前，有个看牛小鬼，［dzoŋ²¹dʑiã²⁴，iɵ⁴⁴ko²¹kʰã⁴⁴ȵiɵ²¹ɕiɔ⁴⁴kue⁵³］

他家里呢蛮受苦格，［tʰa⁴⁴tɕia⁴⁴li⁰ne⁰mã²²sɵ²¹kʰu⁴⁴kəʔ⁰］

从小呢就阿爸姆妈呢死掉的。［dzoŋ²¹ɕiɔ⁵³ne⁰dʑiɵ²⁴a⁴⁴pa⁰m⁴⁴ma⁰ne⁰sʅ⁴⁴diɔ²¹ti⁰］

那么家里呢只有一头牛，［na²¹ma⁰tɕia⁴⁴li⁰ne⁰tsʅ²¹iɵ⁴⁴iəʔ²⁵dɵ²²n̠iɵ²¹］

那么格个看牛小鬼呢毛勤劳格毛尽力格，［na²¹ma⁰kəʔ²⁵ko²⁴kʰa²¹n̠iɵ²¹ɕiɔ⁴⁴kue⁵³ne⁰mɔ²⁴
　　dʑin²¹lɔ²⁴kəʔ²⁵mɔ²⁴dʑin²¹liəʔ¹²kəʔ²⁵］

砍柴火啊种田啊都来格。［kʰã⁴⁴dʑe²¹xu⁴⁴a⁰tsoŋ²⁴diã²¹a⁰tɵ⁴⁴lɛ²¹kəʔ⁰］

那么格个牛呢是天高楼格金牛星，［na²¹ma⁰kəʔ²⁵ko²¹n̠iɵ²²ne⁰zʅ²⁴tʰiã⁴⁴kɔ⁴⁴lɵ²¹kəʔ²⁵tɕin⁴⁴
　　n̠iɵ²¹ɕin⁴⁴］

他呢蛮喜欢欢喜格个小鬼啦，［tʰa⁴⁴n̠iɵ⁰mɔ²⁴ɕi⁴⁴xuã⁴⁴xuã⁴⁴ɕi⁴⁴kəʔ²⁵ko²¹ɕiɔ⁴⁴kue⁴⁴la⁰］

他都讲哦噶善良格又噶会做，［tʰa⁴⁴tɵ⁴⁴tɕiã⁴⁴o⁰kaʔ²⁵zã²⁴liã²¹kəʔ²⁵iə²¹kaʔ²⁵ue²¹tso²⁴］

那么他心里头想顶好他能够讨一个老婆。［na²¹ma⁰tʰa⁴⁴ɕin⁴⁴li⁰dɵ²¹ɕiã⁴⁴tin⁴⁴xɔ⁴⁴tʰa⁴⁴
　　nən²¹kɵ²⁴tʰɔ⁴⁴iəʔ²⁵ko²⁴lɔ⁴⁴bo²¹］

啊那么有一天呢它晓得天高楼里格七仙女要下凡来洗澡嘞，［a⁰na²¹ma⁰iɵ⁴⁴iəʔ²⁵tʰiã⁴⁴
　　n̠iɵ⁰tʰa⁴⁴ɕiɔ⁴⁴te⁰tʰiã⁴⁴kɔ⁴⁴lɵ²¹li⁰kəʔ²⁵tɕʰiəʔ²⁵ɕiã⁴⁴n̠y⁴⁴iɔ²¹ɕia²⁴vã²¹lɛ²²sʅ⁴⁴tsɔ⁵³le⁰］

他就托梦把格个小鬼，［tʰa⁴⁴dʑiɵ²⁴tʰuəʔ²⁵mən²⁴pa⁴⁴kəʔ²⁵ko²⁴ɕiɔ⁴⁴kue⁵³］

他跟他讲，［tʰa⁴⁴kən⁴⁴tʰa⁴⁴tɕiã⁴⁴］

天高楼里个七仙女要来了，［tʰiã⁴⁴kɔ⁴⁴lɵ²¹li⁰kəʔ²⁵tɕʰiəʔ²⁵ɕiã⁴⁴n̠y⁵⁵iɔ²⁴lɛ²¹la⁰］

他讲，你把她个衣裳拿来，［tʰa⁴⁴tɕiã⁵³，n̠i⁵³pa⁵³tʰa⁴⁴kəʔ²⁵i⁴⁴zã²⁴na²²lɛ²¹］

拿来呢要回头，往家里跑，［na²¹lɛ²⁴n̠iɵ⁰piɔ²¹ue²⁴dɵ²¹，uã⁴⁴tɕia⁴⁴li⁰bɔ²²］

那么她就会把你做老婆格。［na²⁴ma⁰tʰa⁴⁴dʑiɵ²⁴ue²¹pa⁴⁴n̠i⁵³tso²¹lɔ²⁴bo²¹kəʔ²⁵］

那格个看牛小鬼呢，［na²¹kəʔ²⁵ko²⁴kʰã⁴⁴n̠iɵ⁵⁵ɕiɔ⁴⁴kue⁵³n̠iɵ⁰］

他想想，醒过来了，哎呀，［tʰa⁴⁴ɕiã⁴⁴ɕiã⁰，ɕin⁵³ku²¹lɛ²²la⁰，ɛ⁴⁴ia⁰］

他懵里懵懂，他讲，怕是真啊。［tʰa⁴⁴mən²¹li⁰mən²¹toŋ⁵⁵，tʰa⁴⁴tɕiã⁵³，pʰa²⁴zʅ²⁴tsən⁴⁴a⁰］

让我试试看，［zã²⁴ŋo⁵³sʅ²¹sʅ⁰kʰã²¹］

管他是真个是假个，［kuã⁵³tʰa⁴⁴zʅ²⁴tsən⁴⁴kəʔ²⁵zʅ²⁴tɕia⁵³kəʔ²⁵］

我去试试看。［ŋo⁵³tɕʰy²¹sʅ²¹sʅ⁰kʰã²¹］

那么就到那个东边去了，［na²¹ma⁰dʑiɵ²⁴tɔ²⁴na²⁴ko²⁴toŋ⁴⁴piã⁴⁴tɕʰy²¹la⁰］

走到东边个湖边呢，［tsɵ⁴⁴tɔ²⁴toŋ⁴⁴piã⁴⁴kəʔ²⁵u²¹piã⁴⁴n̠iɵ⁰］

真格就看到七个美女来洗澡了。［tsən⁴⁴kəʔ²⁵dʑiɵ²⁴kʰã²⁴tɔ²¹tɕʰiəʔ²⁵ko²⁴me²¹n̠y⁴⁴lɛ²²sʅ²¹
　　tsɔ⁵⁵la⁰］

他讲，就拿了她一件红个衣裳。［tʰa⁴⁴tɕiã²¹，dʑiɵ²⁴na²²la⁰tʰa⁴⁴iəʔ²⁵dʑiã²⁴oŋ²¹kəʔ²⁵i⁴⁴zã⁰］

就往家里走，头没有回，［dzie²⁴uã²¹tɕia⁴⁴li⁰tse⁵³，də²²məʔ¹²ie⁵³ue²²］

走到家里呢，把它挂起来了，［tse⁴⁴tɔ²⁴tɕia⁴⁴li⁰n̩ie⁰，pa⁵³tʰa⁴⁴kua²⁴tɕʰi⁵³lɛ²²la⁰］

那么，门关掉了，［na²¹ma⁰，mən²²kuã⁴⁴diɔ²⁴la⁰］

再到夜晚了，［tsɛ²⁴tɔ²¹ie²⁴uã⁴⁴la⁰］

嘟嘟嘟，［tu⁰tu⁰tu⁰］

有人来敲门了。［ie⁴⁴n̩in²¹lɛ²²kʰɔ⁴⁴mən²¹la⁰］

他门开开来，［tʰa⁴⁴mən²²kʰɛ⁴⁴kʰɛ⁴⁴lɛ²¹］

是真有个蛮漂亮个女人进来了，［z̩²⁴tsən⁴⁴ie⁵³ko²⁴mã⁴⁴pʰiɔ²⁴liã²⁴kəʔ⁵n̩y⁴⁴n̩in²¹tɕin²⁴lɛ²¹la⁰］

那他就两人结婚了，［na²¹tʰa⁴⁴dzie²⁴liã⁴⁴n̩in²¹tɕiəʔ⁵xuən⁴⁴la⁰］

结婚了呢那么两个人蛮好个蛮恩爱个，［tɕiəʔ⁵xuən⁴⁴la⁰n̩ie⁰na²¹ma⁰liã⁴⁴ko²⁴n̩in²²mã²¹xɔ⁵³kəʔ⁵mã²¹ən⁴⁴ɛ²⁴kəʔ⁵］

那么生了一个儿子一个女娃子，［na²¹ma⁰sən⁴⁴la⁰iəʔ⁵ko²⁴ө²²tsɹ̩⁰iəʔ⁵ko²⁴n̩y⁵³ua⁴⁴tsɹ̩⁰］

两个人呢也蛮开心。［liã⁴⁴ko²⁴n̩in²¹n̩ie⁰ie⁴⁴mã⁴⁴kʰɛ⁴⁴ɕin⁴⁴］

一过呢就过了三年，［iəʔ⁵ku²⁴n̩ie⁰dzie²⁴ku²¹la⁰sã⁴⁴n̩iã²¹］

到三年了呢，［tɔ²⁴sã⁴⁴n̩iã²¹la⁰n̩ie⁰］

那么，［na²¹ma⁰］

天高楼格王母娘娘晓得了，［tʰiã⁴⁴kɔ⁴⁴lə²¹kəʔ⁵uã²¹m⁵⁵n̩iã²²n̩iã⁰ɕiɔ⁴⁴təʔ⁵la⁰］

那么，［na²¹ma⁰］

叫了天兵天将下来搭这个织女嘞，［tɕiɔ²⁴la⁰tʰiã⁴⁴pin⁴⁴tʰiã⁴⁴tɕiã²⁴ia²¹lɛ²⁴kʰua²⁴tɕie²⁴ko²¹tsɹ̩⁴⁴n̩y⁵⁵le⁰］

啊，她讲要把她搭上去。［a⁴⁴，tʰa⁴⁴tɕiã⁵⁵iɔ²⁴pa⁴⁴tʰa⁴⁴kʰua²¹zã²⁴tɕʰy²⁴］

那么，雷，打雷公了下大雨了。［na²¹ma⁰，le²²，ta⁴⁴le²¹koŋ⁴⁴la⁰ʑia²¹da²⁴y⁵³la⁰］

那么，突然之间仙女没有了么，［na²¹ma⁰，dəʔ¹²zã²²tsɹ̩⁴⁴tɕiã⁴⁴ɕiã⁴⁴n̩y⁵³məʔ¹²ie⁵³la⁰ma⁰］

那她个儿子女娃子不是要哭嘞，［na²¹tʰa⁴⁴kəʔ⁵ө²²tsɹ̩⁰n̩y⁵³ua⁴⁴tsɹ̩⁰pəʔ⁵zɹ̩²⁴iɔ²⁴kʰuəʔ⁵le⁰］

哭着寻她妈妈嘞。［kʰuəʔ⁵tsəʔ⁵zin²¹tʰa⁴⁴ma⁴⁴ma⁰le⁰］

那么格样呢格个老牛开口讲话了，［na²¹ma⁰kəʔ⁵iã²⁴n̩ie⁰kəʔ⁵ko²¹lɔ⁴⁴n̩ie²¹kʰɛ⁴⁴kʰө⁵⁵tɕiã⁴⁴ua²⁴le⁰］

他讲啊你们嫑哭，［tʰa⁴⁴tɕiã⁵⁵a⁰n̩i⁵³mən⁰piɔ²⁴kʰuəʔ⁵］

你们妈妈呢是天高楼里个仙女，［n̩i⁵³mən⁰ma⁴⁴ma⁰n̩ie⁰zɹ̩²⁴tʰiã⁴⁴kɔ⁴⁴lə²¹li⁰kəʔ⁵ɕiã⁴⁴n̩y⁵⁵］

让王母娘娘带上去了，［n̩iã²⁴uã²¹m⁵⁵n̩iã²²n̩iã⁰tɛ²¹zã²⁴tɕʰy²¹la⁰］

搭回去了，〔kʰua²⁴ue²¹tɕʰy²¹la⁰〕

你要去寻你们妈妈呢，〔n̠i⁴⁴iɔ²⁴tɕʰy²¹zin²²n̠i⁵³mən⁰ma⁴⁴ma⁰n̠ie⁰〕

你把我头高楼个牛角拿下来，〔n̠i⁵³pa¹ŋɔ⁴⁴dɵ²¹kɔ⁴⁴lɵ²¹kəʔ⁵n̠ie²¹tɕiəʔ⁵na²²ʑia²⁴lɛ²¹〕

那么我会带你到天高楼去看你妈妈个。〔na²¹ma⁰ŋɔ⁴⁴ue²⁴tɛ²¹n̠i⁴⁴tɔ²⁴tʰiã⁴⁴kɔ⁴⁴lɵ²¹tɕʰy²¹
　kʰã²¹n̠i⁵³ma⁴⁴ma⁰kəʔ⁵〕

讲好了呢，〔tɕiã⁴⁴xɔ⁵³la⁰n̠ie⁰〕

牛角就跌在格个地上，〔n̠ie²¹tɕiəʔ⁵dʑie²⁴tiəʔ⁵dʑɛ²¹kəʔ⁵kəʔ⁵di²⁴zã²⁴〕

变成了一个箩筐。〔piã²¹dzən²⁴la⁰iəʔ⁵kɔ²⁴lɔ²¹kʰã⁴⁴〕

那么，〔na²¹ma⁰〕

一个儿子一个女娃子背在箩筐里呢，〔iəʔ⁵kɔ²⁴ɵ²²tsɻ⁰iəʔ⁵kɔ²⁴n̠y⁵³ua⁴⁴tsɻ⁰peʔ⁴dzɛ²¹lɔ²¹kʰã⁴⁴
　li⁰n̠ie⁰〕

那么牛郎挑了好，挑了肩膀之后呢，〔na²¹ma⁰n̠ie²¹lã⁴⁴tʰiɔ⁴⁴la⁰xɔ⁴⁴，tʰiɔ⁴⁴la⁰tɕiã⁴⁴pã⁵⁵tsɻ⁴⁴
　ɵ²⁴nie⁰〕

"咻"个一下风一吹么就把他吹上去了，〔ɕie⁴⁴kəʔ⁵iəʔ⁵ʑia²¹fən⁴⁴iəʔ⁵tsʰue⁴⁴ma⁰dʑie²⁴pa⁴
　tʰa³³tsʰue⁴⁴zã²⁴tɕʰy²⁴la⁰〕

蛮快个就到天高楼去了。〔mɔ²¹kʰuɛ²⁴kəʔ⁵dʑie²⁴tɔ²⁴tʰiã⁴⁴kɔ⁴⁴lɵ²¹tɕʰy²⁴la⁰〕

刚刚要碰到他们，〔kã⁴⁴kã⁴⁴iɔ²⁴pʰən²⁴tɔ²¹tʰa⁴⁴mən⁰〕

追到仙女个辰光呢，〔tsue⁴⁴tɔ²⁴ɕiã⁴⁴n̠y⁵⁵kəʔ⁵dzən²¹kuã⁴⁴n̠ie⁰〕

让这个王母娘娘发现了，〔n̠iã²⁴tɕie²⁴kɔ²¹uã²¹m⁵⁵n̠iã²²n̠iã⁰fa⁴⁴ʑiã²⁴la⁰〕

她头高楼个金钗拔下来呢，〔tʰa⁴⁴dɵ²²kɔ⁴⁴lɵ²¹kəʔ⁵tɕin²¹tsʰa⁴⁴bəʔ⁵ʑia²⁴lɛ²¹n̠ie⁰〕

咻的一下，〔ɕiɵ⁴⁴tiɵ⁰iəʔ⁵ʑia²¹〕

划了一条河，〔ua²¹la⁰iəʔ⁵diɔ²²xɔ²¹〕

天河，〔tʰiã⁴⁴xɔ²¹〕

蛮宽蛮宽格，〔mɔ²¹kʰuã⁴⁴mɔ²¹kʰuã⁴⁴kəʔ⁵〕

无边无际啦，〔u⁴⁴piã⁴⁴u⁴⁴tɕi²⁴la⁰〕

他就是追不到她。〔tʰa⁴⁴dʑie²⁴zɻ²⁴tsue⁴⁴pəʔ⁵tɔ²⁴tʰa⁴⁴〕

该怎么办，急死了啊。〔kɛ⁴⁴tsən⁴⁴ma⁰bã²⁴，tɕiəʔ⁵sɻ⁵³la⁰a⁰〕

再接了，让这个喜鹊看到了啊，〔tsɛ²¹tɕiəʔ⁵la⁰，n̠iã²⁴kəʔ⁵kɔ²⁴ɕi⁴⁴tɕʰiəʔ⁵kʰã²¹tɔ²⁴la⁰a⁰〕

那个喜鹊呢，〔na²¹kɔ²⁴ɕi⁴⁴tɕʰiəʔ⁵n̠ie⁰〕

也让他这格情结感动了。［ie²²n̠iã²⁴tʰa⁴⁴kəʔ⁵tsoŋ⁵³dʑin²¹tɕiəʔ⁵kã⁴⁴doŋ²⁴la⁰］

那么它就叫来木佬佬喜鹊来，［na²¹ma⁰tʰa⁴⁴dʑiɵ²⁴tɕiɔ²⁴lɛ²¹məʔ⁵lɔ⁴⁴lɔ⁰ɕi⁴⁴tɕʰiəʔ⁵lɛ²²］

尾巴咬尾巴，［mi⁴⁴pa⁰ŋɔ⁵³mi⁴⁴pa⁰］

嘴巴咬尾巴，［tsue⁵³pa⁰ŋɔ⁵³mi⁴⁴pa⁰］

格样子咬牢，［kəʔ⁵iã²⁴tsɿ⁰ŋɔ⁵³lɔ⁰］

咬牢呢，［ŋo⁵³lɔ⁰n̠ie⁰］

那么，蛮长一个桥搭起来了。［na²¹ma⁰, mɔ²¹dzã²⁴iəʔ⁵ko²⁴dʑiɔ²¹taʔ⁵tɕʰi⁴⁴lɛ²¹la⁰］

那么格样呢，［na²¹ma⁰kəʔ⁵iã²⁴n̠ie⁰］

那个牛郎呢，就过去了啊，［na²⁴ko²⁴n̠iɵ²¹lã²⁴n̠ie⁰, dʑiɵ²¹ku²⁴tɕʰy²⁴la⁰a⁰］

过去了么，［ku²⁴tɕʰy²¹la⁰ma⁰］

再碰到格个仙女了，［tsɛ²¹pʰən²⁴tɔ²¹kəʔ⁵ko²⁴ɕiã⁴⁴n̠y⁵⁵la⁰］

看到了。［kʰã²⁴tɔ²¹la⁰］

那么王母娘娘也感动了，［na²¹ma⁰uã²¹m⁵⁵n̠iã²²n̠iã⁰ie⁵³kã⁴⁴doŋ²⁴la⁰］

她讲，［tʰa⁴⁴tɕiã⁵³］

既然他们两人感情嘎深呢，［tɕi²⁴zã²¹tʰa⁴⁴mən⁰liã⁴⁴n̠in²¹kã⁴⁴dʑin²¹kaʔ⁵sən⁴⁴n̠ie⁰］

就让他们会面。［dʑiɵ²⁴n̠iã²⁴tʰa⁴⁴mən⁰ue²⁴miã²⁴］

再会面会好之后呢，［tsɛ²¹ue²⁴miã²⁴ue²⁴xɔ⁴⁴tsɿ⁴⁴ɵ²⁴n̠ie⁰］

她跟他们讲，［tʰa⁴⁴kən⁴⁴tʰa⁴⁴mən⁰tɕiã⁵³］

你们每一年七月初七到格里来，［n̠i⁵³mən⁰me⁵³iəʔ⁵n̠iã²²tɕʰiəʔ⁵yəʔ¹²tsʰu⁴⁴tɕʰiəʔ⁵tɔ²¹kəʔ⁵
li⁰lɛ²²］

让你们看一面。［n̠iã²⁴n̠i⁵³mən⁰kʰã²¹iəʔ⁵miã²⁴］

那么，［na²¹ma⁰］

现在就是叫牛郎与织女。［ʑiã²⁴dzɛ²⁴dʑiɵ²⁴zɿ²⁴tɕiɔ²⁴n̠iɵ²¹lã²⁴y⁵³tsəʔ⁵n̠y⁵³］

　　下面我讲个故事给大家听听:《牛郎与织女》。从前，有个放牛小伙，他家境不太好，从小父母都去世了，家里只有一头牛。这个放牛小伙很勤劳肯干，砍柴火、种田都会做。这个牛是天上的金牛星，金牛星很喜欢这个小伙子，他很善良又很会干活，金牛星心里想最好他能够娶一个妻子。

　　有一天，金牛星得知天上的七仙女要下凡洗澡，就托梦给这个小伙子，告诉他天上的七仙女要来了，把她的衣服拿来，拿来后不要回头，往家里跑，那么她就会成为你的妻子。

　　放牛小伙醒过来后，他迷迷糊糊地想，怕不是真的吧？管它是真是假，老牛让我试试看，我就去试试看。他就向东边走去了。走到东边的湖边，他真的看到七个美女在洗澡。他就拿了一件红衣服，就往家里走，没有回头。走到家后，放牛小伙把红衣服挂了起来，然后关上了门。到了晚上，有人来敲门。他开门后，真的有一个很漂亮的女人走了进来，后来，两人便结婚了。结婚后，两个人关系很好很恩爱，并生下一个儿子一个女儿，过着很开心的生活。

　　三年后，他们的事被天上的王母娘娘知道了，就叫了天兵天将来抓织女。打雷，下大雨，突然之间仙女就消失了。她的儿子女儿就哭了，哭着找妈妈，问妈妈在哪里。然后老牛就开口说："你们不要哭，你们的妈妈是天上的仙女，让王母娘娘抓回去了，若要去找你们的妈妈，把我头上的牛角拿下来，牛角会带你们去天宫看你们的妈妈。"

　　讲完牛角就跌在地上，变成了一个箩筐。牛郎把儿子和女儿装在箩筐里，挑了起来。牛郎挑好箩筐后，"咻"的一下，风就把他吹上天去了。刚要追到仙女，牛郎便被王母娘娘发现了，她拔下头上的金钗，划了一条无边无际的天河。他就是追不到织女。怎么办？他很着急。

　　接着，这一幕被喜鹊看到了，喜鹊被他的深情所感动，觉得他太可怜了，便叫来了很多喜鹊，互相嘴巴咬着尾巴，搭出了一座长长的鹊桥。牛郎凭借这鹊桥与织女相遇。王母娘娘被他们感动了，觉得既然他们两人感情这么深，就让他们见面吧。见完了之后，王母娘娘对他们说，你们每年七月初七到这里来，让你们见一面。

　　这就是牛郎与织女的故事。

　　　　　　　　　　　　　　　　　　　　　　（2018 年 8 月，发音人：何明珠）

三、自选条目

戏曲

天上人间迢迢，［tʰiã⁴⁴zã²⁴zən²²tɕiã⁴⁴diɔ²²diɔ²²］

心中事，［sin⁴⁴tsoŋ⁴⁴zɿ²⁴］

谁人知晓？［ze²²zən²²tsɿ⁴⁴siɔ⁵³］

我彦昌自别圣母后，［ŋo⁵³iã²²tsʰã⁴⁴dzɿ²⁴biəʔ¹²sən²⁴m⁵³ɵ²⁴］

金榜题名中魁首。［tɕin⁴⁴pã²⁴di²²min⁴⁴tsoŋ²⁴gue²²sɵ⁵³］

得配相国千金女，［təʔ⁵pʰe²⁴siã²⁴kuəʔ⁵tɕʰiã⁴⁴tɕin⁴⁴n̠y⁵³］

流光似水一十三秋。［liɵ²²kuã⁴⁴zɿ²⁴sue⁵³iəʔ⁵zəʔ¹²sã⁴⁴ziɵ⁴⁴］

多承王氏夫人明大义，［to⁴⁴dzʰən²²uã²²zɿ²⁴fu⁴⁴zən²²min²²da²⁴i²⁴］

抚养沉香恩德厚。［fu²²iã⁵³dzən²²ɕiã⁴⁴ən⁴⁴təʔ⁵ɵ²⁴］

怎奈我未践圣母愿，［tsən²²nɛ²⁴ŋo⁵³vi²⁴dʑiã²⁴sən²⁴m⁵³yã²⁴］

我彦昌郁阿重重压心头。［ŋo⁵³iã²²tsʰã⁴⁴yʔ⁵mən²⁴dzoŋ²⁴dzoŋ²⁴ia⁴⁴sin⁴⁴dɵ²²］

圣母啊，你言道不望儿名登金榜，［sən²⁴m⁵³ua⁰，n̠i⁵³iã²²dɔ²⁴pəʔ⁵uã²⁴ɵ²²min²²tən⁴⁴tɕin⁴⁴pã²⁴］

但愿他年把母救。［dã²⁴yã²⁴tʰa⁴⁴n̠iã²²pa⁵³m⁵³tɕiɵ²⁴］

如今沉香虽成人，［zɿ²²tɕin⁴⁴dzən²²ɕiã⁴⁴se⁴⁴dzən²²zən²²］

他还未知你娘在华山被拘囚。［tʰa⁴⁴uã²²vi²⁴tsɿ⁴⁴n̠i⁵³n̠iã²²dzɛ²⁴ua⁴⁴sã⁴⁴bi²⁴tɕy⁴⁴dʑiɵ⁴⁴］

十三载母子天涯各一方，［zəʔ¹²sã⁴⁴tse²⁴m⁵³tsɿ⁰tʰiã⁴⁴ia²²kəʔ⁵iəʔ⁵fã⁴⁴］

但未知，何日骨肉能聚首。［dã²⁴vi²⁴tsɿ⁰，o²²zəʔ¹²²kuəʔ⁵zəʔ¹²nəŋ²²dʑy²⁴sɵ⁵³］

（2018 年 8 月，发音人：何明珠）

绍　兴

一、歌谣

哥哥喔

哥哥喔！雄鸡讨老嬷，［ko³³ko⁴⁴o²³¹，ioŋ²²tɕi⁵³tʰɔ³³lɔ²⁴muø³¹］老嬷：老婆

镦鸡吃糖茶，［ɕiẽ³³tɕi⁵³tɕʰieʔ³daŋ²²dzo²³¹］镦鸡：阉过的公鸡

小鸡讴姆妈。［ɕiɔ⁴⁴tɕi³¹ɤ³³m⁴⁴mo³¹］讴：叫

姆妈，［m⁴⁴mo³¹］姆妈：妈妈

豪快吃喜酒去哉！［ɔ²²kʰua⁴⁴tɕʰieʔ³ɕi³³tɕiɤ³³tɕʰi⁴⁴zE³¹］

一会笑

一会笑，一会叫，［ieʔ³uE³³ɕiɔ⁴⁴，ieʔ³uE³³tɕiɔ⁴⁴］

两只黄狗会抬轿，［liaŋ²⁴tseʔ³uaŋ²²kɤ³³uE³³dE²²dʑiɔ²²］

一抬抬埭马湖桥；［ieʔ³tE³³dE²²la³¹mo²⁴u³¹dʑiɔ²²］

"勃"得跌一跤，［boʔ²təʔ⁵tieʔ³ieʔ⁴kɔ³³］

□了只大元宝。［dzẽ²²ləʔ⁰tseʔ³do²²ȵyø²²pɔ³³⁴］□：捡

要过年哉

要过年哉，［iɔ³³ku³³ȵiẽ³³zE²³¹］

二十夜，连夜夜，［ȵi²²zeʔ²ia²²，liẽ²²ia⁴⁴ia³¹］

点了红灯做绣鞋。［tiẽ³³ləʔ⁰oŋ²²təŋ⁵³tso³³ɕiɤ³³a³³］

绣鞋做起拜爷爷，［ɕiɤ³³a³³tso³³tɕʰiⁱⁱpa³³ia²⁴ia³¹］

爷爷话佴嬡拜，［ia²⁴ia³¹uo²²na²²fiɔ⁴⁴pa³³］话：告诉。佴：你们

交＝管了佴儿子新妇哇＝。［tɕiɔ⁴⁴kuɤ̃³³ləʔ⁰na³³n̩i²²tseʔ⁵ɕiŋ³³u³³ua⁴⁴］交＝管：只要。哇＝：能干

（以上 2015 年 8 月，发音人：韦菊儿）

踢脚绊绊

踢脚绊绊，［tʰieʔ³tɕiaʔ⁵pɛ̃³³pɛ̃⁵³］

绊过南山；［pɛ̃³³ku⁰nɤ̃²²sɛ̃⁵³］

南山有会，［nɤ̃²²sɛ̃⁵³iɤ²²uE²²］

荔枝阿胶；［li²²tsɿ⁵³o³³kɔ⁵³］

新官上任，［ɕiŋ³³kuɤ̃⁵³zaŋ²²zɛ̃²²］

旧官请进。［dʑiɤ²²kuɤ̃³³tɕʰiŋ⁴⁴tɕiŋ³¹］

（2015 年 8 月，发音人：郭耀灿）

二、规定故事

牛郎和织女

老辈手里个时光，［lɔ²⁴pE³¹sɤ³³li³³ga⁰zɿ²²kuaŋ⁵³］老辈手里：古时候

有一个小伙子，［iɤ²²ieʔ³kəʔ⁰ɕiɔ⁴⁴fu³¹tseʔ³］

伊爹娘呢，老早死了去哉，［i²²³tia³³n̩iaŋ⁴⁴nE⁰，lɔ²⁴tsɔ³¹ɕi³³ləʔ⁰tɕʰi³³zE³¹］

孤苦伶仃，［ku³³kʰu⁴⁴liŋ³³tiŋ³¹］

屋里头呢，就得一只老牛，［uoʔ³li⁴⁴dɤ³¹nE⁰，dʑɤ⁴⁴təʔ⁰ieʔ³tsəʔ³lɔ²⁴n̩iɤ³¹］

那么大家呢，都讴伊牛郎。［nəʔ²məʔ²dɔ²²ko³³nE⁰，tu³³ɤ³³i³³n̩iɤ²²laŋ²³¹］

牛郎呢，［n̩iɤ²²laŋ²³¹nE⁰］

以葛只老牛呢，耕地为生，［i²²kəʔ³tsəʔ³lɔ²⁴n̩iɤ³¹nE⁰，kəŋ³³di²²uE²²səŋ⁵³］

与葛只老牛呢，相依为命。［y²²kəʔ³tsəʔ³lɔ²⁴n̩iɤ³¹nE⁰，ɕiaŋ³³i⁴⁴uE²²miŋ²²］

其实呢，葛只老牛呢，［dʑi²²zəʔ³nE⁰，kəʔ³tsəʔ³lɔ²⁴n̩iɤ³¹nE⁰］

是天上个金牛星。［zɿ²²tʰiẽ³³zaŋ²⁴kəʔ⁰tɕiŋ³³n̩iɤ²⁴ɕiŋ³¹］

伊看到牛郎呢，勤劳，善良，［i²²³kʰɛ̃³³tɔ³³n̩iɤ²²laŋ²³¹nE⁰，dʑiŋ²²lɔ²³¹，zɛ̃²⁴liaŋ³¹］

那么，非常欢喜，［nəʔ³məʔ³，fi³³zaŋ²³¹huø̃³³ɕi³³］

想拨伊呢，成个家。［ɕiaŋ³³pəʔ³i³³nE⁰，dzəŋ²²kəʔ⁰ko⁵³］拨：给

有一日呢，葛老牛呢，［iɤ²²ieʔ⁵n̩ieʔ³nE⁰，kəʔ³lɔ²⁴n̩iɤ³¹nE⁰］

得知天高头个仙女呢，［təʔ³tsɿ³³tʰiẽ³³kɔ⁴⁴dɤ³¹kəʔ⁰ɕiẽ³³n̩y³³nE⁰］高头：上面

要到村边个山脚下头个湖里呢，［iɔ³³tɔ³³tsʰõ³³piẽ⁴⁴kəʔ⁰sɛ̃³³tɕiaʔ⁵o⁴⁴dɤ³¹kəʔ⁰u²⁴li³¹nE⁰］

来戽浴。［lE²²fu³³ioʔ²］戽浴：洗澡

那么伊呢，就托梦拨牛郎，［nəʔ³məʔ³i²⁴nE⁰，dziɤ³³tʰoʔ³moŋ³³peʔ³n̩iɤ²²laŋ²³¹］

要伊呢，第二日早起到山脚下湖边去，［iɔ³³i³³nE⁰，di²²n̩i²²nieʔ²tsɔ⁴⁴tɕʰi³¹tɔ³³sɛ̃³³tɕiaʔ

　　o³¹u²²piẽ⁴⁴tɕʰi³¹］

如果看到葛班仙女来东＝戽浴，［ʑy²²ku³³kʰẽ³³tɔ³³kəʔ³pẽ³³ɕiẽ³³n̩y³³lE³³noŋ³³fu³³ioʔ²］

讴伊呢，［ɤ³³i²²nE⁰］

把仙女脱落个衣裳呢，扣一件，逃归屋里去。［pa³³ɕiẽ³³n̩y⁵³tʰəʔ⁵loʔ²kəʔ⁰i³³zaŋ⁴⁴nE⁰，

　　kʰɤ³³ieʔ⁴dziẽ²²，dɔ²²tɕy⁴⁴uoʔ³li⁴⁴tɕʰi³¹］

如果实个套做呢，［ʑy²²ku³³zəʔ²kəʔ⁰tʰɔ⁴⁴tso³¹nE⁰］

伊能够得到一个交关漂亮个仙女呢，［i²²nəŋ²²kɤ³³təʔ³tɔ³³ieʔ³gəʔ⁰tɕiɔ³³kuø̃³³pʰiɔ⁴⁴liaŋ³¹

　　kəʔ⁰ɕiẽ³³n̩y³³nE⁰］

做老嬷。［tso³³lɔ²⁴mo³¹］

那么第二日早上呢，［nəʔ³məʔ³di²²n̩i²²nieʔ²tsɔ³³zaŋ³³nE⁰］

牛郎呢，有些半信半疑。［n̩iɤ²²laŋ²³¹nE⁰，iɤ²²soʔ³puø̃³³ɕiŋ³³puø̃⁴⁴i³¹］

葛么伊呢，［kəʔ³məʔ⁰i²²nE⁰］

就呢，到山脚下个湖里呢，去看，［dziɤ²²nE⁰，tɔ³³sɛ̃³³tɕiaʔ⁵o²²koʔ³u²²li⁴⁴nE⁰，

　　tɕʰi³³kʰẽ³³］

朦朦胧胧个看到湖里呢，［moŋ²²moŋ⁴⁴loŋ⁴⁴loŋ³¹kəʔ⁰kʰẽ³³tɔ³³u²²li⁴⁴nE⁰］

是有班仙女啦来亨＝戽浴。［zE²²iɤ²⁴pẽ³¹ɕiẽ³³n̩y³³laʔ⁰lE²²haŋ³³fu³³ioʔ²］

那么伊看到呢，［nəʔ³məʔ³i²²³kʰẽ³³tɔ³³nE⁰］

树高头啦有一件粉红色个衣裳。［ʑy²²kɔ⁴⁴dɤ³¹laʔ⁰iɤ²²ieʔ³dziɤ²²fẽ⁴⁴oŋ³¹səʔ³kəʔ⁰i³³zaŋ²³¹］

　　高头：上面

那么伊驮了伊走，就逃归屋里。［nəʔ³məʔ³i²²do²²ləʔ⁰i²²tsɤ³³，dziɤ²²dɔ²²tɕy³³uoʔ³li³³］

　　驮：拿

那么结果呢，［nəʔ³məʔ³tɕieʔ³ku³⁴nE⁰］

葛个衣裳［拨伊］偷个仙女呢，［kəʔ³kəʔ⁵i³³saŋ³³pi³³tʰɤ⁴⁴kəʔ⁰ɕiẽ³³n̩y³³nE⁰］

是天高头个织女。［zๅ²²tʰiẽ³³kɔ⁴⁴dɤ³¹kəʔ⁰tsəʔ³n̠y³³］

那么伊呢，［nəʔ³məʔ³i²²³nE⁰］

就当日夜里，［dʑiɤ²²taŋ³³n̠ieʔ²ia²²li²²］

来到牛郎个屋里，［lE²²tɔ³³n̠iɤ²²laŋ²³¹kəʔ⁰uoʔ³li⁰］

幽幽教＝个敲开牛郎个门。［iɤ³³iɤ⁴⁴tɕiɔ³¹kəʔ²kʰɔ³³kʰE³³n̠iɤ²²laŋ²³¹kəʔ⁰mẽ²³¹］幽幽交：轻轻地

那么结果呢，［nəʔ³məʔ³tɕieʔ³ku³⁴nE⁰］

两个人呢，［liaŋ²⁴kəʔ⁰n̠iŋ²²nE⁰］

做成了恩爱个夫妻。［tso³³dzəŋ²²ləʔ⁰əŋ³³E⁴⁴kəʔ⁰fu³³tɕʰi³³］

日子啊过得蛮快，［n̠ieʔ²tɕieʔ³a⁴⁴ku³³təʔ⁰mẽ⁴⁴kʰua³³］

三年过去哉。［sẽ⁴⁴n̠iẽ³¹ku³³tɕʰi³³zE³¹］

牛郎得织女呢，［n̠iɤ²²laŋ²³¹təʔ⁰tsəʔ³n̠y³³nE⁰］

生得一男一女两个小人。［saŋ³³təʔ⁰ieʔ³nõ³³ieʔ³n̠y³³liaŋ²⁴kəʔ³ɕiɔ⁴⁴n̠iŋ³¹］

葛么，日子呢也过得蛮蛮开心。［kəʔ³məʔ⁰，n̠ieʔ²tsๅ³³nE⁰ia⁰ku³³təʔ⁰mẽ³³mẽ⁴⁴kʰE³³ɕiŋ⁵³］

但是葛桩事体呢，［dẽ²²zๅ²²kəʔ³tsaŋ⁴⁴zๅ²²tʰi³³nE⁰］

织女私自下凡拉，［tsəʔ³n̠y³³sๅ³³zๅ⁴⁴o²²vẽ²²la⁰］

拨天高头个玉皇大帝拉驮来晓得哉。［pəʔ³tʰiẽ³³kɔ⁴⁴dɤ³¹kəʔ⁰n̠ioʔ²uaŋ⁴⁴da³³di³¹la⁰do²²lE³³ɕiɔ³³təʔ⁴zE³¹］

那么一日子呢，［nəʔ³məʔ³ieʔ³n̠ieʔ⁴tsๅ³¹nE⁰］

突然呢，大雷霍闪，大风大雨。［dəʔ²zẽ²³¹nE⁰，do²²lE²²huoʔ³sẽ³³，do²²foŋ³³do²²y²²³］

葛么织女呢，突然之间拉寻勿着哉，［kəʔ³məʔ³tsəʔ³n̠y³³nE⁰，dəʔ²zẽ²³¹tsๅ³³tɕiẽ³³la⁰ziŋ²²vəʔ²dzəʔ²zE³¹］

两个小人呢，哭了喊要寻娘，［liaŋ²⁴kəʔ³ɕiɔ³³n̠iŋ²³¹nE⁰，kʰuoʔ³ləʔ⁰hẽ³³iɔ³³ziŋ²²n̠iaŋ²³¹］

牛郎呢，也急得［无有］办法哉。［n̠iɤ²²laŋ²³¹nE⁰，a²²³tɕieʔ³teʔ³n̠iɤ⁵³bẽ²²fəʔ³zE³¹］

葛个时光呢，［keʔ³kəʔ³zๅ²²kuaŋ⁵³nE⁰］

老牛开口哉："俉勿可难过，［lɔ²⁴n̠iɤ³¹kʰE³³kʰɤ³³zE³¹：na²²vəʔ²kʰo³³nẽ²²ku³³］

偌拨我头高头个两只角拉，［noʔ²pəʔ³ŋo²²dɤ²²kɔ⁴⁴dɤ³¹kəʔ⁰liaŋ²⁴tsəʔ³koʔ³la⁰］

拔落来，能够变成两只箩筐，［bɛʔ²loʔ⁴lE³¹，nəŋ²²kɤ³³piẽ³³dzəŋ²²liaŋ²⁴tsəʔ³lo²²kʰuaŋ³³］

把小人呢装进箩筐里，［pa³³ɕiɔ⁴⁴n̠iŋ³¹nE⁰tsaŋ³³tɕiŋ³³lo²²kʰuaŋ³³li⁴⁴］

挑了小人呢，［tʰiɔ³³ləʔ⁰ɕiɔ³³n̠iŋ²³¹nE⁰］

偌就可以上天高头天宫里去载织女。"［noʔ²dziɤ²²kʰo³³i³³zaŋ²²tʰiẽ³³ko⁴⁴dɤ³¹tʰiẽ³³koŋ⁴⁴ li³¹tɕʰi³³tsE³³tsəʔ³n̠y³³］

那么，牛郎呢，刚刚奇怪煞个时光呢，［nəʔ³məʔ³，n̠iɤ²²laŋ²³¹nE⁰，kaŋ³³kaŋ⁴⁴dzi²² kua³³səʔ³kəʔ⁰zɿ²²kuaŋ⁵³nE⁰］

眼看得地下里拉是有两只牛角，［ŋẽ²²³kʰẽ³³təʔ⁰di²²o²²li³³laᵒzE²⁴iɤ³¹liaŋ²⁴tsəʔ³n̠iɤ²²koʔ⁵］

是变成了两只箩筐。［zE²²³piẽ³³dzəŋ³³ləʔ⁰liaŋ²⁴tsəʔ³lo²²kʰuaŋ³³］

葛么伊就把两个小人呢，［kəʔ³məʔ³i³³dziɤ³³pa³³liaŋ²⁴kəʔ³ɕiɔ³³n̠iŋ²³¹nE⁰］

分别呢，装进箩筐里，［fẽ³³pieʔ³nE⁰，tsaŋ³³tɕiŋ³³lo²²kʰuaŋ³³li⁰］

用扁担呢挑起来。［ioŋ²²piẽ⁴⁴tẽ³¹nE⁰tʰiɔ³³tɕʰi³³lE³¹］

一阵清风以后呢，［ieʔ³tsɛ̃⁴⁴tɕʰiŋ³³foŋ³³i³³ɤ³³nE⁰］

葛两只箩筐拉，［keʔ³liaŋ²⁴tsəʔ³lo²²kʰuaŋ³³la⁰］

刚只生了翼膀介=哉，［kaŋ³³tseʔ³saŋ³³ləᵒioʔ²paŋ⁴⁴ka³³zE³¹］ 翼膀：翅膀

"嘟嘟" 教=个飞起来哉。［du²⁴du³¹tɕiɔ³³kəʔ⁰fi³³tɕʰi⁴⁴lE³³zE³¹］

那么，腾云驾雾，［nəʔ³məʔ³，dəŋ²²yø²⁴tɕia³³u²²］

朝天高头飞落去哉。［dzɔ²²tʰiẽ³³ko⁴⁴dɤ³¹fi³³lo³³tɕʰi³³zE³¹］

那么眼看上呢，［nəʔ³məʔ³ŋẽ²⁴kʰẽ⁴⁴zaŋ³¹nE⁰］

要追上织女，［iɔ³³tsE³³zaŋ²⁴tsəʔ³n̠y³³］

豪惨快哉，［ɔ²²sɔ³³kʰua³³zE³¹］ 豪惨：赶快

要追到快哉。［iɔ³³tsE³³tɔ⁴⁴kʰua³³zE³¹］

葛时光呢，［keʔ⁴zɿ²²kuaŋ⁵³nE⁰］

王母娘娘呢，看见哉，［uaŋ²²mu⁴⁴n̠iaŋ³³n̠iaŋ³¹nE⁰，kʰẽ³³tɕiẽ³³zE³¹］

伊拔落头高头个一支金钗，［i²²bɛʔ²loʔ²dɤ²²kɔ⁴⁴dɤ³¹kəʔ⁰ieʔ³tsɿ³³tɕiŋ³³tsʰo⁵³］

那么在牛郎则=织女当中呢，［nəʔ³məʔ³zE²²n̠iɤ²²laŋ²³¹tseʔ³tsəʔ³n̠y³³taŋ³³tsoŋ⁵³nE⁰］

"着" 个一划个。［dzeʔ²kəʔ⁰ieʔ⁵uaʔ³geʔ⁰］

一霎时呢，［ieʔ³sɛʔ⁴zɿ³³nE⁰］

变成了 "狂狂" 教=浪头蛮大个一埭大河港。［piẽ³³dzəŋ²²ləʔ⁰guaŋ²⁴guaŋ³¹tɕiɔ³³laŋ²²dɤ²³¹ mɛ̃⁴⁴do²²goʔ⁰ieʔ³da²²do²²o²²kaŋ³³］

那么，葛埭河港呢，［nəʔ³məʔ³，kəʔ³da²³¹o²²kaŋ³³nE⁰］

交关阔，对面都望勿清爽，［tɕiɔ³³kuɛ̃⁵³kʰuoʔ⁵，tE³³miẽ³³tu³³maŋ²²veʔ²tɕʰiŋ³³saŋ³³］ 交关：非常

眼邦ᵘ邦ᵘ个把牛郎同织女呢，隔开来。[ŋẽ²²paŋ³³paŋ⁴⁴kəʔ⁰pa³³n̠iɤ²²laŋ²³¹doŋ²²tsəʔ³n̠y³³
　　nE⁰，kɛʔ³kʰE⁴⁴lE³¹]

那么，葛个时光呢，[nəʔ³məʔ³，keʔ³kəʔ⁵zʅ²²kuaŋ⁵³nE⁰]
喜鹊拉，[çi⁴⁴tɕʰiaʔ³la⁰]
交关同情牛郎则ᵘ织女，[tɕio⁴⁴kuẽ³¹doŋ²²dʑiŋ²³¹n̠iɤ²²laŋ²³¹tseʔ³tsəʔ³n̠y³³]
想想呀介ᵘ罪过介ᵘ。[çiaŋ³³çiaŋ³³iaʔ⁰ka⁴⁴zE²⁴ku³¹ka⁰]
那么佣就农历个七月初七，[nəʔ³məʔ³iaʔ²dʑiɤ³¹noŋ²²lieʔ³goʔ³tɕʰieʔ³ioʔ⁴tsʰu³³tɕʰieʔ⁵]
那么成千上万只喜鹊呢，[nəʔ³məʔ³zəŋ²⁴tɕʰiẽ³¹zaŋ³³uẽ³³tsəʔ³çi³³tɕʰiaʔ³nE⁰]
都飞埭葛个，埭河港个高头，[tu³³fi³³daʔ⁰keʔ³kəʔ⁴，ta³³o²²kaŋ⁵³kəʔ⁰ko³³dɤ²³¹]
后头只喜鹊呢，[ɤ²⁴dɤ³¹tsəʔ³çi³³tɕʰiaʔ³nE⁰]
衔牢前头个喜鹊个尾巴，[gẽ²²loʔ²²ziẽ²²dɤ²³¹kəʔ⁰çi³³tɕʰiaʔ³kəʔ⁰mi²⁴po³¹]
搭成了老老长个一乘鹊桥，[tɛʔ³dzəŋ²²ləʔ⁰lɔ²⁴lɔ³¹dzaŋ²⁴kəʔ⁰ieʔ³dzəŋ²²tɕʰiaʔ³dʑio²³¹]
那么让牛郎同织女呢，团聚。[nəʔ³məʔ³n̠iaŋ²²n̠iɤ²²laŋ²³¹doŋ²²tsəʔ³n̠y³³nE⁰，dõ²²dʑy²²]

古时候，有一个小伙子，父母都去世了，孤苦伶仃，家里只有一头老牛，大家都叫他牛郎。牛郎靠老牛耕地为生，与老牛相依为命。老牛其实是天上的金牛星，他喜欢勤劳善良的牛郎，所以想帮牛郎成个家。

有一天，金牛星得知天上的仙女们要到村东边山脚下的湖里洗澡。他就托梦给牛郎，要牛郎第二天早晨到湖边去，趁仙女们洗澡的时候，取走一件仙女挂在树上的衣裳，然后头也不回地跑回家来，就会得到一位美丽的仙女做妻子。

这天早晨，牛郎半信半疑地到了山脚下，在朦胧之中，果然看见七个美女在湖中戏水，他立即拿起树上的一件粉红衣裳，飞快地跑回家。这个被抢走衣裳的仙女就是织女。当天夜里，她轻轻敲开牛郎家的门，两人做了恩爱夫妻。

一转眼三年过去了，牛郎和织女生了一男一女两个孩子，一家人过得很开心。但是，织女私自下凡的事被玉皇大帝知道了。

有一天，天上电闪雷鸣，并刮起大风，下起大雨，织女突然不见了，两个孩子哭着要妈妈，牛郎急得不知如何是好。这时，那头老牛突然开口了："别难过，你把我的角拿下来，变成两个箩筐，装上两个孩子，就可以上天宫去找织女了。"牛郎正奇怪，牛角就掉到了地上，真的变成了两个箩筐。

牛郎把两个孩子放到箩筐里，用扁担挑起来，只觉得一阵清风吹过，箩筐像长了翅膀，突然飞了起来，腾云驾雾地向天宫飞去。飞啊，飞啊，眼看就要追上织女了，却被王母娘娘发现了，她拔下头上的一根金钗，在牛郎、织女中间一划，立刻出现一条波涛滚滚的天河，宽得望不到对岸，把小两口隔开了。

喜鹊非常同情牛郎和织女。因此，每年农历的七月初七，成千上万只喜鹊都飞到天河上，一只衔着另一只的尾巴，搭起一座长长的鹊桥，让牛郎和织女团聚。

（2015 年 8 月，发音人：陆纪生）

三、自选条目

谚语

铜钿银子短，[doŋ²²diẽ²³¹n̠iŋ³³tsɿ³³tø³³⁴]
人情世故长。[zẽ²²dʑiŋ²³¹sɿ³³ku³³dzaŋ²³¹]

黄梅跌落磕两磕，[uaŋ²²mE²³¹tieʔ³loʔ⁵lE²²liaŋ³³lE²²] 跌落：掉下。磕两磕：滚儿下
青梅跌落粉粉碎。[tɕʰiŋ³³mE²³¹tieʔ³loʔ²fẽ⁴⁴fẽ³¹sE³³]

铜钿银子多，[doŋ²²diẽ²³¹n̠iŋ³³tsɿ³³to⁵³]
行牌抬过河。[ɑŋ²²ba²²dE²²ku⁵³o²³¹] 行牌：牌坊

隔壁邻舍是梗秤，[kaʔ³pieʔ⁵liŋ³³so³³zE²²kuaŋ³³tsʰən³³] 隔壁邻舍：邻居
对面邻舍是面镜。[tE³³miẽ³³liŋ³³so³³zE²²miẽ²²tɕiŋ³³]

客气客气，[kʰaʔ³tɕʰi⁴⁴kʰaʔ³tɕʰi³³]
自个福气。[zi²²kəʔ⁰foʔ³tɕʰi⁴⁴]

好吃勿如鸡，[hɔ⁴⁴tɕʰieʔ³veʔ²y²²tɕi⁵³]
好做勿如嬉。[hɔ⁴⁴tso³³veʔ²y²²ɕi⁵³] 嬉：玩

说话蛮好听，[suoʔ³uo²³¹mẽ²²hɔ³³tʰiŋ³³]
棺材毛竹钉。[kuõ³³zE²³¹mɔ²²tsoʔ⁵tiŋ³³]

两好合一好，［liaŋ²⁴hɔ³¹keʔ³ieʔ³hɔ³³］两好：夫妻好
三好合到老。［sɛ̃³³hɔ³³keʔ³tɔ³³lɔ²²³］

（以上 2015 年 8 月，发音人：郭耀灿）

老酒糯米做，［lɔ²⁴tɕiɤ³¹no²²mi²²tso³³］
吃了变肉肉。［tɕʰieʔ⁵ləʔ⁰piɛ̃³³n̠io²⁴n̠io³¹］肉肉：猪

海马屁打仗，［hɛ³³mo⁴⁴pʰi³¹taŋ³³tsaŋ³³］海马屁：自以为是
螺蛳肉搞酱。［lo²²sʅ⁴⁴n̠ioʔ³kɔ³³tɕiaŋ³³］

（以上 2015 年 8 月，发音人：韦菊儿）

动嘴三分热，［doŋ²²tsE⁴⁴sɛ̃³³fɛ̃⁴⁴n̠ieʔ²］
落水三分净。［loʔ²sʅ³³sɛ̃³³fɛ̃³³dʑiŋ²²］

打人勿打脸，［taŋ⁵³n̠iŋ²³¹veʔ²taŋ³³liɛ̃²²³］
揭人勿揭短。［tɕieʔ³n̠iŋ²³¹veʔ²tɕieʔ³tø̃³³⁴］

六月里个热头，［loʔ²ioʔ³li⁴⁴gəʔ⁰n̠ieʔ²dɤ²³¹］热头：太阳
晚娘个拳头。［mɛ̃⁴⁴n̠iaŋ³¹gəʔ⁰dʑyø̃²²dɤ²³¹］晚娘：继母

日里跄四方，［n̠ieʔ²li⁴⁴tɕʰiaŋ³³sʅ³³faŋ³³］
夜头补裤裆。［ia²²dɤ²³¹pu³³kʰu³³taŋ³³］

（以上 2015 年 8 月，发音人：宋小青）

上　虞

一、歌谣

一息哭一息笑

一息哭一息笑，［iəʔ²ɕiəʔ⁵kʰoʔ⁵iəʔ²ɕiəʔ⁵ɕiɔ⁵³］一息：一会儿

两只黄狗来抬轿，［liã²¹tsaʔ⁵uɔ²¹kɤ³³le²¹de²¹dʑiɔ³¹］

抬得三棚桥，［de²¹təʔ⁵sɛ³³bã²¹dʑiɔ²¹³］

"白⁼达⁼"跌跌跤，［baʔ²daʔ²tiəʔ⁵tiəʔ²kɔ³³］白⁼达⁼：拟声词，摔倒在地的声音

两只黄狗哈哈笑。［liã²¹tsaʔ⁵uɔ²¹kɤ³³ha³³ha³³ɕiɔ⁵³］

小小划船江上游

小小划船江上游，［ɕiɔ³³ɕiɔ⁰uaʔ²zø²¹³kɔ³³zɔ⁰iɤ²¹³］

日日搭鱼在江头，［n̩iəʔ²n̩iəʔ²kʰɤ³³ŋ²¹dze²¹kɔ³³dɤ²¹³］搭鱼：捕鱼

鲜鱼鲜虾东家吃，［ɕiẽ³³ŋ²¹³ɕiẽ³³ho³³toŋ³³kɔ³³tɕʰyoʔ⁵］

自家小鱼一筷头。［z̩²¹kɔ³³ɕiɔ³³ŋ²¹³iəʔ²kʰua³³dɤ⁰］

特特蓬⁼

特特蓬⁼，［diəʔ²diəʔ²boŋ³¹］

特特蓬⁼，［diəʔ²diəʔ²boŋ³¹］

弹花师父实在忙，［dɛ²¹huo³³s̩³³vuʔ⁰z̩ʔ²dze⁰mɔ¹³］

铜钿银子无处园，［doŋ²¹die⁰n̠iŋ²¹tsʅ⁰vu²¹tɕʰy⁰kʰɔ⁵³］园:藏

眠床底下掘个汪＝。［miŋ²¹dzɔ⁰ti³³oᵒdʑyoʔ²kəʔ²uɔ⁵³］汪＝:坑

姑娘十八春心动

姑娘十八春心动，［ku³³n̠iã²¹zəʔ²paʔ⁵tsʰəŋ³³ɕiŋ³³doŋ²¹³］

城隍庙里求老公，［dzəŋ²¹uɔ⁰miɔ²¹li⁰dʑiɤ²¹lɔ²¹koŋ⁵³］

看见后生面孔红，［kʰɛ³³tɕie⁰ɤ²¹sã⁰mie²¹kʰoŋ⁰oŋ²¹³］后生:小伙子

勿见后生心里痛。［vəʔ²tɕiẽ⁰ɤ²¹sã⁰ɕiŋ³³li⁰tʰoŋ⁵³］

艾饺麦粿韧结结

艾饺麦粿韧结结，［n̠ie²¹tɕiɔ³³maʔ²kuᵒn̠iŋ²¹tɕiəʔ⁵tɕiəʔ²］艾饺:艾草做的清明粿。韧结结:形容吃起
　来有嚼劲

关起门来自要吃，［kuɛ³³tɕʰiᵒməŋ²¹leᵒzʅ²¹iɔ³³tɕʰyoʔ⁵］

半块驮勿出，［pɛ³³kʰuɛᵒdɤ²¹vəʔ²tsʰɔʔ⁵］驮:拿

一块自要吃。［iəʔ²kʰuɛᵒzʅ²¹iɔ³³tɕʰyoʔ⁵］

小小黄豆圆又圆

小小黄豆圆又圆，［ɕiɔ³³ɕiɔᵒuɔ²¹dɤᵒyø²¹iɤᵒyø²¹³］

磨成豆腐换铜钿，［mʊ²¹dzəŋᵒdɤ³¹vuᵒuø³³doŋ²¹die²¹³］铜钿:钱

人人话我生意小，［n̠iŋ²¹n̠iŋᵒuo²¹ŋʊ²¹sã³³iᵒɕiɔ³⁵］

小小生意赚大钿。［ɕiɔ³³ɕiɔᵒsã³³iᵒdzɤ²¹dʊ²¹die⁰］

念念灶司经

念念灶司经，［n̠ie³³n̠ie³¹tsɔ⁵⁵sʅᵒtɕiŋ³³］

灶井＝菩萨上天堂，［tsɔ⁵⁵tɕiŋ³³bu²¹saʔ⁵zɔ²¹tʰiẽ³³dɔ²¹³］

好言好语带上天，［hɔ³³n̠ie²¹hɔ³³n̠y²¹ta³³zɔ²¹tʰiẽ³³］

恶言恶语免祸灾，［ŋɔʔ⁵n̠ie²¹ŋɔʔ²n̠y²¹miẽ²¹oᵒ²¹tse³³］

南无阿弥陀佛。［nø²¹mᵒo³³mi²¹dɤ²¹vəʔ²］

馒头抛过东

馒头抛过东，［mɛ²¹dɤ²¹³pʰɔ³³ku⁰toŋ³⁵］

代代子孙做相公，［de³¹de⁰tsɿ³³səŋ³³tsu³³ɕiã³³koŋ⁰］

馒头抛过南，［mɛ²¹dɤ²¹³pʰɔ³³ku⁰nø²¹³］

代代子孙中状元，［de³¹de⁰tsɿ³³səŋ³³tsoŋ³³dzɔ³¹yø²¹］

馒头抛过西，［mɛ²¹dɤ²¹³pʰɔ³³ku⁰sɿ³⁵］

代代子孙做黄帝，［de³¹de⁰tsɿ³³səŋ³³tsu³³uɔ²¹ti³⁵］

馒头抛过北，［mɛ²¹dɤ²¹³pʰɔ³³ku⁰poʔ⁵］

代代子孙都享福，［de³¹de⁰tsɿ³³səŋ³³tu³³ɕia³³foʔ⁵］

东家喜欢富还贵，［toŋ³³ko³³ɕi³³huø³³fu³³uɛ²¹kue⁵³］

偃富也要，［ŋa²¹fu⁵⁵ia⁰iɔ⁵³］

贵也要，［kue⁵³ia⁰iɔ⁵³］

荣华富贵万万年。［yoŋ²¹ua²²fu³³kue³³uɛ³¹uɛ⁰n̩iɛ̃²¹］

（以上 2018 年 8 月，发音人：朱丽娟）

二、规定故事

牛郎和织女

古代个辰光啦，［ku³³de²²kəʔ²dzəŋ²¹kuɔ³³la⁰］

有个小伙子，［iɤ²¹kəʔ²ɕiɔ³³fu³³tsɿ⁰］

名字叫作牛郎，［miŋ²¹dzɿ⁰tɕiɔ⁵⁵tsu⁰n̩iɤ²¹lɔ²¹³］

伊窝里啦就一只老牛，［i³³ʋ³³li⁰la⁰dziɤ²¹iəʔ²tsaʔ⁵lɔ²¹n̩iɤ²¹³］

与一只老牛啦相依为命个，［y²²iəʔ²tsaʔ⁵lɔ²¹n̩iɤ²¹³la⁰ɕiã³³i⁵⁵ue²¹miŋ³¹kəʔ²］

老牛其实是天高头个金牛星，［lɔ²¹n̩iɤ²¹³dzi²¹zəʔ²zɿ⁰tʰiɛ̃³³kɔ³³dɤ²¹kəʔ²tɕiŋ³³n̩iɤ²¹ɕiŋ⁵³］

天高头：天上

金牛星呢，［tɕiŋ³³n̩iɤ²¹ɕiŋ³³n̩iŋ⁰］

蛮蛮喜欢牛郎个勤劳善良，［mɛ²¹mɛ⁰ɕi⁵³huø⁰n̩iɤ²¹lɔ²¹³kəʔ²dziŋ²¹lɔ⁰zø³¹liã⁰］

伊呢想拨伊成份人家。［i³³n̩i⁰ɕiã³³piəʔ⁵i³³dzəŋ²¹vəŋ⁰n̩iŋ²¹ko³⁵］

有一日呢，［iɤ²¹iə ʔ²n̠iə ʔ²n̠iŋ⁰］

伊得知天高头个仙女啦，［i³³tɐ ʔ⁵tsɹ⁰tʰiẽ³³kɔ³³dɤ²¹³kə ʔ²ɕiẽ³³n̠y²¹la⁰］

要到伊拉个村东边个湖里，［iɔ⁵⁵tɔ³³i²¹la³¹kə ʔ²tsʰən³³toŋ³³piẽ³³kə ʔ²vu²¹li⁰］

汏浴去类＝，［da²¹n̠y³¹tɕʰi⁵⁵le⁰］ 汏浴: 洗澡

伊就托梦拨牛郎，［i²²dʑiɤ²¹tʰo ʔ⁵məŋ³¹piə ʔ²n̠iɤ²¹lɔ²¹³］

讴牛郎呢趁仙女汏浴个辰光呢，［ɤ³³n̠iɤ²¹lɔ²¹³n̠iŋ⁰tsʰən³³ɕiẽ³³n̠y⁰da²¹n̠y³¹kə ʔ²dzən²¹
kuɔ³³n̠iŋ⁰］

驮件衣裳驮到屋里去，［dɤ²¹dʑie³¹i³³zɔ⁰dɤ²¹tɔ⁰o ʔ⁵li⁰tɕʰi⁰］

就会得到一个美丽个仙女，［dʑiɤ²¹ue³¹tɐ ʔ⁵tɔ⁰iə ʔ²kə ʔ²me²¹li³¹kə ʔ²ɕiẽ³⁵n̠y⁰］

做老嬷个。［tsu⁵⁵lɔ²¹mo²²kə ʔ²］

第二日天亮头牛郎勿大相信，［di²²n̠i³¹n̠iə ʔ²tʰiẽ³³liã⁰dɤ³¹n̠iɤ²¹lɔ²¹³və ʔ²da⁰ɕiã³³ɕiŋ⁰］

就到湖边去看看看，［dʑiɤ²¹tɔ⁵⁵vu²¹piẽ³³tɕʰi⁰kʰɛ⁵⁵kʰɛ⁰kʰɛ⁵⁵］

果真有两个仙女来夯＝汏浴，［ku³³tsən³³iɤ²¹liã²¹kə ʔ²ɕiẽ³³n̠y⁰le²¹hã⁰da²¹n̠y³¹］

伊就拨挂在树高头上，［i²²dʑiɤ²¹piə ʔ²ko³³dze⁰ʐy²²kɔ³³dɤ⁰zɔ⁰］

一件粉红色个衣裳，［iə ʔ²dʑie³¹fən³³oŋ²¹sɐ ʔ⁵kə ʔ²i³³zɔ⁰］

驮到屋里去，［dɤ²¹tɔ⁰o ʔ⁵li⁰tɕʰi⁰］

伊件衣裳呢就是织女个乙件衣裳，［i²²dʑiẽ³¹i³³zɔ⁰n̠iŋ⁰dʑiɤ²¹zə ʔ²tsə ʔ⁵n̠y³¹kə ʔ²iə ʔ²dʑiẽ⁰
i³³zɔ⁰］

乙日子夜头呢，［iə ʔ⁵n̠iə ʔ²tsɹ⁰ia³¹dɤ²¹³n̠iŋ⁰］

织女就到了牛郎屋里个门，［tsə ʔ⁵n̠y³¹dʑiɤ²¹tɔ⁵⁵lə ʔ²n̠iɤ²¹lɔ²¹³o ʔ⁵li⁰kə ʔ²məŋ²¹³］

门敲门敲开了，［məŋ²¹kʰɔ³³məŋ²¹³kʰɔ³³kʰe³³lə ʔ²］

就做了两老嬷哉，［dʑiɤ²¹tsu⁵⁵lə ʔ²liã²¹lɔ²¹mo²²tse⁰］

眼睛一眨三年过去哉，［ŋɛ²¹tɕiŋ³³iə ʔ²sa ʔ⁵sɛ³³n̠iẽ⁰ku⁵⁵tɕʰi⁰tse⁰］

牛郎则＝织女生了一个儿子一个囡，［n̠iɤ²¹lɔ⁰tsə ʔ⁵tsə ʔ⁵n̠y³¹sã³³lə ʔ²iə ʔ²kə ʔ²ŋ²²tsɹ⁰iə ʔ²
kə ʔ²nø²²］ 则＝: 和

两个小人。［liã²¹kə ʔ²ɕiɔ³³n̠iŋ²¹³］

日子嘛，［n̠iə ʔ²tsɹ⁰ma⁰］

过得蛮开心。［ku⁵⁵tɐ ʔ²mɛ²¹kʰe³³ɕiŋ³³］

可是啦，［kʰɤ³³zɹ⁰la⁰］

可惜啦，［kʰɤ³³ɕiə ʔ⁵la⁰］

织女私自下凡格个桩事体啦，［tsəʔ⁵n̪y³¹sʐ³³dzʐ⁰o²¹uɛ²¹kəʔ²kəʔ⁵tsɔ³³zʐ³¹tʰi³³la⁰］

拨玉皇大帝晓得哉，［piəʔ⁵n̪yoʔ²uɔ⁰da³¹di⁰ɕiɔ³³tɐʔ²tse⁰］

玉皇大帝嘛也气煞哉，［n̪yoʔ²uɔ⁰da³¹di⁰ma⁰a²¹tɕʰi³³sɐʔ²tse⁰］

乙日子啦，［iəʔ⁵n̪iəʔ²tsʐ⁰la⁰］

动雷霍闪刮啊一声响啦，［doŋ³¹le²²hoʔ⁵søʔ⁰kuaʔ⁵a⁰iəʔ²səŋ⁰ɕia³⁵la⁰］_{霍闪：闪电}

织女就收得去哉，［tsəʔ⁵n̪y³¹dzix²¹sʐ³³tɐʔ²tɕʰi⁰tse⁰］

收得去哉一个儿子一个囝，［sʐ³³tɐʔ²tɕʰi⁰tse⁰iəʔ²kəʔ²ŋ²²tsʐ⁰iəʔ²kəʔ²nø²²］

两个小人就哭啊喊娘了嘛，［liã²¹kəʔ²ɕiɔ³³n̪iŋ²¹³dzix²¹kʰoʔ⁵a⁰hɛ³³n̪iã²¹la⁰ma⁰］

牛郎也没办法哉，［n̪ix²¹lɔ²¹³a²¹məʔ²bɛ²¹fɐʔ²tse⁰］

急得团团转个，［tɕiəʔ⁵tɐʔ²dø²¹dø⁰tsø³⁵kəʔ²］

老牛开口话起说话哉：［lɔ²¹n̪ix⁰kʰe³³kʰx³⁵uo²¹tɕʰi⁰soʔ⁵uo³¹tse⁰］

牛郎［勿要］急，［n̪ix²¹lɔ²¹³ua⁵³tɕiəʔ⁵］

拨我个两个牛角啦，［piəʔ⁵ŋʊ²¹kəʔ²liã²¹kəʔ²n̪ix²¹koʔ⁵la⁰］

驮落来变两个箩筐，［dx²¹loʔ²le⁰piɛ⁵⁵liã²¹kəʔ²lʊ²¹kʰuɔ³⁵］

侬挑得两个小人去追。［noŋ²¹tʰiɔ³³tɐʔ²liã²¹kəʔ²ɕiɔ³³n̪iŋ⁰tɕʰi⁰tse³⁵］

一边话呢，［iəʔ⁵piɛ̃³³uo³¹n̪iŋ⁰］

一边两个牛角就翻落来哉，［iəʔ⁵piɛ̃³³liã²¹kəʔ²n̪ix²¹koʔ⁵dzix²¹fɛ³³loʔ²le²¹tse⁰］

变得两只箩筐，［piɛ̃⁵⁵tɐʔ²liã²¹kəʔ²lʊ²¹kʰuɔ³⁵］

牛郎呢就挑得两个小人，［n̪ix²¹lɔ²¹³n̪iŋ⁰dzix²¹tʰiɔ³³tɐʔ²liã²¹kəʔ²ɕiɔ³³n̪iŋ²¹³］

望天高头去追，［mɔ²¹tʰiɛ̃³³kɔ³³dx⁰tɕʰi⁰tse³⁵］

追啊追啊，［tse³⁵a⁰tse³⁵a⁰］

快要追着个辰光呢，［kʰua⁵⁵iɔ⁰tse³⁵zɐʔ²kəʔ²dzəŋ²¹kuɔ³³n̪iŋ⁰］

拨王母娘娘看见哉，［piəʔ⁵uɔ²¹ŋ⁰n̪iã²¹n̪iã⁰kʰɛ⁵⁵tɕiɛ̃⁰tse⁰］

王母娘娘呢，［uɔ²¹ŋ⁰n̪iã²¹n̪iã⁰n̪iŋ⁰］

驮起头里个一梗金钗呢，［dx²¹tɕʰi⁰dx²¹li⁰kəʔ²iəʔ²kuã̃⁰tɕiŋ³³tsʰo³³n̪iŋ⁰］

拨两人当中央啦划了一道，［piəʔ⁵liã²¹n̪iŋ²¹³tɔ³³tsoŋ³³iã⁰la⁰uaʔ²ləʔ²iəʔ²dɔ³¹］

马上变成了一梗老老宽个天河啦，［mɔ²¹zɔ⁰piɛ̃⁵⁵dzəŋ²¹ləʔ²iəʔ²kuã̃³⁵lɔ²¹lɔ⁰kʰuø³³kəʔ²tʰiɛ̃³³ʊ²¹la⁰］

对面都看勿见，［te⁵⁵miɛ̃⁰tu³³kʰɛ⁵⁵vəʔ²tɕiɛ̃⁵⁵］

两个人从此呢就拨分开哉。［liã²¹kəʔ²n̪iŋ²¹³dzoŋ²¹tsʰʐ³⁵n̪iŋ⁰dzix²¹piəʔ⁵fəŋ³³kʰe³³tse⁰］

喜鹊呢，［ɕi³³tɕʰiaʔ⁵n̠iŋ⁰］

蛮蛮同情牛郎㑇织女个事体。［mɛ²¹mɛ⁰doŋ²¹dʑiŋ²¹³n̠iɤ²¹lɔ²¹³tsəʔ²tsəʔ⁵n̠y³¹kəʔ²z̩³¹
　　tʰi³⁵］

伊拉就在阴历个七月初七呢，［i²²la³¹dʑiɤ²¹dze⁰iŋ³³liəʔ²kəʔ²tɕʰiəʔ²io²ʔtɕʰy³³tɕʰiəʔ⁵n̠iŋ⁰］

成千上万个喜鹊啦，［dzəŋ²¹tɕʰiẽ³³zɔ²¹uɛ³¹kəʔ²ɕi³³tɕʰiaʔ⁵la⁰］

在天河高头，［dze²¹tʰie³³ʋ²¹kɔ³³dɤ²¹³］

搭起一座长长个鹊桥，［tɐʔ⁵tɕʰi⁰iəʔ²dzu²¹dzã²²dzã²¹kəʔ²tɕʰiaʔ⁵dʑiɔ²¹³］

拨牛郎㑇织女相会。［piəʔ⁵n̠iɤ²¹lɔ²¹³tsəʔ²tsəʔ⁵n̠y³¹ɕiã³³uɛ³¹］

　　古时候，有个小伙子，名字叫作牛郎，他家里只有一只老牛，他与这只老牛相依为命，老牛其实是天上的金牛星，金牛星很喜欢勤劳善良的牛郎，想给牛郎成个家。

　　有一天，他得知天上的仙女要到他们村东边的湖里来洗澡，于是就托梦给牛郎，叫牛郎趁仙女洗澡的时候，拿件衣服回到家里去，就会得到一个美丽的仙女做妻子。

　　第二日天刚亮，牛郎半信半疑地来到湖边，果真看见有两个仙女在洗澡。他就把挂在树上的一件粉红色的衣裳拿到家里去，这件衣服就是织女的。这天晚上，织女就到了牛郎家门口，敲开了门，之后他们俩便成了夫妻。一眨眼，三年过去了，牛郎和织女生了一儿一女，日子也过得很开心。

　　可惜的是，织女私自下凡的事被玉皇大帝知道了，玉皇大帝非常生气，突然有一天，电闪雷鸣，织女就被带回天宫了。织女走后，她的两个小孩就哭着喊妈妈，牛郎也没有办法，急得团团转，这时老牛开口说起了话："牛郎不要急，把我的两个牛角拿下来就会变成两个箩筐，你用箩筐挑着两个小孩子去追织女。"

　　话刚说完，老牛的两个牛角就掉下来了，变成两只箩筐，牛郎挑起两个小孩就往天上去追，追啊追啊，快要追到的时候，被王母娘娘看见了，王母娘娘拿起头上的一根金钗，在两人中间划了一道，马上变成了一条宽阔的天河，牛郎和织女在对面都无法看见彼此，两个人从此就分开了。

　　喜鹊特别同情牛郎和织女的遭遇，于是在阴历的七月初七，成千上万只喜鹊，在天河上搭起一座长长的鹊桥，让牛郎和织女相会。

　　　　　　　　　　　　　　　　　　　　　（2018 年 8 月，发音人：朱丽娟）

三、自选条目

（一）谚语

吃过清明饭，［tɕʰyoʔ⁵kuᵘtɕʰiŋ³³miŋ²¹³vɛ³¹］
天晴落雨要出畈。［tʰiẽ³³ȵiŋ²¹³loʔ²y²¹³iɔ³³tsʰəʔ²fɛ⁵³］

好猫管三家，［hɔ³³mɔ³³kuø³³sɛ³³ko³³］
好狗管三村。［hɔ³³kɤ³⁵kuø³³sɛ³³tsʰəŋ³³］

头伏萝卜二伏芥，［dɤ²¹voʔ²lʋ²¹boʔ²ȵi²¹voʔ²ka³³］
三伏里头种白菜。［sɛ³³voʔ²li²¹dɤᵘtsoŋ³³baʔ²tsʰe³³］

瞎子怕过桥，［hɐʔ⁵tsʅᵖʰo³³ku³³dʑiɔ²¹³］
撑船怕搁牢。［tsʰã³³zø²¹³pʰo³³koʔ⁵lɔ²¹³］

道光铜钿勿买盐，［dɔ²¹kuɔ³³doŋ²¹die²¹³vəʔ²ma²¹iẽ²¹³］
光绪铜钿勿买醋。［kuɔ³³zy³¹doŋ²¹die²¹³vəʔ²ma²¹tɕʰy⁵³］

晴冬至，［ȵiŋ²¹toŋ³³tsʅ³⁵］
烂年边，［lɛ²¹ȵiẽ²¹piẽ³³］
邋遢冬至晴过年。［lɐʔ²tʰaʔ⁵toŋ³³tsʅ³⁵ȵiŋ²¹ku³³ȵiẽ²¹³］

冬至牛碾塘，［toŋ³³tsʅ³⁵ȵiɤ²¹ȵiẽ²¹dɔ²¹³］
稻头两人扛。［dɔ²¹dɤᵘliã²¹ȵiŋ²¹³kɔ³⁵］

雄鸡斗，［yoŋ²¹tɕi³³tɤ⁵³］
晒开头，［sa³³kʰe³³dɤ²¹³］
鸡娘斗，［tɕi³³ȵiã⁰tɤ⁵³］
雨稠稠。［y²¹dzɤ²¹dzɤ⁰］

鹅吃砻糠鸭吃谷，［ŋʊ²¹tɕʰyoʔ⁵loŋ²¹kʰɔ⁵³aʔ⁵tɕʰyoʔ²koʔ⁵］

各人各有各人福。［koʔ⁵n̠iŋ²¹koʔ⁵iɤ²¹koʔ⁵n̠iŋ²¹foʔ⁵］

（以上 2018 年 8 月，发音人：俞夫根）

（二）谜语

低低山，［ti³³ti³³sɛ³³］

高高山，［kɔ³³kɔ³³sɛ³³］

低低山高头有潮鹅，［ti³³ti³³sɛ³³kɔ³³dɤ⁰iɤ²¹dzɔ⁰ŋʊ²¹³］

人客来哉别⸗落河，［n̠iŋ²¹kʰɐʔ⁵le²¹tseⁿbiəʔ²loʔ²ʊ²¹³］

——煮汤团［tsʅ³³tʰɔ³³dø²¹³］

小小年纪，［ɕiɔ³³ɕiɔ⁰n̠ie²¹tɕi³⁵］

出门做生意，［tsʰəʔ⁵məŋ²¹³tsʊ³³sɛ³³i⁵³］

堆⸗滴⸗我个辫子，［te³³tiəʔ⁵ŋʊ²¹kəʔ²biẽ²¹tsʅ⁵³］

还要问我年纪，［uɛ²¹iɔ³³məŋ³¹ŋʊ²¹³n̠iẽ²¹tɕi³⁵］

——秤［tsʰəŋ⁵³］

划划船，［uo³³uo³³zø²¹³］

两头尖，［liã²¹dɤ²¹³tɕiẽ³³］

当中央有个活神仙，［tɔ³³tsoŋ³³iã³³iɤ²¹kəʔ²uəʔ²zəŋ²¹ɕiẽ⁵³］

——眼睛［n̠iẽ²¹tɕiŋ⁵³］

猜谜猜谜，［tsʰe³³me²¹³tsʰe³³me²¹³］

跟滴⸗我来，［kəŋ³³tiəʔ²ŋʊ²¹le²¹³］

芝麻一大堆，［tsʅ³³mo²¹iəʔ²dʊ³¹te³³］

烧饼吹勿来，［sɔ³³piŋ³⁵tsʰe³³vəʔ²le²¹］

——火铳［hu³³tsʰoŋ⁵³］

（以上 2018 年 8 月，发音人：俞夫根）

嵊　州

一、歌谣

赤膊走

赤膊走，搭泥鳅，〔tsʰə ʔ⁵poʔ³tɕiɤ³³⁴，kʰo³³n̠i²²tɕʰiɤ³¹〕搭：捉
搭得三畚斗，〔kʰo³³təʔ⁰sɛ̃⁵³peŋ⁵⁵tɤ³¹〕
带拨爷爷过老酒。〔ta⁵³pəʔ⁰ia²²ia²³¹ko³³lɔ²⁴tɕiɤ⁵³〕过：下酒

萤火虫

萤火虫，矮落来，〔iŋ²²ho³³dzoŋ²³¹，a³³loʔ³lɛ²²〕矮：低
我来拨侬做个媒，〔ŋo²⁴lɛ³³pəʔ⁰noŋ²²tso³³ko³³mɛ²¹³〕
做到哪块？〔tso³³tɔ³³na²²kʰuɛ³³⁴〕哪块：哪里
做到天台。〔tso³³tɔ³³tʰiɛ̃⁵³tʰɛ³³⁴〕
麻筛米筛抬抬，〔mo²²sɿ³³mi²⁴sɿ⁵³dɛ²²dɛ²¹³〕
花花手巾盖盖。〔fo⁵³fo³¹ɕiɤ³³tɕiŋ⁵³kɛ³³kɛ⁵³〕

一记笑

一记笑，一记叫，〔ieʔ³tɕi³³ɕiɔ³³⁴，ieʔ³tɕi³³tɕiɔ³³⁴〕
两只黄狗来抬轿，〔liaŋ²⁴tsəʔ³uɔŋ²²kɤ⁵³lɛ³³dɛ²²dʑiɔ²⁴〕

两个猫猫来吹箫。［liaŋ²⁴ka³³mɔ²²mɔ²³¹lᴇ³³tsʰ˳³³ɕiɔ⁵³⁴］

点点绊绊

点点绊绊，［tiẽ³³tiẽ³³pæ̃⁵³pæ̃³³⁴］

绊过南山，［pæ̃⁵³ko³³nœ̃²²sɛ̃³¹］

南山出青草，［nœ̃²²sɛ̃³³⁴tsʰə̃ʔ³tɕʰiŋ⁵³tsʰɔ⁵³］

青草好饲牛。［tɕʰiŋ⁵³tsʰɔ⁵³hɔ³³z̩²²n̲iɤ²¹³］

牛皮好绷鼓，［n̲iɤ²²bi²³¹hɔ³³paŋ³³ku⁵³］<small>好：可以；绷鼓：做鼓</small>

鼓声咚咚咚，［ku³³seŋ⁵³toŋ³³toŋ³³toŋ⁵³］

哪个小囡要肚痛？［na²²kə̃ʔ⁵ɕiɔ³³nœ̃²²iɔ³³du²⁴tʰoŋ³³⁴］<small>小囡：小姑娘</small>

麻皮麻

麻皮麻，偷枇杷，［mo²²bi²³¹mo²¹³，tʰɤ⁵³bi²²bo²³¹］

枇杷树里一支蛇，［bi²²bo²²z̩²⁴li³¹ieʔ³tsɿ³³dzo²¹³］

吓得麻皮倒头爬。［hə̃ʔ⁵tə̃ʔ⁰mo²²bi²³¹tɔ³³dɤ²²bo²¹³］

（以上 2016 年 7 月，发音人：丁娟兰）

二、规定故事

牛郎和织女

今朝我来讲个故事，［tɕiŋ⁵³tsɔ³³⁴ŋo²⁴lᴇ³³kɔŋ³³ka³³ku³³zɿ³³］

故事个题目喊得牛郎和织女。［ku³³zɿ³³kə̃ʔ⁰di²²moʔ³hɛ̃³³tə̃ʔ⁰n̲iɤ²²lɔŋ²³¹hɔ³³tsəʔ⁵n̲y²³¹］

从前啦有个后生侬，［dzoŋ²²dziẽ²³¹laʔⁱiɤ²⁴ka³ɤ²⁴saŋ³³noŋ²¹³］

郎屋里个爹娘啦含＝松＝去世了，［ia²⁴uo⁵³li³¹kə̃ʔⁱtia⁵³n̲iaŋ²⁴laʔ⁰œ̃²²soŋ³³tɕʰy³³sɿ³³lə⁰］<small>含＝松＝：都</small>

捉＝伊兄弟姊妹也［无有］，［tsoʔⁱi²⁴ɕyoŋ⁵³di²⁴tɕi³³mᴇ⁴⁴ia³³n̲iɤ³¹］

只有一个侬，［tsɿ³³iɤ⁴⁴ieʔ³ka³³noŋ²¹³］

冷冷清清，［laŋ²⁴laŋ³³tɕʰiŋ³³tɕʰiŋ³³］

无依无靠。［u²²i³³u²²kʰɔ³³⁴］

捉＝全靠啦喏＝屋里一头牛啦，［tsoʔ³dziẽ²²kʰɔ⁴⁴laʔ⁰nɔ²⁴uo⁴⁴li³¹ieʔ³tɤ³³n̲iɤ²²la²⁴］

来亨陪伊［来亨］过日子，［lɛ²²haŋ³³bE²²i²²laŋ³³ko³³nəʔ²tsʅ³³⁴］

捉＝大家呢含＝松＝喊伊啦喊牛郎。［tsoʔ³do²²ko³³⁴n̠i⁰œ²²soŋ⁴⁴hɛ̃³³i⁴⁴la⁰hɛ̃³³n̠iɤ²²lɔŋ²³¹］

捉＝牛郎呢对个只牛啦蛮好个，［tsoʔ³n̠iɤ²²lɔŋ²³¹n̠i⁰tE³³ka³³tsəʔ⁵n̠iɤ²²la⁰mɛ̃⁵³hɔ⁴⁴gɔ⁰］

捉＝个只牛呢也帮牛郎耕田耕地做生活，［tsoʔ³ka³³tsəʔ⁵n̠iɤ²²n̠i²⁴ia²⁴pɔŋ³³n̠iɤ²²lɔŋ²³¹ kaŋ³³diɛ̃²¹³kaŋ³³di²⁴tso³³saŋ⁵³uɛʔ²］

捉＝介个互相依靠，［tsoʔ³ka³³kəʔ⁰u²²ɕiaŋ³³i⁵³kʰɔ³³⁴］

来亨过日子。［lɛ²²haŋ³³ko³³nəʔ²tsʅ⁵³］

捉＝一头牛啦弗是一头普通个牛啊，［tsoʔ³ieʔ³dɤ²³¹n̠iɤ²²la⁰fəʔ²zE²³¹ieʔ³dɤ²²pʰu³³tʰoŋ⁴⁴ kəʔ⁰n̠iɤ²²a⁰］

伊原来是天高头个一颗星宿啦，［i²⁴n̠yœ²²lE²³¹zəʔ⁰tʰiɛ̃⁵³ko³³dɤ²³¹kəʔ⁰ieʔ³kʰɔ³³ɕiŋ⁵³soʔ⁵ la⁰］

喊得金牛星，［hɛ̃³³təʔ⁰tɕiŋ⁵³n̠iɤ²²ɕiŋ³³⁴］

捉＝格金牛星啦，［tsoʔ³kəʔ⁰tɕiŋ⁵³n̠iɤ³³ɕiŋ³³la⁰］

就是看看牛郎个侬啦，［ʑiɤ²⁴zʅ³¹kʰœ³³kʰɔ³³n̠iɤ²²lɔŋ²³¹ka³³noŋ²¹³la⁰］

善良，勤劳，［zœ̃²⁴liaŋ⁵³，dʑiŋ²²lɔ²³¹］

朴实，良心好，［pʰoʔ⁵zəʔ³，liaŋ²²ɕiŋ³³hɔ⁵³］

捉＝就特为个从天高头啦下凡到牛郎拉屋里来，［tsoʔ³ʑiɤ²⁴dəʔ²uE²⁴ka³³dzoŋ²²tʰiɛ̃⁵³ kɔ³³dɤ²³¹la⁰ia³³uɛ̃²²tɔ³³n̠iɤ²²lɔŋ²³¹la³³uo³³li⁴⁴lE²²］

诚心呢想帮牛郎啦趁持一份侬家出来。［dzeŋ²²ɕiŋ³³⁴n̠i³³ɕiaŋ⁵³pɔŋ³³n̠iɤ²²lɔŋ²³¹la⁰tsʰaŋ⁵³ zʅ²³¹ieʔ³uəŋ²²noŋ²²ko³³⁴tsʰəʔ³lE²³¹］

捉＝有日之间啦，［tsoʔ³iɤ²⁴nəʔ³tsʅ³³kɛ̃³³la⁰］

格金牛星有得到一个消息，［kəʔ⁰tɕiŋ⁵³n̠iɤ²²ɕiŋ³³⁴iɤ²⁴təʔ³tɔ³³ieʔ³ka³³ɕiɔ⁵³ɕieʔ⁵］

明朝天亮，早上头啦，［miŋ²²tsɔ³³tʰiɛ̃³³liaŋ²⁴，tsɔ³³zaŋ⁴⁴dɤ³³la⁰］

天高头一班仙女要到村旁边个一埭河港里来屌浴。［tʰiɛ̃⁵³kɔ³³dɤ²³¹ieʔ³pɛ̃³³ɕiɛ⁵³n̠y²³¹ iɔ³³tɔ³³tsʰeŋ⁵³bɔŋ²²piɛ̃³³kəʔ⁰ieʔ³da³³o²²kɔŋ⁴⁴li³³lE³¹fu³³yoʔ²］

捉＝伊连忙把介个消息啦托夜梦带拨牛郎，［tsoʔ³i³³liɛ̃²²mɔŋ²³¹pa³³ka³³kəʔ³ɕiɔ⁵³ɕieʔ⁵la⁰ tʰɔʔ⁵ia²²mɔŋ³³⁴ta³³pəʔ³n̠iɤ²²lɔŋ²³¹］

喊牛郎：［hɛ̃⁵³n̠iɤ²²lɔŋ²³¹］

侬明朝天亮早些到村旁边啦去等东＝。［noŋ²⁴miŋ²²tsɔ³³tʰiɛ̃³³liaŋ³³tsɔ⁴⁴səʔ³tɔ³³tsʰeŋ⁵³ bɔŋ²²piɛ̃³³la⁰tɕʰi³³teŋ⁴⁴toŋ³¹］

等好，［teŋ³³hɔ⁵³］

天高头啦有七个仙女要到格埭河港里来屄浴，［tʰiẽ⁵³kɔ³³dɣ²³¹la⁰iɣ²⁴tɕʰieʔ³ka³³ɕiẽ⁵³

ȵy²³¹iɔ³³tɔ³³kəʔ³da²³¹o²²kɔŋ⁴⁴li³³lE³¹fu³³yoʔ²］

侬［只要］看见树高头有一件粉红色个件衣裳，［noŋ²⁴tɕiɔ³³kʰœ̃³³tɕiẽ³³z̩²²kɔ³³dɣ²³¹

iɣ²⁴ieʔ³dʑiẽ³³feŋ³³oŋ⁴⁴səʔ⁵ka³³dʑiẽ²⁴i⁵³zɔŋ³¹］

侬［只要］直꞊驮东꞊，［noŋ²⁴tɕiɔ³³dzəʔ²do²²doŋ²⁴］

望屋里逃，［mɔŋ²⁴uo³³li⁴⁴dɔ²¹³］

头皮么［弗要］乱直꞊去张。［dɣ²²bi²⁴məʔ⁰fiɔ⁵³lœ̃²²dzəʔ²tɕʰi³³tsaŋ⁵³］

捉꞊后半夜介个，［tsoʔ⁰iɣ³³pœ̃⁴⁴ia³¹ka³³kəʔ⁰］

牛郎醒转来啦想想那格介奇怪，［ȵiɣ²²lɔŋ²³¹ɕiŋ³³tsœ̃⁴⁴lE³¹la⁰ɕiaŋ³³ɕiaŋ³³naʔ²kəʔ⁰ka⁴⁴dʑi²²

kua³³］

介个做得介个夜梦，［ka³³kəʔ⁵tso³³təʔ³ka³³kəʔ⁵ia²²mɔŋ³³⁴］

格想想么也弗大可能格样子哦，［kəʔ³ɕiaŋ⁴⁴ɕiaŋ³¹məʔ⁰ia²⁴fɛʔ³da²⁴kʰo³³neŋ²¹³kəʔ⁰iaŋ²²

tsɿ⁵³ɔ⁰］

格想想么侬是话失去介个机会么想想也可惜猛，［kəʔ³ɕiaŋ³³ɕiaŋ³³məʔ⁰noŋ³³zE²²ua²²

səʔ³tɕʰy⁴⁴ka³³kəʔ⁵tɕi⁵³uE²⁴məʔ⁰ɕiaŋ³³ɕiaŋ³³ia²⁴kʰo³³ɕieʔ⁵maŋ³¹］

介么好派꞊去去看。［ka³³məʔ⁰hɔ³³pʰa³³tɕʰi³³tɕʰi⁴⁴kʰœ̃³¹］

捉꞊半信半疑介就是天也弗亮个就是村旁边等好哉。［tsoʔ³pœ̃³³ɕiŋ³³pœ̃⁴⁴iʔ³ka³³ziɣ²⁴zɿ³¹

tʰiẽ⁵³ia³³fəʔ⁵liaŋ²⁴ka³³ziɣ²⁴zɿ³¹tsʰeŋ⁵³bɔŋ²²piẽ³³teŋ³³hɔ⁴⁴tsE³¹］

捉꞊等得蛮꞊兴꞊啦，［tsoʔ³teŋ⁵³təʔ⁰mẽ⁴⁴ɕiŋ³¹la⁰］_{蛮꞊兴꞊：一会儿}

喏，天还是要弗亮来哦，［no²⁴, tʰiẽ³³uE²²zE²⁴iɔ³³fəʔ⁵liaŋ²⁴lE³¹o⁰］

刚东方条꞊白介个样子哦。［kɔŋ³³⁴toŋ⁵³fɔŋ³³diɔ²⁴baʔ²ga²⁴kəʔ⁰iaŋ²⁴tsɿ³¹iɔ⁰］

伊看见天高头啦有七个仙女，［i²⁴kʰœ̃⁵³tɕiẽ³³tʰiẽ⁵³kɔ³³dɣ⁴⁴la⁰iɣ²⁴tɕʰieʔ³ka³³ɕiẽ⁵³ȵy²³¹］

哗……飘落来哉，［ua²³¹……pʰiɔ⁵³loʔ²lE³³tsE³³］

五颜六色介个，蛮漂亮个，［ŋ²²ŋẽ²⁴loʔ³səʔ⁵ka³³gɔ⁰, mẽ⁵³pʰiɔ³³liaŋ²⁴gɔ⁰］

个个仙女个个相生得蛮漂亮个。［ka⁴⁴ka³³ɕiẽ⁵³ȵy²³¹ka⁴⁴ka³³ɕiaŋ⁰saŋ³³təʔ³mẽ⁵³pʰiɔ³³

liaŋ²⁴gɔ⁰］

捉꞊么是衣裳脱掉是到河港里去屄浴去哉，［tsoʔ³məʔ⁰zE²⁴i⁵³zɔŋ²⁴tʰəʔ³tiɔ³³zE²⁴tɔ³³o²²kɔŋ³³

li⁰tɕʰi³³fu³³yoʔ²tɕʰi³³tsE³³⁴］

捉꞊牛郎看见树高头啦有一件粉红色介件衣裳来亨么，［tsoʔ³ȵiɣ²²lɔŋ²³¹kʰœ̃³³tɕiẽ³³

zɿ²⁴kɔ³³dɣ⁴⁴la⁰iɣ²⁴ieʔ³dʑiẽ³³feŋ³³oŋ⁴⁴səʔ³ka³³dʑiẽ³³i⁵³zɔŋ²⁴lE³³haŋ³³məʔ⁰］

伊是驮记东﹦，［i²²ᶻɛ²²do²²tɕi³³toŋ⁴⁴］

"咣咣咣咣"往屋里逃去哉，［guaŋ²³¹guaŋ²³¹guaŋ²³¹guaŋ²³¹mɔŋ²⁴uo³³li⁴⁴dɔ²²tɕʰi³³tsɛ³¹］

头皮也弗乱直﹦去张。［dɤ²²bi²⁴ia³³fə?³lœ̃²⁴dzə?²tɕʰi³³tsaŋ⁵³］

捉﹦当日夜头，［tso?³toŋ³³nə?²ia²²dɤ²³¹］

就是衣裳少去个仙女啦，［ʑiɤ²²zə?²i⁵³zoŋ²⁴so³³tɕʰi⁴⁴ka³¹ɕiẽ⁵³n̠y²⁴la⁰］

喊得织女，［hẽ³³tə?³tsə?⁵n̠y²³¹］

个织女呢就当日夜头到牛郎拉屋里来哉，［ka³³tsə?⁵n̠y²³¹nɛ⁰ʑiɤ²²toŋ³³nə?²ia²²dɤ²³¹
    tɔ³³n̠iɤ²²lɔŋ²³¹la³³uo⁵³li⁴⁴lɛ²²tsɛ³³］

寻归来哉。［ʑiŋ²²kuɛ³³lɛ⁴⁴tsɛ³¹］

捉﹦牛郎拨织女呢就相会哉，［tso?³n̠iɤ²²lɔŋ²³¹pə?³tsə?⁵n̠y²⁴n̠i³³⁴ʑiɤ²⁴ɕiaŋ⁵³uɛ²²tsɛ³³］

成为恩爱个夫妻。［dzeŋ²²uɛ²⁴eŋ⁵³ɛ³³kə?³fu⁵³tɕʰi³³］

捉﹦日子啦过得蛮快，［tso?³nə?²tsɿ⁴⁴la³¹ko³³tə?³mẽ⁵³kʰua³³］

眼睛一记合啦，［ŋẽ²⁴tɕiŋ⁵³ie?³tɕi³³kɛ?⁵la⁰］

三年过去哉。［sẽ⁵³n̠iẽ²⁴ko³³tɕʰi³³tsɛ³¹］

捉﹦牛郎拨织女呢生得两个小依，［tso?³n̠iɤ²²lɔŋ²³¹pə?³tsə?⁵n̠y²³¹nɛ⁰saŋ⁵³tə?³liaŋ²⁴ka³³ɕiɔ³³
    nɔŋ²³¹］

一个儿子，一个囝。［ie?³ka³³n̠i²²tsə?⁵，ie?³ka³³nœ̃²³¹］

捉﹦男么耕田，女么织布，［tso?³nœ̃²²mə?³kaŋ³³diẽ²¹³，n̠y²²mə?⁰tsə?⁵pu³³⁴］

日子过得蛮幸福，［nə?²tsɿ³³ko³³tə?⁰mẽ⁵³iŋ³³fo?⁵］

蛮和睦，多少好话来。［mẽ⁵³o²²mo?³，to⁵³sɔ³³hɔ⁵³uo²²lɛ³¹］

总满村堂个依含﹦松﹦来埭称赞㑚，［tsoŋ³³mœ̃²²tsʰeŋ⁴⁴dɔŋ³¹ko³³nɔŋ²¹³œ̃²²soŋ⁴⁴lɛ²²da²³¹
    tsʰeŋ⁵³tsẽ³³ia²³¹］

喔，格牛郎么是福气是好，［o²³¹，kə?³n̠iɤ²²lɔŋ²³¹mə?⁰zɛ²⁴fo³tɕʰi³³zɛ²⁴hɔ⁵³］

介好个老嬷带伊讨来，［ka⁴⁴hɔ³³kə?⁰lɔ²²mo²³¹ta³³i³³tʰɔ³³lɛ²³¹］

格日子那个介好啦，［kə?³nə?²tsɿ⁵³na³³kə?⁰ka⁴⁴hɔ³³la³¹］

含﹦松﹦羡慕煞□。［œ̃²²soŋ³³dʑiẽ²²mo?³sə?⁵aŋ²⁴］

捉﹦哪晓得喏﹦，好景弗长了喏﹦，［tso?³na²²ɕiɔ⁵³tə?³no²⁴，hɔ³³tɕiŋ⁵³fə?⁵dzaŋ²¹³lə?⁰no⁵³］

格织女私下底下凡到牛郎拉屋里介个事情啦，［kə?³tsə?³n̠y²³¹sɿ³³o²²ti⁴⁴ɕia³³uẽ²²tɔ³³n̠iɤ²²
    lɔŋ²³¹la³¹uo⁴⁴li³¹ka³³kə?³zɿ²²dʑiŋ²²la²²］

带ᵌ拨天高头个玉皇大帝晓得哉啦，［ta³³pəʔ⁵tʰiẽ⁵³kɔ³³dɤ²³¹ka³¹n̥yoʔ²uɔŋ²²ta⁴⁴ti³¹çiɔ³³
   təʔ⁵tsE³¹］

格玉皇大帝气煞哉，［kəʔ³n̥yoʔ²uɔŋ²²ta⁴⁴ti³¹tɕʰi³³səʔ³tsE⁵³］

要把织女拨伊搭上来还。［iɔ³³po³³tsəʔ⁵n̥y²³¹pəʔ³i³³kʰo³³saŋ⁴⁴lE³³uẽ³¹］

捉ᵌ有日之间啦，［tsoʔ³iɤ⁵³nəʔ²tsʅ³³kẽ³³la³³］

雷公霍闪"咣浪咣浪"个雷，［lE²¹³kuɔŋ³³foʔ⁵sɶ³³⁴guaŋ²⁴laŋ³¹guaŋ²⁴laŋ³¹kəʔ⁰lE²¹³］

捉ᵌ么这个天倒大雨么落来，［tsoʔ³məʔ⁰tsəʔ³kəʔ³tʰiẽ⁵³tɔ³³do²⁴y³³məʔ⁰loʔ²lE²³¹］

风么蛮大个"呜啊呜啊"吹来，［foŋ⁵³məʔ³mẽ⁵³do²⁴ka³³u²⁴a³¹u²⁴a³¹tsʰʅ⁵³lE²³¹］

拨个织女就搭上去哉。［pəʔ³ka³³tsəʔ⁵n̥y²³¹ʑiɤ²²kʰo³³saŋ³³tɕʰi⁴⁴tsE³¹］

捉ᵌ霎弗ᵌ之间个，［tsoʔ³sẽ³³fəʔ⁵tsʅ³³tɕiẽ³³ka³³］

格织女屋里［无有］侬哉么，［kəʔ³tsəʔ³n̥y²³¹uo⁴⁴li³¹n̥iɤ²²nɔŋ²¹³tsE⁴⁴məʔ³］

格小侬么寻弗着个娘哉啊，［kəʔ³çiɔ³³nɔŋ²³¹məʔ⁰ʑiŋ²²fəʔ³tsəʔ⁵ka³³n̥iaŋ²¹³tsE⁴⁴a³¹］

"哇啦哇啦哇啦"经ᵌ介叫去，［ua²⁴la³¹ua²⁴la³¹ua²⁴la³¹tɕiŋ⁴⁴ka³¹tɕiɔ³³tɕʰi³¹］

"姆妈姆妈"经ᵌ介喊去。［m⁴⁴ma⁴⁴m⁴⁴ma⁴⁴tɕiŋ⁴⁴ka³¹hẽ³³tɕʰi³¹］

捉ᵌ么把牛郎啊急煞哉，［tsoʔ³məʔ⁰po³³n̥iɤ²²lɔŋ²³¹a³³tɕieʔ⁵səʔ³tsE⁵³］

格霎弗ᵌ之间格老嬷么寻弗着哉啦格织女啊，［kəʔ⁵sẽ³³fəʔ³tsʅ³³tɕiẽ³³ka³³kəʔ³lɔ²⁴mo³¹
   məʔ⁰ʑiŋ²²fəʔ³dzəʔ²tsE³³la⁰kəʔ³tsəʔ³n̥y²³¹a³¹］

捉ᵌ么急得团团转，［tsoʔ³məʔ⁰tɕieʔ³təʔ³dɶ²²dɶ²²tsɶ³³⁴］

汗啊直ᵌ来，［ɶ²⁴a³³tsəʔ⁵lE³³］

眼泪水啊溚来，［ŋẽ²⁴li³¹sʅ³³a³³tʰeŋ³³lE⁴⁴］

急煞哉啦。［tɕieʔ⁵səʔ⁵tsE⁴⁴la³¹］

捉ᵌ刚刚介急个辰光，［tsoʔ³kɔŋ⁵³kɔŋ⁴⁴ka³³tɕieʔ⁵ka³³zeŋ²²kuɔŋ³³⁴］

伊听见有个侬啦来亨喊伊个名字了喏ᵌ，［i²⁴tʰiŋ³³tɕiẽ³³iɤ²⁴ka³³nɔŋ²¹³la³³lE²²haŋ³³hẽ³³i³³
   kəʔ⁰miŋ²²zʅ²⁴ləʔ⁰nɔ³¹］

"牛郎牛郎"。［n̥iɤ²²lɔŋ²³¹n̥iɤ²²lɔŋ²³¹］

呐，想想那个奇怪屋里只有我两个小侬个，［na²⁴, çiaŋ³³çiaŋ⁵³na⁰ka⁴⁴dʑi²²kua²²uo³³
   li⁴⁴tsʅ³³iɤ²³¹ŋo²⁴liaŋ⁴⁴ka³³çiɔ³³nɔŋ⁴⁴go⁰］

那还有哪谁来东ᵌ喊我啦。［na³³uẽ²²iɤ²⁴na²²zʅ²⁴lE²²toŋ³³hẽ³³ŋo⁴⁴la³¹］

捉ᵌ眼睛寻了寻，［tsoʔ³ŋẽ²⁴tɕiŋ³³ʑiŋ²²ləʔ³ʑiŋ²⁴］

一记寻么，［ieʔ³tɕi³³ʑiŋ²¹³məʔ⁰］

喏ᵌ，还是一只牛［来亨］喊伊喏ᵌ。［no²⁴, uẽ²²zʅ²⁴ieʔ³tsəʔ³n̥iɤ²²laŋ²⁴hẽ³³i⁴⁴no³¹］

只牛拨伊介话：［tsəʔ³n̠iɣ²²pəʔ³i³³ka⁴⁴uo²²］

"牛郎啊，侬啦［弗要］心急，［n̠iɣ²²loŋ²³¹a³³，noŋ²⁴la³¹fia⁵³ɕiŋ³³tɕieʔ⁵］

侬啦拨我头皮高头个两只角啦，［noŋ²⁴la³¹pəʔ³ŋo³³dɣ²²bi²²kɔ³³dɣ²³¹kəʔ³liaŋ²⁴tsəʔ³koʔ⁵ la³³］

驮落来，伊拉会变两只箩哦。［do²²loʔ²lE²³¹，i²⁴la³³uE³³piẽ³³liaŋ²⁴tsəʔ³lo²¹³o³¹］

捉＝侬呢，［tsoʔ³noŋ³³nE³³⁴］

拨两个小侬啦盛东＝箩里，［pəʔ⁵liaŋ²⁴ka³³ɕio³³noŋ²³¹la³¹zeŋ²²toŋ³³lo²²li²⁴］

捉＝么扁担么挑东＝，［tsoʔ³məʔ⁰piẽ³³tẽ⁵³məʔ⁰tʰio⁵³toŋ³³⁴］

到天高头去追哪个织女去。"［tɔ³³tʰiẽ⁵³kɔ³³dɣ²³¹tɕʰi³³tsE³³na²⁴ka³³tsəʔ³n̠y²³¹tɕʰi³³¹］

捉＝么牛郎想想有介奇怪个，［tsoʔ³məʔ⁰n̠iɣ²²loŋ²³¹ɕiaŋ³³ɕiaŋ³³iɣ³³ka⁴⁴dʑi²²kua³³ka³³］

牛角么哪个会变箩，［n̠iɣ²²koʔ⁵məʔ⁰na³³kəʔ³uE³³piẽ³³lo²¹³］

那我飞也［弗会］飞个，［nəʔ³ŋo²⁴fi⁵³ia³³fE³³fi³³goʔ⁰］

哪个会到天高头好去追个织女呢？［na²²kəʔ³uE³³tɔ³³tʰiẽ⁵³kɔ³³tɣ⁴⁴ho³³tɕʰi³³tsE³³kəʔ³tsəʔ⁵ n̠y²⁴nəʔ⁰］

刚刚个拉＝想个时光么，［koŋ⁵³koŋ⁴⁴ka³³⁴la⁰ɕiaŋ³³ka³³z̩²²kuoŋ³³məʔ⁰］

格牛高头个两只角啦勃＝喽＝夺＝，［kəʔ³n̠iɣ²²kɔ³³dɣ²³¹kəʔ⁰liaŋ²⁴tsəʔ³koʔ³la³³boʔ²lo⁵ doʔ²］

伊自停落来哉啦，［i²²i²⁴diŋ²²loʔ²lE³³tsE⁴⁴la⁰］

当＝忙＝变得两只箩啦。［toŋ³³moŋ³³piẽ³³təʔ⁰liaŋ²⁴tsəʔ³lo²¹³la⁰］

介么格＝牛郎连忙，［ka⁴⁴məʔ³kəʔ⁰n̠iɣ²²loŋ²³¹liẽ²²moŋ²³¹］

照，嗯，牛讲东＝个话，［tsɔ³³，na²⁴，n̠iɣ²²koŋ³³toŋ³³kəʔ⁰uo²²］

连忙拨两个小侬啦"直＝"盛东＝箩里，［liẽ²²moŋ²³¹pəʔ³liaŋ²⁴ka³¹ɕio³³noŋ⁴⁴la³¹dzaʔ²zeŋ²² to³³lo²²li⁰］

捉＝扁担驮来"直＝"挑东＝个。［tsoʔ³piẽ²²tẽ³³do²²lE³³dzaʔ²tʰio⁵³toŋ³³kɔ⁰］

捉＝是奇怪了喏＝，［tsoʔ³zE²⁴dʑi²²kua³³ləʔ⁰no³³］

直＝挑东＝过之后啦，［dzaʔ²tʰio⁵³toŋ³³ts̩³³ɣ³³la⁰］

个侬啦就轻飘飘个飘起来哉啦，［kəʔ³noŋ²¹³la⁰z̠iɣ²⁴tɕʰiŋ⁵³pʰiɔ³³pʰiɔ³³kəʔ⁰pʰiɔ⁵³tɕʰi³³lE⁴⁴ tsE³³la⁰］

是望天高头飞去来啦。［zE²⁴moŋ³³tʰiẽ⁵³kɔ³³dɣ²³¹fi⁵³tɕʰi³³lE⁴⁴la³¹］

捉＝么喳＝心急忙东＝呀连忙喳＝飞上去飞上去，［tsoʔ⁵mE⁰dza²⁴ɕiŋ³³tɕiəʔ⁵moŋ²⁴toŋ⁴⁴ia³¹ liẽ²²mɔŋ²³¹dza²⁴fi⁵³zaŋ²⁴tɕʰi⁴⁴fi⁵³zaŋ²⁴tɕʰi³³]

越飞越快，[yoʔ²fi⁴⁴yoʔ²kʰua³³]

越飞越快么，[yoʔ²fi⁴⁴yoʔ²kʰua³³⁴məʔ⁰]

是远远介看见织女来亨前头啦。[zE²⁴yœ̃²⁴yœ̃³¹ka³³kʰœ̃³³tɕiẽ³³tsəʔ⁵n̠y²³¹la²²haŋ³³ʑiẽ²²dɣ²²laº]

捉＝伊喊哉，[tsoʔ³i³³hẽ³³tsE⁵³]

"织女织女"介喊哉，[tsəʔ⁵n̠y²³¹tsəʔ⁵n̠y²³¹ka³³hẽ³³tsE³³⁴]

捉＝织女听见响声么，[tsoʔ³tsəʔ⁵n̠y²³¹tʰiŋ³³tɕiẽ³³ɕiaŋ³³seŋ³³məʔ⁰]

喊声么，直＝乱＝传来张张么格牛郎追来哉哦，[hẽ³³seŋ³³məʔ⁰, dzəʔ²lœ̃²²dzœ̃²²lE²³¹tsaŋ⁵³tsaŋ³¹məʔ⁰kəʔ³n̠iɣ²²lɔŋ²³¹tsE⁵³lE³³tsE³³ɔº]

格么也"牛郎牛郎"个喊。[gɔʔ²məʔ⁰ia²⁴n̠iɣ²²lɔŋ²³¹n̠iɣ²²lɔŋ²³¹ka³³hẽ³³⁴]

捉＝么"喳喳喳喳"越追越快越追越快，[tsoʔ³məʔ⁰dza²²dza²²dza²²dza²⁴yoʔ²tsE⁴⁴yoʔ²kʰua³³yoʔ²tsE⁴⁴yoʔ²kʰua³³]

马上要追着个辰光啦，[mo²⁴zaŋ³¹iɔ³³tsE⁵³dzəʔ³kəʔ³zeŋ²²kuɔŋ³³laº]

格王母娘娘喏＝"直＝"走出来哉喏＝。[kəʔ³uɔŋ²²mu³³n̠iaŋ³³n̠iaŋ²³¹noºdzəʔ²tɕiɣ³³tsʰəʔ³lE³³tsE³³noº]

走出来哉伊头皮高头个枚金钗啦，[tɕiɣ³³tsʰəʔ³lE⁴⁴tsE³¹i²⁴dɣ²²bi²²kɔ³³dɣ²³¹kəʔ⁰bE²³¹tɕiŋ⁵³tsʰa³³⁴laº]

拨郎两个侬网＝当中个"喳＝"一记划了喏＝，[pəʔ³ia²⁴liaŋ²⁴ka³³nɔŋ³³mɔŋ²⁴tɔŋ³³tsoŋ³³kəʔ⁰dza²⁴ieʔ³tɕi³³uəʔ²ləʔ³noº]

"喳＝"一记划了喏＝变了一埭河港啦，[dza²⁴ieʔ³tɕi³³uəʔ²ləʔ³noºpiẽ³³ləºieʔ³da²²ɔ²²kɔŋ⁵³laº]

格浪条么蛮高个"咣哴咣哴"。[kəʔ³lɔŋ²²diɔ²²məʔ³mẽ⁵³kɔ³³⁴goºguɔŋ²²lɔŋ²²guɔŋ²²lɔŋ²²]

捉＝牛郎拨织女呢，[tsoʔ³n̠iɣ²²lɔŋ²³¹pəʔ³tsəʔ⁵n̠y²³¹nəʔ⁰]

就是喏＝两个侬岸高头都隔记开来啦，[ʑiɣ²⁴z̩³³noº²⁴liaŋ²⁴kəʔ³nɔŋ³³⁴œ̃²²kɔ³³dɣ²³¹toʔ³kəʔ⁵tɕi³³kʰE³³lE²³¹laº]

看么看得见个，[kʰœ̃³³məʔ⁰kʰœ̃³³təʔ⁰tɕiẽ³³goº]

走么走弗过去。[tɕiɣ⁴⁴məʔ⁰tɕiɣ³³fəʔ³kɔ³³tɕʰi³¹]

捉＝多少伤心啊。话来啦眼泪水澄澄。[tsoʔ³to⁵³sɔ³³saŋ⁵³ɕiŋ³³a³¹。uo³³⁴lE⁴⁴la³¹ŋẽ²⁴li³³s̩³³tʰeŋ³³tʰeŋ³³]

办法么无有啦。[bẽ²⁴fɛʔ³məʔ⁰n²²n̠iɣ²⁴la³¹]

捉‗喏‗天高头个喜鹊啦喏‗也蛮同情牛郎织女个遭遇，[tsoʔ³no²⁴tʰiẽ⁵³kɔ³³dʏ²³¹kəʔ⁰ ɕi³³tɕʰiaʔ⁵la³³noⁱia²⁴mẽ⁵³doŋ²²dʑiŋ²³¹ȵiʏ²²lɔŋ²³¹tsɔʔ⁵ȵy²³¹kəʔ⁰tsɔ⁵³ȵy²²]

捉‗俓就是每年个七月初七、阴历七月初七个日子间，[tsoʔ³ia²⁴ʑiʏ²⁴zɿ³¹mE²⁴ȵiẽ³¹kəʔ⁰ tɕʰieʔ⁵ȵyoʔ³tsʰu⁵³tɕʰieʔ⁵、iŋ⁵³lieʔ³tɕʰieʔ⁵ȵyoʔ³tsʰu⁵³tɕʰieʔ⁵ka⁴⁴nəʔ²tsɿ³³kẽ³³⁴]

成千上万个喜鹊啦就是嘴哺咬尾巴嘴哺咬尾巴，[dzeŋ²²tɕʰiẽ³³zaŋ²⁴uẽ²⁴kəʔ⁰ɕi³³tɕʰiaʔ⁵ la³³ʑiʏ²⁴zɿ³¹tsɿ³³puʔ⁴⁴ŋɔ³³m²⁴po³¹tsɿ³³puʔ⁴⁴ŋɔ³³m²⁴po³¹]

就自动介呢搭得一栋桥出来啦，[ʑiʏ²²zɿ²²doŋ³³ka⁴⁴nEⁱtɛʔ³təʔ⁵ieʔ³toŋ³³dʑiɔ²²tsʰəʔ⁵lE⁴⁴ la³¹]

喜鹊搭出来个桥啦，喊得鹊桥，[ɕi³³tɕʰiaʔ⁵tɛʔ³tsʰəʔ⁵lE³³kəʔ⁰dʑiɔ²²laⁱ, hẽ³³təʔ⁰tɕʰiaˢdʑiɔ²³¹]

捉‗牛郎拨织女呢每年个阴历七月初七个日子间啊，[tsoʔ³ȵiʏ²²lɔŋ²³¹pəʔ³tsɔʔ⁵ȵy²³¹ nEⁱmE²⁴ȵiẽ³¹kəʔ⁰iŋ⁵³lieʔ³tɕʰieʔ⁵ȵyoʔ³tsʰu⁵³tɕʰieʔ⁵ka⁴⁴nəʔ²tsɿ³³kẽ³³aⁱ]

伊拉喏‗鹊桥高头啦走过去，[i²²la³³no²⁴tɕʰiaʔ⁵dʑiɔ²²kɔ³³dʏ²³¹laⁱtɕiʏ³³ko⁴⁴tɕʰi³¹]

两个依好相会了，[liaŋ²⁴ka³³nɔŋ³³⁴hɔ⁵³ɕiaŋ³³uE²⁴ləʔ⁰]

捉‗个呢就喊得"牛郎织女鹊桥会"。[tsoʔ³ka³³⁴nEⁱʑiʏ²⁴hẽ³³təʔ³ȵiʏ²²lɔŋ²³¹tsɔʔ³ȵy²³¹tɕʰiaʔ³ dʑiɔ²³¹uE²⁴]

我牛郎织女个故事就讲到块。[ŋo²²ȵiʏ²²lɔŋ²²tsɔʔ⁵ȵy²³¹kəʔ⁰ku³³zɿ²³¹ʑiʏ²²kɔŋ³³tɔ³³kʰuE⁵³]

　　今天我来讲一个故事，故事的题目是《牛郎和织女》。从前有一个年轻人，他的父母都死了，他没有兄弟姐妹，一个人冷冷清清，无依无靠，全靠家里的一头牛，陪他过日子，大家都叫他牛郎。牛郎对这头牛也很好，这头牛帮牛郎耕地，就这样互相依靠，过日子。这不是一头普通的牛，他是天上的金牛星，这个金牛星看牛郎很善良，特意从天上下凡到牛郎家，想帮牛郎成家。

　　有一天，金牛星得到一个消息，明天早上，天上有一班仙女要去村旁边的河里洗澡，他连忙把这个消息托梦给牛郎，叫牛郎明天早上去村旁边等在那里："天上有七个仙女要来河里洗澡，你只要把树上那件粉红色的衣服拿走，然后头也不回地往家里跑。"牛郎心里很奇怪怎么做了个这样的梦，牛郎想想好像不太可能，但失去这个机会也挺可惜，就决定前去看看。

　　他半信半疑，天没亮就在村旁边等着。天还没亮的时候，牛郎看到天上七个仙女飘下来，仙女们都很漂亮，她们确实脱掉衣服到河里洗澡了，牛郎看到树上有一件粉红色的衣服，拿起来就头也不回飞快地往家里跑去。少了衣服的仙女叫织女，她当天晚上就到牛郎家里去了。牛郎和织女就在一起了，成为恩爱的夫妻。

日子过得很快，三年过去了，牛郎和织女生了两个小孩：一个儿子，一个女儿。男耕田，女织布，日子过得很美满。全村人都在称赞他们，说牛郎福气好，娶了个这么好的妻子，日子太好了。

好景不长，织女私自下凡到牛郎家的事情被天上的玉皇大帝知道了，玉皇大帝非常生气，一定要把织女捉回天庭。有一天，电闪雷鸣，大风大雨，织女被捉上天去了。织女一下子不见了，她的两个孩子找不到妈妈，哭着喊着要找妈妈，牛郎也非常着急，自己的妻子织女一下子不见了，急得团团转，汗水、泪水直流。

正在着急的时候，牛郎听到有人在叫他的名字，牛郎感到很奇怪，家里只有两个小孩，还有谁在叫他。四周找了找，他发现是一头牛在叫他，这头牛对他说，牛郎你不要心急，你把我头上的两只角拿下来，它们会变成两只箩筐，你把两个小孩装进箩筐里，挑起扁担，到天上去追织女。牛郎觉得很奇怪，牛角怎么会变箩筐，我飞都不会飞怎么到天上追织女呢？

牛郎正在想的时候，牛上的两只角自己掉下来了，马上就变成了两只箩筐，牛郎连忙把两个小孩放到箩筐里，拿起扁担挑起箩筐。确实很奇怪，挑起后，牛郎就轻飘飘地飘起来了，确实往天空飞去了。箩筐飞快地往天上飞去，越飞越快。牛郎远远地看见织女就在前面，便大声叫织女，织女听见叫声，扭转头来看到牛郎追来了，也"牛郎牛郎"地大声回应，牛郎越追越快，眼看就要追到了，这个时候，王母娘娘突然走出来了。王母娘娘用头上的金钗在他们当中划了一下，这一划变成了一条江，大浪汹涌。牛郎和织女两个人在岸上被隔开了，看得见彼此却走不过去，流了很多眼泪，却无计可施。

天上的喜鹊很同情牛郎织女的遭遇，在每年的七月初七有成千上万只喜鹊搭起一座桥，喜鹊搭的桥叫鹊桥。每年阴历七月初七，牛郎和织女便走上鹊桥相会。这就是牛郎织女鹊桥会，牛郎织女的故事我就讲到这里。

（2016 年 7 月，发音人：钱樟明）

三、自选条目

俗语

一日黄，［ie ʔ³ nə ʔ³ uɔŋ²¹³］
两日胖。［liaŋ²⁴ nə ʔ³ pʰɔŋ³³⁴］

争气弗争财。［tsaŋ³³ tɕʰi⁴⁴ fə ʔ³ tsaŋ³³ dzɛ²²］

陶镬弗滚汤锅滚。［dɔ²² o ʔ² fə ʔ³ kuəŋ⁵³ tʰɔŋ⁵³ ko³³ kuəŋ⁵³］陶镬：锅。汤锅：烧热水的小锅

拨拨动动，［pə ʔ³ pə ʔ⁵ doŋ²⁴ doŋ³¹］
弗拨弗动。［fə ʔ³ pə ʔ³ fə ʔ³ doŋ²³¹］

场面实响，［dzaŋ²² miẽ²⁴ zə ʔ² ɕiaŋ⁵³］
陶镬冰冷。［dɔ²² o ʔ² piŋ⁵³ laŋ²³¹］

麻糍饭汤，［mo²² zʅ²⁴ uẽ⁴⁴ tʰɔŋ³³⁴］
稳稳当当。［uəŋ⁴⁴ uəŋ³¹ tɔŋ³³ tɔŋ³³］

铜锣响，［doŋ²² lo²³¹ ɕiaŋ⁵³］
脚底痒。［tɕia ʔ³ ti⁵³ iaŋ²²］

两猪弗同槽，［liaŋ²⁴ tsʅ⁵³ fə ʔ³ doŋ²² zɔ²¹³］
同槽就要咬。［doŋ²² zɔ²² ʑiɤ²² iɔ³³ ŋɔ²²］

好管弗管，［hɔ³³ kuæ̃³³ fə ʔ³ kuæ̃⁵³］
太婆管乱。［tʰa³³ bo²² kuæ̃⁴⁴ læ̃²²］

猫三狗四。［mɔ²² sɛ̃³³ kɤ⁵³ sʅ³³⁴］

猫晴狗雨。［ mɔ²²ʑiŋ²²kɤ⁵³y²⁴ ］

伤铳野猪。［ saŋ⁵³tsʰoŋ⁴⁴ia³³tsɿ³¹ ］

做初一弗做月半。［ tso³³tsʰu⁵³ieʔ⁵fəʔ⁵tso³³n̠yoʔ²pɒ̃³³⁴ ］

呆归弗呆出。［ ŋE²²kuE⁵³fəʔ³ŋE³³tsʰəʔ⁵ ］归：拿回

（以上 2016 年 7 月，发音人：贝仲林）

新　昌

一、歌谣

排排坐

排排坐，搋麦粿，［ba²²ba²²zɤ¹³，tʰɤʔ⁵maʔ²kɤ⁴⁵³］搋：做；麦粿：麦饼
麦馃□落地，［maʔ²kɤ⁴⁵deŋ²²loʔ³di¹³］□：掉落
黄狗抢弗及。［uɔ²²kiɯ⁴⁵tɕʰiaŋ³³feʔ⁵dʑi¹³］抢弗及：来不及抢

点点虫

点点虫，虫会爬，［tiɛ̃³³tiɛ̃⁵³dzoŋ²²，dzoŋ²²ue¹³bo²²］
点点鸡，鸡会啼，［tiɛ̃³³tiɛ̃⁵³tɕi⁵³⁴，tɕi⁵³ue³³di¹³］
点点鸟，鸟会飞，［tiɛ̃³³tiɛ̃⁵³tiɔ⁴⁵³，tiɔ⁴⁵ue³³fi⁵³］
点点猫，猫会拖老鼠，［tiɛ̃³³tiɛ̃⁵³mɔ²²，mɔ²²ue³¹tʰɤ³³lɔ²²tsʰɿ⁴⁵³］拖：捉
叽叽叽叽叽叽叽。［tɕi³³tɕi³³tɕi³³tɕi³³tɕi³³tɕi³³tɕi⁴⁵］

月亮叮当

月亮叮当，［ȵyɤʔ²liaŋ¹³tiŋ⁴⁵tɔ̃⁴⁵］
大伯小叔上学堂，［dɤ²²paʔ³ɕiɔ³³sɤʔ⁵ziaŋ¹³oʔ²dɔ̃²³²］学堂：学校
学堂空，搁相公，［oʔ²dɔ̃²³²kʰoŋ⁴⁵³，kʰo³³ɕiaŋ⁵³koŋ⁴⁵］搁：捉

相公矮，搁只蟹。［ɕiaŋ³³koŋ⁴⁵a⁵³，kʰo³³tsaʔ³ha⁴⁵］

萤火火

萤火火，矮落来，［iŋ²²hɤ⁴⁵hɤ³¹，a⁴⁵loʔ³le³³］_{矮落来：多起来}

我拨尔做媒，［ŋɤ¹³pɤʔ³ŋ³³tsɤ⁵³me¹³］

做到哪赛⁼？　［tsɤ³³tɔ³³na²²se⁴⁵］_{哪赛⁼：哪里}

做到天台；［tsɤ³³tɔ³³tʰiɛ̃⁴⁵tʰe³³］

三甏老酒四甏开；［sɛ̃⁵³baŋ²²lɔ²²tɕiɯ⁵³sɿ³³baŋ³³kʰe⁴⁵］_{甏：坛子}

花花手巾包杨梅。［fuo⁴⁵fuo³¹ɕiɯ³³tɕiŋ⁵³pɔ⁵³iaŋ¹³me³³］

叫猫袋

叫猫袋，炒油菜，［tɕiɔ⁵³mɔ²²de¹³，tsʰɔ⁴⁵iɯ²²tsʰe³³⁵］_{叫猫袋：小哭包}

油菜豆腐，［iɯ²²tsʰe³³diɯ²²u³³］

爹一块，娘一块，［tia⁵³iʔ³kʰue³³，ȵia²²iʔ³kʰue³³］

叫猫袋，缠⁼点碎。［tɕiɔ⁵³mɔ²²de¹³，dzõ̃¹³tiɛ̃³³se³³⁵］_{缠⁼：捡}

唭咕解锯

唭咕解锯，［dʑi¹³gu¹³ka³³ke³⁵］_{唭咕：锯木头的声音；解锯：锯木}

大木匠，解大锯；［dɤ²²mɤʔ²ʑiaŋ¹³，ka⁴⁵dɤ²²ke⁴⁵³］

小木匠，解小锯。［ɕiɔ³³mɤʔ⁵ʑiaŋ³¹，ka⁴⁵ɕiɔ³³ke⁴⁵］

会解直直落，［ue¹³ka⁵³dʑiʔ²dʑiʔ²loʔ²］

［弗会］解雕木勺，［fe⁵³ka⁴⁵tiɔ³³mɤʔ²zoʔ²］_{［弗会］：不会}

木勺漏，好炒豆。［mɤʔ²zoʔ²liɯ²³²，ho³³tsʰɔ³³diɯ²³²］

（以上 2017 年 8 月，发音人：何玉燕）

二、规定故事

牛郎和织女

今日间啦我来讲一个故事，﹝tɕiŋ⁵³neʔ²kɛ̃³³laºŋɤ¹³le³³kɔ̃³³iʔ³ka³³ku⁴⁵z̩²²﹞

故事个名呢喊得牛郎织女。﹝ku⁴⁵z̩¹³kɤʔºmiŋ²²neʔºhɛ̃³³tɤʔºn̩iɯ²²lɔ̃²²tseʔ⁵n̩y¹³﹞

以前拢总早猛⁼抢⁼啦，﹝i²²dʑiɛ̃²²loŋ²²tsoŋ⁵³tsɔ³³maŋ⁴⁵tɕʰiaŋ³¹laº﹞ 早猛⁼抢⁼：早些时候

有份侬家啦。﹝iɯ¹³veŋ³³noŋ¹³kuo³³laº﹞

一个小侬呢，﹝iʔ³kɤʔ³ɕiɔ³³nɔ̃⁴⁵neº﹞

独个侬个小侬啦罪过。﹝dɤʔ²ka⁴⁵nɔ̃³¹kɤʔºɕiɔ³³nɔ̃³³laºze²²kɤ³³﹞

爹娘么全部没得，死光了。﹝tia⁴⁵n̩iaŋ³³mɤʔºdzɛ̃²²bu²³²meʔ²tɤº，s̩⁴⁵kuɔ̃⁵³liɔ³¹﹞

爹娘呢掼落就是一头牛，﹝tia⁴⁵n̩iaŋ³³neʔºguɛ̃¹³loʔ³dʑiɯ²²z̩¹³iʔ³diɯ²²n̩iɯ²²﹞

格头牛呢？﹝keʔ⁵diɯ²²n̩iɯ²²ne³³⁵﹞

实质上是天上落来个金斗牛。﹝zɤʔ²tsɤʔ⁵zaŋ¹³z̩²²tʰiɛ̃⁵³zaŋ³¹loʔ²le²³²kɤʔºtɕiŋ³³tiɯ⁵³n̩iɯ²²﹞

介么一个小侬，﹝ka⁴⁵mɤʔºiʔ³kɤʔ⁵ɕiɔ³³nɔ̃²³²﹞

村里呢别侬喊渠屋里个小侬，﹝tʰseŋ⁵³li³³neºboʔ²nɔ̃²³²hɛ̃³³dʑi²³²uʔ⁵li³¹kɤºɕiɔ³³nɔ̃²³²﹞

喊渠牛郎。﹝hɛ̃³³dʑi³³n̩iɯ²²lɔ̃²²﹞

格牛郎个故事就是介来呢，﹝kɤʔ⁵n̩iɯ¹³lɔ̃³³kɤºku⁴⁵z̩²²dʑiɯ¹³z̩²²ka⁵³le²²neº﹞

我来呢讲记看啊。﹝a¹³le²²neºkɔ̃³³tɕi⁴⁵kʰɛ̃³¹aº﹞

介么，一个只牛，一个小侬，﹝ka³³mɤʔº，iʔ³kɤºtsaʔ³n̩iɯ²²，iʔ⁵kɤʔ³ɕiɔ³³nɔ̃²³²﹞

两个侬呢等于讲就是。﹝liaŋ¹³ka³³nɔ̃²³²neºteŋ³³yʔ³kɔ̃³³dʑiɯ¹³z̩²²﹞

也是成为一个侬一个成员来个只牛是。﹝ia³³z̩²²dzeŋ²²ue³³iʔ³kɤʔºnɔ̃²²iʔ³kɤʔºzeŋ¹³yɔ̃³³le³¹kɤʔ³tsaʔ³n̩iɯ²²z̩²²﹞

耕田，作⁼么，田耕耕，地种种，﹝kaŋ⁵³diɛ̃²²，tsɔʔ³mɤʔº，diɛ̃²²kaŋ³³kaŋ³³，di¹³tsoŋ³³tsoŋ³³﹞

菜啦样造点食食。﹝tsʰe³³laºaŋ³³zɔ²³²tiɛ̃⁴⁵ziʔ²ziʔ²﹞

格小侬么勤勤恳恳，﹝kɤʔ⁵ɕiɔ³³nɔ̃²³²mɤʔºdʑiŋ²²dʑiŋ²²kʰeŋ⁵³kʰeŋ⁵³﹞

做生活蛮老实哦，﹝tsɤ³³saŋ⁵³uɤʔ³mɛ̃⁵³lɔ²²zeʔ²oº﹞

善良侬家作⁼侬，小侬是哦。﹝zɔ̃²²liaŋ²³²nɔ̃²²kuo³³tsoʔºnɔ̃²²，ɕiɔ⁵³nɔ̃²²z̩²²oº﹞

介么，格只牛呢，看看个小侬呢。﹝ka⁴⁵mɤʔº，kɤʔ³tsaʔ³n̩iɯ²²neº，kʰɔ̃³³kʰɔ̃³³kɤʔºɕiɔ³³nɔ̃²³²neº﹞

勤勤恳恳呢，［dʑiŋ²²dʑiŋ²²kʰeŋ⁵³kʰeŋ⁵³ne⁰］

渠呢，想出一个办法。［dʑi²²ne⁰，ɕiaŋ³³tsʰeʔ⁵iʔ³kɤʔ³bɛ²²fɛʔ⁵］

想拨个天上个仙女啦，［ɕiaŋ⁵³peʔ³kɤʔ³tʰiɛ̃⁵³zaŋ¹³kɤʔ⁰ɕiɛ̃⁵³n̠y¹³la⁰］

喊得带＝渠做老嬷。［hɛ̃³³tɤʔ⁰ta³³dʑi²²tsɤ³³lɔ²²mo²³²］

介么，有日间呢，［ka³³mɤʔ⁰，iuɯ¹³neʔ³kɛ̃³³ne⁰］

格个仙女么喊得落来么，［kɤʔ³kɤʔ⁵ɕiɛ̃⁵³n̠y¹³mɤʔ⁰hɛ̃³³tɤʔ⁰loʔ²le²³²mɤʔ⁰］

就是得个金斗牛啦，［dʑiuɯ²²z̩²³²tɤʔ³kɤʔ⁰tɕiŋ³³tiuɯ⁴⁵n̠iuɯ²²la⁰］

喊得仙女落来到一个溪滩头，［hɛ̃³³tɤʔ³ɕiɛ̃⁵³n̠y¹³loʔ²le²³²tɔ³³iʔ³kɤʔ³tɕʰi³³tʰɛ̃⁴⁵diuɯ³¹］

□猛＝抢＝讲溪滩头来蒙＝洗澡，［ŋa¹³maŋ³³tɕʰiaŋ³³kɔ³³tɕʰi³³tʰɛ̃⁴⁵diuɯ³¹le²²moŋ³³ɕi³³tsɔ⁴⁵］

作＝仙女只衣裳红红介种衣裳喳＝挂蒙＝树头飞头。［tsoʔ³ɕiɛ̃⁵³n̠y¹³tsaʔ³i³³zaŋ²³²oŋ¹³oŋ¹³ka³³tsoŋ³³i³³zaŋ²³²dza¹³kuo³³moŋ³³z̩¹³diuɯ³³fi⁵³diuɯ²²］

则个日间格只牛呢，只牛郎呢，［tsɤʔ³kɤʔ⁵neʔ³kɛ̃³³kɤʔ³tsaʔ³n̠iuɯ²²ne⁰，tsaʔ⁵n̠iuɯ²²lɔ̃²³²ne⁰］

起来嗒＝起来去看么，［tɕʰi³³le³³da¹³tɕʰi³³le³³tɕʰi³³kʰœ̃³³mɤʔ⁰］

喔，介漂亮个女客人渠话哦，［o⁴⁵，ka⁴⁵pʰiɔ¹³liaŋ³¹kɤʔ⁰n̠y¹³kʰaʔ³n̠iŋ²³²dʑi²²uo²²o³³］

带＝我做老嬷个味道猛古＝宁＝。［ta³³ŋɤ¹³tsɤ³³lɔ¹³mo³³ka⁴⁵bi²²dɔ²²maŋ³³ku³³n̠iŋ³³］

格么格个，格牛郎呢跟头看渠过，［ka⁴⁵mɤʔ⁰kɤʔ³kɤʔ⁵，kɤʔ³n̠iuɯ²²lɔ̃²³²ne⁰keŋ³³diuɯ²²kʰœ̃³³dʑi²²kɤ³³］

哟，格件衣裳介凶红介挂古＝树头来，［iɔ⁴⁵，kɤʔ³dʑiɛ̃²³²i³³zaŋ²³²ka⁴⁵ɕyoŋ³³oŋ²³²ka³³kuo³³ku³³z̩¹³diuɯ²²le⁰］

格只牛郎呢，［kɤʔ³tsaʔ³n̠iuɯ¹³lɔ̃³³ne⁰］

看得挂蒙＝件衣裳，［kʰœ̃³³tɤʔ⁰kuo³³moŋ³³dʑiɛ̃¹³i³³zaŋ²³²］

切＝拨渠驮去了啦，［tɕʰiʔ⁵peʔ³dʑi²²dɤ²²tɕʰi³³lɤʔ³la⁰］

驮起来么格个，［dɤ²²tɕʰi⁴⁵le³¹mɤʔ⁰kɤʔ³kɤʔ⁵］

仙女么一记看么格个。［ɕiɛ̃⁵³n̠y¹³mɤʔ⁰iʔ³tɕi⁴⁵kʰœ̃³¹mɤʔ⁰kɤʔ³kɤʔ⁵］

格牛郎逃得晏快么，［kɤʔ³n̠iuɯ²²lɔ̃²³²dɔ²²tɤʔ⁰aŋ⁵³kʰua³³mɤʔ⁰］

其喳＝一面渠跟归来了啦。［dʑi²²dza²²iʔ⁵miɛ̃³³dʑi²²keŋ⁵³kue³³le⁴⁵lɤʔ³la³³］

跟归来个之后呢，等于讲格个，［keŋ⁵³kue³³le⁴⁵kɤʔ⁰tsɿ³³iuɯ³³ne⁰，teŋ³³y³³kɔ̃³³kɤʔ³kɤʔ³］

夜到头个日个当夜里么，［ia²²tɔ³³diuɯ²³²kɤʔ⁵neʔ²kɤʔ³tɔ̃⁵³ia²²li³³mɤʔ⁰］

［渠拉］两个依就是成为夫妻了啦。［dʑia¹³liaŋ¹³ka³³nɔ̃¹³dʑiuɯ²²z̩²²dzeŋ²²ue¹³fu³³tɕʰi⁵³lɤʔ³la⁰］

介么，夫妻过之后呢，［ka⁴⁵mɤʔ⁰, fu³³tɕʰi⁴⁵kɤ³¹tsʅ³³iɯ³¹ne⁰］

一眼间看过去呢，［iʔ⁵ŋɛ̃²²kʰɛ̃³³kʰœ³³kɤ⁴⁵tɕʰi³¹ne⁰］

两年三年啊过去了。［liaŋ¹³n̠iɛ³¹sɛ̃³³n̠iɛ⁴⁵a³³kɤ³³tɕʰi³³le⁰］

介么拨渠生落来，［ka⁴⁵mɤʔ⁰peʔ⁵dʑi²²saŋ⁵³loʔ²le²³²］

一个儿一个囡个小侬哦，［iʔ⁵kɤʔ³ŋ²²iʔ⁵kɤʔ³nɛ̃²²kɤʔ³ɕiɔ³³nɔ̃²³²o⁰］

一个儿一个囡个小侬生落来，［iʔ³kɤʔ⁵ŋ²²iʔ³kɤʔ⁵nɛ̃²²kɤʔ⁰ɕiɔ³³nɔ̃²³²saŋ⁵³loʔ²le³³］

［渠拉］屋里个呢生活过得蛮舒服，蛮……［dʑia¹³uʔ⁵li³¹kɤʔ⁰ne⁰saŋ⁵³uɤʔ³kɤ³³tɤʔ⁰mɛ̃⁵³ sʅ³³vɤʔ², mɛ̃⁵³……］

好像喏过得拢总幸福猛，［hɔ³³ʑiaŋ²²noʔ²kɤ³³tɤʔ⁰loŋ²²tsoŋ⁴⁵iŋ²²fɤʔ⁵maŋ³³］

味道猛哦。［mi²²dɔ²²maŋ⁴⁵o³¹］

有囡有儿多少味道啦哦。［iɯ¹³nɛ̃²²iɯ¹³ŋ²²tɤ³³sɔ⁵³mi²²dɔ²²la³³o²³²］

介么，格个牛郎呢想想真个舒服猛哦。［ka⁴⁵mɤʔ⁰, kɤʔ³kɤʔ⁵n̠iɯ¹³lɔ̃³¹ne⁰ɕiaŋ³³ɕiaŋ⁴⁵ tseŋ³³ka⁵³sʅ⁵³vɤʔ²maŋ³³o³¹］

介格个天里头个织女呢，［ka³³kɤʔ³kɤʔ⁵tʰiɛ̃³³li⁴⁵diɯ³¹kɤʔ³tseʔ⁵n̠y¹³ne⁰］

格玉皇大帝啦，归来了啦，［kɤʔ⁵n̠yʔ²uɔ̃²²ta⁴⁵ti³¹la³³, kue⁵³le²²lɤʔ³la⁰］

但是天上一日个一日啦，［dɛ̃¹³zʅ³¹tʰiɛ̃⁵³zaŋ²³²iʔ³neʔ²kɤʔ³iʔ³neʔ²la³］

等于讲地头个人员啦，［teŋ³³y³³kɔ̃³³di¹³diɯ²³²kɤʔ⁰zeŋ²²yœ̃²²la⁰］

是要有三年至四年介样子啦。［zʅ²²iɔ³³iɯ²²sɛ̃³³n̠iɛ²³²tsʅ³³sʅ³³n̠iɛ²³²a⁴⁵iaŋ²²tsʅ⁴⁵la⁰］

格玉皇大帝，［kɤʔ⁵n̠yʔ²uɔ̃²²ta⁴⁵ti³¹］

从早上出去到夜归来过之后么，［dzoŋ²²tsɔ³³iaŋ⁴⁵tsʰeʔ³tɕʰi⁴⁵tɔ³¹ia¹³kue³³le⁴⁵kɤ³¹tsʅ³³iɯ³³ mɤʔ⁰］

一看，格囡婢头没侬古⸗来，［iʔ⁵kʰœ³³⁵, kɤʔ⁵nɛ̃¹³pi⁴⁵diɯ³¹me⁴⁵nɔ̃¹³ku³³le³¹］

拨个王母娘娘讲过了，呐［peʔ³kɤ³uɔ̃²²mu³³n̠iaŋ²²n̠iaŋ²²kɔ̃³³kɤ⁴⁵le³¹, na¹³］

格囡婢头去下凡去了，［kɤʔ³nɛ̃¹³pi³³diɯ³¹tɕʰi³³zia²²vɛ̃²²tɕʰi³³le⁰］

尔何以会带⸗其落去来。［ŋ¹³a²²i³³ue³³ta³³dʑi²²loʔ²tɕʰi⁴⁵le³¹］

格个娘么渠话我也弗小心弗晓得古⸗啦，［kɤʔ³kɤʔ⁵n̠iaŋ²²mɤʔ⁰dʑi²²uo¹³ŋɤ¹³ia³³feʔ³ ɕiɔ³³ɕiŋ⁵³feʔ³ɕiɔ³³tɤʔ⁵ku³³la³¹］

阿么落来过之后么个。［a³³mɤʔ⁰loʔ²le⁴⁵kɤ³³tsʅ³³iɯ¹³mɤʔ³kɤʔ⁰］

突然之间么，喳⸗［dɤʔ²zœ²³²tsʅ³³tɕiɛ̃³³mɤʔ⁰, dza²³²］

天公墨阴介阴拢来了啦。［tʰiɛ̃⁵³koŋ³³mɤʔ²eŋ³³ka⁴⁵eŋ³³loŋ³³le⁴⁵lɤʔ³la⁰］

阴落来个之后呢，［eŋ³³loʔ⁵le³³kɤʔ³tsʅ³³iɯ³³ne⁰］

格老嬷晓得来，[kɤʔ³lɔ²²mo²³²ɕiɔ³³tɤʔ⁵le³³]

格织女晓得来，[kɤʔ³tseʔ⁵n̩y¹³ɕiɔ³³tɤʔ⁵le³³]

弗对了，介爹一定归来蒙=了，[feʔ⁵te³³lɤ⁰, ka³³tia⁵³iʔ⁵diŋ¹³kue⁵³le³³moŋ³³lɤʔ⁰]

介么格个牛郎呢，[ka⁴⁵mɤʔ⁰kɤʔ³kɤʔ⁵n̩iɯ¹³lɔ̃³¹ne⁰]

弗晓得喽格种事情，[feʔ³ɕiɔ⁴⁵tɤʔ⁵lɔ³³kɤʔ³tsoŋ⁴⁵zʅ²²dʑiŋ²²]

介么好像突然之间啦，[ka⁴⁵mɤʔ³hɔ³³ʑiaŋ²²dɤʔ²zœ̃²³²tsʅ³³tɕiɛ̃³³la⁰]

等于讲黑个阴拢来其话哦。[teŋ³³y³³kɔ̃⁵³heʔ⁵kɤʔ⁰eŋ⁵³loŋ⁴⁵le³¹dʑi²²uo²²o⁰]

介么一记格个一记工夫，[ka⁴⁵mɤʔ⁰iʔ⁵tɕi⁴⁵kɤʔ³kɤʔ⁵iʔ⁵tɕi⁴⁵koŋ³³fu³³]

格老嬷喳=天头飞上去了么个，[kɤʔ⁵lɔ¹³mo³¹dza²³²tʰiɛ̃⁵³tiɯ³¹fi⁵³zaŋ¹³tɕʰi³³lɤ³mɤʔ³kɤʔ⁵]

格玉皇大帝王母娘娘，[kɤʔ⁵n̩yʔ²uɔ̃²²da²²di²²uɔ̃²²mu²²n̩iaŋ²²n̩iaŋ²²]

拨渠收上去么来呀，[peʔ⁵dʑi²²ɕiɯ⁵³zaŋ²²tɕʰi³³mɤʔ³le³³a⁰]

作=么，作=了个着急了啦，[tsʰoʔ³mɤʔ⁰, tsʰoʔ⁵lɤʔ³kɤʔ⁰dzɤʔʔ²tɕi⁴⁵lɤʔ⁰la³³]

作=个小侬么，[tsɤʔ³kɤʔ⁵ɕiɔ³³nɔ̃²³²mɤʔ⁰]

"妈妈"介喊来，"娘啊娘妈啦妈啦"个喊来。[ma⁴⁵ma³³ka³³hɛ̃³³le²³², n̩iaŋ²²a³³n̩iaŋ²² ma⁴⁵la³³ma⁴⁵la³³kɤʔ⁰hɛ̃³³le³¹]

作=格牛郎么又着急了，[tsʰoʔ³kɤʔ³n̩iɯ¹³lɔ̃³¹mɤʔ⁰iɯ⁴⁵dzɤʔʔ²tɕi⁴⁵le³¹]

作=哪许造造呢，格两个小侬。[tsʰoʔ⁵na³³ha³³zɔ²²zɔ²²ne⁰, kɤʔ³liaŋ¹³ka³³ɕiɔ³³nɔ̃²³²]

格老嬷逃去了，过天头飞去了。[kɤʔ⁵lɔ¹³mo³¹dɔ²²tɕʰi³³le⁰, kɤ³³tʰiɛ̃⁵³diɯ²²fi⁵³tɕʰi³³lɤ⁰]

作=么，格牛当=冒=话了尔快点，[tsɤʔ⁵mɤʔ⁰, kɤʔ³n̩iɯ²²tɔ̃⁵³mɔ¹³uo²²lɤ⁰ŋ²²kʰua⁵³tiɛ̃⁴⁵]

格只金斗牛尔快点，[kɤʔ³tsaʔ⁵tɕiŋ³³tiɯ⁴⁵n̩iɯ²²ŋ¹³kʰua⁵³tiɛ̃⁴⁵]

拨我两只牛角驮去。[peʔ³ŋɤ¹³liaŋ¹³tsaʔ³n̩iɯ²²koʔ⁵dɤ²²tɕʰi³³]

变箩筐，两个小侬掼头去，[piɛ³³lɤ²²kuɔ̃³³⁵, liaŋ¹³ka³³ɕiɔ³³nɔ̃²³²guɛ̃¹³diɯ³¹tɕʰi³³]

上去嗒飞上去哎。[zaŋ¹³tɕʰi³³da²²fi⁵³zaŋ²²tɕʰi⁴⁵e³¹]

作=渠话尔那种牛角会变箩筐啊？[tsoʔ³dʑi²²uo²²ŋ¹³na³³tsoŋ³³n̩iɯ²²koʔ⁵ue³³piɛ³³lɤ²² kuɔ̃³³⁵a³¹]

渠话，哎，尔[只要]快点绊头了。[dʑi²²uo²², e¹³, ŋ¹³tɕiɔ³³kʰua⁴⁵tiɛ̃³¹pɛ̃³³tiɯ⁴⁵le³¹]

阿么，渠绊头了，喳=，[a⁵³mɤʔ⁰, dʑi²²pɛ̃⁵³tiɯ⁴⁵le³¹, dza²²]

绊头么，嗞，[pɛ̃³³tiɯ³³mɤʔ⁰, dzʅ¹³]

过个一记真介飞上去。[kɤ³³kɤʔ³iʔ⁵tɕi³³tseŋ³³ka⁴⁵fi⁵³zaŋ²²tɕʰi³³]

嗒=，天头飞上去了，喳=，[da²², tʰiɛ̃⁵³diɯ³¹fi⁵³zaŋ²²tɕʰi³³le³¹, dza²²]

飞上去过之后啦，[fi⁵³zaŋ²²tɕʰi³³kɤ³³tsʅ³³iɯ²²la⁰]

格小侬来喊啦，［kɤʔ⁵ɕiɔ³³nɔ²³²le²²hɛ̃³³la³¹］

一个儿，一个囡，［iʔ³kɤʔ⁵ŋ²²，iʔ³kɤʔ⁵nɛ̃¹³］

"妈啦妈啦"来喊了啦哦。［ma⁴⁵la³³ma⁴⁵la³³le²²hɛ̃³³lɤʔ⁰la³³o⁵³］

普通话么喊"妈妈"，［pʰu³³tʰoŋ⁴⁵uo²²mɤʔ⁰hɛ̃³³ma⁴⁵ma³³］

□新昌话侬讲喊"妈，妈"。［ŋa¹³ɕiŋ³³tsʰaŋ⁴⁵nɔ²²kɔ̃³³hɛ̃³³ma⁴⁵，ma⁴⁵］

介么，喊过之后呢，［ka⁴⁵mɤʔ⁰，hɛ̃⁵³kɤ⁴⁵tsɿ³³iɯ²²ne⁰］

其后来格个天头呢。［dʑi²²iɯ²²le²²kɤʔ³kɤʔ⁵tʰiɛ̃⁵³diɯ¹³ne⁰］

王母娘娘看见了，［uɔ̃²²mu³³n̠iaŋ²²n̠iaŋ²³²kʰœ̃³³tɕiɛ̃³³lɤʔ⁰］

哟，格对面头……［iɔ⁵³，kɤʔ³te⁴⁵miɛ̃³³diɯ³¹…］

格身后个侬来头么，别，［kɤʔ⁵seŋ⁴⁵iɯ³³kɤʔ³nɔ²²le²²diɯ²²mɤʔ⁰，biʔ²］

格头皮头个金钗啦，［kɤʔ⁵diɯ²²bi¹³diɯ³¹kɤʔ³tɕiŋ⁴⁵tsʰa⁵³la³³］

哒，一划拉，［da²³²，iʔ⁵uaʔ²la⁰］

一划过之后么，啪，［iʔ³uaʔ⁵kɤ³³tsɿ³³iɯ¹³mɤʔ⁰，ba²³²］

一埭黑线，黑线之后么，［iʔ³da¹³heʔ⁵ɕiɛ̃³³⁵，heʔ⁵³ɕiɛ̃³³tsɿ³³iɯ¹³mɤʔ⁰］

等于讲彩条线划出来了啦。［teŋ³³y⁴⁵kɔ̃³³tsʰe³³diɔ¹³ɕiɛ̃³³uaʔ²tsʰeʔ⁵le³³lɤʔ³la⁰］

划出来之后么，［uaʔ²tsʰeʔ⁵le³³tsɿ³³iɯ¹³mɤʔ⁰］

就是两个侬是分离了啦，［dʑiɯ¹³zɿ²²liaŋ¹³kɤʔ³nɔ¹³zɿ²²feŋ⁵³li²³²lɤʔ³la⁰］

分离过之后呢，［feŋ³³li⁴⁵kɤ³³tsɿ³³iɯ¹³mɤʔ⁰］

渠一头个头，［dʑi²²iʔ⁵diɯ¹³kɤʔ⁵diɯ¹³］

一头隔头天头个头，［iʔ⁵diɯ¹³kɛʔ³diɯ¹³tʰiɛ̃⁵³diɯ¹³kɤʔ³diɯ¹³］

作么，难熬了，［tsʰɔ⁴⁵mɤʔ⁰，nɛ̃²²ɔ²²lɤʔ⁰］

介么，格"妈妈"喊喊也没用，［ka⁴⁵mɤʔ⁰，kɤʔ³ma³³ma⁵³hɛ̃³³hɛ̃⁵³ia³³me⁵³yoŋ¹³］

格牛郎喊喊么也没用，［kɤʔ⁵n̠iɯ²²lɔ̃¹³hɛ̃⁵³hɛ̃³¹mɤʔ⁰ia³³me⁵³yoŋ¹³］

"老嬷老嬷"喊喊弗相干了，［lɔ¹³mo³¹lɔ¹³mo³¹hɛ̃⁵³hɛ̃³¹feʔ⁵ɕiaŋ⁵³kœ̃³³lɤ⁰］

"娘子娘子"，［n̠iaŋ²²tsɿ⁵³n̠iaŋ²²tsɿ⁵³］

渠拨尔喊喊弗相干了反正。［dʑi²²peʔ⁵ŋ¹³hɛ̃³³hɛ̃⁴⁵feʔ⁵ɕiaŋ⁵³kœ̃³³lɤ⁰fɛ̃³³tseŋ⁵³］

格么，格喜鹊啦，［kɤʔ³mɤʔ³，kɤʔ⁵ɕi¹³tɕʰiaʔ⁵la³³］

看看格牛郎织女，［kʰœ̃³³kʰœ̃⁵³kɤʔ³n̠iɯ²²lɔ̃¹³tseʔ⁵n̠y¹³］

格牛郎真个罪过猛喔，［kɤʔ⁵n̠iɯ¹³lɔ̃²²tseŋ⁵³ka⁴⁵ze²²kɤ³³maŋ⁵³o³¹］

格织女么也诚心诚意拨其趁侬家。［kɤʔ³tseʔ⁵n̠y¹³mɤʔ⁰ia¹³dzeŋ²²ɕiŋ³³dzeŋ²²i³³peʔ⁵dʑi²²
　　tsʰaŋ³³noŋ¹³kuo⁵³］

格么，搭了一栋桥啦，[kɤʔ³mɤʔ⁰, tɛʔ⁵lɤ⁰iʔ³doŋ¹³dʑiɔ²²la³³]

在七月七日个日间啦。[ze²²tɕʰiʔ⁵ȵyɤʔ²tɕʰiʔ⁵neʔ⁵kɤʔ³neʔ²kɛ̃³³la³¹]

搭了一栋桥，[tɛʔ⁵lɤʔ⁰iʔ³doŋ¹³dʑiɔ²²]

就是牛郎拨织女个栋桥搭好过之后[渠拉]两，[dʑiɯ¹³zʅ²²ȵiɯ¹³lɔ̃³¹peʔ³tseʔ⁵ȵy¹³kɤʔ³doŋ²²dʑiɔ²²tɛʔ³hɔ⁴⁵kɤ³³tsʅ¹⁰iɯ³³dʑia²²liaŋ¹³]

两个侬牛郎拨织女呢相幽会。[liaŋ¹³kɤʔ³nɔ̃²²ȵiɯ¹³lɔ̃³¹peʔ³tseʔ⁵ȵy¹³ne⁰ɕiaŋ⁵³iɯ³³ue²²]

就是外⁼个样子，[dʑiɯ²²zʅ²²ŋa⁵³kɤ³³iaŋ²²tsʅ⁴⁵]

牛郎织女就是外⁼来咯，[ȵiɯ²²lɔ̃³²tseʔ⁵ȵy¹³dʑiɯ²²zʅ²²ŋa⁵³le²²goʔ⁰]

故事么就是讲到赛⁼好了啦。[ku⁴⁵zʅ¹³mɤʔ⁰dʑiɯ²²zʅ²²kɔ̃³³tɔ³³se³³hɔ⁴⁵lɤ³la⁰]

　　今天我来讲一个故事，故事的名字叫牛郎和织女。很早以前，有一户人家，一个小伙子，可怜家里只有他一个人，父母都去世了，只给他留下一头牛。这头牛实际上是天上下凡的金斗牛。这个小伙子，村里其他人都叫他牛郎。一头牛，一个小伙子，两个人呢，这头牛也是家里的一个成员。耕耕田，种种地，菜啊自己种自己吃，这个小伙子勤勤恳恳，干活很老实，是一个善良人家的小伙子。这头牛呢，看看这个小伙子，觉得他勤勤恳恳，便想出一个办法，想把天上的仙女给他做老婆。

　　有一天，仙女下凡了，就是金斗牛让仙女来到一个溪滩边上，就是我们现在叫溪滩的地方洗澡，这个仙女的红色衣服挂在树上，在飘。这一天呢，牛郎呢，起来就去看了。喔，他说这么漂亮的仙女，给我做老婆真是高兴得不得了。这个牛郎一看，这件红红的衣服挂在树上，看到挂在那里的衣服，就把它拿走了。仙女一看衣服被牛郎拿走了，也跟着他去了，这个晚上他们两个人就成为夫妻了。

　　一转眼两三年过去了，仙女给牛郎生下一儿一女两个小孩，一家人生活得很舒服，过得很幸福。天上的玉皇大帝回来了，但是天上一天相当于地上三到四年，玉皇大帝从早上出去到晚上回来后，看到织女没回来，于是问王母娘娘，这个织女下凡去了，你为什么会让她下凡去呢？王母娘娘说自己也不知道。

　　突然间，天空变得乌黑，织女知道她父亲一定回来了。而牛郎不知道这个事情，不知道为什么突然间天就变暗了。一会工夫，他老婆就往天上飞去了，玉皇大帝和王母娘娘把她收上去了。然后，牛郎非常着急，两个小孩不断地喊妈妈，牛郎想到这两个小孩怎么办呢，又非常着急。这时，这只金斗牛说话了，说，你快点，把我的两只牛角拿去，牛角会变箩筐，把两个小孩扔进去，就会飞上天去了。牛郎觉得你那个牛角怎么会变箩筐?

　　牛说，你只要快点放身上。于是，牛郎真的放身上了，还真的飞上去了。飞到天上去了，两个小孩在那里大声叫，妈啊妈啊地喊。这个被王母娘娘看见了，王母娘娘在身后用金钗一划，一划过之后，一道黑线变成了一条彩线，两个人就被这条彩线分开了，分离后，一个在这头，一个在另一头，很不好受。

　　喜鹊看到了牛郎织女的这一幕，觉得牛郎很可怜，织女也是诚心诚意为了这个家，于是，在七月七日这一天，搭了一座桥。这座桥搭好了以后，牛郎和织女便可以相会。牛郎和织女的故事就是这样来的，故事讲到这里就结束了。

(2017 年 8 月，发音人: 何玉燕)

三、自选条目

俗语

七石缸搙瓦卖。[tɕʰiʔ⁵zaʔ²kɔ̃³³sɔ̃³³ŋo¹³ma²²] 七石缸: 大缸。搙: 敲

煎水弗响，响水弗煎。[tɕiɛ̃⁴⁵sʅ³³feʔ³ɕiaŋ⁴⁵, ɕiaŋ⁵³sʅ⁴⁵feʔ⁵tɕiɛ̃³³] 煎水: 开水

自道好，烂稻草。[zʅ²²dɔ²²hɔ⁵³, lɛ̃²²dɔ²²tsʰɔ⁵³]

天头晓得一半，[tʰiɛ̃⁵³diɯ³¹ɕiɔ³³tɤʔⁱiʔ⁵pœ̃³³⁵]
地头晓得完全。[di²²diɯ²²ɕiɔ³³tɤʔⁱuœ̃¹³dzœ̃²²]

若要俏，手骨冻得碌碌叫。[zaʔⁱiɔ⁴⁵tɕʰiɔ³³, ɕiɯ³³kueʔ⁵toŋ³³tɤ³³lɤʔ²lɤʔ²tɕiɔ³³⁵] 俏: 漂亮。
　手骨: 手

十月一个夏，[zeʔ²ŋɤʔⁱiʔ³kɤʔ⁵o¹³]
懒妇女客冻弗怕。[lɛ̃²²u²²ŋy¹³kʰaʔ³toŋ⁴⁵feʔ³pʰo³³⁵] 女客: 妇女。

惊蛰前雷，[tɕiŋ⁵³zeʔ²dziɛ̃¹³le³¹]
四十九日，[sʅ³³zeʔ³tɕiɯ⁴⁵neʔ³]

大门难开。［dɤ²²meŋ³³nɛ̃¹³kʰe⁵³］

（以上 2017 年 8 月，发音人：陈金妹）

猫猫食苔菜，［mɔ²²mɔ²³²ʑiʔ²de²²tsʰe³³⁵］

呆卵子过桥。［ŋe²²lœ̃²²tsʅ⁵³kɤ³³dʑiɔ²²］_{呆卵子: 傻子}

铁将军管门。［tʰiɛʔ⁵tɕiaŋ³³tɕyoŋ³³kuœ̃³³meŋ²²］

铜缸对铁鬏。［doŋ¹³kɔ̃⁵³te³³tʰiɛʔ⁵baŋ¹³］

笑面老虎。［ɕiɔ⁵³miɛ̃³¹lɔ²²fu⁵³］

空口讲白话。［kʰoŋ³³kʰiɯ⁵³kɔ̃³³baʔ²uo¹³］

六月债，还得快。［lɤʔ²ȵyɤʔ⁵tsa⁴⁵, uɛ̃²²tɤʔ³kʰua³³⁵］

插蜡烛。［tsʰɛʔ⁵lɛʔ²tsɤʔ⁵］

（以上 2017 年 8 月，发音人：何玉燕）

诸　暨

一、歌谣

摇啊摇

摇啊摇，［iɔ¹³ᴀ²¹iɔ¹³］

摇到外婆桥。［iɔ¹³ᴀ²¹iɔ¹³，iɔ¹³tɔ²¹ŋᴀ²¹bɤu²¹dʑiɔ²⁴²］

外婆叫我好宝宝，［ŋᴀ²¹bɤu¹³tɕiɔ²¹ŋɤu²¹hɔ⁴²pɔ⁴²pɔ²¹］

糖一包，果一包。［dã²⁴ieʔ⁵pɔ²¹，kɤu⁴²ieʔ⁵pɔ²¹］

磨磨麦，嘎嘎叫。［mɤu³³mɤu³³maʔ⁵，kaʔ⁵kaʔ⁵tɕiɔ³³］

大鸟吃大麦，［dɤu²¹tiɔ⁴²tɕʰieʔ⁵dɤu¹³maʔ⁵］

小鸟吃小麦，［ɕiɔ⁴²tiɔ⁴²tɕʰieʔ⁵ɕiɔ³³maʔ⁵］

花花鸟吃荞麦。［ho³³ho³³tiɔ⁴²tɕʰieʔ⁵dʑiɔ²¹maʔ⁵］

走路客人帮［我拉］赶渠掉。［tsei⁴²lu³³kʰaʔ⁵nin³³pã³³ŋᴀ¹³kɤ⁴²dʑi²¹diɔ²¹］

弗来赶，弗来赶，弗来赶，［fəʔ⁵le³³kɤ⁴²，fəʔ⁵le³³kɤ⁴²，fəʔ⁵le³³kɤ⁴²］

［我拉］自赶，哦嘘扮，哦嘘扮。［ŋᴀ¹³zi¹³kɤ⁴²，əʔ⁵ɕy³³pã，əʔ⁵ɕy³³pã²¹］

汪汪汪，［uã⁴²uã⁴²uã⁴²］

小狗落粪缸，［ɕiɔ³³kiʉ⁴²loʔ³fɛn³³kã²¹］

粪缸插青草。［fɛn³³kã²¹tsʰaʔ⁵tɕʰin²¹tsʰɔ⁴²］

青草好饲牛，［tɕʰin²¹tsʰɔ⁴²hɔ³³ʐʅ¹³niʉ¹³］

牛皮好打鼓，［niʉ¹³bi¹³hɔ⁴²tã²¹ku⁴²］

咚咚咚，［toŋ⁴²toŋ⁴²toŋ⁴²］

十七十八来动工。［zəʔ²¹tɕʰieʔ⁵zəʔ²¹paʔ⁵le³³doŋ²¹koŋ²⁴］

翘脚佬

翘脚佬，背大刀，［tɕʰiɔ²¹tɕiaʔ²¹lɔ⁴²，peʔ³³dɣu¹³tɔ¹³］
一背背到五仙桥。［ieʔ⁵peʔ³³peʔ³³tɔ³³ŋ¹³ɕie⁴²dʑiɔ²¹］
巴拉一跌跤，［bA²⁴lA²¹ieʔ⁵tieʔ⁵kɔ¹³］
拾得一只大元宝。［zəʔ¹³təʔ⁵ieʔ⁵tsəʔ⁵dɣu¹³iə²¹pɔ⁴²］

赚来头

赚来头，背锄头，［dzə¹³le³³dei²¹，peʔ³³zɿ²¹dei²⁴²］
一背背到田缺头。［ieʔ⁵peʔ³³peʔ³³tɔ³³die²¹tɕʰioʔ²¹dei²⁴²］
巴拉一只狗，［bA²⁴lA²¹ieʔ⁵tsəʔ²¹kiʉ³³］
跌得一跌跤，［tieʔ⁵təʔ⁵ieʔ⁵tieʔ⁵kɔ³³］
赚得一个芋艿头。［dzə¹³təʔ⁵ieʔ⁵kɣu²¹ʐy¹³nA³³dei³³］
驮到屋里头，［dɣu¹³tɔ⁴²oʔ⁵lɿ²¹dei⁴²］
掼到梁高墩，［guɛ³³tɔ³³liã¹³kɔ³³tɛn⁴²］
扼⁼到镬里头。［əʔ⁵tɔ⁴²uəʔ²¹lɿ²¹dei⁴²］
吃到肚里头，［tɕʰieʔ⁵tɔ³³dɣu¹³lɿ³³dei⁴²］
哎呦哎呦痛得三夜头。［e³³io²¹e³³io²¹toŋ³³təʔ³³sɛ¹³iA³³dei²¹］

（以上 2016 年 7 月，发音人：朱雷）

二、规定故事

牛郎和织女

从前有一个后生人，［dzoŋ³³dʑie³³iʉ¹³ieʔ⁵kɣu³³ɣu¹³sã⁴²nin²¹］
爹娘老早没了，［tiA²¹niã⁴²lɔ¹³tsɔ⁴²məʔ²¹lə⁰］
罪过人相一个人。［ze¹³kɣu³³nin³³ɕiã⁴²ieʔ⁵kɣu⁴²nin²¹］罪过：可怜
屋里头嘛只有一头老牛，［oʔ⁵lɿ³³dei²¹mA³³tsɿ³³iʉ³³ieʔ⁵dei³³lɔ¹³niʉ⁴²］

搭老牛为伴。〔təʔ⁵lɔ¹³niʉ⁴²ve³³bə¹³〕

葛么渠搭老牛照顾得蛮好个，〔gəʔ²¹məʔ²¹dʑɿ³³təʔ⁵lɔ¹³niʉ⁴²tsɔ³³ku³³təʔ²¹mɛ²⁴hɔ²¹gəʔ¹³〕

老牛就是到村宕ᵁ里去拨〔渠拉〕去耕耕田。〔lɔ¹³niʉ⁴²dʑiʉ³³zɿ³³tɔ³³tsʰɛn²¹dã²¹lɿ²¹kʰie⁴²
　　pəʔ⁵dʑiᴀ²¹kʰie²¹kã⁴²kã⁴²die¹³〕

因为专门和老牛凑队，〔in³³ve¹³tsə³³mɛn¹³ɣu¹³lɔ¹³niʉ⁴²tsʰei⁴²de³³〕

〔渠拉〕村宕ᵁ中个人反正名字下弗讴了，〔dʑiᴀ¹³tsʰɛn³³dã¹³tsom³³gəʔ²¹nin¹³fɛ⁴²tsɛn²⁴
　　min¹³zɿ²¹hᴀ¹³vəʔ³ei³³lə⁰〕

反正讴渠牛郎。〔fɛ¹³tsɛn³³ei³³dʑɿ³³niʉ²¹lã⁴²〕

葛么，牛郎搭老牛凑队耕耕田，〔gəʔ²¹məʔ³³，niʉ¹³lã⁴²təʔ⁵lɔ¹³niʉ⁴²tsʰei⁴²de³³kã³³kã³³
　　die¹³〕

以田为生。〔ʑɿ¹³die¹³ve¹³sã⁴²〕

一头牛，一个人，〔ieʔ⁵dei²¹niʉ²¹，ieʔ⁵gəʔ⁵nin²¹〕

另外没梅ᵁ葛个介，葛么，〔lin²¹vᴀ³³məʔ¹³me²¹gəʔ²¹geʔ²¹kᴀ³³，gəʔ²¹məʔ²¹〕

牛郎么搭葛头牛还照顾得蛮好个。〔niʉ¹³lã⁴²məʔ²¹təʔ⁵gəʔ²¹dei³³niʉ¹³ᴀ¹³tsɔ³³ku³³təʔ⁵mɛ¹³
　　hɔ⁴²gəʔ²¹〕

葛牛郎葛人呢，还蛮勤劳个，〔gəʔ²¹niʉ¹³lã⁴²gəʔ²¹nin¹³ne²¹，ᴀ¹³mɛ¹³dʑin³³lɔ³³gəʔ²¹〕

蛮肯做个，〔mɛ¹³kʰɛn⁴²tsɤu⁴²gəʔ²¹〕

葛老牛一记看渠倒还罪过个。〔gəʔ²¹lɔ¹³niʉ⁴²ieʔ⁵tʃɿ³³kʰə³³dʑɿ²¹tɔ³³ᴀ¹³dze¹³kɤu²¹gəʔ³³〕

实际高墩，〔zəʔ¹³tʃɿ⁴²kɔ⁴²tɛn³³〕

老牛是天高墩金牛星下凡个。〔lɔ¹³niʉ⁴²zɿ¹³tʰie⁴²kɔ⁴²tɛn³³tɕin³³niʉ³³ɕin⁴²ʑiᴀ⁴²ve¹³gəʔ¹³〕

渠讲个："好个后生人，〔dʑɿ²¹kã⁴²gəʔ²¹：hɔ⁴²gəʔ²¹ei¹³sã⁴²nin²¹〕

我要拨渠讨个老马。〔ŋɤu¹³iɔ³³pəʔ⁵dʑɿ²¹tʰɔ³²gəʔ⁵lɔ²¹mo²⁴²〕

葛么，份人家做做好好。"〔gəʔ²¹məʔ²¹，vɛn¹³nin²¹kɔ⁴²tsɤu³³tsɤu³³hɔ²¹hɔ²¹〕

葛么，渠有日子夜头，〔gəʔ²¹məʔ²¹，dʑɿ³³iʉ¹³nieʔ⁵tsɿ⁴²iᴀ³³dei³³〕

葛金牛星啊，渠托梦得牛郎啊。〔gəʔ²¹tɕin²¹niʉ²¹ɕin⁴²ᴀ²¹，dʑɿ²¹tʰoʔ⁵mom¹³təʔ⁵niʉ²¹lã⁴²ᴀ²¹〕

渠讲："明朝五更头，〔dʑɿ¹³kã⁴²：mɛn¹³tsɔ⁴²ŋ¹³kɛn⁴²dei⁴²〕

村东头有个塘，〔tsʰɛn⁴²tom⁴²dei⁴²iʉ¹³gəʔ²¹dã¹³〕

江里个地方，有班大姑娘来葛洗浴。〔kã⁴²lɿ²¹gəʔ²¹dɿ²¹fã⁴²，iʉ¹³pɛ⁴²dɤu¹³ku²¹niã²¹le²¹
　　gəʔ²¹ʃɿ⁴²ioʔ¹³〕

尔葛个辰光走出去，［n¹³gəʔ²¹kəʔ⁵zɛn²¹kuã⁴²tsei⁴²tsʰoʔ³kʰie²¹］

走到近身沿头，去夺件衣裳得来。［tsei⁴²tɔ³³dʑin⁴²sɛn²¹ie¹³dei²¹，kʰie⁴²doʔ¹³dʑie²¹ʒʅ³³ zã²¹təʔ⁵le²¹］

衣裳夺得来过之后么，［ʒʅ³³zã²¹doʔ¹³təʔ⁵le⁴²kɤu³³tsʅ³³ei¹³məʔ²¹］

头啊弗要仰转来个，［dei¹³A²¹fəʔⁱɔ³³niã³³tsa³³le²¹gəʔ²¹］

［只要］逃到屋里头好啊。"［tɕiɔ⁴²dɔ³³tɔ³³oʔ⁵lʅ²¹dei²¹hɔ²¹A²¹］

葛么，渠葛讲过个。［gəʔ²¹məʔ²¹，dʒʅ¹³gəʔ²¹kã⁴²kɤu³³gəʔ²¹］

第二日么，［dʅ¹³m̩²⁴nieʔ³³məʔ²¹］

睏得过天亮个辰光么，［kʰuɛn³³təʔ³kɤu³³tʰie³³liã³³gəʔ³³zɛn³³kuã⁴²məʔ³³］

葛牛郎迷迷糊糊个，［gəʔ³³niɯ²¹lã²⁴m̩²¹m̩³³vu²⁴vu²⁴gəʔ³³］

朦朦胧胧中有葛个梦过个。［mom³³mom³³lom³³lom³³tsom³³iɯ³³gəʔ²¹gəʔ³³mom³³kɤu³³ gəʔ³³］

"葛我去看记看弗要紧个介，［gəʔ²¹ŋɤu³³kʰie⁴²kʰə³³tʃʅ²¹kʰə⁴²fəʔⁱɔ²¹tɕin²¹gəʔ²¹kA²¹］

葛是弗是有葛件事体个？"［gəʔ²¹zʅ¹³fəʔ⁵zʅ¹³iɯ¹³gəʔ⁵dʑie²¹zʅ²¹tʰʅ²¹gəʔ²¹］

走过去么，［tsei⁴²kɤu²¹kʰie²¹məʔ²¹］

真看见活个弗少七八个大姑娘活个来个洗浴。［tsɛn³³kʰə³³tɕie³³oⁱ¹³gəʔ²¹fəʔ⁵sɔ²¹tɕʰieʔ⁵ paʔ⁵gəʔ²¹dɤu¹³ku²¹niã¹³oⁱ¹³gəʔ²¹le³³gəʔ⁵ʃʅ⁴²ioʔ¹³］

渠么顶近件——"嚓˭"——夺得件粉色衣裳么，［dʒʅ³³məʔ⁵tin⁴²dʑin⁴²dʑie¹³— tsʰaʔ⁵—doʔ¹³təʔ⁵dʑie¹³fɛn⁴²seʔ⁵ʒʅ³³zã²⁴məʔ²¹］

一记夺么，"哒˭"，头啊弗延转来么，［ieʔ⁵tʃʅ⁴²doʔ²⁴məʔ²¹，dA³³，dei¹³A²¹fəʔ⁵ie¹³ tsə³³le³³məʔ²¹］

"哒˭"，到屋里头，囥起，"嚓˭"，按起，［dA³³，tɔ³³oʔ⁵lʅ²¹dei²¹，kʰã³³tʃʰʅ⁴²，tsʰaʔ⁵， əʔ²¹tʃʅ⁴²］

遭˭看渠啊，只葛个。［tsɔ³³kʰə³³dʒʅ²¹A⁰，tsəʔ⁵gəʔ²¹gəʔ²¹］遭˭：这下。

遭˭到夜里么，"哆˭哆˭"，［tsɔ³³tɔ³³iA³³h̩²⁴məʔ³³，tɤu³³tɤu³³］

有人来敲门啊。［iɯ¹³nin⁴²le¹³kʰə³³mɛn¹³A⁰］

呐，真有人来敲门啊。［nA²¹，tsɛn³³iɯ¹³nin⁴²le³³kʰə³³mɛn¹³A⁰］

一记看，一个大姑娘走进来啊。［ieʔ⁵tʃʅ³³kʰə³³，ieʔ⁵gəʔ²¹dɤu²¹ku²¹niã¹³tsei⁴²tɕin³³le¹³A²¹］

大姑娘渠话："呐！尔搭我件衣裳夺得去介！［dɤu¹³ku²¹niã²¹dʒʅ¹³oⁱ¹³：nA²¹，n¹³təʔ⁵ ŋɤu¹³dʑie¹³ʒʅ²¹zã²¹doʔ¹³təʔ⁵kʰie⁴²kA²¹］

葛我穿穿衣裳都无没，［gəʔ²¹ŋɤu¹³tsʰə³³tsʰə³³ʒʅ²¹zã¹³dɤu²¹m¹³məʔ²¹］

我鞋＝只＝个走出去呢？［ŋɤu¹³ᴀ²¹tsəʔ⁵gəʔ²¹tsei⁴²tsʰoʔ⁵kʰie⁴²m̩³³］

葛么总结搭到尔夺来了！"［gəʔ²¹məʔ²¹tsom⁴²tɕieʔ⁵təʔ⁵tɔʔ²¹n̩¹³doʔ¹³le³³lə²¹］

只一记看之后，［tsəʔ⁵ieʔ⁵tʃʅ⁴²kʰə²¹tsʅ⁴²ei¹³］

葛小伙子倒讲话还好个，［gəʔ²¹ɕiɔ⁴²huʔ⁵tsʅ²¹tɔ³³kã⁴²o¹³ᴀ²¹hɔ⁴²gəʔ²¹］

种＝梅＝个还好个？［tsom⁴²me²¹gəʔ²¹ᴀ²¹hɔ⁴²gəʔ²¹］

渠讲个："尔叫鞋＝只＝名字？"［dʒʅ²¹kã⁴²gəʔ²¹：n̩¹³tɕiɔ²¹ᴀ²¹tsəʔ⁵min¹³zʅ¹³］

一个渠讲个："我叫得牛郎。"［ieʔ⁵kɤu²¹dʒʅ¹³kã⁴²gəʔ²¹：ŋɤu¹³tɕiɔ³³təʔ⁵niɐ¹³lã⁴²］

渠讲："尔呢？""我叫得织女"渠讲个。［dʒʅ¹³kã⁴²：n̩¹³ne²¹？ ŋɤu¹³tɕiɔ²¹təʔ⁵tsəʔ⁵ny⁴² dʒʅ¹³kã⁴²gəʔ²¹］

啊呀，葛只＝牛郎和织女。［ᴀ²¹iᴀ⁰， gəʔ²¹tsəʔ⁵niɐ¹³lã⁴²ɤu¹³tsəʔ⁵ny⁴²］

葛么，谈擦＝擦＝擦＝擦＝么个，［gəʔ²¹mə²¹， dɛ¹³tsʰaʔ⁵tsʰaʔ⁵tsʰaʔ⁵tsʰaʔ⁵məʔ²¹gəʔ²¹］

织女弗肯去啊，弗肯去么，［tsəʔ⁵ny⁴²fəʔ⁵kʰɛn⁴²kʰie⁴²ᴀ²¹， fəʔ⁵kʰɛn⁴²kʰie⁴²məʔ²¹］

横直一份人家，做做人家算介！［vã¹³dzəʔ¹³ieʔ⁵vɛn¹³nin¹³ko⁴²， tsɤu³³tsɤu³³nin¹³ko⁴²sə³³kᴀ²¹］

葛么，［渠拉］奔＝做人家啊。［gəʔ²¹məʔ²¹， dʑiᴀ¹³doʔ¹³tsɤu³³nin¹³ko⁴²ᴀ²¹］

［渠拉］斗做人家啊，［dʑiᴀ²¹tɤu³³tsɤu³³nin²¹ko⁵⁴⁴ᴀ⁰］

做得人家做做么做得尼＝好，［tsɤu³³təʔ⁵nin²¹ko³³tsɤu³³tsɤu³³mə⁰tsɤu³³təʔ⁵m̩¹³hɔ⁴²］

一个么耕田斫藕，一个纺纱织布，人家也做得尼＝好。［iʔ⁵kɛ⁵⁴⁴mə⁰kã³³di¹³tsoʔ⁵ ŋei²⁴²， iʔ⁵kɛ⁵⁴⁴fã³³so⁵⁵tsəʔ⁵pu³³， nin²¹ko⁵⁵ᴀ¹³tsɤu³³təʔ⁵m̩¹³hɔ⁴²］

三年功夫么生得一对男女，［sɛ³³nie⁵⁴⁴kom³³fu⁴²mə⁰sã³³təʔ¹iʔ⁵te³³nə²¹ny⁴²］

生得一对男女过之后么葛么生活也蛮舒服。［sã³³təʔ¹iʔ⁵te³³nə²¹ny⁴²kɤu³³tsʅ³³ei¹³mə⁰sã⁴² oʔ²¹ᴀ²¹mɛ¹³ɕy²¹voʔ¹³］

葛么太平个日子弗多，葛日子么，［kəʔ¹məʔ¹³tʰᴀ³³bin¹³gəʔ¹nieʔ¹tsʅ⁵⁴⁴fəʔ⁵tɤu⁵⁴⁴， gəʔ⁵ nieʔ⁵tsʅ⁴²mə⁰］

原来织女是天高登玉皇大帝个因来，叫得七仙女。［ny²¹le¹³tsəʔ⁵ny⁴²zəʔ¹³tʰi³³kɔ³³tɛn⁵⁴⁴ nioʔ²¹uã¹³dᴀ¹³tʅ³³gəʔ⁵no¹³le³³， tɕiɔ³³təʔ¹tɕieʔ⁵ɕi³³ny⁴²］

葛玉皇大帝一记想，［gəʔ⁵nioʔ²¹uã¹³dᴀ¹³tʅ³³iʔ⁵tʃʅ³³ɕiã⁴²］

我个因寻不着，［ŋo¹³kəʔ⁵no¹³zin²¹fəʔ⁵dzəʔ¹³］

渠话："原来是下底来得嫁人，［dʒʅ¹³oʔ²¹：ny²¹le¹³zəʔ¹³o¹³tʅ⁴²le¹³təʔ⁵ko³³nin¹³］

葛东西还会了得嘞。［gəʔ⁵tom³³ʃʅ⁴²uɛ²¹ue³³liɔ¹³təʔ⁵le²¹］

介弗请［渠拉］吃生活还会好嘞。"［kᴀ⁵⁴⁴fəʔ⁵tɕʰin⁴²dʑiᴀ¹³tɕʰieʔ⁵sã³³oʔ¹³uɛ²¹ue³³hɔ⁴² le²¹］

葛么，渠喊得种天兵天将，[kəʔ⁵mə³³, dʒʅ¹³hɛ⁴²təʔ¹tsom²¹tʰi³³pin³³tʰi³³tɕiã²¹]

葛么去搭得来。[gəʔ⁵mə³³kʰi³³kʰɔ⁵⁴⁴təʔ⁵le³³]

则么天兵天将"叭"一道来么。[tsəʔ⁵məʔ⁵tʰi³³pin³³tʰi³³tɕiã²¹bA³³iʔ⁵dɔ¹³le¹³mə²¹]

介日子狂风大做来，雨大风紧。[kA¹³nieʔ⁵tsʅ²¹guã²¹fom⁵⁴⁴dA¹³tsɤu²¹le²¹, y²⁴²do¹³fom⁵⁴⁴
　　tɕin⁴²]

葛辰光，"哇"弄开，葛班小，两个小人么哭去，[kəʔ⁵zɛn¹³kuã⁵⁴⁴, uA¹³nom³³kʰe²¹,
　　kəʔ⁵pɛ³³ɕiɔ⁴², liã¹³kəʔ⁵ɕiɔ⁴²nin¹³kʰoʔ⁵kʰi³³]

呐，哭去么，牛郎渠讲：[naʔ⁵, kʰoʔ⁵kʰi³³mə³³, niʉ²¹lã³³dʒʅ¹³kã⁴² :]

"织女，小孩哭去，织女鞋＝只＝介理也弗理？"[tsəʔ⁵ny⁴², ɕiɔ⁴²nin¹³kʰoʔ⁵kʰi³³, tsəʔ⁵
　　ny⁴²A²¹tsəʔ⁵kA³³h̩²⁴²A⁴²fəʔ⁵h̩²¹]

织女没啦。[tsəʔ⁵ny⁴²məʔ¹lA³³]

"遭＝倒好啊，织女没了，小人也哭，[tsɔ⁵⁴⁴tɔ⁵⁴⁴hɔ⁴²A²¹, tsəʔ⁵ny⁴²məʔ²¹lA³³, ɕiɔ³³nin³³
　　A³³kʰoʔ⁵]

我真寻弗着，[ŋo¹³tsɛn³³ʑin²¹fəʔ⁵dzəʔ¹³]

遭＝我鞋＝只＝介办办呢？[tsɔ⁵⁴⁴ŋo²⁴²A¹³tsəʔ⁵kA⁵⁴⁴bɛ³³bɛ³³m̩³³]

急啊急死嘞！"[tɕieʔ⁵A³³tɕieʔ⁵sʅ²¹lA²¹]

则＝介葛辰光，[tsəʔ⁵kA⁵⁴⁴gəʔ¹zɛn²¹kuã⁴²]

旁边葛头老牛渠话，讲话啊。[bã²¹pie⁴²gəʔ⁵dei¹³lɔ¹³niʉ³³dʒʅ¹³o²¹, kã³³o²¹A²¹]

渠讲："牛郎啊，你弗要急。"[dʒʅ¹³kã⁴² : niʉ²¹lã³³A²¹, m̩³³fəʔ⁵iɔ²¹tɕie¹]

[我拉]鞋＝只＝噶弗急呢？[ŋA³³A²¹tsəʔ⁵kəʔ⁵fəʔ⁵tɕieʔ¹ni²¹]

渠话："你拨[我拉]高墩两头牛角驮落来，[dʒʅ¹³o³³ : m̩¹³pəʔ⁵ŋA¹³kɔ²¹tɛn²⁴²liã¹³dei³³
　　niʉ²¹koʔ⁵dɤu²¹loʔ¹le¹³]

会变作两只筐个。"[ue¹³pie³³tsɤu²¹liã¹³tsəʔ⁵kʰuã⁵⁴⁴gəʔ¹]

介记个，葛么渠斗来看看。[kA¹³tʃʅ⁵⁴⁴gəʔ¹, gəʔ¹mə²¹dʒʅ²¹tei³³le³³kʰə²¹kʰə²¹]

一记看，牛角已经翻落客＝啦，[iʔ³tʃʅ³³kʰə³³, niʉ²¹koʔ⁵i⁴²tɕin³³fɛ³³lɔ⁵kʰaʔ⁵lA²¹]

渠话随手变得两只箩筐，[dʒʅ³³o³³ze¹³sei⁴²pie²¹təʔ⁵liã¹³tsəʔ⁵lɤu²¹kʰuã⁴²]

两只箩筐么，渠讲个：[liã¹³tsəʔ⁵lɤu¹³kʰuã⁴²mə²¹, dʒʅ³³kã⁴²gəʔ⁵ :]

"你箩筐里两个小人挑挑，[m̩¹³lɤu²¹kʰuã⁴²h̩²¹liã¹³kəʔ⁵ɕiɔ³³nin²⁴²tʰiɔ³³tʰiɔ³³]

你家织女拨[渠拉]爹搭得去啊，[m̩¹³tɕiɔ³³tsəʔ⁵ny⁴²pəʔ¹dziA¹³tia⁵⁴⁴kʰɔ⁵⁴⁴təʔ¹kʰie¹³A²¹]

派别人搭得去啊。[pʰA⁵⁴⁴bieʔ¹nin¹³kʰɔ⁵⁴⁴təʔ¹kʰie¹³A²¹]

你去蹩可能还蹩得着哒来。[m̩²¹kʰie²¹bieʔ¹kʰɤu⁴²nɛn¹³A¹³bieʔ¹təʔ⁵tsəʔ⁵dA²¹le²¹]

赶快去蹩。"[kə⁵⁴⁴kʰuA³³kʰie³³bieʔ¹]

渠么随手挑起一担，［dʒʅ¹³mə²¹ze²¹sei⁴²tʰiɔ²¹tʃʰʅ⁴²iʔ⁵te³³］

男男女女么"叭"去蹩啰。［nə²¹nə³³no³³no²⁴mə³³bʌ³³kʰie³³bieʔˡlɤu³³］

蹩么，"叭"，蹩去蹩去蹩去，［bieʔˡmə³³，bʌ³³，bieʔˡkʰie³³bieʔˡkʰie³³bieʔˡkʰie³³］

一去高墩再去蹩，［iʔ⁵kʰie³³kɔ³³tɛn³³tse³³kʰie³³bieʔˡ］

蹩得还算快略，［bieʔˡtəʔ⁵ʌ¹³sə³³kʰuʌ³³kəʔˡ］

看见啊，真个面前头来起客˭。［kʰə⁴²tɕie³⁵ʌ³³，tsɛn³³gəʔˡmie⁴²ʑie³³dei²¹le¹³tʃʰʅ²¹kʰʌ⁵］

渠喊去："织女织女"，喊去。［dʒʅ¹³hɛ⁴²kʰie²¹：tsəʔ⁵ny⁴²tsəʔ⁵ ny⁴²，hɛ⁴²kʰie²¹］

每个横竖两个天兵天将搭客˭，会蹩得［渠拉］着了？［me¹³gəʔ⁵uã¹³ʐy¹³liã¹³kəʔ⁵tʰie³³
　　pin³³tʰie³³tɕiã²¹kʰɔ³³kʰʌʔ⁵，ue¹³bieʔ¹³təʔ⁵dʑiʌ²¹tsəʔ⁵lə²¹］

渠横竖快个，［dʒʅ¹³uã¹³ʐy¹³kʰuʌ³³gəʔ⁵］

"呱"蹩着出汗，蹩着快啊。［kuʌ⁵⁵bieʔ⁵tsəʔ⁵tsʰoʔ⁵hə⁵⁴⁴，bieʔ⁵tsəʔ⁵kʰuʌ³³ʌ²¹］

王母娘娘走出来啊：［uã²¹mo²⁴²niã²¹niã²¹tsei⁴²tsʰoʔ⁵le²¹ʌ²¹］

"啊，你倒会蹩得来个，［ʌ³⁵，m̩¹³tɔ⁵⁴⁴ue¹³bieʔ¹³təʔ⁵le¹³gəʔ¹］

［我拉］要你整嘞介。"［ŋʌ¹³iɔ⁵⁴⁴m̩¹³bieʔ¹³lə³³kʌ⁵⁴⁴］

驮出头高墩根金钗，［dɤu²¹tsʰoʔ⁵dei²¹kɔ²¹tɛn⁵⁴⁴kɛn⁵⁴⁴tɕin²¹tsʰo⁴²］

"哼"地下一记划拉，［kʰuʌ⁵⁴⁴di¹³o¹³iʔ⁵tʃʅ³³vaʔˡlʌ¹³］

变成一条银河，一条大江，［pie³³dʑin¹³iʔ⁵diɔ¹³in²¹ɤu⁴²，iʔ⁵diɔ¹³dʌ¹³kã⁴²］

葛条江尼˭阔，［gəʔ⁵diɔ¹³kã⁴²m̩¹³kʰoʔ⁵］

你鞋˭只˭介走得过去，［m̩¹³ʌ¹³tsəʔ⁵kʌ⁵⁴⁴tsei⁴²təʔ⁵ku⁵⁴⁴kʰie²¹］

遭˭横竖个多看看，每头看看，［tsɔ⁵⁴⁴uã¹³ʐy²¹gəʔ⁵tɤu³³kʰə³³ kʰə³³，me¹³dei⁴² kʰə³³
　　kʰə³³］

横竖，望江兴叹啦，［uã¹³ʐy²¹，uã¹³kã⁵⁴⁴ɕin³³tʰɛ³³lʌ²¹］

办法没啦。［bɛ³³faʔ⁵məʔˡlʌ²¹］

遭˭哪，葛种天高墩种喜鹊啦，［tsɔ⁵⁴⁴nʌ²¹，gəʔ⁵tsom³³tʰie⁵⁴⁴kɔ²¹tɛn⁴²tsom³³ʃʅ³³tɕʰiaʔ⁵lʌ²¹］

种鞋˭只˭东西啦，看得［渠拉］罪过，［tsom³³ʌ²¹tsəʔ⁵tom³³ʃʅ⁴²lʌ²¹，kʰə³³təʔ⁵dʑiʌ¹³
　　ze¹³kɤu²¹］

渠讲："介也横会帮你咯"。［dʒʅ²¹kã⁴²：kʌ³³ʌ¹³uã¹³ue²¹pã⁵⁴⁴m̩¹³gəʔ⁵］

所有拨成千只喜鹊统喊得来。［sɤu²¹iɤ⁴²pəʔ⁵dzɛn²¹tɕʰie⁵⁴⁴tsəʔ⁵ʃʅ⁴²tɕʰiaʔ⁵tʰom³³hɛ⁴²təʔ⁵
　　le²¹］

葛日子成千上万只喜鹊统匍拢，［gəʔˡnieʔˡtsʅ⁴²dzɛn²¹tɕʰie⁵⁴⁴zã¹³vɛ³³tsəʔ⁵ʃʅ³³tɕʰiaʔ⁵tʰom³³
　　bu²¹lom⁴²］

头尾巴连牢,［dei¹³vei¹³pa⁴²lie²¹lɔ⁴²］

河高墩搭得乘桥啊,［ɤu²¹kɔ³³tɛn⁵⁴⁴taʔtəʔ⁵dzɛn¹³dzɪɔ¹³A¹³］

要［渠拉］走过去,［iɔ⁵⁴⁴dʑiA¹³tsei⁴²ku³³kʰie²¹］

走过去么就好相会啊,［tsei⁴²ku⁵⁴⁴kʰie²¹mə²¹dʑiʉ¹³hɔ⁴²ɕiã¹³ue²¹A²¹］

遭=后头牛郎就介介些有种讲鹊桥么,［tsɔ⁵⁴⁴ei²¹dei¹³niʉ²¹lã¹³dʑiʉ¹³kA⁵⁴⁴kA⁵⁴⁴ɕie²¹iʉ¹³tsom⁴²kã⁴²tɕʰiaʔ⁵dʑiɔ¹³mə²¹］

就是喜鹊造个桥——鹊桥。［dʑiʉ¹³zəʔ¹³ʃʅ⁴²tɕʰiaʔ⁵zɔ¹³kəʔ⁵dʑiɔ¹³—tɕʰiaʔ⁵dʑiɔ¹³］

遭=葛日子么刚好是七日七,［tsɔ⁵⁴⁴gəʔ⁵nieʔ⁵tsʅ²¹mə²¹kã³³hɔ⁴²zəʔ¹³tɕʰieʔ⁵nieʔ⁵tɕʰieʔ⁵］

遭=后头大家讲就是喏牛郎织女七月七鹊桥相会,［tsɔ⁵⁴⁴ei¹³dei¹³dA¹³kɔ⁴²kã⁴²dʑiʉ¹³zəʔ¹³nəʔ¹niʉ²¹lã¹³tsəʔ⁵ny⁴²tɕʰieʔ⁵nioʔ⁵tɕʰieʔ⁵tɕʰiaʔ⁵dʑiɔ¹³ɕiã³³ue²¹］

介些变去变去变得情人节啦!［kA³³ɕieʔ⁵pie²¹kʰie²¹pʰie²¹kʰie²¹pie²¹təʔ⁵dʑin²¹nin¹³tɕieʔ⁵lA³³］

　　从前有个年轻人,爹娘老早就去世了,孤零零的,自己一个人,很可怜。家里只有一头老牛,和老牛相依为命。他把老牛照顾得很好,老牛也会到村里去帮他们耕耕田。因为牛郎老和老牛在一起,所以他们村庄的人都不叫他名字了,干脆叫他牛郎了。

　　牛郎和老牛相依,以耕田为生。一头牛,一个人,另外也没有什么财产了。不过牛郎对牛照顾得很好。牛郎人很勤劳,非常能干,老牛看到他觉得怪可怜的。实际上,老牛是天上的金牛星下凡。他对牛郎说他要帮牛郎讨个妻子。

　　有一天晚上,老牛就托梦给牛郎。他说:"明天早上,在村东头的池塘里,会有一群姑娘来洗澡。你去拿一件她们的衣服来,拿到后,头也不要回,直到逃回自己家。"第二天,睡到天亮之后,牛郎醒了,迷迷糊糊地觉得自己做了个梦。"我去看看不要紧的,是不是真有这件事情?"走过去一看,果真看见有七八个姑娘在洗澡。他拿起一件离他最近的粉色衣服,头也不回地开始跑,跑到家里把衣服藏了起来,压了起来,想看看会发生什么。到了夜里,果真有人来敲门。一看,有一个大姑娘走了进来。大姑娘说:"你把我的衣服拿走了,我没穿衣服如何走出去呢?最后只好到你这来拿衣服了。"只看了一下后,姑娘觉得这个小伙子讲话很好,怎么样好呢?姑娘就问:"你叫什么名字?""我叫牛郎。"牛郎回答。姑娘说:"我叫织女。"啊呀,这就是牛郎和织女。话说着说着,织女不愿离开了。于是她就留了下来,两人组成了一个家庭。他们一起组成一个家庭,日子过得很好,一个耕田砍藕,一个纺纱织布。三年工夫生了一对子女,日子过得很舒服。

这样的太平日子不多，原来织女是天上玉皇大帝的女儿，叫七仙女。这个玉皇大帝一想，我的女儿找不到了。他说："原来是下去嫁人了。这还了得。这不打他们一顿算好的。"他喊来很多天兵天将，让他们去把织女抓来。这下天兵天将"叭"一下子来了。那天狂风大作，雨大风急。这时候，"呱"门开了，两个小孩哭起来了。牛郎说："织女，小孩哭了，你怎么理也不理呢？"织女不见了。"这下好了，织女不见了，小孩又哭，我真找不着，这下我怎么办呢？急都急死了。"这个时候旁边的老牛说话了，他讲："牛郎啊，你不要急。""我们怎么能不急呢？"他说："你把我上面的两个牛角拿下来，会变作两只筐的。"牛郎一看，牛角已经掉在那儿了，一下子变成两只箩筐。老牛说："你把两个小孩放箩筐里挑着，你家织女是被他父亲抓去了，被别人抓去了。你去追可能还追得着。赶快去追。"牛郎随手挑起来，将男孩和女孩放在箩筐里去追。追着追着，一直追到高处仍然追，追得也算快，看见织女真的在前面。他"织女、织女"地喊起来。织女左右两边被两个天兵天将抓着，哪里追得着？牛郎反正追得快，追出汗来，快追到了。王母娘娘走出来了。"你倒会追来，我让你追！"王母娘娘拿出头上的一根金钗，"哗"地一划拉，变出一条银河，一条大河。你怎么走得过去？这下反正这头看看，那头看看，只能望河兴叹啦。没办法。

这时天上的各种喜鹊，看见他们可怜，通通被喊来。这天，成千上万只喜鹊通通聚拢，头与尾巴连牢，在河上搭起了一乘桥，要他们走过去相会，这就是鹊桥，就是喜鹊造的桥。这天刚好是七日七，后来大家就讲牛郎织女七月七鹊桥相会，变去变去么变成情人节啦！

（2016 年 7 月，发音人：朱雷）

三、自选条目

歇后语

石板道地掼乌龟［zəʔ²¹pɛ⁴²dɔ¹³di²¹guɛ¹³u¹³tɕy⁴²］
——硬碰硬。［ŋã¹³pʰom³³ŋã²¹］

赤卵过畈［tsʰɔʔ²¹lə²⁴kɤu²¹fɛ³³］
——毫无钩板。［ɔ²¹u³³kiɵ⁴²pɛ³³］

冬天里个冷水 [toŋ²¹tʰie⁴²li²¹kɤu²¹lã¹³sɻ⁴²]
——一眼看到底。[ieʔ²¹ŋɛ²⁴kʰə³³tɔ³³tɻ⁴²]

冷水煠鳖 [lã¹³sɻ⁴²zaʔ²¹pieʔ⁵]
——逼腾逼腾。[pieʔ⁵tʰɛn³³pieʔ⁵tʰɛn²¹]

黄牛耕狗洞 [uã²¹niʉ⁴²kã³³kiʉ⁴²doŋ²¹]
——弗晓得自身份。[fəʔ⁵çiɔ³³təʔ⁵zɻ¹³sɛn¹³fɛn⁴²]

闷被头放屁 [mɛn³³bɻ³³dei²⁴fã²¹pʰɻ³³]
——独吞。[doʔ¹³tʰɛn³³]

赤膊鸡啄赤膊鸡 [tsʰəʔ⁵poʔ⁵tʃɻ²¹təʔ⁵tsʰəʔ⁵poʔ⁵tʃɻ²¹]
——穷相斗。[dʑiom²¹çiã³³tei²¹]

和尚头皮搁弹子 [ɤi²¹zã³³dei⁴²bɻ²¹koʔ⁵dɛ²¹tsɻ¹³]
——险灵灵。[çie⁴²lin²¹lin²¹]

哑婆搭狗睏 [o³³bɤu²⁴təʔ⁵kiʉ⁴²kʰuɛn²¹]
——有口讲弗出。[iʉ²¹kʰiʉ⁴²kã⁴²fəʔ²¹tsʰoʔ⁵]

死尸凑棺材 [çi³³sɻ⁴²tsʰei⁴²kuə²¹ze⁴²]
——刚刚好。[kã⁴²kã⁴²hɔ⁴²]

瞎婆拔笋 [haʔ⁵bɤu¹³baʔ²¹çin⁴²]
——凑着个。[tsʰei³³dzaʔ⁵gəʔ²¹]

猫看花被单 [mɔ¹³kʰə³³ho²¹bɻ²¹tɛ⁴²]
——一字弗识横横。[ieʔ⁵zɻ¹³fəʔ⁵səʔ⁵uã²¹uã²¹]

关勒房门看老马［kuə²¹lə^{5}vã²¹mɛn⁴²kə^{33}lɔ²¹mo²¹］
——越看越欢喜。［io^{5}kʰə²¹io^{5}huə²¹çi⁴²］

口燥喝盐铅卤［kʰiʉ⁴²sɔ²¹ha^{21}ie²¹tɕʰie^{33}lu²⁴］
——真是时候。［tsɛn²⁴zʅ²¹zʅ²¹ei²¹］

长线放远鹞［dzã²¹çie²⁴fã^{33}io²¹iɔ²¹］
——越扯越远。［io^{21}tsʰʌ²⁴io^{21}io⁴²］

上庙打香炉［zã²¹miɔ¹³tã¹³çiã²¹lu²¹］
——做弗出好事体。［tsʁu^{33}və^{5}tsʰo^{5}hɔ⁴²zʅ²¹tʰʅ⁴²］

死狗避弗过热汤［sʅ⁴²kiʉ⁴²bʅ²¹və^{5}kʁu²¹nie^{21}tʰã⁴²］
——逃弗出。［dɔ²¹fə^{5}tsʰo^5］

诸暨湖田熟［tɕy^{33}tʃʅ²⁴u²¹die¹³zo^{13}］
——天下一餐粥。［tʰie²¹o¹³ie^{5}tsʰɛ²¹tso^5］

茅坑石板［mɔ²¹kʰã^{33}zə^{3}pɛ²⁴］
——抬举弗起。［de²¹tɕy⁴²fə^{21}tʃʅ²¹］

人弗如卵，碗弗如盘。［nin²⁴fə^{5}y²¹lə⁴²——uə⁴²fə^{5}y²¹bə¹³］

养新妇头烧镬窠［iã¹³çin^{33}vu^{33}dei^{33}sɔ^{33}uə^{21}kʰʁu⁴²］
——白辛苦。［ba^{5}çin²¹kʰu⁴²］

讨饭佬骑白马［tʰɔ^{33}vɛ^{33}lɔ⁴²dʒʅ²¹ba^{5}mɔ⁴²］
——空高兴。［kʰom²¹kɔ²¹çin²¹］

猢狲翻八鸟［uə^{21}sɛn²⁴fɛ²¹pa^{5}tiɔ⁴²］
——自弄自。［ʑi¹³nom²¹ʑi²¹］

（以上 2016 年 7 月，发音人：朱雷）

慈 溪

一、歌谣

过年

有铜钿人家灶头香，［iø¹¹duŋ¹³diẽ⁰n̠iŋ¹¹ko³⁵tsɔ³³dø¹³ɕiã³⁵］铜钿：钱

无铜钿人家高灶冷，［m¹¹duŋ¹³diẽ⁰n̠iŋ¹¹ko³⁵kɔ³⁵tsɔ⁰lã¹³］高灶：灶头

有铜钿人家放炮仗，［iø¹¹duŋ¹³diẽ⁰n̠iŋ¹¹ko³⁵fɔ̃⁴⁴pʰɔ⁴⁴dʑiã⁰］炮仗：鞭炮

无铜钿人家掼破甏。［m¹¹duŋ¹³diẽ⁰n̠iŋ¹¹ko³⁵guẽ¹³pʰa⁴⁴bã⁴⁴］掼破甏：扔破缸

正月笃瓜子

正月笃瓜子，［tsən³³yoʔ²toʔ²ko⁴⁴tsɻ⁰］笃：嗑

二月放鹞子，［n̠i¹³yoʔ²fɔ̃³³iɔ¹³tsɻ⁰］鹞子：风筝

三月上坟坐轿子，［sɛ̃³³yoʔ²zɔ̃¹¹vəŋ¹³zəu¹¹dʑiɔ¹³tsɻ⁰］

四月出番下秧子，［sɻ⁴⁴yoʔ²tsʰəʔ⁵fɛ̃³⁵ho¹¹iã³⁵tsɻ⁰］出番：出门

五月杨梅割稻子，［ŋ¹¹yoʔ²iã¹³me⁰kəʔ²dɔ¹³tsɻ⁰］

六月湖花结莲子，［loʔ²yoʔ²vu¹¹ho³⁵tɕiəʔ²lie¹³tsɻ⁰］湖花：荷花

七月池中驮银子，［tɕʰiəʔ⁵yoʔ²dzɿ¹³tsuŋ⁴⁴dəu¹¹n̠iŋ¹³tsɻ⁰］驮：拿

八月桂花结桂子，［poʔ⁵yoʔ²kui⁴⁴ho⁴⁴tɕiəʔ²kui⁴⁴tsɻ⁰］

九月重阳吃粽子，［tɕiu³³yoʔ³dzuŋ¹³iã⁰tɕʰyoʔ⁵tsuŋ⁴⁴tsɻ⁰］

十月金桔割桔子，［zəʔ²yoʔ²tɕiŋ³³tɕyəʔ⁵kəʔ⁵tɕyəʔ⁵tsɻ⁰］

十一月里落雪子，［zəʔ²iəʔ²yoʔ²li⁰loʔ²ɕiəʔ⁵tsɻ⁰］落雪子：下雪花

十二月冻煞叫花子。[zəʔ²n̩i⁰yoʔ²tuŋ⁴saʔ²kɔ⁴⁴ho⁴⁴tsʐ̩⁰]冻煞：冻死

（以上 2017 年 7 月，发音人：罗许云）

二、规定故事

牛郎和织女

早头来啦，[tsɔ³³dø¹³le¹³la⁰]

有个小官人，[iø¹³kəu⁰ɕiɔ³kuø̃³⁵n̩iŋ⁰]

渠呢爹娘大人死得早，[ge¹³n̩i⁰tia³³n̩iã¹³dəu¹³n̩iŋ⁰ɕi³taʔ²tsɔ³⁵]

自家呢罪过吧啦个。[ʑi¹³ko⁴⁴n̩i⁰ze¹³kəu⁰pa⁴⁴la⁴⁴kəu⁰]

屋里呢只有一只老牛，[oʔ⁵li⁰n̩i⁰tɕiɔʔ⁵iø⁰iəʔ⁵tsaʔ²lɔ¹¹n̩iø¹³]

则⁼其相依为命，[tsəʔ⁵dʑi¹³ɕiã³i³⁵ue¹¹miŋ¹³]则⁼：跟

渠靠首西个呢就靠格只牛耕地，[ge¹³kʰɔ⁴⁴sø³⁵ɕi⁰kəu⁰n̩i⁰dʑiø¹³kʰɔ⁴⁴kəʔ⁵tsaʔ²n̩iø¹³kã⁴⁴
di¹³]

到账呢，[tɔ⁴⁴tsã⁴⁴n̩i⁰]

哦，赚饭吃个。[o⁰，dzɛ¹¹vẽ¹³tɕʰyəʔ⁵kəu⁰]

所以讲呢，村坊上个人呢，[səu³³ʑi⁰kɔ̃³⁵n̩i⁰，tsʰəŋ³³fɔ̃¹³zɔ̃¹³kəu⁰n̩iŋ¹³n̩i⁰]

都讴其牛郎。[tu⁴⁴əu⁴⁴dʑi⁰n̩iø¹¹lɔ̃¹³]讴：叫

格么，实际上，[kəʔ⁵me⁰，ʐ̩¹³tɕi⁴⁴zɔ⁰]

格只老牛啦，[kəʔ⁵tsaʔ²lɔ¹¹n̩iø¹³la⁰]

是天高头个金牛星，[ʐ̩¹³tʰiẽ⁴⁴kɔ⁴⁴dø¹³kəu⁰tɕiŋ⁴⁴n̩iø¹³ɕiŋ⁴⁴]天高头：天上

渠想想，[ge¹³ɕiã³⁵ɕiã⁰]

格个小官人交关争气嘛，[kəʔ⁵kəu⁰ɕiɔ³³kuø̃³⁵n̩iŋ⁰tɕiɔ⁴⁴kuø⁴⁴tsəŋ³⁵tɕʰi⁰ma⁰]

有心呢想则⁼其做份人家。[iø¹³ɕiŋ⁴⁴n̩i⁰ɕiã³⁵tsəʔ⁵dʑi⁰tsəu⁴⁴vəŋ⁰n̩iŋ¹³ko³⁵]

格么，有一日啦，[kəʔ⁵me⁰，iø¹³iəʔ⁵n̩iəʔ²la⁴⁴]

格个金牛星啦，[kəʔ⁵kəu⁰tɕiŋ⁴⁴n̩iø¹³ɕiŋ⁴⁴la⁰]

得知天高头有七位仙女，[təʔ⁵tsʐ̩⁴⁴tʰiẽ⁴⁴kɔ⁴⁴dø¹³iø⁰tɕʰiəʔ⁵ue¹³ɕiẽ³⁵n̩y⁰]

第二日要到，[di¹¹n̩i¹³n̩iəʔ²iɔ⁴⁴tɔ⁴⁴]

村坊个东山脚下个湖里，[tsʰəŋ³³fɔ̃¹³kəu⁰tuŋ⁴⁴sẽ⁴⁴tɕiɔʔ⁵ho⁰kəu⁰vu¹³li⁰]

要来缴⁼身来。［iɔ⁴⁴le⁰tɕiɔ⁴⁴səŋ³⁵le⁰］缴⁼身：洗澡

格么，夜里托梦则⁼牛郎讲：［kəʔ⁵me⁰, ia¹³li⁰tʰoʔ⁵məŋ¹³tsəʔ²n̠iø¹¹lɔ̃¹³kɔ̃³⁵］

明朝天亮头，［miŋ¹³tɕio⁴⁴tʰie⁴⁴liã¹¹dø¹³］

到东山脚格个湖里，［tɔ⁴⁴tuŋ⁴⁴sɛ̃⁴⁴tɕioʔ⁵kəʔ⁵kəu⁰vu¹³li⁰］

有七个仙女哦，［iø¹³tɕʰiəʔ⁵kəu⁰ɕiẽ³⁵n̠yʰoʰ⁰］

交关齐整个仙女要来缴⁼身来，［tɕio³³kuẽ³⁵ʑi¹³tsəŋ⁴⁴kəu⁰ɕiẽ³⁵n̠yʰioʰ⁴⁴le¹³tɕiɔ⁴⁴səŋ³⁵le⁰］

侬把其中一个个衣裳啦，［nuŋ¹³poʰ⁰dʑi¹³tsuŋ⁴⁴iəʔ⁵kəu⁰kəu⁰iʰ⁴⁴zɔ̃⁰laʰ⁰］

偷仔一看，［tʰøʰ⁴⁴tsʅʰ⁰iəʔ²kʰeʰ⁰］

格么其会做侬老农⁼个。［kəʔ⁵meʰ⁰dʑi¹³ueʰ⁰tsɔu⁴⁴nuŋ¹³lɔ¹¹n̠iuŋ¹³kəu⁰］老农⁼：老婆

格么第二日子啦，［kəʔ⁵meʰ⁰di¹¹n̠i¹³n̠iəʔ²tsʅʰ⁰laʰ⁰］

牛郎调觉哉，［n̠iø¹¹lɔ̃¹³diɔ¹³kɔ⁴⁴tseʰ⁰］

渠一忖呀，［ge¹³iəʔ⁵tsʰəŋ³⁵iaʰ⁰］

乱梦里哦，［lɔ̃¹¹muŋ¹³liʰ⁰oʰ⁰］

格只牛话过，［kəʔ⁵tsaʔ²n̠iø¹³huo¹³kəu⁰］

弗晓得真弗真哦。［fəʔ⁵ɕiɔ³³təʔ²tsəŋ⁴⁴fəʔ²tsəŋ³⁵oʰ⁰］

格么，其想看啦，［kəʔ⁵meʰ⁰, dʑi¹³ɕiã³kʰe⁴⁴laʰ⁰］

果然是啦村坊格个湖里啦，［kəu³⁵leʰ⁰ʐʅ¹³laʰ⁰tsʰəŋ⁴⁴fɔ̃⁰kəʔ²kəu⁰vu¹³li⁰laʰ⁰］

有七个仙女来得缴⁼身。［iø¹³tɕʰiəʔ⁵kəu⁰ɕiẽ³⁵n̠yʰle¹³təʔ²tɕiɔ⁴⁴səŋ³⁵］

渠相中其中一个人个衣裳啦，［ge¹³ɕiã⁴⁴tsuŋ⁴⁴dʑi¹³tsuŋ⁴⁴iəʔ²kəu⁰n̠iŋ¹³kəu⁰iʰ⁴⁴zɔ̃¹³laʰ⁰］

好像是一件粉红色个衣裳，［hɔ³³dʑiã⁰ʐʅ⁰iəʔ²dʑiẽ¹³fəŋ³³huŋ¹³səʔ⁵kəu⁰iʰ⁴⁴zɔ̃⁰］

掼倒一记从树上扯下来跑了走，［guẽ¹³tɔ⁰iəʔ²tɕi⁰dzuŋ¹³zʅ¹³zɔ̃⁰tsʰe³³hoʰ⁰leʰ⁰pʰɔ³³ləʔ²tsø³⁵］

朝屋里跑啦。［dzɔ¹³oʔ⁵liʰ⁰pʰɔ³³laʰ⁰］

格么呢格日晚亭呢，［kəʔ⁵meʰ⁰n̠iʰkəʔ²n̠iəʔ²mẽ¹³diŋ¹³n̠iʰ⁰］

格件衣裳个仙女啦，［kəʔ²dʑiẽ¹³iʰ⁴⁴zɔ̃⁰kəu⁰ɕiẽ³⁵n̠yʰlaʰ⁰］

“笃笃笃”来敲门来哉。［toʔ⁵toʔ⁵toʔ⁵le¹³tɕʰiɔ⁴⁴məŋ¹³le¹³tseʰ⁰］

格么后来就做了其个老人。［kəʔ⁵meʰ⁰həu¹³leʰ⁰dʑiø¹³tsɔu⁴⁴ləʔ²dʑi¹³kəu⁰lɔ¹¹n̠iŋ¹³］

格么眼睛一眨三年过去哉。［kəʔ⁵meʰ⁰n̠iẽ¹³tɕiŋ⁴⁴iəʔ²zaʔ²sɛ̃⁴⁴n̠iẽ⁰kəu⁰tɕʰiʰ⁰tse⁴⁴］

织女呢，［tsəʔ⁵n̠yʰn̠iʰ⁰］

则⁼牛郎生了一男一女，［tsəʔ⁵n̠iø¹³lɔ⁰sã⁴⁴ləʔ²iəʔ²ne¹³iəʔ²n̠y¹³］

两个小人。［liã¹³kəu⁰ɕiɔ³³n̠iŋ¹³］

不过到呢，［pəʔ⁵kəu⁰tɔ⁴⁴n̩.i⁰］

织女私自下凡啦，［tsə⁵n̩y⁰sʅ⁴⁴dzʅ¹³ho¹³vẽ¹³la⁰］

则⁼凡人结婚个格笔事体啦，［tsə⁵vẽ¹³n̩.iŋ⁰tɕiəʔ⁵huəŋ⁴⁴kəu⁰kəʔ⁵piəʔ⁵zʅ¹³tʰi⁰la⁰］

则⁼玉皇大帝晓得哉。［tsə⁵n̩y¹³huɔ̃¹³da¹¹di¹³ɕiɔ³³təʔ²tse⁰］

格一高头呢，［kəʔ⁵iəʔ²kɔ⁴⁴dø¹³n̩.i⁰］

动雷霍闪，［duŋ¹¹le¹³hoʔ⁵sẽ⁴⁴］动雷：雷。霍闪：闪电

风是个风，［fuŋ⁴⁴zʅ¹³kəu⁰fuŋ³⁵］

雨是个雨，［y¹³zʅ¹³kəu⁰y¹³］

咋力记啦，［dzaʔ²liəʔ²tɕi⁰la⁰］

格个织女人找弗到了。［kəʔ²kəu⁰tsə⁵n̩y⁰n̩.iŋ¹³tsɔ³³fəʔ²tɔ⁰ləʔ²］

哇哇个叫，［ua³⁵ua⁰kəʔ²tɕiɔ³⁵］

叫我要姆妈，［tɕiɔ³³ŋo¹³iɔ⁰m̩¹³mo⁴⁴］

我要姆妈。［ŋo¹³iɔ⁰m̩¹³mo⁴⁴］

牛郎也弗晓得咋弄弄好哉。［n̩.iø¹¹lɔ̃¹³ia¹³fəʔ²ɕiɔ³³təʔ²dza¹³nuŋ¹³nuŋ⁰hɔ⁰tse⁰］

格一梗奇怪个事发生哉，［kəʔ⁵iəʔ²kuã⁴⁴dʑi¹³kua⁴⁴kəu⁰zʅ¹³faʔ⁵səŋ⁴⁴tse⁰］

咋记呢，［dza¹³tɕi⁰n̩.i⁰］

格只牛突然之间，［kəʔ⁵tsaʔ²n̩.iø¹³tʰəʔ⁵le⁰tsʅ⁴⁴ke⁴⁴］

开口讲说话哉：［kʰe⁴⁴kʰø⁰kɔ̃³³soʔ⁵huo¹³tse⁴⁴］

"侬弗要急，无告个，［nuŋ¹³fəʔ²iɔ⁴⁴tɕiəʔ⁵，m̩¹¹kɔ⁴⁴kəu⁰］无告：没关系

我头顶高头格两只角啦，［ŋo¹³dø¹¹təŋ⁰kɔ⁴⁴dø¹³kəʔ²liã¹³tsaʔ²kɔʔ⁵la⁰］

侬驮仔去，啊，［nuŋ¹³dəu¹³tsʅ⁰tɕʰi⁰，a⁴⁴］驮：拿

会变两只箩个，［ue¹³piẽ⁴⁴liã¹³tsaʔ²ləu¹³kəu⁰］

侬拨小人箩里安好，［nuŋ¹³poʔ⁵ɕiɔ³³n̩.iŋ¹³ləu¹³li⁰e⁴⁴hɔ⁰］

后来呢去趋哉，［həu¹³le⁰n̩.i⁰kʰe⁴⁴biəʔ²tse⁰］趋：追赶

限板趋得到个。"［hẽ¹³pẽ⁰biəʔ²təʔ⁵tɔ⁰kəu⁰］限板：一定

话落么，［uo¹³loʔ²me⁰］

好个嘛两个角到卯变箩啦。［hɔ³³kəu⁰ma⁰liã¹³kəu⁰kɔʔ⁵tɔ³³mɔ¹³piẽ⁴⁴ləu¹³la⁰］

牛郎把两个小人放进，［n̩.iø¹³lɔ̃⁰poʔ⁵liã¹³kəu⁰ɕiɔ³³n̩.iŋ¹³fɔ̃³³tɕiŋ⁴⁴］

马上去趋。［mo¹³zɔ̃⁰kʰe⁴⁴biəʔ²］

到天高头，［tɔ⁴⁴tʰiẽ⁴⁴kɔ⁴⁴dø⁰］

马上要趖上哉。[mo¹³zɔ̃⁰iɔ⁰biəʔzɔ̃⁰tse⁴⁴]

王母娘娘晓得哉。[uɔ̃¹¹m⁰n̠iã¹³n̠iã⁰ɕiɔ⁵³təʔ²tse⁴⁴]

王母娘娘晓得哉呢，[uɔ̃¹¹m⁰n̠iã¹³n̠iã⁰ɕiɔ⁵³təʔ²tse⁴⁴n̠i⁰]

把头高头个金钗一划，[po⁴⁴dø¹³kɔ⁴⁴dø¹³kəu⁰tɕiŋ⁴⁴tsʰo⁴⁴iəʔ²huaʔ⁵]

划成了一埭银河，[huaʔ⁵dzəŋ¹³ləʔ²iəʔ²da¹³n̠iŋ¹³həu¹³]

木佬佬个宽。[moʔ²lɔ¹³lɔ⁰kəu⁰kʰuø̃⁴⁴] 木佬佬：形容数量很多

两个人原方趖弗上，[liã¹³kəu⁰n̠iŋ¹³n̠yø̃¹³fɔ̃³⁵biəʔ²fəʔ²zɔ̃] 原方：肯定

原方无告做队啦。[n̠yø̃¹¹fɔ̃³⁵m¹¹kɔ⁴⁴tsəu⁴⁴de¹³la⁰] 做队：做伴

格么，每年个七月七啦，[kəʔ⁵me⁰, me¹³n̠ie⁰kəu⁰tɕʰiəʔ⁵n̠yoʔ²tɕʰiəʔ⁵la⁰]

鸦鹊呢头则"尾巴相连呢，[o³³tɕʰiaʔ⁵n̠i⁰dø¹³tsəʔ⁵mi¹³po⁰ɕiã⁴⁴lie¹³n̠i⁰] 鸦鹊：喜鹊

组成一梗桥，[tsu³³dzəŋ¹³iəʔ²kua⁰dʑio¹³] 梗：条

叫鹊桥，就是，[tɕiɔ⁴⁴tɕʰiaʔ⁵dʑio¹³, dʑiø¹³z̩⁰]

每年七月七相会。[me¹³n̠iẽ¹³tɕʰiəʔ⁵n̠yoʔ²tɕʰiəʔ⁵ɕiã⁴⁴hue¹³]

格就是牛郎与织女故事个来源。[kəʔ⁵dʑiø¹³z̩⁰n̠iø¹¹lɔ̃¹³yʔtsəʔ⁵n̠y⁰ku⁴⁴z̩⁰kəu⁰le¹³n̠yø̃¹³]

古时候，有个小伙子，名字叫作牛郎，他家里就一只老牛，他与一只老牛相依为命。老牛其实是天上的金牛星，金牛星很喜欢牛郎的勤劳善良，他想给牛郎成个家。

有一天，他得知天上的仙女，要到他们村东边的湖里来洗澡，他就托梦给牛郎，叫牛郎趁仙女洗澡的时候，拿件衣服拿到家里去，就会得到一个美丽的仙女做妻子。

牛郎不大相信，第二日天快亮时就到湖边去看看，果真有两个仙女在洗澡，他就把挂在树上的一件粉红色的衣裳，拿到家里去，这件衣服就是织女的一件衣服。这天晚上，织女就到了牛郎家的门口，敲开了门，之后他俩便成了夫妻。

眼睛一眨三年过去了，牛郎和织女生了一个儿子一个女儿，日子也过得很开心，可惜的是，织女私自下凡的事被玉皇大帝知道了，玉皇大帝非常生气。这一天电闪雷鸣，织女就被带走了。织女被带走以后，她的儿子和女儿两个小孩就哭着喊妈妈，牛郎没办法了，急得团团转。

老牛开口说起了话："牛郎不要急，把我的两个牛角拿下来，就会变成两个箩筐，你挑着两个小孩子去追。"一边说呢，一边两个牛角就掉下来了，变成了两只

箩筐。牛郎便挑起两个小孩往天上去追。追啊追啊，快要追到的时候呢，被王母娘娘看见了，王母娘娘拿起头上的一根金钗，在两人中间划了一道，马上变出了一条宽阔的天河，对面都看不见，两个人从此就彼此分开了。

喜鹊呢，特别同情牛郎和织女的遭遇，在阴历七月初七，成千上万只喜鹊，在天河上搭起一座长长的鹊桥，让牛郎和织女相会。

（2017 年 7 月，发音人：蒋熠）

三、自选条目

谜语

瞎子摇船。[haʔ^{5}tsɿ^{0}iɔ^{11}ze^{13}]
——彭桥 [bã^{11}dʑiɔ^{13}] 地名，“彭”谐“碰”

日里睏泰觉，[ȵiəʔ^{2}li^{0}kʰuəŋ^{33}tʰa^{44}kɔ^{53}] 睏泰觉：睡安稳的觉
夜里做贼做强盗，[ia^{13}li^{0}tsəu^{44}dzəʔ^{2}tsəu^{44}dʑiã^{13}dɔ^{0}]
“尼”一声叫，[ȵi^{13}iəʔ^{2}sã^{44}tɕiɔ^{35}]
心肝吓得别别跳。[ɕiŋ^{44}ke^{35}haʔ^{5}təʔ^{2}biəʔ^{2}biəʔ^{2}tʰiɔ^{35}]
——老鼠 [lɔ^{13}tsʰɿ^{44}]

灶跟地下一孔葱，[tsau^{35}kəŋ^{0}di^{13}o^{0}iəʔ^{2}kʰuŋ^{33}tsʰuŋ^{35}] 灶跟：厨房
日日夜夜拔弗空。[ȵiəʔ^{2}ȵiəʔ^{2}ia^{13}ia^{0}baʔ^{2}fəʔ^{2}kʰuŋ^{53}]
——筷箸笼 [kʰuai^{44}dzɿ^{0}luŋ^{13}]

爹啊尖头咯，[tia^{35}a^{0}tɕien^{44}dø^{0}kəʔ^{2}]
娘啊尖头咯，[ȵiã^{13}a^{0}tɕien^{44}dø^{0}kəʔ^{2}]
生个儿子还是尖头咯。[sã^{44}kəu^{0}n^{13}tsɿ^{0}ua^{13}dzɿ^{0}tɕien^{44}dø^{0}kəʔ^{2}]
——毛笋 [mau^{13}ɕiŋ^{53}]

（以上 2017 年 7 月，发音人：罗许云）

余　姚

一、歌谣

丢丢虫哎飞

丢丢虫哎飞，［tiø⁴⁴tiø⁴⁴dzuŋ¹³e⁴⁴fi⁴⁴］丢丢虫：蚂蚱

麻雀儿剥剥皮。［ma¹³tɕiaŋ⁴⁴poʔ⁵poʔ²bi¹³］

酱油蘸蘸好东西，［tɕiaŋ⁴⁴iø¹³tsã⁴⁴tsã⁴⁴hɔ³⁴tuŋ⁴⁴ɕi⁵³］

宝宝吃仔嘟嘟嘟嘟飞。［pɔ³⁴pɔ⁰tɕʰyoʔ⁵tsɿ⁰tu⁴⁴tu⁴⁴tu⁴⁴tu⁴⁴fi⁴⁴］

一箩麦

一箩麦，两箩麦，［iəʔ⁵lou¹³maʔ²，liaŋ¹³lou¹³maʔ²］

三箩开始打荞麦。［sã⁴⁴lou¹³kʰe⁴⁴sɿ⁰taŋ³⁴dʑiɔ¹³maʔ²］

噼噼啪，噼噼啪；［pʰiəʔ⁵pʰiəʔ²pʰaʔ⁵，pʰiəʔ⁵pʰiəʔ²pʰaʔ⁵］

荞麦打一斗，快快做馒头；［dʑiɔ¹³maʔ²taŋ³⁴iəʔ⁵tø³⁴，kʰua⁴⁴kʰua⁴⁴tsou⁴⁴mã¹³dø⁰］

馒头做一百，快快请菩萨。［mã¹³dø⁰tsou⁴⁴iəʔ⁵paʔ⁵，kʰua⁴⁴kʰua⁴⁴tɕʰiə̃³⁴bu¹³saʔ²］

菩萨哎，保佑癞头儿子生头发。［bu¹³saʔ²e⁴⁴，bɔ¹³iø¹³la¹³dø⁰ŋ¹³tsɿ⁰saŋ⁴⁴dø¹³faʔ⁵］癞头：

秃头

老嬷看见会笑煞，［lɔ¹³mo¹³kʰẽ⁴⁴tɕiẽ⁴⁴ɦue¹³ɕiɔ³⁴saʔ⁵］老嬷：妻子

丈母娘看见认勿得。［dzaŋ¹³m¹³ȵiaŋ¹³kʰẽ⁴⁴tɕiẽ⁴⁴ȵiə̄¹³vəʔ²tiəʔ⁵］

荷花荷花几时开

荷花荷花几时开？一月开。［ou¹³huo⁴⁴ou¹³huo⁴⁴tɕi³⁴zɿ¹³kʰe⁴⁴？　iəʔ⁵yoʔ²kʰe⁴⁴］
一月勿开几时开？二月开。［iəʔ⁵yoʔ²vəʔ²kʰe⁴⁴tɕi³⁴zɿ¹³kʰe⁴⁴？　ȵi¹³yoʔ²kʰe⁴⁴］
二月勿开几时开？三月开。［ȵi¹³yoʔ²vəʔ²kʰe⁴⁴tɕi³⁴zɿ¹³kʰe⁴⁴？　sã⁴⁴yoʔ²kʰe⁴⁴］
三月勿开几时开？四月开。［sã⁴⁴yoʔ²vəʔ²kʰe⁴⁴tɕi³⁴zɿ¹³kʰe⁴⁴？　sɿ⁴⁴yoʔ²kʰe⁴⁴］
四月勿开几时开？五月开。［sɿ⁴⁴yoʔ²vəʔ²kʰe⁴⁴tɕi³⁴zɿ¹³kʰe⁴⁴？　ŋ¹³yoʔ²kʰe⁴⁴］
五月勿开几时开？　［ŋ¹³yoʔ²vəʔ²kʰe⁴⁴tɕi³⁴zɿ¹³kʰe⁴⁴？　］
六月开，六月荷花蓬蓬开。［loʔ²yoʔ²kʰe⁴⁴，loʔ²yoʔ²ɦou¹³huo⁴⁴baŋ¹³baŋ⁰kʰe⁴⁴］

端午杨梅挂篮头

端午杨梅挂篮头；［tuŋ⁴⁴ŋ⁰iaŋ¹³me¹³kuo⁴⁴lã⁴⁴dø⁰］
夏至杨梅满山红；［o¹³tsɿ⁰iaŋ¹³me¹³mø̄¹³sã⁴⁴ɦuŋ¹³］
小暑杨梅要出虫。［ɕiɔ³⁴sʮ³⁴iaŋ¹³me¹³iɔ⁴⁴tsʰəʔ⁵dzuŋ¹³］

囡囡，侬要啥人抱

囡囡，侬要啥人抱？　［nø̄⁴⁴nø̄⁴⁴，nuŋ¹³iɔ⁴⁴saŋ⁴⁴ȵiə̄¹³bɔ¹³］囡囡：宝宝
我要爷爷抱，［ŋo¹³iɔ⁴⁴ia¹³ia⁰bɔ¹³］
爷爷胡须捋捋睏晏觉。［ia¹³ia⁰vu¹³sʮ⁰lou¹³lou⁰kʰuə̄⁴⁴ã⁴⁴kɔ⁴⁴］睏晏觉：睡觉
囡囡，侬要啥人抱？　［nø̄⁴⁴nø̄⁴⁴，nuŋ¹³iɔ⁴⁴saŋ⁴⁴ȵiə̄¹³bɔ¹³］
我要阿娘抱，阿娘腰痛伛勿倒。［ŋo¹³iɔ⁴⁴aʔ⁵ȵiaŋ⁰bɔ¹³，aʔ⁵ȵiaŋ⁰iɔ⁴⁴tʰuŋ⁴⁴ou⁴⁴vəʔ²tɔ³⁴］
囡囡，侬要啥人抱？　［nø̄⁴⁴nø̄⁴⁴，nuŋ¹³iɔ⁴⁴saŋ⁴⁴ȵiə̄¹³bɔ¹³］
我要爹爹抱，爹爹出门赚元宝。［ŋo¹³iɔ⁴⁴tia⁴⁴tia⁴⁴bɔ¹³，tia⁴⁴tia⁴⁴tsʰəʔ⁵mə̄¹³dzã¹³ȵyø̄¹³
　pɔ³⁴］
囡囡，侬要啥人抱？　［nø̄⁴⁴nø̄⁴⁴，nuŋ¹³iɔ⁴⁴saŋ⁴⁴ȵiə̄¹³bɔ¹³］
我要姆妈抱，姆妈纺纱做棉袄。［ŋo¹³iɔ⁴⁴m¹³mo⁴⁴bɔ¹³，m¹³mo⁴⁴fəŋ³⁴so⁴⁴tsou⁴⁴miẽ¹³ɔ³⁴］
　姆妈：妈妈
囡囡，侬要啥人抱？　［nø̄⁴⁴nø̄⁴⁴，nuŋ¹³iɔ⁴⁴saŋ⁴⁴ȵiə̄¹³bɔ¹³］
我要哥哥抱，哥哥读书做文章。［ŋo¹³iɔ⁴⁴kou⁴⁴kou⁴⁴bɔ¹³，kou⁴⁴kou⁴⁴doʔ²sʮ⁴⁴tsou⁴⁴və̄¹³

tsɔŋ⁴⁴]

囡囡，侬要啥人抱？［ nø̄⁴⁴nø̄⁴⁴，nuŋ¹³iɔ⁴⁴saŋ⁴⁴n̠iə̄¹³bɔ¹³ ］

我要姊姊抱，姊姊落地拔猪草。［ ŋɔ¹³iɔ⁴⁴tɕi⁴⁴tɕi⁴⁴bɔ¹³，tɕi⁴⁴tɕi⁴⁴loʔ²di¹³baʔ²tsʅ⁴⁴tsʰɔ³⁴ ］

囡囡，侬要啥人抱？［ nø̄⁴⁴nø̄⁴⁴，nuŋ¹³iɔ⁴⁴saŋ⁴⁴n̠iə̄¹³bɔ¹³ ］

派来派去无人抱，［ pʰa⁴⁴le¹³pʰa⁴⁴kʰe⁴⁴m¹³n̠iə̄¹³bɔ¹³ ］

还是摇篮摇摇睏懒觉。［ uaʔ²dzʅ⁰iɔ¹³lã¹³iɔ¹³iɔ⁰kʰuə̄⁴⁴lã¹³kɔ⁴⁴ ］

（以上 2015 年 10 月，发音人：鲁桂花）

二、其他故事

通济桥

阿拉余姚有一座老老古老个石桥，［ aʔ²laʔ⁵y¹³iɔ¹³iø¹³iəʔ⁵zou¹³lɔ¹³lɔ⁰ku³⁴lɔ⁰kəʔ²zaʔ² dʑiɔ¹³ ］

老老大个，［ lɔ¹³lɔ⁰dou¹³kəʔ² ］

叫通济桥。［ tɕiɔ⁴⁴tʰuŋ⁴⁴tɕi⁰dʑiɔ¹³ ］

格那桓卧于南北之间，［ kəʔ⁵na⁰uə̄¹³ŋou¹³y¹³nẽ¹³poʔ⁵tsʅ⁴⁴tɕiẽ⁴⁴ ］

是拱形个，［ zʅ¹³kuŋ³⁴iə̄¹³kəʔ² ］

有三孔个。［ iø¹³sã⁴⁴kʰuŋ³⁴kəʔ² ］

一条余姚个姚江呢，［ iəʔ⁵tʰiɔ¹³y¹³iɔ¹³kəʔ²iɔ¹³kɔŋ⁴⁴n̠iə̄⁰ ］

缓缓个从格那，［ uə̄¹³uə̄¹³kəʔ²dzuŋ¹³kəʔ⁵na⁰ ］

顺阿个桥头流过。［ zə̄¹³aʔ⁵kəʔ²dʑiɔ¹³dø⁰liø¹³kou³⁴ ］

格阿拉余姚啦，［ kəʔ⁵aʔ²laʔ⁵y¹³iɔ¹³la⁰ ］

有双城记载，［ iø¹³sɔŋ¹³zə̄¹³tɕi⁴⁴tsa⁴⁴ ］

已经有两千多年个历史。［ i¹³tɕiŋ⁴⁴iø¹³liaŋ¹³tɕʰiẽ⁴⁴tou⁴⁴n̠iẽ¹³kou⁰li¹³sʅ⁰ ］

格嘛老百姓呢，［ kaʔ⁵mo⁰lɔ¹³paʔ⁵ɕiə̄⁴⁴n̠iə̄⁰ ］

南北两岸个啰往来啊，［ nẽ¹³poʔ⁵liaŋ¹³iẽ¹³kəʔ²lo⁰uɔŋ¹³le⁰a⁰ ］

和总是靠那舢板啊，［ ou¹³tsuŋ⁴⁴zʅ¹³kʰɔ⁴⁴na⁰sã⁴⁴pã³⁴a⁰ ］

啊到格那浮桥啊，［ a⁰tɔ⁴⁴kəʔ²na⁰vu¹³dʑiɔ¹³a⁰ ］

到渡船啊。［ tɔ⁴⁴du¹³zẽ¹³a⁰ ］

格碰着个呢刮风落雨啦，［ kaʔ⁵baŋ¹³zaʔ²kəʔ²n̠iə⁰kuaʔ⁵fuŋ⁴⁴loʔ²y¹³la⁰ ］

交关个危险。［ tɕiɔ⁴⁴kuã⁴⁴kəʔ²ue¹³ɕiẽ³⁴ ］

格嘛一代一代个人落来啦，［ kaʔ⁵mo⁰iəʔ⁵de¹³iəʔ⁵de¹³kəʔ²n̠iə¹³loʔ²le¹³la⁰ ］

格嘛呢搭木桥啊、［ kaʔ⁵mo⁰n̠iə⁰taʔ⁵moʔ²dʑiɔ¹³a⁰ ］

板桥啊、［ pã³⁴dʑiɔ¹³a⁰ ］

石头桥啊。［ zaʔ²dø⁰dʑiɔ¹³a⁰ ］

不过呢，［ poʔ⁵kou⁴⁴n̠iə⁰ ］

乙 个 桥 啦 和 总 勿 大 牢 个，［ iəʔ⁵kou⁴⁴dʑiɔ¹³la⁰ou¹³tsuŋ⁴⁴vəʔ²dou¹³lɔ¹³kəʔ² ］ 噎=：这。

　　　和总：全、都

碰上着呢哪，［ baŋ¹³zɔŋ¹³zaʔ²n̠iə⁰na⁰ ］

大风大雨啊大水啦，［ dou¹³fuŋ⁴⁴dou¹³y¹³a⁰dou¹³sʅ³⁴la⁰ ］

和总要冲翻个。［ ou¹³tsuŋ⁴⁴iɔ⁴⁴tsʰuŋ⁴⁴fã⁴⁴kəʔ² ］

格经过呢一代一代人个努力，［ kaʔ⁵tɕiə⁴⁴kou⁴⁴iəʔ⁵de¹³iəʔ⁵de¹³n̠iə¹³kəʔ²nu¹³liəʔ² ］

和总诺，［ ou¹³tsuŋ⁴⁴no⁰ ］

那么终于有人哪，［ na¹³mo⁰tsuŋ⁴⁴y¹³iə¹³n̠iə¹³na⁰ ］

造嘞一梗通济桥。［ zɔ¹³liəʔ²iəʔ⁵kuaŋ³⁴tʰuŋ⁴⁴tɕi⁰dʑiɔ¹³ ］

格一梗通济桥啦，［ kaʔ⁵iəʔ⁵kuaŋ³⁴tʰuŋ⁴⁴tɕi⁰dʑiɔ¹³la⁰ ］

造好啦，［ zɔ¹³hɔ³⁴la⁰ ］

渠个桥个旁边啦有一块石板个。［ ge¹³kəʔ²dʑiɔ¹³kəʔ²bɔŋ¹³piẽ⁴⁴la⁰iø¹³iəʔ⁵kʰua⁴⁴zaʔ²pã³⁴ kəʔ² ］

石板里啦有两个字啦刻啷个，［ zaʔ²pã³⁴li⁰la⁰iø¹³liaŋ¹³kou⁴⁴dzʅ¹³la⁰kʰəʔ⁵lɔŋ¹³kəʔ² ］

刻个啥个字呢，［ kʰəʔ⁵kəʔ²soʔ⁵kəʔ²dzʅ¹³n̠iə⁰ ］

海舶过而不落风帆。［ he³⁴pʰaʔ⁵kou⁴⁴l¹³poʔ⁵loʔ²fuŋ⁴⁴vã¹³ ］

乙个风帆呢，［ iəʔ⁵kou⁴⁴fuŋ⁴⁴vã¹³n̠iə⁰ ］

阿拉余姚人讴风蓬格。［ aʔ²laʔ²y¹³iɔ¹³iø¹³ø⁴⁴fuŋ⁴⁴buŋ¹³kəʔ² ］

侬一只船里有一只风蓬啦，［ nuŋ¹³iəʔ⁵tsaʔ⁵zẽ¹³li⁰iø¹³iəʔ⁵tsaʔ⁵fuŋ⁴⁴buŋ¹³la⁰ ］

已经是大船哉。［ i¹³tɕiə⁴⁴zʅ¹³dou¹³zẽ¹³tse⁰ ］

侬有两只，［ nuŋ¹³iø¹³liaŋ¹³tsaʔ⁵ ］

有两梗个风蓬呢，［ iø¹³liaŋ¹³kuaŋ³⁴kəʔ²fuŋ⁴⁴buŋ¹³n̠iə⁰ ］

侬好到大江大湖里好开哉。［ nuŋ¹³hɔ³⁴tɔ⁴⁴dou¹³kɔŋ⁴⁴dou¹³vu¹³li⁰hɔ⁴⁴kʰe⁴⁴tse⁰ ］

三梗个到个风蓬啦，［ sã⁴⁴kuaŋ³⁴kəʔ²tɔ⁴⁴kəʔ²fuŋ⁴⁴buŋ¹³la⁰ ］

海里啊也好开哉。[he³⁴li⁰a⁰a¹³hɔ⁴⁴kʰe⁴⁴tse⁰]

格就是讲啦,[kaʔ⁵dʑiɵ¹³zʅ⁰kɔŋ³⁴la⁰]

一梗桥啦,[iəʔ⁵kuaŋ³⁴dʑiɔ¹³la⁰]

造得格是多少个有气派,[zɔ¹³tiɔʔ²kaʔ⁵zʅ¹³tou⁴⁴sɔ⁴⁴kəʔ²iɵ¹³tɕʰi⁴⁴pʰa⁴⁴]

有多少个大。[iɵ¹³tou⁴⁴sɔ⁴⁴kəʔ²dou¹³]

到时来一个辰光,[tɔ⁴⁴zʅ¹³le¹³iəʔ⁵kəʔ²dzə̄¹³kuɔŋ⁰]

乙梗桥,[iəʔ⁵kuaŋ³⁴dʑiɔ¹³]

称阿拉是浙东个第一桥。[tsʰə̄⁴⁴aʔ⁵laʔ²zʅ¹³tsəʔ⁵tuŋ⁴⁴kəʔ²di¹³iəʔ²dʑiɔ¹³]

格嘛桥开、[kəʔ⁵ma⁰dʑiɔ¹³kʰe⁴⁴]

开通格乙日啦,[kʰe⁴⁴tʰuŋ³⁴kəʔ²iəʔ⁵n̩iəʔ²la⁰]

两旁边,[liaŋ¹³bɔŋ¹³piẽ⁴⁴]

河旁边格老百姓和总是敲锣打鼓、[ou¹³bɔŋ¹³piẽ⁴kəʔ²lɔ¹³paʔ⁵ɕiə̄⁴⁴ou¹³tsuŋ⁴⁴zʅ¹³tɕʰiɔ⁴⁴lou¹³taŋ³⁴ku³⁴]

嘛调狮子,[ma⁰diɔ¹³sʅ⁴⁴tsʅ³⁴] 调狮子:舞狮

河里嘛划画龙船,[ou¹³li⁰ma⁰uaʔ²uo¹³luŋ¹³zẽ¹³]

要多少闹热有多少闹热啦。[iɔ⁴⁴tou⁴⁴sɔ⁴⁴nɔ¹³n̩iəʔ²iɵ¹³tou⁴⁴sɔ⁴⁴nɔ¹³n̩iəʔ²la⁴⁴]

余姚格嘛地方做官个哦,[y¹³iɔ¹³kəʔ⁵ma⁰di¹³fɔŋ⁴⁴tsou⁴⁴kuə̄⁴⁴kəʔ²o⁰]

有铜钿人家个人哦,[iɵ¹³duŋ¹³diẽ¹³n̩iə̄¹³ko⁴⁴kəʔ²n̩iə̄¹³o⁰]

和总是赶拢来。[ou¹³tsuŋ⁴⁴zʅ¹³kẽ³⁴luŋ¹³le⁰]

格嘛桥两旁边个老百姓呢,[kəʔ⁵ma⁰dʑiɔ¹³liaŋ¹³bɔŋ¹³piẽ⁴⁴kəʔ²lɔ¹³paʔ⁵ɕiə̄⁴⁴n̩iə⁰]

和总等勒那,[ou¹³tsuŋ⁴⁴tə̄³⁴liəʔ²na⁰]

人家有时辰格呷⁼。[n̩iə̄¹³ko⁴⁴iɵ¹³zʅ¹³dzə̄¹³kəʔ²tɕia⁰]

时辰到哉,[zʅ¹³dzə̄¹³tɔ⁴⁴tse⁰]

和总想要抢着,[ou¹³tsuŋ⁴⁴ɕiaŋ³⁴iɔ⁴⁴tɕʰiaŋ³⁴zaʔ²]

要要要过桥个架势勿啦。[iɔ⁴⁴iɔ⁴⁴iɔ⁴⁴kou⁴⁴dʑiɔ¹³kou⁴⁴ka⁴⁴sʅ⁰vəʔ²la⁰]

该里一个辰光啦,[kəʔ⁵li⁰iəʔ⁵kou⁴⁴dzə̄¹³kuɔŋ⁰la⁰]

有一个人,[iɵ¹³iəʔ⁵kou⁴⁴n̩iə̄¹³]

后生老人。[ou¹³saŋ⁰lɔ¹³n̩iə̄⁰]

该人抱嘞一个小人,[kəʔ⁵n̩iə̄¹³bɔ¹³liəʔ²iəʔ⁵kou⁴⁴ɕiɔ³⁴n̩iə̄¹³]

乙个小人是刚刚满月。[iəʔ⁵kou⁴⁴ɕiɔ³⁴n̩iə̄¹³zʅ¹³kɔŋ⁴⁴kɔŋ⁴⁴mə̄¹³yoʔ²]

阿拉余姚啦,[aʔ²laʔ⁵y¹³iɔ¹³la⁴⁴]

有个呢风俗习惯。［iø¹³kou⁴⁴n̠iə̄⁰fuŋ⁴⁴zɔʔ²dʑiəʔ²kuã⁴⁴］

侬假使媳妇到婆家哦，［nuŋ¹³ko⁴⁴sɿ⁴⁴ɕi³⁴vuⁿtɔ⁴⁴bou¹³ko⁴⁴o⁰］

侬是个呢一般娘家啦勿去过，［nuŋ¹³zɿ¹³ko⁴⁴n̠iə̄⁰iəʔ⁵pø̄⁴⁴n̠iaŋ¹³ko⁴⁴laⁿvəʔ²kʰẽ⁴⁴kou⁴⁴］

等小人生出满月，［tə̄³⁴ɕiɔ³⁴n̠iə̄⁰saŋ⁴⁴tsʰəʔ⁵mō¹³yoʔ²］

好到外婆屋里啦，［hɔ³⁴tɔ⁴⁴ŋa¹³bou⁰oʔ⁵li⁰laⁿ］

好去庵一会个。［hɔ³⁴kʰẽ⁴⁴də̄¹³iəʔ⁵kuã⁴⁴kəʔ²］庵：停留

正好一日仔呢，［tsə̄⁴⁴hɔ⁴⁴iəʔ⁵n̠iəʔ²tsɿⁿn̠iə̄⁰］

乙梗桥呢是开通好走哉，［iəʔ⁵kuaŋ³⁴dʑiɔ¹³n̠iə̄⁰zɿ¹³kʰe⁴⁴tʰuŋ³⁴hɔ³⁴tsø³⁴tse⁰］

所以呢，［sou³⁴i⁰n̠iə̄⁰］

渠拉啊等唧。［gəʔ²laʔ⁵a⁰tə̄³⁴lɔŋ¹³］

格嘛老百姓呢，［kəʔ⁵maⁿlɔ¹³paʔ⁵ɕiə̄⁴⁴n̠iə̄⁰］

时辰到哉，［zɿ¹³dzə̄¹³tɔ⁴⁴tse⁰］

和总好上桥着呢，［ou¹³tsuŋ⁴⁴hɔ³⁴zɔŋ¹³dʑiɔ¹³zaʔ²n̠iə̄⁰］

看见一个小老人哦，［kʰẽ⁴⁴tɕiẽ⁴⁴iəʔ⁵kou⁴⁴ɕiɔ¹³lɔ¹³n̠iə̄¹³o⁰］

那小人抱仔，［naʔ²ɕiɔ¹³n̠iə̄¹³bɔ¹³tsɿ⁰］

介小个毛头人啊，［ka⁴⁴ɕiɔ¹³kəʔ²mɔ¹³dø¹²n̠iə̄¹³a⁰］毛头人：婴儿

所有人讴渠呢先走。［sou³⁴iø¹³n̠iə̄¹³ø⁴⁴ge¹³n̠iə̄⁰ɕiẽ⁴⁴tsø³⁴］

讴个先走侬，［ø⁴⁴kəʔ²ɕiẽ⁴⁴tsø³⁴nuŋ¹³］

走，［tsø³⁴］

桥高头先来个走过去。［dʑiɔ¹³kɔ⁴⁴dø¹³ɕiẽ⁴⁴le¹³kəʔ²tsø³⁴kou⁴⁴kʰe⁴⁴］桥高头：桥上

亥＝，［e¹³］

阿格小人侬运道多少好啦。［aʔ⁵kəʔ²ɕiɔ³⁴n̠iə̄¹³nuŋ¹³iuŋ¹³dɔ¹³tou⁴⁴sɔ⁴⁴hɔ³⁴laⁿ］运道：运气

亥＝个千百年下来喔，［e¹³kəʔ²tɕʰiẽ⁴⁴paʔ⁵n̠iẽ¹³o¹³le³uo⁰］

造嘞介大个一梗大桥。［zɔ¹³liəʔ²ka⁴⁴dou¹³kəʔ²iəʔ⁵kuaŋ³⁴dou¹³dʑiɔ¹³］

而且哦，［l¹³tɕʰie⁵³o⁰］

则＝还要讴渠走头桥哦抱仔哦。［tsəʔ⁵uaʔ²iɔ⁴⁴ø⁴⁴ge¹³tsø³⁴dø¹³dʑiɔ¹³o⁰bɔ¹³tsɿⁿo⁰］

哦，［o⁰］

该运道真好哉是，［kəʔ⁵iuŋ¹³dɔ¹³tsə̄⁴⁴hɔ³⁴tse⁰zɿ⁰］

格嘛所以渠拉娘抱着啦就是走勒头桥。［kəʔ⁵maⁿsou³⁴i⁰kəʔ²laʔ⁵n̠iaŋ¹³bɔ¹³zaʔ²laⁿdʑiø¹³
　　zɿ¹³tsø³⁴liəʔ²dø¹³dʑiɔ¹³］

该讲来也奇怪个啦，［kəʔ⁵kɔŋ¹³le⁰a¹³dʑi¹³kua⁴⁴kəʔ²laⁿ］

该小人叫哦是比别个，［kəʔ⁵ɕiɔ³⁴n̠iə̃¹³tɕiɔ⁴⁴o⁰ʐ̩¹³pi³⁴biəʔ²kəʔ²］

小人才华啦。［ɕiɔ³⁴n̠iə̃¹³dze¹³uo¹³la⁰］

该从小就是有点，［kəʔ⁵dzuŋ¹³ɕiɔ³⁴dʑiø¹³ʐ̩¹³iø¹³tiẽ³⁴］

刚刚开始读书个辰光，［kɔŋ⁴⁴kɔŋ⁴⁴kʰe⁴⁴sʅ³⁴doʔ²sʮ⁴⁴kəʔ²dzə̃¹³kuɔŋ⁰］

那，［na⁰］

啥个《三字经》啊，［soʔ⁵kəʔ²sã⁴⁴dzʅ⁰tɕiə̃⁴⁴a⁰］

《百家姓》啊倒背如流。［poʔ⁵ko⁴⁴ɕiə̃⁴⁴a⁰tɔ⁴⁴pe⁴⁴zʮ¹³liø¹³］

后来呢哦，［ø¹³le¹³n̠iə̃⁰o⁰］

那考秀才啊，［na⁰kʰɔ³⁴ɕiø⁴⁴dze¹³a⁰］

中举人啊。［tsuŋ⁴⁴tɕy³⁴n̠iə̃⁰a⁰］

到最后哦，［tɔ⁴⁴tse⁵³ø¹³o⁰］

殿试，［diẽ¹³sʅ⁰］

殿试呢，［diẽ¹³sʅ⁰n̠iə̃⁰］

中进士。［tsuŋ⁴⁴tɕiə̃⁴⁴zʅ⁰］

进士呢，［tɕiə̃⁴⁴zʅ⁰n̠iə̃⁰］

该具啥西啦中格呢哦，［kəʔ⁵dʑy¹³soʔ⁵ɕi⁰la⁰tsuŋ⁴⁴kəʔ²n̠iə̃⁰o⁰］

就是状元啦。［dʑiø¹³zʅ⁰dzɔŋ¹³n̠yø̃¹³la⁰］

到最后哦，［tɔ⁴⁴tse⁵³ø¹³o⁰］

渠结果做唧去做唧去哦，［ge¹³tɕiəʔ⁵kou⁴⁴tsou⁴⁴lɔŋ⁰kʰe⁵³tsou⁴⁴lɔŋ⁰kʰe⁵³o⁰］

做到呢哦，［tsou⁴⁴tɔ⁴⁴n̠iə̃⁰o⁰］

相国师啦。［ɕiaŋ⁵³koʔ⁵sʅ⁴⁴la⁰］

大相国师呃，［da¹³ɕiaŋ⁵³koʔ⁵sʅ⁴⁴e⁰］

就是后来等于是帮助太子太傅、［dʑiø¹³zʅ¹³ø¹³le¹³tə̃³⁴y¹³zʅ⁰pɔŋ⁴⁴dzʮ¹³tʰa⁴⁴tsʅ⁰tʰa⁴⁴fu⁰］

大相国。［da¹³ɕiaŋ⁵³koʔ⁵］

渠是阿拉余姚鼎鼎有名个，［ge¹³zʅ⁰aʔ²laʔ⁵y¹³iɔ¹³tə̃³⁴tə̃⁰iø¹³miə̃¹³kəʔ²］

明朝个辰光啦，［miə̃¹³dzɔ¹³kəʔ²dzə̃¹³kuɔŋ⁰la⁰］

余姚鼎鼎有名个第三个阁老。［y¹³iɔ¹³tə̃³⁴tə̃⁰iø¹³miə̃¹³kəʔ²di¹³sã⁴⁴kou⁴⁴koʔ⁵lɔ⁰］

么呢，［mo¹³n̠iə̃⁰］

从此以后，［dzuŋ¹³tsʰʅ³⁴i¹³ø¹³］

阿拉余姚个老百姓啦，［aʔ²laʔ⁵y¹³iɔ¹³kəʔ²lɔ¹³paʔ⁵ɕiə̃⁴⁴la⁰］

和总呢，［ou¹³tsuŋ⁴⁴n̩iə⁰］

侬凡是小人生出呢，［nuŋ¹³vã¹³z̩⁰ɕio³⁴n̩iə¹³sã⁴⁴tsʰəʔ²n̩iə⁰］

该么先么一个哦，［kəʔ⁵moʔ⁰ɕiẽ⁴⁴mo¹³iəʔ⁵kəʔ²o⁰］

人家话请祖宗，［n̩iə¹³ko⁴⁴uo¹³tɕʰiə³⁴tsʮ³⁴tsuŋ⁴⁴］

么呢再呢通会呢自家屋里个祖宗啦，［mo¹³n̩iə⁰tse⁴⁴n̩iə⁰tʰuŋ⁴⁴ue¹³n̩iə⁰i¹³ko⁴⁴oʔ⁵liʔ⁰kəʔ²tsʮ³⁴tsuŋ⁴⁴la⁰］

请菩萨弄好以后呃，［tɕʰiə³⁴bu¹³saʔ⁵nuŋ¹³hɔ³⁴i¹³ʔ⁰øʔ⁰e⁰］

就是哦要做个一笔事体呢，［dʑiø¹³z̩¹³oʔ⁰io⁴⁴tsou⁴⁴kəʔ²iəʔ⁵piəʔ⁵z̩¹³tʰiʔ⁰n̩iə⁰］一笔事体：一件事情

咋必小人抱仔呢，［dza¹³pi⁴⁴ɕio³⁴n̩iə¹³pɔ¹³tsʮʔ⁰n̩iə⁰］

就是哦要走高桥，［dʑiø¹³z̩¹³oʔ⁰io⁴⁴tsø³⁴kɔ⁴⁴dʑio¹³］

走走走通济桥啦，［tsø³⁴tsø³⁴tsø³⁴tʰuŋ⁴⁴tɕiʔ⁰dʑio¹³la⁰］

走头桥去哉。［tsø³⁴dø¹³dʑio¹³kʰe⁴⁴tse⁰］

走头桥个辰光呢，［tsø³⁴dø¹³dʑio¹³kəʔ²dzə̄¹³kuɔŋʔ⁰n̩iə⁰］

要有一顶黄布油伞。［io⁴⁴iø¹³iəʔ⁵tə̄³⁴uɔŋ¹³pu⁴⁴iø¹³sã³⁴］

阿拉过去呢，［aʔ²laʔ⁵kou⁴⁴tɕʰy⁴⁴n̩iə⁰］

有呢黄个黄布油伞啦。［iø¹³n̩iə⁰uɔŋ¹³kəʔ²uɔŋ¹³pu⁴⁴iø¹³sã³⁴la⁰］

油布雨伞一顶，［iø¹³pu⁴⁴y¹³sã³⁴iəʔ⁵tə̄³⁴］

格嘛嘛小人抱仔，［kəʔ²mo⁴⁴mo⁴⁴ɕio³⁴n̩iə¹³bɔ¹³tsʮ⁰］

走桥走，［tsø³⁴dʑio¹³tsø³⁴］

走啷去个辰光呢，［tsø³⁴lɔŋʔ⁰kʰe⁴⁴kəʔ²dzə̄¹³kuɔŋʔ⁰n̩iə⁰］

嘴巴里要话个。［tɕi³⁴poʔ⁰liʔ⁰io⁴⁴uo¹³kəʔ²］

啥个话呢，［soʔ⁵kəʔ²uo¹³n̩iə⁰］

新人走新桥，［ɕiə̄⁴⁴n̩iə¹³tsø³⁴ɕiə̄⁴⁴dʑio¹³］

走过新桥万年老，［tsø³⁴kou⁴⁴ɕiə̄⁴⁴dʑio¹³vã¹³n̩iẽ¹³lɔ⁰］

代代相如做阁老。［de¹³de¹³ɕiaŋ⁴⁴zʮ¹³tsou⁴⁴koʔ⁵lɔ⁰］

一个大人和总哦，［iəʔ⁵kou⁴⁴dou¹³n̩iə⁰ou¹³tsuŋ⁴⁴o⁰］

乙梗桥啦来走啦，［iəʔ⁵kuaŋ³⁴dʑio¹³la⁰le¹³tsø³⁴la⁰］

寄托着小人哦，［tɕi⁵³tʰoʔ⁵zaʔ²ɕio³⁴n̩iə¹³o⁰］

下回呢哦光宗耀祖，［o¹³ue¹³n̩iə⁰oʔ⁰kuɔŋ⁴⁴tsuŋ⁴⁴io¹³tsʮ³⁴］

书读得好。［sʮ⁴⁴doʔ⁵tiəʔ²hɔ³⁴］

和计呢哦，［ou¹³tɕi⁴⁴n̠iə̄⁰o⁰］

啧啧哪像一个呢，［tse⁴⁴tse⁴⁴na⁰dʑiaŋ¹³iə?⁵kou⁴⁴n̠iə̄⁰］

像现在过么呢考大学啊，［dʑiaŋ¹³iẽ¹³tse⁴⁴kə?⁵mo⁴⁴n̠iə̄⁰kʰɔ³⁴da¹³o?²a⁰］

考博士哦。［kʰɔ³⁴po?⁵sɿ⁰o⁰］

亥ˉ，［e¹³］

乙梗桥哦，［iə?⁵kuaŋ³⁴dʑiɔ¹³o⁰］

侬莫话哦，［nuŋ¹³mo?²uo¹³o⁰］

走去哦，［tsø³⁴kʰe⁵³o⁰］

走上去哦，［tsø³⁴loŋ⁰kʰe⁵³o⁰］

是哦，［zɿ¹³o⁰］

渠个台阶格啦阔阔个，［ge¹³kə?²de¹³ka⁴⁴kə?²la⁴⁴kʰuo?⁵kʰuo?⁵kə?²］

乙个好像一个一个格台阶里哦，［iə?⁵kou⁴⁴hɔ³⁴iaŋ¹³iə?⁵kou⁴⁴iə?⁵kou⁴⁴kə?²de¹³ka⁴⁴li⁰o⁰］

好像是仙人走过个脚印，［hɔ³⁴iaŋ¹³zɿ¹³ɕiẽ⁴⁴n̠iə̄¹³tsø³⁴kou⁴⁴kə?²tɕia?⁵iə̄⁰］

和总还来啷里。［ou¹³tsuŋ⁴⁴a?²le¹³loŋ¹³li⁰］

桥两旁边石板里个荷花啊，［dʑiɔ¹³liaŋ¹³boŋ¹³piẽ⁴⁴za?²pã³⁴li⁰kə?²ou¹³huo⁴⁴a⁰］

桥高头个小狮子啦，［dʑiɔ¹³kɔ⁴⁴dø¹³kə?²ɕiɔ³⁴sɿ⁴⁴tsɿ⁰la⁰］

好像还是呢哦，［hɔ³⁴iaŋ¹³a?²zɿ⁰n̠iə̄⁰o⁰］

正呀来得讲。［tsə̄⁵³ia⁰le¹³tiə?⁵koŋ³⁴］

讲乙梗桥呢，［koŋ³⁴iə?⁵kuaŋ³⁴dʑiɔ¹³n̠iə̄⁰］

交关厚重个文化底蕴。［tɕiɔ⁴⁴kuã⁴⁴ø¹³dzuŋ¹³kə?²və̄¹³uo¹³ti³⁴iuŋ¹³］交关：很

所以呢，［sou³⁴i⁰n̠iə̄⁰］

阿拉余姚人啊，［a?²la?⁵y¹³iɔ¹³n̠iə̄¹³a⁰］

有辰光哦，［iø¹³dzə̄¹³kuoŋ⁰o⁰］

也欢喜到桥高头去走啊走，［a¹³huə̄⁴⁴ɕi³⁴tɔ⁴⁴dʑiɔ¹³kɔ⁴⁴dø¹³kʰe⁴⁴tsø³⁴a⁰tsø³⁴］欢喜：喜欢

去小狮子啦摸啊摸。［kʰe⁴⁴ɕiɔ³⁴sɿ⁴⁴tsɿ⁰la⁰mo?²a⁰mo?²］

乙梗通济桥，［iə?⁵kuaŋ³⁴tʰuŋ⁴⁴tɕi⁰dʑiɔ¹³］

该就是阿拉余姚，［kə?⁵dʑiø¹³zɿ¹³a?²la?⁵y¹³iɔ¹³］

余姚个标志。［y¹³iɔ¹³kə?²piɔ⁴⁴tsɿ⁴⁴］

我们余姚有一座古老的大石桥，叫通济桥。它是三孔拱桥，横卧于姚江的南北两岸。我们余姚已经有二千多年的历史，老百姓来往于姚江南北两岸，全靠舢板啊，浮桥啊，渡船啊，遇到刮风下雨就非常危险。所以历代人们建造了木桥、板桥、石桥，不过质量都不太好，遇到大风大雨啊，发洪水啊，往往被冲塌了。经过几代人的努力，终于建造了这条通济桥。

桥边立有一块石碑，石碑上刻有大字："海舶过而不落风帆。"所谓"风帆"，就是余姚土话所说的"风篷"。如果一只船里有一只风篷，就已经是大船了。如果有两只风篷，就可以到大江大河去了。如果有三只风篷，就可以出海去了。可见，这条桥造得多么大气！当时被称为浙东第一桥。

桥开通那天，两岸老百姓敲锣打鼓，舞狮子，划龙船，热闹非凡。余姚的官宦士绅，都聚集过来。大家都等着通桥的时辰，时辰一到，都要抢着过桥去——这时，有一个年轻妇女，手里抱着刚刚满月的孩子。我们余姚有个风俗，新媳妇不回娘家的，只有当小孩出生满月后，才能到娘家去住上一阵子。正好这天通济桥开通，所以她抱着孩子也等着。

通桥的时辰到了，老百姓看见这个年轻妇女抱着满月的婴儿，就让她先走。哎，这个婴儿运气真好，一千年来才造了这一条大桥，让他妈抱着走了头桥。说来也奇怪，这个孩子后来比别的孩子聪明，刚上学，什么《三字经》啊，《百家姓》啊，倒背如流。后来考秀才啊，中举人啊，最后中了状元。又做官上去，入了阁，做到太子太傅，是我们余姚最有名的人，是明朝第三个阁老。

从此以后，我们余姚凡是小孩出生，先请祖宗菩萨，然后就由长辈抱着小孩走江桥。走江桥时要撑一顶黄布雨伞，并且口说吉言："新人走新桥，走过新桥万年牢，代代相似做阁老。"这个走江桥，寄托了长辈对小孩荣宗耀祖，书读得好的期望。

这座桥啊，石梯非常阔，一阶一阶上去，好像仙人走过的脚印还在呢。桥栏上的荷花啊，桥上的小狮子啊，都显示出厚重的文化底蕴。所以我们余姚人喜欢到桥上去走一走，去摸一摸小狮子。这条通济桥也是我们余姚的标志。

（2015年10月，发音人：鲁桂花）

三、自选条目

（一）谚语

捉漏趁天晴，［tsoʔ⁵lø¹³tsʰə̃⁴⁴tʰiẽ⁴⁴iŋ¹³］捉漏：修治房屋漏雨处
读书趁年轻。［doʔ²sʮ⁴⁴tsʰə̃⁴⁴ȵiẽ¹³tɕʰiə̃⁴⁴］

千里烧香，［tɕʰiẽ⁴⁴li⁰sɔ⁴⁴ɕiaŋ⁴⁴］
勿如孝敬爹娘。［vəʔ²zʮ¹³ɕiɔ⁴⁴tɕiə̃⁵³tia⁴⁴ȵiaŋ¹³］

夫妻若要同到老，［fu⁴⁴tɕʰi⁴⁴zoʔ²iə̃⁴⁴duŋ¹³tɔ⁴⁴lɔ¹³］
梁山伯庙到一到。［liaŋ¹³sã⁴⁴paʔ⁵miɔ¹³tɔ⁴⁴iəʔ⁵tɔ⁴⁴］

穿破个布衫是我衣，［tsʰẽ⁴⁴pʰou⁴⁴kəʔ²pu⁴⁴sã⁴⁴zʮ¹³ŋo¹³i⁴⁴］
死万⁼个老人是我妻。［ɕi³⁴vã¹³kəʔ²lɔ¹³ȵiə̃¹³zʮ¹³ŋo¹³tɕʰi⁴⁴］万⁼：掉。老人：老婆

宁可啦死个做官爹，［ȵiə̃¹³kʰou⁴⁴la⁰ɕi³⁴kou⁴⁴tsou⁴⁴kuə̄⁴⁴tia⁴⁴］
勿可死个讨饭娘。［vəʔ²kʰou⁴⁴ɕi³⁴kou⁴⁴tʰɔ⁴⁴vã¹³ȵiaŋ¹³］

媒人一管秤，［me¹³ȵiə̃¹³iəʔ⁵kuə̄⁴⁴tsʰə̃⁴⁴］
两头蹬格蹬。［liaŋ¹³dø¹³tə̃⁴⁴kəʔ²tə̃⁴⁴］媒人似一杆秤，权衡男女双方情况，以便门当户对

臭汉搭丑妇，［tsʰø⁴⁴hẽ⁴⁴taʔ⁵tsʰø⁴⁴vu⁰］
门枋搭棒槌。［mə̄¹³foŋ⁴⁴taʔ⁵bɔŋ¹³dʐ̩⁰］门枋：老式房子门框直木

有屋庇千间，［iø¹³uoʔ⁵də̄¹³tɕʰiẽ⁴⁴kã⁴⁴］庇：居住
无屋庇半间，［m̩¹³uoʔ⁵də̄¹³pø̄⁴⁴kã⁴⁴］
日里三碗饭，［ȵiəʔ²li⁰sã⁴⁴uø̄³⁴vã¹³］
夜里三块板。［ia¹³li⁰sã⁴⁴kʰua⁴⁴pã³⁴］

（以上 2015 年 10 月，发音人：鲁桂花）

（二）詈语

依个十三点老人把家，［nuŋ¹³kəʔ²zəʔ²sã⁴⁴tiẽ³⁴lɔ¹³n̩iə̄¹³po⁴⁴ko⁴⁴］
大脚疯开花。［dou¹³tɕiaʔ⁵fuŋ⁴⁴kʰe⁴⁴huo⁴⁴］老人：妻子。十三点：骂轻浮无分寸之人。

雌鸡咆哮，［tsʰ1̩⁴⁴tɕi⁴⁴bɔ¹³ɕiɔ⁴⁴］
木祖牌翻顶倒。［moʔ²tsɿ⁴⁴ba¹³fã⁴⁴tə̄³⁴tɔ⁴⁴］喻指一户人家如果什么事由女人作主，这个家就不会太平

雄鹅头颈长，［iuŋ¹³tɕi⁴⁴dø¹³tɕiaŋ³⁴dzaŋ¹³］
隔笆捞菜秧。［kaʔ⁵po⁴⁴liə¹³tsʰe⁴⁴iaŋ⁴⁴］形容人多管闲事
步步起九斤，［bu¹³bu¹³tɕʰi³⁴tɕiø³⁴tɕiə̄⁴⁴］
讨饭要手巾。［tʰɔ³⁴vã¹³iɔ⁴⁴ɕiø³⁴tɕiə̄⁴⁴］指人心知不足

依良心介疲，［nuŋ¹³liaŋ¹³ɕiə̄⁴⁴ka⁴⁴ɕiəʔ²］疲：差、坏
生出小人无屁眼，［sã⁴⁴tsʰəʔ⁵ɕiɔ³⁴n̩iə̄¹³m̩¹³pʰi⁴⁴n̩iẽ¹³］
要断宗绝代。［iɔ⁴⁴dø¹³tsuŋ⁴⁴dzɿəʔ²de¹³］你的良心怎么这么坏，生出的小孩没有屁眼，要没有子孙后代

依个嘴巴介邋石⁼，［nuŋ¹³kəʔ²tɕi³⁴po⁴⁴ka⁴⁴laʔ²zaʔ²］邋石⁼：脏
明朝要送到屙缸沿头磨介磨。［mə̄¹³tɕiɔ⁴⁴iɔ⁴⁴suŋ⁴⁴tɔ⁰ŋou⁴⁴kɔŋ⁴⁴iẽ¹³dø⁰mou¹³ka⁴⁴mou¹³］

屙缸：粪缸

（以上 2015 年 10 月，发音人：鲁桂花）

中国语言资源保护工程

中国语言资源集·浙江　编委会

主任

朱鸿飞

主编

王洪钟　黄晓东　叶　晗　孙宜志

编委

（按姓氏拼音为序）

包灵灵　蔡　嵘　陈筱婳　程　朝　程永艳　丁　薇
黄晓东　黄沚青　蒋婷婷　雷艳萍　李建校　刘力坚
阮咏梅　施　俊　宋六旬　孙宜志　王洪钟　王文胜
吴　众　肖　萍　徐　波　徐　越　徐丽丽　许巧枝
叶　晗　张　薇　赵翠阳

教育部语言文字信息管理司
浙江省教育厅　指导

中国语言资源保护研究中心　统筹

中国语言资源集

浙江

王洪钟 黄晓东
叶晗 孙宜志 主编

口头文化二

ZHEJIANG UNIVERSITY PRESS
浙江大学出版社
·杭州·

宁　波

一、歌谣

老鼠歌

老鼠尾巴像锉刀，［lɔ¹³tsʰ˥̩⁰mi¹³po⁰ʑia¹³tsʰəu⁵³tɔ⁰］

老鼠眼睛像胡桃，［lɔ¹³tsʰ˥̩⁰ŋɛ¹³tɕiŋ⁰ʑia¹³vu¹³dɔ⁰］胡桃：核桃

前脚低后脚高，［ʑi¹³tɕiəʔ⁵ti⁴⁴œɣ¹³tɕiəʔ⁵kɔ⁴⁴］

身穿一件破棉袄。［ɕiŋ⁴⁴tɕʰiɣ⁴⁴iəʔ²dʑi²²pʰəu⁴⁴mi¹³ɔ⁰］

日里觑觑睏晏觉，［n̠iəʔ²li⁰tsʰ˥̩⁴⁴tsʰ˥̩⁴⁴kʰuəŋ⁴⁴ɛ⁴⁴kɔ⁰］觑：看。睏晏觉：睡觉

夜里做贼做强盗。［ia¹³li⁰tsəu⁴⁴zaʔ²tsəu⁴⁴dʑia¹³dɔ⁰］

黄鼠狼看见告诉老爷道，［uɔ¹³tsʰ˥̩⁰lɔ¹³kʰi⁴⁴tɕiⁿkɔ⁴⁴su⁰lɔ¹³ia⁰dɔ⁰］

老爷时介=话：［lɔ¹³ia⁰z˥̩¹³ka⁴⁴uo⁴⁴］时介=：经常

侬该赤佬也勿长毛，［nəu¹³kiəʔ⁵tsʰaʔ⁵lɔ⁰a¹³vaʔ²tsɔ⁴⁴mɔ¹³］赤佬：鬼或骂人如鬼

得人家生蛋鸡娘咬咬到，［taʔ⁵n̠iŋ¹³ko⁰sɛ³³dɛ¹³tɕi⁴⁴n̠ia⁰ŋɔ¹³ŋɔ⁰tɔ⁰］

害咧人家老公老婆，［e¹³liəʔ²n̠iŋ¹³ko⁰lɔ¹³koŋ⁴⁴lɔ¹³bəu⁰］

鸡狗鸡狗造勿好。［tɕi⁴⁴koɣ⁰tɕi⁴⁴koɣ⁰zɔ¹³vaʔ²hɔ⁰］

一个年轻人

一个年轻人，［iəʔ²goʔ²n̠i¹³tɕʰiŋ⁰n̠iŋ¹³］

两张票子扛在身，［lia¹³tɕia⁴⁴pʰio⁴⁴ts˥̩⁰gɔ¹³dze²²ɕiŋ⁴⁴］

三轮车夫讴勿应，［sɛ⁴⁴ləŋ¹³tsʰo⁴⁴fu⁰əu⁴⁴vaʔ²iŋ⁴⁴］讴：叫

四叉路口等爱人。［sɿ⁴⁴tsʰo⁴⁴lu¹³kʰœɣ⁰təŋ³⁵e⁴⁴n̠iŋ⁰］

五点三刻要动身，［ŋ¹³ti⁰sɛ⁴⁴kʰaʔ⁵io⁰doŋ¹³ɕiŋ⁰］

乐乐惠惠看电影，［loʔ⁵loʔ⁵uɐi¹³uɐi⁰kʰi⁴⁴di¹³iŋ⁰］乐乐惠惠：舒舒服服

切˭触˭切˭触˭谈爱情。［tɕʰiəʔ⁵tsʰoʔ⁵tɕʰiəʔ⁵tsʰoʔ⁵dɛ¹³e⁴⁴dʑiŋ⁰］切˭触˭切˭触˭：形容附耳低语的声音

八分洋钿买棒冰，［paʔ⁵fəŋ⁰ia¹³di⁰ma¹³pɔ⁵³piŋ⁰］洋钿：钱。棒冰：冰棒

酒馆店里走带进，［tɕiɣ³⁵kuɛ⁰ti⁴⁴li⁰tsœɣ³⁵ta⁴⁴tɕiŋ⁰］

实在有眼难为情。［zoʔ²dze²²iɣ¹³ŋɐ⁰nɛ⁰uɐi¹³dʑiŋ⁰］

十字歌

一言堂百货多，［iəʔ⁵i²²dɔ⁰paʔ⁵huo⁰təu⁴⁴］

良心堂药材多，［lia¹³ɕiŋ⁰dɔ⁰iəʔ⁵dze⁰təu⁴⁴］

三发卿钞票多，［sɛ⁴⁴faʔ⁵tɕʰiŋ⁴⁴tsʰɔ⁴⁴pʰio⁰təu⁴⁴］

四明药房西药多。［sɿ⁴⁴miŋ⁰iəʔ⁵vɔ⁰ɕi⁴⁴iəʔ²təu⁴⁴］

鱼市场黄鱼多，［ŋ²²zɿ⁰dʑia⁰uɔ¹³ŋ²²təu⁴⁴］

陆殿桥杨柳多，［loʔ⁵di⁰dʑio¹³ia¹³liɣ⁰təu⁴⁴］

七塔寺和尚多，［tɕʰiəʔ⁵tʰaʔ²zɿ⁰əu¹³zɔ⁰təu⁴⁴］

八角楼下小鬼多。［paʔ⁵koʔ²lœɣ¹³o⁰ɕio³³tɕy⁰təu⁴⁴］

九曲巷弄赤佬多，［tɕiɣ³³tɕʰyoʔ⁵hɔ⁴⁴loŋ⁰tsʰaʔ⁵lɔ⁰təu⁴⁴］

十新街花轿多，［zoʔ²ɕiŋ⁴⁴ka⁴⁴huo⁴⁴dʑio⁰təu⁴⁴］"十"谐音"日"

花轿多。［huo⁴⁴dʑio⁰təu⁴⁴］

（以上 2016 年 5 月，发音人：林国芳）

二、其他故事

保国寺

该保国寺现在或˭地理位置啦，［kiəʔ⁵pɔ⁴⁴koʔ⁵zɿ⁰ʑi²²ze⁰oʔ²di²²li⁰uɐi¹³tsɿ⁰la⁰］

是来勒阿拉宁波市江北区，［zɿ¹³le²²laʔ²aʔ⁵laʔ²n̠iŋ¹³pəu⁵³zɿ⁰kɔ̃⁴⁴poʔ⁵tɕʰy⁴⁴］

洪塘镇或˭灵山山脚下底。［oŋ¹³dɔ̃⁰tsoŋ⁴⁴oʔ²liŋ¹³sɛ⁴⁴sɛ⁴⁴tɕiaʔ⁵o¹³ti⁰］

顶早啦，［tiŋ⁴⁴tsɔ³⁵la⁰］

该保国寺勿讴保国寺，[kiəʔ⁵pɔ⁴⁴koʔ⁵zŋ⁰vaʔ²əu⁴⁴pɔ⁴⁴koʔ⁵zŋ⁰]

该辰光名字啦讴灵山寺。[kiəʔ⁵zoŋ¹³kuõ⁴⁴miŋ¹³dzŋ⁰laʔ⁰əu⁴⁴liŋ¹³sɛ⁴⁴zŋ⁰]

该辰光来勒南宋辰光，[kiəʔ⁵zoŋ¹³kuõ⁴⁴leʔ²²laʔ²nɛ¹³soŋ⁴⁴zoŋ¹³kuõ⁴⁴]

该小康王啦，[kiəʔ⁵ɕio⁴⁴kʰõ⁴⁴uõ⁰laʔ⁰]

逃难一直会逃到阿拉宁波。[dɔ¹³nɛ⁰iəʔ²dʑiəʔ²uɐi¹³dɔ¹³tɔ⁰aʔ⁵laʔ²n̩iŋ¹³pəu⁵³]

该辰光拉其就逃到嘞该个灵山寺，[kiəʔ⁵zoŋ¹³kuõ⁴⁴laʔ⁰dʑi¹³dʑiɤ⁰dɔ¹³tɔ⁰laʔ²kiəʔ⁵kəu⁰ liŋ¹³sɛ⁴⁴zŋ⁰]

其该寺院门辣介推开嘞，[dʑi¹³kiəʔ²zŋ¹³y¹³məŋ⁰laʔ²ka⁴⁴tʰɐi⁴⁴kʰe⁴⁴laʔ²]

看看，[kʰi⁴⁴kʰi⁰]

无没人或⸗。[m²²miəʔ²n̩iŋ¹³oʔ²]

介其再看张，[ka⁴⁴dʑi¹³tsɛ⁴⁴kʰi⁴⁴tɕia⁴⁴]

供勒菩萨面前或⸗供桌上头，[koŋ⁴⁴laʔ²bu¹³saʔ²mi²²zi¹³oʔ²koŋ⁴⁴tsoʔ²zõ¹³dœɤ⁰]

吃个东西哦交关多，[tɕʰyoʔ⁵kəu⁰toŋ⁴⁴ɕi⁰o⁰tɕio⁴⁴kuɛ⁴⁴təu⁴⁴]

该其拉就驮起啦开始吃嘞。[kiəʔ⁵dʑiəʔ²²laʔ²dʑiɤ¹³dəu¹³tɕʰi⁰laʔ⁰kʰe⁴⁴sŋ⁰tɕʰyoʔ⁵lɐi⁰]

还只吃嘞一眼啦，[ua¹³tɕiəʔ⁵tɕʰyoʔ⁵lɐi⁰iəʔ²ŋɛ¹³laʔ⁰]

寺院里头或⸗老和尚啦走出来嘞，[zŋ¹³y¹³li⁰dœɤ⁰oʔ²lɔ²²əu¹³zõ¹³laʔ⁰tsœɤ³⁵tsʰoʔ²le⁰lɐi⁰]

举手就要打其嘞。[tɕy³³ɕiɤ⁰dʑiɤ¹³io¹³ta⁴⁴dʑi¹³lɐi⁰]

其是真正吓煞，[dʑi¹³zŋ⁰tɕiŋ³³tɕiŋ⁵³aʔ²saʔ²]

辣介跪到话嘞：[laʔ²ka⁰dʑy¹³tɔ⁰ua⁴⁴lɐi⁰]

"师傅啊，[sŋ⁴⁴fu⁰o⁰]

我是难民啦，[ŋo¹³zŋ⁰nɛ²²miŋ⁰laʔ⁰]

已经有好两日饭无没吃嘞，[i²²tɕiŋ⁴⁴iɤ¹³hɔ⁴⁴lia¹³n̩iəʔ²vɛ¹³m²²miəʔ²tɕʰyoʔ⁵laʔ²]

真正饿煞死嘞。"[tɕiŋ³³tɕiŋ⁵³ŋəu²²saʔ⁵ɕi⁰laʔ²]

介闲话还没讲好，[ka⁴⁴ɛ¹³uo⁰a¹³miəʔ²kõ⁴⁴hɔ⁰]

该山下头啦，[kiəʔ⁵sɛ⁴⁴o⁰dœɤ¹³laʔ⁰]

马脚蹄或⸗声音，[mo²²tɕiaʔ⁵di¹³oʔ²ɕiŋ⁴⁴iŋ⁰]

该金兵追杀其或⸗声音，[kiəʔ⁵tɕiŋ⁴⁴piŋ⁴⁴tsɐi⁴⁴saʔ⁵dʑi¹³oʔ²ɕiŋ⁴⁴iŋ⁰]

和总听明嘞。[əu¹³tsoŋ⁴⁴tʰiŋ⁴⁴miŋ¹³laʔ²]

该个后生是吓嘞骨骨抖，[kiəʔ⁵kəu⁰əu¹³sã³⁵zŋ⁰aʔ⁵laʔ²kuaʔ⁵kuaʔ²tœɤ³⁵]

面孔吓嘞介勒白，[mi¹³kʰoŋ⁰aʔ⁵laʔ²ka⁵³laʔ²baʔ²]

其话嘞：[dʑi¹³ua²²lɐi⁰]

"师傅啊，[sʅ⁴⁴fu⁰a⁰]

侬救救我退过嘞。"[nəu¹³tɕiɤ⁴⁴tɕiɤ⁰ŋo¹³tʰɐi⁴⁴kəu⁴⁴lɐi⁰]

该老和尚一看啦该后生，[kiəʔ⁵lɔ²²əu¹³zɔ̃⁰iəʔ²kʰi⁴⁴la⁰kiəʔ⁵əu¹³sã³⁵]

估计啦是有事体哦，[ku⁴⁴tɕi⁰la⁰zʅ²²iɤ¹³sʅ⁴⁴tʰi⁰oʔ²]

介其话嘞：[ka⁴⁴dʑi¹³ua²²lɐi⁰]

"侬拉莫吓煞，[nəu¹³laʔ⁵mɔ¹³aʔ⁵saʔ²]

跟嘞我拉去幽该退过嘞。"[kəŋ⁵³lɐi⁰ŋo¹³laʔ²tɕʰy⁵³iɤ⁵³ke⁰tʰɐi⁴⁴kəu⁴⁴lɐi⁰]

该老和尚拉讴其跟嘞其走，[kiəʔ⁵lɔ²²əu¹³zɔ̃⁰laʔ²əu⁴⁴dʑi¹³kəŋ⁴⁴laʔ²dʑi¹³tsœɤ³⁵]

角落头啦讴其去幽该，[koʔ⁵loʔ²dœɤ⁰laʔ²əu⁴⁴dʑi¹³tɕʰy⁵³iɤ⁴⁴ke⁰]

介后背呢，[ka⁴⁴əu¹³pɐi⁴⁴n̩i⁰]

老和尚走出来，[lɔ²²əu¹³zɔ̃⁰tsœɤ⁴⁴tsʰoʔ⁵le⁰]

门啦关好，[məŋ¹³la⁰kuɛ⁴⁴hɔ⁰]

介桌面上头阿眼贡品啦，[ka⁴⁴tsoʔ⁵mi⁰zɔ̃¹³dœɤ⁰aʔ⁵ŋɛ⁰koŋ⁴⁴pʰiŋ⁰la⁰]

和总整理好。[əu¹³tsoŋ⁴⁴tɕiŋ⁴⁴li⁰hɔ⁰]

介还只一晌工夫啦，[ka⁴⁴ua¹³tɕiəʔ⁵iəʔ²zɔ̃¹³koŋ⁴⁴fu⁰la⁰]

门口个门啦该是捣无介捣，[məŋ¹³kʰœɤ⁰kəu⁰məŋ¹³la⁰kiəʔ⁵zʅ⁰tɔ⁴⁴u⁰ka⁴⁴tɔ⁴⁴]

等老和尚拉过去开门辰光，[təŋ³⁵lɔ²²əu¹³zɔ̃⁰laʔ²kəu⁴⁴tɕʰi⁴⁴kʰe⁴⁴məŋ⁰zoŋ¹³kuɔ̃⁴⁴]

该眼金兵啦就闯进来嘞。[kiəʔ⁵ŋɛ⁰tɕiŋ⁴⁴piŋ⁴⁴la⁰dʑiɤ¹³tsʰɔ⁵³tɕiŋ⁴⁴le⁰lɐi⁰]

介金兵问嘞：[ka⁴⁴tɕiŋ⁴⁴piŋ⁴⁴məŋ¹³lɐi⁰]

"喂，[e⁴⁴]

唔该老和尚，[n̩²²ke⁴⁴lɔ²²əu¹³zɔ̃⁰]

有后生逃到侬地方来嘞，[dʑiɤ¹³əu¹³sã³⁵dɔ¹³tɔ⁰nəu¹³di⁰fɔ̃⁴⁴le¹³lɐi⁰]

侬有看见过伐=？"[nəu¹³iɤ⁰kʰi⁴⁴tɕi⁴⁴kəu⁰vaʔ²]

另外一个金兵还话嘞：[liŋ²²ŋa¹³iəʔ²kəu⁴⁴tɕiŋ⁴⁴piŋ⁴⁴ua²²o¹³lɐi⁰]

"其拉是康王，[dʑiəʔ²laʔ²zʅ⁰kʰɔ̃⁴⁴uɔ̃¹³]

侬有底收留过伐=？"[nəu¹³iɤ¹³ti⁰ɕiɤ⁴⁴liɤ⁰kəu⁰vaʔ²]

该老和尚一忖啦哦介晓得嘞，[kiəʔ⁵lɔ²²əu¹³zɔ̃⁰iəʔ²tsʰən⁴⁴la⁰oʔ²ka⁴⁴ɕio⁴⁴taʔ⁵laʔ²]

其拉原来是皇帝，[dʑiəʔ²laʔ²n̩y²²le⁰zʅ²²uɔ̃¹³ti⁰]

介老和尚就忖嘞，[ka⁴⁴lɔ²²əu¹³zɔ̃⁰dʑiɤ²²tsʰən⁴⁴lɐi⁰]

该回头拉要保其或＝。﹝kiəʔ⁵uɐi⁰dœɤ¹³laⁿio⁴⁴pɔ⁴⁴dʑi¹³oʔ²﹞

该老和尚话嘞：﹝kiəʔ⁵lɔ²²əu¹³zɔ̃⁰o¹³lɐi⁰﹞

"该我没看见过，﹝kiəʔ⁵ŋo²²miəʔ²kʰi⁴⁴tɕiⁿkəu⁰﹞

介整个寺院里头啦，﹝ka⁴⁴tɕiŋ⁴⁴kəu⁰zʅ¹³y¹³liⁿdœɤ⁰laⁿ﹞

只有我老和尚一个人啦。"﹝tɕiəʔ⁵iɤⁿŋo¹³lɔ²²əu¹³zɔ̃ⁿiəʔ²kəuⁿn̩iŋ¹³laⁿ﹞

该眼金兵呢听嘞勿相信，﹝kiəʔ⁵ŋɛⁿtɕiŋ⁴⁴piŋ⁴⁴n̩iⁿtʰiŋ⁴⁴laʔ²vaʔ²ɕiã⁴⁴ɕiŋ⁰﹞

话嘞：﹝o¹³lɐi⁰﹞

"那呢和总都我去搜去。"﹝ne²²n̩iⁿəu¹³tsoŋ⁴⁴tœɤ⁴⁴ŋo¹³tɕʰiⁿsœɤ⁴⁴tɕʰi⁰﹞

介好，﹝ka⁴⁴hɔ⁰﹞

阿眼金兵啦，﹝aʔ²ŋɛ⁰tɕiŋ⁴⁴piŋ⁴⁴laⁿ﹞

介是各到各处和总开始翻嘞，﹝ka⁴⁴zʅⁿkoʔ⁵tɔⁿkoʔ⁵tsʰʮ⁴⁴əu¹³tsoŋ⁴⁴kʰeⁿsʅⁿfɛ⁴⁴lɐi⁰﹞

好翻或＝地方好嘞，﹝hɔ⁵³fɛ³³oʔ²di¹³fɔ⁴⁴hɔ³³lɐi⁰﹞

橱啊、﹝dzʮ¹³aⁿ﹞

箩啊和总翻过，﹝ləu¹³aⁿəu¹³tsoŋ⁴⁴fɛ⁴⁴kəu⁰﹞

结果呢，﹝tɕiəʔ⁵kəuⁿn̩iⁿ﹞

样样无没搜着。﹝ia¹³iaⁿm²²miəʔ²sœɤ⁴⁴zoʔ²﹞

该地方是比翻嘞河白烂摊，﹝kiəʔ⁵di¹³fɔⁿzʅ¹³piⁿfɛ⁴⁴laʔ²əu¹³baʔ²lɛ²²tʰɛ⁴⁴﹞

该等金兵啦看看无没呢，﹝kiəʔ⁵təŋ⁴⁴tɕiŋ⁴⁴piŋ⁴⁴laⁿkʰiⁿkʰiⁿm²²miəʔ²n̩iⁿ﹞

介只好走嘞。﹝ka⁴⁴tɕiəʔ⁵hɔⁿtsœɤ⁴⁴lɐi⁰﹞

介老和尚看看啦，﹝ka⁴⁴lɔ²²əu¹³zɔ̃ⁿkʰi⁴⁴kʰiⁿlaⁿ﹞

该金兵估计已经走远或＝嘞，﹝kiəʔ⁵tɕiŋ⁴⁴piŋ⁴⁴kuⁿtɕiⁿiⁿtɕiŋ⁴⁴tsœɤ⁴⁴yⁿoʔ²lɐi⁰﹞

介啦呕该后生拉好走出来嘞。﹝ka⁴⁴laⁿəu⁴⁴kiəʔ⁵əu¹³ʮ̃³⁵laⁿhɔⁿtsœɤ⁴⁴tsʰoʔ⁵leⁿlɐi⁰﹞

其话嘞：﹝dʑi¹³o¹³lɐi⁰﹞

"主公拉，﹝tsʮ⁴⁴koŋ⁴⁴laⁿ﹞

侬拉好觖害煞或＝，﹝nəu¹³laⁿhɔ⁵³vəŋⁿhaʔ⁵saʔ²oʔ²﹞

唔放心好嘞，﹝n̩²²fɔ⁴⁴ɕiŋ⁴⁴hɔ⁴⁴lɐi⁰﹞

我该回头啦会拨侬送出关或＝。"﹝ŋo¹³keⁿuɐi¹³dœɤ⁰laⁿuɐi¹³paʔ⁵nəu¹³soŋ⁵³tsʰoʔ⁵kuɐ⁴⁴oʔ²﹞

介啦该小康王呢，﹝ka⁴⁴laⁿkiəʔ⁵ɕio⁴⁴kɔ̃⁴⁴uɔ̃¹³n̩iⁿ﹞

看看老和尚该么讲，﹝kʰi⁴⁴kʰiⁿlɔ²²əu¹³zɔ̃ⁿkiəʔ⁵moⁿkɔ̃³⁵﹞

其拉总啊放心眼嘞。﹝dʑiəʔ²laʔ²tsoŋ⁴⁴aⁿfɔ⁴⁴ɕiŋ⁴⁴ŋɛⁿlɐi⁰﹞

该其呢问老和尚拉驮嘞墨笔、［kiəʔ⁵dʑi¹³n̩iⁿməŋ¹³lɔ²²əu¹³zɔ̃⁰laʔ²dəu¹³lɐiⁿmoʔ²piə⁵］

砚瓦板、［n̩ie⁴⁴ŋʔ⁵pɛ⁴⁴］

纸头，［tsʅ⁴⁴dœɤ⁰］

介摊开来勒⁼纸头上头啦，［ka⁴⁴tʰɛ⁴⁴kʰe⁴⁴leⁿlaʔ²tsʅ⁴⁴dœɤ⁰zɔ̃¹³doeɤ⁰laⁿ］

写嘞三个字："保国寺"。［ɕia⁴⁴lɐiⁿsɛ⁴⁴kəu⁰dzʅ⁰pɔ⁴⁴koʔ⁵zʅ⁰］

该呢就是阿拉保国寺啦，［kiəʔ⁵n̩iⁿdziɤ¹³zʅ⁰aʔ⁵laʔ²pɔ⁴⁴koʔ⁵zʅ⁰laⁿ］

咋么介来或⁼。［dza¹³moⁿkaⁿleⁿoʔ²］

　　保国寺在宁波市江北区洪塘镇灵山脚下。保国寺以前叫灵山寺。

　　南宋时，康王逃难到了宁波。他逃到灵山寺，推开寺院门，发现里面没人。他看到菩萨面前有很多贡品，就开始偷吃。不一会儿，寺院里的老和尚出来看见了，就要动手打他。他吓死了，跪下求饶，说自己肚子太饿了。

　　话没说完，响起了山下金兵追杀的声音。这个年轻人恳请老和尚救救他。老和尚慈悲，安慰他不用怕。老和尚让他跟在后面，把他藏好。

　　然后，老和尚把寺庙门关好，贡品摆好。不一会儿，金兵就闯进来了。金兵问老和尚，有没有看见一个年轻人跑进来。有一个金兵补充道，他是康王。

　　老和尚明白了这个年轻人是皇帝，决定要想办法保全他。老和尚说，寺院里只有他一个人，没有其他人。这些金兵不信，开始搜索。

　　到处搜了半天，没有找到他们要的人。金兵们只好走了。

　　等金兵走远了，老和尚喊年轻人出来。他说，你放心，我会送你出关的。于是，小康王放心了。他要来笔墨，写了"保国寺"三个字。这就是保国寺的由来。

（2016 年 6 月，发音人：邵国强）

三、自选条目

（一）谚语

金窠银窠，［tɕiŋ³³kʰəu⁵³n̩iŋ²²kʰəu⁵³］

弗如自家草窠。［faʔ²zu⁰zʅ²²ko⁴⁴tsʰɔ³³kʰəu⁴⁴］

走遍天下，［tsœɤ³³pi⁴⁴tʰi³³oⁿ］

弗如宁波江厦。[faʔ²zu⁰n̠iŋ²²pəu⁵³kɔ³⁵o⁰]

若要夫妻同到老，[ʑiaʔ²io⁴⁴fu³³tɕʰi⁴⁴doŋ²²tɔ⁴⁴lɔ⁴⁴]
梁山伯庙到一到。[lia²²sɛ⁴⁴paʔ⁵mio²²tɔ⁴⁴iəʔ²tɔ⁰]

宁可死做官爹，[n̠iŋ²²kʰəu⁰ɕi⁴⁴tsəu⁴⁴ku⁴⁴tia⁴⁴]
弗可死讨饭娘。[faʔ²kʰəu⁰ɕi⁴⁴tʰɔ³³vɛ²²n̠ia¹³]

六月日头，[loʔ²yəʔ²n̠iəʔ²dœɤ⁰]
晚娘拳头。[mɛ¹³n̠ia⁰dʑy¹³dœɤ⁰]晚娘：继母

田要买东乡，[di²²io⁴⁴ma²²toŋ³³ɕia⁵³]
儿子要亲生。[ŋ¹³tsɿ⁰io⁴⁴tɕʰiŋ⁴⁴sa⁵³]

丈姆一声讴，[dʑia¹³m⁰iəʔ⁵səŋ⁰œɤ⁵³]
蛋壳一畚斗。[dɛ²²kʰoʔ⁵iəʔ⁵pəŋ⁴⁴tœɤ⁰]

三日弗吃咸齑汤，[sɛ⁴⁴n̠iəʔ²faʔ²tɕʰyoʔ⁵ɛ²²tɕi⁰tʰɔ⁴⁴]
脚骨有眼酸汪汪。[⁰cuⁿtɕiəʔ⁵kuaʔ²iɤ²²ŋɛ⁰sø⁴⁴uɔ⁴⁴uo⁰]

人情急如债，[zoŋ²²dʑiŋ¹³tɕiəʔ⁵zu⁰tsa⁴⁴]
镬丬挈出卖。[oʔ²bɛ¹³tɕʰiəʔ⁵tsʰoʔ²ma¹³]镬丬：锅。挈：用手提

宁可听苏州人吵相骂，[n̠iŋ¹³kʰəu⁰tʰiŋ⁴⁴su³³tɕiɤ⁴⁴n̠iŋ¹³tsʰɔ³³ɕia⁴⁴mo⁴⁴]
弗可听宁波人说闲话。[faʔ²kʰəu⁰tʰiŋ⁴⁴n̠iŋ¹³pəu⁰n̠iŋ¹³soʔ⁵ɛ²²uo⁴⁴]

（以上 2016 年 8 月，发音人：张根娣）

（二）谜语

小脚老侬大肚皮，[ɕio³³tɕiəʔ²lɔ²²non⁰dəu²²du⁰bi¹³]
头里捯泇黄烂泥。[dœɤ¹³li⁰kua⁴⁴toʔ⁵uɔ²²lɛ²²n̠i¹³]捯：甩。泇：量词，堆状固体或稠黏液体
——酒埕[tɕiɤ⁵³dʑiŋ⁰]

阿爹麻皮，［aʔ²tia⁵³mo²²bi¹³］

阿姆红皮，［aʔ⁵m⁰oŋ²²bi¹³］

生出儿子白皮。［sa⁴⁴tsʰoʔ⁵ŋ²²tsɿ⁰baʔ²bi¹³］

——花生［huo⁴⁴səŋ⁵³］

白白一潮鹅，［baʔ²pʰaʔ⁵iəʔ⁵dʑio¹³ŋœɤ¹³］潮：群

人客来嘞赶落河。［n̠iŋ²²kʰaʔ⁵le²²laʔ²kɛ⁴⁴loʔ²əu¹³］

——汤团［tʰɔ⁴⁴dø⁵³］

后门口头一株菜，［œɤ²²məŋ¹³kʰœɤ⁴⁴dœɤ⁰iəʔ²tsʅ⁴⁴tsʰe⁴⁴］

落雨落雪会朵开。［loʔ²y¹³loʔ²soʔ⁵uɐi¹³to⁴⁴kʰe⁴⁴］朵开：绽开

——伞［sɛ⁴⁴］

后门口头一只缸，［œɤ²²məŋ¹³kʰœɤ⁴⁴dœɤ⁰iəʔ²tsaʔ⁵kɔ⁴⁴］

团团圈圈生疔疮。［dø¹³dø⁰tɕʰy⁴⁴tɕʰy⁰sa⁴⁴tiŋ³³tsʰɔ⁵³］

——锣鼓［ləu²²ku⁵³］

锣鼓锣鼓，［ləu²²ku⁴⁴ləu²²ku⁵³］

浑身起白肤。［uəŋ²²ɕiŋ⁴⁴tɕʰi³³baʔ²fu⁴⁴］

——冬瓜［toŋ³³kuo⁵³］

冬瓜冬瓜，［toŋ³³kuo⁴⁴toŋ⁴⁴kuo⁵³］

两头开花。［lia²²dœɤ⁰kʰe⁴⁴huo⁵³］

——枕头［tɕiŋ⁵³dœɤ⁰］

（以上 2016 年 5 月，发音人：林国芳）

镇　海

一、歌谣

阿二阿三

阿二阿三，［aʔ⁵n̠i²⁴aʔ⁵sɛ³⁵］

桥头墩摆摊，［dʑiɔ²²dei²⁴təŋ³³pe³³tʰe³⁵］

摆到日头落山，［pe³³tɔ⁰n̠ieʔ²²dei²⁴lɔʔ⁵sɛ⁵³］

撮来三个铜板，［tsʰaʔ⁵le⁰sɛ³³kəu⁰doŋ²⁴pɛ³³］撮：赚

买根小扁担，［ma²⁴kəŋ³³ɕiɔ³³pi³³tɛ³³］

嘎吱嘎吱挑到外婆屋里吃夜饭，［ka³³tsɿ³³ka³³tsɿ³³tʰiɔ³³tɔ⁰ŋa²⁴bəu⁰oʔ⁵liⁿtɕʰyoʔ⁵ia²⁴vɛ³¹］

啥饭？［səu⁵³vɛ²⁴］

麻雀儿剥出白米饭。［mo²²tɕiã³⁵poʔ⁵tsʰoʔ⁵baʔ²mi²⁴vɛ⁰］

啥筷？［səu⁵³kʰue³³］

象牙筷。［ʑia²⁴ŋo²⁴kʰue³³］

啥下饭？［səu⁵³o²⁴vɛ²⁴］

鸡肉白斩斩，［tɕi³³n̠yoʔ²baʔ²tsɛ³³tsɛ⁰］

黄鱼挑出两头掼。［uɔ̃²⁴ŋ²⁴tʰiɔ³³tsʰoʔ⁵liã²⁴dei⁰guɛ²⁴］

囡啊囡

抬嘞起烘烘响，［de²⁴laʔ²tɕʰi³⁵hoŋ³³hoŋ⁰ɕiã³⁵］

脱嘞布衣换凤袄，[tʰaʔ⁵laʔ²pu⁵³i³³uø²⁴vəŋ²⁴ɔ⁵³]

脚踏路梯步步高，[tɕieʔ⁵daʔ²lu²⁴tʰe³³bu²⁴buᵘkɔ⁵³]

手驮杨柳采仙桃。[ɕiu³³dəu²⁴iã²⁴liuᵘtsʰe³³ɕi³³dɔ²⁴] ₍₎驮：拿

进轿门，[tɕiŋ³³dʑiɔ²⁴məŋ²⁴]

改三分，[ke³⁵sɛ³³fəŋ³³]

出轿门，[tsʰoʔ⁵dʑiɔ²⁴məŋ²⁴]

要改净。[iɔ²⁴ke³⁵iŋ²⁴]

公讴侬，[koŋ³³ei³³nəu²²] 讴：叫

噢噢应，[ɔ³³ɔ³³iŋ⁵³]

婆讴侬，[bəu²⁴ei³³nəu²⁴]

徛起身。[ge²⁴tɕʰi³³soŋ³³] 徛：站

敬重公婆敬重福，[tɕiŋ³³dzoŋ²⁴koŋ³³bəu²⁴tɕiŋ³³dzoŋ²⁴foʔ⁵]

敬重丈夫有饭吃，[tɕiŋ³³dzoŋ²⁴dʑiã²⁴fuᵘiu²²vɛ²⁴tɕʰyoʔ⁵]

敬重田头敬重谷，[tɕiŋ³³dzoŋ²⁴di²⁴deiᵘtɕiŋ³³dzoŋ²⁴koʔ⁵]

隔壁邻舍要和睦。[kaʔ⁵pi³³liŋ²⁴so⁵³iɔ²⁴əu²⁴moʔ²]

（以上 2019 年 10 月，发音人：张兆进）

二、其他故事

丫头羹的由来

介相传来个唐朝年间啊，[ka³³ɕiã³³dzø¹³le¹³kəuᵘdɔ̃¹³dzɔᵘn̩i¹³tɕi³³aᵘ]

镇海后大街有一份大人家。[tsoŋ⁵³heᵘei¹³dəu¹³ka³³iu¹³ieʔ⁵vəŋᵘdəu¹³n̩iŋ¹³ko³³] 份：户

介渠拉是年年元宵啦，[ka³³dʑieʔ²laʔ⁵zɿ¹³n̩i¹³n̩iᵘy¹³ɕiɔ³³laᵘ]

全家老小到要⸗街头里向看灯去。[dzy¹³ka³³lɔ¹³ɕiɔ³³tɔ³³iɔᵘka³³dei¹³li¹³ɕiã̃kʰi¹³təŋ³³tɕʰiᵘ]

该年啦正好为正月十三，[keʔ⁵n̩i¹³laᵘtsəŋ⁵³hɔᵘvei¹³tsəŋ³³yoʔ²zoʔ²sɛ³³]

主人吩咐丫头，[tsɿ³³n̩iŋ¹³fəŋ³³vuᵘo³³dei¹³]

要看好屋里门等主人回来。[iɔ³³kʰi³³hɔᵘoʔ⁵liᵘməŋ¹³təŋ³³tsɿ³³n̩iŋ¹³uei²²le¹³]

弗晓得该年个灯啦是特别做嘞好，[faʔ⁵ɕiɔ³³taʔ⁵keʔ⁵n̩i¹³kəuᵘtəŋ³³laᵘzɿ¹³deʔ²bieʔ²tsəu³³
laʔ²hɔ³⁵]

特别做嘞多，[deʔ^{2}bieʔ^{2}tsəu^{33}laʔ^{2}təu^{53}]
一直等到三更啦还没回来。[ieʔ^{5}dʑieʔ^{2}təŋ^{33}tɔ^{0}sɛ^{33}kã^{33}la^{0}uaʔ^{2}maʔ^{2}uei^{22}le^{13}]
该丫头就感到又饿又睏，[keʔ^{5}o^{33}dei^{13}dʑiu^{13}kɛ^{33}tɔ^{53}iu^{13}ŋo^{13}iu^{13}k^{h}uəŋ^{53}]
又不敢去睏觉，[iu^{13}paʔ^{5}kɛ^{33}tɕ^{h}i^{33}k^{h}uəŋ^{33}kɔ^{53}]
介于是咋弄呢，[ka^{33}y^{13}zɿ^{0}dza^{13}noŋ^{13}ȵi^{0}]
想弄眼东西吃吃，[ɕiã^{33}noŋ^{13}ŋɛ^{0}toŋ^{33}ɕi^{0}tɕ^{h}yoʔ^{5}tɕ^{h}yoʔ^{2}]
可是介主人家啦门槛交关紧，[k^{h}əu^{33}zɿ^{0}ka^{33}tsʮ^{33}ȵiŋ^{13}ka^{33}la^{0}məŋ^{13}k^{h}ɛ^{0}tɕiɔ^{33}kuɛ^{0}tɕiŋ^{35}]
下饭跟饭菜啦都有数目个，[o^{13}vɛ^{13}kəŋ^{33}vɛ^{13}ts^{h}e^{0}la^{0}tu^{33}iu^{13}su^{33}moʔ^{2}kəu^{0}]
介丫头又弗敢乱动。[ka^{33}o^{33}dei^{13}iu^{13}faʔ^{5}kɛ^{33}lø^{13}doŋ^{13}]
介弗吃哇，[ka^{33}faʔ^{5}tɕ^{h}yoʔ^{5}ua^{0}]
介熬到天亮真到话要饿煞。[ka^{33}ŋɔ^{13}tɔ^{0}t^{h}i^{33}liã^{13}tɕiŋ^{33}tɔ^{33}uo^{13}iɔ^{33}ŋo^{13}saʔ^{5}]
介于是呢，[ka^{33}y^{13}zɿ^{13}ȵi^{0}]
就从厨房里去寻东西寻起来，[dʑiu^{13}dzoŋ^{13}dzʮ^{13}vɔ̃^{13}li^{0}tɕ^{h}i^{33}dʑiŋ^{13}toŋ^{33}ɕi^{0}dʑiŋ^{13}tɕ^{h}i^{33} le^{0}]
介祭灶果啊——[ka^{33}tɕi^{53}tsɔ^{33}kəu^{33}a^{0}]祭灶果：祭灶神的旧式点心
红枣、桂圆、胡桃、蒲荠、[oŋ^{13}tsɔ^{33}、kuei^{33}y^{22}、vu^{13}dɔ^{13}、bu^{13}dʑi^{13}]蒲荠：荸荠
金柑、印糕，[tɕiŋ^{33}kɛ^{33}、iŋ^{53}kɔ^{33}]
有皮个去皮，[iu^{13}bi^{13}kəu^{0}tɕ^{h}i^{33}bi^{13}]
有核个去核，[iu^{13}uaʔ^{2}kəu^{0}tɕ^{h}i^{33}uaʔ^{2}]
切成呢一块一块个小方块，[tɕ^{h}ieʔ^{5}dʑiŋ^{13}ȵi^{0}ieʔ^{5}k^{h}uei^{53}ieʔ^{5}k^{h}uei^{53}kəu^{0}ɕiɔ^{33}fɔ̃^{33}k^{h}uei^{33}]
摆勒⁼一道，[pa^{35}laʔ^{2}ieʔ^{5}dɔ^{13}]
放勒⁼该个镬子里头，[fɔ̃^{33}laʔ^{2}keʔ^{5}kəu^{0}oʔ^{2}tsɿ^{35}li^{13}dei^{13}]
然后呢摆眼白糖加水，[zø^{13}ei^{13}ȵi^{0}pa^{33}ŋɛ^{0}baʔ^{2}dɔ̃^{13}ko^{33}sʮ^{35}]
欸起眼浆的，[e^{33}tɕ^{h}i^{33}ŋɛ^{0}tɕiã^{53}tieʔ^{5}]
上头再撒眼糖桂花。[zɔ̃^{13}dei^{31}tse^{53}sa^{33}ŋɛ^{0}dɔ̃^{13}kuei^{53}ho^{33}]
刚刚要出锅啦介主人家回来嘞。[kɔ̃^{33}kɔ̃^{53}iɔ^{33}ts^{h}oʔ^{5}kəu^{33}la^{0}ka^{33}tsʮ^{33}ȵiŋ^{13}ka^{33}uei^{13}le^{13} le^{0}]
主人家看见丫头介自作主张，[tsʮ^{33}ȵiŋ^{13}ka^{33}k^{h}i^{33}tɕi^{33}o^{33}dei^{31}ka^{33}zɿ^{13}tsoʔ^{5}tsʮ^{33}tɕiã^{53}]
该么弄东西吃啦介是交关气，[keʔ^{5}mo^{0}noŋ^{13}toŋ^{33}ɕi^{33}tɕ^{h}yoʔ^{5}la^{0}ka^{33}zɿ^{0}tɕiɔ^{33}kuɛ^{33}tɕ^{h}i^{33}]
介丫头呢一见呢欸事体弗妙，[ka^{33}o^{33}dei^{31}ȵi^{0}ieʔ^{5}tɕi^{33}ȵi^{0}e^{0}zɿ^{13}t^{h}i^{33}faʔ^{5}miɔ^{13}]
渠转口就讲嘞，[dʑi^{13}tsø^{33}k^{h}əu^{35}dʑiu^{13}kɔ̃^{35}le^{0}]
介啦吾啦是夜到晏嘞，[ka^{33}la^{0}vu^{13}la^{0}zɿ^{13}ia^{13}tɔ^{0}ɛ^{53}laʔ^{2}]夜到：日落以后到深夜以前的时间

是笃老爷俫笃俫准备个夜点心，[zʅ¹³toʔ⁵lɔ¹³ia⁰na¹³toʔ⁵na¹³tsoŋ³³bei⁰oʔ²ia¹³ti³³ɕiŋ⁵³]

哦，介老爷一听，[oʔ²，ka³³lɔ¹³ia¹³ieʔ⁵tʰiŋ⁵³]

介还只心里向息气，[ka³³uaʔ²tɕieʔ⁵ɕiŋ³³li¹³ɕiã³³ɕieʔ⁵tɕʰi⁵³]

顿时呢，[təŋ³³zʅ¹³n̠i⁰]

肚皮啦觉着还有点饿嘞，[du¹³bi¹³la⁰koʔ⁵dzoʔ²uaʔ²iu¹³ti³³ŋəu¹³le⁰]

欱所以呢渠拨盖头肖꞊开，[e⁰so³³i¹³n̠i⁰dʑi¹³paʔ⁵ke³³dei¹³ɕiɔ³³kʰe⁵³] 肖꞊:揭

一品尝，[ieʔ⁵pʰiŋ³⁵zɔ̃⁰]

看见锅子里是五颜六色，[kʰi³³tɕi⁰kəu³³tsʅ⁰li¹³zʅ¹³ŋ¹³ŋɛ¹³loʔ²saʔ⁵]

糊黏黏个，[vu¹³n̠i¹³n̠i⁰oʔ²]

感觉呢交关奇怪，[kɛ³³tɕyoʔ⁵n̠i⁰tɕiɔ³³kuɛ³³dʑi¹³kua³³]

问渠嘞叫介是啥东西，[məŋ¹³dʑi¹³le⁰tɕiɔ³³ka³³zʅ³sou³³toŋ⁵³ɕi⁰]

丫头就讲嘞，[o³³dei³¹dʑiu¹³kɔ̃³⁵le⁰]

介啦是百果羹，[ka³³la⁰zʅ¹³paʔ⁵kəu³³kã³³]

介主人呢，[ka³³tsʮ³³n̠iŋ¹³n̠i⁰]

从来还没听到过该么个名堂，[dzoŋ¹³le³¹uaʔ²maʔ²tʰiŋ³³tɔ⁵³kəu⁰keʔ⁵mo⁰kəu⁰miŋ¹³dɔ̃¹³]

介丫头介绍羹里头啦，[ka³³o³³dei³¹ka³³ziɔ¹³kã³³li¹³dei³¹la⁰]

有红枣、黑枣、桂圆、胡桃，[iu¹³oŋ¹³tsɔ³⁵、haʔ⁵tsɔ³⁵、kuei⁵³y¹³、vu¹³dɔ¹³]

吃嘞全家安好，[tɕʰyoʔ⁵laʔ²dʑy¹³ka³³ɛ³³hɔ³⁵]

招财进宝，[tɕiɔ³³dze¹³tɕiŋ³³pɔ³⁵]

加上金柑、红蛋，[ko³³zɔ̃⁰tɕiŋ³³kɛ³³、oŋ¹³dɛ¹³]

吃嘞百病消散，[tɕʰyoʔ⁵laʔ²paʔ⁵biŋ¹³ɕiɔ³³sɛ³³]

哦哟介主人听嘞是真真高兴煞，[oʔ²iɔ⁰ka³³tsʮ³³n̠iŋ¹³tʰiŋ³³laʔ²zʅ¹³tɕiŋ³³tɕiŋ³³kɔ³³ɕiŋ³³saʔ⁵]

介驮起一碗就吃起来，[ka³³dəu¹³tɕʰi⁰ieʔ⁵uø¹³dʑiu¹³tɕʰyoʔ⁵tɕʰi³³le⁰]

香气扑鼻，[ɕiã³³tɕʰi⁰pʰoʔ⁵bieʔ²]

清甜爽口，[tɕʰiŋ³³di¹³sɔ̃³³kʰəu³⁵]

介既充饥又提神，[ka³³tɕi⁵³tsʰoŋ³³tɕi⁵³iu¹³di¹³zoŋ¹³]

欱啧啧啧称赞不已啦，[e⁰tseʔ⁵tseʔ⁵ tseʔ⁵tɕʰiŋ³³tsɛ³³paʔ⁵i¹³la⁰]

啊好吃好吃。[a⁰hɔ³⁵tɕʰyoʔ⁵hɔ³⁵tɕʰyoʔ⁵]

该从此啦，[keʔ⁵dzoŋ¹³tsʰʅ³⁵la⁰]

年年正月十三上灯夜，［ȵi¹³ȵi⁰tɕiŋ³³yoʔ²zoʔ²sɛ³³zɔ̃¹³təŋ³³ia⁰］

看灯要吃丫头羹，［kʰi³³təŋ³³iɔ¹³tɕʰyoʔ⁵o³³dei³¹kã³³］

介于是呢一传十，［ka³³y¹³z̩¹³ȵi⁰ieʔ⁵dzø¹³zoʔ²］

十传百，［zoʔ²dzø¹³paʔ⁵］

家家户户都吃丫头羹嘞，［ka³³ka⁰vu¹³vu⁰tu³³tɕʰyoʔ⁵o³³dei³¹kã³³le⁰］

形成嘞一个风俗，［ziŋ¹³dzəŋ¹³laʔ²ieʔ⁵kəu⁰foŋ³³zoʔ²］

所以镇海人吃丫头羹，［so³⁵i⁰tsoŋ⁵³he⁰ȵiŋ¹³tɕʰyoʔ⁵o³³dei³¹kã³³］

就该么流传落来嘞。［dʑiu¹³keʔ⁵mo⁰liu¹³dzø¹³loʔ²le¹³le⁰］

　　相传唐朝时，镇海后大街有一大户人家，年年元宵全家要上街看灯，这年又逢正月十三，主人吩咐丫鬟照看门户，坐等主人回来。

　　谁知这年的灯特别盛，主人一家一直到三更还未回来。那丫鬟感到又饿又困，又不敢去睡，于是想弄点吃的，可主人家的饭菜都有明确的数量，丫鬟不敢乱动，但是不吃的话又怎么熬到天亮呢？于是从厨房里找了起来，祭灶果——红枣、桂园、胡桃、荸荠、金柑、印糕——有皮的去皮，有核的去核，切成一个个小块，放在一锅里煮，然后放入白糖，加水籼粉欠浆，撒上些桂花。刚要出锅，主人回来了，看丫鬟自作主张烧吃的非常生气，丫鬟一见不妙，转口说道："都这么晚了，我是为老爷你们做的。"主子一听，才息了怒，顿觉肚子有点饿，于是揭开锅盖，一见锅内五颜六色，黏糊糊的，感觉奇怪，问道："这是啥东西？"丫鬟答道"八果羹也"。主人从未听说过这个东西，丫鬟便介绍说羹里有红枣、黑枣、桂园、胡桃。吃了以后全家安好，招财进宝，加上金柑、红蛋，吃了会百病消散。主人听了大喜，端起碗来就吃，香气扑鼻，清甜爽口，既解饥又提神。主人啧啧称赞："好吃好吃。"

　　从此，年年正月十三上灯夜，看灯要吃丫头羹，于是一传十，十传百，家家户户都吃丫头羹，形成了风俗。

　　　　　　　　　　　　　　　　　　　　（2019年10月，发音人：周惠蒙）

三、自选条目

（一）谜语

矮跍跍，［a³³gu¹³ku⁰］跍：蹲
吃小苦。［tɕʰyoʔ⁵ɕiɔ³⁵kʰu⁰］
打一记，［tã³⁵ieʔ⁵tɕi³³］
跍一跍。［gu¹³ieʔ⁵gu⁰］
——敲钉子［kʰɔ³³tiŋ³³tsɿ⁵³］

方方一块田，［fɔ̃³³fɔ̃³³ieʔ⁵kʰuei⁰di¹³］
蒲荠种过年。［bu¹³dʑi⁰tsoŋ³³kəu⁰n̠i¹³］
——算盘［sø⁵³bø⁰］

长长弄堂，［dʑiã¹³dʑiã⁰noŋ¹³dɔ̃⁰］
弯转火缸。［uɛ³³tsø³³həu³⁵kɔ̃⁰］
——火添＝［həu³⁵tʰi³³］火添＝：旱烟杆

一点中心诸葛亮，［ieʔ⁵ti³³tsoŋ³³ɕiŋ³³tsu³³keʔ⁵liã⁰］
三战吕布刘关张，［sɛ³³tsø⁵³li¹³pu⁰liu¹³kuɛ⁵³tɕiã］
口说驸马司马迁，［kʰei³³soʔ⁵fu³³mo¹³sɿ⁵³mo¹³tɕʰi⁰］
十大功劳赵云长。［zoʔ²da¹³koŋ³³lɔ⁰dzei¹³yoŋ⁰dʑiã⁰］
——計（计）［tɕi⁵³］

一横还是一撇长，［ieʔ⁵uã¹³uaʔ²z̩⁰ieʔ⁵pʰieʔ⁵dʑiã¹³］
十笃玉轧打相打，［zoʔ²toʔ⁵yoʔ²gaʔ²tã³³ɕiã³³tã⁵³］。
大士娘娘来拖拖，［da¹³z̩⁰n̠iã¹³n̠iã⁰le¹³tʰa³³tʰa⁰］
头里敲一个瘃，［dei¹³li⁰kʰɔ³³ieʔ⁵goʔ²tso⁵］瘃：头上碰起的包
土地公公弗肯歇。［tʰu³³di⁰koŋ³³koŋ³³faʔ⁵kʰən³³ɕieʔ⁵］
——压［aʔ⁵］

（以上 2019 年 10 月，发音人：周培元）

奉　化

一、歌谣

一月嗑瓜子

一月嗑瓜子，［iɪʔ⁵yoʔ²kʰaʔ²kuo⁴⁴tsʅ⁴⁴］

二月放鹞子，［n̠i³³yoʔ²fɔ̃⁴⁴iɔ³³tsʅ⁰］鹞子：风筝

三月种田下秧子，［sɛ⁴⁴yoʔ²tsoŋ⁴⁴diˠfio³³iã⁰tsʅ⁵³］

四月上坟烧银子，［sʅ⁴⁴yoʔ²zɔ̃³³vəŋ³³ɕiɔ⁴⁴n̠iŋ³³tsʅ⁵³］

五月白糖揾粽子，［ŋ³³yoʔ²baʔ²dɔ̃³³uəŋ⁴⁴tsoŋ⁵³tsʅ⁰］揾：蘸

六月朝南扇扇子，［loʔ²yoʔ²dʑiɔ³³nɛ³³ɕi⁴⁴ɕi⁵³tsʅ⁰］

七月老三驮银子，［tɕʰiɪʔ⁵yoʔ²lʌ³³sɛ⁴⁴dəu³³n̠iŋ³³tsʅ⁴⁴］

八月月饼嵌馅子，［paʔ⁵yoʔ²yoʔ²piŋ⁴⁴kʰɛ⁴⁴fiɛ³³tsʅ⁰］

九月金柑夹橘子，［tɕiɣ⁴⁴yoʔ²tɕiŋ⁴⁴kɛ⁴⁴kaʔ²tɕyoʔ⁵tsʅ⁰］

十月砂糖炒栗子，［zoʔ²yoʔ²so⁴⁴dɔ̃³³tsʰʌ⁴⁴liɪʔ²tsʅ⁰］

十一月跌跌扑扑落雪子，［zoʔ²iɪʔ⁵yoʔ²tiɪʔ⁵tiɪʔ²pʰaʔ⁵pʰaʔ²loʔ²soʔ⁵tsʅ⁰］

十二月冻煞凉亭叫花子。［zoʔ²n̠i³³yoʔ²toŋ⁴⁴saʔ²liã³³diŋ³¹kʌ⁵³huo⁴⁴tsʅ⁰］

侬搭我敲背

侬搭我敲背，［nəu³³taʔ⁵ŋəu³³kʰʌ⁴⁴pei⁵³］搭：给

我搭侬做媒，［ŋəu³²taʔ⁵nəu³³tsəu⁴⁴mei³³］

做拨隔壁癞头。［tsəu⁴⁴paʔ²kaʔ⁵piɿʔ⁵la²⁴dæi⁰］

摇到外婆桥

摇啊摇摇到外婆桥，［iɔ³³a⁰iɔ³³iɔ³³tʌ⁰ŋa³¹bəu⁰dʑiɔ²⁴］
外婆来格摘棉花，［ŋa³¹bəu⁰le³³kəʔ²tsaʔ⁵mi³³huo⁵³］
舅舅来格摘枇杷，［dʑiɤ³²dʑiɤ⁰le³³kəʔ²tsaʔ⁵bi³³bo³¹］
舅母来格走人家，［dʑiɤ³²m⁰le³³kəʔ²tsæi⁴⁴n̩iŋ³³ko⁵³］
还讲人家弗泻﹦茶，［uaʔ²kɔ̃⁵³n̩iŋ³³ko⁵³faʔ⁵ɕia⁵³dzo³³］泻﹦：泡
叽哩咕噜讲人家。［tɕi⁴⁴li⁰ku⁴⁴lu⁰kɔ̃⁴⁴n̩iŋ³³ko⁰］

虫虫飞

斗斗虫虫飞，［tiɤ⁴⁴tiɤ⁴⁴dzoŋ³³dzoŋ⁰fi⁴⁴］
搭只麻雀儿剥剥皮，［kʰo⁴⁴tsaʔ²mo³³tɕiã⁴⁴poʔ⁵poʔ²bi³³］搭：捉
酱油揾揾透骨鲜，［tɕiã⁴⁴iɤ⁰uəŋ⁴⁴uəŋ⁰tʰæi⁵³kuaʔ²ɕi⁰］
要吃搬眼去，［iɔ⁴⁴tɕʰyoʔ⁵pø⁴⁴ŋɛ⁰tɕʰi⁴⁴］
［弗会］吃杜﹦飞去，［fei⁴⁴tɕʰyoʔ⁵du³¹fi⁴⁴tɕʰi⁰］［弗会］：不会
飞到南山做窠去。［fi⁴⁴tʌ⁰nɛ³³sɛ⁵³tsəu⁴⁴kʰəu⁴⁴tɕʰi⁴⁴］

头里一梗草

头里一梗草，［dæi³³li⁰iɿʔ²kuã⁴⁴tsʰʌ⁵⁴⁵］梗：根
来﹦年抬阿嫂，［nɛ³³n̩i³³de³³aʔ⁵sʌ⁵⁴⁵］来﹦年：明年
抬来阿嫂弗将毛，［de³³le³¹aʔ⁵sʌ³⁵faʔ⁵tɕiã⁴⁴mʌ⁰］
生出儿子做强盗，［sã⁴⁴tsʰoʔ⁵ŋ³³tsɿ⁰tsəu⁴⁴dʑiã³³dʌ³³］
生出囡做花佬。［sã⁴⁴tsʰoʔ⁵nø²⁴tsəu⁴⁴huo⁴⁴lʌ³²⁴］花佬：娼妓

两角辫子翘啊翘

两角辫子翘啊翘，［liã³²koʔ⁵biɛ³¹tsɿ⁰tɕʰiɔ⁵³a⁰tɕʰiɔ⁵³］
问侬老公要弗要，［məŋ³³nəu³³lʌ³²koŋ⁵³iɔ⁴⁴faʔ²iɔ⁵³］
老公长会打墙，［lʌ³²koŋ⁴⁴dʑiã³³uei³³tã⁴⁴dʑiã³³］
老公矮会搭蟹，［lʌ³²koŋ⁴⁴a³⁵uei³³kʰo⁴⁴ha³⁵］

一只吃来一只卖，［iɪʔ⁵tsaʔ⁵tɕʰyoʔ⁵leˀiɪʔ⁵tsaʔ⁵ma³¹］
顶好卖拨丈母娘。［tiŋ⁴⁴hʌ⁰ma³¹paʔ⁵dʑiã³²mˀn̩iã³³］顶好：最好

（以上 2018 年 8 月，发音人：徐恩琴）

二、规定故事

牛郎和织女

交关早格辰光啦，［tɕiɔ⁴⁴kuɛ⁴⁴tsʌ³⁵kəʔ²dzəŋ³³kuõ⁴⁴laˀ］交关：很。辰光：时间
有一个乌顽头。［iɤ³³iɪʔ²kəuˀu⁰uɛ³³dæi³¹］乌顽头：小伙子
爹娘拉和总死掉校ꞏ来，［tia⁴⁴n̩iã³³laˀɦəu³³tsoŋ⁴⁴sʅ⁴⁴diɔˀiɔ³³leˀ］和总：全、都
交关罪过。［tɕiɔ⁴⁴kuɛ⁴⁴zei³³kəuˀ］罪过：可怜
格么屋落只有一只老牛，［kəʔ⁵moˀoʔ⁵loʔ²tɕiɪʔ⁵iɤˀiɪʔ²tsaʔ⁵lʌ³²ŋəu³³］
聚队来东ꞏ，［zʅ³³de³¹leˀtoŋ⁴⁴］聚队：结伴，一块儿
格么人家哀ꞏ其看牛乌顽。［kəʔ⁵moˀn̩iŋ³³ko⁴⁴ei⁴⁴dʑi³³kʰɛ⁴⁴ŋəu³³u⁴⁴uɛˀ］
介看牛乌顽是靠该个老牛，［ka⁴⁴kʰɛ⁴⁴ŋəu³³u⁴⁴uɛˀzʅ³³kʰʌ⁴⁴kəʔ⁵kəuˀlʌ³²ŋəu³³］
来东ꞏ耕田过日脚。［leˀ³³toŋ⁴⁴kã⁴⁴di³³kəuˀn̩iɪʔ²tɕiɪʔ⁵］日脚：日子
介是介搭其聚队东ꞏ。［ka⁴⁴zʅ³³ka⁴⁴taʔ⁵dʑi³³zʅ³³de³¹toŋ⁴⁴］

介实在啦阿只老牛啦，［ka⁴⁴zəʔ²dzɛˀlaʔ²aʔ⁵tsaʔ⁵lʌ³²n̩iɤ³³laʔ²］
是天里介金牛星变动啦。［zʅ³³tʰi⁴⁴liˀka⁴⁴tɕiŋ⁴⁴n̩iɤ³³ɕiŋ⁰pi⁴⁴doŋ³³laˀ］
其拉交关中意看牛乌顽人细细嘎，［dʑiaʔ²laʔ⁵tɕiɔ⁴⁴kuɛ⁴⁴tsoŋ⁴⁴i⁴⁴kʰɛ⁴⁴ŋəu³³u⁴⁴uɛˀn̩iŋ³³ɕi⁴⁴ɕiˀkaˀ］
忖拨其成份人家嘎。［tsʰəŋ⁴⁴poʔ⁵dʑi³³dʑiŋ³³vəŋˀn̩iŋ³³ko⁵³kaˀ］
格么阿一密ꞏ早子啦，［kəʔ²moˀaʔ²iɪʔ²miɪʔ²tsʌ⁴⁴tsʅ⁰laˀ］
金牛星得知天里一潮仙女啦，［tɕiŋ⁴⁴n̩iɤ³³ɕiŋ⁰taʔ²tsʅ⁴⁴tʰi⁴⁴liˀiɪʔ²dʑiɔ³³ɕi⁴⁴n̩y³¹laˀ］
要勒村山脚边沿湖里净人去。［iɔ⁴⁴laʔ²tsʰəŋ⁴⁴sɛ⁴⁴tɕiɪʔ²pi⁴⁴iˀvu³³liˀdʑiã³¹n̩iŋ³³tɕʰi⁴⁴］
介其拉拨其做个乱梦。［ka⁴⁴dʑia ʔ²laʔ⁵paʔ⁵dʑi³³tsəu⁴⁴kəu⁰lø²⁴mõ³¹］
哀ꞏ其第二天亮啦到湖边头去，［ei⁴⁴dʑi³³di³³n̩i³³tʰi⁴⁴liã³³laˀtʌ⁴⁴u³³pi⁴⁴dæiˀtɕʰi⁴⁴］
等仙女弗防辰光啦，［təŋ⁴⁴ɕi⁴⁴n̩i³¹faʔ⁵bɔ³³dzəŋ³³kuõ⁴⁴laˀ］
来介净人个辰光啦，［leˀ³³ka⁴⁴dʑiã³¹n̩iŋ³³kəu⁰dzəŋ³³kuõ⁴⁴laˀ］

搭一件衣裳拉树上挂介，［taʔ⁵iɿʔ²dʑi³¹i⁴⁴zõ⁰laˀzʮ³¹zõ⁰kua⁴⁴ka⁰］

去驮来。［tɕʰi⁴⁴dəu³³le³³］

驮来格辰光啦，［dəu³³le³³ka⁰dzəŋ³³kuõ⁴⁴la⁰］

哀⁼其头啊莫移，［ei⁴⁴dʑi³³dæi³³a⁰maʔ²i³³］

顶头莫急格奔拉屋落去。［tiŋ⁴⁴dæi⁰maʔ²tɕiɿʔ⁵ka⁰pəŋ⁴⁴la⁰oʔ⁵loʔ²tɕʰi⁴⁴］

介讲有交关好看一个娘子啦，［ka⁴⁴kõ⁴⁴iɤ³³tɕiɔ⁴⁴kuɛ⁴⁴hɔ⁴⁴kʰɛ⁴⁴iɿʔ²kəu⁰n̠iã³³tsɿ⁰la⁰］

会拨当老人个。［uei³³poʔ⁵tõ⁴⁴lʌ³²n̠iŋ³³kəʔ²］ 老人：妻子

格么啊第二日天亮啦，［kəʔ²mo⁰a⁰di³³n̠i³³n̠iɿʔ²tʰi⁴⁴n̠iã⁰la⁰］

乌顽疑心疑惑到勒山脚下底，［u⁴⁴uɛ³³n̠i³³çiŋ⁴⁴n̠i³³ɦoʔ²tʌ⁴⁴laʔ²sɛ⁴⁴tɕiaʔ⁵ɦio³³ti⁰］

在其眛熟毛⁼双⁼当中，［dze³³dʑi³³mi³³zoʔ²mʌ³³sõ⁴⁴tõ⁴⁴tsoŋ⁴⁴］

反正看见七个美女来个嬲和水里。［fɛ⁴⁴tsəŋ⁰kʰɛ⁴⁴tɕi⁰tɕʰiɿʔ⁵kəu⁰me³³n̠y⁰le³³kəu⁰na³³ɦiəu⁰ sʮ⁴⁴li⁰］

介其是落手多少快啦。［ka⁴⁴dʑi³³zɿ⁰loʔ²çiɤ⁴⁴təu⁴⁴çiɔ⁴⁴kʰua⁴⁴la⁰］

树上底挂介，［zʮ³³zõ⁰ti⁰kua⁴⁴ka⁰］

一件粉红色个一件衣裳啦，［iɿʔ²dʑi⁰fəŋ⁴⁴ɦioŋ³³saʔ⁵kəu⁰iɿʔ²dʑi⁰i⁴⁴zõ⁴⁴la⁰］

锵个对驮来，［dʑiã³³kəu⁰te⁴⁴dəu³³le³³］

像人家飞做样奔到屋落家。［dʑiã³³n̠iŋ³³ko⁰fi⁴⁴tsəu⁴⁴iã⁰pəŋ⁴⁴tʌ⁰oʔ⁵loʔ²ka⁰］

介拨其抢去个衣裳介仙女拉，［ka⁴⁴paʔ⁵dʑi³³tɕʰiã⁴⁴tɕʰi⁰kəu⁰i⁴⁴zõ⁴⁴ka⁰çi⁴⁴n̠y³¹la⁰］

是织女个。［zɿ³³tɕiɿʔ⁵n̠y³³kəu⁰］

阿密⁼夜到啦，［aʔ⁵miɿʔ²ia³³tʌ⁴⁴la⁰］

其轻轻或⁼，［dʑi³³tɕʰiŋ⁴⁴tɕʰiŋ⁴⁴ɦoʔ²］

一眼一眼个开开，［iɿʔ²ŋɛ³³iɿʔ²ŋɛ³³kəʔ²kʰe⁴⁴kʰe⁴⁴］

搭看牛乌顽屋里个门开开。［taʔ⁵kʰɛ⁴⁴ŋəu³³u⁴⁴uɛ³³oʔ⁵li⁰kəʔ²məŋ³³kʰe⁴⁴kʰe⁰］

两个人是交关讲嘞拢啊，［liã³³kəu⁰n̠iŋ³³zɿ³³tɕiɔ⁴⁴kuɛ⁴⁴kõ⁴⁴laʔ²loŋ³³a⁰］

介夷⁼做两公老伴来。［ka⁴⁴i³³tsəu⁴⁴liã³³koŋ⁴⁴lʌ³³bø³¹le³³］

介眼睛一眨，［ka⁴⁴ŋɛ³³tɕiŋ⁴⁴iɿʔ²saʔ²］

日脚交关快，［n̠iɿʔ²tɕiaʔ⁵tɕiɔ⁴⁴kuɛ⁴⁴kʰua⁴⁴］

三年过去来。［sɛ⁴⁴n̠i⁰kəu⁴⁴tɕʰi⁰le³³］

介看牛乌顽搭织布娘子啦，［ka⁴⁴kʰɛ⁴⁴ŋəu³³u⁴⁴uɛ⁰taʔ⁵tɕiɿʔ⁵n̠y⁰n̠iã³³tsɿ⁰la⁰］

还生嘞一儿子一囡，［uaʔ²sã⁴⁴laʔ²iɿʔ⁵ŋ³³tsɿ⁰iɿʔ⁵nø³³］囡：女儿

一份人家啦是过嘞交关乐惠。［iɿʔ²vəŋ⁰ɳiŋ³³ko⁵³laʔzɿ³³kəu⁴⁴laʔtɕiɔ⁴⁴kuɛ⁴⁴loʔ²uei⁰］

介好来啦，［ka⁴⁴hʌ⁴⁴le³³la⁰］

介织布娘子啦，［ka⁴⁴tɕiɿʔ⁵puʰɳiã³³tsɿ⁰la⁰］

自家暗地里下凡个事体，［zɿ³³ko⁴⁴e⁴⁴diⁱliʰɦo³³ueʰ³³kəu⁰zɿ³³tʰi⁴⁴］

拨玉皇大帝晓得来。［paʔ⁵yoʔ²uɔ̃³³da³³ti⁴⁴ɕiɔ⁴⁴taʔ²le³³］

格阿日早子，［kəʔ⁵aʔ⁵ɳiɿʔ²tsʌ⁴⁴tsɿ⁰］

天里是龙⁼光火是"刮⁼刮⁼"闪闪，［tʰi⁴⁴liʰzɿ³³loŋ³³kuɔ̃⁴⁴həu⁴⁴zɿ⁰kuaʔ⁵kuaʔ⁵sɛ⁴⁴sɛ⁰］

雷是"啪啪"打打，［le³³zɿ⁰pʰia⁴⁴pʰia⁴⁴tã⁴⁴tã⁴⁴］

介风是风，［ka⁴⁴foŋ⁴⁴zɿ⁰foŋ⁴⁴］

雨是雨啦，［y³²zɿ⁰y²⁴la⁰］

雨是劈竹杆做样啦。［y³²zɿ⁰pʰiaʔ⁵tsoʔ⁵ke⁴⁴tsəu⁴⁴iã⁰la⁰］

介好来，［ka⁴⁴hʌ⁴⁴le⁰］

心豁头，［ɕiŋ⁴⁴hoʔ⁵dæi³³］

织布娘子，［tɕiɿʔ⁵puʰɳiã³³tsɿ⁰］

人莫看见东⁼搭。［ɳiŋ³³maʔ²kʰɛ⁴⁴tɕi⁴⁴toŋ⁴⁴taʔ⁵］

两小人罪⁼罪⁼哭煞要娘。［liã³³ɕiɔ⁴⁴ɳiŋ³³zei³³zeiⁱkʰoʔ⁵saʔ²iɔ⁵⁵ɳiã³³］

介看牛乌顽是头大⁼大⁼，［ka⁴⁴kʰɛ⁴⁴ɳiɣ³³u⁴⁴ueⁱzɿ³³dæi³³da³³da⁰］

人查⁼查⁼，［ɳiŋ³³dza³³dza⁰］

弗晓得咋弄弄弄好啦。［faʔ²ɕiɔ⁴⁴taʔ²dza³²noŋ³³noŋⁱhʌ⁴⁴la⁰］

介辰光啦，［ka⁴⁴dzəŋ³³kuɔ̃⁴⁴la⁰］

一只牛啦会开口讲闲话嘞：［iɿʔ²tsaʔ²ɳiɣ³³laⁱuei³³kʰe⁴⁴kʰæi⁴⁴kɔ̃⁴⁴ɦɛ³³uo³¹laʔ²］

"侬莫难过，［nəu³³maʔ²nɛ³³kəu⁰］

侬搭我个牛角啦驮落来，［nəu³³taʔ²ŋəu²⁴kəu⁰ɳiɣ³³koʔ⁵la⁰dəu³³loʔ²le³³］

变两只箩篮，［pi⁴⁴liã³tsaʔ⁵bu³³lɛ³³］

搭两个小人装上，［taʔ⁵liã³³kəu⁰ɕiɔ⁴⁴ɳiŋ³³tsɔ̃⁴⁴zɔ̃⁰］

介搭可以啦好搭天里啦寻娘去或⁼。"［ka⁴⁴taʔ⁵kʰəu⁴⁴iⁱlaʰʌ⁴⁴taʔ²tʰi⁴⁴liⁱla⁰dʑiŋ³³niã³³tɕʰiⁱ⁴⁴ɦoʔ²］

只看牛乌顽啦真正奇怪煞嘞，［tɕiɿʔ⁵kʰɛ⁴⁴ɳiɣ³³u⁴⁴ueⁱla⁰tɕiŋ⁴⁴tsəŋ⁰dʑi³³kua⁴⁴saʔ²laʔ²］

牛角揞勒地，［ɳiɣ³³koʔ⁵aʔ⁵la⁴⁴laʔ²di³¹］

反正变成两只箾篮东⁼来啦。[fɛ⁴⁴tsən⁴⁴pi⁴⁴dʑiŋ⁰liã³³tsaʔ⁵bu³³lɛ³³toŋ⁴⁴le³³la⁰]

介其搭两小人啦一个介去，[ka⁴⁴dʑi³³taʔ⁵liã³³ɕiɔ⁴⁴n̠iŋ³³la⁰iɪʔ²kəu⁰ka⁴⁴tɕʰi⁰]

搭箾篮放进，[taʔ⁵bu³³lɛ³³fɔ̃⁴⁴tɕiŋ⁴⁴]

用扁担搭来挑起来。[yoŋ³³pi⁴⁴tɛ⁴⁴taʔ⁵le⁰tʰiɔ⁴⁴tɕʰi⁴⁴le³³]

介挑起来个辰光啦，[ka⁴⁴tʰiɔ⁴⁴tɕʰi⁴⁴le³³kəu⁰dzəŋ³³kuɔ̃⁴⁴la⁰]

一蓬风吹过来，[iɪʔ²boŋ³³foŋ⁴⁴tsʰʯ⁴⁴kəu⁴⁴le³³]

介两只箾篮像生翼梢做样，[ka⁴⁴liã³³tsaʔ²bu³³lɛ³³dʑiã³³sã⁴⁴iɪʔ²sʌ⁴⁴tsəu⁴⁴iã̃⁰] 翼梢：翅膀

心豁头飞起来啦。[ɕiŋ⁴⁴hoʔ⁵dæi³³fi⁴⁴tɕʰi⁰le³³la⁰]

格天里云是一朵夷⁼一朵啦，[kəʔ⁵tʰi⁴⁴li⁰yoŋ³³zʅ³³iɪʔ²təu⁴⁴i³³iɪʔ²təu⁴⁴la⁰]

撑撑来撑撑去。[tsʰã̃⁴⁴tsã̃⁰le³³tsʰã̃⁴⁴tsã̃⁰tɕʰi⁴⁴]

格天空上底来嘞飞啦，[kəʔ⁵tʰi⁴⁴kʰoŋ⁴⁴zɔ̃³³ti⁴⁴le³³laʔ²fi⁴⁴la⁰]

来嘞飞辰光啦，[le³³laʔ²fi⁴⁴dzəŋ³³kuɔ̃⁴⁴la⁰]

看看啦，[kʰɛ⁴⁴kʰɛ⁰la⁰]

要得织布娘子追上啦。[iɔ⁴⁴taʔ⁵tɕiɪʔ⁵pu⁰n̠iã³³tsʅ⁰tse⁴⁴zɔ̃³³la⁰]

介好啦，[ka⁴⁴hʌ⁴⁴la⁰]

拨王母娘娘晓得来啦。[paʔ⁵uɔ̃³³m⁰n̠iã³³n̠iã⁰ɕiɔ⁴⁴taʔ⁵le³³la⁰]

介其头上底拔落一枚银钗，[ka⁴⁴dʑi³³dæi³³zɔ̃³³ti⁴⁴baʔ²loʔ²iɪʔ²me³³n̠iŋ³³tsʰa⁴⁴]

"强⁼"得看牛乌顽，[dʑiã³³taʔ²kʰɛ⁴⁴n̠iɣ³³u⁴⁴uɛ³³]

搭织布娘子当中央一划拉。[taʔ²tɕiɪʔ⁵pu⁰n̠iã³³tsʅ⁰tɔ̃⁴⁴tsoŋ⁴⁴n̠iã³³iɪʔ²ɦuaʔ²laʔ⁵]

一晌工夫啦，[iɪʔ²zɔ̃⁰koŋ⁴⁴fu⁰la⁰]

变一埭交关大个河东来啦，[pi⁴⁴iɪʔ²da³¹tɕiɔ⁴⁴kuɛ⁴⁴da³¹kəu⁰ɦəu³³toŋ⁴⁴le³³la⁰] 埭：条

介是望啊望弗到头啦，[ka⁴⁴zʅ⁰mɔ̃³³a⁰mɔ̃³³faʔ²tʌ⁴⁴dæi³³la⁰]

就格么个两个人拨分开动嘞啦。[dʑiɣ³³kəʔ⁵mo⁰kəu⁰liã³³kəu⁴⁴n̠iŋ³³paʔ⁵fəŋ⁴⁴kʰe⁴⁴doŋ³³
　　laʔ²la⁰]

介鸦鹊是看嘞真正罪过煞嘞啦。[ka⁴⁴o⁴⁴tɕʰiaʔ⁵zʅ³³kʰɛ⁴⁴laʔ²tsəŋ⁴⁴tsəŋ⁵³zei³³kəu⁴⁴saʔ²laʔ²
　　la⁰]

介每年农历介七月初七，[ka⁴⁴me³³n̠i³³noŋ³³liɪʔ²kəʔ²tɕiɪʔ⁵yoʔ²tsʰʯ⁴⁴tɕʰiɪʔ⁵]

有交交关关个鸦鹊 [iɣ³³tɕiɔ⁴⁴tɕiɔ⁴⁴kuɛ⁴⁴kuɛ⁴⁴kəʔ²o⁴⁴tɕʰiaʔ⁵]

会飞到河埠头地方去。[uei³³fi⁴⁴tʌ⁴⁴ɦəu³³bu⁰dæi⁰di³¹fɔ̃⁴⁴tɕʰi⁰]

一只咬一只个尾巴，〔iɪʔ²tsaʔ⁵ŋʌ³³iɪʔ²tsaʔ⁵kəʔ²mi³³po⁴⁴〕

像人家咬鱼尾巴地主做样啦，〔dʑiã³³n̮iŋ³³ko⁴⁴ŋʌ³³ŋ³³mi³³po⁴⁴di³¹tsʮ⁴⁴tsəu⁴⁴iã³³la⁰〕

拨搭啦一梗桥。〔paʔ⁵taʔ⁵la⁰iɪʔ²kuã⁴⁴dʑiɔ³³〕

介就是每年看牛乌顽，〔ka⁴⁴dʑiɤ³³zʮ⁰me³³n̮i³³kʰɛ⁴⁴n̮iɤ³³u⁴⁴uɛ³³〕

搭织布娘子是团圆个日脚。〔taʔ⁵tɕiɪʔ⁵pu⁴⁴n̮iã³³tsʮ⁰zʮ³³dø³³y³³kəʔ²n̮iɪʔ²tɕiaʔ⁵〕

　　古时候，有一个小伙子。爹妈都死了，特别可怜。家里只有一头老牛与他相依为命，大家都叫他牛郎。这个小伙子靠老牛耕地为生。

　　其实老牛是天上的金牛星。老牛看中牛郎的勤劳善良，想给他成家。这一天，金牛星知道天上的仙女要到村东头的池子里洗澡，就托梦给牛郎，让牛郎第二天早上去村东头的湖边，等仙女来了之后就把树上的一件衣服拿回家，头也不回地就走回家，这样，就会有一个漂亮的仙女做妻子。

　　第二天早上，牛郎将信将疑地来到山脚下的湖边，看见真有七个仙女在这里洗澡。说时迟那时快，牛郎拿起树上挂着的一件粉红色的衣裳，头也不回地飞奔回家。这件被抢走的衣服是织女的。

　　这一天晚上，织女轻轻地敲开了牛郎家的门。两个人一见倾心，马上成了夫妻。

　　眼睛一眨，时间过得快，三年就过去了。牛郎和织女生了一儿一女，生活过得很惬意。

　　但是，织女暗地下凡的事情被玉皇大帝知道了。这一天电闪雷鸣，雷雨交加。织女突然不见了。两个小孩子哭着要妈妈。牛郎不知该怎么办才好。

　　这个时候，老牛开口讲话了："你不要难过，你把我的牛角拿下来变成两个箩筐，就可以去天上找织女了。"

　　牛郎很奇怪，牛角掉到地上，就变成了两只箩筐。牛郎把小孩子放进箩筐，自己挑起扁担出发了。这个时候，两个箩筐像是有风托着，直接飞了起来。

　　天上的云一朵接一朵。牛郎在天上飞，看着就快追上织女了，这事却被王母娘娘知道了。王母娘娘拔出自己的金钗在牛郎和织女中间一划，没一会儿就变成一条望不到边的天河，把两个人隔开了。

　　喜鹊觉得他俩可怜。每年农历七月初七，很多喜鹊会飞到河上，一只咬着另一只的尾巴，搭了一座鹊桥。

　　这就是每年牛郎和织女团圆的日子。

三、自选条目

谜语

后门口头一只缸，［æi³³məŋ⁰kʰæi⁴⁴dæi⁰iɿʔ²tsaʔ⁵kɔ̃⁴⁴］

团团圈圈生疔疮。［dø³³dø⁰y³³y⁰sã⁴⁴tiŋ⁴⁴tʰsɔ̃⁵³］

——铜鼓［doŋ³³ku⁵³］

爹麻皮，［tia⁴⁴mo³³bi³¹］

娘红脸，［n̢iã³³oŋ³³li³³］

生出儿子白白脸。［sã⁴⁴tsʰoʔ⁵ŋ³³tsɿ⁴⁴baʔ²baʔ²li³³］

——花生［huo⁴⁴səŋ⁵³］

天里一枚针，［tʰi⁴⁴li⁰iɿʔ⁵mei³³tɕiŋ⁴⁴］

笃落无处寻。［toʔ⁵loʔ²m³³tsʰei⁰dʑiŋ³³］笃落：跌落

——雨［y³²⁴］

手驮铁棍，［ɕiɣ⁴⁴dəu³³tʰiɿʔ⁵kuəŋ⁰］

挤进红门，［dʑiɔ²⁴tɕiŋ⁴⁴oŋ³³məŋ³¹］

放出怪精，［fɔ̃⁵³tsʰoʔ²kua⁴⁴tɕiŋ⁴⁴］

天下太平。［tʰi⁴⁴o³¹tʰa⁴⁴biŋ⁰］

——挑刺［tʰiɔ⁴⁴tsʰɿ⁵³］

黑洞洞，［haʔ⁵doŋ³³doŋ³³］

亮洞洞，［liã³²doŋ³³doŋ³³］

十八将军抬弗动。［zoʔ²paʔ⁵tɕiã⁴⁴tɕyoŋ⁴⁴de³³faʔ²doŋ³¹］

——一口井［iɿʔ²kʰæi⁰tɕiŋ⁵⁴⁵］

后门口头一株菜，［æi³³məŋ⁰kʰæi⁴⁴dæi³¹iɿʔ²tsɥ⁴⁴tsʰei⁵³］

落雨落雪会朵开。［loʔ²y³²⁴loʔ²soʔ⁵uei³³təu⁴⁴kʰe⁴⁴］朵开：绽开

——雨伞［y³²sɛ⁴⁴］

小小凉亭四人抬，［ɕiɔ⁴⁴ɕiɔ⁴⁴liã³³diŋ³¹sʅ⁴⁴n̩iŋ⁰de³³］
中间坐个娘子来。［tsoŋ⁴⁴tɕiɛ⁵³zəu³³kəu⁰n̩iã³³tsʅ⁰le³³］
——花轿［huo⁴⁴dʑiɔ³¹］

方方一块田，［fɔ̃⁴⁴fɔ̃⁴⁴iʔ²kʰua⁴⁴di³³］
稻弗种，［dʌ³³faʔ²tsoŋ⁵³］
种蒲荠。［tsoŋ⁵³bu³³dʑi³¹］
——算盘［sø⁵³bø⁰］

（以上 2018 年 8 月，发音人：徐恩琴）

宁　海

一、歌谣

集市谣

东门漓卤溇浆，［toŋ³³məŋ¹³li²¹lu³¹taʔ³tɕiã³⁴］

西门带棒夹枪，［sɿ³³məŋ²¹³ta⁵³bɔ²⁴kəʔ³tɕʰiã³⁴］

南门瓜脯茄菜，［nø²³məŋ⁰ko³bu³¹dʑia²¹tsʰei³⁵］

北门金银宝贝。［poʔ³məŋ²¹³tɕiŋ³³n̠iŋ²¹³pau⁵³pei³³］

地名谣

一善巷，［iəʔ³ʑiɛ²⁴hɔ³¹］

二亩园，［n̠i²³mu⁰yø²¹³］

三隍堂，［se³³uɔ²³dɔ³¹］

四顾坪，［sɿ³³ku³⁵piŋ³¹］

五丰堂，［ŋ³³foŋ³⁴dɔ³¹］

六田岗，［loʔ³die²¹³kɔ³⁵］

七宝村，［tsʰaʔ⁵pau⁵³tsʰəŋ³³］

八角楼，［paʔ³koʔ²liu²¹³］

九顷塘，［tɕiu³³tɕʰiŋ³⁴dɔ³¹］

十里红妆，［ʑyəʔ³li⁰hoŋ²¹tsɔ³⁴］

百亩洋，［paʔ⁵m⁰iã²¹³］

千丈岩，［tɕʰie³³dʑia³¹n̠ie²¹³］

万年桥。［uɛ²²n̠ie²³dʑiau³¹］

大荒一半收

十山九无头，［ʑyəʔ³se³³tɕiu⁵³m⁰diu²¹³］

溪水反弓流，［tsʰŋ³³sɿ⁵³fe⁵³koŋ³³liu³¹］反弓流：逆流

大难弗用忧，［da²²ne³¹fəʔ⁵ioŋ²⁴iu³³］

大荒一半收。［da²²huɔ³³iəʔ³pø³⁵ɕiu³³］

燂址界

十四夜，［ʑyəʔ³sɿ³⁵ia²⁴］

燂址界，［de²³tsɿ⁰ka³⁵］

谷米粟帛燂进里，［koʔ⁵mi³¹soʔ³boʔ³de²¹tsəŋ³⁵li³¹］

腌糟晦气燂出外，［ie³³tsau³⁴hui³¹tsʰŋ³⁵de²¹tɕʰyəʔ⁵a²⁴］

燂燂樟树叶，［de²¹de⁰tsɔ³³ʐɿ²⁴ieʔ³］

财帛帖打帖，［dze²¹boʔ³tʰieʔ⁵ta⁵³tʰieʔ⁵］

燂燂樟树梗，［de²¹de⁰tsɔ³³ʐɿ²⁴kua⁵³］

谷米哗哗响。［koʔ⁵mi³¹hua³³hua³³ɕia⁵³］

（以上 2017 年 6 月，发音人：陈一兵）

二、其他故事

缑城的来历

宁海县城老底子啦，［n̠iŋ²³he⁰ʑyø²²dzəŋ²¹³lau³³ti⁵³tsɿ⁰la⁰］老底子：过去；从前

讴缑城，［au³³kiu³³dʑiŋ⁰］

该名字啦还有一段来历咯。［keʔ³miŋ²³dzɿ⁰la⁰uaʔ³iu⁰iəʔ³dø³³le²²liəʔ³gɔʔ³］

老早介顷啦，［lau³³tsau⁵³ka³³tɕʰiã³³la⁰］

缑城该地方讴广度里。［kiu³³dzəŋ²¹³kəʔ³di³³fɔ³³au³³kuɔ⁵³du⁰li³¹］

人烟冷落，［n̠iŋ²¹ie³³la³¹lɔʔ³］

弯角个猛，［tieu³³kɔʔ⁵gəʔ³ma³¹］

山上格树啊像豆腐桶样介大，［se³³sɔ⁰kəʔ³zʅ²⁴a⁰dʑia²²tiu⁰fu⁰doŋ²⁴ia⁰ka³³dəu²⁴］

山脚下到处刺棚蓬，［se³³tɕiɔʔ⁵ho⁰tau³³tsʰu³⁵tsʰʅ³³ba⁰boŋ²¹³］

无伯＝几份人家，［m²²paʔ⁵tsʅ³³vəŋ⁰n̠iŋ²¹ko³³］

无伯＝几丘好田。［m²²paʔ⁵tsʅ³³tɕʰiu⁰hau⁵³die²¹³］

该一年啦，［keʔ³iəʔ³n̠ie²¹la⁰］

上面派来一个县官，［zɔ²²mie⁰pʰa³³le⁰iəʔ³gəʔ³ʑyø²²kuø³³］

排别寻风水宝地造县城。［ba²²bieʔ³dʑiŋ²¹foŋ³³sʅ³³pau⁵³di²⁴zau³¹ʑyø²²dʑiŋ⁰］

该县官老爷啦带嘞一大班人，［keʔ³ʑyø²²kuø³³lau³¹ia²¹la⁰taʔ³laʔ³iəʔ³dəu²⁴pe³³n̠iŋ²¹³］

起早落晏，［tsʰʅ³³tsau⁵³lɔʔ³e³³］

上高落低啦，［zɔ²²kau³³lɔʔ³ti³³la⁰］

差弗多寻嘞一长年啦，［tsʰo³³fəʔ³təu³³dʑiŋ²¹laʔ³iəʔ³dʑia²¹n̠ie⁰la⁰］

总算寻着，［tsoŋ⁵³sø³⁵ziŋ²¹dʑiaʔ³］

广度里该块风水宝地。［kuɔ⁵³du²²li⁰kəʔ³kʰua³³foŋ³⁴sʅ⁰pau⁵³di²⁴］

县城个城墙望何边打呢？［ʑyø²²dʑiŋ⁰kəʔ³dzəŋ²¹dʑia⁰mɔ²²ha²¹pi³³ta⁵³ne⁰］

大家人鹅一句、［da²²ko³³n̠iŋ²¹³həu²¹iəʔ³ky³］

鸭一句。［aʔ⁵iəʔ³ky³］

县官老爷啦，［ʑyø²²kuø³³lau²¹ia²³la⁰］

也一霎时搭勿落主意。［ia⁰iəʔ³saʔ⁵zʅ⁰kʰəu³³vəʔ³lɔʔ³tsu⁵³i³］

冬至该日，［toŋ³³tsʅ³⁵kəʔ³n̠iəʔ³］

大雪啦像棉花絮一样捺落来，［dəu²ɕiəʔ⁵la⁰dʑia²²mie²¹ho³³ɕi³⁵iəʔ³ia⁰na²²lɔʔ³le⁰］

弗出两个时辰，［fəʔ³tɕʰyəʔ³lia³¹kəʔ³zi²¹dzəŋ²¹³］

广度里格一横，［kuɔ⁵³du²²li⁰kəʔ³iəʔ³ua⁰］

全部变成嘞林海雪原啦。［dʑyø²¹bu⁰pie³⁵dzəŋ²¹laʔ³liŋ²¹he⁰ɕieʔ⁵n̠yø²¹la⁰］

雪积嘞整整有三尺厚啦。［ɕyeʔ³tɕiəʔ³laʔ³tɕiŋ³³tɕiŋ⁰iu²¹se³³tsʰaʔ⁵heu³³la⁰］

昼饭脚根，［tɕiu³³ve³¹tɕiaʔ³kiŋ³⁴］

风啦也歇敖来，［foŋ³³la⁰ia²¹ɕiəʔ⁵au⁰le⁰］

雪啦也停敖来，［ɕiəʔ⁵la⁰ia⁰diŋ²¹au⁰le⁰］

大家人亦来到广度里，［da²²ko³³n̠iŋ²¹³i²le²¹tau⁰kuɔ⁵³du²²li⁰］

划算咋兴装装，［ho²²sø³⁵dza²²ɕiŋ³³tsoŋ³³tsoŋ⁰］

好猛猛崇教寺近横啦，［hau³³ma³³ma⁰dzoŋ²¹kau³³zʅ⁰dʑiŋ³¹ua⁰la⁰］

金光一闪啦，［tɕiŋ³³kuɔ³³iəʔ³ɕi⁵³la⁰］

从天头顶跌落一只猢狲，［dzoŋ²¹tʰie³³diu²¹tiŋ⁵³tiəʔ³lɔʔ³iəʔ³tsaʔ³hu²¹səŋ⁰］

两眼射出金光，［lia³³n̠ie³³zo²²tɕʰyəʔ³tɕiŋ³³kuɔ³³］

向广度里纵来。［ɕiɔ³³kuɔ⁵³du²²li⁰tsoŋ³⁵le⁰］

县官老爷啦连ᵈ接ᵈ趋上去，［zyø²²kuø³³lau³³ia²¹la⁰lie²¹tɕieʔ⁵biəʔ³zɔ³³tɕʰi⁰］

想把渠搭牢。［ɕia⁵³po³³dʑi²¹kʰəu³³lau²¹³］

讲来也怪啦，［kɔ⁵³le²¹ia²²kua³⁵la⁰］

该只猢狲啦见县官趋去，［kəʔ³tsaʔ³hu²¹səŋ³³la⁰tɕi³³zyø²²kuɔ³³biəʔ³tɕʰi⁰］

一点也弗吓，［iəʔ³tie³³ia²²fəʔ³haʔ⁵］

勒ᵈ雪地里纵一记跳一记。［laʔ³ɕiəʔ⁵di²¹li⁰tsoŋ³⁵iəʔ³tsʅ⁰tʰieu³³iəʔ³tsʅ⁰］

县官趋得快一点，［zyø²²kuɔ³⁴biəʔ³təʔ³kʰua³⁵iəʔ³tie⁰］

渠□逃得快一点；［dʑi²¹bei⁰dau²¹təʔ³kʰua³⁵iəʔ³tie⁰］

县官趋得慢一点，［zyø²²kuɔ³⁴biəʔ³təʔ³me²⁴iəʔ³tie⁰］

渠□逃得慢一点。［dʑi²¹bei⁰dau²¹təʔ³me²⁴iəʔ³tie⁰］

反正弗搭尔近身啦，［fe⁵³tɕiŋ⁰fəʔ³taʔ⁵n²¹dʑiŋ³²ɕiŋ³³la⁰］

等县官趋到搭崇寺山脚下，［tiŋ³³zyø²²kuɔ³³biəʔ³tau³³taʔ³dzoŋ²¹zʅ⁰se³³tɕiaʔ⁵ho⁰］

该只猢狲一记隐敖无伯ᵈ见来。［kəʔ³tsaʔ⁵hu²¹səŋ⁰iəʔ³tsʅ⁰iŋ⁵³au⁰m²²paʔ³tɕie³⁵le⁰］

大家人拐转头来排别寻啦，［da²²ko³³n̠iŋ²¹³kua³³tɕyø³³diu²¹le⁰ba²¹biəʔ³dʑiŋ²¹³la⁰］

认着猢狲啦，［n̠iŋ²²dʑiaʔ³hu²¹səŋ³³la⁰］

单刚勒ᵈ雪鳞留落来个脚印，［te³³kɔ³³laʔ³ɕyeʔ⁵ha⁰liu²¹lɔʔ³le²¹kəʔ³tɕiaʔ⁵iŋ³］

扣ᵈ扣ᵈ好是一只大圆圈。［kʰiu³⁵kʰiu⁰hau⁵³zʅ²²iəʔ³tsaʔ³dəu²²yø²¹kʰyø³³］

大家人讲：［da²²ko³³n̠iŋ²¹³kɔ⁵³］

"天降神猴，［tʰie³³kɔ³³ziŋ²¹heu²¹］

顺着圆圈造城，［ziŋ²²dʑiaʔ³yø²¹kʰyø³³zau³¹dʑiŋ²¹³］

□挖ᵈ兴旺发达咯。"［bei²¹uaʔ⁵ɕiŋ³³uɔ³³faʔ⁵daʔ³gɔʔ³］ □挖ᵈ：便会

县官老爷一听蛮有道理，［zyø²²kuø³³lau³³ia²¹iəʔ³tʰiŋ³³me²¹iu³¹dau³¹li⁰］

连ᵈ接ᵈ召集民工造城，［lie²¹tɕieʔ³dʑieu²²dʑiəʔ³miŋ²¹koŋ³⁴zau³¹dʑiŋ²¹³］

无伯ᵈ多少工夫，［m²²paʔ³təu³³ɕieu⁵³koŋ³³fu³⁴］

城墙造好了，［dʑiŋ²¹dʑia⁰zau³¹hau⁵³laʔ³］

从此，［dzoŋ²¹tsʰ̩⁵³］

宁海有嘞自家个县城，［n̠iŋ²¹he⁵³iu²²laʔ³dz̩²²ko³³kəʔ³ʑyø²²dziŋ⁰］

县城个墙脚是猢狲拣咯，［ʑyø²²dziŋ²¹³kəʔ³dzia²¹tɕiaʔ⁵z̩²²hu²¹səŋ³³ke⁵³goʔ³］

照门门讴猴城，［tɕieu³³məŋ²¹məŋ⁰au³³heu²¹dziŋ⁰］

但有人忖忖"猴城"欠好听，［te³³iu³³n̠iŋ²¹tsʰəŋ³³tsʰəŋ⁰heu²¹dziŋ⁰tɕʰie³³hau⁵³tʰiŋ³³］

就拨"猴"字改成"缑"字。［dziu³¹paʔ³heu²¹z̩⁰ke⁵³dziŋ⁰kiu³⁵z̩⁰］

从此，［dzoŋ²¹tsʰ̩⁵³］

宁海县城啦就一直讴缑城。［n̠iŋ²¹he⁵³ʑyø²²dziŋ⁰la⁰dziu²¹iəʔ³dziəʔ³au³³kiu³³dziŋ⁰］

　　宁海县城古时候叫缑城，这名字还有一段来历。古时候缑城这个地方叫广度里，人烟稀少，是一个很偏僻很荒凉的地方，山上的树像豆腐桶那样大，山脚下都是刺丛，没几户人家，没几亩好田。

　　这一年，上面派来一个县官，到处找风水宝地造县城。县官老爷带了一大帮人，起早贪黑，跋山涉水，深一脚浅一脚，差不多找了一整年，总算找到广度里这块风水宝地。县城的城墙往哪边打呢？大家你一句，我一句。县官老爷也一时拿不定主意。冬至这日，大雪像棉絮一样飘下来。不出两个时辰，广度里这一带全部变成了林海雪原。雪积了整整三尺厚。快吃午饭的时候，风也歇了，雪也停下来了。大家来到广度里，商量怎么做。大概在靠近崇教寺的地方，金光一闪，从天上掉下来一只猴子，两眼射出金光，向广度里跳来。

　　县官老爷正要侧身向前，想把它抓住。说来也怪，这只猴子见县官靠近，一点也没被吓到，在雪地里跳来跳去。县官追得快点，它就逃得快点；县官追得慢点，它就逃得慢点，反正不让他近身。等县官追到崇寺山脚下，猴子连影子也看不见了。大家转头来到处找，循着猴子刚刚踩雪留下来的脚印，刚刚好是一个大圆圈。大家说："天降神猴，顺着圆圈造城，肯定能兴旺发达。"

　　县官老爷一听蛮有道理，连忙召集人们造城，没多少工夫，城墙造好了。从此，宁海有了自己的县城。县城的墙脚是猴子挑的，本来叫猴城，但有人想想"猴城"不好听，就把"猴"字改成"缑"字。从此，宁海县城就一直叫缑城。

（2017 年 6 月，发音人：陈一兵）

三、自选条目

（一）俗语

宁死当官爹，[ȵiŋ²¹sɿ⁵³tɔ³³kuø³³tia³³]
难死讨饭娘。[ne²¹sɿ⁵³tʰau³³ve²⁴ȵia²¹³]

娘忖儿，[ȵia²¹tsʰəŋ⁵³ŋ²¹³]
路样长；[lu³¹ia³¹dʑia²¹³]
儿忖娘，[ŋ²¹tsʰəŋ⁵³ȵia²¹³]
箸样长。[dzʮ²²ia³¹dʑia²¹³]_{娘想儿，路般绵长；儿想娘，筷子一般长}

日里打相打，[ȵiəʔ³li⁰ta⁵³ɕia³³ta⁵³]_{打相打：打架}
夜里摸脚梗。[ia²²li⁰moʔ³tɕiaʔ⁵kua⁵³]_{（夫妻）白天吵架拌嘴，晚上却亲密地摸脚跟}

七拣八拣，[tsʰaʔ⁵ke⁵³paʔ⁵ke⁵³]
拣个十八（白）眼。[ke⁵³kəu⁰zyəʔ³baʔ³ȵie³¹]

三两蝤蛑四两缚。[se³³lia³¹iu²¹m⁰sɿ³⁵lia³¹bu²⁴]_{蝤蛑：青蟹}

十里豆腐廿里酒，[zyəʔ³li⁰diu²²fu⁵³ȵie²²li⁰tɕiu⁵³]
一碗米面搭门口。[iəʔ⁵uø³⁵mi²²mie²⁴taʔ⁵məŋ²¹kʰiu⁵³]

有吃无吃三间朝南屋。[iu³¹tɕʰioʔ⁵m²¹tɕʰioʔ⁵se³³ke³³dʑiau²¹nø²³oʔ⁵]

东乡大湖谷，[toŋ³³ɕia³⁴da²²u²¹koʔ⁵]
西乡黄坛屋。[sɿ³³ɕia³⁴uɔ²¹de²¹oʔ⁵]

买田要买东角洋，[ma³¹die²¹³iau³ma³¹toŋ³³koʔ⁵ia²¹³]
许囡要许冠庄洋。[ɕy³³nø³¹iau³³ɕy⁵³kuø³³tsɔ⁵³ia³¹]_{许囡：嫁女儿}

一礼还一礼，［iəʔ³li⁵³uɛ²¹iəʔ³li⁵³］

麻糍还糯米。［ma²¹dʐ̩⁰uɛ²¹nəu²²mi³¹］

六月尽，［loʔ³n̠iɔʔ³dzəŋ³¹］

七月半，［tsʰaʔ³n̠iɔʔ³pø³⁵］

八月十六好觢算。［paʔ⁵n̠iɔʔ³ʑyəʔ³loʔ³hɔ⁵³vəŋ²⁴sø³⁵］指农历六月底到八月中秋这段时间宁海易起大
　　风发大水，告诫后人要防范

暴剃头碰着老臊胡。［bau²¹tʰi³³diu¹³pʰuŋ⁴⁴dʑiaʔ³lau²¹sau³³vu⁰¹］暴：初次。老臊胡：络腮胡

吃弗穷，［tɕʰyoʔ⁵fəʔ²gyoŋ⁰］

着弗穷，［tɕiaʔ⁵fəʔ²gyoŋ⁰］

划算弗好一世穷。［hɔ¹³sø⁰fəʔ²hau⁰iəʔ²sɿ³⁵gyoŋ¹¹］吃不穷，穿不穷，计划不好一辈子穷

砻糠搓绳起头难，［loŋ¹³kʰɔŋ⁴⁴tsʰəu³³dʑiŋ⁰tsʰɿ⁴⁴diu⁰ne⁰］用米糠搓绳开头很难

暴时讨饭怕挈篮。［pʰau³³zɿ⁰tʰau⁵³vɛ¹³pʰo⁴⁴tɕʰiəʔ²lɛ¹³］刚开始去要饭怕提篮

（以上 2017 年 6 月，发音人：陈一兵）

象　山

一、歌谣

抬轿落石浦

阿龙哥，［aʔ⁵loŋ³¹ku⁴⁴］

命生苦，［miŋ¹³sã⁴⁴kʰu⁴⁴］

抬轿落石浦，［dei³¹dʑio³¹loʔ²zaʔ²pʰu⁴⁴］

冷饭吊屁股，［lã³¹vɛ³¹tio⁵³pʰi⁵³ku⁴⁴］

抬到岭头滑一跤，［dei³¹tɔ⁰liŋ³¹dɤu³¹uaʔ²ieʔ⁵kɔ⁴⁴］

屁股倒嘞漆墨乌。［pʰi⁵³ku⁴⁴tɔ⁵³laʔ²tsʰaʔ⁵maʔ²u⁴⁴］

柴八剑花白嘎嘎

柴八剑花白嘎嘎，［za³¹paʔ⁵tɕi⁵³huo⁴⁴baʔ²ga¹³ga¹³］ 柴八剑花：杜鹃花

乡下老女搭大蟹，［ɕiõ⁴⁴o¹³lɔ¹³n̠y¹³kʰo⁴⁴dəu¹³ha⁴⁴］

大蟹进，［dəu³¹ha⁴⁴tsəŋ⁵³］

小蟹出，［ɕio⁴⁴ha⁴⁴tsʰoʔ⁵］

搭嘞大蟹搭小蟹。［kʰo⁵³laʔ²dəu³¹ha⁴⁴kʰo⁵³ɕio⁴⁴ha⁴⁴］

牵锯郎

牵锯郎，［tɕʰi⁴⁴ki⁴⁴lɔ̃¹³］

嘎锯郎，〔ga¹³ki⁴⁴lɔ̃⁰〕

脚跟部，〔tɕieʔ⁵kəŋ⁴⁴bu¹³〕

放蛋汤，〔fɔ̃⁵³dɛ³¹tʰɔ̃⁴⁴〕

请请庎橱郎，〔tɕʰiŋ⁴⁴tɕʰiŋ⁴⁴ka⁴⁴dʐʮ¹³lɔ̃¹³〕 庎橱：食橱；碗柜

庎橱后背一个小和尚。〔ka⁴⁴dʐʮ¹³ɤu¹³pei⁵³ieʔ⁵kəu⁰ɕio⁴⁴ɤu¹³zɔ̃⁰〕

貂蝉囡

貂蝉囡，〔tio⁴⁴zø¹³nɛ¹³〕

抬来抬起无人要，〔dei¹³lei¹³dei¹³tɕʰi⁵³m¹³n̩iŋ¹³io⁵³〕

抬到外婆家，〔dei¹³tɔ⁰ŋa¹³bəu¹³ko³⁵〕

外婆屋里摘枇杷，〔ŋa¹³bəu¹³oʔ⁵li⁰tseʔ⁵bi¹³bo¹³〕

枇杷脑头一梗蛇，〔bi¹³bo¹³nɔ¹³dɤu¹³ieʔ⁵kuã⁴⁴zo³¹〕

撮来的外婆当柴烧。〔tsʰaʔ⁵lei¹³tieʔ⁵ŋa¹³bəu¹³tɔ̃⁴⁴za³¹ɕio⁴⁴〕

（以上 2019 年 7 月，发音人：汤伍美）

二、其他故事

象山的来历

阿拉咪，〔aʔ²laʔ²lei⁰〕

统是象山人，〔tʰoŋ⁴⁴z̩⁰dʑiã¹³sɛ⁴⁴n̩iŋ¹³〕

格尔拉晓得“象山”个只名字，〔kaʔ⁵n³¹laʔ²ɕio⁴⁴taʔ⁵dʑiã¹³sɛ⁴⁴geʔ²tsaʔ⁵miŋ¹³dz̩⁰〕

是何里来个哦？〔z̩¹³aʔ²li⁰lei¹³geʔ²va⁰〕 何里：哪里

其实啊，〔dʑi³¹zoʔ²va⁰〕

该里面来有一个故事个啦，〔geʔ²li⁰mi⁰lei¹³iu¹³ieʔ²geʔ²ku⁴⁴z̩⁰geʔ²la⁴⁴〕

发⸗对⸗发⸗对⸗早个辰光啦，〔faʔ⁵tei⁴⁴faʔ⁵tei⁴⁴tsɔ⁴⁴geʔ²dzoŋ¹³kuɔ̃⁴⁴la⁰〕

天上啦有一头大白象个，〔tʰi⁴⁴zɔ̃¹³la⁰iu¹³ieʔ⁵dəu¹³dɤu¹³baʔ²dʑiã¹³geʔ²〕

是玉皇大帝个坐骑，〔z̩¹³n̩yoʔ²uɔ̃¹³da³¹ti⁴⁴geʔ²zəu³¹tɕi⁰〕

该大白象啦，〔geʔ²dəu¹³baʔ²dʑiã¹³la⁰〕

总是想到凡间去走一走，〔tsoŋ⁴⁴z̩⁰ɕiã⁴⁴tɔ⁴⁴vɛ¹³kɛ⁴⁴tɕʰi⁴⁴tsɤu⁴⁴ieʔ²tsɤu⁴⁴〕

只是啦，［tɕieʔ⁵z̩⁰laʔ⁰］

天有天规，［tʰi⁴⁴iu¹³tʰi⁴⁴kuei⁴⁴］

弗能私自下凡个。［faʔ⁵nəŋ¹³s̩⁴⁴dz̩⁰¹³o¹³vɛ¹³geʔ²］

该一日啦，［geʔ²ieʔ⁵n̠ieʔ²laʔ⁰］

该大白象在南天门口吃草，［geʔ²dəu¹³baʔ²dʑiã¹³dzei³¹nei³¹tʰi⁴⁴məŋ³¹kʰɤu⁴⁴tɕʰyoʔ⁵tsʰɔ⁴⁴］

看到守门个金刚来勒打瞌睏，［kʰi⁴⁴tɔ⁰ɕiu⁴⁴məŋ¹³geʔ²tɕiŋ⁴⁴kõ⁴⁴lei³¹laʔ²tã⁴⁴kʰaʔ⁵tsʰoŋ⁴⁴］

就偷偷个逃出南天门，［dʑiu¹³tʰɤu⁴⁴tʰɤu⁴⁴geʔ²dɔ¹³tsʰoʔ⁵nei³¹tʰi⁴⁴məŋ³¹］

向下面看嘚一眼，［ɕiã⁴⁴o¹³mi⁰kʰi⁴⁴laʔ²ieʔ⁵ŋɛ⁰］

刚好看到啦，［kõ⁴⁴hɔ⁴⁴kʰi⁴⁴tɔ⁰laʔ⁰］

大海边上有一个，［da³¹hei⁴⁴pi⁴⁴zõ¹³iu¹³ieʔ⁵geʔ²］

发⁼对⁼好看个小岛啦。［faʔ⁵tei⁴⁴hɔ⁴⁴kʰi⁴⁴geʔ²ɕio⁴⁴tɔ⁴⁴laʔ⁰］

渠就忖嘚：［dʑi¹³dʑiu³¹tsʰəŋ⁴⁴laʔ²］

凡间还有介好个乌⁼岁⁼啊，［vɛ¹³kɛ⁴⁴uaʔ²iu⁰ka⁴⁴hɔ⁴⁴geʔ²u⁴⁴sei⁴⁴a⁰］乌⁼岁⁼：地方

我要是能去看一看就好啰，［ŋəu³¹io¹³z̩⁰nəŋ³¹kʰiɛ⁴⁴kʰi⁴⁴ieʔ⁵kʰi⁴⁴dʑiu¹³hɔ⁴⁴lo⁰］

介貌就心动嘚，［ka⁵³mɔ⁴⁴dʑiu³¹ɕiŋ⁴⁴doŋ³¹laʔ²］

也弗管啥个天条嘚啦，［a³¹faʔ⁵ku⁴⁴saʔ⁵geʔ²tʰi⁴⁴dio³¹laʔ²laʔ⁰］

摇身一变，［io³¹səŋ⁴⁴ieʔ⁵pi⁵³］

变成嘚一个小后生，［pi⁵³dzəŋ¹³laʔ²ieʔ⁵geʔ²ɕio⁴⁴ɤu¹³sã⁴⁴］

驾起祥云啦，［tɕia⁵³tɕʰi⁰dʑiã³¹yoŋ³¹laʔ⁰］

一记工夫，［ieʔ⁵tɕi⁵³koŋ⁴⁴fu⁴⁴］

就到个个小岛上面去嘚啦，［dʑiu³¹tɔ⁵³geʔ²geʔ²ɕio⁴⁴tɔ⁴⁴zõ¹³mi⁰kʰiɛ⁴⁴laʔ²laʔ⁰］

岛上面庵嘚一个老头，［tɔ⁵³zõ¹³mi⁰dəŋ¹³laʔ²ieʔ⁵geʔ²lɔ¹³dɤu¹³］

看见该个小后生弗认得，［kʰi⁴⁴tɕi⁰geʔ²geʔ²ɕio⁴⁴ɤu¹³sã⁴⁴faʔ⁵n̠iŋ³¹taʔ⁵］

就上去问嘚：［dʑiu¹³zõ¹³kʰiɛ⁰məŋ¹³laʔ²］

"小后生，［ɕio⁴⁴ɤu¹³sã⁴⁴］

尔是从何里来个啦？［n¹³z̩⁰dzoŋ³¹aʔ²li⁰lei³¹geʔ²la⁰］

叫啥个名字啦？"［tɕio⁴⁴səu⁴⁴geʔ²miŋ¹³dz̩⁰la⁴⁴］

该大白象脑筋一动，［geʔ²dəu¹³baʔ²dʑiã¹³nɔ³¹tɕiŋ⁴⁴ieʔ⁵doŋ¹³］

就回答嘚：［dʑiu³¹uei³¹taʔ⁵leʔ²］

"我叫阿祥，［ŋəu¹³tɕio⁴⁴aʔ²ziã¹³］

搭海里向来搭鱼啦，［taʔ⁵hei⁴⁴li⁰ɕiã⁴⁴lei³¹kʰo⁴⁴ŋ¹³laʔ⁰］

搭大风刮到来的咧。"［taʔ⁵dəu¹³foŋ⁴⁴kuaʔ⁵tɔ⁴⁴lei³¹tieʔ⁵lieʔ²］

老头看渠衣裳穿嘞贼么破个啦，［lɔ³¹dɤu¹³kʰi⁴⁴dʑi³¹i⁴⁴zɔ̃⁰tsʰø⁴⁴laʔ²zaʔ²mɔ⁰pʰəu⁵³geʔ²laº］

就讲嘞：［dʑiu³¹kɔ̃⁴⁴laʔ²］

"噢，［o³¹］

介尔庵到阿拉屋里向来好嘞，［ka⁴⁴n¹³dəŋ¹³tɔ⁴⁴aʔ²laʔ²oʔ⁵liºɕiã⁴⁴leiºhɔ⁴⁴laʔ²］

阿拉屋向只有两老头个啦，［aʔ²laʔ²oʔ⁵ɕiã⁴⁴tɕieʔ⁵iuºliã¹³lɔ³¹dɤu³¹geʔ²laº］

发‗对‗个冷清唻。"［faʔ⁵tei⁴⁴geʔ²lã¹³tɕʰiŋ⁴⁴leiº］

阿祥听个高兴死嘞［aʔ²ʑiã¹³tʰiŋ⁴⁴geʔ²kɔ⁴⁴ɕiŋ⁴⁴sʅ⁴⁴laʔ²］

来弗及讲，［lei¹³faʔ⁵dʑieʔ⁵kɔ̃⁴⁴］

介我就做尔呢儿子好嘞，［ka⁴⁴ŋəu¹³dʑiu¹³tsəu⁴⁴n¹³n̩iº n¹³tsʅºhɔ⁴⁴laʔ²］

老头看看蛮喜欢嘞，［lɔ¹³dɤuºkʰi⁴⁴kʰi⁴⁴mɛ³¹ɕi⁴⁴huø⁴⁴laʔ²］

听听也蛮喜欢嘞，［tʰiŋ⁴⁴tʰiŋ⁴⁴ieʔ²mɛ³¹ɕi⁴⁴huø⁴⁴laʔ²］

就把个阿祥带嘞回屋里向来嘞。［dʑiu³¹poºgeʔ²aʔ²ʑiã¹³tei⁴⁴laʔ²uei³¹oʔ⁵liºɕiã⁴⁴lei¹³laʔ²］

天上一日，［tʰi⁴⁴zɔ̃ºieʔ⁵n̩ieʔ²］

该地上是一年唻，［geʔ²di¹³zɔ̃ºzʅ¹³ieʔ⁵n̩i³¹leiº］

该大白象在凡间啦，［geʔ²dəu¹³baʔ²dʑiã¹³dzei³¹vɛ³¹tɕi⁴⁴laº］

过嘞一年半唻。［ku⁴⁴laʔ²ieʔ⁵n̩iºpø⁵³leiº］

大白象私自落凡个事情，［dəu¹³baʔ²dʑiã¹³sʅ⁴⁴dzʅºloʔ²vɛ³¹geʔ²zʅ¹³dziŋº］

搭玉皇大帝晓得嘞，［taʔ⁵n̩yoʔ²uɔ̃¹³da¹³ti⁴⁴ɕioⁿtaʔ⁵laʔ²］

该玉皇大帝是龙颜大怒啦，［geʔ²n̩yoʔ²uɔ̃¹³da³¹ti⁴⁴zʅºloŋ³¹n̩iɛ³¹da¹³nu³¹laº］

当忙下命令，［tɔ̃⁴⁴mɔ̃¹³o¹³miŋ¹³liŋ¹³］

叫天将把大白象搭转去。［tɕio⁴⁴tʰi⁴⁴tɕiã⁴⁴po⁴⁴dəu¹³baʔ²dʑiã¹³kʰo⁴⁴tsø⁴⁴tɕʰiº］

有一日麦‗介‗啦，［iu¹³ieʔ⁵n̩ieʔ²maʔ²ka⁴⁴laº］

阿祥刚刚搭完鱼，［aʔ²ʑiã³¹kɔ̃⁴⁴kɔ̃⁴⁴kʰoⁿuɔ̃ⁿŋ³¹］

打算回到屋里向。［tã⁴⁴søºuei¹³tɔºoʔ⁵li³¹ɕiãº］

突然啦，［tʰoʔ⁵zø³¹laº］

天空是响雷啊，［tʰi⁴⁴kʰoŋ⁴⁴zʅºɕiã⁴⁴lei³¹aº］

闪电啊，［sɛ⁴⁴di³¹aº］

天是像要塌落来一样啦，［tʰi⁴⁴zʅºiã¹³io¹³tʰaʔ⁵loʔ²lei³¹ieʔ⁵iã³¹laº］

阿祥当忙晓得弗好嘞，［aʔ²ʑiã³¹tɔ̃⁴⁴mɔ̃¹³ɕio⁴⁴taʔ⁵faʔ⁵hɔ⁴⁴laʔ²］

来弗及逃到屋里向，［lei³¹faʔ⁵dʑieʔ²dɔ³¹tɔ⁴⁴oʔ⁵li¹³ɕiã⁴⁴］

两老看渠慌慌张张个趤进来哦，〔liã¹³lɔ¹³kʰi⁴⁴dʑi⁰huɔ̃⁴⁴huɔ̃⁴⁴tɕiã⁴⁴tɕiã⁴⁴geʔ²dio¹³tɕiŋ⁴⁴
　　lei³¹va⁰〕

问渠出嘞啥事情啦。〔məŋ¹³dʑi³¹tsʰoʔ⁵laʔ²səu⁴⁴z̩¹³dʑiŋ⁰la⁰〕

阿祥眼泪汪汪，〔aʔ²ʑiã³¹ŋɛ¹³li⁰uɔ̃⁴⁴uɔ̃⁴⁴〕

弗讲闲话嘞，〔faʔ⁵kɔ̃⁴⁴ɛ³¹uo¹³laʔ²〕

就个辰光，〔dʑiu³¹geʔ²dzoŋ³¹kuɔ̃⁴⁴〕

天将已经到嘞屋外啦，〔tʰi⁴⁴tɕiã⁴⁴i⁴⁴tɕiŋ⁴⁴tɔ⁴⁴laʔ²oʔ⁵ŋa³¹la⁰〕

两老是滴吓勒昏脚过去啦，〔liã¹³lɔ¹³z̩⁰tieʔ⁵haʔ²laʔ²huəŋ⁴⁴tɕieʔ⁵ku⁴⁴tɕʰi⁴⁴la⁰〕

该大白象是趤趤趤，〔geʔ²dəu¹³baʔ²dʑiã³¹z̩⁰dio³¹dio³¹dio³¹〕

趤到海边头啦，〔dio³¹tɔ⁰hei⁴⁴pi⁴⁴dɤu³¹la⁰〕

回头看嘞看两个亲人啦，〔uei³¹dɤu³¹kʰi⁴⁴laʔ²kʰi⁴⁴liã¹³geʔ²tɕʰiŋ⁴⁴n̩iŋ³¹la⁰〕

叹嘞口气啦，〔tʰɛ⁴⁴laʔ²kʰɤu⁴⁴tɕʰi⁴⁴la⁰〕

纵身一跳啦，〔tsoŋ⁴⁴səŋ⁴⁴ieʔ⁵tʰio⁴⁴la⁰〕

嘭！〔pʰoŋ⁴⁴〕

跳脚到在海洋去啦。〔tʰio⁴⁴tɕieʔ⁵tɔ⁰dzei³¹hei⁴⁴iã³¹tɕʰi⁴⁴la⁰〕

只听到"轰隆隆"个一声响，〔tɕieʔ⁵tʰiŋ⁴⁴tɔ⁰hoŋ⁴⁴loŋ³¹loŋ³¹geʔ²ieʔ⁵səŋ⁴⁴ɕiã⁴⁴〕

海面上面升起嘞一座山啦，〔hei⁴⁴mi³¹zɔ̃¹³mi⁰səŋ⁴⁴tɕʰi⁴⁴laʔ²ieʔ⁵zəu⁰sɛ⁴⁴la⁰〕

把大陆跟小岛哦，〔po⁴⁴da³¹loʔ²kəŋ⁴⁴ɕio⁴⁴tɔ⁴⁴va⁰〕

紧紧个连嘞一道唻，〔tɕiŋ⁴⁴tɕiŋ⁴⁴geʔ²li³¹laʔ²ieʔ⁵dɔ¹³lei⁰〕

形成嘞一个半岛。〔ʑiŋ³¹dzəŋ³¹laʔ²ieʔ⁵geʔ²pø⁵³tɔ⁴⁴〕

该个地方就是介⁼界⁼阿拉庵个地方，〔geʔ²geʔ²di¹³fɔ̃⁴⁴dʑiu³¹z̩⁰ka⁴⁴kɑ⁴⁴aʔ²laʔ²dəŋ¹³geʔ²
　　di¹³fɔ̃⁴⁴〕

叫"象山"。〔tɕio⁴⁴dʑiã¹³sɛ⁴⁴〕

所以讲嘞"象山"个名字啦，〔so⁴⁴i⁰kɔ̃⁴⁴laʔ²dʑiã¹³sɛ⁴⁴geʔ²miŋ³¹z̩¹³la⁰〕

就是介貌来个。〔dʑiu³¹z̩⁰ka⁴⁴mɔ⁴⁴lei³¹geʔ²〕

　　我们都是象山人。你们知道"象山"的名称是从哪里来的吗？其实啊，这里面还有一个故事呢。很久以前，天上有一头大白象，它是玉皇大帝的坐骑。这个大白象呢，总是想到凡间去走一走，只是天有天规，不能私自下凡。

　　这一天，大白象在南天门口吃草，看到守门的金刚在打瞌睡，就偷偷逃出南天门，它向凡间看了一眼，刚好看到大海边上有一个非常好看的小岛。它就想：

凡间还有这么好的地方啊，我要是能去看一看就好了。大白象就心动了，也不管什么天条了，摇身一变，变成了一个小后生，驾起祥云，一会儿工夫就到这个小岛上面去了。小岛上面住了一个老头，老头看见这个不认识的小后生，就上去问："小后生，你从哪里来？叫什么名字？"大白象灵机一动就回答："我叫阿祥，我在海上打鱼，被大风刮到这里来的。"

老头看他衣裳穿得很破，就说："噢，那你住到我家里来好了。我家只有老夫妻两个，非常冷清。"阿祥听了非常高兴，急忙说："那我就做你儿子好不好？"老头挺喜欢他的，也喜欢听他说话，就把阿祥带到家里来了。

天上一日，地下是一年，大白象在凡间生活了一年半，它私自下凡的事情就让玉皇大帝知道了。玉皇大帝龙颜大怒，立刻下命令，让天兵天将把大白象抓回来。有一天傍晚，阿祥刚刚打完鱼，打算回家。突然，天上电闪雷鸣，天就像要塌下来一样。阿祥立刻就知道不好了，急忙跑到家里。老夫妻俩看他慌慌张张地走进来，问他出什么事了。阿祥眼泪汪汪，说出了实情。

这个时候，天兵天将已经到家门外了。老夫妻俩吓得昏了过去。这个大白象走到海边，回头看了看两个亲人，叹了口气，纵身一跃。嘭！就跳到在海里去了。只听到"轰隆隆"一声响，海面上升起一座山，把大陆跟小岛紧紧连在了一起，形成了一个半岛。这个地方就是现在我们住的地方，叫"象山"。"象山"的名字就是这么来的。

（2019 年 7 月，发音人：汤伍美）

三、自选条目

（一）谚语

上床夫妻，[zɔ̃¹³dzɔ̃³¹fu⁴⁴tɕʰi⁵³]
落床军师。[loʔ²dzɔ̃³¹tɕyoŋ⁴⁴sʅ⁴⁴]

打勒头，[tã⁴⁴laʔ²dɤu¹³]
摸勒脚。[moʔ²laʔ²tɕieʔ⁵]

贪吃落夜，[tʰei⁴⁴tɕʰyoʔ⁵loʔ²ia¹³]

贪小失大。［tʰei⁴⁴ɕio⁴⁴soʔ⁵da¹³］

人有良心，［n̠iŋ³¹iu³¹liã³¹ɕiŋ⁴⁴］
狗弗吃涴。［kɤu⁴⁴faʔ⁵tɕʰyoʔ⁵u⁴⁴］涴：屎

人心难料，［n̠iŋ³¹ɕiŋ⁴⁴nei³¹lio¹³］
鸭肫难剥。［aʔ⁵tsoŋ⁴⁴nei³¹poʔ⁵］鸭肫：鸭胃

生死个性，［sã⁴⁴sʅ⁴⁴geʔ²ɕiŋ⁵³］
钉好个秤。［tiŋ⁵³hɔ⁴⁴geʔ²tɕʰiŋ⁵³］

黄泥打墙，［uɔ̃¹³n̠i³¹tã⁴⁴iã³¹］
两面光生。［liã³¹mi³¹kuɔ̃⁴⁴sã⁴⁴］

（以上 2019 年 7 月，发音人：倪赛娟）

（二）谜语

一道三寸长，［ieʔ⁵dɔ¹³sã⁴⁴tsʰəŋ⁴⁴dʑiã¹³］
磨出豆腐浆，［məu¹³tsʰoʔ⁵dɤu¹³vu⁰tɕiã⁴⁴］
呢咕呢咕响，［n̠i¹³ku⁰n̠i¹³ku⁰ɕiã⁴⁴］
擦得锃刮亮。［tsʰaʔ⁵taʔ⁵dzã¹³kuaʔ⁵liã¹³］
——牙膏［ŋo¹³kɔ³⁵］

稀奇稀奇真稀奇，［ɕi⁴⁴dʑi³¹ɕi⁴⁴dʑi³¹tsoŋ⁴⁴ɕi⁴⁴dʑi³¹］
三样果子无白皮。［sã⁴⁴iã¹³ku⁴⁴tsʅ⁰m̩¹³baʔ²bi³¹］无白：没有
——杨梅、桑子、苗［iã¹³mei¹³、sɔ̃⁴⁴tsʅ⁰、mio¹³］苗：覆盆子

日里窸窸窣窣，［n̠ieʔ²li⁰ɕieʔ⁵ɕieʔ²soʔ⁵］
夜里隑门角。［ia¹³li⁰gei¹³məŋ¹³koʔ⁵］隑：斜靠
——扫帚［sɔ⁵³tɕiu⁰］

做谜猜做谜猜，［tsəu⁴⁴mi¹³tsʰei⁵³tsəu⁴⁴mi¹³tsʰei⁵³］

一口咬去红血腿。［ie˞ʔ⁵kʰɤu⁴⁴ŋɔ¹³tɕʰi⁰oŋ¹³ɕyoʔ⁵tʰei⁵³］

——桃子［dɔ¹³tsʅ³⁵］

剪刀剪刀，［tɕi⁴⁴tɔ⁴⁴tɕi⁴⁴tɔ⁴⁴］

麻皮阿嫂。［mo³¹bi³¹aʔ⁵sɔ³⁵］

——底针［ti⁴⁴tsoŋ⁴⁴］

小小一个人，［ɕio⁴⁴ɕio⁴⁴ieʔ⁵kəu⁰n̩iŋ¹³］

屁股拖梗绳，［pʰi⁵³ku⁴⁴tʰəu⁴⁴kuã⁴⁴iŋ³¹］

钻出又钻进，［tsø⁴⁴tsʰoʔ⁵ieʔ²tsø⁴⁴tsoŋ⁵³］

认认亮晶晶。［n̩iŋ¹³n̩iŋ¹³liã¹³tɕiŋ⁴⁴tɕiŋ³⁵］

——针［tsoŋ⁴⁴］

无白＝手无白＝脚，［m¹³baʔ²ɕiu⁴⁴m¹³baʔ²tɕieʔ⁵］

走路算渠快。［tsɤu⁴⁴lu¹³sø⁴⁴dʑi¹³kʰua⁵³］

——鱼［ŋ³¹］

称称无斤两，［tɕʰiŋ⁴⁴tɕʰiŋ⁴⁴m¹³tɕiŋ⁴⁴liã³¹］

跌落嘭声响。［tieʔ⁵loʔ²boŋ¹³ɕiŋ⁴⁴ɕiã³⁵］

——屁［pʰi⁵³］

（以上 2019 年 7 月，发音人：倪赛娟）

普　陀

一、歌谣

正月人客多又多

正月人客多又多，[tɕiŋ³³yoʔ⁵n̩iŋ³³kʰeʔ⁵təu⁵³y¹¹təu⁵³]

摸出钞票买苹果。[moʔ²tsʰoʔ⁵tsʰɔ⁵³pʰiɔ⁰ma³³biŋ³³kəu⁴⁵]

苹果糊齐齐，[biŋ³³kəu⁴⁵u¹¹dʑi⁵⁵dʑi⁰] 糊齐齐：口感绵绵的

能使买蒲荠。[nɐŋ²⁴s̩³³ma³³bu³³dʑi⁵³] 能使：宁愿。蒲荠：荸荠

蒲荠扁炸炸，[bu³³dʑi⁵³pi⁵³tsoʔ⁰tsoʔ⁰] 扁炸炸：扁扁的样子

能使买甘蔗。[nɐŋ²⁴s̩³³ma³³ki³³tso⁴⁵]

甘蔗节带节，[ki³³tso⁴⁵tɕiɛʔ⁵ta³³tɕiɛʔ⁵]

能使买广橘。[nɐŋ²⁴s̩³³ma³³kuɔ̃³³tɕɣoʔ⁵]

广橘亨带亨，[kuɔ̃³³tɕɣoʔ⁵xã³³ta⁵³xã⁰] 亨带亨：一瓣连着一瓣

能使买金孟。[nɐŋ²⁴s̩³³ma³³tɕiŋ³³mã⁵³] 金孟：石榴

金孟嵌牙齿，[tɕiŋ³³mã⁵³kʰɛ³³ŋo³³tsʰ̩⁴⁵]

能使买桃子。[nɐŋ²⁴s̩³³ma³³dɔ³³ts̩⁴⁵]

桃子半边红，[dɔ³³ts̩⁴⁵pø⁵⁵piʔoŋ²⁴]

能使买吊红。[nɐŋ²⁴s̩³³ma³³ti⁵⁵oŋ⁵⁵] 吊红：柿子

吊红大舌头，[ti⁵⁵oŋ⁵⁵dəu¹¹iɛʔ⁵deu⁰]

能使买梨头。[nɐŋ²⁴s̩³³ma³³li³³deu⁵³]

梨头一根柄，[li³³deu⁵³iɛʔ⁵kɐŋ³³piŋ⁵⁵]

能使买老苍。［nɐŋ²⁴sʅ³³ma³³lɔ²³lɐŋ⁵⁵］

老苍像元宝，［lɔ²³lɐŋ³³iã³³n̠y³³pɔ⁴⁵］

吃了运道好，［tɕʰyoʔ⁵leʔ⁰ioŋ¹¹dɔ⁵⁵xɔ³³］_{运道：运气}

年年岁岁岁岁年年财神到。［n̠i³³n̠i⁵³sæi⁵³sæi⁵³sæi⁵³sæi⁰n̠i³³n̠i⁵³dzɛ³³zoŋ⁵³tɔ⁵⁵］

（2015 年 8 月，发音人：徐正泰）

二、规定故事

牛郎和织女

古时候啊，［ku⁵³zʅ⁰eu⁰a⁰］

有一个后生小弯⁼，［ieu²³iɛʔ⁰koʔ⁰eu²³sɐŋ⁵⁵ɕiɔ⁵⁵uɛ⁵⁵］_{小弯：小男孩}

渠个阿爹阿娘统死踏⁼了，［dʑi²⁴kɐʔⁿʔ³tia⁵³ɐʔ³n̠iã²⁴tʰoŋ³³ɕi⁵³tʰɐʔ⁰leʔ⁰］_{死踏⁼：死掉}

孤苦伶仃，［ku³³kʰu⁵³liŋ³³tiŋ⁵³］

交关伤心，［tɕiɛʔ³kuɐʔ⁵sɔ̃³³ɕiŋ⁵³］_{交关：十分}

屋里向呢只有一条老牛，［uoʔ⁵⁵li⁵⁵ɕiã⁰na⁰tɕiɛʔ⁵ieu³³iɛʔ³diɔ³³lɔ²³ŋeu⁵⁵］_{屋里向：家里}

所以大家统讴渠牛郎。［səu⁵³i³³da¹¹koo⁵⁵tʰoŋ⁵³æi³³dʑi²⁴ŋeu³³lɔ̃⁵³］_{讴：叫；称}

牛郎啊靠老牛耕地为生，［ŋeu³³lɔ̃⁵³a⁰kʰɔ⁵³lɔ²³ŋeu⁵⁵kã³³di²⁴uæi³³sɐŋ⁵³］

搭老牛呢相依为命。［tɐʔ⁵lɔ²³ŋeu⁵⁵n̠i⁰ɕiã³³i⁵³uæi³³miŋ¹³］_{搭：跟}

讲起该条老牛啊，［kɔ̃³³tɕʰi⁴⁵kɐʔ⁵diɔ³³lɔ²³ŋeu⁵⁵a⁰］_{格：这}

其实渠是天里个金牛星，［dʑi³³zoʔ⁵dʑi²⁴zʅ³³tʰi⁵³li⁰koʔ⁰tɕiŋ³³ŋeu²⁴ɕiŋ⁵³］

渠特别喜欢牛郎勤劳善良，［dʑi²⁴dɐʔ²biɛʔ⁵ɕi⁵³xuø⁰ŋeu³³lɔ̃⁵³dʑiŋ³³lɔ⁴⁵zø²³liã⁰］

所以呢想帮助渠呢抬个老浓⁼成个家。［səu⁵³i⁰n̠i⁰ɕiã³³pɔ̃³³dzʅ⁴⁵dʑi³³nɛ⁰dɛ³³koʔ⁰lɔ²³
n̠ioŋ⁰dʑiŋ³³kɐʔ⁰ko⁵³］_{抬：娶。老浓⁼：妻子}

有一日啊，［ieu²³iɛʔ⁰n̠iɛʔ⁰a⁰］

金牛星得知天里个仙女们要到村东边山脚下个河里去净人去啦。［tɕiŋ³³ŋeu⁴⁵ɕiŋ⁵³
tɐʔ⁵tsʅ⁰tʰi⁵³li⁰koʔ⁰ɕi³³n̠y⁵³mɐŋ⁰ɕiɔ³³tɔ³³tsʰɐŋ⁵⁵toŋ³³pi⁵³sɛ³³tɕiɛʔ⁵o⁰kɐʔ⁰əu²⁴li⁰tɕʰi⁵⁵dʑiã³³
n̠iŋ⁴⁵tɕʰi⁰la⁰］_{净人：洗澡}

渠就托梦拨牛郎，［dʑi²⁴dʑieu³³tʰoʔ³moŋ¹³pɐʔ⁵ŋeu³³lɔ̃⁵³］_{拨：给}

要渠第二日天亮到河边头去，［iɔ⁵⁵dʑi³³di³³n̩i⁵⁵n̩iɛʔ⁵tʰiɛʔ⁵liã⁰tɔ⁵⁵əu²⁴pi⁵⁵deu⁵⁵tɕʰi⁰］

趁仙女们净人个辰光呢，［tɕʰiŋ⁵³ɕi³³n̩y⁵³meŋ⁰dʑiã³³n̩iŋ⁴⁵kɔʔ⁰zoŋ³³kuɔ̃⁵³n̩i⁰］ 辰光：时候

拨挂在树上个一件衣裳头驮来，［pɐʔ⁵kɔ⁵⁵dzɛ⁰zʅ¹¹zɔ̃⁵⁵kɐʔ⁰iɛʔ⁵dʑi⁰iʔ³³zɔ̃⁵³deu⁰dəu²⁴lɛ⁰］

　　　驮：拿

头也不回个奔回屋里向，［deu²⁴ɐʔ²pɐʔ⁵uæi²⁴kɔʔ⁰pɐŋ³³uæi³³uoʔ⁵li⁰ɕiã⁰］

格样子啊，［kɐʔ⁵iã⁰tsʅ⁰aʔ⁰］

渠就会得到一位漂亮个仙女当老婆。［dʑi²⁴dʑieu³³uæi³³tɐʔ⁵tɔ⁰iɛʔ⁵uæi⁰pʰiɔ⁵³liã⁰kɔʔ⁰ɕi³³
n̩y⁵³tɔ̃³³lɔ²³bəu⁰］

该日早上啦，［kɐʔ⁵n̩iɛʔ⁰tsɔ⁵³zɔ̃³³lɐʔ⁰］

牛郎半信半疑个来到了山脚下啦，［ŋeu³³lɔ̃⁵³pø⁵⁵ɕiŋ³³pø⁵⁵n̩i³³kɔʔ⁰lɛ²⁴tɔ⁰lɐʔ⁰sɛ³³tɕyoʔ⁵
　　o²³lɐʔ⁰］

朦朦胧胧之中啦，［moŋ²⁴moŋ⁰loŋ³³loŋ⁰tsʅ³³tsoŋ⁵³lɐʔ⁰］

渠果然看见了七个交关好看个仙女在河里谈话啦，［dʑi²⁴kɐu⁵⁵n̩y⁰kʰi³³tɕi⁵⁵lɐʔ⁰tɕʰiɛʔ⁵
　　kɔʔ⁰tɕiɛʔ⁵kuɐʔ⁵xɔ⁵³kʰi⁰kɔʔ⁰ɕi³³n̩y⁵³dzɛ³³əu²⁴li⁰dɛ³³əu⁴⁵lɐʔ⁰］

净人啦，［dʑiã³³n̩iŋ⁴⁵lɐʔ⁰］

渠立刻驮起树上一件粉红色衣裳啦，［dʑi²⁴liɛʔ²kʰɐʔ⁵dəu²⁴tɕʰi⁰zʅ³³zɔ̃³³iɛʔ⁵dʑi³³fɐŋ⁵⁵oŋ⁵⁵
　　sɐʔ⁰iʔ³³zɔ̃⁵³lɐʔ⁰］

飞一样地奔了屋里来。［fi⁵³iɛʔ⁵iã⁰tɐʔ⁰pɐŋ³³lɐʔ⁰uoʔ⁵li⁰lɛ²⁴］

那么跌＝个被抢走衣裳个仙女呢就是织女。［nɐʔ⁵mɐʔ⁰tiɛʔ⁵kɔʔ⁰bæi²³tɕʰiã⁵³tseu⁰iʔ³³zɔ̃⁵³
　　kɐʔ⁰ɕi³³n̩y⁵³n̩i⁰dʑieu²⁴zʅ³³tɕiɛʔ⁵n̩y⁰］ 跌＝：那

当日夜里啊，［tɔ̃⁵⁵n̩iɛʔ⁰ia¹¹li⁵⁵ia⁰］

织女轻轻关＝个敲开啦牛郎屋里个门，［tɕiɛʔ⁵n̩y⁰tɕʰiŋ³³tɕʰiŋ⁴⁵kuɐ⁵⁵kɔʔ⁰kʰɔ³³kʰɛ⁴⁵lɐʔ⁰
　　ŋeu³³lɔ̃⁵³uoʔ⁵li⁰kɐʔ⁰mɐŋ²⁴］

从此啊两人就做了一对恩爱夫妻。［dzoŋ³³tsʰʅ⁵³aʔ⁰liã²³n̩iŋ⁰dʑieu²³tsəu³³lɐʔ⁰iɛʔ⁵tæi⁰ɐŋ³³
　　ɛ⁴⁵fu³³tɕʰi⁵³］

眼睛一霎，［ŋɛ²³tɕiŋ⁰iɛʔ³sɐʔ⁵］

日子过了交关快啦，［n̩iɛʔ²tsʅ⁵⁵kəu⁵³lɐʔ⁰tɕiɛʔ³kuɐʔ⁵kʰua³³lɐʔ⁰］

一转眼三年过去了，［iɛʔ⁵tsø⁵³ŋɛ²³sɛ³³n̩i⁴⁵kəu⁵⁵tɕʰi⁰lɐʔ⁰］

牛郎和织女呢生了一个小弯＝、［ŋeu³³lɔ̃⁵³əu³³tɕiɛʔ⁵n̩y⁰n̩i⁰sɐŋ³³lɐʔ⁰iɛʔ⁵kɔʔ⁰ɕiɔ⁵⁵uɛ⁵⁵］

一个小娘两个小人，［iɛʔ⁵kɔʔ⁰ɕiɔ⁵⁵n̩iã⁵⁵liã²³kɔʔ⁰ɕiɔ³³n̩iŋ³³］

一家人呢日脚过了蛮开心。［iɛʔ³koⁿⁿin²⁴n̥iⁿnˌiɛʔ²tɕiɛʔ⁵kəu³³lɐʔ⁰mɛ⁵⁵kʰɛ³³ɕiŋ⁵³ ］

但是啊，［dɛʔ³³z̩³³aⁿ ］

织女私自下凡个格体事体啊，［tɕɕiɛʔ⁵n̥yⁿs̩³³dz̩⁴⁵ɕia⁵³vɛ²⁴koʔ⁰kɐʔ⁵tʰiˈs³z̩¹¹tʰiˈs⁵⁵aⁿ ］事体：事情

拨玉皇大帝晓得了，［pɐʔ⁵n̥yoʔ²uɔ̃⁵⁵da¹¹tiˈs⁵ɕiɔ⁵³tɐʔ⁰lɐʔ⁰ ］拨：被

玉皇大帝是气煞啦。［n̥yoʔ²uɔ̃⁵⁵da¹¹tiˈs⁵z̩³³tɕʰiˈs⁵⁵sɐʔ⁰lɐʔ⁰ ］

话讲有一日啦，［uo¹³kɔ̃⁰ieu²³iɛʔ⁰n̥iɛʔ⁰lɐʔ⁰ ］

天里是电闪雷鸣，［tʰiˈs³liⁿz̩³³di¹³sø⁵³læi²⁴miŋ²⁴ ］

刮起了大风，［kuɐʔ⁵tɕʰiⁿlɐʔ⁰dəu¹¹foŋ⁵⁵ ］

落起了大雨啦，［loʔ²tɕʰiˈs³lɐʔ⁰dəu¹¹y⁵⁵lɐʔ⁰ ］

突然之间喔织女寻弗着了，［dɐʔ²n̥y⁵⁵ts̩³³tɕiⁿuo³³tɕiɛʔ⁵n̥yⁿiŋ²⁴fɐʔ⁵zoʔ⁰lɐʔ⁰ ］

格两个小人是哭着要阿娘啦，［kɐʔ⁵liã²³koʔ⁰ɕiɔ³³n̥iŋ⁴⁵z̩³³kʰoʔ⁵dzoʔ⁰iɔ³³ɐʔ³n̥iã⁴⁵lɐʔ⁰ ］

牛郎呢也急得无没办法啦。［ŋeu³³lɔ̃⁵³n̥iⁿia²³tɕiɛʔ⁵tɐʔ⁰m⁵⁵mɐʔ⁰bɛ¹¹fɐʔ⁵lɐʔ⁰ ］

跌＝个辰光啊，［tiɛʔ⁵koʔ⁰zoŋ³³kuɔ̃⁵³aⁿ ］

奇迹出现了，［dʑi³³tɕiɛʔ⁵tsʰoʔ⁵iⁿlɐʔ⁰ ］

咋啦？［tsʰɐʔ⁵laⁿ ］

该头老牛喔突然开口讲闲话啦。［kɐʔ⁵deuⁿlɔ²³ŋeu⁵⁵uo³³dɐʔ²zø⁵⁵kʰɛ³³kʰeu⁴⁵kɔ̃⁵³ɛ³³uo⁴⁵
　　lɐʔ⁰ ］讲闲话：说话

老牛讲：［lɔ²³ŋeu⁵⁵kɔ̃³³ ］

"莫难熬，［moʔ⁵nɛ³³ŋɔ⁵³ ］难熬：难过

侬拨我个角驮落来，［noŋ²⁴pɐʔ⁵ŋuo³³koʔ⁰kɐʔ⁵dəu²⁴loʔ⁵lɛⁿ ］拨：把

变成两只箩，［pi⁵⁵dʑiŋ³³liã²³tsɐʔ⁵ləu²⁴ ］

拨两个小人呢装上去，［pɐʔ⁵liã²³koʔ⁰ɕiɔ⁵⁵n̥iŋ⁵⁵n̥iⁿtsɔ̃³³zɔ̃⁴⁵tɕʰiⁿ ］

就可以上天宫里去找织女啦。"［dʑieu²³kʰəu³³iⁿzɔ̃²³tʰiˈs³kɔ̃⁵³liⁿtɕʰiˈs³tsɔ³³tɕiɛʔ⁵n̥yⁿlɐʔ⁰ ］

牛郎奇怪煞啦，［ŋeu³³lɔ̃⁵³dʑi³³kua⁴⁵sɐʔ⁰lɐʔ⁰ ］

正奇怪个辰光啊，［tɕiŋ⁵⁵dʑi³³kua⁴⁵koʔ⁰zoŋ³³kuɔ̃⁵³aⁿ ］

只听得"啪嗒"一声啦，［ts̩⁵³tʰiŋ³³tɐʔ⁰pʰɐʔ⁵tɐʔ⁵iɛʔ⁵ɕiŋⁿlɐʔ⁰ ］

牛角啊督＝落地上里啦，［ŋeu³³koʔ⁵aⁿtoʔ⁵loʔ⁵di¹¹iã⁵⁵liⁿlɐʔ⁰ ］督＝：掉

真话变成了两只箩啦。［tsoŋ⁵⁵uoⁿpi⁵⁵dʑiŋ⁰lɐʔ⁰liã²³tsɐʔ⁰ləu²⁴lɐʔ⁰ ］真话：真的

格牛郎拨两个小人放进箩里，［kɐʔ⁵ŋeu³³lɔ̃⁵³pɐʔ⁵liã²³koʔ⁰ɕiɔ⁵⁵n̥iŋ⁵⁵fɔ̃⁵⁵tɕiŋ⁵⁵ləu²⁴liⁿ ］

用扁担挑起来，［ioŋ³³pi⁵³tɐʔ⁰tʰiɔ³³tɕʰi⁴⁵lɛⁿ ］

只觉得一阵清风吹过啦，［ts̩⁵³tɕyoʔ²tɐʔ⁰iɛʔ³dʑiŋ⁵⁵tɕʰiŋ³³foŋ⁵³tsʰ̩³³kəu⁵³lɐʔ⁰ ］

笋呢像长了翼梢一样，［ləu²⁴n̠i⁰iã³³dʑiã³³leʔ⁰ieʔ²soʔ⁵ieʔ³iã¹³ ］翼梢：翅膀

突然飞了起来啦，［dɐʔ²zø⁵⁵fi³³leʔ⁵tɕʰi⁰leʔ⁰ ］

腾云驾雾个朝天里飞去啦。［dɐŋ³³ioŋ⁴⁵tɕia⁵³u¹³ko⁰dʑiɔ³³tʰi⁵³li⁰fi⁵³tɕʰi⁰leʔ⁰ ］

飞呀飞呀，［fi⁵³ia³³fi⁵³ia⁰ ］

眼看就要追上织女啦，［ŋɛ²³kʰi⁰dʑieu²³iɔ³³tsæi³³zõ⁴⁵tɕieʔ⁵n̠y⁰leʔ⁰ ］

弗好啦，［feʔ⁵xɔ³³leʔ⁰ ］

咋啦？［tsʰɐʔ⁵leʔ⁰ ］

被王母娘娘发现啦。［bæi³³uõ³³meu⁴⁵n̠iã³³n̠iã³³feʔ⁵i⁰leʔ⁰ ］

王母娘娘心想：［uõ³³meu⁴⁵n̠iã³³n̠iã³³ɕiŋ⁵³ɕiã³³ ］

"织女呀织女，［tɕieʔ⁵n̠y⁰ia³³tɕieʔ⁵n̠y⁰ ］

侬触犯天规，［noŋ²⁴tsʰoʔ⁵veʔ⁰tʰi³³kuæi⁵³ ］

我要弄眼颜色拨侬看看。"［ŋuo²³iɔ³³noŋ¹³ŋɛ⁰ŋɛ³³seʔ⁵peʔ⁵noŋ³³kʰi⁵³kʰi⁰ ］

于是啊，［y³³zɿ⁰a⁰ ］

渠拔落头里个一枚金钗啦，［dʑi²⁴bɐʔ²loʔ⁵deu²⁴li⁰koʔ⁰ieʔ³mæi¹³tɕiŋ³³tsʰa⁵³leʔ⁰ ］

在牛郎和织女当中央央啦，［dzɛ³³ŋeu³³lõ⁵³ɦu³³tɕieʔ⁵n̠y⁰tõ³³tsoŋ⁵³n̠iã³³n̠iã³³leʔ⁰ ］

"刺嘎"一划啦，［la²³kɐʔ⁰ieʔ³uɐʔ²leʔ⁰ ］

格牛郎和织女当中中央央话，［kɐʔ⁵ŋeu³³lõ⁵³ɦu³³tɕieʔ⁵n̠y⁰tõ³³tsoŋ³³tsoŋ³³n̠iã³³n̠iã³³uo⁰ ］

立刻出现了一条波涛滚滚个天河啦，［lieʔ²kʰɐʔ⁵tsʰoʔ⁵i⁰leʔ⁰ieʔ³diɔ⁰pəu³³tʰɔ⁵³kuɐŋ⁵³
　　kuɐŋ⁰koʔ⁰tʰi³³əu⁵³leʔ⁰ ］

宽是多少宽。［kʰuø⁵³zɿ³³təu³³ɕiɔ⁴⁵kʰuø⁵³ ］

就格么介啦，［dʑieu²³kɐʔ⁵moʔ⁰ka⁰leʔ⁰ ］介：样

活生生个拨两小口隔开啦！［uɐʔ²sɐŋ⁵³sɐŋ⁰koʔ⁰peʔ⁵liã²³ɕiɔ³³kʰeu⁵³kɐʔ⁵kʰɐ⁰leʔ⁰ ］

格桩事体啊传到了喜鹊个耳朵里，［kɐʔ⁵tsõ³³zɿ¹¹tʰi⁵⁵a⁰dzø²⁴tɔ⁰leʔ⁰ɕi³³tɕʰyoʔ⁵koʔ⁰n̠i²³təu⁰
　　li⁰ ］

喜鹊呢交关同情牛郎和织女。［ɕi³³tɕʰyoʔ⁵n̠i⁰tɕieʔ³kuɐʔ⁵doŋ³³dʑiŋ⁵³ŋeu³³lõ⁵³ɦu³³tɕieʔ⁵n̠y⁰ ］

每年农历个七月初七啦，［mæi²³n̠i⁰noŋ³³lieʔ⁵koʔ⁰tɕʰieʔ⁵n̠yoʔ⁰tsʰu³³tɕʰieʔ⁵leʔ⁰ ］

成千上万只个喜鹊统飞到天河上来啦，［dʑiŋ³³tɕʰi⁵⁵zõ³³vɛ⁴⁵tsɐʔ⁵koʔ⁰ɕi³³tɕʰyoʔ⁵tʰoŋ⁵³
　　fi³³tɔ⁵⁵tʰi³³əu⁵³zõ⁰leʔ⁰ ］

一只咬着另一只个尾巴，［ieʔ³tsɐʔ⁵ŋɔ³³dzoʔ⁰liŋ¹¹ieʔ⁵tsɐʔ⁰koʔ⁰mi²³po⁵⁵ ］

搭起了一座长长个鹊桥，［tɐʔ⁵tɕʰi⁰leʔ⁰ieʔ⁵zɐu⁰dʑiã³³dʑiã⁵³kɐʔ⁰tɕʰieʔ⁵dʑiɔ⁰ ］

拨牛郎和织女团聚，［pɐʔ⁵ŋeu³³lɔ̃⁵³əu³³tɕiɛʔ⁵n̠y⁰dø³³zɿ⁵³］

让渠拉两个人讲一讲分别一年个知心闲话。［n̠iã³³dziɛʔ²lɛʔ⁵liã²³koʔ⁰n̠iŋ⁵⁵kɔ̃³³iɛʔ⁵kɔ̃³³

　　feŋ³³biɛʔ⁵iɛʔ³n̠i⁴⁵koʔ⁰tsɿ⁵³ɕiŋ⁵³ɛ³³uo⁴⁵］

　　古时候，有一个小伙子，父母都去世了，孤苦伶仃，家里只有一头老牛，大家都叫他牛郎。牛郎靠老牛耕地为生，与老牛相依为命。说起这头老牛，他其实是天上的金牛星，他喜欢勤劳善良的牛郎，所以想帮牛郎成个家。

　　有一天，金牛星得知天上的仙女们要到村东边山脚下的河里洗澡。他就托梦给牛郎，要他第二天早晨到河边去，趁仙女们洗澡的时候取走一件仙女挂在树上的衣裳，然后头也不回地跑回家。这样他就会得到一位美丽的仙女做妻子。

　　这天早晨，牛郎半信半疑地到了山脚下，在朦胧之中，果然看见七个美女在河中戏水，他立即拿起树上的一件粉红衣裳，飞快地跑回家。这个被抢走衣裳的仙女就是织女。当天夜里，她轻轻敲开牛郎家的门，两人从此就做了恩爱夫妻。

　　一转眼三年过去了，牛郎和织女生了一男一女两个孩子，一家人过得很开心。但是，织女私自下凡的事情被玉皇大帝知道了，玉皇大帝很生气。有一天，天上电闪雷鸣，刮起大风，下起大雨，织女突然不见了。两个孩子哭着要妈妈，牛郎急得不知如何是好。

　　这时，奇迹出现了，怎么啦？那头老牛突然开口说话了。老牛说："别难过，你把我的角拿下来，变成两只箩筐，装上两个孩子就可以上天宫去找织女了。"牛郎正觉得奇怪时，只听牛角"啪嗒"一声掉到了地上，真的变成了两只箩筐。牛郎把两个孩子放进箩筐里，用扁担挑起来，只觉得一阵清风吹过，箩筐像长了翅膀，突然飞了起来，腾云驾雾地向天宫飞去。

　　飞啊飞啊，眼看就要追上织女了。不好了！怎么啦？被王母娘娘发现了。王母娘娘想："织女啊织女，你触犯了天规，我一定要给你点颜色看看。"她拔下头上的一枝金钗，在牛郎和织女中间用力一划，一条波涛滚滚的天河立刻出现，宽得望不到对岸，把小两口隔开了！

　　这件事情传到了喜鹊的耳朵里，喜鹊非常同情牛郎和织女。每年农历七月初七，成千上万只喜鹊飞到天河上，一只衔着另一只的尾巴，搭起一座长长的鹊桥，让牛郎和织女团聚，让他们说一说分别一年的知心话。

（2015 年 8 月，发音人：徐正泰）

三、自选条目

（一）谚语

三月清明鱼如宝，［sɛ⁵³yoʔ⁰tɕʰiŋ³³miŋ⁵³ŋ²⁴zʮ³³pɔ⁴⁵］
两月清明鱼如草。［liã²³yoʔ⁰tɕʰiŋ³³miŋ⁵³ŋ²⁴zʮ³³tsʰɔ⁴⁵］

春雪弗离山头，［tsʰoŋ³³soʔ⁵feʔ³li⁴⁵sɛ³³deu⁵³］
黄鱼弗离滩头。［uɔ̃³³ŋ⁵³feʔ³li³³tʰɛ⁵⁵deu⁰］

三月三，［sɛ⁵³yoʔ⁰sɛ⁵³］
泥螺爬上滩。［ȵi³³ləu⁵³bo³³zɔ̃³³tʰɛ⁵³］

正月十三鲻鱼会，［tɕiŋ³³yoʔ⁵zeʔ²sɛ⁵⁵læi³³ŋ⁵⁵uæi¹³］
日里弗会夜里会。［ȵieʔ²³li⁰feʔ³uæi⁵⁵ia¹¹li⁵⁵uæi¹³］

月光白茫茫，［yoʔ²kɔ̃⁵⁵beʔ²mɔ̃⁴⁵mɔ̃⁰］
带鱼会上网。［ta⁵⁵ŋ⁰uæi¹¹zɔ̃¹¹mɔ̃²³］

六月蟹瘦叽叽，［loʔ²yoʔ⁵xa⁴⁵seu⁵⁵tɕiɛʔ⁵tɕiɛʔ⁵］
十月蟹壮咕咕。［zeʔ²yoʔ⁵xa⁴⁵tsɔ̃⁵⁵ku⁵⁵ku⁵⁵］

带鱼吃肚皮，［ta⁵⁵ŋ⁰tɕʰyoʔ⁵dəu²³bi⁰］
说话讲道理。［seʔ⁵uo⁰kɔ̃⁴⁵dɔ²³li⁰］

黄鱼吃唇，［uɔ̃³³ŋ⁵³tɕʰyoʔ³i²⁴］
鲻鱼吃鳞，［læi³³ŋ⁵⁵tɕʰyoʔ³liŋ²⁴］
鮸鱼吃脑髓，［miɛ²⁴ŋ⁵³tɕʰyoʔ³nɔ²⁴ɕi⁰］
带鱼吃肚皮。［ta⁵⁵ŋ⁰tɕʰyoʔ³dəu²³bi⁰］

弗吃鱼虾嘴弗腥，［ fɐʔ⁵tɕʰyoʔ⁵ŋ³³xo⁴⁵tsʅ⁴⁵fɐʔ³ɕiŋ⁵³ ］

弗做坏事心弗惊。［ fɐʔ⁵tsəu⁵⁵ua¹¹zʅ⁴⁵ɕiŋ⁵⁵fɐʔ³tɕiŋ⁵³ ］

大狗爬墙，［ dəu¹¹keu⁵⁵bo³³iã²⁴ ］

小狗看样。［ ɕiɔ⁵⁵keu⁵⁵kʰi³³iã¹³ ］

小人洋皮皮，［ ɕiɔ⁵⁵n̠iŋ⁵⁵iã³³bi⁵⁵bi⁰ ］_{洋皮皮：调皮}

大人弗欢喜。［ dəu¹¹n̠iŋ⁵⁵fɐʔ³xuø⁵³ɕi⁰ ］

囡要奶足，［ nø²⁴iɔ³³na²³tsoʔ⁵ ］

田要肥足。［ di²⁴iɔ³³vi²⁴tsoʔ⁵ ］

海争一口水，［ xɛ⁴⁵tsã⁵³iɛʔ³kʰeu³³sʅ⁴⁵ ］

土争一寸泥，［ tʰu⁴⁵tsã⁵³iɛʔ³tsʰɐŋ⁵⁵n̠i²⁴ ］

人争一口气。［ zoŋ²⁴tsʰã⁵³iɛʔ³kʰeu³³tɕʰi⁵⁵ ］

心急吃弗来热粥。［ ɕiŋ⁵³tɕiɛʔ⁵tɕʰyoʔ⁵fɐʔ⁰lɛ³³n̠iɛʔ²tsoʔ⁵ ］

立秋晴，［ liɛʔ²tɕʰieu⁵³dʑiŋ²⁴ ］

一秋晴，［ iɛʔ³tɕʰieu⁵³dʑiŋ²⁴ ］

重阳大雨一冬冰。［ dzoŋ²⁴iã⁰da¹¹y⁵³iɛʔ³toŋ⁵³piŋ⁵³ ］

海水分路，［ xɛ⁵⁵sʅ⁰foŋ³³lu¹³ ］

弗是风就是雨。［ fɐʔ³zʅ³³foŋ⁵³dʑieu²³zʅ³³y²³ ］

冬雪是个宝，［ toŋ³³soʔ⁵zʅ²³koʔ⁰pɔ⁴⁵ ］

春雪是根草。［ toŋ³³soʔ⁵zʅ²³kɐŋ³³tsʰɔ⁴⁵ ］

早雷弗过午，［ tsɔ⁵³læi⁰fɐʔ³kəu⁵⁵u²³ ］

夜雷十日雨。［ ia¹¹læi⁵³zɐʔ²n̠iɛʔ⁵y²³ ］

（以上 2018 年 12 月，发音人：周海儿）

（二）歇后语

咸鱼放酱油——好省［ε³³ŋ⁵³fɔ³³tɕiã⁵⁵ieu⁰——xɔ³³sã⁴⁵］

一网打尽天下鱼——空想［iεʔ³mɔ̃⁵³tã⁵³tɕiŋ⁰tʰi³³o⁵⁵ŋ²⁴——kʰoŋ⁵³ɕiã⁰］

大海洋里捞针——寻弗着［dəu¹¹xε⁵⁵iã⁰li⁰lɔ³³tɕiŋ⁵³——iŋ³³fɐʔ⁵dzoʔ⁰］

拼命吃河豚——犯弗着［pʰiŋ³³miŋ⁴⁵tɕʰyoʔ³əu³³dɐŋ⁵³——vε²³fɐʔ⁰dzoʔ⁰］

网里梭蟹——动弗了［mɔ̃²³li⁰so³³xa⁴⁵——doŋ²³fɐʔ⁰liɔ⁰］梭蟹：梭子蟹

机帆船摇橹——多此一举［tɕi⁵⁵vε⁵⁵zø⁵⁵iɔ³³lu²³——təu³³tsʰ̩⁵³iεʔ³tɕy⁵³］

石板凳掼乌龟——硬碰硬［zɐʔ²pε⁵⁵tɐŋ⁵⁵guε³³u³³tɕy⁵³——ŋã¹¹pʰã⁵⁵ŋã⁰］掼：摔

毛蟹爬毛竹——滑上滑落［mɔ³³xa⁴⁵bo³³mɔ³³tsoʔ⁵——uɐʔ²zɔ̃²³uɐʔ²loʔ⁰］

乌贼肚肠河豚肝——又黑又毒［u³³zɐʔ⁵du⁵⁵dziã⁵⁵əu³³dɐŋ⁵⁵ki⁵³——ieu⁵⁵xɐʔ³ieu⁵⁵doʔ²³］

海蜇虾当眼——依赖［xε⁵⁵tsoʔ⁰xo⁴⁵tɔ̃³³ŋε²³——i⁵⁵lε⁰］

（以上 2018 年 12 月，发音人：周海儿）

（三）曲艺

滔滔东海浪打浪，［tʰɔ tʰɔ toŋ xɛ lɔ̃ ta lɔ̃］

机帆马达渔歌唱哟，［tɕi vɛ mo dɐʔ y kəu tsʰɔ̃ iɔ］

杨格杨柳青哟嗬；［iã kɐʔ iã lieu tɕʰiŋ iɔ xɔ］ 杨柳青：曲牌名

齐心协力，［dʑi³³ɕiŋ⁵³iɛʔ²liɛʔ⁵］

多多撒网；［təu⁵³təu⁵³sa³³mɔ̃⁴⁵］

虾公鱼婆，［xo³³koŋ⁵³ŋ³³bəu⁵³］

统统进仓。［tʰoŋ⁵³tʰoŋ⁵³tɕiŋ³³tsʰɔ̃⁵³］

哎嘿哎嘿哟；［ɛ xɛ ɛ xɛ iɔ］

渔民兄弟心花放，［y miŋ ɕioŋ di ɕiŋ xo fɔ̃］

渔家阿妹在后方，［y tɕia ɐʔ mæi dzɛ eu fɔ̃］

飞梭走线织渔网哟，［fi səu tseu ɕi tɕiɛʔ y mɔ̃ iɔ］

杨格杨柳青哟嗬；［iã kɐʔ iã lieu tɕʰiŋ iɔ xɔ］

一尺一尺，［iɛʔ³tsʰɐʔ⁵iɛʔ³tsʰɐʔ⁵］

一丈一丈；［iɛʔ³dʑiã²³iɛʔ³dʑiã²³］

织出丰收，［tɕiɛʔ⁵tsʰoʔ⁰foŋ³³ɕieu⁴⁵］

迎来春光。［n̠iŋ²⁴lɛ⁰tsʰoŋ³³kɔ̃⁵³］

哎嘿哎嘿哟，［ɛ xɛ ɛ xɛ iɔ］

网长情长幸福长啊……［mɔ̃ dʑiã dʑiŋ dʑiã iŋ foʔ dʑiã a……］

（2015 年 8 月，发音人：徐正泰）

定　海

一、歌谣

阿囡要啥人抱

阿囡哎，［ɐʔ⁴nø⁴⁴ɐi⁰］阿囡：宝宝

侬要啥人抱？［noŋ²³io³³sʌu⁴⁴n̩iŋ⁰bɔ²³］

我要阿娘抱，［ŋo²³io³³a⁴⁴n̩iã⁴⁴bɔ²³］"阿"受歌谣节奏影响由促变舒，下同

阿娘腰骨伛弗倒；［a⁴⁴n̩iã⁴⁴io³³kuɐʔ²ɐiʔ⁴ɐi⁴⁴fɐʔ⁰tɔ⁰］腰骨：腰背。伛：弯

阿囡哎，［ɐʔ⁴nø⁴⁴ɐi⁰］

侬要啥人抱？［noŋ²³io³³sʌu⁴⁴n̩iŋ⁰bɔ²³］

我要阿爷抱，［ŋo²³io³³a⁴⁴ia⁰bɔ²³］

阿爷胡须捋捋睏晏觉；［a⁴⁴ia⁰ŋo³³su⁵²lɐʔ⁰lɐʔ²kʰuɐŋ³³ɛ⁴⁴kɔ⁰］睏晏觉：睡觉

阿囡哎，［ɐʔ⁴nø⁴⁴ɐi⁰］

侬要啥人抱？［noŋ²³io³³sʌu⁴⁴n̩iŋ⁰bɔ²³］

我要阿姆抱，［ŋo²³io³³a⁴⁴m⁰bɔ²³］

阿姆搭囡囡做袄袄；［a⁴⁴m⁰tɐʔ²nø²³nø⁴⁴tsʌu³³ɔ³³ɔ⁴⁵］搭：给、替

阿囡哎，［ɐʔ⁴nø⁴⁴ɐi⁰］

侬要啥人抱？［noŋ²³io³³sʌu⁴⁴n̩iŋ⁰bɔ²³］

我要阿爹抱，［ŋo²³io³³a⁴⁴tia⁰bɔ²³］

阿爹出门赚元宝；［a⁴⁴tia⁰tsʰoʔ²mɐŋ⁴⁵dzɛ³³n̩y³³pɔ⁴⁵］

阿囡哎，［ɐʔ⁴nø⁴⁴ɐi⁰］

侬要啥人抱？〔noŋ²³io³³sʌu⁴⁴n̩iŋ⁰bɔ²³〕

我要阿姐抱，〔ŋo²³io³³a⁴⁴tɕi⁰bɔ²³〕

阿姐头发还没梳好；〔a⁴⁴tɕi⁰dɐi³³fɐʔ⁰uɐʔ²mɐʔ⁵sʮ³³xɔ⁵²〕

阿囡哎，〔ɐʔ⁴nø⁴⁴ɐi⁰〕

侬要啥人抱？〔noŋ²³io³³sʌu⁴⁴n̩iŋ⁰bɔ²³〕

我要阿哥抱，〔ŋo²³io³³a⁴⁴kʌu⁰bɔ²³〕

阿哥看牛割青草；〔a⁴⁴kʌu⁰kʰi³³ŋɐi²³kɐʔ³tɕʰiŋ³³tsʰɔ⁴⁵〕

阿拉阿囡无人抱，〔ɐʔ²lɐʔ²a⁴⁴nø⁴⁴m⁴⁴n̩iŋ⁵²bɔ⁰〕

摇篮里头去睏觉。〔io³³lɛ³¹li²³dɐi⁴⁴tɕʰi³³kʰuɐŋ³³kɔ⁴⁴〕

荷花谣

荷花荷花几时开？〔ʌu³³xuo⁵²ʌu³³xuo⁵²tɕi³³ʐʮ⁵²kʰɛ⁵²〕几时：什么时候

一月开；〔ieʔ⁵yoʔ⁰kʰɛ⁵²〕

一月弗开几时开？〔ieʔ⁵yoʔ⁰fɐʔ³kʰɛ⁵²tɕi³³ʐʮ⁵²kʰɛ⁵²〕

两月开；〔liã²³yoʔ⁰kʰɛ⁵²〕

二月弗开几时开？〔liã²³yoʔ⁰fɐʔ³kʰɛ⁵²tɕi³³ʐʮ⁵²kʰɛ⁵²〕

三月开；〔sɛ⁵²yoʔ⁰kʰɛ⁵²〕

三月弗开几时开？〔sɛ⁵²yoʔ⁰fɐʔ³kʰɛ⁵²tɕi³³ʐʮ⁵²kʰɛ⁵²〕

四月开；〔sʮ⁴⁴yoʔ⁰kʰɛ⁵²〕

四月弗开几时开？〔sʮ⁴⁴yoʔ⁰fɐʔ³kʰɛ⁵²tɕi³³ʐʮ⁵²kʰɛ⁵²〕

五月开；〔ŋ²³yoʔ⁰kʰɛ⁵²〕

五月弗开几时开？〔ŋ²³yoʔ⁰fɐʔ³kʰɛ⁵²tɕi³³ʐʮ⁵²kʰɛ⁵²〕

六月开，〔loʔ²yoʔ⁰kʰɛ⁵²〕

六月荷花朵朵开。〔loʔ²yoʔ⁰ʌu³³xuo⁵²to⁵²to⁰kʰɛ⁵²〕

一箩麦

一箩麦，两箩麦，〔ieʔ⁵lʌu⁴⁴mɐʔ²，liã²³lʌu⁰mɐʔ²〕

三箩打大麦。〔sɛ³³lʌu⁵²tã³³dʌu¹¹mɐʔ⁵〕

噼噼啪、噼噼啪，〔pʰieʔ⁵pʰieʔ⁵pʰɐʔ³、pʰieʔ⁵pʰieʔ⁵pʰɐʔ³〕

阿姨买来水果糖，〔a³³i⁰ma³³lɛ⁰sʮ⁴⁴kʌu⁴⁴dõ⁴⁴〕

囡囡要吃奶油糖；〔nø²³nø⁴⁴io³³tɕʰyoʔ⁰na²³iɤ⁴⁴dõ⁴⁴〕奶油糖：奶糖

阿姨打我，我告姆妈，[a³³i⁰tã³³ŋɔ⁵²，ŋɔ²³kɔ⁰m⁴⁴ma⁰]告：告状

姆妈告老师；[m⁴⁴ma⁰kɔ³³lɔ²³sๅ⁰]

老师告校长，[lɔ²³sๅ⁰kɔ³³io¹¹tɕiã⁴⁴]

校长打电话，叮铃铃；[io¹¹tɕiã⁴⁴tã³³di²³uo⁰，tie?³liŋ⁴⁴liŋ⁴⁴]

本来要打千千万万记，[pɐŋ⁵²lɛ⁰io³³tã⁰tɕʰi⁴⁴tɕʰi⁵²vɛ¹¹vɛ⁴⁴tɕi⁵²]记：下，量词

因为辰光来弗及，[iŋ³³uɐi³³zoŋ³³kuõ⁵²lɛ³³fɐ?³dʑi⁰]辰光：时间

急急猴猴打了两三记。[tɕie?⁵tɕie?³xœy³³xœy⁰tã³³lɐ?⁰liã²³sɛ⁰tɕi⁰]急急猴猴：匆匆忙忙。"猴猴"的韵母采用的是临近的普陀区沈家门音，当为发音人的偶尔音变

月亮菩萨

月亮菩萨弯弯腰，[yo?²liã⁴⁴bu³³sɐ?⁰uɛ³³uɛ⁰io⁵²]

路里碰着小和尚。[lu¹¹li⁴⁴bã³³dzo?²ɕio⁴⁴ʌu⁴⁴sõ⁴⁴]

侬姓啥？我姓童，[noŋ²³ɕiŋ³³sʌu⁴⁴？ŋɔ²³ɕiŋ³³doŋ²³]

铜铜铜火熜；[doŋ²³doŋ²³doŋ³³xʌu⁵²tsʰoŋ⁰]火熜：取暖用具

葱葱葱管糖，[tsʰoŋ⁵²tsʰoŋ⁵²tsʰoŋ³³uø³³dõ⁴⁴]葱管糖：一种中空细长形糕点

糖糖糖饼摊；[dõ²³dõ²³dõ³³piŋ⁵²tʰɛ⁰]

摊摊摊芳˭泥，[tʰɛ⁵²tʰɛ⁵²tʰɛ³³nɛ¹¹n̦i⁴⁴]芳˭泥：湿泥

泥泥泥白壁；[n̦i²³n̦i²³n̦i¹¹bɐ?²pie?⁵]泥：动词，涂抹

壁壁壁老虎，[pie?⁵pie?⁵pie?³lɔ⁴⁴fu⁴⁴]壁老虎：壁虎，本地也叫"四脚蛇"

虎虎虎头牌，[fu⁴⁵fu⁴⁵fu⁵²dœy⁰ba⁰]"头"的韵母采用的是临近的普陀区沈家门的音，当为发音人的偶尔音变

败败败门风。[ba¹³ba¹³ba³³mɐŋ³³foŋ⁵²]

牵沙蟹

叽咕嘎、叽咕嘎，[dʑi²³gu⁵²gɐ?²、dʑi²³gu⁵²gɐ?²]叽咕嘎：在海边沙滩摸沙蟹的象声词

阿毛老浓˭起沙蟹。[ɐ?³mɔ²³lɔ²³n̦yoŋ⁰tɕʰi³³so³³xa⁴⁵]起：伸手到海滩泥涂里摸

起勒半夜过，[tɕʰi³³lɐ?²pø⁴⁴ia⁰kʌu⁰]勒˭：到。半夜过：半夜

还没半淘箩；[uɐ?²mɐ?⁵pø³³dɔ³³lʌu⁵²]淘箩：竹制半圆形淘米的箩

起勒五更头，[tɕʰi³³lɐ?²ŋ²³kã⁴⁴dɐi⁴⁴]五更头：五更

还没三碗头；[uɐ?²mɐ?⁵sɛ³³uø⁴⁴dɐi⁴⁴]

起勒天亮，［tɕʰi³³leʔ²tʰi⁵²liã¹³］

还无没好卖。［ueʔ²m⁴⁴meʔ²xɔ³³ma¹³］意思是数量少

宁波糕点弗推扳

宁波糕点弗推扳。［n̪iŋ³³pʌu⁵²kɔ³³ti⁴⁵feʔ³tʰei⁵²pɛ⁰］

猪油汤团油糯⁼糯⁼，［tsʮ³³iɤ³³tʰõ⁴⁴dø⁴⁴iɤ³³no⁵²no⁰］油糯⁼糯⁼：油滋滋

奶油蛋糕面盆大；［na²³iɤ⁴⁴dɛ⁴⁴kɔ⁴⁴mi¹¹beŋ²³da¹³］面盆：脸盆，蛋糕就像脸盆这么大

苔生片，绿豆糕，［dɛ³³seŋ⁴⁴pʰiʔ⁰，loʔ²dɐi³³kɔ⁵²］

千层饼，豆酥糖；［tɕʰi³³zeŋ⁴⁴piŋ⁰，dɐi¹¹su⁴⁴dõ⁴⁴］

吃起来味道交关好。［tɕʰyoʔ³tɕʰiʔ⁰leʔ⁰mi¹¹dɔ³³tɕio³³kuɛ⁵²xɔ⁴⁵］交关：非常

（以上 2016 年 7 月，发音人：赵翔）

二、规定故事

牛郎和织女

老古辰光呢，［lɔ³⁴ku⁴⁴zoŋ⁴⁴kuõ⁴⁴n̪i⁰］老古：古代

有一个小娃郎，［iɤ³³ieʔ²goʔ²ɕio⁴⁴ue⁴⁴lõ⁴⁴］小娃郎：小男孩儿

阿爹阿娘呢统死脱唻，［eʔ⁵tia⁰eʔ³n̪iã⁴⁵n̪iʔ⁰tʰoŋ⁵²ɕiʔ⁵²tʰeʔ⁰lei⁰］

剩落渠一个人啦交关罪过，［dʑia¹¹loʔ⁰dʑi²³ieʔ³goʔ⁰n̪iŋ⁴⁴laʔtɕio³³kuɛ⁰zɐi²³kʌu⁰］剩落：剩下。罪过：可怜

屋里呢只有一头老牛，［ueʔ⁵li⁰n̪i³³tɕieʔ⁵iɤ³³ieʔ²dɐi⁰lɔ²³ŋɐi⁰］

大家统讴渠牛郎。［doʔ²kɔ⁴⁴tʰoŋ⁵²ɐi³³dʑi³³ŋɐi³³lõ⁵²］讴：叫，称呼

牛郎嘛靠该头老牛耕田为生，［ŋɐi³³lõ⁵²maʔkʰɔ³³kieʔ²dɐi⁰lɔ²³ŋɐi⁰kã³³di⁴⁵uei³³seŋ⁵²］

搭老牛介苦命相连、互相依靠，［teʔ³lɔ⁴⁵ŋɐi⁰kaʔkʰu⁵²miŋ⁰ɕiã³³li²³、u⁴⁵ɕiã⁰i⁴⁴kʰɔ⁰］

该老牛啦实际上是天里个金牛星，［kieʔ³lɔ⁴⁵ŋɐi⁰laʔzoʔ²tɕi⁴⁴zõ²zʅ³³tʰi⁵²li⁰goʔ⁰tɕiŋ³³ŋɐi⁴⁵ɕiŋ⁰］

渠交关欢喜牛郎，［dʑi²³tɕio³³kuɛ⁵²xuø³³ɕi⁵²ŋɐi³³lõ⁵²］

人又勤力，良心又好，［n̪iŋ²³iɤ⁰dʑiŋ³³lieʔ⁵，liã³³ɕiŋ⁵²iɤ⁴⁵xɔ⁴⁵］

所以呢，［suo⁵²i⁰n̪i⁴⁴］

是格忖搭渠抬个老浓=成个家。[z̩³³kɐʔ⁵tsʰɐŋ³³teʔ³dʑi⁴⁴dɛ³³goʔ⁰lɔ⁴⁵ȵyoŋ⁰dʑiŋ²²goʔ⁰
ko⁵²]搭：给，替。抬个老浓=：娶个老婆

有一日，[iɤ²³ieʔ³ȵieʔ²]

金牛星晓得天里个仙女们啦要搭村子东边山脚下个湖里来净人，[tɕiŋ³³ŋei⁴⁵ɕiŋ⁰
ɕio³³teʔ⁰tʰi⁵²li⁰goʔ⁰ɕi³³ȵy³¹mɐŋ⁰laⁿio³³teʔ²tsʰɐŋ⁵²ts̩⁰toŋ³³pi⁵²se³³tɕieʔ⁵uo⁴⁴goʔ⁰u⁴⁵li⁰lɛ³³
dʑiã³³ȵiŋ²³]净人：洗澡

格渠就托梦拨牛郎唻。[kɐʔ⁵dʑi²³dʑiɤ⁰tʰoʔ³moŋ¹³pɐʔ³ŋei³³lõ⁵²lei⁰]拨：给

讴渠第二日天亮呢搭湖边头去，[ɐi³³dʑi⁴⁴di¹¹ȵi⁴⁴ȵieʔ²tʰieʔ⁵ȵiãⁿȵiⁿteʔ³u³³pi⁵²dɐiⁿ
tɕʰiⁿ⁰]讴渠：叫他

趁仙女们净人辰光啦驮走一件仙女挂勒树里个衣裳，[tɕʰiŋ³³ɕi³³ȵy³¹mɐŋ⁰dʑiã³³ȵiŋ⁴⁵
zoŋ⁴⁴kuõ⁴⁴laⁿdʌu³³tsɐi³³ieʔ²dʑiɕi³³ȵy⁵²kuo³³lɐʔ²z̩¹¹li⁴⁴goʔⁿi³³zõ⁵²]驮：拿

驮好以后呢头也莫回就奔勒屋里去，[dʌu³³xɔ⁵²i³³ɐi⁴⁵ȵiⁿdɐi²³iaⁿma⁵²uɐi²³dʑiɤ⁰pɐŋ³³
lɐʔ⁰uɐʔ⁵liⁿtɕʰiⁿ⁰]

格莫介呢就会得到一个交关好看个仙女做老浓=。[kɐʔ³mɐʔ³ka⁴⁴ȵiⁿdʑiɤ²³uɐiⁿteʔ³tɔ³³ieʔ²
goʔ²tɕio³³kuɛ⁵²xɔ⁵²kʰiⁿ⁰goʔⁿɕi³³ȵy⁵²tsʌu³³lɔ⁴⁵ȵyoŋ⁰]格莫介：这样的话

该日天亮，[kieʔ³ȵieʔ²tʰieʔ³liã⁰]

牛郎一半相信一半弗相信到了山脚下，[ŋei³³lõ⁵²ieʔ⁵pø³³ɕiã⁴⁴ɕiŋ⁵²ieʔ⁵pø⁴⁴fɐʔ³ɕiã⁵²ɕiŋⁿ
tɔ³³lɐʔⁿsɛ³³tɕieʔ³uo⁰]

该辰光啦天还暗蓬蓬咯，[kieʔ⁵zoŋ⁴⁴kuõ⁴⁴laⁿtʰi⁵²uɐiʔ⁰ɐi⁴⁴boŋ⁰boŋ⁰goʔ⁰]暗蓬蓬：昏暗不明的
样子

渠真话看见七个交关好看个小娘啦来湖里白=相水。[dʑi²³tsoŋ³³uo⁴⁵kʰiⁿ³³tɕiⁿtɕʰieʔ³goʔⁿ
tɕio³³kuɛ⁵²xɔ⁵²kʰiⁿ⁰goʔⁿɕio³³ȵiã⁴⁴laⁿlɛ²²uⁿ⁴⁵li⁰bɐʔ²ɕiã³³s̩⁴⁵]白相：玩儿

格渠马上驮起树里个一件粉红色个衣裳，[kɐʔ⁵dʑi⁴⁵mo³⁴zõ⁰dʌu³³tɕʰiⁿz̩¹¹li⁴⁴goʔⁿieʔ²
dʑi³³fɐŋ⁴⁴oŋ⁴⁴sɐʔ³goʔⁿi³³zõ⁵²]

飞一样呵活奔搭屋里。[fi⁵²ieʔ²iã¹¹ʌu⁰uɐʔ²pɐŋ⁴⁴teʔ²uɐʔ³liⁿ]呵：的，地；活奔：迅跑

该个拨牛郎抢走衣裳个小娘就是织女。[kieʔ²goʔ³pɐʔ³ŋei³³lõ⁵²tɕʰiã³³tsɐi³³iⁿ⁴⁴zõ⁵²goʔ²
ɕio⁴⁴ȵiã⁴⁴dʑiɤ³³z̩¹tɕieʔ⁵ȵy⁰]

当日夜里，[tõ³³ȵieʔ⁰ia¹¹liⁿ]

织女轻轻个敲开牛郎屋里个门，[tɕieʔ⁵ȵyⁿtɕʰiŋ³³tɕʰiŋ⁵²goʔⁿkʰɔ³³kʰɛ⁵²ŋei³³lõ⁵²uɐʔ⁵liⁿ
goʔⁿmɐŋ²³]

两个人呢算结婚唻，［liã⁴⁵goʔ³n̩iŋ⁴⁴n̩iʔsuɐ⁰tɕieʔ³xuɐŋ⁵²lɐi⁰］

做了恩爱夫妻。［tsʌu³³lɐʔ⁰ɐŋ³³ɛ⁵²fu³³tɕʰi⁵²］

眼睛一眨三年过去唻，［ŋɛ²³tɕiŋ⁰ieʔ³sɐʔ⁰sɛ³³n̩i⁴⁵kʌu³³tɕʰi⁰lɐi⁰］

牛郎搭织女生了一个小娃一个小娘两个小人，［ŋɐi³³lõ⁵²tɐʔ⁰tɕieʔ³n̩y⁰sã³³lɐʔ⁰ieʔ³goʔ⁰
çio³³uɛ⁴⁴ieʔ³goʔ⁰çio³³n̩iã⁴⁴liã²³goʔ⁰çio⁴⁴n̩iŋ⁴⁴］

一份人家日子过勒交关开心。［ieʔ³vɐŋ¹¹n̩iŋ³³ko⁰n̩ieʔ³tsʅ⁴⁵kʌu³³lɐʔ⁰tɕio³³kuɛ⁴⁴kʰɛ³³çiŋ⁵²］

　　一份：一户，这里指牛郎全家

唉，格弄过弄好嘞啦，［ɐi⁰，kɐʔ³loŋ³³kʌu⁴⁴loŋ¹¹xɔ⁴⁴lɐʔ⁰la⁰］格弄过弄好：真是太糟糕

织女偷偷摸摸落凡个事体啦拨玉皇大帝晓得唻。［tɕieʔ³n̩yⁱtʰɐi³³tʰɐi⁴⁴moʔ²moʔ⁰loʔ³
vɛ⁴⁵goʔ³zʅ¹¹tʰiˈi⁴⁴la⁰pɐʔ³n̩yoŋ³³uõ⁴⁴da⁴⁴tiˈi⁴⁴çio⁵²tɐʔ³lɐi⁰］

哇，格有一日，［ua²³，kɐʔ³iɤ⁵²ieʔ³n̩ieʔ⁰］

天里是龙光闪呱哒呱哒闪，［tʰiˈi⁵²liˈi⁰zʅ⁰loŋ³³kuõ⁴⁴çi⁴⁵guɐʔ²dɐ⁰guɐʔ²dɐ⁰çi⁴⁴］呱哒呱哒：闪电的
　　象声词

雷嘛轰隆轰隆响，［lɐi²³maˈⁿxoʔ³loŋ⁰xoʔ³loŋ⁰çiã⁴⁵］

风是刮勒糊其其，［foŋ⁵²zʅ³³kuɐʔ³lɐʔ⁰u¹¹dʑi⁴⁴dʑi⁰］糊其其：形容狂风大作

雨是落勒外⁼外⁼响，［y²³zʅ⁰loʔ²lɐʔ⁰ŋaⁱ¹ŋaⁱ⁴⁴çiã⁰］外⁼外⁼响：下暴雨的象声词

织女喔眼睛一眨没看见嘞啦。［tɕieʔ³n̩yⁱ⁰ŋɛ²³tɕiŋ⁰ieʔ³sɐʔ⁵mɐʔ²kʰiˈi⁴⁴tɕiˈi⁴⁴lɐʔ⁰la⁰］

两个小人是候性命哭，［liã²³goʔ⁰çio⁴⁴n̩iŋ⁴⁴zʅ⁰ɐi¹¹çiŋ³³miŋ⁰kʰɔʔ³］候性命：拼命

一边哭一边讴：［ieʔ³pi⁵²kʰɔʔ³ieʔ³pi⁵²ɐi⁵²］

阿姆哎，阿姆哎！［a³³m⁴⁴ɐi⁴⁴，a³³m⁴⁴ɐi⁴⁴］

牛郎是心也真急煞嘞啦，［ŋɐi³³lõ⁵²zʅ⁰çiŋ⁵²ia⁰tsoŋ⁵²tɕieʔ³sɐʔ⁰lɐʔ⁰la⁰］

格就弗晓得咋弄弄好。［kɐʔ³dʑiɤ⁴⁵fɐʔ³³çio³³tɐʔ⁵dza³³loŋ³³loŋ⁴⁵xɔ⁰］咋弄弄：怎么办

该辰光啦，［kieʔ³zõ³³kuõ⁴⁴la⁰］

该头老牛喔上好斯⁼样讲闲话嘞啦：［kieʔ³dɐi⁴⁴lɔ⁴⁵ŋɐi⁴⁵uoⁿozõ¹¹xɔ⁴⁴sʅⁿn̩iã⁰kõ³³ɛ³³uo⁰lɐʔ⁰
　　la⁰］上好斯⁼样：好端端的

牛郎哎侬莫难熬哎，［ŋɐi³³lõ³¹ɐiⁿnoŋ⁴⁵maⁿⁿ²nɛ³³ŋɔ⁵²ɐiⁿ］

侬搭我头里个两只角啦驮落来，［noŋ⁴⁵tɐʔ³ŋoⁿodɐi⁴⁵liⁿgoʔ⁰liã²³tsɐʔ⁰koʔ⁵laⁿⁿdʌu³³loʔ²lɐⁿ］

渠拉会变成两只笋咯，［dʑieʔ²lɐʔ⁵uɐiⁿpi³³dʑiŋ⁴⁴liã⁴⁵tsɐʔ⁰lʌu²³gʌuⁿ］

侬搭两个小人装勒笋里，［noŋ²³tɐʔ³liã²³goʔ⁰çio⁴⁴n̩iŋ⁴⁴tsõ³³lɐʔ⁰lʌu²³liⁿ］

格莫介介呢侬就好搭天里去趱织女去唻。［kɐʔ³mɐʔ³ka⁴⁴ka⁴⁴n̩iⁿnoŋ²³dʑiɤ³³xɔⁿtɐʔ³tʰiⁿi⁵² li⁰tɕʰi³³bieʔ²tɕieʔ³n̩y⁰tɕʰi⁰lɐi⁰ ］趄: 追赶

牛郎听嘞该声音啦觉得交关稀奇，［ŋɐi³³lõ⁵²tʰiŋ³³lɐʔ⁰kieʔ³ɕiŋ³³iŋ⁵²laᵒtɕyoʔ³tɐʔ⁰tɕio³³
kuɛ⁴⁴ɕi³³dʑi⁴⁵ ］

渠来该寻啦该声音到底阿里眼介发出来，［dʑi⁴⁵lɐ²²kɐ⁰iŋ²³laᵒkieʔ³ɕiŋ³³iŋ⁵²tɔ³tiʰɐʔ³
li⁴⁴ŋɛ⁴⁴kaᵒfɐʔ³tsʰɔʔ³lɛ⁰ ］阿里眼: 哪里

格牛角喔真话笃꞊落地垟里嘞喔，［kɐʔ⁵ŋɐi³³koʔ⁵uo⁰tsoŋ³³uo⁴⁵toʔ³loʔ²di¹¹iã⁴⁴li⁰lɐʔ⁰uo⁰ ］

真话: 真的

而且真话变成两只箩嘞啦，［əl²tsʰɛ⁰tsoŋ³³uo⁴⁵pi³³dʑiŋ⁰liã²³tsɐʔ⁰lʌu⁰lɐʔ⁰laᵒ ］

牛郎搭两个小人放勒箩里，［ŋɐi³³lõ³¹tɐʔ³liã⁴⁵goʔ⁰ɕio⁴⁴n̩iŋ⁴⁴fõ³³lɐʔ⁰lʌu²³li⁰ ］

驮起一根扁担挑起来。［dʌu³³tɕʰi⁴⁴ieʔ³kɐŋ⁰pi⁵²tɐ⁰tʰio³³tɕʰi⁵²lɛ⁰ ］

哇，渠只觉得"咧"记一阵风啦吹过来，［ua³¹, dʑi²³tɕieʔ³tɕyoʔ³tɐʔ⁰lia⁵²tɕi⁰ieʔ³dʑiŋ³¹
foŋ⁵²laᵒtsʰʮ³³kʌu⁵²lɛ⁰ ］

该箩像介生了翼梢一样啦，［kieʔ³lʌu²³iã³³koᵒsã³³lɐʔ⁰ieʔ²sɔ⁴⁴ieʔ³iã⁰laᵒ ］翼梢: 翅膀

霎时三刻飞起来嘞啦。［zɐʔ²z̩³³sɛ⁴⁴kʰɐʔ⁵fi³³tɕʰi⁵²lɛ⁰lɐʔ⁰laᵒ ］霎时三刻: 瞬间

飞呀飞呀，［fi⁵²iaᵒfi⁵²iaᵒ ］

看看马上要搭织女趄上嘞啦，［kʰi⁴⁴kʰi³³mo⁴⁵zõ⁰io³³tɐʔ⁰tɕieʔ³n̩y⁰bieʔ²zõ³³lɐʔ⁰laᵒ ］

渠是因为乘了云踏了雾，［dʑi²³z̩³³iŋ³³uɐi³³tɕʰiŋ³³lɐʔ⁰yoŋ²³dɐʔ²lɐʔ²u¹³ ］

哇格就要搭织女趄上嘞啦，［ua⁵²kɐʔ⁵dʑiɤ²³io³³tɐʔ³tɕieʔ³n̩y⁰bieʔ²zõ³³lɐʔ⁰laᵒ ］

格可惜运道弗好，［kɐʔ³kʰʌu⁵²ɕieʔ⁰yoŋ¹¹dɔ²³fɐʔ³xɔ⁴⁵ ］

拨王母娘娘看见嘞啦。［pɐʔ³uõ³³mei⁴⁴n̩iã³³n̩iã⁰kʰi⁴⁴tɕi⁰lɐʔ⁰laᵒ ］

渠随手是介搭头里拔落一根金钗，［dʑi²³zɐi³³ɕiɤ⁵²z̩⁴⁴kɐʔ⁵tɐʔ³dɐi²³li⁰bɐʔ²loʔ²ieʔ²kɐŋ⁰
tɕiŋ³³tsʰo⁵² ］随手: 随即

搭牛郎啦搭该织女当中啦"咧"一划，［tɐʔ³ŋɐi³³lõ⁵²laᵒtɐʔ³kieʔ²tɕieʔ³n̩y⁰tõ³³tsoŋ⁵²laᵒ
lia⁵²ieʔ³uɐʔ⁰ ］

格随手出现了一条浪是交关大个天河，［kɐʔ⁵zɐi³³ɕiɤ⁵²tsʰoʔ³i⁰lio⁰ieʔ⁰dio⁰lõ³³z̩³¹tɕio⁴⁴
kuɛ⁵²da¹¹goʔ⁰tʰi³³ʌu⁵² ］

格是好嘞啦，［kɐʔ³z̩⁰xɔ³³lɐʔ⁰laᵒ ］

该条河是多少宽，［kieʔ³dio³³ʌu²³z̩³³tʌu⁴⁴ɕio⁵²kʰuø⁵² ］

宽勒对岸看也看弗见，［kʰuø³³lɐʔ³tɐi⁴⁴ŋɛ⁰kʰi⁴⁴iaᵒkʰi⁴⁴fɐʔ⁰tɕi⁰ ］

硬经꞊经꞊搭两老头隔开嘞啦。［ŋã¹¹tɕiŋ³³tɕiŋ⁰tɐʔ³liã³³lɔ⁴⁴dɐi⁴⁴kɐʔ⁵kʰɛ⁰lɐʔ⁰laᵒ ］硬经꞊经꞊: 硬

生生

喜鹊呢交关同情牛郎搭织女。［ɕi³³tɕʰieʔ⁵n̩⁰tɕio³³kuɛ⁵²dɔŋ³³dʑiŋ⁰ŋei³³lõ⁵²teʔ³tɕieʔ³n̩y⁰］
每年农历个七月初七，［mei²³n̩⁰nɔŋ³³lieʔ²goʔ⁰tɕʰieʔ⁵yoʔ²tsʰu³³tɕʰieʔ⁵］
成千上万只喜鹊啦统飞勒天河上，［dʑiŋ³³tɕʰi⁵²zõ³³vɛ¹¹tseʔ³ɕi³³tɕʰieʔ⁵leʔ⁰tʰoŋ⁴⁴fi³³leʔ⁰
　　　tʰi³³ʌu⁵²zõ¹³］
一只拖嘞另外一只个尾巴，［ieʔ³tseʔ⁵tʰa³³leʔ⁰liŋ¹¹ŋa²³ieʔ³tseʔ³goʔ⁰mi⁴⁵po⁴⁴］拖：衔
搭起嘞一座蛮长长个鹊桥，［teʔ³tɕʰi⁰leʔ⁰ieʔ²zʌu⁰mɛ⁴⁵dʑiã⁰dʑiã⁰goʔ⁰tɕʰieʔ³dʑio⁰］
拨牛郎搭织女暂时团圆。［peʔ³ŋei³³lõ⁵²teʔ³tɕieʔ³n̩y⁰dzɛ¹¹z̩⁴⁴duø³³y⁵²］

　　古时候，有一个小伙子，父母都去世了，孤苦伶仃的，很可怜，家里只有一头老牛，大家都叫他牛郎。牛郎靠老牛耕地为生，与老牛苦命相连、相依为命。老牛其实是天上的金牛星，他非常喜欢勤劳善良的牛郎，所以老是想帮牛郎娶个妻子成个家。

　　有一天，金牛星得知天上的仙女们要到村东边山脚下的湖里来洗澡。他就托梦给牛郎了，叫牛郎第二天早晨到湖边去，趁仙女们洗澡的时候，取走一件仙女挂在树上的衣裳，然后头也不回地跑回家。这样，他就会得到一位美丽的仙女做妻子。

　　这天早晨，牛郎半信半疑地到了山脚下。这时候天还是朦朦胧胧的，他真的看到七个非常漂亮的小姑娘在湖中戏水。他立即拿起树上的一件粉红色衣裳，飞也似的奔回家里了。这个被牛郎抢走衣裳的小姑娘就是织女。当天夜里，织女轻轻敲开牛郎家的门，两个人就结了婚，做了恩爱夫妻。

　　一转眼三年过去了，牛郎和织女生了一男一女两个孩子，一家人日子过得很开心。咳，真是糟透了，织女私自下凡的事被玉皇大帝知道了。

　　有一天，天上电闪雷鸣，并刮起大风，下起暴雨，织女突然不见了。两个孩子使劲哭，一边哭还一边叫："妈妈，妈妈！"牛郎急得不知如何是好。这时，那头老牛突然开口了："牛郎啊，你别难过，你把我头上的两只角拿下来，它们会变成两个箩筐的，你把两个孩子装进箩里，这样就可以上天宫去追织女了。"牛郎听了这声音觉得很稀奇，他想寻找这声音究竟是从哪儿发出来的，不料，这牛角真的就掉到地上了，而且真的变成了两个箩筐。牛郎把两个孩子放到箩筐里，拿起一根扁担挑起来。"哗"地一阵风吹过，这箩筐像长了翅膀一样，突然飞了起来。

　　他乘云踏雾地飞啊，飞啊，眼看就要追上织女了。可惜运气不好，被王母娘娘发现了，她顺手拔下头上的一根金钗，在牛郎和织女中间"哗"地一划，立即

出现了一条波涛滚滚的天河，宽得望不到对岸，硬是把小两口隔开了。

喜鹊非常同情牛郎和织女。每年农历的七月初七这一天，成千上万只喜鹊都会飞到天河上，一只衔着另一只的尾巴，搭起一座长长的鹊桥，让牛郎和织女暂时团聚。

（2016 年 7 月，发音人：毕文）

三、其他故事

一只破碗

闲早子啦，［ɛ³³tsɔ⁵²tsʅ⁰la⁰］闲早子：过去；从前

有一个老太婆，［iɤ³³ieʔ²goʔ²lɔ²³tʰa⁴⁴bʌu⁴⁴］

年纪大猛唻，［n̠i³³tɕi⁰dʌu¹¹mã⁴⁵leʔ⁰］

格屋里事体呢统做弗动唻。［keʔ³uɐʔ⁵li⁰zʅ¹¹tʰi⁴⁴n̠i⁰tʰoŋ⁵²tsʌu³³feʔ³doŋ⁰leʔ⁰］做弗动：做不了

格渠有一个新妇，［keʔ⁵dʑi²³iɤ⁰ieʔ³goʔ⁰ɕiŋ³³vu⁴⁵］

真难看渠煞嘞啦。［tsoŋ⁵²nɛ³³kʰi⁵²dʑi⁰sɐʔ⁰leʔ⁰la⁰］难看：讨厌

该是，每日面孔黑了仔，［kieʔ⁵zʅ⁴⁴，mei²³n̠ieʔ⁰mi¹¹kʰoŋ⁴⁴xɐʔ³leʔ⁰tsʅ⁰］面孔黑了仔：黑着脸

格眼白厌恶弄渠。［keʔ³ŋɛ²³bɐʔ⁰i³³uo³³loŋ¹¹dʑi³¹］眼白厌恶：恶毒地

吃无没好拨渠吃，［tɕʰyoʔ⁵n⁴⁴nɐʔ⁰xɔ⁴⁵pɐi⁰dʑi⁰tɕʰyoʔ⁰］

穿也无没好拨渠穿，［tsʰø⁵²ia⁰n⁴⁴nɐʔ⁰xɔ⁴⁵pɐi⁵²dʑi⁰tsʰø⁵²］

格连吃饭一只碗啦也多少馊气：［keʔ⁰li⁴⁴tɕʰyoʔ³veʔ¹³ieʔ³tsɐʔ³uø⁴⁴la⁰ia⁴⁵tʌu³³ɕio⁰sɐi⁵²tɕʰi⁰］

　　馊气：恶心

贼旧来旧，［zɐʔ²dʑiɤ²³lɛ⁴⁴dʑiɤ⁴⁴］

缺咀缺得，［tɕʰyoʔ⁵tsʅ⁴⁴tɕʰyoʔ³teʔ⁰］

只有人家喂猫个猫槽碗啦也只介管样弗样。［tɕieʔ³iɤ⁰n̠iŋ³³koʔ⁵²y³³me¹¹goʔ²mɔ³³zɔ⁴⁴ uø⁴⁴leʔ²ia³³tɕieʔ³kaʔ⁴⁴kuø³³n̠iã⁰feʔ⁰iã⁰］猫槽碗：喂猫的碗。介管样：这样子。弗样：不像样，意思是破旧不堪

格老太婆自家啦颠悍弗起，［keʔ³lɔ²³tʰa⁴⁴bʌu⁴⁴i¹¹koʔ⁴⁴la⁰tiʔ⁴⁴xɐi⁵²feʔ⁰tɕʰi⁰］颠悍弗起：无力抗争

没办法，［nɐʔ⁵bɛ¹¹feʔ⁵］

只好候渠茄˭，［tɕieʔ⁵xɔ⁰œy¹¹dʑi⁴⁴dʑia²³］茄˭：欺负。候：韵母使用的是定海近旁的沈家门音，为发音人的临时变音，下同

候渠格么介纠⁼捉，［œy¹¹dʑi⁴⁴kɐʔ⁵ma³³ka⁴⁴tɕiɤ³³tsoʔ⁵］纠⁼桌：收拾，这里指受欺负、受折腾

挨一日过一日，［a⁴⁴ieʔ³n̩iekʌu³³ieʔ³n̩ieʔ⁴⁴］

肯苦过日子。［kʰɐŋ³³kʰu⁰kʌu³³n̩ieʔ²tsŋ⁰］肯苦：艰难

格后头来啦，［kɐʔ³œy²³dɐi⁴⁴lɛ⁴⁴la⁰］后：韵母使用的是定海近旁的沈家门音，为发音人的临时变音

孙新妇抬来㖭。［sɐŋ³³ɕiŋ⁵²vu⁰dɛ²³lɛ⁰lɐi⁰］抬：娶

该孙新妇一看啦，［kieʔ³sɐŋ³³ɕiŋ⁵²vu⁰ieʔ³kʰi⁴⁴lɐʔ⁰］

阿拉阿婆道⁼太婆头咋有介推扳啦！［ɐʔ³lɐʔ⁰ɐʔ³bʌu²³toʔ³³tʰa⁴⁴bʌu⁴⁴dɐi⁴⁴dzoʔ²iɤ⁴⁴ka⁵²tʰɐi⁰

pɛ⁵²lɐʔ⁰］道⁼：对待、待。推扳：差劲

渠实在看弗过去㖭，［dʑi²³zoʔ²dzɛ⁴⁴kʰi⁴⁴foʔ³kʌu⁰tɕʰi⁰lɐʔ⁰］

渠忖了一个办法。［dʑi²³tsʰɐŋ³³lɐʔ⁰ieʔ³goʔ⁰bɛ¹¹fɐʔ⁵］

渠偷盘⁼搭太婆去话去㖭：［dʑi²³tʰœy⁵²bøⁿ⁰tɐʔ³tʰa⁴⁴bʌu⁰tɕʰi³³uo¹¹tɕʰi⁰lɐi⁰］偷盘⁼：偷偷地。偷：

　　韵母使用的是定海近旁的沈家门音，为发音人的临时变音

太婆哎，格侬搭该只碗啦搭渠拷糊渠，［tʰa⁴⁴bʌu⁰ɐi⁰，kɐʔ³noŋ⁴⁴tɐʔ⁰kieʔ³tsɐʔ⁰uø⁴⁴la⁵²

tɐʔ⁰dʑi⁰kʰɔ⁴⁴u⁵²dʑi⁰］拷糊：打碎

太婆一听是吓也吓煞㖭，［tʰa⁴⁴bʌu⁰ieʔ³tʰiŋ⁴⁴zŋ³³xɐʔ³iɑ⁰xɐʔ⁰sɐʔ⁰lɐi⁰］

咋话，该碗好［搭渠］拷碎嗖，［dza¹¹uo³³，kieʔ³uø⁴⁵xɔ³³tɐi⁰kʰɔ³³sɐi⁵²so⁰］

［搭渠］拷糊嘞格则我［拨渠］謷起来嗦做人弗来，［tɐi³³kʰɔ⁴⁴u⁵²lɐʔ⁰kɐʔ⁰tsɐʔ⁰ŋo²³

pɐi⁵²zoʔ²tɕʰi⁴⁴lɛ⁰zŋ³³tsʌu⁴⁴n̩iŋ⁰fɐʔ⁰lɛ⁰］謷：骂。做人弗来：哪还有活路

下遭带饭搭要没吃㖭。［uo²³tsɔ⁵²ta⁴⁴vɛ¹¹tɐʔ³io³³nɐʔ³tɕʰyoʔ³lɐi⁰］下遭：下回，日后。带：连

格孙新妇话㖭：［kɐʔ³sɐŋ³³ɕiŋ⁵²vu⁰uo¹¹lɐi⁰］

无告⁼呵，［m⁴⁴kɔ⁵²ʌu⁰］无告：没事

侬［搭渠］拷糊了我会话咯，［noŋ²³tɐi⁰kʰɔ⁴⁴u⁵²la⁰ŋo²³uɐi⁰uo¹¹gʌu⁴⁴］

格侬胆子大眼，［kɐʔ³noŋ³³tɛ⁵²tsŋ⁰dʌu¹¹ŋɛ⁴⁴］

且顾拷跌⁼好㖭。［tɕʰia⁵²ku⁰kʰɔ⁵²tieʔ³xɔ⁰lɐi⁰］且顾：只管

格该老太婆果然是搭该只碗拷碎嘞。［kɐʔ³kieʔ³lɔ²³tʰa³³bʌu⁴⁴kʌu⁵²zø⁰zŋ²³tɐʔ²kieʔ³tsɐʔ⁰

uø⁴⁵kʰɔ⁴⁴sɐi⁵²lɐʔ⁰］

格该新妇是一听该只碗拷糊了连快火光顶嘞，［kɐʔ⁵kieʔ³ɕiŋ³³vu⁴⁵zŋ⁰ieʔ⁵tʰiŋ⁴⁴kieʔ³

tsɐʔ⁰uø⁴⁵kʰɔ⁴⁴u⁵²lɐʔ⁰li³³kʰua⁵²xʌu⁴⁵kuã⁰tiŋ⁴⁵lɐʔ⁰］火光顶：火冒三丈

马上要来开謷炮来嘞。［mo²³zõ⁰io³³lɐʔ⁰kʰɛ³³zoʔ²pʰɔ⁴⁴lɛ⁰lɐʔ⁰］开謷炮：拉开架势骂人

格该孙新妇连快抢上前话㖭：［kɐʔ⁵kieʔ³sɐŋ³³ɕiŋ⁵²vu⁰li³³kʰua⁵²tɕʰiã³³zõ⁴⁴i⁴⁵uo¹¹lɐi⁰］

哎，太婆太婆，［ɛ¹¹，tʰa⁴⁴bʌu⁰tʰa⁴⁴bʌu⁰］

侬该只介好碗咋搭渠去拷拷碎跌⁼，［noŋ²³kieʔ³tsɐʔ³ka⁵²xɔ⁴⁵uø⁴⁵dzɐʔ²tɐʔ³dʑi⁰tɕʰi⁰kʰɔ³³

$k^hɔ^{52}sɐi^0tie?^0$〕

格我弗然下遭好拨阿拉阿婆吃饭啦。〔 $kie?^3ŋo^{23}fɐ?^3zø^{31}uo^{23}tsɔ^0xɔ^{33}pɐ?^3ɐ?^5lɐ?^2ɐ?^3bʌu^{23}$
　　$tɕ^hyo?^3vɐ^{13}lɐ?^0$〕

格该阿婆一听啦，〔 $kɐ?^5kie^3ɐ?^3bʌu^{23}ie?^3t^hiŋ^{44}lɐ?^0$〕

呱，心里刮着哓：〔 $guɐ?^2，ɕiŋ^{52}li^0kuɐ?^3dzo?^2lɐ?^0$〕 呱：象声词。刮着：警觉，惊醒

哦，格我下遭也要老嘛，〔 $o^{52}，kɐ?^3ŋo^{23}uo^{23}tsɔ^{52}ia^{33}io^{52}lɔ^{45}ma^0$〕 下遭：以后

格我也要轮着嘛……〔 $kɐ?^3ŋo^{23}ia^{33}io^{52}liŋ^{33}dzo^{31}ma^0……$〕 轮着：轮到

格从个模样起家呢，〔 $kɐ?^3dzoŋ^{33}kɐ?^5ma^{44}ȵiã^{44}tɕ^hi^{33}ko^{45}ȵi^0$〕 个模样起家：那时起

道=该太婆头好哓。〔 $tɔ^{33}kie?^3t^ha^{44}bʌu^{44}dɐi^{44}xɔ^{52}lɐi^0$〕 道：待

　　从前，有一个老婆婆，年纪很大了，家里的事儿也都做不了了。她有个儿媳妇，特别讨厌她，每天黑着脸，而且还要恶毒地对她，不给她吃可口的食物，也不给她穿好衣服，那只给她吃饭的碗别提有多么恶心了：不仅很旧，而且有好多破口子，还比不上别人家喂猫的碗。老婆婆年老体衰，已经没有什么力气与儿媳妇争斗了，没办法，只好被她欺侮、被她捉弄，挨一天算一天，艰苦度日。

　　后来，他们家娶了个孙媳妇。孙媳妇一看，我婆婆对待太婆怎么这么狠心！她实在看不下去了，就想出了一个办法。

　　她偷偷跟太婆说："太婆啊，你把这只饭碗砸碎吧。"太婆一听吓得魂不附体，这碗怎么可以砸碎啊，如果砸碎了那我肯定会被儿媳妇骂得活不下去的，就连饭都吃不上了。孙媳妇说："没事的，你砸碎了，我会说话的，你胆子大一点，只管砸吧。"

　　那这个老婆婆果然把饭碗砸碎了。她儿媳妇一听这只碗被砸了就连忙火冒三丈，随即要开骂了。

　　这时，孙媳妇连忙抢上前说话了："唉，太婆啊太婆，这么好的一只饭碗，你怎么可以把它砸碎呢，不然我以后可以给我婆婆吃饭呀。"

　　婆婆一听这话，心里明白了：哦，我以后也要老的，等我老了以后也将会有这种遭遇的呀……从那以后，她才开始好好地对待自己的婆婆了。

　　　　　　　　　　　　　　　　　　　　　　　　（2016 年 7 月，发音人：孙瑞珍）

一梗咸鳓鱼

闲早子啦，[ɛ³³tsɔ⁵²tsʅ⁰la⁰] 闲早子：从前，过去

有一份人家，[io³³ieʔ³veŋ⁰n̠iŋ³³ko⁵²] 一份：一户

屋里呢穷勒哒哒滴哦，[ueʔ³li⁰n̠i⁴⁴dʑyoŋ³³leʔ⁰teʔⁿteʔⁿtiⁿʌu⁰] 勒：得。哒哒滴：象声词，形容程度深

下饭啦真买弗起。[uo¹¹vɛ⁴⁴la⁰tsoŋ⁵²ma²³feʔ³tɕʰi⁰] 下饭：菜肴

该份人家阿爹忖了个办法。[kieʔ³veŋ⁰n̠iŋ³³ko⁵²eʔ³tiaⁿtsʰeŋ³³leʔⁿgoʔⁿbɛ¹¹feʔ⁵]

渠搭街里向买了一梗三抱鳓鱼，[dʑi²³teʔ³ka⁵²li⁰ɕiã⁵²maⁿleʔⁿieʔ³kãⁿsɛ³³bɔ⁴⁴lɐi⁴⁴ŋ⁴⁴] 三抱：一种鳓鱼的腌制方法

走勒屋里呢搭门后背吊好。[tsɐi³³leʔⁿueʔⁿli³³n̠i⁴⁴teʔ³mɐŋ³³ɐiʔ⁴⁴pɐi⁰tio⁴⁴xɔ⁰]

屋里嘛有两个"小鬼"，[ueʔⁿli⁰maⁿiɣ³³liã²³goʔⁿɕio⁵²tɕy⁰]

吃饭辰光，[tɕʰyoʔ³vɛ¹¹zõ⁴⁴kuõ⁴⁴] 辰光：时候

渠话唻：[dʑi²³uo¹¹lɐi⁰]

该鳓鱼交关咸啊，[kieʔ³lɐi¹¹ŋ⁴⁴tɕio⁴⁴kuɛ⁵²ɛ²³a²³]

倷呢饭掆一口，[nɐʔ²n̠i⁰veⁿuo⁵²ieʔ³kɐi⁰] 掆：扒，吃

鳓鱼看一眼，[lɐi¹¹ŋ⁴⁴kʰi⁴⁴ieʔⁿŋɛ⁰]

莫多看。[ma⁵²tʌu⁴⁴ki⁴⁵]

饭吃嘞一半，[vɛ¹¹tɕʰyoʔ³leʔ⁰ieʔ³pø⁴⁴]

阿大话唻：[ɐʔ³dʌu⁴⁵uo¹¹lɐi⁰] 阿大：老大，大孩子

阿爹，阿爹哎，[ɐʔ³tiaⁿ, ɐʔ³tiaⁿɐi⁰]

阿弟啦饭弗好好样样吃，[ɐʔ³di⁴⁵laⁿveⁿⁿfeʔⁿxɔ⁴⁴xɔ⁰n̠iã⁴⁴n̠iã³³tɕʰyoʔ⁵] 好好样样：好好儿的

时格来跌゠看鳓鱼啦。[zʅ²³kɐʔ⁵lɛ¹¹tieʔ⁰kʰi⁴⁴lɐi¹¹ŋ⁴⁴leʔ⁰] 时格：总是。来跌゠：在

阿爹一听，[ɐʔ³tiaⁿieʔ³tʰiŋ⁴⁴]

咋话啊，小鬼！[dza³³uo⁴⁴a⁰, ɕio⁴⁴tɕy⁰]

"唎"记一只耳光扇过去了：[lieʔⁿtɕiⁿieʔ³tsɐʔⁿn̠i²³kuõ⁰ɕi⁴⁴kʌuⁿtɕʰi⁰leʔ⁰] 唎：打耳光的象声词。记：一下

倷饭弗好好样交吃，[noŋ²³veⁿⁿfeʔⁿxɔ⁴⁴xɔⁿn̠iã⁴⁴tɕio⁰tɕʰyoʔ⁵]

再看哪，[tsɛ⁵²kʰi⁴⁴na⁰]

当心搭倷渍煞死跌゠唻。[tõ³³ɕiŋ⁵²teʔ³noŋ⁴⁴tɕieʔ⁵sɐʔⁿɕi⁰tieʔ⁰lɐi⁰] 渍煞：咸死

　　从前，有一户人家，家里穷得叮当响，菜也买不起。这家父亲想了个办法，从街上买了一条三抱（当地传统方法：把鳓鱼腌三次）鳓鱼，拿回家挂在门后边。

　　他们家有两个小孩儿，吃饭的时候，父亲说："这鳓鱼很咸的，你们扒一口饭，看这鳓鱼一眼，不要多看。"

　　饭吃到一半，老大说话了："阿爸！阿爸！弟弟没好好吃饭，老是回头看鳓鱼。"

　　老爸一听："咋可以这样，小鬼！""哗"地一个耳光就扇了过去，"饭不好好吃，你再看吧，把你看得咸死算了"。

（2016 年 7 月，发音人：毕文）

阿拉阿爹

阿拉阿爹今年已经七十多岁唻，［ɐʔ³lɐʔ⁰ɐʔ³tia⁰tɕiŋ⁵²ɲi⁰i⁵²tɕiŋ⁰tɕʰieʔ³zoʔ²tʌu³³sʮ⁰lɛi⁰］
该晌话起来是用场老大扣＝唻。［kɐʔ³zõ⁴⁴uo¹¹tɕʰi³³lɛ³³zʮ⁰yoŋ¹¹dziã³³lɔ²³daʔkʰɐi⁰lɛi⁰］该
　　晌：现在。用场老大扣＝：没啥用处了
但是阿拉阿爹年纪轻辰光啦，［dɛ³³zʮ³³ɐʔ³lɐʔ⁰ɐʔ³tia⁰ɲi³³tɕi⁵²tɕʰiŋ⁵²zoŋ³³kuõ⁵²la⁰］
该人交关色＝格＝啦。［kieʔ⁵ɳiŋ²³tɕio³³kuɛ⁵²sɐʔ⁵kɐʔ³la⁰］色＝格：厉害，了不起
邻舍隔壁话起阿拉阿爹来，［liŋ³³so⁴⁴kɐʔ³pieʔ³uo³³tɕʰiʔ³lɐʔ³ɐʔ³tia⁰lɛ⁰］
统翘大拇指头啦。［tʰoŋ⁵²tɕʰio³³dʌu¹¹mɐʔ²tsʮ⁴⁴dɐi⁴⁴la⁰］

介辰光，［ka⁴⁴zoŋ⁴⁴kuõ⁴⁴］介：那
阿拉屋里庵勒老街里，街面房子。［ɐʔ³lɐʔ³uɐʔ³li⁴⁵dɐŋ³³lɛʔ³lɔ²³ka⁵²li⁰，ka³³mi²³võ³³tsʮ⁰］
　　屯勒＝：住在
噢，每日到阿拉屋里来咯人客是交关多啦。［o⁵²，mɐi²³ɳieʔ²tɐʔ³ɐʔ³lɐʔ³uɐʔ⁵li⁰lɛ²³goʔ²
　　ɳiŋ³³kʰɐʔ³zʮ³³tɕio³³kuɛ⁵²tʌu⁵²la⁰］人客：客人
工人也有，［koŋ³³ɳiŋ⁵²ia³³iɤ⁵²］
农民也有，［noŋ³³miŋ⁵²ia³³iɤ⁵²］
做生意人，［tsʌu³³sã³³i⁵²ɳiŋ⁰］
小商小贩，［ɕio⁴⁴sõ⁴⁴ɕio⁴⁴fɛ⁴⁴］
学生子，［oʔ²sã³³tsʮ⁴⁵］
老头，老太婆，［lɔ²³dɐi⁴⁴，lɔ²³tʰa⁴⁴bø⁴⁴］
后生老浓＝，［ɐi²³sã⁰lɔ³³ɳyoŋ⁰］后生：年轻的。老浓＝：女人

小奶花也有，小奶花抱来，[ɕio³³na³³xuø⁴⁴ia³³iɤ⁰，ɕio³³na³³xuø⁴⁴bɔ²³lɛ⁰]小奶花：婴孩儿

介许多人，[ka⁴⁴ɕy³³tʌu⁰n̩iŋ⁰]

该个还没走出，[kieʔ³goʔ²uɐʔ²mɛʔ⁵tsɐi⁵²tsʰɔʔ⁰]

荡＝个走进唻。[dõ²³goʔ²tsɐi⁵²tɕiŋ⁰lɐi⁰]荡＝：这

但是该眼人噢，[dɛ³³z̩⁰kieʔ⁵ŋɛ⁴⁴n̩iŋ⁰ɔ⁰]

统有个特点，[tʰoŋ⁵²iɤ³³goʔ²dɐʔ²ti⁴⁵]

来阿拉阿爹面前是哦统一老一实嗲嗲归服。[lɛ³³ɐʔ³lɐʔ⁰ɐʔ³tia⁰mi¹¹i³³z̩²³vɐʔ²tʰoŋ⁵²ieʔ³lɔ³³ieʔ³zoʔ²di²³di⁰kuɐi³³voʔ²]嗲嗲归服：非常听话；顺服

阿拉阿爹话唻，[ɐʔ³lɐʔ⁰ɐʔ³tia⁰uo¹¹lɐi²³]

侬爬起，[noŋ²³bo³³tɕʰi⁵²]爬起：起来

渠出＝一声响爬起唻；[dʑi²³tsʰoʔ⁵ieʔ³ɕiŋ⁰ɕiã⁰bo³³tɕʰi⁵²lɐiʔ⁰]出＝：站起来、坐下去的象声词，相当于北京话里的"唰"

阿拉阿爹话唻，[ɐʔ³lɐʔ⁰ɐʔ³tia⁰uo¹¹lɐi²³]

侬坐落，[noŋ²³zʌu²³loʔ²]

出＝坐落唻。[tsʰoʔ⁵zʌu²³loʔ²lɐi⁰]

阿拉阿爹话，[ɐʔ³lɐʔ⁰ɐʔ³tia⁰uo¹³]

侬头抬渠，[noŋ²³dɐi²³dɛ²³dʑi⁰]头抬渠：把头抬起来

头出＝一声响抬起唻；[dɐi²³tsʰoʔ⁵ieʔ³ɕiŋ⁰ɕiã⁰dɛ³³tɕʰi⁵²lɐi⁰]

阿拉阿爹话，[ɐʔ³lɐʔ⁰ɐʔ³tia⁰uo¹³]

侬头低落，[noŋ²³dɐi²³ti⁴⁴loʔ²]

头出＝一声响低落唻。[dɐi²³tsʰoʔ⁵ieʔ³ɕiŋ⁰ɕiã⁰ti⁴⁴loʔ²lɐi⁰]

唉，侬话奇怪弗奇怪？[ɐi²³，noŋ²³uo⁰dʑi³³kua⁴⁵fɐʔ³dʑi³¹kua⁰]

介听说话，[ka⁴⁴tʰiŋ³³soʔ³uo⁰]听说话：听话

侬咋话啊？[noŋ²³dza³³uo³³a⁴⁴]

问阿拉阿爹当啥官啊？[mɐŋ³³ɐʔ³lɐʔ⁰ɐʔ³tia⁰tõ³³sʌu⁴⁴kuø⁵²a⁰]

当骨头脑髓官啦，[tõ³³kɐʔ⁵dɐi⁰nɔ⁴⁵ɕi⁰kuø⁵²la⁰]骨头脑髓官：狗屁官

阿拉阿爹开剃头店，[ɐʔ³lɐʔ⁰ɐʔ³tia⁰kʰɛ³³tʰi⁴⁴dɐi⁰di⁰]

搭人家剃头啦哈哈哈……[ɐʔ³n̩iŋ³³ko⁵²tʰi³³dɐi²³lɐʔ²xɐʔ³xɐʔ⁵xɐʔ⁰xɐʔ⁰……]

　　我的爸爸今年已经70多岁了，现在已经没啥本事了。但是，我爸爸年轻的时候可是个厉害角色。远亲近邻说起我爸爸来，都翘大拇指的。

那时候我家住在老街的店面房里，每天到我们家来的客人非常多。有工人、农民、生意人、小商贩、学生、老头儿、老婆子，还有年轻妇女和婴儿等等。这许多人啊，一个还没走另一个又进来了。这些人都有个特点，在我爸爸面前都老老实实服服帖帖。我爸爸说"你起来"，他们就站起来了；我爸爸说"坐下"，他们就坐下来了。我爸爸说"把头抬起来"，他们就抬起头来；我爸爸说"把头低下"，他们就把头低下了。

你说奇不奇怪，这么听话。你说啥？我爸爸是当什么官的——哪有啊，我爸是开剃头店给人剃头的呀！哈哈哈……

（2016 年 11 月，发音人：赵翔）

四、自选条目

（一）谚语

正月十八早春暴，［tɕiŋ³³yoʔ⁵zoʔ²pɐʔ⁵tsɔ⁵²tsʰoŋ⁰bɔ⁰］
摇橹出海落帆倒。［io³³lu⁴⁵tsʰoʔ²xɛ⁴⁵loʔ²ve³³tɔ⁴⁵］
二月十九观音暴，［n̩i¹¹yoʔ⁵zoʔ²tɕiɣ⁴⁵kuɵ³³iŋ⁴⁴bɔ⁰］
落海还是睏觉好。［loʔ²xɛ⁴⁵uɐʔ²z̩⁴⁴kʰuɐŋ³³kɔ⁴⁴xɔ⁴⁵］
三月初二要记防，［sɛ⁵²yoʔ⁰tsʰu³³n̩i⁴⁵io³³tɕi⁴⁴bõ⁰］
癫＝丝出洞有大暴。［la¹¹s̩⁴⁴tsʰoʔ³doŋ⁴⁵iɣ³³dʌu¹¹bɔ⁴⁴］
六月南方海洋宽，［loʔ²yoʔ⁰nɐi³³fõ⁵²xɛ⁵²iã³³kʰuɵ⁵²］
小暴南方十八潮。［ɕio⁴⁴bɔ⁴⁴nɐi³³fõ⁵²zoʔ²pɐʔ⁵dzioʔ⁰］
九月初九重阳暴，［tɕiɣ⁵²yoʔ²tsʰu³³tɕiɣ⁴⁵dzoŋ³³iã⁴⁴bɔ⁰］
海宫龙王信带到。［xɛ⁵²koŋ⁰loŋ³³uõ³¹ɕiŋ⁴⁴ta³³tɔ⁰］
十月十五三官暴，［zoʔ²yoʔ⁰zoʔ²ŋ⁴⁵sɛ³³kuɵ⁴⁴bɔ⁰］
三官菩萨请侬吃蛋糕。［sɛ³³kuɵ⁴⁴bu⁴⁴sɐʔ⁰tɕʰiŋ³³noŋ³³tɕʰyoʔ³dɛ¹¹kɔ⁴⁴］
十二月十二彭祖暴，［zoʔ²n̩i⁴⁴yoʔ⁰zoʔ²n̩i⁴⁴bã³³tsu⁵²bɔ⁰］
开船还是弗开好。［kʰɐ³³zɵ⁴⁵uɐʔ²z̩⁴⁵fɐʔ²kʰɐ⁵²xɔ⁴⁵］

小黄鱼搭来，［ɕio³³uõ³³ŋ³³kʰuo⁴⁴lɛ⁰］搭：捕
大黄鱼叫来，［dʌu¹¹uõ³³ŋ⁴⁴tɕio³³lɛ⁰］

乌贼摇来，［u³³zɐʔ²io²³lɛ⁰］
带鱼冻来。［ta³³ŋ⁰toŋ⁴⁴lɛ⁰］

廿九十四潮，［n̠iɛ¹¹tɕiɤ⁴⁴zoʔ²ʂʅ⁴⁴dzio⁰］
吃饭把橹摇；［tɕʰyoʔ³vɛ¹³pa³³lu²³io²³］
等到清早起，［tɐŋ³³tɔ⁰tɕʰiŋ³³tsɔ⁵²tɕʰi⁴⁵］
黄鱼满舱跳。［uõ³³ŋ³¹mø²³tsʰõ⁰tʰio⁴⁴］

海争一口水，［xɛ⁴⁵tsã⁰ieʔ³kʰɐi⁰sʅ⁴⁵］
土争一寸泥，［tʰu⁴⁵tsã⁰ieʔ³tsʰɐi⁴⁵n̠i²⁴］
人争一口气。［zoŋ²³tsã⁰ieʔ³kʰɐi⁰tɕʰi⁴⁴］

海洋能使八面风，［xɛ⁵²iã⁰nɐŋ³³sʅ⁰pɐʔ⁵mi³³foŋ⁵²］
全靠老大撩风篷。［dzø²⁴kʰɔ⁰lɔ²³da⁰lio³³foŋ³³boŋ⁵²］撩：根据风向、风力进行调整。风篷：船帆

西风落水摇进关，［ɕi³³foŋ⁵²loʔ²sʅ⁴⁵io³³tɕiŋ⁰kuɛ⁵²］
橹柱摇断一菜篮。［lu²³dzʮ⁰io³³duø⁰ieʔ³tsʰɛ⁴⁴lɛ⁰］橹柱：插入橹的中间部位小洞的一个小圆柱

六月蟹瘦瘪瘪，［loʔ²yoʔ⁰xa⁰sɐi³³pieʔ³pieʔ⁰］瘪瘪：瘦瘦的
十月蟹壮嗒嗒。［zoʔ²yoʔ⁰xa⁰tsõ⁴⁴tɐʔ³tɐʔ⁰］壮嗒嗒：肥肥的

前船统是后船眼，［i³³zø³¹tʰoŋ⁵²zʅ⁰ɐi²³zø⁰ŋɛ⁴⁵］
新船统是老船板。［ɕiŋ³³zø³¹tʰoŋ⁵²zʅ⁰lɔ²³zø⁰pɐ⁴⁵］

乌贼像小娃，［u³³zɐʔ²iã⁰ɕio³³uɛ⁴⁴］小娃：小孩儿
立夏上山，［lieʔ²uo¹³zõ³³sɛ⁵²］
小满生蛋。［ɕio⁴⁴mø⁴⁴sã³³dɛ¹³］

三级四级是亲人，［sɛ³³tɕieʔ⁵sʅ⁴⁴tɕieʔ³zʅ³³tɕʰiŋ³³n̠iŋ⁵²］三级：三级风力
八级九级是仇人。［pɐʔ⁵tɕieʔ³tɕiɤ⁵²tɕieʔ⁰zʅ³³dzɨɤ³³n̠iŋ⁵²］八级、九级：风力，形容比较大的风

东南风是鱼叉，［toŋ³³nɐi⁴⁴foŋ⁰zʅ³³y³³tsʰo⁵²］东南风：比较小而温和的风，容易捕到鱼，故被形容为
"鱼叉"

西北风是冤家。[ɕi³³poʔ⁵foŋ⁰zɿ³³y⁴⁴ko⁵¹] 西北风: 往往是大风，故对渔民而言相当于"冤家"

鲻鱼别别跳，[tsɿ³³ŋ³¹pieʔ⁵pieʔ³tʰio⁴⁴]
海蜇娘子坐花轿。[xɛ³³tsoʔ³n̠iã⁴⁴tsɿ⁴⁴zʌu³³xou³³dʑio⁵²]

情愿揹掉廿亩稻，[dʑiŋ³³n̠y³¹kʰã³³dio⁰nieʔ¹¹m³¹dɔ⁴⁵] 揹: 丢
弗可揹掉鮸鱼脑。[fɛʔ³kʰʌu⁵²kʰã³³dio⁰mi²³ŋ⁰nɔ⁴⁵] 脑: 脑髓，当地人认为鮸鱼的脑髓是极补品

戳进花鱼一枚刺，[tsʰoʔ³tɕiŋ⁰xuo³³ŋ³¹ieʔ³mɐi³³tsʰɿ⁴⁴] 花鱼: 泛指鳐类，当地人认为该鱼的刺有剧毒
脚烂三年无药医。[tɕieʔ⁵lɛ¹³sɛ³³n̠i⁵²m⁵²ieʔ²i⁵²]

过了三月三，[kʌu⁴⁴lɐʔ⁰sɛ⁵²yoʔ²sɛ⁵²]
草绳好打缆。[tsʰɔ⁴⁴iŋ⁴⁴xɔ³³tã³³lɛ²³] 用稻草搓成的缆绳可系渔船，指天气转暖，风暴少

东风带雨弗拢洋，[toŋ³³foŋ⁵²ta³³y⁴⁵fɛʔ³loŋ⁵²yã²³]
搓转西风呕爹娘。[tsʰʌu³³tsø⁵²ɕi³³foŋ⁵²ɐi³³tia³³n̠iã⁵²] 呕爹娘: 哭爹喊娘

小鱼搭光大鱼稀，[ɕio³³ŋ⁴⁴kʰo³³kuõ⁰dʌu¹¹ŋ²³ɕi⁴⁴]
眼前快活后来苦。[ŋɛ²³iˀ⁰kʰua⁴⁴uaʔ⁰ɐi²³lɛˀ⁰kʰu⁴⁵]

三寸板内是娘房，[sɛ³³tsʰɐŋ⁴⁵pɛ⁵²nɐi²³zɿ³³n̠iã³³fõ⁵²]
三寸板外见阎王。[sɛ³³tsʰɐŋ⁴⁵pɛ⁵²ŋa¹³tɕi³³n̠i³³uõ⁵²] 三寸板: 指小渔船

十二、十三早开船，[zoʔ²n̠i³³、zoʔ²sɛ³³tsɔ⁴⁵kʰɛ³³zø²³]
十五、十六鱼满载，[zoʔ²ŋ³³、zoʔ²loʔ²ŋ⁴⁵mø⁴⁵tsɛ⁰]
十七、十八回洋来。[zoʔ²tɕʰieʔ⁵、zoʔ²pɐʔ⁵uɐi³³yã⁴⁵lɛ⁰]

北风鱼头稳，[poʔ⁵foŋ⁰ŋ³³dɐi⁵²uɐŋ²³]
南风鱼头轻，[nɐi³³foŋ⁵²ŋ³³dɐi⁵²tɕʰiŋ⁵²]
西风鱼头沉。[ɕi³³foŋ⁵²ŋ³³dɐi⁵²dʑiŋ²³]

五月十三鳓鱼会，[ŋ²³yoʔ²zoʔ²sɛ³³lɐi¹¹ŋ³³uɐi²³] 会: 聚会
日里弗会夜里会，[n̠ieʔ²liˀ⁰fɐʔ³uɐi²³ia¹¹li²³uɐi¹³]

夜里弗会明朝会。[ia¹¹li³³feʔ³uɐi²³min³³tɕio⁵²uɐi⁰]

大蟹还是小蟹儇，[dʌu¹¹xa⁴⁴uɐʔ²zʅ³³ɕio³³xa⁴⁴xuɛ⁵²] 儇：聪明
小蟹打洞会转弯。[ɕio³³xa⁴⁴tã³³doŋ¹³uɐi³³tsø³³uɛ⁵²] 打洞：钻洞

带鱼吃肚皮，[ta³³ŋ⁰tɕʰyoʔ³dʌu²³bi⁰]
黄鱼吃背脊，[uõ³³ŋ³¹tɕʰyoʔ³pɐi³³tɕiɤ⁰]
说话讲道理。[soʔ³uo⁰kõ³³dɔ²³li⁰]

叫花子吃蟹，[kɔ⁴⁴xuo⁰tsʅ⁰tɕʰyoʔ³xa⁴⁵]
只只鲜。[tsɐʔ⁵tsɐʔ³ɕi⁵²]

龙生龙，[loŋ²³sã³³loŋ²³]
凤生凤，[voŋ²³sã⁵²voŋ¹³]
老蟹儿子会打洞。[lɔ²³xa⁵²ŋ³³tsʅ⁴⁵uɐi²³tã³³doŋ¹³]

莫看我蟹无血，[mɔ⁵²kʰi⁰ŋo³³xa⁴⁵m⁴⁴ɕyoʔ⁵]
烤烤也会红呵。[kʰɔ⁴⁴kʰɔ³³ia³³uɐi³¹oŋ²³ʌu⁰]

无舵船，团团转。[m⁵²dʌu⁰zø⁰, dø³³dø⁴⁴tsø⁰]
手一摇，人一潮。[ɕiɤ⁴⁵ieʔ³io²³, ȵiŋ²³ieʔ⁰dzio²³] 一潮：一大群

说话像刮龙卷风，[soʔ³uo¹³iã³³kuɐʔ³loŋ³³tɕy⁴⁴foŋ⁰]
当心半夜牙齿痛。[tõ³³ɕiŋ³³pø⁴⁴iaⁿo³³tsʰʅ⁴⁴tʰoŋ⁰]

（以上 2016 年 8 月，发音人：刘汉龙）

（二）谜语

张记望记，[tɕiã⁵²tɕi⁰uõ⁵²tɕi⁰] 张：张望。记：一下
两个差使搭去。[liã²³goʔ²tsʰa³³sʅ⁵²kʰo⁵²tɕʰi⁰] 搭：抓
——揞鼻头 [ɕiŋ³³bɐʔ²dɐi⁴⁴] 鼻头：鼻涕

暗洞洞，亮洞洞，［ɐi⁴⁴doŋ³¹doŋ⁰，liã¹¹doŋ²³doŋ⁰］

十八个将军抬弗动。［zoʔ²pɐ⁵goʔ²tɕiã³³tɕyoŋ⁵²dɛ³³fɛʔ³doŋ⁰］

——井头［tɕiŋ⁴⁴dɐi⁴⁴］井头：水井

阿爹麻皮，［ɐʔ⁵tiaº mo³³bi⁵²］

阿娘红皮，［ɐʔ³n̠iã²³oŋ³³bi⁵²］

生出儿子白皮。［sã³³tsʰoʔ³ŋ³³tsʅ⁴⁵bɐʔ²bi²³］

——花生［xuo³³sɐŋ⁵²］

阿大搽扑粉，［ɐʔ³dʌu¹³dzo³³pʰoʔ³fɛŋ⁰］

阿二穿红袍，［ɐʔ³n̠i²³tsʰø³³oŋ³³bɔ⁵²］

阿三生疙瘩，［ɐʔ³sɛ⁴⁵sã³³kɐʔ⁵lɔ⁰］疙瘩：疙瘩，指疥疮

阿四戴铁帽。［ɐʔsʅ⁴⁴ta³³tʰieʔ⁵mɔ⁰］

——冬瓜、南瓜、六谷、茄［toŋ³³kuo⁵²、nɐi³³kuo⁵²、loʔ²koʔ⁵、dʑiɛ¹³］

婆婆后门头十黪地，［bʌu²³bʌuºɐi²³mɐŋ⁴⁴dɐi⁴⁴zoʔ²liŋ⁴⁴di¹³］黪ᵘ：畦

黪黪地头盖瓦片。［liŋ²³liŋ⁴⁴di¹¹dɐi²³kɛ³³ŋo²³pʰi⁴⁴］

——十只手指拇头［zoʔ²tsɐʔ³ɕiɣ⁴⁴tsʅ⁴⁴mɐ³³dɐi⁴⁴］

婆婆屋里一只鸡，［bʌu²³bʌuºuɐʔ³liºieʔ³tsɐʔ³tɕi⁴⁵］

人客来了咯咯啼。［n̠iŋ³³kʰɐʔ⁵lɛ³³lɐʔ²ko⁴⁴ko³³di²³］

——茶壶［dzo³³vu⁵²］

（以上 2016 年 6 月，发音人：刘汉龙）

（三）歇后语

舱板登ᵘ分铜钿——硬碰硬［tsʰõ³³pɛ⁵²tɐŋºfɛŋ³³doŋ³³n̠i⁵²——ŋã¹¹pʰã⁴⁴ŋã⁰］舱板：船舱。登ᵘ：
　　上面

一网打尽天下鱼——空想［ieʔ³mõ²³tã⁵²tɕiŋºtʰi³³uo⁵²ŋ²³——kʰoŋ³³ɕiã⁴⁵］

大海洋里撑船——漫无边际［dʌu¹¹xɛ³³iã³³liºtsʰã³³zø²³——mɛ²³u³³pi³³tɕi⁵²］

小船摇出大江外——有花头［ɕio⁴⁴zø⁴⁴io³³tsʰoʔ³dʌu¹¹kõ⁴⁴ŋa⁰——iɤ³³xuo⁴⁴dɐi³¹］

乌贼肚肠河豚肝——又黑又毒［u³³zɐʔ²du²³dʑiã⁰ʌu³³dɐŋ⁵²ki⁵²——iɤ²³xɐʔ⁵iɤ²³doʔ²］

乌鲤鱼扮河桩——装勒交关像［u³³li⁴⁴ŋ⁴⁴pɛ³³ʌu³³tsõ⁵²——tsõ³³lɐʔ⁰tɕio³³kuɛ⁵²iã²³］

龙王爷跳海——回老家［loŋ³³uõ⁴⁴ia⁴⁴tʰio³³xɛ⁴⁵——uɐi³³lɔ⁴⁵tɕia⁰］

石板登⸗斩鱼——难下手［zɐʔ²pɛ³³tɐŋ⁴⁵tsɛ³³ŋ⁴⁴——nɛ²³ɕia³³ɕiɤ⁰］

机帆船摇橹——多此一举［tɕi³³vɛ⁴⁴zø⁴⁴io³³lu²³——tʌu³³tsʰɿ⁵²ieʔ³tɕy⁵²］

网里沙蟹——动弗了［mõ³³li⁴⁵so³³xa⁴⁵——doŋ²³fɐʔ³lio⁰］

咸鱼安酱油——好省呵［ɛ³³ŋ³¹ɐi³³tɕiã⁴⁴iɤ⁰——xɔ³³sã⁴⁴ʌu⁰］安:放

　　　　　　　　　　　　　　（以上 2016 年 8 月，发音人: 刘汉龙）

岱　山

一、歌谣

月亮菩萨

月亮菩萨弯弯管﹦，〔yoʔ²liã⁵²bu³³sɐʔ⁰uɛ⁴⁴uɛ⁴⁴kuø⁴⁴〕弯弯管﹦：弯弯的样子，"管"的本字是"个"

碰着小奶花，〔bã³³dzoʔ⁰ɕio⁴⁴na⁴⁴xuɤ⁴⁴〕小奶花：婴儿，带着奶香，故称"小奶花"

侬姓啥？我姓唐，〔noŋ²³ɕiŋ³³sʌu⁴⁴？ŋo²³ɕin³³dõ²³〕

糖糖糖饼摊，〔dõ⁴⁴dõ⁴⁴dõ³³piŋ⁵²tʰɛ⁰〕

摊摊摊膏药，〔tʰɛ⁵²tʰɛ⁵²tʰɛ³³kɔ³³ieʔ²〕摊：这里是贴的意思

叶叶叶医生，〔ieʔ²ieʔ²ieʔ²i³³sã⁵²〕叶：姓氏

生生生萝卜，〔sã⁵²sã⁵²sã⁵²lɔ⁰boʔ⁰〕

扑扑扑沙蟹，〔boʔ²boʔ²boʔ²so⁵²xa⁰〕扑：捕

蟹蟹蟹脚钳，〔xa⁴⁵xa⁴⁵xa⁴⁴tɕieʔ⁵dʑi⁴⁴〕

钳钳钳隔壁，〔dʑi⁵²dʑi⁵²dʑi³³kɐʔ⁵pieʔ⁰〕

壁壁壁老虎，〔pieʔ⁵pieʔ⁵pieʔ³lɔ³³fu³³〕壁老虎：壁虎

虎虎虎头牌，〔fu⁵²fu⁵²fu⁵²døɤ⁰ba⁰〕

败败败门坊，〔ba⁵²ba⁵²ba³³mɐŋ³³fõ⁵²〕败门坊：伤风败俗

放放放炮仗，〔fõ⁵²fõ⁵²fõ³³pʰɔ⁴⁴dʑiã⁰〕炮仗：爆竹

长长长眼竿，〔dʑiã⁵²dʑiã⁵²dʑiã⁵²lõ⁰ki⁰〕眼竿：晾衣杆

赶赶赶小鸡，〔ki⁵²ki⁵²ki³³ɕio⁴⁴tɕi⁴⁴〕

小鸡赶勿着，〔ɕio⁴⁴tɕi⁴⁴ki⁵²vɐʔ⁰dzoʔ⁰〕

晚头夜饭无告吃。［mɛ²³lɐi⁴⁴ia¹¹vɛ⁴⁴ŋ⁵²kɔ⁰tɕʰyoʔ⁰］无告：没得

高高山

高高山，低低山，［kɔ⁴⁴kɔ⁵²sɛ⁵²，ti⁴⁴ti⁴⁴sɛ⁵²］

鲫鱼跳过白沙滩，［lɐi²³ŋ⁰tʰio³³kʌu⁵²baʔ²so³³tʰɛ⁵²］

货郎摊人走过来，［xʌu⁴⁴lõ⁴⁴tʰɛ⁴ȵiŋ⁴⁴tsœɣ⁵²kʌu⁰le⁰］

描花描蝴蝶，［mio³³xuo⁵²mio³³u⁴⁴dieʔ⁵］描：画

蝴蝶嘟嘟飞，［u³³dieʔ⁵du¹¹du⁴⁴fi⁵²］

飞到杭州扯大旗，［fi³³tɔ³³õ³³tɕiɣ⁵²tsʰo³³dʌu¹¹dʑi⁴⁴］扯：举

大旗眠床花绿绿，［dʌu¹¹dʑi⁴⁴mi⁴⁴zõ⁴⁴xuo⁵²loʔ²loʔ⁰］

小旗眠床种六谷，［ɕio⁴⁴dʑi⁴⁴mi⁴⁴zõ⁴⁴tsoŋ³³loʔ²kɔ⁵］六谷：玉米

今年六谷嫩哎哎，［tɕiŋ³³ȵi⁵²loʔ²kɔʔ⁵nɐŋ¹¹ɛ⁵²ɛ⁰］哎哎：表示程度的摹状成分

丈夫出门到上海，［dʑiã²³fu⁵²tsʰoʔ³mɐŋ²³tɔ³³zõ¹¹xe⁴⁴］

胭脂花粉带落来，［i⁴⁴tɕi⁴⁴xuo⁴⁴fɐŋ⁴⁴ta⁴⁴loʔ²le⁰］花粉：女子梳妆打扮中使用的粉

七个姑娘坐落来，［tɕʰieʔ³goʔ²ku³³ȵiã⁵²zʌu²³loʔ²le⁰］

拨渠拉分带开。［pieʔ³dʑieʔ³laʔ³fɐŋ³³ta⁵²kʰe⁰］带：表示进行状态的语气。分带开：即分一分

斗斗虫呀飞

斗斗虫呀飞，［tiɣ⁴⁴tiɣ⁴⁴dzoŋ⁴⁴iaʔfi⁵²］斗斗虫：大人教幼儿玩的一种双食指指尖相对的游戏，边玩边唱本歌谣

小麻雀ɹ来吃屁，［ɕio⁴⁴mo⁴⁴tɕiã⁴⁴le³³tɕʰyoʔ⁰pʰi⁵²］

嘟呀嘟呀飞，［du²³iaʔ⁰du²³iaʔ⁰fi⁵²］

城门城门几丈高

城门城门几丈高，［dʑiŋ³³mɐŋ⁵²dʑiŋ³³mɐŋ⁵²tɕi³³dʑiã⁴⁵kɔ⁵²］

三尺六丈高，［sɛ³³tsʰɐʔ⁵loʔ²dʑiã⁴⁵kɔ⁵²］

起白毛，［tɕʰi³³baʔ²mɔ²³］

捞把刀，［lɔ³³po⁴⁴tɔ⁵²］

走进城门罩一罩。［tsœɣ⁵²tɕiŋ⁰dʑiŋ³³mɐŋ⁵²tsɔ⁴⁴ieʔ⁰tsɔ⁰］罩：当另一个小朋友钻过来的时候，如果

正好唱到这句，就用手把他捉住

阿哥阿哥

阿哥阿哥，［ɐʔ³kʌu⁵²ɐʔ³kʌu⁵²］

鞋ㄦ拖拖，［a²³bɛ⁴⁴tʰʌu⁵²tʰʌu⁰］鞋ㄦ：鞋子

还有两角洋钱多，［uaʔ³iɤ⁵²liã²³koʔ³iã⁴⁴dʑi⁴⁴tʌu⁵²］

两角洋钱买青果，［liã²³koʔ³iã⁴⁴dʑi⁴⁴ma⁴⁴tɕʰiŋ⁵²kʌu⁰］青果：一种蜜饯，加工时间较短的橄榄

青果两头尖，［tɕʰiŋ⁵²kʌu⁰liã²³dœɤ⁵²tɕi⁵²］

劰得吃荸荠，［vɐi²³tɐʔ⁰tɕʰyoʔ³bi³³dʑi⁴⁵］劰："不会" 的合音合义字

荸荠扁窄窄，［bi³³dʑi⁴⁵pi⁵²tso⁰tso⁰］窄窄：摹状成分

劰得吃甘蔗，［vɐi²³tɐʔ⁰tɕʰyoʔ³ki⁵²tso⁰］

甘蔗节打节，［ki⁵²tso⁰tɕieʔ³tã⁵²tɕieʔ⁰］

劰得吃白节，［vɐi²³tɐʔ⁰tɕʰyoʔ³bɐʔ³tɕieʔ⁵］白节：一种米制糕点

白节嵌牙齿，［bɐʔ³tɕieʔ⁵kʰɛ⁴⁴ŋo⁵²tsʰɿ⁰］

劰得吃瓜子，［vɐi²³tɐʔ⁰tɕʰyoʔ³ko⁵²tsɿ⁰］

瓜子剥开两头壳，［ko⁵²tsɿ⁰poʔ³kʰe⁰liã²³dœɤ⁵²kʰoʔ³］

囡囡无告吃。［niɤ²³niɤ⁴⁴ŋ⁴⁴kɔ⁴⁵tɕʰyoʔ³］无告：没有、没得

摇呀摇

摇呀摇，［io²³ia⁰io⁵²］

摇呀摇，［io²³ia⁰io⁵²］

摇到外婆桥，［io⁴⁴tɔ⁴⁴ŋa¹¹bʌu⁴⁵dʑio⁴⁵］

外婆屋里吃口茶，［ŋa¹¹bʌu⁴⁴uoʔ⁵loʔ⁵tɕʰyoʔ³kʰœɤ⁰dzo²³］吃：喝

舅舅上山摘枇杷，［dʑiɤ²³dʑiɤ⁵²zõ⁴⁴sɛ⁵²tsɐʔ³bi⁴⁴bo⁵²］

枇杷树里一根蛇，［bi⁴⁴bo⁵²zʮ¹¹li⁵²ieʔ³kã⁴⁵dzo²³］树里：树上

舅舅吓勒满山爬。［dʑiɤ²³dʑiɤ⁵²xɐʔ³lɐʔ⁰mø²³sɛ⁵²bo²³］

落雨唻

落雨唻，［loʔ²y⁴⁴lɐi⁵²］

落雨唻，［loʔ²y⁴⁴lɐi⁵²］

打烊唻，［tã⁴⁴iã¹¹lɐi⁵²］打烊：商店安上门板关门

小八拉丝＝开会唻。［ɕio⁴⁴pɐʔ⁵la⁴⁴sɿ⁴⁴kʰe³³uɐi¹¹lɐi⁵²］小八拉丝＝：最底层的小职员，含幽默义

侬搭我敲背

侬搭我敲背，[noŋ²³taʔ⁰ŋo³³kʰɔ⁴⁴pɐi⁴⁴]敲：捶

我搭侬做媒，[ŋo²³tɐʔ³noŋ⁰tsʌu³³mɐi²³]

做拨隔壁瘌头。[tsʌu⁴⁴pɐʔ³kɐʔ⁵pieʔ⁵la¹¹lɐi²³]瘌头：指头上长疥疮的男人。歌谣含幽默义

（以上 2017 年 7 月，发音人：周亚娣）

红太阳唻海上照

红太阳唻海上照啦风大浪又高[oŋ tʰa iã le xe zõ tɕio la foŋ da lõ iɣ kɔ]

侬看那大对小对机帆渔轮成群结队[noŋ kʰi na dʌu tɐi ɕio tɐi tɕi vɐ y lɐŋ dʑiŋ dʑyoŋ tɕieʔ tɐi]

把鱼搭啦哎啦格侬嗨哟[pa ŋ kʰo la ɐi lɐʔ gɐʔ i xɐi io]

黄鱼带鱼鳓鱼鲳鱼鲵鱼花鱼乌贼箬鳎[uõ ŋ ta ŋ lɐi ŋ tsʰo ŋ mi ŋ huo ŋ u zɐʔ n̠yoʔ tʰɐʔ]

一网一网一网一网一网一网[ieʔ mõ ieʔ mõ ieʔ mõ ieʔ mõ ieʔ mõ ieʔ mõ]

舱啦里倒啦哎嗨侬嗨哟[tsʰõ la li tɔ lɐʔ ɐi xɐi i xɐi io]

四季搭鱼产量产量产量高啦[sɿ tɕi kʰo ŋ tsʰe liã tsʰe liã tsʰe liã kɔ lɐʔ]

哎嗨侬嗨哟嗨哟[ɐi xɐi i xɐi io xɐi io]

红太阳唻近洋远洋照嘞养殖又捕捞[oŋ tʰa iã le dʑiŋ iã y iã tɕio lɐʔ iã dʑieʔ iɣ bu lɔ]

阿拉咯阿姐阿妹阿姑阿嫂[ɐʔ lɐʔ goʔ ɐʔ tɕi ɐʔ mɐi ɐʔ ku ɐʔ sɔ]

织网晒鲞干啦干劲高啦哎呀嗨侬嗨哟[tɕieʔ mõ sa ɕiã ki lɐʔ ki tɕiŋ kɔ la ɐi ia xɐi i xɐi io]

蛏子蛤皮青蟹白蟹海蜇海带[tɕʰiŋ tsɿ kaʔ bi tɕʰiŋ xa baʔ xa xe tsoʔ xe ta]

一堆一堆一堆一堆一堆一堆[ieʔ tɐi ieʔ tɐi ieʔ tɐi ieʔ tɐi ieʔ tɐi ieʔ tɐi]

铺啦满岛啦侬啦哎嗨哟[pʰu lɐʔ miɣ tɔ lɐʔ i lɐʔ ɐi xɐi io]

近洋远洋风啦侬风啦侬风啦侬风光好啦[dʑiŋ iã y iã foŋ lɐ i foŋ lɐ i foŋ lɐ i foŋ kuõ xɔ lɐʔ]

哎格嗨侬嗨哟[ɐi kɐʔ xɐi i xɐi io]

嗨哟——[xɐi io]

（以上 2017 年 7 月，发音人：张平球）

二、规定故事

牛郎和织女

早起头啦，有一个小娃啦，［tsɔ⁵²tɕʰiºdœɤºlaº, iɤ³³ieʔºgoʔºɕio⁴⁴uɛ⁴⁴laº］早起头：很久以前，
　　从前

渠阿爹阿娘统死脱哓，［dʑi²³ɐʔ³tiɛ⁵²ɐʔ³n̠iã²³tʰoŋ⁵²ɕi⁵²tʰɐʔºlɐiº］

格渠一个人啦孤苦伶仃。［kɐʔ⁵dʑi²³ieʔºgoʔºn̠iŋ⁴⁴laºku³³kʰu⁵³liŋ³³tiŋ⁵²］

屋里是只搭一只牛酿=啦相依为命，［uɐʔ⁵li⁰z̩²³tɕieʔºtɐʔºieʔ³tsɐʔºŋœɤ²³n̠iãºlaºɕia³³i⁵²
　　uɐi³³miŋ¹³］是只：只有。酿=：一起

该个村庄里老百姓呢统讴渠"牛郎"哦。［kieʔ⁵goʔºtsʰɐŋ³³tsõ⁵²li⁰lɔ²³paʔ⁵ɕiŋ⁴⁴n̠i⁰tʰoŋ⁵²
　　œɤ³³dʑi³³ŋœɤ³³lõ⁵²ʌu⁵²］

其实啦，该只牛啦是金牛星，［dʑi³³zoʔ²laº, kieʔ⁵tsɐʔ³ŋœɤ²³laºz̩³³tɕiŋ⁴⁴ŋœɤ⁴⁵ɕiŋº］

渠是神仙下凡的哦。［dʑi²³z̩ºsoŋ³³ɕi⁵²ɕia³³vɛ²³tiºʌuº］下凡地哦：在这里下凡的

该只牛心介忖忖啦，［kieʔ³tsɐʔºŋœɤ²³ɕiŋ⁵²kaºtsʰɐŋ³³tsʰɐŋ⁵²laº］

顶好拨牛郎啦老浓=拨渠啦抬抬进哦。［tiŋ⁵²xɔºpɐʔºŋœɤ³³lõ⁵²laºlɔ²³n̠iŋºpieʔ²dʑi⁴⁴laº
　　de³³de⁵²tɕiŋºʌuº］老浓=：老婆。抬抬进：娶进

格有介一日啦，［kɐʔ³iɤ²³kaºieʔ³n̠ieʔ²laº］

金牛星啦渠得知哓，［tɕiŋ³³ŋœɤ⁴⁴ɕiŋºlaºdʑi²³toʔ⁵tsɤºlɐiº］得知：知道

天宫个七仙女啦要搭牛郎个家乡个湖边头啦来净人来，［tʰi³³koŋ⁵²goʔºtɕʰieʔ⁵ɕiºn̠yºlaº
　　io⁴⁴tɐʔ³ŋœɤ³³lõ⁵²goʔºtɕia³³ɕiã⁵²goʔºu²³pi⁴⁴dœɤ⁴⁴laºle³³dʑiã⁴⁴n̠iŋ²³leº］

渠托梦搭牛郎啦讲哓，［dʑi²³tʰoʔ³mõ¹¹tɐʔ³ŋœɤ³³lõ⁵²laºkõ³³lɐi⁵²］

意思介啦，［i⁴⁴s̩ºkaºlaº］介啦：是

第二日啦湖边头啦有仙女来该净人哓，［di¹¹n̠i⁴⁴n̠ieʔºlaºu²³pi⁴⁴dœɤ⁴⁴laºiɤ³³ɕi³³n̠y⁵²le³³
　　kieʔºdʑiã³³n̠iŋ²³lɐiº］

侬啦搭渠衣裳偷一件来哦，［noŋ²³laºtɐʔ³dʑiºi⁴⁴zõ⁵²tʰœɤ⁵²ieʔ³dʑiºleºʌuº］

头也莫回，［dœɤ²³iaºma⁵²uɐi²³］

直接叫呢，［dʑieʔ²tɕieʔ⁵tɕio⁴⁴n̠iº］叫：助词，地

咣咣奔勒屋里，［guã¹¹guã⁴⁴pɐŋ³³lɐʔ²uɐʔ⁵liº］咣咣：象声词，奔跑的声音

搭该件衣裳园好渠哦，［taʔ³kieʔ³dʑi⁴⁴i⁴⁴zõ⁵²kʰõ⁴⁴xɔºdʑi²³ʌuº］园好：藏起来

介貌呢，［ka⁴⁴mɔ⁰n̠i⁰］

侬好看老浓˭好抬进唻。［noŋ²³xɔ⁴⁴kʰi⁴⁴lɔ⁴⁴n̠iŋ⁴⁴xɔ⁰de³³tɕiŋ⁵²lɐi⁰］抬：娶

格呢，第二天亮，［kɐʔ⁵n̠i⁰，di¹¹n̠i³³tʰie⁵lĩã⁰］

牛郎调觉唻，［ŋœɤ³³lõ⁵²dio¹¹kɔ⁴⁴lɐi⁰］调觉：醒来

刮一忖，［kuɐʔ⁵ieʔ²tsʰɐŋ⁴⁵］刮：突然

该是啥哦，［kieʔ⁵zɻ⁰sʌu⁴⁴ʌu⁰］

是乱梦还是真哦？［zɻ³³lø¹¹mõ⁴⁴uɐʔ²zɻ⁰tsoŋ⁵²ʌu⁰］

反正勿大相信哦。［fɛ⁵²tɕiŋ⁰vɐʔ²da⁴⁴ɕiã³³ɕiŋ⁰ʌu²³］

反正乱梦做着地了嘛，［fɛ⁵²tɕiŋ⁰lø¹¹mõ⁴⁴tsʌu⁴⁴dzoʔ²ti⁰laʔ⁰ma⁰］

第二日搭湖边头去看去唻。［di¹¹n̠i⁴⁴nieʔ²tɐʔ⁰u³³pi⁵²dœɤ⁰tɕʰi³³kʰi⁴⁴tɕʰi⁰lɐi⁰］

一看咋话啊，［ieʔ²kʰi⁴⁴dza³³uo⁰a⁰］咋话：怎么说

嘻嘻哈哈，［ɕi⁴⁴ɕi⁴⁴xa⁴⁴xa⁴⁴］

是有咋七八个仙女来该净人嘛，［zɻ²³iɤ³³dzɐʔ²tɕʰieʔ⁵pɐʔ³goʔ⁰ɕi³³n̠y⁵²lieʔ²ke⁰dziã²³n̠iŋ²³ maʔ⁰］

衣裳统脱落该。［i³³zõ⁵²tʰoŋ⁵²tʰɐʔ⁵loʔ²ke⁰］

格该牛郎啦，［kɐʔ⁵kieʔ²ŋœɤ³³lõ⁵²la⁰］

搭渠偷来一件淡红个衣裳啦，［tɐʔ³dʑi⁴⁴tʰœɤ⁵²le⁰ieʔ²dʑi⁰dɛ²³oŋ⁴⁴goʔ⁰i³³zõ⁵²la⁰］

偷来依˭来，［tʰœɤ⁵²le⁰i⁵²le⁰］偷来依˭来：偷来之后

渠头也勿回啦，［dʑi²³dœɤ²³a⁰vɐʔ²uɐi⁴⁴la⁰］

咣咣奔勒屋里去园好唻。［guã¹¹guã⁴⁴pɐŋ³³lɐʔ²uo⁴⁴loʔ⁰tɕʰi⁴⁴kʰõ⁴⁴xɔ⁵²lɐi⁰］

再讲该七仙女啦，［tse⁴⁴kõ⁰kieʔ²tɕʰie⁵ɕi⁰n̠y⁰la⁰］

人净好走上来，［n̠iŋ²³dʑiã²³xɔ⁰tsœɤ⁵²zõ⁰le⁰］

格衣裳无呐˭了啦，［kɐʔ⁵i⁴⁴zõ⁵²n⁴⁴nɐʔ⁰lɐʔ³³lɐʔ⁰］无呐˭：不见、没

格无呐˭办法啦，［kɐʔ⁵n⁴⁴naʔ²bɛ¹¹fɐʔ³lɐʔ⁰］

格末该日夜到呢搭牛郎屋里呢敲门去唻，［kɐʔ⁵mɐʔ²kieʔ⁵nieʔ²ia¹¹tɔ⁴⁴n̠i⁰tɐʔ³ŋœɤ³³lõ⁵² uo⁴⁴loʔ⁰n̠i⁰kʰɔ³³mɐŋ²³tɕʰi⁰lɐi⁰］

牛郎搭渠两人呢做了恩爱夫妻。［ŋœɤ³³lõ⁵²tɐʔ³dʑi³³liã²³n̠iŋ⁴⁴n̠i⁰tsʌu³³lɐʔ⁰ɐŋ⁴⁴e⁵²fu³³tɕʰi⁵²］

一讲啦就三年过去唻。［ieʔ³kõ⁴⁴la⁰dziɤ²³se³³n̠i⁵²kʌu⁴⁴tɕʰi⁰lɐi⁰］

牛郎搭织女生了一个小娃搭一个小娘一对小人哦。［ŋœɤ³³lõ⁵²tɐʔ³tɕie⁵n̠y⁰sã³³lɐʔ⁰ieʔ³ goʔ⁵ɕio³³uɐ⁴⁴tɐʔ³ieʔ³goʔ⁵ɕio³³n̠iã⁴⁴ieʔ³tɐi⁵²ɕio⁴⁴n̠iŋ⁴⁴ʌu⁵²］

人家早起头来话啦，〔ȵiŋ⁴⁴ko⁵²tsɔ⁵²tɕʰi⁰dœɤ⁰le³³uo¹¹la⁵²〕

天上一日地下一年啦。〔tʰi⁵²zõ⁰ie⁲ȵie⁲di¹¹uo⁴⁴ie⁲ȵi²³la⁰〕

爹娘值钿小囡啦。〔tie⁴⁴ȵiã⁵²dʑie⁲di⁴⁵ɕio⁴⁴nø⁴⁴la⁰〕值钿：疼爱，喜欢

玉皇大帝一看，〔ȵyo⁲uõ⁴⁴da³³ti⁰ie⁲kʰi⁴⁴〕

该两三日呐⁼看见小囡织女啦，〔kie⁵liã⁰sɛ⁰ȵie⁲nɐ⁲kʰi³³tɕi⁰ɕio⁴⁴nø⁴⁴tɕie⁲ȵy⁰la⁰〕

　　呐⁼：没

格渠问唻，〔kɐ⁵dʑi²³mɐŋ¹¹lɐi⁰〕

织女呢？〔tɕie⁲ȵy⁴⁴ȵi⁰〕

格话唻：〔kɐ⁵uo¹¹lɐi⁵²〕

织女下凡该唻，〔tɕie⁲ȵy⁰ɕia³³vɛ²³ke⁰lɐi⁰〕

无呐⁼回来过。〔n⁴⁴nɐ⁵uɐi³³le⁵²kʌu⁰〕

格是，该玉皇大帝气煞了嘛。〔kɐ⁵zɿ⁰，kie⁲ȵyo⁲uõ⁴⁴da³³ti⁰tɕʰi⁴⁴sɐ⁲la⁲ma⁰〕

该日子是，〔kie⁲ȵie⁲tsɿ⁴⁴zɿ⁰〕

雷电交加，〔lɐi³³di⁵²tɕio³³tɕia⁵²〕

暴风暴雨，〔bɔ²³fɐŋ⁰bɔ⁰y⁰〕

讴天兵天将来搭来嘛哦。〔œɤ³³tʰi³³piŋ⁵²tʰi³³tɕiã⁵²le³³kʰo⁴⁴le⁰ma⁲ʌu⁵²〕

格呢，无呐⁼办法，〔kɐ⁲ȵi⁴⁴，n⁴⁴nɐ⁲bɛ¹¹fɐ⁵〕

织女拨渠搭去唻，〔tɕie⁲ȵy⁰pɐ⁲dʑi⁰kʰo⁴⁴tɕʰi⁰lɐi⁰〕搭：抓

格两个小人哭煞唻，〔kɐ⁲liã²³go⁲ɕio⁴⁴ȵiŋ⁴⁴kʰo⁲sɐ⁲lɐi⁰〕

格咋弄呢，〔kɐ⁵dza³³loŋ³³ȵi⁰〕咋弄：怎么办

牛郎也无呐⁼办法唻。〔ŋœɤ³³lõ⁵²a²³n⁴⁴nɐ⁲bɛ¹¹fa⁵lɐi⁰〕

金牛星晓得唻，〔tɕiŋ³³ŋœɤ⁴⁴ɕiŋ⁰ɕio⁵²tɐ⁲lɐi⁰〕

搭牛郎介话唻：〔tɐ⁲ŋœɤ³³lõ⁵²ka⁰uo¹¹lɐi⁴⁴〕

侬难也甮难熬了哦，〔noŋ²³nɛ²³ia⁰vɐŋ²³nɛ⁰ŋɔ⁰lɐi⁲ʌu⁵²〕甮：不用，别

侬也呐⁼办法咯哦，〔noŋ²³ia⁰nɐ⁵bɛ¹¹fɐ⁵go⁲ʌu²³〕

侬搭我两只角啦驮带落啦变成两只箩啦，〔noŋ²³tɐ⁲ŋo³³liã²³tsɐ⁲kɔ⁵la⁰dʌu³³ta⁵²lo⁲la⁰pi³³dʑiŋ⁴⁴liã²³tsɐ⁲lʌu²³la⁰〕驮：拿

侬搭两个小人呢跌⁼渠装进箩筐里头啦，〔noŋ²³tɐ⁲liã²³go⁲ɕio³³ȵiŋ⁴⁴ȵi⁰tie⁲dʑi³³tsõ⁴⁴tɕiŋ⁵²lʌu³³kʰõ⁵²li²³dœɤ⁰la⁰〕跌⁼：把

侬去趤织女去好唻。〔noŋ²³tɕʰi⁰bie⁲tɕie⁲ȵy⁰tɕʰi⁰xɔ⁰lɐi⁰〕趤：追赶

果然，［kʌu⁵²zø⁰］

牛角变成两只箩唻，［ŋœɤ³³koʔ⁵pi³³dʑiŋ⁴⁴liã²³tsɐʔ²lʌu²³lɐi⁰］

牛郎搭小人摆勒箩里，［ŋœɤ³³lõ⁵²tɐʔ²ɕio⁴⁴n̠iŋ⁴⁴pa³³lɐʔ²lʌu²³li⁰］

驮起一根扁担，［dʌu²³tɕʰi⁵²ieʔ²kã³³pi⁵²tɐ⁰］

挑起来，［tʰio⁴⁴tɕʰi⁵²le⁰］

格好啦，［kɐʔ⁵xɔ³³la⁰］

打末指头啦，［tã⁵²mɐʔ²tsʅ⁰dœɤ⁰la⁰］打末指头：突然之间

人飞起来，［n̠iŋ²³fi³³tɕʰi⁵²le⁰］

格渠趣呀趣呀，［kɐʔ⁵dʑi²³bieʔ²iaʔ⁰bieʔ²iaʔ⁰］

去趣织女唻，［tɕʰi³³bieʔ²tɕie⁵ȵy⁰lɐi⁰］

刚刚好渠好趣到快辰光啦，［kõ⁴⁴kõ⁴⁴xɔ⁴⁴dʑi²³xɔ⁰bieʔ²tɔ⁴⁴kʰua⁰dʑiŋ³³kuõ⁵²la⁰］

拨皇后娘娘看见唻，［pɐʔ³uõ⁴⁴œɤ⁴⁴n̠iã⁰n̠iã⁰kʰi³³tɕi⁰lɐi⁰］

皇后娘娘头勒拔出一根金钗啦，［uõ⁴⁴œɤ⁴⁴n̠iã⁰n̠iã⁰dœɤ²³lɐʔ²bɐʔ⁵tsʰoʔ⁰ieʔ²kɐŋ⁰tɕiŋ³³
　　　tsʰa⁵²lɐʔ⁰］

搭牛郎搭织女介当中啦划嘞一埭天河啦，［tɐʔ³ŋœɤ³³lõ⁵²tɐʔ²tɕieʔ³ȵy⁰ka⁰tõ³³tsoŋ⁵²la⁰
　　　uɐʔ²lɐʔ²ieʔ²da⁴⁴tʰi³³ʌu⁵²la⁰］一埭：一条

该埭天河是劢好唻，［kieʔ³da⁴⁴tʰi³³ʌu⁵²zʅ⁰vɐi²³xɔ⁰laʔ⁰］

是无边无际哦，［zʅ³³u³³pi⁵²u³³tɕi⁵²ʌu⁵²］

牛郎搭织女天隔一边啦。［ŋœɤ³³lõ⁵²tɐʔ³tɕieʔ³ȵy⁰tʰi³³kɐʔ⁵ieʔ³pi⁵²lɐʔ⁰］

喜鹊蛮同情牛郎织女啦。［ɕi³³tɕʰieʔ⁵mɐ⁵²doŋ³³dʑiŋ⁵²ŋœɤ³³lõ⁵²tɕieʔ³ȵy⁰la⁰］

每年七月初七啦，［mɐi²³ȵi⁰tɕʰieʔ⁵yoʔ²tsʰu³³tɕʰieʔ⁵la⁰］

介介喜鹊呢统搭渠搭桥，［ka⁴⁴ka⁵²ɕi³³tɕʰieʔ⁵ȵi⁰tʰoŋ⁵²tɐʔ³dʑi⁰tɐʔ³dʑio²³］介介：这么多

桥搭好呢，［dʑio²³tɐʔ³xɔ⁰ȵi⁰］

拨牛郎织女呢该日相会。［pɐʔ³ŋœɤ³³lõ⁵²tɕieʔ³ȵy⁰ȵi⁰kieʔ³n̠ieʔ²ɕiã⁵²uɐi⁰］

早起头来话啦，［tsɔ⁵²tɕʰio⁰dœɤ⁰le³³uo¹¹la⁰］来话：在说

农民种个地甽里啦，［noŋ³³min⁵²tsoŋ⁴⁴goʔ²di⁴⁴gõ⁴⁴li⁰la⁰］地甽：畦与畦之间凹下去的地方

七月初七夜头去听好唻，［tɕʰieʔ⁵yoʔ²tsʰu³³tɕʰieʔ⁵ia¹¹dœɤ⁴⁴tɕʰi⁴⁴tʰiŋ⁴⁴xɔ⁰laʔ⁰］

喊喊促促喊喊促促，［tɕʰieʔ⁵tɕʰieʔ³tsʰoʔ⁵tsʰoʔ⁰tɕʰieʔ⁵tɕʰieʔ³tsʰoʔ⁵tsʰoʔ⁵］喊喊促促：象声词，
　　纺织娘的叫声的

该是织女搭牛郎来该净碗唻啥唻。［kieʔ⁵zʅ³³tɕieʔ³ȵy⁰tɐʔ³ŋœɤ³³lõ⁵²le³³ke⁴⁴dʑiã³³uø³³
　　lɐi⁵²sʌu⁴⁴iɐi⁰］啥唻：等等

牛郎搭织女个故事啦就是介介来咯。〔ŋœɤ³³lõ⁵²tɐʔ³tɕieʔ³n̩yⁿ⁰goʔ²ku⁵²z̩³³laⁿ⁰dʑiɤ²³z̩⁰kaⁿ⁵²
　　kaⁿ⁰le²³gʌuⁿ⁰〕介介: 这样

　　很早以前，有一个小伙子，他的父母都去世了，剩下他一个人孤苦伶仃的。小伙子的家里只有一头牛与他相依为命，所以这个村庄里的人都叫他"牛郎"。其实呢，这头牛是金牛星下凡的。金牛星心想，最好让牛郎娶亲成个家。

　　有一天，金牛星知道，天宫里的七仙女要到牛郎家乡的湖里来洗澡了。他托梦给牛郎，意思是:"第二天湖里有仙女在洗澡，你去偷一件仙女的衣服，头也别回，直接跑回家，把衣服藏起来。这样，你就可以娶到一个漂亮的老婆了。"

　　第二天天亮，牛郎醒来了，心里突然想到:刚才是我在做梦还是真事啊? 也不是很确定。但反正既然梦到了，就去湖边看看。一看，湖里果然有七八个仙女在洗澡，衣服也都脱了。牛郎心想:这和我梦中是一样的呀。所以，他就偷了一件粉红色的衣服。偷来之后，他头也不回，狂奔回家，把衣服藏了起来。再说这七仙女中的第七个，洗完澡走上岸来，发现衣服没了，那没办法了，只好晚上到牛郎家里去敲门，从此牛郎和她两人便做了恩爱夫妻。

　　一晃三年过去了。牛郎和织女生了一男一女两个孩子。过去人们说，天上一日地上一年。父母最疼爱小女儿。玉皇大帝发觉，这两三天怎么没见到小女儿呢? 于是就问旁人，旁人回答说:"织女下凡了，没回来过。"这可真把玉皇大帝气坏了。

　　这天，雷电交加，狂风骤雨，玉皇大帝叫天兵天将来捉拿织女了。没办法，织女只得被捉回去了。于是，两个小孩儿哇哇大哭起来。这怎么办呢? 牛郎实在想不出办法了。金牛星知道后，对牛郎说:"这是没办法的事，你也别难受了，你把我的两只角拿下来，它们会变成箩筐的，你把两个孩子装进箩筐里，快去追织女吧!"果然，牛角变成了两只箩筐，牛郎把小孩儿放进箩筐里，拿起一条扁担，挑了起来，突然，牛郎就飞了起来，于是他追呀追呀，去追织女了。正当他快要追上织女的时候，被王母娘娘看到了，王母娘娘拔出一根金钗，在牛郎和织女中间划了一条天河，这条天河宽得无边无际，把牛郎和织女分隔在天河的两边。

　　喜鹊挺同情牛郎和织女的。于是，每年七月初七，许多喜鹊都来给他们搭桥，桥搭好后，让牛郎和织女相会。以前人们常说，七月初七，农民种的茄子地垄间，晚上可以听到喊喊喳喳的声音，据说那是织女在给牛郎洗碗。牛郎织女的故事就是这样来的。

　　　　　　　　　　　　　　　　　　　（2017 年 7 月，发音人:周亚娣）

三、其他故事

红虾跳龙门

该日子啦，［kieʔ⁵n̠ieʔ²tsʅ⁴⁴la⁰］

海龙王皇榜贴出来唻，［xe⁴⁴loŋ⁴⁴õ⁴⁴uõ³³põ⁵²tʰieʔ²tsʰɔʔ³leⁿlɐi⁰］

统要比赛，［tʰoŋ⁵²io³³pi⁵²se⁰］

鲤鱼跳龙门。［li²³ŋ⁰tʰio⁴⁴loŋ³³mɐi⁵²］

该是格套介哦。［kɐʔ⁵zʅ³³kɐʔ⁵tʰɔ⁴⁴ka⁴⁴ʌu⁰］格套样：这样。哦：语气助词，的

贴出依出啦，［tʰieʔ⁵tsʰɔʔ⁰iⁱ⁰tsʰɔʔ⁰la⁰］

格红虾搭虾潺⁼介去话去唻：［kɐʔ⁵oŋ²³xuɣ⁴⁵tɐʔ⁵xuo⁵²zɛ⁰kaⁿtɕʰi⁴⁴uo¹¹tɕʰi⁴⁴lɐi⁰］虾潺：龙头鱼

"阿拉去比赛去。"［ɐʔ⁵lɐʔ⁵tɕʰi³³pi⁵²se⁰tɕʰi⁰］

格虾潺⁼话唻："格阿拉吃渠勒落啥？［kɐʔ⁵xuo⁵²zɛ⁰uo¹¹lɐi⁵²：kɐʔ⁵ɐʔ⁵lɐʔ⁵tɕʰyoʔ⁵dʑiⁿlɐʔ²loʔ⁰sʌu⁰］

人家鲤鱼老实是身穿红衣头套金盔啦，［n̠iŋ³³ko⁵²li²³ŋ⁴⁵lɔ⁴⁵zoʔ²zʅ⁴⁴soŋ⁵²tsʰø⁰oŋ³³jⁱ⁵³døɣ²³tʰɔ⁰tɕiŋ³³kʰuɐi⁵²la⁰］老实是：表示感叹、肯定的语气词，相当于：那真是

格阿拉吃渠了落啥？［kieʔ⁵ɐʔ²lɐʔ²tɕʰyoʔ⁵dʑiⁿlɐʔ²loʔ⁰sʌu⁰］吃渠了落：吃得消他。啥：语气词，表示疑问，相当于"吗"

侬徛地也当即拨渠蚀落唻，［noŋ²³ŋɛ²³tiⁱ⁵²ia²³tõ⁴⁴tɕieʔ⁵pɐʔ⁰dʑiⁿieʔ²loʔ⁰lɐi⁰］隑：站。蚀落：比下去

我勿去倒霉，［ŋo²³vɐʔ²tɕʰi⁴⁴tɔ³³mɐi²³］

要去侬自家去比好唻。"［io³³tɕʰi⁴⁴noŋ²³iⁱ¹¹ko⁴⁴tɕʰiⁱ⁰pi³³xɔ⁵²lɐi⁰］自家：自己

红虾去比唻，［oŋ²³xuɣ⁴⁵tɕʰi³³pi⁴⁵lɐi⁰］

徛呢徛勒鲤鱼旁边，［ŋɛ²³n̠iⁱ⁰ŋɛ³³lɐʔ⁰li²³ŋ⁰po³³pi⁵²］

虾潺⁼轧记轧记轧进去唻，也去看唻，［xuo⁵²zɛ⁰gɐʔ²tɕi⁴⁴gɐʔ²tɕi⁴⁴gɐʔ²tɕiŋ⁴⁴tɕʰiⁱ⁰lɐi⁰，ia²³tɕʰi³³kʰiⁱ⁴⁴lɐi⁰］轧：挤。记：一下

噢哟要开始唻，［oʔ⁵yoʔ²io⁴⁴kʰe³³sʅ⁵²lɐi⁰］

"蓬"一记啦开始唻。［boŋ²³ieʔ³tɕi⁵²la⁰kʰe³³sʅ⁵²lɐi⁰］

该只红虾呢渠急中生智唻，［kieʔ⁵tsɐʔ⁵oŋ²³xuɣ⁴⁴n̠iⁱ⁰dʑiⁿ⁴⁴tɕieʔ⁵tsoŋ⁰sɐŋ³³tsʅ⁵²lɐi⁰］

"腾"搭鲤鱼个尾巴搭渠钳牢唻。［dəŋ²³tɐʔ²li²³ŋ⁰goʔ²n̩i²³po⁴⁴tɐʔ³dʑi⁴⁴dʑi¹¹lɔ⁵²lɐi⁰］钳牢：
　　钳住

哇马上鲤鱼要跳龙门辰光啦，［ua⁵²mo²³zõ⁰li²³ŋⁱio³³tʰio³³loŋ³³mɐŋ⁵²zoŋ³³kuõ⁵²la⁰］
该梗鲤鱼啦尾巴"杰"一甩啦，［kieʔ⁵kuã⁰li²³ŋ⁰laⁿn̩i²³po⁴⁴dʑieʔ²ieʔ²xuɐʔ⁵lɐʔ⁰］
"腾"甩上上头唻，［dəŋ²³xuã³³zõ³³zõ¹¹døɤ⁴⁵lɐʔ⁰］
格好啦该虾急中生智"腾"跳上去，比鲤鱼还跳了高啦，［kɐʔ⁵xɔ³³lɐʔ⁰kɐʔ⁵xuɤ⁴⁵
　　tɕieʔ⁵tsoŋ⁵sɐŋ³³tsʅ⁵²dəŋ²³tʰio⁴⁴zõ⁰tɕʰi⁰，pi⁴⁵li²³ŋ⁰uɐʔ²tʰio³³lɐʔ⁰kɔ⁵²la⁰］
格虾兵虾将统看勒笑煞唻。［kɐʔ⁵xuɤ³³piŋ⁵²xuɤ³³tɕiã⁵²tʰoŋ⁵²kʰi³³lɐʔ⁰ɕio⁴⁴sɐ⁰lɐi⁰］
格预赛比好了呢，［kɐʔ⁵y¹¹se⁴⁴pi⁵²xɔ⁰lɐʔ⁵n̩i⁴⁴］
要比决赛了哦，［io⁴⁴pi³³tɕyoʔ⁵se⁰lɐʔ⁰ʌu⁰］
格呢鲤鱼来忖［kɐʔ⁵n̩i⁴⁴li²³ŋ⁰lɛ³³tsʰɐŋ⁰］
咋该红虾比我跳勒还要高跳勒远，［dza²³kieʔ⁵oŋ³³xuɤ⁴⁵pi³³ŋo⁴⁵tʰio³³lɐʔ⁰uɐʔ²io⁴⁴kɔ⁰tʰio³³
　　lɐʔ²y⁴⁴］
后头一定有鬼咯。［øɤ²³døɤ⁰ieʔ⁵diŋ⁴⁵iɤ³³kuɐi⁴⁵goʔ²］
格决赛开始了噢。［kɐʔ⁵tɕyoʔ⁵se⁰kʰe³³sʅ⁵²lɐʔ⁰ɔ⁰］
决赛开始了，该只红虾呢仍况倚勒鲤鱼旁边，［tɕyoʔ⁵se⁰kʰe³³sʅ⁵²lɐʔ⁰，kieʔ⁵tsɐʔ⁰oŋ³³
　　xuɤ³³n̩i⁵²dʑieŋ²³xuõ⁰ŋɛ³³lɐʔ⁰li²³ŋ⁰po³³pi⁵²］仍况：仍然
渠仍况依照老办法要比赛唻。［dʑi²³dʑieŋ²³xuõ⁰i³³tɕio³³lɔ²³bɛ³³fɐʔ²io⁴⁴pi⁵²se⁰lɐi⁰］
该梗鲤鱼来忖啦，［kieʔ⁵kuã⁰li²³ŋ⁰lɛ³³tsʰɐŋ³³lɐʔ⁰］
我啦第一回比赛辰光啦，［ŋo²³la⁰di¹¹ieʔ⁵uɐiⁿpi⁵²se⁰zoŋ³³kuõ⁵²la⁰］
好像啦尾巴尖勒有眼急辣辣痛，反正有眼痛叽叽，［xɔ⁵²iã⁰laⁿn̩i²³po⁴⁴tɕi⁴⁴lɐʔ⁰iɤ³³
　　ŋɛ³³tɕieʔ⁵lɐʔ²lɐʔ⁰tʰoŋ⁴⁴，fɛ⁵²tɕiŋ⁰iɤ³³ŋɛ³³tʰoŋ⁴⁴tɕi⁰tɕi⁰］急辣辣：刺痛的感觉。痛叽叽：有点儿疼的感觉
该到底是咋一回事呢？　［kɐʔ⁵tɔ⁴⁴ti⁴⁴zʅ⁴⁴dza²³ieʔ⁵uɐi³³zʅ¹¹n̩i⁴⁴］

格呢渠游啊游啊，［kɐʔ⁵n̩i³³dʑi²³iɤ²³aⁿiɤ⁰a⁰］
游到结煞啦渠头扭带转来看啦，［iɤ³³tɔ⁵²tɕieʔ⁵sɐʔ⁰la⁰dʑi²³døɤ²³n̩iɤ⁴⁴ta⁵²tsø⁰le³³kʰi⁴⁴la⁰］
　　结煞：后来
一看是格套样，后头有鬼嘛，［ieʔ⁵kʰi⁴⁴zʅ⁰kieʔ⁵tʰɔ³³n̩iã⁴⁴，øɤ⁰døɤ⁰iɤ³³kuɐi³³ma⁰］格套
　　样：这样子
红虾搭渠尾巴勒钳地嘛，［oŋ²³xuɤ⁴⁵tɐʔ³dʑi⁴⁴n̩i³³po⁴⁴lɐʔ⁰dʑi²³ti⁰ma⁰］钳地：钳着
格渠要跳快了，鲤鱼道=回脑筋好唻，［kɐʔ⁵dʑi²³io³³tʰio⁴⁴kʰua⁰lɐʔ⁰，li²³ŋ⁰dɔ²³uɐi⁰nɔ²³
　　tɕiŋ⁴⁴xɔ⁵²lɐi⁰］道=回：这回

要甩勒辰光"杰"甩了下头介去唻，［io³³xuã⁴⁴lɐʔ²zoŋ³³kuõ⁵²dʑieʔ²xuã³³lɐʔ⁰uo²³døɣ⁰ka⁰ tɕʰi⁴⁴lɐi⁰］勒：的

勿是向上头介去唻，［vɐʔ²zɿ³³ɕiã³³zõ¹¹døɣ²³kaʔtɕʰi⁰lɐi⁰］

搭红虾甩了该礁石里唻，［tɐʔ³oŋ²³xøɣ⁴⁵xuã³³lɐʔ⁰kieʔ⁵tɕio³³zɐʔ²li⁰lɐi⁰］

格该只红虾甩了痛煞唻，好像掼死了介。［kɐʔ⁵kieʔ³tsɐʔ⁰oŋ²³xuɣ⁴⁵xuã³³lɐʔ⁰tʰoŋ⁴⁴sɐʔ⁰ lɐi⁰，xɔ⁵²iã⁰guɐ¹¹sɐʔ³lɐʔ⁰ka⁰］掼：摔。介：一样

虾潺ᵈ趖到唻，［xuo⁵²zɐ⁰bieʔ²tɔ⁴⁴lɐi⁰］

趖到依到了一看啦，红虾掼了半死烂活唻，［bieʔ²tɔ⁵²i⁵²tɔ⁰lɐʔ⁰ieʔ³kʰi⁴⁴la⁰，oŋ³³xuɣ⁴⁵ guɐ³³lɐʔ⁰pø⁴⁴ɕiʔ⁰lɐ³³uɐʔ⁰lɐi⁰］

格呢搭渠救来，［kɐʔ³n̩i⁴⁴tɐʔ³dʑi⁴⁴tɕiɣ⁵²le⁰］

救来一看还好，［tɕiɣ⁵²le³³ieʔ³kʰi⁴⁴uɐʔ²xɔ⁴⁴］

后来活是活唻，［øɣ²³le⁰uɐʔ²zɿ⁰uɐʔ²lɐi⁰］

该虾呢做驼背唻。［kieʔ³xuɣ³³n̩i⁴⁴tsʌu³³dʌu³³pɐi⁴⁴lɐi⁰］

驼背虾驼背虾是格套介来哦。［dʌu³¹pɐi⁰xuɣ⁰dʌu³¹pɐi⁰xuɣ⁰zɿ²³kieʔ⁵tʰɔ³³ka⁴⁴le²³ʌu⁰］格

套介：这样

这天海龙王贴出皇榜要进行比赛了，项目是鲤鱼跳龙门。是这样的，皇榜贴出之后呢，红虾就跑去跟虾潺说："我们去参加比赛吧。"虾潺说："我们比不过它的，人家鲤鱼身穿红衣头戴金盔，确实帅气，我们肯定比不过它的。你这样的身材，即便是站在它身边也比他矮了一大截呢。我是不去自取其辱了，你要去就自个儿去吧。"

红虾去比赛了，它悄悄地站到鲤鱼身边，虾潺也挤呀挤地挤进去看比赛了。哟，比赛要开始了。"砰"的一声比赛开始了。这个红虾竟然急中生智，"唰"地用自己的大钳子猛然钳住了鲤鱼的尾巴。鲤鱼马上就要跳龙门了，只见鲤鱼的尾巴猛地一甩，"腾"地一下就甩上去了，这个急中生智的红虾竟然跳得比鲤鱼还要高，这下虾兵虾将都开心得不得了了。

预赛结束之后就要举行决赛了。鲤鱼想：这只红虾怎么可能比我跳得还要高还要远？这里面一定有鬼。决赛要开始了，这只红虾呢依旧站到了鲤鱼身边，它还是想按照老办法来参加比赛。这鲤鱼在想：我上回比赛的时候尾巴尖上有点刺痛的感觉，这到底是怎么回事呢？它边想边游，游到最后它转头一看，这身后果然有鬼哪，红虾用钳子把它的尾巴钳住了哪。这次鲤鱼聪明了，它跳龙门的一刹

那，"唰"地把尾巴用力向下一甩，把红虾甩到了礁石上。这只红虾疼得不行了，还以为自己快要死了。

等虾潺赶到，看到红虾已经半死不活的样子了，就把它救了起来，救上来一看倒还好，还活着。不过，这个虾的背被摔驼了。所以呀，驼背虾驼背虾就是这么来的。

（2017 年 7 月，发音人：周亚娣）

四、自选条目

（一）谚语

渔民头上三把刀：[y³³miŋ⁵²døɤ⁵²zõ⁰sɛ³³po⁵²tɔ⁵²]
渔霸、风暴和海盗。[y³³po⁵²、feŋ³³bɔ⁵²ʌu³³xe⁵²dɔ⁰]

有女勿嫁搭鱼郎，[iɤ³³n̠y⁵²veʔ²ko⁴⁴kʰo⁴⁴ŋ⁵²lõ¹³]
一年三季守空房。[ieʔ³n̠i⁵²sɛ⁴⁴tɕi⁵²ɕiɤ³³kʰoŋ³³võ⁵²]

日里三餐饭，[n̠ieʔ²li⁵²sɛ³³tsʰɛ⁵²ve¹³]
夜里三块板。[ia¹³leʔ³sɛ³³kʰuei⁵²pɛ⁴⁵]渔民在船上的床是三块板铺成的，非常小

海蜇水做，[xe⁵²tsoʔ⁰sʮ³³tsʌu⁵²]
人心肉做。[n̠iŋ³³ɕiŋ⁵²n̠yoʔ²tsʌu⁴⁴]

素菜一桌，[ɕy³³tsʰɛ⁰ieʔ³tsoʔ⁵]
勿如蟹浆露一笃。[veʔ²zʮ⁵²xa⁴⁴tɕiã⁴⁴lu⁴⁴ieʔ³toʔ⁵]意思是蟹浆又鲜又咸，是下饭的"利器"

长长水路慢慢摇。[dʑiã³³dʑiã⁵²sʮ⁵²lu⁰me¹¹me⁴⁴io⁴⁵]

三月黄鱼要出虫，[sɛ⁵²yoʔ²uõ⁴⁴ŋ⁵²io³³tsʰoʔ³dzoŋ²³]
五月乌贼背板红。[ŋ²³yoʔ²u⁴⁴zeʔ⁵peimɪ⁴⁴pɛ⁰oŋ²³]

乌贼胆大做王，［u³³zɐʔ⁵tɛ⁵²dʌu¹³tsʌu⁴⁴uõ⁴⁵］

石斑胆小钻洞。［zɐʔ²pɛ⁴⁴tɛ⁵²ɕio⁴⁵tsɤ³³doŋ¹³］

立夏打个暴，［lieʔ²uo¹¹tã³³goʔ²pɔ⁴⁵］

拖乌贼船睏晏觉。［tʰa⁵²u⁴⁴zɐʔ²zɤ²³kʰuɐŋ³³ɛ⁴⁴kɔ⁰］意思是立夏一般会起风暴，捕捞乌贼的船就可以休息了

好省勿省，［xɔ³³sã⁴⁴vɐʔ²sã⁵²］

咸鱼放生。［ɛ³³ŋ⁴⁴fõ⁴⁴sã⁵²］意思是，咸鱼本是死鱼，若拿去放生，毫无意义

（以上 2017 年 7 月，发音人：张亚珍）

（二）谜语

小小一座庙，［ɕio⁵²ɕio⁰ieʔ²zʌu³³mio¹³］

庙里菩萨年年调。［mio¹¹li⁴⁴bu³³sɐʔ⁵n̩i²³n̩i⁰dio¹³］

——灶君菩萨［tsɔ⁴⁴tɕiŋ⁰bu⁰sɐʔ⁰］

十个和尚绷袋口，［zoʔ²goʔ⁰ʌu⁵²zõ⁰pã³³de¹¹kʰœɤ⁴⁵］

五个和尚钻进洞里向。［ŋ²³goʔ⁰ʌu⁵²zõ⁰tsø³³tɕiŋ⁵²doŋ¹¹li⁴⁴ɕiã⁰］

——穿袜［tsʰø⁴⁴mɐʔ⁵］

天上一只鸭，［tʰi⁵²zõ⁰ieʔ²³tsɐʔ⁰ɛ⁴⁵］

咯噜生个蛋，［koʔ⁵loʔ⁵sã³³goʔ⁰dɛ¹³］

人会死上万。［n̩iŋ²³uɐi⁰ɕi⁰zõ³³vɛ¹³］

——飞机揩炸弹［fi³³tɕi⁵²ã⁴⁴tso⁴⁴dɛ⁰］揩：扔

头勒一只角，［dœɤ²³lɐʔ⁰ieʔ³tsɐʔ³koʔ⁵］勒：里的变音。头勒：头上

屁股两只角，［pʰi⁴⁴ku⁰liã²³tsɐʔ⁰koʔ⁵］

人家问我几只角，［n̩iŋ³³ko⁵²mɐŋ⁴⁴ŋo⁴⁴tɕi⁴⁴tsɐʔ⁵koʔ⁵］

我肚皮里向还有一只角。［ŋo³³du²³bi⁰li²³ɕiã⁴⁴uɐʔ²iɤ⁴⁴ieʔ²tsɐʔ⁰koʔ³］

——结网个梭［tɕieʔ³mõ²³go⁰sø⁴⁵］

两只酒埕倒笃，［liã²³tsɐʔ⁰tɕiɣ³³dziŋ⁰tɔ⁴⁴toʔ³］酒埕：酒坛子

一年到头无呐⁼燥嗦。［ieʔ³n̠i⁴⁴tɔ³³dœɣ²³n⁴⁴nɐʔ²sɔ⁴⁴soʔ³］无呐⁼燥嗦：没有干燥（的时候）

——鼻头管［bɐʔ²dœɣ⁴⁴kuø⁰］

同名勿同姓，［doŋ³³miŋ²³vɐʔ²doŋ³³ɕiŋ⁵²］

日日跟娘亲，［n̠ieʔ²n̠ieʔ⁵kɐŋ³³n̠iã²³tɕʰiŋ⁵²］

若要娘亲抱，［zoʔ²io³³n̠iã²³tɕʰiŋ⁵²bɔ²³］

等娘出远门。［tɐŋ³³n̠iã²³tsʰoʔ³y²³mɐŋ⁰］

——舢板［sa³³pɛ⁴⁵］

天里一爿鲞，［tʰi⁵²lɐʔ²ieʔ³bɛ⁴⁴ɕiã⁴⁵］勒：里的变音。天勒：天上

笃⁼落哗哗响。［toʔ³loʔ²uɐ¹¹uɐ⁴⁴ɕiã⁰］笃：掉。笃落：掉下来

——老鹰拖小鸡［lɔ¹¹iŋ⁴⁴tʰa⁴⁴ɕio⁴⁴tɕi⁴⁴］

小小一块田，［ɕio⁴⁴ɕio⁰ieʔ³kʰuɐi⁰di²³］

老菱勿种种荸荠。［lɔ²³lɐŋ⁴⁴vɐʔ²tsoŋ⁴⁴tsoŋ⁴⁴bu⁴⁴dʑi⁵²］老菱：菱角

——算盘［sø⁴⁴bø⁰］

驼背挑水，［dʌu³³pɐi⁴⁴tʰio⁴⁴sʮ⁴⁵］

挑到城门，［tʰio⁴⁴tɔ⁴⁴dziŋ³³mɐŋ⁵²］

城门开开，［dziŋ³³mɐŋ⁵²kʰe³³kʰe⁵²］

驼背回来。［dʌu³³pɐi⁴⁵uɐi³³le⁵²］

——调羹［dio³³kã⁴⁵］

婆婆后门槛一只缸，［bʌu²³bʌu⁰œɣ²³mɐŋ⁴⁴kʰi⁴⁴ieʔ³tsɐʔ⁰kõ⁵²］

团团圈圈生疔疮。［dø³³dø⁵²tɕʰy³³tɕʰy⁵²sã³³tiŋ³³tsʰõ⁵²］疔疮：一种疮，以根深坚硬如钉为特征

——锣鼓［lʌu²³ku⁰］

（以上 2017 年 7 月，发音人：张亚珍）

（三）歇后语

小黄狗捧上墙头墩——乱叫 [ɕio⁴⁴uõ⁴⁴ki⁴⁴pʰɐŋ³³zõ³³iã³³lɐi³³tɐŋ⁴⁴——liɣ¹¹tɕio⁴⁴] 狗，小
称音

脚娘肚当米缸——做一日，吃一日 [tɕieʔ⁵n̩iã⁴⁴du⁴⁴tõ³³mi²³kõ⁰——tsʌu³³ieʔ³n̩ieʔ⁰，
tɕʰyoʔ⁵ieʔ²n̩ieʔ⁰] 脚娘肚：小腿肚

吃吃壮，爬爬瘦——沙蟹命 [tɕʰyoʔ⁵tɕʰyoʔ⁰tsõ⁰，bo³³bo⁵³søɣ⁰——so⁵²xa⁰miŋ¹³] 壮：
肥壮

吃冷水也打噎——倒六角头运 [tɕʰyoʔ⁵lã²⁴sɿ̩ia²³tã³³ieʔ⁵——tɔ³³loʔ²koʔ⁵dœɣ⁰yoŋ⁰]
六角头：霉

脚后跟擦油——滑脚 [tɕieʔ³œɣ⁴⁴kɐŋ⁴⁴tsʰɐʔ³iɣ²³——uɐʔ²tɕieʔ⁵]

飞机上吹喇叭——唱高调 [fi⁴⁴tɕi⁵²zõ⁰tsʰɿ̩³³la¹¹pa⁴⁴——tsʰõ⁴⁴kɔ⁴⁴dio⁵²]

枫树叶笃落头敲开——胆小怕事 [fɐŋ⁵²zʅ⁰ieʔ⁰toʔ⁵loʔ²dœɣ²³kʰɔ⁴⁴kʰe⁵²——tɛ⁴⁵ɕio⁰
pʰo³³zʅ¹³] 敲开：砸破

小讨饭勿留过夜食——吃光算数 [ɕio⁴⁴tʰɔ⁴⁴vɐ⁴⁴vɐʔ²liɣ⁴⁴kʌu⁴⁴ia⁰ieʔ²——tɕʰyoʔ⁵
kuõ⁰sø⁴⁴su⁴⁴]

虱子头里剔骨头——小气鬼 [sɐʔ⁵tsʅ⁰dœɣ²³lɐʔ⁰tʰieʔ³kuɐʔ⁵dœɣ⁰——ɕio⁴⁴tɕʰi⁴⁴kuɐi⁴⁴]

三脚矮凳——摆勿平 [sɛ⁵²tɕieʔ⁰a⁰tɐŋ⁰——pa⁵²vɐʔ²biŋ⁰] 矮凳：板凳

（以上 2017 年 7 月，发音人：张亚珍）

嵊 泗

一、歌谣

东南西北风

一潮哩咯南风雾露啊罩唻，［iɛʔ dʑio li goʔ nei feŋ u lu a tsɔ lɐi］雾露：雾

两潮哩咯南风雷雨倒唻，［liã dʑio li goʔ nei feŋ lɐi y tɔ lɐi］

三潮南风脱棉袄呀，［sɛ dʑio nei feŋ tʰɐʔ miɔ ia］

舱板面登＝么搭跳蚤唻。［tsʰõ bɐ mi tɐŋ mɛʔ kʰo tʰio tsɔ lɐi］登＝：上。搭：捉

一潮哩咯北风起风啊暴唻，［iɛʔ dʑio li goʔ poʔ feŋ tɕʰi feŋ a pɔ lɐi］暴：风暴

两潮哩咯北风移大锚唻，［liã dʑio li goʔ poʔ feŋ i dʌu mɔ lɐi］大锚：大型船锚

三潮北风暴连暴呀，［sɛ dʑio poʔ feŋ pɔ li pɔ ia］暴连暴：风暴一个接一个

恶浪滔天么命难逃唻。［oʔ lõ dɔ tʰi mɛʔ miŋ nɛ dɔ lɐi］

一潮哩咯东风雄鸡唱唻，［iɛʔ dʑio li goʔ toŋ feŋ yoŋ tɕi tsʰõ lɐi］

两潮哩咯东风心花啊放唻，［liã dʑio li goʔ toŋ feŋ ɕiŋ xuo a fõ lɐi］

三潮哩咯东风鱼满舱呀，［sɛ dʑio li goʔ toŋ feŋ ŋ mʏ tsʰõ ia］

风风哪咯光光嘛，［feŋ feŋ na goʔ kuõ kuõ ma］

搭鱼郎呀。［kʰo ŋ lõ ia］搭鱼郎：渔民

（2018 年 7 月，发音人：沈利兵）

带鱼煮冬菜

带鱼哪咯煮冬菜呀，［ta ŋ na gɐʔ tsʅ toŋ tsʰe ia］冬菜：雪菜

哦带鱼哪咯煮冬菜呀。［ɔ ta ŋ na gɐʔ tsʅ toŋ tsʰe ia］

海蜇皮子吃三矾呀，［xe tsoʔ bi tsʅ tɕʰyoʔ sɛ vɛ ia］三矾：海蜇的加工方式

带鱼哪咯煮冬菜呀，［ta ŋ na gɐʔ tsʅ toŋ tsʰe ia］

带鱼哪咯煮冬菜。［ta ŋ na gɐʔ tsʅ toŋ tsʰe］

蓝天么走云彩呀，［lɛ tʰi mɐʔ tsœɤ yoŋ tsʰe ia］

渔灯点大海，［ŋ tɐŋ ti da xe］

海蜇走路虾当眼呀，［xe tsoʔ tsœɤ lu xuɤ tã ŋe ia］虾当眼：海蜇无眼，小虾当作它的眼睛

滩横生淡菜呀，［tʰã uã sã dɛ tsʰe ia］滩横：礁石边。淡菜：贻贝

滩横生淡菜。［tʰã uã sã dɛ tsʰe］

带鱼哪咯煮冬菜呀，［ta ŋ na gɐʔ tsʅ toŋ tsʰe ia］

哦带鱼哪咯煮冬菜呀。［ɔ ta ŋ na gɐʔ tsʅ toŋ tsʰe ia］

船要那么打底载呀，［zɤ io na mɐʔ tã ti tse ia］打底载：满载

门要朝南开呀，［mɐŋ io dʑio nɐi kʰe ia］

海滩沙滩泥涂滩呀，［xe tʰɛ so tʰɛ n̠i du tʰɛ ia］

滩赞么人客来呀，［tʰɛ tsɛ mɐʔ n̠iŋ kʰɐʔ le ia］

滩赞么人客来。［tʰɛ tsɛ mɐʔ n̠iŋ kʰɐʔ le］

阿家里来，带鱼煮冬菜，［a tɕia li le，ta ŋ tsʅ toŋ tsʰe］

阿家里来，带鱼煮冬菜。［a tɕia li le，ta ŋ tsʅ toŋ tsʰe］

海滩沙滩泥涂滩呀，［xe tʰɛ so tʰɛ n̠i du tʰɛ ia］

滩赞么人客来呀，［tʰɛ tsɛ mɐʔ n̠iŋ kʰɐʔ le ia］

滩赞么人客来。［tʰɛ tsɛ mɐʔ n̠iŋ kʰɐʔ le］

（2018 年 7 月，发音人：徐海梅）

马蜂

马蜂哎，［ma²⁴fɐŋ⁰ɛ³³］马蜂：蚂蚁

快快来。［kʰua⁴⁴kʰua⁰le⁴⁵］

蓑衣凉帽穿嘞来。［so³³i⁵³liã¹¹mɔ⁴⁴tsʰɤ⁵³lɐʔ⁰le²⁴］

砧板薄刀带嘞来。［ tɕiŋ^{33}pɛ^{44}bɐʔ^{2}tɔ^{44}ta^{44}lɐʔ^{2}le^{24} ］薄刀：菜刀
前门后门关嘞来。［ i^{33}mɐŋ^{44}œʏ^{24}mɐŋ^{44}kuɛ^{53}lɐʔ^{2}le^{53} ］

（2018 年 7 月，发音人：黄佳优一）

看见青果两头尖

看见青果两头尖，［ kʰi^{44}tɕi^{44}tɕʰiŋ^{44}kʌu^{53}liã^{24}dœʏ^{0}tɕi^{53} ］
还是买蒲荠。［ uɐʔ^{2}zɿ^{44}ma^{44}bu^{44}dʑi^{45} ］
蒲荠扁窄窄，［ bu^{44}dʑi^{45}pi^{53}tsɵ^{0}tsɵ^{0} ］扁窄窄：扁扁的样子
还是买甘蔗。［ uɐʔ^{2}zɿ^{44}ma^{44}ki^{53}tso^{0} ］
甘蔗节打节，［ ki^{53}tso^{0}tɕiᴇʔ^{5}tã^{0}tɕiᴇʔ^{0} ］节打节：一节一节的
还是买广橘。［ uɐʔ^{2}zɿ^{44}ma^{44}kuõ^{53}tɕyoʔ^{0} ］
广橘青盎打=，［ kuõ^{53}tɕyoʔ^{0}tɕʰiŋ^{44}ã^{53}ta^{0} ］青盎打=：青色的样子
还是买金孟=。［ uɐʔ^{2}zɿ^{44}ma^{44}tɕiŋ^{33}mã^{53} ］金孟=：石榴
金孟=像牙齿，［ tɕiŋ^{33}mã^{53}iã^{33}ŋo^{53}tsʰɿ^{0} ］
还是买桃子。［ uɐʔ^{2}zɿ^{44}ma^{44}dɔ^{53}tsɿ^{0} ］
桃子半边红，［ dɔ^{53}tsɿ^{0}pʏ^{44}pi^{0}oŋ^{24} ］
还是买吊红。［ uɐʔ^{2}zɿ^{44}ma^{44}ti^{44}oŋ^{44} ］吊红：柿子的一种
吊红大舌头，［ ti^{44}oŋ^{44}dʌu^{11}iᴇʔ^{2}dœʏ^{44} ］大舌头：发涩
还是买梨头。［ uɐʔ^{2}zɿ^{44}ma^{44}li^{44}dœʏ^{0} ］
梨头一梗柄，［ li^{44}dœʏ^{53}iᴇʔ^{3}kuã^{44}piŋ^{44} ］
还是买大饼。［ uɐʔ^{2}zɿ^{44}ma^{44}dʌu^{11}piŋ^{44} ］
大饼三层生，［ dʌu^{11}piŋ^{44}sɛ^{44}zɐŋ^{44}sã^{44} ］生：的，表确定
格算来算去还是买瓜生。［ kɐʔ^{3}sʏ^{44}le^{0}sʏ^{0}tɕʰi^{0}uɐʔ^{2}zɿ^{44}ma^{44}ko^{44}sã^{53} ］瓜=生：花生

笃笃笃，敲墙角

笃笃笃，敲墙角，［ toʔ^{5}toʔ^{3}toʔ^{0}，kʰɔ^{33}iã^{44}koʔ^{5} ］
阿姐抬去娘要哭。［ ɐʔ^{3}tɕi^{0}de^{24}tɕʰi^{0}ȵiã^{24}io^{44}kʰoʔ^{5} ］抬去：出嫁
阿母哎，甮哭咪，［ a^{44}m^{0}ɐi^{0}，vɐŋ^{24}kʰoʔ^{0}lɐi^{0} ］甮：别
轿到堂前咪。［ dʑio^{24}tɔ^{0}dõ^{33}i^{53}lɐi^{0} ］堂：堂屋
大阿哥，抱上轿，［ dʌu^{11}ɐʔ^{3}kʌu^{44}，bɔ^{24}zõ^{0}dʑio^{0} ］
小阿哥，送过桥，［ ɕio^{33}ɐʔ^{3}kʌu^{44}，soŋ^{33}kʌu^{0}dʑio^{0} ］

送到乌漆墙门大人家。﹝soŋ⁴⁴tɔ⁴⁴u⁴⁴tɕʰiɛʔ³iã³³mɐŋ⁰dʌu¹¹ȵiŋ⁴⁴ko⁵³﹞

白骨嵌镶大眠床，﹝bɐʔ²kuɐʔ⁵kʰɛ³³ɕiã⁵³dʌu¹¹mi³³zõ⁵³﹞

红花棉被捂新郎，﹝oŋ²⁴xuo⁰mi²³bi³³u³³ɕiŋ³³lõ⁵³﹞

生出囡来老酒甏，﹝sã³³tsʰoʔ⁰nY²⁴leˀlɔ²⁴tɕiY⁴⁴bã⁴⁴﹞老酒甏，酒坛子：指女儿长大出嫁后，可以收到

　　女儿婆家送来的酒喝，故称女儿是"老酒甏"

生出儿子状元郎。﹝sã³³tsʰoʔ⁰ŋ²⁴tsɿ⁰zõ¹¹ɳY⁴⁴lõ⁴⁴﹞

阿母侬还有啥哭头哦？﹝a³³m⁰noŋ²⁴uɐʔ²iY³³sʌu⁴⁴kʰoʔ³dœY⁰o⁰﹞

嘎嘎笑还来勿及。﹝gɐʔ²gɐʔ⁵ɕio⁴uɐʔ²le²⁴vɐʔ²dʑi⁰﹞

十二月歌

正月轧⁼瓜子，﹝tɕiŋ³³yoʔ²gɐʔ²ko⁵³tsɿ⁰﹞轧⁼瓜子：嗑瓜子儿

二月放鹞子，﹝ȵi¹¹yoʔ⁵fõ³³io¹¹tsɿ⁴⁴﹞鹞子：风筝

三月上坟打顶子，﹝sɛ⁵³yoʔ²zõ³³vɐŋ²⁴tã³³tiŋ⁵³tsɿ⁰﹞打顶子：割去祖先坟墓上的荒草

四月种田下秧子，﹝sɿ³³yoʔ²tsoŋ³³di⁴⁴uo³³iã⁵³tsɿ⁰﹞

五月白糖揾粽子，﹝ŋ²⁴yoʔ²bɐʔ²dõ⁴⁴uɐŋ⁴⁴tsoŋ⁵³tsɿ⁰﹞揾：蘸

六月朝天扇扇子，﹝loʔ²yoʔ⁵dʑio²⁴tʰi⁰ɕi³³ɕi⁴⁴tsɿ⁰﹞

七月西瓜吃芯子，﹝tɕʰiɛʔ⁵yoʔ²ɕi³³ko⁵³tɕʰyoʔ³ɕiŋ⁵³tsɿ⁰﹞

八月月饼吃馅子，﹝pɐʔ⁵yoʔ⁰yoʔ²piŋ⁴⁴tɕʰoʔ³ɛ²⁴tsɿ⁰﹞

九月吊红夹柿子，﹝tɕiY³³yoʔ²ti³³oŋ²⁴kɐʔ³zɿ²⁴tsɿ⁰﹞

十月沙泥炒栗子，﹝zoʔ²yoʔ⁵so³³ȵi⁵³tsʰɔ³³liɛʔ³tsɿ⁴⁴﹞

十一月里落雪子，﹝zoʔ²iɛʔ⁵yoʔ²li⁰lɔʔ²ɕiɛʔ⁵tsɿ⁰﹞雪子：霰

十二月冻煞凉亭叫花子。﹝zoʔ²ȵi⁴⁴yoʔ²toŋ⁴⁴sɐʔ³liã³³diŋ⁵³tɕio⁴⁴xuo⁰tsɿ⁰﹞

老鼠尾巴像锉刀

老鼠尾巴像锉刀，﹝lɔ²⁴tsʰɿ⁰ȵi²⁴po⁴⁴iã³³tsʰʌu⁵³tɔ⁰﹞

老鼠眼睛像胡桃。﹝lɔ²⁴tsʰɿ⁰ŋɛ²⁴tɕiŋ⁰iã³³vu³³dɔ⁵³﹞胡桃：核桃

前脚低，后脚高，﹝i³³tɕiɛʔ³ti⁵³，œY²⁴tɕiɛʔ³ko⁵³﹞

身穿一件皮棉袄。﹝soŋ⁵³tsʰY⁰iɛʔ³dʑi⁰bi²⁴mi⁰o⁰﹞

日里处⁼处⁼困晏觉。﹝ȵiɛʔ²li⁴⁴tsʰɿ⁴⁴tsʰɿ⁴⁴kʰuɐŋ⁴⁴ɛ⁴⁴kɔ⁰﹞处⁼处⁼：老鼠打鼾声

夜到做贼做强盗，﹝ia¹¹tɔ⁴⁴tsʌu³³zɐʔ²tsʌu³³dʑiã⁵³dɔ⁰﹞

黄鼠狼看见告老爷，﹝uõ³³tsʰɿ⁴⁴lõ⁴⁴kʰi⁴⁴tɕi⁴⁴kɔ⁴⁴lɔ²⁴ia⁰﹞

老爷是介话唻，[lɔ²⁴ia⁰z̩²⁴ka⁰uo¹¹lɐi⁰]

侬该赤佬也没好。[noŋ²⁴kiɛʔ⁵tsʰɐʔ³lɔ⁴⁴ia²⁴mɐʔ⁵xɔ⁴⁵]

搭人家生蛋鸡娘咬咬倒，[tɐʔ³n̠iŋ³³kɔ⁰sã⁵³dɛ⁰tɕi⁰n̠iã⁰ŋɔ²⁴ŋɔ⁰tɔ⁰]鸡娘：母鸡

害了两公婆鸡狗鸡狗造勿好。[e³³lɐʔ⁰liã²⁴koŋ⁴⁴bɤ⁴⁴tɕi⁴⁴kœʏ⁴⁴tɕi⁴⁴kœʏ⁴⁴zɔ²⁴vɐʔ²xɔ⁰]两

公婆：夫妻俩。造：吵

一个老太婆

一个老太婆，[iɛʔ³goʔ⁰lɔ²⁴tʰa⁴⁴bɤ⁴⁴]

爬起早早管゠，[bo³³tɕʰi⁵³tsɔ⁴⁴tsɔ⁴⁴kuɤ⁴⁴]早早管゠：早早的

结结热被头，梳梳绕绕头。[tɕiɛʔ³tɕiɛʔ³n̠iɛʔ³bi⁴⁴dœʏ⁴⁴，s̩³³s̩³³n̠io²³n̠io⁴⁴dœʏ⁴⁴]绕绕

头：老年女性的发髻

看看大钟头八点过眼头，[kʰi⁴⁴kʰi⁴⁴da¹¹tsoŋ⁴⁴dœʏ⁵³pɐʔ³ti⁰kʌu³³ŋɛ⁰dœʏ⁵³]

来到街里买梗鱼头，[le³³tɔ³³ka⁵³li⁰ma³³kuã⁰ŋ³³dœʏ⁵³]

走到屋里净好鱼头。[tsœʏ³³tɔ⁰oʔ³li⁰dʑia²⁴xɔ⁰ŋ³³dœʏ⁵³]

摆勒灶头猫拖鱼头，[pa⁴⁴lɐʔ⁰tsɔ⁴⁴dœʏ⁰mɛ²⁴tʰa⁰ŋ³³dœʏ⁵³]

拔出拳头敲煞猫头。[bɐʔ²tsʰoʔ⁵dʑy³³dœʏ⁵³kʰɔ⁴⁴sɐʔ⁵mɛ¹¹dœʏ⁴⁴]

来到地头部゠好猫头，[le³³tɔ⁰di¹¹dœʏ⁰bu²⁴xɔ⁰mɛ³³dœʏ⁵³]部゠好：埋葬

回到灶头眼泪鼻头，[uɐi³³tɔ⁰tsɔ⁴⁴dœʏ⁰ŋɛ²⁴li⁰bɐʔ²dœʏ⁰]鼻头：鼻涕

唉，真是无告゠话头唻。[xe⁵³，tsoŋ⁵³z̩⁰ŋ⁵³kɔ⁰uo¹¹dœʏ⁴⁴lɐʔ⁰]无告゠话头：无话可说了

一粒星，格伦登

一粒星，格伦登。[iɛʔ³liɛʔ⁰ɕiŋ⁴⁴，kɐʔ⁵lɐŋ⁴⁴tɐŋ⁴⁴]

两粒星，挂油瓶。[liã²⁴liɛʔ⁰ɕiŋ⁵³，kɔ³³iɤ²⁴biŋ⁴⁵]

油瓶漏，炒倭豆。[iɤ³³biŋ⁵³lœʏ¹³，tsʰɔ³³ʌu⁵³dœʏ⁰]倭豆：蚕豆

倭豆香，加辣酱。[ʌu⁵³dœʏ⁰ɕiã⁵³，kɔ³³lɐʔ²tɕiã⁴⁴]

辣酱辣，搭水獭。[lɐʔ²tɕiã⁴⁴lɐʔ⁴⁵，kʰo³³sɿ⁵³tʰɐʔ⁰]搭：抓

水獭乌，搭鹁鸪。[sɿ⁵³tʰɐʔ⁰u⁵³，kʰo³³bu¹¹ku⁴⁴]鹁鸪：布谷鸟

跌跌绊绊

跌跌绊绊，［liɛʔ²²liɛʔ⁵pɛ³³pɛ⁵³］

绊过南山。［pɛ³³kʌu⁴⁴nɐi⁴⁴sɛ⁵³］

南山奋斗，［nɐi³³sɛ⁵³pɐŋ⁵³tœɤ⁰］

猪鬃买牛。［tsʅ³³tsoŋ⁵³ma³³ŋœɤ⁴⁵］

马蹄牛脚，［mo²⁴di⁰ŋœɤ²⁴tɕiɛ⁴⁴］脚：在句末，由促变舒

绊跌就倒，［pɛ³³tiɛʔ⁵dʑiɤ³³tɔ⁴⁵］

该只脚骨趋。［kiɛʔ³tsʅʔ⁰tɕiɛʔ³kʌuʔ⁰gœɤ⁵³］趋：缩回

（以上 2018 年 7 月，发音人：叶亚彬）

第二章　规定故事

牛郎和织女

早起头啦，有一个小娃，［tsɔ⁵³tɕʰi⁰dœɤ⁰la⁰，iɤ³³iɛʔ³goʔ⁰ɕio⁴⁴uɛ⁴⁴］早起头啦：从前啊

阿爹阿娘呢老早过哦，［ɐʔ³tia⁵³aʔ³n̠iã⁴⁴n̠i⁰lɔ²⁴tsɔ⁰kʌu⁴⁴ʌu⁰］过：去世的委婉语

从小看渠啦看嘞伤心咪。［dzoŋ¹¹ɕio⁴⁴kʰi⁴⁴dʑi⁴⁴la⁰kʰi⁵³lɐʔ⁰sõ³³ɕiŋ⁵³lɐi⁰］看嘞：非常，极为

等大起来呢，［tɐŋ⁴⁴dʌu¹¹tɕʰi⁴⁴le⁰n̠i⁴⁴］

变成了后生家以后啦，［bi³³dʑiŋ³³lɐʔ⁰œɤ²⁴sã⁴⁴koʔi³³œɤ²⁴la⁰］后生家：小伙子

眼看嘞搭渠小辰光凑队个小兄弟，［ŋɛ²⁴kʰi⁰lɐʔtɐʔ⁰dʑi⁴⁴ɕio⁴⁴dʑiŋ⁴⁴kuõ⁴⁴tsʰɐi³³dɐi¹¹goʔ⁰
ɕio⁴⁴ɕioŋ⁴⁴di⁴⁴］凑队：玩伴儿

一个一个统老浓꜀抬进咪，［iɛʔ³goʔ⁴⁴iɛʔ³goʔ⁰tʰoŋ⁵³lɔ²⁴n̠iŋ⁰de³³tɕiŋ⁴⁴lɐi²⁴］老浓꜀：老婆。抬
进：娶进门

小人啊生落咪，［ɕio⁴⁴n̠iŋ⁴⁴aʔ⁰sã³³lɔʔ⁰lɐi⁰］小人：孩子

格渠是真眼痒煞咪。［kɐʔ³dʑi²⁴zʅ⁰tsoŋ⁵³ŋɛ²⁴iã⁴⁴sɐʔ⁰lɐi⁰］眼痒：羡慕

格屋里是实在忒穷了勿啦，［kɐʔ³oʔ³liʔzʅ³³zoʔ²dze⁴⁴tʰɐʔ³dʑyoŋ²⁴lɐʔ⁰vɐʔ⁵la⁰］

抬勿起老浓꜀，［de²⁴vɐʔ²tɕʰi⁰lɔ²⁴n̠iŋ⁰］

只好做做光棍枪咪。［tɕiɛʔ⁵xɔ⁰tsʌu³³tsʌu³³kuõ⁴⁴kuɐŋ⁴⁴tɕʰiã⁴⁴lɐi⁰］光棍枪：光棍

格小娃屋里向呢养了一只老牛，［kɐʔ³ɕio⁴⁴uɛ⁴⁴oʔ³liºɕiãºȵiʔiã³³lɐʔºiɛʔ³tsɐʔºlɔ²⁴ŋœɤ⁴⁴］

每日靠老牛耕田为生哦［mɐi²⁴ȵiɛʔ²kʰɔ³³lɔ²⁴ŋœɤºkã³³di²⁴uɐi³³sɐŋ⁵³ʌuº］

小娃搭老牛每日是同进同出，［ɕio⁴⁴uɛ⁴⁴tɐʔºlɔ²⁴ŋœɤºmɐi²⁴ȵiɛʔºz̩ºdoŋ²⁴tɕiŋºdoŋ²⁴tsʰoʔº］

相依为命，［ɕiã³³i⁴⁴uɐi³³miŋ²⁴］

刮道人家统统呕渠牛郎。［kuɐʔ⁵dɔºȵiŋ³³koº⁵³tʰoŋ³³tʰoŋ⁵³œɤ³³dʑi⁴⁴ŋœɤ³³lõ⁵³］刮道：所以

该头老牛实际上是天上个金牛星，［kiɛʔ⁵dœɤºlɔ²⁴nœɤºzoʔ²tɕi⁴⁴zõºz̩ʔtʰi⁵³zõºgoʔº tɕiŋ⁴⁴ŋœɤ⁴⁴ɕiŋ⁴⁴］

老牛交关欢喜牛郎个勤劳搭善良，［lɔ²⁴ŋœɤºtɕio⁴⁴kuɛ⁵³xuɤ³³ɕiºŋœɤ³³lõ⁵³goʔºdʑiŋ³³lɔ⁵³ tɐʔºzɤ²⁴liãº］

老牛一心想帮牛郎寻个老浓⁼成个家。［lɔ²⁴ŋœɤºiɛʔ³ɕiŋ⁵³ɕiã³³põ⁴⁴ŋœɤ³³lõ⁵³iŋ³³goʔºlɔ²⁴ ȵiŋºdʑiŋ³³goʔºkɔ⁵³］

有一日啦，［iɤ²⁴iɛʔºȵiɛʔºlaˣ⁴⁴］

格金牛星得到一个消息啦，［kɐʔ³tɕiŋ⁴⁴ŋœɤ⁴⁴ɕiŋ⁴⁴tɐʔ³tɔ⁵³iɛʔ³goʔºɕio⁴⁴ɕiɛʔºlaˣ⁴⁴］

讲是天上个七仙女啦，［kõ³³z̩ºtʰi⁵³zõºgoʔºtɕʰiɛʔ⁵ɕiºȵyºlaº］

要到村东边个河里啦要来净浴来。［io³³tɔ⁴⁴tsʰɐŋ⁵³toŋ⁴⁴pi⁵³goʔºʌu²⁴liºlaºio⁴⁴leºdʑiã³³ ȵyoʔºle⁵³］净浴：洗澡

格渠马上拨该个消息啦，［kɐʔ³dʑi²⁴mo²⁴zõ⁴⁴pɐʔ³kiɛʔ³goʔºɕio³³ɕiɛʔ³laº］

托梦拨牛郎唻。［tʰoʔ³mõ²⁴pɐʔºŋœɤ³³lõ⁵³lɐiº］

渠要牛郎咋弄呢，［dʑi²⁴ioºŋœɤ³³lõ⁵³dza³³loŋ⁵³ȵiº］咋弄：怎么做

第二日天一亮，［di¹¹ȵi⁴⁴ȵiɛʔºtʰi⁵³iɛʔ³liã¹³］

一定要搭河边头去，［iɛʔ³diŋ²⁴io⁴⁴tɐʔ⁵ʌu²⁴piºdœɤºtɕʰiº］

要趁仙女们该个河里净浴个辰光呢，［io⁴⁴tsʰoŋ⁴⁴ɕi⁴⁴ȵy⁵³mɐŋ⁴⁴kiɛʔ³goʔºʌu²⁴liºdʑiã⁴⁴ ȵyoʔºgoʔºzoŋ³³kuõ⁵³ȵi⁴⁴］

搭仙女挂勒树枝上个该个衣裳啦，［tɐʔ³ɕi³³ ȵy⁵³koºᵃ³³lɐʔºzɿ¹¹tsɿ⁴⁴zõ⁴⁴goʔºkiɛʔ³goʔºi³³zõ⁵³ laº］

偷偷盘⁼盘⁼呢驮一件来，［tʰœɤ⁵³tʰœɤºbɤºbɤ³ºȵiºdʌu²⁴iɛʔ³dʑiºleº］偷偷盘⁼盘⁼：偷偷地。驮：拿

驮来以后呢依头也莫回，［dʌu²⁴leºi³³œɤ²⁴ȵiºnoŋ²⁴dœɤ²⁴iaºma⁵³uɐi²⁴］

一刻勿停个奔到屋里向去，［iɛʔ³kʰɐʔ⁵vɐʔ²diŋ⁴⁴goʔºpɐŋ³³tɔºoʔ³li⁴⁴ɕiã⁴⁴tɕʰiº］

依格模介呢，［noŋ²⁴kaʔ⁵moºkaºȵiº］

就会得到其中一位仙女做老浓⁼唻。［dʑiɤ²⁴uɐiºtɐʔºtɔºdʑi³³tsoŋ⁵³iɛʔ³uɐiºɕi³³ȵy⁵³tsʌu³³lɔ²⁴ ȵiŋ⁴⁴lɐi⁴⁴］

格则到了第二日天一亮啦，[kiɛʔ³tsɐʔ⁰tɔ³³lɐʔ⁰di¹¹n̩i⁴⁴n̩iɛʔ⁰tʰi⁵³iɛʔ³liã¹¹la⁰]格则：这样

牛郎也有眼半信半疑哦，[ŋœɤ³³lõ⁵³ia²⁴iɤ³³ŋɛ⁴⁴pɤ⁴⁴ɕiŋ⁰pɤ⁰i⁰ʌu⁰]

格也呢真到了该个村东边个河旁边啦，[kɐʔ³ia²⁴n̩i¹¹tsoŋ⁴⁴tɔ³³lɐʔ⁰kiɛʔ³goʔ²tsʰɐŋ⁵³toŋ³³pi⁵³goʔ⁰ʌu²⁴po³³pi⁴⁴la⁰]

果然介看见七个仙女来河里净浴啦。[kʌu⁴⁴zɤ⁴⁴kaʔ⁰kʰi³³tɕiʔ⁰tɕʰiɛʔ³goʔ⁰ɕi³³n̩y⁵³le⁰ʌu²⁴li⁰dʑiã³³n̩yoʔ²la⁰]

格渠马上驮了一件挂勒树枝上个一件粉红色个衣裳，[kɐʔ⁵dʑi²⁴mo²⁴zõ⁴⁴dʌu²⁴lɐʔ⁰iɛʔ³dʑiʔ⁰koʔ⁴⁴lɐʔ⁰zʅ¹¹tsʅ⁴⁴zõ⁰goʔ⁰iɛʔ³dʑi⁰⁰fɐŋ⁴⁴oŋ⁴⁴sɐʔ⁰goʔ⁰i³³zõ⁵³]

头也呐ꞏ扭过，[dœɤ²⁴ia⁰nɐʔ³n̩i⁰kʌu⁵³]呐ꞏ：没 扭：回头

急急忙忙奔勒屋里向呢搭渠园起来咪。[tɕiɛʔ³tɕiɛʔ³mõ⁰mõ⁰pɐŋ³³lɐʔ⁰oʔ³li⁰ɕiã⁰n̩i⁰tɐʔ³dʑi⁰kʰõ⁴⁴tɕʰi⁰le⁰lɐi⁰]囥：藏

格则呢织女啦无呐ꞏ衣裳穿啦，[kɐʔ⁵tsɐʔ⁰n̩i⁰tɕiɛʔ³n̩y⁰la⁰n⁴⁴nɐʔ³i³³zõ⁵³tsʰɤ⁵³la⁰]

该织女啦是天上个仙女啦，[kiɛʔ⁵tɕiɛʔ³n̩y⁰la⁰zʅ³³tʰi³³zõ⁵³goʔ⁰ɕi³³n̩y⁵³la⁰]

回勿了天宫了也，[uɐi²⁴vɐʔ²lio⁰tʰi³³koŋ⁵³lɐʔ⁰ia⁰]

格当日夜里，[kɐʔ²tõ³³n̩iɛʔ²ia¹¹li⁴⁴]

无呐ꞏ办法，[n⁴⁴nɐʔ²bɛ¹¹fɐʔ⁵]

只好轻轻个敲开牛郎屋里向个门，[tɕiɛʔ³xɔ⁰tɕʰiŋ³³tɕʰiŋ⁵³goʔ²kʰɔ³³kʰe⁵³ŋœɤ³³lõ⁵³oʔ³li⁰ɕiã⁰goʔ⁰mɐŋ²⁴]

从此两个人做了恩爱夫妻咪。[dzoŋ¹¹tsʰʅ⁵³liã²⁴goʔ²n̩iŋ⁴⁴tsʌu³³lɐʔ⁰ɐŋ³³e⁵³fu³³tɕʰi⁵³lɐi⁰]

一看呢快三年过去咪。[iɛʔ³kʰi⁴⁴n̩i⁰kʰua⁴⁴sɛ³³n̩i⁴⁴kʌu⁴⁴tɕʰi⁰lɐi⁰]

牛郎搭织女介生了一男一女两个宝贝，[ŋœɤ³³lõ⁵³tɐʔ⁰tɕiɛʔ³n̩y⁰ka⁰sã³³lɐʔ⁰iɛʔ³nɐi²⁴iɛʔ³n̩y²⁴liã²⁴goʔ⁰pɔ⁴⁴pɐi⁴⁴]

一家老少日子过勒交关幸福。[iɛʔ³ko⁴⁴lɔ⁴⁴ɕio⁴⁴n̩iɛʔ²tsʅ⁴⁴kʌu⁴⁴lɐʔ⁰tɕio⁴⁴kuɛ⁴⁴iŋ²⁴foʔ³]

但是织女偷偷盘ꞏ盘ꞏ下凡个事情啦，[dɛ²⁴zʅ⁰tɕiɛʔ³n̩y⁰tʰœɤ⁵³tʰœɤ⁰bɤ⁰bɤ³⁰ɕia³³vɛ²⁴goʔ⁰zʅ¹¹dʑiŋ⁴⁴la⁰]

最后还是拨玉皇大帝晓得咪。[tsɐi⁵³œɤ²⁴uɐʔ²zʅ⁴⁴pɐʔ³n̩yoʔ²uõ⁰da³³ti⁰ɕio⁵³tɐʔ⁰lɐi⁰]

格该玉皇大帝是大发雷霆啦。[kɐʔ⁵kiɛʔ⁵n̩yoʔ²uõ²⁴da³³ti⁰zʅ³³da¹¹fɐʔ⁵lɐi³³diŋ⁵³la⁴⁴]

该一日突然之间呢，[kiɛʔ³iɛʔ³n̩iɛʔ²dɐʔ²zɤ⁴⁴tsʅ³³tɕi⁵³n̩i⁴⁴]

天空当中是龙光闪锃亮锃亮介，[tʰi³³kʰoŋ⁵³tõ³³tsoŋ⁵³zʅ⁰loŋ²⁴kuõ⁰ɕi⁰dzã²⁴liã⁰dzã⁰liã⁰ka⁰]

雷声呢是隆隆响啦，［lɐi³³ɕiŋ⁴⁴n̠i⁴⁴z̩³³loŋ¹¹loŋ⁴⁴ɕiã⁰laʔ⁰］

打末指头刮起了一阵阵个大风，［tã⁴⁴mɐʔ⁰tsʅ⁰lœɣ⁰kuɐʔ³tɕʰiʔ⁰lɐʔ⁰iɛʔ³dʑiŋ²⁴dʑiŋ⁰goʔ⁰
　　dʌu¹¹fɐŋ⁵³］打末指头：突然

格紧接着呢落起嘞倾盆大雨啦。［kɐʔ³tɕiŋ⁴⁴tɕiɛʔ⁰dzoʔ⁰n̠iʔ⁰loʔ⁰tɕʰiʔ⁰lɐʔ⁰tɕʰiŋ³³bɐŋ⁴⁴da¹¹
　　y⁴⁴laʔ⁰］

就是来该辰光啦，［dʑiɣ²⁴z̩ʔ⁰le³³kiɛʔ⁵zoŋ³³kuõ⁵³laʔ⁰］

织女打末指头呐看见啦，［tɕiɛʔ³n̠yʔ⁰tã⁴⁴mɐʔ⁰tsʅ⁰lœɣ⁰nɐʔ⁵kʰiʔ⁰tɕiʔ⁰laʔ⁰］

格两个小人是茄茄哭，［kɐʔ³liã²⁴goʔ²ɕio⁴⁴n̠iŋ⁴⁴z̩³³dʑia¹¹dʑia⁴⁴kʰoʔ⁵］茄茄：哇哇

要阿娘啦，［io³³ɐʔ³n̠iã²⁴la⁴⁴］

牛郎也急煞唻，［ŋœɣ³³lõ⁵³ia²⁴tɕiɛʔ³sɐʔ⁰lɐi⁴⁴］

四头乱窜呢到处乱寻唻，［sʅ³³dœɣ⁰lɣ⁰tsʰɣ⁰n̠iʔ⁰tɔ⁴⁴tsʰʅ⁰lɣ¹¹iŋ⁴⁴lɐi⁴⁴］

格勿晓得咋弄弄啦。［kɐʔ³vɐʔ²ɕio⁴⁴tɐʔ⁰dza²⁴loŋ⁴⁴loŋ⁴⁴laʔ⁰］

该辰光呢，［kiɛʔ³dʑiŋ²⁴kuõ⁰n̠i⁰］

老牛突然之间开口唻：［lɔ²⁴ŋœɣ⁰dɐʔ²zɣ⁴⁴tsʅ³³tɕiʔ⁰kʰe³³kʰœɣ⁴⁴lɐi⁵³］

"牛郎啊，侬莫难熬哦，［ŋœɣ³³lõ⁵³a⁴⁴，noŋ²⁴ma⁵³nɛ³³ŋɔ⁵³ɔ²⁴］

侬搭我个牛角啦□落来好唻，［noŋ²⁴tɐʔ³ŋɔ²⁴goʔ⁰ŋœɣ⁴⁴koʔ⁵la⁴⁴pʰɛ³³loʔ²leʔ⁰xɔ⁰lɐi⁰］□：掰

格渠会变成两只箩筐哦，［kɐʔ³dʑi²⁴uɐi³³pi³³dʑiŋ⁰liã²⁴tsɐʔ³lʌu³³kʰuõ⁵³ʌu⁰］

装上侬个两个小人，［tsõ³³zõ⁴⁴noŋ²⁴goʔ⁰liã²⁴goʔ²ɕio⁴⁴n̠iŋ⁴⁴］

再用扁担呢挑起该两只箩筐，［tse⁵³yoŋ⁰pi³³tɐ⁴⁵n̠iʔ⁰tʰio⁵³tɕʰiʔ⁰kiɛʔ³liã²⁴tsɐʔ³lʌu³³kʰuõ⁵³］

就可以飞到天宫啦去寻织女去唻。"［dʑiɣ²⁴kʰʌu⁵³iʔ⁰fi³³tɔ⁰tʰi³³koŋ⁵³laʔ⁰tɕʰi³³iŋ³³tɕiɛʔ³n̠yʔ⁰
　　tɕʰiʔ⁰lɐi⁰］

格牛郎啦有眼半信半疑哦，［kɐʔ³ŋœɣ³³lõ⁵³laʔ⁰iɣ³³ŋɛ⁰pɣ⁴⁴ɕiŋ⁰pɣ⁴⁴n̠iʔ⁰ʌu⁰］

真觉得奇怪啦，［tsoŋ⁴⁴tɕyoʔ³tɐʔ⁰dʑi²⁴kua⁰laʔ⁰］

该辰光牛角"噗"笃落地垟里了啦，［kiɛʔ³zoŋ³³kuõ⁴⁴ŋœɣ⁴⁴koʔ⁵pʰoʔ⁵toʔ³loʔ²diʔ¹¹iã⁴⁴
　　liʔ⁰lɐʔ⁰laʔ⁰］地垟里：地上

真变成两只箩筐了咋啦，［tsoŋ⁵³pi³³dʑiŋ⁴⁴liã²⁴tsɐʔ³lʌu³³kʰuõ⁵³lɐʔ³dza²⁴la⁴⁴］咋啦：表示惊奇
　　的后置式语气词，相当于"怎么啦"

格牛郎是真高兴煞唻，［kɐʔ³ŋœɣ³³lõ⁵³z̩ʔ⁰tsoŋ⁵³kɔ³³ɕiŋ⁵³sɐʔ⁰lɐi⁰］

马上搭一个儿子一个囡，［mo²⁴zõ⁰tɐʔ⁰iɛʔ³goʔ²ŋ²⁴tsʅ⁰iɛʔ³goʔ⁰niɣ²⁴］

放进两只箩筐，［fõ³³tɕiŋ⁰liã²⁴tsɐʔ³lʌu³³kʰuõ⁵³］

急吼吼咯用扁担挑起来是介走啦，［tɕiɛʔ⁵xœɤ⁴⁴xœɤ⁰goʔ⁰yoŋ³³pi⁵³tɛ⁰tʰio³³tɕʰi⁵³lɤ⁰zʅ²⁴
ka⁰tsœɤ³³la⁰］急吼吼：急急忙忙

该辰光渠真觉得一阵阵清风吹过来，［kiɛʔ³dʑiŋ⁴⁴kuõ⁴⁴dʑi²⁴tsoŋ⁴⁴tɕyoʔ³tɛʔ⁰iɛʔ³dʑiŋ³³
dʑiŋ⁰tɕʰiŋ³³foŋ⁵³tsʰʅ³³kʌu⁵³lɤ⁰］

该箩筐像生了翼梢一样啦，［kiɛʔ³lʌu³³kʰuõ⁵³iã³³sã³³lɤʔ⁰iɛʔ²sɔ⁴⁴iɛʔ³iã¹¹la⁰］翼梢：翅膀

打末指头是介飞起来了啦，［tã⁴⁴mɤʔ⁰tsʅ³³dœɤ⁰zʅ³³ka⁰fi³³tɕʰi³³lɤ³³lɤʔ⁰la⁴⁴］

像腾云驾雾个一样向天宫里向飞去咪。［iã³³dɐŋ³³yoŋ³³tɕia³³u¹¹goʔ⁰iɛʔ³iã¹¹çiã³³tʰi³³
koŋ⁵³li⁰çiã⁰fi³³tɕʰi⁰lɐi⁰］

格飞呀飞呀真飞勒十万八千里啦，［kɐʔ³fi⁵³ia⁰fi³³ia⁰tsoŋ³³fi³³lɤʔ⁰zoʔ²vɛ⁴⁴pɐʔ³tɕʰi⁰li⁰la⁰］

眼看快要搭织女追到了啦，［ŋɛ²⁴kʰi⁰kʰua³³io⁰tɛʔ³tɕiɛʔ³n̠y⁰tsɐi³³tɔ⁵³lɤʔ⁰la⁰］

格该辰光是介拨皇母娘娘发现了啦。［kɐʔ³kiɛʔ³zoŋ³³kuõ⁵³zʅ³³kɐʔ⁰pɐʔ³uõ³³mœɤ⁴⁴n̠iã³³
n̠iã⁰fɐʔ³i⁰lɤʔ⁰la⁰］

皇母娘娘是介拔落头里个一根金钗，［uõ³³mœɤ⁴⁴n̠iã³³n̠iã⁰zʅ²⁴ka⁰bɐʔ³lo⁰dœɤ²⁴li⁰goʔ⁰
iɛʔ³kɐŋ⁰tɕiŋ³³tsʰa⁵³］

恶狠狠个在牛郎织女中间"啦"一记划了一条线啦，［oʔ³xɐŋ⁰xɐŋ⁰goʔ⁰dze³³ŋœɤ³³lõ⁵³
tɕiɛʔ³n̠y⁰tsoŋ³³tɕi⁵³la²⁴iɛʔ³tɕi⁰uɐʔ²lɤʔ⁰iɛʔ³dio³³çi⁴⁴la⁰］

该辰光呢马上出现了一条大浪滚滚个天河啦，［kiɛʔ³zoŋ³³kuõ⁰n̠i⁰mo²⁴zõ⁰tsʰoʔ³i⁰lɤʔ⁰
iɛʔ³dio⁰da¹¹lõ⁴⁴kuɐŋ³³kuɐŋ⁰goʔ⁰tʰi³³ʌu⁵³la⁰］

对面来阿里也看勿见啦，［tɐi³³mi⁰lɛ³³ɐʔ²li⁴⁴ia⁰kʰi⁴⁴vɐʔ²tɕi⁰la⁰］来阿里：在哪里

格嗨，［kɐʔ³xe⁵³］格嗨：唉，感叹词

格活生生个恩爱小夫妻拨渠活活隔开啦。［kɐʔ³uɐʔ²sɐŋ³³sɐŋ⁰goʔ⁰ɐŋ³³e⁵³çio⁴⁴fu⁴⁴tɕʰi⁴⁴
pɐʔ³dʑi⁴⁴uɐʔ²uɐʔ⁵kɐʔ⁵kʰe⁰la⁰］

格后来，［kɐʔ³œɤ²⁴le⁰］

喜鹊娘啦晓得了该个消息以后啦，［çi⁴⁴tɕʰiɛʔ⁵n̠iã²⁴la⁰çio⁵³tɛʔ⁰lɤʔ⁰kiɛʔ³goʔ⁰çio³³çiɛʔ⁵i³³
œɤ²⁴la⁰］

看嘞同情牛郎搭织女介咪，［kʰi⁵³lɐʔ⁰doŋ³³dʑiŋ⁵³ŋœɤ³³lõ⁵³tɐʔ⁰tɕiɛʔ³n̠y⁰ka⁰lɐi⁰］看勒：非
常，极为

渠呢讴来了所有个喜鹊朋友搭喜鹊个子女啦，［dʑi³³n̠i⁰œɤ⁵³lɤ⁰lɐʔ⁰so³³iɤ⁴⁴goʔ⁰çi³³
tɕʰiɛʔ³bã³³iɤ⁴⁴tɐʔ³çi³³tɕʰiɛʔ⁰goʔ⁰tsʅ⁵³n̠y⁰la⁰］

在每年农历个七月初七，［dze³³mɐi²⁴n̠i⁰noŋ³³liɛʔ³goʔ⁰tɕʰiɛʔ³yoʔ²tsʰu⁴⁴tɕʰiɛʔ³］

渠带上了成千上万只个喜鹊，［dʑi²⁴ta³³zõ⁰lɐʔ⁰dʑiŋ³³tɕʰi⁴⁴zõ³³vɛ⁰tsɐʔ⁰goʔ⁰çi³³tɕʰiɛʔ⁰］

一起飞到天河上，［iɛʔ³tɕʰi⁴⁴fi³³tɔ⁰tʰi³³ʌu⁰zõ⁰］

一只叼嘞另一只个尾巴，［iɛʔ³tsɐʔ⁵tio³³lɐʔ⁵liŋ¹¹iɛʔ³tsɐʔ⁰goʔ⁰n̩i²⁴po⁴⁴］

高ꞈ介呢连绵勿断啦，［kɔ⁵³kaⁿi⁰li²⁴mi⁰vɐʔ²dɤ⁴⁴la⁰］高ꞈ介：这样

搭起一座蛮长长个鹊桥啦。［tɐʔ³tɕʰi⁰iɛʔ³zʌu⁰mɛ²⁴dʑiã³³dʑiã⁰goʔ⁰tɕʰiɛʔ³dʑio⁰la⁰］蛮长
　　长：非常长

从此以后呢，［dzoŋ¹¹tsʰ̩⁴⁴i³³œɤ²⁴n̩i⁰］

牛郎搭织女介每年七月初七呢，［ŋœɤ³³lõ⁵³tɐʔ³tɕiɛʔ³n̩y⁰ka⁰mei²⁴n̩i⁰tɕʰiɛʔ³yoʔ²tsʰu³³
　　tɕʰiɛʔ⁰n̩i⁰］

该一日就可以在鹊桥上相会唻。［kiɛʔ³iɛʔ³n̩iɛʔ²dʑiɤ²⁴kʰʌu³³i⁰dze³³tɕʰiɛʔ³dʑio³³zõ⁰ɕiã³³
　　uɐi¹¹lɐi⁵³］

　　很久以前，有一个小男孩儿，父母很早就去世了，从小就很可怜。他长大了，变成了年轻的小伙子，眼看和他从小一起玩儿的小伙伴们都一个个成家了，还生了孩子，他非常羡慕。因为他家里实在是太穷了，没钱娶老婆，所以只能做光棍。

　　这小伙子家里养了一头牛，靠老牛耕田为生。小伙子与老牛每天相伴生活，相依为命，所以人们都叫他"牛郎"。这头老牛其实是天上的金牛星。老牛非常喜欢牛郎的勤劳与善良，一心想帮他娶个老婆成个家。

　　有一天，金牛星得到一个消息，说是天上的七仙女要到村东边的河里来洗澡，他马上把这个消息托梦给牛郎。他要牛郎这么做：第二天天一亮，一定要去湖边，趁仙女们在河里洗澡的时候，把她们挂在树枝上的衣服偷偷地拿一件，拿到以后，头也不回，立即飞快地跑回家去。这样呢，他就可以得到一位仙女做老婆。

　　第二天天一亮，牛郎半信半疑地到了那个村子东边的河边，果然看见七个仙女在河里洗澡，他马上拿了一件挂在树枝上的粉红色衣服，头也不回，急忙跑回家，把衣服藏了起来，这下织女没衣服穿了。这织女是天上的仙女。当天晚上，她没有办法，只得轻轻敲开牛郎家的门，从此以后，两人做了恩爱夫妻。

　　一转眼三年快过去了。牛郎与织女生下了一男一女，一家人过着非常幸福的生活。可是，织女偷偷下凡的事，最终还是让玉皇大帝知道了，他大发雷霆。

　　这一天，突然，天空电闪雷鸣，又突然刮起了暴风，紧接着下起了倾盆大雨。就在这个时候，织女突然不见了，两个孩子哇哇大哭要找妈妈。牛郎也急坏了，到处找织女，不知道怎么办才好。

　　这时，老牛突然开口说话了："牛郎啊，别难受哦。你快把我的牛角掰下来吧，它们会变成两只箩筐的。你用箩筐装上两个孩子，再用扁担挑起来，就可以飞到天宫去追织女了。"

　　牛郎半信半疑，觉得好奇怪。这时候，牛角"噗"地落在了地上，真的变成了两只箩筐。牛郎真的好开心，立即把儿子女儿放进箩筐里，急忙用扁担挑起来就走。这时候，牛郎只觉得阵阵清风吹来，箩筐好像长了翅膀，突然飞了起来，腾云驾雾般朝天宫飞去了。

　　飞呀飞呀，大概飞了十万八千里，眼看就要追上织女了。这时候，却被王母娘娘发现了，王母娘娘从头上拔下一根金钗，恶狠狠地在牛郎和织女中间划了一条线。这时候，一条巨浪滚滚的天河立即出现了，对面在哪都看不到，就这样活活把这对恩爱小夫妻分隔开了。

　　后来，喜鹊知道了这个消息，非常同情牛郎和织女。她叫来了所有的喜鹊朋友以及它们的孩子，在每年农历的七月初七，成千上万只喜鹊一起飞到天河上，一只衔着另一只的尾巴，连绵不断，搭起了一座非常长的鹊桥。从此以后，牛郎和织女每年七月初七就可以在鹊桥相会了。

（2018 年 7 月，发音人：叶亚彬）

三、自选条目

（一）戏曲

梅童娶亲

滔滔东海波连呀波，［tʰɔ tʰɔ toŋ xe pʌu li ia pʌu］

阿拉嵊泗渔场鱼多。［ɐʔ leʔ dzeŋ sᴢ y dʑiã y tʌu］

今末ᵈ勿把别个唱，［tɕ ieʔ meʔ veʔ po bieʔ goʔ tsʰõ］今末ᵈ：今天

我唱一唱梅童娶亲，［ŋo tsʰõ ieʔ tsʰõ mɐi doŋ tsʰᴢ tɕʰiŋ］梅童：鱼名

要闯大祸。［io tsʰõ dʌu ʌu］

梅童今年是二十八，［mɐi doŋ tɕiŋ ȵi zᴢ əl zoʔ pɐʔ］

大头大脑蛮色⁼格⁼。[dʌu dœɤ dʌu nɔ mɛ seʔ keʔ] _色⁼格⁼：厉害，了不起

自由恋爱找对象，[zʅ iɤ li e tsɔ tɐi iã]

对象名字嘛叫乌贼，[tɐi iã miŋ zʅ ma tɕio u zeʔ]

黑白粉嫩是顶呱呱。[xɐʔ bɐʔ feŋ neŋ zʅ tiŋ kuɐʔ kuɐʔ]

老头鱼是渠个大媒人，[lɔ dœɤ ŋ zʅ dʑi goʔ dʌu mei n̠iŋ]

结婚日子会拣勒秋场里头，[tɕiEʔ xuɐŋ n̠iEʔ tsʅ uei kɛ leʔ tɕʰiɤ dʑiã li dœɤ] 秋场里：秋
　　汛期

是八月八。[zʅ pɐʔ yoʔ pɐʔ]

讲起梅童屋里向，[kõ tɕʰi mɐi doŋ oʔ li ɕiã]

亲眷队伍是蛮庞大。[tɕʰiŋ tɕy dei u zʅ mɛ bõ da]

大黄鱼是阿爹，[dʌu uõ ŋ zʅ ɐʔ tiɛ]

小黄鱼是亲娘。[ɕio uõ ŋ zʅ tɕʰiŋ n̠iã]

爹娘勿生姊和妹，[tiɛ n̠iã veʔ sã tɕi ʌu mei]

单生我梅童梅子兄弟两。[tɛ sã ŋo mɐi doŋ mɐi tsʅ ɕyoŋ di liã] 梅仔：鱼名

黄婆鸡是大娘舅，[uõ bʌu tɕi zʅ dʌu n̠iã dʑiɤ] 黄婆鸡：鱼名

白果子是亲舅妈，[bɐʔ kʌu tsʅ zʅ tɕʰiŋ dʑiɤ ma] 白果子：鱼名

雪落梅童是表兄弟，[ɕiEʔ loʔ mɐi doŋ zʅ pio ɕyoŋ di] 雪落梅童：雪落，形容词，指小梅童

石灰蒲弹是亲外甥。[zeʔ xuɐi bu dɛ zʅ tɕʰiŋ ŋa sã] 石灰蒲弹：石灰，形容比较小、不起眼，指小
　　虾蛄

八月初水已来临，[pɐʔ yoʔ tsʰu sʅ i le liŋ]

东海洋面闹盈盈，[toŋ xe iã mi nɔ iŋ iŋ]

梅童要到浪岗洋面去迎亲。[mɐi doŋ io tɔ lõ kõ iã mi tɕʰi n̠iŋ tɕʰiŋ]

迎亲队伍足足有一个加强营，[n̠iŋ tɕʰiŋ dei u tsoʔ tsoʔ iɤ iEʔ goʔ tɕia dʑiã iŋ]

开路先锋是青鳝鱼，[kʰe lu ɕi feŋ zʅ tɕʰiŋ tsɤ ŋ]

后跟一队烂船丁，[œɤ kɐŋ iEʔ dei lɛ zɤ tiŋ] 烂船丁：鱼名

鲻鱼龙鱼骨头轻，[tsʅ ŋ loŋ ŋ kuɐʔ dœɤ tɕʰiŋ]

蹦蹦跳跳是一刻也勿停，[poŋ poŋ tʰio tʰio zʅ iEʔ kʰɐʔ ia veʔ diŋ]

还有门蟹青蟹小蟹丁，[uɐʔ iɤ mɐŋ xa tɕʰiŋ xa ɕio xa tiŋ]

猪猡狗柴是一大群。[tsʅ lʌu kœɤ za zʅ iEʔ dʌu dʑiŋ] 猪猡狗柴：相当于"牛鬼蛇神"，含幽默义

锥子鱼哎呀红小娘，〔ʐɐi tsʅ ŋ ɐʔ ia oŋ ɕio n̩iã〕红小娘：鱼名

后头嘛一群小七星。〔œɤ dœɤ ma iɛʔ dʑiŋ ɕio tɕʰiɛʔ ɕiŋ〕

勿落直要算大脚黄蜂红头颈，〔vɐʔ loʔ dʑiɛʔ io sʐ dʌu tɕiɛʔ uõ feŋ on dœɤ tɕiŋ〕大脚
黄蜂红头颈：虾名

趁此机会打扮勒格则花枝招展，〔tsʰoŋ tsʰʅ tɕi uɐi tã pe lɐʔ kɐʔ⁵ tsɐʔ xuo tsʅ tɕio tsɤ〕

专门勾引么小年轻，〔tsɤ meŋ kœɤ iŋ mɐʔ ɕio n̩i tɕʰiŋ〕

弄得倒牛糊渣想入非非操野心。〔loŋ tɐʔ tɔ ŋœɤ u dzo ɕiã zoʔ fi fi tsʰɔ ia ɕiŋ〕倒牛：质
量比较差的海蜇类。糊渣：手抓起来会糊散的一种质量最差的海蜇类

哎呀轧记轧记轧带⁼进，〔ɐʔ ia gɐʔ tɕi gɐʔ tɕi gɐʔ ta tɕiŋ〕轧记轧记：挤呀挤呀

想撮白雪么献殷勤。〔ɕiã tsʰɐʔ bɐʔ soʔ mɐʔ ɕi iŋ dʑiŋ〕撮白雪：占便宜

玉秃眼睛单边沉，〔n̩yoʔ tʰɐʔ ŋɛ tɕiŋ tɛ pi dʑiŋ〕玉秃：鱼名

拖嘴虾潺么胎里病，〔tʰa tsɤ xua dzɛ mɐʔ tʰe li biŋ〕拖嘴虾潺：鱼名

雌老虎搭渠做媒人，〔tsʰʅ lɔ fu tɐʔ dʑi tsʌu mɐi n̩iŋ〕

格搭配配拢的也蛮开心。〔kɐʔ tɐʔ pʰɐi pʰɐi loŋ ti ia mɛ kʰe ɕiŋ〕

（2018 年 7 月，发音人：洪国强）

临　海

一、歌谣

燕啊燕

燕啊燕，飞过店。[i⁵⁵a⁰i⁵⁵，fi³³ku⁴⁴ti⁵⁵]

店门关，飞上山。[ti³³məŋ²¹kuɛ³¹，fi³⁵zɔ̃⁵¹sɛ³¹]

山头白，飞过麦。[sɛ³⁵də⁵²baʔ²³，fi³³ku⁴⁴maʔ²³]

麦头摇，飞过桥。[maʔ²də²¹iə²¹，fi³³ku⁴⁴dʑiə²¹]麦头：麦穗

桥上打花鼓，[dʑiə²¹zɔ̃⁵¹tã⁵²hua³³ku⁵²]

桥下娶新妇。[dʑiə²²o²¹tɕʰy⁵²ɕiəŋ³³vu²¹]

娶个癞头新妇捣麦谷，[tɕʰy⁵²kə⁰laʔ²də²¹ɕiəŋ³³vu²¹tɔ⁵²maʔ²koʔ⁵]

麦谷碎，喂小妹，[maʔ²koʔ⁵se⁵⁵，y⁵⁵siə⁴²me³²⁴]

小妹几时嫁？[ɕiə⁴²me³²⁴tɕi⁴²zŋ⁵¹ko⁵⁵]

嫁邻舍，邻舍穷。[ko⁵⁵liəŋ²²so⁵⁵，liəŋ²²so⁵⁵dʑyoŋ²¹]邻舍：邻居

嫁竹筒，竹筒两头空。[ko⁵⁵tɕioʔ³tʰoŋ⁵²，tɕioʔ³tʰoŋ⁵²liã²¹də²¹kʰoŋ³¹]

嫁相公，相公奶奶。[ko⁵⁵ɕiaŋ²²koŋ³¹，ɕiaŋ²²koŋ³¹na²¹na²¹]

嫁田蟹，田蟹八只脚，[ko⁵⁵di²²a²¹，di²²a²¹paʔ³tɕieʔ⁵tɕiaʔ⁵]

嫁喜鹊，喜鹊勿飞。[ko⁵⁵ɕi⁴²tɕʰiaʔ⁵，ɕi⁴²tɕʰiaʔ⁵vi²²fi³¹]

嫁雄鸡，雄鸡勿啼更。[ko⁵⁵yoŋ²⁵tɕi³¹，yoŋ²⁵tɕi³¹vi²²di³⁵kã³¹]

嫁小生，小生勿做戏。[ko⁵⁵ɕiə⁴²sã³¹，ɕiə⁴²sã³¹vi²²tso³³ɕi⁵⁵]

嫁皇帝，皇帝勿管天下。[ko⁵⁵uɔ̃²²ti⁵⁵，uɔ̃²²ti⁵⁵vi²²kue⁵²tʰi³³o²¹]

嫁拨我，我无辫。［ko⁴²pə?⁵o⁵²，o⁵²m²²bi²¹］

嫁拨黄蒲鳝，黄蒲鳝刼打洞。［ko⁴²pə?⁵uɔ̃²¹bu⁵¹ʑi²¹，uɔ̃²¹bu⁵¹ʑi²¹vi²²tã⁴²doŋ³²⁴］黄蒲鳝：黄鳝

嫁拨烂眼凤，［ko⁴²pə?⁵lɛ²²ŋɛ⁵²vəŋ³²⁴］

烂眼凤双眼烂糟糟。［lɛ²²ŋɛ⁵²vəŋ³²⁴ɕyɔ̃³³ŋɛ⁵²lɛ²²tsɔ²⁵tsɔ³¹］

嫁拨猫，猫刼拖老鼠。［ko⁴²pə?⁵mɔ²¹，mɔ²¹vi²²tʰa³¹lɔ²¹tsʰɿ²¹］

嫁拨乌龟子，［ko⁴²pə?⁵u³⁵ky³¹tsɿ⁵²］

三棒榔头打个死，［sɛ³³pɔ̃⁵⁵lɔ̃²¹də⁵²tã⁵²kə?⁰sɿ⁵²］

剩个两粒猫卵子。［dʑiən²²kə⁰liã²¹lie?²³mɔ²¹lø²¹tsɿ⁵²］

雀儿啊雀儿

雀儿啊雀儿，［tɕiã³⁵a⁰tɕiã³⁵］

走路的笃响。［tsə⁴²lu³²⁴tie?³to?⁵ɕiã⁵²］

丝线买一两，［sɿ³³ɕi⁵⁵ma²¹ie?³liã⁵²］

鞋面买一丈。［a²²mi⁴⁴ma²¹ie?³dʑiã²¹］

做双花鞋望姊丈。［tso⁵⁵suã³¹hua³⁵a⁵¹mã²¹tsɿ⁴²dʑiã⁵¹］姊丈：一般指女婿，这里指女方的配偶

姊丈歜在家，［tsɿ⁴²dʑiã⁵¹vəŋ²¹ze²¹ko³¹］

告诉老叔婆。［kɔ³³su⁵⁵lɔ²¹ɕyo?²bo²¹］

老叔婆上山摘毛楂，［lɔ²¹ɕyo?²bo²¹zɔ̃²¹sɛ³¹tse?⁵mɔ²¹dzo⁵¹］

毛楂刺，戳脚窝。［mɔ²¹dzo⁵¹tsʰɿ⁵⁵，tɕʰyo?⁵tɕyo?³o³¹］

挑挑亦要痛，［tʰiɔ⁵²tʰiɔ⁵²ie?²³iə²²tʰoŋ⁴⁴］

勿挑亦要红。［və?²tʰiɔ⁵²ie?²³iə²²oŋ²¹］红：红肿、发炎

（以上 2017 年 8 月，发音人：沈建中）

十二生肖歌

老大老得细。［lɔ⁵²do²¹lɔ²¹tə?⁵ɕi⁵⁵］细：瘦小

老二好力气。［lɔ⁵²ŋ²¹xɔ⁵²liə?²kʰi⁵⁵］

老三名头大。［lɔ⁵²sɛ³¹miŋ²¹də⁵²do⁴⁴］

老四在柴蟹=。［lɔ⁴²sɿ⁵²ze²¹dza⁵²ha³¹］柴蟹=：柴火堆

老五伯=上天。［lɔ⁴²ŋ⁵²pa⁵²zɔ̃²¹tʰi³¹］伯=：向上行走或飞

老六守路边。［lɔ⁵²lo?²³ɕiu²¹lu⁴²pi³¹］

老七米饭粮。［lɔ⁵²tɕʰie?⁵mi⁴²vɛ²¹liã⁵¹］

老八吃蓬粮。[lɔ⁵²pɛʔ⁵tɕʰieʔ⁵bəŋ²¹liã⁵¹]

老九猢狲弟。[lɔ⁴²tɕiu⁵²u³⁵sən³¹di⁴⁴]

老十咽咽啼。[lɔ⁵²ʑieʔ²³koʔ⁵koʔ⁵di⁵¹]

十一吃弗饱。[ʑieʔ²ieʔ⁵tɕʰieʔ⁵fəʔ³pɔ⁵²]

十二吃味道。[ʑieʔ²ŋ⁵⁵tɕʰieʔ⁵mi²¹dɔ⁵²]吃味道：吃得很香

（2017 年 8 月，发音人：赵宏禄）

二、规定故事

牛郎和织女

从前呢，有一个小生，[ʑyoŋ²¹ʑi⁵²ne⁰, iu²¹ieʔ³koⁿ⁵⁵ɕiə⁴²sã³¹]

屋里啊穷嘞叮当响，[oʔ²³li⁰aⁿ⁰dʑyoŋ²¹ləʔ⁰tiŋ³⁵tõ³¹ɕiã⁵²]

格娘爸亦早猛早死爻，[keʔ⁵ȵiã²²pa⁵⁵ieʔ²³tsɔ⁴²məŋ²¹tsɔ⁴²sɿ⁵²iə⁰]

唯一留拨渠个财产呢便是一只老牛。[vi²²ieʔ⁵liu²¹pəʔ³giʔ²¹keʔ⁰zeʔ²tsʰɛ⁵²ne⁰bəʔ²dzɿ²¹ieʔ³tseʔ⁵lɔ²¹ŋə²¹]

哈渠阿没有名字咯，[ha³³giʔ²¹a³¹meʔ²iu²¹miŋ²²dzɿ⁴⁴koʔ⁰]

左右邻舍呢，[tsɔ³³iu⁴⁴liŋ²²so⁵⁵ne⁰]

望渠日隔三夜搭格牛在阿随队，[mõ²²giʔ²¹ȵieʔ²kaʔ⁵sɛ³³iaʔ⁴⁴taʔ³keʔ⁵ŋə²¹ze²¹aⁿ⁰ʑy²²de⁴⁴]

便叫渠牛郎。[bəʔ²tɕiɔ³³giʔ²¹ŋə²¹lõ⁵¹]

阿拨格牛郎呢，[a³¹pəʔ⁵keʔ⁰ŋə²¹lõ⁵²ne⁰]

做生活倒是蛮勤快咯，[tsɔ⁵⁵sã³³uəʔ²³tɔ³³dzɿ²¹mɛ²¹dʑiŋ²²kʰua⁵⁵koʔ⁰]

哈拨是独个人，[ha³³pəʔ⁵dzɿ²¹do⁰²³keʔ⁰ȵiŋ²¹]

格老牛呢望渠啊可怜相，[keʔ⁵lɔ²¹ŋə²¹ne⁰mõ²²giʔ²¹aⁿ⁰kʰo⁴²li⁵¹ɕiã⁵⁵]

忖忖呢要拨渠呢老婆寻个嘞。[tsʰəŋ⁴²tsʰəŋ⁵²ne⁰iə²¹pəʔ³giʔ²¹ne⁰lɔ⁵²bo⁵¹ʑiŋ²²keʔ⁰ləʔ⁰]

格老牛啊弗是呢一只平凡个牛，[keʔ⁵lɔ²¹ŋə²¹a³¹feʔ²zɿ²¹ne⁰ieʔ³tseʔ⁵biŋ²¹ve⁵¹keʔ⁰ŋə²¹]

渠是天上呢金牛星下凡。[gi²²dzɿ²¹tʰi³³zõ²¹ne⁰tɕiŋ³⁵ŋə⁵¹ɕiŋ³¹ʑia²¹vɛ²¹]

有一日呢渠算了呢，[iə²¹ieʔ³ȵieʔ²³ne⁰giʔsø⁵⁵ləⁿ⁰ne⁰]

转日枯‗星呢，[tɕyø⁴²ȵieʔ²³kʰu²⁵ɕiŋ³¹ne⁰]

格天上七仙女呢，[keʔ⁵tʰi³³zõ²¹tɕʰieʔ⁵ɕiȵy²¹ne⁰]

会走落嘚洗澡，［ue²²tsə⁴²lɔʔ²³lə²ʔ⁰ɕi⁴²tsɔ⁵²］

哈渠格夜当夜呢托梦托拨个牛郎，［ha³³gi²¹keʔ⁰ia²²tɔ̃³³ia⁴⁴neʔt⁰ɔ²ʔ³məŋ³²⁴tʰɔʔ²ʔ³pəʔ⁵kə⁰
　　ŋə²¹lɔ̃⁵¹］

搭格牛郎讲：［taʔ³kə⁰ŋə²¹lɔ̃⁵²kɔ̃⁵²］

"讲尔天亮枯═星呢，早点呢，［tɕiã⁴²ŋ²¹tʰi³³liã⁴⁴kʰu²⁵ɕiŋ³¹ne⁰，tsɔ⁴²ti⁵²ne⁰］

幽个村东头个湖横边等，［iu²¹kə⁰tsʰən³¹toŋ³⁵də⁵²kə⁰u²¹uã³⁵pi³¹təŋ⁵²］

讲天上呢七仙女走嘚洗澡呢，［kɔ̃⁵²tʰi³³zɔ̃²¹ne⁰tɕʰieʔ⁵ɕi³³ȵy²¹tsə⁴²lə²ʔ⁰ɕi⁴²tsɔ⁵²ne⁰］

尔到时呢拨格衣裳呢驮转屋里来，［ŋ²¹tɔ³³zɿ²¹ne⁰pəʔ⁵kə⁰i³³zɔ̃²¹ne⁰do²²tɕyø⁵⁵oʔ³li⁵²le²¹］

头㦧来转头咯，［də²¹ɕiə²²le²¹tɕyø⁴²də⁵²koʔ⁰］

格时呢老婆便会搭尔来爻。"［kə³³zɿ²¹ne⁰lɔ²¹bo²¹bəʔ²ue⁵⁵taʔ³ŋ²¹le²¹iə⁰］

哈渠有点弗相信啊，［ha³³gi²¹iu²¹ti⁵²fəʔ³ɕiã³ɕiŋ⁵⁵a⁰］

格牛郎转日枯═星醒嘚，［kə⁵⁵ŋə²¹lɔ̃⁵²tɕyø⁴²ȵieʔ⁵kʰu²⁵ɕiŋ³¹ɕiŋ⁵²lə²ʔ⁰］

解═有党═事干呢，哦？　［ke⁴²iu⁵²tɔ̃⁵²zɿ¹³kø⁵⁵ne⁰，ho⁰］

但是呢，渠还是走格村东头个湖横边望望看，［de²²zɿ²¹ne⁰，gi²¹ue²²zɿ²¹tsə⁵²kə⁰tsʰən³¹
　　toŋ³⁵də⁵²kə⁰u²¹uã³⁵pi³¹mɔ̃²²mɔ̃⁴⁴kʰɛ⁵⁵］

一望呢，老实有七个仙女在格洗澡嘚，［ieʔ³mɔ̃³²⁴ne⁰，lɔ²²zieʔ³iu²¹tɕʰieʔ³kə⁵⁵ɕi³³ȵy²¹
　　dze²¹kə⁰ɕi⁴²tsɔ⁵²lə²ʔ⁰］

渠乱忙拨树上一件呢，［i²¹lø²²mɔ̃²¹pəʔ⁵zy²²zɔ̃²¹ieʔ³dʑi²¹ne⁰］

粉红个衣裳火═嘚呢，［fəŋ⁴²oŋ²¹kə⁰i³³zɔ̃²¹ho⁵²lə²ʔ⁰ne⁰］

头啊鹙来转头便乱忙逃屋里转嘚。［də²¹a³¹vəŋ³⁵le²¹tɕyø⁴²də⁵²bəʔ⁵lø²²mɔ̃²¹də²¹oʔ³li⁵²
　　tɕyø⁴²lə²ʔ⁰］

哈格日黄昏个时呢，［ha³³kəʔ⁵ȵieʔ²³uɔ̃³⁵uəŋ⁵¹kə⁰zɿ²¹ne⁰］

一个女人呢走嘚敲门爻。［ieʔ³kə⁵⁵ȵy²¹ȵiŋ²¹ne⁰tsə⁵²lə²ʔ⁰kʰɔ³⁵məŋ⁵²iə⁰］

阿拨格件粉红个衣裳是阿人个呢？　［a³³pəʔ⁵kə⁰dʑi²¹fəŋ⁴²oŋ²¹kə⁰i³³zɔ̃²¹zɿ²¹a³⁵ȵiŋ⁵²kə⁰
　　ne⁰］

便是织女个。［bəʔ²zɿ²¹tɕieʔ³ȵy²¹ke⁰］

阿拨格夜当夜拨渠两个成了夫妻爻。［a³³pəʔ³kəʔ⁵ia²²tɔ̃³³ia⁴⁴pəʔ⁵gi²¹liã²¹kə⁵⁵ʑiŋ²¹lə⁰fu³⁵
　　tɕʰi³¹iə⁰］

一来辗转呢，三年过去爻，［ieʔ³le²¹tɕi⁴²tɕyø⁵²ne⁰，sɛ³⁵ȵi⁵¹ku⁴⁴kʰi⁵⁵iə⁰］

格织女搭牛郎呢生了一儿一女，［kəʔ⁵tɕieʔ³ȵy²¹taʔ⁵ŋə²¹lɔ̃⁵¹ne⁰sã³¹lə⁰ieʔ³ŋ²¹ieʔ³ȵy²¹］

格日子啊过嘚铁蛋样咯。［kəʔ⁵ȵieʔ²tsɿ⁵²a³¹ku⁵⁵lə²ʔ⁰tʰieʔ²dɛ⁴⁴iã³²⁴koʔ⁰］

格玉皇大帝呢，［kəʔ⁵y²²uɔ̃²¹ta³³ti⁴⁴ne⁰］

在格天上格三日拨一记拨旋过开爻，［dze²¹kəʔ⁰tʰi³³zɔ̃²¹kəʔ⁰sɛ³³ȵieʔ²³pəʔ⁵ieʔ³tɕi⁵⁵pəʔ⁵

zɣø²²ku⁵⁵kʰe³¹iə⁰］

天上三日拨地下是三年咯。［tʰi³³zɔ̃²¹sɛ³³ȵieʔ²³pəʔ⁵di²²o⁵⁵zʅ²¹sɛ³⁵ȵi⁵¹kɔʔ⁰］

格三日没有望见织女，［kəʔ⁵sɛ³³ȵieʔ²³məʔ²ȵiu²¹mɔ̃²²tɕi⁵⁵tɕieʔ³ȵy²¹］

"解⁼里去嘞？"［ke⁵²li⁵⁵kʰi⁵⁵ləʔ⁰］

一望一算，［ieʔ³mɔ̃³²⁴ieʔ³sø⁵⁵］

晓得呢织女搭个下凡呢，［ɕiə⁴²təʔ⁵ne⁰tɕieʔ³ȵy²¹taʔ³kəʔ⁵ʑia²¹vɛ²¹ne⁰］

搭格凡人结婚爻。［taʔ³kəʔ⁵vɛ²¹ȵiŋ⁵¹tɕieʔ³huəŋ³¹iə⁰］

格造⁼得了嚁！　［kəʔ⁵zɔ²¹təʔ⁵ləʔ⁰hoʔ⁰］

乱忙拨个雷公雷母叫嘞个，［lø²²mɔ̃²¹pəʔ³kəʔ⁵le³⁵koŋ³¹le²²mu²¹tɕiə⁵⁵ləʔ⁰kəʔ⁵］

赶快拨个织女搭转嘞，［kø⁴²kʰua⁵⁵pəʔ³kəʔ⁵tɕieʔ³ȵy²¹kʰø²²tɕyø⁵⁵ləʔ⁰］

格一记呢，格天好好个，［kəʔ⁵ieʔ³tɕi⁵⁵ne⁰，kəʔ³tʰi³¹hɔ⁴²hɔ⁵²kəʔ⁰］

猛地雷佛咣咣叫，［məŋ²¹ti²¹le²²vəʔ²³kuɔ̃³¹kuɔ̃³¹tɕiə⁵⁵］

黑风倒暗啊。［xəʔ³fəŋ³¹tɔ³³ø⁵⁵a⁰］

格一记拨织女搭天上转开爻。［kəʔ⁵ieʔ³tɕi⁵⁵pəʔ⁵tɕieʔ³ȵy²¹kʰø²²tʰi³³zɔ̃²¹tɕyø⁴²kʰe³¹iə⁰］

格小猢狲望着娘搭开爻，［kəʔ⁵ɕiə⁵²u³⁵səŋ³¹mɔ̃²²tsəʔ²³ȵiã²¹kʰø²²kʰe³¹iə⁰］

两个小猢狲哭了丫逗带样。［liã²¹kəʔ⁵ɕiə⁵²u³⁵səŋ³¹kʰoʔ⁵ləʔ⁰ia³³də⁴⁴te³³iã⁴⁴］

哈牛郎在格院里面哦双脚即个弹，［ha⁵⁵ŋə²¹lɔ̃⁵²ze²¹kəʔ⁵yø²²li²¹mi³²⁴vaʔ²³ɕyɔ̃³³tɕiaʔ⁵

tɕieʔ³kəʔ⁵dɛ²¹］

哈咋什装装好？　［ha³³tsa⁵⁵səʔ²³tsuɔ̃³⁵tsuɔ̃³¹hɔ²¹］

哈格时机呢，［ha³³kəʔ⁵zʅ³⁵tɕi³¹ne⁰］

格老牛开口讲人话：［kəʔ⁵lɔ²¹ŋə²¹kʰe³³kʰə⁵²kɔ̃⁵²ȵiŋ²²ua⁴⁴］

"牛郎，牛郎，尔㑮急啊，［ŋə²¹lɔ̃⁵²，ŋə²¹lɔ̃⁵²，ŋ²¹ɕiə²²tɕieʔ⁵a⁰］

赶快拨我牛角扼落了断⁼地嘞，［kø⁴²kʰua⁵⁵pəʔ³ŋe²¹ŋə²¹tɕiaʔ⁵ŋəʔ²lɔʔ²³ləʔ⁰dø³²⁴di³²⁴ləʔ⁰］

变作两只脚箩，［pi³³tso⁵⁵liã²²tseʔ²³tɕiaʔ²lo²¹］

背嘞小佬人赶快拨格织女追落嘞。"［pe³³ləʔ²³ɕi⁵²lɔ²¹ȵiŋ²¹kø⁴²kʰua⁵⁵pəʔ³kəʔ⁵tɕieʔ³ȵy²¹

tɕy³³lɔʔ²³ləʔ⁰］

哈拨格牛郎听格老牛替⁼讲哦，［ha³³pəʔ⁵keʔ⁰ŋə²¹lɔ̃⁵²tʰiŋ³¹kəʔ⁰lɔ²¹ŋə²¹tʰi³³kɔ̃⁵²vaʔ²³］

乱忙拨两个牛角扼落了断⁼地嘞哦，［lø²²mɔ̃²¹pəʔ³liã³³kəʔ⁵ŋə²¹tɕiaʔ⁵ŋəʔ²lɔʔ²³ləʔ⁰dø³²⁴di³²⁴

ləʔ⁰vaʔ²³］

一记变作两只脚箩，［ie^{ʔ3}tɕi⁵⁵pi³³tso⁵⁵liã²²tseʔ²³tɕiaʔ²lo²¹］

拨格儿搭囵哦＝一边一头哦，［pəʔ³kəʔ⁵ŋ²²taʔ⁵nø³¹vaʔ²³ieʔ³pi³¹ieʔ³də²¹vaʔ²³］

放格脚箩里嘞，［fɔ³³kəʔ⁵tɕiaʔ²lo²¹li²¹ləʔ⁰］

捉根扁担哦一担担格肩膀勒＝哦，［tɕiɔʔ³kən³¹pi⁴²te⁵⁵vaʔ²³ieʔ³te⁵⁵te⁵⁵kəʔ⁰tɕi³³põ⁵²ləʔ⁰ vaʔ²³］

格只见脚下啦个风嗖声响，［kəʔ⁵tseʔ³tɕi⁵⁵tɕiaʔ³o⁵²la⁰kəʔ³fəŋ³¹su⁰ɕiŋ³³ɕiã⁵²］

拨渠送天上去爻，［pəʔ³gi²¹soŋ⁵⁵tʰi³³zɔ̃²¹kʰi³²⁴iə⁰］

没有多少时间哦拨格织女快要追上爻［m³³iu²¹to³³sɔ⁵²zʅ³⁵ke³¹vaʔ²³pəʔ³kəʔ⁵tɕieʔ³ɳy²¹kʰua³³ i⁵⁵tɕy³³zɔ̃²¹iə⁰］

天上个王母娘娘望着爻，［tʰi³³zɔ̃²¹kəʔ⁰uõ³³mu⁰ɳiã²¹ɳiã⁵¹mõ²²tsəʔ⁵iə⁰］

"格还了得嘞！［kəʔ³ue²¹liə²¹təʔ⁵ləʔ⁰］

尔一凡人便追天上来，好用啊？"［ŋ²¹ieʔ⁵vɛ²¹ɳiŋ⁵²bəʔ³tɕy³¹tʰi³³zɔ̃²¹le²¹, hɔ⁴²yoŋ³²⁴a⁰］

乱忙在头上呢拔嘞一根金钗，［lø²²mõ²¹ze²¹də²²zɔ̃²¹ne⁰bəʔ²ləʔ⁵ieʔ³kəŋ³¹tɕiŋ³⁵tsʰo³¹］

在渠两个人之间呢一划啦，［ze²²gi²¹liã²¹kəʔ⁵ɳiŋ²¹tsʅ³⁵ke³¹ne⁰ieʔ²o²¹la⁰］

即记个两人之间猛地一条天河出嘞。［tɕieʔ³tɕi³²⁴kəʔ⁵liã²¹ɳiŋ²¹tsʅ³⁵ke³¹məŋ²¹ti²¹ieʔ³diə³¹ tʰi³⁵o⁵²tɕʰyeʔ³ləʔ⁵］

阿拨格喜鹊望着呢，［a³³pəʔ³kəʔ⁵ɕi⁴²tɕʰiaʔ⁵mõ²²tsəʔ⁵ne⁰］

"啊呀，天呢，造＝可怜呢曜！"［a³⁵ia³¹, tʰi³¹ne⁰, zɔ²¹kʰo⁴²li⁵²ne⁰ho³¹］

阿便在每年个七月七时节，［a³³bəʔ²ze²¹me²¹ɳi²¹kəʔ⁵tɕʰieʔ³ɳyeʔ²³tɕʰieʔ³zʅ²²tɕieʔ⁵］

格成千上万个喜鹊飞天上去呢，［kəʔ⁵ziŋ²⁴tɕʰi³¹zɔ̃²¹vɛ³²⁴kəʔ⁵ɕi⁴²tɕʰiaʔ⁵fi³¹tʰi³³zɔ̃²¹kʰi⁵⁵ ne⁰］

在格天河上面搭了一座鹊桥，［ze²¹kəʔ⁵tʰi³⁵o⁵¹zõ²¹mi²¹taʔ³lə²³ieʔ³zo³²⁴tɕʰiaʔ³dʑiə²¹］

哈使渠两个呢，［ha³³sʅ⁵²gi²¹liã²¹kəʔ⁵ne⁰］

每年个七月七个格日都好在格桥上呢相会。［me²¹ɳi²¹kəʔ⁵tɕʰieʔ³ɳyeʔ²³tɕʰieʔ³kəʔ³ɳieʔ²³ to³³hɔ⁵²ze²¹kəʔ⁵dʑiə²²zõ²¹ne⁰ɕiã³³ue⁴⁴］

　　古时候，有一个小伙子，家里穷得叮当响，他的父母很早就去世了，唯一留给他的财产就是一头老牛。他没有名字，邻居们看他整日整夜和老牛在一起，就叫他牛郎。牛郎干活倒是很勤快，就是一个人孤苦伶仃，老牛看他很可怜，就想要给他找个老婆。这头老牛不是一头平凡的牛，他是天上的金牛星下凡。

　　有一天，他算了一下，第二天早上天上的七仙女会下来洗澡。他就在这天夜里给牛郎托梦，跟牛郎说："你明天早上早点躲在村东头的湖边等，天上的七仙女会下来洗澡，你到时把她衣服拿回家，不要回头，这时她就会跟你来，成为你的老婆。"牛郎有点不相信，第二天早上醒来时，他心想：怎么会有这种事情呢？但他还是走到村东头的湖边去看了。一看呢，真的有七个仙女在那洗澡，他连忙把树上粉红的衣服取下来，头也不回就连忙跑回家了。这天傍晚，一个女子来敲门了。这件粉红色的衣服是谁的呢？就是织女的。这天晚上，他们就做了夫妻。

一转眼三年过去了，牛郎和织女生了一儿一女，日子过得很开心。玉皇大帝在天上，三天一下就过去了，天上三日地下就是三年。这三天没有看到织女，他心想：人到哪里去了呢？他掐指一算，知道织女下凡了，还和凡人结婚了。那还了得！他连忙把雷公和雷母叫来，叫他们赶快把织女抓回来，这一下子，天原本还好好的，突然就电闪雷鸣，并刮起大风，下起大雨，漆黑一片。织女突然就被抓回天上去了。孩子们看到妈妈被抓走了，哭得不得了。牛郎在院子里双脚直发抖，这可怎么办呢？

这个时候，老牛开口说话了："牛郎，牛郎，你不要急，赶紧把我的牛角掰下来扔在地上，让它们变成两只箩筐，背上孩子赶紧把织女追下来。"牛郎听到老牛这么说，连忙把两个牛角掰了下来扔在地上，牛角一下子就变作了两只箩筐，他把儿子和女儿往箩筐里一边放一个，拿根扁担挑到肩膀。只听见脚下的风"嗖"一声，就把他送上了天。没用多少时间就要追上织女了。

王母娘娘看到了，说："这还了得！你一凡人，怎能追到天上来？"她连忙在头上拔下一根钗，在他们两人之间划了一下，两人之间突然出现了一条天河。这一切都被喜鹊看到了，它们说："啊呀，怎么这样啊？太可怜了！"于是每年农历七月初七，成千上万只喜鹊就会飞上天去，在天河上面搭一座鹊桥，让他们两个每年七月初七在桥上相会。

（2017 年 8 月，发音人：柯华富）

三、自选条目

（一）顺口溜

出西门

出西门过胡桥，$[\text{tɕ}^h\text{yeʔ}^5\text{ɕi}^{33}\text{mən}^{21}\text{ku}^{44}\text{u}^{21}\text{dʑiɔ}^{353}]$

离弄李狭桥，［li³³loŋ³³li³³ɛʔ²³dʑiɔ²¹］

梅浦走缸窑，［me²²pʰu⁵³tsœ⁵³kɔ̃³³iɔ³⁵³］

大岭小岭旋王桥。［do²²liŋ⁵³ɕiɔ³³liŋ⁵³ʑyø⁵³ɔ̃²²dʑiɔ³⁵³］

火母叫

火母叫叫娘来，［ho³³m³³tɕiɔ⁴⁴tɕiɔ⁴⁴n̠iã³⁵³le²¹］

有得吃有得剩，［iu³³tɛʔ⁵tɕʰyoʔ⁵iu³³tɛʔ³dʑiŋ¹³］

火母叫娘大大阵。［ho³³m³³tɕiɔ⁴⁴n̠iã³⁵³da²²da⁴⁴dʑiŋ¹³］

卖姜人

卖姜人吃辣牙，［ma²²tɕiã³³n̠iŋ³⁵³tɕʰyoʔ⁵lɛʔ³ŋo²¹］

卖蒲扇用手遮。［ma²²bu²²ɕi⁵⁵yoŋ²²ɕiu⁵³tso³¹］

风扫地

风扫地，［fəŋ³¹sɔ⁴²di²⁴］

月当灯，［n̠ie²³tɔ̃³³təŋ³¹］

雷鼓门出入，［le²¹ku⁵²məŋ²¹tɕʰyeʔ³zieʔ²³］

稻杆扇挂壁。［dɔ²²kø⁵²ɕi⁵⁵kua³³pieʔ⁵］

（以上 2017 年 8 月，发音人：杨美珠）

（二）吆喝

白酒酿要喂喂：表疑问

白酒酿要喂？［baʔ²tɕiu³³n̠iã³⁵³iə⁵⁵uɛ⁰］

卖白酒酿嗻，［ma³²⁴baʔ²tɕiu³³n̠iã³²⁴a²¹］

白酒酿嗻，［baʔ²tɕiu³³n̠iã³²⁴a²¹］

卖白酒酿嗻，［ma³²⁴baʔ²tɕiu³³n̠iã³²⁴a²¹］

酒酿酒有。［tɕiu³³n̠iã³²⁴tɕiu³⁵³iu⁵²］

豆腐生要哦？［də²²u⁴⁴sã³¹iə⁵⁵ua⁰］豆腐生：豆腐脑

豆腐生！〔də²²u⁴⁴sã³¹〕

豆腐生要哦？〔də²²u⁴⁴sã³¹iə⁵⁵ua⁰〕

卖豆腐生诶！〔ma³²⁴də²²u⁴⁴sã³¹e⁰〕

川⁼豆芽嘬，〔tɕʰyø³¹də²²ŋo²¹a²¹〕

川⁼豆芽嘬，〔tɕʰyø³¹də²²ŋo²¹a²¹〕

卖川⁼豆芽嘬，〔ma³²⁴tɕʰyø³¹də²²ŋo²¹a²¹〕

川⁼豆芽嘬。〔tɕʰyø³¹də²²ŋo²¹a²¹〕

（2017 年 8 月，发音人：沈建中）

卖柏⁼糖哦

卖柏⁼糖哦，〔ma³²⁴paʔ³dɔ²¹o⁰〕

柏⁼糖要柏⁼糖哦。〔paʔ³dɔ²¹iu⁵⁵paʔ³dɔ²¹o⁰〕

钉头铁碎，〔tiŋ³⁵də⁵¹tʰieʔ³se⁵⁵〕

换柏⁼糖整块。〔ue³²⁴paʔ³dɔ²¹tɕiŋ⁴²kʰue⁵⁵〕

破蓑衣整领，〔pʰo⁵⁵so³⁵i³¹tɕiŋ⁴²liŋ⁵²〕

换柏⁼糖整饼。〔ue³²⁴paʔ³dɔ²¹tɕiŋ⁴²piŋ⁵²〕

铜火燀剩个圈，〔doŋ²¹ho³³dɛ³⁵³dʑiŋ²²kəʔ⁵tɕʰyø³¹〕

我柏⁼糖客儿顶喜欢。〔ŋe⁵³paʔ³dɔ²²kʰa³⁵³tiŋ⁵²ɕi⁴²huə³¹〕

柏⁼糖要勿柏糖哦，〔paʔ³dɔ²¹iu⁵⁵uəʔ⁰paʔ³dɔ²¹o⁰〕

卖柏⁼糖啊！〔ma³²⁴paʔ³dɔ²¹a⁰〕

卖柏⁼糖！〔ma³²⁴paʔ³dɔ²¹〕

（2017 年 8 月，发音人：赵宏禄）

（三）戏曲

临海词调　马融送亲

小姐去也不去，〔ɕiɔ⁴²tɕi⁵²kʰy⁵⁵ia⁵³pu³³kʰy⁵⁵〕

反将坐下来了，〔fɛ⁵²tɕiã³¹zo²¹ɕia⁴⁴le²¹liə⁰〕

小生心中明明明。〔ɕiɔ⁴²səŋ³¹ɕiŋ³⁵tɕyoŋ³¹miŋ²¹miŋ²¹miŋ²¹〕

明白了。〔miŋ²²baʔ²³liə⁰〕

耳听谯楼鼓三通，［ə⁵³tʰiŋ⁵⁵tɕiɔ³³lə³⁵³ku⁵²sɛ³⁵tʰoŋ³¹］

哪里来了美娇容，［na⁴²li⁵²le²²liə⁰me³³tɕiɔ³⁵yoŋ⁵¹］

莫不是天上仙女临凡地，［moʔ³po³³zɿ²¹tʰi³³zɔ̃³²⁴ɕi³³n̠y⁵²liŋ³¹vɛ²²di³²⁴］

临凡地，［liŋ³¹vɛ²²di³²⁴］

莫不是深山妖魔显灵通，［moʔ³po³³zɿ²¹ɕiŋ³⁵sɛ³¹iɔ³⁵mo⁵¹ɕi⁵²liŋ²⁴tʰoŋ³¹］

莫不是，［moʔ³po³³zɿ²¹］

朋友打扮嘲笑我，［bəŋ²²iə⁵²tã³³pɛ⁵⁵dʑiɔ²²ɕiɔ⁵⁵ŋo⁵²］

莫不是小生尚在梦寐中，［moʔ³po³³zɿ²¹ɕiɔ⁴²səŋ³¹zɔ̃³²⁴ze²¹moŋ²²me⁵⁵tɕyoŋ³¹］

这不是耒那不是，［tɕie³³po³³zɿ²²le⁰na⁵³po³³zɿ²²］

叫小生难猜难解［kiə⁵⁵ɕiɔ⁴²səŋ³¹nɛ⁴²tsʰe³¹nɛ²²ka⁵²］

难解难猜，［nɛ²²ka⁵²nɛ⁴²tsʰe³¹］

这情中。［tɕie³³ʑiŋ²⁴tɕyoŋ³¹］

（2017 年 8 月，发音人：侯庭芝）

临海词调　折戏（双下山）小和尚

格么我和尚回家去格啰！［kəʔ³məʔ⁵ŋo⁵³o²²zɔ̃³²⁴ue²⁴tɕia³¹kʰy⁵⁵kəʔ⁵lo⁰］

一年两年过，［ieʔ³n̠i²¹liã⁴²n̠i²¹ku⁵⁵］

样起头发。［iã³²⁴tɕʰi⁵²də²²fɛʔ⁵］

格三年四年过，［kəʔ³sɛ³¹n̠i²²sɿ⁴⁴n̠i²²ku⁴⁴］

做起一份人家。［tso⁴⁴tɕʰi⁵³ieʔ³vəŋ³²⁴n̠iəŋ²²ko³¹］

格五年六年过，［kəʔ³ŋ⁵²n̠i²¹loʔ²n̠i²¹ku⁴⁴］

讨一个美貌娘子在家。［tʰɔ⁵²ieʔ³kəʔ⁵me⁴²mɔ³²⁴n̠iã²²tsɿ⁵³ze²²tɕia³¹］

七年八年过，［tɕʰieʔ³n̠i²¹pɛʔ³n̠i²¹ku⁵⁵］

生下一个［səŋ³³ɕia⁵⁵ieʔ³kə⁵⁵］

又白又胖小娃娃。［iu³²⁴baʔ²iu³²⁴pʰɔ̃⁵⁵ɕiɔ³³ua²⁴ua⁵¹］

九年十年过，［kiu⁵³n̠i²¹zieʔ²n̠i²¹ku⁵⁵］

娃娃长大长大娃娃，［ua²⁴ua⁵¹tɕiã³³da³²⁴tɕiã³³da³²⁴ua²⁴ua⁵¹］

叫我一声和尚阿爸阿爹。［kiə⁵⁵ŋo⁵²ieʔ³ɕiŋ³¹o²²zɔ̃³²⁴aʔ³pa⁵⁵aʔ³tia³⁵³］

嘿嘿嘿嘿嘿嘿嘿！［he³³he³³he³³he³³he³³he³³he³³］

（2017 年 8 月，发音人：林青蕾）

（四）其他

道情　唱唱临海好风光

各位同志哎，〔kɔʔ³ueʔ³²⁴doŋ²¹tsɿ⁵⁵ɛ⁰〕

静一啊静，〔ʑiŋ²¹ieʔ⁵a⁰ʑiŋ²¹〕

听我老倌唱道情。〔tʰiŋ³³ŋe⁵²lɔ⁴²kue³¹tsʰɔ⁵⁵dɔ²¹ʑiŋ⁵¹〕

今天不把别的唱，〔tɕiŋ³⁵tʰi³¹pø³³poⁿ⁵²bieⁿ²təʔ⁵tsʰɔ⁵⁵〕

唱唱临海好风啊光，〔tsʰɔ³³tsʰɔ⁵⁵liŋ³³he⁵²hɔ⁵²foŋ³¹a⁰kɔ̃³¹〕

唱唱临海好风啊光哎，〔tsʰɔ³³tsʰɔ⁵⁵liŋ³³he⁵²hɔ⁵²foŋ³¹a⁰kɔ̃³¹ɛ⁰〕

好风啊光。〔hɔ⁵²foŋ³¹a⁰kɔ̃³¹〕

千年府城临海啊郡，〔tɕʰi³⁵n̠i⁵¹fu³⁵ʑiŋ⁵¹liŋ³³he⁵²a⁰tɕyŋ⁵⁵〕

文化悠久源渊长，〔vən²²hua⁵⁵iu³³tɕiu³¹n̠yø²⁴yø³¹dʑiã²¹〕

海山仙子小邹鲁，〔he⁵²sɛ³¹ɕi³¹tsɿ⁵²ɕiə⁵²tsɔ³³lu⁵²〕

历代啦传颂美名啊扬。〔lieʔ²de³²⁴la⁰dʑyø²²ʑyoŋ⁴⁴me⁴²miŋ⁵¹a⁰iã²¹〕

江南长城哎，〔kɔ̃³⁵nø⁵¹dʑiã²¹ʑiŋ⁵¹ɛ⁰〕

八达啊岭，〔pɛʔ³dɛʔ²³a⁰liŋ⁵²〕

景色秀丽花似锦。〔tɕiŋ⁴²sɔʔ⁵ɕiu³³li⁴⁴hua³¹zɿ²²tɕiŋ⁵²〕

灵江碧波翻金浪，〔liŋ³⁵kɔ̃³¹pieʔ³po³¹fɛ³¹tɕiŋ³³lɔ̃⁴⁴〕

长城脚下桂花香。〔dʑiã²¹ʑiŋ⁵¹tɕiaʔ³o⁵²ky³³hua³¹ɕiã³¹〕

桂花香哎，〔ky³³hua³¹ɕiã³¹ɛ⁰〕

桂花香！〔ky³³hua³¹ɕiã³¹〕

巾山群塔年代老哎，〔tɕiŋ³⁵sɛ³¹dʑyŋ²²tʰɛʔ⁵n̠i²²de⁴⁴lɔ⁵²ɛ⁰〕

东湖灵湖风景好。〔toŋ³⁵u⁵¹liŋ³⁵u⁵¹foŋ³³tɕiŋ⁵²hɔ⁵²〕

龙兴古寺钟声长哎，〔loŋ²²ɕiŋ⁵⁵ku⁴²zɿ³²⁴tɕyoŋ³⁵ɕiŋ³¹dʑiã²¹ɛ⁰〕

紫阳老街古色香哎，〔tsɿ⁴²iã⁵¹lɔ⁴²ka³¹ku⁴²sɔʔ⁵ɕiã³¹ɛ⁰〕

古色香。〔ku⁴²sɔʔ⁵ɕiã³¹〕

江南峡谷山水秀，〔kɔ̃³⁵nø⁵¹gɛʔ³koʔ⁵sɛ³³ɕy⁵²ɕiu⁵⁵〕

碧波清潭景色幽。〔pieʔ³po³¹tɕʰiŋ³⁵dɛ⁵¹tɕiŋ⁴²sɔʔ⁵iu³¹〕

小芝十里桂花香，〔ɕiə⁴²tsɿ³¹zieʔ²li⁵²ky³³hua³¹ɕiã³¹〕

茶辽红枫醉人家。〔dzo²¹liɔ⁵¹oŋ²⁴foŋ³¹tɕy⁵⁵n̠iŋ²⁴tɕia³¹〕

（2017 年 8 月，发音人：沈建中、包雅文）

洞房歌

今日今夜送洞房，［tɕiŋ³³n̠ieʔ²³tɕiŋ³³ia⁴⁴soŋ⁵⁵doŋ²²vɔ̃²¹］

洞房花烛保豪方。［doŋ²²vɔ̃²¹hua³³tɕyoʔ⁵pɔ⁵²ɔ²⁴fɔ̃³¹］

一对新人影灯光，［ieʔ³te⁵⁵ɕiŋ³⁵n̠iŋ⁵¹iŋ⁵²təŋ³⁵kɔ̃³¹］

好友之中送洞房。［hɔ⁴²iu⁵²tsɿ³³tɕyoŋ³¹soŋ⁵⁵doŋ²²vɔ̃²¹］

莲蓬结子凑成双，［li²²boŋ²¹tɕieʔ³tsɿ⁵²tsʰə⁵⁵ʑiŋ²⁴ɕyõ³¹］

早生贵子状元郎。［tsɔ⁴²sã³¹tɕy³³tsɿ⁵²zɔ̃²²n̠yø²¹lɔ̃²¹］

新妇娘冷眼望新郎，［ɕiŋ³¹vu²¹n̠iã⁵¹lã⁴²ŋe⁵²mɔ̃³²⁴ɕiŋ³⁵lɔ̃⁵¹］

新郎有话在胸膛。［ɕiŋ³⁵lɔ̃⁵¹iu⁴²ua³²⁴ze²¹ɕyoŋ³⁵dɔ̃³⁵³］

两个有话等腔讲，［liã⁴²kɛʔ⁵iu⁴²ua³²⁴təŋ⁴²tɕʰiã³¹kɔ̃⁵²］

挽手同行进洞房。［uɛ⁴²ɕiu⁵²doŋ²¹ã̃⁵¹tɕiŋ⁵⁵doŋ²²vɔ̃²¹］

八仙来大门开，［pɛʔ³ɕi³¹le²¹da²²məŋ²¹kʰe³¹］

洞房花烛送进来。［doŋ²²vɔ̃²¹hua³³tɕyoʔ⁵soŋ⁵⁵tɕiŋ³³le²¹］

钟离老祖把扇摇，［tɕyoŋ³⁵li⁵¹lɔ̃⁴²tsu⁵²po⁴²ɕi⁵⁵iə²¹］

国舅又把油板敲。［koʔ³dʑiu²¹iu²²po⁵²iu²²pɛ⁵²kʰɔ³¹］

洞宾身背青龙剑，［doŋ²²piŋ³¹ɕiŋ³³pi⁵⁵tɕʰiŋ³⁵loŋ⁵¹tɕi⁵⁵］

仙姑本事才学高。［ɕi³⁵ku³¹pəŋ⁴²zɿ³²⁴ze²¹ɔʔ²³kɔ³¹］

湘子要把月箫吹，［ɕiã³³tsɿ⁵²iə³³po⁵²n̠yeʔ²ɕiə³¹tɕʰy³¹］

洛和花蛋手内提。［lɔʔ²o³²⁴hua³³dɛ⁴⁴ɕiu⁴²ne³²⁴di²¹］

倒骑毛驴张果老，［tɔ⁴²dʑi²¹mɔ²¹lu⁵¹tɕiã³³kɔ³³lɔ⁵²］

铁拐大仙咯咯笑。［tʰieʔ³kua⁵²da²²ɕi³¹gɛʔ²gɛʔ²³ɕiə⁵⁵］

四位大仙站东面，［sɿ³³ue⁴⁴da²²ɕi³¹dzɛ³²⁴toŋ³³mi⁴⁴］

四位大仙站西面，［sɿ³³ue⁴⁴da²²ɕi³¹dzɛ³²⁴ɕi³³mi⁴⁴］

众位大仙齐来到，［tɕyoŋ³³ue⁴⁴da²²ɕi³¹ʑi²¹le²¹tɔ⁵²］

贺喜新郎新娘进洞房。［o²²ɕi⁵²ɕiŋ³⁵lɔ̃⁵¹ɕiŋ³⁵n̠iã⁵¹tɕiŋ⁵⁵doŋ²²vɔ̃²¹］

脚踏洞房里，［tɕiaʔ³dɛʔ²³doŋ²²vɔ̃²¹li⁵²］

清茶喝杯起。［tɕʰiŋ³⁵dzo⁵¹hɛʔ³pe³¹tɕʰi⁵²］

一支杨柳对朱梅，［ieʔ³tsɿ³¹iã²²liu⁵²te⁵⁵tɕy³⁵me⁵¹］

出水芙蓉送茶来。［tɕʰyeʔ³ɕy⁵²vu²¹yoŋ⁵¹soŋ³³dzo²¹le²¹］

一双蜡烛放豪光，［ieʔ³ɕyõ³¹lɛʔ²tɕyoʔ⁵fɔ̃⁵⁵ɔ²⁴kɔ̃³¹］

两杯清茶贺新郎。［liã⁴²pe³¹tɕʰiŋ³⁵dzo⁵¹o³²⁴ɕiŋ³⁵lɔ̃⁵¹］

围桌对眠床，［ue²¹tɕyoʔ⁵te⁵⁵mi²¹zɔ̃⁵¹］

两条黄龙背上光，［liã⁴²diɔ⁵¹ɔ̃²¹loŋ⁵¹pi³³zɔ̃²¹kɔ̃²¹］

问新郎官新妇娘红鸡子讨五双，［məŋ³²⁴ɕiŋ³⁵lɔ̃⁵¹kue³¹ɕiŋ³¹vu²¹n̩iã⁵¹oŋ²¹tɕi³³tsɿ⁵²tʰɔ⁵²ŋ⁴²ɕyɔ̃³¹］

好子生五个，［hɔ⁴²tsɿ⁵²sã³¹ŋ⁴²kɛʔ⁵］

好花开一对。［hɔ⁴²hua³¹kʰe³¹ieʔ³te⁵⁵］

大公子当朝一品，［da³²⁴koŋ³³tsɿ⁵²tɔ̃³⁵dʑiɔ⁵¹ieʔ³pʰiŋ⁵²］

二公子六部尚书，［n̩³²⁴koŋ³³tsɿ⁵²loʔ²bu²¹zɔ̃²²ɕy³¹］

三公子三关总兵，［sɛ³¹koŋ³³tsɿ⁵²sɛ³⁵kue³¹tsoŋ⁴²piŋ³¹］

四公子河南巡抚，［sɿ⁵⁵koŋ³³tsɿ⁵²o²¹nɔ⁵¹zyŋ²¹vu⁵¹］

五公子年品虽小，［ŋ⁵²koŋ³³tsɿ⁵²n̩i²²pʰiŋ⁵²ɕy³³ɕiə⁵²］

得中状元郎，［tɛʔ³tɕyoŋ³¹zɔ̃²²n̩yø²¹lɔ̃²¹］

大姑娘沉鱼落雁，［da³²⁴ku³⁵n̩iã⁵¹dʑiŋ²¹ŋ⁵¹lɔʔ²ŋɛ³²⁴］

二小姐举世无双。［n̩³²⁴ɕiə⁴²tɕia⁵²tɕy⁴²ɕi⁵⁵vu²⁴ɕyɔ̃³¹］

（2017年8月，发音人：赵宏禄）

民歌　救命恩人共产党

日出东山哎，［n̩iʔ²tɕʰyøʔ⁵toŋ³⁵sɛ³¹e⁰］

红似火啊，［oŋ²¹zɿ²¹ho⁵²a⁰］

我看牛小弟哎，［o⁵²kʰø⁵⁵ŋə²¹ɕiə⁵²di³⁵³e⁰］

笑啊呵呵。［ɕiə⁵⁵a⁰ho³⁵ho³¹］

东山上哎哎，［toŋ³⁵sɛ³¹zɔ̃²¹e⁰e⁰］

藤缠树来嗨哎，［dəŋ²¹dʑi²¹zy³²⁴le²¹he⁰e⁰］

格西山上哎，［kəʔ⁵ɕi³⁵sɛ³¹zɔ̃²¹e⁰］

那树缠藤啊。［na³³zy³²⁴dʑi²¹dəŋ²¹a⁰］

受苦的人儿哎，［ziu²²kʰu⁵²tiʔ⁵n̩iŋ²¹ə²¹e⁰］

缠上了共产党来嗨。［dʑi²¹zɔ̃²¹liə⁰goŋ²²tsʰɛ³³tɔ̃⁵²le²¹he⁰］

救啊命个恩人，［kiu³³a⁰miŋ⁵⁵kəʔ⁵əŋ³⁵n̩iŋ³⁵³］

是毛泽东啊。［zɿ²¹mɔ²²zaʔ²toŋ³¹a⁰］

（2017年8月，发音人：包涵艺等）

椒 江

一、歌谣

燕啊燕，飞过天。［ie³⁵a⁰ie³⁵, fi³³ku⁵¹tʰie³⁵］

天门关，飞上山。［tʰie³³məŋ⁴¹kuɛ³³, fi³³zɔ̃³¹sɛ⁴²］

山头平，好种菱。［sɛ³³diə⁴¹biŋ³¹, hɔ⁴²tsoŋ³³liŋ³¹］

菱出角，好种粟。［liŋ³³tsʰoʔ³koʔ⁵, hɔ⁴²tsoŋ³³soʔ⁵］

宿解꞊龙꞊？宿西乡。［soʔ²ka⁵¹loŋ³¹？ soʔ³ɕi³⁵ɕiã⁴²］ _{解꞊龙꞊：哪儿}

西乡晚稻长弗长？［ɕi³⁵ɕiã⁴²mɛ⁴²dɔ³¹dʑiã³¹fəʔ⁰dʑiã³¹］

一块炊饭来望娘，［ieʔ³kʰuə⁴²tsʰʅ³³vɛ⁴⁴lə³¹mɔ̃²²n̩iã³¹］

娘一口，儿一口。［n̩iã²⁴ieʔ³tɕʰiə⁵¹, n²⁴ieʔ³tɕʰiə⁵¹］

猫呜拖得卟厨头，［mɔ³⁵u⁰tʰa³³təʔ⁰ka³³dzʅ²²diə⁴¹］ _{猫呜：猫咪}

喜鹊儿拖得北树头。［ɕi⁴²tɕʰiã⁵¹tʰa³³təʔ⁰poʔ³zʅ²²diə³¹］

柏树开花绺加绺，［peʔ³zʅ²⁴kʰə³⁵hua⁴²liu⁴²ko³³liu⁴²］

菖蒲对老酒。［tɕʰiã³³bu⁴⁴tə³³lɔ⁴²tɕiu⁴²］

老酒香，对黄姜。［lɔ⁴²tɕiu⁴²ɕiã³⁵, tə³³uɔ̃²⁴tɕiã⁴²］

糖姜辣，对火达꞊。［dɔ̃²²tɕiã³³lɛʔ², tə³³hu⁴²dɛʔ²］

火达꞊黄，对砂糖。［hu⁴²dɛʔ²uɔ̃⁴¹, tə³³so³⁵dɔ̃⁴¹］

砂糖刕甜对碗盐。［so³⁵dɔ̃⁴¹fə⁵⁵die³¹tə³³uə⁴²ie³¹］ _{刕：不会}

盐刕咸，对皮蛋，［ie³¹fə⁵⁵ɛ³¹, tə³³bi³¹dɛ⁴⁴］

皮蛋无烧对猪腰。［bi³¹dɛ⁴⁴m⁴⁴ɕiɔ⁴²tə³³tsʅ³⁵iɔ⁴²］

猪腰［弗好］吃对蜡烛，［tsʅ³⁵iɔ⁴²fɔ⁵⁵tɕʰyoʔ⁵tə³³lɛʔ²tsoʔ⁵］

蜡烛劦亮对香，［lɛʔ²tsoʔ⁵fə⁵⁵liã²⁴tə³³ɕiã⁴²］

香无名，对茶瓶，［ɕiã³³m³¹miŋ⁴¹，tə³³dzo⁴⁴biŋ⁴¹］

茶瓶无嘴，八八儿蹕落水。［dzo³¹biŋ⁴¹m²²tsʅ⁴²，pɛʔ³pɛ⁵¹tsʰø³³loʔ²sʅ⁴²］八八儿：八哥鸟

（2017 年 7 月，发音人：王振华）

老亲母，告诉尔。［lɔ⁴²tɕʰiŋ³³m⁴²，kɔ³³səu⁵⁵n⁴²］尔：你

尔个囡，择择葱，［n⁴²kəʔ⁰lɛ⁵¹，tsaʔ⁵tsaʔ⁰tsʰoŋ⁴²］

倚个墙头望老公。［dʑi²²kəʔ⁰ʑiã²⁴diə⁴¹mɔ̃²²lɔ⁴²koŋ⁴²］倚：站

拣拣韭，倚个墙头望娘舅。［kiɛ⁴²kiɛ⁵¹tɕiu⁵¹，dʑi²²kəʔ⁰ʑiã³¹diə⁴¹mɔ̃²²n̠iã²²dʑiu⁴¹］

（2017 年 7 月，发音人：洪文聪）

二、规定故事

牛郎和织女

基ᵘ日儿讲一只牛郎织女个故事。［tɕi⁴²n̠iŋ⁴¹kɔ̃⁴²ieʔ³tsəʔ³n̠iə²²lɔ̃²²tɕieʔ³n̠y⁴²kəʔ⁰ku³³zʅ⁴⁴］

讲早先啊，［kɔ̃⁴²tsɔ⁴²ɕie³⁵a⁰］早先：以前

躬早躬早个时候啊，［iə²²tsɔ⁴²iə²²tsɔ⁴²kəʔ⁰zʅ²²iə⁴⁴a⁰］躬：很

葛细佬头窝里哦，［kəʔ³ɕi⁴²lɔ⁴²diə²⁴u³⁵li⁵¹vɛ⁰］细佬头：小男孩儿。窝里：家里。

铅ᵘ得猛个铅ᵘ，［kʰiɛ⁴²təʔ⁰mã⁴²kəʔ⁰kʰiɛ⁴²］铅：穷

一顶物事也无唻。［ieʔ³tiŋ⁵¹məʔ²zʅ²⁴a⁰m²⁴lɛ⁰］

窝里阴光个，［u³⁵li⁵¹iŋ³³kuɔ̃³⁵kəʔ⁰］阴光：精光

便一张门床。［bəʔ²ieʔ³tɕiã⁴²məŋ³¹zɔ̃⁴¹］

窝里唻便一条牛，［u³⁵li⁵¹lɛ⁰bəʔ²ieʔ³diɔ³¹n̠iə³¹］

葛条牛唻搭渠主代相依为命，［kəʔ³diɔ³¹n̠iə³¹lɛ⁰təʔ³gə³¹tsʅ⁴²də²⁴ɕiã³³i⁵⁵uə²²miŋ⁴⁴］搭：跟

拨渠耕田。［pəʔ³gə³¹kã³⁵die⁴¹］拨：给

哈个牛唻望望渠铁ᵘ老实，怎儿好哎？［haʔ⁵kəʔ⁵n̠iə³¹lɛ⁰mɔ̃²²mɔ̃⁴¹gə³¹tʰieʔ⁵lɔ⁴²zieʔ²，tsɛ³³n⁴⁴hɔ⁴²ɛ⁰］铁ᵘ：这么

老姟也讨弗进啊，［lɔ⁴²ie³³aʔ⁰tʰɔ⁴²fəʔ³tɕiŋ⁵⁵a⁰］老姟：老婆

窝里铁˭穷，铁铅˭！［u³⁵li⁵¹tʰieʔ⁵dʑyoŋ³¹，tʰieʔ⁵kʰiɛ⁴²］

尔讲正是哦？［n̩⁴²kɔ⁴²tɕiŋ⁵⁵z̩³¹vɛ⁰］

早时人都无钞票啊，［tsɔ⁴²z̩²⁴n̩iŋ³¹təʔ⁵m²²tsʰɔ⁴²pʰiɔ⁵⁵a⁰］早时：以前；过去

走解˭胡˭寻？［tɕiə⁴²ka⁴²u⁰ʑiŋ³¹］解˭胡˭：哪里

哈渠唻拨渠办法忖起怎儿装装？［haʔ⁵gə³¹lɛ⁰pəʔ³gə³¹bɛ²²fɛʔ⁵tsʰøŋ⁴²tɕʰieʔ⁵tsɛ³³n⁴⁴tsɔ̃³³

tsɔ̃⁵¹］怎儿装：怎么办

葛日夜嘞唻，［kəʔ³n̩ieʔ²ia²²ləʔ⁰lɛ⁰］夜嘞：晚上

要梦托拨渠，［ieʔ³moŋ²⁴tʰoʔ⁵pəʔ³gə³¹］

托拨个牛郎。［tʰoʔ⁵pəʔ³kəʔ³n̩iə²²lɔ̃⁴¹］拨：给

讴渠哦，天酿˭啊尔越去望望相。［ɔ³³gə³¹o⁰，tʰie³³n̩iã⁴⁴a⁰n⁴²diɔ³¹kʰə⁰mɔ̃²²mɔ̃⁴¹ɕiã⁵⁵］
讴：叫

天上个织女都越得下底洗浴，［tʰie³³zɔ⁴⁴kəʔ⁰tɕieʔ³n̩y⁴²təʔ⁵diɔ³¹təʔ⁰o⁴²ti⁵¹ɕi⁴²yoʔ²］越：走

尔走去望望相啊，［n⁴²tɕiə⁴²kʰə⁰mɔ̃²²mɔ̃⁴¹ɕiã³³a⁰］

渠衣裳脱个底，［gə³¹i³³zɔ̃⁴¹tʰøʔ⁵kəʔ⁰ti⁴²］个底：那儿

尔望当中里转弗管减˭儿˭捉件来唻，［n⁴²mɔ̃²²tɔ̃³⁵tsoŋ⁴²li⁴²tsø⁵¹fəʔ³kuø³⁵kiɛ⁴²n³¹tsoʔ⁵dʑie³¹

lə⁰lɛ⁰］减˭儿˭：谁

渠便有跟尔到窝里爻。［gə³¹bəʔ²iu⁴²kəŋ⁴²n⁴²tɔ³³u³⁵li⁵²ɔ⁰］有：会

渠老替˭忖忖也蛮好，［gə³¹lɔ⁴²tʰi⁵⁵tsʰøŋ⁴²tsʰøŋ⁵¹aʔ⁵mɛ³³hɔ⁴²］

天酿˭老越望望相。［tʰie³³n̩iã⁴⁴lɔ⁴²diɔ³¹mɔ̃²²mɔ̃⁴¹ɕiǎ⁵⁵］

函˭！老实在个底洗浴啊，［ɛ³¹！lɔ⁴²zieʔ²zɔ³¹kəʔ⁰ti⁴²ɕi⁴²yoʔ²a⁰］

七仙女在个底，［tɕʰieʔ³ɕie³³n̩y⁴²zɔ³¹kəʔ³ti⁴²］

葛件衣裳粉红个挂个树杈哒。［kəʔ⁵dʑie³¹i³³zɔ̃⁴¹fəŋ⁴²oŋ²⁴kəʔ⁰kua³³kəʔ⁰zʅ²²tsʰo³⁵dəʔ⁰］

渠望着个件衣裳都来埭边得近点哦，［gə³¹mɔ̃²²dʑieʔ²kəʔ⁵dʑie³¹i³³zɔ̃⁴¹təʔ⁵lə³¹da²⁴pie³⁵

təʔ⁰dʑiŋ³¹tieʔ⁰vɛ⁰］

便个记捉着来哦，便趗，［bəʔ²kəʔ⁵tɕi⁰tsoʔ⁵dʑieʔ²lə³¹vɛ⁰，bəʔ²bieʔ²］趗：跑

头也弗拎˭头转个趗，［diə³¹a⁰fəʔ⁵liŋ³³diə²²tsø⁴²kəʔ⁰bieʔ²］

趗达窝里。［bieʔ²dɛʔ²u³⁵li⁵¹］

趗达窝里哦，［bieʔ²dɛʔ²u³⁵li⁵¹vɛ⁰］

葛日夜哒个织女啊老实趚勒渠窝里唻，［kəʔ⁵n̻ieʔ²iaʔ²dəʔ⁰kəʔ⁵tɕieʔ³n̻y⁴²aˀlɔ⁴²ʑieʔ²diɔ³¹

ləʔ⁰gə³¹u³⁵li⁴¹lɛ⁰］

便宿渠埭爻。［bəʔ²soʔ⁵gə³¹da³¹ɔ³¹］

宿个埭个记即宿哦，三年宿勒。［soʔ⁵gə³¹da³¹kəʔ⁵tɕiⁿtɕieʔ³soʔ⁵vɛ⁰，sɛ⁴²n̻ie³¹soʔ³ləʔ⁰］

葛当中哦，牛郎哦，［kəʔ⁵tɔ̃³⁵tsoŋ⁴²vɛ⁰，n̻ia²²lɔ̃⁴¹vɛ⁰］

在窝里哦耕田哎，种田哎，［zə³¹u³⁵li⁴¹vɛ⁰kã³³die⁴¹ɛ⁰，tsoŋ³³die³¹ɛ⁰］

织女哦在窝里小人生起，［tɕieʔ³n̻y⁴¹vɛ⁰zə³¹u³⁵li⁵¹ɕiɔ⁴²n̻iŋ²⁴sã⁴²tɕieʔ⁰］小人：小孩儿

一个儿一个囡哦，［ieʔ³kəʔ³n³¹ieʔ³kəʔ³lɛ⁵¹vɛ⁰］囡：女儿

在窝里带小人哎，［zə³¹u³⁵li⁵¹ta³³ɕiɔ⁴²n̻iŋ²⁴ɛ⁰］

两个人啊日子过得也蛮好。［liã⁵¹kəʔ⁰n̻iŋ³¹aˀn̻ieʔ²tsɿ⁴²ku³³təʔ⁰aʔ⁵mɛ³³hɔ⁴²］

快得猛，一记哦三年爻。［kʰua⁵⁵təʔ⁵mã⁴²，ieʔ³tɕi⁵¹vɛ⁰sɛ⁴²n̻ie³¹ɔ³¹］

三年哦，天上个个王母娘娘晓［得爻］啊。［sɛ⁴²n̻ie³¹vɛ⁰，tʰie³³zɔ̃⁴⁴kəʔ⁵kəʔ⁰uɔ̃²²miɔ⁴²

n̻iã²²n̻iã⁴¹ɕiɔ⁴²dɔ³¹aˀ⁰］

讲渠私自下凡，趚落来讲，［kɔ̃⁴²gə³¹sɿ³³zɿ⁴⁴ɕia³³vɛ³¹，diɔ³¹ləʔ⁰ləˀkɔ̃⁴²］

三年，弗趚转上去，［sɛ⁴²n̻ie³¹，fəʔ⁵diɔ³¹tsø⁴²zɔ̃²²kʰə⁵⁵］

替ᵘ都好用解ᵘ？［tʰi⁵⁵təʔ⁵hɔ⁴²yoŋ²⁴ka⁰］替ᵘ：这样

在嘞个天下，下面。［zə³¹ləʔ⁰kəʔ³tʰie³³o⁴²，o⁴²mie²⁴］

渠哦，葛一日哦，［gə³¹vɛ⁰，kəʔ⁵ieʔ³n̻ieʔ²vɛ⁰］

雨啊雷啊，打嘞大得猛大，［y⁴²aˀlə³¹aˀ⁰，tã⁴²ləʔ⁰dəu²⁴təʔ⁰mã⁵¹dəu²⁴］

呕渠哦趚转天上去。［ɔ³³gə³¹vɛ⁰diɔ³¹tsø⁴²tʰie³³zɔ̃⁴⁴kʰə⁵⁵］

噢，趚转天上去啊无办法哎，［ɔ⁰，diɔ³³tsø⁴²tʰie³³zɔ̃⁴⁴kʰə⁵⁵aˀm²²bɛ²²fɛʔ⁵ɛ⁰］

拨渠趚转去，弗去无用哎，［pəʔ³gə³¹diɔ²²tsø³³kʰə⁵⁵，fəʔ⁵kʰə³³m²²yoŋ⁴⁴ɛ⁵⁵］无用：不行

要犯规［个哎］。［ieʔ³vɛ²²kuə⁴²gə⁰］

嚎，只好趚转天上去哎。［ɔ³¹，tɕieʔ⁵hɔ⁴²diɔ²²tsø⁴²tʰie³³zɔ̃⁴⁴kʰə⁵⁵ɛ⁰］

哈个牛郎个一日趚转埤窝里哦，［haʔ⁵kəʔ⁵n̻ia²²lɔ̃⁴¹kəʔ⁵ieʔ³n̻ieʔ²diɔ²²tsø⁴²təʔ⁰u³⁵li⁵¹vɛ⁰］

望望，函ᵘ！［mɔ̃²²mɔ̃⁴¹，ɛ²⁴］

老姥怎儿解ᵘ胡ᵘ去爻咦？［lɔ⁴²ie⁴²tsɛ²⁴nˀka⁴²uˀkʰə⁵⁵ɔ³¹i⁴⁴］

儿搭囡哦在个底哭咦，［n³¹təʔ³lɛ⁵¹vɛ⁰zə³¹kəʔ³ti⁴²kʰuoʔ⁵i⁴⁴］

也小人也无人带，［aʔ³ɕiɔ⁴²n̻iŋ²⁴aʔ⁰m²²n̻iŋ²²ta⁵⁵］

哈怎儿好哎？［haʔ⁵tsɛ³⁵n⁴⁴hɔ⁴²ɛ⁰］

哈葛条牛哦是金牛星天上下凡解⁼。［haʔ⁵kəʔ³diɔ³¹n̠iə³¹vɛ⁰zɿ³¹tɕiŋ³³n̠iə⁴⁴ɕiŋ⁴²tʰie³³ zɔ̃⁴⁴ɕia³³vɛ³¹ka⁰］

哈渠望着替⁼怎儿装装好哎？［haʔ⁵gə³¹mɔ̃²²dʑieʔ²tʰi⁵⁵tsɛ³⁵n⁵⁵tsɔ̃³³tsɔ̃⁵¹hɔ⁴²ɛ⁰］

渠哦搭渠讲：［gə³¹vɛ⁰təʔ³gə³¹kɔ̃⁴²］

"尔慢拨我个两只牛角驮落来，［n⁴²mɛ⁴⁴pəʔ⁵ŋo⁴²kəʔ⁵liã⁴²tsəʔ³n̠iə²²koʔ⁵dəu³¹ləʔ⁰lə³¹］

变只两只脚笋，［pie³³tsəʔ³liã⁴²tsəʔ³kiəʔ⁵ləu⁴¹］

儿搭囡哦摆得担，［n³¹təʔ³lɛ⁵¹vɛ⁰pa⁴²təʔ⁰tɛ⁴²］

担得天上去，［tɛ⁴²təʔ⁰tʰie³³zɔ̃⁴⁴kʰə⁰］

趄去拨织女哦叫转来。"［diɔ³¹kʰə⁰pəʔ³tɕieʔ³n̠y⁴²vɛ⁰tɕiɔ⁴⁴tsø⁴²lə³¹］

解⁼胡⁼晓得怎儿叫得转哎？［ka⁴²u⁰ɕiɔ⁴²təʔ⁰tsɛ³⁵n⁴⁴tɕiɔ³³təʔ⁰tsø⁴²ɛ⁰］

拨渠天上拨尔犯规爻，［pəʔ³gə³¹tʰie³³zɔ̃⁴⁴pəʔ³n⁴²vɛ³¹kuə⁴²ɔ⁰］拨：把

拨渠园个底，弗拨渠见面啊！［pəʔ³gə³¹kʰɔ̃⁵⁵kəʔ³ti⁴²，fəʔ⁵pəʔ³gə³¹tɕie³³mie⁴⁴a⁰］园：放

渠哦担上去望望，［gə³¹vɛ⁰tɛ⁴²zɔ̃³¹kʰə⁰mɔ̃²²mɔ̃⁴¹］

追嘞差弗多啊，追到爻啊，［tsʮ⁴²ləʔ⁰tsʰo³³fəʔ³təu³⁵a⁰，tsʮ³³tɔ³³ɔ³¹a⁰］

葛王母娘娘望着渠追到差弗多爻哦，［kəʔ⁵uɔ̃²²miə⁴²n̠iã²⁴n̠iã⁴¹mɔ̃²²dʑieʔ⁰gə³¹tsʮ⁴²tɔ⁵⁵ tsʰo³³fəʔ³təu³⁵ɔ³¹vɛ⁰］

葛头上个金钗拔落来，个记即划，［kəʔ³diə²²zɔ̃⁴⁴kəʔ⁰tɕiŋ⁵⁵tsʰo⁴²bɛʔ²loʔ²lə⁰，kəʔ⁵tɕi⁰ tɕieʔ³uəʔ²］

划起个条河啊，［uəʔ²tɕʰieʔ⁵kəʔ³diɔ³¹ɯ³¹a⁰］

天河阔得猛，［tʰie³³o⁴¹kʰuəʔ⁵teʔ⁰mã⁴²］

拨个两个人唻，［pəʔ³kəʔ³liã⁴²kəʔ⁰n̠iŋ³¹ɛ⁰］

都无办法见面。［təʔ⁵m²²bɛ²²fɛʔ⁵tɕie³³mie⁴⁴］

哈怎儿装装好耶？［haʔ⁵tsɛ³⁵n⁴⁴tsɔ̃³³tsɔ̃⁵¹hɔ⁴²iɛ⁰］

哈牛郎儿啊囡啊都在哭。［haʔ⁵n̠iə²²lɔ̃⁴¹n³¹a⁰lɛ⁵¹a⁰təʔ²zə³¹kʰuoʔ⁵］

哈个喜鹊儿哦望着，［haʔ⁵kəʔ⁵ɕi⁴²tɕʰiã⁵¹vɛ⁰mɔ̃²²dʑieʔ⁰］

啊那！铁⁼可怜哎！［a⁵⁵na⁰！tʰieʔ⁵kʰo⁵⁵lie³¹e⁰］

怎儿装装好哎？［tsɛ³⁵n⁴⁴tsɔ̃³³tsɔ̃⁵¹hɔ⁴²ɛ⁰］

老以想办法拨无数个喜鹊儿都叫来叫来，［lɔ³⁵ieʔ⁰ɕiã⁴²bɛ²²fɛʔ⁵pəʔ³vu²²səu⁵⁵kəʔ⁰ɕi⁴² tɕʰiã⁵¹təʔ⁵tɕiɔ⁵⁵ləʔ⁰tɕiɔ⁵⁵lə⁰］

尾巴张嘴衔起衔起来，〔mi⁴²po³⁵tɕiã³³tsʅ⁴²giɛ³¹tɕʰiɛʔ⁰giɛ³¹tɕʰiɛʔ⁰lə⁰〕

衔起来，个鼓只桥头样个做起来哦，〔giɛ³¹tɕʰiɛʔ⁰lə⁰，kəʔ³kuº⁰tsəʔ³dʑiɔ²⁴diə⁴¹iã²²kəʔ⁰ tsəu⁵⁵tɕʰiɛʔ⁰lə⁰vɛ⁰〕

拨渠个一日七月七，〔pəʔ³gə³¹kəʔ³ieʔ³n̩ieʔ²tɕʰieʔ³ɲyʔ²tɕʰie⁵〕

便替⁼啰，七月七，〔bəʔ²tʰi⁵⁵lo⁰，tɕʰie³ɲyʔ²tɕʰie⁵〕

形成个便讲讴渠两个人在桥头相会。〔iŋ³¹ʑiŋ³¹kəʔ⁰bəʔ²kɔ̃⁴²ɔ³³gə³¹liã⁵¹kəʔ⁰n̩iŋ³¹zə³¹ dʑiɔ²⁴diə⁴¹ɕiã³³uə⁴⁴〕

每年七月七，〔mə⁴²n̩ie³¹tɕʰie³ɲyʔ²tɕʰie⁵〕

喜鹊儿㑇都越来，〔ɕi⁴²tɕʰiã⁵¹lɛ⁰təʔ⁵diɔ³¹lə⁰〕

拨渠衔起衔起拨渠相会。〔pəʔ³gə³¹giɛ³¹tɕʰiɛʔ⁰giɛ³¹tɕʰiɛʔ⁰pəʔ³gə³¹ɕiã³³uə⁴⁴〕

今天讲一个牛郎和织女的故事。

很久很久以前，有一个小伙子家里很穷，一点儿东西都没有，家里光光的，只有一张床。家里还有一头牛。这头牛给他耕田，跟他相依为命。

这牛看他这么老实，怎么办呢？老婆也娶不到啊，这么穷。你说是吗？以前的人都没钱的，到哪儿找老婆？于是他想了个办法。

那天夜里，金牛星托梦给他，托给那牛郎，跟他说："明天你去看看天上的织女都到下面洗澡。你去看看她衣服脱在那儿。你看当中不管谁的拿一件来，她就会跟你到家里了。"他想真的这样也不错，明天就去看看。

咦！七仙女真的在那儿洗澡啊。那件粉红的衣服，挂在树杈上。他看到那件衣服就在旁边，一下子拿来就跑，头也不回地跑到家里。这天夜里这织女真的走到他家里，便住他那儿了。

织女就一下子住了三年。那期间，牛郎呢在家里耕田啊，种田啊。织女呢在家里生了孩子，一个儿子一个女儿，在家里带孩子。两个人日子过得不错。

很快，一下子就三年了。三年呢，天上的王母娘娘知道了，说她私自下凡，说：三年在下面，不回去，这怎么行呢？这一天，雨呀，雷呀，都很大很大，叫她回到天上去。噢，回到天上去也没办法呀。不去不行啊，要犯规的。好，只好回到天上去。

那一天牛郎回到家里，看到妻子不知道去哪儿了，儿子和女儿在那儿哭，孩子也没人带。那怎么办呢？这头牛是天上金牛星下凡的，他看到这样怎么办好呢？他跟牛郎说："你等会儿将我的两只牛角拿下来，变成两只箩筐，把儿子和女儿放进去挑着，挑到天上去把织女叫回来。"

哪里叫得回来呢？织女触犯了天规，被藏在那儿，他们见不了面啊！怎么办好呢？还真有办法，很多喜鹊来了，它们尾巴和嘴衔起来变成了一座桥的样子。这一天是七月七日，喜鹊帮他们两个人在桥上相会。之后每年的七月七日，喜鹊都会过来，相互衔起来让他们相会。

（2017 年 7 月，发音人：林锦红）

三、自选条目

台州乱弹

姆妈啊！〔m ma ia〕

义兄搭脉能治病，〔ni ɕyoŋ ta ma nəŋ dzɿ biŋ〕

他比华佗强几分。〔tʰa pi ua du tɕʰiã tɕi fəŋ〕

一把抓先生，〔ieʔ³poʔ⁴²tsa³⁵ɕie⁵⁵sã⁴²〕

是比华佗强。〔zɿ pi ua du dʑiã〕

女儿患了绝命症哪，〔n̠y ɚ uɛ liɔ zo miŋ tɕiŋ na〕

没有义兄医弗成。〔məʔ iu ni ɕyoŋ i fəʔ ʑiŋ〕

哦！真是救命王菩萨！〔ɔ！ tɕiŋ zɿ tɕiu miŋ uõ bu saʔ〕

义兄救了儿一命，〔ni ɕyoŋ tɕiu liɔ ɚ i miŋ〕

姆妈何物来谢恩。〔m ma o vəʔ le ʑia əŋ〕何物：什么

白鲞、猪蹄、橘子、蒲荠……〔baʔ²ɕiã⁵¹、tsɿ³³di⁴¹、kyeʔ⁵tsɿ⁴²、bu²²ʑi⁵¹……〕

女儿亲口曾探问啊，〔n̠y ɚ tɕʰiŋ kʰəu zəŋ tʰɛ vəŋ na〕

义兄弗要山珍海味，〔ni ɕyoŋ fəʔ iɔ sɛ tɕiŋ hɛ mi〕

义兄弗要山珍海味，〔ni ɕyoŋ fəʔ iɔ sɛ tɕiŋ hɛ mi〕

个哦渠要何物啊？〔kəʔ vɛ ge iɔ kã m a〕

弗要金也弗要银，〔fəʔ iɔ tɕiŋ iɛ fəʔ iɔ n̠iŋ〕

要个可意知心人。〔iɔ kəʔ kʰo i tsɿ ɕiŋ n̠iŋ〕

葛人是减⁼儿啊？〔kəʔ niŋ zɿ kie n a〕减⁼儿：谁

姆妈，此人弗是别处人。〔m ma，tsʰɿ n̠iŋ fəʔ zɿ bieʔ tsʰ̩ɿ n̠iŋ〕

她与你，姆妈，〔tʰa y ni m ma〕

是至亲。〔zɿ tsɿ tɕʰiŋ〕

（2017 年 7 月，发音人：张华飞）

黄 岩

一、歌谣

燕啊燕，飞过天。[ie³⁵aʔⁿ⁰ie³⁵, fi³³ku⁵³tʰie³⁵]

天门关，飞上山。[tʰie³³mən⁴⁴kuɛ³², fi³³zɔ̃¹²¹sɛ³²]

山头平，好做人。[sɛ³³dio⁴¹bin¹²¹, hɔ⁴²tsou³³n̩in¹²¹]

人出角，好做粟。[n̩in⁴⁴tsʰøʔ³koʔ⁵, hɔ⁴²tsou³³soʔ⁵]

粟头摇，摇过桥。[soʔ⁵dio⁴¹iɔ¹²¹, iɔ¹²¹ku⁵³dʑiɔ¹²¹]

桥上打花鼓，[dʑiɔ¹²¹zɔ̃⁴⁴tã⁴²hua³²ku⁵³]

桥下娶新妇，[dʑiɔ¹²¹o⁵³tsʰʮ⁴²ɕin³²u¹²¹]

娶个小梅吃麦馃。[tsʰʮ⁴²kəʔ⁰ɕiɔ⁴²me²⁴tɕʰyoʔ³mɐʔ²ku⁵³]

麦馃碎喂小梅，[mɐʔ²ku⁴²se⁵⁵y³³ɕiɔ⁴²me²⁴]

小梅几时嫁咦？[ɕiɔ⁴²me²⁴tɕi⁴²zʮ¹²¹ko⁵⁵iʲ⁰]

天酿⁼后日儿嫁。[tʰie³³n̩iã⁴⁴io⁴²n̩in⁴¹ko⁵⁵] _{天酿⁼：明天}

嫁解⁼胡⁼？嫁西乡。[ko⁵⁵kaʔu⁰？ ko³³ɕi³⁵ɕiã³²] _{解⁼胡⁼：哪里}

西乡晚稻长弗长。[ɕi³⁵ɕiã³²mɐ⁴²dɔ⁴¹dʑiã¹²¹fəʔ⁰dʑiã¹²¹]

一块炊饭来望娘，[iəʔ⁵kʰueʔ⁰tsʰʮ³³vɐ⁴⁴le²²mɔ̃²²n̩iã¹²¹]

娘一口，儿一口。[n̩iã²⁴iəʔ³tɕʰio⁵³, n²⁴iəʔ³tɕʰio⁵³]

猫猫拖得庎厨头，[mɔ³³mɔ³⁵tʰa³³təʔ²ka³³dʑy²⁴dio⁴¹] _{庎厨：厨柜}

喜鹊拖得柏树头，[ɕi⁴²tɕʰiɔʔ⁵tʰa³³təʔ⁰pɐʔ³zʮ²²dio¹²¹] _{拖：叼}

柏树开花个柳⁼加柳⁼，[pɐʔ³zʮ²⁴kʰie³⁵hua³²kəʔ³liu⁴²ko³³liu⁴²] _{柳⁼加柳⁼：一缕缕}

个桑乌⁼对老酒。[kəʔ⁵sɔ̃³⁵u⁴¹te³³lɔ⁴²tɕiu⁴²]

老酒香，对黄姜。［lɔ⁴²tɕiu⁴²ɕiã³⁵，te³³uɔ̃²⁴tɕiã³²］

黄姜辣，对虎达。［uɔ̃²²tɕiã³³lɐʔ²，te³³huʔdɐʔ²］ 虎达：旧时一种铜制暖手炉

虎达王个对砂糖。［hu⁴²dɐʔ²⁴uɔ̃⁴¹kəʔ⁰te³³sɔ³⁵dɔ̃⁴¹］

砂糖［弗会］甜，对盐。［sɔ³⁵dɔ̃⁴¹fe⁵⁵die¹²¹，te³³ie¹²¹］

盐［弗会］咸，对皮蛋。［ie¹²¹fe⁵⁵ɛ¹²¹，te³³bi¹²¹dɛ⁴⁴］

皮蛋无烧，对猪腰。［bi¹²¹dɛ⁴⁴m²⁴ɕiɔ³²，te³³tsʅ³⁵iɔ³²］

猪腰［弗好］吃，对蜡烛。［tsʅ³⁵iɔ³²fɔ⁵³tɕʰyoʔ⁵，te³³lɐʔ²tsoʔ⁵］

蜡烛［弗会］亮，对炮仗。［lɐʔ²tsoʔ⁵fe⁵⁵liã²⁴，te³³pʰɔ³³dʑiã²⁴］ 炮仗：爆竹

炮仗［弗会］响，对白鲞。［pʰɔ³³dʑiã²⁴fe⁵⁵ɕiã⁴²，te³³bɐʔ²ɕiã³²］

白鲞无味，对沙瓶。［bɐʔ²ɕiã³²m¹²¹mi⁴¹，te³³sɔ³³bin⁴¹］

沙瓶无嘴，个白板蹿落水。［sɔ³³bin⁴¹m²²tsʮ⁵³，kəʔ³bɐʔ²pɛ⁵³tsʰʮ³³loʔ²sʮ⁴²］ 蹿：跳

大个捞捞捞弗起，［dou¹³ke³⁵liɔ¹²¹liɔ⁴¹liɔ¹²¹fəʔ⁰tɕʰi⁴²］

葛小个捞捞捞弗起，［kəʔ³ɕiɔ⁴²ke³⁵liɔ¹²¹liɔ⁴¹liɔ¹²¹fəʔ⁰tɕʰi⁴²］

葛捞梗大虾儿⁼。［kəʔ³liɔ¹²¹kuã⁴²dou¹³hɔ³³tɕi⁴²］ 虾儿⁼：小虾米

前门档档档弗进，［ʑie¹²¹mən⁴¹tɔ̃³³tɔ̃⁵³tɔ̃³³fəʔ⁰tɕin⁵⁵］ 档：抬

后门扛扛扛弗进，［io⁴²mən²⁴kɔ̃³³kɔ̃⁵³kɔ̃³³fəʔ⁰tɕin⁵⁵］

扛个老鼠洞里只扛扛进［去爻］。［kɔ̃³³kəʔ³lɔ⁴²tsʰʮ⁴²doŋ¹³li⁵³tɕiəʔ³kɔ̃³⁵kɔ̃³³tɕin³³kʰɔ⁰］

大个吃吃吃［弗爻］，［dou¹³ke³⁵tɕʰyoʔ³tɕʰyoʔ⁰tɕʰyoʔ³fɔ⁵³］

葛小个吃吃吃［弗爻］。［kəʔ⁵ɕiɔ⁴²ke³⁵tɕʰyoʔ³tɕʰyoʔ⁰tɕʰyoʔ³fɔ⁵³］

隔壁儿三叔姆叫来，［kəʔ³pin⁵³sɛ³²soʔ⁵m⁵³kiɔ⁵⁵lə⁰］ 叔姆：婶婶的背称

"娘姆"一口吃着光。［n̠iã⁴¹m⁵³iəʔ³tɕʰio⁴²tɕʰyoʔ³dʑiəʔ⁰kuɔ̃³⁵］ 娘姆：象声词，相当于"啊呜"

便讲到个埭。［bɐʔ²kɔ̃⁴²tɔ³³kəʔ³da⁴¹］ 埭：这儿

（2019 年 8 月，发音人：陈信义）

二、规定故事

牛郎和织女

基⁼日儿我要讲个是，［tɕi³²n̠in⁴¹ŋo⁴²iəʔ³kɔ̃⁴²kəʔ⁰zʅ¹²¹］

牛郎搭织女个故事。［n̠io¹²¹lɔ̃⁴¹təʔ³tɕiəʔ³n̠y⁴²kəʔ⁰ku³³z̩⁴⁴］搭：和

齁早齁早时候，有一个小后生，［io¹³tsɔ⁴²io¹³tsɔ⁴²z̩¹³io⁴⁴，iu⁴²iəʔ³kəʔ⁰ɕiɔ⁴²io⁴²sã³⁵］齁：很

娘伯儿都死爻，［n̠iã¹³pã⁵³təʔ⁵s̩⁴²ɔ³］

孤苦独个头齁可怜个。［ku³³kʰu⁴²doʔ²ke³³dio²⁴io¹³kʰo⁵⁵lie⁴¹kəʔ⁰］

窝里便只一条老牛。［u³⁵li⁴¹bəʔ²tɕiəʔ³iəʔ³diɔ¹²¹lɔ⁵⁵n̠io¹²¹］窝里：家里。便：就

渠许都叫渠牛郎。［gie¹²¹he⁵⁵təʔ⁵tɕiɔ⁵⁵gie¹²¹n̠io¹³lɔ̃⁴¹］

牛郎唻靠葛条老牛拨渠田垟做生活个，［n̠io¹³lɔ̃⁴¹leˀkʰɔ³³kəʔ³diɔ⁴¹lɔ⁵⁵n̠io¹²¹pəʔ³gie¹²¹
　　die¹³ia⁴¹tsəu³³sã³³uoʔ²kəʔ⁰］

哈搭老牛两个唻相依为命。［haʔ³təʔ⁵lɔ⁵⁵n̠io⁴¹liã⁴²ke³³leˀɕiã³⁵i³²ue¹³min⁴⁴］

其实葛条老牛便是天上个金牛星。［dʑi¹²¹ʑiəʔ²kəʔ³diɔ¹²¹lɔ⁵³n̠io¹²¹bəʔ²z̩¹²¹tʰie³³zɔ̃⁴⁴kəʔ⁰
　　tɕin³³n̠io⁴⁴ɕin³²］

葛老牛唻望渠葛小后生铁＝有做。［kəʔ³lɔ⁵⁵n̠io¹²¹leˀmɔ̃¹³gie¹²¹kəʔ³ɕiɔ⁴²io⁴²sã³⁵tʰiəʔ⁵iu⁴²
　　tsou⁵⁵］铁＝：这么

铁＝无多话，铁＝友好，铁＝善良，［tʰiəʔ⁵m²⁴tou³³ua⁴⁴，tʰiəʔ⁵iu⁴²hɔ⁴²，tʰiəʔ⁵ʑie⁴⁴liã¹²¹］

想拨渠唻老姆寻个唻竖份人家［起来］。［ɕiã⁴²pəʔ³gie¹²¹leˀlɔ⁵⁵ie³²ʑin¹²¹ke³³leˀzʮ¹²¹
　　vən¹²¹n̠in²⁴ko³²tɕiə⁰］

有一日，［iu⁴²iəʔ³n̠iəʔ²］

葛金牛星晓得天上仙女下凡［来爻］了，［kəʔ³tɕin³³n̠io⁴⁴ɕin³²ɕiɔ⁴²təʔ⁰tʰie³³zɔ̃⁴⁴ɕie³³
　　n̠y⁴²ɕia³³vɛ¹²¹lɔ¹²¹le⁰］

要到村东边个山脚下个葛个溪坑得洗人，缴＝骑身，［iɔ³³tɔ³³tsʰøn³³toŋ³⁵pie³²kəʔ⁰sɛ³³
　　tɕiəʔ³o⁵³kəʔ³kəʔ⁰kəʔ³tɕʰi³⁵kʰã³²təʔ⁰ɕi⁴²n̠in¹²¹，tɕiɔ⁴²dʑi¹²¹ɕin³²］缴＝骑身：洗澡

哈渠托梦拨个牛郎，［haʔ³gie¹²¹tʰoʔ³moŋ²⁴pəʔ³kəʔ³n̠io¹³lɔ̃⁴¹］

第二日儿早界讴牛郎趽早点爬起趽湖边去，［di¹³n²²n̠in⁴¹tsɔ⁴²ka⁵⁵ɔ³³n̠io¹²¹lɔ̃⁴¹diɔ¹²¹tsɔ⁴²
　　tiəʔ³bo¹²¹tɕiə⁰diɔ¹²¹u²⁴pie³²kʰə⁰］趽：走

趽去哎趁织女态＝仙女态＝还在得洗澡个时候，［diɔ¹²¹kʰə⁰eˀtɕʰin³³tɕiəʔ³n̠y⁴²tʰe³³ɕie³³n̠y⁴²
　　tʰe³³ua²⁴ze¹²¹təʔ⁰ɕi⁴²tsɔ⁴²kəʔ⁰z̩¹³io⁴⁴］

洗人个时候，取一件衣裳来，［ɕi⁴²n̠in¹²¹kəʔ⁰z̩¹³io⁴⁴，tsʰʮ⁴²iəʔ³dʑie¹²¹i³⁵zɔ̃⁴¹le⁰］

摆在树上面个衣裳拨下来，［pa⁴²ze¹²¹zʮ²⁴zɔ̃¹³mie⁴⁴kəʔ⁰i³⁵zɔ̃⁴¹pəʔ³hɔ⁴²le⁰］

然后唻头也㩳回个便趽转窝里来，［lɛ¹³io⁴²le⁰dio¹²¹aʔ³ɕiɔ⁵⁵uø¹²¹kəʔ⁰bəʔ²diɔ¹²¹tsø⁴²u³⁵
　　li⁴¹le¹²¹］

铁=唻尔便得到一位舅好看个仙女做老姆。［tʰiəʔ⁵leⁿ⁰bəʔ²təʔ⁵tɔ³³iəʔ³uø¹²¹io¹³hɔ⁴²
tɕʰie⁵⁵kəʔ⁰ɕie³³n̠y⁴²tsou³³lɔ⁴²ie³²］

葛一日早界，［kəʔ⁵iəʔ³n̠iəʔ²tsɔ⁴²ka⁵⁵］
哈牛郎唻哈忖忖相信，［haʔ³n̠io¹²¹lɔ⁴¹le⁰haʔ³tsʰøn⁴²tsʰøn⁵³ɕiã³³ɕin⁵⁵］
忖忖［弗会］相信。［tsʰøn⁴²tsʰøn⁵³fe³³ɕiã³³ɕin⁵⁵］
渠疑心疑惑越得个山脚下，［gie¹²¹ni¹³ɕin³³ni¹³uɐʔ²diɔ¹²¹təʔ³kəʔ³sɛ³³tɕiəʔ³o⁵³］
糊里糊涂铁=望去。［u²²li²²u²⁴dou⁴¹tʰiəʔ⁵mɔ̃¹³kʰɔ⁰］
啊哪！老实个溪坑当中有七个大娘舅好看个在解底洗人。［aʔ⁵nəʔ⁰！lɔ⁴²ziəʔ²kəʔ³
tɕʰi³⁵kʰã³²tɔ̃³⁵tsoŋ³²iu⁴²tɕʰiəʔ⁵kəʔ⁰dou¹³n̠iã¹²¹io¹³hɔ⁴²tɕʰie⁵⁵kəʔ⁰ze¹²¹ka⁴²ti⁰ɕiʔ⁴n̠in¹²¹］
哈渠葛一记唻拨个树上面个一件衣裳下落来，［haʔ³gie¹²¹kəʔ⁵iəʔ³tɕi⁵⁵le⁰pəʔ³kəʔ³zʅ¹³
zɔ̃¹³mie⁴⁴kəʔ⁰iəʔ³dzie¹²¹i³⁵zɔ̃⁴¹ho⁴²loʔ²le⁰］
马上乱趖趖得窝里来爻。［ma⁴²zɔ̃¹³lø¹³biəʔ²biəʔ²təʔ⁰u³⁵li⁵³le¹²¹ɔ⁰］
渠葛件衣裳下，落来个衣裳便就是织女，仙女织女个衣裳。［gie¹²¹kəʔ³dzie⁴¹i³⁵
zɔ̃⁴¹ho⁴²，loʔ²le¹²¹kəʔ⁰i³⁵zɔ̃⁴¹bəʔ²ziu¹³zʅ⁴¹tɕiəʔ³n̠y⁴²，ɕie³³n̠y⁴²tɕiəʔ³n̠y⁴²kəʔ⁰i³⁵zɔ̃⁴¹］
轻轻尔越渠窝里敲，［tɕʰin³³tɕʰin³³zʅ⁴¹diɔ¹²¹gie¹²¹u³⁵li⁴¹kʰɔ³³］
趒牛郎窝里敲门。［diɔ¹²¹n̠io¹³lɔ̃⁴¹u³⁵li⁴¹kʰɔ³³mən⁴¹］
哈后来唻，两个唻便变作老公老婆爻，［haʔ⁵io⁴²le¹²¹le⁰，liã⁵³ke³²le⁰bəʔ²pie³³tsou³³lɔ⁴²
koŋ³³lɔ⁵⁵bu¹²¹ɔ⁰］
好得猛老公老婆。［hɔ⁴²təʔ⁰mã⁴²lɔ⁴²koŋ³³lɔ⁵⁵bu¹²¹］

哈时间过得快得猛解=，［haʔ³zʅ¹³kiɛ⁵³ku³³təʔ⁰kʰua³³təʔ⁰mã⁴²ka⁰］
眼只眅三年过去爻，［n̠iɛ⁴²tɕiəʔ⁵kiəʔ⁵sɛ³²n̠ie¹²¹ku³³kʰie³²ɔ⁰］眅：眨
牛郎搭织女唻，生起唻一个儿一个囡两个小人，［n̠io¹³lɔ̃⁴¹təʔ³tɕiəʔ³n̠y⁴²le⁰，sã³²tɕʰiəʔ⁰
le⁰iəʔ³kəʔ³n¹²¹iəʔ³kəʔ³le⁵³liã⁵³kəʔ³ɕiɔ⁴²n̠in¹⁴］
一家人日子过得唻哦幸福得猛。［iəʔ³ko³⁵n̠in⁴¹n̠iəʔ²tsʅ⁴²ku⁵⁵təʔ⁵le⁰vəʔã⁴²foʔ⁵təʔ⁰mã⁴²］

哈解=胡=晓得织女是私自下饭凡解=，［haʔ³ka⁴²u⁰ɕiɔ⁴²təʔ⁵tɕiəʔ³n̠y⁴²zʅ¹²¹sʅ³³zʅ⁴⁴ɕia³³ve¹²¹
ka⁰］
被玉皇大帝晓［得爻］啊。［bi¹²¹n̠yoʔ²uɔ̃²²da²²ti⁵⁵ɕiɔ⁴²təʔ⁰aʔ⁰］
有个一日啊，天上啊电烁起来，［iu⁴²kəʔ⁰iəʔ³n̠iəʔ²aʔ⁰，tʰie³³zɔ̃⁴⁴ŋa⁰die¹³ɕiəʔ³tɕʰiəʔ⁰le⁰］

龙烁起来啊，［loŋ¹²¹ɕiəʔ⁵tɕʰiə⁰le⁰a⁰］

雷佛共＝共＝声，［le¹³vəʔ²goŋ¹³goŋ⁴⁴ɕin³²］

大风大雨刮起来啊，［dou¹³foŋ³²dou¹³y⁴²kuəʔ⁵tɕʰiəʔ⁵le⁰a⁰］

雨也舠大风也舠大个。［y⁴²aʔ⁰io¹³dou⁴⁴foŋ³²aʔ⁰io¹³dou⁴⁴kəʔ⁰］

哈织女蓦定头解＝胡＝去爻啊，［haʔ³tɕiəʔ³n̠y⁴²məʔ²din²²dio²⁴ka⁴²uʔ⁰kʰie⁵⁵ɔ⁰a⁰］ 蓦定头：突然

两个小人哇哇叫，哭得要寻娘啊。［liã⁵³kəʔ⁰ɕiə⁴²n̠in²⁴ua³³ua³³tɕiɔ⁵⁵，kʰuoʔ⁵təʔ⁰iɔ³³ʑin¹²¹n̠iã⁴⁴ŋa⁰］

哈怎装装好？［haʔ⁵tsən⁴²tsɔ̃³³tsɔ̃⁵³hɔ⁴²］ 怎装：怎么办

哈牛郎急得哈怎装装好？［haʔ⁵n̠io¹³lɔ̃⁴¹tɕiəʔ⁵təʔ⁰haʔ³tsən⁴²tsɔ̃³³tsɔ̃⁵³hɔ⁴²］

哈葛时候啊个记喊＝，［haʔ³kəʔ⁵ʐʅ¹³io⁴⁴a⁰kəʔ⁵tɕi⁰hɛ⁰］

葛条老牛蓦定头开口讲，讲话爻啊：［kəʔ³diɔ⁴¹lɔ⁵⁵n̠io⁴¹məʔ²din¹³dio²⁴kʰie³³kʰou⁴²kɔ̃⁴²，kɔ̃⁴²ua¹³ɔ⁰a⁰］

偡难过！［ɕiɔ⁵⁵lɛ¹³ku⁵⁵］

尔拨我头上个角下落来，变两个接笭起，［n̠⁴²pəʔ³ŋo⁴²dio¹³zɔ̃⁴⁴kəʔ⁰koʔ⁵ho⁴²loʔ²le⁰，pie⁵⁵liã⁵³kəʔ⁰tɕiəʔ⁵lou⁴²tɕʰiə⁰］

拨两个小人坐接笭里，［pəʔ⁵liã⁵³kəʔ⁰ɕiə⁴²n̠in²⁴zo¹²¹tɕiəʔ³lou¹³li⁵³］

哈尔趃天上追织女去。［haʔ⁵n̠⁴²dio¹²¹tʰie³³zɔ̃⁴⁴tsʅ³²tɕiəʔ³n̠y⁴²kʰə⁰］

哈个牛郎忖：［haʔ³kəʔ⁵n̠io¹³lɔ̃⁴¹tsʰøn⁴²］

铁＝奇怪个！［tʰiəʔ⁵dʑi¹³kua⁵⁵kəʔ⁰］

尔个牛角脱得落解＝？［n̠⁴²kəʔ³n̠io¹²¹koʔ⁵tʰø̃³təʔ⁰loʔ²ka⁰］

哎！铁＝讲爻话，［ɛ⁴¹！tʰiəʔ⁵kɔ̃⁴²ɔ⁰ua¹³］

老实牛角脱落来爻啊，［lɔ⁵³ʑiəʔ²n̠io¹³koʔ⁵tʰø⁵loʔ²le⁰ɔ⁰a⁰］

变起两个接笭啊！［pie⁵⁵tɕʰiəʔ⁵liã⁵³kəʔ³tɕiəʔ⁵lou⁴¹a⁰］

哈渠拨小人唻，［haʔ⁵gie¹²¹pəʔ³ɕiə⁴²n̠in²⁴le⁰］

一头一个园接笭里，［iəʔ³dio¹²¹iəʔ³kie⁵³kʰɔ̃³³tɕiəʔ³lou²²li⁵³］

哈用扁担担起。［haʔ³yoŋ¹³bi¹²¹tɛ⁵⁵tɛ⁵³tɕʰiə⁰］

葛接笭好像翼膀出起牢啊，［kəʔ⁵tɕiəʔ⁵lou⁴¹hɔ⁴²ʑiã¹²¹iəʔ²pɔ̃⁵³tsʰø̃³tɕʰiəʔ⁰lɔ⁰a⁰］

蓦定头飞起来，［məʔ²din¹³dio²⁴fi³²tɕʰiəʔ⁰le⁰］

腾云驾雾双脚好像踏云头，［dən¹³yn¹³ko³³vu⁴⁴sɔ̃³²tɕiəʔ³hɔ⁴²ʑiã¹²¹dəʔ²yn¹³dio⁴¹］

只个飞，飞起牢啊。［tɕiəʔ³kəʔ⁵fi³²，fi³²tɕʰiə⁰lɔ⁰a⁰］

飞啊飞啊，［fi³²a⁰fi³²a⁰］

葛一记眼望着就要拨织女追牢定个时候啊，［kəʔ⁵iəʔ³tɕi³³iɛ⁴²mɔ̃¹³dʑiəʔ²ʑiu¹³iɔ⁰pəʔ³
tɕiəʔ³n̠y⁴²tsɿ³²lɔ¹²¹din¹²¹kəʔ⁰zɿ¹³io⁴⁴a⁰］

解⁼胡⁼晓得被王母娘娘望［着爻］啊？　［ka⁴²u⁰ɕiɔ⁴²təʔ⁰bi¹²¹uɔ̃¹³mio⁴²n̠iã¹³n̠iã⁴¹mɔ̃¹³
dʑiɔ⁴¹a⁰］

王母娘娘拨头上个金钗拔落来啊，［uɔ̃¹³mio⁴²n̠iã¹³n̠iã⁴¹pəʔ³dio¹³zɔ̃⁴⁴kəʔ⁰tɕin⁵⁵tsʰo³²
bəʔ²loʔ²le⁰a⁰］

在牛郎搭织女中间一划。［ze¹²¹n̠io¹³lɔ̃⁴¹təʔ³tɕiəʔ³n̠y⁴²tsoŋ³⁵kiɛ³²iəʔ⁵uɐʔ²］

葛一记划得天下啊，［kəʔ⁵iəʔ⁵tɕiʰuɐʔ²təʔ⁰tʰie³³o⁴²a⁰］

一条啊浓烟滚滚，［iəʔ³dio¹²¹a⁰loŋ¹³ie³²kuən⁴²kuən⁴²］

葛浪只个翻只个翻个天河啊，［kəʔ⁰lɔ̃¹³tɕiəʔ⁵kəʔ⁰fɛ³²tɕiəʔ⁵kəʔ⁰fɛ³²kəʔ⁰tʰie³³o⁴¹a⁰］

阔得望弗到对岸，［kʰuəʔ⁵təʔ⁰mɔ̃¹³fəʔ⁰tɔ³³te³³ie⁴⁴］

拨牛郎搭织女唻隔着开。［pəʔ⁵n̠io¹³lɔ̃⁴¹təʔ⁵tɕiəʔ³n̠y⁴²le⁰kəʔ⁵dʑiəʔ⁰kʰie⁰］

哈喜鹊儿望着啊朆同情，［haʔ³ɕi⁴²tɕʰiã⁵³mɔ̃¹³dʑiəʔ⁰a⁰io¹³doŋ⁴⁴ʑin⁴¹］

每年个古历个七月初七，［me⁵⁵n̠ie¹²¹kəʔ⁰ku⁴²liəʔ²kəʔ⁰tɕʰiəʔ⁵n̠yəʔ²tsʰou³³tɕʰiəʔ⁵］

无数无数个喜鹊儿都趤得银河上面，天河就是，［u¹³sou⁵⁵u¹³sou⁵⁵kəʔ⁰ɕi⁴²tɕʰiã⁵³təʔ⁵
biəʔ²təʔ⁰n̠in¹³o⁴¹zɔ̃¹³mie⁴⁴，tʰie³⁵o⁴¹ʑiu¹³zɿ⁴⁴］趤：跑

一只衔一只，一只衔一只个尾巴衔［起来］，［iəʔ³tsəʔ⁵ɛ¹²¹iəʔ³tsəʔ⁵，iəʔ³tsəʔ⁵ɛ¹²¹iəʔ³
tsəʔ⁵kəʔ⁰mi⁴²po³⁵ɛ¹²¹tɕʰiə⁰］

衔起一支哦朆长朆长个鹊桥，［ɛ¹³tɕʰiə⁰iəʔ³tsɿ³²o⁰io¹³dʑiã¹²¹io¹³dʑiã¹²¹kəʔ⁰tɕʰiəʔ⁵dʑiɔ⁴¹］

就是拉鸦桥，［ʑiu¹³zɿ¹²¹la¹³o³³dʑiɔ⁴¹］

拨牛郎搭织女唻在个桥上相会。［pəʔ⁵n̠io¹³lɔ̃⁴¹təʔ³tɕiəʔ³n̠y⁴²le⁰ze¹²¹kəʔ³dʑiɔ¹³zɔ̃⁴⁴ɕiã³³
uø⁴⁴］

好，故事便讲到埭。［hɔ⁴²，ku³³zɿ⁴⁴bəʔ²kɔ̃⁴²tɔ³³da⁴¹］埭：这儿

　　今天我要说的是牛郎和织女的故事。

　　很早很早的时候，有一个小伙子，父母都去世了，孤苦伶仃，一个人很可怜的。家里只有一头老牛，大家都叫他牛郎。牛郎靠这头老牛给他田里干活的，跟老牛两个相依为命。其实，这头老牛是天上的金牛星。

　　这老牛看他这小伙子这么勤快，这么安静，这么友好，这么善良，就想给他

找个老婆，成一个家。

有一天，金牛星知道天上的仙女下凡了，要到村东边山脚下的那个溪水里洗澡。他就托梦给牛郎，叫牛郎第二天早上早点儿起床去湖边，趁仙女们还在洗澡的时候拿一件衣服过来，然后头也不回地回到家来，那样就能得到一位非常漂亮的仙女做老婆。

那一天早上，牛郎想想相信，想想又不相信，半信半疑地走到山脚下，糊里糊涂地这么看去。哎呀！那溪水中间真的有七个姑娘，很漂亮的，在那儿洗澡。他一下子就把那树上的一件衣服拿下来，马上拼命跑回家。他拿下来的衣服就是仙女织女的衣服。仙女轻轻地走到牛郎家门口敲门。后来，两个人就成了夫妻，非常恩爱的夫妻。

时间过得很快，眼睛一眨三年过去了。牛郎和织女生了一个儿子、一个女儿两个孩子，一家人日子过得非常幸福。

哪儿知道，织女是私自下凡，被玉皇大帝发现了。有一天，天上电光闪闪，雷声隆隆，大风大雨，雨也很大，风也很大的。织女突然不知去哪儿了。两个孩子哇哇大哭，都在那儿找妈妈。牛郎急得不知怎么办好。

这时候，这头老牛突然开口说话了："别难过！你把我头上的角拿下来，变出两个箩筐来，让两个孩子坐在箩筐里，你到天上追织女去。"牛郎想：这么奇怪的，你这牛角掉得下来的？结果，牛角真的掉下来，变成了两个箩筐。于是他把小孩儿一头一个放在箩筐里，用扁担挑起来。那箩筐好像长出翅膀了，突然飞起来。牛郎腾云驾雾，脚好像踩在云头，一个劲儿地飞起来了。

飞啊飞啊，眼看着就要把织女追上了，哪知道被王母娘娘看到了。王母娘娘把头上的金钗拔下来，在牛郎和织女的中间一划，一下划出一条波涛滚滚的天河，宽得看不到对岸，将牛郎和织女隔开。

喜鹊看到了，非常同情牛郎和织女。每年的农历七月初七，无数的喜鹊都跑到银河上面，就是天河，一只衔着另一只的尾巴，架起一条很长很长的鹊桥，也叫乌鸦桥，让牛郎和织女在那桥上相会。好，故事就讲到这儿。

（2019 年 8 月，发音人：徐桂妹）

三、自选条目

黄岩乱弹

我基⁼日儿唱个黄岩乱弹，〔ŋo⁴²tɕi³²n̠in⁴¹tsʰɔ̃⁵⁵kəʔ⁰uɔ̃¹³n̠iɛ²²lø²²dɛ²⁴〕

是叫《磨豆腐》。〔zɿ¹²¹tɕiɔ³³mo¹³dio²⁴u⁴⁴〕

雪白个豆腐，变银子〔søʔ bɐʔ kəʔ dio u，pie in tsɿ〕

银子用来办婚事。〔in tsɿ yoŋ le bɐ huən zɿ〕

我办个婚事，真啊稀奇！〔ŋo bɐ kəʔ huən zɿ，tɕin a ɕi dʑi〕

黄岩城里无啊人比。〔uɔ̃ n̠iɛ zin li m a n̠in pi〕

小囡便是我新妇，〔ɕiɔ lɛ bɛ zɿ ŋo ɕin u〕小囡：小女儿

义子又当囡儿婿。〔ni tsɿ iu tɔ̃ lɛ n ɕi〕囡儿婿：女婿

我两老，〔ŋo liã lɔ〕两老：两口子

丈人丈母，〔dʑiã n̠in dʑiã m〕

丈母丈人，〔dʑiã m dʑiã n̠in〕

兼公婆啊……〔tɕie koŋ bu a ……〕

公婆又兼娘和爹，〔koŋ bu iu tɕie n̠iã hou tie〕

爹啊、娘啊、公啊、婆啊，〔tie a、n̠iã a、koŋ a、bu a〕

丈人、丈母、义子、女婿，〔dʑiã n̠in、dʑiã m、ni tsɿ、n̠y ɕi〕

小囡、新妇。〔ɕiɔ lɛ、ɕin u〕

七七个八八，〔tɕʰiəʔ tɕʰiəʔ kəʔ pɐʔ pɐʔ〕

八八个七七，〔pɐʔ pɐʔ kəʔ tɕʰiəʔ tɕʰiəʔ〕

称呼来得多啊！〔tɕʰin hu le təʔ tou a〕

小日脚过得真有味，真有味！〔ɕiɔ n̠iəʔ tɕiəʔ ku təʔ tɕin iu mi，tɕin iu mi〕

（2019 年 8 月，发音人：周姿含）

温　岭

一、歌谣

磨磨麦

磨磨麦儿，请大伯儿。［mu³¹mu³¹mã⁴¹，tɕʰin⁴²du¹³pã⁵¹］

磨磨碎，请前退。［mu³¹mu³¹se⁵⁵，tɕʰin⁴²ʑie¹³tʰe⁵⁵］前退：前院

磨磨草，请大嫂。［mu³¹mu³¹tsʰɔ⁵¹，tɕʰin⁴²du¹³sɔ⁵¹］

磨磨细，请请姊丈囡儿婿。［mu³¹mu³¹ɕi⁵⁵，tɕʰin⁴²tɕʰin⁰tsʅ⁴²dʑiã⁴¹nɛ⁴²n¹³ɕi⁵⁵］姊丈：姐夫；

　　囡儿婿：女婿

麦缸ˈ麦猪娘，咬咬喷喷香。［maʔ²kɔ̃¹⁵maʔ²tsʅ³⁵n̠iã⁴¹，ŋɔ⁴²ŋɔ⁰pʰəŋ³³pʰəŋ³³ɕiã³³］猪娘：母猪

外镶儿绿豆面，里镶儿猪肉块，［ŋa¹³uɔ̃⁴¹loʔ²dɤ²⁴mie⁴⁴，li⁴²uɔ̃⁴¹tsʅ³³n̠yoʔ²kʰue⁵⁵］

拨个姊丈吃［起来］饱饻饻。［pəʔ⁵kəʔ³tsʅ⁴²dʑiã⁴¹tɕʰyoʔ⁵tɕʰie⁴²pɔ⁴²ne³⁵ne⁵⁵］饱饻饻：饱饱的样子

（2015 年 8 月，发音人：王霞）

燕啊燕

燕啊燕，飞上天。［ie⁵⁵a⁰ie⁵⁵，fi³³zɔ̃³¹tʰie³³］

天门关，飞上上山。［tʰie³³məŋ⁴⁴kue³¹，fi³³zɔ̃³¹sɛ³³］

山头白，好斫麦。［sɛ³⁵dɤ²⁴baʔ²，hɔ⁴²tsoʔ³maʔ²］斫：砍

麦头摇，飞过桥。［maʔ²dɤ⁴¹iɔ³¹，fi³³ku³³dʑiɔ³¹］

桥上打花鼓，［dʑiɔ¹³zɔ̃⁴⁴tã⁴²hua³³ku⁵¹］

格桥下娶新妇。[kəʔ⁵dʑiɔ¹³o⁴²tɕʰy⁴²ɕin³³u⁵¹] 新妇：新娘

圆眼

圆眼圆眼卖灯盏，[yø¹³n̠iɛ⁴²yø¹³n̠iɛ⁴²ma¹³təŋ³³tsɛ⁴²]
格大大细细候⁼尔拣。[kəʔ⁵dəu¹³dəu¹³ɕi⁵⁵ɕi⁵⁵io¹³n⁴²kiɛ⁴²] 候⁼：任凭
圆眼弹，[yø¹³n̠iɛ⁴²dɛ¹³]
鸡子炒冷饭。[tɕi³³tsɿ⁴²tsʰɔ⁴²lã⁴²vɛ¹³] 鸡子：鸡蛋

假哭ㄦ无眼泪

假哭ㄦ无眼泪，[ko⁴²kʰuŋ⁵¹m¹³n̠iɛ⁴²li¹³]
嫁拨石板地。[ko⁵⁵pəʔ³ʑiʔ²pɛ⁴²di¹³] 拨：给
哭阉哭涟涟，[kʰuoʔ³tɕiu¹⁵kʰuoʔ³lie¹³lie⁴¹]
买糖无铜钿。[ma⁴²dɔ̃²⁴m¹³duŋ¹³die⁴¹]
哭阉带笑，[kʰuoʔ³tɕiu¹⁵ta³⁵ɕiɔ⁵⁵] 哭阉：爱哭者
蛤蟆扛轿。[o³⁵mo⁴¹kɔ̃³⁵dʑiɔ⁴⁴]
一扛扛到三圣庙，[iʔ⁵kɔ̃³³kɔ̃³³tɔ³³sɛ³³ɕin³⁵miɔ⁴⁴]
格三圣老爷一铳炮，[kəʔ⁵sɛ³³ɕin³³lɔ⁴²ia²⁴iʔ³tɕʰyoŋ³³pʰɔ⁵⁵]
拨尔哭阉眼泪打着燥。[pəʔ⁵n⁴²kʰuoʔ³tɕiu¹⁵n̠iɛ⁴²li¹³tã⁴²dʑiəʔ²sɔ⁵⁵]

（以上 2015 年 8 月，发音人：阮素琴）

颠颠扮扮

颠颠扮扮，跳过南山。[tie⁵⁵tie³³pɛ⁵⁵pɛ³³，tʰiɔ⁵⁵ku³³nɛ¹³sɛ³³]
南山板凳，仰猫笔直。[nɛ¹³sɛ³³pɛ⁴²təŋ⁵⁵，n̠iã⁴²mɔ¹⁵piʔ³dʑiʔ²]
青青果，青青梗，[tɕʰin³³tɕʰin³³ku⁵¹，tɕʰin³³tɕʰin³³kuã⁵¹]
独只脚ㄦ。[doʔ²tɕiʔ³tɕiã⁵¹]

叮公叮公

叮公叮公，[tin⁵⁵koŋ³³tin⁵⁵koŋ³³]
何物咬来痛。[a³¹m¹³ŋo⁴²le³¹tʰoŋ⁵⁵] 何物：什么
大头虎母⁼咬来痛，[du¹³dɤ¹³hu⁴²m⁵¹ŋɔ⁴²le³¹tʰoŋ⁵⁵] 虎母⁼：蚂蚁

爬上个山头凉凉。［bo³¹zɔ̃³¹kəʔ⁰sɛ³⁵dɤ⁴¹liã⁴⁴liã³¹］

（以上 2015 年 8 月，发音人：王根土）

二、规定故事

牛郎和织女

早日ㄦ，有个小后生，［tsɔ⁴²n̠in⁵¹，iu⁴²kəʔ³ɕiɔ⁴²iɤ⁴²sã¹⁵］

娘伯ㄦ都死爻，［n̠iã¹³pã⁵¹təu³³sʅ⁴²ɔ⁰］爻：了

独个头，蛮可怜，［doʔ²kie³³dɤ²⁴，mɛ³³kʰo⁵⁵lie³¹］

屋里无个亲人，［uoʔ⁵li⁵¹m⁴¹kəʔ³tɕʰin³⁵n̠in⁴¹］

只有一条老牛搭渠组队，［tsʅ⁵⁵iu⁴²iʔ³diɔ³¹lɔ⁵⁵n̠iɤ⁴¹təʔ³gie³¹tsəu⁴²de¹³］搭：和；跟。组队：一起

人家都讴渠牛郎。［n̠in³⁵kɔ³¹tu⁵⁵ɔ³³gie³¹n̠iɤ²⁴lɔ̃⁴¹］讴：叫

牛郎全靠个条老牛，［n̠iɤ²⁴lɔ̃⁴¹ʑyø³¹kʰɔ³³kəʔ³diɔ⁴¹lɔ⁵⁵n̠iɤ³¹］

搭渠犁田犁地过日子，［təʔ³gie³¹li²⁴die⁴¹li¹³di⁴⁴ku³³n̠iəʔ²tsʅ⁴²］

老牛日加日陪着牛郎。［lɔ⁵⁵n̠iɤ⁴¹n̠iəʔ²kɔ³³n̠iəʔ²beˀ³¹dʑiəʔ⁰n̠iɤ²⁴lɔ̃⁴¹］

讲到葛条老牛，［kɔ̃⁴²tɔ³³kəʔ³diɔ⁴⁴lɔ⁵⁵n̠iɤ³¹］

其实勿是一般个牛，［dʑi³¹ʑiəʔ²vəʔ²zʅ²⁴iʔ³pɛ¹⁵kəʔ⁰n̠iɤ³¹］

渠是天上个金牛星。［gie³¹zʅ³¹tʰie³⁵zɔ̃⁴⁴kəʔ⁰tɕin³³n̠iɤ⁴⁴ɕin³¹］

金牛星望牛郎个小后生，［tɕin³³n̠iɤ⁴⁴ɕin³¹mɔ̃¹³n̠iɤ²⁴lɔ̃⁴¹kəʔ³ɕiɔ⁴²iɤ⁴²sã¹⁵］

人生勒雊好，又个会做，［n̠in³¹sã³³ləʔ³iɤ¹³hɔ⁴²，i²⁴kəʔ⁰uoʔ³tsu⁵⁵］雊：很

有心想拨渠老姥寻个来。［iu⁴²ɕin³³ɕiã⁴²pəʔ³gie³¹lɔ⁴²ie³³zin³¹kie³³le³¹］老姥：老婆

有一日，金牛星得来一个消息，［iu⁴²iʔ³n̠iəʔ²，tɕin³³n̠iɤ⁴⁴ɕin³¹təʔ⁵le³¹iʔ³kəʔ³ɕiɔ³³ɕiʔ⁵］

讲天上仙女许，［kɔ̃⁴²tʰie³⁵zɔ̃⁴⁴ɕie³³n̠y⁴²he³³］

要到牛郎个村庄东面山脚下个湖勒缴⁼骑身。［iəʔ³tɔ³³n̠iɤ²⁴lɔ̃⁴¹kəʔ⁰tsʰøn⁵⁵tsɔ̃³¹tuŋ³⁵

　　mie⁴⁴sɛ³³tɕiaʔ³oˀ⁵¹kəʔ⁰uˀ³¹ləʔ⁰tɕiɔ⁴²dʑi³¹ɕin³³］缴⁼骑身：洗澡

葛日夜勒，［kəʔ⁵n̠iəʔ²ia¹³ləʔ⁰］

金牛星托梦拨个牛郎，［tɕin³³n̠iɤ⁴⁴ɕin³¹tʰoʔ³muŋ¹³pəʔ³kəʔ³n̠iɤ²⁴lɔ̃⁴¹］

讴渠天酿⁼枯星，［ɔ³³gie³¹tʰie³³n̠iã⁴⁴kʰu³³ɕin¹⁵］天酿⁼枯星：第二天早上

走山脚下湖边去。［tsɤ⁴²sɛ³³tɕiaʔ³oˀ⁵¹u¹³pie¹⁵kʰə⁰］

趁葛班仙女来⁼埠缴⁼骑身，［tɕʰin⁵⁵kəʔ⁵pɛ⁵¹ɕie³³n̠y⁴²le³¹tɛ⁵¹tɕiɔ⁴²dʑi³¹ɕin³³］

走去拨渠挂来⁼树头个衣裳驮件来。［tsɤ⁴²kʰə⁰pəʔ³gie³¹kua⁵⁵le³¹ʑy¹³dɤ³¹kəʔ⁰i³⁵zɔ̃⁴¹du³¹ dʑie³¹le³¹］驮：拿

樱拎头转，趭转到屋里，［ɕiɔ⁵⁵lin³³dɤ¹³tɕyø⁴²，biʔ²tɕyø⁵¹tɔ³³uoʔ⁵li⁵¹］

尔便会得到一个躴好看个仙女做老姎。［n̩⁴²be¹³uoʔ³təʔ⁵tɔ³³iʔ³kəʔ³iɤ¹³hɔ⁴²tɕʰie⁵⁵kəʔ⁰ ɕie³³n̩y⁴²tsu³³lɔ⁴²ie³³］躴：很

眠梦里个事干，［mie¹³muŋ⁴⁴li⁴²kəʔ⁰zɿ¹³tɕie⁵⁵］眠梦：梦。事干：事情

也勿是咋儿个？［aʔ⁵vəʔ²zɿ¹³tsɛ⁴²n¹³kie⁰］咋儿：怎么

第二日ﾉ，天扣亮，［di¹n¹³n̩in⁴¹，tʰie³³tɕʰiɤ⁵⁵liã¹³］

牛郎忖，我还是去望望相。［n̩iɤ²⁴lɔ̃⁴¹tsʰɔ̃⁴²，ŋo⁴²ua¹³zɿ³¹kʰə⁰mɔ̃¹³mɔ̃⁴⁴ɕiã⁰］

走到山脚下，［tsɤ⁴²tɔ³³sɛ³³tɕiaʔ³o⁵¹］

天还蒙蒙亮，［tʰie³³ua¹³muŋ¹³muŋ¹³liã⁴¹］

只见有七个美女，［tsɿ⁴²tɕie³³iu⁴²tɕʰiʔ⁵kəʔ³mø⁴²n̩y⁴²］

老实来⁼湖嘞搞水。［lɔ⁴²zɿʔ²le³¹u³¹ləʔ⁰kɔ⁴²ɕy⁵¹］

牛郎随即拨树头一件粉红色个衣裳啊驮来，［n̩iɤ²⁴lɔ̃⁴¹ʑy¹³tɕiʔ⁵pəʔ³ʑy¹³dɤ³¹iʔ³dʑie³¹ fuŋ⁴²ŋ¹³səʔ⁵kəʔ⁰i³⁵zɔ̃⁴¹a⁰dəu³¹le³¹］拨：把

又葛快趭转到屋里。［i¹³kəʔ⁰kʰua⁵⁵biəʔ²tɕyø⁴²tɔ³³uoʔ⁵li⁴¹］

牛郎衣裳［拨渠］驮来个，［n̩iɤ²⁴lɔ̃⁴¹i³⁵zɔ̃⁴¹pe⁴²dəu³¹le³¹kəʔ⁰］

便是天上仙女，［be¹³zɿ⁴¹tʰie³³zɔ̃⁴⁴ɕie³³n̩y⁴²］

也便是织女。［aʔ⁵be¹³zɿ⁴¹tɕiʔ³n̩y⁴²］

当日夜嘞，［tɔ̃³³n̩iʔ²ia¹³ləʔ⁰］

织女偷偷半⁼半⁼走到牛郎屋里门敲敲，［tɕiʔ³n̩y⁴²tʰɤ³³tʰɤ³³pø⁵⁵pø⁵⁵tsɤ⁴²tɔ³³n̩iɤ²⁴lɔ̃⁴¹uoʔ⁵ li⁵¹mən²⁴kʰɔ³³kʰɔ⁵¹］偷偷半⁼半⁼：偷偷

牛郎门开爻一望，［n̩iɤ²⁴lɔ̃⁴¹mən³¹kʰie³³ɔ⁰iʔ⁵mɔ̃¹³］

只见门口头，［tsɿ⁵⁵tɕie³³mən¹³tɕʰiɤ⁵⁵dɤ³¹］

徛着一个躴好看个大娘，［dʑi³¹dʑiəʔ⁰iʔ³kie³³iɤ¹³hɔ⁴²tɕʰie⁵⁵kəʔ⁰dəu¹³n̩iã³¹］徛：站。大娘：姑娘

随即请渠到间里。［ʑy¹³tɕiʔ⁵tɕʰin⁴²gie³¹tɔ³³kiɛ³³li⁴²］

从此，牛郎搭织女，［ʑyuŋ¹³tsʰɿ⁴²，n̩iɤ²⁴lɔ̃⁴¹təʔ³tɕiʔ³n̩y⁴²］

成了一对恩爱夫妻。［zin¹³liɔ⁴²iʔ³te³³əŋ³⁵e⁵⁵fu⁵⁵tɕʰi³¹］

时间过勒快险，［zɿ³⁵kiɛ³¹ku³³ləʔ⁰kʰua⁵⁵ɕie⁴²］

转眼三年过去爻，［tɕyø⁴²n̩iɛ⁴²sɛ³³n̩ie³¹ku⁵⁵kʰie³³ɔ³¹］

牛郎搭织女，〔n̠iɤ²⁴lõ⁴¹təʔ⁵tɕiʔ³n̠y⁴²〕

小人也有两个生来爻，〔ɕiɔ⁴²n̠in²⁴aʔ⁵iu⁴²liã⁵¹kie³³sã³³le³¹ɔ⁰〕

一个儿，一个囡，〔iʔ³kəʔ³n³¹，iʔ³kəʔ³nɛ⁵¹〕囡：女儿

整家人日子过勒齁高兴。〔tɕin⁴²ko³⁵n̠in⁴¹n̠iʔ²tsʅ⁴²ku³³ləʔ⁰iɤ¹³kɔ³⁵ɕin⁵⁵〕

咸＝宜＝晓勒好景劲长，〔ɛ³¹i¹³ɕiɔ⁴²ləʔ⁰hɔ⁴²tɕin⁴²ve⁴⁴dʑiã³¹〕咸＝宜＝：哪里

织女偷偷半＝半＝下凡个事干，〔tɕiʔ³n̠y⁴²tʰɤ³³tʰɤ³³pø³⁵pø⁵⁵ɕia³³veʔ³¹kəʔ⁰zʅ¹³tɕie⁵⁵〕

天上玉皇大帝晓牢。〔tʰie³⁵zõ⁴⁴n̠yøʔ²uõ⁴⁴da¹³ti⁵⁵ɕiɔ⁴²lɔ³¹〕

有一日，雷佛打起齁响，〔iu⁴²iʔ³n̠iʔ²，le¹³vəʔ²tã⁴²tɕʰi⁴²iɤ¹³ɕiã⁴²〕

烁起齁猛，〔ɕiʔ⁵tɕʰi⁴²iɤ¹³mã⁴²〕烁：闪电

风大加雨大，〔fuŋ³³du¹³kɔ³³y⁴²du¹³〕

墨黑黑来，〔maʔ²haʔ⁵haʔ⁵le⁴¹〕

织女梁横弗是咸＝宜＝去爻？〔tɕiʔ³n̠y⁴²liã³⁵uã⁴⁴fəʔ⁵zʅ⁴¹ɛ³¹i¹³kʰie⁵⁵ɔ⁰〕梁横：压根儿

两个小人讴娘齁哭，〔liã⁴²kəʔ³ɕiɔ⁴²n̠in²⁴ɔ³³n̠iã³¹iɤ¹³kʰuoʔ⁵〕

哈咋儿装装，〔haʔ⁵tsɛ⁴²n¹³tsõ³³tsõ⁰〕咋儿装：怎么办

牛郎急个窜起，〔n̠iɤ²⁴lõ⁴¹tɕiʔ³kəʔ³tsʰø⁴⁵tɕʰi⁴²〕窜：跳

梁横无虾麻爻。〔liã¹³uã⁴⁴m¹³hɔ⁵⁵mɔ³¹ɔ⁰〕无虾麻：不知所措

便来葛时候，〔be¹³le³¹kəʔ⁵zʅ¹³iɤ⁴⁴〕

葛条老牛蓦临头开口讲话，〔kəʔ³diɔ³³lõ⁵⁵n̠iɤ³¹maʔ²lin²⁴dɤ⁴¹kʰie³³tɕʰiɤ⁴²kõ⁴²ua¹³〕蓦临头：突然

渠讴牛郎尔樱难过，〔gie³¹ɔ³³n̠iɤ²⁴lõ⁴¹n⁴²ɕiɔ⁵⁵nɛ¹³ku⁵⁵〕

尔拨我个牛角驮去，〔n⁴²pəʔ⁵ŋo⁴²kəʔ⁰n̠iɤ¹³koʔ⁵dəu³¹kʰə⁰〕

变成两头箅，〔pie⁵⁵ʑin³¹liã⁵¹dɤ³¹bu⁴¹〕

拨两个小人园箅里，〔pəʔ⁵liã⁵⁵kəʔ⁰ɕiɔ⁴²n̠in²⁴kʰõ³³bu³¹li⁵¹〕囡：放。箅：箩筐

便好走天上寻织女。〔be¹³hɔ⁴²tsɤ⁴²tʰie³⁵zõ⁴⁴ʑin³¹tɕiʔ³n̠y⁴²〕

唉！我条牛咋儿会讲话爻？〔e²⁴！ŋo⁴²diɔ³¹n̠iɤ³¹tsɛ⁴²n⁰uoʔ³kõ⁴²ua¹³ɔ⁰〕

肚里觉得齁奇怪。〔dəu³¹li⁴²koʔ³təʔ⁰iɤ¹³dʑi¹³kua⁵⁵〕肚里：心里

葛时候，只见牛个角，〔kəʔ⁵zʅ¹³iɤ⁴⁴，tsʅ⁴²tɕie⁵⁵n̠iɤ¹³kəʔ⁵koʔ⁵〕

自脱自脱到地嘞，〔zʅ¹³tʰøʔ³zʅ¹³tʰøʔ³tɔ³³di¹³ləʔ⁰〕脱：掉

老实变成两头箅。〔lɔ⁴²ziʔ²pie⁵⁵ʑin³¹liã⁵¹dɤ³¹bu⁴¹〕

牛郎拨两个小人园到箅嘞，〔n̠iɤ²⁴lõ⁴¹pəʔ³liã⁴²kəʔ⁰ɕiɔ⁴²n̠in²⁴kʰõ⁵⁵tɔ³³bu⁴¹ləʔ⁰〕囡：放

一头儿，一头囡，〔iʔ³dɤ³¹n³¹，iʔ³dɤ³¹nɛ⁵¹〕

扁担驮来担起便走。〔bie³¹tɛ⁵⁵dəu³¹le³¹tɛ³³tɕʰi⁴²be¹³tsɤ⁵¹〕

只觉得一阵凉风吹来，［ tsɿ⁵⁵koʔ³təʔ⁰iʔ³dʑin¹³liã²⁴fuŋ³¹tɕʰy³³le³¹ ］

两头簖像翼膀生起样个，［ liã⁵¹dɤ³¹bu⁴¹ȵiã³¹iʔ²pɔ̃⁴²sã³³tɕʰiʔ²iã¹³kəʔ⁰ ］

蟊临头飞呀飞，飞呀飞，［ maʔ²lin²⁴dɤ⁴¹fi³³a⁰fi³³，fi³³a⁰fi³³ ］

直飞天上。［ dʑiʔ²fi³³tʰie³⁵zɔ̃⁴⁴ ］

飞到天上，［ fi³³tɔ³³tʰie³⁵zɔ̃⁴⁴ ］

头前织女啊都望［ 着爻 ］，［ dɤ²⁴ʑie⁴¹tɕiʔ³ȵy⁴²a⁰tu⁵⁵mɔ̃²⁴dʑiɔ⁴¹ ］

便快要递꞊牢个时候，［ be¹³kʰua⁵⁵iəʔ³di³⁵lɔ⁴¹kəʔ⁰zɿ¹³iɤ⁴⁴ ］递꞊：追

被天上王母娘娘发现爻。［ bi³¹tʰie³⁵zɔ̃⁴⁴uɔ̃¹³miɤ⁴²ȵiã²⁴ȵiã⁴¹fəʔ³ie¹³ɔ⁰ ］

渠随即在头上拔出一支金钗，［ gie³¹zy¹³tɕiʔ⁵zeʔ³¹dɤ¹³zɔ̃⁴⁴bəʔ²tɕʰyoʔ³iʔ³tsɿ³³tɕin⁵⁵tsʰa³¹ ］

在牛郎搭织女之间划了一条天河。［ ze³¹ȵiɤ²⁴lɔ̃⁴¹təʔ³tɕiʔ³ȵy⁴²tsɿ⁴²kiɛ³³uəʔ³liɔ⁵¹iʔ³diɔ³¹
　　tʰie³⁵ɯ⁴¹ ］

蟊临头河面上波浪滚滚，［ maʔ²lin²⁴dɤ⁴¹ɯ¹³mie⁴⁴zɔ̃¹³pu³⁵lɔ̃⁴⁴kuəŋ⁴²kuəŋ⁴² ］

一眼望勿到对岸，［ iʔ³ȵiɛ⁴²mɔ̃¹³vəʔ⁰tɔ³³te³⁵ie⁴⁴ ］

拨牛郎搭织女两个隔开，［ pəʔ³ȵiɤ²⁴lɔ̃⁴¹təʔ³tɕiʔ³ȵy⁴²liã⁵¹kiɛ³³kəʔ⁵kʰie³³ ］

一个来꞊葛边，［ iʔ⁵kie³³le³¹kəʔ⁵pie³³ ］来꞊：在。葛边：这边

一个来꞊解꞊边。［ iʔ⁵kie³³le³¹ka⁵¹pie³³ ］解边꞊：那边

喜鹊儿渠嗝同情牛郎搭织女两个，［ ɕi⁴²tɕʰiã⁵¹gie³¹iɤ¹³duŋ²⁴zin⁴¹ȵiɤ²⁴lɔ̃⁴¹təʔ³tɕiʔ³ȵy⁴²
　　liã⁴²kie³³ ］

年加年古历七月七，［ ȵie¹³ko³³ȵie²⁴ku⁴²liʔ²tɕʰiʔ³ȵyʔ²tɕʰiʔ⁵ ］

成千上万只喜鹊儿都飞到天上葛条河葛埠。［ zin²⁴tɕʰie³¹zɔ̃³¹vɛ¹³tɕiʔ³ɕi⁴²tɕʰiã⁵¹təu⁵⁵fi³³
　　tɔ³³tʰie³⁵zɔ̃⁴⁴kəʔ³diɔ⁴¹ɯ¹³kəʔ³tɛ⁰ ］

葛只喜鹊儿拨葛只喜鹊儿个尾巴衔牢顶，［ kəʔ⁵tsaʔ³ɕi⁴²tɕʰiã⁵¹pəʔ³kəʔ⁵tsaʔ³ɕi⁴²tɕʰiã⁵¹kəʔ⁰
　　mi⁴²po¹⁵gie³¹lɔ³¹tin⁰ ］

一只连一只，［ iʔ³tsaʔ⁵lie³¹iʔ³tsaʔ⁵ ］

搭起一堵嗝长个鹊桥，［ təʔ⁵tɕʰi⁴²iʔ³tu⁴²iɤ¹³dʑiã³¹kəʔ⁰tɕʰiaʔ⁵dʑiɔ⁴¹ ］

让牛郎搭织女相会。［ ȵiã¹³ȵiɤ²⁴lɔ̃⁴¹təʔ³tɕiʔ³ȵy⁴²ɕiã³⁵uɤ⁴⁴ ］

葛便是民间传说牛郎织女个故事。［ kəʔ⁵be¹³zɿ⁴¹min³¹kiɛ³³dʑyø¹³ɕyoʔ⁵ȵiɤ²⁴lɔ̃⁴¹tɕiʔ³ȵy⁴²
　　kəʔ⁰ku³⁵zɿ⁴⁴ ］

　　古时候，有一个小伙子，父母都去世了，孤苦伶仃，家里只有一头老牛，大家都叫他牛郎。牛郎靠老牛耕地为生，与老牛相依为命。说到这头老牛，其实不

是一般的牛，他是天上的金牛星。金牛星看牛郎这个小伙子，长得不错，又勤劳，有心想给他找个妻子，免得他一个人很孤独。有一天，金牛星得知天上的仙女们要到村东边山脚下的湖里洗澡。这天夜里，金牛星托梦给牛郎，叫他第二天早上去山脚下湖边，趁着这帮仙女在洗澡，把她们挂在树上的衣服拿一件来。金牛星让牛郎别回头，直接跑到家里，这样就会得到一位美丽的仙女做妻子。但梦里的事情，牛郎也不知道是真是假。

第二天，天刚亮，牛郎想：我还是去看看。走到山脚下，天刚蒙蒙亮，牛郎果然看见七个美女在湖中戏水，他立即拿起树上的一件粉红衣裳，飞快地跑回家。这个被抢走衣裳的仙女就是织女。当天夜里，织女偷偷走到牛郎家敲门，牛郎开门一看，只见门口站着一个很好看的姑娘，便立即请她到房间里。从此，牛郎和织女成了一对恩爱夫妻。

一转眼三年过去了，牛郎和织女生了一男一女两个孩子，一家人过得很开心。但是，织女私自下凡的事被玉皇大帝知道了。有一天，天上电闪雷鸣，并刮起大风，下起大雨，漆黑一片，织女突然不见了。两个孩子哭着要妈妈，牛郎急得不知如何是好。

这时，那头老牛突然开口说话了："别难过，你把我的角拿下来，变成两个箩筐，装上两个孩子，就可以上天宫去找织女了。"牛郎正奇怪，牛角就掉到了地上，真的变成了两个箩筐。牛郎把两个孩子放到箩筐里，一头儿子，一头女儿，用扁担挑起来就走。

牛郎只觉得一阵清风吹过，箩筐像长了翅膀，突然飞了起来，腾云驾雾地向天宫飞去。飞啊，飞啊，眼看就要追上织女了，却被王母娘娘发现了。她立刻拔下头上的一根金钗，在牛郎织女中间划出了一条天河。突然河面上波涛滚滚，河也宽得望不到对岸，把牛郎和织女隔开了，一个在这边，一个在那边。

喜鹊非常同情牛郎和织女。每年农历的七月初七，成千上万只喜鹊都会飞到天河上，一只衔着另一只的尾巴，搭起一座长长的鹊桥，让牛郎和织女团聚。这就是民间传说牛郎织女的故事。

（2015年8月，发音人：金明才、阮素琴）

三、自选条目

田垟曲

金竹哎钓竿啊淋ᵁ到尾，［tɕin³³tsuŋ⁵¹eºtiɔ³³tɕie¹⁵aºlin³¹tɔ³³mi⁵¹］淋ᵁ：从头到尾削裁枝叶

要用个生大扣个钓线啊八来尺几。［iɔ⁵⁵yuŋ¹³kəʔ³sã³³da¹³tɕʰio⁵⁵kəʔºtiɔ³⁵ɕie⁵⁵aºpəʔ⁵le³¹
　　tɕʰiʔ⁵tɕi⁴²］

铁打哎钓头啊快飞飞，［tʰiʔ⁵tã⁴²eºtiɔ³³dɤ²⁴aºkʰua³³fi⁴²fi⁴²］

个鹅毛个钓浮哎水上飞。［kəʔ⁵ŋo²⁴mɔ⁴¹kəʔºtiɔ³³vu²⁴eºɕy⁴²zɔ̃¹³fi³³］

一撮饭来啊一撮米，［iʔ³tsʰøʔ³veˈ¹³le⁴¹aºiʔ³tsʰøʔ³mi⁴²］

葛一记抛落哦河哎塘底。［kəʔ⁵iʔ⁵tɕiºpʰɔ³³lɔʔ²veºo²⁴eºdɔ̃³¹ti⁴²］

拨梗大脚板啊走来个上拨落，［pəʔ⁵kuã³³du¹³tɕiaʔ³pɛ⁵¹aºtsɤ⁴²le³¹kəʔ³zɔ̃¹³bəʔ²lɔʔ²］

下送起啊，［o⁴²suŋ³³tɕʰi⁴²aº］

葛钓鱼之绳多少憨ᵁ，［kəʔ⁵tiɔ³³ŋ²⁴tsʅ⁴²ʑin³¹tu⁴²ɕiɔ⁵⁵hɛ³³］憨ᵁ：冒险，莽撞

拨梗个大脚板□到个燥硼哦只啊个弹。［pəʔ⁵kuã³³kəʔ³du¹³tɕiaʔ³pɛ⁵¹huã⁴²tɔ³³kəʔ³sɔ³³
　　tɕʰie³⁵veºtsʅ³³aºkəʔ³dɛ³¹］□：甩

随底驮来啊庎刀哦桑砧板，［ʐy¹³ti⁵¹du³¹le³¹ka³³tɔ³³veºsɔ̃³³tɕin³³pɛ⁵¹］桑砧板：砧板

拨尔个大脚板条肚哦剖爻哦两哎爿爿。［pəʔ⁵n⁴²kəʔ³du¹³tɕiaʔ³pɛ⁵¹diɔ³¹du³¹veºpʰu³³ɔº
　　veºliã⁵¹eºbɛ³¹bɛ³¹］

一驮驮到啊河头洗，［iʔ⁵du³¹du³¹tɔ³³aºo¹³dɤºɕi⁴²］

口镬烧得哦红啊兮兮。［tɕʰio⁴²uɔʔ²ɕiɔ³³təʔºveºuŋ³¹aºɕi³³ɕi³³］

熬鱼哎要用啊何物熬？［ŋɔ¹³ŋ²⁴eºiɔ³³yuŋ¹³aºkã⁴²mºŋɔ¹³］何物：什么

要用个老酒个大元酱。［iɔ³³yuŋ¹³kəʔ³lɔ⁴²tɕiu⁴²kəʔ³da¹³ȵyø²⁴tɕiã⁵⁵］

一熬熬［起来］喷喷香，［iʔ⁵ŋɔ¹³ŋɔ¹³tɕʰie⁵¹pʰən³³pʰən⁵⁵ɕiã³³］

尔许大细小个啊夹粒哦尝哎尝相。［n³⁵he³³du¹³ɕi³³ɕiɔ⁴²kie⁵¹aºtɕiʔ³nøʔ⁵veºzɔ̃³¹eºzɔ̃³¹
　　ɕiã³³］大细小个：大大小小

我唱爻田垟曲儿要收留转，［ŋɔ⁴²tsʰɔ̃³³ɔ⁴⁴die¹³iã¹³tɕʰyuŋ⁵¹iɔºɕiu³⁵liu⁴¹tɕyø⁴²］

庆祝个男男女女长生不老永啊康健啊！［tɕʰin³³tɕyoʔ⁵kəʔ³nɛ¹³nɛ³¹ȵy⁴²ȵy⁴²dʑiã⁴⁴sã³³ pəʔ³lɔ⁴²yuŋ⁴²a⁰kʰɔ̃³⁵dʑie⁴⁴a⁰]

再见！〔tse⁵⁵tɕie³³〕

（2015 年 8 月，发音人：应光远）

仙 居

一、歌谣

白糖白洋洋

白糖白洋洋，[bəʔ²³dɑ̃³⁵³bəʔ²³ia³⁵³ia⁰] 白洋洋：白花花

小人吃了弗赖娘，[ɕiao³¹n̠iŋ³⁵³tɕʰyəʔ³ləʔ⁰fəʔ³la³⁵³n̠ia⁰] 小人：小孩。赖：纠缠

猪公吧变猪娘。[tsʅ³³koŋ³³⁴pəʔ⁰ɓie³³tsʅ⁵³n̠ia⁰] 猪公：公猪。猪娘：母猪

（2019 年 7 月，发音人：吴云香）

紫刊花鸟唻叫落阳

紫刊花鸟唻叫落阳，[zɔ bɔ ho tiao le tɕiao lɔʔ ia] 落阳：夕阳

看牛细佬唻想亲娘。[kʰø ŋɯu ɕi lao le ɕia tsʰəŋ n̠ia] 看牛：放牛。细佬：小孩

亲娘待我多少好，[tsʰəŋ n̠ia dæ ŋo to ɕiao hao]

来了个后姆妈，[læ liao ko əɯ m ma] 后姆妈：继母

黑心肠。[ɕiəʔ səŋ dzia]

打夯号子

呦嚯，抓得小木墩啊。[io ho, tsua təʔ ɕiao məʔ təŋ a] 抓得：抓起

嗨呦，嗨呦，葛用力夯葛吧用力夯。[hæ io, hæ io, kəʔ ioŋ liəʔ hɑ̃ kəʔ pəʔ ioŋ liəʔ hɑ̃]

嗨呦，嗨呦，夯个结实。[hæ io, hæ io, hɑ̃ ko tɕiəʔ zəʔ]

嗨呦，嗨呦，好竖屋啦。［hæ io，hæ io，hɑo ʐy uoʔ ka］竖屋：盖房子

嗨呦，嗨呦，日头上山，［hæ io，hæ io，n̠ieʔ dəɯ ʑia sa］

鸟出笼嗨嗨呦呦，［n̠iɑo tsʰuəʔ loŋ hæ hæ io io］

亲亲娇儿上工忙唉，［tsʰəŋ tsʰəŋ tɕiɑo əl zɔ̃ koŋ mɔ̃ me］"唉"声殊

嗨！［hæ］

（以上 2019 年 7 月，发音人：吴建设）

二、规定故事

牛郎和织女

下面我讲一个《牛郎织女》个传说。［o³¹mie²⁴ŋo²⁴kɑ̃²⁴iəʔ³ko⁰ŋɯɯ³³lɑ̃³³tɕiəʔ³n̠y³¹kəʔ⁰ dzø³³ɕyaʔ⁵］

有˭早有˭早以前，有一个后生，从小呕，［iəɯ²⁴tsɐo²⁴iəɯ²⁴tsɐo²⁴i³¹ʑie²¹³，iəɯ²⁴iəʔ³ ko⁰əɯ³¹sɑ̃⁵³，ʑioŋ³³ɕiɐo³¹ɐn⁰］有˭：很

妈、伯便死嗝呀。［ma⁵³、paʔ⁵³baʔ²³sɿ³¹gɐo⁰iɑ⁰］伯：父亲

便剩渠独个人屋里。［baʔ²³dʑin²⁴gæ²¹³doʔ²³koʔ³³n̠in³⁵³uəʔ³liʔ⁰］渠：他。独个人：一个人

尺˭屋里一点东西都没有了。［tɕʰiəʔ³uəʔ³liʔ⁰iəʔ³tie⁵³noŋ³³ɕi³³⁴təʔ³məʔ⁵iəɯ³¹ləʔ⁰］尺˭：于是

便是一只老牛搭渠聚伴。［baʔ²³zɿ³³iəʔ³tsaʔ⁵lɐo³¹ŋɯɯ²¹³təʔ⁵gæ²¹³ʑy³³bø³⁵³］搭：和。聚伴：做伴

牛郎，牛郎呢搭老牛呢，［ŋɯɯ³⁵³lɑ̃⁰，ŋɯɯ³⁵³lɑ̃⁰n̠ie⁰təʔ⁵lɐo³¹ŋɯɯ²¹³ni⁰］

便是靠老牛犁田为生。［baʔ²³zɿ²⁴kʰɐo⁵⁵lɐo³¹ŋɯɯ²¹³li³⁵³die²¹³uæ³³sɑ̃⁵³］

搭老牛呢，相依为命。［təʔ⁵lɐo³¹ŋɯɯ²¹³ni⁰，ɕia³³⁵⁵i⁵uæ²⁴min⁵⁵］

实际上呀，葛只老牛便是天上派落来金牛星。［zəʔ²³tɕi⁵⁵zɑ̃⁰mia⁰，kəʔ⁵tsəʔ⁵lɐo³¹ ŋɯɯ²¹³baʔ²³zɿ⁰tʰie³³zɑ̃⁰pʰa⁵⁵luəʔ⁰læ⁰tɕin³³ŋɯɯ³³ɕin³³⁴］

葛只金牛星呢，渠有˭喜欢牛郎勤劳、善良。［kəʔ⁵tsəʔ⁰tɕin³³ŋɯɯ³³ɕin³³⁴ni⁰，gæ²¹³ iəɯ²⁴ɕi³¹hua³³⁴ŋɯɯ³⁵³lɑ̃⁰dʑin³⁵³lɐo⁰、ʑie³⁵³lia⁰］

金牛星忖拨渠，帮助渠成，成个人家。［tɕin³³ŋɯɯ³³ɕin³³⁴tsʰen³¹pəʔ³gæ²¹³，pɑ̃³³zu²⁴ gæ²¹³zin²¹³，zin³³koʔ³³li²¹n̠ia³⁵³］忖：想。拨：把，给

有一日，金牛星呢晓得，［iəɯ²⁴iəʔ³n̠iəʔ²³，tɕin³³ŋɯɯ³³ɕin³³⁴ni⁰ɕiɐo²⁴tiə⁰］

天上有七仙女要到渠个村，［tʰie³³zɑ̃⁰iəɯ³¹tsʰəʔ³ɕie³³n̠y³²⁴iɐo⁵⁵tɐo³³gæ²¹kəʔ⁰tsʰen³³⁴］

东面个小山脚一个湖里面来洗澡。［toŋ³³mie⁰kəʔ⁰ɕiɐo³¹sa³³tɕyaʔ⁵³iəʔ³koʔ³³u²⁴li³¹mie²⁴ læ³³ɕi³¹tsɐo³²⁴〕

尺゠渠呢，托梦牛郎，〔tɕʰiəʔ⁵gæ²¹ni⁰，tʰɑʔ³moŋ²⁴ŋəɯ³⁵³lɑ̃⁰〕

讴牛郎转日五更早点呢到葛德゠小山脚去。〔ɐo³³ŋəɯ³⁵³lɑ̃⁰tsɐ³¹n̠iəʔ²³ŋ³¹kɑ̃³³⁴tsɐo²⁴tie⁰ni⁰təʔ³kəʔ⁵təʔ⁰ɕiɐo³¹sa³³tɕyɑʔ⁵kʰæ⁵⁵〕讴：叫。转日：第二天。五更：早上。葛德゠：这里

望着七仙女假设劳゠树上面挂了葛件衣裳呶，〔mɑ̃²⁴dʑyɑʔ⁰tsʰəʔ³ɕie³³n̠y³²⁴tɕyəʔ³səʔ⁰lɐo²⁴ʐy²⁴ʑia²⁴mie⁵⁵ko³³ləʔ⁰kəʔ³dʑie²¹³i⁵³ʑia⁰nɐu⁰〕望：看。假设：如果。劳゠：在

讴牛郎赶快拨渠驮来。〔ɐo³³ŋəɯ³⁵³lɑ̃⁰cie³¹kʰua⁵⁵pəʔ³gæ²¹³do³³læ²¹³〕

便立刻跳屋里来。〔bəʔ²³liəʔ²³cʰiəʔ⁵tʰiɐo⁵⁵uəʔ³li⁰læ²¹³〕跳：跑

葛咋呢，便有一个仙女呢，〔kəʔ⁵tsəʔ³ni⁰，ba²³iəɯ³¹iəʔ³ko³³ɕie³³n̠y³¹ni⁰〕葛咋：这样

嫁拨牛郎当老婆。〔ko⁵⁵pəʔ⁰ŋəɯ³⁵³lɑ̃⁰tɑ̃³³lɐo³¹bo²¹³〕

牛郎转日五更老实半信半疑。〔ŋəɯ³⁵³lɑ̃⁰tsɐ³¹n̠iəʔ²³ŋ³¹kɑ̃³³⁴lɐo³¹zəʔ²³pø⁵⁵sen⁵⁵pø⁵⁵n̠i²¹³〕
老实：真的

老实有葛好个事〔干啊〕？〔lɐo³¹zəʔ²³iəɯ³¹kəʔ⁵hɐo³¹kəʔ⁰z̩³³cia³³⁴〕事干：事情

拨我去望记相。〔pəʔ³ŋo³²⁴kʰæ³³mɑ̃²⁴tɕi⁰cia⁰〕

葛走走了，小山脚了。〔kəʔ³tsəɯ³²⁴tsəɯ³¹ləʔ⁰，ɕiɐo³¹sa³³tɕyɑ⁵³ləʔ⁰〕

葛记望，远天゠远望着，〔kəʔ³tɕi⁰mɑ̃²⁴，yəʔ³¹tʰie³³yəʔ³²⁴mɑ̃²⁴dʑyɑʔ⁰〕远天゠远：远远地

葛七个仙女老实劳゠个洗澡唉。〔kəʔ³tsʰəʔ⁵ko⁰ɕie³³n̠y³²⁴lɐo³¹zəʔ²³lɐo²⁴kəʔ⁰ɕi³¹tsɐo⁵³æ⁰〕

渠葛望望着树上葛件衣裳，〔gæ²¹³kəʔ⁵mɑ̃²⁴mɑ̃²⁴dʑyɑʔ⁰ʐy²⁴ʑia⁰kəʔ⁵dʑie⁰i⁵³ʑia⁰〕

粉红色渠拨渠摭摭来，〔fen³¹oŋ³³səʔ⁵gæ²¹³pəʔ³gæ²¹³yɑʔ³yɑʔ³læ²¹³〕摭：拿

便逃，逃屋里来。〔ba²³dɐo²¹³，dɐo²¹³uəʔ³li⁰læ²¹³〕

尔晓得哇？葛件衣裳，万゠渠抢来葛件衣裳，〔ŋ³²⁴ɕiɐo³¹tiəʔ⁰ua⁰？kəʔ⁵dʑie⁰i⁵³ʑia⁰，va³³gæ²¹³tɕʰia³¹læ²¹³kəʔ⁵dʑie⁰i⁵³ʑia⁰〕万゠：被

便是七仙女当中葛个织女啦。〔ba²³z̩⁰tsʰəʔ³ɕie³³n̠y³²⁴tɑ̃³³tɕioŋ³³⁴kəʔ⁵ko⁰tɕiəʔ³n̠y³¹la⁰〕

当天傍晚，葛个织女呢，便进牛郎屋里来，〔tɑ̃²³tʰie³³bɑ̃³³va³²⁴，kəʔ⁵ko⁰tɕiəʔ³n̠y³¹ni⁰，ba²³tsen³³ŋəɯ³⁵³lɑ̃⁰uəʔ³li⁰læ²¹³〕

轻轻个拨渠里门敲进嗝。〔tɕʰin³³tɕʰin³³ko⁰pəʔ³gæ²¹li⁵³men²¹³kʰɐo³³tsen⁰gɐo⁰〕

便搭牛郎结为夫妻呀，嫁拨牛郎呀。〔ba²³tɑʔ³ŋəɯ³⁵³lɑ̃⁰tɕia⁵uæ⁰fu³³tɕʰi³³⁴ia⁰，ko³³pəʔ⁰ŋəɯ³⁵³lɑ̃⁰ia⁰〕

葛记转眼，一共三年过去啦。〔kəʔ⁵tɕi⁰tsɐ³¹ŋa³²⁴，iəʔ³goŋ²⁴sa³³n̠ie²¹³ko⁵⁵cia⁰la⁰〕

尺゠牛郎呢，两个人呢，牛郎搭织女生了一个儿一个囡，〔tɕʰiəʔ⁵ŋəɯ³⁵³lɑ̃⁰ni⁰，

lia²⁴ko⁰n̩in²¹ni⁰，ŋəɯ³⁵³lɑ̃⁰tɑʔ³tɕiəʔ³n̩y³²⁴sɑ̃³³ləʔ⁰iəʔ⁵ko³³ŋ²¹³iəʔ⁵ko³³no⁵³ ］

两个小佬人。［ lia²⁴ko⁰ɕiɐo³¹lɐo³¹n̩in³⁵³ 小佬人：小孩

日子过得有⁼高兴啊。［ n̩iəʔ²³tsɿ⁰ko³³tiəʔ⁰iəɯ²⁴kɐo⁵⁵ɕin⁵⁵a⁰ ］

矮⁼液⁼晓得，织女私自下凡个事干，［ a³¹iə²³ɕiɐo²⁴tiəʔ⁰，tɕiəʔ³n̩y³²⁴sɿ³³zɿ²¹ʑia²¹va²¹³ kəʔ⁰zɿ²⁴cie⁵⁵ ］矮⁼液：哪里

万⁼个天上玉皇大帝晓得呀。［ va²⁴ko⁵⁵tʰie³³zɑ̃⁰n̩yaʔ²³uɑ̃²¹³da²⁴ti⁵⁵ɕiɐo²⁴tiəʔ⁰ia⁰ ］

有一日，天上雷公啊，闪电呀，［ iəɯ²⁴iəʔ³n̩iəʔ²³，tʰie⁵⁵ʑia⁰lɐ³³koŋ³³a⁰，ɕiaʔ³die²⁴ia⁰ ］

　雷公：雷

大雨啊，风啊，刮来。［ do³³y³²⁴a⁰，foŋ³³a⁰，kuaʔ³lɐ⁰ ］

葛记讲，葛织女，无望着唉。［ kəʔ³tɕi⁵⁵kɑ̃⁰，kəʔ⁵tɕiəʔ³n̩y³²⁴，m²⁴mɑ̃²⁴dʑyaʔ⁰ɐ⁰ ］

两个小佬人吧，"啊啊啊"叫来，要妈。［ lia³¹ko⁰ɕiɐo³¹lɐo³¹n̩in³⁵³paʔ⁰，a²⁴a²⁴a²⁴tɕiɐo⁵⁵lɐ⁰， iɐo³³ma⁵³ ］

牛郎吧急死啊，还咋装装好都弗晓得啊。［ ŋəɯ³⁵³lɑ̃⁰paʔ⁰tɕiəʔ⁵sɿ⁰a⁰，uəʔ²³tsaʔ⁵tsɑ̃³³tsɑ̃³³ hɐo³²⁴təʔ⁵fəʔ³ɕiɐo³¹tiəʔ⁵a⁰ ］咋：怎么

葛时节呀，葛只老牛讲话呀。［ kəʔ⁵zɿ⁰tɕiaʔ⁰ia⁰，kəʔ⁵tsəʔ⁰lɐo³¹ŋəɯ³⁵³kɑ̃³¹o²⁴ia⁰ ］

渠搭牛郎讲："偎难过，尔拨我牛角驮来，［ gæ²¹³taʔ³ŋəɯ³⁵³lɑ̃⁰kɑ̃³²⁴：ɕiɐo⁵⁵na²⁴ko⁵⁵， ŋ²⁴pəʔ³ŋo²⁴ŋəɯ³³kaʔ⁵do²¹læ²¹³ ］偎：别

变两只面⁼笼来，拨葛两个小佬人担啦，［ pie⁵⁵lia²⁴tsəʔ⁰mie³⁵³lo⁰læ⁰，pəʔ³kəʔ⁵lia²⁴ko⁰ ɕiɐo³¹lɐo³¹n̩in³⁵³ta³³laʔ⁰ ］面⁼笼：笼筐

赶快到天上面去，去追织女。"［ cie³¹kʰua⁵⁵təʔ⁵tʰie⁵⁵ʑia²⁴mie⁵⁵kʰæ⁵⁵，kʰæ⁵⁵tɕy³³tɕiəʔ³n̩y³²⁴ ］

牛郎葛时节有⁼奇怪啦，［ ŋəɯ³⁵³lɑ̃⁰kəʔ⁵zɿ⁰tɕiaʔ⁰iəɯ²⁴dʑi²⁴kua⁵⁵la⁰ ］时节：时候

好，牛角脱地落咧，［ hɐo³²⁴，ŋəɯ³³kaʔ⁵tʰaʔ⁵di²⁴laʔ⁰lie⁰ ］

老实变了两只面⁼笼。［ lɐo³¹zəʔ²³pie⁵⁵ləʔ⁰lia²⁴tsəʔ⁰mie²⁴lo⁰ ］

牛郎葛时节呀，撽起扁担，慌忙间，［ ŋəɯ³⁵³lɑ̃⁰kəʔ⁵zɿ⁰tɕiaʔ⁰ia⁰，yaʔ⁵tɕʰi⁰pie³¹ta⁵⁵， huɑ̃³³mɑ̃³³tɕie³³⁴ ］

拨葛两个小佬人创⁼个面⁼笼里，［ pəʔ⁵kəʔ⁵lia⁰ko⁰ɕiɐo³¹lɐo³¹n̩in³⁵³tɕʰia⁵⁵kəʔ⁰mie²⁴lo⁰li⁰ ］

　创⁼：放

葛担担之间，后头风送来呀哦，［ kəʔ⁵ta³³ta³³tsɿ³³tɕie³³⁴，əɯ³¹dəɯ²¹³foŋ³³⁴soŋ⁵⁵li⁰ia⁰o⁰ ］

葛吧轻轻哇啦，"呜呜"，［ kəʔ³paʔ⁰tɕʰin³³tɕin⁵⁵ua⁰la⁰，u²⁴u²⁴ ］

腾云驾雾往天上面去追呀，［ den²⁴yen²¹³tɕia⁵⁵vu⁵⁵uɑ̃³¹tʰie³³zɑ̃⁰mie⁰kʰæ³³tɕy³³ia⁰ ］

飞呀，飞呀，快拨个织女追着呢，[fi³³ia⁰，fi³³ia⁰，kʰuæ⁵⁵pəʔ³ko⁵⁵tɕiəʔ³n̠y³²⁴tɕy³³
dʐyaʔ⁰ni⁰]

万＝个王母娘娘发现呀，[va²⁴ko⁵⁵uã²⁴məɯ³¹n̠ia²⁴n̠ia⁰faʔ³ie²⁴ia⁰]

渠头上个金钗渠拔拔落来，[gæ²⁴dəɯ²⁴zia⁰kəʔ⁰tɕin³³tsʰo³³gæ²⁴baʔ²³baʔ²³laʔ⁰la⁰]

"叽"记划，拨牛郎搭织女分开啦。[ci⁵⁵tɕi⁰uaʔ²³，pəʔ³ŋəɯ³⁵³lã⁰taʔ³tɕiəʔ³n̠y³²⁴
fen³³kʰæ⁰la⁰]

葛记吧，出现一条天河。[kəʔ³tɕi⁵⁵pa⁰，tɕʰyɔʔ³ie²⁴iəʔ³diɐo²¹³tʰie⁵³o⁰]

啊哪，水还大大哇，葛眼还望弗到边咧。[a²⁴na⁰，ɕy³¹uaʔ²³do²⁴do⁰ua⁰，kəʔ³ŋa²⁴uaʔ²³
mã²⁴fəʔ⁰tɐo⁰pie³³lie⁰]

葛咋，拨葛两个小两口便葛咋分开啦。[kəʔ³tsəʔ⁵，pəʔ³kəʔ⁵lia⁰ko⁰ɕiɐo³¹lia³¹kʰəɯ⁵³
baʔ²³kəʔ³tsəʔ⁵fen³³kʰæ³³la⁰]

喜鹊呢，很同情牛郎搭织女。[ɕi³¹tɕʰyaʔ⁵³ni⁰，hen³¹tʰoŋ³³zin³¹ŋəɯ³⁵³lã⁰taʔ³tɕiəʔ³n̠y³²⁴]

渠每年都在农历七月初七葛一日，[gæ²¹³mæ³¹n̠ie²¹³təʔ⁵zæ²¹³noŋ³³liəʔ²³tsʰəʔ⁵n̠yaʔ²³
tsʰu³³tsʰəʔ⁵kəʔ⁵iəʔ³n̠iəʔ²³]

成千上万个喜鹊，[zin³³tɕʰie³³⁴zã²⁴va⁵⁵kəʔ⁰ɕi³¹tɕʰyaʔ⁵³]

葛只喜鹊衔葛只喜鹊个尾巴，[kəʔ⁵tsəʔ⁰ɕi³¹tɕʰyaʔ⁵³ga²⁴kəʔ⁵tsəʔ⁰ɕi³¹tɕʰyaʔ⁵³kəʔ⁰mi³¹
po³³⁴]

葛咋架了一根长长个鹊桥。[kəʔ⁵tsəʔ⁰tɕia³³ləʔ⁰iəʔ⁵ken³³⁴dʑia²⁴dʑia⁰kəʔ⁰tɕʰyaʔ³dʑiɐo²¹³]

葛放在天河上面啊，[kəʔ⁵fã⁵zæ⁰tʰie⁵³o⁰zã²⁴mie⁰a⁰]

葛鹊桥，让牛郎织女每年团聚记。[kəʔ⁵tɕʰyaʔ³dʑiɐo²¹³，zia²⁴ŋəɯ³⁵³lã⁰tɕiəʔ³n̠y³²⁴mæ³¹
n̠ie²¹³dø³³zy²⁴tɕi⁰]

我故事讲完唉，谢谢！[ŋo²⁴ku⁵⁵zɿ⁵⁵kã³¹ua²⁴a⁰，zia²⁴zia⁰]

　　下面我说一个《牛郎织女》的传说。

　　很早很早以前，有一个小伙子，从小呢，父母就去世了。家里就剩他一个人。家里一点东西都没有了，只有一头老牛和他做伴。牛郎就靠老牛耕田为生，与老牛相依为命。实际上，这头老牛是天上下凡的金牛星。这个金牛星呢，很喜欢牛郎的勤劳、善良。他想帮牛郎成个家。

　　有一天，金牛星得知，天上的七仙女要到他们村东山脚的湖里洗澡。他就托梦给牛郎，让牛郎第二天早上早点到这个山脚去。如果看见七仙女在树上挂的衣服，就赶快把一件衣服拿过来，立刻跑到家里。这样就会有一个仙女嫁给他。

　　第二天早上，牛郎半信半疑：真有这种好事啊？我去看看。牛郎一走走到山脚下。他远远看见，果然有七个仙女在洗澡。他一眼看见树上的衣服，便把粉红色的那件取下来，逃回家里。你知道吗？被他抢来的这件衣服，便是七仙女当中的织女的。当天傍晚，这个织女便走进牛郎家里，轻轻敲开他家的门并和牛郎结为夫妻了。

　　一转眼三年过去了。牛郎和织女生了一个儿子一个女儿，日子过得很快乐。谁知，织女私自下凡的事情，被天上的玉皇大帝知道了。有一天，天上电闪雷鸣，下起大雨，刮起大风。突然，织女不见了。两个小孩儿"哇哇哇"哭着找妈妈。牛郎急死了，不知道如何是好。这时，老牛说话了。他对牛郎说："别难过，你把我的角取下，变成两只箩筐，把这两个孩子挑起来，赶快到天上去，去追织女。"

　　牛郎感到非常奇怪。这时，牛角掉地上了，果真变成了两个箩筐。牛郎连忙拿起扁担，慌忙间，把两个孩子放进箩筐。挑着挑着，后面一阵风吹来。这就轻飘飘了，"呼呼"，牛郎腾云驾雾，往天上追去了。

　　飞啊，飞啊，牛郎快把织女追到了，但被王母娘娘发现了。她把头上的金钗拔下来一划，把牛郎和织女分开了。突然，出现一条天河，河很宽，一眼望不到边。就这样，这小两口被分开了。

　　喜鹊很同情牛郎和织女。每年农历七月初七这一天，成千上万只喜鹊，一只喜鹊衔着另一只的尾巴，会架起一座长长的鹊桥，让牛郎和织女团聚。

　　我的故事讲完了，谢谢！

（2019 年 7 月，发音人：王燕青）

三、自选条目

（一）谚语

好愁弗愁，［hɐɯ³¹zəɯ³⁵³fəʔ³zəɯ²¹³］
愁个六月无日头。［zəɯ³³kəʔ⁰luəʔ²³ȵyaʔ⁰m³³ȵiəʔ²³dəɯ²¹³］

好人弗在世，［hɐɯ³¹ȵin³⁵³fəʔ³zæ³³çi⁵⁵］
恶人磨细针。［aʔ³ȵin³⁵³mo²⁴çi³³tsəŋ³³⁴］意为：好人不长命，坏人活千年

好手对好手，［hɐɯ³¹çiəɯ³²⁴tæ³³hɐɯ³¹çiəɯ³²⁴］
辣茄配烧酒。［laʔ²³dʑya³⁵³pʰæ³³çiɐɯ³³tçiəɯ³²⁴］辣茄：辣椒。比喻棋逢对手

一人省一口，［iəʔ³ȵin³⁵³sã³¹iəʔ³kʰəɯ³²⁴］
喂只小街狗。［y⁵⁵tsəʔ⁰çiɐɯ³¹ka³³kəɯ⁵³］街狗：狗

一张眠床睏弗出两样人。［iəʔ³tçia³³mie³⁵³zã⁰kʰuen⁵⁵fəʔ⁰tçʰyɔʔ⁰lia³¹ia³⁵³ȵin⁰］意为：不是一
家人，不进一家门。

有吃无吃，［iəɯ³¹tçʰyɔʔ⁰m³³tçʰyɔʔ⁵］
看八月十六。［kʰø⁵⁵ɓaʔ³ȵyaʔ⁰zəʔ²³luəʔ²³］意为：有没有吃的，就看八月十六（中秋节）

一代亲，［iəʔ³dæ²⁴tsʰen³³⁴］
二代表，［ȵi²⁴dæ⁰ɓiɐɯ³²⁴］
三代假弗晓。［sa⁵⁵dæ⁰ko³¹fəʔ³çiɐɯ³²⁴］意为：一代亲，二代表，三代装不认识

一人富，［iəʔ³ȵin²⁴fu⁵⁵］
千人妒。［tçʰie³³ȵin²⁴du⁵⁵］

一日当两，［iəʔ³ȵiəʔ²³dã³³lia³²⁴］

虾皮当鲞。［ho⁵³bi²¹³tɑ̃³³ɕia³²⁴］意为：一天的活儿分成两天做，虾皮当作黄鱼鲞

做样生活，［tso⁵⁵ia⁰sɑ̃³³uɑʔ²³］生活：活儿
换样骨头。［ua²⁴ia⁰kuəʔ²³dəɯ²¹³］

小人弗可重敬，［ɕiɐɯ³¹n̩in²⁴fəʔ²³kʰo³¹dʑioŋ²¹tɕin⁵⁵］
狗肉弗可上秤。［kəɯ³¹n̩yoʔ²³fəʔ²³kʰo³¹zia²¹tɕʰin⁵⁵］意为：小孩子不能太由着他们，狗肉上不了秤

做媒弗成，［tso⁵³mæ²¹³fəʔ²³zin²¹³］
吃酒三瓶。［tɕʰyoʔ²³tɕiəɯ³²⁴sa³³bin²¹³］意为：媒虽未做成，也要好好招待媒人

帽桌〓角戴，［mɐɯ²⁴tɕɣɑʔ²³kɑʔ²³d̥a⁵⁵］桌〓角：歪
老婆讨柴〓喊〓。［lɐɯ³¹bo³⁵³tʰɐɯ³¹za²⁴ha⁵⁵］柴〓喊〓：穷乡僻壤

山头人三件宝：［sa³³dəɯ³⁵³n̩in⁰sa⁵⁵dʑiɐ²¹ɓɐɯ³²⁴］
乌糯装早稻，［u⁵⁵no⁵⁵tsɑ̃³³tsɐɯ³¹dəɯ²¹³］乌糯：蕨根
柴株当棉袄，［za³³tɕy⁵³dɑ̃³³mie³³ɐɯ³²⁴］柴株：柴茬儿
盲〓菜当肚饱。［mɑ̃²⁴tsʰæ⁵⁵dɑ̃³³du²¹ɓɐɯ³²⁴］盲〓菜：一种野菜

三十年前人寻病，［sa³³zəʔ²³n̩ie³⁵³zie⁰n̩in²¹³zen²⁴bin⁵⁵］
三十年后病寻人。［sa⁵⁵zəʔ²³n̩ie³³əɯ³²⁴bin²⁴zen³³n̩in²¹³］

（以上 2019 年 8 月，发音人：张真弟）

（二）吆喝

卖白糖哦，［ma²⁴bəʔ²³dɑ̃³⁵³o⁰］
白糖要弗白糖，［bəʔ²³dɑ̃³⁵³iɐɯ⁵⁵fəʔ⁰bəʔ²³dɑ̃³⁵³］
白糖化痰止咳嗽。［bəʔ²³dɑ̃³⁵³ho⁵³da²¹³tsʅ⁴³kəʔ²³səɯ⁵⁵］“咳”声殊

卖甜酒酿哦，［ma²⁴die³³tɕiəɯ³¹n̩ia³⁵³o⁰］
甜酒酿要弗甜酒酿。［die³³tɕiəɯ³¹n̩ia³⁵³iɐɯ⁵⁵fəʔ⁰die³³tɕiəɯ³¹n̩ia³⁵³］

（以上 2019 年 8 月，发音人：张真弟）

天　台

一、歌谣

姐啊姐

姐啊姐，〔tɕia⁵¹aᵒtɕia⁵¹〕

走路的笃响，〔tseu³²lu²¹tiəʔ²təʔ²ɕia⁵¹〕

鞋面要一丈，〔a²²mieᵒieu³³iəʔ²dʑia⁵¹〕

丝线要一两。〔sʅ³³ɕie³³ieu³³iəʔ²lia⁵¹〕

做双花头鞋，〔tsou³³ɕyɔ³³huo³³deuᵒa⁵¹〕

上山望姊丈。〔zɔ²¹se³³mɔ²¹tsʅ³²dʑia⁵¹〕

姊丈嬲在家，〔tsʅ³²dʑia³¹vəŋ³⁵dzei²¹ko³³〕

大路开白花。〔dou³³lu³³kʰei³³baʔ²huo³³〕

花对花，〔huo⁵¹tei⁵⁵huo⁵¹〕

柳对柳，〔liu⁵¹tei⁵⁵liu⁵¹〕

卖嗓对蜩鸠。〔ma²¹sɔᵒtei⁵⁵dieu²²tɕiu⁵¹〕

蜩鸠呀呀，〔dieu²¹tɕiu³³ia³³iaᵒ〕

红缎白缎送姑娘。〔huŋ²²døᵒbaʔ²døᵒsuŋ⁵⁵ku³³n̠iaᵒ〕

姑娘咿咿声，〔ku³³n̠iaᵒi³³i³³ɕiŋ⁵¹〕

买爿花手巾。〔ma²²be²²huo³³ɕiu³²kiŋ⁵¹〕

手巾交头节节花，〔ɕiu³²kiŋ³³kau³³deuᵒtɕiəʔ²¹tɕiəʔ²¹huo⁵¹〕

买把叉，〔ma²¹⁴poᵒtsʰo⁵¹〕

叉绕⁼人，[tsʰo³³n̠ieu³⁵n̠iŋ²²⁴]

叉三娘。[tsʰo³³se³³n̠ia⁵¹]

三娘逃要叉！[se³³n̠ia⁰dau²²ieu³³tsʰo³³]

头[弗会]梳，[deu²²fei³²sʅ³³]

脚[弗会]绕。[kiaʔ⁵fei³²n̠ieu³⁵]

无好大哥掇上轿，[m²²hau⁰dou²²ko³³təʔ²zɔ⁰gieu³⁵]

无好二哥关轿门，[m²²hau⁰n̠i²¹ko³³kue³³gieu³³məŋ²²⁴]

无好小弟絜油瓶。[m²²hau⁰ɕieu³²diᵏkʰiaʔ⁵iu²²biŋ⁰]

油瓶漏，[iu²²biŋ⁰lou³⁵]

炒炒豆；[tsʰau³²tsʰau⁰deu³⁵]

炒豆香，[tsʰau³²deu⁰ɕia⁵¹]

隔壁变人扑啊张。[kiaʔ²piəʔ²lø²²n̠iŋ⁵¹pʰuʔ⁵a³³tɕia⁵¹]

有么拨点我，[iu²¹va⁰peʔ²tie⁰ɔ²¹⁴]

冇么歇一峧⁼。[meu³³va⁰ɕiəʔ⁵iəʔ²gau²¹⁴]

（2016 年 4 月，发音人：陈美玲）

二、规定故事

牛郎和织女

恶早早以前啊，[ou⁵⁵tsau³²tsau³²i²¹ʑie²²a⁰]

大家人都晓勒有格⁼一个故事，[dou³³ko³³n̠iŋ²²tou³³ɕieu³²leʔ²iu²¹kaʔ²iəʔ²kou⁰ku⁵⁵sʅ⁰]

七月七个故事。[tɕʰiəʔ⁵n̠yəʔ²tɕʰiəʔ⁵kou⁰ku⁵⁵sʅ⁰]

便是"牛郎和织女"。[beʔ²zʅ⁰ŋeu²²lɔ²²ou²²tɕiəʔ⁵n̠y²¹⁴]

蛮早以前，有个小后生，[me²²tsau³²i²¹ʑie²²，iu²¹kou⁰ɕieu³²eu³³sa³³]

渠屋里大老人和计死光咯，[gei²²uʔ⁵li⁰dou³³lau²¹n̠iŋ²²heʔ²ki⁰sʅ³²kuɔ³³lɔʔ²]

即⁼渠独个头，相当可怜。[tɕiəʔ⁵gei²²duʔ²kou⁰deu²²，ɕia³³tɔ³³kʰou³²lie²²⁴]

屋里剩一只老牛，[uʔ⁵li⁰dʑiŋ³³iəʔ²tsaʔ²lau²¹ŋeu²²⁴]

和老牛两个过日脚。[ou²²lau²¹ŋeu²²⁴lia²¹kou⁰ku⁵⁵n̠iəʔ²kiaʔ⁵]

谷⁼老牛实际是天上个金牛星放落勒，[kuʔ²lau²¹ŋeu²²ziəʔ²tɕi⁵⁵zʅ⁰tʰie³³zɔ⁰kou⁰kiŋ³³
　　ŋeu²²ɕiŋ³³fɔ⁵⁵lɔʔ²leʔ²]

谷＝老牛相渠，［ku?²²lau²¹ŋeu²²ɕia⁵⁵gei²²］

谷＝个牛郎相当忠厚老实，［ku?²kou⁵⁵ŋeu²²lɔ²²ɕia³³tɔ³³tɕyuŋ³³eu²¹lau²¹ziə?²］

想帮渠呐寻份屋里，立份家庭。［ɕia³²pɔ³³gei²²ne⁰ziŋ²²vəŋ³³u?²li⁰, liə?²vəŋ³³ko³³diŋ²²］

有一日老牛晓勒天上七个仙女啊，［iu²¹iə?²n̠iə?²lau²¹ŋeu²²ɕieu³²le?²tʰie³³zɔ⁰tɕʰiə?⁵kou⁰ɕie³³n̠y²¹⁴a⁰］

要搭村堂横边个湖勒去洗浴玩水去。［ieu⁵⁵ta?⁵tsʰəŋ³³dɔ²²ua²²pie³³kou⁰vu²²le?²kʰei⁵⁵ɕi³²yu?²n̠ie²²ɕy³²kʰei³］

渠托梦拨牛郎，［gei²²tʰɔ?⁵məŋ³³pe?²ŋeu²²lɔ²²］

要牛郎第二日枯星起早便［ieu⁵⁵ŋeu²²lɔ²²di²¹n̠i³³n̠iə?²kʰu³³ɕiŋ³³kʰi³²tsau³²be?²］

走去搭解＝埂湖边走望望相，［tseu³²kʰei⁵⁵ta?⁵ka³²ta?²vu²²pie³³tseu³²mɔ³³mɔ³³ɕia⁵⁵］

项＝，走相相去。［o⁰, tseu³²ɕia⁵⁵ɕia⁵⁵kʰe⁰］

有格＝子事干，［iu²¹ka?²tsʅ⁰zʅ³³dʑie⁰］

如果相着格＝子事干呐，［ʑy²²kou³²ɕia⁵⁵dʑia?²ka?²tsʅ⁰zʅ³³dʑie³³ne⁰］

讴渠马上偷走一件粉红色个衣裳。［au³³gei²²mo²¹zɔ⁰tʰeu³³tseu⁰iə?²dʑie⁰fəŋ³²hoi²²sə?² kou⁰i³³zɔ⁰］

在格＝子托梦乱梦当中呐，［dze³³ka?²tsʅ⁰tʰɔ?⁵məŋ³⁵lø³³məŋ³⁵tɔ³³tɕyuŋ³³ne⁰］

谷＝牛郎第二日，［ku?²ŋeu²²lɔ²²di³³n̠i³³n̠iə?²］

老实第二日呐，［lau²¹ziə?²di³³n̠i³³n̠iə?²ne⁰］

渠也弗相信，［gei²²iə?²fu?²ɕia⁵⁵ɕiŋ⁵⁵］

走啊，第二日呐走啊村堂脚边谷＝个湖勒去相，［tseu³²a⁰, di³³n̠i³³n̠iə?²ne⁰tseu³²a⁰ tsʰəŋ³³dɔ²²kia?⁵pie³³ku?⁵kou⁰vu²²le?²kʰei⁵⁵ɕia⁵⁵］

老实相着七个美女在啊玩水，啊，洗浴。［lau²¹ziə?²ɕia⁵⁵dʑia?²tɕʰiə?⁵kou⁰me²¹n̠y²¹⁴ dze³³a⁰n̠ie²²ɕy³², a⁰, ɕi³²yu?²］

渠慌忙之中拨偷走一件粉红色个衣裳，［gei²²fɔ³³mo²²tsʅ³³tɕyuŋ³³pe?²tʰeu³³tseu³²iə?² dʑie³³fəŋ³²hoi²²sə?²kou⁰i³³zɔ⁰］

渠立刻头啊弗旋转便逃屋里去嘞。［gei²²liə?²kʰe?²deu²²a⁰fu?²zyø²²tɕyø³²be?²dau²²u?⁵ li⁰kʰei⁵⁵la?²］

但是偷走衣服个人呢，［de³³zʅ⁰tʰeu³³tseu³²i³³fu?²kou⁰n̠iŋ²²ne⁰］

便是织女勒。［be?²zʅ⁰tɕiə?⁵n̠y²¹le?²］

谷＝日傍晚呐，夜里咯，［ku?⁵n̠iə?²bɔ³³ve³³ne⁰, i²²li⁰lɔ?²］

织女呐就轻轻敲开谷〓个牛郎屋里个门。［tɕiəʔ⁵n̠y²¹⁴neºdʑiu³³kʰiŋ³³kʰiŋ³kʰau³³kʰei³³ kuʔ²kouºŋeu²²lɔ²²uʔ⁵liºkouºməŋ²²⁴］

两个人呢，谷〓当日呐渠两就结成夫妻。［lia²¹kouºn̠iŋ²²neº, kuʔ⁵tɔ³³n̠iəʔ²neºgei²²lia²¹ dʑiu³³kieʔ⁵dʑiŋ²²fu³³tɕʰi³］

一转眼啊时间过勒相当快，［iəʔ²tɕyø³²ŋe²¹aºzɿ²²ke³³ku⁵⁵leʔ²ɕia³³tɔ³³kʰua⁵⁵］

三年过去勒，［se³³n̠ie²²ku⁵⁵kʰei⁵⁵leʔ²］

牛郎呐同谷〓织女两个呐生了一个儿、一个囡。［ŋeu²²lɔ²²neºduŋ²²kuʔ²tɕiəʔ⁵n̠y²¹⁴lia²¹ kouºneºsa³³laʔ²iəʔ²kouºŋ²²、iəʔ²kouºnø³³］

谷〓件事情呐，［kuʔ⁵dʑieºzɿ³³dʑiŋ²²neº］

但是拨玉皇大帝晓勒，［de³³zɿºpeʔ⁵n̠yuʔ²uɔ²²da³³ti⁵⁵ɕieu³²leʔ²］

晓勒织女私自下凡，［ɕieu³²leʔ²tɕiəʔ⁵n̠y²¹⁴sɿ³³zɿºɕia²²ve²²］

渠俩结婚有小佬人咯。［gei²²lia²¹kieʔ⁵fəŋ³³iu²¹ɕieu³²lau²¹n̠iŋ²²lɔʔ²］

谷〓日呐，天呐雷闪，［kuʔ⁵n̠iəʔ²neº, tʰie³³neºle²²ɕie³²］

闪电啊雷鸣啊，［ɕie³²die³³aºle²²miŋ²²aº］

下起，落起大雨啦，［ɕia²²kʰi³², lɔʔ²kʰi³²dou³³y²¹laº］

下起黑雨啊，风恶爹爹，［ɕia²²kʰi³²heʔ⁵y²¹aº, fuŋ³³ou⁵⁵dou³³douº］

相都相弗着。［ɕia⁵⁵tou³³ɕia⁵⁵fuʔ²dʑiaʔ²］

谷〓个织女呐，［kuʔ²kouºtɕiəʔ²n̠y²¹⁴neº］

墨黑地洞，天也相弗着咯，［meʔ²heʔ²di³³duŋ³³, tʰie³³iəʔ²ɕia⁵⁵fuʔ²dʑiaʔ²lɔʔ²］

谷〓个织女在哪埻亦［弗晓得］，［kuʔ²kouºtɕiəʔ²n̠y²¹⁴dze³³noº²²taʔ²iəʔ²fuʔ²ɕieu³²taʔ²］

谷〓时候两个小佬人大佬人无啊，［kuʔ²zɿ²²eu³³lia²¹kouºɕieu³²lau²¹n̠iŋ²²dou³³lau²¹n̠iŋ²² m²²aº］

也便旋即喇叫，［iəʔ²beʔ²ʑyø²²dʑiu³³la³³kiu⁵⁵］

要捕娘。［ieu⁵⁵bu²²n̠ia²²］

谷〓只老牛呐讴谷〓牛郎呐，［kuʔ²tsaʔ²lau²¹ŋeu²²neºau³³kuʔ²ŋeu²²lɔ²²neº］

尔亦［弗用］难过落，［ŋ²¹iəʔ²fyuŋ²²ne²²ku⁵⁵lɔʔ²］

尔反正呐也是，嗯，［ŋ²¹fɛ³²tɕiŋ⁵⁵neºiəʔ²zɿº, n²²］

尔［搭我］谷〓牛角驮落勒，［ŋ²¹tɔ³²kuʔ²ŋeu²²kɔʔ⁵dou³³lɔʔ²leʔ²］

亦变成两只朗〓篮，和计。［iəʔ²pie⁵⁵dzəŋ²²lia²¹tsaʔ²lɔ²¹le²², heʔ²kiº］

一头放儿，一头放囝。［iəʔ²deu²²fɔ⁵⁵ŋ²²，iəʔ²deu²²fɔ⁵⁵nø³³］

尔追天堂去，项＝，［ŋ²¹tɕy³³tʰie³³dɔ⁰kʰei⁵⁵，a³³］

天上去捕织女去。［tʰie³³zɔ⁰kʰei⁵⁵bu²²tɕiəʔ⁵n̩y²¹kʰei⁵⁵］

解扣＝在阿讲呐，［ka³²kʰeu⁵⁵dze³³aʔ⁰kɔ³²neʔ⁰］

谷＝只牛角呐，［kuʔ²tsaʔ²ŋeu²²kɔʔ²neʔ⁰］

两只牛角呐落地勒落，［lia²¹tsaʔ⁵ŋeu²²kɔʔ²neʔ⁰lɔʔ²di³⁵leʔ²lɔʔ²］

老实变成两只朗＝篮，［lau²¹ʑiəʔ²pie⁵⁵dzəŋ²²lia²¹tsaʔ⁵lɔ²¹le²²］

牛郎呐立刻便一头放儿，一头放囝，［ŋeu²²lɔ²²neʔ⁰liəʔ²kʰəʔ²beʔ²iəʔ²deu²²fɔ⁵⁵ŋ²²，
　　iəʔ²deu²²fɔ⁵⁵nø³³］

扁担呐穿起来，［pie³²te⁵⁵neʔ⁰tɕʰy³³kʰei³²leʔ²］

担一肩胛头勒想追，［te⁵⁵iəʔ²ki¹¹kʰəʔ⁵deu²²⁴leʔ²ɕia³²tɕy³³］

谷＝时候呐，［kuʔ²z̩²²eu⁰neʔ⁰］

一蓬＝风起去勒，［iəʔ²buŋ²²fuŋ³³kʰi³²kʰei⁵⁵leʔ²］

老实两只朗＝篮便飞快个腾云驾雾起来，［lau²¹ʑiəʔ²lia²¹tsaʔ⁵lɔ²¹le²²beʔ²fi³³kʰua⁵⁵kou⁰
　　dəŋ²²yŋ²²ka⁵⁵vu²²kʰi³²leʔ²］

项＝，追勒天上。［a³³，tɕy³³leʔ²tʰie³³zɔ⁰］

追啊追啊，［tɕy³³a⁰tɕy³³a⁰］

马上就追着织女谷＝时候呐，［mo³³zɔ⁰dziu³³tɕy³³dʑiaʔ²tɕiəʔ⁵n̩y²¹kuʔ²z̩²²eu³³neʔ⁰］

拨谷＝王母娘娘亦相着落。［peʔ⁵kuʔ⁵uɔ²²m⁰n̩ia²²n̩ia⁰iəʔ²ɕia⁵⁵dʑiaʔ²lɔʔ²］

时间非常弗凑巧，［z̩²²ke³³fi³³dzɔ⁰fuʔ²tsʰeu⁵⁵tɕʰieu³²］

拨王母娘娘相着。［peʔ⁵uɔ²²m⁰n̩ia²²n̩ia⁰ɕia⁵⁵dʑiaʔ²］

王母娘娘立刻拔落勒头上一根金簪，［uɔ²²m⁰n̩ia²²n̩ia⁰liəʔ²kʰəʔ⁵beʔ²lɔʔ²leʔ²deu²²zɔ⁰
　　iəʔ²kəŋ³³tɕiŋ³³tsø³³］

在织女和牛郎中央心一记划啦，［dze³³tɕiəʔ⁵n̩y²¹ou²²ŋeu²²lɔ²²tɕyuŋ³³ia³³ɕiŋ³³iəʔ²ki⁵¹uaʔ²
　　la⁰］

立刻变成一条滚滚翻浪谷＝个天河。［liəʔ²kʰəʔ⁵pie⁵⁵dzəŋ²²iəʔ²dieu¹¹³kuəŋ³²kuəŋ⁰fe³³lɔ³³
　　kuʔ²kou⁰tʰie³³ou²²］

相也相弗着边，［ɕia⁵⁵iəʔ²ɕia⁵⁵fuʔ²dʑiaʔ²pie³³］

望也望弗到岸，项＝，［mɔ³³iəʔ²mɔ³³fuʔ²tau⁵⁵e³⁵，ɔ⁰］

把牛郎织女呐隔开咯。［pa³²ŋeu²²lɔ²²tɕiəʔ⁵n̩y²¹neʔ⁰kaʔ⁵kʰe³³lɔʔ²］

我等晓勒谷＝喜鹊非常同情牛郎织女两个人，［ɔ²¹təŋ³²ɕieu³²leʔ²kuʔ⁵ɕi³²tɕʰiaʔ⁵fi³³dzɔ²² duŋ²²dʑiŋ²²ŋeu²²lɔ²²tɕiəʔ⁵n̠y²¹lia²¹kouⁿn̠iŋ²²〕

格⁼恩爱个夫妻，拨渠两个隔开。〔kaʔ⁵ən³³e⁵⁵kouⁿfu³³tɕʰi³³，peʔ²gei²²lia²¹kouⁿkaʔ⁵kʰei³³〕

渠两个呐，成千上万只喜鹊，〔gei²²lia²¹kouⁿne⁰，dzəŋ²²tɕʰie³³zɔ³³veʔ³³tsaʔ²ɕi³²tɕʰiaʔ⁵〕
在每年古历七月初七，〔dze³³me²¹n̠ie²²ku³²liəʔ²tɕʰiəʔ⁵yəʔ²tsʰu³³tɕʰiəʔ⁵〕
和计飞啊天河勒，〔heʔ²ki⁵⁵fi³³aⁿtʰie³³ou²²leʔ²〕
一只咬着一只个尾巴，〔iəʔ²tsaʔ⁵ŋau²¹dʑiaʔ²iəʔ²tsaʔ⁵kouⁿmi²¹po³³〕
搭起一栋长长个鹊桥，〔taʔ⁵kʰi³²iəʔ²tuŋ³²dʑia²²dʑia²²kouⁿtɕʰiaʔ⁵gieu²²〕
让谷⁼牛郎织女相会团聚。〔n̠ia³³kuⁿŋeu²²lɔ²²tɕiəʔ⁵n̠y²¹ɕia⁵⁵uei³³dø²²dzɣ²¹⁴〕
谷⁼是我等天台人以早所讲谷⁼个七七相会，〔kuʔ²zɣ⁰ɔ²¹təŋ³²tʰie³³tʰe³³n̠iŋ²²iʔ²²tsau³²su³²kɔ³²kuʔ²kouⁿtɕʰiəʔ⁵tɕʰiəʔ⁵ɕia⁵⁵uei³³〕
牛郎织女相会，便是格⁼子。〔ŋeu²²lɔ²²tɕiəʔ⁵n̠y²¹⁴ɕia⁵⁵uei³³，beʔ²zɣ⁰kaʔ⁵tsɣ⁰〕

很早很早以前，大家都知道有这样一个故事，叫七月七的故事，也就是"牛郎和织女"。很早以前有个小伙子，家里父母都死了，只剩他一个人，相当可怜。家里只剩一只老牛，他和老牛两个过日子。这老牛实际上是从天上被放下来的金牛星。这老牛看这个牛郎相当忠厚老实，想帮他找一户人家，建立一个家庭。

有一天，老牛知道天上的七仙女要到村子附近的湖里去洗澡。他托梦给牛郎，要牛郎第二天早上就去湖边看看，去看看是否有这样的事情。如果看到这样的事情，就马上偷走一件粉红色的衣服。牛郎第二天醒来，他不相信梦里所说的是真的，于是他走到村子边的湖边去看，果然真的看到七个美女正在玩水、洗澡。他在慌忙之中就偷走了一件粉红色的衣服，立刻头也不回地跑回家里去了。被偷走衣服的人，就是织女。这天傍晚，织女就轻轻敲开了牛郎家的门，两人当天就结成了夫妻。

时间过得相当快，一转眼，三年过去了，牛郎与织女生了一个儿子和一个女儿。这件事情被玉皇大帝知道了，他知道织女私自下凡，和牛郎结婚有孩子了。这一天，电闪雷鸣，下起了大雨，刮起了大风，什么都看不见。织女在哪里呢？狂风骤雨，看不见天，织女也不知道在哪里。这时候两个孩子看到妈妈不见了，马上哭着要找妈妈。

老牛叫牛郎不要难过，他说你把我的牛角拿下来，牛角就会变成两个箩筐，一个放儿子，一个放女儿，你带着他们追到天上去找织女。这样正讲着呢，两只牛角掉到地上了，真的变成了两只箩筐。牛郎就立刻把儿子放在一只筐里，把女儿放在另一只筐里，用扁担挑起来担在肩膀上想追织女。这时候，一阵风吹起来，两只箩筐真的飞起来了，牛郎腾云驾雾，追到了天上。

追呀追，就在马上要追到织女的时候，被王母娘娘看到了。时间非常不凑巧。王母娘娘立刻拔下头上的一根金簪，在织女和牛郎中间划了一下，立刻变成了滚滚翻浪的天河。看也看不到边，望也望不到岸。天河把牛郎和织女隔开了。喜鹊非常同情牛郎织女，它们想这么恩爱的夫妻被隔开了。

成千上万的喜鹊在每年的农历七月七都飞到天河上，一只咬着一只的尾巴，搭起长长的鹊桥，让牛郎织女相会团聚。这就是我们天台人很早以前所说的七七相会，也就是牛郎织女相会的故事。

（2016 年 4 月，发音人：潘祖来）

三、其他故事

三仙斗法

我等都晓勒八仙渡海啦八个神仙，［ɔ²¹təŋ³¹tu³³ɕieu³²liəʔ²paʔ⁵ɕie³³du²¹hei³²laᵒpaʔ⁵kouᵒ ʑiŋ³⁵ɕie³³］

谷⁼里面呐有三个神仙啦，［kuʔ⁵li²¹mieᵒneᵒʑiu²¹se³³kouᵒʑiŋ³⁵ɕie³³laᵒ］

一个张果老，一个吕洞宾，一个何仙姑。［iəʔ²kouᵒtɕia³³kuᵒlau²¹⁴，iəʔ²kouᵒli²¹ duŋ²²piu³³，iəʔ²kouᵒouᵒ³³ɕie³³ku⁵¹］

谷⁼三个神仙呢，相议起来个，［kuʔ⁵se³³kouᵒʑiŋ³⁵ɕie³³neᵒ，ɕia⁵⁵n̠iᵒkʰiᵒleiᵒkouᵒ］

我等天台山格⁼青⁼去啦。［ɔ²¹təŋ³¹tʰie³³tʰei³³se³³kaʔ⁵tɕʰiŋ³³kʰei³³laᵒ］

我等［搭渠］天台啦也做两样事干啊去，格⁼讲。［ɔ²¹təŋ³¹dei²²⁴tʰie³³tʰei³³laᵒe²¹tsou⁵⁵lia²¹ iaᵒʐɿ̩⁵⁵aᵒkʰei⁵⁵，kaʔ⁵kɔ³³］

恰约起来讲搭天台来，［tɕʰiaʔ⁵yəʔ⁵kʰiᵒleiᵒkɔᵒteʔ⁵tʰie³³tʰei³³leiᵒ］

［搭渠］天台做渧⁼事干。［dei²²⁴tʰie³³tʰei³³tsou⁵⁵tieᵒʐɿ̩²¹ke⁵⁵］

做蛇⁼谷⁼呢？［tsou⁵⁵so³³kouᵒneᵒ］

吕洞宾讲我要到方光寺去桥造一栋。［li²¹duŋ²²piŋ³³kɔ³¹ɔ²¹ieu³³tɔ⁵⁵fɔ³³kuɔ³³ʐɿ̩ᵒkʰeᵒ gieu³⁵zau²¹iəʔ²tuŋᵒ］

何仙姑讲我到国清寺去塔造一支起来。［ou³⁵ɕie³³ku⁵¹kɔ³¹ɔ²¹tɔ⁵⁵kuʔ⁵tɕʰiŋ³³ʐɿ̩ᵒkʰei³³tʰeʔ⁵

zau²¹iəʔ²²tsʐ³³kʰiºliəʔ²〕

张果老呐讲我搭海游谷꞊弯啦搭渠围牢，〔tɕia³³kuºlau²¹⁴neºkɔ³¹ɔ²¹teʔ¹heʔ³²iu²²kouºue³³laºtaʔ¹gei²²⁴y³⁵lau²¹〕

造田造淛꞊拨老百姓好种。〔zau²¹die³⁵zau²¹tieºpəʔ⁵lau²¹paʔ¹ɕiŋ⁵⁵hɔ³²tsuŋº〕

恰讲格꞊子"得"，〔tɕʰiaʔ⁵kɔ³²ka⁴⁴tsʐºteʔ¹〕

我等末头便去做，〔ɔ²¹təŋ³¹me²¹deuºbeʔ²kʰei³³tsou⁵⁵〕

鸡啼之前呐都要做好，〔ki³³di²²tsʐ³³ʑie²²neºtu³³ieu³³tsou⁵⁵hau³²〕

恰渠啦就各人自去做啦。〔tɕʰiaʔ⁵gei²²⁴laºdʑiu²²kɔʔ⁵n̠iŋ²²zʐ²²kʰei³³tsou⁵⁵laº〕

吕洞宾呐，走勒方广寺前边吉꞊相，〔li²¹duŋ²²piŋ³³neº，tseu³²liəʔ²fɔ³³kuɔ³³zʐºʑie²²pie³³kiəʔ¹ɕia⁵⁵〕

谷꞊两只龙在水潭勒在阿扣牢꞊啊嬉。〔kuʔ⁵lia²¹tsaʔ¹luŋ²²zei²²ɕy³²de²²liəʔ²zei²²aºkʰeu⁵⁵lau²²aºɕi³³〕

项꞊，渠呢搭谷꞊龙个口舌都拖勒，〔ɔº，gei²²⁴neºteʔ⁵kuʔ⁵luŋ²²kouºkʰeu³²ʑiəʔ²tu³³tʰa³³liəʔ²〕

两只口舌结一撮堆，〔lia²¹tsaʔ⁵kʰeu³²ʑiəʔ²kiəʔ¹iəʔ²tsou³³teiº〕

拔是现在个石梁桥。〔beʔ²zʐºʑie²²zeiºkouºʑiəʔ²liaºgieuº〕

渠造好之后呢，〔gei³⁵zau²²hɔ³²tsʐ³³euºneº〕

渠吉꞊忖，学鸡叫起来，〔gei³⁵kiəʔ¹tsʰəŋ³²，ɔ²¹ki³³kieu⁵¹kʰiºleiº〕

〔拨渠〕两个看渠两个做勒蛇꞊样子来不及〔拨渠〕。〔pei³²⁵lia²¹kouºkʰeʔ³gei³⁵lia²¹kouºtsou³³liəʔ²sɔ³³iaºtsʐºlei²²pəʔ²giəʔ²pei³²⁵〕

渠呐拔꞊学鸡叫。〔gei²²⁴neºbeʔ²ɔʔ²ki³³kieu⁵¹〕

恰讲个何仙姑呐，〔tɕʰiaʔ⁵kɔ³²kouºou²²ɕie³³ku³³neº〕

渠到国清前面以后啦，〔gei²²tɔ³³kuʔ⁵tɕʰiŋ³³ʑie²²mieºi²¹ɤu²¹laº〕

造塔用蛇꞊谷꞊造哦？〔zau²¹tʰeʔ⁵yuŋ²¹sɔ³³kouºzau²¹oº〕

渠搭全天台县每份人家个灶山砖啦，〔gei³⁵teʔ⁵ʑyø²²tʰie³³tʰei³³yø²¹mei²²vəŋºn̠iŋ³⁵koºkouºtsɔ³³se³³tɕyø³³laº〕

三块搭渠抽一勒。〔se³³kʰuei⁵⁵taʔ⁵gei²²tɕʰiu³³iəʔ²liəʔ²〕

再搭全县十八岁到六十岁个男人啦，〔tse³³teʔ⁵ʑyø²²yø²¹ʑiəʔ²peʔ⁵ɕy⁵⁵tɔ³³luʔ²ʑiəʔ²ɕy⁵⁵kouºne³⁵n̠iŋºlaº〕

全部搭渠魂灵搭拉＝埭＝造砖，［zyø²²bu⁰taʔ⁵gei³⁵huaŋ²²liŋ⁰kʰəʔ⁵la⁰te³³zau²¹tɕyø³³］

砖担过勒来造谷＝塔。［tɕyø³³te³³ku⁰liəʔ²lei²²zau²²kuʔ⁵tʰeʔ⁵］

塔头呢，惟勒造不及，［tʰeʔ⁵deu⁰ne⁰，hɔʔ⁵liəʔ²zau²¹pəʔ⁵giəʔ²］

把金鸡岭头造。［pa³²kiŋ³³ki³³liŋ⁰deu⁰zau²¹］

恰呢，渠塔扣＝造好，［tɕʰiaʔ⁵ne⁰，gei²²tʰaʔ⁵kʰeu³³zau²¹hɔ⁰］

预算捉塔头咯，［y²¹sø⁵⁵tsɔʔ⁵tʰeʔ⁵deu⁰lo⁰］

谷＝听着鸡叫落，来不及啊爻。［kuʔ⁵tʰiŋ³³dʑiaʔ²ki³³kieu⁵⁵lo⁰，lei²²pəʔ²giəʔ²a⁰ieu⁰］

等塔头驮啦对＝摆，来不及啊爻，［təŋ³²tʰeʔ⁵deu⁰do²²la⁰tei³³pa³²，lei²²pəʔ²giəʔ²a⁰ieu⁰］

便是剚摆。［beʔ²zɿ⁰uaŋ⁰pa³²］

恰好疲现在个国清寺呐谷＝支塔呐是墨＝塔头个，［tɕʰiaʔ⁵hɔ⁰hiəʔ⁵ʑie²¹zei²²kou⁰kuʔ⁵tɕʰiŋ³³zɿ⁰ne⁰kuʔ⁵tsɿ⁰teʔ⁵ne⁰zɿ²¹məʔ²tʰeʔ⁵deu⁵¹kou⁰］

解＝埭金鸡岭头呐亦＝吉＝个塔头摆解＝埭勒，塔头寺。［ke³²te⁰kiŋ³³ki³³liŋ⁰tʰeu⁰ne⁰iəʔ²gi²¹kou⁰tʰeʔ⁵deu⁰pa³²ke⁰tei³³liəʔ²，tʰeʔ⁵tʰeu⁰zɿ³⁵］

恰天台县人呐，［tɕʰiaʔ⁵tʰieʔ³³tʰei³³yɔ²¹n̩iŋ⁰ne⁰］

第二日枯＝星挖起来吉＝望呐，［di²¹n̩i³³niəʔ²kʰu³³ɕiŋ³³nuaʔ⁵tɕʰi⁰lei⁰kiəʔ⁵mɔ⁰ne⁰］

份份人家呐咋法灶山砖三块哪个驮去爻。［vəŋ³³vəŋ⁰n̩iŋ³³ko³³ne⁰tsəʔˡfəʔ⁵tsɔ⁵⁵se³³tɕyø³³se³³kuei³³no²²kou⁰do²²kʰei³³ieu⁰］

恰谷＝些男人呐，［tɕʰiaʔ⁵kuʔ⁵ɕiəʔˡne³⁵n̩iŋ⁰ne⁰］

和计便格＝吃力煞挖＝不起啊勒谷＝日。［ou²²kiəʔ⁵beʔ²kaʔ⁵tɕʰyuʔ⁵liəʔ²saʔˡuaʔ⁵pəʔ²kʰi³²a⁰liəʔ²kuʔ⁵niəʔ²］

再讲个张果老。［tse³³kɔ³²kou⁰tɕia³³ku⁰lɔ²¹］

张果老呐，［tɕia³³ku⁰lɔ²¹ne⁰］

渠呐走勒万年山上去。［gei³⁵ne⁰tseu³²liəʔ²ve²¹n̩ie⁰se³³zɔ²¹kʰei⁵¹］

万年山上面呐石头多，［ve²¹n̩ie⁰se³³zɔ²¹mie⁰ne⁰ʑiəʔ²deu⁰tou³³］

渠搭谷＝些石头呐，［gei³⁵teʔ⁵kuʔ⁵ɕiəʔˡʑiəʔ²deu⁰ne⁰］

和计［搭渠］变作马，［ou²²kiəʔ⁵teʔ⁵pie⁵⁵tsɔʔˡmo³²⁵］

从山上呐赶过勒。［dzuŋ²²se³³zɔ⁰ne⁰ke³²ku⁰liəʔ²］

赶啊半路个时候呐，［ke³²a⁰pø⁵⁵lu²¹kou⁰zɿ⁰eu⁰ne⁰］

鸡叫落爻，鸡吉＝叫呐，［ki³³kieu³³lo⁰ieu⁰，ki³³kiəʔ⁵kieu³³ne⁰］

恰渠忖来不及啊勒，［tɕʰiaʔ⁵gei³⁵tsʰəŋ³³lei²²pəʔ²giəʔ²a⁰liəʔ²］

便停一落勒。［beʔ²diŋ²²iəʔ²lɔʔ²liəʔ²］

停落呢，谷꞊些大石头啦，［diŋ²²lɔʔ²ne⁰，kuʔ⁵ɕiəʔ¹dou³³ʑiəʔ²deu⁰la⁰］

便搭马样牛样和计倒解꞊埭山坑勒。［beʔ²teʔ⁵mo³²⁵ia⁰ŋeu³⁵ia⁰ou²²kiəʔ⁵tau³²ka³³tei³³se³³
　　kʰa³³liəʔ²］

现在呐大家人讲谷꞊地方讴万马渡，［zie²²zei⁰ne⁰dou³³ko³³n̠iŋ⁰kɔ³²kuʔ⁵di²¹fɔ³³eu⁵⁵ve²¹
　　mo³³du³⁵］

便是格꞊子来历。［beʔ²zʅ⁰kuʔ⁵tsʅ⁰lei²²li⁰］

　　我们都知道《八仙过海》的故事里有八个神仙，其中三个神仙，一个叫张果老，一个叫吕洞宾，一个叫何仙姑。这三个神仙商量着，说我们经常去天台山，我们应该给天台做点事情。于是就相约来天台，给天台做点事情。做什么呢？吕洞宾说我要去方光寺造一座桥。何仙姑说我到国清寺造一座塔。张果老说我要把海游这个海湾围海造田，让老百姓可以种庄稼。于是，他们决定当晚就开工，在公鸡叫之前完工，说罢就各自去了。

　　吕洞宾走到方广寺前边一看，看到两条龙正在水潭中嬉戏。他就把两条龙的舌头拉到一块，打个结，这就成了现在的石梁桥。他造好之后一想，我学鸡叫，看他们两个做成什么样子了，我要让他们来不及。他就学起了鸡叫。

　　现在说说这个何仙姑，她到了国清寺前，用什么造塔呢？她把整个天台县每户人家灶台上的砖抽了三块出来。再把全县城十八岁到六十岁男子的全部魂灵提到这里来造砖，让他们把砖挑过来造塔。她担心塔顶来不及造，把它放在金鸡岭造。当她刚把塔造好，准备把塔头摆上去时，就听到鸡叫了，来不及了。等到塔顶拿到这里摆就来不及了，因此没有摆上去。所以，现在国清寺这座塔是没有塔顶的，金鸡岭那边呢又有一个塔顶放着，因此就叫塔头寺。那么天台县城里的人呢，第二天早上家家户户都有三块灶台砖不知被谁拿走了。而这些男人呢，这天全都累得起不了床。

　　再说说张果老。张果老他走到了万年山上去。万年山上石头多，他把这些石头全都变成马，从山上赶过来。赶到半路时鸡叫了，那么他想来不及了啊，就停了下来。停下来后，看见这些大石头就像马像牛一样全都掉到山谷里了。现在呢，大家说这个地方叫万马渡，就是这样的来历。

　　　　　　　　　　　　　　　　　　　　　（2016 年 4 月，发音人：陈美玲）

四、自选条目

（一）谚语

旱地改水田，〔he²¹di³³ke³²ɕy³²die²²⁴〕
一年抵三年。〔iəʔ²ȵie²²⁴ti³²se³³ȵie²²⁴〕

山上开荒，〔se³³sɔ²¹kʰe³³huɔ³³〕
平地遭殃。〔biŋ²²di³³tsau³³ia⁰〕

早稻要抢，〔tsau³²dau³³ieu³³tɕʰia³²⁵〕
晚稻要养。〔me²¹dau³³ieu³³ia²¹⁴〕

若要豆苗齐，〔ʑieʔ²ieu³³deu³³miau²²dʑi²²⁴〕
种豆在地皮。〔dzuŋ²¹deu³³dze³³di³³bi²²〕

初三初四鹅毛月，〔tsʰu³³se³³tsʰu³³sɿ⁵⁵ŋou³³mau³³ȵyəʔ⁵〕
十五十六月团圆。〔ʑiəʔ²ŋ²¹ʑiəʔ²luʔ²ȵyəʔ⁵dø²²yø⁰〕

清明断雪，〔tɕʰiŋ³³miŋ⁰dø²¹ɕyəʔ⁵〕
谷雨断霜。〔kuʔ²y²¹dø²¹sɔ³³〕

吃过端午粽，〔tɕʰyuʔ²ku⁰tø³³ŋ³²tsuŋ⁵⁵〕
寒衣远远送。〔e³³i³³yø²¹yø⁰suŋ⁵⁵〕

雨打秋，〔y²¹ta³²tɕʰiu³³〕
件件收。〔ge²¹ge²¹ɕiu³³〕

（以上 2016 年 4 月，发音人：潘祖来）

（二）谜语

高高山头一丘田，［kau³³kau³³se³³deu³¹iə²²kʰiu³³die²²⁴］

分开爹小边。［fəŋ³³kʰe³³dou²¹ɕieu³²pie³³］

［弗会］种糯来［弗会］种籼。［fe⁵⁵tɕyuŋ³³nou³³le²²fe⁵⁵tɕyoŋ³³ɕie³³］

种起蒲荠摆客边。［tɕyuŋ³³kʰi³²bu²²dʑi²¹pa³²kʰaʔ⁵pie³³］

——算盘［sø⁵⁵bø²²］

高山又高山，［kau³³se³³iu²¹kau³³se³³］

高山下面石子滩。［kau³³se³³o²¹mie³¹ʑieʔ²tsʅ⁰tʰe³³］

石子滩下冰凉水，［ʑieʔ²tsʅ⁰tʰe³³o²¹piŋ³³lia²²ɕy³²］

冰凉水下火烧山。［piŋ³³lia²²ɕy³²o²¹ho³²ɕieu³³se³³］

——蒸馒头［tɕiŋ³³me²²deu³¹］

百脚蜈蚣黑路延，［paʔ²kiaʔ⁵ŋ²²kuŋ³³heʔ²lu³³ie²²⁴］

延头延去在眼前。［ie²²deu²²ie²²kʰe⁵⁵dze²¹ŋe²¹ʑie²²⁴］

两人对坐活神仙。［lia²¹n̩iŋ²²tei⁵⁵dzou³³uəʔ²zəŋ²²ɕie³³］

——解板［ka³²pe³²⁵］

（以上 2016 年 4 月，发音人：梅碧婷）

（三）戏曲

《高平关·二凡》选段

怀德，怀亮，［ua²²teʔ⁵，ua²²lia³⁵］

娇生的儿呀！［kieu³³səŋ³³ti⁰əl²²ia³³］

二位娇郎镇守窑子岭，［əl³³uei³³kieu³³lɔ²²tɕiŋ⁵⁵ɕiu³²ieu²²tsʅ⁰liŋ²²］

高应周在虎堂看兵书，［kau³³iŋ³³tɕiu³³zei²²hu³²dɔ²²kʰe⁵⁵piŋ³³ɕy³³］

二位儿郎把关门。［əl³³uei³³əl²²lɔ²²pa³²kue³³məŋ²²⁴］

只怕得响儿啊掉了魂，［tsʅ³³pʰa⁵⁵teʔ⁵ɕia³²əl²²a⁰tieu⁵⁵lieu⁰uəŋ²²⁴］

将身在此虎堂上，［tɕia³³ɕiŋ³³dze³³tsʰʅ³³hu³²dɔ²²zɔ³³］

立看兵书呀为那桩。［liəʔ²kʰe⁵⁵piŋ³³ɕy³³ia³³uei²²na³³tsɔ³³］

（2016 年 4 月，发音人：张哲炎）

三　门

一、歌谣

哪边高?

哪边高？葛边高。［nʊ³²pie³³⁴kau³³⁴？ kəʔ⁵pie³³ kau³³⁴］

哪边矮？葛边矮。［nʊ³²pie³³⁴a³²⁵？ kəʔ⁵pie³³a³²⁵］

一镬豆腐十二块。［ieʔ³ɔʔ²dɤu²³u⁵⁵ʑieʔ²n̠i²⁴kʰue⁵⁵］镬：锅

嫩豆花，好个菜，［nən²³dɤu²³ho⁵²，hau³²kəʔ⁵tsʰe⁵⁵］

今日ɪ做来天亮卖。［tɕiŋ³³niŋ²¹tɕiʊ⁵⁵le³¹tʰie⁵⁵liã⁵⁵ma²⁴³］

新年到

新年到，放鞭炮，［ɕiŋ³³n̠ie³¹tau⁵⁵，fɔ³³pie⁵⁵pʰau⁵⁵］

噼噼啪啦真热闹。［pʰieʔ⁵liⁿpʰaʔ⁵laⁿtsən³³⁴n̠ieʔ²nau²⁴³］

耍龙灯，踩高跷，［sua³²loŋ¹¹təŋ³³⁴，tsʰe³²kau³³tɕʰiau³³⁴］

包饺子，熯甜糕，［pau³³tɕiau⁵²tsɿ³²，he⁵⁵die¹³kau⁵²］熯：蒸

娘娘笑得眼直搓，［n̠iã¹¹n̠iã²⁵²ɕiau⁵⁵tɐʔⁿŋɛ³²dʑieʔ²tsʰo³³⁴］娘娘：奶奶

爷爷高兴得胡须翘。［ia¹¹ia⁵²kau⁵⁵ɕiŋ⁵⁵tɐʔⁿu¹¹sɿ³³⁴tɕʰiau⁵⁵］

外婆桥

摇啊摇，［iau¹¹³aⁿiau¹¹³］

一摇摇到外婆桥，［ieʔ³iau¹¹³iau¹¹tau⁵⁵ŋa²³bʊ²²⁴dʑiau¹¹³］

外婆叫我好宝贝，［ŋa²³bʊ²²⁴tɕiau⁵⁵ʋ³²⁵hau³²pau³²pe⁵⁵］

一块馒头一块糕，［ieʔ³kʰue⁵⁵mɛ¹³dɤɯ³¹ieʔ³kʰue⁵⁵kau³³⁴］

外婆屋里叫我吃，［ŋa²³bʊ²²⁴oʔ³li³²⁵tɕiau⁵⁵ʋ³²⁵tɕʰioʔ⁵］

吃了三碗粥，［tɕʰioʔ⁵ləʔ⁰sɛ³³⁴uø³²tɕioʔ⁵］

拔双箸啦水嗒嗒，［bɐʔ²³ɕiɔ³³dʐ̩²⁴laʔ⁰sʅ³²taʔ³taʔ⁵］箸：筷子

四碗菜蔬败得猛＝，［sʅ⁵⁵uø³²tsʰe⁵⁵su³³⁴ba²⁴tɐʔ⁵mã¹¹³］败：差

大虫七八根，［dʊ²³dʑioŋ²²⁴tsʰɐʔ⁵paʔ⁵kəŋ³³⁴］

小虫乱纷纷，［ɕiau³²dʑioŋ¹¹³lø²⁴fəŋ³³fəŋ³³⁴］

我吃碗冷粥，［ʋ³²⁵tɕʰioʔ⁵uø³²lã³²tɕioʔ⁵］

冷冰冰。［lã³²piŋ³³piŋ³³⁴］

（以上 2019 年 8 月，发音人：施甜甜）

二、其他故事

青蟹的传说

传说啦，［dʐyø¹¹ɕiɔʔ⁵la⁰］

玉皇大帝个灵霄宝殿里，［ȵyɐʔ²uɔ¹¹³da²³ti⁵⁵kəʔ⁵liŋ¹¹ɕiau³³⁴pau³²tie⁵⁵li⁵⁵］

有一个卫士啊，［iu³²ieʔ³kəʔ⁵ue²³zʅ²¹³a⁰］

叫是呢金甲神蟹将军，［tɕiau⁵⁵zʅ²⁴³neʔ⁰kiŋ³³kɐʔ⁵zəŋ¹¹³ha⁵²tɕiã³³kyŋ³³⁴］

与后宫青女相爱，［y¹¹³ɤɯ²¹koŋ³³⁴tɕʰiŋ³³ȵy³²⁵ɕiã⁵⁵e⁵⁵］

常常来＝后花园里约会，［zɕiã¹¹zɕiã³³le³²ɤɯ²¹hua³³yø⁴⁵li³²iaʔ²ue²⁴³］来：在

弗料呢被玉皇帝呢识得。［fəʔ⁵liau⁵⁵neʔ⁰bi²¹³ȵyɐʔ²uɔ¹³ti⁵⁵neʔ⁰ɕieʔ⁵tɐʔ⁰］

玉皇帝呢生气得蛮，［ȵyɐʔ²uɔ¹³ti⁵⁵neʔ⁰se⁵⁵kʰi⁵⁵tɐʔ⁰mɛ¹¹³］蛮：很

结果呢叫天兵天将呢，［kieʔ³ku³²⁵neʔ⁰tɕiau⁵⁵tʰie³³piŋ³³tʰie⁵⁵tɕiã⁵⁵neʔ⁰］

拔渠帮，叫渠帮人拔渠捉转来。［pɐʔ⁵gi¹³pɔ³³，tɕiau⁵⁵gi¹³pɔ³³ȵiŋ³¹pɐʔ⁵gi¹¹³tɕiɔʔ⁵tɕyø³²le¹¹³］拔：把

蟹将军个好友，［ha⁵²tɕiã³³kyŋ³³⁴kəʔ⁵hau³²iu³²⁵］

红脚将军呢识得后呢，［oŋ¹¹³kɐʔ⁵tɕiã³³kyŋ³³neʔ⁰ɕieʔ⁵tɐʔ⁰ɤɯ²¹³neʔ⁰］识得：知道

告诉呢蟹、青两人，［kɑu⁵⁵su⁵⁵ne⁰ha⁵²、tɕʰiŋ³³⁴liɑ̃³²n̩iŋ¹¹³］

惟得葛两个人，［hɔʔ⁵tɐʔ⁰kɐʔ⁵liɑ̃³²kəʔ⁵n̩iŋ¹¹³］

连夜呢下凡逃脱，逃跑。［lie¹³ia²⁴ne⁰ʑia²¹vɛ¹¹³dɑu¹¹tʰuɐʔ⁵，dɑu¹¹pʰɑu³²⁵］

弗巧个是呢，［fəʔ⁵tɕʰiau³²kəʔ⁵zʅ²¹³ne⁰］

当时正值月底，［tɔ³³zʅ³¹tɕiŋ⁵⁵dʑieʔ²n̩yəʔ²ti⁵²］

阴天，［iŋ³³tʰie³³⁴］

天上呢，既没有月亮，［tʰie³³zɔ²⁴ne⁰，tɕi⁵⁵me¹³iu³²n̩yəʔ²liɑ̃²⁴］

也没有星星，［ia³²me¹³iu³²ɕiŋ³³ɕiŋ³³⁴］

黑得伸手弗见五指。［hɐʔ⁵tɐʔ⁵səŋ³³ɕiu³²⁵fəʔ⁵ke⁵⁵ŋ³²tsʅ³²⁵］

蟹、青两人到处乱跑。［ha⁵²、tɕʰiŋ³³liɑ̃³²n̩iŋ⁵²tɑu⁵⁵tɕʰy⁵⁵lø²³pʰɑu³²⁵］

看到呢三门湾边个［kʰɛ⁵⁵tɑu³²ne⁰sɛ³³məŋ¹¹uɛ³³pie³³kəʔ⁵］

海游丹峰山上有一道红光，［he³²iu⁴⁵tɐ³³foŋ³³sɛ³³⁴zɔ²⁴iu³²⁵ieʔ³dɑu²¹³oŋ¹¹kɔ³³⁴］

就向葛边逃去啊。［ʑiu²⁴ɕiɑ̃⁵⁵kəʔ⁵pie³³dɑu¹¹kʰi⁵⁵a⁰］

天兵天将呢，［tʰie³³piŋ³³tʰie⁵⁵tɕiɑ̃⁵⁵ne⁰］

在雷公啊，电母啊，［dze²⁴le¹¹koŋ³³⁴a⁰，di²³mɤɯ³²⁵a⁰，］

雨伯、风婆个辅助下呢，［y³²paʔ⁵、foŋ³³bʊ³¹kəʔ⁵fu³²zu⁵⁵ʑia²¹ne⁰］

一起追过来。［ieʔ³kʰi⁵⁵tsʅ³³⁴ku⁵⁵le¹¹³］

当两个人逃到山边个时候啊，［tɔ³³liɑ̃³²kəʔ⁵n̩iŋ¹¹³dɑu¹¹tɑu⁵⁵sɛ³³pie³³kəʔ⁵zʅ¹¹ɤɯ²¹³a⁰］

正好是涨潮个时候，［tsəŋ⁵⁵hɑu³²zʅ²¹³tɕiɑ̃³²dʑiau¹¹³kəʔ⁵zʅ¹¹ɤɯ²¹³］

蟹、青两人进退两难啦，［ha⁵²、tɕʰiŋ³³liɑ̃³²⁵n̩iŋ¹¹tsəŋ⁵⁵tʰe⁵⁵liɑ̃³²nɛ¹¹³la⁰］

只好呢横向逃跑，［tsɐʔ⁵hɑu³²ne⁰uɛ¹¹³ɕiɑ̃⁵⁵dɑu¹³pʰɑu³²］

由于山岩上面督⁼长满了青苔，［iu¹³y³¹sɛ³³ŋɛ³³zɔ²³mie⁵⁵tɔʔ⁵dʑiɑ̃²¹mø³²ləʔ⁰tɕʰiŋ³³de³¹］督⁼：都

结果两个人脚一滑吧，［kieʔ³ku³²⁵liɑ̃³²⁵kəʔ⁵n̩iŋ¹¹³kiaʔ⁵ieʔ⁵uɐʔ²³pa⁰］

掉到个泥滩上，［tiɑu⁵⁵tɑu⁵⁵kəʔ⁰ni¹¹tʰɛ³³⁴zɔ²⁴³］

很快呢被潮水呢淹没啊。［həŋ⁵⁵kʰua⁵⁵ne⁰bi²¹³dʑiau¹¹sʅ³²⁵ne⁰ieʔ³²mɐʔ²³a⁰］

过了两三个时辰呢，［ku⁵⁵liau⁰liɑ̃³²sɛ³³kəʔ⁵zʅ¹³zəŋ³¹ne⁰］

潮水退下了，［dʑiau¹¹sʅ³²⁵tʰe⁵⁵ʑia²¹ləʔ⁰］

天兵天将走啊，［tʰie³³piŋ³³tʰie⁵⁵tɕiɑ̃⁵⁵tsɤɯ³²a⁰］

太阳嘛出来。［tʰa³²iɑ̃¹¹³ma⁰tɕʰyəʔ⁵le¹¹³］

当两个人爬出葛泥滩个时节，［tɔ³³liã³²⁵kɚʔ⁵n̩iŋ¹¹³ba¹¹³tɕʰyɔʔ⁵kɚʔ⁵ni¹¹tʰɛ³³⁴kɚʔ⁵z̩¹¹tɕie⁵］

样子督=变样了，［iã²³tsɿ³²toʔ⁵pie⁵⁵iã²⁴ləʔ⁰］

身上呢沾满了贝壳，［səŋ⁵⁵zɔ²⁴ne⁰tsɛ³³mø³²ləʔ⁰pe³³kʰɔʔ⁵］

被下海捕鱼个呢渔民啊看、望着。［bi²¹ʑia²⁴he³²⁵pu³²ŋ¹¹³kɚʔ⁵ne⁰y¹³miŋ³¹aʔkʰɛ⁵⁵、mɔ²⁴dʑiaʔ⁰］

葛大家一起动手呢，［kɚʔ⁵da²³kia⁵⁵ieʔ⁵kʰi⁵⁵doŋ²¹ɕiu³²⁵ne⁰］

帮葛两人呢去壳，［pɔ³³kɚʔ⁵liã³²⁵n̩iŋ¹¹³ne⁰tɕʰy³³kʰɔʔ⁵］

闹哄哄乱成一团。［nɑu²⁴hoŋ³³hoŋ⁰lø²⁴ʑiŋ¹¹ieʔ⁵dø¹¹³］

则=件事呢，［tsɚʔ⁵kie⁵⁵zɿ²⁴ne⁰］

惊动了正在丹峰山上，［kiŋ³³doŋ²¹³ləʔ⁰tsəŋ⁵⁵dze⁵⁵tɛ³³foŋ³³sɛ³³⁴zɔ²⁴］

炼丹个葛仙翁。［lie⁵⁵tɛ³³kɚʔ⁵kɚʔ³ɕie⁵⁵oŋ³³⁴］

渠从山上落来以后呢，［gi¹¹³dzoŋ¹¹sɛ³³zɔ²⁴lɔʔ²³le¹¹i³²ɣɯ²⁴ne⁰］

得知两人来历非一般啊，［tɚʔ⁵tsɿ³³liã³²n̩iŋ¹¹³le¹¹lieʔ²³fi³³ieʔ⁵pø³³⁴a⁰］

就使出了神仙个法术，［ʑiu²⁴sɿ³²⁵tɕʰyɔʔ⁵ləʔ⁰zəŋ¹¹ɕie³³⁴kɚʔ⁵fɚʔ³ʑio²³］

用老虎钳呢，［ioŋ²⁴³lɑu³²hu³²gie⁴⁵ne⁰］

一块一块个把甲壳呢取下来［ieʔ³kʰue⁵⁵ieʔ³kʰue⁵⁵kɚʔ⁵pa³²kɚʔ⁵kʰɔʔ⁵ne⁰tsʰɿ³²o²¹³le¹¹］

减轻了两人个负担。［kɛ³²kʰiŋ³³⁴ləʔ⁰liã³²⁵n̩iŋ¹¹kɚʔ⁰vu²¹tɛ³³⁴］

可实=，［kʰʊ³²zieʔ²³］

黏来=十=手个上面、脚上面、［n̩ie³³le³²zieʔ²ɕiu³²⁵kɚʔ⁵zɔ²³mie⁵⁵、kiaʔ⁵zɔ²³mie⁵⁵］

身上面个贝壳啊，［səŋ³³⁴zɔ²³mie⁵⁵kɚʔ⁵pe³³kʰɔʔ⁵a⁰］

老斫呢斫弗落。［lɑu³²tsɔʔ⁵ne⁰tsɔʔ³fɚʔ³lɔʔ²³］斫：砍

弗一会，两人竟然变成了两只蟹。［fəʔ⁵ieʔ⁵ue²⁴，liã³²⁵n̩iŋ¹¹kiŋ⁵⁵ieʔ¹¹pie⁵⁵ʑiŋ¹¹³ləʔ⁰liã³²⁵tsɚʔ³ha⁵²］

两只蟹呢，一只是圆脐个，［liã³²⁵tsɚʔ³ha⁵²ne⁰，ieʔ⁵tsɚʔ⁵zɿ²¹³yø¹³ʑi³¹kɚʔ⁰］

是叫青女变个，［zɿ²¹³tɕiɑu⁵⁵tɕʰiŋ³³n̩y³²⁵pie⁵⁵kɚʔ⁰］

另一只长脐个蟹呢，［liŋ²⁴ieʔ⁵tsɚʔ⁵dʑiã¹³ʑi³¹kɚʔ⁵ha⁵²ne⁰］

蟹将军变个。［ha⁵²tɕiã³³kyŋ³³⁴pie⁵⁵kɚʔ⁰］

葛仙翁和渔民呢根据二人个姓啊，［kɚʔ³ɕie³³oŋ³³⁴ʊ¹¹³y¹³miŋ³¹ne⁰kəŋ⁵⁵ky⁵⁵liã³²⁵n̩iŋ¹¹kɚʔ⁵ɕiŋ⁵⁵a⁰］

确定蟹个名称叫作青蟹。［kʰuəʔ³diŋ²⁴ha⁵²kɚʔ⁵miŋ¹¹tɕʰiŋ³³⁴tɕiɑu⁵⁵tsɔʔ⁵tɕʰiŋ³³ha⁵²］

就葛样呢，［ʑiu²⁴kɚʔ⁵iã²⁴ne⁰］

两人变成了一对蟹夫妻，[liã³²⁵n̩iŋ¹¹pie⁵⁵ʑiŋ¹¹lə̃ʔ⁰ieʔ⁵te⁵⁵ha⁵²fu³³tɕʰi³³⁴]

生儿育女啊，[sɛ³³ŋ¹¹³yəʔ²n̩y³²⁵a⁰]

繁殖后代。[vɛ¹³ʑieʔ²³ɤɯ²¹de²⁴]

由于降落时呢横着走，[iu¹³y³¹gɔ²⁴lɔʔ²³z̩¹¹³ne⁰uɛ¹¹dʑiaʔ²³tsɤɯ³²⁵]

走惯啦，[tsɤɯ³²kuɛ⁵⁵la⁰]

变成青蟹后呢也横着爬。[pie⁵⁵ʑiŋ¹¹tɕʰiŋ³³ha⁵²ɤɯ²¹³ne⁰ia³²⁵uɛ¹¹³dʑiaʔ²³bo¹¹³]

　　传说，玉皇大帝的灵霄宝殿里有一个护卫，叫作金甲神蟹将军。他与后宫青女相爱，两人常常在后花园约会。不料被玉帝知道了，玉帝非常生气，下旨叫天兵天将去将他们捉回来。

　　蟹将军的好友红脚将军知道后，立即告诉蟹、青二人，吓得他们连夜下凡逃跑。不巧的是，当时正值月末，阴天，天上既没有月光，也没有星星，天黑得伸手不见五指。蟹、青俩人只好到处乱跑。慌乱中看到三门湾畔的海游丹峰山上红光冲天，就向那边逃去了。

　　天兵天将在雷公、电母、雨伯、风婆的帮助下，一起追了过去。当二人逃到山边时，正值涨潮时分。蟹、青二人进退两难，只好横向逃跑。由于山岩上长满青苔，二人脚底一滑，跌入了泥滩中，很快就被潮水淹没了。过了两三个时辰，潮水退了，天兵天将走了，太阳出来了。

　　当他们二人爬出泥滩时，样子都变了，身上沾满了贝壳，被下海捕鱼的渔民们看见了。于是大家一起动手帮助他们二人去壳，闹哄哄地乱成一片。此事惊动了正在丹峰山上炼丹的葛仙翁。他从山上下来，得知二人来历非凡，就使出神仙法术，用老虎钳一块一块把壳取下，减轻了二人的负担。

　　可是，黏在手上、脚上、身上的贝壳，却怎么也去不掉。不一会儿两人竟然变成了两只蟹。两只螃蟹中一只是圆脐的，是青女变的，另一只长脐的蟹，是蟹将军变的。

　　葛仙翁和渔民根据二人的姓，确定蟹的名字为青蟹。就这样，二人成了一对蟹夫妻，生儿育女，繁殖后代。由于降落时横着走，走惯了，变成青蟹后也就横着爬了。

（2019 年 8 月，发音人：章思萱）

三、自选条目

（一）谚语

二月二，［n̠i²⁴n̠yə²²n̠i²⁴］
百样种子督⁼落地。［paʔ⁵iã⁵⁵tɕioŋ³²tsɿ³²⁵toʔ⁵lɔʔ²di²⁴³］

吃过端午粽，［tɕʰioʔ⁵ku⁰tø⁵⁵ŋ³²tsoŋ³³⁴］
寒衣远远送。［ɛ¹¹³i³³yø³²yø³²⁵soŋ³³⁴］

黄亮黄亮，［uɔ¹³liã²⁴uɔ¹³liã²⁴］
大水翻浆。［dʊ²⁴sɿ³²⁵fɛ³³tɕiã³³］大水翻浆：指下大雨

（以上 2019 年 8 月，发音人：蒋智会）

雨打早饭头，［y³²⁵tɛ³²tsɑu³²vɛ²⁴dɤɯ¹¹³］雨打早饭头：指早晨下雨
晒死黄牯牛。［so⁵⁵sɿ³²uɔ¹³ku³¹ŋɤɯ¹¹³］

（2019 年 8 月，发音人：章思营）

（二）俗语

穷人想得宝，［dzioŋ¹³niŋ³¹ɕiã³²tɛʔ⁵pɑu³²⁵］
一世苦到老。［ieʔ³ɕi⁵⁵kʰu³²⁵tɑu³²lɑu³²⁵］

日靠三餐，［n̠ieʔ²³kʰɑu⁵⁵sɛ³³⁴tsʰɛ³³⁴］
夜靠一宿。［ia²⁴kʰɑu⁵⁵ieʔ²ɕioʔ⁵］

天怕黄亮，［tʰie³³⁴pʰa⁵⁵uɔ¹³liã²⁴］
人怕鼓胀，［niŋ¹¹³pʰa⁵⁵ku³²tɕiã⁵⁵］黄亮：天色又黄又亮
鼓胀变笤箕，［ku³²tɕiã⁵⁵pie⁵⁵sɑu³³tɕi³³⁴］笤箕：形状似篮子的筛子
神仙没主意。［səŋ³³ɕie³³⁴mɐʔ²tsɿ³²i³³⁴］

少吃多滋味，[ɕiau³²tɕʰioʔ⁵tʊ³³tsʅ⁵⁵mi⁵⁵]
多吃坏肚皮。[tʊ³³tɕʰioʔ⁵ua²⁴du²¹bi¹¹³]

饭后走百步，[vɛ²⁴ɣɯ²¹³tsɣɯ³²paʔ³bu²⁴]
胜过中药铺。[ɕiŋ⁵⁵ku⁵⁵tɕioŋ³³iaʔ³pʰu⁵⁵]

（2019 年 8 月，发音人：蒋智会）

（三）歇后语

牛皮灯笼[ŋɣɯ¹³bi³¹təŋ³³loŋ³¹]——肚里亮[du²¹li³²⁵liã²⁴]

黄草鸡娘伏鸭蛋[uɔ¹¹tsʰau³²ki³³n̦iã³¹buʔ²⁴ɐʔ³dɛ²⁴]——空劳碌[kʰoŋ³³lau¹¹luəʔ²³]

跌落茅坑弗空口[tʰieʔ⁵lɔʔ²³mau¹¹kʰɔ³³⁴fəʔ³kʰoŋ³³kʰɣɯ³²⁵]——死要[sʅ³²⁵iau⁵⁵]

毛雀儿拉浼落东海[mau¹³tɕiã⁵²la³³u³³lɔʔ²toŋ³³he³²⁵]——望弗见[mɔ²⁴fəʔ³tɕie⁵⁵]拉浼：
　　拉屎

（2019 年 8 月，发音人：章丹葳）

（四）顺口溜

初一十五鸡啼涨，[tsʰu³³ieʔ⁵ʑieʔ³ŋ³²⁵tɕi³³di¹¹³tɕiã³²⁵]
初三十八昼平夜拔⁼，[tsʰu³³sɛ³³ʑieʔ²paʔ⁵tɕiu⁵⁵biŋ¹¹³ia²⁴bɐʔ²³]昼平夜拔⁼：中午涨潮，晚上退潮
初三潮十八水，[tsʰu³³sɛ³³dʑiau¹¹³ʑieʔ²paʔ⁵sʮ³³⁴]
潮潮涨到老鼠嘴。[dʑiau¹³dʑiau³¹tɕiã³²tau⁵⁵lau³²tsʮ³²tsʮ³³⁴]老鼠嘴：地名

（2019 年 8 月，发音人：蒋智会）

卖姜人，吃辣芽；[ma²⁴kiã³³n̦iŋ³¹, tɕʰioʔ⁵lɐʔ²ŋo¹¹³]
卖蒲扇，用手遮；[ma²⁴bu¹³ɕie⁵⁵, ioŋ²⁴ɕiu³²⁵tso³³⁴]
卖蒲鞋，出脚丫。[ma²⁴bu¹³a³¹, tɕʰyəʔ⁵kiaʔ³o³³⁴]蒲鞋：蒲草编织的草鞋

（2019 年 8 月，发音人：章思营）

玉　环

一、歌谣

老太扁，变蝴蝶

老太扁，变蝴蝶。[lɔ⁵³tʰa³³pie⁵³，pie³³u²²die²⁴]老太扁：老太婆

蝴蝶须，变纽珠。[u²²die²²ɕi³⁵，pie³³n̠iu⁵³tɕi³⁵]纽珠：纽扣

纽珠爿，变扁担。[n̠iu⁵³tɕi³³bɛ²⁴，pie³³pie⁵³tɛ⁵⁵]

扁担脑头担虾饭。[pie⁵³tɛ⁵⁵nɔ⁵³dio²⁴tɛ³³ho³³vɛ⁴⁴]脑头：顶端

一担担拨温州人。[ieʔ⁵tɛ³³tɛ³³pəʔ³uən³³tɕiu³³n̠iŋ⁴¹]拨：给

温州人，打个筋头送人情。[uən³³tɕiu³³n̠iŋ⁴¹，tã⁵³kəʔ⁰tɕiŋ³³dio⁴¹soŋ³³n̠iŋ²²ziŋ⁴¹]打个筋
头：翻个跟头

沙蟹卖卖

癞头癞癞，[la²²dio²⁴la²²la²²]

沙蟹卖卖。[so³³ha⁵³ma²²ma²²]

虾一斤，[ho³⁵ieʔ³tɕiŋ⁴²]

米一升。[mi⁵³ieʔ³ɕiŋ⁴²]

伯儿一锹，[pã⁵³ieʔ³tɕʰiɔ³⁵]

娘一锹，[n̠iã³¹ieʔ³tɕʰiɔ³⁵]

癫头自己吃镬焦。［la²²dio²⁴ʐʅ²²tɕi⁵³tɕʰyoʔ³uoʔ³tɕiɔ³⁵］镬焦：锅巴

十二月

正月糕，［tɕiŋ³³ȵyoʔ²kɔ³⁵］

二月清奥奥，［ŋ²²ȵyoʔ²tɕʰiŋ³³ɔ³³ɔ³⁵］

三月清明粿，［sɛ⁴²ȵyoʔ²tɕʰiŋ³³miŋ²²ku⁵³］

四月大麦条，［sʅ⁵⁵ȵyoʔ²dəu²²maʔ²diɔ²⁴］

五月端午粽，［ŋ⁵³ȵyoʔ²tø³³ŋ³³tsoŋ⁵⁵］

六月早稻急急来相送，［loʔ²ȵyoʔ²tsɔ⁵³dɔ⁴¹tɕiɐʔ³tɕiɐʔ⁵le²²ɕiã³³soŋ⁵⁵］

七月七巧人，［tɕʰiɐʔ⁵ȵyoʔ²tɕʰiɐʔ³kʰɔ⁵³ȵiŋ²⁴］

八月月光饼，［pəʔ⁵ȵyoʔ²ȵyoʔ²kuɔ̃³³piŋ⁵³］月光饼：月饼

九月九登高，［tɕiu⁵³ȵyoʔ²tɕiu⁵³təŋ⁵⁵kɔ⁴²］

十月番薯条，［ʑiɐʔ²ȵyoʔ²fɛ³³ʐʅ²²diɔ²⁴］

十一月冬至圆，［ʑiɐʔ²iɐʔ⁵ȵyoʔ²toŋ³³tsʅ³³yø²⁴］

十二月捉捉拾拾办过年。［ʑiɐʔ²ŋ²²ȵyoʔ²tɕyoʔ³tɕyoʔ³ʑiɐʔ²ʑiɐʔ²bɛ²²ku⁵⁵ȵie³¹］捉捉拾拾：收拾收拾

（以上 2018 年 8 月，发音人：林璐）

二、规定故事

牛郎和织女

早恁界，［tsɔ⁵³nən²⁴ka⁵³］早恁界：很久以前

有一个后生头，［iu⁵³iɐʔ³kəʔ⁰io⁵³sã³³dio²⁴］

渠呢屋里呢娘伯儿死爻，［gie³¹ni⁰uoʔ⁵li⁵³ni⁰ȵiã²²pã⁵³sʅ⁵³ɔ⁰］渠：他。屋里：家里

独个人，［doʔ²kəʔ³ȵiŋ²⁴］

便是靠着一条老牛越来维持渠个生活，［be²²ʐʅ⁴¹kʰɔ³³dʑiɐʔ²iɐʔ³diɔ³¹lɔ⁵⁵ȵio⁴¹dio³¹le³¹y²² dzʅ⁴¹gie³¹kəʔ⁰sã³³uaʔ²］越：走

帮渠呢犁地种田个，［pɔ̃³³gie³¹ni⁰li²²di⁴⁴tɕyoŋ³³die³¹kə⁰］

葛只条老牛呢就是天上个牛郎星。［kəʔ³tɕiɐʔ⁵diɔ³¹lɔ⁵⁵ȵio⁴¹ni⁰ʑiu²²ʐʅ⁴¹tʰie⁴²zɔ̃²²kə⁰ȵio²² lɔ̃⁴⁴ɕiŋ⁴²〕

葛个织女呢，〔kəʔ³kəʔ⁵tɕiɐʔ⁵n̠y⁵³ni⁰〕

渠是天上个织女，〔gie³¹z̩²²tʰie⁴²zɔ̃²²kəⁿtɕiɐʔ⁵n̠y⁵³〕

讲牛郎搭织女。〔kɔ̃⁵³n̠io²²lɔ̃⁴¹təʔ³tɕiɐʔ⁵n̠y⁵³〕

葛牛郎呢葛一日呢，〔kəʔ³n̠io²²lɔ̃⁴¹ni⁰kəʔ⁵iɐʔ³n̠iɐʔ²ni⁰〕

葛条老牛呢开口搭渠讲话：〔kəʔ³diɔ⁴¹lɔ⁵⁵n̠io⁴¹ni⁰kʰie³³kʰio⁵³təʔ³gie³¹kɔ̃⁵³ua²²〕

尔天酿꞊呢趒解埲，嚎，碧莲池个边嘞喏。〔n̩⁵³tʰie³³n̠iã²²ni⁰diɔ³¹ka⁵³tɐ³³，ɔ⁰，piɐʔ³lie²²
　　dz̩⁴¹kəⁿpie³⁵lə⁰nɔ⁰〕天酿꞊：明天

你趒解底去，〔n̩⁵³diɔ³¹ka⁵³tiⁿkʰie³³〕

有尔个一个呢仙女趒落落凡趒来呢，〔iu⁵³n̩⁵³kə⁰iɐʔ³kəʔ³ni⁰ɕie³³n̠y⁵³diɔ³¹loʔ²loʔ²vɐ⁴¹
　　diɔ³¹le³¹ni⁰〕

就是尔个老妿。〔z̠iu²²z̩⁴¹n̩⁵³kə⁰lɔ⁵³ie⁴²〕老妿：老婆

葛个牛郎葛一日呢趁个条老牛开口讲话，〔kəʔ³kəʔ⁵n̠io²²lɔ̃⁴¹kəʔ⁵iɐʔ⁵iɐʔ²ni⁰tɕʰiŋ³³kəʔ³
　　diɔ⁴¹lɔ⁵⁵n̠io⁴¹kʰie³³kʰio⁵³kɔ̃⁵³ua²²〕

哈就蛮相信。〔ha⁰z̠iu²²mɐ⁵⁵ɕiã³³ɕiŋ⁵⁵〕

渠呢趒去望望相。〔gie³¹ni⁰diɔ³¹kʰə⁰mɔ²²mɔ⁴⁴ɕia⁴²〕

趒埲葛个碧莲池个边嘞，〔diɔ³¹təⁿkəʔ³kəʔ⁵piɐʔ³lie²²dz̩⁴¹kə⁰pie¹⁵lə⁰〕

迫꞊葛个树边望。〔paʔ⁵kəʔ³kə⁰z̠y²²pie¹⁵mɔ²²〕迫꞊：贴

葛一望到葛天上啊个仙女呢，〔kəʔ⁵iɐʔ⁵mɔ²²tɔ⁵⁵kəʔ³tʰie³³zɔ̃⁴⁴a⁰kəʔ³ɕie³³n̠y⁵³ni⁰〕

一班仙女喏趒来喏，〔iɐʔ³pɐ⁵³ɕie³³n̠y⁵³nɔ⁰diɔ³¹le³¹nɔ⁰〕

都拨勒衣裳脱爻呢爬了葛个池嘞洗澡。〔təu⁵⁵paʔ⁵lə⁰i³³zɔ̃⁴¹tʰɔʔ³ɔ⁰ni⁰bo³¹lə⁰kəʔ³kəʔ⁵
　　dz̩²⁴lə⁰ɕi⁵³tsɔ⁵³〕拨：把

葛个时候呢，〔kəʔ³kəʔ⁵z̩²²io²²ni⁰〕

早有老牛搭渠讲嘞，〔tsɔ³³iu⁵³lɔ⁵⁵n̠io³¹təʔ³gie³¹kɔ̃⁵³lə⁰〕

葛着红衣裳一个是尔个老妿。〔kəʔ³tɕiɐʔ³oŋ²²i³³zɔ̃²⁴iɐʔ³kie³³zəʔ²n̩⁵³kə⁰lɔ⁵³ie⁵³〕

葛个仙女呢拨葛个衣裳脱爻去，〔kəʔ³kəʔ⁵ɕie³³n̠y⁵³ni⁰paʔ³kəʔ³kəʔ⁵i³³zɔ̃⁴¹tʰɔʔ³ɔ⁰kʰie³³〕

都爬解个呢池嘞碧莲池嘞洗澡个时候，〔təu⁵⁵bo³¹ka⁵³kəʔ³ni⁰dz̩²⁴lə⁰piɐʔ³lie²²dz̩⁴¹lə⁰
　　ɕi⁵³tsɔ⁵³kə⁰z̩²²io²²〕

牛郎呢走去呢拨件红衣裳呢拨渠摞来，〔n̠io²²lɔ̃⁴¹ni⁰tɕio⁵³kʰə⁰ni⁰paʔ³dzie³¹oŋ²²i³³zɔ̃²⁴
　　ni⁰paʔ³gie³¹guɐ⁴¹le³¹〕摞：拿

渠摸转屋里趒〔去爻〕。〔gie³¹moʔ²²tɕyø⁵³uoʔ⁵li⁴¹diɔ³¹kʰɔ⁰〕

葛班仙女望到个个有人倚个望渠洗澡，［kəʔ³pɛ⁵³ɕie³³n̠y⁵³mɔ²²tɔ³³kəʔ³kəʔ⁵iu⁵⁵n̠iŋ⁴¹ dʑi²²kə⁰mɔ²²gie³¹ɕi⁵³tsɔ⁵³］倚：站

葛班仙女呢来个池嘞爬起来呢都逃逃［去爻］。［kəʔ³pɛ⁵¹ɕie³³n̠y⁵³ni⁰le³¹kə⁰dʑɿ²⁴lə⁰ bo³¹tɕʰiɐʔ³le³¹ni⁰təu⁵⁵dɔ³¹dɔ⁰kʰɔ⁰］

可惜呢个个红衣裳摆爻，［kʰo⁵³ɕiɐʔ⁵ni⁰kəʔ³kəʔ⁵oŋ²²i³³zɔ̃²⁴guɛ⁴¹ɔ⁰］

葛个仙女呢无衣裳着爻，［kəʔ³kəʔ⁵ɕie³³n̠y⁵³ni⁰m²²i³³zɔ̃⁴¹tɕiɐʔ³ɔ⁰］

迫＝嘞解个池里向。［paʔ⁵lə⁰ka⁵³kəʔ⁵dʑɿ²⁴li⁵³ɕia⁴²］

到得夜嘞个时候，［tɔ⁵⁵tə⁰ia²²lə⁰kə⁰zɿ²²io²²］

趃个牛郎屋里呢寻渠牛郎敲门。［diɔ³¹kəʔ³n̠io²²lɔ̃⁴¹uoʔ⁵li⁴¹ni⁰ziŋ³¹gie³¹n̠io²²lɔ̃⁴¹kʰɔ³³ məŋ⁴¹］

牛郎个记门开［去爻］个即望，［n̠io²²lɔ̃⁴¹kəʔ⁵tɕi³³məŋ³¹kʰie³³kʰɔ⁰kəʔ⁵tɕiɐʔ⁵mɔ²²］

两个人望着个时候呢，［lia¹⁵kəʔ⁰n̠iŋ³¹mɔ²²dʑiɐʔ²kə⁰zɿ²²io⁴⁴ni⁰］

好都望呢望呆大爻望呆爻。［ho⁰təu⁵⁵mɔ²²ni⁰mɔ²²n̠ie²²dəu⁴⁴ɔ⁰mɔ²²n̠ie³¹ɔ⁰］

仙女忖忖，葛个呢仙女忖忖呢，［ɕie³³n̠y⁵³tsʰəŋ⁵³tsʰəŋ⁵³，kəʔ³kəʔ⁵ni⁰ɕie³³n̠y⁵³tsʰəŋ⁵³ tsʰəŋ⁵³ni⁰］

以前以前啊就是我呢日忖夜忖呢忖尔个人，［i⁵⁵zie³¹i⁵⁵zie³¹a⁰dʑiu²⁴zɿ⁴²ŋo⁵³ni⁰n̠iɐʔ² tsʰəŋ⁵³ia²²tsʰəŋ⁵³ni⁰tsʰəŋ³³n⁵³kə⁰n̠iŋ³¹］

忖便忖着尔。［tsʰəŋ⁵³be²²tsʰəŋ⁵³dʑiɐʔ⁰n⁵³］

葛个呢就是忖着牛郎，［kəʔ³kəʔ⁵ni⁰ziu²²zɿ⁴¹tsʰəŋ⁵³dʑiɐʔ⁰n̠io²²lɔ̃⁴¹］

便是忖葛个牛郎。［be²²zɿ⁴¹tsʰəŋ⁵³kəʔ³kəʔ⁵n̠io²²lɔ̃⁴¹］

基＝日儿望到渠呢，两个人呢，［tɕi⁴²n̠iŋ⁴¹mɔ²²tɔ³³gie³¹ni⁰，lia³³kə⁰n̠iŋ³¹ni⁰］

在早时天上葛时候两个人呢，［ze³¹tsɔ⁵⁵zɿ⁴¹tʰie³³zɔ̃²²kə⁰zɿ²²io⁴⁴lia⁵⁵kə⁰n̠iŋ³¹ni⁰］

原来谈恋爱过爻，［n̠yø²²le⁴¹dɛ⁴²lə⁰e⁵⁵ku³³ɔ⁰］

个记两个人望到呢，情投意合两个人。［kəʔ³tɕi⁵⁵lia⁵⁵kə⁰n̠iŋ³¹mɔ²²tɔ⁵⁵ni⁰，ziŋ³¹dio³¹ i⁵⁵aʔ²lia⁵⁵kə⁰n̠iŋ³¹］

好夜里织女呢，个个织女星呢就宿来渠屋里，［ho⁰ia²²li⁵³tɕiɐʔ⁵n̠y⁵³ni⁰，kəʔ⁵kəʔ³tɕiɐʔ⁵ n̠y⁵³ɕiŋ⁴²ni⁰ziu²²ɕyoʔ⁵le³¹gie³¹uəʔ⁵li⁰］来：在

宿牛郎屋里，两个人呢就成为夫妻。［ɕyoʔ⁵n̠io²²lɔ̃⁴¹uəʔ⁵li⁰，lia⁵⁵kə⁰n̠iŋ³¹ni⁰ziu²²ziŋ³¹ ue²²fu⁵⁵tɕʰi⁰］

葛时间呢很快三年过去了，[kəʔ³zʅ²⁴kie⁴²niºhəŋ³⁵kʰua³³sɛ⁴²n̠ie³¹ku⁵⁵kʰie³³lə⁰]

生来呢一个儿一个囡。[sã³³le³¹niºiɐʔ³kəºn³¹iɐʔ³kəºnɛ⁵³] 囡：女儿

葛儿囡生来个时候，[kəʔ³n²²nɛ⁵³sã⁴²le³¹kəºzʅ²²io⁴⁴]

屋里个家庭呢也是很好。[uəʔ⁵li⁴¹kəºko³³diŋ⁴¹niºaʔ⁵zʅ³¹həŋ³⁵hɔ⁵³]

有一天日里，[iu⁵⁵iɐʔ³tʰie⁴²n̠iɐʔ²li⁵³]

葛个在个天上啊，[kəʔ³kəʔ⁵zəʔ²kəʔ³tʰie³³zɔ̃⁴⁴aº]

葛王母娘娘呢望到个织女啊，[kəʔ³uɔ̃²²m⁵³n̠ia²²n̠ia⁴¹niºmɔ²²tɔ⁵⁵kəʔ³tɕiɐʔ⁵n̠y⁵³aº]

忖着个织女今日私自下凡，[tsʰəŋ⁵³dʑiɐʔºkəʔ³tɕiɐʔ⁵n̠y⁵³sʅ³³zʅ⁴⁴oº⁵vɛ³¹]

趒解⁼边趒个碧莲池洗澡便无趒转。[diɔ³¹ka⁵³pie⁴²diɔ³¹kəʔ³piɐʔ³lie²²dzʅ²⁴ɕi⁵³tsɔ⁵³be²²
　　m²⁴diɔ²²tɕyø⁵³] 解⁼边：那边

葛一日，渠呢叫个天兵天将喏，[kəʔ⁵iɐʔ³n̠iɐʔ²，gie³¹niºtɕiɔ⁵⁵kəºtʰie³³piŋ³³tʰie³³tɕia⁵⁵nɔ⁰]

趒来要拨个织女要拨渠接转去。[diɔ³¹le³¹iɔ³³paʔ⁵kəʔ⁵tɕiɐʔ³n̠y⁵³iɔ³³paʔ³gie³¹tɕiɐʔ⁵tɕyø⁵³
　　kʰie³³]

渠扣要来个时候，[gie³¹kʰio⁵⁵iɔ³³le⁴¹kəºzʅ²²io⁴⁴] 扣：刚，正

葛条牛呢开口讲话了。[kəʔ³diɔ³¹n̠iɔ³¹niºkʰie³³kʰio⁵³kɔ̃⁵³ua²²lə⁰]

渠讲慢顶呢会有事件个呢会到，[gie³¹kɔ̃⁵³mɛ²²tiŋ⁵³niºuəʔ⁵iu⁵³zʅ²²tɕie⁵⁵kəʔ⁵niºuəʔ⁵tɔ³³]
　　慢顶：等会儿

渠讲呢尔慢顶趒来，[gie³¹kɔ̃⁵³niºn⁵³mɛ²²tiŋ⁵³diɔ³¹le³¹]

拨我个呢头上个角卸落来。[paʔ⁵ŋoⁿ⁵³kəºniºdiɔ³¹zɔ̃²²kəºkoʔ⁵hoʔ⁴²loʔ²le³¹]

一记工夫呢，[iɐʔ³tɕi¹⁵koŋ³³fu³³niº] 一记：一会儿

外向呢风大雨大，有雷电，[ŋa²²ɕia⁵⁵niºfoŋ⁴²dəu²²y⁵³dəu²²，iu⁵³le²²die⁴⁴]

有雷，打雷。[iu⁵³le³¹，tã⁵⁵le³¹]

葛个时候呢牛郎慌爻去，[kəʔ³kəʔ⁵zʅ²²io⁴⁴niºn̠iɔ²²lɔ̃⁴¹hɔ⁴²ɔ⁰kʰie³³]

礳转个即望，[le²²tɕyø⁵³kəʔ⁵tɕiɐʔ⁵mɔ²²] 礳转：转身

个织女呢无爻，渠个老姥无爻。[kəʔ³tɕiɐʔ³n̠y⁵³niºm²²ɔ⁰，gie³¹kəºlɔ⁵³ie⁴²m²²ɔ⁰]

两个小人呢在解底叫妈妈妈妈呢在解⁼叫在解⁼哭。[lia⁵⁵kəºɕiɔ⁵³n̠iŋ²⁴niºzəʔ²ka⁵⁵tiº
　　tɕiɔ³³ma⁵⁵maºma⁵⁵maºniºzəʔ²ka³³tɕiɔ³³zəʔ²ka³³kʰoʔ⁵]

一记工夫呢个个织女呢就弗见，[iɐʔ³tɕi¹⁵koŋ³³fu³³niºkəʔ³kəʔ⁵tɕiɐʔ³n̠y⁵³niºziu²²fəʔ³
　　tɕie⁵⁵]

就去爻了。[ʑiu²²kʰy⁵⁵ɔ⁰lə⁰]

葛条老牛呢开口讲呢，［kəʔ³diɔ⁴¹lɔ⁵⁵nio³¹niˀ⁰kʰie³³kʰiɔ⁵³kɔ̃⁵³niˀ⁰］

尔快顶拨我个头上个两只角褪落来。［n⁵³kʰua³³tiŋˀ⁰paˀ³ŋɔ⁵³diɔ³¹zɔ̃²²kəˀ⁰lia⁵³tsəʔ³koʔ⁵tʰəŋ⁵⁵ loʔ²le³¹］

葛牛郎呢慌爻时候呢，［kəʔ³n̩io²²lɔ̃⁴²niˀ⁰hɔ⁴²ɔ⁰z̩²²io⁴⁴niˀ⁰］

拨老牛个头嘞个两只角呢掰落来，［paʔ³lɔ⁵⁵n̩io³¹kəˀ⁰diɔ³¹ləˀ⁰kəˀ⁰lia⁵⁵tsəʔ³koʔ⁵niˀ⁰pe⁴²loʔ²le³¹］

只园个地下呢变起两个篮，［tsəʔ⁵kʰɔ⁵⁵kəˀ⁰di²²ɔ⁵³niˀ⁰pie⁵⁵tɕʰieʔ³lia⁵³kəʔ³lɛ²⁴］

一个儿一个囡呢坐在个个篮里面。［iɐ̃ʔ³kəˀ⁰n̩³¹iɐ̃ʔ³kəʔ³nɛ⁵³niˀ⁰zo³¹ze³¹kəʔ³kəʔ⁵lɛ²⁴li⁵³ mie²²］

葛条老牛叫牛郎尔快顶挑起担起来。［kəʔ³diɔ³¹lɔ⁵⁵nio³¹tɕiɔ³³nio²²lɔ̃⁴¹n⁵³kʰua⁵⁵tiŋ⁵³tʰiɔ⁴² tɕʰiˀ⁰tɛ⁴²tɕʰiˀ⁰le³¹］。

牛郎支扁担是［拨渠］担起来呢，［nio²²lɔ̃⁴¹tsʅ³³bie³¹tɛ⁵⁵zʅ²²pe⁴²tɛ⁴²tɕʰiˀ⁰le³¹niˀ⁰］

葛个两只牛角呢就像飞一色呢对个仙女呢追去，［kəʔ³kəʔ⁵lia⁵⁵tsəʔ⁰nio²²koʔ⁵niˀ⁰ziu²² zia²²fi⁴²iɐ̃ʔ³səʔ⁵niˀ⁰te⁵⁵kəʔ³ɕie³³n̩y⁵³niˀ⁰tɕy⁴²kʰieˀ⁰］

对葛织女追去。［te⁵⁵kəʔ³tɕiɐ̃ʔ³n̩y⁵³tɕy⁴²kʰieˀ⁰］

追啊追，追啊追，［tɕy³³aˀ⁰tɕy⁴²，tɕy³³aˀ⁰tɕy⁴²］

追到呢一定个时候望追到快近个，［tɕy³³tɔ³³niˀ⁰iɐ̃ʔ³diŋ²²kəˀ⁰zʅ²²io⁴⁴mɔ²²tɕy³³tɔ³³kʰua⁵⁵ dʑiŋ²⁴kəˀ⁰］

要追牢差弗起个时候，［iɔ³³tɕy³³lɔ³¹tsʰo³³fəʔ³tɕʰi⁵¹kəˀ⁰zʅ²²io⁴⁴］

王母娘娘讲尔两个人呢，［ɔ²²m⁵³n̩ia²²n̩ia⁴¹kɔ̃⁵³n⁵³lia⁵⁵kəˀ⁰n̩iŋ³¹niˀ⁰］

恁介呢还好叫越埭追？［nəŋ⁵⁵kaˀ⁰niˀ⁰ua²²hɔ⁵³tɕiɔ³³diɔ³¹te⁵³tɕy⁴²］

拨个头上个金钗呢拔落来呢，［paʔ³kəʔ³diɔ³¹zɔ̃²²kəˀ⁰tɕiŋ⁵⁵tsʰa³³niˀ⁰baʔ²loʔ²le³¹niˀ⁰］

拨葛个来渠两个人个中央嗜一直划，［paʔ³kəʔ³kəˀ⁰le³¹gie³¹lia⁵⁵kəˀ⁰n̩iŋ³¹kəˀ⁰tɕyoŋ³³n̩ia²⁴ nɔˀ⁰iɐ̃ʔ³dʑiɐ̃ʔ²ua³¹］

划一记就是变成一条呢是银河。［ua²ʔiɐ̃ʔ³tɕi³³ziu²²zʅ⁴¹pie³³zʅŋ³¹iɐ̃ʔ³ciɔ³¹niˀ⁰z̩³¹n̩iŋ²²u⁴¹］

便是恁介呢我等在个天上望到呢个个，个条银河。［be²²z̩⁴¹nəŋ⁵⁵kaˀ⁰niˀ⁰ŋo⁵³təŋˀ⁰ze³¹ kəʔ³tʰie³³zɔ̃²²mɔ²²tɔ³³niˀ⁰kəʔ³kəʔ⁵，kəʔ³diɔ³¹n̩iŋ²²u⁴¹］ _{恁介：这样}

所以呢在个个时候，［so³⁵i³³niˀ⁰ze³¹kəʔ³kəʔ⁵z̩²²io⁴⁴］

渠两个人多少呢伤心啊。［gie³¹lia⁵⁵kəˀ⁰n̩iŋ³¹təu⁴²ɕiɔ⁵⁵niˀ⁰ɕia⁵⁵ɕiŋ⁴²aˀ⁰］

噢！哈在埭叫呢。［ɔˀ⁰！haˀ⁰ze³¹tɛ⁵³tɕiɔ⁵⁵niˀ⁰］

葛条银河便只大大起只大大起，［kəʔ³diɔ⁴¹n̩iŋ²²u⁴¹be²²tsʅ⁵⁵dəu²²dəu²²tɕʰiˀ⁰tsəʔ⁵dəu²² dəu²²tɕʰiˀ⁰］

便一眼便望弗到边爻。［be²²iɐʔ³n̠iɛ⁵³be²²mɔ²²fəʔ³tɔ³³pie⁴²ɔ⁰］

渠啊望渠弗着，渠啊望渠弗着。［gie³¹a⁰mɔ²²gie³¹fəʔ³dʑiɐʔ²，gie³¹a⁰mɔ²²gie³¹
　　fəʔ³dʑiɐʔ²］

哈个喜鹊呢是个好心，［ha⁰kəʔ³ɕi⁵³tɕʰia⁵³ni⁰z̩²²kəʔ³hɔ⁵⁵ɕiŋ⁴²］

渠讲呢个两个人在个底嬉，［gie³¹kɔ⁵³ni⁰kəʔ³lia⁵⁵kə⁰n̠iŋ³¹zəʔ²kəʔ³ti⁰ɕi⁵³］

在个地上喏两个人恁恩爱喏，［zəʔ²kə⁰di²²z̃⁴⁴nɔ⁰lia⁵⁵kə⁰n̠iŋ³¹nəŋ⁵⁵ən³³e⁵⁵nɔ⁰］恁：这么

个记呢个王母娘娘拨渠两个人个恁［拨渠］隔开喏，［kəʔ³tɕi⁵⁵ni⁰kə⁰z̃²²m⁵³n̠ia²²n̠ia⁴¹
　　paʔ³gie³¹lia⁵⁵kə⁰n̠iŋ³¹kəʔ³nəŋ⁵⁵pe⁵³kaʔ³kʰie⁰nɔ⁰］

哈叫喜鹊呢拨天下个喜鹊呢都［拨渠］召来。［ha⁰tɕiɔ³³ɕi⁵³tɕʰia⁵³nipaʔ³tʰie³³o⁵³kə⁰ɕi⁵³
　　tɕʰia⁵³ni⁰təu⁵⁵pe⁵³dʑiɔ³³le³¹］

哈七月个七月七个时候呢，［ha⁰tɕʰiɐʔ⁵n̠yoʔ²kə⁰tɕʰiɐʔ³n̠yoʔ²tɕʰiɐʔ⁵kə⁰z̩²²io⁴⁴ni⁰］

到个时候到呢拨渠呢搭起来一座桥。［tɔ⁵⁵kə⁰z̩²²io⁴⁴tɔ³³ni⁰paʔ³gie³¹ni⁰taʔ³tɕi⁰le⁰iɐʔ³zo²²
　　dʑiɔ³¹］

头一只喜鹊飞开去，［dio²²iɐʔ³tɕiɐʔ⁵ɕi⁵³tɕʰia⁵³fi⁴²kʰie³³kʰə⁰］

第二只喜鹊飞来个时候，［di²²n²²tɕiɐʔ⁵ɕi⁵³tɕʰia⁵³fi⁴²le³¹kə⁰z̩²²io⁴⁴］

到拨渠喜鹊个尾巴衔牢，［tɔ³³paʔ³gie³¹ɕi⁵³tɕʰia⁵³kə⁰mi⁵³po¹⁵gie³¹lɔ³¹］

喜鹊搭喜鹊个尾巴衔牢，［ɕi⁵³tɕʰia⁵³təʔ³ɕi⁵³tɕʰia⁵³kə⁰mi⁵³po¹⁵gie²⁴lɔ³¹］

葛个呢拨天下个料喜鹊都走，［kəʔ³kəʔ⁵ni⁰paʔ³tʰie³³o⁵³kəʔ³liɔ⁴⁴ɕi⁵³tɕʰia⁵³təu⁵⁵tɕio⁵³］

都呢飞上去呢，［təu⁵⁵ni⁰fi⁴²z̃³¹kʰy³³ni⁰］

搭起呢一座呢桥，［taʔ⁵tɕʰiʔ⁰ni⁰iɐʔ³zo²²ni⁰dʑiɔ²⁴］

个座桥呢便讲呢银河大桥。［kəʔ³zo⁴¹dʑiɔ²⁴ni⁰be²²kɔ̃⁵³ni⁰n̠iŋ²²u⁴¹da²²dʑiɔ³¹］

哈葛七月七呢，［ha⁰kəʔ³tɕʰiɐʔ³n̠yoʔ²tɕʰiɐʔ⁵ni⁰］

哈葛牛郎织女呢相会一次。［ha⁰kəʔ³n̠io²²lɔ̃⁴¹tɕiɐʔ³n̠y⁵³ni⁰ɕia³³ue²²iɐʔ³tsʰ⁵⁵］

早恁介个故事呢哈便是讲到个埗呢。［tsɔ⁴²nəŋ²⁴ka⁰kə⁰ku³³z̩⁴⁴ni⁰ha⁰be²²z̩³¹kɔ̃⁵³tɔ³³kəʔ³
　　tɛ⁵³ni⁰］

　　从前，有一个年轻人。他的爸妈死了，只有他一个人，就靠着一头老牛来维
持他的生活，帮他犁地种地的。这头老牛就是天上的牛郎星。这个织女是天上的
织女。一天，这头老牛开口跟牛郎说话了："你明天去那个碧莲池的边上，去到那
里，有一个仙女下凡来，她就是你的老婆。"牛郎听到这个老牛讲话，就很相信
他，准备去看一看。

　　他走到碧莲池的边上，躲在树边看。这一看就看到天上的一帮仙女来了，她们都把衣服脱了到池里洗澡。这个时候，他想到老牛跟他说，穿红衣服的一个是你老婆。等这个仙女把衣服脱了，到碧莲池里洗澡的时候，牛郎走过去把红衣服拿过来，走回了家。这帮仙女看到有人看她们洗澡，都爬起来逃走了。可是红衣服被拿走的仙女没衣服穿，只能留在池子里面。

　　到了夜里的时候，织女找到牛郎家敲门。牛郎打开门一看，两个人都看傻看楞了。仙女觉得，我以前日思夜想想的这个人就是你，就是这个牛郎。今天看到他，想起两个人过去在天上谈过恋爱。两个人看到彼此，情投意合。夜里织女就住在了他家里，两个人成了夫妻。

　　时间过得很快，三年过去了，他们生了一个儿子一个女儿。生了儿女之后，家庭更加幸福美满了。有一天，天上的王母娘娘想到，织女私自下凡，去碧莲池洗澡一直没回来。这一天，她叫天兵天将把织女接回来。他们快要来的时候，这头牛又开口讲话了，他说等下会有事发生，让牛郎等会把他头上的角掰下来。过了一会儿，外面风大雨大，电闪雷鸣。这个时候牛郎非常害怕，转过身看，织女不见了，他的老婆不见了。两个小孩在叫着妈妈，哭个不停。一会儿工夫织女就不见了，就走了。

　　这头老牛开口讲话了："你快点取下我头上的两只角。"牛郎慌忙把老牛头上的两只角掰了下来。牛角落到地上就变成两个篮子，一个儿子一个女儿就坐在篮子里面。老牛叫牛郎快点把篮子担起来。牛郎一把用扁担担起来，这两只牛角就像会飞一样，带他朝着仙女追去。

　　追啊追，追啊追，追到快要追上的时候，王母娘娘说你还想追下去吗？于是把头上的金钗拔下，在他们两个人的中间一划，变成一条银河，这就是我们现在看到的天上的银河。所以在这个时候，他们两个人非常伤心，互相呼喊。但这条银河就越来越宽直到看不到边，他看不到她，她也看不到他。

　　喜鹊很好心，想两个人在地上这么恩爱，现在王母娘娘把他们两个人这么分开，便去把其他喜鹊都叫来，每到七月七的时候，就给他们搭起一座桥。第一只喜鹊飞过去，第二只喜鹊也飞去把第一只喜鹊的尾巴叼住，喜鹊和喜鹊的尾巴连在一起。天上的喜鹊都飞上去，搭起来一座桥。这座桥叫作银河大桥，七月七牛郎织女可以在桥上相会一次。那么，从前的故事就讲到这里。

（2018 年 8 月，发音人：陈帮强）

三、自选条目

吃海鲜

一班人客坐桌前，［iɐʔ⁵pɛ⁵³n̠iŋ²²kʰaʔ⁵zo³¹tɕyoʔ⁵ʑie³¹］

排场支起桌摆满。［ba²⁴dʑiã⁴¹tsʅ⁴²tɕʰiʔ⁰tɕyoʔ⁵pa⁵³mø⁵³］

野生黄鱼头碗菜，［ia³³sã³³ɔ̃²²ŋ⁴¹dio²²ue⁵³tsʰe⁵⁵］

弹湖望潮逃弗开。［dɛ²²u²²mɔ̃²²dʑiɔ²⁴dɔ³¹fɘʔ⁰kʰie⁵⁵］ 弹湖：跳跳鱼。望潮：一种海鲜

墨鱼花蚶当冷菜，［moʔ²ŋ⁴¹ho³³ɕie¹⁵tɔ̃³³lã⁵³tsʰe⁵⁵］

田蟹鳗鳖桌摆遍。［die²²ha⁵³mø²²piɐʔ⁵tɕyoʔ⁵pa⁵³pie⁵⁵］

鲻鱼红烧家常菜，［tsʅ³⁵ŋ⁴¹uoŋ²⁴ɕiɔ⁴²ko³³zɔ̃²⁴tsʰe⁵⁵］

清炖鲥鱼透新鲜。［tɕʰiŋ³³təŋ³³laʔ⁵ŋ⁴¹tʰio³³ɕiŋ⁵⁵ɕie⁴²］

正宗鲳鱼躹大个，［tɕiŋ³³tsoŋ³³tɕʰiã³⁵ŋ⁴¹io²²dəu²²kie⁵⁵］ 躹：很

一梗龙虾斤把半。［iɐʔ³kuã⁵³loŋ²⁴ho⁴²tɕiŋ³³po⁵³pø⁵⁵］ 斤把半：一斤半左右

米鱼膏是名菜，［mi⁵³ŋ²⁴kɔ⁴²zəʔ²miŋ²⁴tsʰe⁵⁵］

炖酒还要冰糖配。［təŋ³³tɕiu⁵³ua²²iɐʔ⁵piŋ³⁵dɔ̃⁴¹pʰe⁵⁵］

鱼皮馄饨味道险，［ŋ²²bi²²uəŋ³³dəŋ⁴¹mi²²dɔ³¹ɕie⁴²］ 味道险：吃得非常爽

炸鱼炸虾也都喜欢。［tsəʔ³ŋ²²tsəʔ³ho³⁵aʔtəu⁵⁵ɕi³³huø⁴²］

当中有一盘稀奇菜，［tɔ̃⁵⁵tɕyoŋ⁴²iu⁵³iɐʔ³bəŋ³¹ɕi³³dʑi²²tsʰe⁵⁵］

望望吓人吃吃鲜。［mɔ̃²²mɔ̃⁴¹huoʔ⁵n̠iŋ⁴¹tɕʰyoʔ³tɕyʰoʔ⁵ɕie⁵³］

请尔呐人客来猜一猜，［tɕʰiŋ⁵n̠⁵³neʔ⁰n̠iŋ²²kʰaʔ⁵le³¹tsʰe⁴²iɐʔ³tsʰe⁴²］ 尔呐：你们

原来渠是蟛蜞炒大蒜。［n̠yø²²le⁴¹gie³¹zʅ³¹moŋ⁴⁴koŋ⁴²tsʰɔ³⁵da²²sø⁵⁵］

还有无数玉环个特色菜，［ua²²iu⁵³u²²səu⁵⁵n̠yoʔ²uɛ⁴¹kəʔ⁰dəʔ²səʔ⁵tsʰe⁵⁵］

弗咸弗淡味道好吃险。［fəʔ³ɛ²²fəʔ³dɛ⁴¹mi²²dɔ³¹hɔ⁵³tɕʰyoʔ⁵ɕie⁵³］ 好吃险：非常好吃

小人吃爻日长夜大，［ɕiɔ⁵³n̠iŋ²⁴tɕʰyoʔ³ɔ̃⁰n̠iɐʔ²tɕiã⁵³ia²²dəu⁴⁴］ 小人：小孩儿

读书聪明险。［doʔ²ɕy⁴²tsʰoŋ³³miŋ⁴¹ɕie⁵³］ 聪明险：非常聪明

后生人吃爻，［io⁵³sã³⁵n̠iŋ⁴¹tɕʰyoʔ³ɔ⁰］

生意兴隆通四海。［sã³³i⁵⁵ɕiŋ³⁵loŋ⁴¹tʰoŋ³³sʅ³³he⁵³］

老人家吃爻，［lɔ⁵³n̠iŋ²⁴ko⁴²tɕʰyoʔ³ɔ⁰］

长命百岁人康健。［dʑia³³miŋ⁴⁴paʔ⁵ɕy⁵⁵n̠iŋ³¹kʰɔ̃³³dʑie⁴⁴］

（2018 年 8 月，发音人：陆绍朗）

金　华

一、歌谣

一粒星

一粒星，咯咯丁。[iəʔ⁴lɤ¹⁴ɕiŋ³³⁴，goʔ²¹goʔ²¹tiŋ⁵⁵]

两粒星，挂油瓶。[liaŋ⁵⁵lɤ¹⁴ɕiŋ³³⁴，kua⁵⁵iu³¹biŋ¹³]

油瓶漏，好炒豆。[iu³¹biŋ²¹liu¹⁴，xao⁵³tsʰao⁵⁵diu¹⁴]

豆香，好种秧。[diu¹⁴ɕiaŋ³³⁴，xao⁵³tɕioŋ³³iaŋ³³⁴]

秧无肥，好种梨。[iaŋ³³m³³vi³¹³，xao⁵³tɕioŋ³³li³¹³]

梨无核，好种大栗。[li³¹³m³³uəʔ²¹²，xao⁵³tɕioŋ³³tuɤ⁵⁵liəʔ²¹²]大栗：栗子

大栗三层壳，好种菱角。[tuɤ⁵⁵liəʔ²¹²sa³³səŋ³³kʰoʔ⁴，xao⁵³tɕioŋ³³liŋ³³koʔ⁴]

菱角两头尖，[liŋ³³koʔ⁴liaŋ⁵⁵diu³¹tɕie⁵⁵]

敲锣敲鼓到兰溪。[kʰao³³luɤ³¹³kʰao³³ku⁵³⁵tao⁵⁵la³¹tɕʰie⁵⁵]

兰溪角落里，[la³¹tɕʰie⁵⁵koʔ³loʔ³li⁵⁵]

撮来一个破铜碗ㄦ。[tsʰəʔ³lɛ⁵⁵iəʔ³kəʔ⁴pʰa³³toŋ³³uɛ̃¹⁴]撮：捡

担归去姊姊买花线。[ta³³kui⁵⁵kʰuⁿtɕi³³tɕi⁵⁵ma⁵³⁵xua³³ɕie⁵⁵]担：拿。姊姊：姐姐

花线吧咯⁼咯⁼断，买鸭卵。[xua³³ɕie⁵⁵pəʔⁿgoʔ²¹goʔ²¹təŋ⁵³⁵，ma⁵³⁵ua³³ləŋ⁵³⁵]咯⁼：夹。鸭

　　卵：鸭蛋

鸭卵香，隔壁老嬷ㄦ来⁼末里张。[ua³³ləŋ⁵³⁵ɕiaŋ³³⁴，kəʔ³piəʔ⁴lao⁵⁵mɤɛ̃¹⁴lɛ³¹məʔ²¹li¹⁴

　　tɕiaŋ³³⁴]老嬷ㄦ：老太太。来⁼：在。末：那

鸭卵臭，隔壁老嬷ㄦ来⁼末里咒。[ua³³ləŋ⁵³⁵tɕʰiu⁵⁵，kəʔ³piəʔ⁴lao⁵⁵mɤɛ̃¹⁴lɛ³¹məʔ²¹li¹⁴ tɕiu⁵⁵]

鸭卵清，隔壁老嬷儿来⁼末里寻金。[ua³³ləŋ⁵³⁵tɕʰiŋ³³⁴, kəʔ²³piəʔ²⁴lao⁵⁵mɤɛ̃¹⁴lɛ³¹məʔ²¹li¹⁴
səŋ³³tɕiŋ³³⁴]

鸭卵白，隔壁老嬷儿来⁼末里打大麦。[ua³³ləŋ⁵³⁵bəʔ²¹², kəʔ²³piəʔ²⁴lao⁵⁵mɤɛ̃¹⁴lɛ³¹məʔ²¹
li¹⁴taŋ⁵³⁵tuɤ⁵⁵məʔ²¹²]

条条龙

条条龙，吃狗蓬。[tiao³³diao³¹loŋ¹⁴, tɕʰiəʔ²³kiu⁵⁵boŋ¹⁴] 狗蓬：一种植物

狗蓬未开花，龙头爷爷接归家。[kiu⁵⁵boŋ¹⁴mi¹⁴kʰɛ³³xua³³⁴, loŋ³³tiu³³ia³¹ia¹⁴tɕie⁵⁵kui³³
kua³³⁴]

买帝⁼脂油渣，请请老人家。[ma⁵³ti⁵⁵tsʅ³³iu³¹tsua⁵⁵, tɕʰiŋ⁵³tɕʰiŋ⁵³lao⁵⁵n̠iŋ³¹kua⁵⁵] 帝⁼：点。

脂油渣：肥肉熬油后剩下的肉渣

老人家爬 [起来] 未哦？ [lao⁵⁵n̠iŋ³¹kua⁵⁵bɤa³¹xɛ¹⁴mi⁵⁵ou⁰]

爬 [起来] 喽。[bɤa³¹xɛ⁰lou⁰]

侬要吃头还吃尾巴儿，还吃中央节？[noŋ⁵³⁵iao³³tɕʰiəʔ²⁴diu³¹³uə²¹tɕʰiəʔ²⁴ŋ⁵⁵pɤɛ̃³³⁴, uəʔ²¹
tɕʰiəʔ²⁴tɕioŋ³³iaŋ³³tɕia⁵⁵] 侬：你

我要吃头，有骨头。[a⁵³⁵iao³³tɕʰiəʔ²⁴diu³¹³, iu⁵³⁵kuəʔ²³tiu⁵⁵]

吃尾巴儿，有刺。[tɕʰiəʔ²³ŋ⁵⁵pɤɛ̃³³⁴, iu⁵³tɕʰi⁵⁵]

吃中央节。[tɕʰiəʔ²⁴tɕioŋ³³iaŋ³³tɕia⁵⁵]

靠侬个贼运气。[kʰao⁵⁵noŋ⁵³kəʔ²⁰zəʔ²¹yəŋ⁵³tɕʰi⁵⁵] 个：的

（以上 2015 年 5 月，发音人：金晚生）

摇一摇

摇一摇，摇到外婆桥。[iao i iao, iao tao a bɤ dʑiao] ①

外婆请侬吃年糕。[a⁵⁵bɤ¹⁴tɕʰiŋ⁵³noŋ⁵³⁵tɕʰiəʔ²⁴n̠ia³¹kao⁵⁵]

糖蘸蘸，多吃块。[daŋ³¹³tsa⁵⁵tsa⁰, tuɤ³³tɕʰiəʔ²⁴kʰuɛ⁰]

盐蘸蘸，少吃块。[ie³¹³tsa⁵⁵tsa⁰, ɕiao⁵³tɕʰiəʔ²⁴kʰuɛ⁰]

（2015 年 6 月，发音人：叶琳）

---

① 本句是唱的，无法标调。

二、规定故事

牛郎和织女

来‐得远古个早年，［lɛ³¹təʔ⁰yɛ̃⁵³ku⁵³⁵kəʔ⁰tsao⁵⁵n̩ia³¹³］

听讲呢有一个小后生儿。［tʰiŋ⁵⁵kaŋ⁵³⁵ni⁰iu⁵⁵iəʔ³kəʔ²⁴ɕiao⁵³iu⁵⁵sɛ̃³³⁴］

后生儿呢，［iu⁵⁵sɛ̃³³⁴ni⁰］

渠呢爷了娘了呢都过辈了。［gəʔ²¹ni⁰ia³¹ləʔ⁰n̩iaŋ³¹ləʔ⁰ni⁰tu⁵⁵kuɤ³³pɛ⁵⁵ləʔ⁰］_{渠: 他。爷: 父亲，叙称。过辈: 去世}

渠自一个人，［gəʔ²¹ʑi¹⁴iəʔ³kəʔ⁵n̩iŋ³¹³］_{渠自: 他自己}

孤苦伶仃个。［ku³³kʰu⁵³⁵liŋ³¹tiŋ³³kəʔ⁰］

渠呢窝‐里呢有只老黄牛。［gəʔ²¹ni⁰uɤ³³li⁵³⁵ni⁰iu⁵³tsəʔ²⁴lao⁵⁵uaŋ³¹n̩iu¹⁴］_{窝‐里: 家里}

便靠葛只牛呢，［bie¹⁴kʰao⁵⁵kəʔ³tsəʔ²⁴n̩iu³¹ni⁰］_{葛: 这}

耕耕田，过过日子。［kaŋ³³kaŋ⁵⁵dia³¹³, kuɤ⁵⁵kuɤ⁵⁵n̩iəʔ²¹tsʅ⁵³⁵］

哼‐个黄牛做伴个。［xəŋ³³kəʔ²⁴uaŋ³¹n̩iu¹⁴tsuɤ³³pɤ⁵³⁵kəʔ⁰］_{哼‐: 和}

葛个黄牛啦，［kəʔ³kəʔ²⁴uaŋ³¹n̩iu¹⁴la⁰］

其实啦，［dʑi²¹ʑiəʔ²¹la⁰］

是天上个金星。［sʅ⁵⁵tʰia³³ɕiaŋ⁵⁵kəʔ⁰tɕiŋ³³ɕiŋ⁵⁵］

渠呢望葛个牛郎呢，［gəʔ²¹ni⁰moŋ¹⁴kəʔ³kəʔ²⁴n̩iu³¹laŋ¹⁴ni⁰］_{望: 看}

善良，良心好，［zɛ̃¹⁴liaŋ³¹³, liaŋ³¹ɕiŋ⁵⁵xao⁵³⁵］

老实，忠厚老实。［lao⁵⁵ʑiəʔ²¹², tɕioŋ³³iu⁵³⁵lao⁵⁵ʑiəʔ²¹²］

所以呢想帮葛个牛郎呢，［suɤ⁵⁵i³³ni⁰ɕiaŋ⁵⁵paŋ³³kəʔ³kəʔ²⁴n̩iu³¹laŋ¹⁴ni⁰］

成家立业，［dzəŋ³¹tɕia³³⁴liəʔ²¹n̩iəʔ²¹²］

想助渠一把。［ɕiaŋ⁵⁵dzu¹⁴gəʔ²¹²iəʔ³pɤa⁵⁵］

再有一次，［tsɛ⁵⁵iu⁵⁵iəʔ³tsʰʅ⁵⁵］

葛个老牛呢，［kəʔ³kəʔ²⁴lao⁵⁵n̩iu¹⁴ni⁰］

金星喽就是，托梦，［tɕiŋ³³ɕiŋ⁵⁵loʔ⁰dʑiu¹⁴sʅ⁰, tʰoʔ²⁴moŋ¹⁴］

托梦托哪个呢，托个牛郎夜里。［tʰoʔ²⁴moŋ¹⁴tʰoʔ²⁴la⁵⁵gəʔ²¹²ni⁰, tʰoʔ²⁴kəʔ²⁴n̩iu³¹laŋ¹⁴ia¹⁴li⁰］

讲啊，侬啦，明朝啦，［kaŋ⁵⁵a⁰，noŋ⁵⁵la⁰，miŋ³³tɕiao³³la⁰］明朝：明天

到得一个山下个一个大个湖里去。［tao³³tə?⁰iə?³kə?⁴sa³³ua⁵⁵kə?⁰iə?³kə?⁴duɤ¹⁴kə?⁰u³¹ li¹⁴kʰɯ⁰］

有一些女个，大姑娘，［iu⁵³iə?³sə?⁴ny⁵⁵kə?⁰，tuɤ⁵⁵ku³³n̠iaŋ⁵⁵］

来⁼末里呢，洗浴个。［lɛ³¹mə?²¹li⁵³⁵ni⁰，ɕie⁵⁵io?²¹²gə?⁰］洗浴：洗澡

葛些姑娘个裙了淡⁼实⁼呢挂得树上个。［kə?³sə?⁴ku³³n̠iaŋ⁵⁵kə?⁰dzyəŋ³¹lə?⁰ta⁵⁵ʑiə?²¹² ni⁰kua⁵⁵tə?⁰ʑy¹⁴ɕiaŋ⁰kə?⁰］淡⁼实⁼：什么

侬偷一件衣裳来，逃归来，担归来。［noŋ⁵³⁵tʰiu³³iə?⁴dʑie¹⁴i³³ɕiaŋ⁵⁵lɛ⁰，dao³¹³kui⁵⁵lɛ⁰， ta³³kui⁵⁵lɛ⁰］

葛么，哪个件衣裳侬偷归来个，［kə?³mə?⁴，la⁵⁵gə?²¹²dʑie¹⁴i³³ɕiaŋ⁵⁵noŋ⁵³⁵tʰiu³³kui⁵⁵lɛ⁰ kə?⁰］

葛个就是，可以呢，［kə?³kə?⁴dʑiu¹⁴sɿ⁰，kʰuɤ⁵⁵i⁰ni⁰］

哼⁼侬呢，做侬个老婆个。［xəŋ³³noŋ⁵³⁵ni⁰，tsuɤ⁵⁵noŋ⁵³⁵kə?⁰lao⁵⁵bɤ³¹³kə?⁰］

再葛个牛郎得老实人，［tsɛ⁵⁵kə?³kə?⁴n̠iu³¹laŋ¹⁴tə?⁰lao⁵⁵ʑiə?²¹n̠iŋ¹⁴］

嗦，听葛个托梦托来，［na⁵⁵，tʰiŋ⁵⁵kə?³kə?⁴tʰo?⁴moŋ¹⁴tʰo?³lɛ⁵⁵］

讲我侬试试起。［kaŋ⁵³⁵a³³noŋ⁵³⁵sɿ⁵⁵sɿ⁰tɕʰi⁰］我侬：我

渠第两日五更呢，［gə?²¹²tie³³liaŋ⁵⁵n̠iə?²¹²ŋ⁵⁵kaŋ³³ni⁰］

便呢半信半疑个，［bie¹⁴ni⁰pɤ⁵⁵ɕiŋ³³pɤ⁵⁵n̠i³¹³kə?⁰］

犹犹豫豫个呢，［iu³¹iu¹⁴y³¹y¹⁴kə?⁰ni⁰］

走得末个大个湖旁边。［tɕiu⁵³⁵tə?⁰mə?²¹gə?²¹²duɤ¹⁴kə?⁰u³¹³baŋ³¹pie³³⁴］

哎，清早五更，朦朦胧胧，［ei¹⁴，tɕʰiŋ³³tsao⁵⁵ŋ⁵⁵kaŋ³³⁴，moŋ³¹moŋ¹⁴loŋ³¹loŋ¹⁴］

真当望着，有七个女个来⁼末里洗浴。［tɕiŋ³³naŋ⁵⁵moŋ¹⁴tɕiə?⁰，iu⁵³⁵tɕʰiə?³kə?⁴ny⁵⁵kə?⁰ lɛ³¹mə?²¹li¹⁴ɕie⁵⁵io?²¹²］

渠吧慌慌忙忙，［gə?²¹pə?⁰xuaŋ³³xuaŋ⁵⁵maŋ³¹maŋ¹⁴］

来⁼树上呢，驮了一件红个，［lɛ³¹ʑy¹⁴ɕiaŋ⁰ni⁰，duɤ³¹lə?⁰iə?³dʑie¹⁴oŋ³¹kə?⁰］驮：拿

粉红个裙。［fəŋ⁵⁵oŋ³¹kə?⁰dzyəŋ³¹³］

驮来以后呢，"恰⁼恰⁼恰⁼"逃归去了。［duɤ³¹lɛ¹⁴i⁵⁵xou¹⁴ni⁰，tɕʰia¹⁴tɕʰia¹⁴tɕʰia¹⁴dao³¹ gui¹⁴kʰɯ⁰lə?⁰］"恰⁼"音殊

结果呢，到夜里，［tɕiə?³kuɤ⁵³⁵ni⁰，tao⁵⁵ia¹⁴li⁰］

真当有一个女个"笃笃笃"来⁼里敲渠个门。［tɕiŋ³³naŋ⁵⁵iu⁵⁵iə?³kə?⁴ny⁵⁵kə?⁰to?⁴to?⁴ to?⁴lɛ³¹li¹⁴kʰao³³⁴gə?²¹kə?⁰məŋ³¹³］

敲进去以后呢，［kʰao³³tɕiŋ⁵⁵kʰɯⁱi⁵⁵iu¹⁴ni⁰］

再哼=渠商量。［tsɛ⁵⁵xəŋ³³gəʔ²¹²ɕiaŋ³³liaŋ⁵⁵］

结果呢，就便是渠个老婆了。［tɕiəʔ³kuɤ⁵³⁵ni⁰，dʑiu¹⁴bie¹⁴sʅ⁰gəʔ²¹kəʔ⁰lao⁵⁵bɤ³¹ləʔ⁰］

葛一个呢，就是织女，［kəʔⁱiəʔ³kəʔ⁴ni⁰，dʑiu¹⁴sʅ⁰tsəʔ³n̠y⁵³⁵］

唵，个牛郎呢碰着织女了。［na⁵³，kəʔ⁴n̠iu³¹laŋ¹⁴ni⁰pʰoŋ⁵⁵tɕiəʔ⁰tsəʔ³n̠y⁵⁵ləʔ⁰］

唵，两个人呢有商有量，［na⁵³，liaŋ⁵³kəʔ⁴n̠iŋ³¹³ni⁰iu⁵⁵ɕiaŋ³³iu⁵⁵liaŋ³¹³］

唵，很温暖个，很幸福呢，［na⁵³，xəŋ⁵³uəŋ³³nuɛ̃⁵⁵kəʔ⁰，xəŋ⁵⁵ʑiŋ¹⁴foʔ⁴ni⁰］

一晃呢就三年过去了。［iəʔ³xuaŋ⁵³⁵ni⁰dʑiu¹⁴sa³³n̠ia⁵⁵kuɤ⁵⁵kʰɯ⁰ləʔ⁰］

渠浪=呢，生了一个儿子，［gəʔ²¹laŋ¹⁴ni⁰，saŋ³³ləʔ⁰iəʔ³kəʔ⁴əl³¹tsʅ⁵⁵］渠浪=: 他们

生了一个女儿，生活呢美满幸福。［saŋ³³ləʔ⁰iəʔ³kəʔ⁴n̠y⁵⁵əl³¹³，səŋ³³uəʔ²¹²ni⁰mei⁵³mɛ̃⁵
³⁵ʑiŋ¹⁴foʔ⁴］

哪个晓得葛件事干啊分天上个玉皇大帝晓得了。［la⁵⁵kəʔ⁰ɕiao⁵⁵təʔ⁰kəʔ⁴dʑie¹⁴zʅ³¹gɤ¹⁴
aⁿfəŋ³³tʰia³³ɕiaŋ⁵⁵kəʔ⁰n̠io²¹uaŋ¹⁴da³¹ti⁵⁵ɕiao⁵⁵təʔ⁰ləʔ⁰］事干: 事情。分: 被

曤曤，自个织女，［xoʔ⁴xoʔ⁰，ʑi¹⁴kəʔ⁰tsəʔ³n̠y⁵³⁵］

天上个，仙女，哪亨=离开天庭到凡间来，［tʰia³³ɕiaŋ⁵⁵kəʔ⁰，ɕiɛ̃³³n̠y⁵³⁵，la⁵⁵xaŋ³³⁴li³¹
kʰɛ³³⁴tʰiɛ̃³³diŋ³¹³tao⁵⁵vɛ̃³¹tɕiɛ̃³³lɛ³¹³］哪亨=: 怎么

嫁得一个葛种牛郎呢？［kua⁵⁵təʔ⁰iəʔ³kəʔ⁴kəʔ³tsoŋ⁵⁵n̠iu³¹laŋ¹⁴ni⁰］

弗行！唵。［fəʔ⁴ʑiŋ³¹³！ na⁵³］弗: 不

结果呢，就，来=有一日夜里，［tɕiəʔ³kuɤ⁵³⁵ni⁰，dʑiu¹⁴，lɛ³¹³iu⁵³iəʔ⁴n̠iəʔ²¹²ia¹⁴li⁰］

天雷猛雨，霍刷=搒搒，［tʰia³³lɛ⁵⁵maŋ³³y⁵³⁵，xuɤ⁵³ɕyɤ⁵⁵baŋ³¹baŋ¹⁴］天雷: 雷。猛: 势大。霍
刷=: 闪电

雨么也落得大猛，［y⁵³⁵məʔ⁰ia⁵³⁵loʔ²¹təʔ⁰duɤ¹⁴maŋ⁵³⁵］

唵，风也起得大猛，［na⁵³，foŋ³³ia⁵³⁵tɕʰi⁵³təʔ⁰duɤ¹⁴maŋ⁵³⁵］

唉，渠浪=吧醒来了。［ɛ³³⁴，gəʔ²¹laŋ¹⁴pəʔ⁰ɕiŋ⁵⁵lɛ⁰ləʔ⁰］

结果呢一记望，［tɕiəʔ³kuɤ⁵³⁵ni⁰iəʔ³tɕi⁵⁵moŋ¹⁴］一记: 一下

老婆无没了。［lao⁵⁵bɤ³¹³m³¹məʔ²¹ləʔ⁰］无没: 没有

一个儿一个囡呢望弗着娘呢，［iəʔ³kəʔ⁴ŋ³¹³iəʔ³kəʔ⁴nɛ̃¹⁴ni⁰moŋ¹⁴fəʔ⁴dʑiəʔ²¹²n̠iaŋ³¹ni⁰］
囡: 女儿

"哇哇哇"哭了。［ua¹⁴ua¹⁴ua¹⁴kʰoʔ⁴ləʔ⁰］

真奇怪嘞，［tsəʔ⁴dʑi³¹kua⁵⁵lei⁰］"真" 音殊

一记工夫会无没掉个呢？［iəʔ³tɕi⁵⁵koŋ³³fu⁵⁵uɛ⁵⁵m³¹məʔ²¹diao¹⁴kəʔ⁰nəʔ⁰］

个牛郎呢，真当，［kəʔ⁴n̠iu³¹laŋ¹⁴ni⁰，tsəʔ³naŋ⁵⁵］

来⁼焦急万分个时间呢，［lɛ³¹³tɕiao³³tɕiəʔ⁴uɛ̃¹⁴fəŋ⁵⁵kəʔ⁰ʐɿ³¹kua⁵⁵ni⁰］

突然呢听着老牛讲话了。［doʔ²¹ʐỹ³¹³ni⁰tʰiŋ⁵⁵tɕiəʔ⁰lao⁵⁵n̠iu³¹³kaŋ⁵⁵ua¹⁴ləʔ⁰］

老牛讲啊，［lao⁵⁵n̠iu³¹³kaŋ⁵⁵a⁰］

讲侬浪⁼分我侬呢头上葛两只角喏褪了来，［kaŋ³³noŋ³¹laŋ¹⁴fəŋ³³⁴a³³noŋ⁵³⁵ni⁰diu³¹ʑiaŋ¹⁴kəʔ⁰liaŋ⁵³tɕiəʔ⁴koʔnoʔ⁴tʰəŋ⁵⁵ləʔ⁰lɛ⁰］侬浪⁼：你们。褪：取，脱

我侬呢，会带侬浪⁼呢去追葛个织女个。［a³³noŋ⁵³⁵ni⁰，uɛ⁵⁵ta⁵⁵noŋ⁵⁵laŋ¹⁴ni⁰kʰɯ⁵⁵tsei³³⁴kəʔ³kəʔ⁴tɕiəʔ³n̠y⁵⁵kəʔ⁰］

话讲歇呢，［ua¹⁴kaŋ⁵³ɕie⁵⁵ni⁰］

葛个黄牛个头上两只角呢，［kəʔ³kəʔ⁴uaŋ³¹n̠iu¹⁴kəʔ⁰diu³¹ʑiaŋ¹⁴liaŋ⁵³tsəʔ⁴koʔ⁴ni⁰］

"薄⁼勒⁼得⁼"脱了地下了，［boʔ²¹ləʔ²¹təʔ⁴tʰəʔ⁴ləʔ⁰di¹⁴ua⁰ləʔ⁰］

变做两只箩筐。［pie⁵⁵tsuɤ⁰liaŋ⁵³tsəʔ⁴luɤ³¹kʰuaŋ³³⁴］

变做两只箩筐以后呢，［pie⁵⁵tsuɤ⁰liaŋ⁵³tsəʔ⁴luɤ³¹kʰuaŋ³³⁴i⁵⁵xou¹⁴ni⁰］

葛个牛郎呢马上分一个儿一个囥园得两个箩筐里。［kəʔ³kəʔ⁴n̠iu³¹laŋ¹⁴ni⁰ma⁵⁵ʑiaŋ¹⁴fəŋ³³⁴iəʔ³kəʔ⁴ŋ³¹³iəʔ³kəʔ⁴nɛ̃¹⁴kʰaŋ⁵⁵təʔ⁰liaŋ⁵³kəʔ⁴luɤ³¹kʰuaŋ³³li⁰］囥：放

一头一个，［iəʔ⁴diu³¹³iəʔ³kəʔ⁴］

再呢寻了一根扁担，［tsɛ⁵⁵ni⁰zəŋ³¹ləʔ⁰iəʔ³kəŋ⁵⁵pie⁵³ta⁵⁵］

挑起箩筐。［tʰiao³³tɕʰi⁵⁵luɤ³¹kʰuaŋ³³⁴］

一记挑［起来］，［iəʔ³tɕi⁵⁵tʰiao³³xɛ⁰］

一在⁼清风吹来了。［iəʔ³zɛ¹⁴tɕʰiŋ³³foŋ³³⁴tɕʰy³³lɛ⁵⁵ləʔ⁰］一在⁼：一阵

葛三个人呢便很快个飘出个房间，［kəʔ³sa³³kəʔ⁴n̠iŋ³¹³ni⁰bie¹⁴xəŋ⁵³kʰuɛ⁵⁵kəʔ⁰pʰiao³³tɕʰyəʔ⁴kəʔ⁴vaŋ³¹ka⁵⁵］

很轻飘飘个呢就向天上飞去。［xəŋ⁵⁵tɕʰiŋ³³pʰiao³³pʰiao⁵⁵kəʔ⁰ni⁰dʑiu¹⁴ɕiaŋ⁵⁵tʰia³³ɕiaŋ⁵⁵fi³³kʰɯ⁵⁵］

飞呀飞呀飞呀，［fi³³ia⁰fi³³ia⁰fi³³ia⁰］

腾云驾雾，［dəŋ³¹yəŋ³¹³tɕia⁵⁵vu¹⁴］

飞到天上望着织女来⁼前面。［fi³³tao⁵⁵tʰia³³ɕiaŋ⁵⁵moŋ¹⁴tɕiəʔ⁰tsəʔ³n̠y⁵³⁵lɛ³¹³ʑia³¹mie¹⁴］

结果呢，渠呢，就很快个速度追。［tɕiəʔ³kuɤ⁵³⁵ni⁰，gəʔ²¹ni⁰，dʑiu¹⁴xəŋ⁵³kʰua⁵⁵kəʔ⁰

soʔ⁴du¹⁴tsei³³⁴]

快要追着织女个时间呢，[kʰua⁵⁵iao⁰tsei³³tɕiəʔ⁰tɕiəʔ³n̠y⁵³⁵kəʔ⁰zɿ³¹kua³³ni⁰]

葛个时光啊，[kəʔ³kəʔ⁴zɿ³¹kuaŋ³³a⁰]

得王母娘娘望着了。[təʔ⁴uaŋ³¹mu⁵³⁵n̠iaŋ³¹n̠iaŋ¹⁴moŋ¹⁴tɕiəʔ⁰lə⁰] 得：被

王母娘娘："哎呦，快要追着了！"[uaŋ³¹m̩⁵³⁵n̠iaŋ³¹n̠iaŋ¹⁴ : ei⁵⁵ioʔ⁰, kʰua⁵⁵iao⁰tsei³³
　　tɕiəʔ⁰lə⁰]

马上分头上呢㩢了来一根金簪，[ma⁵⁵zaŋ¹⁴fəŋ³³⁴diu³¹ʑian¹⁴ni⁰maŋ⁵⁵ləʔ⁰lɛ⁰iəʔ³kəŋ⁵⁵
　　tɕiŋ³³tsɛ̃⁵⁵] 㩢：拔

一根头个簪嗻。[iəʔ³kəŋ⁵⁵diu³¹kəʔ⁰tsɤ⁵⁵noʔ⁰]

来ᵑ得个织女哼ᵑ牛郎之间呢一记划。[lɛ³¹təʔ⁰kəʔ⁰tɕiəʔ³n̠y⁵³⁵xəŋ³³n̠iu³¹laŋ¹⁴tsɿ³³tɕiɛ̃³³ni⁰
　　iəʔ³tɕi⁵⁵ua¹⁴]

马上出现了一条呢，[ma⁵⁵zaŋ¹⁴tɕʰyəʔ³ʑiɛ̃¹⁴ləʔ⁰iəʔ³diao³¹³ni⁰]

波烟滚滚，[po³³iɛ̃³³kuaŋ⁵³kuaŋ⁵³⁵]

茫茫一天平洋个大溪，[maŋ³¹maŋ¹⁴iəʔ³tʰia⁵⁵biŋ³¹iaŋ¹⁴kəʔ⁰tuɤ⁵³tɕʰie⁵⁵] 大溪：大河，江

一个，一个河流。[iəʔ³kəʔ⁴, iəʔ³kəʔ⁴xo³¹liu¹⁴]

分牛郎哼ᵑ织女呢，隔开来了。[fəŋ³³n̠iu³¹laŋ¹⁴xəŋ³³tsəʔ³n̠y⁵³⁵ni⁰, kəʔ⁴kʰɛ⁰lɛ⁰ləʔ⁰]

一个吧望着追弗着，[iəʔ³kəʔ⁴pəʔ⁰moŋ¹⁴tɕiəʔ⁰tsei³³fəʔ⁰dʑiəʔ²¹²]

烟ᵑ着听着，[iɛ³³tɕiəʔ⁰tʰiŋ⁵⁵tɕiəʔ⁰] 烟ᵑ：喊

但是呢，嗦，追弗着。[dɛ̃¹⁴sɿ⁰ni⁰, na⁵³, tsei³³fəʔ⁰dʑiəʔ²¹²]

老公吧烟ᵑ，[lao⁵⁵koŋ³³pəʔ⁰iɛ³³⁴]

两个儿了囥了吧哭。[liaŋ⁵⁵kəʔ⁰ŋ³¹ləʔ⁰nɛ̃¹⁴ləʔ⁰pəʔ⁰kʰoʔ⁵]

再葛个时间，[tsɛ⁵⁵kəʔ³kəʔ⁴sɿ³³kua⁵⁵]

葛个情况呢，[kəʔ³kəʔ⁴dʑiŋ³¹kʰuaŋ⁵⁵ni⁰]

感动了天上哼ᵑ地下葛些喜鹊。[kɛ̃⁵⁵doŋ¹⁴ləʔ⁰tʰia³³ɕiaŋ⁵⁵xəŋ³³di¹⁴ua⁵³⁵kəʔ³səʔ⁴ɕi⁵³tɕʰyəʔ⁴]

葛些喜鹊呢决定，[kəʔ³səʔ⁴ɕi⁵³tɕʰyəʔ⁴ni⁰tɕyəʔ⁴diŋ¹⁴]

就，有同情心嗻，[dʑiu¹⁴, iu⁵³⁵doŋ³¹dʑiŋ³¹ɕiŋ⁵⁵noʔ⁰]

便一只喜鹊个尾巴儿，[bie¹⁴iəʔ³tsəʔ⁴ɕi⁵³tɕʰiəʔ⁴kəʔ⁰ŋ⁵⁵pɤɛ̃³³⁴]

口蒲ᵑ咬了喜鹊个尾巴儿，[kʰiu⁵⁵bu³¹³ɤ¹⁴ləʔ⁰ɕi⁵³tɕʰiəʔ⁴kəʔ⁰ŋ⁵⁵pɤɛ̃³³⁴] 口蒲ᵑ：嘴。咬：咬

架起了一个鹊桥。[tɕia⁵⁵tɕʰiʔ⁰ləʔ⁰iəʔ³kəʔ⁴tɕʰiəʔ⁴dʑiao³¹³]

上，夫ᵑ千百万只喜鹊呢，[ʑiaŋ³¹³, fu³³tɕʰia³³pəʔ⁴va¹⁴tsəʔ⁴ɕi⁵³tɕʰiəʔ⁴ni⁰]

架成了一个桥。[tɕia⁵⁵dzəŋ³¹ləʔ⁰iəʔ³kəʔ⁴dʑiao³¹³]

每年七月七号，[mei⁵⁵n̠ia³¹³tɕʰiəʔ³n̠yɤ⁵⁵tɕʰiəʔ³ao¹⁴]

让葛个织女哼⁼牛郎呢能够呢相会。[n̠iaŋ¹⁴kəʔ³kəʔ⁴tɕiəʔ³n̠y⁵³⁵xəŋ³³⁴n̠iu³¹laŋ¹⁴ni⁰nəŋ³¹
　　kiu⁵⁵ni⁰ɕiaŋ³³ui¹⁴]

　　远古时候，听说有个小伙子。小伙子的父母都去世了。他自己一个人，孤苦伶仃。他家有头老黄牛，就靠这头牛耕田过日子，和这头黄牛做伴。这头黄牛实际上是天上的金星。他觉得牛郎很善良，良心好，忠厚老实，所以想帮牛郎成家立业，想助他一臂之力。

　　有一天晚上，金星托梦给牛郎，说："你明天到山脚下一个大湖边。有一些姑娘在那儿洗澡。这些姑娘的裙子挂在树上，你偷一件回来。谁的衣服被你偷回来了，谁就会成为你的妻子。"

　　牛郎是老实人，听了以后，说："我试试。"第二天早上，他半信半疑，犹犹豫豫地走到那个大湖边。一大早，朦胧间果真看见有七个女孩在那儿洗澡。他急急忙忙从树上拿了一件粉红色的裙子，拿来后赶紧跑回家。结果晚上果然有个女的"笃笃笃"来敲他家的门。进门和她商量后，她结果就成了他的妻子。这个姑娘就是织女。两个人有商有量，非常幸福。一晃三年过去了，他们生了一儿一女，生活美满幸福。

　　谁知道这件事情竟被天上的玉皇大帝知道了。仙女怎么能离开天庭，嫁给凡间的牛郎呢。不行！结果有一天晚上，电闪雷鸣，风雨交加。牛郎醒来了，结果发现妻子不见了。儿子和女儿找不着妈妈，哇哇大哭。真奇怪，怎么一下子就不见了？就在牛郎焦急万分之时，突然听到老牛说话了。老牛说："你们把我头上两只角拿下来，我会带你们去追织女。"

　　话音刚落，老牛头上的两只角就掉到地上了，变成了两个箩筐。牛郎马上把一双儿女放进箩筐。一头一个，找了一根扁担，挑起箩筐。一挑起来，一阵清风吹过。这三人很快飘出房间，向天上飞去。

　　飞呀飞呀，腾云驾雾，飞到天上看见织女在前面，他就飞快追去。快要追上织女时，恰好被王母娘娘看到了。王母娘娘一看快要追到了，马上从头上拔下一根金钗在织女和牛郎之间一划，马上出现一条波涛滚滚、一眼望不到边的河流把牛郎和织女分开了。能看到追不到，喊着能听到，但是追不到。牛郎在喊，两个孩子在哭。

　　这个遭遇感动了天下的喜鹊。喜鹊非常同情牛郎织女，就一只衔着另一只的尾巴，架起了一座鹊桥。成千上万只喜鹊架起了一座桥。每年七月初七，让牛郎织女相会。

（2015 年 6 月，发音人：金晚生）

三、自选条目

（一）谚语

饱带饭，［pao⁵³⁵ta³³va¹⁴］
暖带衣，［nɤ⁵³⁵ta³³i³³⁴］
晴带伞。［ʑiŋ³¹³ta³³sa⁵³⁵］

吃过清明粽，［tɕʰiəʔ³kuɤ⁵⁵tɕʰiŋ³³miŋ³³tsoŋ⁵⁵］
好分棉袄送。［xao⁵⁵fəŋ³³mie³³ao⁵³⁵soŋ⁵⁵］

东鲎日头西鲎雨。［toŋ³³xou⁵⁵ɲiəʔ²¹diu¹⁴ɕie³³xou⁵⁵y⁵³⁵］ 鲎：彩虹

秋雨隔田塍。［tɕʰiu³³y⁵³⁵kəʔ⁴dia³¹ʑiŋ¹⁴］ 田塍：田埂

长晴有长雨，［tɕiaŋ³³ʑiŋ³¹³iu⁵⁵tɕiaŋ³³y⁵³⁵］
长雨有长晴。［tɕiaŋ³³y⁵³⁵iu⁵⁵tɕiaŋ³³ʑiŋ³¹³］

好愁弗愁，［xao⁵⁵ʑiu³¹³fəʔ⁴ʑiu³¹³］
愁六月无日头。［ʑiu³¹³loʔ²¹ɲyɤ¹⁴m³³ɲiəʔ²¹diu¹⁴］

六月六，［loʔ²¹ɲyɤ¹⁴loʔ²¹²］
要吃肉。［iao³³tɕʰiəʔ⁴ɲioʔ²¹²］
弗吃肉，［fəʔ⁴tɕʰiəʔ⁴ɲioʔ²¹²］
要生瘔毒。［iao³³saŋ³³lɛ⁵⁵doʔ²¹²］ 瘔毒：毒瘤

钉死个秤，［tiŋ⁵⁵sɿ⁵³⁵kəʔ⁰tɕʰiŋ⁵⁵］

生死个性。[saŋ³³sʐ⁵³⁵kəʔ⁰ɕiŋ⁵⁵]

跟老虎吃肉，[kəŋ³³lao⁵³xu⁵³⁵tɕʰiəʔ⁴n̠ioʔ²¹²]
跟狗吃浣。[kəŋ³³kiu⁵³⁵tɕʰiəʔ³uɤ⁵⁵] 浣：粪便

黄胖春年糕，[uaŋ³¹pʰaŋ⁵⁵ɕyaŋ³³n̠ia³¹kao⁵⁵] 黄胖：由血吸虫病、钩虫病等引起的皮肤发黄而肿胀的
　病症
吃力弗讨好。[tɕʰiəʔ⁴liəʔ²¹²fəʔ³tʰao⁵³xao⁵³⁵]

破柴望丝绺，[pʰa⁵⁵za³¹³moŋ¹⁴sʐ³³liu⁵³⁵] 破柴：劈柴。丝绺：纹路
讨老婆望大舅。[tʰao⁵³⁵lao⁵⁵bɤ³¹³moŋ¹⁴tuɤ³³tɕiu⁵³⁵]

一个铜钿一个命，[iəʔ³kəʔ⁴doŋ³¹die¹⁴iəʔ³kəʔ⁴miŋ¹⁴]
两个铜钿打身命。[liaŋ⁵⁵kəʔ⁴doŋ³¹die¹⁴taŋ⁵⁵ɕiŋ³³miŋ¹⁴]

猪娘肉，[tɕy³³n̠iaŋ³³n̠ioʔ²¹²] 猪娘：母猪
晚娘毒。[mɤa⁵⁵n̠iaŋ³³doʔ²¹²] 晚娘：继母

三岁望到老。[sa³³sɛ⁵⁵moŋ¹⁴tao³³lao⁵³⁵]

牛都买来了，[n̠iu³¹tu⁵⁵ma⁵⁵lɛ³³ləʔ⁰]
在乎根牛绳？[zɛ¹⁴u⁰kəŋ⁵⁵n̠iu³¹ʑiŋ¹⁴]

（以上 2015 年 6 月，发音人：叶琳）

（二）谜语

一只鹁鸽平地飞，[iəʔ³tsəʔ⁴bəʔ²¹kɤ⁵⁵biŋ³¹di¹⁴fi³³⁴] 鹁鸽：鸽子
日饱饱，[n̠iəʔ²¹pao⁵³pao⁵³]
夜肚饥。[ia¹⁴tu⁵⁵tɕi³³⁴] 肚饥：饿
——鞋[ɑ³¹³]

（2015 年 6 月，发音人：叶琳）

汤 溪

第一章　歌谣

老老摸＝

狂＝年尔去山背，［gɑo¹¹n̠ie⁵²ŋ¹¹kʰəɯ⁵²suɑ²⁴pɛ⁰］狂＝：那。尔：你。山背：山后

报渠尔去去便来。［pɔ⁵²gɯ¹¹³ŋ¹¹kʰəɯ⁵²kʰəɯ⁰bie¹¹³lɛ¹¹］报：告诉。渠：他

渠日日望哒猞＝头路，［gɯ¹¹n̠iei¹¹n̠iei²⁴mɑo³⁴¹tɑ⁰gə⁰təɯ⁵²lu³⁴¹］猞＝：这。头：量词

竹＝望弗见尔侬归来。［tɕiou⁵⁵mɑo¹¹fə⁵²tɕie⁵²ŋ¹¹nɑo²⁴kuei²⁴lɛ⁰］竹＝：总是。尔侬：你

狂＝记时景，［gɑo¹¹tɕie⁵²sʅ³³tɕiɑi⁵³⁵］记：量词。时景：时候

渠嗰一个囡儿，尔侬个后生儿。［gɯ¹¹tei⁵⁵iei⁵²kɑ⁵²nã³⁴¹，ŋ¹¹nɑo²⁴kə⁰əɯ¹¹sɑŋ²⁴］囡：女孩。

　　后生儿：年轻人

狂＝么些年过去，［kɑo³³mɤ⁵²sɤ⁵²n̠ie¹¹kuɤ⁵²kʰəɯ⁰］

竹＝发现对渠哈中＝，［tɕiou⁵⁵fɤɑ⁵²ʑie³⁴¹tɛ⁵²gɯ¹¹xɑ³³tɕiɑo²⁴］哈中＝：为什么

心里还有点儿惊，［sai³³li¹¹³uɑ²⁴iəɯ¹¹n̠iã⁵²kuɑ²⁴］惊：怕

心里还有点儿惊。［sai³³li¹¹³uɑ²⁴iəɯ¹¹n̠iã⁵²kuɑ²⁴］

惊尔侬归来变个老货，［kuɑ²⁴ŋ¹¹nɑo²⁴kuei²⁴lɛ⁰mie⁵²kə⁰lɔ¹¹xuɤ⁵²］老货：老头

惊尔侬归来还后生儿般俏，［kuɑ²⁴ŋ¹¹nɑo²⁴kuei²⁴lɛ⁰uɑ²⁴əɯ¹¹sɑŋ²⁴mɤɑ²⁴tsʽɤ⁵²］

惊尔侬归来望见个老摸＝儿，［kuɑ²⁴ŋ¹¹nɑo²⁴kuei²⁴lɛ⁰mɑo¹¹tɕie⁵²kə⁰lɔ¹¹mɤɑŋ⁵⁵］

惊尔侬归来一记便认出渠。［kuɑ²⁴ŋ¹¹nɑo²⁴kuei²⁴lɛ⁰iei⁵²tɕie⁵²bie¹¹n̠iai³⁴¹tɕʰyɤ⁵⁵gɯ¹¹］

山里个藤梨熟罢，［suɑ²⁴li⁰kə⁰dɑŋ¹¹li⁵²ʑiou¹¹³bɑ¹¹³］个：的。藤梨：猕猴桃。罢：了

树上个毛栗儿空罢。［ʐy¹¹ʑiɔ¹¹³kə⁰mɔ¹¹leŋ⁵²kʰɑo²⁴bɑ¹¹³］

溪滩里个水，［tɕʰie²⁴tʰuɑ³³li¹¹³kə⁰ɕyei⁵³⁵］

流去了几许？［ləɯ¹¹kʰəɯ⁵²lə⁰kɛ⁵²xa⁵³⁵］几许：多少

哈中⁼还有鱼，［xa³³tɕiao²⁴uɑ³³iəɯ¹¹n̠y¹¹］

哈中⁼还有青蛙。［xa³³tɕiao²⁴uɑ³³iəɯ¹¹tsʰai²⁴uɑ⁰］

狂⁼年尔去山背，［gao¹¹n̠ie⁵²ŋ¹¹kʰəɯ⁵²sua²⁴pɛ⁰］

报渠尔去去便来。［pɔ⁵²gɯ¹¹³ŋ¹¹kʰəɯ⁵²kʰəɯ⁰bie¹¹³lɛ¹¹］

渠日日望哒荮⁼头路，［gɯ¹¹n̠iei¹¹n̠iei²⁴mao³⁴¹tɑ⁰gə¹¹təɯ⁵²lu³⁴¹］

竹⁼望弗见尔依归来，［tɕiou⁵⁵mao¹¹fə⁵²tɕie⁵²ŋ¹¹nao²⁴kuei²⁴lɛ⁰］

竹⁼望弗见尔依归来。［tɕiou⁵⁵mao¹¹fə⁵²tɕie⁵²ŋ¹¹nao²⁴kuei²⁴lɛ⁰］

（2019 年 7 月，发音人：何莉丹）

第二章　规定故事

牛郎和织女

村里呢，一个细，细后生，［tsʰɤ²⁴li⁰nə⁰，iei⁵²kɑ⁵²sia³³，sia³³əɯ¹¹sa²⁴］细：小

吓侬漂亮个呢。［xa⁵⁵nao⁰pʰie²⁴lɤa⁰kə⁰nə⁰］吓侬：表程度深

家里么，爷娘死得早，［ka³³li¹¹³mə⁰，ia¹¹n̠iɔ⁵²sʅ⁵²tə⁵²tsɔ⁵³⁵］

狂⁼吧，满辛苦，［gao¹¹³pa⁰，mɤ¹¹sɛ̃i³³kʰu⁵³⁵］满：表程度深

哪，狂⁼吧，便只和头老牛过个。［na⁰，gao¹¹³pa⁰，bie¹¹tsʅ⁵²xɔ⁵²təɯ⁵²lɔ¹¹n̠iəɯ¹¹kuɤ⁵² kə⁰］

荮⁼头老牛呢，便是天上放落来个，［gə¹¹təɯ⁵²lɔ¹¹n̠iəɯ¹¹nə⁰，bie¹¹dzʅ³⁴¹tʰie²⁴ziɔ⁰fao⁵² lɔ¹¹lɛ⁵²kə⁰］落：下

金星哪，牛金星。［tɕiɛ̃i³³sɛi²⁴na⁰，n̠iəɯ¹¹tɕiɛ̃i³³sɛi²⁴］

狂⁼，渠侬呢，秃⁼和头老牛，［gao¹¹³，gɯ¹¹nao⁵²nə⁰，tʰou⁵²xɔ⁵²təɯ⁵²lɔ¹¹n̠iəɯ¹¹］渠侬：

第三人称

相依为命，［sɤa²⁴i⁰uei¹¹mɛ̃i⁵²］

哪，靠耕田为生个。［na⁰，kʰɔ⁵²ka²⁴die⁰uei¹¹sa⁵²kə⁰］

格荮⁼头老牛呢，［kə²⁴gə¹¹təɯ⁵²lɔ¹¹n̠iəɯ¹¹nə⁰］

吓农欢喜荮⁼个牛郎。［xa⁵⁵nao⁰xua³³ɕi⁵³⁵gə¹¹kɑ⁵²n̠iəɯ¹¹lã¹¹］欢喜：喜欢

牛郎呢，因为渠勤劳喽，［ȵiɤu¹¹lã¹¹nə⁰，iɛ̃²⁴uei⁰gɯ¹¹dʑiɛ̃¹¹lɔ¹¹lɤɯ⁰］

会做，心以⁼好，［uɛ¹¹tsuɤ⁵²，sɛ̃i²⁴i¹¹xɔ⁵³⁵］以⁼：又

哪，狂⁼渠侬呢，秃⁼吓侬好好渠。［na⁰，gao¹¹³gɯ¹¹nao⁵²nə⁰，tʰou⁵²xa⁵⁵nao⁰xɔ⁵³⁵xɔ⁰gɯ¹¹］好好：喜欢

狂⁼呢，有一日呢，［gao¹¹³nə⁰，iəɯ¹¹iei⁵²ȵiei⁵²nə⁰］

渠侬晓得呢，舺⁼个，［gɯ¹¹nao⁵²ɕiɔ⁵²tei⁵⁵nə⁰，gə¹¹ka⁵²］

金星老牛晓得呢，［tɕiɛ̃i³³sɛ̃i²⁴lɔ¹¹ȵiəɯ¹¹ɕiɔ⁵²tei⁵⁵nə⁰］

天上有一群仙女要落来洗浴喽。［tʰie²⁴ʑiɔ⁰iəɯ¹¹iei⁵²tɕia⁵²sie³³ȵy¹¹³iɔ⁵²lɔ¹¹lɛ⁵²sie⁵²iou¹¹³lɤɯ⁰］

落来洗浴呢，［lɔ¹¹lɛ⁵²sie⁵²iou¹¹³nə⁰］

狂⁼舺⁼记晓得么，同舺⁼个，［gao¹¹³gɤ¹¹tɕie⁵²ɕiɔ⁵²tei⁵⁵mə⁰，tʰao⁵²gə¹¹ka⁵²］

舺⁼个牛郎成个家起来喽。［gə¹¹ka⁵²ȵiəɯ¹¹lã¹¹tɕʰiã¹¹ka⁵²tɕia²⁴tɕʰiɛ⁵²lɛ¹¹lɤɯ⁰］

舺⁼么好个侬！［gə¹¹mɤ¹¹³xɔ⁵³⁵kə⁰nao¹¹］个么：这么

狂⁼渠呢，托梦托得舺⁼个牛郎，［gao¹¹³gɯ¹¹nə⁰，tʰɔ⁵²mao³⁴¹tʰɔ⁵⁵tə⁰gə¹¹ka⁵²ȵiəɯ¹¹lã¹¹］

讴渠呢，渠讲尔侬去，［əɯ²⁴gɯ¹¹nə⁰，gɯ¹¹kɔ⁵²ŋ¹¹nao²⁴kʰəɯ⁵²］讴：叫

到村东面脚下一个湖里头。［tɔ⁵²tsʰɤ²⁴nao²⁴mie⁰tɕiɔ⁵²ua¹¹³iei⁵²ka⁵²u¹¹li¹¹dəɯ¹¹］

一群仙女，吓漂亮咯，来洗浴。［iei⁵²tɕia⁵²sie³³ȵy¹¹³，xa⁵²pʰie²⁴lɤa⁰kə⁰，lɛ¹¹³sie⁵²iou¹¹³］吓：很

尔侬去呢，偷撊一件衣裳，［ŋ¹¹nao²⁴kʰəɯ⁵²nə⁰，tʰəɯ³³iɔ⁵⁵iei⁵²tɕie⁵²i⁵⁵ʑiɔ⁰］撊：拿

挂树上，尔去偷去□来。［kua⁵²ʑy³⁴¹ʑiɔ⁰，ŋ¹¹³kʰəɯ⁵²tʰəɯ²⁴kʰəɯ⁰tʰa⁵²lɛ¹¹］□：拿

舺⁼件衣裳□来呢，［gə¹¹tɕie⁵²i⁵⁵ʑiɔ⁰tʰa⁵²lɛ¹¹nə⁰］

便是尔个老嬷。［bie¹¹dzȵ³⁴¹ŋ¹¹kə⁰lɔ¹¹mɤa¹¹³］老嬷：老婆

哪，狂⁼讴渠呢，［na⁰，gao¹¹³əɯ²⁴gɯ¹¹nə⁰］

头也弗回个逃归去。［təɯ³³ia¹¹³fə⁵²uɛ¹¹kə⁰dɔ¹¹kuei²⁴kʰəɯ⁰］弗：不。归：回

狂⁼渠呢，舺⁼个牛郎呢，［gao¹¹³gɯ¹¹nə⁰，gə¹¹ka⁵²ȵiəɯ¹¹lã¹¹nə⁰］

今日五更早五更呢，［ka³³ȵiei²⁴ŋ¹¹ka²⁴tsɔ⁵²ŋ¹¹ka²⁴nə⁰］五更：早上

半信半疑呢，［mɤ⁵²sɛ̃i⁵²mɤ⁵²i¹¹nə⁰］

也朦胧之中呢，［ia¹¹mao¹¹lao¹¹tsȵ²⁴tɕiao²⁴nə⁰］

渠也自守得一个山脚下喽，［gɯ¹¹ia¹¹³zi³⁴¹səɯ⁵³⁵tə⁰iei⁵²ka⁵²sua³³tɕiɔ⁵²ua¹¹³lɤɯ⁰］

舺⁼个去望望睇。［gə¹¹kə⁰kʰəɯ⁵²mao³⁴¹mao⁰tʰɛ⁵²］睇：看

只趍得一垜，［tɕiɛ⁵²bei¹¹tə⁵²iei⁵²da³⁴¹］趍：走。垜：趟

几姊妹群仙女落埭洗浴。[tɕi^{52}tsi^{52}mɛ^{11}tɕiɑ^{52}sie^{33}ȵy^{113}lɔ^{11}da^{113}sie^{52}iou^{113}]埭：地方，那里

哪，狂=只望得呢，[na^{0}，gɑo^{113}tɕiɛ^{52}mɑo^{341}tə^{0}nə^{0}]

嗬，群仙女真正还有，[xɔ^{52}，tɕiɑ^{52}sie^{33}ȵy^{113}tɕiã^{33}tɕiã^{52}uɑ^{33}iəɯ^{113}]

件衣裳挂得一蓬树上，[tɕie^{52}i^{55}ʑiɔ^{0}kuɑ^{52}tə^{0}iei^{52}təɯ^{52}ʑy^{341}ʑiɔ^{0}]

搿=个一件粉红色个衣裳。[gə^{11}kə^{0}iei^{52}tɕie^{52}fã^{52}ɑo^{11}sə^{55}kə^{0}i^{55}ʑiɔ^{0}]

狂=渠呢，偷搿=件□得来。[gɑo^{113}gɯ^{11}nə^{0}，t^{h}əɯ^{24}gə^{11}tɕie^{52}t^{h}ɑ^{52}tə^{0}lɛ^{11}]

哪，狂=□来呢，狂=吧，[na^{0}，gɑo^{113}t^{h}ɑ^{52}lɛ^{11}nə^{0}，gɑo^{113}pa^{0}]

来弗赶忙头也弗转个逃归去罢。[lɛ^{11}fə^{52}kɤ^{52}mɑo^{11}dəɯ^{11}iɑ^{113}fə^{52}tɕyɤ^{0}kə^{0}dɔ^{11}kuei^{24} k^{h}əɯ^{0}bɑ^{113}]转：回

逃归呢，狂=个日夜里呢，[dɔ^{11}kuei^{52}nə^{0}，gɑo^{113}ka^{33}ȵiei^{24}iɑ^{341}li^{0}nə^{0}]

狂=搿=个织女呢，[gɑo^{113}gə^{11}kɑ^{52}tsə^{52}ȵy^{11}nə^{52}]

竹=望自一件衣裳冇罢。[tɕiou^{52}mɑo^{341}zɿ^{341}iei^{52}tɕie^{52}i^{55}ʑiɔ^{0}mɑo^{11}bɑ^{113}]冇：没有

狂=渠吧，以=赶。[gɑo^{113}gɯ^{11}pa^{0}，i^{11}kɤ^{535}]赶：追

赶到搿=个牛郎家里，[kɤ^{535}tə^{0}gə^{11}kɑ^{52}ȵiəɯ^{11}lã^{11}kɑ^{33}li^{113}]

轻轻点个门起敲。[tɕ^{h}iɛ̃i^{33}tɕ^{h}iɛ̃i^{33}ȵie^{535}kə^{0}mã^{11}tɕ^{h}iɛ^{52}k^{h}ɔ^{24}]

狂=，搿=日夜里呢，[gɑo^{113}，gə^{11}ȵiei^{52}iɑ^{341}li^{0}nə^{0}]

渠到渠家里，[gɯ^{113}tɔ^{52}gɯ^{11}kɑ^{33}li^{113}]

便两个侬结为夫妻罢。[bie^{11}lɤa^{11}kɑ^{52}nɑo^{11}tɕiɛ^{55}uei^{0}fu^{24}tɕ^{h}i^{0}bɑ^{113}]侬：人

哪，那结为夫妻呢，[na^{0}，gɑo^{113}tɕiɛ^{55}uei^{0}fu^{24}tɕ^{h}i^{0}nə^{0}]

狂=便，一转眼呢，[gɑo^{113}bie^{113}，iei^{52}tɕyɤ^{52}ie^{535}nə^{0}]

格三年过去罢，哪。[kə^{24}suɑ^{24}ȵie^{0}kuɤ^{52}k^{h}əɯ^{0}bɑ^{113}，na^{0}]

吓侬快咧，格三年，[xa^{55}nɑo^{0}k^{h}uɑ^{52}lie^{0}，kə^{24}suɑ^{24}ȵie^{0}]

吓侬味！ [xa^{55}nɑo^{0}vi^{341}]味：舒服

狂=三年呢，生出一个儿，[gɑo^{113}suɑ^{24}ȵie^{0}nə^{0}，sa^{33}tɕ^{h}yɤ^{55}iei^{52}kɑ^{52}ŋ^{11}]

一个囡。[iei^{52}kɑ^{52}na^{113}]

狂=呢，家里头吧也过得吓侬开心，[gɑo^{113}nə^{0}，kɑ^{33}li^{11}təɯ^{52}pa^{0}iɑ^{113}kuɤ^{52}tə^{0}xa^{55}nɑo^{0} k^{h}ɛ^{24}sɛ̃i^{0}]

哪，过得吓侬舒服。[na^{0}，kuɤ^{52}tə^{0}xa^{55}nɑo^{0}ɕy^{33}fou^{24}]

哎，好景弗长。[ɛ^{0}，xɔ^{52}tɕiɛ̃i^{535}fə^{52}dʑiɔ^{11}]

搿=个，嗯，一个，[gə^{11}kɑ^{52}，ŋ^{0}，iei^{52}kɑ^{52}]

㑔=个织女得系自私自下凡落来咧，[gə¹¹ka⁵²tɕiɛ⁵⁵n̠y¹¹tei⁵⁵z̩³⁴¹s̩³³dz̩³⁴¹z̠ia¹¹fɤa⁵²lɔ¹¹ lɛ⁵²lie⁰] 系：是

爷娘秃=弗同意喽。[ia¹¹n̠iɔ⁵²tʰou⁵⁵fə⁰dao¹¹i⁵²ləɯ⁰] 爷娘：父母

狂=㑔=个玉皇大帝晓得罢咧，嗬嗬，[gao¹¹³gə¹¹ka⁵²n̠y¹¹uã¹¹da¹¹ti⁵²ɕiɔ⁵²tei⁵⁵ba¹¹³lie⁰， xɔ⁵²xɔ⁰]

一记工夫天雷火扇=啦，[iei⁵²tɕie⁵²kao²⁴fuº tʰie³³lɛ³³xuɤ⁵²ɕie⁵²lə⁰] 火扇=：闪电

风啦，雨啦，[fao²⁴lə⁰， y¹¹³lə⁰]

秃=吓侬大吹吹来，吓侬大。[tʰou⁵⁵xa⁵⁵nao⁰duɤ³⁴¹tɕʰy²⁴tɕʰyºlɛ¹¹， xa⁵⁵nao⁰duɤ³⁴¹]

狂=呢，同㑔=个，㑔=个囝呢，[gao¹¹³nə⁰， tʰao⁵²gə¹¹ka⁵²， gə¹¹ka⁵²na¹¹nə⁵²]

同㑔=个织女呢，[tʰao⁵²gə¹¹ka⁵²tsə⁵⁵n̠y¹¹nə⁵²]

尺=起归去。[tɕʰiɛ⁵²tɕʰi⁵³⁵kuei²⁴kʰəɯ⁰] 尺=：抓

狂=㑔=记时景呢，[gao¹¹³gɤ¹¹tɕie⁵²s̩³³tɕiẽi⁵³⁵nə⁰]

家里头㑔=个老公以=急起罢呢。[ka³³li¹¹təɯ⁵²gə¹¹ka⁵²lɔ¹¹kao⁵²i¹¹tɕiei⁵²tɕʰi⁵³⁵ba¹¹³nə⁰]

狂=吧，㑔=儿孝=㑔=囝以=，[gao¹¹³paº， gə¹¹ŋ¹¹xɔ⁵²gə¹¹na¹¹³i¹¹] 孝=：和

哭了吧呢。[kʰou⁵⁵lə⁰paºnə⁰]

狂=呢，㑔=个时景呢，[gao¹¹³nə⁰， gə¹¹ka⁵²s̩³³tɕiẽi⁵³⁵nə⁰]

㑔=个金星老牛呢，㑔=个讴渠。[gə¹¹ka⁵²tɕiẽi³³sẽi²⁴lɔ¹¹n̠iəɯ¹¹nə⁰， gə¹¹ka⁵²əɯ²⁴gu¹¹]

尔[弗要]急，急茄=西，㑔=个喽，[ŋ¹¹³fi⁵²tɕiei⁵⁵， tɕiei⁵⁵dʑia¹¹sie⁵²， gə¹¹ka⁵²ləɯ⁰]

□两只角搣落来便是个，[tʰa⁵²lɤa¹¹tɕie⁵²kɔ⁵⁵iɔ⁵²lɔ¹¹lɛ¹¹bie¹¹dz̩³⁴¹kə⁰]

便会变出两只箩个。[bie¹¹uɛ³⁴¹mie⁵²tɕʰyɤ⁵⁵lɤa¹¹tɕie⁵²luɤ¹¹kə⁰]

㑔=个牛郎呢，[gə¹¹ka⁵²n̠iəɯ¹¹lã¹¹nə⁰]

感到奇怪，[kã⁵²tɔ⁵²dʑi¹¹kua⁵²]

嗬，两只角哈么变出箩啊。[xɔ⁵²， lɤa¹¹tɕie⁵²kɔ⁵⁵xa²⁴mɤºmie⁵²tɕʰyɤ⁵⁵luɤ¹¹aº] 哈么：怎么

正冇落得讲个时景，[tɕiã⁵²maoºlɔ¹¹ta⁵²kɔ⁵²kəºs̩³³tɕiẽi⁵³⁵]

㑔=两只角搣个□落来罢，[gə¹¹lɤa¹¹tɕie⁵²kɔ⁵⁵iɔ⁵⁵kə⁰tʰa⁵²lɔ¹¹lɛ¹¹ba¹¹³]

狂=记吧，真正变出两只箩来。[gao¹¹³tɕieºpaº， tɕiã³³tɕiã⁵²mie⁵²tɕʰyɤ⁵⁵lɤa¹¹tɕie⁵²luɤ¹¹ lɛ¹¹]

哪，狂=吧，㑔=个，同两个细侬儿吧，[naº， gao¹¹³paº， gə¹¹ka⁵²， tʰao⁵²lɤa¹¹ka⁵²sia³³ naoŋ²⁴paº] 细侬儿：小孩儿

放两只箩里。[fao⁵²lɤa¹¹tɕie⁵²luɤ¹¹li¹¹³]

狂=搿=吧记放得箩里，[gao¹¹³gə¹¹pa⁰tɕie⁵²fao⁵²tə⁰luɤ¹¹li¹¹³]

头扁担即摭得来。[təɯ⁵²mie⁵²nua⁵²tɕi⁵²iɔ⁵⁵tə⁰lɛ¹¹]

一记工夫，[iei⁵²tɕie⁵²kao²⁴fu⁰]

以=个，该口风吹来罢。[i¹¹kə⁰, kɛ²⁴zɛ³⁴¹fao²⁴tɕʰy³³lɛ¹¹ba¹¹³] 该：这。口：阵

哪，一口风，[na⁰, iei⁵²zɛ³⁴¹fao²⁴]

秃=去吹得来得，以=格 [tʰou⁵⁵kʰəɯ⁵²tɕʰy²⁴tə⁰lɛ¹¹tə⁰, i¹¹kə⁰]

吹上去罢。[tɕʰy²⁴ʑiɔ¹¹kʰəɯ⁵²ba¹¹³]

飞上去罢呢，[fi²⁴ʑiɔ¹¹kʰəɯ⁵²ba¹¹³nə⁰]

飞天宫上罢。[fi²⁴tʰie²⁴kao³³ʑiɔ¹¹³ba¹¹³]

狂=，飞记飞记呢，[gao¹¹³, fi²⁴tɕie⁵²fi²⁴tɕie⁵²nə⁰]

正望见哦，嗬嗬，[tɕiã⁵²mao¹¹tɕie⁵²uɤ⁰, xɔ⁵²xɔ⁰]

便赶着渠自个老嫲个咧，哪。[bie¹¹³kɤ⁵²tɕiɔ⁵⁵guɯ¹¹³zi³⁴¹kə⁰lɔ¹¹mɤa¹¹³kə⁰lie⁰, na⁰]

嗬，搿=记时景呢，[xɔ⁰, gɤ¹¹tɕie⁵²sɿ³³tɕiɛ̃i⁵³⁵nə⁰]

一个王母娘娘，一个望后，[iei⁵²ka⁵²uã³³m¹¹³n̠iã¹¹n̠iã¹¹, iei⁵²ka⁵²mao¹¹əɯ¹¹³]

一头金簪急忙，[iei⁵²təɯ⁵²tɕiɛ̃i³³tsʰa³³tɕiei⁵⁵mao⁰]

一记划得来。[iei⁵²tɕie⁵²ua¹¹tə⁰lɛ¹¹]

秃=个该头河，[tʰou⁵⁵kə⁰kɛ²⁴təɯ⁵²uɤ¹¹]

哪哪哪，头天河划得出，[na⁰na⁰na⁰, təɯ⁵²tʰie²⁴uɤ⁰ua¹¹tə⁰tɕʰyɤ⁵⁵]

席阔席阔呢。[zei¹¹kʰua⁵⁵zei¹¹kʰua⁵⁵nə⁰] 席阔：形容很宽阔

秃=望弗见边个啦，[tʰou⁵²mao¹¹fə⁵²tɕie⁵²mie²⁴kə⁰la⁰]

两个人秃=，哪。[lɤa¹¹ka⁵²nao¹¹tʰou⁵⁵, na⁰]

狂=么时景呢，[kao³³mɤ⁵²sɿ³³tɕiɛ̃i⁵³⁵nə⁰]

搿=记搿=些喜鹊呢，[gɤ¹¹tɕie⁵²gə¹¹sɤ⁵²ɕi⁵²tɕʰyɤ⁵⁵nə⁰]

农历七月七呢，[nao¹¹lei¹¹³tsʰei⁵²n̠yɤ¹¹tsʰei⁵⁵nə⁰]

渠秃=要到埭来嬉。[guɯ¹¹tʰou⁵²iɔ⁵²tɔ⁵²da¹¹lɛ⁵²ɕi²⁴] 嬉：玩

搿=些喜鹊，[gə¹¹sɤ⁵²ɕi⁵²tɕʰyɤ⁵⁵]

狂=呢，望见么呢，嗬嗬，[gao¹¹³nə⁰, mao¹¹tɕie⁵²mɤ⁰nə⁰, xɔ⁵²xɔ⁰]

头一个接一个，[dəɯ¹¹iei⁵²ka⁵²tsie⁵²iei⁵²ka⁵²]

秃=连着尾巴。[tʰou⁵⁵lie³³tɕiɔ⁵⁵ŋ¹¹pɤ⁵²]

上千上万个喜鹊，[ʑiɔ¹¹tsʰie⁵²ʑiɔ¹¹vɤa³⁴¹kə⁰ɕi⁵²tɕʰyɤ⁵⁵]

狂＝秃＝个接出一条喜鹊桥。［gao^{113}tʰou^{55}kə^{0}tsie^{52}tɕʰɤ^{55}iei^{52}tɯ^{52}ɕi^{52}tɕʰɤ^{55}dʑiɔ^{11}］

狂＝舸＝记时景呢，［gao^{113}gɤ^{11}tɕie^{52}sʅ^{33}tɕiẽi^{535}nə^0］

舸＝个牛郎呢，孝＝个织女呢，［gə^{11}ka^{52}ȵiəɯ^{11}lã^{11}nə^0，xɔ^{52}gə^{11}tɕiɛ^{55}ȵy^{341}nə^0］

抓＝□个喜鹊桥相会。［tɕya^{24}a^{11}ka^{52}ɕi^{52}tɕʰɤ^{55}dʑiɔ^{11}sɤa^{24}uɛ^0］　抓＝：在。□：这

舸＝个相会便是讲，［gə^{11}ka^{52}sɤa^{24}uɛ^{0}bie^{11}dʑʅ^{11}kɔ^{535}］

牛郎织女相会喜鹊，［ȵiəɯ^{11}lã^{11}tɕie^{52}ȵy^{341}sɤa^{24}uɛ^{0}ɕi^{52}tɕʰɤ^{55}］

便是舸＝么来个。［bie^{11}dʑʅ^{341}gə^{11}mɤ^{11}lɛ^{11}kə^0］

哪，吓侬哄！［na^0，xa^{55}nao^{0}vi^{341}］

随＝好随＝好！［zei^{11}xɔ^{52}zei^{11}xɔ^{52}］　随＝：很

狂＝吧，每一年个喜鹊，［gao^{113}ba^0，me^{11}iei^{52}ȵie^{11}kə^{0}ɕi^{52}tɕʰɤ^{55}］

秃＝七月七，［tʰou^{55}tsʰei^{52}ȵyɤ^{11}tsʰei^{55}］

七月七，［tsʰei^{52}ȵyɤ^{11}tsʰei^{55}］

牛郎孝＝织女相会。［ȵiəɯ^{11}lã^{11}xɔ^{52}tɕie^{52}ȵy^{341}sɤa^{24}uɛ^0］

　　村里的一个小伙子，长得很俊俏。家里父母死得早，过得很辛苦，只有一头老牛一起过日子。这头老牛其实是天上的金牛星。牛郎与老牛相依为命，靠老牛耕田为生。这头老牛很喜欢牛郎。因为牛郎勤劳、肯干、善良，大家都很喜欢他。

　　有一天，金牛星得知天上有一群仙女要到凡间来洗澡。它知道后，想帮牛郎成个家。牛郎这么好的人！他就托梦给牛郎，要他去到村东面山脚下一个湖边，会有一群很漂亮的仙女来洗澡。"你去把挂在树上的衣裳偷来。衣裳偷来了，衣裳的主人就会成为你的妻子。"老牛告诉他，要头也不回地跑回家去。于是牛郎这天大清早，在朦胧之中半信半疑地去山脚下看看。只走了一趟，真看见一群仙女来这洗澡。只见真有一件仙女的衣裳挂在一棵树上，是一件粉红色的衣裳。他偷偷去取了来，取来后，赶忙头也不回地跑回家。当晚，织女发现自己一件衣服不见了，她便追到牛郎家里，轻轻敲门。当天夜里，她和牛郎结为了夫妻。

　　他们结为夫妻后，一转眼，三年过去了。三年过得很快，也很幸福。三年里，夫妻生了一儿一女。全家过得很开心，过得很舒服。好景不长，织女私自下凡，她父母都不同意。这事被玉皇大帝知道了，顿时电闪雷鸣，风雨交加，狂风暴雨，把女儿织女抓了回去。牛郎很着急，儿女又哭了。此时，金牛星告诉他，

你别急，急什么！快把我的两只角取下来，它们便会变成两只箩筐。

牛郎感到奇怪，两只角怎么能变成箩筐？正不知道如何讲时，两只牛角掉了下来，真的变成了两只箩筐。牛郎把两个小孩放在两只箩筐里，用扁担挑起来。瞬间，一阵又一阵风吹来，把他们吹上天空，腾云驾雾，飞向天宫。飞啊，飞啊，眼看就要追上妻子了。这时，王母娘娘看见了，忙拔下一根金钗。一划，立刻出现一条河，在两人间划出一条天河。很宽很宽的，都望不到边，两个人都望不到对方了。

那时，一些喜鹊在农历七月七都要到这里来玩。这些喜鹊看见此情此景，一只接一只地都衔着前一只的尾巴。成千上万只喜鹊，搭成一座鹊桥。牛郎和织女得以在鹊桥上相会。

牛郎织女鹊桥相会，就是这么来的，非常幸福美好。之后每一年喜鹊都会在七月七帮牛郎织女相会。

（2019年7月，发音人：汪素云）

三、自选条目

（一）谚语

孏人家败，养鸡卖；[ʑy¹¹ȵiei¹¹kuɑ⁵²bɑ³⁴¹, io¹¹tɕie²⁴mɑ³⁴¹]孏人家：女人
男子农败，起屋卖。[nɤ¹¹tsɿ⁵²nɑo¹¹bɑ³⁴¹, tɕʰi⁵²ou⁵⁵mɑ³⁴¹]起屋：造房子

会做[弗会]好；[ue¹¹tsuɤ⁵²fuɛ⁵²xɔ⁵³⁵]
会吃[弗会]饱。[ue¹¹tɕʰiei⁵²fuɛ⁵²pɔ⁵³⁵]

日日夜夜想发财，[ȵiei¹¹ȵiei¹¹iɑ¹¹iɑ³⁴¹sɤɑ⁵²fɤɑ⁵⁵zɤ⁰]
财神未到手上来。[zɤ¹¹ɕiɑ̃⁵²mi¹¹tɔ⁵²ɕiəu⁵²ziɿ¹¹³lɛ¹¹]

过立冬，[kuɤ³³lei¹¹nɑo²⁴]
东家供。[nɑo²⁴kuɑ⁰tɕiɑo²⁴]供：养

等茶弗滚；[nɑ̃⁵²dzuɑ¹¹fə⁵²kuɑ̃⁵³⁵]

等儿弗大。［nã⁵²ŋ¹¹fə⁵²duɤ³⁴¹］

着褰衣打火，［tɕiɔ⁵²suɤ²⁴i⁰na⁵²xuɤ̃⁵³⁵］打火：扑火
有劳无功。［iəɯ¹¹lɔ¹¹vu¹¹kɑo²⁴］

山里毛虫，［sua³³li¹¹³mɔ¹¹tɕiɑo⁵²］
大麦裹粽，［duɤ¹¹ma¹¹³kuɤ⁵²tsɑo⁵²］
细麦炒米胖。［sia³³ma²⁴tsʰɔ⁵²mie¹¹pʰɑo⁵²］

一个铜钿一个命；［i⁵²kɑ⁵²dɑo¹¹die⁵²i⁵²kɑ⁵²mɛ̃i³⁴¹］钿：钱
两个铜钿打人命。［lɤa¹¹kɑ⁵²dɑo¹¹die⁵²na⁵²ʑiã¹¹mɛ̃i⁵²］人：伤害

大门对大门，［duɤ¹¹mã⁵²tɛ³³duɤ¹¹mã⁵²］
狗洞对狗洞。［kɯ⁵²dɑo³⁴¹tɛ³³kɯ⁵²dɑo³⁴¹］

大侬讲种田，［duɤ¹¹nɑo⁵²kɔ⁵²tɕiɑo²⁴die⁰］
细侬儿讲过年。［sia³³nɑoŋ²⁴kɔ⁵²kuɤ²⁴n̠ie⁰］

蛤□躲端午。［kɯ⁵²pɤ⁵³⁵tuɤ⁵²nɤ³³ŋ¹¹³］蛤□：癞蛤蟆
饿鬼抢羹饭。［uɤ¹¹kuɛ⁵³⁵tsʰɤa⁵²kɑ²⁴vɤa⁰］

吃喽立夏子，［tɕʰiei⁵⁵ləɯ⁰lei¹¹ua¹¹tsɿ⁵³⁵］子：蛋
大细麦日夜死。［duɤ¹¹sia³³ma²⁴n̠iei¹¹ia¹¹sɿ⁵³⁵］

困过冬，［na¹¹³kuɤ³³nɑo²⁴］
去个公。［kʰəɯ⁵²kɑ⁰kɑo²⁴］
困烧冬，［na¹¹³ɕiɔ³³nɑo²⁴］
两头空。［lɤa¹¹təɯ³³kʰɑo²⁴］

（以上 2019 年 12 月，发音人：魏雪清）

兰　溪

第一章　歌谣

1. 东风凉

东风凉，西风凉，〔toŋ³³⁴foŋ⁴⁵liaŋ²¹，ɕie³³⁴foŋ⁴⁵liaŋ²¹〕

凉凉宝宝口中央。〔liaŋ²¹liaŋ²¹pɔ⁵⁵pɔ⁵⁵kʰəu⁵⁵tsoŋ³³⁴iaŋ³³⁴〕

2. 搦羊儿

羊咪咪，三十六，〔iaŋ²¹mi⁴⁵mi⁰，sua³³⁴ʑiəʔ¹²lɔʔ¹²〕

爷吃骨头儿吃肉。〔ia²¹tɕʰiəʔ³⁴kuəʔ³⁴təu⁴⁵n²¹tɕʰiəʔ³⁴n̠iɔʔ¹²〕

张天师，爬起未？〔tɕiaŋ³³⁴tʰia³³⁴sɿ⁴⁵，bia²¹tɕʰi⁵⁵mi⁴⁵〕

爬起咯！〔bia²¹tɕʰi⁵⁵lɔ⁴⁵〕

3. 点得子

点点得得，〔tia⁵⁵tia⁵⁵təʔ³⁴təˀ⁴⁵〕

桃花水色，〔dɔ²¹xua³³⁴ɕy⁵⁵səʔ³⁴〕

金子阿妹，〔tɕin³³⁴tsɿ⁴⁵a⁵⁵me²⁴〕

留一步，抽一只。〔ləu²¹iəʔ³⁴bu²⁴，tɕʰiəu³³⁴iəʔ³⁴tsəʔ³⁴〕

4. 腘纹歌

一腘穷，两腘富，〔iəʔ³⁴luɤ²¹dʑioŋ²¹，liaŋ⁵⁵luɤ²¹fu⁴⁵〕

三腘磨豆腐，〔sua³³⁴luɤ²¹mɔ²¹təu⁵⁵vu²⁴〕

四胕开当铺，［si⁴⁵luɤ²¹kʰe³³⁴taŋ⁵⁵pʰu⁴⁵］

五胕卖缸甏，［n̩⁵⁵luɤ²¹ma²⁴kaŋ³³⁴bæ̃²⁴］ 甏：一种罐

六胕讨饭骨，［ləʔ¹²luɤ²¹tʰɔ⁵⁵fia⁵⁵kuəʔ³⁴］

七胕骑白马，［tɕʰiəʔ³⁴luɤ²¹dʑi²¹bəʔ¹²mia⁵⁵］

八胕管天下，［pəʔ³⁴luɤ²¹kua⁵⁵tʰia³³⁴ua⁵⁵］

九胕磨刀枪，［tɕiəu⁵⁵luɤ²¹mɔ²¹tɔ³³⁴tɕʰiaŋ⁴⁵］

十胕杀爷娘。［ʑiəʔ¹²luɤ²¹suəʔ³⁴ia²¹n̠iaŋ²⁴］

5. 九九歌

一九两九弗出手，［iəʔ³⁴tɕiəu⁵⁵liaŋ⁵⁵tɕiəu⁵⁵fəʔ³⁴tɕʰyəʔ³⁴ɕiəu⁵⁵］

三九四九冰上走，［sua³³⁴tɕiəu⁵⁵ɕi⁴⁵tɕiəu⁵⁵pin³³⁴ʑiaŋ²⁴tsəu⁵⁵］

五九对六九，河边望杨柳，［n̩⁵⁵tɕiəu⁵⁵te³³⁴lɔʔ¹²tɕiəu⁵⁵，uɤ²¹pie³³⁴moŋ²⁴iaŋ²¹ləu⁵⁵］

七九荷筒开，八九燕子来，［tɕʰiəʔ³⁴tɕiəu⁵⁵uɤ²¹toŋ⁵⁵kʰe³³⁴，pɔʔ³⁴tɕiəu⁵⁵iɛ̃⁴⁵tsɿ⁰le²¹］

九九加一九，耕牛遍地走。［tɕiəu⁵⁵tɕiəu⁵⁵kua³³⁴iəʔ³⁴tɕiəu⁵⁵，kæ̃³³⁴n̠iəu²¹piɛ̃³³⁴di²⁴tsəu⁵⁵］

（以上 2017 年 8 月，发音人：李关根）

第二章　规定故事

牛郎和织女

吓人早以前，［xəʔ³⁴nin⁴⁵tsɔ⁵⁵i⁵⁵zia²¹］

有一个后生，［iəu⁵⁵iəʔ³⁴kəʔ³⁴əu⁵⁵sæ̃³³⁴］

渠个爷娘呢都死嘞，［gi²¹kəʔ³⁴ia²¹n̠iaŋ²⁴ni⁰tu⁴⁵sɿ⁵⁵ləʔ⁰］

一个人儿孤苦伶仃，［iəʔ³⁴ka³³⁴nin³³⁴nə⁴⁵ku⁴⁵kʰu⁵⁵lin²¹tin³³⁴］

家里条件呢也没嘞好，［kua³³⁴li⁵⁵diɔ²¹dʑiɛ̃²⁴ni⁰ia⁴⁵məʔ¹²ləʔ⁰xɔ⁵⁵］

家里个家当一股呐么就只老牛。［kua³³⁴li⁵⁵kəʔ³⁴kua³³⁴taŋ⁴⁵iəʔ³⁴ku⁴⁵na⁰mə⁰ziəu²⁴tsəʔ³⁴ lɔ⁵⁵n̠iəu²¹］

渠每日五更头啊，［gi²¹me⁵⁵n̠iəʔ¹²n̩⁵⁵kæ̃³³⁴təu⁴⁵a⁰］

都把只牛牵得山上去吃草，［tu⁴⁵pa³³⁴tsəʔ³⁴n̠iəu²¹tɕʰie³³⁴tə⁴⁵sua³³⁴ɕiaŋ⁴⁵kʰi⁴⁵tɕʰiəʔ³⁴tsʰɔ⁵⁵］

夜罢头儿归来。［ia⁵⁵pa⁵⁵dəu²¹nə²⁴kui³³⁴le⁴⁵］

所以，大家呢都讴渠讴牛郎。［suɤ⁴⁵i⁰，ta⁵⁵ka³³⁴ni⁰tu⁴⁵əu³³⁴gi²¹əu³³⁴n̠iəu²¹laŋ²⁴］

牛郎呢渠靠老牛帮别个呢以耕田耕地个过日子，[n̠iəu²¹laŋ²⁴ni⁰gi²¹kʰɔ⁴⁵lɔ⁵⁵n̠iəu²¹
　　paŋ³³⁴biəʔ¹²ga²⁴ni⁰i⁵⁵kæ̃³³⁴tia⁴⁵kæ̃³³⁴di²⁴kəʔ⁰kuɤ³³⁴n̠iəʔ¹²tsʅ⁵⁵]

对老牛呢相依为命。[te³³⁴lɔ⁵⁵n̠iəu²¹ni⁰ɕiaŋ³³⁴ɿ³³⁴ui²¹min²⁴]

格只老牛实际上渠是天上个金牛星，[kəʔ³⁴tsə⁴⁵lɔ⁵⁵n̠iəu²¹ȥiəʔ¹²tɕi⁴⁵ɕiaŋ⁰gi²¹sʅ⁵⁵tʰia³³⁴
　　ɕiaŋ⁴⁵kəʔ⁰tɕin³³⁴n̠iəu²¹sin⁴⁵]

格只牛吓人欢喜格牛郎渠个勤劳，[kəʔ³⁴tsə⁴⁵n̠iəu²¹xəʔ³⁴nin⁴⁵xuæ̃³³⁴ɕi⁵⁵kəʔ³⁴n̠iəu²¹
　　laŋ²⁴gi²¹kəʔ⁰dȥin²¹lɔ²⁴]

吓人健⁼记对渠个淳厚，[xəʔ³⁴nin⁴⁵dȥie²¹dȥi²⁴te³³⁴gi²¹kəʔ³⁴ȥyæ̃²¹əu⁵⁵] 健⁼记: 勤劳

所以呢心里想，[suɤ⁴⁵i⁰ni⁰sin³³⁴li⁴⁵siaŋ⁵⁵]

老牛帮渠成一份人家，早点。[lɔ⁵⁵n̠iəu²¹paŋ³³⁴gi²¹zæ̃²¹iəʔ³⁴fæ̃⁴⁵nin²¹kua⁴⁵, tsɔ⁵⁵ti⁴⁵]

有一日，格金牛星晓得嘞消息，[iəu⁵⁵iəʔ³⁴n̠iəʔ¹², kəʔ³⁴tɕin³³⁴n̠iəu²¹sin⁴⁵ɕiɔ⁵⁵təʔ³⁴lə⁰
　　ɕiɔ³³⁴ɕiəʔ³⁴]

天上个仙女呢要到村坊个东面首共⁼个湖里要洗浴。[tʰia³³⁴ɕiaŋ⁴⁵kəʔ⁰ɕie³³⁴n̠y⁵⁵ni⁴⁵
　　iɔ³³⁴tɔ³³⁴tsʰæ̃³³⁴faŋ⁴⁵kəʔ⁰toŋ³³⁴mie⁴⁵ɕiəu⁰goŋ²¹kəʔ³⁴u²¹li⁰iɔ³³⁴ɕie³³⁴iəʔ¹²] 共⁼: 那个

渠呢就帮格个事干托梦托嘞格个牛郎，[gi²¹ni²⁴ȥiəu²⁴pa³³⁴kəʔ³⁴kə⁴⁵sʅ⁵⁵kɤ⁴⁵tʰəʔ³⁴moŋ²⁴
　　tʰəʔ³⁴ləʔ⁰kəʔ³⁴kəʔ³⁴n̠iəu²¹laŋ²⁴]

要牛郎第两日五更头到得格个山头边沿个湖边沿去，[iɔ³³⁴n̠iəu²¹laŋ²⁴ti⁵⁵liaŋ⁵⁵n̠iəʔ¹²
　　n̩⁵⁵kæ̃³³⁴təu⁴⁵tɔ³³⁴təʔ⁴⁵kəʔ³⁴kəʔ³⁴sua³³⁴təu⁴⁵pie³³⁴ie⁴⁵kəʔ⁰u²¹pie³³⁴ie⁴⁵kʰi⁰]

趁仙女洗浴个时候帮渠拉衣裳担记归来，[tsʰæ̃³³⁴ɕie³³⁴n̠y⁵⁵ɕie³³⁴iɔʔ¹²kəʔ⁰zʅ²¹əu²⁴pa³³⁴
　　gəʔ¹²ləʔ⁰i³³⁴ɕiaŋ⁴⁵ta³³⁴tɕie⁴⁵kui³³⁴le⁴⁵]

"格个时候，侬就会有漂亮个仙女担侬当老姆。" [kəʔ³⁴kəʔ³⁴zʅ²¹əu²⁴, noŋ⁵⁵ȥiəu²⁴ui⁵⁵
　　iəu⁵⁵pʰiɔ⁵⁵liaŋ²⁴kəʔ⁰ɕie³³⁴n̠y⁵⁵ta³³⁴noŋ⁵⁵taŋ³³⁴lɔ⁵⁵ɤ²¹]

格一日五更头，[kəʔ³⁴iəʔ³⁴n̠iəʔ¹²n̩⁵⁵kæ̃³³⁴təu⁴⁵]

牛郎呢半信半疑，弗大相信，[n̠iəu²¹laŋ²⁴ni⁰pɤ⁴⁵sin⁴⁵pɤ⁴⁵ni²¹, fəʔ³⁴da⁵⁵siaŋ³³⁴sin⁴⁵]

懵里懵懂个梦发得。[moŋ⁵⁵li⁵⁵moŋ⁵⁵toŋ⁵⁵kəʔ³⁴moŋ²⁴fəʔ³⁴tə⁰]

但是渠还是爬起来嘞，[dæ̃²⁴sʅ⁵⁵gi²¹ua²¹sʅ⁵⁵biɑ²¹tɕʰi⁵⁵le⁴⁵ləʔ⁰]

慢慢咛儿朝格个村个山头边沿走去，[mia⁵⁵mia⁵⁵nin³³⁴nə⁴⁵dȥiə²¹kəʔ³⁴kəʔ³⁴tsʰæ̃³³⁴kəʔ⁰
　　sua³³⁴təu⁴⁵pie³³⁴ie⁴⁵tsəu⁵⁵kʰi⁴⁵] 咛: 单音节形容词重叠式中的后缀, 结构为 "AA 咛" 或 "AA 咛儿"

走去走去。[tsəu⁵⁵kʰi⁴⁵tsəu⁵⁵kʰi⁴⁵]

结果一记望，咦！[tɕiəʔ³⁴kuɤ⁵⁵iəʔ³⁴tɕie⁴⁵moŋ²⁴, ie²⁴]

懵里懵懂当中正经有七个仙女来⸗里，［moŋ⁵⁵li⁵⁵moŋ⁵⁵toŋ⁵⁵taŋ³³⁴tɕioŋ³³⁴tɕiæ̃³³⁴tɕin⁴⁵
iəu⁵⁵tɕʰiəʔ³⁴kəʔ⁴⁵ɕie³³⁴n̠y⁵⁵le²¹li⁴⁵］正经:真的；徠:在

遮⸗里搞水，［tsua³³⁴li⁴⁵kɔ⁵⁵ɕy⁵⁵］遮⸗:在

心里呢吓人高兴，［sin³³⁴li⁴⁵niˀxəʔ³⁴nin⁴⁵kɔ³³⁴ɕin⁴⁵］

马上一记纠⸗，纠⸗嘞边沿，［ma⁵⁵ʑiaŋ²⁴iəʔ³⁴tɕie⁴⁵tɕiəu³³⁴，tɕiəu³³⁴ləʔ⁰pie³³⁴ie⁴⁵］□:躲藏

朝嘞格树上一望，哎！［dʑiɔ²¹ləʔkəⁿ⁰zy²⁴ɕiaŋⁿ⁰iəʔ³⁴moŋ²⁴，e²⁴］

上面衣裳挂里蛮多，［ɕiaŋ⁵⁵mie²⁴i³³⁴ɕiaŋ⁴⁵kua⁴⁵liⁿ⁰mæ̃²¹tuɤ³³⁴］

有红个，有绿个，［iəu⁵⁵oŋ²¹kiəʔ⁰，iəu⁵⁵lɔʔ¹²kiəʔ⁰］

吓人多衣裳挂共⸗里。［xəʔ³⁴nin⁴⁵tuɤ³³⁴i³³⁴ɕiaŋ⁴⁵kua⁴⁵goŋ²¹liⁿ⁰］共⸗里:那里

牛郎格个时候，［n̠iəu²¹laŋ²⁴kəʔ³⁴kəʔ³⁴zʅ²¹əu²⁴］

渠弄块棍把格衣裳挑嘞一件，［gi²¹noŋ³³⁴kʰue⁴⁵kuæ̃³³⁴pa³³⁴kəʔ³⁴i³³⁴ɕiaŋ⁴⁵tʰiɔ³³⁴ləʔ⁰iəʔ³⁴
dʑie²⁴］

挑嘞件粉红色个衣裳。［tʰiɔ³³⁴ləʔ³⁴tɕie⁴⁵fæ̃³³⁴oŋ²¹səʔ³⁴kəʔ⁰i³³⁴ɕiaŋ⁴⁵］

格个时候，弗响弗唠，［kəʔ³⁴kəʔ⁰zʅ²¹əu²⁴，fəʔ³⁴ɕiaŋ⁵⁵fəʔ³⁴lɔʔ¹²］

渠就帮件衣裳担嘞来嘞，［gi²¹ʑiəu²⁴pa³³⁴tɕie⁴⁵i³³⁴ɕiaŋ⁴⁵ta³³⁴lɤ³³⁴le⁴⁵ləʔ⁰］

头也弗回，［dəu²¹ia⁵⁵fəʔ³⁴ue²¹］

嗒嗒嗒嗒就一个劲个趯到家里。［da²⁴daⁿ⁰da²⁴daⁿ⁰ʑiəu²⁴iəʔ³⁴kəʔ³⁴dʑin²⁴kəʔⁿ⁰biəʔ¹²dɔ²⁴
kua³³⁴li⁵⁵］趯:跑

好了，慢慢咛儿，［xɔ⁵⁵ləʔ⁰，mia⁵⁵mia⁵⁵nin³³⁴nə⁴⁵］

等到夜里，吓人迟个时候，［tæ̃³³⁴tɔ³³⁴ia²⁴liⁿ⁰，xəʔ³⁴nin⁴⁵dʑʅ²¹kəʔⁿ⁰zʅ²¹əu²⁴］

家里门呢有人来敲门嘞，［kua³³⁴li⁵⁵mæ̃²¹nəʔ⁰iəu⁵⁵nin²¹le²¹kʰɔ³³⁴mæ̃⁴⁵ləʔ⁰］

叮叮叮，叮叮叮。［din²⁴dinⁿ⁰din²⁴，din²⁴dinⁿ⁰din²⁴］

牛郎格时候爬起，［n̠iəu²¹laŋ²⁴kəʔ³⁴zʅ²¹əu²⁴bia²¹tɕʰi⁵⁵］

帮门一记打开，［pa³³⁴mæ̃²¹iəʔ³⁴tɕie⁴⁵tæ̃⁵⁵kʰe³³⁴］

欸！正经格仙女到渠家里来嘞。［e²⁴！tɕiæ̃³³⁴tɕin⁴⁵kəʔ³⁴ɕie³³⁴n̠y⁵⁵tɔ³³⁴gi²¹kua³³⁴li⁵⁵le⁴⁵
ləʔ⁰］

结果，两个人就成为夫妻嘞，简简单单。［tɕiəʔ³⁴kuɤ⁵⁵，liaŋ⁵⁵kəʔⁿ⁰nin²¹ʑiəu²⁴dʑiæ̃²¹
ui²⁴fu³³⁴tɕʰi⁴⁵ləʔ⁰，tɕiɛ̃⁵⁵tɕiɛ̃⁵⁵tæ̃³³⁴tæ̃³³⁴］

但是格件事干……［dæ̃²⁴sʅⁿ⁰kəʔ³⁴tɕie⁴⁵sʅ⁵⁵kɤ⁴⁵］

成为夫妻以后，［dʑiæ̃²¹ui²⁴fu³³⁴tɕʰi⁴⁵i⁵⁵əu²⁴］

日子过嘞也蛮快。［ȵiəʔ¹²tsɿ⁵⁵kuɤ⁴⁵ləʔ⁰ia⁵⁵mæ̃²¹kʰua⁴⁵］

光阴似箭，日月如梭。［kuaŋ³³⁴in⁴⁵zɿ²⁴tɕie⁴⁵，ȵiəʔ¹²ȵyəʔ¹²zy²¹suɤ³³⁴］

一个眼睛一晗，三年过去嘞，［iəʔ³⁴kəʔ⁰ua⁵⁵tɕin³³⁴iəʔ³⁴kəʔ³⁴，sua³³⁴nia⁴⁵kuɤ⁴⁵kʰiʔ⁰ləʔ⁰］

牛郎对织女两个人生落来一个儿一个囡。［ȵiəu²¹laŋ²⁴te³³⁴tsəʔ³⁴ȵy⁵⁵liaŋ⁵⁵kəʔ³⁴nin²¹sæ̃³³⁴ləʔ⁰le⁴⁵iəʔ³⁴kəʔ⁰n²¹iəʔ³⁴kəʔ⁰næ̃⁵⁵］

牛郎每日呢帮别个罢耕耕田，［ȵiəu²¹laŋ²⁴me⁵⁵ȵiəʔ¹²niʔ⁰paŋ³³⁴biəʔ¹²ga²⁴pəʔ⁰kæ̃³³⁴kæ̃⁴⁵dia²¹］

织女呢来＝家里罢织织布，［tsəʔ³⁴ȵy⁵⁵niʔ⁰le²¹kua³³⁴li⁵⁵pəʔ⁰tɕiəʔ³⁴tɕiəʔ⁴⁵pu⁴⁵］

一家日子过嘞吓人真舒服，也蛮安寂。［iəʔ³⁴kua³³⁴ȵiəʔ¹²tsɿ⁵⁵kuɤ⁴⁵ləʔ⁰xəʔ³⁴nin⁴⁵tɕiæ̃⁴⁵ɕy³³⁴vɔʔ¹²，ia⁵⁵mæ̃²¹ɤ³³⁴tɕiəʔ³⁴］

但是有一日，［dæ̃²⁴sɿ⁰iəu⁵⁵iəʔ³⁴ȵiəʔ¹²］

格件事干让天上玉皇大帝晓得嘞，［kəʔ³⁴tɕie⁴⁵sɿ⁵⁵kɤ⁴⁵ȵiaŋ²⁴tʰia³³⁴ɕiaŋ⁴⁵ȵyəʔ¹²uaŋ²¹ta⁵⁵ti⁴⁵ɕiɔ⁵⁵təʔ³⁴ləʔ⁰］

讲织女呢私自，侬自单独落凡，［kaŋ⁵⁵tsəʔ³⁴ȵy⁵⁵ni⁴⁵sɿ⁵⁵zɿ⁴⁵，noŋ⁵⁵zi²⁴tæ̃³³⁴duəʔ¹²lɔʔ¹²via²¹］

格是犯天条个事干，［kəʔ³⁴sɿ⁵⁵fia⁵⁵tʰia³³⁴tiɔ⁴⁵kəʔ⁰sɿ⁵⁵kɤ⁴⁵］

所以玉皇大帝发脾气。［suɤ⁴⁵iʔ⁰ȵyəʔ¹²uaŋ²¹ta⁵⁵tie⁴⁵fəʔ³⁴bi²¹tɕʰi⁴⁵］

所以来得一日，［suɤ⁴⁵iʔ⁰le²¹təʔ³⁴iəʔ³⁴ȵiəʔ¹²］

天公吓人好个啦望去啦，［tʰia³³⁴koŋ⁴⁵xəʔ³⁴nin⁴⁵xɔ⁵⁵kəʔ⁰la⁰moŋ²⁴kiʔ⁰la⁰］

忽然腾腾天空啦乌云滚滚，［xuəʔ³⁴læ̃⁵⁵dæ̃²¹dæ̃²⁴tʰia³³⁴koŋ⁴⁵laʔu³³⁴yæ̃²¹kuæ̃⁵⁵kuæ̃⁵⁵］忽然

腾腾：忽然

天雷霍闪，雨"哒哒"落来。［tʰia³³⁴le⁴⁵xuəʔ³⁴ɕie⁴⁵，y⁵⁵dua²⁴dua²⁴ləʔ¹²le²⁴］

过一记，一社＝风一记吹，［kuɤ⁴⁵iəʔ³⁴tɕie⁰，iəʔ³⁴ze²⁴foŋ³³⁴iəʔ³⁴tɕie⁴⁵tɕʰy³³⁴］社＝：一阵

把格织女"嘟"吹走嘞。［pa³³⁴kəʔ⁰tɕiəʔ³⁴ȵy⁵⁵du²⁴tɕʰy³³⁴tsəu⁵⁵ləʔ⁰］

吹走嘞以后，［tɕʰy³³⁴tsəu⁵⁵ləʔ⁰i⁵⁵əu²⁴］

结果织女个两个儿囡遮＝里哭嘞，［tɕiəʔ³⁴kuɤ⁵⁵tɕiəʔ³⁴ȵy⁵⁵kəʔ⁰liaŋ⁵⁵kəʔ⁰n²¹nua⁵⁵tsua³³⁴li⁴⁵kʰuəʔ³⁴ləʔ⁰］

哭娘嘞，寻娘嘞。［kʰuəʔ³⁴ȵiaŋ²¹ləʔ⁰，zin²¹ȵiaŋ²¹ləʔ⁰］

格个时候，［kəʔ³⁴kəʔ⁰zɿ²¹əu²⁴］

牛郎出来以后一记望，［ȵiəu²¹laŋ²⁴tɕʰyəʔ³⁴le⁴⁵i⁵⁵əu²⁴iəʔ³⁴tɕie⁴⁵moŋ²⁴］

也没办法，［ia⁴⁵məʔ¹²pia⁵⁵fəʔ³⁴］

带⁼办法呢格事干？　［ta⁵⁵pia⁵⁵fəʔ³⁴ni⁴⁵kəʔ³⁴sʅ⁵⁵kɤ⁴⁵］带⁼：什么

讴天讴弗应，讴地意⁼弗灵。［əu³³⁴tʰia³³⁴əu³³⁴fəʔ³⁴in⁴⁵，əu³³⁴di²⁴i⁴⁵fəʔ³⁴lin²¹］意⁼：又

正来⁼格个时候，［tɕiæ⁴⁵le²¹kəʔ³⁴kəʔ⁰zʅ²¹əu²⁴］

犹豫不决个时候，［iəu²¹y²⁴fəʔ³⁴tɕyəʔ³⁴kəʔ⁰zʅ²¹əu²⁴］

格只老牛开口嘞，讲话嘞：［kəʔ³⁴tsəʔ³⁴lɔ⁵⁵n̠iəu²¹kʰe³³⁴kʰəu⁵⁵ləʔ⁰，kaŋ⁵⁵ua²⁴ləʔ⁰］

"牛郎啊，侬也［弗要］否难过，［n̠iəu²¹laŋ²⁴a⁰，noŋ⁵⁵ia⁵⁵fiɔ⁴⁵nua²¹kuɤ⁴⁵］

侬呢帮我侬呢头上两只角褪落来，［noŋ⁵⁵ni⁴⁵pa³³⁴uɤ⁵⁵noŋ⁵⁵ni⁴⁵dəu²¹ɕiaŋ⁰liaŋ⁴⁵tsəʔ³⁴

　　kəʔ³⁴tʰæ⁴⁵ləʔ⁰le⁰］

到时候呢变两只箩，［tɔ³³⁴zʅ²¹əu²⁴ni⁰pie³³⁴liaŋ⁵⁵tsəʔ³⁴luɤ²¹］

侬呢帮细人摆箩里，［noŋ⁵⁵ni⁰pa⁵⁵ɕia⁴⁵nin⁰pa⁵⁵luɤ²¹li⁰］

侬呢去赶去。［noŋ⁵⁵ni⁴⁵kʰi⁴⁵kɤ⁵⁵ki⁰］

侬就到天公上去，［noŋ⁵⁵ʑiəu²⁴tɔ⁵⁵tʰia³³⁴koŋ⁴⁵ɕiaŋ⁰kʰi⁰］

就能够寻着织女个。"［ʑiəu²⁴næ̃²¹kəu⁰zin²¹dʑiəʔ⁰tɕiəʔ³⁴n̠y⁵⁵kiəʔ⁰］

牛郎呢遮⁼里［格样］奇怪，［n̠iəu²¹laŋ²⁴ni⁰tsua³³⁴li⁴⁵kaŋ⁴⁵dʑi²¹kua⁴⁵］

只牛生为开口呢？　［tsəʔ³⁴n̠iəu²¹sæ̃³³⁴ue⁴⁵kʰe³³⁴kʰəu⁵⁵ni⁴⁵］

正遮⁼里奇怪个时候，［tsæ⁴⁵tsua³³⁴li⁰dʑi²¹kua⁴⁵kəʔ⁰zʅ²¹əu²⁴］

喋嘞哒咯，［diəʔ¹²ləʔ⁰dəʔ¹²lɔʔ⁰］喋嘞哒咯：拟声词

两只牛角渠自滚到地来勒，［liaŋ⁵⁵tsəʔ³⁴n̠iəu²¹kɔʔ³⁴gəʔ¹²ʑi²⁴kuæ³³⁴tɔ³³⁴di²⁴le⁰ləʔ⁰］

滚地里，两只牛角一记踅，［kuæ̃⁵⁵di²⁴li⁰，liaŋ⁵⁵tsəʔ³⁴n̠iəu²¹kəʔ³⁴iəʔ³⁴tɕie⁴⁵ɕyəʔ³⁴］踅：转

哒！变嘞来两只箩。［da²⁴！pie⁴⁵ləʔ⁰le⁰liaŋ⁵⁵tsəʔ³⁴luɤ²¹］

牛郎格个时候，［n̠iəu²¹laŋ²⁴kəʔ³⁴kəʔ⁰zʅ²¹əu²⁴］

马上帮两个细人一只箩摆一个，［ma⁵⁵ʑiaŋ²⁴pa⁵⁵liaŋ⁵⁵kəʔ⁰ɕia⁴⁵nin⁰iəʔ³⁴tsəʔ³⁴luɤ²¹pa⁵⁵

　　iəʔ³⁴ka⁴⁵］

两个细人结果用扁担一撅，［liaŋ⁵⁵kəʔ⁰ɕia⁴⁵nin⁰tɕiəʔ³⁴kuɤ⁵⁵ioŋ²⁴pie⁵⁵tua⁴⁵iəʔ³⁴gəʔ¹²］

正准备撅［起来］个时候，［tɕiæ⁴⁵tɕyæ⁵⁵bi²⁴gəʔ¹²tɕʰie²⁴kəʔ⁰zʅ²¹əu²⁴］

欸！脚髁浮［起来］嘞，［e²⁴！tɕiəʔ³⁴kuəʔ³⁴vu²¹tɕʰie²⁴ləʔ⁰］

两只箩也会自浮［起来］嘞，［liaŋ⁵⁵tsəʔ³⁴luɤ²¹ia⁴⁵ue⁵⁵ʑi²⁴vu²¹tɕʰie²⁴ləʔ⁰］

两只箩对有翼膀般个。［liaŋ⁵⁵tsəʔ³⁴luɤ²¹te³³⁴iəu⁵⁵iəʔ¹²bæ̃²⁴pɤ⁰kiəʔ⁰］

嘟，嚎嚎！〔 du²⁴，xɔ⁵⁵xɔ⁰ 〕

腾云驾雾会飞个，〔 dæ²¹yæ²¹tɕia⁵⁵vu²⁴ue⁵⁵fi³³⁴kiə?⁰ 〕

哒哒哒哒哒哒哒。〔 dua²⁴dua⁰dua²⁴dua⁰dua²⁴dua⁰dua²⁴ 〕

没多少时候一记赶，〔 mə?¹²tuɤ³³⁴ɕiɔ⁵⁵zɿ²¹əu²⁴iə?³⁴tɕie⁴⁵kɤ⁵⁵ 〕

望着嘞前面弗远个地方就织女。〔 moŋ²⁴dʑiə?⁰lə?⁰zia²¹mie²⁴fə?³⁴yæ⁵⁵kə?⁰ti⁵⁵faŋ⁰ziəu²⁴
    tɕiə?³⁴n̩y⁵⁵ 〕

就要快赶着个时候，〔 ziəu²⁴iɔ³³⁴kʰua³³⁴kɤ⁵⁵dʑiə?⁰kə?⁰zɿ²¹əu²⁴ 〕

正来=嘞要紧关头，〔 tɕiæ⁴⁵le²¹lə?⁰iɔ³³⁴tɕin⁵⁵kua³³⁴təu⁴⁵ 〕

结果让王母娘娘撞着嘞。〔 tɕiə?³⁴kuɤ⁵⁵iaŋ²⁴uaŋ²¹mu⁵⁵n̩iaŋ²¹n̩iaŋ²⁴dʑyaŋ²⁴dʑiə?⁰lə?⁰ 〕

王母娘娘记望，〔 uaŋ²¹mu⁵⁵n̩iaŋ²¹n̩iaŋ²⁴tɕie⁴⁵moŋ²⁴ 〕

带=事干格是侬啊？还赶上来啊？〔 ta⁵⁵sɿ⁵⁵kɤ⁴⁵kə?³⁴sɿ⁵⁵noŋ⁵⁵a⁰？ ua²¹kɤ⁵⁵ɕiaŋ⁵⁵le⁴⁵a⁰ 〕

帮头上个金钗一摒，〔 pa⁵⁵dəu²¹ɕiaŋ⁰kə?⁰tɕin³³⁴tsʰua⁴⁵iə?³⁴pæ⁴⁵ 〕摒：拔

朝得格个牛郎对织女两人当中"唰"一划。〔 dʑiɔ²¹tə?⁰kə?³⁴kə?⁰n̩iəu²¹laŋ²⁴te³³⁴tɕiə?³⁴
    n̩y⁵⁵liaŋ⁵⁵nin²¹taŋ³³⁴tɕioŋ³³⁴dʑya²⁴iə?³⁴uə?¹² 〕

格一划弗了得，〔 kə?³⁴iə?³⁴uə?¹²fə?³⁴liɔ⁵⁵tə?³⁴ 〕

突然帮渠变得一条吓人吓人阔个天河。〔 də?¹²zyæ²¹pa³³⁴gi²¹pie⁴⁵tə?⁰iə?³⁴diɔ²¹xə?³⁴
    nin⁴⁵xə?³⁴nin⁴⁵kʰuə?³⁴kə?⁰tʰia³³⁴uɤ⁴⁵ 〕

格天河个水浪还大咧。〔 kə?³⁴tʰia³³⁴uɤ⁴⁵kə?⁰ɕy⁵⁵laŋ²⁴ua²¹duɤ²⁴le⁰ 〕

波浪滚滚，〔 pɔ³³⁴laŋ²⁴kuæ⁵⁵kuæ⁵⁵ 〕

格个河呢越来越阔，〔 kə?³⁴kə?⁰uɤ²¹ni⁰yə?¹²le⁰yə?¹²kʰuə?³⁴ 〕

帮两个人硬蛮蛮呢分分开，〔 pa⁵⁵liaŋ⁵⁵kə?⁰nin²¹æ⁵⁵mia²¹mia²⁴nə?⁰fæ³³⁴fæ⁴⁵kʰe³³⁴ 〕

甚至望都望弗着。〔 ziæ²⁴tsɿ⁰moŋ²⁴tu⁰moŋ²⁴fə?³⁴dʑiə?⁰ 〕

正来讲格个事干，〔 tɕiæ⁴⁵le²¹kaŋ⁴⁴⁵kə?³⁴kə?⁰sɿ⁵⁵kɤ⁴⁵ 〕

喜鹊晓得嘞。〔 ɕi⁵⁵tɕʰiɔ?³⁴ɕiɔ⁵⁵tə?³⁴lə?⁰ 〕

渠拉吓人同情牛郎对织女两个人。〔 giə?¹²lə?⁰xə?³⁴nin⁴⁵tʰoŋ²¹dzin²⁴n̩iəu²¹laŋ²⁴te³³⁴
    tɕiə?³⁴n̩y⁵⁵liaŋ⁵⁵kə?⁰nin²¹ 〕

所以来=得每年个阴历个七月初七，〔 suɤ⁴⁵i⁰le²¹tə?⁰me⁵⁵nia²¹kə?⁰in³³⁴liə?¹²kə?⁰tɕʰiə?³⁴
    n̩yə?¹²tsʰu³³⁴tɕʰiə?³⁴ 〕

成千上万个格些喜鹊都飞得天河上面，〔 dzæ²¹tɕʰiɛ̃³³⁴ɕiaŋ⁵⁵via²⁴kə?⁰kə?³⁴sə?⁰ɕi⁵⁵tɕʰiɔ?³⁴tu⁴⁵
    fi³³⁴tə?⁰tʰia³³⁴uɤ⁴⁵ɕiaŋ⁵⁵mie⁰ 〕

一只啃一只个尾巴，〔 iə?³⁴tsə?³⁴lia²¹iə?³⁴tsə?³⁴kə?⁰n⁵⁵pə?³⁴ 〕啃：咬

帮渠搭起来一部鹊桥。［pɑ⁵⁵gi²¹tuəʔ³⁴tɕʰiəˀle⁰iəʔ³⁴pu⁴⁵tɕʰyəʔ³⁴dziʔ²¹］

喜鹊搭嘞株桥，［ɕi⁵⁵tɕʰiɔʔ³⁴təʔ³⁴ləʔ⁰tɕy⁵⁵dziʔ²¹］

让牛郎对织女来⸗得每年个七月初七格一日，［iaŋ²⁴n̠iəu²¹laŋ²⁴te³³⁴tɕiəʔ³⁴n̠y⁵⁵le²¹təʔ⁰
　　me⁵⁵niɑ²¹kəʔ⁰tɕʰiəʔ³⁴n̠yəʔ¹²tsʰu³³⁴tɕʰiəʔ³⁴ki⁴⁵iəʔ³⁴n̠iəʔ¹²］

让渠拉鹊桥相会。［iaŋ²⁴gəʔ¹²ləʔ⁰tɕʰyəʔ³⁴dziʔ²¹ɕiaŋ³³⁴ue²⁴］

　　很早以前，有一个小伙子，他的父母都死了，一个人孤苦伶仃，家里条件也不好，家里的家当总共只有一头老牛。他每天早晨，都把牛牵到山上去吃草，傍晚才回来。所以，大家都叫他牛郎。牛郎靠老牛给别人耕田耕地为生，和老牛相依为命。这头老牛其实是天上的金牛星，他很喜欢牛郎的勤劳和善良，所以想早点儿帮牛郎成一个家。

　　有一天，金牛星知道了消息，天上的仙女要到村子东边山脚下的湖里洗澡。他就把这件事情托梦给牛郎，要牛郎第二天早晨到山脚下的湖边去，趁仙女洗澡的时候把其中一个的衣服拿回来，"这个时候，你就会有漂亮的仙女当你的老婆"。

　　这天早晨，牛郎半信半疑，做着迷迷糊糊的梦。但他还是起床了，慢慢地朝村东边的山脚下走去，结果走着走着，一看，咦！懵里懵懂之中真的有七个仙女在这儿戏水。他心里很高兴，马上躲在边上，朝树上一看，哎！上面挂着很多衣裳，有红的，有绿的，很多衣裳挂在那里。这时候，牛郎弄了根棍子挑了一件粉红色的衣服。不声不响，他就把这件衣裳拿了下来，头也不回，就一个劲地跑回家里。慢慢地等到夜里，很晚的时候，家里有人来敲门了，咚咚咚，咚咚咚。牛郎这时候起床，把门打开。哎！这仙女真的到他家里来了。结果，两个人就成了夫妻，简简单单。

　　成了夫妻以后，日子过得也挺快。光阴似箭，日月如梭。一眨眼，三年过去了，牛郎和织女两人生了一双儿女。牛郎每天帮人耕田，织女在家里织布，一家人日子过得很舒服，也很安宁。但是有一天，这件事情让天上的玉皇大帝知道了，说织女私自下凡，这是犯天条的事情，所以玉皇大帝发了脾气。

　　所以有一天，天气看上去很好，忽然间天上乌云滚滚，天雷闪电，雨"哒哒"落下。过了一会儿，一阵风一吹，把织女给吹走了。吹走了以后，织女的两个儿女就哭了起来，他们哭喊妈妈，找着妈妈。这个时候，牛郎出来一看，也没有办法。这事情有什么办法呢？叫天叫不应，叫地又不灵。

　　正在犹豫不决的时候，这头老牛开口说话了："牛郎啊，你不要难过，你把我头上的两只角拿下来，到时候变成两个箩筐，你把小孩儿放在箩筐里，你去追，到天上去，就能够找到织女了。"牛郎感到很奇怪，这牛为什么会开口说话呢？正在奇怪的时候，劈里啪啦，两只牛角就自己滚到地上，变成了两个箩筐。这时候，牛郎马上在一个箩筐放了一个小孩儿，把两个小孩儿用扁担一挑。正准备挑起来的时候，欸！脚浮起来了，两个箩筐也自己浮起来了，两个箩筐就像有翅膀一样。

　　诶呦！腾云驾雾地飞啊，追了没多久，看见前面不远的地方就是织女。就快要追到的时候，正在要紧关头，结果被王母娘娘撞见了。王母娘娘一看，怎么回事，就是你啊？还追上来啊？她把头上的金钗一拔，朝牛郎和织女两人中间"唰"地一划。这一划不得了，突然变出了一条很宽很宽的天河。这天河的水浪还很大，波浪滚滚，这条河越来越宽，把两个人硬生生地分开，甚至看也看不见了。

　　正说着这事儿，喜鹊知道了，它们很同情牛郎织女两个人。所以在每年的阴历七月初七，成千上万的喜鹊都飞到天河上，一只衔着一只的尾巴，帮他们搭起了一座鹊桥。喜鹊搭了这座桥，让牛郎和织女在每年的七月初七这一天鹊桥相会。

（2017 年 8 月，发音人：李关根）

三、自选条目

（一）谚语

只会买赚，〔tsɿ⁵⁵ue⁵⁵ma⁵⁵dzua²⁴〕
弗会卖赚。〔fəʔ³⁴ue⁴⁵ma²⁴dzua²⁴〕

话弗讲弗明，〔uɑ²⁴fəʔ³⁴kɑŋ⁵⁵fəʔ³⁴min²¹〕
鼓弗敲弗响。〔ku⁵⁵fəʔ³⁴kʰɔ³³⁴fəʔ³⁴ɕiaŋ⁵⁵〕

孝敬老人有福，〔xɔ⁵⁵tɕin⁴⁵lau⁵⁵nin²¹iəu⁵⁵fɔʔ³⁴〕
孝敬田地有谷。〔xɔ⁵⁵tɕin⁴⁵dia²¹di²⁴iəu⁵⁵kɔʔ³⁴〕

脾气弗改，〔bi²¹tɕʰi⁴⁵fəʔ³⁴ke⁵⁵〕

牵牛落海。［tɕʰin³³⁴n̠iəu⁴⁵ləʔ¹²xe⁵⁵］

爹亲娘亲弗如铜钿银子亲，［tia³³⁴tɕʰin³³⁴n̠iaŋ²¹tɕʰin³³⁴fəʔ³⁴ʑy²¹doŋ²¹die²¹nin⁵⁵tsʅ⁴⁵tɕʰi³³⁴］
金窠银窠弗如家里个草窠。［tɕin³³⁴kʰuɤ³³⁴nin²¹kʰuɤ³³⁴fəʔ³⁴ʑy²¹kua³³⁴li⁵⁵kəʔ⁰tsʰɔ⁵⁵kʰuɤ³³⁴］

驼背跌落地，［duɤ²¹pe⁴⁵tiəʔ³⁴ləʔ¹²di²⁴］
两头弗着地。［liaŋ⁵⁵dəu²¹fəʔ³⁴dʑiəʔ¹²di²⁴］

吃［起来］来武松打虎，［tɕʰiəʔ³⁴tɕʰiə⁴⁵le⁰fu⁵⁵soŋ³³⁴tã⁵⁵xu⁵⁵］
做［起来］来李三娘叹苦。［tsuɤ⁴⁵tɕʰiə⁴⁵le⁰li⁵⁵sua³³⁴n̠iaŋ⁴⁵tʰua³³⁴kʰu⁵⁵］

野猫［弗晓］得自面花。［ia⁵⁵mɔ²¹fiɔ⁴⁵təʔ⁰ʑi²⁴mie²⁴xua³³⁴］

树大分杈，［ʑy²⁴duo²⁴fã³³⁴tsʰua³³⁴］
儿大分家。［n²¹duo²⁴fã³³⁴kua³³⁴］

十个汤瓶九个盖，［ʑiəʔ¹²kəʔ⁰tʰaŋ³³⁴pin⁴⁵tɕiəu⁵⁵kəʔ⁰ke⁴⁵］
盖都盖弗过。［ke⁴⁵tu⁰ke⁴⁵fəʔ³⁵kuɤ⁴⁵］

（以上 2017 年 8 月，发音人：李关根）

（二）歇后语

被絮上跌铜板［pi⁵⁵ɕi⁴⁵ɕiaŋ⁰tiəʔ³⁴doŋ²¹pia⁵⁵］——翻弗了身［fia³³⁴fəʔ³⁴liɔ⁵⁵ɕiæ³³⁴］

布袋里买猫儿［pu³³⁴de²⁴li⁰ma⁵⁵mɔ³³⁴nə⁴⁵］——揢运气［bæ²⁴yæ⁵⁵tɕʰi⁴⁵］揢：碰

落汤青滚豆腐［ləʔ¹²tʰaŋ³³⁴tɕʰin⁴⁵kuæ⁵⁵təu⁵⁵vu²⁴］——一清两白［iəʔ³⁴tɕʰin³³⁴liaŋ⁵⁵bəʔ¹²］

木匠挨刨［məʔ¹²ʑiaŋ²⁴a³³⁴bɔ²⁴］——直来直去［dʑiəʔ¹²le²¹dʑiəʔ¹²kʰi⁴⁵］挨：推

棺材里伸出个手［kua³³⁴se⁴⁵li⁰sæ³³⁴tɕʰyəʔ³⁴kəʔ⁰ɕiəu⁵⁵］——死要［sʅ⁵⁵iɔ⁴⁵］
脚踏两头船［tɕiəʔ³⁴duəʔ¹²liaŋ⁵⁵dəu²¹ʑye²⁴］——主张弗定［tɕy⁵⁵tɕiaŋ³³⁴fəʔ³⁴din²⁴］

乌龟［弗要］笑鳖［u³³⁴kui⁴⁵fiɔ⁴⁵ɕiɔ⁴⁵piəʔ³⁴］——一样货色［iəʔ³⁴iaŋ²⁴xuɤ³³⁴səʔ³⁴］

和尚拜丈母［uɤ²¹ʑiaŋ²⁴pɑ³³⁴tɕiaŋ⁵⁵n⁵⁵］——头一次［dəu²¹iəʔ³⁴tsʰɿ⁴⁵］

破被絮包头［pʰɑ³³⁴pi⁵⁵ɕi⁴⁵pɔ³³⁴təu⁴⁵］——惊死［kuæ̃³³⁴sɿ⁵⁵］

（以上 2017 年 8 月，发音人：李关根）

浦　江

一、歌谣

七岁郎

妈娘，妈娘，[ma⁵⁵n̠yõ³³⁴，ma⁵⁵n̠yõ³³⁴] 妈娘：妈妈

生我只袋⁼末⁼儿长。[sɛ̃⁵⁵ɑ³³⁴tsɛ⁵⁵da²⁴mɯn⁵⁵dzyõ³³⁴] 袋⁼末⁼儿：这么点儿

倚来唛纱屋儿长，[ga¹¹la⁰uɛ⁰ɕyɑ³³ɯn³³dzyõ¹¹³] 倚：站。纱屋儿：纺纱时用来缠经线的器具（纬线则
　　缠在梭子上）

坐 [起来] 唛秤锤长。[zɯ¹¹ia⁰uɛ⁰tsʰiən³³n̠y³³dzyõ³³⁴] "锤"字声母受前字韵母同化

讴我去摘茄菜唛，[ɤ³³ɑ⁵³tɕʰi³³tsɑ³³dʑiɑ²⁴tsʰa⁰uɛ⁰] 讴：叫。茄菜：茄子

茄菜根呐躲荫凉。[dʑiɑ¹¹tsʰa¹¹kən³³nɤ⁵⁵tɯ³³iən⁵⁵lyõ⁰] 根呐：底下

讴我去摘金瓜唛，[ɤ³³ɑ⁵³tɕʰi³³tsɑ³³tɕiən⁵⁵kua⁰uɛ⁰] 金瓜：南瓜

金瓜根呐打翻车。[tɕiən³³kua³³kən³³nɤ⁵⁵nɛ̃¹¹fɑ̃⁵⁵tɕʰya⁰] 打翻车：侧翻跟斗

哎，尔吉⁼个七岁郎，[ɛ¹¹，n⁵³tɕiə³³ka⁵⁵tsʰə³³sɿ³³lõ⁵⁵] 尔：你。吉⁼个：这个

七岁郎，[tsʰə³³sɿ³³lõ⁵⁵]

七岁以里唛袋⁼弗长，[tsʰə³³sɿ⁵⁵i¹¹li⁵³uɛ⁰da²⁴fə⁵⁵dzyõ³³⁴] 袋⁼：这么

七岁以外唛袋⁼快长。[tsʰə³³sɿ⁵⁵i¹¹ŋɑ⁵³uɛ⁰da²⁴kʰua⁵⁵dzyõ³³⁴]

一粒星

一粒星，格零丁。[iə³³lɯ⁵⁵siən⁰，kə³³liən⁵⁵tiən⁰]

两粒星，挂油瓶。[lyõ²⁴luɯ⁰siən⁰，kua³³iɯ⁵⁵biən¹¹³]

油瓶盏，好炒豆。[iɤ¹¹biən¹¹tsan⁵⁵，xo³³tɕʰyo⁵⁵dɤ⁰]

豆豆儿香，好种秧。[dɤ¹¹dɤn²⁴ɕyõ⁵³⁴，xo⁵³tɕyon³³ȵyõ⁵³⁴]

秧开花，好种瓜。[yõ⁵³⁴kʰa³³xua³³⁴，xo⁵³tɕyon³³kua³³⁴]

瓜有蒂儿，好种梨儿。[kua⁵⁵iɤ²⁴tin³³⁴，xo⁵³tɕyon³³lin²³²]

梨儿有核，好种栗。[lin²³²iɤ²⁴uə²³²，xo⁵³tɕyon³³liə²³²]

栗有三层壳，[liə²³²iɤ²⁴sã⁵⁵zən³³kʰo⁴²³]

望牛细佬儿妥＝来剥。[mõ¹¹ȵiɤ¹¹³ɕia³³lon²⁴tʰɯ⁵³la⁵⁵po⁴²³]望牛细佬儿: 放牛娃儿。妥＝: 都

蚱了儿叫

蚱了儿叫，知亮＝叫，[tsia⁵⁵lyõ⁰tɕi³³，tsɿ⁵⁵lyõ²⁴tɕi³³]蚱了儿: 体形较小的蝉，略带绿色。知亮＝: 体
形较大的蝉，褐色

爹爹姆妈扛花轿。[tia⁵⁵tia⁰m⁵⁵ma⁰kõ³³xua³³dʑi²⁴]姆妈: 妈妈。扛: 抬

扛到哪里去？扛到山诶去。[kõ⁵³tə⁰la²⁴i⁰tɕʰi⁰？ kõ⁵³tə⁰sã⁵⁵a⁵⁵i⁰]山诶: 山上

山诶一回＝乌饭，[sã⁵⁵a⁰iə³³ua²⁴u⁵⁵uã³³⁴]一回＝: 一枝。乌饭: 乌饭树

还讲我个姆妈。[uã¹¹kõ⁵³a³³kə³³m⁵⁵ma³³⁴]

山诶一回＝柴，[sã⁵⁵a³³iə³³ua⁵³za¹¹³]

还讲我个爷。[uã¹¹kõ⁵³a³³kə⁰ia¹¹³]

山诶一回＝松埋＝，[sã⁵⁵a³³iə³³ua⁵³zən²⁴ma¹¹³]松埋＝: 松枝

还讲我个妹妹。[uã¹¹kõ⁵³a³³kə⁰ma¹¹ma²⁴]

山诶一回＝枝，[sã⁵⁵a³³iə³³ua⁵³tsɿ⁵⁵]

还讲我个姊姊。[uã¹¹kõ⁵³a³³kə⁰tsɿ⁵⁵tsɿ⁵⁵]姊姊: 姐姐

（以上 2016 年 8 月，发音人: 楼桂元）

第二章　规定故事

牛郎和织女

从前啊，有一个细后生哪，[dzən³³iã³³a⁰，iɤ²⁴iə³³ka⁵⁵ɕia³³ɤ³³sɛ̃⁵⁵na⁰]

爷木＝娘呢都已经死呀。[ia¹¹³mɯ⁵⁵ȵyõ¹¹ni⁰tɯ⁵⁵i¹¹tɕiən³³sɿ⁵⁵ia⁰]木＝: 和

家里呢只射=［渠一］个侬，［tɕia³³li⁵⁵ni⁰tsɛ⁵⁵dʑia²⁴ʑia²⁴kɑ⁰lən¹¹³］射=：剩

孤苦伶仃个。［ku³³kʰu⁵³liən²⁴tiən³³kə⁰］

家里呢只有一头老牛，［tɕia³³li⁵⁵ni⁰tsɛ⁵⁵iɤ⁰iə³³dɤ²⁴lo¹¹n̠iɤ²⁴］

大家呢都讴渠牛郎。［da¹¹kɑ⁵³ni⁰tɯ⁵⁵ɤ⁵⁵ʑi²³²n̠iɤ²⁴lan¹¹³］

牛郎呢靠老牛呢耕地为生，［n̠iɤ²⁴lan¹¹ni⁰kʰo⁵⁵lo¹¹n̠iɤ²⁴ne⁰kɛ̃³³di³³⁴uɛ³³sən³³⁴］

与老牛呢相依为命。［y²⁴lo¹¹n̠iɤ²⁴ni⁰ɕyõ³³i³³uɛ²⁴miən²⁴］

老牛其实就是天上个金牛星，［lo¹¹n̠iɤ²⁴dʑi³³zə³³⁴ʑiɤ²⁴ʑi⁰tʰiɑ̃⁵⁵ʑyõ²⁴kə⁰tɕiən⁵⁵n̠iɤ³³siən³³⁴］

渠欢喜牛郎个勤劳木=忠诚哪，［ʑi²³²xuɑ̃³³ʃi⁵³n̠iɤ²⁴lan¹¹³kə⁰dʑiən²⁴lɑ¹¹³mɯ⁵⁵tɕyon⁵⁵
　　dzən¹¹³nɑ⁰］

所以想帮渠成个家。［sɯ⁵⁵i⁰ɕyõ⁵³põ⁵⁵ʑi²³²dzən¹¹kə⁰tɕia⁵³⁴］

有一日，金牛星晓得，［iɤ²⁴iə³³n̠iə³³⁴，tɕiən³³n̠iɤ³³siən³³ɕi³³tə⁰］

天公上个仙女要到村东边一个湖诶来洗浴，［tʰiɑ̃⁵⁵kon³³n̠yõ³³kə⁰siẽ³³n̠y i⁵⁵to⁵⁵tsʰɔ̃⁵³⁴
　　tən⁵⁵piẽ³³⁴iə³³kɑ⁵⁵u¹¹a⁰lɑ¹¹³ʃi³³yu²⁴³］天公：天。洗浴：洗澡

渠呢就托梦到墨=个牛郎，［ʑi²⁴ni⁰ʑiɤ²⁴tʰo⁵⁵mon³³⁴to⁵⁵mə¹¹kɑ³³n̠iɤ²⁴lan¹¹³］墨=个：那个

要渠呢第两日五更头到湖边诶去，［i⁵⁵ʑi⁵⁵ni⁵⁵di¹¹lyõ⁵⁵n̠iə⁰n¹¹kɛ̃⁵⁵dɤ⁰to⁵⁵u¹¹piẽ³³na⁵⁵
　　tɕʰi⁵⁵］五更头：早上

凑墨=个仙女儿=呐浴个日子，［tsʰɤ⁵⁵mə¹¹kə³³siẽ³³n̠y⁵⁵n³³nɤ³³yɯ²⁴kə⁰n̠iə¹¹tsɿ⁵³］儿=呐：
　　在。浴：洗澡

驮走一件仙女挂儿=呐树上个一件衣裳，［dɯ¹¹tsɤ⁵³iə³³dʑiẽ²⁴siẽ³³n̠y⁵³kua⁵⁵n⁵⁵nɤ⁵⁵zy¹¹
　　ʑyõ²⁴kə⁰i³³dʑiẽ²⁴i⁵⁵ʑyõ³³⁴］驮：拿

然后呢头也弗敢回就到家里去，［lan¹¹ɤ²⁴ni⁰dɤ¹¹a¹¹fə³³kɔ̃⁵³ua¹¹³ʑiɤ²⁴to⁵⁵tɕia³³li⁵³tɕʰi⁰］

就会得到一个美丽个仙女个做老嬷。［ʑiɤ²⁴ua⁰tə³³to⁵⁵iə³³kɑ⁵⁵mɛ²⁴li⁵⁵kə⁰siẽ³³n̠y²⁴kə⁰
　　tsɯ⁵⁵lo¹¹mia²⁴³］老嬷：妻子

今日五更呢，［tɕiən³³n̠iə⁵⁵n¹¹kɛ̃⁵⁵ni⁰］五更：早上

他今日五更呢，［tʰɑ³³tɕiən³³n̠iə⁵⁵n¹¹kɛ̃⁵⁵ni⁰］"他"字误用普通话说法

牛郎半信半疑就到山中呀，［n̠iɤ²⁴lan¹¹³pɔ̃⁵⁵siən⁵⁵pɔ̃⁵⁵n̠i¹¹³ʑiɤ²⁴to⁵⁵sɑ̃³³tɕyon³³ia⁰］

是呐……蒙蒙雾之中呢，［ʑi²⁴nɤ⁰……mon¹¹mon¹¹u²⁴tsɿ³³tɕyon³³ni⁰］

真当望见七个美女是呐树诶呐浴，［tsən³³tõ³³mõ³³tɕiẽ⁵³tsʰə³³kɑ⁵⁵mɛ¹¹n̠y⁵³ʑi¹¹nɤ²⁴zy²⁴
　　a⁰nɤ¹¹yɯ²⁴³］

呐嬉，呐搞水。［nɤ¹¹ʃi⁵³⁴，nɤ²⁴ko³³ɕy⁵³］嬉：游玩。搞：玩

渠立即就驮起树诶个一件粉红个衣裳，［ʑi²³²liə¹¹tsiɜ⁵⁵ʑiɤ²⁴dɯ¹¹tʂʰi⁵⁵ʐy¹¹a⁰kə⁰iə³³ dʑiẽ²⁴fən⁵⁵on⁵⁵kə⁰i⁵⁵ʐyõ⁰］

飞快个跳得家里诶，［fi⁵⁵kʰuɑ³³kə⁰tʰɯ⁵⁵tə⁰tɕiɑ³³li⁵⁵iɑ⁰］跳：跑

吉ᵓ个驮走衣裳个吉ᵓ个仙女呢就是织女。［tɕiə³³kɑ⁵⁵dɯ¹¹tsɤ⁵³i⁵⁵ʐyõ⁰kə⁰tɕiə³³kɑ⁵⁵siẽ³³ n̠y⁵³ni⁰ʑiɤ¹¹ʑi²⁴tɕiə³³n̠y⁵³］

当日夜诶呢，［tõ³³n̠iə⁵⁵iɑ¹¹a²⁴ni⁰］

织女就轻轻个敲开了吉ᵓ个吉ᵓ个牛郎个家里，［tɕiə³³n̠y⁵³ʑiɤ²⁴tɕʰiən⁵⁵tɕʰiən³³kə⁰kʰo⁵³ kʰɑ³³lə⁰tɕiə³³kə⁰tɕiə³³kə³³n̠iɤ²⁴lan¹¹kə⁰tɕiə³³li⁰］

两个依呢就成了恩爱个夫妻。［lyõ¹¹kə⁰lən¹¹ni⁰ʑiɤ²⁴dzən¹¹lə⁰ən⁵⁵a³³kə⁰fu⁵⁵tʃʰi³³⁴］

一转眼呢三年过［去啊］，［iə³³tɕyẽ³³ŋɑ̃⁵³ni⁰sɑ⁵⁵n̠iɑ³³⁴kɯ⁵⁵iɑ⁰］

牛郎木ᵓ织女呢生啦一个儿一个囡儿，［n̠iɤ²⁴lan¹¹³mɯ⁵⁵tɕiə³³n̠y⁵³ni⁰sẽ⁵⁵lɑ³³iə³³kɑ⁵⁵n¹¹³ iə³³kɑ⁵⁵nɑ̃n²⁴³］囡儿：女儿

两个细佬儿，［lyõ²⁴kɑ⁰ɕiɑ³³lon⁵⁵］细佬儿：小孩

一家依呢过得危险开心。［iə³³tɕiɑ³³lən³³ni⁰kɯ⁵⁵tə⁵⁵uɛ¹¹ɕiẽ⁵³kʰɑ³³siən³³⁴］危险：非常

但是呢，吉ᵓ宽ᵓ事干呢，［dan²⁴ʐ̩⁰ni⁰tɕiə³³kʰuɑ⁵⁵ʐ̩²⁴gõ¹¹ni⁰］吉ᵓ宽ᵓ：这件。事干：事情

织女呢私自下凡到人、人间诶，［tɕiə³³n̠y⁵³ni⁰sɿ⁵⁵ʐ̩²⁴ɕiɑ³³van²⁴to⁵⁵ziən²⁴、ziən²⁴tɕian³³ nɑ⁰］

吉ᵓ宽ᵓ事干呢得玉皇大帝晓得呀。［tɕiə³³kʰuɑ⁵⁵ʐ̩²⁴gõ¹¹ni⁰tə⁵⁵n̠yɯ¹¹uɑ̃¹¹dɑ²⁴ti⁰ɕi³³tə⁵⁵ iɑ⁰］得：被

有一日呢，［iɤ²⁴iə³³n̠iə³³ni⁰］

天上，天雷、化ᵓ闪，［tʰiɑ̃⁵⁵ʐyõ³³⁴，tʰiɑ̃⁵⁵la³³⁴、xuɑ⁵⁵sɛ̃⁵⁵］天雷：雷。化ᵓ闪：闪电

并且还吹起了大风，［biən¹¹tɕʰia⁵⁵uɑ̃¹¹tɕʰy⁵⁵tʃʰi³³lə⁰dɯ¹¹fon⁵³］

落起啦大雨，［lo²⁴tʃʰi³³lɑ⁰dɯ¹¹y²⁴³］

织女也突然无寻诶，［tɕiə³³n̠y⁵³ia²⁴də²⁴ziən¹¹³m³³zən³³n̠iɑ⁰］无寻：找不到

两个细佬儿呢哭着要姆妈，［lyõ²⁴kə⁰ɕiɑ³³lon³³ni⁰kʰɯ⁰tsə⁰i³³m⁵⁵mɑ⁰］姆妈：妈妈

牛郎呢也急得，［n̠iɤ²⁴lan¹¹ni⁰ia²⁴tɕiə³³tə⁵⁵］

相ᵓ信ᵓ、相ᵓ信ᵓ为好。［ɕyõ⁵⁵sən⁵⁵、ɕyõ⁵⁵sən⁵⁵uɛ²⁴xo⁵³］相ᵓ信ᵓ：怎么

吉ᵓ个时候呢，［tɕiə³³kə⁵⁵ʐ̩²⁴ɤ¹¹ni⁰］

吉ᵓ个老牛啊突然开口啊：［tɕiə³³kɑ⁵⁵lo¹¹n̠iɤ²⁴ɑ⁰də²⁴ziən¹¹³kʰɑ³³kʰɤ⁵³ɑ⁰］

"尔［弗要］难过，［n⁵³fɛ⁵⁵nɑ¹¹kɯ⁵⁵］［弗要］：别

尔［把我］个角驮下诶，［n⁵³pa⁵³kə⁵⁵ko⁴²³dɯ¹¹ʑia¹¹a⁰］

变做两个菜篮，［piẽ⁵⁵tsɯ³³lyõ²⁴ka⁰tsʰa³³lã³³⁴］

装上两个细佬儿，［tsõ⁵³ʑyõ⁰lyõ²⁴ka⁰ɕia³³lon³³⁴］

就可以到天公上去寻织女啊。”［ʑiɤ²⁴kʰɯ⁵⁵i³³to³³tʰiã⁵⁵kon⁰ȵyõ⁰tɕʰi⁰zən¹¹tɕiə³³ȵy²⁴a⁰］

牛郎正呐奇怪，［ȵiɤ²⁴lan¹¹³tsən⁵⁵nɤ⁰dʒi²⁴kua³³⁴］

个牛角啊就跌到地下来，［kə⁵⁵ȵiɤ¹¹ko⁵⁵a⁰ʑiɤ²⁴tia³³to⁵⁵di¹¹ʑia¹¹la⁰］

真当变做两个菜篮。［tsən³³tõ³³piẽ³³tsɯ⁵⁵lyõ²⁴ka⁰tsʰa³³lã³³⁴］

牛郎呢把两个细佬儿呢就摆得吉˭个篮诶，［ȵiɤ²⁴lan¹¹ni⁰pa⁵⁵lyõ²⁴ka⁰ɕia³³lon³³ni⁰ʑiɤ²⁴
　　pa⁵³tə⁰tɕiə³³ka³³lã²⁴na⁰］

用扁担呢撅［起来］，［yon²⁴piẽ³³tã⁵⁵ni⁰gɯ²⁴tʃʰia³³⁴］ 撅：挑

只觉得一阵清风哪吹过诶，［tsɛ⁵⁵tɕyo³³tə⁵⁵iə³³tsən⁵⁵tsʰiən⁵⁵fon³³na⁰tɕʰy⁵⁵kɯ³³a⁰］

两个菜篮就慌˭得有翼膀儿生啦，［lyõ²⁴ka⁰tsʰa³³lã³³⁴ʑiɤ²⁴xõ⁵⁵tə⁵⁵iɤ²⁴yə¹¹põn³³sɛ̃⁵⁵la⁰］

　　慌˭得：仿佛。翼膀儿：翅膀

“杜˭”得记突然就飞［起来］哇，［du²⁴tə⁰tʃi⁰də²⁴ziən¹¹³ʑiɤ²⁴fi⁵⁵tʃʰia³³ua⁰］

腾云驾雾，［dən¹¹yən³³tɕia³³vu²⁴］

向天公上飞去。［ɕyõ³³tʰiã⁵⁵kon³³ȵyõ³³fi⁵⁵i⁰］

哦，飞啊飞啊飞……［o²⁴, fi⁵³a⁰fi⁵³a⁰fi⁵³⁴］

车˭要追着吉˭个织女啊，［tɕʰya³³i⁵⁵tsuɛ⁵⁵yo⁰tɕiə³³kə³³⁴tɕiə³³ȵy⁵³a⁰］ 车˭：话语标记，语义近
　　“那么”

吉˭个最后得别个，［tɕiə³³kə³³⁴tsuɛ⁵⁵ɤ⁰tə⁵⁵biə¹¹ka⁵⁵］

王母娘娘发觉。［uã¹¹m³³ȵyõ³³ȵyõ⁵⁵fa⁵⁵tɕyo³³⁴］

渠就拔下头，［ʑi²⁴ʑiɤ²⁴bia²⁴ʑia⁰dɤ¹¹³］

拔下头个上面个一根金钗，［bia²⁴ʑia²⁴dɤ¹¹kə⁰ʑyõ²⁴mɛ̃⁰kə⁰iə³³kən³³tɕiən⁵⁵tsʰa³³⁴］

在牛郎木˭织女正中呢，［dzɛ¹¹ȵiɤ²⁴lan¹¹³mɯ⁵⁵tɕiə³³ȵy⁵³tsiən⁵⁵tɕyon³³ni⁰］

“嘎”一记刺去，［gɛ²⁴iə³³tʃi⁵⁵la⁵⁵i⁰］ 刺：划

立刻就出现一条波涛滚滚个墨˭个天河个，［liə¹¹kʰə⁵³ʑiɤ²⁴tɕʰyə⁵⁵ziən⁰iə³³dia³³⁴pɯ⁵⁵
　　tʰa³³⁴kuən⁵⁵kuən³³kə⁰mə¹¹kə⁰tʰiã³³ɯ³³kə⁰］ 天河：银河

阔得是望都望弗到边个啦，［kʰua³³tə⁰ʑi²⁴³mõ¹¹tɯ⁵⁵mõ¹¹fə⁰to⁵⁵piẽ⁵³kə⁰la⁰］

把渠嘚两个呢隔开来啦。［pa⁵⁵ʑi²⁴tə⁰lyõ²⁴ka⁰ni⁰ka⁵⁵kʰa⁰la⁰la⁰］ 渠嘚：他们

喜鹊呢危险同情牛郎木˭织女，［ʃi³³tsʰyo⁵⁵ni⁰uɛ¹¹ɕiẽ⁵³dən²⁴dziən¹¹³ȵiɤ²⁴lan¹¹³mɯ⁵⁵ tɕiə³³n̠y²⁴³]

每年个农历七月初七，[me¹¹n̠iɑ̃²⁴kə⁰lon³³liə³³⁴tsʰə³³n̠yi²⁴tsʰu³³tsʰə²⁴³]

成千上万只喜鹊呢都飞到天公上，[dziən¹¹tsʰiɑ̃³³ʑyõ²⁴vɑ̃⁰tsɛ⁰ʃi⁵³tsʰyo⁵⁵n̠i⁰tɯ³³fi⁵⁵to³³tʰiɑ̃⁵⁵kon³³n̠yõ³³⁴]

渠嘚呢一只啮着另外一只个尾巴，[ɕi⁵⁵tə⁰n̠i⁰iə³³tsɛ⁵⁵ŋɯ²⁴tsə³³liən¹¹ɑ²⁴iə³³tsɛ⁵⁵kə⁰m¹¹pia⁵³]啮：咬

搭起一座危险长危险长一夫⁼桥，[tuɑ³³tʃʰi⁵⁵iə³³dzu²⁴uɛ¹¹ɕiẽ⁵³dzyõ¹¹³uɛ¹¹ɕiẽ⁵³dzyõ¹¹³iə³³fu⁵⁵dʑi¹¹³]夫⁼：座

让墨⁼个牛郎木⁼织女呢在上面呢，[yõ²⁴mə¹¹kə³³n̠iɤ²⁴lan¹¹³mɯ⁵⁵tɕiə³³n̠y²⁴n̠i⁰dzɛ²⁴ʑyõ²⁴mẽ⁰n̠i⁰]

是头⁼团、团圆。[ʑi¹¹dɤ¹¹duan²⁴、dõ²⁴yẽ¹¹³]

　　从前有个小伙子，父母都去世了。家里只有他一个人，孤苦伶仃。家里只有一头老牛，大家都叫他牛郎。

　　牛郎靠老牛耕地为生，与老牛相依为命。老牛其实是天上的金牛星，他喜欢牛郎的勤劳、老实，所以想帮他成个家。

　　有一天，金牛星听说，天上的仙女要到村东边的湖里洗澡，他就托梦给牛郎，让他第二天早上到湖边去，趁仙女洗澡时，拿走一件仙女挂在树上的衣服，然后头也不回地跑回家，然后他就会得到一个美丽的妻子。

　　早上，牛郎半信半疑地来到山中，在朦胧之中，果真看见七个美女在那里洗澡，在戏水。他立刻拿起树上的一件粉红的衣服，飞快地跑回家。这个被拿走衣服的仙女就是织女。当天夜里，织女就轻轻地敲开了牛郎的家门，两个人就成了恩爱夫妻。

　　一转眼三年过去了，牛郎和织女生了一个儿子、一个女儿，一家人过得很愉开心。但是织女私自下凡这件事被玉皇大帝知道了。

　　有一天，天上电闪雷鸣，刮起了大风，下起了大雨，织女也突然不见了，两个孩子哭着要妈妈，牛郎急得不知如何是好。这时候老牛突然开口了："你不要难过，你把我的角取下来，变成两个菜篮，装上两个孩子，就可以到天上找织女了。"牛郎正在奇怪，牛角就掉到地上，真的变成了两个菜篮。牛郎就把两个孩子放进篮子里，用扁担挑起来，只觉得一阵清风吹过，两个篮子就像长了翅膀似的，突然就飞起来了，他腾云驾雾，向天上飞去。

飞啊，飞啊……差一点儿就追上了，最后被王母娘娘发觉了。她就拔下头上面的一根金钗，在牛郎和织女中间一划，立刻就出现了一条波涛滚滚的天河，宽得一眼望不到边，把他们两个隔开了。

喜鹊非常同情牛郎和织女，每年的农历七月初七，成千上万只喜鹊都飞到天上，一只咬着另外一只的尾巴，搭起一座长长的桥，让牛郎和织女在上面团圆。

（2016 年 8 月，发音人：应平）

三、自选条目

（一）谚语

冬夜晴，$[\text{tən}^{55}\text{n̠ia}^{33}\text{ziən}^{113}]$ 冬夜：冬至
过年涝。$[\text{kɯ}^{33}\text{n̠iã}^{33}\text{lo}^{243}]$ 过年：春节

弗过惊蛰打天雷，$[\text{fə}^{33}\text{kɯ}^{55}\text{tɕiən}^{33}\text{tsə}^{11}\text{nɛ̃}^{11}\text{tʰiã}^{55}\text{la}^{0}]$
四十五日挖炉灰。$[\text{sʅ}^{33}\text{sə}^{33}\text{n}^{55}\text{n̠iə}^{0}\text{ua}^{33}\text{lu}^{33}\text{xua}^{53}]$

逢春落雨到清明，$[\text{voŋ}^{11}\text{tɕʰyən}^{334}\text{lo}^{11}\text{y}^{243}\text{to}^{33}\text{tsʰiən}^{55}\text{miən}^{334}]$
清明落雨转头白。$[\text{tsʰiən}^{55}\text{miən}^{334}\text{lo}^{11}\text{y}^{243}\text{tɕyẽ}^{33}\text{lɤ}^{24}\text{ba}^{232}]$ 转头白：头发变白

过冬十日长一线，$[\text{kɯ}^{33}\text{tən}^{334}\text{zə}^{24}\text{n̠iə}^{334}\text{dzyõ}^{11}\text{iə}^{33}\text{sɛ̃}^{55}]$ 冬：这里指冬至
过夏十日短一线。$[\text{kɯ}^{33}\text{dʑia}^{24}\text{zə}^{24}\text{n̠iə}^{334}\text{tõ}^{55}\text{iə}^{33}\text{sɛ̃}^{55}]$ 夏：这里指夏至

立冬晴，$[\text{liə}^{24}\text{tən}^{334}\text{ziən}^{113}]$
一冬晴。$[\text{iə}^{33}\text{tən}^{55}\text{ziən}^{113}]$

八月初一乌荫块，$[\text{pia}^{53}\text{n̠yi}^{24}\text{tsʰu}^{33}\text{iə}^{33}\text{u}^{33}\text{iən}^{33}\text{kʰua}^{55}]$ 乌荫块：乌云
意⁼有萝卜意⁼有菜。$[\text{i}^{55}\text{iɤ}^{33}\text{lo}^{33}\text{bɯ}^{33}\text{i}^{55}\text{iɤ}^{33}\text{tsʰa}^{55}]$ 意⁼：又

白露荞麦秋分菜。$[\text{ba}^{11}\text{lu}^{24}\text{dʑi}^{11}\text{ma}^{113}\text{tsʰiɤ}^{33}\text{fən}^{33}\text{tsʰa}^{55}]$

大暑油麻小暑粟儿。［duɯ¹¹ɕy⁵³iɤ²⁴mia¹¹³suɯ³³ɕy⁵³suɯn⁴²³］油麻：芝麻。粟儿：谷子

（以上 2016 年 8 月，发音人：楼桂元）

（二）谜语

七七四十九，［tsʰə³³tsʰə³³sʅ³³zə³³tɕiɤ⁵³］

红〓蚣去买酒。［on²⁴kon³³tɕʰi³³mɑ¹¹tsiɤ⁵³］红〓蚣：蜈蚣

去吧到桥上走，［tɕʰi⁵⁵ua⁵⁵to⁵⁵dʑi¹¹ʑyõ²⁴tsɤ⁵³］

来吧到桥下走。［la¹¹ua²⁴to⁵⁵dʑi¹¹ia²⁴tsɤ⁵³］

——水车儿［ɕy³³tɕʰyan⁵³］

亲生哥弟弗共娘，［tsʰiən³³sɛ̃³³kɯ³³li²⁴³fə⁵⁵dʑyon²⁴n̠yõ¹¹³］

万贯家财无剩粮。［vã¹¹kuã³⁵³tɕia⁵⁵zɛ¹¹³n¹¹ziən²⁴lyõ¹¹³］

大官小府无大堂，［duɯ¹¹kuã³³suɯ³³fu⁵³n¹¹dɑ¹¹dõ²⁴³］

恩爱夫妻弗共床。［ən⁵⁵a³³⁴fu⁵⁵tsʰʅ³³⁴fə³³dʑyon²⁴ʑyõ¹¹³］

——演戏［iã²⁴sʅ⁰］

生在青田县，［sɛ̃⁵⁵dza²⁴tsʰiən³³diã³³yɛ̃²⁴］

搭在兰溪县。［tɕʰyɑ⁵⁵dza⁵⁵lã¹¹tsʰʅ¹¹yɛ̃²⁴］搭：抓

受苦在龙游县，［ʑiɤ¹¹kʰu⁵³dza²⁴lən¹¹iɤ¹¹yɛ̃²⁴］

死在汤溪县。［sʅ⁵⁵dza⁰tʰõ³³tsʰʅ³³yɛ̃²⁴］

——田螺［diã²⁴lɯ¹¹³］

一对姻缘一式长，［iə³³ta⁵⁵iən⁵⁵n̠yan⁰iə³³sə⁵⁵dʑyõ¹¹³］一式：一样

日诶陪师娘，［n̠iə²⁴la¹¹³ba¹¹sʅ³³n̠yõ³³⁴］日诶：白天

夜诶吧守空房。［iɑ¹¹ua¹¹ua⁰ɕiɤ⁵³kʰon⁵⁵van⁰］夜诶：晚上

——鞋［ɑ¹¹³］

（以上 2016 年 8 月，发音人：楼桂元）

（三）戏曲

徐策跑城

闲话少说，［ian¹³ua³⁴sao⁵⁵ɕyəʔ⁵］

要与薛家保本啊，［iao⁵³y⁵³⁴ɕyəʔ³tɕia⁵⁵pao pəŋ a］ "保"字之前为念白，尚有字调；之后为唱腔，字

调不再可辨

老徐策为薛家上殿保本。［lao dʑy tsʰəʔ uei ɕyəʔ tɕia zaŋ dian pao pəŋ］

手提着，到皇殿。［sou di tso，tao uaŋ dian］

撩蟒袍，端玉带，［liao maŋ bao，tuan ȵye tai］

桩桩件件一本一本奏分明哪。［tsuaŋ tsuaŋ dʑian dʑian iəʔ pəŋ iəʔ pəŋ tsou fəŋ miŋ

na］

曾记得老皇爷去征东，［tsʰəŋ tɕi təʔ lao uaŋ ie tɕʰy tsəŋ toŋ］

保驾臣尉迟敬德徐茂公。［pao tɕia dzəŋ uei tsʰɿ tɕiŋ təʔ dʑy mao koŋ］

万岁爷凤凰山被围困，［van suei ie foŋ uaŋ san pei uei kʰuəŋ］

白袍小将定乾坤。［bəʔ bao siao tsiaŋ diŋ dʑian kʰuəŋ］

可恨那张士贵老奸臣，［kʰo xəŋ na tsaŋ zɿ kuei lao tɕian dzəŋ］

白袍救驾他得功。［bəʔ bao tɕiou tɕia tʰa tɤ koŋ］

尉迟公访荐贤，［uei dzɿ koŋ faŋ tɕian ian］

有功之臣薛仁贵，［iou koŋ tsɿ dzəŋ ɕyəʔ zəŋ kui］

南征北战建奇功。［nan tsəŋ pəʔ tsan tɕian dʑi koŋ］

唐皇爷封功臣平辽王，［daŋ uaŋ ie foŋ koŋ dzəŋ biŋ liao uaŋ］

从此张薛两家结深仇。［dzoŋ tsʰɿ tsaŋ ɕye liaŋ tɕia tɕie səŋ dzou］

恨薛刚酒醉闯大祸，［əŋ ɕye kaŋ tsiou tsuei tsʰuaŋ da o］

连累全家绑午门。［lian luei tsʰuan tɕia paŋ u məŋ］

我道是薛家绝了后，［ŋo dao sɿ ɕyəʔ tɕia tɕyəʔ liao xou］

却还有薛刚薛蛟薛葵后代。［tɕʰiəʔ xuan iou ɕye kaŋ ɕye tɕiao ɕye kʰuei ou dai］

不怕你张家树根深，［pəʔ pʰa ni tsaŋ tɕia ʑy kəŋ səŋ］

薛家出了报仇人。［ɕye tɕia tsʰuəʔ liao pao tsʰou zəŋ］

倘若女皇准了老臣本，［tʰaŋ zuo ȵy uaŋ tɕyəŋ liao lao dzəŋ pəŋ］

要把张家斩、斩、斩、斩尽杀绝！［iao pa tsaŋ tɕia tsaŋ、tsaŋ、tsaŋ、tsaŋ tsiŋ sa

dʑye］

倘若女皇不准老臣本，〔tʰaŋ zuo ȵy uaŋ pu tɕyəŋ lao tsʰəŋ pəŋ〕

兴动人马，打皇城乱纷纷。〔ɕiŋ doŋ zəŋ ma，ta uaŋ dzəŋ luan fəŋ fəŋ〕

我迈开大步往前走啊，〔ŋo mai kʰai da bu uaŋ dzian tsou a〕

哎，昏昏沉沉跌坏了年迈人。〔ai，xuəŋ xuəŋ dzəŋ dzəŋ tiəʔ xuai liao nian mai zəŋ〕

（2016 年 8 月，发音人：方鼎晟）

义 乌

一、歌谣

斗鸡鸡儿

斗鸡鸡儿，鸡儿鸡儿啼；[tɐɯ⁴⁵tɕi³³tɕin⁴⁵，tɕin⁵³tɕin⁴⁵di³¹] 啼：叫

斗虫虫，虫虫地落爬；[tɐɯ⁴⁵dzoŋ²²dzoŋ²³¹，dzoŋ²²dzoŋ²³¹di²⁴lɔ³³bɯa³¹] 地落：地下

斗蝴蝶儿，蝴蝶儿嘟嘟；[tɐɯ⁴⁵u²²dian²³¹，u²²dian²³¹tu⁵³tu⁵³]

飞去了。[fi³³ai⁴⁵lə⁰]

一粒星

一粒星，隔落灯；[iəʔ⁵lɯ⁴⁵sən³³，kəʔ³lɔ³³nən³³]

两粒星，挂油瓶；[lɯa²⁴lɯ²⁴sən³³，kua⁴⁵iɐɯ²²bən²⁴]

油瓶漏，好炒豆；[iɐɯ²²bən²⁴lɐɯ²⁴，ho⁴⁵tsʰo⁴⁵dɐɯ²⁴]

豆香香，好种秧；[dɐɯ²⁴ɕiɔ³³ɕiɔ⁴⁵，ho⁴⁵tsoŋ³³iɔ³³⁵]

秧齐齐，好种蒲荠；[iɔ³³⁵zi²²zi²³¹，ho³³tsoŋ³³bu²²zi²³¹] 蒲荠：荸荠

蒲荠一剥壳，[bu²²zi²³¹iəʔ³pau⁴⁵kʰɔ³²⁴]

好种龙角儿；[ho³³tsoŋ³³loŋ²²kɔn³²⁴] 龙角儿：菱角

龙角儿两头尖，好划船；[loŋ²²kɔn³³lɯa²⁴dɐɯ³³tsie⁴⁴，ho⁴⁵ua²⁴ye²²]

划来划去划到义乌县。[ua²²le³³ua²²kʰai⁴⁵ua²²to³³ȵi⁴⁵u³³ye⁴⁵]

（以上 2018 年 7 月，发音人：陈碧瑛）

一箩穷

一箩穷，两箩富，[iə̌ʔ⁵luɤ²⁴dʑioŋ²², luɯa²⁴luɤ²²fu⁴⁵]

三箩开当铺；[so³³luɤ⁴⁵kʰe³³nŋʷ³³pʰu⁴⁵]

四箩磨[豆腐]腐；[si⁴⁵luɤ³³muɯɤ²²dau²²u²³¹]

五箩做做贼；[n̩³¹luɤ²¹tsuɤ³³tsuɤ³³zai³¹²] 做贼：贼

六箩打记毕⁼六⁼直；[lau³¹luɤ²¹nɛ³³tɕi³³pəʔ³lau³³dzai³¹²] 毕⁼六⁼直：直挺挺

七箩磨刀枪；[tsʰəʔ⁵luɤ⁴⁵muɯɤ²²to³³tsʰuɯa⁴⁵]

八箩杀爷娘；[puɯa³²luɤ²³¹sua⁵³ia²²n̠io⁴⁵]

九箩骑白马；[tɕiɐɯ³³luɤ³³dʑi²²bɛ³¹muɯa³¹]

十箩游天下。[zəʔ³luɤ³³iɐɯ²²tʰia³³ɔ³¹]

一九两九难出手

一九两九难出手，[iə̌ʔ³tɕiɐɯ⁴²luɯa³³tɕiɐɯ⁴²nɔ²²tɕʰyəʔ⁵sɐɯ⁴²³]

三九廿七冰里走；[so³³tɕiɐɯ⁴²n̠ia⁴²tsʰəʔ³mən⁴⁵li³³tsɐɯ⁴²³]

四九三十六，[si⁴⁵tɕiɐɯ⁴²so³³zəʔ⁵lau³¹²]

夜眠水里宿；[ia²⁴mien²²ɕy³³li⁴⁵sau³¹]

五九四十五，[n̩²²tɕiɐɯ⁴²si³³za³¹n̩³¹²]

穷侬街里误；[dʑioŋ²²noŋ⁴⁵ka³³li⁴⁵u²⁴]

六九五十四，[lau²²tɕiɐɯ⁴²n̩²²zəʔ³si⁴⁵]

黄狗望荫地；[ŋ²²kɐɯ⁴²muɯɤ²⁴iən³³ti⁴⁵]

七九六十三，[tsʰəʔ⁵tɕiɐɯ⁴²lau³¹zəʔ³so³³]

鲤鱼跳过塔；[li²⁴n̩³³tʰuɯɤ³³kuɤ³³tʰɔ³²⁴]

八九七十两，[puɯa³²tɕiɐɯ⁴²tsʰəʔ³zəʔ³luɯa³¹²]

穷侬好过活；[dʑioŋ²²noŋ²³¹ho³³kuɤ³³ua³¹²]

九九八十一，[tɕiɐɯ⁴²tɕiɐɯ⁴²puɯa³³zəʔ³iə³²⁴]

犁钯耕耖田里刷⁼。[li²²buɯa²³¹kɛ³³tsʰo³³dia²²li⁴⁵ɕyə³³]

（以上 2018 年 7 月，发音人：楼飞）

二、规定故事

牛郎和织女

从前，有一个后生依，[dzoŋ²⁴zia²¹³，iɐɯ³¹iəʔ³kəʔ³ɐɯ³¹sɛ³³noŋ⁴⁵]

依家爷娘都倒了，[noŋ²²kɔ⁴⁵ia²²n̠iɔ⁴⁵tu⁴⁵to⁴²lə⁰]

剩落来渠个依，[zən²⁴lɔ³¹le³³kɐɯ²²ka³³noŋ³³]

依家呢一只老牛便只，[noŋ²²kɔ⁴⁵ni⁴⁵iəʔ³tsai⁴⁵lo²⁴n̠iɐɯ³¹bie²²tsai³¹]

大家儿呢都讴渠讴牛郎。[da²⁴kan³³ni³³tu³³ɐɯ³³ai²²ɐɯ³³n̠iɐɯ²²lan²³¹]

牛郎呢，[n̠iɐɯ²²lan⁴⁵ni⁴⁵]

靠尔=只老牛种田过日子。[kʰo³³n³³tsai⁴⁵lo²⁴n̠iɐɯ⁴⁵tsoŋ³³dia²²kuɤ³³nai³¹tsɿ³³]

尔=只老牛呢，[n³³tsai⁴⁵lo²⁴n̠iɐɯ⁴⁵ni⁴⁵]

其实呢是个，[dʑi²²zəʔ⁵ni³³dzi³¹kəʔ³]

天公里个金牛星。[tʰia⁴⁵koŋ⁴²li³³kəʔ⁰tɕiən³³n̠iɐɯ³³sən⁴⁵]

渠呢危险喜欢尔=个牛郎，[gai²¹³ni³³uai²²ɕie⁴⁵ɕi⁴²hua³³n³³kəʔ³n̠iɐɯ²²lan²³¹]

[哪生] 勤家，[nɛ⁴⁵dʑiən²²kɔ⁴⁵]

心亦 [哪生] 好，[sən³³i⁴⁵nɛ⁴⁵ho⁴²]

渠呢想分渠成个依家。[gai²¹³ni³³sɯa⁴²fən³³ai²²dzən²²kəʔ⁰noŋ²²kɔ⁴⁵]

有一日，[iɐɯ⁴⁵iəʔ³nai²⁴]

金牛星晓得，[tɕiən³³n̠iɐɯ³³sən⁴²ɕie³²tai³²]

天公里个尔=些仙女，[tʰia³³koŋ⁴⁵li³³əʔ⁰n³³sɯɤ⁴²sie³³n̠y³¹]

要到尔=个依村边儿里，[ie³³to³³n³³kəʔ³noŋ²²tsʰɿ⁴⁵pien⁴⁵li³³]

个湖里来洗浴了。[kə⁰u²²li³³le²²si³³iau⁴⁵lə³¹]

渠呢，[gai²²ni²⁴]

便托梦尔=个牛郎，[bie²⁴tʰɔ⁴⁵moŋ²⁴n³³kəʔ³n̠iɐɯ²²lan²³¹]

讴渠第两日五更，[ɐɯ³³ai²¹³di³³lɯa³³nai²⁴ŋ⁴⁵kɛ³³]

到湖边儿去，[to³³u²²pien³³⁵kʰai⁴⁵]

凑面些仙女，[tsʰɐɯ⁴⁵mie⁴⁵sɯɤ³³sie³³n̠y³¹]

来东＝洗浴个时候，［le²²loŋ²⁴si⁴⁵iau³¹kə⁰zๅ²²ɐɯ²⁴］

做渠拉挂东＝来树里，［tsuɤ³³gəʔ²la³³kua²⁴noŋ³³le³³yɤ²⁴li³¹］

个衣裳驮件来，［kə⁰i³³zɯa²⁴duɤ²²dʑie³³le²³¹］

驮来之后呢，［duɤ²²le³³tsๅ⁴⁵ɐɯ³¹ni³³］

难好回头，［nɔ²²ho⁴²ue²⁴dɐɯ²¹³］

马上便归侬家来，［mɯa³³zɯa²⁴bie²⁴tɕy³³noŋ³³kɔ⁴⁵le³³］

［哪生］响儿呢便有一个仙女呢，［ne³³ɕiɔŋ⁴⁵ni³³bie²⁴iɐɯ³¹iəʔ³kəʔ⁵sie³³n̠y³¹ni³³］

可以做渠个老嬷。［kʰuɤ⁴²i³³tsuɤ³³gai²²kə⁰lo²⁴mɯa³¹］

第两日五更，牛郎呢，［di³³lɯa³³nai²⁴ŋ⁴⁵ke³³，n̠iɐɯ²²lan²⁴ni³³］

又相信又勿相信生，［i⁴⁵sɯa³³sən⁴⁵i³³bəʔ²sɯa³³sən⁴⁵se³³］

去到湖边儿去望望起。［kʰai³³to³³u²²pien³³kʰai³³mɯa²⁴mɯa²⁴ɕi³³］

到湖边儿一记望，［to³³u²²pien³³iə³³tɕi⁴⁵mɯa²⁴］

哎，真个有七个仙女，［e²¹³，tsən⁴⁵ə⁰iɐɯ⁴²tsʰəʔ³kəʔ⁵sie³³n̠y³¹］

来东＝了面个湖里来面东＝搞水。［le²²noŋ³³lə⁰mie⁴²kə⁰u²²li²³¹le²²mie⁴²noŋ³³ko³³ɕy³³］

渠呢便赶紧，［gai²²ni⁴⁵bie²⁴kɯ⁴²tɕiən³³］

做渠拉挂东＝树里个，［tsuɤ³³gəʔ²la³³kua⁴⁵noŋ³³yɤ²⁴li³³kə⁰］

一件粉红色儿个衣裳，［iəʔ³dʑie²⁴fən³³oŋ³³sen³³⁵kə⁰i³³zɯa²³¹］

驮来"辄辄辄辄"，［duɤ²²le³³dzəʔ²dzəʔ²dzə³³dzə²³¹］

马上便归侬家，［mɯa⁴⁵zɯa²⁴bie²⁴tɕy³³noŋ³³kɔ⁴⁵］

头都勿朝一记，［dɐɯ²¹tu⁴⁵bəʔ³dzɯɤ²²iəʔ³tɕi⁴⁵］

逃到侬家归来了。［do²²to³³noŋ²²kɔ⁴⁵tɕy³³le⁴⁵lə⁰］

分渠衣裳驮来尔＝个仙女呢，［fən³³gai³³i³³zɯa⁴⁵duɤ²²le⁴⁵n³³kəʔ⁵sie²²n̠y³¹ni³³］

便是织女。［bie²⁴dzi³³tsəʔ³n̠y³¹²］

到夜里了，［to³³ia²⁴li³³lə⁰］

格织女到尔＝个牛郎侬家来，［kəʔ³tsəʔ³n̠y³¹²to³³ŋ³³kə⁴²n̠iɐɯ²²lan²³¹noŋ²²kɔ⁴⁵le³³］

做渠门口敲［归去］，［tsuɤ³³ai³³mən²²kʰɐɯ⁴²kʰo³³tɕyai⁴²］

两个侬呢做了两公婆。［lɯa³¹kə⁰noŋ²²ni³³tsuɤ⁴⁵lə⁰lɯa³¹koŋ³³puɤ⁴⁵］

时间呢过来危险快，［zๅ²²tɕian³³ni³³kuɤ⁴⁵le³³uai²²ɕie⁴⁵kʰua³³］

一记儿呢三年过去了。［iəʔ³tɕin⁴⁵ni³³sɔ³³n̠ia⁴⁵kuɤ³³ai³³lə⁰］

牛郎和织女呢，［n̠iɐɯ²²lan²³¹hɔ³³tsəʔ³n̠y³¹ni³³］

生了一个儿一个囡，[sɛ³³lə⁰iəʔ³kəʔ⁵n²¹，iəʔ³kəʔ⁵nan²⁴]

两个小侬。[luɑ³¹kə⁴⁵suɤ³³noŋ²¹]

一份侬家呢，[iəʔ³bən²⁴noŋ²²kɔ⁴⁵ni³³]

日子过里危险有味，[nai³¹tsʅ³³kuɤ⁴⁵li³³uai²²ɕie³³ieɯ²⁴vi³¹]

高高兴兴。[ko³³ko³³ɕiən³³ɕiən⁴⁵]

但是，尔ᵈ个织女，[dɔ²⁴dzi³³，n³³kəʔ³tsəʔ³n̠y³¹]

私底下落凡个事干呢，[sʅ³³ti⁴²ɔ³³lɔ⁴⁵vɔ²¹ə⁰zʅ²²kɯ⁴⁵ni³³]

分尔ᵈ个玉皇大帝晓得了。[fən³³n³³kəʔ³n̠io²⁴uan²¹da²²di²¹ɕie³³tai³³lə⁰]

有一日啦，嚎好，天公里啦，[ieɯ³³iə³³nai²⁴la³，ho⁴²ho³³，tʰia³³koŋ⁴⁵li³³la³³]

格雷公了霍闪了，[kəʔ³le²²koŋ⁴⁵lə⁰hau⁴⁵ɕye³³lə⁰]

风也危险大，[foŋ³³ia³¹uai²²ɕie³³duɤ²⁴]

雨也危险大。[y²⁴ia⁴⁵uai²²ɕie³³duɤ²⁴]

格织女呢，[kəʔ³tsəʔ⁵n̠y³¹ni³³]

霹空，无郊寻了，[pʰai³³kʰoŋ⁴⁵，n²²tɕiɔ⁴²zən²²lə⁰]

两个小侬呢哇哇哇哇哭，[luɑ³¹kəʔ⁵suɤ⁴²noŋ³³ni³³ua²²ua²²ua²²ua²³¹kʰau³²⁴]

要寻娘。[ie³³zən²¹n̠iɔ²¹³]

格牛郎呢，便嚎好，[kəʔ³n̠ieɯ²²lan²⁴ni³³，bie²⁴ho⁴²ho³³]

急记得[无得]办法啦，[tɕiəʔ⁵tɕi⁴⁵tai³³mai²⁴pa⁴⁵fuɑ³²la³³]

[哪生]许好都勿晓得了。[nɛ⁴⁵a³³ho³³tu⁴⁵pəʔ⁵ɕie³³tai³³la³³]

尔ᵈ个时候啦，[n³³kəʔ⁵zʅ²²ɐɯ⁴⁵la³³]

侬家面只老牛啦，[noŋ²²kɔ⁴⁵mie⁴²tsai³³lo²⁴n̠ieɯ²¹la³³]

开口了。[kʰe³³kʰɐɯ⁴²lə⁰]

喏侬勿要难过，[no²⁴noŋ⁴²vəʔ²ie⁴⁵nɔ²²kuɤ⁴⁵]

侬做我胡头里尔ᵈ个两只角，[noŋ⁴²tsuɤ³³a³¹u²²dɐɯ²⁴li³³n³³kə⁰luɑ³¹tsai³²kɔ³²⁴]

驮落去，摆到地落，[duɤ²²lɔ²²ai³¹，pa⁴²to³³di²⁴lɔ³¹]

变作两只槽箩，[pie⁴⁵tsuɤ³³luɑ³¹tsai³³zo²²la⁴⁵]

做两个小侬呢，[tsuɤ⁴⁵luɑ³¹kə⁰suɤ⁴²noŋ⁴⁵ni³³]

摆落槽箩里，[pa⁴²lɔ³¹zo²²la⁴⁵li³³]

担去，去到天公里去寻，[nɔ³³ai⁴⁵，kʰai³³to³³tʰia³³koŋ⁴⁵li³³kʰai³³zən²²]

可以寻着仙女。[kʰuɤ⁴²i³¹zən²²dzuɑ³¹sie³³n̠y³¹²]

尔﹦个牛郎呢，［n³³kəʔ⁵n̥iɐɯ²²lan⁴⁵ni³³］

还来东﹦粒儿怀疑，［ua²²le²²noŋ²²lɤn⁴⁵uai²²n̥i²⁴］

哎，［哪生］许，［e²¹³，nɛ⁴²hɛ³³］

格老牛会讲话个呢色﹦。［kəʔ³lo²⁴n̥iɐɯ⁴⁵ue³³kŋʷ⁴²ua²⁴ə⁰ni³³sai⁴²］

尔﹦个两只牛角脱到地落，［n³³kəʔ⁵lɯa³¹tsai³³n̥iɐɯ²²koʔ³²tʰəʔ³to³³di²⁴lɔ³¹］

真个变作两只槽箩了。［tsən³³ə⁴⁵pie⁴²tsɔ³²lɯa³¹tsai³³zo²²la⁴⁵lə⁰］

格牛郎赶紧做两个小侬，［kəʔ⁵n̥iɐɯ²²lan⁴⁵kɯ⁴⁵tɕiən⁴²tsuɤ³³lɯa³¹ko⁰suɤ⁴²noŋ⁴⁵］

摆落槽箩里，［pa⁴²lɔ³¹zo²²la⁴⁵li³³］

扁担驮来担起来。［pie⁴⁵nɔ⁴⁴duɤ²²le²¹nɔ³³tɕʰi⁴⁵le³¹］

两只槽箩呢，［lɯa²⁴tsai³²zo²²la⁴⁵ni³³］

好比，翼蓑生起一色，［ho³³pi³³，ie⁴⁵suɤ³³sɛ³³tɕʰi⁴⁵iəʔ³sai⁴⁵］

呜，一记飞起来了，［u⁴⁴，iəʔ³tɕi⁴⁵fi³³tɕʰi⁴⁵le³³lə⁰］

飞去飞去，［fi³³ai⁴⁵fi³³ai⁴⁵］

望见要做，［mɯa²⁴tɕie⁴⁵ie⁴⁵tsuɤ³³］

尔﹦个织女抓着了。［n³³kəʔ³tsəʔ⁵n̥y³¹tɕyɛ³³dzɯa³¹lə⁰］

尔﹦个时候啦，［n³³kə⁴⁵zʅ²²ɐɯ⁴⁵la³³］

格王母娘娘晓得个事干了，［kəʔ³uan²²mu⁴⁵n̥ian²²n̥ian²⁴ɕie³³tai⁴²kə⁰zʅ²²kɯ⁴⁵lə⁰］

渠呢从胡头里，［gai²²ni⁴⁵dzoŋ²²u²²tɐɯ⁴⁵li³³］

拔落来一梗金钗，［pɯa³²lɔ³¹le²³¹iəʔ³kuɛ⁴⁵tɕiən³³tsʰa³³］

来东﹦来尔个，［le²²noŋ³³le²³¹n³³kəʔ⁵］

牛郎和尔﹦个织女个，［n̥iɐɯ²²lan⁴⁵hɔ³³n³³kəʔ⁵tsəʔ⁵n̥y³¹əʔ⁰］

中心呢，一记划，［tsoŋ³³sən⁴⁵ni⁰，iəʔ³tɕi⁴⁵uɛ³¹²］

马上便出来一埭天河啦。［mɯa²⁴zɯa²⁴bie²⁴tɕʰyəʔ³le³³iəʔ³da²⁴tʰia³³uɤ²¹la⁰］

嚎好，尔埭天河里，［ho⁴²ho³³，n²²da²⁴tʰia³³uɤ²⁴li³³］

便阔记［来得］，［bie²²kʰua³²tɕi³³lai⁴⁵］

张勿着，对面个面个山礅，［tsɯa³³fəʔ³dzɯa³¹²，te³³mie⁴⁵kə⁰mie⁴²kə⁰sɔ³³kʰɯ⁴⁵］

都张勿着啦，［tu³³tsɯa³³fəʔ³dzɯa³¹la⁰］

牛郎和织女呢，［n̥iɐɯ²²lan²⁴hɔ³³tsəʔ³n̥y³¹ni³³］

便［哪生］分开了。［bie²⁴nɛ³³fən³³kʰe³³lə⁰］

嗟﹦个喜鹊儿呢，［tɕiəʔ³kəʔ⁵ɕi⁴²tsʰian³²⁴ni³³］

危险尔＝个，［uai²²ɕie⁴²³n³³kəʔ⁵］

苦痛个牛郎和织女罪过。［kʰu⁴²tʰoŋ³³kəʔ³n̠iɐɯ²²lan²⁴hɔ³³tsəʔ⁵n̠y³¹ze²⁴kuɤ³³］

到农历七月初七，［to³³noŋ²²lai³¹tsʰəʔ³n̠ye²⁴tsʰu³tsʰəʔ⁵］

嚎好便许多，［o³³ho³³bie²⁴ɕy⁴⁵tuɤ³³］

成千上万只喜鹊儿，［dzən²²tsʰia³³zɯa²²vɔ²⁴tsai⁴⁵ɕi⁴²tsʰian³²⁴］

飞到尔个天河头顶来，［fi⁴⁵to³³n³³kə⁰tʰia³³uɤ²⁴dɐɯ²²nin³³le²¹］

作起来一株天桥，［tsɔ³²tɕʰi³³le⁴⁵iəʔ³tɕy⁴⁵tʰia³³tɕie⁴⁵］

分个牛郎织女相会。［fən³³kəʔ³n̠iɐɯ²²lan²⁴tsəʔ⁵n̠y³¹sɯa³³ue⁴⁵］

　　从前，有一个小伙子，家里父母都死了，只有他一个人。家里只有一只老牛，大家都叫他牛郎，牛郎靠这只老牛生活。这只老牛其实是天上的金牛星，老牛很喜欢牛郎。牛郎这么勤劳，心又好，老牛想给他成个家。

　　有一天，老牛知道天上的仙女要到这个村边的湖里来洗澡，他便托梦给牛郎，让他第二天早上到湖边去，等那些仙女在洗澡的时候，把她们挂在树上的衣服拿一件过来，拿来以后，不能回头，马上拿到家里，这样就会有一个仙女做他的妻子。

　　第二天早上，牛郎将信将疑，到湖边去看看。到湖边一看，真的有七个仙女在湖里洗澡。牛郎马上把挂在树上的一件粉红色的衣服拿到家里去，头都不回就跑到家里来了。被牛郎拿走衣服的仙女就是织女。到了晚上，这个织女就到牛郎家里来了，两人就做了夫妻。时间过得很快，一下子三年过去了，牛郎和织女生了一儿一女两个小孩，这户人家日子过得很开心。

　　但是，这个织女私自下凡的事情被玉皇大帝知道了。有一天，天上电闪雷鸣，大风大雨，织女突然不见了，两个小孩哭着要找妈妈。牛郎急得一点办法都没有，不知道怎么办。就在这个时候，家里的那头老牛开口说话了：“你不要难过，你把我头上的两只角拿下来，放到地上，它们会变成两个箩筐，你把小孩子放到箩筐里，能飞上天找到仙女。”牛郎正纳闷，怎么这个牛会说话。这时，两只牛角掉在地上，真的变成两个箩筐了，牛郎马上把小孩放在箩筐里，拿起扁担担起来。这两只箩筐就像长了翅膀一样，一下子飞了起来，眼看着就要把织女抓住了。就在这个时候，王母娘娘知道了，她从头上拔下一根金钗，在牛郎和织女的中间划了一下，马上就出现一条天河。这条天河很宽，一眼望不到边，牛郎和织女就这样分开了。

喜鹊觉得牛郎和织女很可怜，于是到每年农历七月初七，成千上万只喜鹊飞
到天河上来，变成一座天桥，让牛郎和织女相会。

（2018 年 7 月，发音人：楼飞）

第三章 自选条目

俗语

无尺寸。[n²²tsʰai⁴⁵tsʰɿ⁴⁴]

真箍笃。[tsən³³kʰu³³tɕʰiɯ³³⁵]

寻白事。[zən²²bɛ³²zɿ⁴⁵]

小家气。[sɯɤ⁴²kɔ³³tɕʰi⁴⁵]

东鲎热头西鲎雨。[noŋ³³hɯɯ⁴⁵ȵie³¹tɯɯ³³si³³hɯɯ⁴⁵y³¹²] 鲎：彩虹；热头：太阳

六月雨，隔田塍。[lau³¹ȵye²⁴y³¹²，kɛ³²dia²²zən⁴⁵]

食过端午粽，[zai³¹kuo³³tɯ³³n³³tsoŋ⁴⁵] 食：吃
棉衣还正好送。[mie²²i⁴⁵ua²²tsən⁴⁵ho⁴²soŋ⁴⁵]

六月盖被，[lau³¹ȵye²⁴ke³³bi³¹²]
有谷无米。[iɯ²⁴kau³¹m²²mi³¹²]

立夏割大麦，[liə²²ɔ²⁴kɯ³²duɤ³¹mɛ³¹²]
小满割小麦。[sɯɤ⁴²mɯ³¹kɯ³²sɯɤ⁴²mɛ³¹²]

鸡要豁豁食，[tɕi³³ie⁴⁵hua⁴⁵hua⁴⁵zai³¹²]
侬要做做食。[noŋ²²ie⁴⁵tsuɤ⁴⁵tsuɤ⁴⁵zai³¹²]

只可种种悔，［tsai⁴⁵kʰuɤ³³tsoŋ⁴⁵tsoŋ⁴⁵hue³³］
勿可勿种悔。［bəʔ²kuɤ⁴²vəʔ²tsoŋ⁴⁵hue³³］

小时偷针，［suɤ⁴²zŋ³³tʰɐɯ³³tsən³³⁵］
大来偷金。［duɤ²⁴le³³tʰɐɯ³³tɕiən³³⁵］

相骂无好口，［suɑ³³muɑ⁴⁵n²²ho⁴²kʰɐɯ⁴²³］
相争无好手。［suɑ³³tsɛ³³n²²ho⁴²sɐɯ⁴²³］相争：吵架

债多勿愁，［tsa⁴⁵tuɤ³³vəʔ²zɐɯ²¹³］
虱多勿痒。［səʔ⁵tuɤ⁴⁴vəʔ²iɔ³¹²］

过头饭好食，［kuɤ³³tɐɯ³³vɔ⁴⁵ho⁴²zai³¹²］
过头话难念。［kuɤ³³dɐɯ²²ua²⁴nɔ²²n̠ia²⁴］

好愁勿愁，［ho⁴⁵zɐɯ²²bəʔ²zɐɯ²¹³］
愁个六月无热头。［zɐɯ²²kə⁰lau⁴⁵n̠ye²⁴n²²n̠ie³¹dɐɯ²¹³］

侬家有个贤惠嫂，［noŋ²²kɔ⁴⁵iɐɯ⁴²kə⁰ie²²ue⁴²so³³］
隔壁邻舍都会好。［ka³²pai³²lən²²sia⁴⁵tu³³ue⁴²ho⁴²³］隔壁邻舍：邻居

三个五更抵一工，［sɔ³³kəʔ⁵ŋ⁴²kɛ³³ti⁴²iəʔ⁵koŋ³³⁵］五更：早上
日日起早勿会穷。［nai⁴⁵nai²⁴tɕʰi⁴²tso⁴²bəʔ²ue⁴²dʑioŋ²¹³］

食勿穷，穿勿穷，［zai³¹pəʔ³dʑioŋ²¹³，tɕʰye³³pəʔ³dʑioŋ²¹³］
勿会打算一生世穷。［bəʔ²ue⁴²nɛ⁴²sŋ⁴⁵iəʔ³sɛ⁴⁵si⁴⁵dʑioŋ²¹³］一生世：一生

（以上 2018 年 7 月，发音人：陈碧瑛）

东　阳

一、歌谣

急根ᵌ扛

急根ᵌ扛，急根ᵌ扛，[tɕieʔ³⁴kən²³kɔ³³，tɕieʔ³⁴kən²³kɔ³³] 急根ᵌ：拟声词，抬杠子的声响

扛到外婆□去食子汤。[kɔ³⁵tei⁵³ŋe²³bo⁵³lu³³kɔ³³zei²³¹tsʅ⁵³tʰɔ³³] 外婆□：外婆家

食碗亦食碗，[zei²³ɔ³³i³⁴zei²³ɔ³³]

食记个十八碗。[zei²³tɕi⁴⁴kɐ³³za²³pɔ³³ɔ³³]

斗鸡鸡

斗鸡鸡，鸡鸡啼。[təɯ⁵³tɕi³³tɕi³⁵，tɕi³³tɕi³³tʰi³³]

斗虫虫，虫虫飞。[təɯ⁵³dʑiom³³dʑiom²⁴，dʑiom³³dʑiom²⁴fi³³]

斗蝴蝶ㄦ，蝴蝶ㄦ飞过溪，[təɯ⁵³u²²tiaŋ³³，u²²tiaŋ²⁴fi³³ku³³tɕʰi³⁵]

嘟，嘟，嘟。[tu⁵³，tu⁵³，tu⁵³]

一个和尚担水食

一个和尚担水食，[i²³kə³³u²³ʑiɔ⁵³nɔ³³sʅ⁴⁴zei⁵³]

两个和尚扛水吃，[liɔ²³kə⁴⁴u²³ʑiɔ⁵³kɔ⁵⁵sʅ⁴⁴zei⁵³]

三个和尚无北ᵌ水吃。[sɔ²³kə³³u²³ʑiɔ⁵³n³³pei⁵⁵sʅ⁴⁴zei⁵³] 无北ᵌ：没有

索拉索拉希拉希

索拉索拉希拉希，[sɔ³³la⁵⁵sɔ³³la⁵⁵ɕi⁵⁵la⁴⁴ɕi⁵⁵]

两角洋钿口袋里，[liɔ²³kuɔ⁵³iɔ²²di⁵³kʰə⁵³de⁵³li³³] _{洋钿：银元}

抖记抖记到区里，[tɔ²³tɕi⁵⁵tɔ²³tɕi⁵⁵tɔ⁵³tɕʰyu⁵⁵li³³]

区长问我迦事情，[tɕʰyu⁵⁵tɕiɔ³³mən⁵³ŋʊ³³tɕie³³z̩²⁴dʑin⁵⁵] _{迦：什么}

我拉两个来登记。[ŋʊ²³¹la⁵⁵liɔ²³ka⁵³le²⁴tən³⁵tɕi³³] _{我拉：我们}

（以上 2016 年 7 月，发音人：张允珍）

凤仙花

凤仙花，蓬蓬开，[fom²⁴ɕian³⁵hua³³，bɔn³³bɔn³³kʰe³⁵] _{凤仙花：指甲花}

娘打女儿，女儿逃开。[ȵiɔ²³nɛ⁵⁵non²³¹，non²³¹dau⁵³kʰe³⁵] _{囡：女儿}

大女儿逃得山里去，[tʊ²³¹non²³¹dau⁵³tei²⁴san⁵⁵li²³¹kʰɯɯ³⁵]

帮助哝个割柴小哥□呀□松蓓。[pɔ³³⁴tsʰʊ²⁴nom²²ka⁵⁵kə⁵⁵dza³³ɕiɔ⁵⁵ko⁵⁵pa³³ia²²pa³³ dzom²²bei⁵³]

嚓啪嚓嚓啪，[pʰi³³pʰa²²pʰi³³pʰi³³pʰa²²]

割柴小哥渠望呀，望呀，[kə⁵⁵dza³³ɕiɔ⁵⁵ko⁵⁵gɯɯ²²³mʊ²⁴ia³³，mʊ²⁴ia³³] _{渠：他}

渠越望越心爱，[gɯɯ²²ye³³mo²⁴ye³³ɕin²³ŋe⁵³]

越望越心爱。[ye⁵³mʊ²⁴ye⁵³ɕin²³ŋe³³]

弗嫌我小哥穷呀，[fɐ²⁴ɕian³³ŋʊ²⁴ɕiɔ⁵⁵ko⁵⁵dʑiom³³ia³³]

山背上面住呀落来。[sɔ⁵⁵pe²³¹ʑiɔ³¹mie²⁴¹ts̩³³ia³³lɔ³⁵le³³]

（2016 年 7 月，发音人：卢惠芳）

二、其他故事

东阳县衙的故事

话讲哩东阳建县之处。[ua²⁴kɔ³³le²²tom³³iɔ²⁴tɕiən³³iəu²⁴ts̩³³tsʰu⁵³]

东阳个南乡亚⁼北乡个县爷哩，[tom³³iɔ²⁴kɛ²²nʊ²¹⁴ɕiɔ³³ia³³pei³³ɕiɔ⁴⁴kɛ²²ɕia²⁴i⁵³li²²] _{亚⁼：和}

为了亚⁼个把衙门呢摆到南乡或者北乡。[ue²⁴lə²²ia³³kə³³pa³³ia²⁴mən⁵⁵ni³³pa⁴⁴ti²²nʊ²²ɕiɔ³⁵ ui³³tɕia³³pei³³ɕiɔ³³]

比地理环境到亚⹀个人口讲来，〔 pi³⁵di²⁴li⁵⁵uan³³tɕiən³³ti³³ia³³kə³³zən³³kʰəɯ²⁴kɔ³³le²² 〕

都是个南乡这里个地方也多，〔 tʋ³²tsi³³kɐ³³nʋ²²ɕiɔ³⁵tsi²⁴li²²kə³¹di²⁴fɐŋ⁵⁵iɛ³³tʋ³⁵ 〕

侬口也多。〔 nom²²kʰəɯ³⁵iɛ³³tʋ³⁵ 〕

北乡哩地方也少，〔 peiʔ³⁴ɕiɔ⁵⁵lie⁵³di²⁴fɐŋ³³iɛ²⁴ɕiɔ⁵⁵ 〕

侬口也少。〔 nom²⁴kʰəɯ⁴⁴iɛ³³ɕio⁵⁵ 〕

想得格⹀件为大家方便话哩个，〔 ɕiaŋ⁴⁴ti⁵⁵kɔ³³tɕi⁵⁵uei³³da²²ka²⁴fɔ³³bi²⁴ua²³li²²kɛ³³ 〕

摆得南乡好些。〔 pa³³ti²²nʋ²²ɕiɔ³⁵hau⁵³sɛ³³ 〕

但是北乡侬呢，〔 dɔ²⁴tsi³³peiʔ⁵ɕiɔ⁴⁴nom²⁴ni³³ 〕

头脑要活络些呐。〔 dəɯ²²nau²⁴ia³³ua²⁴lo²²sɛ³³na³³ 〕

格⹀小伙为了争取格⹀个县衙哩摆得瓦⹀滴⹀拉⹀北乡里，〔 kɯ³³ɕiau⁴⁴ɔ²⁴uei³³leº tsən³³tɕʰy⁵⁵
　　kɯ³³kə³³iəɯ²²ŋo²⁴liºpa⁴⁴ti³³ua³³ti³³la²²peiʔ³⁴ɕiɔ³³li³³ 〕瓦⹀滴⹀拉⹀: 我们的

便做了小动作，〔 bi²⁴tsɔ³³lɐ²²ɕiɔ⁵⁵tom⁵⁵tsuo³³ 〕

揶⹀格⹀土里头啦，〔 ia³³ka²²tʰu⁵⁵li⁵⁵dəɯ³³la³¹ 〕

格⹀个铁沫掇个掺就个。〔 kɯ²²kə²²tʰiʔ³⁴maʔ²tɔ³³kɐʔtsʰɔ⁴⁴tɕiəɯ³⁵kə³³ 〕掇: 拿

结果，〔 tɕiɛʔ³⁴kʋ³³ 〕

两个县爷讨论当中滴⹀个，〔 lia²⁴kɔ³³ɕie³¹i²⁴tʰau³³lun³¹tɔ³³tsom⁴⁴ti³³kɔ³³ 〕

一记里中大家讲弗定亨⹀厄⹀嗟。〔 i³³tɕi⁵⁵li²²tsom⁴⁴da²⁴ka⁴⁴kɔ⁵⁵fɐʔ²³dən³³hɛ³³ɔ³³nɔ⁴⁴ 〕

南乡，〔 nʋ²²³ɕiɔ³³ 〕

南乡意见，〔 nʋ²³ɕiɔ³⁵i³³tɕiɐn⁵³ 〕

北乡，〔 peiʔ³⁴ɕiɔ³⁵ 〕

北乡意见。〔 peiʔ⁵ɕiɔ³⁵i³³tɕiɐn⁵³ 〕

结果哩，〔 tɕiɛʔ³⁴kʋ³³li²² 〕

其中一哩个东阳北乡个县爷便倚立起来讲：〔 dʑi²²tsom³⁵iʔ³⁴li²²kɐ³³tom⁴⁴iɔ²⁴peiʔ³⁴ɕiɔ³³kɛ³³
　　ɕia²⁴i³³bi²⁴geᵉ³li⁴tɕʰi³³le⁴⁴kɔ⁵⁵ 〕倚: 站

"亨⹀得哇！〔 hɛ³³dəɯ⁵⁵ua³³ 〕

我拉大家，〔 ŋʋ²⁴la³³da²⁴kan³³ 〕

尔拉还是，〔 n²⁴na³³uan²⁴tsi³³ 〕尔拉: 你们

尔拉北乡厄⹀，〔 n²⁴na³³pei⁵⁵ɕiɔ³³ɔ⁵³ 〕

尔拉北乡黄泥，〔 n²⁴na³³pei⁵⁵ɕiɔ³³ɔ²²ni²² 〕

挜ʔ呐我拉北乡黄泥，［ia²⁴na³³ŋʊ²⁴la³³pei⁵⁵ɕiɔ³⁵ɔ³³ni²²］

大家呐称重好啦。［da²²ka³³na²²tsʰən⁴⁴tsom⁵⁵hau⁴⁴la³³］

亨ʔ总讲，［hɛ³³tsom⁵⁵kɔ⁴⁴］

大家都险公平呐个。［da²⁴ka³³tɔ⁴⁴ɕiən²²³kom³³piən²⁴na²²kə³³］

迦家黄泥重些，［dʑiɛʔ²³ka³³ɔ²²ni²⁴tsom⁴⁴sɛ³³］迦：哪

亨ʔ喂ʔ摆得哪面向的。"［hɛ²⁴ui³³pa⁵⁵te³³na²¹⁴mi²⁴ɕiɔ⁵⁵do²²］

大家呢一记想呢，［da²²ka³⁵ni³³iʔ³⁴tɕi³³ɕiɔ⁵⁵ni³³］

亦弗错亨ʔ个讲，［i²⁴fuʔ²⁴tsʰo³³hɛ²²kei³⁵kɔ⁴⁴］

亨ʔ个当时想想险公平格个。［hɛ²²kə³³tom²²³sʅ²⁴ɕiɔ³³ɕiɔ⁵⁵ɕiən²⁴kom³³biən²⁴kɛ³³kə³³］

实际上哩讲过啦，［zaʔ²³tse⁵⁵ɔ²²li²²kɔ³³u³³la⁴⁴］

北乡侬呢格头脑活络些呐，［peiʔ²³⁴ɕiɔ³⁵nom⁴²ni³³kuu³¹dɯu²²nau²⁴ua²¹⁴lou²²sɐn³³na²²］

隔天早便要讲，［kə³³tʰi⁴tsɔ²⁴bi³³ia⁵³kɔ³³］

黄泥里头铁沫都已经加进去满哇。［ɔ²¹⁴ni³³li³³tɔ³³tʰiɛ³⁴maʔ²³to³³i²⁴tɕiən⁴⁴kɔ³³tɕiən³¹kəɯ³³ mau²⁴ua³³］

结果称起来哩讲，［tɕiɛʔ²³⁴kʊ⁵⁵tsʰən³³tɕʰi⁴⁴le²²li²²kɔ³³］

理所当然的个，［li²⁴suo²¹⁴taŋ⁵⁵ȵiaŋ²⁴ti²²ke³³］

北乡重些喏。［peiʔ²³⁴ɕiɔ³³tɕiom³⁵so³³nɔ²²］

亨ʔ便是讲，［hɛ²⁴bi³³tsi³³kɔ³³］

县衙哩便摆哝，［iəu²¹⁴ŋo³³li²²bi²²pa⁴⁴nom⁵³］

北乡哇。［peiʔ²³⁴ɕiɔ³³ua⁵³］

结果哩，［tɕiɛʔ²³⁴kʊ⁵⁵li³³］

亨ʔ个事干以后落来，［hɛ²⁴kə³³zʅ²²kɯu²²i²⁴əɯ³³lo³³le³³］

大家都晓得起来呀。［da²²kan³³tɔ³³ɕiɔ⁵⁵te³³tɕʰi³³lai²⁴ia³¹］

结果哩，［tɕiɛʔ²³⁴kʊ⁵⁵li³³］

老百姓起来一句讲：［lau²⁴paʔ⁴ɕiən⁵⁵tɕhi³³le²²iʔ³⁴tɕy³¹kɔ⁴⁴］

南乡侬呢是个老老实实人呐，［nʊ²²ɕiɔ³⁵nom²²ni²²tsi²⁴kə³³lau²⁴lau²⁴zʅ²²zʅ²²zən⁵³na²²］

北乡侬鬼猛个。［peiʔ²³⁴ɕiɔ³³nom²²tɕyu⁵⁵mɛ³¹kə²²］

亨ʔ喂，［hɛ³³ui³³］

千百年留落来一句讲：［tɕʰi³³paʔ⁴ni²²liɔ²⁴lo²²le²²iʔ³⁴tɕy³¹kɔ²⁴］

北乡鬼，［peiʔ²³⁴ɕiɔ³³tɕyu³⁵］

南乡佬，[nu²⁴ɕiɔ³³lau²¹⁴]

亨꞊喂꞊流传到□锵꞊为止哇。[hɛ³³ui³³liəu²⁴tɕiu³³te⁴⁴n̠iɔ³³tɕʰian⁴⁴ui²⁴tsʅ³³ua³³] □锵꞊：现在

　　我们来讲一讲东阳建县衙的地方。东阳的南乡和北乡的县爷因为要把衙门建在南乡或是北乡（这件事发生了争论）。就地理环境和人口来比较，南乡这个地方面积也大，人口也多；北乡呢，面积也小，人口也少。如果要更加便利的话，县衙建在南乡更好一些。

　　但是北乡人头脑很活络，小伙子们为了把县衙放在北乡，就做了小动作，拿了铁屑往土里掺进去。两个县爷在讨论中，短时间双方都争执不下。南乡人有南乡人的意见，北乡人有北乡人的意见。

　　结果，东阳北乡的县爷站起来说："那这样吧。我们北乡的黄泥和你们南乡的黄泥，大家来称重好不好？这样做总的来说，对大家都很公平。哪一个地方的黄泥重，县衙就建在哪一边。"大家想了一会，觉得这个想法也不错，当时感觉是很公平的。

　　之前说过，北乡人头脑灵活一些，早已经在黄泥里面加了铁屑了。结果称起来当然是北乡的黄泥比较重。这样一来，县衙该建在哪里呢？自然是北乡。这件事情发生以后，大家都知道了。

　　后来，大家都传言说，南乡人是老老实实的，北乡人是狡猾的。千百年来流传着一句话：北乡鬼，南乡佬。就这样流传到现在。

　　　　　　　　　　　　　　　　　（2016 年 7 月，发音人：王子平）

永 康

一、歌谣

毛节花

毛节花，红打=打=，［mɑu³³tɕia³³xuɑ⁵⁵，oŋ³³nai³¹nai⁵⁵］红打=打=：红丹丹

山里婆娘出脚梗；［sa³³li¹¹³buo³¹n̠iaŋ²²tɕʰyə³³tɕiɑu³³kuai⁵⁵］出：赤裸。脚梗：脚踝

囡儿甥，嫁大伯，［na³¹ŋ³³sɤ⁵⁵，kua³³duo³¹ɓai³³⁴］囡儿甥：侄女儿

大伯会撑船，［duo³¹ɓai³³⁴uəi³¹tsʰai³³ʐye⁵⁵］

小叔会赚钿，［ɕiɑu³¹su³³⁴uəi³¹dza³³die⁵⁵］

赚点破铜钿担小婶，［dza³¹nia⁵²pʰia³³doŋ³³die²⁴na⁵³ɕiɑu³¹səŋ⁵²］捏：给

小婶买丝线，［ɕiɑu³¹səŋ⁵²mia³¹sʅ³³ɕie⁵²］

丝线寸寸断；［sʅ³³ɕie⁵²tsʰɤ³³tsʰɤ³³dəŋ¹¹³］

买鸭卵，鸭卵长；［mia³¹uɑ³³ləŋ¹¹³，uɑ³³ləŋ¹¹³dʑiaŋ⁵⁵］鸭卵：鸭蛋

买砂糖，砂糖甜；［mia³¹sua³³dɑŋ²²，sua³³dɑŋ²²dia²²］

买双鞋，鞋难穿；［mia³¹ɕyɑŋ³³ia²²，ia²²na³³tɕʰye⁵⁵］

买双靴，靴结角；［mia³¹ɕyɑŋ³³ɕye⁵⁵，ɕye⁵⁵tɕie³³kɑu³³⁴］结角：不听话，执拗，此处拟人化

买把轿，轿难坐，［mia³¹ɓuɑ³³dʑiɑu¹¹³，dʑiɑu¹¹³na³³zuo¹¹³］

劈掉烧镬，镬难烧；［pʰiɑu³³lɑu³³ɕiɑu³³uo¹¹³，uo¹¹³na³³ɕiɑu⁵⁵］

买□箫，箫难吹；［mia³¹kuai³³ɕiɑu⁵⁵，ɕiɑu⁵⁵na³³tɕʰy⁵⁵］□：量词

买本书，书难读；［mia³¹məŋ³³ɕy⁵⁵，ɕy⁵⁵na³³du¹¹³］

买块肉，肉好食；［mia³¹kʰuəi³³n̠iu¹¹³，n̠iu¹¹³xɑu³¹zəi¹¹³］

上下街沿扯地得。［ʑiaŋ³¹ua¹¹³tɕia³³ie⁵⁵tsʰə³³di³¹dəi³³⁴］扯地得：谈天说地

懒汉腔

五更头露水懒大大，［ŋ³¹kai⁵⁵dəu³¹lu³¹ɕy³³⁴la³¹duo³¹duo²⁴¹］

弗如日中央少坐坐，［fə³³ʑy³¹n̠iə³¹tsoŋ³³iaŋ⁵⁵ɕiau³³zuo³¹zuo²⁴¹］

日中央懒热热，［n̠iə³¹tsoŋ³³iaŋ⁵⁵la³¹n̠iə³³n̠iə¹¹³］

弗如乌荫儿日头慢点洗，［fə³³ʑy³¹u³³iŋ⁵²n̠iə³¹dəu²⁴¹ma²⁴¹dia³³ɕie⁵⁵］乌荫儿：傍晚

乌荫儿日头懒惊惊，［u³³iŋ⁵²n̠iə³¹dəu²⁴¹la³¹kuai³³kuai⁵⁵］

弗如明朝□个早五更。［fə³³ʑy³¹miŋ³³tɕiau⁵⁵uai³³kuo³¹tsau³¹ŋ³¹kai⁵⁵］□：起床

日头照槛窗

日头照槛窗，［n̠iə³³dəu⁵⁵tɕiau³³kʰa³¹tɕʰyaŋ⁵⁵］槛窗：窗户

懒汉未起床，［la³¹xɤ⁵¹mi²⁴¹tɕʰi³³ɕyaŋ⁵⁵］

日头照街沿，［n̠iə³³dəu⁵⁵tɕiau³³tɕia³³ie²²］

懒汉听鸡啼。［la³¹xɤ⁵¹tʰiŋ³³tɕie³³die²²］

（以上 2017 年 8 月，发音人：程静）

二、规定故事

牛郎和织女

古时节，有个小后生，［ku³³zɿ³³tɕia⁰, iəu³¹kuo⁵²ɕiau³¹əu³¹sai²⁴¹］

爷娘都过辈去了，孤苦伶仃，［ia³¹n̠iaŋ²²du³³kua³³ɓəi⁵²kʰu⁰lia⁰, ku³³kʰu³³⁴lin³¹niŋ⁵⁵］

家头只有一头老牛，［kau³³dəu⁵⁵tsə³³iəu¹¹³iə³³dəu⁵⁵lau³¹n̠iəu⁵⁵］

大家都讴渠牛郎。［dia³³kau⁵⁵du⁵⁵au⁵⁵gu²²n̠iəu³¹laŋ²²］

牛郎靠老牛耕地为生，［n̠iəu³¹laŋ²²kʰau⁵²lau³¹n̠iəu⁵⁵kai³³di⁵²uəi³³sai⁵⁵］

□老牛相依为命。［xa⁵²lau³¹n̠iəu⁵⁵ɕiaŋ³³i⁵⁵uəi³¹miŋ⁵²］□：和

其实老牛呢是天埒个金牛星，［dʑi³¹zə¹¹³lau³¹n̠iəu⁵⁵nə⁰dʑi¹¹³tʰia³³la⁵³uə⁰tɕin³³n̠iəu³³ɕin⁵⁵］天埒：天上

渠喜欢牛郎个勤劳、善良，[gɯ²²ɕi³¹xua⁵⁵n̠iəu³¹laŋ²²uə⁰dʑiŋ³¹lau⁵²、ʑie³¹liaŋ⁵⁵]
想帮渠成个家。[ɕiaŋ³³maŋ⁵²gɯ²²ʑiŋ³¹kuo³³kua⁵⁵]

有一日，金牛星晓得天埠个仙女要到村东头个山脚边个湖里洗浴，[iəu³³iə³³n̠iə¹¹³，
　　tɕin³³n̠iəu³³ɕin⁵⁵ɕiau³³ɖəi⁵²tʰia³³la⁵⁵uə⁰ɕie³³n̠y¹¹³ŋau³¹lau⁵⁵tsʰɤ⁵⁵noŋ³³dəu²²uə⁰sa³³tɕiau³³
　　ɓie⁵⁵uə⁰u³¹la⁰ɕie³³iɔ¹¹³]
便托梦给牛郎，[ɓie²⁴¹tʰau³³moŋ²⁴¹kəi³³n̠iəu³¹laŋ²²]
讴渠［第两］日五更来到山脚下，[əu⁵⁵gɯ²²din³¹n̠iə¹¹³ŋ³¹kai⁵⁵ləi³³dau⁵⁵sa³³tɕiau³³ua¹¹³]
趁仙女们洗浴个时节呢，[tsʰən³³ɕie³³n̠y¹¹³məŋ⁵⁵ɕie³³iɔ¹¹³uə⁰ẓ¹³tɕia⁰nə⁰]
取走一件仙女们挂在树桠上个衣裳，[tɕʰy³³tsəu³³⁴iə³³dʑie²⁴¹ɕie³³n̠y¹¹³məŋ⁵⁵kua³³zəi²⁴¹
　　ẓy³¹ua⁵⁵ʑiaŋ⁵²uə⁰i³³ɕiaŋ²²]
随后呢，头也弗回个跑归家头去。[ʑi³³əu¹¹³nə⁰，dəu²²ia³¹fə³³uəi⁵⁵uə⁰pʰau⁵²kuəi⁵⁵kau³³
　　dəu⁵⁵kʰɯ⁵⁵]
□呢，便能娶得一位美丽个仙女做内家。[xai⁵²nə⁰，ɓie²⁴¹nəŋ⁵⁵tɕʰy⁵³təi⁵⁵iə³³uəi²⁴¹məi³³
　　lie²⁴¹uə⁰ɕie³³n̠y¹¹³tsuo³³nəi³¹kua⁵⁵]□: 这样

［第两］日五更，[din³¹n̠iə¹¹³ŋ³¹kai⁵⁵]
牛郎疑神疑惑个来到嘞湖边。[n̠iəu³¹laŋ²²ni³³səŋ⁵⁵ni³³lu¹¹³uə⁰ləi³³dau⁵²lə⁰u³³ɓie⁵⁵]
果然，有七位仙女在湖里搞搞水。[kuo³³ʑie²²，iəu³¹tsʰə³³uəi⁵²ɕie³³n̠y¹¹³zəi³¹u³³li⁰kau³¹
　　kau³¹ɕy³³⁴]
牛郎马上拿走嘞一件仙女挂在树上个衣裳，[n̠iəu³¹laŋ²²ma³¹ʑiaŋ¹¹³na³³tsəu³³⁴lə⁰iə³³
　　dʑie²⁴¹ɕie³³n̠y¹¹³tɕya³³zəi²⁴¹ẓy²⁴¹ʑiaŋ⁰uə⁰i³³ɕiaŋ²²]
跑归嘞家头。[pʰau⁵³kui³³lə⁰kau³³dəu⁵⁵]
格位□牛郎衣裳驮去个仙女呢名字讴织女。[kə³³uəi⁵⁵nəŋ⁵⁵n̠iəu³¹laŋ²²i³³ɕiaŋ²²ɖuo³³kʰɯ⁰
　　uə⁰ɕie³³n̠y¹¹³nə⁰miŋ³¹ẓ¹²⁴¹au⁵⁵tsəi³³n̠y¹¹³]□: 被
当日夜埠渠来到嘞牛郎家头，[naŋ³³n̠iə¹¹³ia²⁴¹la⁵³gɯ²²ləi³³dau⁵²lə⁰n̠iəu³¹laŋ²²kau³³
　　dəu⁵⁵]夜埠: 夜里
轻轻敲开嘞门，[tɕʰiŋ³³tɕʰiŋ³³kʰau³³kʰəi⁵⁵lə⁰məŋ³³]
两个人成为嘞夫妻。[liaŋ³¹kuo⁵²zəŋ²²ʑiŋ³³uəi⁵⁵lə⁰fu³³tɕʰie⁵⁵]

转眼三年过去嘞，[tɕye³³ŋa¹¹³sa³³nia³¹kua³³kʰɯ⁰lə⁰]
牛郎□织女生嘞一个儿一个囡，[n̠iəu³¹laŋ²²xa⁵²tsəi³³n̠y¹¹³sai⁵⁵lə⁰iə³³kuo⁵²ŋ³³iə³³kuo⁵²

na²⁴¹]

日子过欹较快活。[n̠iə³³tsʅ⁵⁵kuo⁵²ai⁰kau⁵⁵kʰuɑ³³uɑ¹¹³]

可惜，织女私自下凡个事担玉皇大帝晓得哇。[kʰuo³³ɕi³¹, tsəi³³n̠y¹¹³sʅ³³zʅ³¹uɑ³¹fa⁵⁵ uə⁰zʅ¹¹³na⁵⁵n̠iɔ³³uɑŋ⁵⁵dia³¹die⁵⁵ɕiau³³ɖəi⁵⁵uɑ⁰]

有一日，天突然刮大风落大雨，[iəu³³iə³³n̠iə¹¹³, tʰia⁵⁵də¹¹³ɕie⁵²kuɑ⁵⁵duo³¹foŋ⁵⁵lau³³ duo³¹y¹¹³]

雷公霍闪白＝白＝响。[ləi³³koŋ⁵⁵xuo³³ɕie⁵²bai³¹bai³¹ɕiaŋ³³⁴] 白＝白＝：拟声词

织女突然□侬哇，[tsəi³³n̠y¹¹³də¹¹³ɕie⁵²nəi⁵²noŋ³³uɑ⁰] □：无，没有

两个儿囡□□叫乐娘。[liaŋ³¹kuo⁵²ŋ³³na⁰ŋai³¹ŋai³¹iau⁵²ŋau³³n̠iaŋ²²] □□：拟声词。乐：要

牛郎呢也焦急，[n̠iəu³¹laŋ²²nə⁰ia³³tɕiau³³tɕie³³⁴]

弗知生好。[fə³³tsʅ⁵⁵sai³³xɔ³³⁴]

[格个]时节，[kuo⁵²zʅ³³tɕia⁰]

老牛开口嘞："乐难过，[lau³¹n̠iəu⁵⁵kʰəi³³kʰəu³³⁴lə⁰ : ŋau⁵²na³¹kuɑ⁵⁵] 乐：不要

尔将我个两只牛角摘落下，[ŋ¹¹³tɕiaŋ⁵⁵uo¹¹³uə⁰liaŋ³¹tsəi⁵⁵n̠iəu³³kau⁵⁵tsəi³³lau⁵³uəi⁵⁵]

便会变成两只箩筐。[bie²⁴¹ui³³bie⁵³ʑiŋ⁵⁵liaŋ³¹tsəi⁵⁵luo³³kʰuaŋ⁵⁵]

尔呢带上两个儿囡呢，[ŋ¹¹³nə⁰dia³³ziaŋ⁰liaŋ³¹kuo⁵³ŋ³³na⁵⁵nə⁰]

到天上去寻织女去。"[lau³³tʰia³³ʑiaŋ¹¹³kʰɯ⁰zen³³tsəi³³n̠y¹¹³kʰɯ⁰]

话刚讲完，[uɑ²⁴¹kaŋ⁵⁵kaŋ³³uɑ⁵⁵]

老牛个两只牛角呢便 "□" 脱地落啊，[lau³¹n̠iəu⁵⁵uə⁰liaŋ³¹tsəi⁵⁵n̠iəu³³kau⁵⁵nə⁰bie²⁴¹ dzɣə¹¹³tʰə³³di²⁴¹lau⁵³a⁰] □：拟声词

马上变成嘞两只箩筐。[ma³¹ʑiaŋ¹¹³bie⁵³ʑiŋ⁵⁵lə⁰liaŋ³¹tsəi⁵⁵luo³³kʰuaŋ⁵⁵]

牛郎呢将两个儿囡放在箩筐里，[n̠iəu³¹laŋ²²nə⁰tɕiaŋ³³liaŋ³¹kuo⁵²ŋ³³na⁰faŋ³³zəi³¹luo³³ kʰuaŋ⁵⁵ləi⁰]

将扁担挑起来。[tɕiaŋ³³bie³¹na⁵²tʰiau³³tɕʰi³¹ləi⁵⁵]

突然呢，两只箩筐变成嘞两只翼膀，[də¹¹³ɕie⁵²nə⁰, liaŋ³¹tsəi⁵⁵luo³³kʰuaŋ⁵⁵bie⁵³ʑiŋ⁵⁵ lə⁰liaŋ³¹tsəi⁵⁵ie³³maŋ³³⁴]

腾空驾雾，朝天公飞去。[ɖin³³koŋ⁵⁵kuɑ³³vu²², tɕʰiau³¹tʰia³³koŋ⁵⁵fi³³kʰɯ⁵²]

飞呀，飞呀，[fi⁵⁵ia⁰, fi⁵⁵ia⁰]

便乐追着织女个时节呢，[bie²⁴¹ŋau³¹tsəi³³dʑiau⁰tsəi³³n̠y¹¹³uə⁰zʅ³³tɕia⁰nə⁰]

担王母娘娘发现嘞。[na⁵²uaŋ³³mu¹¹³n̠iaŋ³¹n̠iaŋ⁵²fa³³ie²⁴¹lə⁰]

渠拔出头上个金钗，[gɯ²²ba³¹tɕʰyə³³⁴dəu³¹ʑiaŋ¹¹³uə⁰tɕin³³tɕʰia⁵⁵]

向牛郎□织女中间呢一划，[ɕiaŋ³³n̠iəu³¹laŋ²²xa⁵²tsəi³³n̠y¹¹³tsoŋ³³ka⁵⁵nə⁰iə³³uai¹¹³]

马上就变成了一条波涛滚滚个天河，[ma³¹ʑiaŋ¹¹³ʑiəu³¹bie⁵³ʑiŋ⁵⁵liau⁰iə³³ɗiau⁵⁵ɓuo³³
　　tʰau⁵⁵kuəŋ³¹kuəŋ³¹uə⁰tʰia³³uo³¹]

将牛郎□织女分隔开来。[tɕiaŋ³³n̠iəu³¹laŋ²²xa⁵²tsəi³³n̠y¹¹³fəŋ³³kɤ⁵⁵kʰai³³ləi²²]

喜鹊较同情牛郎□织女个遭遇，[ɕi³¹tɕʰiau³³⁴kau²⁴doŋ³¹ʑiŋ²²n̠iəu³¹laŋ²²xa⁵²tsəi³³n̠y¹¹³
　　uə⁰tsau³³y⁵²]

每年农历七月初七，[məi³³nia⁵⁵noŋ³³ləi¹¹³tsʰə³³n̠yɤ¹¹³tsʰu³³tsʰə³³⁴]

成千上万只喜鹊来到嘞天河边，[ʑiŋ³³tɕʰia⁵⁵ʑiaŋ³¹va²⁴¹tsə³³ɕi³¹tɕʰiau³³⁴ləi³³ɗau⁵⁵lə⁰
　　tʰia³³uo⁵²ɓie⁵⁵]

一只衔着另一只个尾巴，[iə³³tsəi⁵²ga²²dʑiau⁰liŋ³¹iə³³tsəi⁵²uə⁰ŋ³¹pua⁵⁵]

搭起了一座长长个鹊桥，[ɗua³³tɕʰi⁵²liau⁰iə³³zuo²⁴¹dʑiaŋ³¹dʑiaŋ⁵²uə⁰tɕʰiau³³dʑiau⁵⁵]

担牛郎□织女团聚。[na⁵²n̠iəu³¹laŋ²²xa⁵²tsəi³³n̠y¹¹³dʐɤ³³ʑy³¹]

　　古时候，有个小伙子，父母都过世了，孤苦伶仃，家里只有一头老牛，大家都叫他牛郎。牛郎靠老牛耕地为生，和老牛相依为命。其实老牛是天上的金牛星，他喜欢牛郎的勤劳、善良，想帮他成个家。

　　有一天，金牛星知道天上的仙女要到村东边山脚下的湖里洗澡，就托梦给牛郎，叫他第二天早上到山脚下，趁仙女们洗澡的时候，取走一件仙女们挂在树桠上的衣服，然后头也不回地跑回家里去。这样呢，就能娶到一位美丽的仙女做妻子。

　　第二天早上，牛郎疑惑地来到湖边。果然，有七位仙女在湖里戏水。牛郎马上拿走了一件仙女挂在树上的衣裳，跑回了家里。这位被牛郎拿走衣服的仙女名字叫织女。当天夜里她来到牛郎家，轻轻敲开了门，两个人成了夫妻。

　　转眼三年过去了，牛郎和织女生了一儿一女，日子过得很快活。可惜，织女私自下凡的事被玉皇大帝知道了。

　　有一天，天突然刮大风下大雨，电闪雷鸣。织女突然不见了，两个孩子哇哇哭着要妈妈。牛郎也着急，不知道该怎么办。这时候，老牛开口了："不要难过，你把我的两只牛角摘下来，就会变成两个箩筐。你带上两个孩子，到天上去找织女。”话刚说完，老牛的两只牛角就“啪”地掉在地上，马上变成了两个箩筐。牛郎把两个孩子放在箩筐里，将扁担挑了起来。突然，两个箩筐变成了两只翅膀，他们腾空驾雾，向天上飞去。

飞呀，飞呀，就要追上织女的时候，被王母娘娘发现了。她拔下头上的金钗，向牛郎和织女的中间一划，马上就变成了一条波涛滚滚的天河，将牛郎和织女分隔开来。

喜鹊很同情牛郎和织女的遭遇，每年的农历七月初七，成千上万只喜鹊来到天河边，一只衔着另一只的尾巴，搭起一座长长的鹊桥，让牛郎和织女团聚。

（2017 年 8 月，发音人：程静）

三、自选条目

（一）谜语

□哩时⁼，□哩时⁼，[dʑyə^{241}li^{33}ʑi^{55}，dʑyə^{241}li^{33}ʑi^{55}] □哩时⁼：拟声词

爷娘生我种侬时。[ia^{31}ȵiɑŋ^{52}sai^{33}ŋuo^{113}tsoŋ^{33}noŋ^{55}ʑi^{55}]

别侬食白面，[bə^{33}noŋ^{241}zəi^{33}ɓai^{33}mie^{241}]

我罢食黄泥。[uo^{113}bə^{0}zəi^{33}uɑŋ^{31}nie^{422}]

别侬脚驮躐，[bə^{33}noŋ^{24}tɕiɑu^{33}duo^{33}lie^{113}] 驮：用，拿。躐：走

我罢头驮移 [uo^{113}bə^{0}ɗəu^{33}duo^{33}i^{55}]

——螺蛳 [uo^{33}sɿ^{55}]

（二）顺口溜

小麦饼

小麦饼，[ɕiɑu^{31}mai^{33}miŋ^{52}]

肉筒筒。[ȵiəu^{113}doŋ^{22}doŋ^{22}]

担尔食食弗识侬。[na^{52}ŋ^{113}zəi^{31}zəi^{113}fə^{33}tsəi^{33}noŋ^{55}] 担：给。侬：人

尔还骂我大烟筒。[ŋ^{113}uɑ^{33}muɑ^{241}ŋuo^{113}duo^{31}ie^{33}doŋ^{113}]

吱□□拟声词

吱□□，［tɕi³³kə³³uə³³⁴］

磨糖汁。［muo³¹daŋ³³tsə³³⁴］

糖汁水，［daŋ³³tsə³³ɕy³³⁴］

浆板壁。［tɕiaŋ³³muo³¹ɓə³³⁴］

板壁开朵花，［muo³¹ɓə³³⁴kʰəi³³ɗuo³³xua²⁴］

姊姊卖黄瓜。［tɕi³¹tɕi⁵²mia³¹uaŋ³³kua²⁴］

黄瓜几点一斤？［uaŋ³³kua²⁴tɕi³³nia⁵²iə³³tɕiŋ⁵⁵］几点：多少

任尔择，任尔称。［zəŋ²¹³ŋ¹¹³dzai¹¹³，zəŋ²¹³ŋ¹¹³tɕʰiŋ⁵⁵］择：挑。尔：你

尔个细囡真个精。［ŋ¹¹³kuo⁵²ɕie³³na²⁴¹tsəŋ³³uə⁰tɕiŋ⁵⁵］

尔个细囡生来好

尔个细囡生来好，［ŋ¹¹³kuo⁵²ɕie³³na²⁴¹sai³³ləi³³xɔ⁴⁴⁵］

头上一蓬黄毛草，［dəu³³ʑiaŋ¹¹³iə³³boŋ²⁴¹uaŋ³³mɔ³³tsʰɔ⁴⁴⁵］

眼睛像似结ᵌ孔ᵌ鸟，［ŋa³¹tɕiŋ⁵²ɕiaŋ³³zɿ²⁴¹gə³³kʰoŋ³³diau¹¹³］结ᵌ孔ᵌ鸟：猫头鹰

头颈像似纺车鞭，［dəu³³tɕiŋ⁵⁵ɕiaŋ³³zɿ²⁴¹faŋ³¹tɕʰia³³ɓie⁵²］

耳朵像似灯盏翼，［ŋ³³ɗuo³³⁴ɕiaŋ³³zɿ²⁴¹niŋ³³tsa³¹ie¹¹³］

自想自来罢忒倒□。［ʑi²³¹ɕiaŋ³³⁴ʑi²³¹ləi³³bə⁰tʰəi³³ɗau³¹ie⁵²］倒□：丢人

（以上 2017 年 8 月，发音人：程静）

武 义

一、歌谣

一一两隔壁

一一两隔壁，［iə⁵³iə⁵³liaŋ⁵⁵ka³²pəʔ⁵］

两两找对象，［liaŋ³²liaŋ¹³tsau⁵⁵la⁵⁵ʑiaŋ²³¹］

三三弗由爷娘弗由哥，［suo²⁴suo²⁴fəʔ⁵iəu⁵⁵ia³²n̠iaŋ²³¹fəʔ⁵iəu⁵⁵kuo²⁴］

四四掼掉锄刀去登记，［ɕi⁵³ɕi⁵³guaŋ²³¹die⁰zua³²dau²⁴kʰɯ⁵⁵nen³²tɕi⁵⁵］掼：扔

五五五口大蒜望丈母，［ŋ¹³ŋ¹³ŋ⁵⁵bu³²⁴dia⁵⁵sɤ⁵³maŋ⁵⁵dʑiaŋ⁵⁵ŋ¹³］口：量词

六六弗用酒也弗用肉，［lɔ²¹³lɔ²¹³fəʔ⁵ioŋ²³¹tɕiəu⁴⁴⁵ia¹³fəʔ⁵ioŋ²³¹n̠iɔ²¹³］

七七生个儿罢白脱脱，［tsʰə⁵³tsʰə⁵³sa³²kəʔⁿ³²⁴bə⁰pa⁵³tʰə⁵³tʰə⁵³］

八八口养鸡呀口养鸭，［puo⁵³puo⁵³i²⁴iaŋ⁵³dʑie²⁴ia⁰i²⁴iaŋ⁵³ua⁵³］口：又

九九样样事干靠双手，［tɕiəu⁴⁴⁵tɕiəu⁴⁴⁵iaŋ²³¹iaŋ²³¹zɹ³²kɤ⁵³kʰɤ⁵³ɕyaŋ⁵⁵ɕiəu⁴⁴⁵］

十十弗愁着呀弗愁食。［zə²¹³zə²¹³fəʔ⁵zau³²liau⁵³ia⁰fəʔ⁵zau³²zə¹¹³］着：穿（衣）

一粒星

一粒星，吉灵灵。［iəʔ⁵lɤ²³¹ɕin²⁴，tɕiəʔ⁵lin³²lin²³¹］

两粒星，挂油瓶。［liaŋ¹³lɤ²³¹ɕin²⁴，kua⁵⁵iəu³²bin³²⁴］

油瓶漏，好炒豆。［iəu³²bin³²⁴lau²³¹，xɤ⁵⁵tsʰɔ⁵⁵dau²³¹］好：能，可以

炒豆香，好口口。［tsʰɔ⁵⁵dau²³¹ɕiaŋ²⁴，xɤ⁵⁵la⁵³dzua³²⁴］口口：撒谷下秧苗

秧抽芽，好摘茶。[iaŋ³²tɕʰiəu⁵⁵ŋua³²⁴，xɤ⁵⁵la⁵³dzua³²⁴]

茶好食，摘大栗。[dzua³²xɤ⁵³zə²¹³，la⁵⁵duo⁵⁵lə²¹³]大栗：栗子

大栗三层壳，摘菱角。[duo⁵³lə¹¹³suo³²sen⁵⁵kʰɔ⁵³，la⁵⁵lin⁵⁵kau⁵³]

菱角两头尖，[lin⁵⁵kau⁵³liaŋ⁵⁵dau³²⁴tɕie⁵³]

姊姊妹妹敲鼓敲锣到兰溪。[tɕi⁵³tɕi⁵³ma⁵⁵ma²³¹kʰau⁵⁵ku⁴⁴⁵kʰau³²⁴luo³²⁴lɤ⁵⁵nuo³²tɕʰie⁵³]

（以上 2017 年 7 月，发音人：何淑芝）

3. 瘪口翁

瘪口翁，[pie⁵⁵kʰau⁴⁴⁵oŋ⁵³]

食芋粽。[səʔ⁵y³²tsoŋ⁵³]

热食惊□侬，[n̠ie⁵⁵zə²¹³kua⁵⁵tɕʰiəu⁵⁵noŋ³²⁴]惊：怕。□侬：烫人，指东西热

冷食愁肚痛。[na⁵⁵zə²¹³zau⁵⁵tu⁵⁵tʰoŋ⁵³]

（2017 年 7 月，发音人：王青）

二、规定故事

牛郎和织女

下面啊火＝大家讲记牛郎织女个故事。[ua⁵⁵mie²³¹aᵒxuo⁵³tia⁵⁵kuaᵒkaŋ⁵⁵tɕie⁵³n̠iəu³²laŋ²³¹tsəʔ⁵n̠y¹³kəʔᵒku⁵⁵z̩¹³]火＝：和

古代个时节，[ku⁵³da²³¹kəʔᵒz̩³²tɕia⁵³]

有一个细后生儿，[iəu⁵⁵iəʔ⁵tɕia⁵³ɕia⁵³au³²saŋ²⁴]

渠个爷娘呢都已经过世罢，[gɯ¹³kəʔᵒia³²n̠iaŋ²³¹nəᵒlu²⁴i⁵³tɕin²⁴kuo⁵⁵ɕie⁵³baᵒ]

一个侬孤零零，[iəʔ⁵tɕia⁵³noŋ³²⁴ku⁵⁵lin³²lin³²⁴]

戍当＝只有一头老牛听＝渠做做伴，[tɕʰy⁵³naŋ⁵⁵tsəʔ⁵iəu⁵³iəʔ⁵dau³²lɤ⁵³n̠iəu³²⁴tʰin⁵³gɯ¹³tsuo⁵⁵tsuo⁵⁵buo¹³]戍当＝：家里。当：方位或时间词后缀，如"戍当＝、天当＝、湖当＝、树当＝、夜当＝"。听＝：替

所以大家都讴渠是牛郎。[suo⁵³i¹³dia⁵⁵kuaᵒlu²⁴au⁵⁵gɯ¹³dʑi¹³n̠iəu³²laŋ²³¹]

牛郎呢便靠阿头老牛听＝□□耕耕田地过日子，[n̠iəu³²laŋ²³¹nəᵒbie²³¹kʰɤ⁵⁵əʔ⁵dau³²⁴lɤ⁵³n̠iəu³²⁴tʰin⁵³kau⁵⁵tɕia⁵³ka³²ka²⁴die³²di²³¹kuo⁵⁵nəʔ⁵ts̩⁴⁴⁵]□□：别人

渠火＝老牛是相依为命。[gɯ¹³xuo⁵³lɤ⁵³n̠iəu³²⁴dʑi¹³ɕiaŋ⁵⁵i³²ui³²min²³¹]

阿头老牛其实啊是天当＝个金牛星，[əʔ⁵dau³²⁴lɤ⁵³n̠iəu³²⁴dʑi³²sa¹³aᵒdʑi¹³tʰie³²naŋ⁵²kəʔᵒ tɕin⁵⁵n̠iəu³²ɕin⁵³]

金牛星弗吵⁼喜欢牛郎勤劳肯做心□好，[tɕin⁵⁵n̠iəu³²ɕin⁵³fəʔ⁵tsʰau⁵³ɕi⁵³xuo²⁴n̠iəu³² laŋ²³¹dʑin⁵⁵lə²¹³kʰen⁵⁵tsuo⁵³ɕin²⁴i²⁴xɤ⁴⁴⁵] 弗吵⁼：非常。□：又

所以呐总想听⁼渠做份侬家啦。[suo⁵³i¹³nə⁰tsoŋ²⁴ɕiaŋ⁴⁴⁵tʰin⁵²gui¹³tsuo⁵⁵fen⁵⁵noŋ³²kua⁵³ la⁰]

有一日，[iəu⁵⁵iəʔ⁵nə²⁴]

金牛星知道天当⁼个仙女乐到阿⁼个村东边山脚下阿⁼口湖当⁼来洗浴。[tɕin⁵⁵n̠iəu³²ɕ in⁵³tsɹ³²dau⁵³tʰie³²naŋ⁵²kəʔ⁰ɕie⁵⁵n̠y¹³ŋau⁵³lɤ⁵³aʔ⁵kəʔ⁰tsʰɤ⁵⁵noŋ²⁴mie⁵³suo⁵⁵tɕiau⁵³ua⁵³aʔ⁵ kʰau⁵³u³²naŋ²⁴la⁵⁵ɕie⁵⁵iɔ²¹³] 乐：要

渠便夜当⁼托梦让牛郎，[gui¹³bie²³¹ia²³¹naŋ⁵⁵tʰau⁵³moŋ²³¹n̠iaŋ²³¹n̠iəu³²laŋ²³¹]

讴渠第两日五更到湖边儿沿去，[au⁵⁵gui¹³die⁵³liaŋ⁵⁵nəʔ²¹³ŋ⁵³ka²⁴lɤ⁵³u³²min³²nie⁵³kʰɯ⁵⁵]

趁阿⁼些仙女落特⁼落洗浴，[tsʰen⁵³aʔ⁵səʔ⁵ɕie⁵⁵n̠y¹³lau⁵⁵dəʔ¹³lau⁵⁵ɕie⁵⁵iɔ²¹³] 落特⁼落：进行体标记

衣裳挂树当⁼个时节，[i³²ɕiaŋ⁵⁵kua⁵³zy²³¹naŋ⁵⁵kəʔ⁰zɹ³²tɕia⁵³]

听⁼渠两个个衣裳驮件来，[tʰin⁵³gui¹³liaŋ³²tɕia⁵³kəʔ⁰i³²ɕiaŋ⁵⁵tuo⁵³dʑie²³¹la⁰] 渠两个：她们，以"两个"虚指复数。驮：拿

还吩咐渠［弗乐］转头望个，[ua³²fen³²fu⁵³gui¹³fau⁵³n̠ye⁵³dau³²⁴maŋ²³¹kiəʔ⁰] ［弗乐］：不要

直直头头□归成当⁼去闹⁼，[tsəʔ⁵tsəʔ⁵dau⁵³dau³²⁴kua⁵³kui⁵⁵tɕʰy⁵³naŋ⁵⁵kʰɯ⁵³nɔ⁰] □归：跑回。闹⁼：语气词

亨⁼相啊便会有一个光光生生个仙女来听⁼尔做老嬷个。[xa³²ɕiaŋ⁵³aʔ⁰bie²³¹ua⁵⁵iəu¹³ iəʔ⁵tɕia⁵³kuaŋ⁵⁵kuaŋ⁵⁵sa³²sa⁵³kəʔ⁰ɕie⁵⁵n̠y¹³la⁵⁵tʰin⁵³nɔ¹³tsuo⁵⁵lɤ⁵⁵mua³²⁴kiəʔ⁰] 亨⁼相：这样。

光光生生：漂漂亮亮。老嬷：妻子

第两日天早五更，[tie⁵⁵liaŋ³²nə²⁴tʰie⁵⁵tsɤ⁵⁵ŋ⁵³ka²⁴]

牛郎是半信半疑到嘞山脚下，[n̠iəu³²laŋ²³¹dʑi¹³muo⁵⁵ɕin⁵³muo⁵⁵ni³²⁴lɤ³²ləʔ⁰suo⁵⁵tɕiau⁵³ ua¹³]

特⁼个时节，[dəʔ¹³kəʔ⁰zɹ³²tɕia⁵³] 特⁼个：那个

天公还正朦□亮，[tʰie³²koŋ⁵⁵uo⁵⁵tɕiau⁵³moŋ⁵⁵xoŋ⁵⁵liaŋ²³¹] 朦□：朦胧

渠朝湖当⁼一记望，真噻！[gui¹³tɕie⁵³u³²naŋ³²iəʔ⁵tɕi⁵³maŋ²³¹，tsen²⁴səʔ⁵]

有七个仙女落特＝里□水，［iəu⁵⁵tsʰə?⁵tɕia⁵³ɕie⁵⁵n̪y¹³lau⁵³də¹³li¹³tsʰau⁵³ɕy⁴⁴⁵］落特＝里：进行体标记

渠两个个衣裳呢都挂树当＝，［gɯ¹³liaŋ³²tɕia⁵³kə?⁰i³²ɕiaŋ⁵⁵nə⁰lu²⁴kua⁵³ʑy²³¹naŋ⁰］

渠啊便慌忙从树当＝褪落来一件水红色个衣裳，［gɯ¹³a⁰bie²³¹xuaŋ³²maŋ⁵³zoŋ³²ʑy²³¹naŋ⁰tʰen⁵³lau³²la⁰iə?⁵dʑie²³¹ɕy⁵⁵oŋ³²⁴sə?⁵kə?⁰i³²ɕiaŋ⁵⁵］

拔＝拔＝拔＝拔＝，［buɑ²³¹buɑ²³¹buɑ²³¹buɑ²³¹］拔＝：拟声词

一口气□归成当＝去。［iə?⁵kʰau⁵³tɕʰi⁵³kua⁵³kui⁵⁵tɕʰy⁵³naŋ⁵⁵kʰɯ⁰］

阿＝个让牛郎抢来衣裳个仙女便是织女。［ə?⁵kə?⁰n̪iaŋ²³¹n̪iəu³²laŋ²³¹tɕʰiaŋ⁵⁵la⁵⁵i³²ɕiaŋ⁵⁵kə?⁰ɕie⁵⁵n̪y¹³bie²³¹dʑi¹³tsə?⁵n̪y¹³］

当日夜当＝，［naŋ⁵⁵nə²¹³ia⁵⁵naŋ⁰］

织女呢便轻轻□敲归嘞牛郎个成当＝，［tsə?⁵n̪y¹³nə⁰bie²¹³tɕʰin⁵⁵tɕʰin⁵⁵naŋ⁵³kʰau³²kui⁵⁵lə?⁰n̪iəu³²laŋ²³¹kə?⁰tɕʰy⁵³naŋ⁵⁵］轻轻□：轻轻地

两个侬便做嘞恩爱夫妻。［liaŋ³²tɕia⁵³noŋ³²⁴bie²³¹tsuo⁵⁵lə?⁰en³²a⁵³fu³²tɕʰie⁵³］

时间过嘞真快，［ʑi³²kuo⁵⁵kuo⁵³lə?⁰tsen³²tɕʰya⁵³］

蹅去便三年过去罢，［ʑyə²⁴kʰɯ⁰bie²³¹suo³²nie⁵³kuo⁵³kʰɯ⁰ba⁰］蹅：转

牛郎火＝织女呢生嘞一个儿一个囡两个细侬，［n̪iəu³²laŋ²³¹xuo⁵³tsə?⁵n̪y¹³nə⁰sa³²lə?⁰iə?⁵kə?⁰ŋ³²⁴iə?⁵kə?⁰nen²³¹liaŋ³²tɕia⁵³ɕia⁵⁵noŋ³²⁴］

一份侬家侬个日子啊是过嘞是和和美美开开心心。［iə?⁵ven²³¹noŋ³²kua⁵³noŋ³²kə?⁰nə?⁵tsɿ⁵³a⁰dʑi¹³kuo⁵³lə?⁰dʑi¹³uo⁵⁵uo⁵⁵mi⁵³mi²³¹kʰa⁵⁵kʰa⁵⁵ɕin⁵⁵ɕin²⁴］

阿＝里知道，［a³²li¹³tsɿ³²dau⁵³］

织女偷偷摸摸落凡个事干让玉皇大帝知道罢，［tsə?⁵n̪y¹³tʰau⁵⁵tʰau⁵⁵mɔ?⁵mɔ?⁵lau⁵³vuo³²⁴kə?⁰zɿ⁵⁵kɤ⁵⁵n̪iaŋ²³¹ŋye⁵⁵uaŋ³²⁴dia³²lie⁵³tsɿ³²dau⁵³bə⁰］

渠啊乐派天兵天将听＝织女搭转天公当＝。［gɯ¹³a⁰ŋau⁵³pʰia⁵⁵tʰie⁵⁵min⁵⁵tʰie³²tɕiaŋ⁵³tʰin⁵³tsə?⁵n̪y¹³kʰua⁵³n̪ye⁴⁴⁵tʰie³²koŋ⁵⁵naŋ⁰］

阿＝一日，［a?⁵iə?⁵nə²⁴］

天空当＝是雷公罢轰轰轰，［tʰie²⁴koŋ⁵⁵naŋ⁰dʑi¹³la³²koŋ⁵⁵bə⁰xoŋ²⁴xoŋ²⁴xoŋ²⁴］

霍闪罢哗哗哗，［xuo⁵⁵ɕie⁵³bə⁰xua²⁴xua²⁴xua²⁴］

□起大风□落大雨。［i²⁴tɕʰi⁵³duo⁵⁵foŋ²⁴i²⁴lau⁵⁵duo⁵⁵y¹³］

过嘞一□啊，［kuo⁵⁵lə?⁰iə?⁵sau⁵³a⁰］一□：一阵

下底便寻弗着织女罢，［ua³²lie⁵³bie²³¹zen³²fə?⁵tɕiau⁰tsə?⁵n̪y¹³bə⁰］

两个细侬是哭哭啼啼寻姆妈，［lian³²tɕia⁵³ɕia⁵⁵noŋ³²⁴dʑi¹³kʰɔʔ⁵kʰɔʔ⁵die³²die²³¹zen³²m⁵⁵ma⁰］

牛郎呢落特ᵈ落是焦急淋天□弗知道生相好。［ȵiəu³²laŋ²³¹nə⁰lau⁵⁵də¹³lau⁵⁵dʑi¹³tɕiau⁵⁵tɕiəʔ⁵lin³²tʰie⁵³xɤ⁰fəʔ⁵tsɿ³²dau¹³sa⁵³ɕiaŋ⁰xɤ⁴⁴⁵］□：语气词。生相：怎么，如何

阿ᵈ个时节，［aʔ⁵kəʔ⁵zɿ³²tɕia⁵⁵］

特ᵈ头老牛开口罢：［də¹³dau³²⁴lɤ⁵³ȵiəu³²⁴kʰa³²kʰəu⁴⁴⁵bə⁰］

"［弗乐］难过，［fau³²nuo⁵⁵kuo⁵³］

尔听ᵈ阿尔个两只角褪落来，［nɔ¹³tʰin⁵³aʔ⁵nɔ¹³kəʔ⁰lian³²tsa⁵⁵kau⁵³tʰen⁵³lau³²la⁰］阿尔：我

变作两只槽筝，［mie⁵³tsuo⁵³lian³²tsa⁵⁵zɤ³²lia³²⁴］

听ᵈ细侬呢园归槽筝当ᵈ，［tʰin⁵³ɕia⁵⁵noŋ³²⁴nə⁰kʰaŋ⁵³kui⁵⁵zɤ³²lia³²⁴naŋ⁰］

尔便可以上天去寻织女罢。"［nɔ¹³bie²³¹kʰuo⁵⁵i¹³dʑian⁵³tʰie²⁴kʰɯ⁵⁵zen⁵⁵tsəʔ⁵ȵy¹³ba⁰］

牛郎还正来ᵈ里奇怪，［ȵiəu³²laŋ²³¹ua⁵⁵tɕiau⁵³la⁵⁵li⁰dʑi³²kua⁵³］侤：在，由"来"发展而来

咦，生头老牛会开口讲话个呢？［ie²⁴，sa⁵⁵dau⁵⁵lɤ⁵³ȵiəu³²⁴ua⁵³kʰa⁵⁵kʰəu⁴⁴⁵kaŋ⁵³ua²³¹kəʔ⁰nə⁰］生：怎么

便望着啊两只牛角脱地当ᵈ罢，［bie²³¹maŋ²³¹dʑiau⁰a⁰lian³²tsa⁵⁵ȵiəu⁵⁵kau⁵³tʰəʔ⁵di³²naŋ⁰ba⁰］

一记工夫真个变作两只槽筝罢。［iəʔ⁵tɕi⁵³koŋ³²fu⁵³tsen³²kəʔ⁰mie⁵³tsuo⁵³lian³²tsəʔ⁵zɤ³²lia³²⁴ba⁰］

渠啊弗吵ᵈ高兴，［gɯ¹³a⁰fəʔ⁵tsʰau⁵³kɤ³²ɕin⁵³］

听ᵈ两个细侬呢园归两只槽筝当ᵈ，［tʰin⁵³lian³²tɕia⁵³ɕia⁵⁵noŋ³²⁴nə⁰kʰaŋ⁵³kui⁵⁵lian³²tsa⁵³zɤ³²lia³²⁴naŋ⁰］

扁担穿来撅来罢。［mie⁵⁵nuo⁵³tɕʰyen³²la⁵⁵gɤ¹³la³²ba⁰］撅：挑

只个交□，［tsəʔ⁵kəʔ⁵kau⁵⁵tɕiau⁴⁴⁵］交：时候

"呼"一□清风，［xu²⁴iəʔ⁵za²³¹tɕʰin³²foŋ⁵³］□：量词

两只槽筝便好像是生嘞翼膀一样，［lian³²tsa⁵³zɤ³²lia³²⁴bie²³¹xɤ⁵⁵ɕiaŋ⁵³dʑi¹³sa⁵⁵ləʔ⁰ie⁵⁵maŋ⁴⁴⁵iəʔ⁵iaŋ²³¹］

拖着渠三个侬"呼"像是飞来罢，［tʰau⁵³dʑiau⁰gɯ¹³suo³²tɕia⁵³noŋ³²⁴xu²⁴ɕiaŋ⁵⁵dʑi¹³fei³²la³²⁴ba⁰］

上天落地一样哦，［dʑiaŋ⁵³tʰie²⁴lau⁵³di²³¹iəʔ⁵iaŋ²³¹au⁰］

便特ᵈ个云当ᵈ嘞雾当ᵈ嘞，［bie²³¹də¹³kəʔ⁰yen³²naŋ⁵⁵ləʔ⁰vu²³¹naŋ⁵⁵ləʔ⁰］

爬爬□统统钻上去。［bua⁵⁵bua⁵⁵ie⁵³tʰoŋ⁵⁵tʰoŋ⁴⁴⁵tsɤ⁵³dʑiaŋ¹³kʰɯ⁰］□：语气词

飞呀飞呀，［fei²⁴ia⁰fei²⁴ia⁰］

欻，前头望着便乐追上织女罢，［e²⁴，ʑie³²dau³²⁴maŋ²³¹dʑiau⁰bie²³¹ŋau⁵³dʑy²⁴dʑiaŋ¹³ tsə ʔ⁵n̩y¹³ba⁰］

阿⁼里知道，［a³²li⁰tsɿ³²dau¹³］

阿⁼口节让特⁼个王母娘娘发现罢，［ə ʔ⁵uen⁵⁵tɕia⁵³n̩iaŋ²³¹də¹³kə ʔ⁵uaŋ⁵⁵mu⁵⁵n̩iaŋ³²n̩iaŋ³²⁴ fua⁵⁵nie²³¹bə⁰］口节：时候

渠从头当⁼摽落来一根金钗，［guɯ¹³zoŋ³²dau⁵³naŋ²⁴ma⁵³lau³²la⁰iə ʔ⁵ken²⁴tɕin³²tsʰua⁵³］摽：拔

把个牛郎织女当正"唡"相是一记划，［pua²⁴kə ʔ⁰n̩iəu³²laŋ²³¹tsə ʔ⁵n̩y¹³naŋ⁵⁵tɕin⁵³zua²⁴ ɕiaŋ⁵⁵dʑi¹³iə ʔ⁵tɕi⁵³ua²⁴］

吵⁼快一记工夫啊便变作嘞一根大风大浪个天河，［tsʰau⁵⁵tɕʰya⁵³iə ʔ⁵tɕi⁵³koŋ³²fu⁵³a⁰ bie²³¹mie⁵³tsuo⁵³lə ʔ⁰iə ʔ⁵ken⁵³duo⁵⁵foŋ⁵⁵duo³²laŋ²³¹kə ʔ⁰tʰie³²uo⁵³］吵⁼：很

阔嘞个是阿⁼头望弗过特⁼一头，［kʰua⁵³lə ʔ⁰kə ʔ⁰dʑi¹³a⁵³dau³²⁴maŋ²³¹fə ʔ⁵kuo⁵³də¹³iə ʔ⁵ dau³²⁴］

听⁼牛郎织女阿⁼个公婆两个隔嘞个两边上。［tʰin⁵³n̩iəu³²laŋ²³¹tsə ʔ⁵n̩y¹³a ʔ⁵kə ʔ⁰koŋ⁵⁵ buo⁵⁵liaŋ³²tɕia⁵³ka⁵³lə ʔ⁰kə ʔ⁰liaŋ³²mie²⁴ʑiaŋ⁰］

阿⁼个时节，［a ʔ⁵kə ʔ⁰zɿ³²tɕia⁵³］

喜鹊知道嘞个事干，［ɕi⁵⁵tɕʰiau⁵³tsɿ³²dau¹³lə ʔ⁰kə ʔ⁰zɿ³²kɤ⁵³］

渠呢总想为牛郎织女做点好事，［guɯ¹³nə⁰tsoŋ²⁴ɕiaŋ⁵⁵ui²³¹n̩iəu³²laŋ²³¹tsə ʔ⁵n̩y¹³tsuo⁵⁵ti⁵⁵ xɤ⁵³zɿ¹³］

弗吵⁼疼痛渠两个闹⁼。［fə ʔ⁵tsʰau⁵³den³²tʰoŋ⁵³guɯ¹³liaŋ³²tɕia⁵³nɔ⁰］疼痛：心疼

亨⁼相呢每年个阴历七月初七特⁼一日，［xa³²ɕiaŋ⁵³nə⁰mi⁵⁵nie⁵³kə ʔ⁰iə ʔ⁵lə¹¹³tsʰə ʔ⁵n̩ye¹³ tsʰu⁵⁵tsʰə ʔ⁵də¹³iə ʔ⁵nə¹³］亨⁼相：这样

渠两个呢便从四面八方上千上万只个喜鹊都哗啊哗朝特⁼个天河上面当⁼飞，［guɯ¹³ liaŋ³²tɕia⁵³nə⁰bie²³¹zoŋ³²ɕi⁵⁵mie⁵³pua⁵³faŋ²⁴dʑiaŋ⁵⁵tɕʰie²⁴dʑiaŋ⁵³vuo²³¹tsa⁵³kə ʔ⁰ɕi⁵⁵ tɕʰiau⁵³lu²⁴xua²⁴a⁰xua²⁴dʑie⁵³də¹³kə ʔ⁰tʰie³²uo⁵³dʑiaŋ⁵³mie²³¹naŋ⁰fei²⁴］

尔呢喈着阿⁼尔个尾巴，［nɔ¹³nə⁰ŋɤ³²dʑiau⁰a ʔ⁵nɔ¹³kə ʔ⁰m⁵⁵mua²⁴］喈：咬

阿⁼呢喈着渠个尾巴，［a¹³nə⁰ŋɤ³²dʑiau⁰guɯ¹³kə ʔ⁰m⁵⁵mua²⁴］

一只接口一只，［iə ʔ⁵tsa⁵³tɕie⁵³xɤ⁰iə ʔ⁵tsa⁵³］

搭做嘞一根老长长个喜鹊桥，［lua⁵³tsuo⁵³lə ʔ⁰iə ʔ⁵ken⁵⁵lɤ⁵³dʑiaŋ³²dʑiaŋ¹³kə ʔ⁰ɕi⁵⁵tɕʰiau⁵³ dʑie³²⁴］

亨⁼相呢便让牛郎火⁼织女落桥当⁼去相会团圆罢。［xa³²ɕiaŋ⁵³nə⁰bie³¹n̩iaŋ²³¹n̩iəu³²

laŋ²³¹xuo⁵³tsəʔ⁵n̩y¹³lau⁵⁵dzie³²⁴naŋ²⁴kʰɯ⁵⁵ɕiaŋ⁵⁵ui²³¹dɤ³²n̩ye³²⁴bə⁰]

　　下面给大家讲讲牛郎织女的故事。古时候，有一个小伙子，他的父母都已经过世了，一个人孤零零的，家里只有一头老牛和他做伴，所以大家都叫他牛郎。牛郎就靠这头老牛替别人耕田过日子，和老牛相依为命。这头老牛其实是天上的金牛星，金牛星非常喜欢牛郎勤劳肯干心又好，所以总想替他成一个家。

　　有一天，金牛星知道天上的仙女要到这个村子东边山脚下的湖里来洗澡。他就夜里托梦给牛郎，叫他第二天早上到湖边去，趁这些仙女在洗澡，衣服挂在树上的时候，从她们的衣服中拿一件回来，还吩咐他不要回头看，直接回家去，这样就会有一个漂亮的仙女做他的妻子了。

　　第二天早晨，牛郎半信半疑到了山脚下，那个时候，天才蒙蒙亮，他往湖里一看，真是！有七个仙女正在戏水，她们的衣服都挂在树上，他就慌忙从树上拿下一件鲜红色的衣服，一口气跑回了家。这个被牛郎抢走衣服的仙女就是织女。当天晚上，织女就轻轻地敲开了牛郎的家门，两个人就做了恩爱夫妻。

　　时间过得真快，转眼就三年过去了，牛郎和织女生了一儿一女两个小孩儿，一家人的日子过得和和美美，开开心心。哪里知道，织女偷偷摸摸下凡的事情被玉皇大帝知道了，他要派天兵天将把织女抓回天上。

　　这一天，天上雷声轰隆隆，闪电哗哗哗，又刮大风又下大雨。过了一会儿，就找不到织女了，两个小孩儿哭哭啼啼地找妈妈，牛郎非常着急不知道该怎么办。

　　这个时候，那头老牛开口了：“不要难过，你把我的两只角拿下来，变成两个箩筐，把两个小孩儿放进箩筐里，你就可以上天去找织女了。”牛郎正在奇怪，咦，怎么这头老牛会开口说话呢？这时就看到两只牛角掉到了地上，一下子真的变成了两个箩筐。他非常高兴，把两个小孩儿放进两个箩筐里，用扁担穿好挑起。这个时候，“呼”地一阵清风，两个箩筐就好像是长了翅膀一样，托着他们三个人像是飞了起来，钻过那些云雾。

　　飞呀飞呀，眼看着就要追上织女了，哪里知道这时候被王母娘娘发现了，她从头上拔下一根金钗，在这牛郎织女中间“唰”地一划，很快就变出了一条天河，宽得这头看不到那头，把牛郎织女夫妻两人隔在了两边。

　　这个时候，喜鹊知道了这件事，想为牛郎织女做点好事，非常心疼他们。就这样每年阴历的七月初七那一天，四面八方成千上万只喜鹊就哗哗地往那天河上飞，你咬着我的尾巴，这只咬着那只的尾巴，一只接着一只，搭成了一座长长的喜鹊桥，这样就让牛郎和织女到桥上相会团圆了。

（2017 年 7 月，发音人：何淑芝）

三、自选条目

（一）谚语

高山大岭也是平，［kɤ³²suo⁵³duo⁵³lin³²⁴ia²⁴dʑi¹³bin³²⁴］

多风多雨也是晴。［tuo⁵⁵foŋ⁵⁵tuo⁵⁵y¹³ia²⁴dʑi¹³zin³²⁴］

（2017 年 7 月，发音人：何淑芝）

风罢吹树当⁼，［foŋ²⁴bə⁰tɕʰy²⁴ʐy²³¹naŋ⁰］

雨罢落地当⁼，［y¹³bə⁰lɑu⁵⁵di²³¹naŋ⁰］

谷呢园橱当⁼，［kɔʔ⁵nə⁰kʰɑŋ⁵³dʑy³²⁴naŋ⁰］　囷：放

有待⁼西儿好操心个呢？［iəu⁵⁵da⁵⁵ɕin⁵³xɤ⁵³tsʰɑu⁵⁵ɕin²⁴kəʔ⁰nə⁰］　待⁼西儿：什么

（2017 年 7 月，发音人：王青）

（二）谜语

稻秆山头一蓬⁼葱，［tɤ⁵⁵kɤ⁴⁴⁵suo³²dɑu⁵³iəʔ⁵boŋ²⁴tsʰoŋ²⁴］　蓬⁼：量词

日日五更下来梳一通，［nə²⁴nə²⁴ŋ⁵³kɑ⁰uɑ⁵³lɑ⁰suɑ²⁴iəʔ⁵tʰoŋ²⁴］

谜底呢便是头发。［mi²⁴die¹³nə⁰bie³²dʑi¹³tɑu⁵⁵fuɑ⁵³］

（2017 年 7 月，发音人：贺兰仙）

（三）其他

新妇讲："爷爷欵，下来食五更哦！"［ɕin⁵⁵vu¹³kaŋ⁴⁴⁵：ia³²ia²³¹e⁰，uɑ⁵³lɑ⁰zə²¹³ŋ³²ka²⁴ɔ⁰］

　　五更：早饭

爷爷讲："啊？细猪生啊？"［ia³²ia²³¹kaŋ⁴⁴⁵：a²⁴？ɕia⁵⁵li²⁴sa²⁴a⁰］

新妇口讲："爷爷啊，尔个耳朵是真个聋嘞！"［ɕin⁵⁵vu¹³i²⁴kaŋ⁴⁴⁵：ia³²ia²³¹a⁰，nɔ¹³kəʔ⁰ŋ³²tuo⁴⁴⁵dʑi¹³tsen³²kəʔ⁰loŋ³²⁴ləʔ⁰］　口：又

爷爷口讲："啊？七只雌八只雄啊！"［ia³²ia²³¹i²⁴kaŋ⁴⁴⁵：a²⁴？tsʰəʔ⁵tsa⁵⁵tsʰŋ²⁴puɑ⁵³tsa⁵⁵ioŋ³²⁴a⁰］

（2017 年 7 月，发音人：何淑芝）

磐　安

一、歌谣

鸡子生落平楼梯

咯咯对＝，咯咯对＝，［ka³³ka³³te⁵⁵，ka³³ka³³te⁵⁵］咯咯对＝：象声词

鸡子生落平楼梯。［tɕi³³tsɿ³³sɛ³³luə⁵²bɐn²¹lɐɯ¹⁴tʰe⁵²］鸡子：鸡蛋

嗤阔嗤阔么敲出来，［tsʰɿ⁵⁵kʰua³³tsʰɿ⁵⁵kʰua³³mə⁰kʰo³³tɕʰyɛ⁵²le²¹］嗤阔嗤阔：象声词

呱吱呱吱么煎起来。［kua⁵⁵tsɿ³³kua⁵⁵tsɿ³³mə⁰tɕie³³tɕʰi⁵²le²¹］呱吱呱吱：象声词

侬客儿来，好交代，［nɔom²¹kʰan⁵²le²¹³，xo⁵⁵tɕio³³te³³⁴］侬客儿：客人

姊丈儿来，［tɕi³³dʑiɒn¹⁴le²¹³］姊丈儿：姐夫

弗论个数结大堆，［fə⁵⁵lɐn²¹ka⁵⁵su³³tɕie⁵⁵tuɤ³³te⁴⁴⁵］弗：不

食得侬客儿姊丈儿么笑欣欣。［zɛi²¹tɛi⁵⁵nɔom²¹kʰan⁵²tɕi³³dʑiɒn¹⁴mə⁰tɕʰio⁵⁵ɕiɐn³³ɕiɐn³³⁴］

咯咯对＝，咯咯对＝，［ka³³ka³³te⁵⁵，ka³³ka³³te⁵⁵］

鸡子生落满楼梯。［tɕi³³tsɿ³³sɛ³³luə⁵²mɯ⁵⁵lɐɯ²¹tʰe⁵²］

摇一摇

摇一摇，［io²¹i⁵⁵io²¹³］

买葡萄。［ma³³bu²¹to⁵²］

葡萄干，［bu²¹do¹⁴kɯ⁵²］

哄子孙儿。［xɔom³³tsɿ³³sɤn⁴⁴⁵］

子孙儿哄弗笑，［tsʅ³³sɤn⁴⁴⁵xɔom³³fə³³tɕʰio⁵²］

公公婆婆坐起叫。［kɔom³³kɔom⁵⁵bɔ²¹bɔ¹⁴suɤ⁵⁵ʲ³³tɕio⁵²］叫：哭

芍药花

芍药花，［ɕio⁵⁵yə⁵⁵xua⁴⁴⁵］

朵朵开，［tuɤ⁵⁵tuɤ⁵⁵kʰe⁴⁴⁵］

陪伴姑娘迦节儿来？　［be²¹puɯ⁵²ku³³n̠iɒ⁵²tɕia⁵⁵tɕian⁵²le²¹］迦节儿：什么时候

明朝五更起早来。［mɐn²¹tɕio⁵⁵n⁵⁵kɛ⁴⁴⁵tɕʰi⁵⁵tso³³⁴le²¹］明朝五更：明天早上

迦些东西乐驮来？　［tɕia⁵²sɛ⁵²tɔom³³ɕi⁵²ŋo¹⁴duɤ²¹le¹⁴］迦些：什么。乐：要。驮：拿

馒头麻糍抓帝ᵔ儿来。［muɯ²¹tɐuɯ⁵²mə²¹zʅ¹⁴tsua³³tin⁴⁴⁵le⁵²］抓帝ᵔ儿：拎点儿

前门［弗曾］开过，［ʑie²¹mɐn⁵²fɐn⁵²kʰe¹⁴kuɤ⁵²］［弗曾］：未曾

后门［弗曾］开过，［ɐuɯ²¹mɐn⁵²fɐn⁵²kʰe¹⁴kuɤ⁵²］

床门缝里"呼"记飞过来。［kʰɒ⁵²mɐn⁵²vɔom¹⁴li⁰xu⁵⁵tɕi⁰fi¹⁴kuɤ³³le⁰］床门：窗户

（以上 2019 年 8 月，发音人：陈德品）

二、其他故事

懒夫妻

新ᵔ早以前啦，［ɕiɐn⁵⁵tso³³ʲ⁵⁵ʑie²¹la⁰］新ᵔ早：很早

有一个公婆两个，［iɐuɯ⁵⁵iɛ³³ka⁰kɔom³³pɔ⁵⁵liɒ⁵²ka⁰］

懒得出奇啦。［lɒ¹⁴tɐi³³tɕʰyɛ³³dzi²¹la⁰］

老公呢，［lo⁵⁵kɔom⁴⁴⁵ni⁰］

生出来起都无□洗过面颊。［sɛ³³tɕʰyɛ⁵⁵le⁵⁵tɕʰi³³tu⁵⁵m²¹bɐi¹⁴ɕi³³kuɤ⁵⁵mie⁵⁵tɕʰia³³⁴］无□：
　　没有

格老嬷呢，［kə³³lo⁵⁵mə³³⁴ni⁰］老嬷：老婆

嫁过来起都无□洗过镬。［kuə⁵⁵kuɤ⁵⁵le⁵⁵tɕʰi³³tu⁵⁵m²¹bɐi¹⁴ɕi³³kuɤ⁵⁵uɛ²¹］镬：锅

有一日，格老嬷亨ᵔ讲啦：［iɐuɯ³³iɛ³³nɐi¹⁴，kə³³lo⁵⁵mə³³⁴xɐ³³kɒ³³la⁰］亨ᵔ：这样

"格镬呢，［kə³³uɛ²¹ni⁰］

烧过咦⁼该洗，洗过咦⁼该烧，[ɕio^{445}kuɤ^{55}i^{22}ke^{33}ɕi^{334}，ɕi^{33}kuɤ^{55}i^{22}ke^{33}ɕio^{445}]咦⁼：又
干脆弗洗。”[kan^{33}tsʰue^{52}fə^{55}ɕi^{33}]
格老公呢，[kə^{33}lo^{55}kɔom^{445}ni^{0}]
渠也讲：[gɐɯ^{22}ia^{334}kɒ^{33}]亦：也
“我也弗洗，[uɤ^{33}ia^{14}fə^{55}ɕi^{33}]
反正格面颊呢，[fɒ^{55}tsɐn^{55}kə^{0}mie^{55}tɕʰia^{334}ni^{0}]
别个望弗着个啊。”[piɛ^{52}ka^{52}mo^{14}fə^{55}dzuo^{21}ka^{0}a^{0}]别个：别人。望弗着：看不到

一日啊，[iɛ^{33}nɛi^{14}ɛ^{0}]
一个小偷哪，[iɛ^{33}ka^{0}ɕio^{33}tʰɐɯ^{445}na^{0}]
到渠□来哇。[to^{33}gɐɯ^{21}xuə^{55}le^{21}uə^{0}]渠□：他家
格小偷呢，牢⁼渠□旋来旋去，[kə^{33}ɕio^{33}tʰɐɯ^{445}ni^{0}，lo^{22}gɐɯ^{22}xuə^{55}ʑye^{14}le^{21}ʑye^{14}kʰɐɯ^{52}]牢⁼：在
翻来翻去，[fɒ^{33}le^{33}fɒ^{33}kʰɐɯ^{52}]
望望呢，[mo^{14}mo^{55}ni^{0}]
值钿个东西一滴儿都无□。[tsɛi^{55}die^{14}ka^{0}tɔom^{33}ɕi^{445}iɛ^{33}tin^{445}tu^{33}m^{21}bɛi^{14}]值钿：值钱
后百⁼新⁼呢望望，[ɐɯ^{33}pa^{33}ɕiɐn^{445}ni^{0}mo^{14}mo^{55}]后百⁼新⁼：后来
来到厨房间望望呢，[le^{21}to^{33}dʑy^{21}fɒ^{33}kɒ^{55}mo^{14}mo^{55}ni^{0}]
格口镬头望去有帝⁼儿值钞票啊！[kə^{33}kʰɐɯ^{55}uɛ^{21}dɐɯ^{14}mo^{14}ɐɯ^{33}iɐɯ^{33}tin^{33}tsɛi^{52}tsʰo^{33}pʰio^{55}a^{0}]
亨⁼呢渠呢，[xɛ^{55}ni^{0}gɐɯ^{213}ni^{0}]
一口镬抄起来便躐哇。[iɛ^{33}kʰɐɯ^{33}uɛ^{21}tɕio^{33}tɕʰi^{33}le^{33}pie^{55}liɛ^{14}uə^{0}]躐：走
刚刚口镬抄起来乐躐个时节呢，[kɒ^{33}kɒ^{55}kʰɐɯ^{33}uɛ^{21}tɕio^{33}tɕʰi^{33}le^{33}ŋo^{14}liɛ^{21}a^{55}zɿ^{21}tɕia^{55}ni^{0}]乐：要
格个老嬷醒转来哇。[kə^{33}a^{55}lo^{55}mə^{334}sɐn^{21}tɕye^{33}le^{21}uə^{0}]
渠呢便马上把老公摇醒。[gɐɯ^{21}ni^{0}bie^{22}mə^{55}ɕiɔŋ^{334}mə^{33}lo^{55}kɔom^{445}io^{33}sɐn^{334}]
“老公，老公，[lo^{55}kɔom^{445}，lo^{55}kɔom^{445}]
喏，[nu^{14}]
口镬都抖⁼别个背去哇！[kʰɐɯ^{33}uɛ^{22}tu^{33}tɐɯ^{55}piɛ^{52}ka^{52}pe^{33}ɐɯ^{33}uə^{0}]抖⁼：被
格小偷来偷哇！”[kə^{33}ɕio^{33}tʰɐɯ^{445}le^{21}tʰɐɯ^{445}uə^{0}]
格老公呢，[kə^{33}lo^{55}kɔom^{445}ni^{0}]
“唏唰”记啊便爬起来，[ʑi^{21}ʑya^{14}tɕi^{55}a^{0}bie^{14}bə^{22}tɕʰi^{33}le^{0}]唏唰：象声词

去趧。［kʰəɯ³³bei²¹］趧: 追

农﹦个小偷呢，［nɔom⁵²ka⁵⁵ɕio³³tʰɯ⁴⁴⁵ni⁰］农﹦: 那

口镬背起来逃。［kʰɐɯ³³uɛ²¹pe⁵⁵tɕʰi³³le⁰dio²¹³］

格老公呢，［kə³³lo⁵⁵kɔom⁴⁴⁵ni⁰］

"择﹦择﹦"趧去。［dza¹⁴dza¹⁴bei²¹ɐɯ⁰］择﹦择﹦: 象声词

格镬背起来哩逃弗快，［kə³³uɛ²¹pe⁵⁵tɕʰi³³le⁰li⁰dio²¹fə³³kʰua⁵²］

快乐抖﹦格老公趧着个时节呢，［kʰua³³ŋo³³tɐi³³kə³³lo⁵⁵kɔom⁴⁴⁵bei²¹dzuə¹⁴ka⁰zʐ²¹tɕia⁵⁵
　　ni⁰］乐: 要

渠呢，［gɐɯ²¹ni⁰］

一把刀驮出来哇。［iɛ³³pə³³to⁴⁴⁵duɤ²¹tɕʰyɛ³³le³³uə⁰］驮: 拿

把刀驮出来呢，［pə³³to⁴⁴⁵duɤ²¹tɕʰyɛ³³le³³ni⁰］

"执﹦"［dzɛ¹⁴］执﹦: 象声词

一记戳到渠个面颊里。［iɛ³³tɕi⁵⁵tɕʰio³³to⁵⁵gɐɯ²¹ka⁰mie⁵⁵tɕʰia³³⁴li⁰］

戳到渠个面颊里呢，［tɕʰio³³to⁵⁵gɐɯ²¹ka⁰mie⁵⁵tɕʰia³³⁴li⁰ni⁰］

戳，戳弗准。［tɕʰio⁴⁴⁵, tɕʰio³³fə³³tɕye³³⁴］

渠个面颊里头呢，［gɐɯ²¹a⁰mie⁵⁵tɕʰia³³li⁵⁵dɐɯ¹⁴ni⁰］

因为一直都弗洗面，［iɐn²²ue³³iɛ³³dzɛ¹⁴tu³³fə⁵⁵ɕi³³mie¹⁴］

像浇缸板亨﹦厚哇。［ɕiɒ³³uə³³kɒ³³mɒ³³xɛ³³kɐɯ⁵²uə⁰］浇缸板亨﹦: 粪缸板一样

"嘭"［bɔom¹⁴］

一记呢，［iɛ³³tɕi⁵⁵ni⁰］

相帮格把刀呢弹脱落来哇。［ɕiɒ³³mɒ⁴⁴⁵kə³³pə⁵⁵to³³ni⁰do¹⁴tʰɛ³³luə²¹le²¹uə⁰］

再格个老公呢，［tse⁵⁵kə³³ka³³lo⁵⁵kɔom⁴⁴⁵ni⁰］

哦吼，［o³³xo¹⁴］

望着渠刀驮出来哇，［mo¹⁴tsuə³³gɐɯ²¹to⁴⁴⁵duɤ²¹tɕʰyɛ³³le³³uə⁰］

惊猛，［kuɛ³³mɛ⁵²］惊猛: 很怕

快紧呢逃出去哇。［kʰua³³tɕiɐn²¹ni⁰dio²¹tɕʰyɛ³³kʰɐɯ⁵²uə⁰］

逃出去呢，［dio²¹tɕʰyɛ³³kʰɐɯ⁵²ni⁰］

格老嬷问渠:［kə³³lo⁵⁵mə³³⁴mo¹⁴ɐɯ⁵²］

"镬，夺落[未啊]?"［uɛ²¹³, dɛ²²luə²²miə³³⁴］[未啊]: 没有啊

"弗敢夺，弗敢夺。［fə³³kɯ³³dɛ²¹, fə³³kɯ³³dɛ²¹］

渠都有把刀哽⁼记戳来喂。[gɐɯ²²tu³³iɐɯ³³pə⁵⁵to⁴⁴⁵gɛ¹⁴tɕi⁵⁵tɕʰyɛ³³le³³ue⁰] 哽⁼：象声词

全抖⁼我面颊弗洗，[ʑye²¹tɐɯ⁵⁵ɣʏ³³mie⁵⁵tɕia³³⁴fə⁵⁵ɕi³³⁴] 抖⁼：靠

农⁼□□老早 [nɔɔm²¹xɛ²²tə⁵⁵lo⁵⁵tso³³⁴] □□：差点儿

农⁼个生命桩亦摆农⁼摆呀！" [nɔɔm²¹ka⁰sɛ³³mɐn³³tsuan³³ia⁵⁵pa³³nɔɔm⁵⁵pa³³ia⁰] 生命桩
  亦摆农⁼摆：没命了

渠讲：[gɐɯ²¹kɒ³³]

"亨⁼喂好哇，[xɛ¹⁴ue⁵⁵xo³³uə⁰] 喂：呢

口镬抖⁼别个背去喂。[kʰɐɯ³³ue²¹tɐɯ⁵⁵pie⁵²ka⁵²pe³³ue⁰]

我拉明朝五更便无□烧哦呀，[uɣ³³la³³mɐn²¹tɕio⁵⁵n⁵⁵kɛ⁴⁴⁵pie⁵⁵m²¹bɐi¹⁴ɕio³³o⁰ia⁰] 我拉：
  我们

烧弗起来随渠饿去呀！" [ɕio³³fə⁵⁵tɕʰi³³le³³ze²¹gɐɯ²¹ŋa¹⁴ɐɯ³³ia⁰]

格个时节ㄦ呢，[kə³³ka⁵⁵zʅ²¹tɕian⁵²ni⁰]

老公呢，[lo⁵⁵kɔɔm⁴⁴⁵ni⁰]

点了一盏灯，[nie³³lo⁰iɛ³³tsɒ³³tɐn⁴⁴⁵]

到厨房一记望。[to³³dʑy²¹fɒ³³iɛ³³tɕi⁵⁵mo¹⁴]

"欸"，真奇怪啦！[ɛ¹⁴, tsɐn⁴⁴⁵dʑi²¹kua³³la⁰]

连忙讴老嬷：[lie²¹mɒ⁵⁵ɐɯ³³lo⁵⁵mə³³⁴] 讴：叫

"尔来望望觑ㄦ，[n³³le⁵⁵mo¹⁴mo³³tɕʰin³³⁴] 尔：你。觑：看

尔来望望觑ㄦ，[n³³le⁵⁵mo¹⁴mo³³tɕʰin³³⁴]

农⁼口镬弗是牢⁼农⁼啊！[nɑom¹⁴kʰɐɯ³³ue²¹fə⁵⁵tɕi³³lo²¹nɔɔm²¹ŋə⁰] 牢⁼农⁼：在那儿

欸，[ɛ²¹]

刚刚渠偷去格个迦个呢，[kɒ³³kɒ³³gɐɯ²¹tʰɐɯ¹⁴ɐɯ³³kə³³ka⁵⁵dʑi²¹ka⁵²ni⁰]

是个镬底ㄦ。" [tɕi³³ka⁰uɛ³³⁴din¹⁴]

渠自拉呢再牢⁼农⁼讲哇，[gɐɯ²¹ʑi¹⁴la³³ni⁰tse⁵⁵lo²²nɔɔm²²kɒ³³⁴uə⁰]

"哦，全抖⁼镬弗洗，[o²¹, ʑye²¹tɐɯ⁵⁵ue²¹fə⁵⁵ɕi³³]

如果镬洗净洁个时节ㄦ呢，[lo²²kuɣ³³ue²¹³ɕi³³sɐn⁵⁵tɕiɛ³³a⁰zʅ²¹tɕian⁵²ni⁰]

口镬也抖⁼别个偷去哇！" [kʰɐɯ³³ue²¹ia¹⁴tɐɯ⁵⁵pie⁵²ka⁵²tʰɐɯ³³ɐɯ⁵⁵uə⁰]

亨⁼呢，[xɛ³³ni⁰]

两个依呢，[liɒ⁵²ka⁵²nɑom²²ni⁰] 依：人

讲讲笑笑，[kɒ³³kɒ⁵⁵tɕʰio⁵⁵tɕʰio⁵⁵]

还讲渠自拉，[uɒ¹⁴ko⁵⁵gɐɯ²¹ʑi¹⁴la³³] 自拉：自己

一个呢，[ie³³ka⁵²ni⁰]

"我全抖＝面颊弗洗。"[uɤ³³zye²¹tɐɯ⁵⁵mie⁵⁵tɕʰia³³⁴fɔ⁵⁵ɕi³³]

一个呢，[ie³³ka⁵²ni⁰]

"全抖＝我镬弗洗。"[zye²¹tɐɯ⁵⁵uɤ²²uɛ²¹fɔ⁵⁵ɕi³³]

亨＝讲讲呢，[xɛ³³kɒ³³kɒ⁵⁵ni⁰]

便新＝高兴个咦＝眠熟去哇。[bie¹⁴ɕien⁵⁵ko³³xɐx⁵⁵aʔⁱ⁵⁵mien²²zʌu²²ɐɯ³³uə⁰] 新＝：很

很早以前啊，有一对夫妻懒得出奇。老公自出生以来从没洗过脸，老婆自打嫁过来从没洗过锅。

有一天，老婆这么说："这口锅，烧后得洗，洗后又要烧，干脆不洗！"老公也说："我也不洗脸，反正这脸不洗别人是看不到的啊！"

一天，有一个小偷到他家去了。小偷在他家转来转去，翻来翻去，没发现一样值钱的东西。后来来到厨房，又看了看，发现有一口锅看上去有点儿值钱。于是他端起这口锅就走。刚好小偷端起锅走的时候，老婆醒过来了。她立即把老公叫醒："老公，老公，喏，锅被人背走了，小偷来偷了。"老公立刻爬起来去追。

小偷背着锅逃，老公"噜噜噜"去追。小偷背着锅逃不快，快被老公追上的时候，立马拿出来一把刀，"嗖"的一下扎向他的脸颊，但没扎进去。因为他一直不洗脸，脸就像粪缸板一样厚，"嘭"的一声，把这把刀弹了回去。老公看到小偷拿出刀来，很害怕，赶紧逃。

逃到家里，老婆问他："锅夺回来了吗？"

"不敢夺，不敢夺！他有一把刀猛地扎过来，还好我不洗脸，要不是这样，我的命就要丢那儿了！"

老婆就说："这样好啊，锅被人背走了，我们明天烧不了早饭了，不能烧那就随他饿吧！"

这时候，老公点着一盏灯到厨房一看，欸，真奇怪了！连忙叫老婆："你来看看，你来看看，那口锅不是在那儿吗？嗨！原来刚才他偷去的那个是锅底灰！"

然后，他们又说："哈哈，全靠锅不洗，如果锅洗干净的话，这口锅就被别人偷去了！"两个人说说笑笑，一个说："还好我不洗脸。"一个说："还好我不洗锅。"这样说着说着，就很高兴地又睡着了。

（2019年8月，发音人：陈德品）

三、自选条目

（一）谜语

三个侬，同日来。[sɒ³³kaᵒnɔom²¹³，dɔom²¹nɛi¹⁴le²¹³]
——春[tɕʰyɐn⁴⁴⁵]

（2019 年 8 月，发音人：陈德品）

（二）顺口溜

拳儿加福来，[dʑyen²¹tɕia⁵⁵fʌo³³⁴leᵒ]
福寿拳儿来。[fʌo³³ʑiɐɯ¹⁴dʑyen¹⁴leᵒ]
一指恭喜，[i³³tsɿ⁵⁵kɔom³³ɕi³³]
二班进士，[əl⁵⁵pan⁴⁴⁵tɕiɐn³³sɿ³³]
三元及第，[san³³yan¹⁴dʑiɛ³³ti⁵²]
四季红来，[sɿ⁵²tɕi⁵²ɔom¹⁴leᵒ]
梅花开来，[me²¹xua⁵⁵kʰe⁴⁴⁵leᵒ]
六拳峰来，[lʌo⁵⁵dʑyen²¹fɔom⁵⁵leᵒ]
七巧图来，[tɕʰiɛ³³tɕʰiɒ³³⁴du¹⁴leᵒ]
八仙寿来，[pə³³ɕiɐn³³⁴ʑiɐɯ¹⁴leᵒ]
九魁寿来，[tɕiɐɯ³³kʰue¹⁴ɕiɐɯ⁵⁵leᵒ]
十现大发。[zɛ¹⁴ɕiɐn⁵²ta⁵⁵fa³³]

永康水路口，[iɔom²¹kʰan⁴⁴⁵ɕy³³lu³³kʰɐɯ³³⁴]
买缸买钵头。[ma³³kan⁴⁴⁵ma³³bɛ²²dɐɯ²¹³]
十口九口漏，[zɛ²²kʰɐɯ³³⁴tɕiɐɯ³³kʰɐɯ³³lɐɯ¹⁴]
剩落一口还剌⁼口。[zɐn¹⁴luə²¹iɛ³³kʰɐɯ³³⁴ɒ²²tɕʰi³³kʰɐɯ³³⁴] 剌⁼口：歪嘴

（以上 2019 年 8 月，发音人：陈德品）

（三）吆喝

七月半哇，卖糖洋哦！〔tɕʰiɛ³³n̠yɛ¹⁴puɯ⁵⁵uə⁰, ma³³tɒ²¹iɒ⁵⁵o⁰〕_{糖洋: 糖块}

七月半哇，卖糖洋哦！〔tɕʰiɛ³³n̠yɛ¹⁴puɯ⁵⁵uə⁰, ma³³tɒ²¹iɒ⁵⁵o⁰〕

（2019 年 8 月，发音人：陈德品）

（四）口彩

一对馒头抛得东，〔iɛ³³te⁵²muɯ²¹tɐuɯ⁵²pʰo³³tɛi⁵⁵nɔom⁴⁴⁵〕

代代子孙儿在朝中。〔de¹⁴te⁵²tsʅ³³sɤn⁴⁴⁵dze¹⁴dʑiɐuɯ²¹tsɔom⁴⁴⁵〕

一对馒头抛得南，〔iɛ³³te⁵²muɯ²¹tɐuɯ⁵²pʰo³³tɛi⁵⁵nuɯ²¹³〕

代代子孙儿中状元。〔de¹⁴te⁵²tsʅ³³sɤn⁴⁴⁵tsɔom³³tsɒ⁵⁵n̠yen²¹³〕

一对馒头抛得西，〔iɛ³³te⁵²muɯ²¹tɐuɯ⁵²pʰo³³tɛi⁵⁵ɕi⁴⁴⁵〕

代代子孙儿穿朝衣。〔de¹⁴te⁵²tsʅ³³sɤn⁴⁴⁵tɕʰye³³dʑiɐuɯ²¹i⁵²〕

一对馒头抛得北，〔iɛ³³te⁵²muɯ²¹tɐuɯ⁵²pʰo³³tɛi⁵⁵pɛi³³⁴〕

代代子孙儿有官职。〔de¹⁴te⁵²tsʅ³³sɤn⁴⁴⁵iɐuɯ⁵⁵kɒ³³tsɛi³³⁴〕

（2019 年 8 月，发音人：陈德品）

缙 云

一、歌谣

正月灯

正月灯，〔tsɛŋ⁴⁴n̠yɛ⁴⁵nɛŋ⁴⁴〕

二月鹞，〔n̠i²¹³n̠yɛ⁴⁴iəɤ²¹³〕

三月芥菜大，〔sɑ⁴⁴n̠yɛ⁴⁵kɑ⁴⁴tsʰei⁴⁵³du²¹³〕

四月有麦磨，〔sɿ⁵¹n̠yɛ⁴⁵iuŋ²¹³ma⁴⁴mu²⁴³〕

五月背田耙，〔ŋ⁴⁴n̠yɛ⁴⁵pɛ⁴⁵³dia²¹³bu⁴⁵³〕

六月落金华，〔lo²¹³n̠yɛ⁴⁴lo⁵¹tɕieŋ⁴⁴u⁴⁵³〕

七月金华上，〔tsʰəɤ⁴⁴n̠yɛ⁴⁵tɕieŋ⁴⁴u⁴⁵³dʑia³¹〕

八月稻桶腾嘭响，〔pa⁴⁴n̠yɛ⁴⁵dəɤ²¹³tõũ³¹deŋ²¹³ba³¹ɕia⁵¹〕

九月□番薯，〔tɕiəɤ⁵¹n̠yɛ³²²təɤ⁴⁴fa⁴⁴sɿ⁴⁵³〕□：掏

十月做生意，〔zəɤ¹³n̠yɛ³²²tsu⁴⁴sã⁴⁴i⁴⁵³〕

十一月生意嬾，〔zəɤ⁴⁴iei⁴⁴n̠yɛ⁴⁵sã⁴⁴i⁴⁵³ga³¹〕

十二月过年罢。〔zəɤ⁴⁴n̠i²¹³n̠yɛ⁴⁵ku⁴⁴nia⁴⁵³vɑ⁰〕

油菜开花满田坳

油菜开花满田坳，〔iuŋ⁴⁴tsei⁴⁵³kʰei⁴⁴xu⁴⁴mɛ⁵¹dia²¹³əɤ⁴⁵³〕

榨油老师真是忙，〔tɕia⁴⁴iuŋ⁴⁵³ləɤ⁵¹sɿ⁴⁴tsaŋ⁴⁴dzɿ⁴⁵³mɔ²⁴³〕

榨起油来整大缸，〔tɕia⁴⁴tɕʰi⁰iuŋ²⁴³lɛ⁰tsɛŋ²¹³du³¹kɔ⁴⁴〕

烤起豆腐两面黄。［kʰɤ⁴⁴tɕʰi⁰diuŋ²¹³fu⁴⁴liɑ²¹³miɛ²¹³ɔ²⁴³］

（以上 2018 年 8 月，发音人：李月华）

臭蚂蚁

臭蚂蚁，来放屁；［tɕʰiuŋ⁴⁴mu⁵¹n̠i²¹³，lei⁴⁴fɔ̃ũ⁴⁴pʰi⁴⁵³］
臭蚂娘，来食糖；［tɕʰiuŋ⁴⁴mu⁵¹n̠iɑ²⁴³，lei⁴⁴zai⁵¹dɔ̃ũ²⁴³］
臭蚂哥，来做窠。［tɕʰiuŋ⁴⁴mu⁵¹ku⁴⁴，lei⁴⁴tsu⁴⁴kʰu⁴⁴］

（2018 年 8 月，发音人：蔡玮华）

二、规定故事

牛郎和织女

古老时节，有一个后生人，［ku⁵¹lɔ⁵¹zɻ⁴⁴tɕia³¹，iuŋ⁵¹iei⁴⁴ku⁴⁵³ou⁵¹sa⁴⁴nɛŋ⁴⁵³］
爷娘都死落罢，［ia²¹³n̠iɑ²⁴³tu⁴⁴sɻ⁵¹lɔ⁰vɑ⁰］
便是余渠一个人添，［biɛ²¹dzɻ⁴⁴y²¹³gɤ²¹³iei⁴⁴ku⁴⁵³nɛŋ²¹³tʰia⁴⁴］
满眼无亲人，［mei⁵¹ŋa⁵¹m⁴⁴tsʰɛŋ⁴⁴nɛŋ⁴⁵³］
处里呢便是有一只老阁⁼老阁⁼个牛添，［tsʰɻ⁴⁴lɤ⁰n̠i⁰biɛ²¹dzɻ⁴⁴iuŋ⁵¹iei⁴⁴tsei⁴⁵lɤ²¹³kɔ⁰lɤ²¹³kɔ⁰lɛ⁰n̠iuŋ²⁴³tʰia⁴⁴］老阁⁼：很老
些人呢都□渠牛郎。［lɛ²⁴³nɛŋ⁴⁵³n̠i⁰tu⁴⁴uei⁵¹gɤ³¹n̠iuŋ²¹lɔ²⁴³］□：叫、称呼
个牛郎呢便是靠一只老牛耕田为生。［ku⁴⁴n̠iuŋ²¹lɔ²⁴³n̠i⁰biɛ²¹dzɻ⁴⁴kʰɤ⁴⁴iei⁴⁴tsei⁴⁵lɤ⁵¹n̠iuŋ²⁴³ka⁴⁴dia⁴⁵³uei⁴⁴sa⁴⁴］
只老牛啊实际是天里啊个金牛星，［tsei³²²lɤ⁵¹n̠iuŋ²⁴³a⁰zɯ⁵¹tsɻ⁴⁵³dzɻ³¹tʰia⁴⁴lɯ⁵¹a⁰lɛ⁴⁴tɕiɛŋ⁴⁴n̠iuŋ⁴⁴sɛŋ⁴⁴］
只老牛觉来喂个牛郎是真是本⁼事⁼嘞，［tsei³²²lɤ⁵¹n̠iuŋ²⁴³tɕiɛ⁴⁴li⁰uei⁰ku⁴⁴n̠iuŋ²¹lɔ²⁴³dzɻ⁴⁴tsaŋ⁴⁴dzɻ⁴⁵³pɛŋ⁵¹zɻ²¹³lɛ⁰］本⁼事⁼：乖
以⁼本⁼事⁼以⁼苦勤，［i²¹³pɛ⁵¹zɻ²¹³i²¹³kʰu⁴⁴dziɛ²⁴³］以⁼：又
那⁼呢忖讲噻，［na⁴⁴n̠i⁰tsʰɛ⁵¹kɔ⁵¹sɛ⁰］
一定咯乐亨⁼渠老婆寻个来，［iei⁵¹dɛŋ²¹³lɔ⁰ŋu⁵¹xɛŋ⁴⁴gɤ³¹lɤ⁵¹bu²⁴³zaŋ²⁴³ku⁰lei⁰］乐：要；亨⁼：帮
会⁼渠也建一份家庭□。［uei⁵¹gɤ³¹ia³¹tɕiɛ⁴⁵³iei⁴⁴faŋ⁴⁵³tɕia⁴⁴dɛŋ⁴⁵³i⁰］□：起来。会⁼：让

有一日，［iuŋ⁵¹iei⁵⁵n̠iai¹³］

金牛星得知天里阿⁼些仙女，［tɕieŋ⁴⁴n̠iuŋ⁴⁴seŋ⁴⁴tei⁵¹tʂʅ⁴⁴tʰia⁴⁴ləɤ⁴⁵³a²¹³lɛ²⁴³ɕie⁴⁴n̠y³¹］

乐来渠个村东边沿阿⁼个湖里去洗浴。［ŋu⁵¹lei⁵⁵gɤ³¹ku⁰tsʰɛ⁴⁴nõũ⁴⁴meŋ⁴⁴iɛ⁴⁴a³¹ku⁰vu²⁴³
　　ləɤ⁰kʰɤ⁴⁵³ʂʅ⁵¹iɔ¹³］阿⁼个：那个

金牛星呢便寄梦饼⁼个牛郎，［tɕieŋ⁴⁴n̠iuŋ⁴⁴seŋ⁴⁴ni⁰biɛ²¹³tɕi⁴⁴mõũ²¹³meŋ⁵¹ku⁰n̠iuŋ²¹lɔ²⁴³］

　　饼⁼：给、被

会⁼渠第二日五更天老早，［uei⁵¹gɤ³¹di²¹³n̠i²¹³n̠iai¹³ŋ⁵¹ka⁴⁴tʰia⁴⁴ləɤ⁵¹tɕiəɤ⁴⁴］

便快点躏阿⁼开⁼村东边湖边沿去□□望，［biɛ²¹³kʰua⁴⁴lɛ⁰liɛ¹³a²¹³kʰei⁴⁴tsʰɛ⁴⁴nõũ⁴⁴piɛ⁴⁴
　　vu²¹³meŋ⁴⁴iɛ⁴⁴kʰɤ⁴⁵³n̠ia⁴⁴n̠ia⁴⁴mõũ³¹］躏：走；阿⁼开：那里；□：看

若是真是□着有七个仙女来阿⁼开⁼洗浴啊，［dʑiɔ²¹³dzʅ⁴⁵³tsaŋ⁴⁴dzʅ⁴⁵³n̠ia⁴⁴dʑiɔ⁰iuŋ⁵¹
　　tsʰɛ⁴⁴ku⁴⁴ɕie⁴⁴n̠y³¹lei²⁴³a²¹³kʰei⁴⁴ʂʅ⁵¹iɔ¹³a⁰］

便会⁼渠呢掫渠些人脱落来挂来树里阿⁼些衣裳驮件来，［biɛ²¹³uei⁵¹gɤ³¹ni⁰iɔ⁴⁴gɤ³¹lɛ²¹³
　　neŋ⁴⁵³tʰəɤ³²²lɔ⁴⁴lei⁰kua⁵¹lei⁰zʅ²¹³ləɤ⁴⁵³a²¹³lɛ²⁴³i⁴⁴ia⁴⁵³dou²⁴³dʑiɛ⁴⁴lei⁰］掫：拿；驮：拿

驮来之后呢，［dou²⁴³lei⁴⁴tsʅ⁴⁴əɤ³¹ni⁰］

乐尽紧赶转处里去，［ŋu⁵¹zaŋ²⁴³tɕin⁵¹kuɛ⁵¹tɕyɛ⁵¹tsʰʅ⁴⁴ləɤ³¹kʰɤ⁰］尽紧：赶紧

头也莫旋转□便对罢，［diuŋ²⁴³ia³¹mɔ⁵¹yɛ²¹³tɕyɛ⁵¹n̠ia⁴⁴biɛ²¹³tei⁴⁵³va⁰］旋转：回头

那⁼呢便有一个仙女便是会嫁饼⁼渠当老婆。［na⁴⁴ni⁰biɛ²¹³iuŋ⁴⁵³iei⁴⁴ku⁴⁵³ɕie⁴⁴n̠y³¹biɛ²¹
　　dzʅ⁵¹uei⁵¹ia⁴⁴meŋ⁵¹gɤ³¹nõũ⁴⁴ləɤ⁵¹bu²⁴³］

第二日五更天老早，［di²¹³n̠i²¹³n̠iai¹³ŋ⁵¹ka⁴⁴tʰia⁴⁴ləɤ⁵¹tɕiəɤ⁵¹］

牛郎呢醒□罢，［n̠iuŋ²¹lɔ²⁴³ni⁰seŋ⁵¹i⁰va⁰］

个梦啊渠便觉来喂弗识得真啊假欸，［tiɛ⁴⁴mõũ²¹³a⁰gɤ³¹biɛ²¹³tɕiɛ⁴⁴li⁰uei⁰fɛ⁵¹tsei⁴⁴tei⁴⁵
　　tsaŋ⁵⁵a⁰ku⁵¹ei⁰］

那⁼管［渠啊］，也去□□望啊，［na²¹³kua⁵¹ga³¹，ia³¹kʰɤ⁴⁵³n̠ia⁴⁴n̠ia⁴⁴mõũ³¹a⁰］

那⁼呢渠便尽紧来村阿开⁼东边沿阿个湖边沿去□□望。［na⁴⁴ni⁰gɤ³¹biɛ²¹³zaŋ²⁴³tɕin⁵¹
　　lei⁴⁴tsʰɛ⁴⁴a⁴⁴kʰei⁴⁴nõũ⁴⁴meŋ⁴⁴iɛ⁴⁴a⁴⁴ku⁴⁵³vu²⁴³meŋ⁴⁴iɛ⁴⁴tɕʰi⁴⁵³n̠ia⁴⁴n̠ia⁴⁴mõũ³¹］

那⁼呢真是□着老远远老远远，［na⁴⁴ni⁰tsaŋ⁴⁴dzʅ⁴⁵³n̠ia⁴⁴dʑiɔ⁰ləɤ⁵¹yɛ⁵¹yɛ⁰ləɤ⁵¹yɛ⁵¹yɛ⁰］

有七个媛⁼眷来阿⁼开⁼湖里洗浴嘞，［iuŋ⁵¹tsʰəɤ⁵¹ku⁰yɛ²¹³tɕyɛ⁴⁵³lei⁵⁵a⁴⁴kʰei⁴⁴vu²⁴³ləɤ⁴⁴ʂʅ⁵¹
　　iɔ⁰lɛ⁰］

生来么个个都旺⁼妇⁼猛旺⁼妇⁼，［sa⁴⁴lei⁴⁴fɛ⁰ku⁴⁴ku⁴⁵³tu⁴⁴ɔ⁴⁴vu³¹ma⁵¹ɔ⁴⁴vu³¹］旺⁼妇：漂亮

那⁼渠便是尽紧来树里去驮落一件粉红色阿⁼类⁼衣裳，［na²¹³gɤ³¹biɛ²¹dzʅ⁴⁴zaŋ²⁴³tɕin⁵¹
　　lei⁴⁴zʅ²¹³ləɤ³¹kʰɤ⁴⁴du²⁴³lɔ⁰iei⁴⁴tɕiɛ⁴⁵faŋ⁵¹õũ²⁴³ŋa²¹³sei³²²a²¹³lɛ²⁴³i⁴⁴ia⁴⁵³］阿⁼类⁼：那件

驮落之后呢，［du²⁴³lɔ⁰tsʅ⁴⁴ɚ³¹n̠i⁰］

便是尽紧赶转处里去，［biɛ²¹dzʅ⁴⁴zaŋ²⁴³tɕin⁵¹kuɛ⁵¹tɕyɛ⁵¹tsʰʅ⁴⁴lɚ⁰kʰɤ⁰］

门关□，园以⁼件衣裳。［mɛŋ²⁴³kaŋ⁴⁴i⁰，kʰɔ⁴⁵³i²¹³dʑiɛ⁴⁵³i⁴⁴ia⁴⁵³］

弗料知⁼件衣裳啊便是织女。［fɛ⁵¹liɔ²¹³tsʅ⁴⁴dʑiɛ⁴⁵³i⁴⁴ia⁴⁵³a⁰biɛ²¹dzʅ⁴⁴tsei⁵¹n̠y³¹］ 知⁼件：这件

阿⁼日乌日，［a²¹³n̠iai¹³u⁴⁴n̠iei⁴⁵］ 乌日：晚上

个织女呢便轻脚轻手来牛郎处里去罢，［ku⁴⁴tsei⁵¹n̠y³¹ni⁰biɛ²¹³tɕʰin⁴⁴tɕiɚ⁵¹tɕʰin⁴⁴ɕiuŋ⁴⁵³lei²¹³n̠iuŋ²¹lɔ²⁴³tsʰʅ⁴⁴lɚ³¹kʰɤ⁴⁴va⁰］

两个人便是变落公婆罢。［lia²¹³ku⁴⁴nɛŋ⁴⁴biɛ²¹dzʅ⁴⁴piɛ⁴⁴lɔ⁰kõũ⁴⁴bu⁴⁵³va⁰］ 公婆：夫妻

一眨眼，［iei⁵¹tɕia⁵¹ŋa⁴⁵³］

三年时间过去罢，［sa⁴⁴n̠ia⁴⁵³zʅ⁴⁴ka⁴⁴ku⁴⁵³kʰɤ⁴⁴va⁰］

牛郎亨⁼织女生落一儿一囡两个考⁼人儿，［n̠iuŋ²¹lɔ²⁴³xɛŋ⁴⁴tsei⁵¹n̠y³¹sa⁴⁴lɔ⁰iei⁴⁴n̠i²⁴³iei⁴⁴na²¹³lia²¹³ku⁴⁴kʰɔ⁵¹nɛŋ⁴⁴n̠i⁴⁵³］ 亨⁼：和。考⁼人儿：小孩儿

考⁼人儿啊本⁼事⁼猛，惹人惜猛，［kʰɔ⁵¹nɛŋ⁴⁴n̠i⁴⁵³a⁰pɛ⁵¹zʅ²¹³ma⁵¹，mɔ⁵¹nɛŋ⁴⁴ɕiɔ⁴⁵³ma⁵¹］
　　惹人惜：可爱

牛郎亨⁼织女生活过来是快活猛快活。［n̠iuŋ²¹lɔ²⁴³xɛŋ⁴⁴tsei⁵¹n̠y³¹sa⁴⁴ua¹³ku⁴⁴lei⁴⁴dzʅ²¹³kʰua⁴⁴ua¹³ma⁵¹kʰua⁴⁴ua¹³］

便是呢个事干啊饼⁼天里阿⁼个玉皇大帝得知罢。［biɛ²¹dzʅ⁴⁴ni⁰tiɛ²¹³zʅ²¹³kiɛ⁴⁵³a⁰mɛŋ⁵¹tʰia⁴⁴lɚ⁴⁴a²¹³kei⁴⁵³ŋyɛ⁵¹ua²¹³ia²¹³di⁴⁵³tei⁵¹tsʅ⁴⁴va⁰］

有一日啊，［iuŋ⁵¹iei⁵¹n̠iai¹³a⁰］

天里便是突然之间变天变来罢，［tʰia⁴⁴lɚ⁵¹biɛ²¹dzʅ⁴⁵³dɛ²⁴³iɛ³¹tsʅ²¹³ka⁴⁴piɛ⁴⁴tsʰia⁴⁴piɛ⁴⁴lei³¹va⁰］

霍闪闪，雷公响，［xu⁵¹ɕiɛ⁵¹ɕia⁴⁴，lei⁴⁴kõũ⁴⁴ɕia⁵¹］

风大雨大，［fõũ⁴⁴dou²¹³y³¹dou²¹³］

□记呢个织女啊便弗识得来⁼塞⁼开⁼去罢，［dzɚ²⁴³tɕi⁴⁵³ni⁰ku⁴⁴tsei⁵¹n̠y³¹a⁰biɛ²¹³fɛ⁵¹tsei⁴⁴tei⁴⁵lei²⁴³tsʰei⁴⁵kʰei³¹kʰɤ⁴⁴va⁰］ □记：突然。塞⁼开：哪里

□处里两个考⁼人儿寻娘罢，［ga²¹tsʰʅ⁴⁴lɚ³¹lia²¹ku⁴⁴kʰɔ⁵¹nɛŋ⁴⁴n̠i⁴⁵³zaŋ²⁴³n̠ia³¹va⁰］ □：这
　　样，"个那⁼"的合音

叫，便那⁼叫：［iɚ²⁴³，biɛ²¹na³¹iɚ²⁴³］ 叫：哭

"喂，我个妈来⁼塞⁼开⁼去罢？"［uei⁴⁴，ŋu³¹ku⁴⁴ma⁴⁴lei²⁴³tsʰei⁴⁵kʰei³¹kʰɤ⁴⁴va⁰］

叫弗停。［iɚ²⁴³fɛ⁵¹dɛŋ²⁴³］

牛郎也未路数，[ȵiuŋ^{21}lɔ^{243}ia^{21}mei^{44}lu^{21}su^{45}]

□来=塞=开=寻老婆呢，[ga^{21}lei^{243}tsʰei^{45}kʰei^{31}zaŋ^{243}ləɤ^{51}bu^{243}nɛ^{0}]

牛郎是真是弗识得争=那=好嘞，[ȵiuŋ^{21}lɔ^{243}dzɿ^{31}tsaŋ^{44}dzɿ^{31}fɛ^{51}tsei^{44}tei^{45}tsa^{44}na^{31}xəɤ^{51} lɛ^{0}]

愁死罢。[iuŋ^{243}sɿ^{51}vɑ^{0}]

那=呢个金牛星只老牛便是亨=渠讲话罢，讲噻：[na^{21}ni^{0}ku^{44}tɕiɛŋ^{44}ȵiuŋ^{44}sɛŋ^{44}tsei^{322} ləɤ^{51}ȵiuŋ^{243}biɛ^{21}dzɿ^{44}xɛŋ^{44}gɤ^{31}kɔ^{51}u^{213}vɑ^{0}，kɔ^{51}sɛ^{0}]

"对=你莫难熬啊，[tɛ^{44}ȵi^{31}mɔ^{51}nɑ^{21}ɔ^{243}a^{0}] 对=你：你

对=你正节何=呢用我头上两只角扚落来，[tɛ^{44}ȵi^{31}tsɛŋ^{44}tɕia^{31}u^{243}ni^{0}iɔ̃ũ^{44}ŋu^{31}diuŋ^{243} dʑiɑ^{31}liɑ^{21}tsei^{322}kɔ^{322}tɛ^{322}lɔ^{44}lei^{0}] 正节何=：现在。扚：摘

那=罢便会变着两只槽箩，[na^{21}vɛ^{0}biɛ^{21}uei^{213}piɛ^{44}dʑiɔ^{0}liɑ^{21}tsei^{322}zɔ^{21}lu^{243}]

尔罢摭两个考=人儿摆到槽箩里面，[ȵi^{31}vɛ^{0}iɔ^{44}liɑ^{21}ku^{44}kʰɔ^{51}nɛŋ^{44}ȵi^{453}pa^{51}təɤ^{453}zɔ^{21} lu^{243}ti^{51}miɛ^{213}]

飞到天宫去追织女啊。" [fi^{44}təɤ^{453}tʰia^{44}tɕiɔ̃ũ^{44}kʰɤ^{44}tsɥ^{44}tsei^{51}ȵy^{31}a^{0}]

牛郎稀奇猛，[ȵiuŋ^{21}lɔ^{243}ɕi^{44}dʑi^{453}ma^{51}]

争=那=处里只牛会讲话罢咯？ [tsa^{44}na^{31}tsʰɥ^{44}ləɤ^{31}tsei^{322}ȵiuŋ^{243}uei^{51}kɔ^{51}u^{213}vɑ^{0}lou^{44}]

争=那=：怎么

那=呢一声响，[na^{21}ni^{0}iei^{51}sɛŋ^{44}ɕiɑ^{51}]

"白"啦记牛老惊=头两只牛角真是便脱到地里去罢，[ba^{13}la^{44}tɕi^{0}ȵiuŋ^{243}ləɤ^{51}kua^{44} diuŋ^{243}liɑ^{21}tsei^{322}diuŋ^{44}kɔ^{322}tsaŋ^{44}dzɿ^{31}biɛ^{21}tʰəɤ^{44}təɤ^{453}di^{21}ləɤ^{31}kʰɤ^{44}vɑ^{0}] 老惊=头：头

变着两只槽箩。[piɛ^{44}dʑiɔ^{0}liɑ^{21}tsei^{322}zɔ^{21}lu^{243}]

那=罢牛郎尽紧便摭两个考=人儿一边一个一边一个呐摆归去，[na^{21}vɛ^{0}ȵiuŋ^{21}lɔ^{243} zaŋ^{21}tɕiŋ^{51}biɛ^{21}iɔ^{44}liɑ^{21}ku^{44}kʰɔ^{51}nɛŋ^{44}ȵi^{453}iei^{51}piɛ^{44}iei^{51}ku^{453}iei^{51}piɛ^{44}iei^{51}ku^{453}na^{0}pɑ^{51} kuei^{44}kʰɤ^{453}]

□寻嘞一根扁担，[ga^{21}zɑŋ^{243}lɔ^{0}iei^{51}kɛ^{44}piɛ^{21}tɑ^{453}]

担□起来，[tɑ^{44}i^{44}tɕʰi^{51}lei^{31}]

还未饼=渠争=那=忖忖呢，[uɑ^{243}mei^{44}mɛŋ^{51}gɤ^{31}tsa^{44}na^{31}tsʰɛ^{51}tshɛ^{0}ni^{44}]

槽箩啊便□搭有翼膀生□一式嘞，[zɔ^{21}lu^{243}a^{0}biɛ^{213}xai^{44}tɑ^{322}iuŋ^{51}iɛ^{51}pʰɔ^{51}sa^{44}i^{44}iei^{51} sei^{322}lɛ^{0}] □搭：好像。一式：一样

一阵风来，[iei^{51}dzaŋ^{243}fɔ̃ũ^{44}lei^{243}]

槽箩便真是飞到天宫去罢。〔zɔ²¹lu²⁴³biɛ²¹tsaŋ⁴⁴dʐ̩³¹fi⁴⁴təɤ⁴⁵³tʰia⁴⁴tɕiɔ̃ũ⁴⁴kʰɤ⁴⁴va⁰〕

飞去飞去，越飞越高，〔fi⁴⁴kʰɤ⁴⁵fi⁴⁴kʰɤ⁴⁵，yɛ⁴⁴fi⁴⁴yɛ⁴⁴kɤ¹³〕

真是老远远便□着个织女来前面嘞，〔tsaŋ⁴⁴dʐ̩³¹ləɤ⁵¹yɛ⁵¹yɛ⁰biɛ²¹n̠ia⁴⁴dʑiɔ⁰ku⁴⁴tsei⁵¹
　　n̠y³¹lei²¹ia⁴⁴miɛ⁴⁵³lɛ⁰〕

喂，那⁼是便乐追着罢嘞，〔uei³¹，na⁴⁴dʐ̩³¹biɛ²¹ŋu²¹³tsʅ⁴⁴dʑiɔ⁴⁵va⁰lɛ⁴⁴〕

两个考⁼人儿罢快活猛：〔lia²¹ku⁴⁴kʰɔ⁵¹nɛŋ⁴⁴n̠i⁴⁵³va⁰kʰua⁴⁴ua²⁴³ma⁵¹〕

"妈妈来⁼前面啦！"〔ma⁴⁴ma⁴⁵lei²¹ia⁴⁴miɛ⁴⁵³la⁰〕

弗料知，〔fe⁵¹liɔ²¹tsʅ⁴⁴〕

那⁼呢以⁼饼⁼个王母娘娘发现罢。〔na²¹ni⁰i²¹mɛŋ⁵¹ku⁴⁴iɔ⁴⁴mu⁴⁴n̠ia²¹n̠ia²⁴³fa⁵¹iɛ²¹³va⁰〕

王母娘娘□着之后啊，〔iɔ⁴⁴mu⁴⁴n̠ia²¹n̠ia²⁴³n̠ia⁴⁴dʑiɔ⁰tsʅ⁴⁴ɚ³¹a⁰〕

心里那⁼忖：真是容你弗牢嘞，〔saŋ⁴⁴li³¹na²¹tsʰɛ⁵¹：tsaŋ⁴⁴dʐ̩³¹iɔ̃ũ²⁴³n̠i³¹fe⁵¹ləɤ²⁴³lɛ⁰〕

还追上来嘞！〔ua²⁴³tsʅ⁴⁴dʑia⁵¹lei²⁴³lɛ⁰〕

那⁼呢便来⁼老惊⁼头上摒落一根金钗，〔na²¹ni⁰biɛ²¹lei²⁴³ləɤ⁵¹kua⁴⁴diuŋ²⁴³dʑia⁴⁵³pa⁴⁴lɔ⁰
　　iei⁵¹kɛ⁴⁴tɕiɛŋ⁴⁴tsʰɔ⁴⁴〕 摒：拔

来⁼牛郎亨⁼织女中央一记劙，〔lei²¹n̠iuŋ²¹lɔ²⁴³xɛŋ⁴⁴tsei⁵¹n̠y³¹nɔ̃ũ⁴⁴iɔ̃ũ⁴⁴iei⁵¹tɕi³¹li⁵¹〕劙：划

一埭阔阔去阿⁼些⁼天河便出现罢，〔iei⁵¹da²¹³kʰua⁵¹kʰua⁵¹kʰɤ⁰a⁴⁴lɛ⁴⁴tʰia⁴⁴u⁴⁵³biɛ²¹tɕʰyɛ⁵¹
　　iɛ²¹³va⁰〕

真是浪头滚滚，〔tsaŋ⁴⁴dʐ̩³¹lɔ²¹diuŋ²⁴³kuaŋ⁵¹kuaŋ⁵¹〕

阔来是□弗着对岸，〔kʰua⁵¹lei²¹dʐ̩³¹n̠ia⁴⁴fe⁵¹dʑiɔ⁰tei⁴⁴uɛ²¹³〕

那⁼□争⁼好呢？〔na⁴⁴ga³¹tsa⁴⁴xɤ⁵¹nɛ⁰〕

真是未法子欸。〔tsaŋ⁴⁴dʐ̩³¹mei⁴⁴fa⁵¹tsʅ⁵¹ei⁰〕

天里来⁼喜鹊啊觉来牛郎亨⁼织女罪过霉猛，〔tʰia⁴⁴ləu⁵¹lei²¹ɕi⁵¹tɕʰiɔ³²²a⁰tɕiɛ⁵¹lei⁴⁴n̠iuŋ²¹
　　lɔ²⁴³xɛŋ⁴⁴tsei⁵¹n̠y³¹zei⁵¹ku³¹mɛ²⁴³ma⁵¹〕

所以呢便来⁼农历啊，〔su⁵¹i³¹ni⁰biɛ²¹lei²⁴³nɔ̃ũ⁴⁴lei⁴⁵a⁰〕

便是古历七月七阿⁼时节呢，〔biɛ²¹dʐ̩⁴⁴ku⁵¹lei¹³tsʰəɤ⁵¹n̠yɛ⁵¹tsʰəɤ⁵¹a⁰ʐ̩²¹tɕia³²²ni⁰〕古历：
　　农历

都飞到以⁼个天河上面去，〔tu⁴⁴fi⁴⁴təɤ⁴⁵³i²¹ku⁰tʰia⁴⁴u⁴⁵³dʑia⁵¹miɛ²¹³kʰɤ⁰〕

一只衔另外一只尾巴，〔iei⁵¹tsei³²²ga²⁴³lɛŋ²¹ŋa²¹³iei⁵¹tsei³²²n̠iɛŋ⁵¹pu⁴⁴〕

那⁼呢亨⁼渠搭咯一洞喜鹊桥，〔na²¹ni⁰xɛŋ⁴⁴gɤ³¹ta⁴⁴lɔ⁰iei⁵¹dɔ̃ũ²¹³ɕi⁵¹tɕʰiɔ³²²dʑiəɤ²⁴³〕亨⁼：替

饼⁼牛郎亨⁼织女七月七时节呢相会，〔mɛŋ⁵¹n̠iuŋ²¹lɔ²⁴³xɛŋ⁴⁴tsei⁵¹n̠y³¹tsʰəɤ⁵¹n̠yɛ⁵¹tsʰəɤ⁵¹
　　ʐ̩²¹tɕia³²²ni⁰ɕia⁴⁴uei²¹³〕

所以□有七月七牛郎织女鹊桥相会以个民间故事。[su⁵¹i³¹i²¹iuŋ⁵¹tsʰɤʴ⁵¹ŋye⁵¹tsʰɤʴ⁵¹ niuŋ²¹lɔ²⁴³tsei⁵¹ŋy³¹tɕʰiɔ⁵¹dziəʴ²⁴³ɕiɑ⁴⁴uei²¹³i²¹ku⁴⁵³meŋ⁴⁴kɑ⁴⁴ku⁵¹zʅ²¹³]

　　古时候，有一个小伙子，父母都去世了，只有他一个人，没有亲人，家里只有一头很老很老的牛，人们都叫他牛郎。牛郎靠一头老牛耕田为生。这头老牛其实是天上的金牛星，老牛觉得牛郎真是又乖又勤劳，他想，一定要帮牛郎找个老婆，帮牛郎成个家。

　　有一天，金牛星得知天上那些仙女要到村东边的湖里洗澡。金牛星就托梦给牛郎，叫他第二天一大早，就快点到村东边那里的湖边去看看，如果真的看到七个仙女在那里洗澡，就拿一件她们脱下来挂在树上的衣服，拿了之后呢，要赶紧跑回家去，头也不回往家里跑就对了，那么就会有一个仙女嫁给他当老婆。

　　第二天一大早，牛郎醒过来，他想这个梦不知是真是假，那么管他呢，先去看看，就赶紧来到村东边那里的湖边。真的，他很远很远就看到有七个姑娘在湖里洗澡，个个都长得很漂亮。他就赶紧到树上拿了一件粉红色的衣服，拿了之后呢，就赶紧跑回家去，把门关上后，把这件衣服藏了起来。没想到这件衣服就是织女的。这天晚上，织女就悄悄来到牛郎家里，两个人就做了夫妻。

　　一眨眼，三年过去了，牛郎和织女生了一儿一女两个孩子，小孩子又乖又惹人喜爱，牛郎和织女生活得非常幸福。但是，这件事情被天上的玉皇大帝知道了。

　　有一天，突然之间天色大变，电闪雷鸣，刮起大风，下起大雨，突然织女就不知道去了哪里，家里两个小孩儿找妈妈，哭着喊："喂，我妈妈在哪里？"孩子哭不停。牛郎也没办法。到哪里找老婆呢，牛郎是真不知道怎么办了，愁死了。这时，金牛星这头老牛就说话了："你别难过啊，你现在摘下我头上的两只角，这样就会变成两个箩筐，你把两个小孩儿放到箩筐里面，飞到天宫去追织女啊。"

　　牛郎非常奇怪，怎么家里这头牛会说话呢？突然一声响，"啪"一下牛头上两只牛角就真的掉到了地上，变成两只箩筐。这样牛郎赶紧就把两个小孩儿一边一个放进箩筐，然后找了一根扁担，挑起来。突然，箩筐就好像长出了翅膀一样，一阵风来，箩筐就真的飞到天宫去了。

　　飞啊飞啊，越飞越高，他们很远就看到织女在前面，就要追到了，两个小孩儿非常开心："妈妈在前面啦！"没想到，这被王母娘娘发现了。王母娘娘看到之后，心里那样想：真是容不得你了，还追上来了！于是就从头上拔下一根金钗，在牛郎和织女中间一划，一条宽宽的天河就出现了，真是波浪滚滚，宽到看不到对岸。怎么办呢？真是没办法。

　　天上的喜鹊觉得牛郎和织女非常可怜，所以就在农历七月七的时候，都飞到这个天河上方，一只衔着另外一只的尾巴，给他搭了一座喜鹊桥，让牛郎和织女在七月七的时候相会，所以就有了七月七牛郎织女鹊桥相会这个民间故事。

（2018 年 8 月，发音人：丁新燕）

三、自选条目

（一）戏曲

马陇头

叶文生，〔iɛ⁵¹vaŋ²¹³sa⁴⁴〕

名称马陇弗称牛，〔mɛŋ²⁴³tsʰɛŋ⁴⁴mo²¹³lɔ̃²¹³fɛ³²²tsʰɛ⁴⁴n̠iuŋ²⁴³〕

此个原因是实有秋嘞，〔tsʰʅ⁵¹ku⁴⁵³yɛ⁴⁴iɛŋ⁴⁴dʑʅ³¹zəɤ¹³iuŋ⁴¹tɕiəɤ⁴⁴lɛ⁰〕

现在奇形无泯灭啊，〔iɛ⁵¹tsei⁴⁵³dʑi²¹³iŋ⁴⁵³vu²¹³mɛŋ²¹³miɛ¹³a⁰〕

将来胜迹总传流。〔tɕia⁴⁴lei⁵¹sɛŋ²¹³tsei¹³tsɔ̃⁵¹dʑyɛ²¹³liuŋ⁵¹〕

昨闻项性施凶手啊，〔zɔ²¹³vaŋ⁵¹ɔ²¹³sɛŋ⁵¹sʅ⁴⁴ɕiɔ̃ũ⁴⁴ɕiuŋ⁵¹a⁰〕

莫诉封翁落丁头。〔mɔ¹³su⁴⁵³fɔ̃ũ⁴⁴ɔ̃ũ⁴⁴lɔ¹³liɔ²¹³diŋ²⁴³〕

吾辈青年如一怒啊，〔u⁴⁴pei⁴⁵³tɕʰiɛŋ⁴⁴nia⁴⁵³zy²⁴³iei⁴⁴nu²¹³a⁰〕

骅骝巨款要全收。〔u²¹³liuŋ⁵¹dʑy²¹³kuɑ⁵¹iəɤ⁴⁴dʑyɛ²¹³ɕiəɤ⁴⁴〕

（2018 年 8 月，发音人：杜志方）

（二）吟诵

绝句——杜甫

两个黄鹂鸣翠柳，〔lia⁵¹kɔ⁴⁴ɔ²¹³li⁵¹mɛŋ²⁴³tɕʰyei⁵¹liuŋ⁴⁴〕

一行白鹭上青天嘞。〔iei⁴⁴aŋ⁴⁴ba⁵¹lu²¹³ziɑ²⁴³tɕʰi⁴⁴tʰia⁴⁴lɛ⁰〕

窗含西岭千秋雪啊，〔tsʰɔ⁴⁴ɛ²⁴³sʅ⁴⁴lɛŋ²¹³tɕʰia⁴⁴tɕʰiuŋ⁴⁴ɕyɛ³²²a⁰〕

门泊东吴万里船嘞。〔mɛŋ²⁴³bɔ²⁴³nɔ̃ũ⁴⁴ŋ⁴⁴vɑ²¹³li³¹ɕyɛ²⁴³lɛ⁰〕

（2018 年 8 月，发音人：杜志方）

衢　州

一、歌谣

哎哟喂

哎哟喂！［ɛ⁵³iɔ⁵³ue²³¹］_{哎哟喂：交替互捏手背的一种游戏}

哪里痛？［nɑ⁵³li²¹tʰoŋ⁵³］

蚊虫叮着痛。［mən²¹dʒyoŋ²³¹tin³⁵dʒyaʔ¹²tʰoŋ⁵³］

快快爬上来。［kʰuɛ⁵³kʰuɛ⁵³bɑ²¹ʒyɑ̃²³¹lɛ²¹］

搭细狗

棒棒棒！快开门！［bɑ̃²³¹bɑ̃²³¹bɑ̃²³¹！　kʰuɛ⁵³kʰɛ³⁵mən²¹］_{棒棒棒：敲门声}

哪一个？王癞痢！［nɑ⁵³iəʔ³ku⁰？　uɑ̃²¹laʔ²li³⁵］

做啥体？搭细狗！［tsu⁵³sɑ⁵³tʰi³⁵？　kʰɑ⁵³ɕia⁵³kɯ³⁵］_{做啥体：干什么。搭：抓，捉}

细狗还黵生嘞。哦。［ɕia⁵³kɯ³⁵aʔ²vən²¹ɕiɑ̃³²lɛ⁰。ɔ⁵³］_{黵：没有}

棒棒棒！［bɑ̃²³¹bɑ̃²³¹bɑ̃²³¹］

哪一个？王癞痢！［nɑ⁵³iəʔ³ku⁰？　uɑ̃²¹laʔ²li³⁵］

做啥体？搭细狗！［tsu⁵³sɑ⁵³tʰi³⁵？　kʰɑ⁵³ɕia⁵³kɯ³⁵］

细狗才生出来喂。哦。［ɕia⁵³kɯ³⁵zɛ²¹ɕiɑ̃³²tɕʰyəʔ⁵lɛ²¹uɛ⁰。ɔ⁵³］

棒棒棒！〔bã²³¹bã²³¹bã²³¹〕

哪一个？王癞痢！〔nɑ⁵³iə̆ʔ³ku⁰？　uã²¹laʔ²li³⁵〕

〔做啥〕事体？搭细狗！〔tsɑ⁵³zʅ²¹tʰi³⁵？　kʰɑ⁵³ɕiɑ⁵³kɯ³⁵〕

细狗才开眼睛喂。哦。〔ɕiɑ⁵³kɯ³⁵zɛ²¹kʰɛ³²ŋã²³¹tɕin³²uɛ⁰。ɔ⁵³〕

棒棒棒！〔bã²³¹bã²³¹bã²³¹〕

哪一个？王癞痢！〔nɑ⁵³iə̆ʔ³ku⁰？　uã²¹laʔ²li³⁵〕

〔做啥〕事体？搭细狗！〔tsɑ⁵³zʅ²¹tʰi³⁵？　kʰɑ⁵³ɕiɑ⁵³kɯ³⁵〕

细狗还嬲断奶喂。〔ɕiɑ⁵³kɯ³⁵aʔ²vən²¹dɯ²³¹nɛ²¹uɛ⁰〕

棒棒棒！〔bã²³¹bã²³¹bã²³¹〕

哪一个？王癞痢！〔nɑ⁵³iə̆ʔ³ku⁰？　uã²¹laʔ²li³⁵〕

〔做啥〕事体？搭细狗！〔tsɑ⁵³zʅ²¹tʰi³⁵？　kʰɑ⁵³ɕiɑ⁵³kɯ³⁵〕

细狗弗搭你啦！〔ɕiɑ⁵³kɯ³⁵fəʔ⁵kʰɑ⁵³n̩i⁵³lɑ⁰〕

劲着个！来搭啦！来抢啦！〔ve²³¹dʒyaʔ¹²gəʔ⁰！　lɛ²¹kʰɑ⁵³lɑ⁰！　lɛ²¹tɕʰiã³⁵lɑ⁰〕劲着：
不行

嘟嘟嘟

嘟嘟嘟，骑马嘟，〔lã⁵³lã⁵³lã⁵³，dzʅ²¹mɑ⁵³lã⁵³〕骑马嘟：幼儿骑坐在大人膝盖、脚背或肩头上，大人
边颠边唱

骑马上学堂。〔dzʅ²¹mɑ⁵³ʒyã²³¹uəʔ²tã⁵³〕学堂：学校

学堂门嬲开，〔uəʔ²tã⁵³mən²¹vən²¹kʰɛ³²〕

骑马骑转来。〔dzʅ²¹mɑ⁵³dzʅ²¹tʃyã³⁵lɛ²¹〕

缺牙当

缺牙当，舔粪缸；〔tʃʰyəʔ³ŋɑ⁵³tã³²，tʰiẽ³⁵fən⁵³kã³²〕缺牙当：掉门牙

粪缸漏，好炒豆；〔fən⁵³kã³²le²³¹，xɔ³⁵tsʰɔ³⁵de²³¹〕

豆炒焦，买胡椒；〔de²³¹tsʰɔ³⁵tɕiɔ³²，mɛ²³¹u²¹tɕiɔ³²〕

胡椒一铷十八包。〔u²¹tɕiɔ³²iəʔ⁵diẽ²¹ʒyəʔ²paʔ⁵pɔ³²〕一铷：一角钱

学样精

学样精，搭苍蝇，［uəʔ²iã³⁵tɕin³²，kʰɑ⁵³tsʰã³²in²¹］搭：抓

搭到你妈床头跟，［kʰɑ⁵³tɔ⁵³n̩i⁵³ma³⁵ʒyã²¹de¹³kən³²］床头跟：床前面

撇着一根天萝筋，［iaʔ⁵dʒyaʔ⁰iəʔ⁵kən³²tʰiẽ³²lu⁵³tɕin³²］撇：捡。天萝筋：丝瓜筋

你妈讲你是赖学精。［n̩i⁵³ma²¹kã³⁵n̩i⁵³zɿ²¹lɛ²³¹uəʔ²tɕin³²］

（以上 2016 年 7 月，发音人：杨欣）

弄堂弄口

弄堂弄口，［loŋ²³¹dã²¹loŋ²³¹kʰɯ³⁵］弄口：指鼻孔

两条白狗，［liã²³¹diɔ²¹baʔ²kɯ³⁵］白狗：指鼻涕

两个警察，［liã²³¹gəʔ²tɕin³²tsʰaʔ⁵］

丁˭起来一蹶。［tin³²tsʰəʔ⁵lɛ²¹iəʔ³tʃyaʔ⁵］丁˭：拎。蹶：摔

鸟儿飞飞

鸟儿飞飞，飞到乡里；［tiɔ³⁵n̩i²¹fi³²fi⁵³，fi³²tɔ⁵³ɕiã³²li⁵³］

买树番米，骗骗伢儿；［mɛ²³¹bu²¹fã³²mi⁵³，pʰiẽ⁵³pʰiẽ⁵³ŋɑ²¹n̩i²³¹］树：根。番米：玉米。伢儿：孩子

伢儿要哭，妈妈吃粥；［ŋɑ²¹n̩i²³¹iɔ⁵³kʰuəʔ⁵，ma¹³ma²¹tɕʰiəʔ³tʃyəʔ⁵］妈妈：奶奶

伢儿要笑，妈妈上吊！［ŋɑ²¹n̩i²³¹iɔ⁵³ɕiɔ⁵³，ma¹³ma²¹ʒyã²³¹tiɔ⁵³］

扇子扇凉风

扇子扇凉风，［ʃyə̃⁵³tsɿ⁵³ʃyə̃⁵³liã²¹foŋ³²］

扇夏弗扇冬；［ʃyə̃⁵³ʑiɑ²³¹fəʔ⁵ʃyə̃⁵³toŋ³²］

有人问我借，［iu⁵³n̩in²¹mən²³¹ŋu⁵³tɕia⁵³］

请过八月中。［tɕʰin³⁵ku⁵³paʔ⁵yəʔ²tʃyoŋ³²］

天公变变

天公变变，碰着爱莲；［tʰiẽ³²koŋ⁵³piẽ⁵³piẽ²¹，pʰoŋ⁵³dʒyaʔ⁰ɛ⁵³liẽ²¹］

爱莲挑水，碰着老鼠；［ɛ⁵³liẽ²¹tʰiɔ³²ʃy³⁵，pʰoŋ⁵³dʒyaʔ⁰lɔ²³¹tʃʰy³⁵］

老鼠掮粮，碰着老娘；[lɔ²³¹tʃʰy³⁵dʑiɛ¹³liã²¹，pʰoŋ⁵³dʒyaʔ⁰lɔ²³¹n̠iã²¹] 老娘：女佣

老娘偷米，碰着老李；[lɔ²³¹n̠iã²¹tʰe³²mi⁵³，pʰoŋ⁵³dʒyaʔ⁰lɔ²³¹li⁵³]

老李翻瓦，碰着阎王；[lɔ²³¹li⁵³fã³²ŋa⁵³，pʰoŋ⁵³dʒyaʔ⁰n̠iɛ²¹uã²³¹]

阎王射个屁，老李逃脱气。[n̠iɛ²¹uã²³¹dzɛ²³¹gəʔ⁰pʰi⁵³，lɔ²³¹li⁵³dɔ²¹tʰəʔ³tɕʰi⁵³] 射：放。脱
　　气：断气

摇摇摇

摇摇摇，摇到外婆桥，[iɔ²¹iɔ⁵³iɔ²¹，iɔ²¹tɔ⁵³ŋɛ²³¹bu¹³dʑiɔ²¹]

外婆叫我好宝宝，[ŋɛ²³¹bu²¹tɕiɔ⁵³ŋu⁵³xɔ³⁵pɔ³⁵pɔ³²]

亦有糖来亦有糕。[iəʔ²iu⁵³dã²¹lɛ⁵³iəʔ²iu⁵³kɔ³²] 亦：又

（以上 2016 年 7 月，发音人：陈大槐）

排排坐

排排坐，吃果果；[bɛ²¹bɛ¹³zu²³¹，tɕʰiəʔ³ku³⁵ku²¹]

哥哥归来刴奴⸗奴⸗；[ku³²ku⁵³tʃy³²lɛ⁵³tsʰu⁵³nu¹³nu²¹] 刴：砍。奴⸗奴⸗：猪肉

称称看，三斤半；[tʃʰyã³²tʃʰyã⁵³kʰə³⁵，sã³²tɕin³²pə̃⁵³]

装装看，十大碗；[tʃyã³²tʃyã⁵³kʰə³⁵，ʒyəʔ²du²³¹uə̃³⁵]

灶司爷爷弗吃荤；[tsɔ⁵³sɹ̩³²iɑ¹³iɑ²¹fəʔ³tɕʰiəʔ⁵xuən³²] 灶司爷爷：灶神

鸡子咽咙吞。[tsɹ̩³²tsɹ̩³⁵guəʔ²loŋ⁵³tʰən³²] 鸡子：鸡蛋。咽咙：囫囵

大麻子生病

大麻子生病二麻子哭；[du²³¹mɑ²¹tsɹ̩³⁵ɕiã³²bin²³¹n̠i²³¹mɑ²¹tsɹ̩³⁵kʰuəʔ⁵]

三麻子买药四麻子煎；[sã³²mɑ²¹tsɹ̩³⁵mɛ²³¹iaʔ¹²sɹ̩⁵³mɑ²¹tsɹ̩³⁵tɕiɛ̃³²]

五麻子买板六麻子钉；[ŋ²³¹mɑ²¹tsɹ̩³⁵mɛ²³¹pã³⁵ləʔ²mɑ²¹tsɹ̩³⁵tin⁵³] 板：指棺材板

七麻子抬来八麻子哭；[tɕʰiəʔ⁵mɑ²¹tsɹ̩³⁵dɛ²¹lɛ²³¹paʔ⁵mɑ²¹tsɹ̩³⁵kʰuəʔ⁵]

九麻子埋来十麻子扛；[tɕiu³⁵mɑ²¹tsɹ̩³⁵mɛ²¹lɛ²³¹ʒyəʔ²mɑ²¹tsɹ̩³⁵kã³²]

快快埋，快快埋；[kʰuɛ⁵³kʰuɛ⁵³mɛ²¹，kʰuɛ⁵³kʰuɛ⁵³mɛ²¹]

[弗要]让大麻子逃出来。[fɛ⁵³n̠iã²¹du²³¹mɑ²¹tsɹ̩³⁵dɔ²¹tɕʰyəʔ⁵lɛ²¹] [弗要]：别。

月亮婆婆

月亮婆婆，拜你三拜；［ŋyəʔ²liã⁵³pu³²pu³²，pɛ⁵³n̠i⁵³sã³²pɛ⁵³］

担我妹做双花花鞋；［nã²¹ŋu⁵³me²¹tsu⁵³ʃyã³²xuɑ³²xuɑ³⁵ɛ²¹］担：帮，替。妹：宝宝

无人拿来，用轿扛来；［m¹³n̠in²¹nɑ²¹lɛ²³¹，yoŋ²³¹dʑiɔ²¹kã³²lɛ⁵³］

扛到哪里？扛到县西街，［kã³²tɔ⁵³nɑ⁵³li²¹，kã³²tɔ⁵³yɔ²³¹sɿ³²kɛ⁵³］

撮着一个蜡烛台。［tsʰə⁵²dʒyaʔ¹²iəʔ³kəʔ⁵laʔ²tʃyəʔ⁵te⁵³］撮：拾

月亮上毛

月亮上毛，好吃毛桃；［ŋyəʔ²liã⁵³ʒyã²³¹mɔ²¹，xɔ³⁵tɕʰiəʔ⁵mɔ²¹dɔ²³¹］上毛：有晕。好：可以

毛桃离核，好吃驴肉；［mɔ²¹dɔ²³¹li⁵³uəʔ¹²，xɔ³⁵tɕʰiəʔ⁵li⁵³n̠yəʔ¹²］

驴肉有心，好吃菜心；［li⁵³n̠yəʔ¹²iu⁵³ɕin³²，xɔ³⁵tɕʰiəʔ⁵tsʰɛ⁵³ɕin³²］

菜心有花，好吃黄瓜；［tsʰɛ⁵³ɕin³²iu⁵³xuɑ³²，xɔ³⁵tɕʰiəʔ⁵uã²¹kuɑ³²］

黄瓜有籽，好吃鸡子；［uã²¹kuɑ³²iu⁵³tsɿ³⁵，xɔ³⁵tɕʰiəʔ⁵tsɿ³²tsɿ³⁵］鸡子：鸡蛋

鸡子有壳，好吃菱角；［tsɿ³²tsɿ³⁵iu⁵³kʰəʔ⁵，xɔ³⁵tɕʰiəʔ⁵lin²¹kəʔ⁵］

菱角两头尖，快活老神仙！［lin²¹kəʔ⁵liã⁵³de²¹tɕiẽ³²，kʰɛ⁵³uaʔ²lɔ²³¹ʒyən²¹ɕiẽ³²］

（以上 2016 年 7 月，发音人：刘慧珍）

二、规定故事

牛郎和织女

早博ᵌ节啦有个麻鬼啦，［tsɔ³⁵pəʔ⁵tɕiəʔ⁵laᵒiu⁵³gəʔᵒmɑ²¹tʃy³⁵laᵒ］早博ᵌ节：早先。麻鬼：孩子

屋里头嘞娘老子老早就死了，［uəʔ³li⁵³de²¹lɛᵒn̠iã²¹lɔ²³¹tsɿ²¹lɔ²³¹tsɔ³⁵dʑiu²³¹sɿ³⁵ləʔᵒ］娘老子：父母

屋里头嘞危险穷，［uəʔ³li⁵³de²¹lɛᵒuɛ²¹ɕiẽ³⁵dʒyoŋ²¹］危险：非常

人家讲渣得ᵌ苦出来了。［n̠in²¹kɑ³²kã³⁵tsɑ³²təʔ⁵kʰu³²tʃʰyəʔ⁵lɛ²¹ləʔᵒ］得ᵌ：都

还好渠屋里嘞养了条老牛，［aʔ²xɔ³⁵gi²¹uəʔ³li⁵³lɛᵒiã²³¹ləʔᵒdiɔ²¹lɔ²³¹n̠iu²¹］渠：他

所以人家统叫渠牛郎。［su³⁵i²¹n̠in²¹kɑ³²tʰoŋ³⁵tɕiɔ⁵³gi²¹n̠iu¹³lã²¹］统：都

牛郎嘞人嘞蛮勤力个，［n̠iu¹³lã²¹lɛᵒn̠in²¹lɛ³⁵mã²¹dʑin²¹liəʔ¹²gəʔᵒ］蛮：挺。勤力：勤快

心地也蛮好蛮善良个哈。［ɕin³²di²³¹aʔ⁵mã²¹xɔ³⁵mã²¹ʒyɛ̃²³¹liã²¹gəʔ⁰xaˀ⁰ ］

再渠同个老牛嘞相依为命，［tsɛ⁵³gi²¹doŋ²¹gəʔ⁰lɔ²³¹n̠iu²¹lɛ⁰ɕiã³⁵iᵉ²¹ue²¹min²³¹ ］

再渠赫⁼棱⁼过日子个嘞？　［tsɛ⁵³gi²¹xəʔ³lən³⁵ku⁵³n̠iəʔ²tsɿ³⁵gəʔ⁰lɛ⁰ ］赫⁼棱⁼：怎么

渠靠格条老牛啦去担人家耕耕田啊做做事体啊，［gi²¹kʰɔ⁵³kəʔ⁵diɔ²¹lɔ²³¹n̠iu²¹laˀ⁰kʰi⁵³
　　tã³²n̠in²¹kɑ³²tɕiã³²tɕiã⁵³diɛ̃²¹aˀ⁰tsu⁵³tsu⁵³ʐɿ²¹tʰiᵉ³⁵aˀ⁰ ］格：这。事体：事情

格凉⁼子过日子个。［kəʔ³liã³⁵tsɿ²¹ku⁵³n̠iəʔ²tsɿ³⁵gəʔ⁰ ］格凉⁼子：这样

格条老牛嘞实际上是天上头个金牛星变来个，［kəʔ⁵diɔ²¹lɔ²³¹n̠iu²¹lɛ⁰ʐyəʔ²tsɿ⁵³ʒyã²³¹
　　zɿ²³¹tʰiɛ̃³²ʒyã²³¹deʔ²¹gəʔ⁰tɕin³⁵n̠iu²¹ɕin³²piɛ̃⁵³lɛ²¹gəʔ⁰ ］

格牛嘞对个牛郎嘞也有感情了，［kəʔ⁵n̠iu²¹lɛ⁰te⁵³gəʔ⁰n̠iu¹³lã²¹lɛ⁰aʔ⁵iu²¹kɛ̃⁵³dʑin²¹ləʔ⁰ ］

渠看牛郎嘞格人嘞蛮聪明哈蛮勤力嘞，［gi²¹kʰɛ̃⁵³n̠iu¹³lã²¹lɛ⁰kəʔ⁵n̠in²¹lɛ⁰mã²¹tsʰoŋ³²
　　min⁵³xaˀ⁰mã²¹dʑin²¹liəʔ¹²lɛ⁰ ］

渠交关想担个牛郎嘞哈成个家讨个老嬷，［gi²¹tɕiɔ³²kuã³⁵ɕiã⁵³nã³²gəʔ⁰n̠iu¹³lã²¹lɛ⁰xaˀ⁰
　　dʑyən²¹gəʔ⁰kɑ³²tʰɔ³⁵gəʔ⁰lɔ²³¹mɑ²¹ ］交关：非常。老嬷：妻子

因为牛郎无人家帮渠啦哈。［in³²ue²¹n̠iu¹³lã²¹m¹³n̠in²¹kɑ³²pã³⁵gi²¹laˀ⁰xaˀ⁰ ］

有一日嘞渠听见讲天上头个七仙女啦，［iu²³¹iəʔ⁵n̠iəʔ¹²lɛ⁰gi²¹tʰin³²tɕiɛ⁵³kã³⁵tʰiɛ̃³²ʒyã²³¹
　　deʔ²¹gəʔ⁰tɕʰiəʔ⁵ɕiɛ̃³²n̠y⁵³laˀ⁰ ］

第二日五更要到个村个东头个山底个湖里来洗浴。［di²³¹n̠i²¹n̠iəʔ¹²ŋ²³¹tɕiã³²iɔ⁵³tɔ⁵³gəʔ⁰
　　tsʰən³²gəʔ⁰toŋ³⁵deʔ²¹gəʔ⁰sã³²ti³⁵gəʔ⁰u²¹li⁵³lɛ²¹ɕi³⁵yəʔ¹² ］五更：上午。山底：山下

渠就担牛郎托个梦，［gi²¹ziu²³¹tã³²n̠iu¹³lã²¹tʰəʔ⁵gəʔ⁰moŋ²³¹ ］担：给

叫牛郎明日五更早天蒙蒙亮个时候到博⁼个湖里头去，［tɕiɔ⁵³n̠iu¹³lã²¹məʔ²n̠iəʔ¹²ŋ²³¹
　　tɕiã³²tsɔ³⁵tʰiɛ̃³³moŋ²¹moŋ²³¹liã²¹gəʔ⁰zɿ²¹ɯ²³¹tɔ⁵³pəʔ⁵gəʔ⁰u²¹li⁵³deʔ²¹kʰi⁵³ ］博⁼个：那个

湖边央去担博⁼个挂树上头个仙女个衣裳拿一件逃归去，［u²¹piɛ̃³²iã⁵³kʰi⁵³tã³²pəʔ⁵gəʔ⁰
　　kuɑ⁵³ʒy²³¹ʒyã²³¹deʔ²¹gəʔ⁰ɕiɛ̃³²n̠y⁵³gəʔ⁰i³²ʒyã⁵³nɑ²¹iəʔ⁵dʑiɛ̃²¹dɔ²¹tʃy³²kʰi⁵³ ］边央：边上。担：把。
逃：跑

格仙女嘞就会担渠做老嬷个。［kəʔ⁵ɕiɛ̃³²n̠y⁵³lɛ⁰dʑiu²³¹ue²¹tã³²gəˀ⁰tsu⁵³lɔ²³¹mɑ²¹gəʔ⁰ ］

牛郎嘞做了个梦以后嘞心里头疑疑惑惑，［n̠iu¹³lã²¹lɛ⁰tsu³²ləʔ⁰gəʔ⁰moŋ²³¹i⁵³ɯ²¹lɛ⁰ɕin³²
　　li⁵³deʔ²¹n̠i²¹n̠i²³¹uəʔ²uəʔ¹² ］

五更天天蒙蒙亮个时候嘞渠去试试看，［ŋ²³¹tɕiã³²tʰiɛ̃³²tʰiɛ̃³²moŋ³²moŋ³⁵liã²¹gəʔ⁰zɿ²¹
　　ɯ²³¹lɛ⁰gi²¹kʰi⁵³sɿ⁵³sɿ⁵³kʰɛ̃⁵³ ］

渠真个走到博⁼个村东头格个湖边央去了。［gi²¹tʃyən³²gəʔ⁰tsɛ⁵³tɔ⁵³pəʔ⁵gəʔ⁰tsʰən³²toŋ³⁵
　　deʔ²¹gəʔ⁰kəʔ⁵u²¹piɛ̃³²iã⁵³kʰi⁵³ləʔ⁰ ］真个：真的

一记看嘞，噎？〔iəʔ³tsʅ⁵³kʰɤ̃⁵³lɛ⁰, iəʔ⁵〕一记：一下

真个有七个女儿在格里嬉水。〔tʃyən³²gəʔ⁰iu²³¹tɕʰiəʔ⁵gəʔ⁰na²³¹n̠i²¹dzɛ²³¹kəʔ⁵li²¹sʅ³²ʃy³⁵〕

渠连忙担博=个树上头啦，〔gi²¹liẽ²¹mã²³¹tã³²pəʔ⁵gəʔ⁰ʒy²³¹ʒyã²³¹de²¹la⁰〕

一件粉红色个衣裳一拿，〔iəʔ⁵dʑiẽ²¹fən³⁵oŋ²¹səʔ⁵ gəʔ⁰i³²ʒyã⁵³iəʔ⁵na²¹〕

豪悷望屋里逃归去了。〔ɔ²¹sɔ⁵³mã²³¹uəʔ⁵li²¹dɔ²¹tʃy³²kʰi⁵³lə⁰〕豪悷：赶紧

渠逃归去以后嘞心里头也有点发慌个，〔gi²¹dɔ²¹tʃy³²kʰi⁵³ i⁵³ɯ²¹lɛ⁰ɕin³²li⁵³de²¹aʔ⁵iu²³¹ tiẽ²¹faʔ⁵xuã³²gəʔ⁰〕

咳！我赫=棱=就担人家一件衣裳拿拿来啦？〔xɛ²³¹！ ŋu⁵³xəʔ³lən³⁵iu²³¹tã³²n̠in²¹ ka³² iəʔ⁵dʑiẽ²¹i³²ʒyã⁵³na²¹na²¹lɛ²¹la⁰〕

格到今日黄昏底个时候嘞，〔kəʔ³tɔ⁵³tɕiəʔ⁵n̠iəʔ¹²ã²¹xuən³²ti³⁵gəʔ⁰zʅ²¹ɯ²³¹lɛ⁰〕

格个仙女来敲渠个门了，〔kəʔ⁵gəʔ⁰ɕiẽ³²n̠y⁵³lɛ²¹kʰɔ³²gi²¹gəʔ⁰mən²¹lə⁰〕

嗒嗒嗒，嗒嗒嗒。〔taʔ⁵taʔ⁵taʔ⁵, taʔ⁵taʔ⁵taʔ⁵〕

再个牛郎门一开，〔tsɛ⁵³gəʔ⁰n̠iu¹³lã²¹mən²¹iəʔ⁵kʰɛ³²〕再：结果，然后

〔渠讲〕：你担我衣裳拿拿走，〔giã¹³：n̠i⁵³tã³²ŋu⁵³i³²ʒyã⁵³na²¹na²¹tsɛ³⁵〕

再叫我赫=棱=归去哇？〔tsɛ⁵³tɕiɔ⁵³ŋu⁵³xəʔ³lən³⁵tʃy³²kʰi⁵³ua⁰〕

牛郎同渠讲，〔n̠iu¹³lã²¹doŋ²¹gi²¹kã³⁵〕

讲：仙女妹妹，〔kã³²：ɕiẽ³²n̠y⁵³me²³¹me²¹〕

我你在一起过过日子蛮好〔个哦〕。〔ŋu⁵³n̠i¹³dzɛ²³¹iəʔ³tsʰʅ³⁵kuɔ⁵³kuɔ²¹n̠iəʔ²tsʅ³⁵mã²¹xɔ³⁵ gəʔ⁰〕

格仙女看渠嘞细鬼嘞蛮勤恳蛮勤劳个哈，〔kəʔ⁵ɕiẽ³²n̠y⁵³kʰɤ̃⁵³gi²¹lɛ⁰ ɕi⁵³kue³⁵ lɛ⁰mã²¹dʑin²¹kʰən³⁵mã²¹dʑin¹³lɔ²¹gəʔ⁰xa⁰〕细鬼：小鬼，小伙子

再就担渠做夫妻了。〔tsɛ⁵³ʑiu²³¹tã³²gi²¹tsu⁵³fu³²tɕʰi⁵³lə⁰〕

后头嘞，就是生了一个伢儿一个女儿，〔ɯ²³¹de²¹lɛ⁰, dʑiu²³¹zʅ²¹ɕiã³²ləʔ⁰iəʔ³gəʔ⁰ŋa²¹ n̠i²³¹iəʔ⁵gəʔ⁰na²³¹n̠i²¹〕伢儿：男孩儿

男耕女织嘞日子也过得蛮可以个，〔nɤ̃²¹kən³²n̠y⁵³tʃyəʔ⁰lɛ⁰n̠iəʔ²tsʅ³⁵aʔ⁵ku⁵³dəʔ⁰mã²¹ kʰu³⁵i²¹gəʔ⁰〕

也蛮快乐个。〔aʔ⁵mã²¹kʰuɛ⁵³ləʔ¹²gəʔ⁰〕

格眼睛一晗啦三年过去了啦。〔kəʔ⁵ŋã²³¹tɕin³²iəʔ⁵kaʔ³la⁰sã³⁵n̠iẽ²¹ku⁵³kʰi⁵³ləʔ⁰la⁰〕晗：眨

格让天上头个玉皇大帝晓得格事体了；〔kəʔ⁵n̠iã²³¹tʰiẽ³²ʒyã²³¹de²¹gəʔ⁰n̠yəʔ²uã²¹da¹³ ti⁵³ɕiɔ³⁵təʔ⁰kəʔ⁵zʅ²³¹tʰi³⁵lə⁰〕晓得：知道

格仙女私自下凡嘞朆经过玉皇大帝个批准，［kəʔ⁵ɕiẽ³²n̠y⁵³sʅ³²zʅ²³¹ziɑ²³¹vɑ̃²¹lɛ⁰vən¹³
　tɕin³²ku⁵³n̠yəʔ²uɑ̃²¹dɑ¹³ti⁵³gəʔ⁰pʰi³²tʃyən³⁵］

格是弗得了个事体诶！［kəʔ⁵zʅ²³¹fəʔ³təʔ³liɔ³⁵gəʔ⁰zʅ²³¹tʰi³⁵ɛ⁰］弗得了：不得了

那还得了嘎？［nɑ⁵³aʔ²²təʔ³liɔ³⁵gɑ⁰］

嚯，有一日啦，［xɔ⁵³，iu²³¹iəʔ⁵n̠iəʔ¹²lɑ⁰］

格天上头雷公霍扇゠啦狂风大雨，［kəʔ⁵tʰiẽ³²ʒɑ̃²³¹gəʔ⁰lɛ²¹koŋ³²xuaʔ³ʃyẽ⁵³lɑ⁰guɑ̃²¹foŋ³²
　du²³¹y⁵³］雷公：雷。霍扇゠：闪电

一记工夫啦格个织女就弗见了，［iəʔ³tsʅ⁵³koŋ³²fu⁵³lɑ⁰kəʔ⁵gəʔ⁰tʃyəʔ³n̠y⁵³dʑiu²³¹fəʔ³
　tɕiẽ⁵³ləʔ⁰］

担渠搭天上去了啦。［tɑ̃³²i²¹kʰɑ⁵³tʰiẽ³²ʒɑ̃²³¹kʰi⁵³ləʔ⁰lɑ⁰］

再么格两个细伢儿嘞寻娘嘞鸭゠薄゠哭［个哦］；［tsɛ⁵³məʔ⁰kəʔ⁵liɑ̃²³¹gəʔ⁰ɕia⁵³ŋɑ²¹n̠i²¹lɛ⁰
　zin¹³n̠iɑ̃²¹lɛ⁰aʔ⁵bəʔ¹²kʰuəʔ⁵gɔ⁰］鸭゠薄゠：拼命

格牛郎嘞同个无头苍蝇样啦，［kəʔ⁵n̠iu¹³lɑ̃²¹lɛ⁰doŋ²¹gəʔ⁰m¹³de²¹tsʰɑ̃³⁵in²¹iɑ̃²³¹lɑ⁰］

旋来旋去旋来旋去无主意啦，［ʒyẽ²¹lɛ²¹ʒyẽ²¹kʰi⁵³ʒyẽ²¹lɛ²¹ʒyẽ²¹kʰi⁵³m²¹tʃy³⁵i⁵³lɑ⁰］旋：转
赫゠棱゠好赫゠棱゠办？［xəʔ³lən³⁵xɔ³⁵xəʔ³lən³⁵bɑ̃²³¹］

格个时候嘞老牛突然开口讲舌话了，［kəʔ⁵gəʔ⁰zʅ²¹ɯ²³¹lɛ⁰lɔ²³¹n̠iu²¹dəʔ²ʒyẽ²¹kʰɛ³²kʰɯ³⁵
　kɑ̃³⁵ʒyəʔ²uɑ²³¹ləʔ⁰］舌话：话

［渠讲］：牛郎你［弗要］慌，［giɑ̃¹³：n̠iu¹³lɑ̃²¹n̠i⁵³fɛ⁵³xuɑ̃³²］

你担我两个角用拿落来，［n̠i⁵³tɑ̃³²ŋu⁵³liɑ̃²³¹gəʔ⁰kəʔ⁵ləʔ¹²nɑ²¹ləʔ⁰lɛ²¹］角用：角。落来：下来

变成两个箩筐，［piẽ⁵³dʒyən²¹liɑ̃²³¹gəʔ⁰lu²¹kʰuɑ³²］

你带你个细伢儿去寻格个织女去。［n̠i⁵³tɛ⁵³n̠i⁵³gəʔ⁰ɕia⁵³ŋɑ²¹n̠i⁵³kʰi⁵³zin²¹kəʔ⁵gəʔ⁰tʃyəʔ³
　n̠y⁵³kʰi⁰］

格牛郎真个奇怪嘞，［kəʔ⁵n̠iu¹³lɑ̃²¹tʃyən³⁵gəʔ⁰dʑʅ²¹kuɛ⁵³lɛ⁰］

赫゠棱゠格老牛会讲舌话嘎？［xəʔ³lən³⁵kəʔ⁵lɔ²³¹n̠iu²¹ue²³¹kɑ̃³⁵ʒyəʔ²uɑ²³¹gɑ⁰］

格个时候只听见"啪嗒"一记啦，［kəʔ⁵gəʔ⁰zʅ²¹ɯ²³¹tsəʔ⁵tʰin³²tɕiẽ⁵³pʰaʔ⁵taʔ⁵iəʔ³tsʅ⁵³lɑ⁰］

格老牛个角用嘞真个跌地上头了，［kəʔ⁵lɔ²³¹n̠iu²¹gəʔ⁰kəʔ⁵ləʔ¹²lɛ⁰tʃyən³⁵gəʔ⁰tiəʔ⁵di²³¹
　ʒyɑ̃²¹de⁰ləʔ⁰］

一记工夫嘞变了两个箩筐。［iəʔ³tsʅ⁵³koŋ³²fu⁵³lɛ⁰piẽ⁵³ləʔ⁰liɑ̃²³¹gəʔ⁰lu²¹kʰuɑ³²］

格牛郎嘞也朆多想，［kəʔ⁵n̠iu¹³lɑ̃²¹ləʔ⁰aʔ⁵vən²¹tu³²ɕiɑ̃³⁵］

担格两个儿女嘞一放，［tɑ̃³²kəʔ⁵liɑ̃²³¹gəʔ⁰n̠i²¹nɑ²³¹lɛ⁰iəʔ³fɑ̃⁵³］

一头放一个，［iəʔ⁵de²¹fɑ̃⁵³iəʔ³ku⁵³］

肩担一套上去，［tɕiẽ³⁵tã²¹iə³tʰɔ⁵³ʒyã²³¹kʰi⁰］肩担：扁担

呃格奇怪个嘞，［ə⁵kə⁵dʑi²¹kuɛ⁵³gə⁰lɛ⁰］

格肩担一套上去，［kə⁵tɕiẽ³⁵tã²¹iə³tʰɔ⁵³ʒyã²³¹kʰi⁰］

格两个箩筐啦就同飞个样啦，［kə⁵liã²³¹gə⁰lu²¹kʰuã³²la⁰ʑiu²³¹doŋ²¹fi³²gə⁰iã²³¹la⁰］

就飞起来了，［ʑiu²³¹fi³²tɕʰi³⁵lɛ²¹lə⁰］

就望格个天上头去追博＝个织女去了。［ʑiu²³¹mã²³¹kə⁵gə⁰tʰiẽ³²ʒyã⁵³de²¹kʰi⁰tse³²pə⁵gə⁰tʃyə³n̠y⁵³kʰi⁰lə⁰］

啊呼鸭＝薄＝追鸭＝薄＝追哦，［ɑ²³¹xu³²a⁵bə⁵tse³²a⁵bə⁵tse³²ɔ⁰］

追追看见好像就要追着格个织女了啦，［tse³²tse⁵³kʰɔ⁵³tɕiẽ²¹xɔ³⁵iã²³¹ʑiu²³¹iɔ⁵³tse³²dʒya⁵¹²kə⁵gə⁰tʃyə³n̠y⁵³lə⁰la⁰］

牛郎危险高兴啦，［n̠iu¹³lã²¹ue²¹ɕiẽ³⁵kɔ³²ɕin⁵³la⁰］

格细伢儿在里叫：妈！妈！　［kə⁵ɕia⁵³ŋa²¹n̠i²¹dzɛ²³¹li²¹tɕiɔ⁵³：ma⁵³！ma⁵³］

格个时候嘞让王母娘娘看见了，［kə⁵gə⁰zɿ²¹uɯ²³¹lɛ⁰n̠iã²³¹uã²¹mu⁵³n̠iã²¹n̠iã²¹kʰɔ⁵³tɕiẽ²¹lə⁰］

格王母娘娘啦随手从头上拔了根金钗啦，［kə⁵uã²¹mu⁵³n̠iã²¹n̠iã²¹la⁰zeʔ²¹ʃiu³⁵dzoŋ²¹de²¹ʒyã⁵³ba⁵lə⁰kən³²tɕin³²tsʰã⁵³la⁰］

望格两个人中央啦一划，［mã²³¹kə³liã²³¹gə⁰n̠in²¹tʃyoŋ³²iã⁵³la⁰iə⁵ua¹²］

嗬！一条危险大个一条大河啦，［xɔ¹³！iə⁵diɔ²¹ue²¹ɕiẽ³⁵du²³¹gə⁰iə⁵diɔ²¹du²³¹u²¹la⁰］

叫银河啦出来了，［tɕiɔ⁵³n̠in¹³u²¹la⁰tʃʰyə³lɛ²¹lə⁰］

河里头嘞波浪危险大，［u²¹li⁵³de²¹lɛ⁰pu³²lã⁵³ue²¹ɕiẽ³⁵du²³¹］

再格面看弗见旁面，［tsɛ⁵³kə⁵miẽ²³¹kʰɔ⁵³fə³tɕiẽ⁵³bã²¹miẽ²³¹］旁面：那边

看弗见旁面岸上头。［kʰɔ⁵³fə³tɕiẽ⁵³bã²¹miẽ²³¹ŋã²³¹ʒyã²³¹de²¹］

格牛郎哼在东面，［kə⁵n̠iu¹³lã²¹bə⁰dzɛ²³¹toŋ³²miẽ⁵³］

渠哼在西面，［gi²¹bə⁰dzɛ²³¹sɿ³²miẽ²³¹］

再细伢儿哼哭嘞叫，［tsɛ⁵³ɕia⁵³ŋa²¹n̠i²¹bə⁰kʰuə⁵lə⁵tɕiɔ⁵³］

再牛郎哼眼泪水嗒嗒滴，［tsɛ⁵³n̠iu¹³lã²¹bə⁰ŋã²³¹li²¹ʃy³⁵ta³ta³tiə⁵］

赫＝棱＝办嘞？亦呃办法，［xə⁵lən³⁵bã²³¹lɛ⁰？iə²m¹³bã²³¹faʔ⁵］

格就担格两个人嘞隔开来了。［kə⁵ʑiu²³¹tã³²kə⁵liã²³¹gə⁰n̠in²¹lɛ⁰kaʔ⁵kʰɛ³²lɛ²¹lə⁰］

再格日日嘞格细伢儿嘞在个岸上头哭去叫去、哭去叫去，［tsɛ⁵³kə⁵n̠iə²n̠iə¹²lɛ⁰kə⁵ɕia⁵³ŋa²¹n̠i²¹lɛ⁰dzɛ²³¹gə⁰ŋã²³¹ʒyã²³¹de²¹kʰuə³kʰi⁵³tɕiɔ⁵³kʰi⁰、kʰuə³kʰi⁵³tɕiɔ⁵³kʰi⁰］

格感动喜鹊。［kə⁵kã⁵³doŋ²³¹sɿ³⁵tɕʰiaʔ⁵］

格喜鹊嘞就在每年个七月初七，［kəʔ⁵sɿ³⁵tɕʰiaʔ⁵lɛ⁰ʑiu²³¹le⁰me³⁵ȵiẽ²¹gəʔ⁰tɕʰiəʔ⁵yəʔ¹²
　　tsʰu³²tɕʰiəʔ⁵］

就飞来成千上万只啦，［dʑiu²³¹fi³²le⁵³dʒɣən²¹tɕʰiẽ³²ʒɣã²³¹mã²³¹tʃyəʔ⁵lɒ⁰］

就后头一只衔牢前头一只个尾巴，［ʑiu²³¹ɯ²³¹de²¹iəʔ³tʃyəʔ⁵gã²¹lɔ²³¹ʑiẽ²¹de²¹iəʔ³tʃyəʔ⁵
　　gəʔ⁰mi²³¹pa³²］

格凉＝子搭成一座鹊桥，［kəʔ³liã³⁵tsɿ²¹taʔ⁵dʒɣən²¹iəʔ³dzu²³¹tɕʰiaʔ⁵dʑiɔ²¹］

再让牛郎同织女嘞在格鹊桥上相会。［tsɛ⁵³ȵiã²³¹ȵiu¹³lã²¹doŋ²¹tʃyəʔ³ȵy⁵³lɛ⁰dzɛ²³¹kəʔ³
　　tɕʰiaʔ⁵dʑiɔ²¹ʒɣã²³¹ɕiã³²ue²³¹］

格就是牛郎织女鹊桥相会个故事。［kəʔ³ʑiu²³¹ʑɿ²³¹ȵiu¹³lã²¹tʃyəʔ³ȵy⁵³tɕʰiaʔ⁵dʑiɔ²¹ɕiã³²
　　ue²³¹gəʔ⁰ku⁵³ʑɿ²³¹］

　　从前有个小伙子，家里父母早就死了，家里很穷，非常苦。还好他屋里养了头老牛，所以人家叫他牛郎。

　　牛郎人挺勤快的，心地也挺好挺善良的。他同老牛相依为命，他是怎么过日子的呢？他靠这头老牛去给人家耕田、做事过日子。这头老牛实际上是天上的金牛星变来的。这牛对牛郎也有感情了，他看牛郎这人挺聪明挺勤快，就很想给牛郎成个家讨个老婆，因为牛郎没人帮的。

　　有一天，他听说天上的七仙女第二天早上要到村东头山脚下的湖里来洗澡。他就给牛郎托了个梦，叫牛郎明天早上天蒙蒙亮的时候到那个湖边去，去把那个树上仙女的衣裳拿一件跑回家，就会有一个仙女给他做老婆的。

　　牛郎做了梦以后心里半信半疑；早上天蒙蒙亮的时候他去试试看。他真的走到村东的湖边上去了。一看，咦？真的有七个姑娘在那里戏水。他连忙把树上头一件粉红色的衣裳拿下来，然后往家里跑去。他回家以后心里也有点发慌。咳！我怎么把人家的衣服拿来了呢？

　　这天黄昏时分，一位仙女来敲他的门了，嗒嗒嗒，嗒嗒嗒。牛郎把门一开，她说："你把我衣服拿走了，叫我怎么回去呀？"牛郎同她讲："仙女妹妹，你我在一起过过日子挺好的呀。"这仙女看小伙子挺诚恳、挺勤劳的，就同他做夫妻了。后来，仙女生了一男一女两个孩子，男耕女织的日子过得还可以，也挺快乐的。

　　眼睛一眨，三年过去了。天上的玉皇大帝知道这件事了，这仙女私自下凡没经过玉皇大帝的批准，这是不得了的事情啊！那还了得？嚯，有一天，电闪雷鸣，狂风大雨，一会儿工夫，织女就不见了，玉皇大帝把她抓到天上去了。这两个孩子找不到妈妈，哭得那个厉害啊，牛郎也跟没头苍蝇一样，转来转去没了主意，怎么办?

这个时候，老牛突然开口说话了，他说:"牛郎你别慌，你把我的两个角拿下来，变成两个箩筐，你带着孩子去找织女去。"牛郎感到很奇怪，这老牛怎么会说话呢? 这时候只听见"啪嗒"一下，这一对牛角真的掉到地上了，一会儿工夫，变成了两个箩筐。这牛郎也没多想，把两个儿女一头放一个，奇怪，这肩担一套上去，这两个箩筐就飞起来了，就往天上追织女去了。

牛郎拼命追啊追啊，眼看就要追到织女了; 牛郎非常高兴，两个孩子在那里叫: 妈! 妈! 这时候王母娘娘看见了，她随手从头上拔了根金钗，朝这两个人中间一划。嗬! 一条很大的叫作银河的大河出现了。河里头波浪非常大; 一眼看不见对岸。牛郎在河东，织女在河西。小孩子又哭又叫，牛郎眼泪汪汪也没办法。就这样，银河把两个人隔开来了。

两个孩子天天在岸边又哭又叫，感动了喜鹊。每年的七月初七，就飞来成千上万只喜鹊。一只衔住另一只的尾巴，搭成了一座鹊桥，让牛郎跟织女在这鹊桥上相会。这就是牛郎织女鹊桥相会的故事。

（2016 年 7 月，发音人: 郑文奎）

三、自选条目

谚语

稻倒一个角，［dɔ²³¹tɔ³⁵iəʔ⁵gəʔ⁰kəʔ⁵］
麦倒统是壳。［maʔ²tɔ³⁵tʰoŋ³⁵zॢ²¹kʰəʔ⁵］

肥是庄稼劲，［vi²¹zॢ²³¹tʃуã³⁵tɕiɑ³²tɕin⁵³］
水是庄稼命。［ʃy³⁵zॢ²³¹tʃуã³⁵tɕiɑ³²min²³¹］

养猪勤赚钱，［iã²³¹tʃу³²vən²¹dzã²³¹dʑiẽ²¹］
回头看看田。［ue¹³de²¹kʰɔ̃⁵³kʰɔ̃⁵³diẽ²¹］

春寒多雨水，［tʃʰyən³⁵ɔ̃²¹tu³²y⁵³ʃy³⁵］
夏寒有长晴。［ʑiɑ²³¹ɔ̃²¹iu²³¹dʒуã¹³ʑin²¹］

冬里响雷公，［toŋ³²li⁵³ɕiã³⁵leᵃ²¹koŋ³²］

十个栏，九个空。［ʒyəʔ²gəʔ⁰lã²¹，tɕiu³⁵gəʔ⁰kʰoŋ³²］

弗过冬至弗凉，［fəʔ⁵ku⁵³toŋ³²tsɿ⁵³fəʔ⁵liã²¹］

弗到夏至弗暖。［fəʔ⁵tɔ⁵³ɑ²³¹tsɿ⁵³fəʔ⁵nə̃²³¹］

五月西风大水啸，［ŋ²³¹yəʔ¹²sɿ³²foŋ⁵³du²³¹ʃy³⁵ɕɔ⁵³］

六月西风板壁翘。［ləʔ²yəʔ¹²sɿ³²foŋ⁵³pã³²piəʔ⁵tɕʰiɔ⁵³］翘：因干燥而开裂

呆人有呆福，［ŋɛ²¹n̠in²³¹iu²³¹ŋɛ²¹fəʔ⁵］

呆老佛立大屋。［ŋɛ²¹lɔ²³¹vəʔ¹²liəʔ²du²³¹uəʔ⁵］老佛：菩萨。立：住

好话讲三遍，［xɔ³⁵uɑ²¹kã³⁵sã³²piẽ⁵³］

多讲弗体面。［tu³²kã³⁵fəʔ³tʰi³⁵miẽ²¹］

泥鳅滚豆腐，［n̠iẽ²¹tɕʰiu³²kuən³⁵de²¹vu²³¹］

越滚越罪过。［yəʔ²kuən³⁵yəʔ²zɛ²³¹ku⁵³］罪过：可怜

人越嬉越懒，［n̠in²¹yəʔ²sɿ³²yəʔ²lã²³¹］嬉：玩耍

嘴越吃越淡。［tse³⁵yəʔ²tɕʰiəʔ⁵yəʔ²dã²³¹］

日前留一线，［zəʔ²dʑie²¹leᵃ²¹iəʔ³ɕiẽ⁵³］

日后好想见。［zəʔ²ɯ²³¹xɔ³⁵ɕiã³²tɕiẽ⁵³］

无用个猫哼惊惊鼠，［m²¹yoŋ²³¹gəʔ⁰mɔ²¹bəʔ⁰tɕin³²tɕin⁵³tʃʰy³⁵］惊：吓

无用个老公作作主。［m²¹yoŋ²³¹gəʔ⁰lɔ²³¹koŋ³²tsoʔ²tsoʔ²tʃy³⁵］

情愿同别个共天下，［zin²¹n̠yə̃²³¹doŋ²¹biəʔ²ku⁵³dʒyoŋ²³¹tʰiẽ³²ɑ⁵³］共：共同拥有

也［弗要］同别个共屋瓦。［aʔ⁵fɛ⁵³doŋ²¹biəʔ²ku⁵³dʒyoŋ²³¹uəʔ³ŋɑ⁵³］

乡里人弗发癫，［ɕiã³²li⁵³n̠in²¹fəʔ³faʔ⁵tiẽ³²］发癫：发疯

城里人劵起烟。［ʒyən²¹li⁵³n̠in²¹ve²³¹tsʰɿ³⁵iẽ³²］

（以上 2016 年 7 月，发音人：陈大槐）

衢 江

一、歌谣

妹［勿乐］叫

妹［勿乐］叫，带妹去摘妙＝；［mei²⁵vɔ²²iɔ⁵³，ta³³mei²¹²kʰəʔⁿtaʔ³miɔ⁵³］妹：宝宝。［勿乐］：
不要，别。妙＝：野草莓

妙＝未红，带妹倚倚桶；［miɔ³³mɛ²²əŋ²¹²，ta³³mei²¹²gei²²gei²²təŋ²⁵］倚：站。倚倚桶：供幼儿站立
的木桶

倚倚桶无火，带妹食馃；［gei²²gei²²təŋ²⁵mɤ³³xuo²⁵，ta³³mei²¹²iəʔ²kuo²⁵］馃：米做的饼食

馃未熟，带妹食肉；［kuo²⁵mɛ²²ʑyəʔ²，ta³³mei²¹²iəʔ²ȵyəʔ²］

肉未涕＝，带妹擤鼻涕；［ȵyəʔ²mɛ²²tʰi⁵³，ta³³mei²¹²xəŋ³³bəʔ²tʰi⁵³］涕＝：煮烂

鼻涕未擤，带妹扳笋；［bəʔ²tʰi⁵³mɛ²²xəŋ²⁵，ta³³mei²¹²pã³³səŋ²⁵］

笋未扳，带妹放豆浆；［səŋ²⁵mɛ²²pã³³，ta³³mei²¹²fã³³dy²²tɕiã³³］

豆浆未放，带妹坐牢房。［dy²²tɕiã³³mɛ²²fã⁵³，ta³³mei²¹²zu²²lɔ²²fã⁵³］

月婆婆

月婆婆，肉大饼；［ȵyəʔ²pu²⁵pu⁰，ȵyəʔ²dou²²piŋ²⁵］月婆婆：月亮

大饼长毛，小鬼偷桃；［dou²²piŋ²⁵dɕiã³³mɔ²¹²，ɕiɔ³³kuei²⁵tʰy³³dɔ²¹²］

桃有核，小鬼想食肉；［dɔ²¹²y²²uəʔ²，ɕiɔ³³kuei²⁵ɕiã³³iəʔ²ȵyəʔ²］食：吃

肉有皮，小鬼想食梨；［ȵyəʔ²y²²bi²¹²，ɕiɔ³³kuei²⁵ɕiã³³iəʔ²li²¹²］

梨有籽，小鬼想食瓜子；［li²¹²y²²tsɤ²⁵，ɕiɔ³³kuei²⁵ɕiã³³iəʔ²kuo³³tsɤ²⁵］

瓜子有壳，小鬼想食菱角。［kuo³³tsɤ²⁵y²²kʰəʔ⁵，ɕiɔ³³kuei²⁵ɕiã³³iəʔ²liŋ³³kəʔ⁵］

菱角两头尖，小鬼想食烟；［liŋ³³kəʔ⁵liã³³dy²²tɕie³³，ɕiɔ³³kuei²⁵ɕiã³³iəʔ²ie³³］

食烟食上瘾，小鬼头发结糖饼。［iəʔ²ie³³iəʔ²dʑiã²²iŋ²⁵，ɕiɔ³³kuei²⁵dy²²faʔ⁵tɕiəʔ⁵dã²²

pⁱiŋ²⁵］

（以上 2019 年 7 月，发音人：杜巧英）

大个鸡娘生个子

大个鸡娘生个子，［dou²²ka⁵³i²⁵n̩iã³¹ɕie³³kəʔ⁰tsɤ²⁵］鸡娘：母鸡。子：蛋

生生乌⁼，苦痛死；［ɕiɛ³³ɕiɛ⁵³uɤ²⁵，kʰuɤ³³tʰəŋ⁵³sɤ²⁵］乌⁼：丢失

寻寻着，高兴死。［ʑiŋ²²ʑiŋ⁵³dʑiaʔ²，kɔ²⁵ɕiŋ³¹sɤ²⁵］寻着：找到

担起落花生大大抓

担起落花生么大大抓，［nã³³tsʰɿ²⁵ləʔ²xuo³³səŋ³³məʔ⁰dou²²dou²²tso³³］担：拿。大大抓：一大把

生起儿哼中大窠，［ɕiɛ³³tsʰɿ⁵³ŋ²¹²bəʔ⁰tɕyoŋ³³dou²²kʰuo³³］中大窠：一大窝

担起落花生么大大个，［nã³³tsʰɿ²⁵ləʔ²xuo³³səŋ³³məʔ⁰dou²²dou²²ka⁵³］大大个：个儿大

生出细侬哼做员外。［ɕiɛ³³tɕʰiaʔ⁵ɕie³³nəŋ²¹²bəʔ⁰tso³³ie²²ua⁵³］细侬：小孩子

（以上 2019 年 7 月，发音人：周炎福）

二、规定故事

牛郎和织女

惊侬早惊侬早以前，［kuɛ²⁵nəŋ³¹tsɔ²⁵kuɛ²⁵nəŋ³¹tsɔ²⁵i³³ʑie²¹²］惊侬：本义为吓人，引申为很

有一个细侬，［y²²iəʔ³kəʔ⁵ɕie³³nəŋ²¹²］

渠缺⁼里个娘老子统过辈罢，［gəʔ²tɕʰyəʔ⁵ləʔ⁰gəʔ⁰n̩iã³³lɔ³³tsɿ⁵³tʰəŋ²⁵kuo³³pei⁵³bɑ⁰］缺⁼：

家。娘老子：父母。统：都。过辈：去世

缺⁼里就嘞有一头牛，［tɕʰyəʔ⁵ləʔ⁰ʑiəʔ²ləʔ⁰y²²iəʔ³ty⁵³ŋy²¹²］就嘞：就是

渠跟阿⁼头老牛嘞是相侬为命，［gəʔ²kəŋ³³aʔ⁵dy⁰lɔ²²ŋy³³ləʔ⁰dzɿ²²ɕiã³³i³³uei²²miŋ²³¹］

阿⁼：这

一个侬哼孤苦伶仃。［iəʔ³kəʔ⁵nəŋ²¹²bəʔ⁰kuɤ³³kʰu²⁵liŋ²²tiŋ³³］

再阿＝个老牛嘞统两侬一起，［tsɛ⁵³aʔ⁵gəʔ⁰lɔ²²ŋy³³ləʔ⁰tʰəŋ²⁵liã²²nən⁵³iəʔ³tsʰɿ²⁵］

渠哼耕田为生个，［gəʔ²bəʔ⁰kɛ³³die²¹²uei²²səŋ³³gəʔ⁰］

老牛促＝渠嘞危险能危险诚实危险善良，［lɔ²²ŋy³³tsʰəʔ⁵gəʔ²ləʔ⁰uei²²ɕie²⁵nən²¹²uei²² ɕie²⁵dʑiŋ²²ʑyəʔ²uei²²ɕie²⁵ʑiɛ²²liã²¹²］促＝：看。危险：非常

渠想帮渠讨个老麦＝成个家。［gəʔ²ɕiã²⁵pã³³gəʔ⁰tʰɤ²⁵gəʔ²lɔ²²maʔ²dʑiŋ²²gəʔ⁰kuo³³］老麦＝：老婆

渠就托梦牛郎，［gəʔ²dʑiəʔ²tʰəʔ⁵məŋ²³¹n̩y²²lã²¹²］

明日天高有仙女啊，［məʔ²nəʔ²tʰie³³kɔ³³y²²ɕie³³n̩y⁵³aʔ⁰］天高：天上

下来到村个东边个湖高洗浴，［xu²²ləʔ²tɔ³³tsʰɛ³³gəʔ⁰təŋ³³pie³³kəʔ⁵u²²kɔ³³ɕiʔyəʔ²］湖高：湖里

你行去嘞帮渠担件衣裳来，［n̩iəʔ²gɛ²²kʰɤ⁵³ləʔ⁰pã³³gəʔ⁰nã³³dʑie²²i²⁵ʑiã³¹ləʔ²］行：走。担：拿

渠就会跟你归来个，［gəʔ²ʑiəʔ²uei²²kəŋ³³n̩iəʔ²kuei³³ləʔ²gəʔ⁰］

欤，会担你做老麦＝个啦哈。［ɛ²³¹，uei²²nã²²n̩iəʔ²tsou³³lɔ²²maʔ²gəʔ⁰laˀxɑ⁰］担：给

五更老早嘞渠就去候罢，［ŋ³³kɛ³³lɔ²²tsɔ²⁵ləʔ⁰gəʔ²ʑiəʔ²kʰɤ⁵³y²³¹bɑ⁰］

一记促＝，［iəʔ³tɕiəʔ⁵tsʰəʔ⁵］

欤，天高七个仙女啦统瞎＝囊＝洗浴。［ɛ²³¹，tʰie³³kɔ⁵³tɕʰiəʔ³kəʔ⁵ɕie³³n̩y⁵³laˀtʰəŋ²⁵xaʔ⁵ nã⁰ɕiʔyəʔ²］瞎＝囊＝：这里

渠慢慢地行去嘞，［gəʔ²mã²²mã²⁵diˀgɛ²²kʰɤ⁵³ləʔ⁰］

从树高嘞拣到一件粉红色个衣裳，［dzəŋ²¹²dʑy²²kɔ³³lɛˀkã²⁵tɔ⁵³iəʔ⁵dʑieˀfɛ²⁵əŋ²²səʔ⁵gəʔ⁰ i²²ʑiã⁵³］

渠一捧着就"藏藏藏藏藏"，［gəʔ²iəʔ³pʰəŋ²⁵dəʔ⁰ʑiəʔ²dzã²²dzã²²dzã²²dzã²²dzã²³¹］藏：拟声词，形容脚步声

头亦弗回哼就逃归去罢。［dy²²iəʔ²fəʔ⁵uei²¹²bəʔ⁰ʑiəʔ²dɔ²²kuei³³kʰɤ⁵³bɑ⁰］逃：跑

逃归去嘞，［dɔ²²kuei³³kʰɤ⁵³lɛ³³］

再艺＝囊＝个七个仙女洗好哼，［tsei⁵³ŋ³³nã⁵³kəʔ⁰tɕʰiəʔ³kəʔ⁵ɕie³³n̩y⁵³ɕi²⁵xɔ²⁵bɛ⁰］艺＝囊＝：那里

洗好一促＝，［ɕi²⁵xɔ²⁵iəʔ³tsʰəʔ⁵］

逃出来个时间到罢，［dɔ²²tsʰəʔ⁵ləʔ²gəʔ⁰zɿ²²tɕie³³tɔ⁵³bɑ⁰］

欸再等渠弗度罢，［ε²³¹tsei⁵³təŋ²⁵gə$ʔ$⁰fə$ʔ$⁵dou²³¹bɑ⁰］度：及

还有瞎＝一个嘞，［uɑ$ʔ$²y³³xɑ$ʔ$⁵iə$ʔ$⁵kə$ʔ$⁰lɛ³³］瞎＝：这

衣裳无嘞劾归去罢，［i²⁵ʑiã³¹mɤ²⁵lə$ʔ$⁰vɑ²²kuei³³kʰɤ⁵³bɑ⁰］劾：不会

渠［遂讲］我拉归去起了，［gə$ʔ$²sã⁵³ŋɑ$ʔ$²lɑ$ʔ$⁰kuei³³kʰɤ⁵³tsʰ̩²⁵lə$ʔ$⁰］起：先

你慢慢地寻。［n̠iə$ʔ$²mã²²mã²²di⁰ʑiŋ²¹²］

再渠无衣裳归去，［tsei⁵³gə$ʔ$²mɤ²⁵i³³ɕiã⁵³kuei³³kʰɤ⁵³］

阿＝个衣裳嘞渠是担个牛郎担去嘞，［ɑ$ʔ$⁵gə$ʔ$⁰i³³ɕiã⁵³lɛ⁰gə$ʔ$²dʐ̩²¹²nã³³gə$ʔ$⁰n̠y²²lã²¹²nã³³ kʰɤ⁰lə$ʔ$⁰］

渠晓着个，［gə$ʔ$²ɕiɔ²⁵dʑiɑ$ʔ$⁰gɔ$ʔ$⁰］晓着：知道

渠阿＝个仙女啦是阿＝七仙女里埭顶细个一个啦，［gə$ʔ$²ɑ$ʔ$⁵gə$ʔ$⁰ɕie³³n̠y⁵³lɑ⁰dʐ̩²²ɑ$ʔ$⁵ tɕʰiə$ʔ$⁵ɕie³³n̠y⁵³li²²dɑ$ʔ$⁰tiŋ²⁵ɕie³³gə$ʔ$⁰iə$ʔ$⁵gə$ʔ$⁰lɑ⁰］

名字吆得织女。［miŋ²²s̩⁵³iɔ³³lə$ʔ$⁰tɕyə$ʔ$³n̠y⁵³］

再渠黄昏底嘞就到牛郎艺＝囊去罢，［tsei⁵³gə$ʔ$²ã²²xuɛ³³tie²⁵lə$ʔ$⁰ʑiə$ʔ$²tɔ⁵³n̠y²²lã²²ŋ³³nã⁵³ kʰɤ⁰bɑ⁰］

再牛郎渠［遂讲］你留下来罢，［tsei⁵³n̠y²²lã²¹²gə$ʔ$²sã⁵³n̠iə$ʔ$²ly²²xu²²lə$ʔ$²bɑ⁰］

想渠留下来担做老麦＝嘞哈，［ɕiã³³gə$ʔ$²ly²²xu²²lə$ʔ$²nã³³tsou³³lɔ²²mɑ$ʔ$²lə$ʔ$⁰xɑ⁰］

再阿＝个织女嘞亦同意罢，［tsei⁵³ɑ$ʔ$⁵gə$ʔ$⁰tɕyə$ʔ$³n̠y⁵³lɛ⁰iə$ʔ$²dəŋ²²i⁵³bɑ⁰］

再两侬以后嘞就统成为夫妻罢啦。［tsei⁵³liã²²nəŋ⁵³i³³xɤ²⁵lə$ʔ$⁰ʑiə$ʔ$²tʰəŋ²⁵dʑiŋ²²uei²¹²fu³³ tsʰ̩³³bɑ⁰lɑ⁰］

眼睛子一眹嘞三四年过去罢，［ã²²tɕiŋ³³tsɤ²⁵iə$ʔ$⁵kɑ$ʔ$⁵lə$ʔ$⁰sã³³s̩³³n̠ie²¹²kuo⁵³kʰɤ⁰bɑ⁰］

三四年过去嘞渠担渠老子晓着罢，［sã³³s̩³³n̠ie²¹²kuo⁵³kʰɤ⁰lɛ⁰gə$ʔ$²nã³³gə$ʔ$⁰lɔ²²tsɤ⁵³ɕiɔ³³ dʑiɑ$ʔ$⁰bɑ⁰］

天高玉皇大帝嘞晓着罢，［tʰie³³kɔ⁵³n̠yə$ʔ$²ã²²dɑ²²ti⁵³lɑ⁰ɕiɔ³³dʑiɑ$ʔ$⁰bɑ⁰］天高：天上

玉皇大帝嘞就发怒罢，［n̠yə$ʔ$²ã²²dɑ²²ti⁵³lə$ʔ$⁰ʑiə$ʔ$²fɑ$ʔ$⁵nu²³¹bɑ⁰］

阿＝个仙女你下凡去嫁了凡侬嘎，［ɑ$ʔ$⁵gə$ʔ$⁰ɕie³³n̠y⁵³n̠iə$ʔ$²xu²²vã²²kʰɤ⁰kuo³³lə$ʔ$⁰vã²²nəŋ⁵³ gɑ$ʔ$⁰］

劾着个，［vɑ²²dʑiɑ$ʔ$²gɛ²²］劾着：不行

肯定乐受到惩罚个，［kʰɛ³³diŋ²³¹ŋə²³¹ʐy²²tɔ⁵³dʑiŋ³³vɑ$ʔ$²gə$ʔ$⁰］乐：要

派天兵天将去把搭归来。［pʰɑ⁵³tʰie³³piŋ³³tʰie³³tɕiã⁵³kʰɤ⁵³puo³³kʰuo³³kuei³³lə$ʔ$²］搭：抓

再天兵天将就去哼啰，［tsei⁵³tʰie³³piŋ³³tʰie³³tɕiã⁵³ʑiə$ʔ$²kʰɤ⁵³bə$ʔ$⁰lɔ⁰］

啊，一班侬就来嘞，［a²³¹，iəʔ⁵pã³³nəŋ⁰ʑiəʔ²li²¹²ləʔ⁰］

狂风大雨，［guã²²fəŋ³³dou²³¹yø²¹²］

一到得蓬⁼囊⁼嘞，［iəʔ³tɔ⁵³dəʔ⁰bəŋ²²nã³³lɛ⁰］ 蓬⁼囊⁼：那里

再一记工夫，［tsei⁵³iəʔ³tɕiəʔ⁵kəŋ³³fɤ³³］

织女嘞就无罢。［tɕyəʔ³ȵy⁵³lɛ⁰ʑiəʔ²mɤ²⁵bɑ⁰］

阿⁼个牛郎嘞亦促⁼弗见渠老麦⁼，［aʔ⁵gəʔ⁰ȵy²²lã⁵³lɛ⁰iəʔ²tsʰəʔ⁵fəʔ⁰ie⁵³gəʔ²lɔ²²maʔ²］

两个细侬哼统样叫，［liã²²gəʔ⁰ɕie³³nəŋ²¹²bəʔ⁰tʰəŋ²⁵iã⁰iɔ⁵³］ 叫：哭

哎，寻妈妈，妈妈么无。［ɛ²³¹，ʑiŋ²²ma³³maʔ⁰，ma³³ma³³maʔ⁰mɤ²⁵］

再促⁼见阿⁼个老牛嘞，［tsei⁵³tsʰəʔ³ie⁵³aʔ⁵gəʔ⁰lɔ²²ŋy²²lɛ⁰］

渠［遂讲］渠就危险同情，［gəʔ²sã³³gəʔ²ʑiəʔ²uei²²ɕie²⁵dəŋ²²dʑiŋ⁵³］

渠就讲：欸，你［勿乐］惊，［gəʔ²ʑiəʔ²kã²⁵：ɛ²³¹，ȵiəʔ²vo²¹²kuɛ³³］

你帮我两牛用角担去，［ȵiəʔ²pã³³ŋaʔ²liã²¹²ŋy⁵³ləʔ²kəʔ⁵nã²³kʰɤ⁵³］ 用角：角

［遂讲］你侬去寻阿⁼个织女啦，［sã³³ȵiəʔ²nəŋ²¹²kʰɤ⁵³ʑiŋ²¹²aʔ⁵gəʔ⁰tɕyəʔ³ȵy⁵³la⁰］

再讲倒以后嘞，［tsei⁵³kã²⁵tɔ⁰i³³u²¹²lɛ⁰］

两个牛角角嘞"啪啦嗒"一记，［liã²²gəʔ⁰ŋy²²ləʔ²kəʔ⁵lɛ⁰pʰaʔ⁵laʔ⁰tʰaʔ⁵iəʔ⁵tɕiəʔ⁰］

就脱地下罢，［ʑiəʔ²tʰəʔ⁵di²²xu⁰bɑ⁰］

再就一记工夫变起两只箩。［tsei⁵³ʑiəʔ²iəʔ³tɕiəʔ⁵kəŋ³³fɤ³³pie⁵³tsʰŋ̩⁰liã²²tɕyəʔ⁵la²¹²］

渠帮两个细侬一放箩高，［gəʔ²pã³³liã²²gəʔ⁰ɕie³³nəŋ²¹²iəʔ²fã³³la²²kɔ⁵³］

呃，就嘞一担肩膀高啦就开始追罢。［ə²³¹，ʑiəʔ²ləʔ⁰iəʔ⁵nã³³tɕie³³pã³³kɔ³³la⁰ʑiəʔ²kʰei³³sŋ̩²⁵tsei³³bɑ⁰］

再渠阿⁼个箩嘞，［tsei⁵³gəʔ²aʔ⁵gəʔ⁰la²¹²lɛ⁰］

就统腾云驾雾，统仰⁼飞去，［ʑiəʔ²tʰəŋ²⁵dəŋ²²iŋ²²tɕia⁵³u²³¹，tʰəŋ²⁵ȵiã²⁵fi³³kʰɤ⁵³］ 仰⁼：这么

再飞到天高去嘞得⁼快追着织女哼啦，［tsei⁵³fi³³tɔ⁵³tʰie³³kɔ⁵³kʰɤ⁰lɛ⁰təʔ³kʰua⁵³tsei³³dʑiaʔ²tɕyəʔ³ȵy⁵³bəʔ⁰la⁰］ 得⁼：都

再嘞让王母娘娘促⁼见罢，［tsei⁵³lɛ⁰ȵiã²²uã²²mu³³ȵiã²²ȵiã²⁵tsʰəʔ³ie⁵³bɑ⁰］

王母娘娘就发怒罢，［uã²²mu³³ȵiã²²ȵiã²⁵ʑiəʔ²faʔ²nu²³¹bɑ⁰］

你个凡侬乐追到天高来，［ȵiəʔ²gəʔ⁰vã²²nəŋ⁵³ŋɔ²²tsei³³tɔ⁵³tʰie³³kɔ⁵³li²¹²］

哎，就担一苑金钗就嘞一摒，［ɛ²³¹，ʑiəʔ²nã³³iəʔ⁵dy⁰tɕiŋ³³tsʰa³³ʑiəʔ²ləʔ⁰iəʔ³mɛ⁵³］ 苑：条。
摒：拔

一记划，［iəʔ³tɕiəʔ⁵ua²²］

哇，就变苑天高个湖哼啦，［ua²³¹，ʑiəʔ²pie⁵³dy⁰tʰie³³kɔ⁵³gəʔ⁰u²¹²bəʔ⁰la⁰］

一眼促⹀去嘞促⹀弗见边个。[iəʔ²ŋã²¹²tsʰəʔ³kʰɤ⁵³ləʔ⁰tsʰəʔ⁵fəʔ⁰ie⁵³pie³³gəʔ⁰]

再就阿⹀个织女去了蓬⹀一半面，[tsei⁵³ʑiəʔ²aʔ⁵gəʔ⁰tɕyəʔ³ɳy⁵³kʰɤ⁵³ləʔ⁰bəŋ²²iəʔ⁵pɛ³³ mie²¹]　蓬⹀：那

牛郎去了瞎⹀半面，[ɳy²²lã²¹²kʰɤ⁵³ləʔ⁰xaʔ⁵pɛ³³mie²¹]

两侬就嘞仰⹀仰⹀仰⹀促⹀促⹀哪，[liã²²nəŋ⁵³ʑiəʔ²ləʔ⁰ɳiã²⁵ɳiã²⁵ɳiã²⁵tsʰəʔ³tsʰəʔ⁵na⁰]　仰⹀：这么
哎，亦劲着。[ɛ²³¹，iəʔ²va²²dʑiaʔ²]

再哼阿⹀个喜鹊嘞，[tsei⁵³bəʔ⁰aʔ⁵gəʔ⁰sʅ³³tɕʰiaʔ⁵lɛ⁰]

渠促⹀见牛郎，[gəʔ²tsʰəʔ³ie⁵³ɳy²²lã²¹²]

就危险同情渠，[ʑiəʔ²uei²²ɕie²⁵dəŋ²²dʑiŋ²¹gəʔ²]

欸，每一年个七月七号嘞，[ɛ²³¹，mei³³iəʔ⁵ɳie²¹²gəʔ⁰tɕʰiəʔ⁵ɳyəʔ²tɕʰiəʔ⁵ɔ²¹lɛ⁰]

渠就统吵大家喜鹊一起，[gəʔ²ʑiəʔ²tʰən²⁵iɔ³³da²²kuo³³sʅ³³tɕʰiaʔ⁵iəʔ³tsʰʅ²⁵]

成千上万只一起个啦，[dʑiŋ²²tɕʰie³³dʑiã²²mã²¹²tɕyəʔ⁵iəʔ³tsʰʅ²⁵gəʔ⁰la⁰]

渠拉口连尾巴，[gəʔ²laʔ⁰kʰy²⁵lie²²mi²²puo³³]

口连尾巴大家统接起来，[kʰy²⁵lie²²mi²²puo³³da²²kuo³³tʰən²⁵tɕiəʔ³tɕʰiəʔ⁵ləʔ²]

再就变倒一菟瞎⹀个鹊桥哼啦，[tsei⁵³ʑiəʔ²pie⁵³tɔ⁰iəʔ⁵ty³³xaʔ⁵gəʔ⁰tɕʰiaʔ⁵dʑiɔ²¹²bəʔ⁰la⁰]

瞎⹀鹊桥变起来嘞，[xaʔ⁵tɕʰiaʔ⁵dʑiɔ²¹²pie⁵³tɕʰiəʔ⁵ləʔ²lɛ⁰]

渠是承担了牛郎跟阿⹀个织女两侬嘞相会个，[gəʔ²dʑʅ²¹²ʑiŋ²³¹nã³³ləʔ⁰ɳy²²lã²¹²kəŋ³³ aʔ⁵gəʔ⁰tɕyəʔ³ɳy⁵³liã²²nəŋ⁵³lɛ⁰ɕiã³³uei²³¹gəʔ⁰]

瞎⹀是每一年个七月初七，[xaʔ⁵dʑʅ²¹²mei³³iəʔ⁵ɳie²¹²gəʔ⁰tɕʰiəʔ⁵ɳyəʔ²tsʰou³³tɕʰiəʔ⁵]

就嘞牛郎与织女相会个日子，[ʑiəʔ²ləʔ⁰ɳy²²lã²¹²y³³tɕyəʔ³ɳy⁵³ɕiã³³uei²³¹gəʔ⁰nəʔ²tsɤ²⁵]

阿⹀个就嘞牛郎跟织女个传说啦哈。[aʔ⁵gəʔ⁰ʑiəʔ²ləʔ⁰ɳy²²lã²¹²kəŋ³³tɕyəʔ³ɳy⁵³gəʔ⁰dʑiɛ²² ɕyəʔ⁵la⁰xɑ⁰]

　　很早很早以前，有个小伙子，家里爹妈都死了，只有一头老牛，他跟这头老牛相依为命，一个人孤苦伶仃。

　　这头老牛和他两个耕田为生。老牛看他非常诚实又很善良，就想帮他讨个老婆成个家。他就托梦给牛郎，说："明天有天上的仙女下来，到村东边的湖里洗澡，你过去拿一件衣服来，她就会跟你回家，会做你的老婆。"

　　第二天大清早，牛郎就过去等了，一看，果然有七个仙女都在那里洗澡。他就慢慢走过去，挑了一件粉红色的衣裳，头也不回地跑回家了。

　　再说七个仙女洗好澡一看，跑出来的时间到了，等不及没了衣服的仙女了，就说："我们先回去了，你慢慢找。"衣服是被牛郎拿走的，这个仙女知道。她是

七个仙女中最小的一个，名字叫织女。黄昏时分，她就找到牛郎那里了，牛郎想请她留下来，织女同意了，两个人就成了夫妻。

转眼三四年过去了，这件事情让玉皇大帝知道了，他勃然大怒，天上的仙女竟然下凡去嫁了凡人，这怎么可以！就派天兵天将要把她抓回来。这一天狂风大作，暴雨如注，只一会儿工夫，织女就不见了。牛郎看不到老婆了，两个孩子全在那里哭喊着找妈妈，妈妈没了。

这头老牛看见了，非常同情牛郎，就对他说："你别急，你把我的两个牛角拿去，去追织女。"刚说完，两只牛角就啪嗒一声掉在了地上，一会儿就变成了两只箩筐。牛郎把两个孩子放进箩筐里，用扁担一挑，就开始追了。

这个箩筐就跟腾云驾雾一样飞了起来，飞到了天上，眼看就要追到织女了。又被王母娘娘看见了，王母娘娘发怒了，一个凡人竟然追到天上来了，她就把金钗拔下来一划，变成一条天上的河，大得一眼望不到边。织女在河那边，牛郎在河这边，两个人互相张望，却无法见面。

喜鹊看见了，非常同情牛郎，每年的七月初七，成千上万只喜鹊一起嘴巴衔尾巴接起来，变成了一座鹊桥，让牛郎和织女两个人相会。每年七月初七就是牛郎织女相会的日子。这就是牛郎跟织女的传说。

（2019 年 7 月，发音人：程明洪）

三、其他故事

杜泽个巽峰塔

俺杜泽东面有一座巽峰塔，［ã²⁵də²²dʑiaʔ²təŋ³³mie²³¹y²²iəʔ⁵dzu²³¹ɕiŋ⁵³fəŋ³³tʰaʔ⁵］俺：
我们

阿⁼巽峰塔到底瞎⁼娘⁼造起来个嘞，［aʔ⁵ɕiŋ⁵³fəŋ³³tʰaʔ⁵tɔ⁵³ti²⁵xaʔ⁵n̠iã³³zɔ²²tɕʰi³³ləʔ²gəʔ⁰
lɛ³³］阿⁼：这。瞎⁼娘⁼：怎么

有交关多个讲经，［y²²tɕiɔ³³kuã⁵³tu³³gəʔ⁰kã³³tɕiŋ³³］交：非常。讲经：说法

我国⁼日嘞讲记其中个一种。［ŋaʔ²kuəʔ⁵nəʔ²lɛ⁰kã²⁵tɕiəʔ⁰dzɹ²²tɕyoŋ³³gəʔ⁰iəʔ⁵tɕyoŋ²⁵］
国⁼日：今天

艺⁼记来讲嘞俺杜泽是一个危险好个埭地，［ŋ⁵⁵tɕiəʔ⁰lɛ²²kã²⁵lɛ⁰ã²⁵dəʔ²dʑiaʔ²dzɹ²²iəʔ³

gəʔ⁰uei²²ɕie³³xɔ²⁵gəʔ⁰da²²di²³¹]艺=记：那时候。埭地：地方

风调雨顺，[fəŋ³³diɔ²²y⁵³ȵiŋ²³¹]

大家生活条件得=危险好，[da²²kuo³³səŋ³³uaʔ⁰diɔ²²dʑie²³¹təʔ⁵uei²²ɕie²⁵xɔ²⁵]得=：都

埭地亦好，[da²²di²³¹iəʔ²xɔ²⁵]

隔壁地方得=危险羡慕俺杜泽是仰=个好埭地啦。[kaʔ³piəʔ⁵di²²fã³³təʔ⁵uei²²ɕie²⁵ɕie⁵³
mu³¹ã²⁵dəʔ²dʑiaʔ²dzɿ²ȵiã²⁵gəʔ⁰xɔ³³da²²di²³¹la⁰]

再嘞有一年嘞，[tsei³³lɛ³³y²²iəʔ⁵ȵie²²lɛ³³]

一个乌龟嘞爬到俺杜泽东面个地方，[iəʔ³gəʔ⁰u³³kuei³³lɛ⁰bo²²tɔ⁵³ã²⁵dəʔ²dʑiaʔ²təŋ³³
mie²³¹gəʔ⁰di²²fã³³]

渠覆嘞艺=囊=蛮多时。[gəʔ²pʰəʔ⁵ləʔ⁰ŋ³³nã⁵³mã²²tou²⁵ʑyø³¹]覆：趴

从瞎=个乌龟来到以后嘞，[dzəŋ²²xaʔ⁵gəʔ⁰u³³kuei³³li²²tɔ⁵³i³³u²¹²lɛ²⁵]

杜泽阿=个埭地嘞，[dəʔ²dʑiaʔ²aʔ⁵gəʔ⁰da²²di²³¹lɛ⁰]

变嘞就多灾多难，[pie³³ləʔ⁰ʑiəʔ²tou³³tsei³³tou³³nã²³¹]

大家嘞食弗饱，着弗暖，[da²²kuo³³lɛ⁰iəʔ²fəʔ⁰pɔ²⁵，təʔ⁵fəʔ⁰nɛ²³¹]

有些侬日子得=过弗下去，[y²²ɕiəʔ⁰nəŋ⁵³nəʔ²tsɿ²⁵təʔ⁵kuo⁵³fəʔ⁰xu²⁵kʰɤ⁵³]

得=危险苦，[təʔ⁵uei²²ɕie²⁵kʰuɤ²⁵]

得=想逃别埭地去倚。[təʔ⁵ɕiã³³dɔ²²biəʔ²da²²di²³¹kʰɤ⁰gei²³¹]

俺杜泽侬太公嘞促=见阿=种情况嘞，[ã²⁵dəʔ²dʑiaʔ²nəŋ²⁵tʰa³³kəŋ³³lɛ⁰tsʰəʔ³ie⁵³aʔ⁵tɕyoŋ⁰
dʑiŋ²²kʰã³³lɛ⁰]

心里交关急嘞，[ɕiŋ³³ləʔ²tɕiɔ³³kuã⁵³tɕiəʔ³ləʔ⁰]

讲讲欸瞎=娘=何原因欸，[kã³³kã²⁵ɛ²⁵xaʔ⁵ȵiã⁰guo²¹²ȵiɛ²²iŋ³³ɛ⁰]何：什么

杜泽原来得=蛮好个，[dəʔ²dʑiaʔ²ȵiɛ²²lɛ⁵³təʔ⁵mã²²xɔ²⁵gəʔ⁰]

瞎=记会变仰=乔去个嘞？[xaʔ³tɕiəʔ⁵uei²²pie⁵³ȵiã²⁵dʑiɔ²²kʰɤ⁵³gəʔ⁰lɛ³³]乔：差，坏

渠就到四面去旋，[gəʔ²ʑiəʔ²tɔ⁵³sɿ⁵³mie²³¹kʰɤ⁰ʑie²³¹]旋：转

旋去旋去嘞旋到东面个埭地，[ʑie²³¹kʰɤ⁰ʑie²³¹kʰɤ⁰lɛ⁰ʑie²³¹tɔ⁰təŋ³³mie²³¹gəʔ⁰da²²di²³¹]

渠促见嘞一个乌龟覆嘞艺=囊=，[gəʔ²tsʰəʔ³ie⁵³lɛ⁰iəʔ⁵gəʔ⁰u³³kuei³³pʰəʔ⁵ləʔ⁰ŋ²²nã⁵³]

阿=个乌龟覆艺=囊=嘞一般个侬嘞是促=弗出个，[aʔ⁵gəʔ⁰u³³kuei³³pʰəʔ⁵ŋ³³nã⁵³lɛ⁰
iəʔ⁵pɛ³³gəʔ⁰nəŋ⁵³lɛ⁰dzɿ²²tsʰəʔ⁵fəʔ⁰tɕʰiaʔ³gəʔ⁰]

渠伪装得=像一块山个仰=啦，[gəʔ²uei²²tɕyã³³təʔ⁵ʑiã²²iəʔ⁵kʰuei⁵³sã³³gəʔ⁰ȵiã³³la⁰]

搭嘞艺=囊=，[taʔ⁵ləʔ⁰ŋ²²nã⁵³]

老远促=去得=个一块山。[lɔ²²iɛ²⁵tsʰəʔ⁵kʰɤ⁰təʔ⁵gəʔ⁰iəʔ³kʰuei⁵³sã³³]

当时俺杜泽侬太公嘞，[tã³³zɿ²¹²ã³³dəʔ²dʑiaʔ²nəŋ⁵³tʰa⁵³kəŋ³³lɛ⁰]

渠眼睛交关煞，［gəʔ²ŋã²²tɕiŋ³³tɕiɔ³³kuã⁵³saʔ⁵］煞：厉害

渠促⁼见阿⁼个是劾会一块山个，［gəʔ²tsʰəʔ³ie⁵³aʔ⁵gəʔ⁰ʐɿ²²va²¹²uei²³¹iəʔ³kʰuei⁵³sã³³gəʔ⁰］

真当实板是一块乌龟呲。［tʰiŋ³³tã⁵³ʑiaʔ²pã²⁵ʐɿ²²iəʔ³kʰuei⁵³u³³kuei³³iɛ⁰］真当实板：千真万确

瞎⁼乌龟覆艺⁼囊⁼对杜泽有何影响嘞？［xaʔ⁵u³³kuei³³pʰəʔ⁵ŋ²²nã⁰tei⁵³dəʔ²dʑiaʔ²y²²guo²¹²iŋ³³ɕiã²⁵lɛ⁰］

通过俺杜泽侬太公个观察嘞，［tʰəŋ³³kuo⁵³ã³³dəʔ²dʑiaʔ²nəŋ²¹²tʰa³³kəŋ³³gəʔ⁰kuã³³tsʰaʔ⁵lɛ⁰］

渠发现瞎⁼个乌龟嘞饭量危险好，［gəʔ²faʔ⁵ʑie³¹xaʔ⁵gəʔ⁰u³³kuei³³lɛ⁰vã²²liã⁵³uei²²ɕie²⁵xɔ³¹］

日日危险会食，［nəʔ²nəʔ²uei²²ɕie²⁵uei²²iəʔ²］

渠覆艺⁼囊⁼嘞仰⁼口朝著杜泽瞎⁼个地方，［gəʔ²pʰəʔ⁵ŋ²²nã⁰lɛ⁰iã³³kʰy²⁵dʑiɔ²²dzu²³¹dəʔ²dʑiaʔ²xaʔ⁵gəʔ⁰di²²fã³³］

国⁼庆⁼朝著樟树底、云高个塽地，［kuəʔ³tɕʰiŋ⁵³dʑiɔ²²dzu²³¹tɕiã³³dʑy²²ti²⁵、iŋ²²kɔ³³gəʔ⁰da²²di²³¹］国⁼庆⁼：屁股

渠饭量危险好，［gəʔ²vã²²liã⁵³uei²²ɕie²⁵xɔ²⁵］

日日食去食去，［nəʔ²nəʔ²iəʔ²kʰɤ⁵³iəʔ²kʰɤ⁵³］

帮杜泽侬所有个一星⁼粮食、作物，［pã³³dəʔ²dʑiaʔ²nəŋ⁵³sou³³y³³gəʔ⁰iəʔ⁵ɕiŋ³³liã²²ʐyəʔ²、tsəʔ⁵vəʔ²］

有法食个渠统食倒去，［y²²faʔ⁵iəʔ²gəʔ⁰gəʔ²tʰəŋ²⁵iəʔ²tɔ⁵³kʰɤ⁰］

射哼射嘞樟树底、云高，［dza²²bəʔ⁰dza²³¹ləʔ⁰tɕiã³³dʑy²²ti²⁵、iŋ²²kɔ³³］射：排泄

帮樟树底、云高嘞弄嘞蛮好，［pã³³tɕiã³³dʑy²²ti²⁵、iŋ²²kɔ³³lɛ⁰nəŋ²³¹ləʔ⁰mã²²xɔ²⁵］

帮杜泽侬嘞食去食去得⁼食穷，［pã³³dəʔ²dʑiaʔ²nəŋ⁵³lɛ⁰iəʔ²kʰɤ⁵³iəʔ²kʰɤ⁵³təʔ⁵iəʔ²dʑyoŋ²¹²］

食嘞危险苦。［iəʔ²ləʔ⁰uei²²ɕie²⁵kʰuɤ²⁵］

发现瞎⁼个情况，［faʔ³ʑie²³¹xaʔ⁵gəʔ⁰dʑiŋ²²kʰã³³］

杜泽侬太公交关焦急，［dəʔ²dʑiaʔ²nəŋ⁵³tʰa³³kəŋ⁰³³tɕiɔ³³kuã⁵³tɕiɔ³³tɕiəʔ⁵］

渠归去就寻到星⁼上年纪个，［gəʔ²kuei³³kʰɤ⁵³ʑiəʔ²ʑiŋ²²tɔ⁵³ɕiŋ⁰dʑiã²²n.ie²²tsɿ²⁵gəʔ⁰］

有头脑个、脑爿壳好个，［y²²dy²²nɔ⁵³gəʔ⁰、nɔ²²bã²²kʰəʔ⁵xɔ²⁵gəʔ⁰］脑爿壳：脑袋

一星⁼杜泽侬嘞，［iəʔ⁵ɕiŋ⁰dəʔ²dʑiaʔ²nəŋ⁵³lɛ⁰］

坐下来就讨论，［zou²²xu²⁵ləʔ²ʑiəʔ²tʰɔ³³ləŋ²³¹］

讲乐想办法，［kã³³ŋɔ²²ɕiã³³bã²²faʔ⁵］

帮瞎⁼乌龟定住唠，［pã³³xaʔ⁵u³³kuei³³diŋ²³¹dzu⁰lɔ⁰］

吆渠［弗好］食呗，［iɔ³³gəʔ²fɔ⁵³iəʔ²bei²³¹］

再食下杜泽乐无呗。［tsei⁵³iəʔ²xu²⁵dəʔ²dʑiaʔ²ŋɔ²²mɤ²⁵bei⁰］

大家就坐下来讨论罢，［da²²kuo³³ʑiəʔ²zu²²xu²⁵ləʔ²tʰɔ³³ləŋ²³¹bɑ⁰］

大家你一句我一句，［da²²kuo³³n̠iəʔ²iəʔ³tɕyø⁵³ŋaʔ²iəʔ³tɕyø⁵³］

讨论倒一日一晚毛⁼七⁼，［tʰɔ⁵³ləŋ²³¹tɔ⁰iəʔ⁵nəʔ²iəʔ⁵mɛ²³¹mɔ²²tɕʰiəʔ⁵］ 毛⁼七⁼：差一点

艺⁼日暝头个天亮边，［ŋ⁵³nəʔ²mɛ²³¹dy²¹gəʔ⁰tʰie³³liã²²pie³³］ 暝头：晚上

再讨论出一个方案，［tsei⁵³tʰɔ³³ləŋ²³¹tɕʰiaʔ⁵iəʔ⁵gəʔ⁰fã³³ɛ⁵³］

大家讲，［da²²kuo³³kã²⁵］

想办法帮瞎⁼乌龟个背脊高造一座塔，［ɕiã³³bã²²faʔ⁵pã³³xaʔ³u³³kuei³³gəʔ⁰pei³³tɕiəʔ³kɔ⁵³zɔ²³¹iəʔ⁵dzou²³¹tʰaʔ⁵］ 背脊高：背上

帮乌龟定住唠，［pã³³u³³kuei³³diŋ²³¹dzu⁰lɔ⁰］

定住唠吆渠［弗好］食罢。［diŋ²³¹dzu⁰lɔ²¹²iɔ³³gəʔ²fɔ⁵³iəʔ²bɑ⁰］

再个方案出来以后嘞，［tsei⁵³gəʔ⁰fã³³ɛ⁵³tɕʰiaʔ³ləʔ⁵i³³u²¹²lɛ⁰］

大家嘞就马上行动罢，［da²²kuo³³lɛ³³ʑiəʔ²muo⁵³ʑiã³¹ʑiŋ²²dəŋ²³¹bɑ⁰］

有钞票个斗⁼钞票，［y²²tsʰɔ³³pʰiɔ²⁵gəʔ⁰ty³³tsʰɔ³³pʰiɔ²⁵］ 斗⁼：捐

有力气个出力气，［y²²liəʔ²tsʰ̩⁵³gəʔ⁰tɕʰiaʔ⁵liəʔ²tsʰ̩⁵³］

大家嘞就到东面个瞎⁼一个乌龟个边高嘞，［da²²kuo³³lɛ⁰ʑiəʔ²tɔ⁵³təŋ³³mie²³¹gəʔ⁰xaʔ⁵iəʔ⁵gəʔ⁰u²²kuei³³əʔ⁰pie³³kɔ³³lɛ⁰］

料嘞、砖嘞、泥嘞统揽去罢，［liɔ²³¹ləʔ⁰、tɕiɛ³³ləʔ⁰、n̠ie²²ləʔ²tʰəŋ³³lɛ²²kʰɤ⁵³bɑ⁰］ 揽：弄，搬

就帮瞎⁼乌龟个背高嘞造倒仰⁼一座塔，［ʑiəʔ²pã³³xaʔ⁵u³³kuei³³gəʔ⁰pei⁵³kɔ⁰lɛ⁰zɔ²²tɔ⁰n̠iã²⁵iəʔ⁵dzou²³¹tʰaʔ⁵］

取名就嘞吆巽峰塔，［tɕy²⁵miŋ³¹ʑiəʔ²ləʔ⁰iɔ³³ɕiŋ³³fəŋ³³tʰaʔ⁵］ 就嘞：就是

搭勒瞎⁼个乌龟背高。［taʔ⁵laʔ⁰xaʔ⁵gəʔ⁰u³³kuei³³pei⁵³kɔ⁰］

阿⁼亦蛮奇怪嘞，［aʔ⁵iəʔ²mã²²dʐ̩²²kua⁵³lɛ⁰］

阿⁼个塔一造起，［aʔ⁵kəʔ⁰tʰaʔ⁵iəʔ⁵zɔ²²tsʰ̩²⁵］

一搭个乌龟背高嘞，［iəʔ⁵taʔ⁵gəʔ⁰u³³kuei³³pei⁵³kɔ⁰lɛ⁰］

瞎⁼乌龟就真当就，［xaʔ⁵u³³kuei³³ʑiəʔ²tɕiŋ³³tã³³ʑiəʔ²］

定住嘞就劦食哼嘞，［diŋ²³¹dzu⁰ləʔ⁰dʑiəʔ²va²²iɔ⁰bəʔ⁰lɛ⁰］

劦食劦射哼嘞。［va²²iəʔ²va²²dza²³¹bəʔ⁰lɛ⁰］

再从此以后，［tsei⁵³dzəŋ²²tsʰ̩²⁵i³³u²¹²］

杜泽就慢慢点好起来罢，［dəʔ²²dʑiaʔ²²dʑiəʔ²²mã²²mã²⁵tieᵒxɔ²⁵tɕʰi²⁵ləʔ²²baᵒ］

杜泽侬个生活条件统改善罢，［dəʔ²²dʑiaʔ²²nəŋ⁵³gəʔᵒsəŋ³³uaʔ²dio²²dʑie²³¹tʰəŋ²⁵kɛ²⁵ziɛ³¹baᵒ］

杜泽重旧变风调雨顺一个好地方罢。［dəʔ²²dʑiaʔ²²dʐyoŋ²²gy²¹²pie⁵³fəŋ³³dio²²i⁵³ziŋ²³¹iəʔ⁵gəʔᵒxɔ²⁵di²²fã³³baᵒ］

　　杜泽的东面有一座巽峰塔，这座塔到底怎么造起来的，众说纷纭，我今天讲其中的一种。

　　那时候，杜泽是个好地方，风调雨顺，大家生活条件都很好，邻近的村庄都非常羡慕杜泽这样一个好地方。

　　有一年，一只乌龟爬到杜泽东面，它伏在那里很久。自从乌龟来到以后，杜泽这个地方就变得多灾多难，大家吃不饱、穿不暖，有些人日子都过不下去，非常穷苦，都想逃到别的地方去住。我们杜泽人的太公看见这种情况，心里焦急万分，想这是什么原因呢，原来杜泽挺好的呀，现在怎么变这么差了呢？他就到四面去查看，转呀转呀转到了杜泽东边，他看见一只乌龟伏在那里，这个乌龟一般人是看不出来的，它伪装成一座山的样子，呆在那里，远远看去是座山。当时杜泽太公的眼睛非常厉害，他看出来那不是一座山，真真切切是一只乌龟。

　　那乌龟对杜泽有什么影响呢？杜泽太公观察发现这个乌龟的饭量非常大，每天都很会吃，它伏在那里，嘴对着杜泽，屁股朝着樟树底、云高那边，它饭量很好，天天吃啊吃啊，把杜泽人所有的粮食、作物，能吃的都吃掉，拉屎拉在樟树底、云高，把樟树底、云高弄得挺好，把杜泽人都吃穷了，吃得非常穷苦。

　　发现这个情况，杜泽太公非常着急，他回去就找到了一些年长又有头脑的杜泽人，坐下来讨论，要想办法把那乌龟定住，让它不能吃，再吃下去杜泽就要吃没了。大家就坐下来讨论，你一句我一句，讨论了一天一夜。那天夜里天快亮时，他们讨论出一个方案，就是想办法在乌龟的背脊上造一座塔，把乌龟定住，定住后它就不能吃了。

　　方案出来以后，大家马上行动了，有钱捐钱，有力出力，大家就到杜泽东面的乌龟旁边，弄来砖石材料，在乌龟背上造了这样一座塔，取名叫巽峰塔，定在乌龟背上。

　　说也奇怪，这塔一造起来，那乌龟真的就定住不吃了，不吃不拉了。从此以后，杜泽就慢慢好起来了，杜泽人的生活条件都改善了，杜泽重新变成一个风调雨顺的好地方了。

（2019 年 7 月，发音人：杜忠德）

龙 游

一、歌谣

细姨爹

细姨爹，吹喇叭；［ɕia³³i³³tia³³⁴，tsʰuei³³la²²pa³³⁴］细：小。姨爹：姨夫

喇叭吹到河西街；［la²²pa³³⁴tsʰuei³³tɔ⁵¹u³³ɕi³³ka³³⁴］

瞥见一个女主家；［tɕʰi⁵¹tɕie⁵¹iəʔ⁴kəʔ⁰n̩y²²tɕy³³kua³³⁴］瞥：看

死拖死拖拖狗上火车。［sɿ²²tʰa³³⁴sɿ²²tʰa³³⁴tʰa³³kɯ⁰dzã²²xu²²tsʰa³³⁴］

牵牛细鬼没是侬

牵牛细鬼没是侬哦，［tɕʰie³³n̩iɯ²¹ɕia³³kuei³⁵mɔʔ⁴dzəʔ²³nən²¹ɔ⁰］没是：不是。侬：人

五更老早冻死侬哦；［n̩²²kɛ³³⁴lɔ²²tsɔ³⁵toŋ⁵¹sɿ³⁵nən²¹ɔ⁰］

一碗生菜半碗虫哦，［iəʔ³uã³⁵sɛ³⁵tsʰei²¹pei⁵¹uã²¹dzoŋ²¹ɔ⁰］生菜：腌菜

一碗豇豆像蛔虫哦；［iəʔ³uã³⁵kã³⁵dɯɯ²¹ʑiã²²uei²²⁴dzoŋ²³¹ɔ⁰］

五更出门瞥弗见侬哦，［n̩²²kɛ³³⁴tsʰuəʔ⁴mən²¹tɕʰi⁵¹fəʔ⁴tɕie⁰nən²¹ɔ⁰］

夜里归来摸弗着门哦。［ia²³¹li⁰kuei³³lei²³¹mɔʔ⁴fəʔ⁴dzəʔ²³mən²¹ɔ⁰］

正月陪陪客

正月陪陪客；［tsən³³n̩yəʔ⁴bei²²bei²²kʰəʔ⁴］

二月铲铲麦；［n̩i²²⁴n̩yəʔ²³tsʰã³³tsʰã³³məʔ²³］

三月饿一饿；[sã³³n̠yə↑⁴ŋəɯ²³¹iə↑⁴ŋəɯ²³¹]

四月有麦磨；[ɕi⁵¹n̠yə↑²³iəɯ²¹mə↑²³mu²³¹]

五月苦一苦；[n̩²²n̠yə↑⁴kʰu³⁵iə↑³kʰu³⁵]

六月在外躲；[lo↑²n̠yə↑⁴tsɛ⁵¹uɛ²³¹tu³⁵]

七月割割麦；[tɕʰiə↑⁴n̠yə↑⁴kə↑³kə↑⁴mə↑²³]

八月食弗了；[pə↑⁴n̠yə↑⁴iə↑²³fə↑⁴liɔ²²⁴] 食弗了：吃不了

九月割割柴；[tɕiəɯ³⁵n̠yə↑²³kə↑³kə↑⁴za²¹]

十月拖拖鞋；[zə↑²n̠yə↑⁴tʰu³³tʰu³⁵ɑ²¹]

十一月瞥瞥戏；[zə↑²iə↑³n̠yə↑⁴tɕʰi⁵¹tɕʰi⁵¹ɕi⁵¹]

十两月做皇帝。[zə↑²liã²²n̠yə↑⁴tsu³³uã²²ti⁵¹]

（以上 2017 年 12 月，发音人：陈美蓉）

隆冬岁末

隆冬岁末，小心火烛；[loŋ toŋ suei mɔ↑, ɕiɔ ɕin xu tsɔ↑]

早关门户，夜眠迅速。[tsɔ kuã mən u，ie min ɕin sɔ↑] 夜眠：睡觉

年近岁边，小心火烛；[n̠ie dʑin suei pie，ɕiɔ ɕin xu tsɔ↑]

早关门户，夜眠迅速。[tsɔ kuã mən u，ie min ɕin sɔ↑]

（2017 年 7 月，发音人：林信怡）

抖抖抖

抖抖抖，到溪口；[təɯ³⁵təɯ³³təɯ³⁵，tɔ³³tɕʰi³³kʰəɯ³⁵] 溪口：龙游地名

啷啷啷，到江山；[lã²³¹lã²³¹lã²³¹，tɔ³³kã³³sã⁵³]

江山没米粜；[kã³³sã⁵³mə↑²³mi²²⁴tʰiɔ⁵³]

肚皮饿记嘎嘎叫。[du²²⁴bi²³¹ŋəɯ²³¹tɕi⁰ga²²ga²²iɔ⁵¹]

细鬼头

细鬼头，打麦篓；[ɕia³³kuei³³dəɯ²²⁴，dɛ²¹ma↑²³ləɯ²²⁴]

麦篓打记破；[ma↑²³ləɯ²²⁴tɛ³⁵tɕi²¹pʰɑ⁵¹]

铜钿无一个。[doŋ²²⁴die²³¹mɔ²¹iə↑³kɑ⁵¹]

肚皮痛

肚皮痛，生外公；［du²²⁴bi²³¹tʰoŋ⁵¹，sɛ³³ŋɑ²²koŋ⁵¹］

外公生弗出；［ŋɑ²²koŋ⁵¹sɛ³³fə²³tsʰuə²⁴］

生了个白睭囝。［sɛ³³lə²⁰gə²⁰bə²²li²²nə²⁴］白睭囝：盲孩

（以上 2017 年 12 月，发音人：陈玉柱）

拖拉机

拖拉机，蹦蹦响；［tʰu³³lɑ³³tɕi³³⁴，bən²³¹bən²³¹ɕiɑ̃³⁵］

开到龙游造纸厂；［kʰei³³tɔ⁵¹loŋ²²⁴iəɯ²³¹dzɔ²²dzɻ²²tsʰɑ̃³⁵］

高脚皮鞋清凉伞。［kɔ³³tɕiə²⁴bi²²⁴ɑ²¹tɕʰin³³liɑ̃³³sɑ̃³⁵］

妖屎精

妖屎精，敲苍蝇；［iɔ³³pi³³tɕin³³⁴，kʰɔ³³tsʰɑ̃³³ɕin³³⁴］妖屎精：小妖精

敲到阿妈背脊心；［kʰɔ³³tɔ⁵¹ə²³mɑ⁵¹pei³³tɕiə²⁴ɕin³³⁴］阿妈：奶奶。背脊心：后背心

阿妈赏渠一布＝丁＝。［ə²³mɑ⁵¹ɕiɑ̃⁵¹gəɯ⁰iə²³pu³³tin³³⁴］布＝丁＝：巴掌

（以上 2017 年 7 月，发音人：施维嘉）

二、规定故事

牛郎和织女

牛郎跟织女［ȵiəɯ²²⁴lɑ̃⁵¹kən³³tsə²³ȵy⁵¹］

往当年有个细鬼头，［uɑ̃²²tɑ̃³³ȵie²²⁴iəɯ²²gə²⁰ɕiɑ³³kuei⁵¹dəɯ²²⁴］往当年：从前。细鬼头：小家伙

爹娘都死罢；［tiɑ³⁵ȵiɑ̃²¹təɯ³³sɻ³⁵bɑ⁰］

就渠一个侬罢；［ziəɯ²³¹gəɯ⁰iə²⁴gə²⁰nən²¹bɑ⁰］罢：了

插＝里还有头老黄牛；［tsʰɔ²⁴li²²⁴uɛ²²iəɯ⁵¹təɯ⁵¹lɔ²²uɑ̃²²⁴ȵiəɯ⁵¹］插＝里：家里

所以大世＝呢都讴渠牛郎。［su³³i⁰dɑ²²sɻ⁵¹nə⁰tu³³əɯ³³gəɯ⁰ȵiəɯ²²⁴lɑ̃⁵¹］大世＝：大家。讴：叫

阿＝头老黄牛呢其实就是天里个金牛星；［ə²³təɯ⁵¹lɔ²²uɑ̃²²⁴ȵiəɯ⁵¹nə⁰dʑi²²zə²²³ziəɯ²²zɻ²²tʰie³³li⁰gə²⁰tɕin³⁵ȵiəɯ⁵¹ɕin³³⁴］阿＝：这

再渠瞥着阿=个小鬼头央=罪过啦；[tsei33gəɯ0tɕʰi51dʑiɑʔ23əʔ3gəʔ0ɕiɑ33kuei33dəɯ224iã334 zei22ku51lɑ0]央=：这么。罪过：可怜

就想啰帮渠成个家；[ʑiəɯ22ɕiã35lɔ0pã33gəɯ0dzən22gəʔ0kuɑ334]

帮渠寻个老木=。[pã33gəɯ0ʑin22gəʔ0lɔ22mɔʔ23]老木=：老婆

有一日呢，老黄牛听讲；[iəɯ22iəʔ3nei51nə0，lɔ22uã224ȵiəɯ51tʰin33kã35]

天里个仙女乐到东边个山脚底一个湖里洗浴；[tʰie33li0gəʔ0ɕie33ȵy51ŋɔ22tɔ51toŋ33pie334 gəʔ0sã33tɕiəʔ4tiɑ35iəʔ4gəʔ0u22li0ʑi22yəʔ23]

再渠就托梦，托阿=个牛郎；[tsei33gəɯ0ʑiəɯ22tʰɔʔ4mən231，tʰɔʔ4əʔ4gəʔ0ȵiəɯ224lã51]

报渠央=被=个情况；[pɔ33gəɯ0iã33bi21gəʔ0dʑin22kʰuã33]报：告诉。央=被=：这样

讴个牛郎呢到阿=里去；[ɔ35gəʔ0ȵiəɯ224lã51nə0tɔ51əʔ4li0kʰəʔ4]

撮一件衣裳；[tsʰəʔ4iəʔ4dʑie21i35zã21]

帮亿=件衣裳担归来。[pã33i51dʑie21i35zã21dã22kuei33lei51]亿=：那。担：拿。归：回

再个牛郎呢都弗曹=相信；[tsei33gəʔ0ȵiəɯ224lã51nə0tu33fəʔ4dzɔ21ɕiã35ɕin21]弗曹=：不怎么

五更老早渠就爬出来；[n22kɛ33lɔ22tsɔ35gəɯ21ʑiəɯ22bu22tsʰəʔ4lei0]

到个边里去瞥罢；[tɔ33gəʔ0pie33li0kʰəʔ0tɕʰi51bɑ0]

一记瞥，真个有一些仙女是阿=里洗浴。[iəʔ3tɕi51tɕʰi51，tsən33gəʔ0iəɯ22iəʔ3səʔ4ɕie33 ȵy51dzəʔ2əʔ3li0ʑi22iəʔ23]一记：一下。是：在

再渠就到树里寻了一件粉红个衣裳；[tsei33gəɯ0ʑiəɯ22tɔ51dzəɯ224li0ʑin22lə0iəʔ4dʑie21 fən35oŋ21gəʔ0i35zã21]

就飞样逃归去罢。[ʑiəɯ22fi33iã51dɔ22kuei33kʰəʔ4bɔ0]逃：跑

夜里，真个有个女个来寻渠；[iɑ224li0，tsən33gəʔ0iəɯ22gəʔ0ȵy22gəʔ0lei22ʑin21gəɯ0]

来敲渠个门。[lei22kʰɔ33gəɯ224gəʔ0mən21]

阿=个女个呢就吆得织女；[əʔ3gəʔ0ȵy22gəʔ0nə0ʑiəɯ22ɔ33dəʔ0tsəʔ3ȵy51]

再渠两个侬就生活得一堆罢。[tsei33gəɯ0liã224gəʔ0nən51ʑiəɯ22sən33uɔʔ23dəʔ0iəʔ3tei51 bɔ0]

三年时间过去罢；[sã33ȵie51zɿ22tɕie33ku33kʰəʔ0bɑ0]

织女为阿=个牛郎呢生了一个小鬼头，生了一个小鬼囡。[tsəʔ3ȵy51uei22əʔ4gəʔ0 ȵiəɯ224lã51nə0sɛ33lə0iəʔ4gəʔ0ɕiɑ33kuei21dəɯ224，sɛ33lə0iəʔ4gəʔ0ɕiɑ33kuei33nəʔ4]

再阿=个事干让天里个玉皇大帝晓着罢；[tsei33əʔ4gəʔ0zɿ22kie51ȵiã231tʰie33li0gəʔ0ȵiəʔ23 uã51dɑ22ti51ɕiɑ33dzɔʔ23bɑ0]事干：事情。晓着：知道

再渠吓人火；［tsei³³gəɯ⁰xəʔ⁴nən²¹xu³⁵］吓人：非常

织女嘞私下凡间；［tsəʔ³n̠y⁵¹lə⁰sɿ³³ʑia²²⁴vã²²tɕie³³］

渠听了危险弗味道；［gəɯ²²⁴tʰin³³lə⁰uei²²ɕie³⁵fəʔ⁴vi²²dɔ²²⁴］味道：舒服

一定乐帮渠弄归来。［iəʔ⁴din²³¹ŋɔ²⁴pã³³gəɯ⁰noŋ²²kuei³³lei²³¹］

再有一日夜里，天雷鼓、霍闪危险厉害；［tsei³³iəɯ²²iəʔ⁴nəʔ²³iɑ²³¹li⁰，tʰie³³lei²²ku³⁵、xuɔʔ³sei⁵¹uei²²ɕie³⁵li²²xei⁵¹］危险：非常

织女就寻弗着罢。［tsəʔ³n̠y⁵¹ʑiəɯ²²ʑin²²fəʔ⁴dzəʔ⁰bɔ⁰］

再牛郎呢五更头爬起来，心里吓人难过；［tsei³³n̠iəɯ²²⁴lã⁵¹nə⁰n²²kɛ³³dəɯ²¹bu²¹tsʰəʔ⁴lei⁰，ɕin³³li⁰xəʔ⁴nən²¹nã²²ku⁵¹］

寻来寻去未寻着渠；［ʑin²²lei²¹ʑin²²kʰəʔ⁴mi²²ʑin²²dzəʔ⁰gəɯ⁰］

却˭里两个细侬叫得沸反连天；［tɕʰiɔʔ⁴li⁰liã²²⁴gəʔ⁰ɕia³³nən²¹iɔ³³dəʔ⁰fi³³fã³⁵lie²²tʰie⁰］却˭里：家里

再喊˭陪˭好啦？［tsei³³xã³⁵bei²¹xɔ³⁵lɑ⁰］喊˭陪˭：怎么

再阿˭头牛啊开口讲说话罢。［tsei³³əʔ³təɯ⁵¹n̠iəɯ²¹ɑ⁰kʰei³³kʰəɯ³⁵gã²²səʔ⁴u²¹bɔ⁰］

头牛讲：你侬乐上去寻织女弗啊？［təɯ⁵¹n̠iəɯ²¹kã³⁵：n²²nən²²⁴ŋɔ²¹ʑiã²²kʰəʔ⁴ʑin²²tsəʔ³n̠y⁵¹fəʔ⁴ɑ⁰］

亿˭唄你帮奴头里两个牛角角取下来。［i³⁵bə⁰n²²pəʔ⁴nu²²⁴dəɯ²²⁴li⁰liã²²⁴gəʔ⁰n̠iəɯ²²ləʔ²kəʔ⁴tɕʰy³³xuɑ²²⁴lei⁰］亿˭唄：那么。奴：我。牛角角：牛角

牛郎一记听，心里肯定是刎着个。［n̠iəɯ²²⁴lã⁵¹iəʔ³tɕi⁵¹tʰin⁵¹，ɕin³³li⁰kʰən³³din²³¹zɿ²²vɛ²²dzəʔ²³gəʔ⁰］刎着：不行

央˭被˭帮渠牛角角都弄下来罢；［iã³³bi²¹pã³³gəɯ⁰n̠iəɯ³³ləʔ²kəʔ⁴tu³³noŋ²²xuɑ²²⁴lei⁰bɔ⁰］

再头牛会活嘎？［tsei³³təɯ⁵¹n̠iəɯ²¹uei²²uɔʔ²³gɑ⁰］

再说话都未讲出来啦；［tsei³³səʔ⁴u²¹tu³³mi²²kã³⁵tsʰəʔ⁴lei⁰lɑ⁰］

阿˭两个牛角角就跌下来罢；［əʔ³liã²²⁴gəʔ⁰n̠iəɯ²²ləʔ²kəʔ⁴ʑiəɯ²²tiəʔ⁴xuɑ²²⁴lei⁰bɔ⁰］

变了两个箩担。［pie³³lə⁰liã²²⁴gəʔ⁰lɑ²²tã⁵¹］

再牛郎呢帮两个细侬放记两个箩担里向；［tsei³³n̠iəɯ²²⁴lã⁵¹nə⁰pã³³liã²²⁴gəʔ⁰ɕia⁵¹nən²²⁴fã³³tɕi⁰liã²²⁴gəʔ⁰lɑ²²tã⁵¹li⁰ɕiã⁰］

掌了个箩担渠就飞起来吧；［tsʰɛ³³lə⁰gəʔ⁰lɑ²²tã⁵¹gəɯ²²ʑiəɯ²³¹fi³³tsʰəʔ⁴lei⁰bɑ⁰］掌：挑

往天里飞去罢。［uã³³tʰie³³li⁰fi³³kʰəʔ⁴bɑ⁰］

就乐瞥见织女罢；［ʑiəɯ²²⁴ŋɔ²¹tɕʰi⁵¹tɕie⁰tsəʔ³n̠y⁵¹bɑ⁰］

阿˭个王母娘娘又没孽乔；［əʔ³gəʔ⁰uã²²mu³³n̠iã²²⁴n̠iã⁵¹iəɯ²²məʔ²n̠iəʔ²³dziɔ²¹］没孽：非常。乔：坏

帮头里个一个簪子担下来往阿⁼个天里一记划；[pã³³dɯ²¹li⁰gəʔ⁰iəʔ²⁴gəʔ⁰tsã³³tsʅ⁰tã³³
xuɑ²²⁴lei⁰uã³³əʔ²⁴gəʔ⁰tʰie³³li⁰iəʔ³tɕi⁵¹uɔ⁰²³]

就变出来一茑危险大茑危险大茑个大溪，吮得银河；[ʑiɯ²²pie³³tɕʮyəʔ²⁴lei⁰iəʔ³tɯ⁵¹
uei²²ɕie³⁵du²²təɯ⁵¹uei²²ɕie³⁵du²²təɯ⁵¹gəʔ⁰du²²tɕʰi³³⁴，ɔ³³dəʔ⁰in²²⁴u⁵¹]茑:条

就帮渠两侬嘞隔记大溪个两边；[ʑiəɯ²³¹pã³³gəɯ⁰liã²²⁴nən⁵¹ləʔ⁰kəʔ³tɕi⁵¹du²²tɕʰi³³⁴gəʔ⁰
liã²²pie³³⁴]

让尔瞥得见摸弗着；[ȵiã²³¹n⁰tɕʰi⁵¹dəʔ⁰tɕie⁵¹mɔʔ²fəʔ²⁴dzəʔ²³]

心里难过死。[ɕin³³li⁰nã²²ku⁵¹sʅ³⁵]

再天高向亿⁼只喜鹊啊瞥渠两侬真正是罪过；[tsei³³tʰie³³kɔ³³ɕiã⁵¹i⁵¹tsəʔ²ʑi²²tɕʰyəʔ²⁴ɑ⁰
tɕʰi⁵¹gəɯ⁰liã²²⁴nən⁵¹tsən³³tsən³⁵dzəʔ²zei²²ku⁵¹]

再就每一年个正月初七阿⁼一日；[tsei³³ʑiəɯ²³¹mei³³iəʔ³ȵie⁵¹gəʔ⁰tsən³³ȵyəʔ²³tsʰu³³
tɕʰiəʔ²⁴əʔ²⁴iəʔ³nei⁵¹]

是天里召集所有个喜鹊；[dzəʔ²tʰie³³li⁰tsɔ³³dziəʔ²³su³³iəɯ²²gəʔ⁰ʑi²²tɕʰyəʔ²⁴]

帮渠拉两侬搭了一座桥；[pã³³gəɯ²²⁴lɑ⁰liã²²⁴nən⁵¹təʔ²lɔ⁰iəʔ²⁴dzu²³¹dʑiɔ²¹]

让渠拉两侬每一年见一次；[ȵiã²³¹gəɯ²²⁴lɑ⁰liã²²⁴nən⁵¹mei³³iəʔ³ȵie⁵¹tɕie⁵¹iəʔ³tsʰʅ⁵¹]

阿⁼个就吮得鹊桥相会。[əʔ²⁴gəʔ⁰ʑiəɯ²³¹ɔ³⁵dəʔ⁰tɕʰyəʔ²⁴dʑiɔ²¹ɕiã³³uei²³¹]

阿⁼个就是牛郎跟织女个故事。[əʔ²⁴gəʔ⁰ʑiəɯ²²dzəʔ²³ȵiəɯ²²⁴lã⁵¹kən³³tsəʔ³ȵy⁵¹gəʔ⁰ku⁵¹
zʅ²³¹]

　　从前有个小伙子，父母都去世了，就剩他一个人，家里还有一头老黄牛，所以大家都叫他牛郎。这头老牛其实是天上的金牛星，看到这个小伙子这么可怜，就想帮他成个家，帮他讨个老婆。

　　有一天，老黄牛听说，天上的仙女要到村东边山脚下的一个湖里洗澡，就托梦给这个牛郎，告诉他这么个情况，叫这个牛郎到那里去，拿一件衣服，把那件衣服拿回来。

　　牛郎不怎么相信，不过，天刚亮他就起来了，到那湖边去看了，一看，果真有仙女在那里洗澡。他就从树上找了一件粉红色的衣服，飞一样地跑回去了。夜里，果真有个女子来找他，来敲他的门。这个女子就是织女，他们两个人就生活在一起了。

　　一晃三年过去了，织女帮牛郎生了一儿一女，这个事情被天上的玉皇大帝知道了，他大发雷霆，因为织女私自下凡，他非常不开心，一定要把她抓回来。有

一天夜里，电闪雷鸣，织女就找不到了。牛郎一大早起来，心里非常难受，找来找去找不到织女了，家里两个小孩儿哭得很厉害，这下怎么办好呢？

这时，这头老牛开始说话了。他讲："你要到天上去找织女吗？那么你把我头上的两只角拿下来。"牛郎一听，觉得这肯定不行。要是把他牛角扳下来了，这头牛还能活呀？话还没有说出口，这两个牛角就掉下来了，变成一副箩筐。牛郎就把两个孩子放进箩筐里，挑起箩筐就飞起来了，往天上飞去了。就要看到织女了，这个王母娘娘又来使坏，把头上的簪拔下来往天上一划，就变出一条又大又宽的河，叫做银河，就把他们俩隔在了大河两边，让他们看得见摸不着，心里难过得要死。

天上的喜鹊看见他们俩实在可怜，就在每一年的七月初七那一天，在天上召集所有的喜鹊，帮他俩搭了一座桥，让他俩每年见一次面，这就叫鹊桥相会。

这就是牛郎和织女的故事。

（2017 年 7 月，发音人：周芸）

三、自选条目

（一）谚语

拜年拜得健，［pɑ³⁵n̠ie²¹pɑ³³də ʔ⁰dʑie²³¹］
拜到正月廿。［pɑ³⁵tɔ²¹tsən³³n̠yə ʔ²³n̠ie²³¹］

边讲边懵记，［pie³³kã³⁵pie³³mən²²tɕi⁵¹］懵记：忘记
边食边肚饥。［pie³³iə ʔ²³pie³³du²²⁴tɕi⁵¹］肚饥：肚子饿

东游西游，［toŋ³³⁴iɯ²¹ɕi³³⁴iɯ²¹］
弗如龙游。［fə ʔ⁴zi²¹loŋ²²⁴iɯ²³¹］

读书惊出考，［də ʔ²ɕy³³⁴kuɛ³³tsʰuə ʔ³kʰɔ³⁵］惊：怕
种田惊掌稿。［ioŋ³⁵die²¹kuɛ³³tsʰɛ³³kɔ³⁵］掌稿：挑稻草

会择择才郎，［uei²²dzə ʔ²³dzə ʔ²dzɛ²²⁴lã²³¹］

劮择择家当。［ vɛ²²dzəʔ²³dzəʔ²kuɑ³⁵dã²¹ ］

只可生败子，［ tsəʔ⁴kʰu⁵¹sɛ³³ba²²tsɿ³⁵ ］
弗可生呆子。［ fəʔ⁴kʰu⁵¹sɛ³³ŋɛ²¹tsɿ³⁵ ］

阿七弗乐帮阿八愁，［ əʔ³tɕʰiəʔ⁴fəʔ⁴ŋɔ²¹pã³³əʔ³pəʔ⁴zɯ²¹ ］弗乐：不要
阿八插⸗里还有头大水牛。［ əʔ³pəʔ⁴tsʰɔʔ⁴liˀuɑ²²iəɯ²²təɯ⁵¹du²²suei³⁵ɲiəɯ²¹ ］

情愿督贼吊，［ zin²²⁴ɲye²³¹tɕʰi⁵¹zəʔ²³tiɔ⁵¹ ］
弗乐督贼食。［ fəʔ⁴ŋɔ²¹tɕʰi⁵¹zəʔ²³iəʔ²³ ］

（2017 年 7 月，发音人：陈玉柱）

（二）谜语

高向抖记抖记，［ kɔ³³ɕiã⁵¹təɯ³⁵tɕiˀtəɯ³⁵tɕiˀ ］高向：上面
下向凑记凑记；［ xuɑ²²ɕiã⁵¹tsʰəɯ⁵¹tɕiˀtsʰəɯ⁵¹tɕiˀ ］下向：下面
高头肥死，［ kɔ³⁵dəɯ²¹vi²²sɿ³⁵ ］
下头痛死。［ xuɑ²²dəɯ²³¹tʰoŋ⁵¹sɿˀ ］
——钓鱼［ tiɔ³⁵ŋəɯ²¹ ］

哥弟七八个，［ ku³³dia²²⁴tɕʰiəʔ³pəʔ⁴kɑ⁵¹ ］哥弟：兄弟
一年到头帮别个；［ iəʔ⁴ɲie²¹tɔ³⁵dəɯ²¹pã³³biəʔ²kɑ⁵¹ ］别个：别人
别侬过年哈哈笑，［ biəʔ²nən²¹ku³⁵ɲie²¹xa³³xa³³ɕiɔ⁵¹ ］
渠侬过年绳上吊。［ gəɯ²²nən²²⁴ku³⁵ɲie²¹zin²²zã²¹tiɔ⁵¹ ］渠侬：他
——水碓［ zuei²²tei⁵¹ ］

（2017 年 12 月，发音人：陈美蓉）

江　山

一、歌谣

日光眯

日光眯，拜拜你，［nəʔ²kyaŋ²⁴tɕy⁴⁴, pa⁴⁴pa⁵¹n̩i²²］日光：月亮。眯：尖嘴形，引申为小，表亲昵

梳头洗面下来嬉；［sɒ²⁴du²¹³ɕi⁴⁴miɛ̃⁵¹o²²lɛ²¹³xi⁴⁴］

摅苦槠，苦槠苦，［iaʔ⁵kʰuə⁴⁴tɕy⁴⁴, kʰuə⁴⁴tɕy⁴⁴kʰuə²⁴¹］摅：捡拾。苦槠：一种木本植物的坚果

卖猪肚，猪肚烂；［mɒ²²tɒ⁴⁴tuə²⁴¹, tɒ⁴⁴tuə²⁴lɒŋ³¹］

卖樵炭，樵炭乌，［mɒ²²ȥiɐɯ²⁴tʰɒŋ⁵¹, ȥiɐɯ²⁴tʰɒŋ⁵¹uə⁴⁴］樵炭：木炭

卖茹菇，茹菇鹊＝；［mɒ²²ȥyə²²kuə⁴⁴, ȥyə²²kuə⁴⁴tɕʰiaʔ⁵］茹菇：慈姑。鹊＝：湿

卖水鸭，水鸭飞下田［mɒ²²y⁴⁴aʔ⁵, y⁴⁴aʔ⁵fi⁴⁴o²²diɛ̃²¹³］

搭得个菟大麦鲢；［kʰɒ⁴⁴təʔ⁵aʔ⁵tɯ⁴⁴do²²maʔ²²liɛ̃²¹³］搭：抓。个菟：一条

大麦鲢吹箫，吹到杭州；［do²²maʔ²²liɛ̃²¹³tɕʰy⁴⁴ɕiɐɯ⁴⁴, tɕʰy⁴⁴tɐɯ⁵¹ɒŋ²²tsɯ⁴⁴］

杭州转个嘞曲，［ɒŋ²²tsɯ⁴⁴tɕ̃²⁴kəʔ⁵lɛ⁴⁴kʰɐʔ⁵］个嘞：一个。曲：弯

大麦鲢死得直笔笔。［do²²maʔ²²liɛ̃²¹³sə²⁴¹dəʔ⁰diɛ̃ʔ²pɐʔ⁴pɐʔ⁵］

桃花开

桃花开，梅花晗；［dɐɯ²²xuɒ²⁴kʰɛ⁴⁴, mɛ²²xuɒ²⁴kaʔ⁵］晗：闭，这里指凋谢

姑娘归，搭个嘞鸭；［kuə⁴⁴n̩iaŋ⁵¹kuɛ⁴⁴, kʰɒ⁴⁴kəʔ⁵lɛ⁴⁴aʔ⁵］姑娘：这里指小姑子

箶笼关，碴石唈；［bə²²lɒŋ²⁴kɒŋ⁴⁴, bɛ²²dʑiaʔ²kʰaʔ⁵］箶笼：关养鸡鸭的竹笼。碴石：鹅卵石。唈：压

唇着个嘞扁喙鸭。［kʰaʔ⁵dəʔ⁰kəʔ⁵lɛ⁴⁴piɛ̃⁴⁴tɕʰy⁴⁴aʔ⁵］

□公杀，公弗杀；［gyaŋ²¹³koŋ²⁴¹saʔ⁵，koŋ²⁴¹fəʔ⁴saʔ⁵］□：叫

□嬷杀，嬷弗杀；［gyaŋ²¹³mɒ⁴⁴saʔ⁵，mɒ⁴⁴fəʔ⁵saʔ⁵］嬷：婆婆

枵牢新妇自家杀。［ɕiɐɯ⁴⁴lɐɯ²²soŋ⁴⁴və²²dʑiɒʔ²gɒ²²saʔ⁵］枵牢：饥饿，馋嘴　新妇：儿媳

□公淬，公弗淬；［gyaŋ²¹³koŋ²⁴dʑiɐ²¹³，koŋ²⁴¹fəʔ⁵dʑiɐ²¹³］淬：用开水烫泡给鸡鸭褪毛

□嬷淬，嬷弗淬；［gyaŋ²¹³mɒ⁴⁴dʑiɐ²¹³，mɒ⁴⁴fəʔ⁵dʑiɐ²¹³］

枵牢新妇自家淬。［ɕiɐɯ⁴⁴lɐɯ²²soŋ⁴⁴və²²dʑiɒʔ²gɒ²²dʑiɐ²¹³］

□公焅，公弗焅；［gyaŋ²¹³koŋ²⁴¹uə⁵¹，koŋ²⁴¹fəʔ⁴uə⁵¹］焅：煮

□嬷焅，嬷弗焅；［gyaŋ²¹³mɒ⁴⁴uə⁵¹，mɒ⁴⁴fəʔ⁴uə⁵¹］

枵牢新妇自家焅。［ɕiɐɯ⁴⁴lɐɯ²²soŋ⁴⁴və²²dʑiɒʔ²gɒ²²uə⁵¹］

上挟挟，下挟挟；［dʑiaŋ²²giɛʔ²giɛʔ²，o²²giɛʔ²giɛʔ²］挟：夹（菜）

枵牢新妇无胆咥。［ɕiɐɯ⁴⁴lɐɯ²²soŋ⁴⁴və²²m⁴⁴taŋ²⁴tiɛʔ⁵］无胆：不敢　咥：吃

□公咥，公就咥；［gyaŋ²¹³koŋ²⁴¹tiɛʔ⁵，koŋ²⁴¹dʑiɛʔ²tiɛʔ⁵］

□嬷咥，嬷就咥；［gyaŋ²¹³mɒ⁴⁴tiɛʔ⁵，mɒ⁴⁴dʑiɛʔ²tiɛʔ⁵］

枵牢新妇无得咥。［ɕiɐɯ⁴⁴lɐɯ²²soŋ⁴⁴və²²m²⁴təʔ⁵tiɛʔ⁵］

卖糖侬

卖糖侬，吮指头；［mɒ²²daŋ²²naŋ²¹³，zyĩ²²tɕiɐʔ⁵du²¹³］侬：人

杀猪侬，□骨头；［saʔ⁵tɒ²⁴naŋ⁵¹，gɒ²kəʔ⁵du²¹³］□：啃，咬

打铁侬，无镬铲；［taŋ⁴⁴tʰiɛʔ⁵naŋ²¹³，mu⁴⁴yaʔ²tsʰaŋ²⁴¹］镬铲：锅铲

做篾侬，无箩钱；［tso⁴⁴miɛʔ²naŋ²¹³，mu⁴⁴la²²tɕʰiaŋ⁵¹］箩钱：固定箩筐的骨架

匠侬师父无凳档；［ʑiaŋ²²naŋ²²ɕiɐ⁴⁴və²²m⁴⁴tĩ⁴⁴taŋ⁵¹］匠侬：木匠。凳档：固定凳脚的横档

裁缝师父无纽襻。［zɛ²²voŋ²²ɕiɐ⁴⁴və²²m⁴⁴ŋɯ²²pʰaŋ⁵¹］纽襻：扣住布纽的套儿

叽嘎噶

叽嘎噶，毛抽丝；［ki²⁴ga²²kə⁴⁴，mɐɯ²⁴tsʰɯ⁴⁴sə⁴⁴］叽嘎噶：纺车的声音。毛抽丝：毛纺成线

抽得一大攄；［tsʰɯ⁴⁴təʔ⁵a⁴⁴do²²luə²²］攄：抱，这里用作量词

帮囡妹做个嘞花脯肚。［paŋ²⁴naʔ²mɛ²¹³tso⁴⁴kəʔ⁵lɛ⁴⁴xuɒ⁴⁴bə²²duə²²］囡妹：小孩子。脯肚：肚兜

日光上毛

日光上毛，外甥偷桃；[nəʔ²kyaŋ⁴⁴dʑiaŋ²²mɐɯ²¹³, ŋua²²saŋ⁴⁴tʰu⁴⁴dɐɯ²¹³] 日光上毛：月晕

外公搿得，外甥庳゠倒；[ŋua²²koŋ²⁴¹kʰɒ⁴⁴təʔ⁵, ŋua²²saŋ⁴⁴xuə⁵¹tɐɯ²⁴¹] 庳゠倒：跌倒

外婆抱起儿啊宝，[ŋua²²biɛ̃²²bə⁰kʰiⁿni²¹³aⁿpɐɯ²⁴¹]

做件布衫做件袄。[tso⁴⁴giɛ̃²²pə⁴⁴saŋ⁴⁴tso⁴⁴giɛ̃²²ɐɯ²⁴¹]

哐倒立夏羹

哐倒立夏羹，[tiəʔ⁴tɐɯ⁵¹liɛʔ²ɒ³¹kaŋ⁴⁴]

洗浴［弗会］喃゠亨゠；[ɕi⁴⁴ioʔ²fa⁴⁴naʔ²xaŋ⁴⁴] 洗浴：下水游泳。［弗会］：不会。喃゠亨゠：怎样

哐倒端午粽，[tiəʔ⁴tɐɯ⁵¹tɒŋ⁴⁴ŋuə²²tsoŋ⁵¹]

洗浴［弗会］腹肚痛；[ɕi⁴⁴ioʔ²fa⁴⁴poʔ⁵tua²⁴tʰoŋ⁵¹]

破被老絮么园归瓮。[pʰa⁴⁴bɛ²²lɐɯ²²tə⁵¹mə⁰kʰaŋ⁴⁴kuɛ²⁴uoŋ⁵¹] 园：放置。归：进

白菜柢

白菜柢，芥菜柢；[baʔ²tɕʰi⁴⁴tɵ⁴⁴, ka⁴⁴tɕʰi⁴⁴tɵ⁴⁴] 柢：根

指得倒゠侬朏臀倚；[tiə²⁴təʔ⁵tɐɯ⁴⁴naŋ⁵¹kʰoʔ⁵dɛ̃²¹³ɵ⁴⁴] 倒゠侬：谁。朏臀：屁股。倚：歪

白菜柢，芥菜柢；[baʔ²tɕʰi⁴⁴tɵ⁴⁴, ka⁴⁴tɕʰi⁴⁴tɵ⁴⁴]

指得倒゠侬倒゠侬放些儿烂臭□。[tiə²⁴təʔ⁵tɐɯ⁴⁴naŋ⁵¹tɐɯ⁴⁴naŋ⁵¹poŋ⁴⁴ɕi⁴⁴loŋ²²tsʰɐɯ⁴⁴fɵ⁵¹]

□[fɵ⁵¹]：屁

薯话包萝有胡须

薯话包萝有胡须；[dʑiə²²yə⁴⁴po²⁴lo⁵¹iɯ²²uə²²sɯ⁴⁴] 薯：番薯。包萝：玉米

包萝话薯有尾兜；[po²⁴lo⁵¹yə⁴⁴dʑiə²¹³iɯ²²mi²²tɯ⁴⁴] 尾兜：尾巴

薯话包萝好哐；[dʑiə²²yə⁴⁴po²⁴lo⁵¹xɐɯ⁴⁴tiɛʔ⁵]

包萝话薯大节。[po²⁴lo⁵¹yə⁴⁴dʑiə²¹³do²²tɕiɛʔ⁵] 大节：大个儿

（以上 2015 年 8 月，发音人：蔡秉洪）

太阳出山嘞山重山

太阳出山嘞山重山哎；[tʰa⁴⁴iaŋ²²tɕʰyɛʔ⁵saŋ⁴⁴lɛ⁰saŋ²⁴dʑioŋ²²saŋ⁴⁴ɛ⁰]

看见姊姊啊洗衬衫。［kʰaŋ⁴⁴tɕiɛ̃⁵¹tɕi⁴⁴tɕi²⁴¹a⁰ɕi⁴⁴tɕʰ⁻⁴⁴saŋ⁴⁴］姊姊：姐姐

白个洗得来高山雪哎；［pʰaʔ²gəʔ⁰ɕi²⁴təʔ⁵lɛ⁰kɐɯ²⁴saŋ⁴⁴ɕyɛʔ⁵ɛ⁰］

蓝个洗得桂花香；［laŋ²²gəʔ⁰ɕi²⁴təʔ⁵kuɛ⁴⁴xuɐ⁴⁴xiaŋ⁴⁴］

看见姊姊啊真漂亮。［kʰaŋ⁴⁴tɕiɛ̃⁵¹tɕi⁴⁴tɕi²⁴¹a⁰tɕĩ⁴⁴pʰiɐɯ⁴⁴liaŋ³¹］

（2014 年 1 月，发音人：徐德佑）

二、规定故事

牛郎和织女

早时有个嘞细后生，［tɕiɐɯ²⁴ʑiɵ²¹³iɯ²²kəʔ⁵lɛ⁴⁴ɕyɛʔ⁵o⁰²saŋ²⁴¹］细后生：小伙子

渠驰爸嘞过世得早；［ŋə²²tɕia⁴⁴pɒ⁴⁴lɛ⁰kyə⁴⁴ɕi⁵¹dəʔ⁰tɕiɐɯ²⁴¹］渠：他。驰：妈

只留得渠嘞个头老牛，［tsəʔ⁵lɯ²²dəʔ⁰ŋə²²lɛ⁰aʔ⁵du²²lɐɯ²²ŋɯ²¹³］

所以村里侬大家嘞口渠牛郎。［so⁴⁴i⁰tsʰuɛ̃⁴⁴ləʔ⁰naŋ⁵¹dɒ²²kɒ⁴⁴lɛ⁰gyaŋ²¹³ŋə²²ŋɯ²⁴laŋ²¹³］

　口：叫

牛郎嘞就是靠乙头牛帮渠耕田过日子个，［ŋɯ²²laŋ²¹³lɛ⁰dʑiɛʔ²lɛʔ⁵kʰɐɯ⁴⁴iɛʔ⁵du²²ŋɯ²¹³piaŋ⁴⁴ŋə²²kaŋ²⁴diɛ̃²¹³kyə⁵¹nəʔ²tsə⁰gəʔ⁰］乙：这。个：的

再嘞乙个老牛嘞实际上是天里个金牛星，［tsɛ⁴⁴lɛ⁰iɛʔ⁵gəʔ⁰lɐɯ²²ŋɯ²¹³lɛ⁰ʑiɵʔ²tɕi⁵¹ʑiaŋ²²lɛʔ⁵tʰiɛ̃⁴⁴ləʔ⁰gəʔ⁰kɐ̃⁴⁴ŋɯ²¹³ɕĩ⁴⁴］再：表话题承接或转换的连词。天里：天上

渠欢喜乙个牛郎心底哞［乙样］善良，［ŋə²²xyɛ̃⁴⁴xi²⁴¹iɛʔ⁵gəʔ⁰ŋɯ²²laŋ²¹³ɕĩ⁴⁴ti²⁴¹bəʔ⁰iaŋ²⁴¹ʑiɛ̃²²liaŋ²¹³］［乙样］：这样、这么。哞：呢

再哞乙个做事哞亦勤力；［tsɛ⁴⁴bəʔ⁰iɛʔ⁵gəʔ⁰tso⁴⁴ʑiɵ³¹bəʔ⁰iɛʔ⁵gɐ̃²²liɛʔ²］亦：又

渠就是［乙样］想，［ŋə²²dʑiɛʔ²lɛʔ⁵iaŋ²⁴¹ɕiaŋ⁵¹］

要帮渠成个嘞家。［lɐɯ²²piaŋ⁴⁴ŋə²²dʑĩ²²kəʔ⁵lɛ⁴⁴kɒ⁴⁴］个嘞：一个

再有个日嘞，［tsɛ⁴⁴iɯ²²aʔ⁵nəʔ²lɛ⁰］

天里个仙女到凡间来洗浴罢；［tʰiɛ̃⁴⁴ləʔ⁰gəʔ⁰ɕiɛ̃²⁴ŋyə²²tɐɯ⁵¹vaŋ²²kaŋ⁴⁴li²¹³ɕi⁴⁴io⁰²bɒ⁰］

　罢：了

再得乙金牛星知得罢，［tsɛ⁴⁴təʔ⁵iɛʔ⁵kɐ̃⁴⁴ŋɯ²²ɕĩ⁴⁴tsə⁴⁴tiɛʔ⁰bɒ⁰］得：被。知得：知道

渠乌荫嘞就去托梦得乙个牛郎。［ŋə²²uə⁴⁴ĩ⁵¹lɛ⁰dʑiɛʔ²kʰə⁵¹tʰoʔ⁵moŋ³¹dəʔ⁰iɛʔ⁵gəʔ⁰ŋɯ²² laŋ²¹³ ﹀乌荫：晚上。得：给

渠话：牛郎，﹝ŋə²²yə³¹：ŋɯ²²laŋ²¹³﹞

你侬第二日天光啊早末，﹝n²²naŋ⁵¹di²²n̠i²²nəʔ²tʰiɛ̃²⁴kyaŋ⁴⁴aˀtɕiɐɯ²⁴¹moʔ⁵﹞天光：早上。早
末：早些

到喝꞊山脚底喝꞊个左边喝꞊里喝꞊个湖里去；﹝tɐɯ⁴⁴xaʔ⁵saŋ⁴⁴kiaʔ⁵tiə²⁴¹xaʔ⁵gəʔ⁰tɕiə⁴⁴
piɛ̃⁴⁴xaʔ⁵li⁰xaʔ⁵gəʔ⁰uə²²ləʔ⁰kʰə⁰﹞喝꞊：那。

有天里有刮꞊蜡꞊相老赘得个仙女徛岗꞊里洗浴个。﹝iɯ²²tʰiɛ̃⁴⁴ləʔ⁰iɯ²²kuaʔ⁵laʔ²ɕiaŋ⁵¹
lɐɯ²²yĩ⁴⁴daʔ²gəʔ⁰ɕiɛ̃²⁴ŋyə²²gE²²gəʔ⁰dəʔ⁰ɕi⁴⁴ioʔ²gəʔ⁰﹞刮꞊蜡꞊相："惊侬相"促读，义为很多。老赘：漂
亮。得：很。徛岗꞊：在

你快末帮树里个喝꞊个衣裳界个件起走，﹝n̠i²²kʰua⁴⁴moʔ⁵paŋ⁴⁴dzɯ²²ləʔ⁰gəʔ⁰xaʔ⁵gəʔ⁰i²⁴
ziaŋ⁵¹pEʔ⁵aʔ⁵dʑiɛ̃³¹i²⁴tsɯ⁰﹞快末：快点儿。界：拿

排꞊起快末就逃；﹝ba²²i²⁴¹kʰua⁴⁴moʔ⁵dʑiɛʔ²dɐɯ²¹³﹞排꞊起：表示开始一种行为。逃：跑

逃去归，再你侬就有个嘞老赘得个女儿就当你老嬷罢。﹝dɐɯ²²kʰə⁰kuE⁴⁴，tsE⁴⁴n²²
naŋ⁵¹dʑiEʔ²iɯ²²kəʔ⁵lE⁴⁴lɐɯ²²yĩ⁴⁴daʔ²gəʔ⁰nɒ²²n̠i²¹³dʑiEʔ²taŋ⁴⁴n̠i²²lɐɯ²²mɒ²²bɒ⁰﹞归：回家。
女儿：姑娘。老嬷：老婆

再嘞第二日嘞乙个牛郎爬起嘞半信半疑；﹝tsE⁴⁴lE⁰di²²n̠i²²nəʔ²lE⁰iEʔ⁵gəʔ⁰ŋɯ²²laŋ²¹³bo²²
kʰi²⁴¹lE⁰piɛ̃⁴⁴ɕi⁴⁴piɛ̃⁴⁴ɕ²¹³﹞

再到得乙个湖边里个促꞊，﹝sE⁴⁴tɐɯ⁵¹dəʔ⁰iEʔ⁵gəʔ⁰uə²²piɛ̃⁴⁴ləʔ⁰aʔ⁵tsʰoʔ⁵﹞

真个有刮꞊蜡꞊相老赘得个女儿徛岗꞊喝꞊里戏水。﹝tɕiɛ̃⁴⁴gəʔ⁰iɯ²²kuaʔ⁵laʔ⁵ɕiaŋ⁵¹lɐɯ²²yĩ⁴⁴
daʔ²gəʔ⁰nɒ²²n̠i²¹³gE²²kɒŋ²⁴¹xaʔ⁵lEʔ⁰xi²⁴y²⁴¹﹞

渠就快末到乙个树里界得个件衣裳，﹝ŋə²²dʑiEʔ²kʰua⁴⁴moʔ⁰tɐɯ⁴⁴iEʔ⁵gəʔ⁰dzɯ²²ləʔ⁰
pE⁴⁴ləʔ⁰aʔ⁵dʑiɛ̃²²i⁴⁴ziaŋ⁵¹﹞

就排꞊一记逃就快末逃归罢。﹝dʑiEʔ²ba²¹³iEʔ⁵tɕiEʔ⁵dɐɯ²¹³dʑiEʔ²kʰua⁴⁴moʔ⁰dɐɯ²²kuE⁴⁴
bɒ⁰﹞

再到乌荫个时候嘞，﹝tsE⁴⁴tɐɯ⁵¹uə²²i⁻⁴⁴gəʔ⁰ziə²²xɯ²⁴lE⁰﹞

真个，﹝乙个﹞嘞得渠界衣裳界倒个﹝乙个﹞嘞仙女哞就是织女。﹝tɕiɛ̃⁴⁴gəʔ⁰，iaʔ⁵lE⁰
təʔ⁵ŋə²²pE⁴⁴i²⁴ziaŋ⁴⁴pE⁴⁴tɐɯ⁵¹gəʔ⁰iaʔ⁵lE⁰ɕiɛ̃⁴⁴ŋyə²²bəʔ⁰dʑiEʔ²lEʔ⁵tɕiEʔ⁵ŋyə²²﹞﹝乙个﹞嘞：这一个

真个来捶渠个门罢，﹝tɕiɛ̃⁴⁴gəʔ⁰li²²dza²¹³ŋə²²gəʔ⁰mɒŋ²¹³bɒ⁰﹞

再哞两侬就做老公老嬷罢。﹝tsE⁴⁴bəʔ⁰n̠ɛ̃²²naŋ⁵¹dʑiEʔ²tso⁴⁴lɐɯ²²kɒŋ⁴⁴lɐɯ²²mɒ²²bɒ⁰﹞

再哼乙时间嘞过得快得来，［tsɛ⁴⁴bəʔ⁰iɛʔ⁵ʐ̩²²kiɛ̃⁴⁴lɛ⁰kyə⁴⁴dəʔ⁰kʰua⁴⁴daʔ²lɛ⁰］

个记工夫嘞三年过去罢。［aʔ⁴ki⁵¹koŋ⁴⁴fə⁴⁴lɛ⁰saŋ²⁴n̠iɛ²¹³kyə⁴⁴kʰə⁰bɒ⁰］

再牛郎跟织女两个侬嘞生得两个囡妹，［tsɛ⁴⁴ŋɯ²²laŋ²¹³kɛ̃⁴⁴tɕiɛʔ⁵ŋyə²²nɛ̃²²gəʔ⁰naŋ⁵¹lɛ⁰ saŋ⁴⁴dəʔ⁰nɛ̃²²ka²⁴nəʔ²mɛ²¹³］

个嘞儿个嘞女儿，［kəʔ⁵lɛ⁴⁴n̠i²¹³kəʔ⁵lɛ⁴⁴naŋ²²］

日子哼过得好过得。［nəʔ²tsə²⁴¹bəʔ⁰kyə⁴⁴dəʔ⁰xɐɯ²⁴¹kyə⁴⁴daʔ²］

但是嘞乙个织女下凡间讨老公个事体嘞，［daŋ²²dʑi²²lɛ⁰iɛʔ⁵gəʔ⁰tɕiɛʔ⁵ŋyə²²o²²vaŋ²² kaŋ⁴⁴tʰuə⁴⁴lɐɯ²²koŋ⁴⁴gəʔ⁰ʑiɵ²²tʰi²⁴¹lɛ⁰］

得玉皇大帝知得罢。［təʔ⁵n̠ioʔ²uaŋ²²dɒ²²ti²⁴¹tsə⁴⁴tiɛʔ⁵bɒ⁰］

再有个日，［tsɛ⁴⁴iɯ²²aʔ⁵nəʔ²］

亦是断＝大雨亦是霍闪，［iɛʔ²lɛʔ⁵dəŋ²²do²²yə²²iɛʔ²lɛʔ⁵xyaʔ⁵çiɛ²⁴¹］断＝：落，掉。霍闪：闪电

亦是响雷公，［iɛʔ²lɛʔ⁵xiaŋ²⁴¹lɛ²²koŋ⁴⁴］

再哼亦是刮大风，［tsɛ⁴⁴bəʔ⁰iɛʔ²lɛʔ⁵kuaʔ⁵do²²fɒŋ⁴⁴］

再 织 女 就 侬 像＝ 坞＝ 坞＝ 倒。［tsɛ⁴⁴tɕiɛʔ⁵ŋyə²²dʑiɛʔ²naŋ²¹³dʑiaŋ²²uə⁴⁴uə²⁴¹dɐɯ⁰］像＝ ［dʑiaŋ²²］：“就乙样” ［dʑiɛʔ²iɛʔ⁵iaŋ²²］的合音词，就这样。坞＝：消失

再两个囡妹快叫死罢，［tsɛ⁴⁴nɛ̃²²kaʔnəʔ²mɛ²¹³kʰua⁴⁴iɯ⁴⁴sə²⁴¹bɒ⁰］叫：哭

倚喝＝里话：［gɛ²²xaʔ²ləʔ⁰yə⁵¹］

驰哎驰哎，［tɕia⁴⁴ɛ⁰tɕia⁴⁴ɛ⁰］

到嗏＝里去哼嘞。［tɐɯ⁴⁴tsʰaʔ⁵ləʔ⁰kʰə⁵¹bəʔ⁰lɛ⁰］嗏＝里：哪里

牛郎哼得＝快急死罢，［ŋɯ²²laŋ²¹³bəʔ⁰təʔ⁵kʰua⁵¹kiɛʔ⁵sə²⁴¹bɒ⁰］

像＝弗知喃＝好。［dʑiaŋ²²fəʔ²tsə⁴⁴naŋ²¹³xɐɯ²⁴¹］喃＝：怎么

再嘞喝＝个牛嘞开始话事罢，［tsɛ⁴⁴lɛ⁰xaʔ⁵gəʔ⁰ŋɯ²¹³lɛ⁰kʰɛ⁴⁴çiɵ²⁴¹yə²²ʑiɵ⁵¹bɒ⁰］话事：说话

突不知话事罢，［dəʔ²poʔ⁵tsə⁴⁴yə²²ʑiɵ⁵¹bɒ⁰］突不知：突然

渠话牛郎，你侬莫难过；［ŋə²²yə²²ŋɯ²²laŋ²¹³，n̠i²²naŋ⁵¹moʔ²nɒŋ²²kyə⁵¹］你侬：你

你侬帮我侬乙个牛角角褪下来，［n²²naŋ⁵¹paŋ⁴⁴ŋɒ²²naŋ⁰iɛʔ⁵gəʔ⁰ŋɯ²²loʔ²kɒʔ⁵tʰəŋ⁴⁴o²² lɛ⁰］我侬：我。牛角角：牛角

会变成两只箩个；［ua²²piɛ̃⁵¹dʑi²²nɛ̃²²tɕiɛʔ⁵la²¹³gəʔ⁰］

你快末帮两个囡妹置上去，［n̠i²²kʰua⁴⁴moʔ⁰paŋ⁴⁴nɛ̃²²kaʔnəʔ²mɛ²¹³tɕiɵ⁴⁴ʑiaŋ²²kʰə⁰］置：放

去去追织女。［kʰə⁴⁴kʰə⁵¹tsuɛ⁴⁴tɕiɛʔ⁵ŋyə²²］

再嘞腔＝好话光嘞，［tsɛ⁴⁴lɛ⁴⁴kʰiaŋ⁴⁴xɐɯ²⁴¹yə⁴⁴kyaŋ⁰lɛ⁰］腔＝好：刚好

乙个牛角角就“卜录独”就真断＝当＝下来，［iɛʔ⁵gəʔ⁰ŋɯ²²loʔ²kɒʔ⁵dʑiɛʔ²boʔ²loʔ²doʔ² dʑiɛʔ²tɕiɵ²⁴dəŋ²²daŋ²²o²²lɛ⁰］断＝当＝：掉了

变成两只箩。[piɛ̃⁴⁴dʑĩ²¹³nɛ̃²²tɕiɛʔ⁵la²¹³]

再牛郎就快末帮渠两个囡妹一置置岗⁼乙个箩里归，[tsE⁴⁴ŋɯ²²laŋ²¹³dʑiɛʔ²kʰua⁴⁴ moʔ⁰ paŋ⁴⁴ŋə²²nɛ̃²²kaʰnəʔ²mE²¹³iɛʔ⁵tɕiə²⁴tɕiə⁴⁴kɒŋ²⁴¹iɛʔ⁵gəʔ⁰la²¹³ləʔ⁰kuE⁴⁴] 岗⁼：在

肩担撅当⁼起；[kiɛ̃⁴⁴taŋ⁵¹gəʔ²daŋ²⁴iʰ] 肩担：扁担。撅：挑。当⁼：了

再撅当⁼起嘞就风吹当⁼过去，[tsE⁴⁴gəʔ²daŋ²⁴iʰlE⁰dʑiɛʔ²fɒŋ⁴⁴tɕʰy⁴⁴daŋ²²kyə⁴⁴kʰə⁰]

乙个箩就跟生得翼膀样个。[iɛʔ⁵gəʔ⁰la²¹³dʑiɛʔ²kɛ̃⁴⁴saŋ⁴⁴dəʔ⁰iɛʔ²piaŋ²⁴¹iaŋ³¹gəʔ⁰] 翼膀：
　　　翅膀

就飞得天里去哼啦，[dʑiɛʔ²fi⁴⁴dəʔ⁰tʰiɛ̃⁴⁴ləʔ⁰kʰə⁵¹bəʔ⁰la⁰]

再就去追罢。[tsE⁴⁴dʑiɛʔ²kʰə⁵¹tsuE⁴⁴bɒ⁰]

追去追去得⁼快追得哼嘞；[tsuE⁴⁴kʰə⁵¹tsuE⁴⁴kʰə⁵¹təʔ⁴kʰua⁵¹tsuE⁴⁴təʔ⁵bəʔ⁰lE⁰]

亦得喝⁼个王母娘娘促⁼促⁼着，[iɛʔ²təʔ⁵xaʔ⁵gəʔ⁰uaŋ²²mo²²ɲiaŋ²²ɲiaŋ²¹³tsʰoʔ⁵tsʰoʔ⁰ dəʔ⁰] 促⁼促⁼着：看见了

王母娘娘帮乙个头壳里个个嘞金钗拔岗⁼下来啊；[uaŋ²²mo²²ɲiaŋ²²ɲiaŋ²¹³paŋ⁴⁴iɛʔ⁵ gəʔ⁰doʔ²kʰɒʔ⁵ləʔ⁰gəʔ⁰kəʔ⁵lE⁴⁴kɛ̃⁴⁴tsʰa⁴⁴baʔ²kɒŋ²⁴¹o²²lE⁰aⁿ] 头壳：头。岗⁼：了

徛岗⁼牛郎跟织女两侬正中央，[gE²²kɒŋ²⁴¹ŋɯ²²laŋ²¹³kɛ̃⁴⁴tɕiɛʔ⁵ŋyə²²nɛ̃²²naŋ²¹³tɕĩ⁵¹ toŋ⁴⁴iaŋ⁰]

划一当⁼过去就变成个嘞大蔸得大蔸得个天溪；[uo²²iɛʔ⁵daŋ²²kyə⁴⁴kʰə⁰dʑiɛʔ²piɛ̃⁴⁴ dʑĩ²¹³kəʔ⁵lE⁴⁴do²²tɯ⁴⁴daʔ²do²²tɯ⁴⁴daʔ²gəʔ⁰tʰiɛ̃⁴⁴tɕʰiə⁴⁴] 大蔸得：很长很大。天溪：这里指银河，
江山话一般说"汉溪"[xɒŋ⁴⁴tɕʰiə⁴⁴]

再哼阔得阔得嘞，[tsE⁴⁴bəʔ⁰kʰyEʔ⁵daʔ²kʰyEʔ⁵daʔ²lE⁰]

促⁼弗着对岸个，[tsʰoʔ⁵fəʔ⁵dəʔ²tuE⁴⁴ɒŋ⁵¹gəʔ⁰]

再哼两个侬喏亦勷追着。[tsE⁴⁴bəʔ⁰nɛ̃²²aⁿnaŋ⁵¹no²¹³iɛʔ²vɒŋ³¹tsuE⁴⁴dəʔ²] 勷：没有

再哼乙个喜鹊嘞，[tsE⁴⁴bəʔ⁰iɛʔ⁵gəʔ⁰xi⁴⁴tɕʰiaʔ⁵lE⁰]

非常同情乙个牛郎；[fi²⁴dʑiaŋ²¹³doŋ²²dʑĩ²¹³iɛʔ⁵gəʔ⁰ŋɯ²²laŋ²¹³]

亦就每个年个农历个七月初七，[iɛʔ²dʑiɛʔ²mE²²aʔ⁵ɲiɛ̃²¹³gəʔ⁰noŋ²⁴liɛʔ²gəʔ⁰tsʰəʔ⁵ŋoʔ² tsʰu⁴⁴tsʰəʔ⁵]

成千上万个喜鹊，[dʑĩ²²tɕʰiɛ̃⁴⁴dʑiaŋ²²maŋ³¹kaʰxi⁴⁴tɕʰiaʔ⁵]

个嘞□住个嘞个尾蔸；[kəʔ⁵lE⁴⁴gɒ²²dʑyə²²kəʔ⁵lE⁴⁴gəʔ⁰mE²²tɯ⁴⁴] □住：衔住。尾蔸：尾巴

徛岗⁼乙个天河乙边里就搭起个座桥，[gE²²kɒŋ²⁴¹iɛʔ⁵gəʔ⁰tʰiɛ̃⁴⁴uə²¹³iɛʔ⁵piɛ̃⁴⁴ləʔ⁰ dʑiɛʔ² taʔⁱiaʔ⁵dzo²²giɐɯ²¹³]

得乙个牛郎跟织女两个侬团聚。［təʔ⁵iɛʔ⁵gəʔ⁰ŋɯ²²laŋ²¹³kɛ̃⁴⁴tɕiɛʔ⁵ŋyə²²nɛ̃²²kəʔ⁰naŋ⁵¹
dɒŋ²²gyə⁵¹］

　　古时候有个小伙子，他父母过世得早，只留给他一头老牛，所以村里人都叫他牛郎。

　　牛郎就是靠这头老牛耕地过日子的。这头老牛实际上是天上的金牛星。他喜欢牛郎心地善良，干活也勤快，他想给牛郎成个家。

　　有一天，天上的仙女要到人间来洗浴；被金牛星知道了，夜里他就托梦给牛郎，跟牛郎说话："牛郎，你明天起早一点儿，到山脚下的湖边去；天上有很多漂亮仙女在那里洗澡。你赶紧从树上拿一件衣服下来，拿了就跑；跑回家，你就会有个漂亮姑娘做老婆了。"

　　第二天，牛郎起来后半信半疑，他到湖边一看，果真有很多漂亮姑娘在那里戏水。他就赶紧到树上拿了一件衣服跑回家了。天黑的时候，那个被拿走衣服的仙女——就是织女——真的来敲他的门了，两个人就做了夫妻。

　　时间过得真快，一眨眼三年过去了。牛郎和织女生了一男一女两个小孩儿，日子过得很好。但是织女下凡嫁人的事情被玉皇大帝知道了。有一天，狂风暴雨，雷电交加，织女人也不见了。两个孩子拼命哭喊："妈妈，妈妈到哪里去了。"牛郎都快急死了，不知如何是好。那头老牛突然开口说话了，他说："牛郎，你别难过；你把我的角扳下来，我的角会变成两个箩筐。你赶紧把两个孩子放进去，挑起来去追织女。"刚说完，牛角就真的掉下来，变成两个箩筐。

　　牛郎赶紧把两个孩子放进箩筐，挑起扁担。一挑起来就有风吹来，箩筐就跟长了翅膀一样，就飞到天上去追了。牛郎追呀追呀，都快追上了，又给那王母娘娘看到了，她把头上的金钗拔下来，在牛郎和织女中间一划，划成一条很大很大的天河，很宽很宽，看不到对岸，两个人就被隔开了。

　　喜鹊非常同情牛郎，每年农历的七月初七，成千上万只喜鹊一只衔着另一只的尾巴，在天河上搭起一座桥，让牛郎和织女团聚。

（2015 年 8 月，发音人：徐珺）

三、其他故事

教训诀屄侬诀屄侬：吹牛说大话的人

早时有个嘞小后生，［tɕieɯ²⁴ziə²¹³iɯ²²kəʔ⁵lɛ⁴⁴ɕieɯ⁴⁴oʔ²saŋ²⁴¹］

老格得来，［lɐɯ²²kaʔ⁵daʔ²lɛ⁰］老格：自以为是。得来：得很

随便倒꞊侬都无渠样强，［zuɛ²²biɛ̃⁵¹tɐɯ⁴⁴naŋ⁵¹təʔ²m̩²²ŋə⁴⁴iaŋ²⁴¹giaŋ²¹³］强：厉害

全世界渠第一。［ʑyɛ̃²²ɕi⁴⁴kia⁵¹ŋə⁴⁴di²²iɛʔ⁵］

有个日，［iɯ²²a⁴⁴nəʔ²］

渠几个侬撅樵到礼贤去卖；［ŋə²²ki²⁴gəʔ⁰naŋ⁴⁴gəʔ²zieɯ²¹³tɐɯ⁴⁴li²²iɛ̃²¹³kʰə⁰mɒ²²］撅樵：
　　挑柴

有个嘞侬话：［iɯ²²kəʔ⁵lɛ⁴⁴naŋ⁵¹yə³¹］

礼贤有个嘞姜学信，［li²²iɛ̃²¹³iɯ²²kəʔ⁵lɛ⁴⁴kiaŋ⁴⁴iaʔ²ɕĩ⁵¹］

强得来。［giaŋ²¹³daʔ²lɛ⁰］

乙老格细儿话：［iɛʔ⁵lɐɯ²²kaʔ⁵ɕiə⁴⁴n̩²²yə³¹］细儿：小子

姜学信算倒꞊西啊？［kiaŋ⁴⁴iaʔ²ɕĩ⁵¹sɒŋ⁵¹tɐɯ²⁴ɕi⁴⁴a⁰］倒꞊西：什么

碰着我我□渠咥秽！［pʰoŋ²⁴dəʔ⁰ŋɒ²²ŋɒ²²gyaŋ²²ŋə⁰tiɛʔ²⁴xo⁵¹］□：喊。咥秽：吃屎

姜学信徛边里腔꞊好得渠听着，［kiaŋ⁴⁴iaʔ²ɕĩ⁵¹gɛ²²piɛ̃⁴⁴ləʔ⁵kʰiaŋ⁴⁴xɐɯ²⁴¹təʔ⁵ŋə⁰tʰĩ⁴⁴dəʔ⁰］

姜学信□小后生买樵；［kiaŋ⁴⁴iaʔ²ɕĩ⁵¹gyaŋ²¹³ɕieɯ⁴⁴oʔ²saŋ²⁴¹mɒ²²zieɯ²¹³］

小后生帮樵撅到姜学信个触꞊里，［ɕieɯ⁴⁴oʔ²saŋ²⁴¹paŋ⁴⁴zieɯ²¹³gəʔ²tɐɯ⁵¹kiaŋ⁴⁴iaʔ²ɕĩ⁵¹
　　gəʔ⁰tɕʰyɛʔ⁵li⁰］触꞊里：家里

姜学信□渠徛厢下等个记，［kiaŋ⁴⁴iaʔ²ɕĩ⁵¹gyaŋ²¹³ŋə⁰gɛ²²ɕiaŋ⁴⁴o²²tɛ̃²⁴¹a⁴⁴ki⁰］厢下：堂屋

渠去界末钞票。［ŋə²²kʰə⁵¹pɛ⁴⁴moʔ⁰tsʰɐɯ⁴⁴pʰieɯ²⁴¹］界：拿。末：些、点

嚓꞊知得姜学信个走走记当꞊开，［tsʰaʔ⁵tsə⁴⁴tiɛʔ⁵kiaŋ⁴⁴iaʔ²ɕĩ⁵¹a⁴⁴tsɯ²⁴¹tsɯ²⁴¹i⁰daŋ²²
　　kʰɛ⁴⁴］嚓꞊：哪

像꞊觖来，［dʑiaŋ²¹³vɒŋ²²li²¹³］像꞊［dʑiaŋ²¹³］："就乙样"［dʑiɛʔ²iɛʔ⁵iaŋ²²］的合音词，就这样。觖：没

个等等得个咥饭过。［a⁴⁴tɛ̃²⁴¹tɛ̃²⁴¹dəʔ⁰gəʔ⁰tiɛʔ⁵vaŋ²²kyə⁵¹］咥饭过：午饭后

小后生喙脯꞊哼亦燥，［ɕieɯ⁴⁴oʔ²saŋ²⁴¹tɕʰioʔ⁰bə²²bəʔ⁰iɛʔ²sɐɯ²⁴¹］喙脯꞊：嘴巴。燥：渴

腹肚哼亦腹饥，［poʔ⁵duə²²bəʔ⁰iɛʔ²poʔ⁵kɛ⁴⁴］腹饥：饿

心里哼亦急。［ɕĩ⁴⁴lə↗⁰bə↗⁰iɛ↗²kiɛ↗⁵］

小后生乙里促⁼促⁼，［ɕiɐɯ⁴⁴o↗²saŋ²⁴¹iɛ↗⁵lə⁰tsʰo↗⁵tsʰo↗⁵］

喝⁼里促⁼促⁼，［xa↗⁵lə⁰tsʰo↗⁵tsʰo↗⁵］

促⁼着床里有细半瓯饭。［tsʰo↗⁵də↗⁰ʑiɒŋ²²lə⁰iɯ²²ɕiə⁴⁴piɛ̃⁴⁴u⁴⁴vaŋ³¹］床:桌。瓯:碗

莫愿腹饥得罢，［mo↗²ŋyɛ̃²²po↗⁵kɛ⁴⁴da↗²bɒ⁰］莫愿:可能

弗管三七廿一帮渠界记当⁼来就咥。［fə↗⁵kyɛ̃²⁴¹saŋ⁴⁴tsʰə↗⁵ȵiɛ̃²²iɛ↗⁵paŋ⁴⁴ə⁰pɛ⁴⁴ki⁰taŋ⁴⁴lɛ⁰dʑiɛ↗²tiɛ↗⁵］

腔⁼好咥倒嘞，［kʰiaŋ⁴⁴xɐɯ²⁴¹tiɛ↗⁴tɐɯ⁵¹lɛ⁰］

姜学信喝⁼里"踢踏踢踏"就迍出来罢。［kiaŋ⁴⁴ia↗²ɕĩ⁵¹xa↗⁵lə⁰tʰiɛ↗⁵tʰa↗⁵tʰiɛ↗⁵tʰa↗⁵dʑiɛ↗²dəŋ³¹tɕʰyɛ↗⁵li⁰bɒ⁰］迍:走

个促⁼，床里个饭无罢，［a⁴⁴tsʰo↗⁵，ʑiɒŋ²²lə↗⁰gə↗⁰vaŋ³¹m²⁴bɒ⁰］

就话:咦？［dʑiɛ↗²yə³¹:iə²¹³］

床里个饭到嚓⁼里去罢？［ʑiɒŋ²²lə↗⁰gə↗⁰vaŋ³¹tɐɯ⁵¹tsʰa↗⁵lə↗⁰kʰə⁵¹bɒ⁰］

我是毒老鼠个嘤！［ŋɒ²²lɛ↗⁵do²²lɐɯ²²tɕʰiə²⁴¹gə⁰mɛ⁰］

喝⁼小后生面得⁼青倒，［a↗⁵ɕiɐɯ⁴⁴o↗²saŋ²⁴¹miɛ̃³¹tə↗⁵tɕʰĩ⁴⁴tɐɯ⁰］

跟渠话:喔哟，［kɛ̃⁴⁴ŋə²²yə³¹:a↗²io³¹］

得我咥倒罢，［tə↗⁵ŋɒ²²tiɛ↗⁵tɐɯ⁰bɒ⁰］

喝⁼喃⁼哼⁼嘞？［xa↗⁵naŋ²²xaŋ⁴⁴lɛ⁰］喃⁼哼⁼:怎么办

姜学信话:莫□，［kiaŋ⁴⁴ia↗²ɕĩ⁵¹yə³¹:mo↗²xo⁴⁴］□:担心，慌

我去驮末□，［ŋɒ²²kʰə⁰do²²mo↗⁰xo⁵¹］驮:拿。□:屎

快末咥末□，［kʰua⁴⁴mo↗⁰tiɛ↗⁵mo↗⁰xo⁵¹］

帮渠疲出来。［paŋ⁴⁴ŋə⁰faŋ⁴⁴tɕʰyɛ↗⁵lɛ⁰］疲:呕，吐

小后生无办法，［ɕiɐɯ⁴⁴o↗²saŋ²⁴¹m⁴⁴baŋ²²fa↗⁵］

咥得几餐。［tiɛ↗⁵də↗⁰ki²⁴tsʰaŋ⁴⁴］餐:口

莫愿难咥得罢，［mo↗²ŋyɛ̃⁴⁴nɒŋ²²tiɛ↗⁵da↗⁰bɒ⁰］

就疲罢，［dʑiɛ↗²faŋ⁴⁴bɒ⁰］

黄胆苦水得⁼疲出来。［yaŋ²²taŋ⁴⁴kʰuə⁴⁴y²⁴¹tə↗⁵fɒŋ⁴⁴tɕʰyɛ↗⁵lɛ⁰］

姜学信话:你孛⁼识我嘎？［kiaŋ⁴⁴ia↗²ɕĩ⁵¹yə³¹:ȵi²²bə↗²ɕiɛ↗⁵ŋɒ²²ga⁰］孛⁼:可，发问词

欸，我就是姜学信！［ɛ²⁴，ŋɒ²²dʑiɛ↗²lɛ↗⁵kiaŋ⁴⁴ia↗²ɕĩ⁵¹］

我跟你话，［ŋɒ²²kɛ̃⁴⁴ȵi²²yə³¹］

你腔=好咥个勭是□。[n̠i²²kʰiaŋ⁴⁴xɐɯ²⁴¹tiɛʔ⁵gəʔ⁰vɒŋ²²dʑi²⁴xo⁵¹]

　　过去有一个小伙子，很自负，随便什么人都没他厉害，全世界他第一。

　　有一天，几个人挑柴到礼贤去卖，有一个人说礼贤有一个人叫姜学信，很厉害。这个自以为是的小子说：姜学信算什么呀？碰到我让他吃屎！

　　姜学信在旁边正好都听到了，姜学信向小伙子买柴。小伙子把柴挑到姜学信家里，姜学信叫他站中堂等一下，他去拿点钱。哪知道姜学信一走走开半天没来；一等等到吃饭后。小伙子嘴巴又渴，肚子又饿，心里又急。小伙子这里看看，那里瞧瞧，看到桌上有小半碗饭。可能肚子太饿了，不管三七二十一拿来就吃。

　　刚好吃完呢，姜学信"踢踏踢踏"走出来了，一看，桌上的饭没了，就说：咦，桌上的饭到哪里去了？我是毒老鼠的呀！小伙子脸都青了，跟他说：哎哟，给我吃掉了，那怎么办呢？姜学信说：别慌，我去弄些屎，快点儿吃些屎，把它呕出来。

　　小伙子没办法，吃了几口，可能很难吃就吐了，黄胆苦水都吐出来。姜学信说：你认识我吗？哎，我就是姜学信！我跟你说，你刚才吃的不是屎。

（2015 年 8 月，发音人：蔡秉洪）

四、自选条目

（一）谚语

骹手快，嬉在外；[kʰɐɯ⁴⁴tɕʰyə²⁴¹kʰua⁵¹, xi⁴⁴dzɛ²²ŋua³¹]骹手：手脚。嬉：玩
骹手慢，早末办。[kʰɐɯ⁴⁴tɕʰyə²⁴¹maŋ³¹, tɕiɐɯ²⁴moʔ²baŋ³¹]

毛毛雨，澹衣裳；[mɐɯ²²mɐɯ²²yə²², dɒŋ²²i²⁴ʑiaŋ⁵¹]澹：湿
豆腐酒店了家当。[dəʔ²vuə²¹³tɕyə²⁴tiɛ⁵¹liɐɯ²²kɒ²⁴taŋ⁵¹]了家当：败家

木匠惊弯，[moʔ²ʑiaŋ³¹kuaŋ⁴⁴uaŋ⁴⁴]
箍桶惊樻。[kʰuə⁴⁴doŋ²²kuaŋ⁴⁴taŋ⁴⁴]樻：木节疤

女子顺情腹□大，[ŋyə²²tsə²⁴¹ʑyĩ²²dʑĩ²¹³poʔ⁴lɐɯ⁵¹do³¹]顺情：婚外情。□[lɐɯ⁵¹]：要

男子顺情家□破。[naŋ²²tsə²⁴¹ʑyĩ²²dʑĩ²¹³kɒ⁴⁴lɐɯ⁴⁴pʰo⁵¹]

侬心无饱足，[naŋ²²ɕĩ⁴⁴m⁴⁴pɐm⁴⁴tsoʔ⁵]
饲鸡无饱腹。[zə²²iə⁴⁴m⁴⁴pɐm⁴⁴poʔ⁵]饲：喂

（以上 2015 年 8 月，发音人：蔡秉洪）

（二）谜语

背大桶过门——峡（狭）口 [mɛ⁴⁴do²²doŋ²²kyə⁴⁴moŋ²¹³——ɒʔ²kʰu²⁴¹]峡口：江山南部一
镇名

老佛无人拜——凤林（鹬灵）[lɐɯ²²vəʔ²mu²²naŋ²²pa⁵¹——voŋ²²lĩ²¹³]凤林：江山西南一镇
名。鹬灵：不灵验

个粒谷，砥破屋——油灯 [a⁴⁴lɒʔ²koʔ⁵, tsʰaŋ⁴⁴pʰa⁴⁴oʔ⁵——iɐɯ²²tĩ⁴⁴]砥：塞

长长头颈圆圆面，[dɛ̃²²dɛ̃²²du²²kĩ²⁴¹yɛ̃²²yɛ̃²²miɛ̃⁵¹]
每日天光磕推个遍。[mɛ²⁴nəʔ²tʰiɛ̃⁴⁴kyaŋ⁴⁴kʰɒʔ⁵a⁴⁴piɛ̃⁵¹]推：敲打
——笊篼 [tsɒ⁴⁴tɯ⁴⁴]笊篼：竹编笊篱

大口朝天，[do²²kʰɐɯ²⁴¹dʑiɐɯ²²tʰiɛ̃⁴⁴]
细口腹边，[ɕiə⁴⁴kʰɐɯ²⁴¹poʔ⁵piɛ̃⁴⁴]
尾兜出烟。[mɛ²²tɯ⁴⁴tɕʰyɛʔ⁵iɛ̃⁴⁴]
——谷扇 [koʔ⁴ɕiɛ̃⁵¹]谷扇：扬净谷物的农具

（以上 2015 年 8 月，发音人：蔡秉洪）

中国语言资源保护工程

中国语言资源集·浙江　编委会

主任

朱鸿飞

主编

王洪钟　黄晓东　叶　晗　孙宜志

编委

（按姓氏拼音为序）

包灵灵　蔡　嵘　陈筱姁　程　朝　程永艳　丁　薇
黄晓东　黄沚青　蒋婷婷　雷艳萍　李建校　刘力坚
阮咏梅　施　俊　宋六旬　孙宜志　王洪钟　王文胜
吴　众　肖　萍　徐　波　徐　越　徐丽丽　许巧枝
叶　晗　张　薇　赵翠阳

中国语言资源集

王洪钟 黄晓东
叶晗 孙宜志 主编

浙江

口头文化三

ZHEJIANG UNIVERSITY PRESS
浙江大学出版社
·杭州·

常　山

一、歌谣

结婚喝彩

福也！ ① ［fɤʔ⁵ie²⁴］

福也！［fɤʔ⁵ie²⁴］

福也！［fɤʔ⁵ie²⁴］

日出东方平日升，［zəʔ³tsʰəʔ⁵toŋ⁴⁴fã⁴⁴bĩ²²nʌʔ³⁴sĩ⁴⁴］_{平日：太阳}

吉庆侬家喜事多。［tɕieʔ⁴tɕʰĩ⁵²nã²⁴kɑ⁴⁴ɕi⁴³zʅ¹³¹tɔ⁴⁴］

亲朋好友来恭贺，［tɕʰĩ⁴⁴boŋ³⁴¹xɤ⁴³iu⁵²li²⁴koŋ⁴⁴xɔ⁵²］

各个请得八仙桌。［kai⁵²kai⁰tɕʰĩ⁴³təʔ⁵paʔ⁵ɕiɛ̃⁴⁴tiʌ⁴⁴］

福也！［fɤʔ⁵ie²⁴］

福禄寿喜挂堂前，［fɤʔ⁴lɤʔ³⁴ʑiu²⁴ɕi⁵²kuɑ⁴³dã³⁴dʑiɛ̃³⁴¹］

贺房老爷请上面。［xɔ⁴³vã³⁴¹lau²⁴ie⁰tɕʰĩ⁴³zã²⁴miɛ̃⁴²⁴］_{贺房老爷：喝彩师。}

新郎请得青龙边，［ɕĩ⁴⁴lã³⁴¹tɕʰĩ⁴³təʔ⁵tɕʰĩ⁴⁴loŋ⁴⁴piɛ̃⁴⁴］

世高加尔万万年。［se⁴³kɤ⁴⁴kɑ⁴⁵n²⁴mã¹³¹mã¹³¹n̠iɛ̃⁴⁴］_{世高：世上。尔：你}

福也！［fɤʔ⁴ie²⁴］

一脚踩瓜子，［ieʔ⁴tɕiaʔ⁵tsʰai⁵²kuɑ⁴⁴tsʅ⁵²］

多福又多子。［tɔ⁴⁵fɤʔ⁵iu²⁴tɔ⁴⁴tsʅ⁵²］

---

① 　常山喝彩歌谣主要由喝彩师贺唱，周围众人在每一句喝彩词的结尾应和"好啊"［xɤ⁵² ɑ⁰］。此处只保留喝彩师的喝彩词，省略应和唱词"好啊"。下同，不再注出。

一脚踩花生，［ieʔ⁴tɕiaʔ⁵tsʰɑ⁵²xuɑ⁴⁴soŋ⁴⁴］

多子又多孙。［tɔ⁴⁴tsʅ⁵²iu²⁴tɔ⁴⁴səŋ⁴⁴］

荷花遍地开，［ɔ²²xuɑ⁴⁴pĩ⁴³di⁰kʰɛ⁴⁴］

家和万事兴。［kɑ⁴⁴xɔ⁴⁴mã²⁴zʅ⁰ɕĩ⁴⁴］

日吉良辰，［zəʔ³tɕieʔ⁵liã²⁴zĩ³⁴¹］

正好拜堂。［tsĩ⁴³xɤ⁵²pai⁴³dã³⁴¹］

福也！［fɤʔ⁴ie²⁴］

（2018 年 7 月，发音人：曾令兵）

月光姊

月光姊，［n²²tɕiɔ̃⁴⁴tɕi⁴⁴］

姊辣﹦辣﹦。［tɕi⁴³laʔ³laʔ³⁴］ 辣﹦辣﹦：月光明亮皎洁的样子

带尔下来洗衣裳。［tɛ²²n²⁴ɔ²⁴li⁰ɕi⁵²i⁵²iã⁰］

衣裳洗得白，［i⁵²iã⁰ɕi⁵²təʔ⁵bɛʔ³⁴］

钞票一大乃﹦。［tsʰɤ⁴³pʰiɤ⁵²ieʔ⁵dɔ²²nɛʔ³⁴］ 乃﹦：量词，一手所握的，相当于"把"

衣裳洗得乌，［i⁵²iã⁰ɕi⁵²təʔ⁵uə⁴⁴］

钞票一烧锅。［tsʰɤ⁴³pʰiɤ⁵²ieʔ⁵ɕiɤ⁴⁴kuə⁴⁴］ 烧锅：砂锅

衣裳洗得清，［i⁵²iã⁰ɕi⁵²təʔ⁵tsʰĩ⁴⁴］ 清：干净

钞票一手巾。［tsʰɤ⁴³pʰiɤ⁵²ieʔ⁵ɕiu⁴³kĩ⁴⁴］ 手巾：手帕

（2018 年 7 月，发音人：占娇兰）

二、规定故事

牛郎和织女

末ᵉ节古代个缝ᵉ节，［mɤʔ³tɕieʔ⁵kuə⁴³dɛ¹³¹kɛ⁰vã²⁴tse⁵²］末ᵉ节：以前。缝ᵉ节：时候

有一个小后生儿，［iu²⁴ieʔ⁵kɛ⁰ɕiɤ⁴³u²²sĩ⁴⁴n⁰］

渠婆爸得ᵉ过辈罢，［ŋɤ²²mue⁴³pɑ⁵²tɤʔ⁵tɕye⁴⁵pue³²⁴pɛ⁰］婆：母亲。过辈：去世

囊ᵉ一侬儿孤苦伶仃。［nã²²ieʔ⁵nã⁵²n⁰ku⁴⁴kʰu⁵²lĩ²²tĩ⁴⁴］囊ᵉ：那么。侬：人

处里只有一秃ᵉ老牛，［tsʰuəʔ²⁴lĩ⁵²tseʔ⁵iu²⁴ieʔ⁵tʰɤʔ⁰lɤ²²n̠iu³⁴¹］处里：家里。秃ᵉ：头

大家统得ᵉ叫渠叫牛郎。［dɑ²²kɑ⁴⁴tʰoŋ⁵²tɤʔ⁵iɤ⁴⁴ŋɤ²²iɤ⁴⁴n̠iu²⁴lã⁰］

乙个牛郎嘞靠乙秃ᵉ老牛帮渠耕田埂谋生。［ieʔ⁵gɤʔ⁰n̠iu²⁴lã⁰lɛ⁰kʰɤ⁵²ieʔ⁵tʰɤʔ⁰lɤ²²n̠iu³⁴¹
piã⁴⁴ŋɤ⁴⁴kĩ⁴⁴diẽ²⁴kĩ⁵²mɤ²²səŋ⁴⁴］乙个：这个

囊ᵉ渠跟老牛嘞相依为命。［nã²²ŋɤ²²kɔ̃⁴⁴lɤ²²n̠iu³⁴¹lɛ⁰ɕiã⁴⁴i⁴⁴ue²²mĩ¹³¹］

乙秃ᵉ老牛嘞其实是天高个金牛星。［ieʔ⁵tʰɤʔ⁰lɤ²²n̠iu²⁴lɛ⁰dʑi²⁴zɛʔ⁰dʑi²⁴tʰiẽ⁴⁴kɤ⁴⁴gɤʔ⁰
kĩ⁴⁴n̠iu³⁴¹sĩ⁴⁴］天高：天上

乙金牛星嘞交关欢喜乙个牛郎嘞勤力善良，［ieʔ⁵kĩ⁴⁴n̠iu³⁴¹sĩ⁴⁴lɛ⁰tɕyeʔ⁴kuã⁴⁴xɔ̃⁴³ɕi⁵²eʔ⁴
gɤʔ⁵n̠iu²⁴lã⁰lɛ⁰gĩ²²lieʔ³⁴iẽ²⁴liã⁰］交关：非常。勤力：勤劳

所以嘞交关想帮渠成个家。［sɔ³²i⁴⁴lɛ⁰tɕyeʔ⁴kuã⁴⁴ɕiã⁵²pɤ⁴⁴ŋɤ⁴⁴zĩ²²gɤʔ⁵kɑ⁴⁴］

有一日，让金牛星识得天高一星ᵉ仙女嘞，［iu²⁴ieʔ⁵nʌʔ³⁴，n̠iã²⁴kĩ⁴⁴n̠iu³⁴¹sĩ⁴⁴seʔ⁵dʌʔ³⁴
tʰiẽ⁴⁴kɤ⁴⁴eʔ⁴sĩ⁴⁴ɕiẽ⁴⁴n̠y⁵²lɛ⁰］一星ᵉ：一些

罗ᵉ到渠村东边山脚下底个湖里去洗浴。［lɔ²⁴tɤ³²⁴ŋɤ⁴⁴tsʰuʌ̃⁴⁴toŋ⁴⁴³piẽ⁴⁴sã⁴⁴tɕiaʔ⁵ɔ²²tie⁵²
gɤʔ⁰uə³⁴¹lie⁵²kʰɤʔ⁰ɕi⁴³iʌʔ³⁴］罗ᵉ：要

囊ᵉ金牛星就托班ᵉ个梦牛郎，［nã²²kĩ⁴⁴n̠iu³⁴¹sĩ⁴⁴tɕiɤ⁰tʰʌʔ⁵pã⁰gɤʔ⁵moŋ¹³¹n̠iu²⁴lã³⁴¹］班ᵉ：了

吆牛郎第二日天光早到末ᵉ湖边嘞去。［iɔ⁴⁴n̠iu²⁴lã⁰dɛ²²n̠²⁴nʌʔ³⁴tʰiẽ⁴⁴tɕiɔ̃⁴⁴tɕiɤ⁵²tɤ³²⁴
mɤʔ³uə²²piẽ⁴⁴lɛ⁰kʰɤʔ⁰］天光早：早晨

旁乙星ᵉ仙女倚末ᵉ个洗浴个缝ᵉ节嘞，［biã²²eʔ⁴sĩ⁴⁴ɕiẽ⁴⁴n̠y⁵²geʔ²⁴mɤʔ³gɤʔ⁰ɕiʔ⁴³iʌʔ³⁴gɤʔ⁰
vã²⁴tse⁵²lɛ⁰］旁：趁。倚：在。末ᵉ个：那个

尔帮渠带样一件仙女挂得末ᵉ树高个衣裳。［n²⁴pɤ⁴⁴ŋɤ⁴⁴tɛ⁴⁴iã⁵²ieʔ⁵dʑiẽ¹³¹ɕiẽ⁴⁴n̠y⁵²kuɑ⁴⁴
dʌʔ⁰mɤʔ³dʑiu²²kɤ⁴⁴gɤʔ⁰i⁵²iã⁰］样：这么。树高：树上

衣裳痱ᵉ到手里，［i⁵²iã⁰pue⁵²tɤ³²⁴tsʰuə⁴³le²²］痱ᵉ：拿

尔头脑壳都弗车꞊顶，[n²⁴du²²nɔ⁰kʰʌʔⁿtɤʔ⁰fɤʔ⁵tɕʰiɛ⁴⁴tĩ⁵²] 头脑壳：头。车꞊顶：掉转

直途逃到处里。[dieʔ³du³⁴¹dɤ²⁴dɤ⁰tsʰuəʔⁿlĩ⁵²] 直途：直接

乙样尔就会得到乙个仙女痹꞊尔做老嬷。[ieʔ⁵iã⁰n²⁴dʑieʔ³uɛ²⁴tieʔ⁵dɤ⁰ieʔ⁵gɛ⁰ɕiɛ⁴⁴ȵy⁵²pue⁵² n²⁴tsɔ⁵²lɤ²²mɑ²⁴] 乙样：这样。痹꞊：给。老嬷：妻子

囊꞊第二日天光，[nã²²dɛʔⁿn²⁴nʌʔ³⁴tʰiɛ⁴⁴tɕiɔ⁴⁴]

乙个半信半疑个牛郎嘞走到湖边去。[ieʔ⁵gɤʔ⁰pʌ̃⁴⁴sĩ³²⁴pʌ̃⁴⁴ŋĩ³⁴¹gɛ⁰ȵiu²⁴lã³⁴¹lɛ⁰tɕiu⁵²dɤ²⁴ uə²²piɛ̃⁴⁴kʰɤʔ⁰]

末꞊缝꞊节天有点儿虾꞊儿虾꞊儿光儿。[mɤʔ³⁴fʌ̃⁵²teʔ⁴tieʔ⁵iu²²ȵiɛ²⁴nⁿxɔ̃⁵xɔ̃⁴⁴tɕiɔ̃⁵²nⁿ]

　　虾꞊儿虾꞊儿光儿：蒙蒙亮

哎，渠一促꞊，[e⁴⁴，ŋɤ⁴⁴ieʔ⁴tsʰɤʔ⁵] 促꞊：看

果真是个，一个两个，[kɔ⁴³tsĩ⁴⁴dʑi²⁴gɛ⁰，ieʔ⁵gɛ⁰lɔ̃²⁴gɛ⁰]

三个四个五个六个七个，[sã⁴⁴gɛ⁰ɕi³²⁴gɛ⁰ŋuʌ²⁴gɛ⁰laʔ³gɛ⁰tsʰʌʔ⁵gɛ⁰]

正式有七个交关子꞊待꞊个大女儿，[tsĩ⁴⁵seʔⁿiu²⁴tsʰʌʔⁿgɛ⁰tɕye²⁴kuã⁴⁴tsɿ⁴³dɛ²⁴gɛ⁰dɔ²² nɑ²²n⁵²] 子꞊待：漂亮。大女儿：大姑娘

徛末꞊个湖里洗浴。[gɛ²⁴mɤʔ³kʰɤʔ⁰uə³⁴¹lie⁵²ɕiⁿy⁵²] 徛：在

囊꞊渠就马高轻꞊去，[nã²²ŋɤ⁴⁴dʑiu⁰miɛ²⁴kɤ⁵²kʰĩ⁴³kʰɤʔ⁰] 马高：马上。轻꞊去：赶去

带末꞊树高带班꞊一件粉红个衣裳，[tɛ⁴⁴mɤʔ³dʑiu²²kɤ⁴⁴tɛ⁴⁴pã⁰ieʔ⁴dʑiɛ̃¹³¹fã⁴³oŋ⁵²gɛ⁰i⁵² iã⁰] 树高：树上

飞箭一样逃到处里。[fi⁴⁴tɕiɛ̃⁵²ieʔ⁴iã⁰dɤ²⁴dɤ⁰tsʰuəʔ⁴lĩ⁰]

其实，让侬抢去衣裳个仙女呢就得叫织女。[dʑi²⁴zəʔ⁰，ȵiã¹³¹nã⁰tɕʰiã⁴³kʰɤʔⁿiⁿiã⁰gɛ⁰ ɕiɛ̃⁴⁴ȵy⁵²lɛ⁰dʑieʔ³təʔ⁵iɤ⁴⁴tseʔ⁴ȵy⁵²]

囊꞊当日暝前，[nã²²tã⁴⁴nʌ̃³⁴mĩ²⁴zue⁰] 暝前：深夜

织女就磕开牛郎个门，[tseʔ⁴ȵy⁵²dʑieʔ³kʰɤʔⁿkʰe⁴⁴ȵiu²⁴lã³⁴¹gɛ⁰mɔ̃³⁴¹] 磕：敲

囊꞊两侬就成为一对恩爱个夫妻。[nã²²lɔ̃²²nã³⁴¹dʑiu²²zĩ²²ue³⁴¹ieʔ⁵tue³²⁴ɔ̃⁴⁴ɛ⁵²gɛ⁰fuə⁴⁴ tsʰe⁴⁴]

目睛子一晗三年过去罢，[mɛʔ³tsĩ⁴⁴tsɿ⁰ieʔ⁴gɑʔ³sã⁴⁴ȵiɛ̃³⁴¹tɕye⁵²kʰɤʔ⁰bɛ⁰] 目睛子：眼睛

牛郎跟织女生班꞊一儿一女两个妹妹。[ȵiu²⁴lã³⁴¹kɔ̃⁴⁴tseʔ⁴ȵy⁵²sĩ⁴⁴pã⁰ieʔ⁴n⁵²ieʔ⁴nɑ¹³¹lɔ̃²⁴ gɛ⁰mue²mue²⁴] 妹妹：小孩

一家侬得꞊过得交关开心，[ieʔ⁴ka⁴⁴nã³⁴¹tɤʔ⁵tɕye⁵²təʔ⁵tɕye⁴⁴kuã⁴⁴kʰe⁴⁴sĩ⁴⁴]

但是嘞，织女隔꞊曲꞊私自下凡，[dã²²dʑi⁰lɛ⁰，tseʔ⁴ȵy⁵²kaʔ⁴tɕʰyʌʔ⁵sɿ⁴⁴dzʅ¹³¹ɔ̃³⁴⁴vã¹³¹]

隔ᵇ曲ᵇ：偷偷地

事干嘞让玉皇大帝识得罢。[ze²⁴kɔ̃⁰lɛ⁰n̠iã¹³¹n̠yʌʔ³uã³⁴¹dɑ²²ti⁵²ɕieʔ⁵teʔ⁰bɛ⁰]事干：事情

哦！囊ᵇ莫得怪罢。[ɔ⁵²！ nã²²mʌʔ³təʔ⁵kuɛ³²⁴bɛ⁰]

末ᵇ日就雷公索ᵇ闪，[mʌʔ³⁴n̠ʌʔ⁰dʑiu²²lue²²koŋ⁴⁴sʌʔ⁴ɕiɛ̃³²⁴]雷公：雷。索ᵇ闪：闪电。

琴ᵇ狂ᵇ山天，乌风迷蛟，[gĩ⁴³guã⁵²sã⁴⁴tʰiɛ⁴⁴，uɔ⁵²fã⁴⁴mi²⁴tɕiɔ⁰]琴ᵇ狂ᵇ：拟声词，形容雷声大

刮起班ᵇ一才ᵇ一才ᵇ个大风。[kuaʔ⁵tɕʰiⁱ⁵pã⁰ieʔ⁴zeʔ³⁴¹ieʔ⁴zeʔ³⁴¹gɛ⁰dɔ²²fã⁴⁴]一才ᵇ：一阵

天高动ᵇ下来交关大交关大个泼天大雨，[tʰiɛ⁴⁴kʌ⁴⁴doŋ²²ɔ²⁴liⁱtɕyeʔ⁴kuã⁴⁴dɔ²²tɕyeʔ⁴kuã⁴⁴dɔ²²gɛ⁰pʰʌʔ⁵tʰiɛ⁴⁴dɔ²²yʌʔ³⁴]动ᵇ：下（雨或雪）

嘿，突然织女［弗曾］促ᵇ得罢！［ xɛ⁴⁴，dɛʔ³iɛ̃³⁴¹tseʔ⁴n̠y⁵²fã⁵²tsʰʌʔ⁴tʌʔ⁵pɛ⁰ ］

囊ᵇ两个妹妹［弗曾］促ᵇ得娘嘞渠就啼起，[nã²²lɔ̃²⁴gɛ⁰mueⁱmue²⁴fã⁵²tsʰʌʔ⁵tʌʔ⁵n̠iã³⁴¹lɛ⁰ŋʌ²²dʑiu⁰die³⁴¹ɕi⁰]啼：哭

罗ᵇ危ᵇ婆婆婆婆，罗ᵇ去寻婆。[lɔ²²ue³⁴¹mue⁵²mue⁵²mue⁵²mue⁵²，lɔ²²kue⁴⁴zĩ²⁴mue⁵²]危ᵇ：大声喊。婆：母亲

囊ᵇ小鬼危ᵇ婆，[nã²²ɕiʌ⁴³kue⁵²ue³⁴¹mue⁵²]

囊ᵇ牛郎嘞心里得ᵇ跟滴血样个。[nã²²n̠iu²⁴lã³⁴¹lɛ⁰si⁴⁴¹ʌʔ⁴tʌʔ⁴kʌʔ⁵tieʔ⁴ɕyʌʔ⁵iã⁰gʌʔ⁰]

渠讲嘞："天天天，囊ᵇ吼我怎弄法？"［ ŋʌ²²kɔ̃⁵²lɛ⁰：tʰiɛ⁴⁵tʰiɛ⁴⁴tʰiɛ⁴⁴nã²²iɔ⁴⁴ŋɑ²⁴dzĩ²⁴loŋ²⁴faʔ⁵]

突然，渠处里乙秃ᵇ老牛嘞开喙罢：[dɛʔ³iɛ̃³⁴¹，ŋʌ²²tsʰuəʔ⁴lĩ⁵²eʔ⁵tʰʌʔ⁰lʌ²²n̠iu²⁴lɛ⁰kʰe⁴⁴tɕʰy⁵²pɛ⁰]

"末ᵇ尔弗罗ᵇ急弗罗ᵇ慌，[mʌʔ³⁴n²⁴fʌʔ⁴lɔ²⁴tɕieʔ⁰fʌʔ⁴lɔ²⁴ɕyɔ̃⁴⁴]

尔帮我头高个两只角带下来嘞，[n²⁴pã⁴⁴ŋɑ²⁴du²⁴kʌ⁴⁴gʌʔ⁰lɔ̃²⁴tseʔ⁵kʌʔ⁵tɛ⁴³ɔ²⁴liⁱlɛ⁰]

就会变得两只箩。[dʑieʔ³ue²⁴piɛ̃⁴³tʌʔ⁵lɔ̃²⁴tseʔ⁵lɛ³⁴¹]

尔痱ᵇ两个妹妹嘞装在两只箩里头嘞，[n²⁴pue⁵²lɔ̃²⁴gɛ⁰mueⁱmue²⁴lɛ⁰tsɔ̃⁴⁴tseʔ⁵lɔ̃²⁴tseʔ⁵lɛ³⁴¹lʌʔ⁴du²⁴lɛ⁰]

尔就飞得天公高里寻尔个织女。"[n²⁴dʑieʔ³fi⁴⁴tʌʔ⁵tʰiɛ⁴⁴koŋ⁴⁴kʌ⁴⁴lʌʔ⁴zĩ²⁴n²⁴gɛ⁰tseʔ⁴n̠y⁵²]天公：天空

囊ᵇ牛郎嘞躲个默神呢：[nã²²n̠iu²⁴lã³⁴¹lɛ⁰tɔ⁵²gɛ⁰mʌʔ³⁴zĩ³⁴¹nɛ⁰]躲ᵇ个：暗自。默神：思考

"耶，古怪，乙个牛怎会谈天个嘞？"[ie²⁴，ku⁴⁴kuɛ³²⁴，ieʔ⁵gʌʔ⁰n̠iu³⁴¹dzĩ²⁴ueⁱdã²²tʰiɛ⁴⁴gɛ⁰lɛ⁰]谈天：说话

坎ᵇ好徛渠默神个缝ᵇ节嘞，[kʰã⁴⁴xʌ⁵²gɛ²⁴ŋʌ²²mʌʔ³⁴zĩ³⁴¹gɛ⁰vã²⁴tse⁵²lɛ⁰]坎ᵇ好：刚好

末ᵇ牛栗ᵇ角正式跌得地嘞罢，[mʌʔ³⁴n̠iu³⁴¹lʌʔ⁵kʌʔ⁵tsĩ⁴³seʔ⁵tieʔ⁴tʌʔ⁵di²²lɛ⁰bɛ⁰]牛栗ᵇ角：牛角

变班ᵇ两只箩。[piɛ̃⁴³pã⁰lɔ̃²⁴tseʔ⁵lɛ³⁴¹]

囊ᵈ渠就拼命寻班ᵈ一兜担笕，[nã²²ŋɤ²²dʑieʔ³pʰĩ⁴⁴mĩ¹³¹zĩ²⁴pã⁰ieʔ⁵tiu⁴⁴tã⁴⁴tiu⁴⁴] 一兜：一根。担笕：扁担

穿起两只箩，[tsʰuĩ⁴⁴tɕʰi⁰lɔ̃²⁴tseʔ⁵lɛ³⁴¹]

挑得肩头膀高。[tʰiɤ⁴⁴tʌʔ⁵tɕiẽ⁴⁴du⁰piã⁵²kɤ⁴⁴]

嘿！背后突然有一才ᵈ凉风哪，[xe⁰！ pue⁴³u²⁴dɛʔ³iẽ³⁴¹iu²⁴ieʔ⁴zɛ³⁴¹liã²²foŋ⁴⁴ŋɑ⁰]

末ᵈ两只箩就马高变得两只肉膀样个，[mɤʔ³⁴lɔ̃²⁴tseʔ⁵lɛ³⁴¹dʑieʔ³mie²⁴kɤ⁴⁴piẽ⁴³təʔ⁵lɔ̃²⁴tseʔ⁵n̠iʌʔ³piã⁵²iã⁰gɤʔ⁰] 肉膀：翅膀

会飞起罢。[uɛ²⁴fi⁴⁴tɕʰi⁰bɛ⁰]

囊ᵈ就腾云驾雾向天高飞去飞去，飞去飞去。[nã²²dʑiu²²doŋ²⁴uĩ³⁴¹tɕiɑ⁴³u²⁴ɕiã⁴⁴tʰiẽ⁴⁴kɤ⁴⁴fi⁴⁴kʰɤʔ⁰fi⁴⁴kʰɤʔ⁰，fi⁴⁴kʰɤʔ⁰fi⁴⁴kʰɤʔ⁰]

明促ᵈ得马高就罗ᵈ追上织女罢。[mĩ²⁴tsʰɤʔ⁵tʌʔ⁵mie²⁴kɤ⁴⁴dʑiu²²lɔ²⁴tɕy⁴⁴dʑiã²²tseʔ⁴n̠y⁵²bɛ⁰]

嘿！倚乙缝ᵈ节事干弗好嬉罢，[xe⁰！ gɛ²⁴ieʔ⁵vã²⁴tse⁵²ze²⁴kɔ̃⁰fʌʔ⁵xɤ⁵²ɕi⁴⁵bɛ⁰] 倚：在。嬉：玩。

让王母娘娘发现罢。[n̠iã¹³¹uã²²mu⁵²n̠iã²⁴n̠iã⁰faʔ⁵iẽ¹³¹bɛ⁰]

囊ᵈ王母娘娘从头脑壳高拔下来一兜金钗，[nã²²uã²²mu⁵²n̠iã²⁴n̠iã⁰dzoŋ²⁴du²²nɔ⁰kʰʌʔ⁵kɤ⁴⁴baʔ³⁴ɔ²⁴li⁰ieʔ⁴tiu⁴⁴kĩ⁴⁴tsʰɛ⁴⁴]

向牛郎跟织女中央心一划划记去，[ɕiã⁴³n̠iu²⁴lã³⁴¹kɔ̃⁴⁴tseʔ⁴n̠y⁵²toŋ⁴³iã⁴³sĩ⁴⁴ieʔ⁴uaʔ³⁴uaʔ³tɕie⁰kʰɤʔ⁰] 中央心：中间。划记去：划下去

啁！莫得怪就变得一兜波涛滚滚个天河。[xɔ⁴⁴！ mɤʔ³tɤʔ⁵kuɛ³²⁴dʑieʔ³piẽ⁴³tɤʔ⁵ieʔ⁵tiu⁴⁴pɔ⁴⁴tʰɔ⁴⁴kuɔ̃⁴³kuɔ̃⁵²gɤʔ⁵tʰiẽ⁵²ɔ⁰] 一兜：一条。

常山依吆天溪。[dʑiã²²sã⁴⁴nã⁰iɔ⁴⁴tʰiẽ⁴⁴tɕʰie⁴⁴]

末ᵈ溪面阔得倚乙面望弗着对岸。[mɤʔ³⁴tɕʰie⁴⁴miẽ⁵²kʰuʌʔ⁵təʔ⁵gɛ²⁴ieʔ⁵miẽ⁵²miã⁵²fʌʔ⁵dʌʔ⁰tue⁴³ɔ̃¹³¹]

囊ᵈ从此以后，牛郎织女渠老公老嬷就痱ᵈ渠分隔开来罢。[nã²²dzoŋ²²tsʰɿ̩⁵²i⁴³u²⁴，n̠iu²⁴lã³⁴¹tseʔ⁴n̠y⁵²ŋɤ²²lɤ²²koŋ⁴⁴lɤ²²mɑ²⁴dʑiu²²pue⁵²ŋɤ²²fɔ̃⁴⁴kaʔ⁴kʰɛ⁴⁴li⁰bɛ⁰] 老公老嬷：夫妻。

再讲嘞乙个喜鹊交关同情牛郎织女，[tsɛ⁴⁴kɔ̃⁵²lɛ⁰ieʔ⁵gɤʔ⁵ɕi⁴³tɕʰiaʔ⁵tɕyeʔ⁵kuã⁴⁴doŋ²²zĩ³⁴¹n̠iu²⁴lã³⁴¹tseʔ⁴n̠y⁵²]

每年个阴历七月初七，[mue²²n̠iẽ³⁴¹gɤʔ⁰ĩ⁰⁴⁴lieʔ³⁴tsʰʌʔ⁵ŋɤʔ⁰tsʰi⁴⁴tsʰʌʔ⁵]

有成千上万只喜鹊飞得天溪高顶。[iu²⁴zĩ²²tɕʰiɛ̃⁴⁴dʑiã²⁴mã⁵²tseʔ⁵ɕi⁴³tɕʰiaʔ⁵fi⁴⁴təʔ⁵tʰiɛ̃⁴⁴

　　tɕʰieʔ⁰kɤ⁴⁴tĩ⁵²] _{高顶:上面}

一只锄꞊得前头一只尾蔸，[ieʔ⁴tseʔ⁵za²²təʔ⁵zue²²du²⁴ieʔ²⁴tseʔ⁵mi²²tiu⁴⁴] _{锄꞊:鸟类用嘴取食或}

　　咬,相当于"啄"。尾蔸:尾巴

一只锄꞊一只，一只接一只，[ieʔ⁴tseʔ⁵za²²ieʔ⁴tseʔ⁵, ieʔ⁴tseʔ⁵tɕiaʔ⁵ieʔ⁴tseʔ⁵]

囊꞊接班꞊一蔸交关长交关长个鹊桥，[nã²²tɕiaʔ⁵pã⁵²ieʔ⁵tiu⁴⁴tɕyeʔ⁴kuã⁴⁴dɔ̃³⁴¹tɕyeʔ⁴

　　kuã⁴⁴dɔ̃³⁴¹gɤʔ⁰tɕʰiaʔ⁴dʑiɤ³⁴¹]

让牛郎织女相会团聚。[ȵiã¹³¹ȵiu²⁴lã³⁴¹tseʔ⁴ȵy⁵²ɕiã⁴⁴uɛ¹³¹duɤ²⁴dʑy¹³¹]

　　古代的时候，有一个小伙子，他爸妈都去世了，他一个人孤苦伶仃，家里只有一头老牛，大家都叫他牛郎。牛郎就靠这一头老牛帮他耕田谋生。他和这头老牛相依为命。这头老牛其实是天上的金牛星。金牛星非常喜欢牛郎的勤劳和善良，所以非常想帮他成个家。

　　有一天，金牛星知道天上有一些仙女，要到村东边山脚下的湖里去洗澡。然后，金牛星就托了一个梦给牛郎，对牛郎说："第二天天刚亮就到湖边去，趁这些仙女在那里洗澡的时候，你拿一件仙女挂在树上的衣服。衣服拿在手里后，你头也不要回，直接跑回家里去。这样，你就会有一个仙女给你做老婆。"

　　第二天早上，牛郎半信半疑地走到湖边去。那时候，天还只有一点蒙蒙亮。到了那里，他一看，果然有七个非常标致的大姑娘在那个湖里洗澡。他马上急忙赶到湖边，拿了树上一件粉红色的衣服，飞一样跑到家里。其实让他抢去衣服的那个仙女叫作织女。当天夜里，织女就敲开牛郎的门，然后两个人就结为一对恩爱夫妻。

　　眼睛一眨，三年过去了，牛郎和织女生了一儿一女，一家人过得非常开心。但是，织女偷偷私自下凡的事情让玉皇大帝知道了。哦！那不奇怪了。那天打雷闪电，黑风四起，刮起了一阵一阵的大风，天上下了非常大非常大的泼天大雨。突然，织女不见了！两个小孩找不到妈妈，就开始哭起来。他们喊："娘啊娘啊，你去哪里了？"小孩子叫娘，牛郎心里就和滴血一样，说："天天天，这可叫我怎么办？"突然，家里那头老牛就开口了："你不要急不要慌，你把我头上的两只角拿下来，就会变成两只箩。你把两个小孩装在两只箩里，你就飞到天上去找你的织女。"牛郎正暗自思考："咦，古怪，牛怎么会说话呢？"他在思考的时候，那牛角就掉到了地上，变成了两只箩。然后，他找了一条扁担，串起两只箩，挑到肩膀上。嘿！突然身后一阵凉风，那两只箩就马上变得像两只翅膀一样，会飞起来了。然后就腾云驾雾向天上飞去飞去，飞去飞去。眼看着马上就要追上织女了。

这时候，事情不好了，被王母娘娘发现了。那王母娘娘从头上拔下一条金钗，向牛郎织女的中间划去。嗬！那就怪不得了，它变成了一条波涛滚滚的天河。常山人叫天溪。那溪面宽得从这一边望不到那一边。从此以后，牛郎织女这一对夫妻就被分隔开来了。

再说喜鹊非常同情牛郎织女。每年的阴历七月初七，有成千上万只喜鹊飞到天溪上。一只咬着前面一只的尾巴，一只咬着一只，一只接着一只。这样，接了一条很长很长的鹊桥，让牛郎织女相会团聚。

（2018 年 7 月，发音人：王生根）

三、自选条目

谚语

吃班⁼端午粽，［tɕʰieʔⁿpã̃⁰tɔ̃⁴⁴ŋuə⁵²tsoŋ³²⁴ ］
还有三日冻。［gɤʔ³iu²⁴sã̃⁴⁴nʌʔ⁰toŋ³²⁴ ］

吃班⁼元宵酒，［tɕʰieʔⁿpã̃⁰nʑyʌ̃²²ɕiɤ⁴⁴tsuə⁵² ］
工夫弗离手。［koŋ⁴⁴fuə⁴⁴fʌʔ⁴li³⁴¹tsʰuə⁵² ］

初三头，［tsʰi⁴⁴sã̃⁴⁴du³⁴¹ ］头：日头
初六雪，［tsʰi⁴⁴laʔ³ɕyʌʔ⁵ ］
初七初八动⁼勿歇。［tsʰi⁴⁴tsʰʌʔ⁵tsʰi⁴⁴paʔ⁵doŋ²²fʌʔ⁴ɕieʔ⁵ ］

春天小鬼面，［tsʰuĩ⁴⁴tʰiɛ̃⁴⁴ɕiɤ⁴³kue⁵²miɛ̃¹³¹ ］小鬼：小孩
一日变三变。［ieʔ⁵nʌʔ⁰piɛ̃⁴⁴sã̃⁴⁴piɛ̃³²⁴ ］

冬间响雷公，［toŋ⁴⁴kã̃⁵²ɕiã̃⁵²luɛ²²koŋ⁴⁴ ］响雷公：打雷
十个牛栏九个空。［zɛʔ³⁴kɛ⁰niu²⁴lɔ̃⁰tɕiu⁵²kɛ⁰kʰoŋ⁴⁴ ］

冬雪赛糖霜，［toŋ⁴⁴ɕyʌʔ⁵sɛ⁴³dã̃²²sɔ̃⁴⁴ ］

春雪似砒霜。［tsʰuĩ⁴⁴ɕyʌʔ⁵dʐi²⁴pʰi⁴⁴sɔ̃⁴⁴］

冬至头，［tã⁵²tsi⁰du³⁴¹］
冻死狗；［toŋ⁴⁴sɿ⁵²ku⁵²］
冬至尾，［tã⁵²tsi⁰mi²⁴］
出门弗带被。［tsʰεʔ⁴mɔ̃³⁴¹fʌʔ⁴tε⁴⁴bi²⁴］

端午弗带扇，［tɔ̃⁴⁴ŋuə⁵²fʌʔ⁴tε⁴⁴ɕiɛ̃³²⁴］
早粙丢一半。［tɕiɤ⁵²diu²⁴tiu⁴⁴ieʔ⁴pɔ̃³²⁴］

伏雨贵如油，［vʌʔ³y⁵²kue⁴³lu¹³¹iu³⁴¹］
春雨遍地流。［tsʰuĩ⁴⁴y⁵²pʰiɛ̃⁴⁴di⁴²liu³⁴¹］

高山雷公响，［kɤ⁴⁴sã⁴⁴lue²²koŋ⁴⁴ɕiã⁵²］雷公：雷
大胆晒衣裳。［dɔ²²tã⁵²sa⁴⁴i⁵²iã⁰］

六月六，［laʔ³ŋɤʔ³⁴laʔ³⁴］
鸡子晒得熟。［ie⁴³tsɿ⁵²sa⁴⁴təʔ⁴zɤʔ³⁴］鸡子：鸡蛋

苍蚁搬家，［tsʰɔ⁴³ŋε⁵²bɔ̃²²kɑ⁴⁴］苍蚁：蚂蚁
大水氽沙。［dɔ²²y⁵²tʰuɔ̃⁴³sɑ⁴⁴］

懵里懵懂，［moŋ²²li⁴⁴moŋ²²toŋ⁵²］
清明下种。［tsʰĩ⁵²mĩ⁰ɔ²²ioŋ⁵²］

清明发芽，［tsʰĩ⁵²mĩ⁰faʔ⁴ŋɑ³⁴¹］
谷雨采茶。［kɤʔ⁵ye²⁴tsʰε⁴³dzɑ³⁴¹］

清爽冬至邋遢年，［tsʰĩ⁴⁴sɔ̃⁵²tã⁵²tsi⁰laʔ³tʰaʔ⁵n̠iɛ̃³⁴¹］清爽：干净，指晴天。邋遢：肮脏，指雨雪天
邋遢冬至清爽年。［laʔ³tʰaʔ⁵tã⁵²tsi⁰tsʰĩ⁴⁴sɔ̃⁵²n̠iɛ̃³⁴¹］

雷捶钟，［lue²⁴dzɛ²²tsoŋ⁴⁴］捶：撞

两头空。［lɔ̃²²du²²koŋ⁴⁴］

春天女儿面，［tsʰuĩ⁴⁴tʰiɛ̃⁴⁴nɑ²²n²²miɛ̃¹³¹］

一日变三遍。［ieʔ⁵nʌʔ⁰piɛ̃⁴⁴sã⁴⁴piɛ̃³²⁴］

（以上 2018 年 7 月，发音人：陈土根）

开　化

一、歌谣

袅袅袅

袅袅袅，坐花轿；［n̠iɑɯ⁵³n̠iɑɯ⁵³n̠iɑɯ⁵³，zuei²¹xuɑ⁴⁴dʑiəɯ²¹³］袅：摇

花轿顶，摭糕饼；［xuɑ⁴⁴dʑiəɯ²¹tin⁵³，tɕiaʔ⁵kəɯ⁴⁴pin⁵³］摭：捡

糕饼香，煮面爿；［kəɯ⁴⁴pin⁵³ɕiã⁴⁴，iɛ⁴⁴miɛ̃²¹bã²³¹］面爿：面片

面爿熟，何侬食？［miɛ̃²¹bã²³¹dʑyoʔ¹³，gɑ²¹nɤŋ²³¹iaʔ¹³］何侬：谁。食：吃

大家食。［dɑ²¹kɑ⁴⁴iaʔ¹³］

鸪鸪求晴

鸪鸪求晴，［ku²ku⁴⁴dʑiʊ²³¹ʑin²³¹］鸪鸪：斑鸠

老嬷撑船，［ləɯ²¹mɑ⁴⁴tsʰã̃⁴⁴ʑyn²³¹］老嬷：老婆

撑船到华埠，［tsʰã̃⁴⁴ʑyn²³¹təɯ⁴⁴uɑ²¹puo⁵³］

当块豆腐，［tã⁴⁴kʰuɛ⁴⁴du²¹fuo⁵³］

豆腐熇焦，［du²¹fuo⁵³kʰəɯ⁴⁴tsəɯ⁴⁴］熇：煎

老嬷烂骹。［ləɯ²¹mɑ⁴⁴lã²¹kʰəɯ⁴⁴］骹：脚

草蚁牯牯

草蚁牯牯，［tsʰuo⁴⁴ŋa²¹³kuo⁴⁴kuo⁰］草蚁：蚂蚁。牯：公

草蚁娘娘，［tsʰuo⁴⁴ŋa²¹³n̠iã²¹n̠iã⁰］娘：母

出来担你个大尾苍蝇尝尝。［tɕʰyaʔ⁵lɛ⁰nã²¹n̠i²¹gəʔ⁰dɔ²¹min²¹tsʰoŋ⁴⁴ɕin⁵³ʑiã²³¹ʑiã⁰］担：给

细细开化县

细细开化县，［sɛ⁴⁴sɛ⁴⁴kʰɛ⁴⁴xuɑ⁴¹²yɛ̃²¹³］细：小

三爿豆腐店；［sã⁴⁴bã²³¹du²¹fuo⁵³tiɛ̃⁴¹²］

南门捶胐臀，［nã²¹mɤŋ²³¹dza²³¹kʰɔʔ⁵duõ²³¹］捶：打。胐臀：屁股

北门听得见。［paʔ⁵mɤŋ²³¹tʰin⁴⁴dəʔ⁰iɛ̃⁴¹²］

雪花飞飞

雪花飞飞，［ɕiaʔ⁵xuɑ²¹fi⁴⁴fi⁴⁴］

腊肉炊炊；［laʔ²n̠yoʔ¹³tɕʰy⁴⁴tɕʰy⁵³］炊：蒸

鸡子炖炖，［iɛ⁴⁴tsɿ⁵³tuõ⁴⁴tuõ⁴¹²］鸡子：鸡蛋

食食睏睏。［iaʔ²iaʔ¹³kʰuõ⁴⁴kʰuõ⁴¹²］睏：睡

春调花

春调花，满山红；［tɕʰyn⁴⁴diɯ²¹xuɑ⁴⁴，mɛn²¹sã⁴⁴ɤŋ²³¹］春调花：映山红

年枧花，细蓬蓬；［n̠iɛ̃²¹tɕiɛ̃⁴⁴xuɑ⁴⁴，sɛ⁴⁴bɤŋ²¹bɤŋ²¹³］年枧花：一种檵木的花，白色

国国柴，大蓬蓬；［kuaʔ⁴kuaʔ⁵za²¹³，dɔ²¹bɤŋ²¹bɤŋ²¹³］国国柴：一种细而脆的柴

青头女儿钻田蓬。［tɕʰin⁴⁴du²¹na²¹n̠i⁵³tsuei⁴⁴diɛ̃²³¹bɤŋ²¹³］青头女儿：青春少女。田蓬：柴草垛

乙儿额

乙儿额，额儿额，［iɛʔ⁵n⁵³ŋaʔ¹³，ŋaʔ¹³n⁵³ŋaʔ¹³］乙儿额：拉磨的叽嘎声

拖粉请侬客，［tʰa⁴⁴fən⁵³tɕʰin⁵³nɤŋ²¹kʰaʔ⁵］拖粉：拉磨磨粉。侬客：客人

侬客请弗着，［nɤŋ²¹kʰaʔ⁵tɕʰin⁵³fəʔ⁵daʔ¹³］

妹妹自家食。［mɛ²mɛ²¹³ʑiɛʔ²kɑ⁴⁴iaʔ¹³］妹妹：小孩子

罢罢背

罢罢背，买杨梅；［bɑ²bɑ²¹³pɛ⁴¹²，mɑ²¹iã²¹mɛ⁵³］罢罢背：把孩子驮在背上摇

杨梅红，处里女儿好嫁侬。［iã²¹mɛ⁵³ɤŋ²³¹，tɕʰyo⁴⁴li²¹³nɑ²¹n̩i⁵³xəɯ⁵³kɑ⁵³nɤŋ²³¹］处：家

开化三件宝

开化三件宝，［kʰɛ⁴⁴xuɑ⁵³sã⁴⁴dʑiɛ̃²¹³pəɯ⁵³］

爬山过岭当棉袄，［biɛ²¹sã⁴⁴tɕyɛ⁵³lin²¹³toŋ⁴⁴miɛ̃²¹əɯ⁵³］

辣椒哼当油炒，［lɑʔ²tɕiəɯ⁴⁴bəʔ⁰toŋ⁴⁴iʊ²¹tsʰəɯ⁵³］

番薯干哼当蜜枣。［fã⁵³dʑiɛk⁰oŋ⁴⁴bəʔ⁰toŋ⁴⁴miɛʔ²tsəɯ⁵³］

七岁得侬憎

七岁得侬憎，［tɕʰiɛʔ⁵sɛ⁴¹²təʔ⁵nɤŋ²³¹tɕin⁴⁴］得：被

八岁得侬嫌，［pəʔ⁵sɛ⁴¹²təʔ⁵nɤŋ²³¹iɛ̃²³¹］

九岁□有大半年。［tɕiʊ⁴⁴sɛ⁴¹²gəʔ²iʊ²¹³dɔ²¹pɛn⁵³n̩iɛ̃²³¹］□：还

（以上 2018 年 7 月，发音人：凌润初）

第二章　规定故事

牛郎和织女

徛危险危险早以前，［gɛ²¹uei²¹ɕiɛ̃⁵³uei²¹ɕiɛ̃⁵³tɕiəɯ⁵³i⁵³zuɛ²³¹］徛：在。危险：很

有个小后生儿，［iʊ²¹gəʔ⁰ɕiɛ⁴⁴u²¹sã⁵³n̩i⁰］小后生儿：小伙子

渠侬嘞爷娘嘞过辈得早，［gəʔ²nɤŋ²³¹lɛ⁰yo²¹n̩iã²³¹lɛ⁰tɕyɛ⁵³pɛ⁰dəʔ⁰tɕiəɯ⁵³］渠侬：他。爷娘：
　父母。过辈：去世

处里嘞何西得⁼无个，［tɕʰyo⁵³li⁰lɛ⁰gɑ²¹sɛ⁴⁴təʔ⁵muo⁵³gəʔ⁰］何西：什么。得⁼：都

只有一头老牛，［tsʅ⁴⁴iʊ²¹iɛʔ⁵du⁰ləɯ²¹n̩iu²³¹］

所以讲村坊大家嘞就讴渠牛郎。［sɔ⁴⁴i²¹koŋ⁵³tsʰuõ⁴⁴fiã⁴⁴dɑ²¹kɑ⁴⁴lɛ⁰dʑiʊ²¹ɯ⁴⁴giɛ⁰n̩iʊ²¹³
　loŋ⁰］村坊：村庄。讴：叫

哎⁼哼乙个小后生儿嘞，［ɛ²¹bəʔ⁰iɛʔ⁵gəʔ⁰ɕiɛ⁴⁴u²¹sã⁵³n̩i⁰lɛ⁰］哎⁼哼：那么。乙个：这个

渠侬嘞就靠一头老牛耕田过日子个，［giɛ²¹ŋɤŋ²³¹lɛ⁰dʑiʊ²¹kʰəɯ⁴⁴iɛʔ⁵du⁰ləɯ²¹n̩iʊ²³¹kã⁴⁴
　diɛ̃²³¹tɕyɛ⁵³na²²tsʅə⁵³gəʔ⁰］

渠跟头老牛就是讲爱⁼扎⁼讲就相侬为命个。［giɛ²¹kɤŋ⁴⁴du⁰ləɯ²¹n̩iʊ²³¹dʑiʊ²¹dʑiɛʔ¹³

kɔŋ⁵³a⁴⁴tsaʔ⁵kɔŋ⁵³dʑiʊ²¹ɕiã⁴⁴i⁴⁴uei²¹min²¹³gəʔ⁰〕爱扎：现在

哎＝哼乙头老牛嘞是天高个金牛星，〔ɛ²¹bəʔ⁰iɛʔ⁵du⁰ləɯ²¹n̠iəɯ²³¹lɛ⁰dʑiɛʔ²tʰiɛ̃⁴⁴kəɯ⁵³
gəʔ⁰kɛn⁴⁴n̠iʊ²¹ɕin⁴⁴〕

渠侬促＝得乙个牛郎交关力目＝，〔gie²¹nɤŋ²³¹tsʰəʔ⁵dəʔ⁰iɛʔ⁵gəʔ⁰n̠iʊ²¹³lɔŋ⁰tɕio⁴⁴kuã⁵³
liɛʔ²məʔ¹³〕促＝得：看到。交关：非常。力目＝：勤快

侬哼又善良，心好，〔nɤŋ²³¹bəʔ⁰iʊ²¹ʑiɛ̃²¹³liã²¹，ɕin⁴⁴xəɯ⁵³〕

所以嘞渠侬一心想腹＝乙个牛郎成个处。〔sɔ⁵³i⁰lɛ⁰gie²¹nɤŋ²³¹iɛʔ⁵ɕin⁴⁴ɕiã⁵³pəʔ⁵iɛʔ⁵gəʔ⁰
n̠iʊ²¹³lɔŋ⁰dʑin²³¹gəʔ⁰tɕʰyo⁴¹²〕腹＝：给，帮

哎＝哼有一日嘞，〔ɛ²¹bəʔ⁰iʊ²¹iɛʔ⁵naʔ¹³lɛ⁰〕

乙个金牛星啊渠听到讲，〔iɛʔ⁵gəʔ⁰kɛn⁴⁴n̠iʊ²¹ɕin⁴⁴a⁰gie²¹tʰin⁴⁴təɯ⁰kɔŋ⁵³〕

天高哎＝个七仙女啊，〔tʰiɛ̃⁴⁴kəɯ⁵³ɛ²¹kəʔ⁵tɕʰiɛʔ⁵ɕiɛ̃⁴⁴n̠y⁵³a⁰〕天高：天上。哎＝个：那个

助＝到该个村里个东边个山脚底啊有个湖个，〔za²¹təɯ⁵³kɛ⁴⁴gəʔ⁰tsʰuõ⁴⁴li⁰gəʔ⁰tɤŋ⁴⁴
piɛ̃⁴⁴gəʔ⁰sã⁴⁴tɕiaʔ⁵tiɛ⁵³a⁰iʊ²¹gəʔ⁰uo²³¹gəʔ⁰〕助＝：要

到里头去洗浴，〔təɯ⁵³li²¹du⁰kʰiɛ⁰ɕi⁵³yoʔ¹³〕

哎＝哼渠就托梦得乙个牛郎罢，〔ɛ²¹bəʔ⁰gie²¹dʑiʊ²¹tʰɔʔ⁵mɤŋ²¹³dəʔ⁰iɛʔ⁵gəʔ⁰n̠iʊ²¹³lɔŋ⁰
ba⁰〕

跟牛郎讲，〔kɛn⁴⁴n̠iʊ²¹³lɔŋ⁰kɔŋ⁵³〕

渠讲：牛郎啊，〔gəʔ²kɔŋ⁵³：n̠iʊ²³¹lɔŋ²³¹a⁰〕

明日天高啊个七仙女啊，〔mã²¹laʔ¹³tʰiɛ̃⁴⁴kəɯ⁵³a⁰kəʔ⁵tɕʰiɛʔ⁵ɕiɛ̃⁴⁴n̠y⁵³a⁰〕

助＝到我俫村里乙个湖里去洗浴嘎，〔za²¹təɯ⁵³a⁴⁴lɛ⁰tsʰuõ⁴⁴li⁰iɛʔ⁵gəʔ⁰uo²³¹li⁰kʰiɛ⁰ɕi⁵³
yoʔ¹³ga⁰〕

渠讲你去促＝，〔gəʔ²kɔŋ⁵³n̠i²¹³kʰiɛ⁴⁴tsʰəʔ⁵〕

尔促＝嘞乙个树高挂嘞有一件衣裳，〔n²¹tsʰəʔ⁵lɛ⁰iɛʔ⁵gəʔ⁰dʑiʊ²¹kəɯ⁴⁴kua⁵³lɛ⁰iʊ²¹iɛʔ⁵
dʑiɛ̃⁰a⁵³ʑiã⁰〕

你腹＝渠一担，〔n̠i²¹pəʔ⁵gie⁰iɛʔ⁵nã²¹³〕腹＝：把。担：拿

你就跑起归处，〔n²¹dʑiʊ²¹bəɯ²³¹tɕʰi⁰kuɛ⁴⁴tɕʰyo⁴¹²〕归处：回家

莫个回头，渠讲。〔məʔ²gəʔ¹³uɛ²³¹du²³¹，gəʔ²kɔŋ⁵³〕莫个：别，不要

哎＝哼嘞下昏嘞就有一个侬做你老嬷个。〔ɛ²¹bəʔ⁰lɛ⁰ɔ²¹xuõ⁴⁴lɛ⁰dʑiʊ²¹iʊ²¹iɛʔ⁵gəʔ⁰nɤŋ²³¹
tsɔ⁴⁴n̠i²¹ləɯ²³¹ma²¹³gɛ⁰〕下昏：晚上。老嬷：老婆

牛郎想有样个好事？〔ȵiʊ²³¹lɔŋ²³¹ɕiã⁵³iʊ²¹³iã⁵³gəʔ⁰xəɯ⁵³zuei⁰〕样：这样

渠是半信半疑个啦，〔gie²¹³dʑiɛʔ⁰pɛn⁴⁴ɕin⁴⁴pɛn⁴⁴ȵi²³¹gəʔ⁰la⁰〕

有样个好事？渠讲。〔iʊ²¹iã⁵³gəʔ⁰xəɯ⁵³zuei⁰？ gie²¹kɔŋ⁵³〕

哎⁼哼，第二日天一光，〔ɛ²¹bəʔ⁰，die²¹ȵi²¹naʔ¹³tʰiɛ⁴⁴iɛʔ⁵tɕyã⁴⁴〕光：亮

渠就爬起罢。〔gie²¹dʑiʊ²¹bie²³¹tɕʰiʔ⁰ba⁰〕

再渠忖忖乙个事干有无，〔tsɛ⁴⁴gie⁰tsʰuõ⁵³tsʰuõ⁰iɛʔ⁵gəʔ⁰zuei²¹kɔŋ⁵³iʊ²¹muo⁵³〕忖：想。事
　　干：事情

渠就走走走走，〔gie²¹dʑiʊ²¹tsɯ⁵³tsɯ⁵³tsɯ⁵³tsɯ⁵³〕

哎⁼日个天光嘞雾露交关大，〔ɛ²¹naʔ¹³gəʔ⁰tʰiɛ⁴⁴tɕyã⁴⁴lɛ⁰mɤŋ²¹luo⁵³tɕiɔ⁴⁴kuã⁵³dɔ²¹³〕
　　哎⁼日：那天

哎⁼哼就迷迷茫茫样促⁼去，〔ɛ²¹bəʔ⁰dʑiʊ²¹mi²¹mi²³¹mã²¹mã²³¹iã⁰tsʰəʔ⁵kʰie⁰〕

噎！真真有一群仙女啊徛场洗浴，〔iɛʔ⁵！tɕyɛ̃⁴tɕyɛ̃⁴⁴iʊ²¹iɛʔ⁵dʑyn²³¹ɕiɛ⁴⁴ȵy⁵³a⁰ge²¹
　　dʑiɔŋ²³¹ɕi⁴⁴yoʔ¹³〕徛场：在那儿

渠就弗管三七廿一哼，〔gie²¹³dʑiʊ²¹fəʔ⁵kuõ⁵³sã⁴⁴tɕʰiɛʔ⁵ȵiɛ̃²¹iɛʔ⁵bəʔ⁰〕

促⁼着树高一件粉红色个衣裳，〔tsʰəʔ⁵lɛ⁰dʑiʊ²¹kəɯ⁴⁴iɛʔ⁵dʑiɛ²¹fɛn⁵³ɤŋ⁰saʔ⁵gəʔ⁰a⁵³ziã⁰〕

一担就夹肢底一夹就逃起归处罢。〔iɛʔ⁵nã²¹³dʑiʊ²¹gaʔ⁵tɕiɛʔ⁵tie⁵³iɛʔ⁵gaʔ¹³dʑiʊ²¹dəɯ²³¹
　　tɕʰiʔ⁰kuɛ⁴⁴tɕʰyo⁵³ba⁰〕夹肢底：胳肢窝里。逃：跑

哎⁼哼得渠拿走一件衣裳乙个仙女嘞实际是天高个织女，〔ɛ²¹bəʔ⁰təʔ⁵gie⁰nã²¹tsɯ⁵³
　　iɛʔ⁵dʑiɛ̃⁰a⁵³ziã⁰iɛʔ⁵gəʔ⁰ɕiɛ⁴⁴ȵy⁵³lɛ⁰ziɛʔ²tɕi⁰dʑiɛʔ¹³tʰiɛ⁴⁴kəɯ⁵³gəʔ⁰tɕiɛʔ⁴ȵy⁵³〕得：被

到了下昏嘞织女就对乙个牛郎处笃笃笃捶门，〔təɯ⁵³lə⁰ɔ²¹xuõ⁴⁴lɛ⁰tɕiɛʔ⁴ȵy⁵³dʑiʊ²¹tɛ⁴⁴
　　iɛʔ⁵gəʔ⁰ȵiʊ²¹³lɔŋ⁰tɕʰyo⁴¹²tɔʔ⁵tɔʔ⁵tɔʔ⁵dzua²³¹mɤŋ²³¹〕捶：敲，打

腹⁼个门捶开，〔pəʔ⁵gəʔ⁰mɤŋ²³¹dzua²³¹kʰɛ⁴⁴〕

渠两人就成了好事，〔gie²¹lã²¹nɤŋ²³¹dʑiʊ²¹dʑin²³¹lə⁰xəɯ⁴⁴zuei²¹³〕

成了一对恩恩爱爱个夫妻。〔dʑin²³¹lie⁰iɛʔ⁵tɛ⁴¹²ɛn⁴⁴ɛn⁴⁴ɛ⁴⁴ɛ⁴⁴gəʔ⁰fuo⁴⁴tsʰɛ⁴⁴〕

目睛一晗嘞三年过去罢，〔məʔ²tɕin⁴⁴iɛʔ⁴kaʔ⁵lɛ⁰ sã⁴⁴ȵiɛ̃²³¹tɕyɛ⁵³kʰie⁰ba⁰〕目睛：眼睛。晗：眨

三年过去老公老嬷养了一男一女两个细侬儿，〔sã⁴⁴ȵiɛ̃²³¹tɕyɛ⁵³kʰie⁰ ləɯ²¹kɤŋ⁴⁴ləɯ²¹
　　maɑ⁴⁴iɔŋ²¹³lie⁰iɛʔ⁵nã⁰iɛʔ⁵ȵy⁵³lã²¹gəʔ⁰se⁴⁴nɤŋ²¹ȵi⁵³〕养：生。细侬儿：小孩子

日子嘞过得交关开心，〔naʔ²tsʅə⁵³lie⁰tɕyɛ⁴⁴təʔ⁵tɕiɔ⁴⁴kuã⁵³kʰɛ⁴⁴ɕin⁴⁴〕

两侬恩爱哼日子过得交关开心个。〔lã²¹nɤŋ²³¹ɛn⁴⁴ɛ⁵³bəʔ⁰naʔ²tsʅə⁵³tɕyɛ⁴⁴təʔ⁵tɕiɔ⁴⁴kuã⁵³
　　kʰɛ⁴⁴ɕin⁴⁴gəʔ⁰〕

哎⁼哼等于七仙女嘞渠是私自下凡个，〔ɛ²¹bəʔ⁰tɛn⁵³y⁰tɕʰiɛʔ⁵ɕiɛ⁴⁴ȵy⁵³lie⁰gie²¹dʑiɛʔ¹³sʅ⁴⁴ dzŋ²¹³ɔ²¹vã²³¹gəʔ⁰]

乙个事干迟早得天高个玉皇大帝识得罢，[iɛʔ⁵gəʔ⁰zuei²¹kɔŋ⁴⁴dzuei²¹tɕiəɯ⁵³təʔ⁵tʰiɛ̃⁴⁴ kəɯ⁵³gəʔ⁰ɳyoʔ⁰uã²³¹da²¹ti⁴¹²ɕiɛʔ⁵tiɛʔ⁰ba⁰] 识得：知道

个玉皇大帝一想，[kəʔ⁵ɳyoʔ⁰uã²¹da²¹ti⁴¹²iɛʔ⁴ɕiã⁵³]

我天高个女儿嫁了你凡间，[ŋa²¹³tʰiɛ̃⁴⁴kəɯ⁵³gəʔ⁰nɑ²³¹ɳiʔ⁰ka⁴⁴ləⁿɳi²¹vã²³¹tɕiɛ̃⁴⁴]

渠讲乙个事干［弗会］着个，[giɛ²¹kɔŋ⁵³iɛʔ⁵gəʔ⁰zuei²¹kɔŋ⁴¹²fa⁴⁴daʔ²¹³gəʔ⁰]［弗会］着：不行

渠其实想腹〓个女儿讴归处罢。[giɛ²¹dzi²¹ʑyaʔ²¹³ɕiã⁵³pəʔ⁵gəʔ⁰nɑ²¹ɳi⁵³ɯ⁴⁴kuɛ⁴⁴tɕʰyo⁴¹² ba⁰] 讴：叫

有一日天高就霍线〓啊起风暴啊动〓大雨，[iʊ²¹³iɛʔ⁵nɑ²¹³tʰiɛ̃⁴⁴kəɯ⁵³dziʊ²¹xuaʔ⁵ɕiɛ̃⁴¹²a⁰ tɕʰi⁴⁴fɤŋ⁴⁴bəɯ²¹a⁰dɤŋ²¹dɔ²¹yo²¹³]霍线〓：闪电。动〓大雨：下大雨

乙个织女一促〓啊，[iɛʔ⁵gəʔ⁰tɕiɛʔ⁴ɳy⁵³iɛʔ⁴tsʰəʔ⁵a⁰]

渠讲肯定乙个事干弗对罢，[giɛ²¹kɔŋ⁵³kʰɛn⁴⁴din²¹³iɛʔ⁵gəʔ⁰zuei²¹kɔŋ⁴¹²fəʔ⁵tɛ⁴¹²ba⁰]

玉皇大帝实际是渠爷嘞，[ɳyoʔ⁰uã²¹da²¹ti⁴¹²ʑiɛʔ²tɕi⁵³dziɛʔ²giɛ⁰yo²³¹lɛ⁰]

喊渠回到天高去罢嘞，[xã⁴⁴giɛ²¹uɛ²³¹dəʔ⁰tʰiɛ̃⁴⁴kəɯ⁵³kʰiɛ⁰ba⁰lɛ⁰]

哎〓哼渠就无办法个啦，[ɛ²¹bəʔ⁰giɛ²¹dziʊ²¹muo⁵³bã²¹faʔ⁵gəʔ⁰la⁰]

渠就一个转身侬就无罢。[giɛ²¹dziʊ²¹iɛʔ⁵gəʔ⁰tɕyɛ̃⁴⁴ɕyɛ̃⁴⁴nɤŋ²³¹dziʊ²¹muo⁵³ba⁰]

哎〓哼渠处里一男一女两个细侬儿啊，[ɛ²¹bəʔ⁰giɛ²¹tɕʰyo⁴¹²li⁰iɛʔ⁵nã²¹iɛʔ⁴ɳy⁵³lã²¹gəʔ⁰ sɛ⁴⁴nɤŋ²¹ɳi⁵³a⁰]

滴滴细个两三岁儿，[tiɛʔ⁴tiɛʔ⁵sɛ⁴¹²gəʔ⁰lã²¹sã⁴⁴sɛ⁴⁴ɳi⁵³]滴滴：一点儿。

一促〓婆无罢就动口叫罢嘞，[iɛʔ⁴tsʰəʔ⁵mɛ⁴⁴muo⁵³ba⁰dziʊ²¹dɤŋ²¹tɕʰiʊ⁵³iəɯ⁵³bəʔ⁰lɛ⁰]
婆：妈。叫：哭

"哎嘞啊嘞" 助〓寻婆嘞，[ɛ²³¹lɛ⁰a²³¹lɛ⁰za²¹ʑin²³¹mɛ⁴⁴lɛ⁰]哎嘞啊嘞：哭喊声

牛郎一促〓老嬷又无罢，[ɳiʊ²³¹lɔŋ⁰iɛʔ⁴tsʰəʔ⁵ləɯ²¹ma²¹³iʊ²¹muo⁵³ba⁰]

细侬儿［徛场］叫，[sɛ⁴⁴nɤŋ²¹ɳi⁵³gã²²iəɯ⁴¹²]［徛场］：在那儿

渠又无何办法，[giɛ²¹³iʊ²¹muo⁵³ga²¹bã²¹faʔ⁵]

心里哼交关急，无办法。[ɕin⁴⁴li⁵³bəʔ⁰tɕiɔ⁴⁴kuã⁵³tɕiɛʔ⁵，muo⁵³bã²¹faʔ⁵]

哎〓哼处里乙头老牛开喙罢，[ɛ²¹bəʔ⁰tɕʰyo⁴⁴lɛ⁰iɛʔ⁵du⁰ləɯ²¹ɳiʊ²³¹kʰɛ⁴⁴tɕʰy⁵³ba⁰]

渠讲：牛郎啊，[giɛ²¹kɔŋ⁵³：ɳiʊ²³¹lɔŋ⁰a⁰]

你莫个慌，[n²¹³məʔ²gəʔ⁰ɕyã⁴⁴]

你莫个急，[ɳi²¹məʔ²gəʔ⁰tɕiɛʔ⁵]

你莫个难过，渠讲，［n̠i²¹məʔ²gəʔ⁰noŋ²³¹tɕyɛ⁴¹²，gəʔ²koŋ⁵³］

尔只助⁼腹⁼我乙个头脑壳个乙个牛角角担下来，［n̠²¹tsəʔ⁵zɑ²¹pəʔ⁴ŋɑ²¹³iɛʔ⁵gəʔ⁰dəɯ²¹
　　　naʔ²kʰɔʔ⁵gəʔ⁰iɛʔ⁵gəʔ⁰n̠iʋ²¹lɔʔ²kɔʔ⁵nã⁴⁴ɔʔ²¹lɛ⁰］_{牛角角: 牛角}

渠就会变得一担箩个，［giɛ²¹³dʑiʋ²¹uɑ²¹³piɛ⁴⁴dəʔ⁰iɛʔ⁵tã⁴⁴lɑ²³¹gəʔ⁰］

渠讲你腹⁼两个细侬儿园得箩里，［gəʔ²koŋ⁵³n̠i²¹³pəʔ⁵lã²¹gəʔ⁰sɛ⁴⁴n̠ɤŋ²¹n̠i⁵³kʰoŋ⁴⁴dəʔ⁰
　　　lɑ²³¹li⁰］_{园: 放}

你担起来尔到天高去，［n̠i²¹nã⁴⁴tɕʰi⁵³lɛ⁰n̠²¹təɯ⁵³tʰiɛ⁴⁴kəɯ⁵³kʰiɛ⁰］

就可以去追你个老嬷织女个。［dʑiʋ²¹kʰɔ⁵³iº kʰiɛ⁰tsuei⁴⁴n̠i²¹gəʔ⁰ləɯ²¹mɑ²¹³tɕiɛʔ²n̠y⁵³gəʔ⁰］

哎⁼哼牛郎听听会样好嬉乙个事干，［ɛ²¹bəʔ⁰n̠iʋ²¹³loŋ⁰tʰin⁴⁴tʰin⁰uɑ²¹³iã⁴⁴xəɯ⁴⁴ɕi⁴⁴iɛʔ⁵
　　　gəʔ⁰zuei²¹koŋ⁵³］

样好个东西，［iã²³¹xəɯ⁵³gəʔ⁰tɤŋ⁴⁴sɛ⁴⁴］

哎⁼呗渠样讲话个时候嘞哎⁼对牛角角嘞，［ɛ²¹bəʔ⁰giɛ²¹³iã⁵³koŋ⁵³yɛ²¹³gəʔ⁰zy²¹u²¹³lɛ⁰ɛ²¹
　　　tɛ⁴¹²n̠iʋ²³¹lɔʔ²kɔʔ⁵lɛ⁰］

就真个 “吧嗒” 掉地里，［dʑiʋ²¹tsɛn⁴⁴gəʔ⁰bɑʔ²dɑʔ²³tiəɯ⁵³diɛ²¹li⁰］

真真变得一担箩罢，［dʑyɛ²¹dʑyɛ²¹³piɛ⁵³dəʔ⁰iɛʔ⁵tã⁴¹²lɑ²³¹bɑ⁰］

哎⁼哼乙个时候牛郎嘞渠亦顾匆样多罢，［ɛ²¹bəʔ⁰iɛʔ⁵gəʔ⁰zy²³¹u⁰n̠iʋ²³¹loŋ⁰lɛ⁰giɛ²¹³iɛʔ²
　　　ku⁵³vɑ²¹³iã⁰təɯ⁴⁴bɑ⁰］

渠是寻织女要紧，［gəʔ²dʑiº zin²³¹tɕiɛʔ²n̠y⁵³iəɯ⁴⁴tɕin⁵³］

就寻老嬷要紧，［dʑiʋ²¹zin²³¹ləɯ²¹mɑ²¹³iəɯ⁴⁴tɕin⁵³］

细侬儿个娘渠弗寻来［弗会］着个。［sɛ⁴⁴n̠ɤŋ²¹n̠i⁵³gəʔ⁰n̠iã²³¹giɛ²¹fəʔ⁵zin²³¹liº fɑ⁵³dɑʔ²³
　　　gɛ⁰］

渠就两个细侬儿一只箩一个，［giɛ²¹dʑiʋ²¹lã²¹kɑ⁵³sɛ⁴⁴n̠ɤŋ²¹n̠i⁵³iɛʔ²tɕiaʔ²lɑ²³¹iɛʔ²kɑ⁵³］

一摔箩里担笕一担哼，［iɛʔ⁴ɕyɛʔ⁵lɑ²³¹liºnã⁴¹²tã⁴⁴tiʋ⁵³iɛʔ¹³bəʔ⁰］_{担笕: 扁担}

就到天高去追织女哼嘞。［dʑiʋ²¹təɯ⁵³tʰiɛ⁴⁴kəɯ⁵³kʰiɛ⁰tsuei⁴⁴tɕiɛʔ²n̠y⁵³bəʔ⁰lɛ⁰］

哎⁼哼乙个其实渠去追个时候嘞，［ɛ²¹bəʔ⁰iɛʔ⁵gəʔ⁰dʑiʔ²zyaʔ¹³giɛ²¹kʰiɛ⁰tsuei⁴⁴gəʔ⁰zy²¹u⁵³
　　　lɛ⁰］

堪⁼堪⁼开始一担起来嘞，［kʰã⁴⁴kʰã⁴⁴kʰɛ⁴⁴sʔ⁵³iɛʔ⁵nã⁴¹²tɕʰi⁵³lɛ⁰lɛ⁰］_{堪⁼堪⁼: 刚刚}

一才⁼风吹来渠讲，［iɛʔ⁵zɛ²¹fɤŋ⁴⁴tɕʰy⁴⁴lɛ⁰giɛ²¹koŋ⁵³］_{一才⁼: 一阵}

哎⁼担箩嘞听⁼乙个有翼膀样，［ɛ²¹³tã⁵³lɑ²³¹lɛ⁰tʰin⁴⁴iɛʔ¹³gəʔ⁰iʋ²¹iɛʔ²pʰã⁵³iã⁰］_{听⁼: 跟。翼膀: 翅膀}

就向乙个天高飞去罢。［dʑiʋ²¹ɕiã⁵³iɛʔ⁵gəʔ⁰tʰiɛ⁴⁴kəɯ⁵³fi⁴⁴kʰəʔ⁵bɑ⁰］

哎⁼哼腾云驾雾就追去罢，［ɛ²¹bəʔ⁰dɛn²¹yn²³¹tɕiɑ⁵³u²¹³dʑiʋ²¹tsuei⁴⁴kʰəʔ⁰bɑ⁰］

越飞越快越飞越快，［yaʔ²fi⁴⁴yaʔ²kʰuɑ⁴¹²yaʔ²fi⁴⁴yaʔ²kʰuɑ⁴²］

哎⁼哼目睛促⁼得嘞就是追到乙个织女个时候嘞，［ε²¹bəʔ⁰məʔ²tɕin⁴⁴tsʰəʔ⁵dəʔ⁰lɛ⁰dʑiʊ²¹ dʑiεʔ¹³tsuei⁴⁴təɯ⁵³iεʔ⁵gəʔ⁰tɕiεʔ⁴n̠y⁵³gəʔ⁰ʑy²¹u⁵³lɛ⁰］

会得天高个王母娘娘促⁼到得，［ua²¹təʔ⁵tʰiɛ̃⁴⁴kəɯ⁵³gəʔ⁰uã²¹muo²¹n̠iã²¹n̠iã⁵³tsʰəʔ⁵təɯ⁰dəʔ⁰］

王母娘娘一促⁼得了渠就，［uã²¹m²¹n̠iã²¹n̠iã⁵³iεʔ⁵tsʰəʔ⁵dəʔ⁰lɛ⁰gəʔ²dʑiʊ²¹］

渠好像乙个事干只要得渠追到就［弗会］着哼嘞，［giε²¹³xəɯ⁵³dʑiã⁰iεʔ⁵gəʔ⁰zuei²¹ kɔŋ⁵³tsəʔ⁵iəɯ²¹³təʔ⁵gəʔ⁰tsuei⁴⁴təɯ⁵³dʑiʊ²¹fa⁵³da²¹³bəʔ⁰lɛ⁰］

头脑壳高一苑金钗一拔，［du²¹na²²kʰɔʔ⁵kəɯ⁰iεʔ¹³tiʊ⁴⁴kεn⁴⁴tsʰɑ⁴⁴iεʔ⁵baʔ¹³］

倚个牛郎跟织女中央一划，［gε²¹³gəʔ⁰n̠iʊ²¹³lɔŋ⁰kεn⁴⁴tɕiεʔ⁴n̠y⁵³tʂŋ⁵³iã⁰iεʔ¹³uɑ⁰］

天高嘞就出现一苑天河，［tʰiɛ̃⁴⁴kəɯ⁵³lɛ⁰dʑiʊ²¹tɕʰyaʔ⁵ziε²¹³iεʔ⁵tiʊ⁴⁴tʰiɛ̃⁴⁴xɔ⁰］

乙苑天河嘞交关阔，［iεʔ¹³tiʊ⁴⁴tʰiɛ̃⁴⁴xɔ⁰lɛ⁰tɕiɔ⁴⁴kuã⁵³kʰuaʔ⁵］

尔是东岸嘞促⁼弗得西岸，［n̠²¹dʑiεʔ¹³tʂŋ⁵³ŋɔŋ⁰lɛ⁰tsʰəʔ⁴fəʔ⁵təʔ⁰sε⁴⁴ŋɔŋ⁰］

乙个水浪嘞交关大就是讲，［iεʔ⁵gəʔ⁰y⁵³lɔŋ²¹³lɛ⁰tɕiɔ⁴⁴kuã⁵³dɔ²¹dʑiʊ²¹dʑiεʔ²kɔŋ⁵³］

浪翻起来得几丈高，［lɔŋ²¹³fã⁴⁴tɕʰi⁵³lɛ⁰təʔ⁵kε⁵³dεn²¹³kəɯ⁴⁴］

哎⁼哼就硬碰硬个腹⁼乙个牛郎跟织女两依分开罢。［ε²¹bəʔ⁰dʑiʊ²¹ŋã²¹pʰã⁴ŋã²¹³gəʔ⁰pəʔ⁴iεʔ⁵gəʔ⁰n̠iʊ²¹³lɔŋ⁰kεn⁴⁴tɕiεʔ⁴n̠y⁵³lã²¹n̠ʏŋ²³¹fεn⁴⁴kʰε⁴⁴bɑ⁰］

哎⁼哼乙件事干嘞得天高个喜鹊促⁼促⁼得，［ε²¹bəʔ⁰iεʔ⁵dʑiε̃⁰zuei²¹kɔŋ⁵³lɛ⁰təʔ⁵tʰiɛ̃⁴⁴ kəɯ⁵³gəʔ⁰ɕi⁴⁴tɕʰiaʔ⁵tsʰəʔ⁵tsʰəʔ⁰dəʔ⁰］

喜鹊嘞渠俫交关同情牛郎跟织女个事干，［ɕi⁴⁴tɕʰiaʔ⁵lɛ⁰giε²¹lɛ⁰tɕiɔ⁴⁴kuã⁵³dʏŋ²³¹ dʑin²³¹n̠iʊ²¹³lɔŋ⁰kεn⁴⁴tɕiεʔ⁴n̠y⁵³gəʔ⁰zuei²¹kɔŋ⁵³］

所以嘞就讲每年个阴历七月初七啊，［sɔ⁴⁴i⁰lɛ⁰dʑiʊ²¹kɔŋ⁵³mε⁴⁴n̠iɛ̃⁰gəʔ⁰in⁴⁴liεʔ¹³tɕʰiεʔ⁵ yaʔ¹³tsʰuei⁴⁴tɕʰiεʔ⁵a⁰］

乙个喜鹊啊渠就使哎⁼个喙啊衔哎⁼个尾巴，［iεʔ⁵gəʔ⁰ɕi⁴⁴tɕʰiaʔ⁵a⁰gəʔ²dʑiʊ²¹ɕy⁵³ε²¹gəʔ⁰ tɕʰy⁵³a⁰dʑiɛ̃²³¹ε²¹gəʔ⁰mi²¹pa⁴⁴］使：用

搭起一苑又大又阔个大桥倚得天河个底，［taʔ⁴tɕʰi⁵³iεʔ⁵tiʊ⁴⁴iʊ²¹³dɔ²¹³iʊ²¹kʰuaʔ⁵gəʔ⁰dɔ²¹ dʑiəɯ²³¹gε²¹³dəʔ⁰tʰiɛ̃⁴⁴xɔ⁰gəʔ⁰tiε⁵³］

搭起以后嘞乙苑桥爱⁼歇讴得鹊桥，［taʔ⁴tɕʰi⁵³i⁴⁴u²¹³lɛ⁰iεʔ⁵tiʊ⁰dʑiəɯ²³¹a⁴⁴ɕiεʔ⁵ɯ⁴⁴dəʔ⁰ tɕʰiaʔ⁵dʑiəɯ²³¹］爱⁼歇：现在

哎⁼哼每年嘞是让乙个牛郎跟织女两侬嘞相会一巡，［ε²¹bəʔ⁰mε⁴⁴n̠iɛ̃⁰lɛ⁰dʑiεʔ²iɔŋ²¹ iεʔ⁵gəʔ⁰n̠iʊ²¹³lɔŋ⁰kεn⁴⁴tɕiεʔ⁴n̠y⁵³lã²¹n̠ʏŋ²³¹lɛ⁰ɕiã⁴⁴uε²¹³iεʔ⁵ʑyn⁰］一巡：一回

所以讲我俫爱⁼歇嘞乙日嘞七月七就是七夕，［sɔ⁴⁴i⁰kɔŋ⁵³a⁴⁴lɛ⁰a⁴⁴ɕiεʔ⁵lɛ⁰iεʔ⁵naʔ¹³lɛ⁰ tɕʰiεʔ⁵yaʔ¹³tɕʰiεʔ⁵dʑiʊ²¹dʑiεʔ⁰tɕʰiεʔ⁴ɕiεʔ⁵］

也是男女谈恋爱个日子，［ iɛʔ²dʑiɛʔ¹³nã²¹nʲy⁵³dã²¹liẽ²¹a⁴¹²gəʔ⁰naʔ²tsʅə⁵³ ］
所以讲乙个就象征乙个美好个姻缘。［ sɔ⁴⁴iˀⁱkoŋ⁵³iɛʔ⁵gəʔ⁰dʑiʋ²¹ɕiã⁵³tsɛn⁴⁴iɛʔ⁵gəʔ⁰mɛ⁴⁴
　　xɯ⁵³gəʔ⁰in⁴⁴yẽ⁰ ］

　　在很早很早以前，有个小伙子，他父母去世得早，家里一贫如洗，只有一头
老牛，所以村里人都叫他牛郎。小伙子就靠这头老牛耕田过日子，他跟老牛相依
为命。这头老牛其实是天上的金牛星，他看见牛郎十分勤快，人又心地善良，所
以一心想帮牛郎成个家。

　　有一天，金牛星听说天上的七仙女要到村东山脚下的湖里去洗澡。他就托梦
给牛郎，说："牛郎啊，明天天上的七仙女要到我们村的湖里去洗澡，你去看，看
到树上挂着的衣服，你拿一件跑回家，别回头，这样，晚上就有个姑娘做你老
婆了。"

　　牛郎想怎么有这样的好事？他半信半疑，不过第二天天一亮他就起来了，去
看看有没有这种事。他就走出门，那天雾很大，朦朦胧胧中看去，果真有一群仙
女在那里洗澡，他就不管三七二十一拿了一件粉红色的衣服，夹在胳肢窝下就跑
回了家。被他拿走衣服的仙女就是天上的织女。到了黄昏，织女就去敲牛郎家的
门，笃笃笃，把门敲开，两个人就成了好事，成了一对恩爱夫妻。

　　眼睛一眨三年过去了，三年里他们两人生了一男一女两个孩子，日子过得非
常开心。两个人恩恩爱爱，日子过得很幸福。七仙女是私自下凡的，这个事情被
玉皇大帝知道了，玉皇大帝一想，我天上的仙女嫁到你凡间，这可不行，便想把
织女叫回家。有一天，电闪雷鸣，狂风暴雨，织女一看，知道情况肯定不妙，玉
皇大帝是他的父亲，要喊她回天上去，她没办法，一个转身，人就不见了。家里
还有一男一女两个小孩儿，一点点小的孩子，一看妈妈不见了，就大哭，到处找
妈。牛郎一看，老婆不见了，两个孩子在哭喊，他也心里很急，但是没办法。

　　这时候老牛开口了，他说："牛郎，你别慌，别急，别难过，你只要把我头
上的角拿下来，就会变成一对箩筐，你把两个孩子放到箩筐里，你挑起来就可以
去追织女了。"牛郎一听，这事儿有点儿奇怪，有这么好的事情吗？他正疑惑的
时候，这对牛角"啪嗒"一下掉在了地上，真的变成了一对箩筐。这时候牛郎也
不管了，找织女要紧，小孩子找妈妈要紧，于是把两个孩子一边一个，放在箩筐
里，就上天去追织女了。他担子一挑起来，一阵风吹来，箩筐就好像长了翅膀一
样，就向天上飞去了。牛郎越飞越快，眼看就要追到织女的时候，天上的王母娘
娘一看，要是让牛郎追到那可就坏了，她把头上的一根金钗一拔，在牛郎和织女

中间一划，天上就出现一条天河。天河非常宽，从东岸看不到西岸，波浪滔天，浪头翻起来几丈高，硬生生把牛郎和织女分开了。

这件事被天上的喜鹊知道了，喜鹊十分同情牛郎和织女的遭遇，所以每年阴历的七月初七，喜鹊就头尾相衔，搭起一条又大又宽的天桥。这座桥现在就叫做鹊桥，每年让牛郎织女相会一次，所以这一天我们叫七夕，也是男女谈恋爱的日子，象征美好的姻缘。

（2018 年 7 月，发音人：凌润初）

三、自选条目

（一）谚语

弗惊弗识货，$[\text{fəʔ}^5\text{kuã}^{44}\text{fəʔ}^4\text{ɕiɛʔ}^5\text{ɕyo}^{412}]$ 惊：怕
只惊货比货。$[\text{tsŋ}^{44}\text{kuã}^{44}\text{ɕyo}^{44}\text{pi}^{44}\text{ɕyo}^{412}]$

食弗穷，着弗穷，$[\text{iaʔ}^4\text{fəʔ}^5\text{dʑiɔŋ}^{231}，\text{taʔ}^5\text{fəʔ}^5\text{dʑiɔŋ}^{231}]$
弗捶算盘一世穷。$[\text{fəʔ}^5\text{dzua}^{21}\text{sɔŋ}^{44}\text{bɛn}^{53}\text{iɛʔ}^5\text{sɛ}^{412}\text{dʑiɔŋ}^{231}]$

弗做亏心事，$[\text{fəʔ}^5\text{tsɔ}^{412}\text{k}^\text{h}\text{uei}^{44}\text{ɕin}^{44}\text{zuei}^{213}]$
弗惊鬼讴门。$[\text{fəʔ}^5\text{kuã}^{44}\text{kuei}^{53}\text{ɯ}^{44}\text{mɤŋ}^{231}]$ 讴：叫

亲姓朋友一把锯，$[\text{tɕ}^\text{h}\text{in}^{53}\text{ɕin}^0\text{bɤŋ}^{21}\text{iʊ}^{53}\text{iɛʔ}^4\text{piɛ}^{53}\text{kɯ}^{412}]$ 亲姓：亲戚
拖得来，搋得去。$[\text{t}^\text{h}\text{a}^{53}\text{dəʔ}^0\text{li}^{231}，\text{sɤŋ}^{53}\text{dəʔ}^0\text{k}^\text{h}\text{ə}^{412}]$

一日得蜂叮，$[\text{iɛʔ}^5\text{na}ʔ^{13}\text{təʔ}^5\text{fɤŋ}^{44}\text{tin}^{44}]$
三年惊苍蝇。$[\text{sã}^{44}\text{ȵiɛ̃}^{213}\text{kuã}^{44}\text{ts}^\text{h}\text{ɔŋ}^{44}\text{ɕin}^{44}]$

喙越食越淡，$[\text{tɕ}^\text{h}\text{y}^{53}\text{yaʔ}^2\text{iɛʔ}^{13}\text{yaʔ}^2\text{dã}^{213}]$
侬越嬉越懒。$[\text{nɤŋ}^{231}\text{yaʔ}^2\text{ɕi}^{44}\text{yaʔ}^2\text{lã}^{53}]$ 嬉：玩

三个细娘家，$[\text{sã}^{44}\text{gəʔ}^0\text{sɛ}^{44}\text{ȵiã}^{21}\text{ka}^{44}]$ 细娘家：小姑娘

带个大喇叭。〔tɛ⁴⁴gəʔ⁰dɔ²¹lɑ²¹pɑ⁴⁴〕

食得端午粽，〔iaʔ²dəʔ⁰tɔŋ⁴⁴ŋuo²¹³tsɤŋ⁴¹²〕
破袄慢慢送。〔pʰɑ⁴⁴əɯ⁵³mɑ̃²¹mɑ̃²¹sɤŋ⁴¹²〕
食得立夏顿，〔iaʔ²dəʔ⁰liəʔ²ɔ²¹tuõ⁴¹²〕
日暝无得睏。〔naʔ²mɑ̃²¹³muo⁵³dəʔ⁰kʰuõ⁴¹²〕日暝：日夜。无得：没法。睏：睡

二月二日晴，〔ȵi²¹yaʔ¹³ȵi²¹³naʔ²ʑin²³¹〕
树木发两巡。〔dʑiʊ²¹məʔ¹³faʔ⁵lɑ̃²¹³ʑyn⁰〕发：萌发。巡：遍

（以上 2018 年 7 月，发音人：凌润初）

（二）谜语

倚处鳏寡孤独，〔gɛ²¹tɕʰyo⁴¹²kuɑ̃⁴⁴kuɑ⁴⁴ku⁴⁴dəʔ¹³〕
出门洞房花烛；〔tɕʰyaʔ⁵mɤŋ²³¹dɤŋ²¹vɑ̃²¹xuɑ⁴⁴tɕyoʔ⁵〕
儿女千千万，〔ȵi²¹nɑ²¹³tɕʰiɛ̃⁴⁴tɕʰiɛ̃⁴⁴mɑ̃²¹³〕
死了无人哭。〔sɿ⁵³ləʔ⁰vu²³¹ʑin²³¹kʰɔʔ⁵〕
——猪牯〔tɑ⁴⁴kuo⁵³〕猪牯：种猪

娘着棕蓑；〔ȵiɑ̃²³¹taʔ⁵tsɤŋ⁴⁴sɛ⁴⁴〕着：穿
儿着红袄；〔ȵi⁴⁴taʔ⁵ɤŋ²¹əɯ⁵³〕
娘喙一开；〔ȵiɑ̃²³¹tɕʰy⁵³iɛʔ⁵kʰɛ⁴⁴〕
儿跌老倒。〔n²³¹tiaʔ⁵ləɯ²¹təɯ⁵³〕跌老倒：掉出来
——大栗〔dɔ²¹ləʔ¹³〕

水里牵藤，〔y⁴⁴li⁰tɕʰiɛ̃⁴⁴dɛn²³¹〕
岸高开花；〔ɔŋ²¹kəɯ⁴⁴kʰɛ⁴⁴xuɑ⁴⁴〕岸高：岸上
一才⁼风来，〔iɛʔ⁵zɛ²¹fɤŋ⁴⁴li²³¹〕一才⁼：一阵
促⁼弗到侬家〔tsʰəʔ⁵fəʔ⁰təɯ⁰nɤŋ²¹kɑ⁴⁴〕侬家：人家
——灯盏〔tin⁴⁴tsɑ̃⁵³〕

长长杆，短短荚；〔dɛn²dɛn²³¹kɔŋ⁵³，tuei⁵tuei⁵³gaʔ¹³〕

同床眠，隔壁歇。〔dɤŋ²¹zɛn²³¹kʰuõ⁴¹²，kaʔ⁴piɛʔ⁴ɕiaʔ⁵〕

——油麻〔iɯ²¹miɛ⁵³〕_{油麻：芝麻}

清凉伞，〔tɕʰin⁴⁴liã²¹sɔŋ⁵³〕

乌竹柄；〔uo⁴⁴tyoʔ⁵pã⁴¹²〕

养千儿，〔iɔŋ²¹tɕʰiɛ̃⁴⁴n̠i⁵³〕

满田担。〔mɛn²¹diɛ̃²³¹tã⁴¹²〕

——芋头〔yo²¹tu⁵³〕

青山坞里一个红枣核，〔tɕʰin⁴⁴sã⁴⁴uo⁵³liⁿiɛʔ⁵gəʔⁿɤŋ²¹tɕyo⁵³uaʔ¹³〕

捶开里底五个石老佛。〔dzua²³¹kʰɛ⁴⁴li²¹tiɛ⁵³ŋuo²¹gəʔⁿdȥiaʔ²ləɯ²¹vaʔ¹³〕_{里底：里面}

——蔓楂〔mã²¹tsɑ⁴⁴〕

青石板，石板青；〔tɕʰin⁴⁴dȥiaʔ²pã⁵³，dȥiaʔ²pã⁵³tɕʰin⁴⁴〕

石板里底一个死妖精。〔dȥiaʔ²pã⁵³li²¹tiɛ⁵³iɛʔ⁵gəʔⁿsɿə⁴⁴iəɯ⁴⁴tɕin⁴⁴〕

——照镜〔tɕiəɯ⁴⁴tɕin⁴¹²〕

（以上 2018 年 7 月，发音人：凌润初）

丽　水

一、歌谣

老鹰拖鸡儿

你走撮=里去？　［n̠i⁴⁴tsəɯ⁴⁴tsʰeʔ⁵lɛ⁵⁴⁴kʰɯ⁵²］撮=里：哪里

我走四乡碧湖去。［ŋuo⁴⁴tsəɯ⁴⁴sʅ⁴⁴ɕiã²²⁴piʔ⁵u²²kʰɯ⁵²］

走去迦事干？　［tsəɯ⁴⁴kʰɯ⁴⁴tɕiaʔ⁵zʅ²¹kuɛ⁵²］迦事干：什么事情

剚毛竹。［tsʰei⁵²mə²¹tiuʔ⁵］剚：砍

毛竹剚来迦事干？　［mə²¹tiuʔ⁵tsʰei⁵²liⁿtɕiaʔ⁵zʅ²¹kuɛ⁵²］

打笊篱。［nã⁴⁴tsə⁴⁴li²²］

笊篱打起迦事干？　［tsə⁴⁴li²²nã⁴⁴tɕʰiⁿtɕiaʔ⁵zʅ²¹kuɛ⁵²］

捞饭。［lu⁵²vã¹³¹］

饭捞起迦事干？　［vã¹³¹lu⁵²tɕʰiⁿtɕiaʔ⁵zʅ²¹kuɛ⁵²］

乞鸡儿吃。［kʰəʔ⁴tsʅ⁴⁴ŋ⁵²tɕʰiʔ⁵］乞：给

鸡儿几粒=大？　［tsʅ⁴⁴ŋ⁵²kɛ⁵⁴⁴ləʔⁿdu¹³¹］几粒=：多少

酒杯阿=色=大。［tɕiəɯ⁴⁴pei²²⁴aʔ⁵səʔⁿdu¹³¹］阿=色：那么

还有几粒=大？　［aʔ²³iəɯ²²kɛ⁵⁴⁴ləʔⁿdu¹³¹］

茶瓯阿=色=大。［dzuo²²əɯ²²⁴aʔ⁵səʔⁿdu¹³¹］茶瓯：小茶杯

还有几粒=大？　［aʔ²³iəɯ²²kɛ⁵⁴⁴ləʔⁿdu¹³¹］

碗儿阿=色=大。［uã⁴⁴ŋ⁵²aʔ⁵səʔⁿdu¹³¹］

还有几粒=大？　［aʔ²³iəɯ²²kɛ⁵⁴⁴ləʔⁿdu¹³¹］

樽钵阿⸗色⸗大。［tsuɛ⁴⁴pɛʔ⁵aʔ⁵səʔ⁰du¹³¹］樽钵：一种用陶瓷制成的类似盆而略小的器皿

还有几粒⸗大？［aʔ²³iəɯ²²kɛ⁵⁴⁴ləʔ⁰du¹³¹］

酱⸗扁阿⸗色⸗大。［tɕiã⁴⁴piɛ⁵⁴⁴aʔ⁵səʔ⁰du¹³¹］酱⸗扁：一种比钵大的陶瓷制器皿

还有几粒⸗大？［aʔ²³iəɯ²²kɛ⁵⁴⁴ləʔ⁰du¹³¹］

天样大，地样阔。［tʰiɛ²²⁴iã¹³¹du¹³¹，di¹³¹iã¹³¹kʰuɔʔ⁵］

几时杀？［kɛ⁵⁴⁴zɿ²²sɔʔ⁵］

初一十五杀。［tsʰu⁴⁴iʔ⁵ʑyɛʔ²ŋ⁵⁴⁴sɔʔ⁵］

迦人杀？［tɕiaʔ⁵nen²²sɔʔ⁵］迦人：谁

三包老师杀。［sã²²pə²²⁴lə⁴⁴sɿ²²⁴sɔʔ⁵］

轮着我吃弗啊？［lin²²dʑiɔʔ²³ŋuo⁴⁴tɕʰiʔ⁵fəʔ⁵a⁰］

早了来呗乞滴你吃吃。［tsə⁵⁴⁴lə⁰li²²pɛ⁰kʰəʔ⁴tiʔ⁴n̩i⁴⁴tɕʰiʔ⁵tɕʰiʔ⁰］滴：点

迟了来呗鸡尿鸡浼乞你吃吃。［dzɿ²²lə⁰li²²pɛ⁰tsɿ⁴⁴sɿ²²⁴tsɿ²²⁴u⁵²kʰəʔ⁴n̩i⁴⁴tɕʰiʔ⁵tɕʰiʔ⁰］

　　浼：屎

吃头？［tɕʰiʔ⁴dəɯ²²］

生骨。［sã⁴⁴kuɛʔ⁵］

吃肚？［tɕʰiʔ⁴du²²］

生水。［sã⁴⁴sɿ⁵⁴⁴］

吃尾巴？［tɕʰiʔ⁴ŋ⁴⁴puo²²⁴］

自去拖。［zɿ²²kʰɯ⁴⁴tʰɔ²²⁴］

（2016 年 7 月，发音人：周丽君、周佩君）

二、规定故事

牛郎和织女

早年前啊，［tsə⁴⁴n̩iɛ²²ziɛ²²a⁰］

有个后生人。［iəɯ⁵⁴⁴kə⁰əɯ⁴⁴sã²²⁴nen⁵²］

从细便没爹没娘，［dziɔŋ²¹sɿ⁵²bəʔ²mei⁵²tio²²⁴mei⁵²n̩iã²²］

罪过霉⸗险。［zei²¹kuo²²mei⁵²ɕiɛ⁵⁴⁴］罪过霉⸗险：很可怜

屋堆呢便是一只老水牛陪牢渠，［uʔ⁵təʔ⁰ni⁰bəʔ²dzɿ²²iʔ⁴tsaʔ⁵lə⁴⁴sɿ⁴⁴n̩iəɯ²²bei²²lə²²gɯ²²］

　　屋堆：家里

所以呢大齐人都喊渠牛郎。［su⁴⁴i²²ni⁰dɔ²²ʐʅ²²nen²²tu²²⁴xã⁴⁴guɯ²²n̠iəɯ²¹lɔŋ⁵²］大齐人：大家

牛郎呢靠老牛呢帮人犁田换滴口粮，［n̠iəɯ²¹lɔŋ⁵²ni⁰kʰə⁴⁴lə⁴⁴n̠iəɯ²²ni⁰pɔŋ²²⁴nen²²li²²⁴

    diɛ²²uã¹³¹tiʔ⁴kʰɯ⁴⁴liã²²］

跟老牛呢相依为命。［ken²²⁴lə⁴⁴n̠iəɯ²²ni⁰ɕiã⁴⁴i²²⁴uei²¹min⁵²］

乙个老牛啊事实是天埄个金牛星。［iʔ⁵kəʔ⁰lə⁴⁴n̠iəɯ²²aº ʐʅ²¹zeʔ²³dzʅ²²tʰiɛ²²⁴təºkəºtɕin⁴⁴

    n̠iəɯ²²ɕin²²⁴］乙：这。天埄个：天上的

渠喜欢牛郎呢勤力亦善良，［guɯ²²sʅ⁴⁴xuã²²⁴n̠iəɯ²¹lɔŋ⁵²ni⁰dʑin²¹liʔ²³iʔ²ʑiɛ¹³¹liã²²］

所以想帮渠呢成个家。［su⁴⁴i²²ɕiã⁴⁴pɔŋ²²⁴guɯ²²ni⁰ʑin²²kəºkuo²²⁴］

有一日啊，［iəɯ⁵⁴⁴iʔ⁴nɛʔ²³aº］

金牛星晓得天埄个仙女呢，［tɕin⁴⁴n̠iəɯ²²ɕin²²⁴ɕiə⁵⁴⁴tiʔ⁰tʰiɛ²²⁴təºkəºɕiɛ⁴⁴n̠y⁵⁴⁴ni⁰］

乐到村东边个湖底头洗浴。［ŋə²²tə⁴⁴tsʰuɛ²²⁴tɔŋ²²⁴piɛ²²kəºu²²ti⁴⁴təɯ⁵²sʅ⁵²ioʔ²³］乐：要

渠便托梦乞牛郎，［guɯ²²bəʔ⁴tʰəʔ⁴mɔŋ¹³¹kʰəʔ⁴n̠iəɯ²¹lɔŋ⁵²］

喊渠第二日天光早一早呢，［xã⁴⁴guɯ²²di²¹ŋ²¹nɛʔ²³tʰiɛ⁴⁴kɔŋ⁴⁴tsə⁵⁴⁴iʔ⁵tsə⁵⁴⁴ni⁰］

便乐到湖边去，［bəʔ²³ŋə²²təɯ⁴⁴u²²piɛ²²⁴kʰɯ⁵²］

趁仙女倚湖底头洗浴个时候呢，［tsʰen⁴⁴ɕiɛ⁴⁴n̠y⁵⁴⁴gɛ²²u²²ti⁴⁴təɯ⁵²sʅ⁵²ioʔ²³kəºzʅ²²əɯ¹³¹

    ni⁰］倚：在

偷偷个拨渠挂树上头个衣裳偷一件来。［tʰəɯ⁴⁴tʰəɯ²²⁴kəºpəʔ⁴guɯ²²guo¹³¹zʅ¹³¹dʑiã²¹

    dəɯ¹³¹kəºi²²⁴ɕiã⁵²tʰəɯ²²⁴iʔ⁴dʑiɛ¹³¹li²²］拨：把

衣裳乞渠抢来个阿=个仙女呢，［i²²⁴ɕiã⁵²kʰəʔ⁴guɯ²²tɕʰiã⁵⁴⁴li⁰kəºaʔ⁵kəºɕiɛ⁴⁴n̠y⁵⁴⁴ni⁰］阿
=个：那个

渠便会跟渠归去乞渠当老嬷个。［guɯ²²bəʔ²³uei²²ken²²⁴guɯ²²kuei²²⁴kʰɯ⁵²kʰəʔ⁴guɯ²²tɔŋ⁴⁴

    lə⁴⁴muo⁵⁴⁴kɛ⁰］老嬷：老婆

第二日天光，［di²¹ɛ²¹nɛʔ²³tʰiɛ⁴⁴kɔŋ²²⁴］天光：早上

牛郎渠想想呢：［n̠iəɯ²¹lɔŋ⁵²guɯ²²ɕiã⁵⁴⁴ɕiãºni⁰］

"乙个到底真个啊假个哇，［iʔ⁵kəºtə²²⁴ti⁵²tsen²²⁴kəºaºkuo⁵⁴⁴kəºuaº］

乙个梦算？［iʔ⁵kəºmɔŋ¹³¹suɛ⁴⁴］

到底乐弗乐去呢？"［tə²²⁴ti⁵²ŋə¹³¹fəʔ⁴ŋə²¹kʰɯ⁵²ni⁰］

想记想记呢渠便已经到了湖边罢。［ɕiã⁵⁴⁴tsʅ⁰ɕiã⁵⁴⁴tsʅ⁰ni⁰guɯ²²bəʔ²i⁵⁴⁴tɕin²²⁴tə⁵²ləºu²²

    piɛ²²⁴buɔ⁰］

透过阿＝个雾露呢，［tʰəɯ⁵²kuo⁰aʔ⁵kə⁰m²¹lu⁵²ni⁰］

渠真望着七个仙女徛湖底头洗浴。［gɯ²²tsen²²⁴mɔŋ¹³¹dʑiɔʔ²tsʰeʔ⁵kuo⁰ɕiɛ⁴⁴n̠y⁵⁴⁴geã²²u²²
ti⁴⁴təɯ⁵²sʅ⁵²ioʔ²³］望着：看到。徛：在

渠呢偷偷个匿过去，［gɯ²²ni⁰tʰəɯ⁴⁴tʰəɯ²²⁴kə⁰iɛ²²⁴kuo⁵²kʰɯ⁰］匿：躲

拣了一件渠顶喜欢个粉红色个衣裳，［kã⁵⁴⁴lə⁰iʔ⁴dʑiɛ²²gɯ²²tin⁵⁴⁴sʅ⁴⁴xuã²²⁴kə⁰fen⁵⁴⁴ŋ²¹
seʔ⁵kə⁰i²²⁴ɕiã⁵²］

头还弗回个便望归跑去罢。［dəɯ²²ãã²²fəʔ⁴uei²²kə⁰bəʔ²mɔŋ²²kuei²²⁴pʰə⁵⁴⁴kʰɯ⁰buɔ⁰］

乙个乞渠抢去衣裳个仙女呢，［iʔ⁵kə⁰kʰəʔ⁴gɯ²²tɕʰiã⁵⁴⁴kʰɯ⁰i²²⁴ɕiã⁵²kə⁰ɕiɛ⁴⁴n̠y⁵⁴⁴ni⁰］

便是织女。［bəʔ²dzʅ²²tɕiʔ⁴n̠y⁵⁴⁴］

当日暝埠呢，［tɔŋ⁴⁴neʔ²³maʔ²³tə⁰ni⁰］暝埠：夜里

渠轻轻个敲开渠个门，［gɯ²²tɕʰin⁴⁴tɕʰin²²⁴kə⁰kʰə⁰kʰɛ²²gɯ²²kə⁰men²²］

便跟渠做了恩爱个夫妻罢。［bəʔ²ken²²⁴gɯ²²tsu⁵²lə⁰en²²⁴ɛ⁵²kə⁰fu⁴⁴tsʰʅ²²⁴buɔ⁰］

时间过得很快，［zʅ²²kã²²⁴kuo⁵²tiʔ⁰xuen²¹kʰuɔ⁵²］

一记工夫呢三年过去罢。［iʔ⁴tsʅ⁵²kɔŋ⁴⁴fu²²⁴ni⁰sã²²⁴n̠iɛ²²kuo⁵²kʰɯ⁰buɔ⁰］

牛郎跟织女呢，［n̠iəɯ²¹lɔŋ⁵²ken²²⁴tɕiʔ⁴n̠y⁵⁴⁴ni⁰］

生了一儿一囡两个细庚＝儿，［sã⁴⁴lə⁰iʔ⁴ŋ²²iʔ⁴nɔŋ⁵⁴⁴lã⁵²kə⁰sʅ⁴⁴kã⁴⁴ŋ⁵²］囡：女儿。细庚＝儿：小孩儿

一家人过得相当开心。［iʔ⁴kuo²²⁴nen²²kuo⁵²tiʔ⁰ɕiã²²⁴tɔŋ⁵²kʰɛ⁴⁴sen²²⁴］

但是呢织女私自落凡个事干呢，［dã¹³¹zʅ²²ni⁰tɕiʔ⁴n̠y⁵⁴⁴sʅ²²⁴tsʅ⁵²ləʔ⁴vã²²kə⁰zʅ²¹kuɛ⁵²ni⁰］
落：下。事干：事情

乞玉皇大帝晓得罢。［kʰəʔ⁴n̠ioʔ²ɔŋ²²dɔ²¹ti⁵²ɕiə⁵⁴⁴tiʔ⁰buɔ⁰］

有一日呢，［iəɯ⁵⁴⁴iʔ⁴neʔ²³ni⁰］

天埠霍闪，［tʰiɛ²²⁴tə⁰xuɔʔ⁵ɕiɛ⁰］天埠：天上。霍闪：闪电

雷公共＝共叫去。［lei²²kɔŋ²²⁴gɔŋ²¹gɔŋ²¹iə⁵²xɯ⁰］共＝共：象声词

一记工夫啊，［iʔ⁴tsʅ⁵²kɔŋ⁴⁴fu²²⁴a⁰］

阿＝个风啊呼呼吹得起，［aʔ⁵kə⁰fɔŋ²²⁴a⁰xu⁵²xu⁵²tsʰu²²⁴tiʔ⁰tɕʰi⁰］阿＝个：那个

雨呢便像倒来一样。［ɥ⁵⁴⁴ni⁰bəʔ²ɕiã⁴⁴tə⁵²li⁰iʔ⁴iã¹³¹］

织女呢，［tɕiʔ⁴n̠y⁵⁴⁴ni⁰］

一记便乞一阵大风雨呢，［iʔ⁴tsʅ⁵²bəʔ²kʰəʔ⁴iʔ⁴dzen¹³¹du²²fɔŋ⁴⁴ɥ⁵⁴⁴ni⁰］

便卷起去罢，［bəʔ²tɕyn⁵⁴⁴tɕʰiºkʰɯ⁵²buɔº］

两个细庚﹦儿便哭得黄天古历去。［lã⁵²kəºsʅ⁴⁴kã⁴⁴ŋ⁵²bəʔ²kʰuʔ⁵tiʔºɔŋ²²tʰiɛ²²⁴ku⁵²liɛʔ²³
kʰɯº］黄天古历：声嘶力竭

阿﹦个牛郎呢还急得便蹬脚蹬地，［aʔ⁵kəºȵiəɯ²¹lɔŋ⁵²niºã²²tɕiʔ⁵tiʔºbəʔ²ten⁴⁴tɕiɔʔ⁵den²¹
di¹³¹］蹬脚蹬地：跺脚

一滴办法都没有。［iʔ⁴tiʔ⁵bã²¹fuɔʔ⁵tu⁴⁴mei⁵²iəɯ⁵⁴⁴］

乙时候呢，［iʔ⁵zʅ²¹əɯ¹³¹niº］

老牛突然开口讲话罢。［lə⁴⁴ȵiəɯ²²du²³ʑiɛ²²kʰɛ⁴⁴kʰɯ⁵⁴⁴kɔŋ⁵²uo²¹buɔº］

你［弗乐］难过啊，［ȵi⁴⁴ŋəʔ⁵nã²¹kuo⁵²aº］［弗乐］：不要

帮我个角啊摭落来，［pɔŋ²²⁴ŋuo⁵⁴⁴kəºkəʔ⁵aºiɔʔ⁵ləʔ²liº］摭：拿

变起两只板笊。［piɛ⁵²tɕʰiºlã⁵²tsaʔ⁴pã⁴⁴lu²²］板笊：笊筐

再帮我个皮披到你身埄去。［tsei⁵²pɔŋ²²⁴ŋuo⁵⁴⁴kºbi²²pʰi²²⁴təºȵi⁴⁴sen²²⁴təºkʰɯº］身埄：
身上

你便能够带记两个细庚﹦儿呢，［ȵi⁵⁴⁴bəʔ²nen²¹kɯ⁴⁴tuɔ⁵²tsʅºlã⁵²kəºsʅ⁴⁴kã⁴⁴ŋ⁵²niº］

到天埄去寻织女罢。［tə⁴⁴tʰiɛ²²⁴təºkʰɯ⁴⁴zen²²tɕiʔ⁴ȵy⁵⁴⁴buɔº］

牛郎很心痛老牛，［ȵiəɯ²¹lɔŋ⁵²xuen²²sen²²⁴tʰɔŋ⁵²lə⁴⁴ȵiɯ²²］

但是呢，［dã¹³¹zʅ²²niº］

话还没讲完，［uo²¹ã²²mei⁵²kɔŋ⁴⁴yɛ²²］

老牛个角呢，［lə⁴⁴ȵiəɯ²²kəºkəʔ⁵niº］

便滴哩吧咯个跌落来罢，［bəʔ²ti⁴⁴li⁴⁴pə⁴⁴luo⁵²kəºlei¹³¹ləʔ²liºbuɔº］滴哩吧咯：象声词。跌：掉落

真变起两个板笊。［tsen²²⁴piɛ⁵²tɕʰiºlã⁵²kəºpã⁴⁴lu²²］

阿﹦个牛郎慌忙便拨两个细庚﹦儿呢，［aʔ⁵kəºȵiəɯ²¹lɔŋ⁵²xɔŋ²²⁴mɔŋ⁵²bəʔ²pəʔ⁴lã⁵²kəºsʅ⁴⁴
kã⁴⁴ŋ⁵²niº］

囥得板笊底头去，［kʰɔŋ⁵²tiʔ⁴pã⁴⁴lu²²ti⁴⁴dəɯ¹³¹kʰɯº］囥：放。底头：里面

扁担担记起呢，［piɛ⁴⁴tã⁵²tã²²⁴tsʅ⁵²tɕʰiʔ⁵niº］

牛皮披记身埄。［ȵiəɯ²¹pi⁵²pʰi²²⁴tsʅ⁵²sen²²⁴təº］

哟，一阵清风飘记起，［ioʔ²³，iʔ⁴dzen¹³¹tɕʰin⁴⁴fɔŋ²²⁴pʰiə²²⁴tsʅ⁵²tɕʰiʔº］

两只笊便飞起罢。［lã⁴⁴tsaʔ⁴lu²²bəʔ²fi²²⁴tɕʰiʔ⁵buɔº］

渠便很快个追去追去追，［gɯ²²bəʔ²xuen²²kʰuɔ⁵²kəºtsɻ²²kʰɯ⁵²tsɻ²²kʰɯ⁵²tsɻ²²］

接织女去罢。［tɕiɛʔ⁴tɕiʔ⁴ȵy⁵⁴⁴kʰɯ⁵²buɔº］

飞啊飞，［fi²²⁴aºfi²²⁴］

眼望着织女便倚前头便乐追着罢，［ŋã⁵⁴⁴mɔŋ²¹dʑiɔʔ²tɕiʔ⁴ny⁵⁴⁴bəʔ²³gɛ²²ʑiɛ²¹dɯ¹³¹bəʔ²³
　　ŋə²²tsʅ²²⁴tɕiɔʔ⁵buɔ⁰］

亦乞王母娘娘晓得罢。［iʔ²³kʰəʔ⁴ɔŋ²²m⁵⁴⁴n̠iã²¹n̠iã⁵²ɕiə⁵⁴⁴tiʔ⁰buɔ⁰］

从头上"闸‗"拔了一根金钗，［dʑiɔŋ²²dɯ²¹dʑiã¹³¹zɔʔ²³buɔʔ²³ləⁿiʔ⁴ken²²⁴tɕin⁴⁴tsʰɔ²²⁴］
　　闸‗：象声词

"哗啦"一记倚渠两人中央一划。［xuã¹³¹la⁴⁴iʔ⁴tsʅ⁵²gɛ²²gɯ²²lã⁴⁴nen²²tɔŋ⁴⁴iã²²⁴iʔ⁴uaʔ²³］

好，一条波浪滚滚个天河，［xə⁵⁴⁴，iʔ⁴diə²²pu²²⁴lɔŋ⁵²kuen⁴⁴kuen⁵⁴⁴kə⁰tʰiɛ²²⁴u⁵²］

便横在渠两人中央，［bəʔ²en²²dzei²²gɯ²²lã⁴⁴nen²²tɔŋ⁴⁴iã²²⁴］

望呢望弗到头嘞，［mɔŋ¹³¹ni⁰mɔŋ¹³¹fəʔ⁴tə²²⁴dɯ²²lɛ⁰］

便阿‗色‗活生生个，［bəʔ²³aʔ⁵səʔ⁰uɔʔ²sã⁴⁴sã²²⁴kə⁰］阿‗色‗：那么

帮两个人便阿‗色‗拆记开。［pɔŋ²²⁴lã⁵⁴⁴kə⁰nen²²bəʔ²³aʔ⁵səʔ⁰tsʰaʔ⁵tsʅ⁰kʰɛ²²⁴］

喜鹊呢便同情渠两个人险略，［sʅ⁴⁴tɕʰiɔʔ⁵ni⁰bəʔ²dɔŋ¹³¹ʑin²²gɯ²²lã⁵⁴⁴kə⁰nen²²ɕiɛ⁵⁴⁴lɔ⁰］

所以呢，［su⁴⁴i²²ni⁰］

每一年农历七月初七个时候啊，［mei⁵⁴⁴iʔ⁴n̠iɛ²²nɔŋ²¹li²³tsʰeʔ⁵n̠yɛʔ⁰tsʰu⁴⁴tsʰeʔ⁵kə⁰zʅ²¹
　　əɯ¹³¹a⁰］

近千上万只喜鹊，［dʑin²²tɕʰiɛ²²⁴dʑiã²¹mã¹³¹tsaʔ⁴sʅ⁴⁴tɕʰiɔʔ⁵］

一只呢衔牢前头一只个尾巴，［iʔ⁴tsaʔ⁵ni⁰gã²²ləⁿʑiɛ²¹dɯ¹³¹iʔ⁴tsaʔ⁵kə⁰ŋ⁴⁴puo²²⁴］

搭起一座长长个鹊桥，［tɔʔ⁵tɕʰiʔ⁰iʔ⁴tsu⁴⁴den²¹ten⁵⁵kə⁰tɕʰyɛʔ²dʑiə²²］

让牛郎跟织女呢，［n̠iã¹³¹n̠iəɯ²¹lɔŋ⁵²ken²²⁴tɕiʔ⁴n̠y⁵⁴⁴ni⁰］

倚桥上头呢团圆相会一记。［gɛ²²dʑiə²²dʑiã²¹dɯ¹³¹ni⁰duɛ¹³¹yɛʔ⁰ɕiã²²⁴uei⁵²iʔ⁴tsʅ⁵²］

所以呢，［su⁴⁴i²²ni⁰］

到乙时候呢，［tə⁴⁴iʔ⁵zʅ²¹əɯ¹³¹ni⁰］

每一年个农历七月初七，［mei⁵⁴⁴iʔ⁴n̠iɛ²²kə⁰nɔŋ²¹li²³tsʰeʔ⁵n̠yɛʔ⁰tsʰu⁴⁴tsʰeʔ⁵］

便是中国人个情人节，［bəʔ²dzʅ²²tɕiɔŋ⁴⁴kuɛʔ⁵nen²²kə⁰ʑin²¹nen²¹tɕiɛʔ⁵］

还乞后生人啊囡主家啊都喜欢过险个一个好节日。［ã²²kʰəʔ⁴əɯ⁴⁴sã²²⁴nen⁵²a⁰nɔŋ⁴⁴
　　tsʅ⁴⁴kuo⁵²a⁰tu²²⁴sʅ⁴⁴xuã²²⁴kuo⁵²ɕiɛ⁵⁴⁴kə⁰iʔ⁴kə⁰xə⁵⁴⁴tɕiɛʔ⁵nəʔ²³］

从前，有个小伙子从小就没爹娘，很可怜。家里只有一头老水牛陪着他，所以大家都叫他牛郎。

牛郎靠老牛帮人犁田换点粮食，和老牛相依为命。这头老牛实际上是天上的金牛星。他喜欢牛郎勤快又善良，所以想帮他成个家。

有一天，金牛星知道天上的仙女要到村东边的湖里洗澡，就托梦给牛郎，叫他第二天一大早就要到湖边去，趁仙女在湖里洗澡的时候，悄悄地偷一件挂在树上的衣裳。衣裳被他抢来的那个仙女，就会跟他回去当他老婆。

第二天早上，牛郎想："这个梦到底是真还是假呢？到底要不要去呢？"

想啊想啊，他就已经到湖边了。透过薄雾，他真看到七个仙女在湖里洗澡。他悄悄地过去，挑了一件他最喜欢的粉红色的衣裳，头也不回地往回跑。

这个被偷走衣裳的仙女，就是织女。当天夜里，织女轻轻地敲开牛郎的门，两个人做了恩爱夫妻。

时间过得很快，一下子就三年过去了。牛郎和织女生了一儿一女两个小孩，一家人过得相当开心。但是织女私自下凡的事情，被玉皇大帝知道了。

有一天，天上电闪雷鸣。突然间，风呼呼地刮来，雨像倒下来一样。织女一下子就被一阵大风雨卷走了。两个小孩子哭得很凄惨，牛郎急得直跺脚，一点办法都没有。这时候，老牛突然开口讲话了："你不要难过，你把我的角拿下来，它会变成两只箩筐，再把我的皮披到身上，你就能带着两个小孩子到天上去找织女了。"

牛郎很心痛老牛，但是话还没讲完，老牛的角就掉了下来，真变成两只箩筐。牛郎急忙把两个小孩放在箩筐里，用扁担挑起，披上牛皮。瞬间一阵风飘过来，两只箩筐就飞起来了。

飞啊飞，眼看快要追上织女的时候，被王母娘娘发现了。王母娘娘从头上拔了一根金钗，"哗啦"一下在他俩中间一划，一条波涛滚滚的天河便立刻横亘在他俩中央，宽得望不到岸，就这样硬生生把两个人拆开来。

喜鹊很同情他俩。每年农历七月初七的时候，成千上万只喜鹊飞到天河上，一只衔着前面一只的尾巴，搭起一座长长的鹊桥，让牛郎和织女在桥上团圆相会。

现在，每年农历七月初七是中国人的情人节，是小伙子和姑娘们很喜欢的一个美好节日。

（2016 年 7 月，发音人：赵丽珍）

三、自选条目

谜语

猜义᷄接龙

做义᷄猜，做义᷄猜，［tsu²²⁴n̠i¹³¹tsʰuɛ²²⁴，tsu²²⁴n̠i¹³¹tsʰuɛ²²⁴］义᷄：谜语

一道豆腐划弗开。［iʔ⁴də²¹dəɯ²¹fu⁵²uaʔ²³fəʔ⁴kʰɛ²²⁴］

水。［sʅ⁵⁴⁴］

水，水，两头尖嘴。［sʅ⁵⁴⁴，sʅ⁵⁴⁴，lã⁴⁴dəɯ²²tɕiɛ⁴⁴tsʅ⁵⁴⁴］

船。［ʑyɛ²²］

船，船，两头圆圆。［ʑyɛ²²，ʑyɛ²²，lã⁴⁴dəɯ²²yɛ²¹yɛ⁵²］

枕头。［tsen⁴⁴dəɯ²²］

枕头，枕头，两头瘦瘦。［tsen⁴⁴dəɯ²²，tsen⁴⁴dəɯ²²，lã⁴⁴dəɯ²²səɯ²¹səɯ⁵²］

棺材。［kuã²²⁴sɛ⁵²］

棺材，棺材，底面石头睏。［kuã²²⁴sɛ⁵²，kuã²²⁴sɛ⁵²，ti⁵²miɛ¹³¹ʑiʔ²¹dəɯ²¹kʰuɛ⁵²］底面：里面。

图章盒。［du²²tɕiã⁵²ɛʔ²³］

图章盒，图章盒，打得开斯文来。［du²²tɕiã⁵²ɛʔ²³，du²²tɕiã⁵²ɛʔ²³，nã⁵⁴⁴tiʔ⁰kʰɛ²²⁴ sʅ²²⁴men⁵²li²²］

留声机。［liəɯ²²ɕin⁴⁴tsʅ²²⁴］

留声机，留声机，刀剪做新事。［liəɯ²²ɕin⁴⁴tsʅ²²⁴，liəɯ²²ɕin⁴⁴tsʅ²²⁴，tə⁴⁴tɕiɛ⁵⁴⁴tsu⁴⁴ sen²²⁴sʅ⁵²］

剃头箱。［tʰi⁴⁴dəɯ²²ɕiã²²⁴］

剃头箱，剃头箱，箱底面藏文章［tʰi⁴⁴dəɯ²²ɕiã²²⁴，tʰi⁴⁴dəɯ²²ɕiã²²⁴，ɕiã²²⁴ti⁵²miɛ¹³¹ zɔŋ²²men²²tɕiã²²⁴］

书笼。［sʅ⁴⁴lɔŋ⁵⁴⁴］

书笼，书笼，笼中麦谷装。［sʅ⁴⁴lɔŋ⁵⁴⁴，sʅ⁴⁴lɔŋ⁵⁴⁴，lɔŋ⁵⁴⁴tɕiɔŋ²²⁴maʔ²¹kuʔ⁵tsɔŋ²²⁴］

箩。［lu²²］

丽水个义᷄接弗完，［li²²sʅ⁵⁴⁴kə⁰n̠i¹³¹tɕiɛʔ⁵fəʔ⁵yɛ²²］

下面让你粒᷄自来编。［io⁵²miɛ¹³¹n̠iã¹³¹n̠i⁵²ləʔ⁰zʅ¹³li²²piɛ²²⁴］你粒᷄：你们

（2016 年 7 月，发音人：周丽君、周佩君）

青　田

一、歌谣

赖哭猫

赖哭猫，[lɑ²²kʰuʔ⁴mo⁵³]赖哭猫：爱哭的猫

抓抓抓；[tso²²tso³³tso⁵³]

破米篓，[pʰɑ³³mi³³lœ⁴⁵⁴]

赶大猫；[kuɐ³³du²²mo⁵³]

赶到大门口，[kuɐ³³ɗœ²¹du²²maŋ²²kʰæi⁴⁵⁴]

碰上一头大街狗。[pʰoŋ³³dʑi³³iæʔ⁴deu²²du²²kɑ²²kæi⁴⁵⁴]街狗：狗

学人样

学人样，[oʔ³neŋ⁵⁵i²²]

打炮仗；[nɛ²¹pʰo³³i⁵⁵]

炮仗心，[pʰo³³i³³saŋ⁵⁵]

乞狗啃。[kʰaʔ⁴kæi⁴⁵⁴kʰaŋ⁴⁴⁵]乞：被

□妹歌□：哄

妹妹喔喔瞓，[mɛ²²mɛ⁵⁵oʔ²¹oʔ⁵⁵kʰuɐ³³]瞓：睡觉

奶娘有事干；[nɑ²¹n̠i⁵⁵ieu³³ʐ̩²²kuɐ⁵⁵]事干：事情

你爸铲田岸，[ȵi³³ɓɑ⁵⁵tsʰɑ³³diɑ⁵⁵uɐ³³] _{田岸：田埂}

捉条鱼鳅三斤半，[tɕioʔ⁴diœ²²ŋɛ²¹tɕʰieu⁴⁴⁵sɑ²¹tɕiaŋ⁵⁵ɓuɐ³³] _{鱼鳅：泥鳅}

乞妹妹背去送亲眷。[kʰaʔ⁴mɛ²²mɛ⁵⁵ɓæi³³kʰi³³soŋ²²tsʰaŋ⁵⁵tɕyɐ²¹]

妹妹喔喔醒，[mɛ²²mɛ⁵⁵o²¹o⁵⁵ɕiŋ⁴⁵⁴]

奶娘摄个大麦饼；[nɑ²¹ȵi³³tʰaʔ⁴kɑ⁰du²²mɛʔ³ɓeŋ⁴⁵⁴] _{摄：煎}

你爸吃得真高兴，[ȵi³³ɓɑ⁵⁵tsʰʔ⁴²li⁰tsaŋ⁴⁴⁵kœ⁵⁵ɕiŋ³³]

带妹妹走去捉蜻蜓儿。[ɗɑ³³mɛ²²mɛ⁵⁵tsaʔ⁴kʰiⁱtɕioʔ⁴²tɕʰiŋ²²deŋ⁵⁵]

两姊妹

两姊妹，[lɛ³³tsʔ³³mɛ²²]

匜布袋，[kaŋ³³ɓaʔ⁴²dɛ²²] _{匜：盖}

匜到青田吃白菜；[kaŋ³³ɗœ³³tɕʰiŋ⁴⁴⁵diɑ⁵³tsʰʔ⁴ɓɛʔ³tsʰɛ³³]

两兄弟，[lɛ³³ɕioŋ³³di³⁴³]

匜棉被，[kaŋ³³miɛ²²bi³⁴³]

匜到温州吃白米。[kaŋ³³ɗœ³³uɐ²²tɕieu⁴⁴⁵tsʰʔ⁴ɓɛʔ³mi⁴⁵⁴]

月光光堂堂

月光光堂堂，[ȵyæʔ³¹ko²²ko⁴⁴⁵tʰo²²tʰo⁵⁵] _{光堂堂：明亮的样子}

外婆煠猪嫲。[uɑ²²bu⁵³zaʔ³ɗi⁴⁴⁵mu⁵³] _{煠：煮。猪嫲：母猪}

外公夹两吃吃闹⁼，[uɑ²²koŋ⁴⁴⁵kaʔ⁴²lɛ²²tsʰʔ⁴²tsʰʔ⁰no⁰] _{吃吃闹⁼：吃吃看}

外婆火锹背起烫；[uɑ²²bu⁵³xu²²ɕiɛ⁴⁴⁵ɓæi³³tsʰʔ⁰tʰo³³] _{火锹：火钳}

外公夹两吃吃添，[uɑ²²koŋ⁴⁴⁵kaʔ⁴²lɛ²²tsʰʔ⁴²tsʰʔ⁰tʰia⁴⁴⁵] _{添：再}

外婆眠地里癫。[uɑ²²bu⁵³miɑ⁴⁴⁵di²²li⁰ɗia⁴⁴⁵] _{眠：躺}

（以上 2018 年 7 月，发音人：李雪静）

二、其他故事

刘伯温求师

元朝个时间，[ȵyɐ²²dʑiœ²¹kɛʔ⁰zʔ²²kɑ⁴⁴⁵]

刘伯温在京里参加考试。［leu²²ɓaʔ⁴uɐ⁴⁴⁵za²²tɕiŋ³³li⁴⁵⁴tsʰuɐ²²ku⁴⁴⁵kʰœ⁵⁵sʅ³³］

有一日呢，［ieu⁴⁵⁴iæʔ⁴nɛʔ³nɛ⁰］

渠在一条街里相着个书店，［gi²²za³³iæʔ⁴diœ²²ka³³li⁴⁵⁴ɕi³³dʑiʔ⁰kɛʔ⁰sʮ⁵⁵dia³³］相：看

渠呢就走到伊꞊个书店底架东寻西寻，［gi²²nɛ⁰ieu⁰tsæi⁴⁵⁴dœ³³i⁵⁵ka⁰sʮ⁵⁵dia³³di³³ku³³doŋ⁴⁴⁵zaŋ²¹sʅ⁴⁴⁵zaŋ²¹］伊꞊个：这个

最后寻着一本书。［tsɛ³³æi⁴⁵⁴zaŋ²¹dʑiʔ⁰iæʔ⁴ɓaŋ³³sʮ⁴⁴⁵］

渠梦꞊相梦꞊相了个时候，［gi²¹moŋ⁴⁵⁴ɕi³³moŋ⁴⁵⁴ɕi³³laʔkɛʔ⁰zʅ²¹eu²²］梦꞊：认真

边里人讲从꞊物事渠都无听着。［ɓia³³li⁰nɛn²¹ko⁴⁵⁴io²²maʔzʅ³³gi²¹du⁴⁴⁵m⁵⁵tʰeŋ³³dʑiʔ³¹］

　　从꞊：什么。物事：事情

伊꞊个店老板觉得奇怪，［i⁵⁵kaⁱ⁰dia³³lœ³³ɓa⁴⁵⁴koʔ⁴diⁱ⁰dzʅ⁵⁵kua³³］

走来问渠：［tsaʔ⁴²liⁱ⁰maŋ²²gi²¹］

"伊꞊本书你相得懂［弗啊］？"［i⁵⁵ɓaŋ³³sʮ⁴⁴⁵n̠i⁴⁵⁴ɕi³³dɛʔ⁰doŋ⁴⁵⁴foⁱ⁰］

刘伯温讲：［leu²²ɓaʔ⁴uɐ⁴⁴⁵koⁱ⁴⁵⁴］

"相懂个。"［ɕi³³doŋ⁴⁵⁴kɛʔ⁰］

恁罢伊꞊个店老板讲：［neŋ³³ɓaⁱ⁰i⁵⁵kaⁱ⁰dia³³lœ³³ɓa⁴⁵⁴ko³³］恁罢：那么

"恁罢我提两个问题考考你喏，［neŋ³³ɓaⁱ⁰ŋu⁴⁵⁴diⁱ²²lɛ³³kaⁱ⁰vaŋ²²diⁱ⁵³kʰœ³³kʰœ⁴⁵⁴n̠i³³noⁱ⁰］

考得出弗望你。"［kʰœ³³dɛʔ⁰tɕʰyæʔ⁴²faʔ⁰moⁱ²¹n̠i³³］

结果呢伊꞊个店老板提个问题罢刘伯温都考得出，［tɕiæʔ⁴ku⁴⁵⁴n̠iⁱ⁰i⁵⁵kaⁱ⁰dia³³lœ³³ɓa⁴⁵⁴diⁱ²²kɛʔ⁰vaŋ²²diⁱ⁵³ɓeⁱ⁰leu²²ɓaʔ⁴uɐ⁴⁴⁵du⁴⁴⁵kʰœ⁴⁵⁴dɛʔ⁰tɕʰyæʔ⁴²］

都回答得出。［du⁴⁴⁵uæi²²daʔ⁴²dɛʔ⁰tɕʰyæʔ⁴²］

伊꞊店老板觉得奇怪，［i⁵⁵dia³³lœ³³ɓa⁴⁵⁴koʔ⁴diⁱʔ⁰dzʅ⁵⁵kua³³］

渠讲：［gi²¹ko³³］

"伊꞊本书我园埭都园三年罢，［i⁵⁵ɓaŋ³³sʮ⁴⁴⁵ŋu³³kʰo³³do⁵³du³³kʰo³³sa³³n̠ia⁵³ɓaⁱ⁰］园：放。

　　埭：这里

从来无人寻来相过，［io²²lɛⁱ⁰m²²neŋ⁵³zaŋ²¹liⁱ⁰ɕi³³ku⁰］

今日想弗到你寻、寻来相伊꞊本书。［kɛʔ⁴nɛʔ³¹ɕi³³faʔ⁰dœ³³n̠i⁴⁵⁴zaŋ²¹、zaŋ²¹liⁱ⁰ɕi³³i⁵⁵ɓaŋ³³sʮ⁴⁴⁵］

我爸讲过罢，［ŋu³³ɓa⁵⁵ko⁴⁵⁴ku³³ɓaⁱ⁰］

伊꞊本书相得懂个人，［i⁵⁵ɓaŋ³³sʮ⁴⁴⁵ɕi³³dɛʔ⁰doŋ⁴⁵⁴kⁱ⁰neŋ²¹］

我就送渠、送渠一套兵书。"［ŋu⁴⁵⁴ieu²²soŋ³³gi²¹、soŋ³³gi²¹iæʔ⁴²tʰœ³³ɓeŋ²²sʮ⁴⁴⁵］

刘伯温高兴倒罢：［leu²²ɓaʔ⁴ueʔ⁴⁴⁵kœ⁵⁵ɕiŋ³³ɗœ⁴⁵⁴ɓɑ⁰］高兴倒罢：高兴死了

"恁罢讲你爸住窗ᵈ个呢？"［neŋ⁴⁵⁴ɓɑ⁰ko³³n̠i³³ɓɑ⁵⁵dzʮ³³tɕʰio⁵⁵kɑ⁰nɛ⁰］窗ᵈ：哪里

讲，限ᵈ个店老板讲：［ko³³，a³³kɑ⁰ɗiɑ³³lœ³³ɓɑ⁴⁵⁴ko³³］限ᵈ个：那个

"我爸住是安徽个。"［ŋu³³ɓaʔ⁴²dzʮ³³dzʮ³³ue²²xuæi⁴⁴⁵kɛʔ⁰］住是：住在

恁罢、恁罢伊ᵈ个刘伯温呢挈起就、限ᵈ个望安徽赶罢。［neŋ³³ɓɛ⁰、neŋ³³ɓɛ⁰i⁵⁵kɑ⁰leu²²
　　ɓaʔ⁴ueʔ⁴⁴⁵nɛtɕʰiæʔ⁴²tsʰʮ⁰ieu³³，a³³kɑ⁰mo²²ue²²xuæi⁴⁴⁵kue⁴⁵⁴ɓɑ⁰］挈：提、拎

结果呢赶到伊ᵈ个农村个时间，［tɕiæʔ⁴ku⁴⁵⁴nɛ⁰kue⁴⁵⁴ɗœ³³i⁵⁵kɑ⁰noŋ²²tsʰue⁴⁴⁵kɛʔ⁰zʮ²²kɑ⁴⁴⁵］

一派ᵈ毛竹林个地架有一堁屋，［iæʔ⁴pʰa³³mo²¹ɗuʔ⁴liaŋ⁵³kɛʔ⁰di²²ku³³ieu³³iæʔ⁴dɑ³³uʔ⁴²］
　　　一派ᵈ：一片。一堁：一幢

渠随着就□去罢。［gi²¹zʮ³⁴³dɑʔ⁰ieu³³za²²kʰi³³ɓɑ⁰］□：跑

走记去个时间呢，［tsæi⁴⁵⁴tsʮ³³kʰi³³kɛʔ⁰zʮ²²kɑ⁴⁴⁵nɛ⁰］

相着个老老，［ɕi³³dʑiʔ³kɛʔ⁰lœ²²lœ⁴⁴⁵］老老：老人

头毛全白个，［deu⁵⁵mœ⁵³ye²²ɓɛʔ³¹kɛʔ⁰］

下巴须罢都死人长，［u³³ɓu³³sʮ⁴⁴⁵ɓɛʔ⁰ɗu³³sʮ³³neŋ⁵⁵dʑi⁵³］死人：非常

□是堁种田。［lœ²²dzʮ³³do²²tɕio³³diɑ⁵³］□：在

后过一记问，［æi²²ku³³iæʔ⁴tsʮ³³maŋ²²］

伊ᵈ个就是伊ᵈ个店老板个爸。［i⁵⁵kɑ⁰ieu³³dzʮ³³i⁵⁵kɑ⁰ɗiɑ³³lœ³³ɓɑ⁴⁵⁴kɑ⁰ɓɑ⁵⁵］

伊ᵈ店老板个爸呢讲：［i⁵⁵ɗiɑ³³lœ³³ɓɑ⁴⁵⁴kɑ⁰ɓɑ⁵⁵nɛ⁰ko³³］

"我个兵书呢园是我个堁。［ŋu⁴⁵⁴kɛʔ⁰ɓeŋ²²sʮ⁴⁴⁵nɛ⁰kʰo³³dzʮ³³ŋu⁴⁵⁴kɑ⁰ɓɑ³³do⁰］

我个爸呢恁个□是一个死人远个寺庙里当和尚。［ŋu⁴⁵⁴kɛʔ⁰ɓɑ³³nɛ⁰neŋ⁴⁵kɑ³³lœ²²dzʮ³³
　　iæʔ⁴kɑ³³sʮ³³neŋ³³ye⁴⁵⁴kɛʔ⁰zʮ²²miœ³³li⁰ɗo³³u⁵⁵i³³］

伊ᵈ个走、走到伊ᵈ个寺庙里呢是比较难走个，［iæʔ⁴kɑ³³tsæi⁴⁵⁴、tsæi⁴⁵⁴ɗœ³³i⁵⁵kɑ⁰zʮ²²
　　miœ²²li⁰nɛ⁰dzʮ³³ɓi³³ko⁵⁵nɑ³³tsæi⁴⁵⁴kɛʔ⁰］

爱翻过九排山，［ɛ³³fɑ³³ku³³tɕieu⁴⁵⁴ɓɑ²²sɑ⁴⁴⁵］爱：要

走过九条岗，［tsæi⁴⁵⁴ku³³tɕieu⁴⁵⁴diœ²²ko⁴⁵⁴］

还要走过九个岩脱ᵈ皮，［uɑ²²iœ²²tsæi⁴⁵⁴ku³³tɕieu⁴⁵⁴kɑ³³ŋɑ²²tʰaʔ⁴bi⁵³］岩脱ᵈ皮：峭壁

伊ᵈ个路里呢野兽死人多个。"［i⁵⁵kɑ⁰leu³³li⁰nɛ⁰iu³³ɕieu³³sʮ³³neŋ²²ɗu⁴⁴⁵kɛʔ⁰］

刘伯温讲：［leu²²ɓaʔ⁴ue⁴⁴⁵ko³³］

"我弗吓。"〔ŋu⁴⁵⁴faʔ²⁴xoʔ⁴²〕

恁罢渠就真望伊⁼个寺庙走罢。〔neŋ⁴⁵⁴bɑ⁰gi²¹ieu³³tsaŋ³³mo²²i⁵⁵kɑ⁰zɿ²²miœ²²tsæi⁴⁵⁴bɑ⁰〕

　　望：朝

肚饿爻呢，〔deu³³ŋuæi⁵⁵go⁰nɛ⁰〕爻：了

身里干粮□两串吃吃，〔saŋ³³li⁰kuɐ⁵⁵lɛ⁵³ɓɛ²²lɛ³³tɕʰyɐ³³tsʰɿʔ²⁴tsʰɿʔ⁰〕□：弄

口燥呢限⁼里、坑里水装来呷呷。〔kʰæi⁴⁵⁴sœ³³nɛ⁰ɑ⁵⁵li⁰、kʰæ̃³³li⁰sʮ⁴⁵⁴tɕio³³lɛ³³xaʔ²⁴xaʔ⁰〕

　　口燥：口渴

最后呢走到伊⁼个寺庙里。〔tsɛ³³æi⁴⁵⁴nɛ⁰tsæi⁴⁵⁴ɗœ³³i⁵⁵kɑ⁰zɿ²²miœ²²li⁰〕

渠爱拜见伊⁼个大师，〔gi²¹ɛ³³ɓɑ³³tɕie³³i⁵⁵kɑ⁰dɑ²²sɿ⁴⁴⁵〕

庙里个和尚儿杂渠讲，讲：〔miœ²²li⁰kɛʔ⁰u²²i²²n⁵⁵zaʔ³gi²²ko⁴⁵⁴，ko³³〕杂：跟

"大师已经杂渠出游罢，〔dɑ²²sɿ⁴⁴⁵i³³tɕiŋ³³zaʔ³gi²²tɕʰyɐʔ²⁴ieu⁵³bɑ⁰〕

你住埭住两日先，〔n̩i⁴⁵⁴dzʮ³³do⁰dzʮ³³lɛ³³nɛʔ³¹ɕia⁴⁴⁵〕

等渠走来我再引见好罢。"〔ɗeŋ³³gi²²tsæi⁴⁵⁴li⁵³ŋu³³tsæi³³iaŋ³³tɕie³³xœ⁴⁵⁴bɑ⁰〕

结果呢个刘伯温呢，〔tɕiæʔ²⁴ku⁴⁵⁴nɛ⁰kɛʔ⁰leu²²ɓɑʔ²⁴uɐ⁴⁴⁵nɛ⁰〕

杂一个老和尚作记住，〔zaʔ³iæʔ²⁴kɑ⁰lœ³³u⁵⁵i³³tsoʔ²⁴tsɿ³³dzʮ²²〕

老和尚做从⁼恁事干，〔lœ³³u⁵⁵i³³tsu³³io²²neŋ³³zɿ²²kuɐ³³〕

渠也杂做从⁼恁事干，〔gi²¹ia³³zaʔ³tsu³³io²²neŋ³³zɿ²²kuɐ³³〕

比如老和尚是限⁼埭破柴，〔ɓi³³zu²²lœ³³u⁵⁵i³³dzɿ³³ɑ⁵⁵dɑ⁰pʰɑ³³za⁵³〕限⁼埭：那里

渠也是限⁼埭破柴，〔gi²¹ɑ⁵⁵dzɿ³³ɑ⁵⁵dɑ⁰pʰɑ³³za⁵³〕

是限⁼埭担水，〔dzɿ³³ɑ⁵⁵dɑ⁰ɗɑ³³sʮ⁴⁵⁴〕

渠也是限⁼埭担水。〔gi²²ɑ⁵⁵dzɿ³³ɑ⁵⁵dɑ⁰ɗɑ³³sʮ⁴⁵⁴〕

限⁼个渠一直认为伊⁼个老和尚就是庙里烧、烧饭个老老，〔ɑ⁵⁵kɑ⁰gi²¹iæʔ²⁴dzɿʔ³¹n̩iŋ²²vu²²i⁵⁵kɑ⁰lœ³³u⁵⁵i³³ieu³³dzɿ³³miœ³³li⁰ɕiœ³³、ɕiœ⁴⁴⁵va²²kɛʔ⁰lœ²²lœ⁴⁴⁵〕

但是呢，〔dɑ²²zɿ³³nɛ⁰〕

渠觉着伊⁼个老老讲谈当中呢，〔gi²²koʔ²⁴zaʔ³i⁵⁵kɑ⁰lœ²²lœ⁴⁴⁵ko⁵⁵dɑ²²ɗo²²tɕio⁴⁴⁵nɛ⁰〕

渠发现伊⁼个老老还比较有水平，〔gi²¹faʔ²⁴iɑ²²i⁵⁵kɑ⁰lœ²²lœ⁴⁴⁵ɑ⁵⁵ɓi³³ko³³ieu³³sʮ⁵⁵beŋ²¹〕

相相问渠个问题，〔ɕi³³ɕi³³maŋ²²gi²¹kɛʔ⁰vaŋ²²di⁵³〕相相：看看

限⁼个都是答、答得比较好。〔ɑ⁵⁵kɑ⁰ɗu⁴⁴⁵dzɿ³³ɗaʔ⁴²、ɗaʔ⁴²ɗĩʔ⁰ɓi³³ko³³xœ⁴⁵⁴〕

刘伯温觉得奇怪，[leu²²ɓaʔ⁴ueŋ⁴⁴⁵koʔ⁴ɖiʔ⁰dzɿ⁵⁵kua³³]

想弗到伊⁼个庙里个伊⁼类烧、烧饭个老老还有恁水平。[ɕi³³faʔ⁴ɖœ³³i⁵⁵kɑ⁰miœ²²li⁰ keʔ⁰i⁵⁵læi²¹ɕiœ³³、ɕiœ⁴⁴⁵vaʔ⁰keʔ⁰lœ²²lœ⁴⁴⁵a²²ieu⁵⁵neŋ³³sɿ⁵⁵beŋ²¹]

结果呢恁、一直恁□埭呢。[tɕiæʔ⁴ku⁴⁵⁴neⁿneŋ⁴⁵⁴、iæʔ⁴dzɿʔ³neŋ⁴⁵⁴lœ³³dɑ²²neⁿ]

过个好两日以后呢，[ku³³kɑⁿxœ³³lɛ³³nɛʔ³¹i³³æi⁴⁵⁴neⁿ]

伊⁼个和尚儿杂渠讲，讲：[i⁵⁵kɑⁿu²²iⁿn⁵⁵zaʔ³gi²²ko⁴⁵⁴，ko³³]

"我个大师已经走转罢。"[ŋu⁴⁵⁴kɑⁿdɑ²²sɿ⁴⁵⁴i⁴⁵⁴tɕiŋ³³tsaʔ⁴ɖueŋ⁴⁵⁴ɓaⁿ] 走转：回来

伊⁼个刘伯温便□去拜见个大师罢，[i⁵⁵kɑⁿleu²²ɓaʔ⁴ueŋ⁴⁴⁵bɛ⁰za²²kʰi³³ɓa³³tɕiɛ³³kɑⁿdɑ²² sɿ⁴⁴⁵bɛ⁰]

结果一见面渠新⁼、新⁼晓得，[tɕiæʔ⁴ku⁴⁵⁴iæʔ⁴tɕiɛ³³miɛ²²gi²²saŋ⁴⁴⁵、saŋ⁴⁴⁵ɕiœ⁴⁵⁴ɖiʔ⁰]
新⁼：才

伊⁼个大师就是日日杂渠做记吃啊、住个老和尚！[i⁵⁵kɑⁿdɑ²²sɿ⁴⁴⁵ieu³³dzɿ³³nɛʔ³nɛʔ³¹ zaʔ³gi²¹tsu³³tsɿ³³tsʰɿʔ⁴²aⁿ、dzɿ²²keʔ⁰lœ³³u⁵⁵i³³]

伊⁼个老和尚讲：[i⁵⁵kɛʔ⁰lœ³³u⁵⁵i³³ko³³]

"前架我就是□埭考验考验你。"[iɑ²²ku³³ŋu⁴⁵⁴ieu³³dzɿ³³lœ³³doⁿkʰœ³³n̩iɛ²²kʰœ³³n̩iɛ²² n̩i⁴⁵⁴] 前架：先前

结果呢伊⁼个老和尚拨兵书就送乞刘伯温罢。[tɕiæʔ⁴ku⁴⁵⁴neⁿi⁵⁵kɑⁿlœ³³u⁵⁵i³³ɓaʔ⁴²ɓeŋ²² sɿ⁴⁴⁵ieu³³soŋ³³kʰa³³leu²²ɓaʔ⁴ueŋ⁴⁴⁵ɓaⁿ]

刘伯温得到伊⁼本兵书以后呢，[leu²²ɓaʔ⁴ueŋ⁴⁴⁵ɖɛʔ⁴²ɖœ³³i⁵⁵ɓaŋ³³ɓeŋ²²sɿ⁴⁴⁵i³³æi⁴⁵⁴neⁿ]

走到青田石门洞埭，[tsæi⁴⁵⁴ɖœ³³tɕʰiŋ⁵⁵dia²¹iʔ³maŋ⁵⁵doŋ²²doⁿ]

日夜相。[nɛʔ³iu²²ɕi³³]

最后呢帮助限⁼个、限⁼个朱元璋呢打落个天下，[tsɛ³³æi⁴⁵⁴neⁿɓo³³zu²²ɑ⁵⁵kɑⁿ、ɑ⁵⁵kɑⁿ tsɿ³³n̩ye²²tɕi⁴⁴⁵neⁿnɛ⁴⁵⁴loʔ³keʔ⁰tʰiɑ⁵⁵u⁴⁵⁴]

建立了明朝。[tɕiɛ³³liæʔ⁴²laⁿmeŋ²²dʑiœ²¹]

伊⁼个就是刘伯温求师个故事。[i⁵⁵kɑⁿieu³³dzɿ³³leu²²ɓaʔ⁴ueŋ⁴⁴⁵dʑieu²¹sɿ⁴⁴⁵keʔ⁰kø³³zɿ²²]

　　元朝的时候，刘伯温在京里参加考试。

　　有一天，他在一条街上看到一个书店，就走进这个书店里面东找西找，最后

找着一本书。他看书看入迷的时候，边上人讲什么他都没听见。

这个店老板觉得奇怪，就走过来问他："这本书你看得懂吗？"刘伯温说："看得懂。"店老板说："那么我提两个问题考考你吧，看你考得出考不出。"结果，这个店老板所提的问题，刘伯温都回答得出。

店老板觉得奇怪，他说："这本书我放在这里都放了三年了，从来没人找来看，今天想不到你找来看。我爸说过了，看得懂这本书的人，就送给他一套兵书。"刘伯温非常高兴："那么，你爸住在哪里呢？"店老板说："我爸住在安徽。"刘伯温拿起（那本书）就往安徽赶。

当他赶到那个村的时候，看到一片毛竹林里有一座屋，就马上过去了。他到那里，看到一个头发全白、胡须长长的老人在种田。一问，原来这个人就是店老板的爸爸。

这店老板的爸爸说："我的兵书放在我的爸爸那里。我爸爸现在一个非常远的寺庙里当和尚。到那个寺庙的路是比较难走的，要翻过九座山，走过九条岗，还要爬过九个峭壁，路上野兽非常多。"刘伯温说："我不怕。"说完，他就真的朝那个寺庙走了。

肚子饿了，他就从身上掏点干粮吃；口渴了，他就从小溪里取点水喝。最后，他走到了这个寺庙。

他要拜见那位大师，庙里的小和尚跟他说："大师已经跟别人出游了，你先住几天，等他回来了我再给你引见。"结果，刘伯温跟一个老和尚一起住，老和尚做什么事情，他就做什么事情，比如老和尚在那里劈柴，他也在那里劈柴，（老和尚）在那里挑水，他也在那里挑水。

他一直以为这个老和尚就是庙里烧饭的老人而已，但是，从言谈当中，他发现这个老人还比较有水平，问这个老人什么问题，老人都答得比较好。刘伯温觉得奇怪，想不到这个庙里烧饭的老人都那么有水平。就这样，他一直住在那里。

过了好几天以后，那个小和尚对他说："我大师已经回来了。"刘伯温就马上赶去拜见大师。结果，一见面他才知道，这个大师就是每天跟他同吃同住的老和尚！老和尚说："先前我就是想考验考验你。"最后，老和尚把兵书送给了刘伯温。

刘伯温得到这本兵书以后，来到青田石门洞，日夜研读。最后，他帮助朱元璋打下了天下，建立了明朝。

这就是刘伯温求师的故事。

（2018年7月，发音人：虞惠阳）

三、自选条目

（一）谚语

冬吃萝卜夏吃姜。〔ɗoŋ⁴⁴⁵tsʰʅʔ⁴²loʔ³boʔ³¹u²²tsʰʅʔ⁴tɕi⁴⁴⁵〕

（2018 年 7 月，发音人：詹爱琴）

留得青山在，〔leu²²ɗɛʔ⁴tɕʰiŋ²²sa²²zɛ³⁴³〕
弗怕无柴烧。〔fuʔ⁴pʰu³³m²²za²²ɕiœ⁴⁴⁵〕

人爱心好，〔neŋ²¹ɛ³³saŋ³³xœ⁴⁵⁴〕
树爱根老。〔zʮ²²ɛ³³kiɛ³³lœ⁴⁵⁴〕

读书弗怕难，〔duʔ³sʮ⁴⁴⁵fuʔ⁴pʰu³³na²¹〕
只怕思想懒。〔tsʅʔ⁴pʰu³³sʅ³³ɕi⁴⁵⁴la³⁴³〕

弗懂装懂，〔fuʔ⁴ɗoŋ⁴⁵⁴tso³³ɗoŋ⁴⁵⁴〕
永远𠲀懂。〔ioŋ³³yɤ⁴⁵⁴ua²²ɗoŋ⁴⁵⁴〕_{𠲀：不会}

山外有山，〔sa⁵⁵ua²²ieu³³sa⁴⁴⁵〕
天外有天。〔tʰia⁵⁵ua²²ieu³³tʰia⁴⁴⁵〕

万事开头难。〔ma⁵⁵zʅ²²kʰɛ³³deu³³na⁵³〕

情人眼里出西施。〔iŋ⁵⁵zaŋ⁵³ŋa³³li³⁴³tɕʰyɤʔ⁴²sʅ²²sʅ⁴⁴⁵〕

（以上 2018 年 7 月，发音人：吴佩艳）

（二）谜语

千条线，[tɕʰia³³diœ⁵⁵ɕiɛ³³]

万条线，[mɑ²²diœ⁵⁵ɕiɛ³³]

落着水中□弗见。[loʔ³dzʅʔ⁰sʅ⁴⁵⁴tɕioŋ³³lu²²faʔ⁴tɕiɛ³³] □：寻找

——雨[vu⁴⁵⁴]

弗声弗响，[faʔ⁴ɕiŋ³³faʔ⁴ɕi⁴⁵⁴]

地下拱上。[di²²u⁴⁵⁴koŋ³³dʑi³⁴³]

——笋[ɕyaŋ⁴⁵⁴]

爹麻脸，[ɗɑ⁴⁴⁵mu²²liɛ⁴⁵⁴]

阿妈红面，[aʔ³mɑ⁴⁴⁵oŋ⁵⁵miɛ²²]

生个儿反是白面。[sɛ³³kɛⁿ²¹faʔ³³dzʅ³³bɛʔ³miɛ²²]

——落角꞊生[loʔ³koʔ⁴sɛ⁴⁴⁵] 落角꞊生：花生

坐也是眠，[zu³⁴³ɑ³³dzʅ³³miɑ⁴⁴⁵]

徛也是眠，[gɛ³⁴³ɑ³³dzʅ³³miɑ⁴⁴⁵]

走也是眠，[tsæi⁴⁵⁴ɑ³³dzʅ³³miɑ⁴⁴⁵]

眠也是眠。[miɑ⁴⁴⁵ɑ⁴⁵⁴dzʅ³³miɑ⁴⁴⁵]

——蛇[iu²¹]

一个白老娘炒乌豆，[iæʔ⁴kɑ⁰bɛʔ³lœ³³ȵi⁵⁵tsʰœ³³vu⁵⁵deu²²]

边走边漏。[ɓia³³tsæi⁴⁵⁴ɓiɑ⁴⁴⁵læi²²]

——羊[i⁴⁴⁵]

六脚爬爬，[leuʔ³tɕiʔ⁴²bu²²bu²¹]

有口无牙；[ieu³³kʰæi⁴⁵⁴m²²ŋu⁵³]

住着布店，[dzʅ³³dzʅʔ⁰ɓaʔ⁴ɗia³³]

吃肉当饭。[tsʰʅʔ⁴ȵiuʔ³ɗo²²vɑ³³]

——虱[saʔ⁴²]

高脚郎，［kœ³³tɕiʔ⁴lo⁵³］

高脚郎，［kœ³³tɕiʔ⁴lo⁵³］

吹吹打打入洞房；［tsʰʅ³³tsʰʅ⁴⁴⁵nɛ³³nɛ⁴⁵⁴zaʔ³doŋ²²vo⁵³］

吃我肉，［tsʰʅʔ⁴ŋu³³n̠iuʔ³¹］

呷我汤，［xaʔ⁴²ŋu³³tʰo⁴⁴⁵］

一夜陪我到天光。［iæʔ⁴iu²²bæi²²ŋu⁴⁵⁴ɖœ³³tʰiɑ²²ko⁴⁴⁵］

——蚊虫［maŋ⁵⁵dʑioŋ⁵³］

生弗能吃，［sɛ⁴⁴⁵faʔ⁴neŋ²²tsʰʅʔ⁴²］

熟弗能吃，［iuʔ³¹faʔ⁴neŋ²²tsʰʅʔ⁴²］

一边烧，［iæʔ⁴ɓiɑ⁴⁴⁵ɕiœ⁴⁴⁵］

一边吃。［iæʔ⁴ɓiɑ⁴⁴⁵tsʰʅʔ⁴²］

——吸烟［ɕiʔ⁴iɑ⁴⁴⁵］

（以上 2018 年 7 月，发音人：李雪静）

云　和

一、歌谣

倒采茶

十三月（倒采茶，牡丹荔枝花），[ʑyeiʔ sã ȵyɛʔ（təɯ tsʰa dzo，məɯ tã li tsɿ xo）]

又一年，[iəɯ iʔ ȵiɛ]

韩公走雪（久经花开）真可怜，[xã kɔ tsəɯ ɕyɛʔ（tɕiəɯ tɕiŋ xo kʰei）tsəŋ kʰu liɛ]

久经花开：衬词

天上拦雪（倒采茶，牡丹荔枝花），[tʰiɛ dʑiã lã ɕyɛʔ（təɯ tsʰa dzo，məɯ tã li tsɿ xo）]

韩湘子，[xã ɕiã tsɿ]

雪拥蓝关（久经花开）马弗行。[ɕyɛʔ ioŋ lã kuɛ（tɕiəɯ tɕiŋ xo kʰei）mɔ fuʔ ʑiŋ]

弗：不

十二月（倒采茶，牡丹荔枝花），[ʑyeiʔ ȵi ȵyɛʔ（təɯ tsʰa dzo，məɯ tã li tsɿ xo）]

过了冬，[ko liaɔ toŋ]

十担茶笼（久经花开）九担空，[ʑyeiʔ tã dzo loŋ（tɕiəɯ tɕiŋ xo kʰei）tɕiəɯ tã kʰoŋ]

茶笼挂在（倒采茶，牡丹荔枝花）金钩上，[dzo loŋ go dzei（təɯ tsʰa dzo，məɯ tã li tsɿ xo）tɕiŋ kəɯ dʑiã]

留来明年（久经花开）又相逢。[liəɯ lei mã ȵiɛ（tɕiəɯ tɕiŋ xo kʰei）iəɯ ɕiã vəŋ]

（2017 年 8 月，发音人：赵美云、宋李娟）

犁田歌

正月犁田是块金，［tɕiŋ²⁴n̠yɛʔ²²³li²²³diɛ²²³dʐɿ²²³kʰuei⁴⁴tɕiŋ²⁴］

二月犁田是块银。［n̠i²²³n̠yɛʔ²²³li²²³diɛ²²³dʐɿ²²³kʰuei⁴⁴n̠iŋ³¹］

犁田犁到立夏边，［li²²³diɛ²²³li²²³təɯ⁴⁴liʔ²³o²²³piɛ²⁴］

有苗无谷［弗乐］怨天。［iəɯ⁴¹miɑɔ³¹m⁴⁵kəɯʔ⁵ŋɑɔ⁴⁵yɛ⁴⁴tʰiɛ²⁴］［弗乐］：不要

正月犁田是块金欸，［tɕiŋ n̠yɛʔ li diɛ ʐɿ kʰuei tɕiŋ ei］

二月犁田是块啊银。［n̠i n̠yɛʔ li diɛ ʐɿ kʰuei a n̠iŋ］

犁田犁到是立夏边欸，［li diɛ li təɯ ʐɿ liʔ o piɛ ei］

有苗无谷莫怨啊天。［iəɯ miɑɔ m kɑɯ kəɯʔ moʔ yɛ a tʰiɛ］

啦啦嘞，［la la lei］

有苗无谷莫怨天。［iəɯ miɑɔ m kɑɯ kəɯʔ moʔ yɛ a tʰiɛ］

（2017 年 8 月，发音人：宋李娟）

二、其他故事

皇帝坟的传说

云和凤凰山顶上，［yŋ²²³o³¹vəŋ²²³ɔ̃²²³sã²⁴tiŋ⁴¹dʑiã²²³］

有一孔坐西朝东个大坟墓。［iəɯ⁴¹iʔ²⁴kʰoŋ⁴⁴zu²²³sɿ²⁴dʑiɑɔ³¹toŋ²⁴kei⁰du²²³vəŋ³¹mu²²³］

黄色个长条石板，［ɔ̃³¹saʔ⁵kei⁰dɛ²²³diɑɔ³¹ʑiʔ²³pã⁴¹］

搭起一层一层个踏步级。［tɔʔ⁵tsʰɿ⁴¹iʔ²⁴zɛ³¹iʔ²⁴zɛ³¹kiⁿdɔʔ²²³bu²²³tɕiʔ⁵］踏步级：台阶

坟碑呢，足有两米多高，［vəŋ²²³pei²⁴niⁿ，tɕioʔ⁵iəɯ⁴¹la⁴¹mi⁴¹tu²⁴kəɯ²⁴］

像一个皇帝个宫殿样子，［ʐiã²²³iʔ²⁴ki⁴⁵iɔ̃³¹ti⁴⁵kiⁿkoŋ²⁴diɛ²²³iã²²³tsɿ⁰］

大势ᵘ人都唤渠唤皇帝坟。［dɔ²²³sɿ²⁴nɛ³¹tu²⁴xã⁴⁵gi³¹xã⁴⁵iɔ̃²²³ti⁴⁵vəŋ³¹］大势ᵘ人：大家。唤：叫

相传，［ɕiã⁴⁴dʑyɛ³¹］

明朝国师刘基逃归青田以后，［miŋ²²³dʑiɑɔ³¹kuaʔ⁵sɿ²⁴liəɯ²²³tsɿ²⁴tɑɔ⁴¹kuei²⁴tɕʰiŋ⁴⁴diɛ³¹i⁴⁴u⁴¹］

乞朱元璋处斩了。［kʰa⁴⁴tsɿ⁴⁴n̠yɛ²²³tɕiã²⁴tsʰu⁴⁴tsã⁴¹lɑɔ⁰］

刘基个囡得知渠个伯乞人杀了，［liəɯ²²³tsɿ²⁴kiⁿnɛ²⁴taʔ⁵tsɿ²⁴gi³¹paʔ⁵kʰa⁴⁴nɛ³¹sɔʔ⁵lɑɔ⁰］

囡：女儿。乞：被

悲痛万分。［pei²⁴tʰoŋ⁴⁵mã²²³fəŋ²⁴］

因为刘基个人头乞渠刜了，［iŋ²⁴uei³¹liəɯ²²³tsʅ²⁴kei⁰nɛ³¹dəɯ³¹kʰa⁴⁴gi³¹tsʰei⁴⁵lɑɔ⁰］刜：砍

渠囡呢，［gi³¹nɛ²⁴ni⁰］

便帮伯打了一个黄金个人头，［biɛ²²³põ²⁴paʔ⁵nɛ⁴¹lɑɔ⁰iʔ⁴ki⁴⁵õ²²³tɕiŋ²⁴kei⁰nɛ³¹dəɯ³¹］

伯：父亲

捺至尸体上。［nɔʔ²³tsʅ⁴⁴sʅ⁴⁴tʰiʔ⁴¹dʑiã²²³］捺至：摁到

还有人讲，［a²²³iəɯ⁴¹nɛ³¹kõ⁴⁴］

阿=是因为，［aʔ⁵dzʅ²²³iŋ²⁴uei³¹］阿=是：那是

过后朱元璋觉着特=自错杀了刘基，［ko⁴⁵u⁴¹tsʅ⁴⁴ȵyɛ²²³tɕiã²⁴koʔ⁵dziɔʔ²³daʔ²³zʅ²²³tsʰu⁴⁵

sɔʔ⁵lɑɔ⁰liəɯ²²³tsʅ²⁴］特=自：自己

所以，赔了渠一个金头。［su⁴¹i⁴⁴，bei³¹lɑɔ⁰gi³¹iʔ⁴ki⁴⁵tɕiŋ⁴⁴dəɯ³¹］

阿=呗，［aʔ⁵pɛ⁰］阿=呗：那么

金头园至棺材里葬至山上着，［tɕiŋ⁴⁴dəɯ³¹kʰõ⁴⁵tsʅ⁴⁴kuã⁴⁴za³¹li⁰tsõ⁴⁵tsʅ⁴⁴sã²⁴dʑiã²²³dziɔʔ²³］

囡：放。着：后置成分，相当于普通话"先"

会乞人偷去了个嘞。［uei²²³kʰa⁴⁴nɛ³¹tʰəɯ²⁴kʰi⁴⁵lɑɔ⁰kei⁰lɛ⁰］

阿=呗，［aʔ⁵pɛ⁰］

刘基个囡呢便想出了一个计策。［liəɯ²²³tsʅ²⁴kei⁰nɛ²⁴ni⁰biɛ³¹ɕiã⁴⁴tɕʰyɛʔ⁵lɑɔ⁰iʔ⁴ki⁴⁵tsʅ⁴⁵

tsʰaʔ⁵］

徛处州十县，［ga²²³tsʰʅ⁴⁴tɕiəɯ²⁴ʑyeiʔ²³yɛ²²³］徛：在

各选一块风水最好个坟地，［koʔ⁵ɕyɛ⁴⁴iʔ⁴kuei⁴⁵fəŋ⁴⁴sʅ⁴⁴tsei⁴⁵xəɯ⁴¹ki⁰vəŋ³¹di²²³］

并买了十具一模一样个棺材。［biŋ³¹mɔ⁴¹lɑɔ⁰ʑyeiʔ²³dzʅ²²³iʔ⁵m²²³iʔ⁵iã²²³ki⁰kuã⁴⁴za³¹］

丧期祭奠后，［sõ⁴⁵dzʅ³¹tsʅ⁴⁵diɛ²²³əɯ⁴¹］

分发各县同时徛半暝子时安葬。［fəŋ²⁴fɔʔ⁵koʔ⁵yɛ²²³dõ²²³zʅ³¹ga²²³pɛ⁴⁵mɛ³¹tsʅ⁴¹zʅ³¹uɛ²⁴

tsõ⁴⁵］半暝：半夜

据说，［dzʅ²²³ɕyɛʔ⁵］

徛发送行棺时，［ga²²³fɔʔ⁴soŋ⁴⁵ɛ²²³kuã²⁴zʅ³¹］

刘基个囡非常伤心，［liəɯ²²³tsʅ²⁴kei⁰nɛ²⁴fi²⁴dʑiã²²³ɕiã⁴⁴səŋ²⁴］

渠还牢=金头棺材头，［gi³¹a²²³lɑɔ³¹tɕiŋ⁴⁴dəɯ³¹kuã⁴⁴za³¹dəɯ³¹］牢=：在

狠狠个啮了一口，［xəŋ⁴¹xəŋ⁴¹ki⁰ȵuɛʔ²³lɑɔ⁰iʔ⁴kʰəɯ⁴¹］啮：咬

留落了牙齿印嘞。［liəɯ³¹loʔ²³lɑɔ⁰ŋo³¹tsʰʅ⁴⁴iŋ⁴⁵lɛ⁰］

传说，［dzye³¹ɕyɛʔ⁵］

云和凤凰山顶个皇帝坟，[yŋ²²³o³¹vəŋ²²³ɔ̃²²³sã²⁴tiŋ⁴¹kei⁰iɔ̃³¹ti⁴⁵vəŋ³¹]
便是刘基坟。[biɛ²²³dʐ̩²²³liəɯ²²³tsʅ²⁴vəŋ³¹]

　　云和凤凰山顶上，有一座坐西朝东的大坟墓。黄色的长条石板搭起一层一层的台阶。坟碑足有两米多高，像皇帝的宫殿一样，大家都称它皇帝坟。

　　相传，明朝国师刘基逃回青田以后，被朱元璋处斩了。刘基的女儿得知父亲被人杀了，悲痛万分。因为刘基的人头被砍了，他女儿就帮父亲打了一个黄金人头，安在尸体上。也有人讲，那是因为后来朱元璋觉得自己错杀了刘基，所以赔了他一个金头。金头放在棺材里，葬在山上的话，会被人偷去的。于是，刘基的女儿就想出了一个计策。在处州十县各选一块风水最好的坟地，并买了十具一模一样的棺材。丧期祭奠后，分发各县同时在子时安葬。据说，在发送行棺时，刘基的女儿非常伤心，她还在装金头的棺材头上狠狠地咬了一口，留下了牙齿印。相传，云和凤凰山顶的皇帝坟，就是刘基坟。

　　　　　　　　　　　　　　　　　（2017 年 8 月，发音人：赵美云）

将军桥

阿⁼两年啊，[aʔ⁵la⁴⁴n̠iɛ³¹a⁰]　阿⁼两年：以前
梅湾个小皇帝出世以后，[mei²²³uã²⁴kei⁰ɕiaɔ⁴⁴iɔ̃³¹ti⁴⁵tɕʰyɛʔ⁵sʅ⁴⁴u⁴¹]
天上为了保护小皇帝个安全，[tʰiɛ²⁴dʑiã²²³uei²²³laɔ⁰paɔ²⁴u²²³ɕiaɔ⁴⁴iɔ̃³¹ti⁴⁵kei⁰uɛ⁴⁴ʑyɛ³¹]
还派了一男一女两员大将落凡。[a³¹pʰɔ⁴⁵laɔ⁰iʔ⁵nuɛ³¹iʔ⁵n̠y⁴¹la⁴¹yɛ³¹du²²³tɕiã⁴⁵lɔ²³vã³¹]
　落凡：下凡

男将军呢，[nuɛ³¹tɕiã⁴⁵tɕʏŋ²⁴ni⁰]
便安排至靛青山个千坑村，[biɛ²²³uɛ⁴⁴bɔ³¹tsʅ⁴⁴diɛ²²³tɕʰiŋ⁴⁵sã²⁴kei⁰tɕʰiɛ⁴⁴kʰɛ²⁴tsʰuɛ²⁴]
离梅湾村有十里路个地方。[li³¹mei²²³uã²⁴tsʰuɛ²⁴iəɯ⁴⁴ʑyei²²³li⁴⁴lu³¹kei⁰di²²³fɔ̃²⁴]
小皇帝乞人追杀个时节，[ɕiaɔ⁴⁴iɔ̃³¹ti⁴⁵kʰa⁴⁴nɛ³¹tsʅ⁴⁴sɔʔ⁵kei⁰zʅ²²³tɕiɛʔ⁵]　时节：时候
男将军正正倚埮犁田。[nuɛ³¹tɕiã⁴⁵tɕʏŋ²⁴tɕiŋ⁴⁴tɕiŋ⁴⁵ga²²³tɔʔ⁵li²²³diɛ³¹]　正正：正好。倚埮：在
听着皇帝逃命，[tʰiŋ⁴⁵dʑiɔʔ²³iɔ̃³¹ti⁴⁵daɔ³¹miŋ²²³]
帮犁牢⁼田个大黄牛一挟，[pɔ̃²⁴li³¹laɔ²²³diɛ³¹kei⁰du²²³ɔ̃²²³n̠iəɯ³¹iʔ⁴gɔʔ²³]
挟至归牛栏去。[gɔʔ²³tsʅ⁴⁴kuei²⁴n̠iəɯ²²³lã³¹kʰi⁰]
随手拔起一墩⁼大松树，[zʅ³¹ɕiəɯ⁴⁴bɔʔ²³tsʰʅ⁴⁴iʔ⁴təŋ²⁴du²²³ziɔ̃³¹zʅ²²³]　一墩⁼：一株

用手帮阿゠口树枝㧒记了，〔iɔ̃²²³ɕiəɯ⁴⁴pɔ̃²⁴aʔ⁵lɛʔ²³zʅ²²³tsʅ²⁴pʰaʔ⁵tsʅ⁴⁴lɑɔ⁰〕阿゠口：那些。㧒
　　记：掰掉

便当成武器啊。〔biɛ²²³tɔ̃⁴⁵ʑiŋ³¹m⁴⁴tsʰʅ⁴⁵a⁰〕

连树根都赶弗代゠啄゠，〔liɛ³¹zʅ²²³kɛ²⁴tu²⁴kuɛ⁴⁴fuʔ⁵da²³tei⁵〕赶弗代゠：来不及。啄゠：砍

背起便追。〔pei⁴⁵tsʰʅ⁴⁴biɛ²²³tsʅ²⁴〕

经过云坛街个时节，〔tɕiŋ²⁴kɔ⁴⁵yŋ²²³dã²²³kɔ²⁴kɛ⁰zʅ²²³tɕiɛʔ⁵〕

街两边处瓦背个处瓦片，〔kɔ²⁴lа⁴¹⁴piɛ²⁴tsʰʅ⁴⁴ŋo⁴⁴pei⁴⁵kei⁰tsʰʅ⁴⁴ŋo⁴⁴pʰiɛ⁴⁵〕处瓦：瓦片

都乞渠唰唰唰唰个拖翻落来。〔tu²⁴kʰa⁴⁴gi³¹ɕiɔ²⁴ɕiɔ²⁴ɕiɔ²⁴ɕiɔ²⁴kei⁰tʰɔ²⁴fã²⁴lo²³li³¹〕

追记追记，〔dzʅ²²³tsʅ⁰dzʅ¹²²³tsʅ⁰〕

追到重河，〔dzʅ²²³təɯ⁴⁴dʑioŋ²²³u³¹〕

追错记了路，〔dzʅ²²³tsʰu²⁴tsʅ⁴⁵lɑɔ⁰lu³¹〕

望梅源方向追去了。〔mɔ̃²²³mei²²³ȵyɛ³¹fɔ̃²⁴ɕiã⁴⁵dzʅ²²³kʰi⁴⁵lɑɔ⁰〕

待渠追到崇头口个时节，〔ta⁴⁴gi³¹dzʅ²²³təɯ⁴⁴ʑioŋ²²³dəɯ²²³kʰəɯ⁴¹kei⁰zʅ²²³tɕiɛʔ⁵〕

消息传来，〔ɕiɑɔ⁴⁴ɕiʔ⁵dʑyɛ³¹li³¹〕

皇帝已经乞人杀死徛五尺口个大桥下。〔iɔ̃³¹ti⁴⁵iʔ⁴¹tɕiŋ²⁴kʰa⁴⁴nɛ³¹sɔʔ⁵sʅ⁴⁴ga²²³ŋ⁴⁴tɕʰiʔ⁴
　　kʰəɯ⁴¹kɛ⁰du²²³dʑiɑɔ²²³io⁴¹〕

将军听了，〔tɕiã⁴⁴tɕyŋ²⁴tʰiŋ⁴⁵lɑɔ⁰〕

觉着对弗起皇帝。〔koʔ⁵dʑioʔ²³tei⁴⁵fuʔ⁵tsʰʅ⁴⁴iɔ̃³¹ti⁴⁵〕

气恼之下，〔tsʰʅ⁴⁵nɑɔ⁴⁴tsʅ⁴⁴io⁴¹〕

便帮头撞至到崇头口个石桥上，〔biɛ²²³pɔ̃²⁴dəɯ³¹dʑioŋ²²³tsʅ⁴⁴təɯ⁴⁴ʑioŋ²²³dəɯ³¹kʰəɯ⁴¹
　　kei⁰ʑiʔ²³dʑiɑɔ³¹dʑiã²²³〕

当场便撞死了。〔tɔ̃⁴⁵dʑiã³¹biɛ²²³dʑioŋ²²³sʅ⁴¹lɑɔ⁰〕

阿゠色゠接落来呢，〔aʔ⁵sa²⁰tɕiɛʔ⁵loʔ²³li³¹ȵi⁰〕阿゠色゠：那么

大势゠人便帮乙个村取名喊撞头。〔dɔ²²³sʅ⁴⁵nɛ³¹biɛ²²³pɔ̃²⁴iʔ⁴kei⁴⁵tsʰuɛ²⁴tsʰʅ⁴¹miŋ³¹xã⁴⁵
　　dʑioŋ²²³dəɯ³¹〕乙个：这个

时间长了，〔zʅ²²³kã²⁴dɛ³¹lɑɔ⁰〕

喊记喊记，〔xã⁴⁵tsʅ⁴⁴xã⁴⁵tsʅ⁴⁴〕

喊变音记了，〔xã⁴⁵piɛ⁴⁵iŋ²⁴tsʅ⁴⁵lɑɔ⁰〕

便变成崇头了。〔biɛ²²³piɛ⁴⁵ʑiŋ³¹ʑioŋ²²³dəɯ³¹lɑɔ⁰〕

做后呢，〔tso⁴⁵u⁴⁴ni⁰〕做后：后来

崇头人呢，〔ʑioŋ²²³dəɯ³¹nɛ³¹ni⁰〕

还帮乙座石桥改起喊"将军桥"，[a²²³pɔ̃²⁴iʔ⁵zo³¹ziʔ²³dʑiɑɔ³¹ka⁴¹tsʰɿ⁴⁴xã⁴⁴tɕiã⁴⁴tɕyŋ⁴⁴
dʑiɑɔ³¹]

还牢=桥边建造了将军殿，[a²²³lɑɔ³¹dʑiɑɔ²²³piɛ²⁴tɕiɛ⁴⁵zɑɔ²²³lɑɔ⁰tɕiã⁴⁴tɕyŋ²⁴diɛ²²³]

来纪念乙个将军。[li³¹tsɿ⁴⁴n̠iɛ²²³iʔ⁴kei⁴⁵tɕiã⁴⁴tɕyŋ²⁴]

　　以前啊，梅湾的小皇帝出生以后，天庭为了保护小皇帝的安全，还派了一男一女两员大将下凡。

　　男将军呢，就安排在靛青山的千坑村，一个离梅湾村有十里路的地方。小皇帝被人追杀的时候，男将军正在犁田，听到皇帝逃命，他把正在犁田的大黄牛一挟，挟回牛栏去，并且随手拔起一棵大松树，用手把那些树枝掰了，就当成武器。他连树根都来不及砍，扛起来就追。经过云坛街的时候，街两边屋檐上的瓦片，都被他扛的大松树哗啦啦地拉下来。

　　追呀追呀，追到重河时追错了路，往梅源方向追去了。等他再追到崇头口的时候，消息传来，皇帝已经被人杀死在五尺口的大桥下。将军听了，觉得对不起皇帝。气恼之下，就一头撞到崇头口的石桥上，当场就撞死了。

　　后来，大家就把这个村取名叫撞头。时间长了，叫着叫着叫变音了，就变成崇头了。最后，崇头人还把这座石桥改名叫"将军桥"，并在桥边建造了将军殿，以此纪念这个将军。

（2017 年 8 月，发音人：赵美云）

三、自选条目

曲艺

大嫂你自听啊，[da sɑɔ n̠i dzɿ tʰiŋ ŋa]

听我说分明呀。[tʰiŋ ŋo so fən miŋ ia]

看相看一相呀，[kʰã ɕiã kʰã iʔ ɕiã ia]

银子要几多呀？ [n̠iŋ tsɿ iɑɔ tɕi tu ia] 几多：多少

啊，大嫂欸。[a ， da sɑɔ ei]

咿啰呀哦啰呀，[i lu ia o lu ia]

银子要几多呀？ [n̠iŋ tsɿ iɑɔ tɕi tu ia]

啊，大嫂欸。﹝a，da sɔ ei﹞

别人看一相呀，﹝biɛʔ lən kʰã iʔ ɕiã ia﹞

铜钱要八个呀。﹝doŋ tɕʰiɛ iɑ paʔ ko ia﹞

你们看一相呀，﹝ȵi mən kʰã iʔ ɕiã ia﹞

银子要一分呀。﹝ȵiŋ tsʅ iɑ iʔ fən ia﹞

啊，大爷欸。﹝a，da iɛ ei﹞

咿啰呀哦啰呀，﹝i lu ia o lu ia﹞

银子要一分呀。﹝ȵiŋ tsʅ iɑ iʔ fən ia﹞

啊，大爷欸。﹝a，da iɛ ei﹞

大嫂说话不中听。﹝da sɔ so uaʔ buʔ tsoŋ tʰiŋ﹞

什么不中听啊？﹝zəŋ mo buʔ tsoŋ tʰiŋ a﹞

别人看一相，铜钿要八个。﹝biɛʔ lən kʰã iʔ ɕiã，doŋ diɛ iɑ paʔ ko﹞

我们看一相，银子要一分。﹝ŋo mən kʰã iʔ ɕiã，ȵiŋ tsʅ iɑ iʔ fən﹞

大爷，﹝da iɛ﹞

一分就是八个，八个就是一分。﹝iʔ fən tɕiəɯ zʅ paʔ ko，paʔ ko tɕiəɯ zʅ iʔ fən﹞

（2017 年 8 月，发音人：赵美云、宋李娟）

松　阳

一、歌谣

一下叫，一下笑

一下叫，一下笑，[i?⁵uə²⁴iɔ²⁴, i?⁵uə²⁴tɕʰiɔ²⁴]叫：哭

白荒鸡儿打镬灶，[ba?²xoŋ²⁴tʂʅə²¹n²⁴nã³³o?²tsɔ²⁴]荒鸡儿：公鸡。镬灶：锅灶

两只眼睛开大炮。[næ²²tɕi?⁵ŋã²¹ɕin⁵³kʰɛ²⁴du²¹pʰɔ²⁴]

雪花飘飘

雪花飘飘，[ɕyɛ?³fuə²⁴pʰiɔ²⁴pʰiɔ⁵³]

外婆炊糕；[ŋa²¹bu²⁴tɕʰy²⁴kʌ⁵³]炊：蒸

雪花浓浓，[ɕyɛ?³fuə²⁴n̠iɔ̃³³n̠iɔ̃³¹]

外婆煎糖；[ŋa²¹bu²⁴tɕiɛ̃³³dɔ̃³¹]

雪花漫大路，[ɕyɛ?³fuə²⁴mæ²²du²²luə¹³]

外婆做豆腐。[ŋa²¹bu²⁴tsu²²dei²²vuə¹³]

小姑娘

我唱一个小姑娘，[ŋ²²tɕʰiã²⁴i?³kɛ⁰ɕiɔ³³kuə³³n̠iã³¹]

心想做件新衣裳；[ɕin⁵³ɕiã²¹tsu²⁴dʑiɛ̃²¹ɕin²⁴i³³ʑiã³¹]

买了三寸标准布，[ma²²lɛ⁰sɔ̃⁵³tsʰæ³³piɔ²⁴tɕyn³³puə²⁴]

做件旗身连布裤；[tsu^{24}dʑiɛ̃^{21}dzʅ^{33}ɕin^{53}liɛ̃^{33}puə^{33}kʰuə^{24}]

还有一顶领头布，[uɔ̃^{31}uɤʔ^{2}iʔ^{5}tin^{33}lin^{21}dei^{33}puə^{24}]

正好做根拦腰布。[tɕin^{24}xei^{21}tsu^{24}kæ̃^{33}lɔ̃^{21}iɔ^{33}puə^{24}]拦腰布：围裙

小姑娘，洗衣裳，[ɕiɔ^{33}kuə^{33}ȵiã^{31}，sʅə^{33}i^{33}ʑiã^{31}]

碰到一个蛙蟆娘；[pʰəŋ^{24}tʌ^{21}iʔ^{3}kɛ^{0}uə^{33}muə^{33}ȵiã^{31}]蛙蟆：青蛙

跪在坑埠头，[dʑy^{22}zɛ^{31}kʰã^{24}puə^{33}dei^{31}]

敹槌摭起"别哒别哒"打一场。[liɛ̃^{33}dʑy^{31}iaʔ^{5}tɕʰiʔ^{0}biɛʔ^{2}dɔʔ^{2}biɛʔ^{2}dɔʔ^{2}nã^{21}iʔ^{3}dʑiã^{31}]

敹槌：棒槌。摭：拿

小姑娘，摊衣裳，[ɕiɔ^{33}kuə^{33}ȵiã^{31}，tʰɔ̃^{24}i^{33}ʑiã^{31}]

碰到一个老鹰娘；[pʰəŋ^{24}tʌ^{21}iʔ^{3}kɛ^{0}lʌ^{21}in^{53}ȵiã^{31}]

一带就带去，[iʔ^{3}ta^{24}ʑiɯ^{22}ta^{24}kʰɯə^{24}]

带到温州大平阳。[ta^{24}tʌ^{33}uɛ̃^{24}tɕiɯ^{53}du^{22}bin^{33}iã^{31}]

落苏树下好乘凉，[loʔ^{2}sʅə^{53}dʑiɯ^{22}yə^{22}xei^{33}ʑin^{33}liã^{31}]落苏：茄子

鸡卵壳内做道场。[tsʅə^{24}len^{21}kʰoʔ^{5}nɛ^{13}tsu^{33}dʌ^{33}dʑiã^{31}]鸡卵：鸡蛋

（以上 2017 年 8 月，发音人：刘超英）

二、规定故事

牛郎和织女

古代时节崃有个青壮后生，[kuə^{33}dɛ^{13}zʅ^{33}tɕiɛʔ^{3}lɛ^{0}uɤʔ^{2}kɛ^{0}tɕʰin^{33}tɕioŋ^{24}u^{21}sã^{53}]

娒伯伯都死了，[mɛ^{24}paʔ^{3}paʔ^{5}tu^{24}sʅə^{21}lɔ^{0}]娒：妈妈

便是个侬儿，[bɛʔ^{2}ʑiʔ^{2}kɛ^{5}nəŋ^{21}n^{24}]侬：人

处里崃乙⁼有一头牛陪渠，[tɕʰyɛ^{24}lɛ^{0}lɛ^{0}iʔ^{5}uɤʔ^{2}iʔ^{3}dei^{33}ŋei^{31}bei^{31}gɛʔ^{2}]乙⁼有：只有

所以啊，大势喊渠喊牛郎。[su^{33}i^{22}a^{0}，da^{21}sʅə^{24}xɔ̃^{24}gɛʔ^{2}xɔ̃^{33}ŋei^{33}lɔ̃^{31}]大势：大家

乙头老牛崃帮渠耕地种田□滴咥咥，[iʔ^{5}dei^{33}lʌ^{22}ŋei^{31}lɛ^{0}poŋ^{53}gɛʔ^{2}kã^{24}di^{13}iəŋ^{33}diɛ̃^{31}pɛ̃^{53} tiʔ^{0}tiɛʔ^{5}tiɛʔ^{0}]□：弄。咥：吃

牛郎对老牛互相依靠过生活。[ŋei^{33}lɔ̃^{31}tei^{33}lʌ^{22}ŋei^{31}uə^{21}ɕiã^{24}i^{33}kʰʌ^{24}ku^{33}sã^{24}uaʔ^{2}]

事实哦，[zʅə^{33}ʑiʔ^{2}ɔ^{0}]

乙个牛咯是天里个金牛星。[iʔ^{5}kɛ^{0}ŋei^{31}lɔ^{0}ʑiʔ^{2}tʰiɛ̃^{53}lɛ^{0}kɛ^{0}tɕin^{33}ŋei^{33}ɕin^{53}]乙个：这个

渠踞天里个时节崃望到，[gɛʔ^{2}kei^{53}tʰiɛ̃^{53}lɛ^{0}kɛ^{0}zʅ^{33}tɕiɛʔ^{5}lɛ^{0}moŋ^{13}tʌ^{21}]踞：在

乙个牛郎侬心好，[iʔ³kɛ⁰ŋei³³lɔ̃³¹nən³³ɕin⁵³xei²¹²]

做道路煞心，[tsu³³dʌ²²luə¹³sɔʔ³ɕin⁵³] 道路：事情

渠有心唻帮渠寻个老婆做个人家，[gɛʔ²uɤʔ²ɕin⁵³lɛ⁰poŋ⁵³gɛʔ²zin³¹kɛ⁰lʌ²²bu³¹tsu²⁴kɛ⁰
　　n³³kuə⁵³]

所以走着渠埳处里了。[su³³i²²tsei²¹dɛʔ²gɛʔ²taʔ³tɕʰyɛ²⁴lɛ⁰lɔ⁰] 处：家

有一日唻，[uɤʔ²iʔ³nɛʔ²lɛ⁰]

老牛猜到天里个仙女，[lʌ²²ŋei³¹tsʰɛ⁵³tʌ²¹tʰiɛ̃⁵³lɛ⁰kɛ⁰ɕiɛ²⁴ȵyɛ²²] 猜到：知道

乐对牛郎乙个村里村头儿山脚儿，[ŋɔ³³tei²¹ŋei³³lɔ̃³¹iʔ³kɛ⁰tsʰæ̃⁵³lɛ⁰tsʰæ²⁴dei²¹n²⁴sɔ̃²⁴
　　tɕiaʔ³n²⁴] 乐：要

轭=个水库里洗浴。[aʔ³kɛ⁰ɕy³³kʰuə²⁴lɛ⁰sɿə²¹ioʔ²] 轭=个：那个

渠咯随即托梦乞牛郎，[gɛʔ²lɔ⁰zy³³tɕiʔ⁵tʰoʔ³məŋ¹³kʰaʔ³ŋei³³lɔ̃³¹] 乞：给

喊牛郎第二日天光，嚎，[xɔ̃²⁴ŋei³³lɔ̃³¹di²²n¹³nɛʔ²tʰiɛ̃²⁴koŋ⁵³，xɔ⁰] 天光：早晨

走着乙个村头儿山脚儿轭=个水库边里去，[tsei²¹tɛʔ⁰iʔ³kiʔ⁰tsʰæ²⁴dei²¹n²⁴sɔ̃²⁴tɕiaʔ³n²⁴aʔ³
　　kiʔ⁰ɕy³³kʰuə²⁴piɛ̃⁵³lɛ⁰kʰɯə⁰]

帮挂树里个衣裳着渠撅落来，[poŋ⁵³kuə²⁴dʑɯɯ¹³lɛ⁰kɛʔi³³ziã³¹tɛʔ³gɛʔ²iaʔ⁵loʔ⁰liʔ⁰]

撅一件便着，嚎。[iaʔ⁵iʔ³dʑiɛ̃¹³bɛʔ²tiʔ⁵，xɔ⁰] 着：可以

撅来以后咯 [毋乐] 回头，[iaʔ⁵liʔ³i²²u²²lɔ⁰ŋaʔ⁵uei³³dei³¹] [毋乐]：别

直接□处里去，[dʑiʔ²tɕiɛʔ⁵tʰioŋ²⁴tɕʰyɛ²⁴lɛ⁰kʰɯə⁰] □：跑

乙□唻渠就会得到仙女当老婆。[iʔ³xã²⁴lɛ⁰gɛʔ²ziɯɯ²²uei²²tɛʔ⁵tʌ²¹ɕiɛ²⁴ȵyɛ²²toŋ³³lʌ³³
　　bu³¹] 乙□：这样

第二日天光，[diɛ³³ȵi³³nɛʔ²tʰiɛ̃²⁴koŋ⁵³]

牛郎一半相信一半怀疑，[ŋei³³lɔ̃³¹iʔ³pæ̃²⁴ɕiã³³ɕin²⁴iʔ³pæ̃²⁴uã³³ȵi³¹]

便走到村脚儿轭=个水库边里去。[bɛʔ²tsei²¹tʌ³³tsʰæ²⁴tɕiaʔ³n²⁴aʔ³kiʔ⁰ɕy³³kʰuə²⁴piɛ̃⁵³lɛ⁰
　　kʰɯə⁰]

懵里懵懂中唻，[məŋ²²li¹³məŋ²²təŋ²¹tɕiəŋ⁵³lɛ⁰]

远远相去，哦嚎！[fen³³fen²¹ɕiã²⁴kʰɯə⁰，ɔ⁵xɔ⁰] 相：看

□真有七个仙女踞埳搞水儿！[tɕiã²¹tɕin⁵³uɤʔ²tɕʰiʔ³kiʔ⁰ɕiɛ²⁴ȵyɛ²²kei⁵³laʔ⁰kɔ³³ɕy³³n²⁴]
　　　　□真：真的

渠随即走到，[gɛʔ²zy³³tɕiʔ⁵tsei²¹tʌ²⁴]

轭=个塘沿儿边里个轭=个树里，[aʔ³kiʔ⁰doŋ³³iɛ̃²¹n²⁴piɛ̃⁵³lɛ⁰kɛ⁰aʔ³kiʔ⁰dʑɯɯ¹³lɛ⁰]

摭来一件粉红色个衣裳。[iaʔ⁵li³³iʔ³dʑiɛ̃¹³fen³³ŋ³³sɛʔ⁵kɛⁱ³³ziã³¹]

摭来以后头庞都无敢回哦，[iaʔ³li³³i²²u¹³dei³³bã³¹tu³³muə¹³kæ²¹uei³¹ɔ⁰]头庞：头

晴⁼慌死响□处里去了。[ʑin³³xoŋ³³sʅə²⁴ɕiã²¹tʰioŋ²⁴tɕʰyɛ²⁴lɛ⁰kʰɯə⁰lɔ⁰]

轭⁼便乙个乞牛郎摭走衣裳个，[aʔ³bɛʔ⁰iʔ⁵kiⁱ⁰kʰaʔ³ŋei³³lɔ̃³¹iaʔ⁵tsei²¹i³³ziã³¹kɛ⁰]

乙个仙女咯喊织女。[iʔ³kɛ⁰ɕiɛ̃²⁴n̠yɛ²²lɔ⁰xɔ̃²⁴tɕiʔ³n̠yɛ²²]

衣裳乞牛郎摭去便，[i³³ziã³¹kʰaʔ³ŋei³³lɔ̃³¹iaʔ⁵kʰɯə⁰bɛʔ⁰]

□又□弗出来，[uoʔ⁵iɯ²²uoʔ³fɤʔ⁰tɕʰyɛʔ³li²⁴]□：爬

无办法，[muə¹³bɔ̃²¹fɔʔ⁵]

乙⁼好候到天煞阴了以后咯，[iʔ⁵xei³³ei²¹tʌ³³tʰiɛ̃⁵³sɔʔ³in²⁴lɛ⁰iʔ²²u²²lɔ⁰]煞阴：黑暗。乙⁼好：只好

再轻脚轻手走到牛郎处里去。[tsɛ²⁴tɕʰin²⁴tɕiaʔ⁵tɕʰin²⁴ɕiɯ²¹²tsei²¹tʌ³³ŋei³³lɔ̃³¹tɕʰyɛ²⁴lɛ⁰kʰɯə⁰]

笃、笃、笃，帮门敲开，[doʔ², doʔ², doʔ², poŋ⁵³men³³kʰɔ⁵³kʰɛ⁵³]

牛郎一下便帮门开出来唻，[ŋei³³lɔ̃³¹iʔ³uə¹³bɛʔ⁰poŋ⁵³men³³kʰɛ⁵³tɕʰyɛ⁰liⁱ⁰lɛ⁰]

嚎，个织女唻便赤胐臀儿□个归去，[xɔ⁰, kɛ³tɕiʔ³n̠yɛ²²lɛ⁰bɛʔ²tʰiʔ³kʰoʔ⁵dæ̃²¹n̠i²⁴uɤʔ⁵kɛ⁰kuei⁵³kʰɯə⁰]胐臀儿：屁股。□：走

两个侬唻便做了公婆。[næ̃²²kiⁱ⁰nəŋ³¹lɛ⁰bɛʔ²tsu²⁴lɛ⁰kəŋ³³bu³¹]公婆：夫妻

眼睛一夹，[ŋã²¹tɕin⁵³iʔ³kɔʔ⁵]

三年过去了，[sɔ̃⁵³n̠iɛ̃³³ku²⁴kʰɯə⁰lɔ⁰]

牛郎对织女生了一个儿一个囡儿，[ŋei³³lɔ̃³¹tei³³tɕiʔ³n̠yɛ²²sã⁵³lɛ⁰iʔ⁵kiⁱ⁰n̠iɛ³³iʔ⁵kiⁱ⁰na³³n̠iɛ³¹]

一家四口侬，[iʔ³kuə²⁴sʅ²⁴kʰei²¹nəŋ³¹]

热热乐乐开心险，[n̠iɛʔ²n̠iɛʔ²loʔ²loʔ²kʰɛ²⁴ɕin⁵³ɕiɛ̃²¹²]险：很

幸福险。[ã²¹fɤʔ⁵ɕiɛ̃²¹²]

咦？！俗话讲，[i²⁴？！ ʑioʔ²u¹³koŋ²¹²]

"天上一日，地下一年"，[tʰiɛ̃⁵³dʑiã¹³iʔ³n̠ɛʔ², di²²yə¹³iʔ³n̠iɛ̃³¹]

乙个玉皇大帝讲三日望弗到织女过，[iʔ³kiⁱ⁰n̠ioʔ²oŋ³³da²¹tie²⁴koŋ²¹sɔ̃⁵³n̠ɛʔ²moŋ²¹fɤʔ⁵tʌ²¹tɕiʔ³n̠yɛ²²ku³³]

唉奇怪了，[ɛ⁰dʑʅ³³kua²⁴lɔ⁰]

寻寻望，[ʑin³³ʑin³¹moŋ¹³]

察儿去了唻？[tsʰaʔ³n⁵kʰɯə⁰lɛ⁰lɛ⁰]察儿：哪里

望侬间一相，[moŋ²¹nəŋ³³kɔ̃⁵³iʔ³ɕiã²⁴]

哦嚎！［ɔ³xɔ³¹］

织女对牛郎结婚了！［tɕiʔ³n̥ye²²tei³³ŋei³³lɔ³¹tɕiɛʔ³fæ̃⁵³lɔ⁰］

还小侬儿都生起了！［uɔ̃³¹ɕiɔ²⁴nəŋ²¹n²⁴tu²⁴sã⁵³tɕʰiʔ⁰lɔ⁰］

个燥哦！［kɛ⁵tsɔ²⁴ɔ⁰］燥：怒

皇天个畚箕挈、短命种！［oŋ³¹tʰiɛ̃⁰kɛ⁰pẽ³³i²⁴tɕʰiɛʔ⁵、tæ̃³³min¹³tɕioŋ²¹²］畚箕挈：畚箕

渠便乐做法，［gɛʔ²bɛʔ²ŋɔ²¹tsu³³fɔ⁵］

乐对织女搭归来。［ŋɔ³³tei³³tɕiʔ³n̥ye²²kʰuə²⁴kuei⁰li⁰］搭：抓

所以咪，有一日，［su³³i³³lɛ⁰, uɤʔ²iʔ³nɛʔ²］

玉皇大帝开始做法了。［n̥ioʔ²oŋ³³da²¹tie²⁴kʰɛ²⁴sɿ²¹tsu³³fɔʔ⁵lɔ⁰］

一大下，［iʔ³du²²uə¹³］

乌天黑地，［uə²⁴tʰiɛ̃⁵³xɛʔ³di¹³］

霍闪动天，［xɤʔ³ɕiɛ̃²⁴dəŋ²¹tʰiɛ̃⁵³］霍闪：闪电

天雷绳＝共＝死响，［tʰiɛ̃³³lɛ³¹dʑin³³gəŋ²²sɿə³³ɕiã²¹²］

刮大风，［kuaʔ⁵du²¹fəŋ⁵³］

断＝大雨。［den²²du²²yɛ²²］断＝大雨：下大雨

个织女便一下察儿去弗识，［kɛ⁵tɕiʔ³n̥ye²²bɛʔ²iʔ³uə¹³tsʰaʔ³n̥iⁱkʰɯə⁰fɤʔ³tɕiʔ³］识：知道

两个小侬儿叫起乐妈妈，［næ̃²²kiⁱɕiɔ²⁴nəŋ²¹n²⁴iɔ²⁴tɕʰiʔ⁰ŋɔ³³ma²⁴ma⁵³］

牛郎吓了弗识争好。［ŋei³³lɔ³¹xaʔ⁵lɛ⁰fɤʔ³tɕiʔ⁰tsã²⁴xei²¹²］争：怎么

轫＝便正正乙时节咪，［aʔ³bɛʔ²tɕin³³tɕin²⁴iʔ⁵zɿ²¹tɕiɛʔ⁵lɛ⁰］轫＝便：那么

处里轫＝头老牛开口讲话了：［tɕʰye²⁴lɛ⁰aʔ³deiⁱlʌ²²ŋei³¹kʰɛ²⁴kʰei²¹koŋ³³u¹³lɔ⁰］

"牛郎、牛郎，你［毋乐］慌，［ŋei³³lɔ³¹、ŋei³³lɔ³¹, n²²ŋaʔ³xoŋ⁵³］

帮我牛角摭落来，［poŋ⁵³ŋ²²ŋei³³koʔ⁵iaʔ⁵lɔʔ⁰lɛ⁰］

变做两只笋篖，［piɛ̃²⁴tsu³³næ̃²²tɕiʔ⁵la³³iɛ²⁴］笋篖：笋筐

小侬儿齿起，［ɕiɔ²⁴nəŋ²¹n²⁴tiɛ²⁴tɕʰiʔ⁰］齿：装

赶紧望天宫里去赶还赶着。"［kuɛ̃³³tɕin²¹moŋ²¹tʰiɛ̃²⁴kəŋ⁵³lɛ⁰kʰɯə⁰kuɛ̃²¹uɔ̃³³kuɛ̃²¹dziaʔ²］

个牛郎便亦弗去多想了，［kɛ⁵ŋei³³lɔ³¹bɛʔ²ia¹³fɤʔ⁵kʰɯə⁰tu⁵³ɕiã²¹lɔ⁰］

便，轫＝便赶紧喂。［bɛʔ², aʔ³bɛʔ²kuɛ̃³³tɕin²¹uɛ⁰］

呐？［nei²⁴］

还弗曾想好咪个牛角自靶＝落来了，［uɔ̃³³fɤʔ³zæ̃⁵³ɕiã²⁴xei²¹lɛ⁰kɛ⁵ŋei³³koʔ⁵zɿ¹³puə²¹loʔ⁰li⁰lɔ⁰］靶＝：掉

靶＝到地路随即变做了两只笋篖。［puə²¹tʌ⁰di²²luə²²zy³³tɕiʔ⁵piɛ̃²⁴tsu³³lɛ⁰næ̃²²tɕiʔ⁵la³³ ie²⁴]地路: 地上

牛郎赶紧帮小侬儿各头一只着渠齿起，[ŋei³³lɔ̃³¹kuɛ̃²⁴tɕin²¹poŋ⁵³ɕiɔ²⁴nəŋ²¹n²⁴koʔ⁵dei³³ iʔ³tɕiʔ⁵tɛʔ⁵gɛʔ²tie²⁴tɕʰiʔ⁰]

担个起便走。[tɔ̃⁵³kɛ⁰tɕʰiʔ⁰bɛʔ²tsei²¹²]

咦？！正正起身个时节咪，[i²⁴ ？！tɕin³³tɕin²⁴tsʰ̩³³ɕin⁵³kɛ⁰z̩³³tɕiɛʔ³lɛ⁰]

嚎嚎，一阵风吹个来，[xɔ⁰xɔ⁰, iʔ⁵dʑin²⁴fəŋ⁵³tɕʰy⁵³kɛ⁰lɛ⁰]

脚步轻轻。[tɕiaʔ⁵buə¹³tɕʰin²⁴tɕʰin⁵³]

个牛郎咪云搭起个样，[kɛ⁵ŋei³³lɔ̃³¹lɛ⁰yn³¹tɔʔ⁵tɕʰiʔ⁰kɛ⁰iã¹³]

好像孙悟空飞天个样，[xei²⁴ʑiã²²sæ̃²⁴ŋuə³³kʰəŋ²¹pʰi²⁴tʰiɛ̃⁵³kɛ⁰iã¹³]

箩箬都飞起了咪！[la³³iɛ²⁴tu²⁴pʰi⁵³tɕʰiʔ⁰lɛ⁰lɛ⁰]

嚎，便绳˭共˭死响便飞起去了，[xɔ⁰, bɛʔ²dʑin³³gəŋ²¹s̩ʔə³³ɕiã²¹bɛʔ²pʰi⁵³tɕʰiʔ⁰kʰɯə²⁴lɔ⁰]望天宫里飞。[moŋ²¹tʰiɛ̃²⁴kəŋ⁵³lɛ⁰pʰi⁵³]

飞咪还长远个时节哦，[pʰi⁵³lɛ⁰uɔ̃³³dʑiã³³n̩yɛ̃²²kɛ⁰z̩²¹tɕiɛʔ³ɔ⁰]

望眼便乐赶着织女了。[moŋ¹³iɛ̃²²bɛʔ²ŋɔ³³kuɛ̃²¹dʑiaʔ²tɕiʔ³n̩yɛ̃²²lɔ⁰]

正正在乙个时候咪，[tɕin³³tɕin²⁴zɛ²²iʔ³kiʔ⁰z̩³³ei¹³lɛ⁰]

轭˭个王母娘娘望个到，[aʔ³kɛ⁰ioŋ³³mu²²n̩iã³³n̩iã³¹moŋ¹³kɛ⁰tʌ⁰]

渠讲: [gɛʔ²koŋ²¹²]

"嗯？！你个牛郎死弗着，[ŋ²⁴ ？！n²²kɛ⁰ŋei³³lɔ̃³¹s̩ʔə²¹fɤʔ³dʑiaʔ²]

还赶个着啦？" [uɔ̃³³kuɛ̃²¹kɛ⁰dʑiaʔ²la⁰]

渠随即过头庞摒了一枚金钗，[gɛʔ²zy³³tɕiʔ⁵kuɔ³³dei³³bã³¹pã²⁴lɛ⁰iʔ³mei³³tɕin²⁴tsʰa⁵³]摒: 拔

扯个落来便过牛郎对织女中央省˭一划，[dʐʅʔə³¹kɛ⁰loʔ⁰li⁰bɛʔ²ku³³ŋei³³lɔ̃³¹tei³³tɕiʔ³ n̩yɛ̃²²təŋ²⁴iã⁵³sã²⁴iʔ⁵ua²]省˭: 那么

牛郎对织女个中央咪马上出现一根天河，[ŋei³³lɔ̃³¹tei³³tɕiʔ³n̩yɛ̃²²kɛ⁰təŋ²⁴iã⁵³lɛ⁰muə²² ʑiã¹³tɕʰyɛʔ⁵iɛ̃³³iʔ³kæ̃³³tʰiɛ̃³³u³¹]

大溪个样咪！[du²¹tsʰʅə⁵³kɛ⁰iã¹³lɛ⁰]

轭˭个水便绳˭共˭死响阔阔个哦，[aʔ³kɛ⁰ɕy²¹bɛʔ²dʑiŋ³³gəŋ²²s̩ʔə³³ɕiã²¹kʰuɔʔ³kʰuɔʔ⁵kɛ⁰ɔ⁰]

乙头都望弗到轭˭头罢。[iʔ⁵dei⁰tu³³moŋ²¹fɤʔ⁵tʌ²¹aʔ⁵dei⁰ba⁰]

渠帮渠两个侬隔开，[gɛʔ²poŋ⁵³gɛʔ²næ̃²²ki⁰nəŋ³³kaʔ³kʰɛ⁵³]

个小侬儿咪望到妈妈忖弗到，[kɛ⁵ɕiɔ²⁴nəŋ²¹n²⁴lɛ⁰moŋ¹³tʌ²¹ma²⁴ma²⁴tsʰæ̃²¹fɤʔ⁵tʌ²¹]

口嘴叫破。[kʰoʔ⁵tsei²¹iɔ²⁴pʰa²⁴]

牛郎心里十分个急，［ŋei³³lɔ̃³¹ɕin⁵³lɛ⁰ʑɣɛʔ²fen⁵³kɛ⁰tɕiʔ⁵ ］

轭＝个织女便更［毋乐］讲得，［aʔ⁵kɛ⁰tɕiʔ³n̠yɛ²²beʔ²kã²⁴ŋaʔ⁵koŋ²¹tiʔ⁰ ］

眼泪夹鼻涕叫生＝生＝，［ŋɔ̃²²lei¹³gɔʔ³bɣʔ²tʰei²⁴iɔ²⁴sã⁰sã⁰ ］

□真罪过□咪。［tɕiã²¹tɕin⁵³zɛ²¹ku³³mei²⁴lɛ⁰ ］罪过□：可怜的样子

哦，轭＝便天里飞个喜鹊儿，［ɔ⁰, aʔ³beʔ²tʰiɛ̃⁵³lɛ⁰pʰi⁵³kɛ⁰sŋ²⁴ɕiaʔ³n²⁴ ］

望到省＝一家处□样子，［moŋ¹³tʌ⁵¹sã²⁴iʔ³kuə²⁴tɕʰyɛ²⁴xã²⁴iã¹³tsŋə²¹² ］□：那

十分同情，［ʑyɛʔ²fen⁵³dəŋ³³ʑin³¹ ］

便农历七月初七一日，嚎，［beʔ²nəŋ³¹li²tɕʰiʔ³n̠yɛʔ²tsʰə²⁴tɕʰiʔ³iʔ³nɛ²², xɔ⁰ ］

便上万只喜鹊儿飞着乙个天河背头，［beʔ²dʑiã²²mɔ̃¹³tɕiʔ⁰sŋ²⁴ɕiaʔ³n²⁴pʰi⁵³deʔ²iʔ⁰kɛ⁰
　　tʰiɛ̃³³u³³pei²⁴dei⁰ ］

前个接后个，［ʑiɛ̃³³ki²⁴tɕiɛʔ⁵u²¹ki²⁴ ］

后个咪帮前个个尾苋衔牢，［u²¹ki²⁴lɛ⁰poŋ⁵³ʑiɛ̃³³ki²⁴kɛ⁰mɛʔ²tiɯ⁵³gɔ̃³¹lʌ⁰ ］尾苋：尾巴

便□一个接一个接龙儿样，［beʔ²xã²⁴iʔ³ki²⁴tɕiɛʔ⁵iʔ³ki²⁴tɕiɛʔ⁵lioŋ²¹n²⁴iã¹³ ］□：那样

接了老长老长阔阔个一根天桥。［tɕiɛʔ⁵lɛ⁰lʌ²²dæ³¹lʌ²²dæ³¹kʰuɔʔ³kʰuɔʔ⁵kɛ⁰iʔ⁵kæ²⁴tʰiɛ̃³³
　　dʑiɔ³¹ ］

呐，乞牛郎对织女好团圆了。［nei²⁴, kʰaʔ⁵ŋei³³lɔ̃³¹tei³³tɕiʔ³n̠yɛ²²xei³³dæ³³yɛ̃³¹lɔ⁰ ］

轭＝便乙个故事讲个是哪西咪？　［aʔ³beʔ²iʔ⁵ki⁰kuə²⁴zŋə¹³koŋ²¹kɛ⁰ziʔ²na¹³sŋə³³lɛ⁰ ］哪西：
　　什么

乙个故事讲个是：［iʔ⁵ki⁰kuə²⁴zŋə¹³koŋ²¹kɛ⁰ziʔ² ］

牛郎会做派用场，［ŋei³³lɔ̃³¹uei³³tsu²⁴pʰa³³ioŋ³³dʑiã³¹ ］

老牛做媒讨新娘；［lʌ²²ŋei³¹tsu³³mei³¹tʰuə²¹ɕin³³n̠iã³¹ ］

玉皇大帝拆姻缘，［n̠ioʔ²oŋ³¹da²¹tie²⁴tsʰaʔ³in³³yɛ̃³¹ ］

是王母娘娘隔两边；［ziʔ⁰ioŋ³³mu²²n̠iã³³n̠iã³¹kaʔ³næ²¹piɛ̃⁵³ ］

喜鹊儿好心搭天桥，［sŋ²⁴ɕiaʔ³n²⁴xei³³ɕin⁵³tɔʔ³tʰiɛ̃³³dʑiɔ³¹ ］

牛郎织女好做娇。［ŋei³³lɔ̃³¹tɕiʔ³n̠yɛ²²xei³³tsu²⁴tɕiɔ⁵³ ］做娇：恩爱

　　古代有一个年轻人，爸妈都死了，就剩他一个人，家里有一头老牛相伴，所以大家都叫他牛郎。这头老牛帮他耕田种地，他们相依为命。其实，这个老牛是天上的金牛星，他在天上时就看到，这个牛郎心好，又勤快，便有心为他找个老婆，所以就来到了他家里。

　　有一天，老牛知道天上的仙女要到牛郎那个村头山脚下的水库里洗澡。他就托梦给牛郎，叫他第二天早上，到那个村头山脚下的水库去，把挂在树上的衣服拿下来，只需拿一件就可以了。拿来以后别回头，直接跑回家，这样就会得到一位仙女做老婆。

　　第二天早上，牛郎半信半疑地来到村边那个水库边。懵里懵懂中，远远看去，真的有七个仙女在那里玩水！他马上走到塘边的那棵树下，拿了一件粉红色的衣服。拿了以后头也不敢回，便飞快地跑回家。这个被牛郎拿走衣服的仙女就是织女。衣服被牛郎拿走了，人也就出不来了，没办法，只好等天黑了以后，再轻手轻脚地走到牛郎家里去。笃、笃、笃，把门敲开，牛郎一下子就把门打开，织女光着屁股走了进去，两个人便做了夫妻。

　　眼睛一眨，三年过去了，牛郎跟织女生了一个儿子和一个女儿，一家四口人，过着快乐幸福的生活。俗话说，"天上一日，地下一年"，这个玉皇大帝说三天没看到织女了，太奇怪了，找找看，去哪儿了呢？便朝人间看去，啊？！织女竟然跟牛郎结婚了！连小孩儿都生了！真恼火啊！这个短命的！他要做法，要把织女抓回来。有一天，玉皇大帝开始做法了。不一会儿，乌天黑地，雷鸣电闪，刮大风，下大雨。织女一下子不知去哪儿了，两个小孩儿哭着要妈妈，牛郎吓得不知怎么办好。

　　正在这个时候，家里的那头老牛开口说话了："牛郎、牛郎，你别慌，把我头上的角拿下来，变成两只箩筐，把小孩儿装进去，赶快朝天宫里赶还来得及。"这个牛郎也就不去多想了，赶快行动。咦？还没想好呢牛角就掉下来了，掉到地上马上变成了两只箩筐。牛郎赶快把小孩儿一头一个装进去，挑起担子就走。咦？！刚要起身的时候，一阵风吹来，脚底轻轻。牛郎就像腾云驾雾，好像孙悟空一样，箩筐飞了起来。哇，他飞快地朝天宫飞去。

　　飞了很久，眼看就要追到织女了。正在这个时候，被那个王母娘娘看到了，她说："嗯？！你这个死牛郎，还赶来了？"她随即从头上拔下一枚金钗，在牛郎和织女中间一划，牛郎和织女中间马上出现一条天河，像大河一样！那条河很宽很宽，这头看不到那头。她把他们两个人隔开，小孩儿看到妈妈却摸不到，拼命大哭。牛郎心里也十分着急，织女就更不用说了，眼泪鼻涕一把抓，真是可怜啊！

　　天上的喜鹊看到一家子那个样子，十分同情，于是，每年农历七月初七这一天，成千上万只喜鹊飞到天河上面，前只接后只，后只衔住前只的尾巴，就像接龙一样，接起了很长很长的一座天桥，好让牛郎和织女团圆。

那么这个故事讲的是什么呢？这个故事讲的是：牛郎勤快派用场，老牛做媒娶新娘；玉皇大帝拆姻缘，王母娘娘隔两边；喜鹊好心搭天桥，牛郎织女好恩爱。

（2017 年 8 月，发音人：刘超英）

三、自选条目

（一）谚语

七十弗留咥，［tɕʰiʔ⁵ʑyɛʔ²fɤʔ⁵lei³³tieʔ⁵］
八十弗留宿。［poʔ⁵ʑyɛʔ²fɤʔ⁵lei³³ɕioʔ⁵］

百病百药医，［paʔ⁵bin¹³paʔ⁵iaʔ²i⁵³］
骨轻无药医。［kuɛʔ³tɕʰin⁵³muə¹³iaʔ²i⁵³］

见侬讲侬话，［tɕiɛ̃²⁴nəŋ³¹koŋ³³nəŋ³¹u¹³］
见鬼讲鬼话。［tɕiɛ̃²⁴kuei²¹koŋ³³kuei²¹u¹³］

姜越老越辣，［tɕiã⁵³yɛʔ²lʌ²²yɛʔ²lɔʔ²］
酒越陈越香。［tɕiɯ²¹²yɛʔ²dʑin³¹yɛʔ²ɕiã⁵³］

亲帮亲，邻帮邻，［tɕʰin⁵³poŋ³³tɕʰin⁵³，lin³¹poŋ³³lin³¹］
黄犬儿帮主人。［oŋ³³tɕʰiɛ̃³³n²⁴poŋ²⁴tɕyɛ³³n³¹］

侬多弗做道路，［nəŋ³³tu⁵³fɤʔ⁵tsu³³dʌ²²luə¹³］
鸭多弗生卵。［aʔ⁵tu⁵³fɤʔ⁵sã²⁴len²²］

日间弗讲侬，［nɛʔ²kɔ̃²⁴fɤʔ⁵koŋ²¹nəŋ³¹］
暝间弗讲鬼。［mã²¹kɔ̃²⁴fɤʔ⁵koŋ³³kuei²¹²］

身上无分铜，［ɕin⁵³dʑiã²²muə¹³fen³³dəŋ³¹］
讲话像螟虫。［koŋ³³u¹³dʑiã²²min³³dʑiəŋ³¹］ 螟虫：蚊子

蚁蚁搬处断⸗大雨。［ŋa²⁴ŋa²²bæ̃³³tɕʰyɛ²⁴den²²du²²yɛ²²］

鲞隔田岸，［xei²⁴kaʔ³diɛ̃³¹uɛ̃¹³］鲞：彩虹
一面有雨一面晴。［iʔ³miɛ̃¹³uɤʔ²yɛ²²iʔ³miɛ̃¹³ʑin³¹］

菜篮摱水一场空。［tsʰei³³lɔ̃³¹guɔ̃²²ɕy²¹²iʔ³dʑiã²²kʰəŋ⁵³］摱：提、拎

火烧乌龟腹内痛。［fu²¹ɕiɔ⁵³uə²⁴tɕy⁵³pɤʔ⁵nɛ²¹tʰəŋ²⁴］

（以上 2017 年 8 月，发音人：刘超英）

（二）顺口溜

大哥打新妇

大哥打新妇，［da²¹kuə⁵³nã³³ɕiŋ²⁴vuə²²］
荒鸡叫日午，［xoŋ²⁴tsɿə⁵³iɔ²⁴næ̃²²ŋuə²²］
大哥打新妇；［da²¹kuə⁵³nã³³ɕiŋ²⁴vuə²²］
新妇吱吱叫，［ɕiŋ²⁴vuə²²tsɿ³³tsɿ³³iɔ²⁴］
大哥拍手嘎嘎笑；［da²¹kuə⁵³pʰaʔ⁵ɕiɯ²¹gaʔ²gaʔ²tɕʰiɔ²⁴］
该个！该个！［kɛ⁵³kɛ⁰!kɛ⁵³kɛ⁰］
哪侬喊你弗□日午！［na²¹nəŋ²⁴xɔ̃²⁴nˀ²²fəɯʔ⁵pæ̃²⁴næ̃³³ŋuə²²］□日午：做中饭

（2017 年 8 月，发音人：刘超英）

宣　平

一、歌谣

山歌好唱口难开

山歌好唱口难开欤，［sã ko xəɯ tɕʰiã kʰəɯ nã kʰei ɛ］
山歌弗唱冷清清。［sã ko fəʔ tɕʰiã lɛ tɕʰin tɕʰin］弗：不
有好山歌没好音，［iɯ xəɯ sã ko mei xəɯ in］
唱起个山歌破锣声欤。［tɕʰiã tɕʰiəʔ kə sã ko pʰa lo ɕin ɛ］

月亮大姊

月亮大姊，［ȵyəʔ²liã²²da⁴³tsʅ⁴⁴⁵］姊：姐
挖꞊落来吃甜茶哦。［uɑʔ⁵ləʔ⁰lei⁰tɕʰiəʔ⁴diɛ²²dzo⁴³³］挖꞊落来：下来
甜茶呗还没滚，［diɛ²²dzo⁴³³pə⁰uɑʔ²²mei⁴⁴kuən⁴⁴⁵］
带尔山坑吃冷水。［ta⁴⁴n²²sã⁴⁴kʰɛ³²tɕʰiəʔ⁴lɛ²²ɕy⁴⁴⁵］尔：你
冷水囡呗白脱脱，［lɛ²²ɕy⁴⁴nã²²pə⁰baʔ²tʰəʔ⁴tʰəʔ⁵］囡：女孩。白脱脱：白皙皙
冷水儿呗黑得꞊得꞊，［lɛ²²ɕy⁴⁴n³²pə⁰xəʔ²tiəʔ⁴tiəʔ⁵］黑得꞊得꞊：黑黝黝
冷水娘呗白快꞊快꞊。［lɛ²²ɕy⁴⁴ȵiã⁴³³pə⁰baʔ²kʰua⁵⁵kʰua⁴⁴］白快꞊快꞊：白皙皙

猪牙

猪牙，银牙。［ti ŋo，ȵin ŋo］

换个老鼠牙。［ uɑʔ kəʔ lɔ tsʰɿ ŋo ］

凉啊凉

凉啊凉，［ liã⁴³³aᵒliã⁴³³ ］

吃了弗赖娘。［ tɕʰiəʔ⁵laᵒfəʔ⁵la²²n̩iã⁴³³ ］ 赖娘：依赖母亲

吹啊吹，［ tɕʰy³²aᵒtɕʰy³²⁴ ］

大了读好书。［ do²³¹laᵒdəʔ²xɤɯ⁴⁴ɕy³²⁴ ］

赖叫猫

赖叫猫，［ la²²iɔ⁴⁴mɔ³²⁴ ］赖叫：哭

做酒糟。［ tso⁴⁴tɕiɯ⁴⁴tsɔ³²⁴ ］

天埲放响炮，［ tʰiɛ³²tɑʔᵒfɔ̃⁴⁴ɕiã⁴⁴pʰɔ⁵² ］天埲：天上。放响炮：放鞭炮

地下泥镬灶。［ di²²ia²²n̩i⁴⁴əʔ²tsɔ⁵² ］泥镬灶：砌灶台

梁家山

梁家山，［ liã⁴⁴kɔ̃⁴⁴sã³²⁴ ］梁家山：当地地名。"家"韵母受舌根声母同化

七个横栏八个弯，［ tsʰəʔ⁵kə⁴⁴uɛ²²lã⁴³³pɑʔ⁵kə⁴⁴uã³²⁴ ］

有囥弗乞梁家山。［ iɯ²²nã²²fəʔ⁵kʰaʔ⁴liã⁴⁴kɔ̃⁴⁴sã³²⁴ ］乞：给

碓臼麦磨坐大间，［ tei⁴⁴dʑiɯ²²maʔ²⁴²mo²³¹zo²²do⁴³kã³²⁴ ］大间：客厅

吃碗点心弗喜欢。［ tɕʰiəʔ⁵uã⁴⁴tiɛ⁴⁴sən³²⁴fəʔ⁵sɿ⁴⁴fã³²⁴ ］

两面两张碓呗豆腐当青菜，［ lɛ⁴³mə³²⁴lɛ²²tiã⁴⁴tei⁵²pəᵒdɤɯ²²fu⁵²tɔ̃⁴⁴tɕʰin³²tsʰei⁵² ］

两面两张车呗茶油当水筛。［ lɛ⁴³mə³²⁴lɛ²²tiã⁴⁴tɕʰia³²pəᵒdzo²²iɯ⁴³³tɔ̃⁴⁴ɕy⁴⁴sa³²⁴ ］

有囥弗乞梁家山，［ iɯ²²nã²²fəʔ⁵kʰaʔ⁴liã⁴⁴kɔ̃⁴⁴sã³²⁴ ］

还乐悔。［ uɑʔ²ŋə²²xuei⁵² ］乐：要

（以上 2018 年 7 月，发音人：陈周鹤）

二、其他故事

郑大谷的大话

我［两个］宣平呢，［o²²la⁴⁴ɕyə⁴⁴bin⁴³ni⁰］我［两个］: 我们
有个人讴郑大谷。［iɯ²²kəʔ⁵nin⁴³ɔ³²dʑin²²do²²kəʔ⁵］讴: 叫
爱=个人呢本事猛个，［ei⁵⁵kəʔ⁰nin⁴⁴ni⁰pə⁴⁴zʅ²³¹mɛ²²kɛ⁰］爱=: 这。猛: 很，置于形容词后
会搭妖怪个。［uei²²kʰo⁴⁴iɔ³²kua⁵²kɛ⁰］搭: 抓

有一日，［iɯ²²iəʔ⁴nəʔ²³］
郑大谷呢搭妖怪。［dʑin²²do²²kəʔ⁵ni⁰kʰo⁴⁴iɔ³²kua⁵²］
追妖怪追去追去，［tsei³²⁴iɔ³²kua⁵²tsei³²xə⁰tsei³²xə⁰］
路过宣平城北个宝剑山个山脚下。［lu²³¹ko⁴⁴ɕyə⁴⁴bin⁴³³zin⁴³pəʔ⁵kə⁰pɔ⁴⁴tɕiɛ⁴⁴sã³²kə⁰sã⁴⁴
　　tɕiəʔ⁴ia²²³］
特=埳呢有几个人种田个，［dəʔ²tɔʔ⁵ni⁰iɯ²²kei⁴⁴kəʔ⁵nin⁴³³tɕiõ⁴⁴diɛ⁴³kɛ⁰］特=埳: 那里
快乐歇罢。［kʰua⁴⁴ŋa²²ɕiəʔ⁵bɔ⁰］

爱=两个人问渠讲：［ei⁵⁵lɛ⁴⁴kəʔ⁵nin⁴³mən²³¹gɯ²²kõ⁴⁴］
"郑大谷尔去争=意啦？"［dʑin²²do²²kəʔ⁵n²²kʰɯ⁴⁴dzɛ⁴³i⁵⁵la⁰］争=意: 干什么
郑大谷讲：［dʑin²²do²²kəʔ⁵kõ⁴⁴⁵］
"我去搭妖怪嘞！"［o²²kʰɯ⁴⁴kʰo⁴⁴iɔ³²kua⁵²lɛ⁰］

爱口人便讲：［ei⁵⁵lə⁵⁵nin⁴³bəʔ²kõ⁴⁴⁵］爱口人: 这些人
"郑大谷，［dʑin²²do²²kəʔ⁵］
凭尔口个烂脚尔还搭妖怪啊？"［bin⁴³³n²²zə²²kə⁰lã²²tɕiəʔ⁵n²²uɑʔ²kʰo⁴⁴iɔ³²kua⁵²a⁰］
　　口个: 这个

还有口人讲：［uɑʔ²³iɯ²²lə⁵⁵nin⁴³kõ⁴⁴⁵］还有口人: 还有些人
郑大谷，［dʑin²²do²²kəʔ⁵］
"尔爱=把宝剑哩连柄都没个嘞，［n²²ei⁵⁵pu⁴⁴pɔ⁴⁴tɕiɛ⁵⁵li⁰liɛ²²mɛ⁵⁵to⁴⁴mei⁵⁵kə⁰lɛ⁰］
还搭得妖怪来啊？"［uɑʔ²kʰo⁵⁵tiəʔ⁰iɔ³²kua⁵²lei⁴³a⁰］

郑大谷呢，［dʑin²²do²²kəʔ⁵ni⁰］

还没想过，［uɑʔ²³mei⁵²ɕiɑ̃⁴⁴ko⁵²］

和渠［两个］讲：［xo⁴⁴gɯ²²la⁴⁴kɔ̃⁴⁴⁵］渠［两个］：他们

"尔［两个］等牢我啊，［n²²la⁵⁵tin⁴⁴lɔ⁴³o²²a⁰］尔［两个］：你们

等我收了妖，［tin⁴⁴o²²ɕiɯ³²la⁰iɔ³²⁴］

转来化⁼人做堆归去得罢。"［tyə⁴⁴lei⁴³xo⁵⁵nin⁴⁴tso⁴⁴tei³²⁴kuei³²xə⁰tiəʔ⁰bɔ⁰］化⁼人：咱们

爱⁼两个人还徛埮笑渠：［ei⁵⁵lɛ⁴⁴kəʔ⁰nin⁴³uɑʔ²³gei²²taʔ⁰tɕʰiɔ⁵²gɯ²²］徛：站。埮：表持续

"还等尔添讲，［uɑʔ²tin⁴⁴n²²³tʰiɛ³²kɔ̃⁴⁴］添：再

晓得尔有人归［弗哦］，［ɕiɔ⁴⁴tiəʔ⁵n²²³iɯ²²nin⁴³kuei³²fo⁰］

尔呢没数乞妖怪吃了罢！"［n²²ni⁰mei⁵²su⁴⁴kʰəʔ⁴iɔ³²kua⁵²tɕʰiəʔ⁵la⁰bo⁰］乞：被

夺⁼记郑大谷有得⁼火起了，［dəʔ²tsɿ⁵⁵dʑin²²do²²kəʔ⁵iɯ²²tiəʔ⁴xo⁴⁴tɕʰiəʔ⁵la⁰］夺⁼记：那时。有
　得⁼：有点儿

想去［ɕiɑ̃⁴⁴xə⁰］

"尔□人啊，［n²²lə⁵⁵nin⁴³a⁰］尔□人：你们这些人

清口鼻头个！［tɕʰin⁴⁴kʰɯ⁴⁴bəʔ²dəɯ⁴³kə⁰］清口鼻头：信口雌黄

□样子讴尔［两个］瞎忙忙到半暝去。"［zə²²³iɑ̃⁴³tsɿ⁴⁴ɔ³²n²²na⁰xaʔ⁴mɔ̃⁴³³mɔ̃⁴³təɯ⁴⁴pə⁵⁵
　mɛ⁰xə⁰］□样子：这个样子。半暝：半夜

郑大谷便念了一个咒语。［dʑin²²do²²kəʔ⁵bəʔ²n̠iɛ²³¹la⁰iəʔ⁴kəʔ⁰tɕiɯ⁴⁴n̠y²²³］

再呢，［tsei⁵⁵ni⁰］

头埮摒⁼了一散⁼头发，［dəɯ⁴³taʔ⁰mɛ⁵⁵la⁰iəʔ⁴sɑ̃⁴⁴təɯ⁴⁴faʔ⁵］头埮摒⁼了：头上拔了。一散⁼：一小撮

吃⁼夺⁼个热头吊牢。［tɕʰiəʔ⁴dəʔ²kə⁰n̠iəʔ²dəɯ⁴³³tiɔ⁵⁵lɔ⁴³³］吃⁼夺⁼个：把那个

□样子热头呢，［zə²²iɑ̃⁴³tsɿ⁴⁴n̠iəʔ²dəɯ⁴³nei⁰］

便弗会落山了［个噢］。［bəʔ²³fəʔ⁵uei⁴⁴ləʔ⁴²sɑ̃³²la⁰kɔ⁰］

再呢，［tsei⁵⁵ni⁰］

把渠［两个］园田头个一双草鞋，［pa⁴⁴gɯ²²la⁴⁴kʰɔ̃⁴⁴diɛ²²dəɯ⁴³kə⁰iəʔ⁴ɕiɔ̃⁴⁴tsʰɔ⁴⁴a⁴³³］

一脚踢落到田埮去。［iəʔ⁴tʰɕiəʔ⁵tiəʔ⁵ləʔ⁴²təɯ⁴⁴diɛ⁴³taʔ⁰xə⁰］田埮：田里

爱⁼两只草鞋呢，［ei⁵⁵lɛ²²tsaʔ⁵tsʰɔ⁴⁴a⁴³nei⁰］

便变做两只鲤鱼。［bəʔ²piɛ⁴⁴tso⁴⁴lɛ²²tsaʔ⁵li²²n⁴³³］

阿⁼□人望着有鲤鱼呢，［aʔ⁴lə⁴⁴nin⁴⁴mɔ̃²³¹dʑiəʔ²iɯ²²li²²n⁴³nei⁰］阿⁼□人：那些人。望着：看到

慌忙去搦鲤鱼了便。［xɔ̃³²mɔ̃²³¹kʰɯ⁴⁴kʰo⁴⁴li²²n⁴³la⁰bəʔ⁰］

郑大谷便渠自去追妖怪了。[dʑin^{22}do^{22}kəʔ^{5}bəʔ^{2}gɯ^{22}zɿ^{22}kʰɯ^{44}tsei^{44}iɔ^{32}kua^{52}la^{0}]渠自：他自己

等得郑大谷吃⁼妖怪搭来了，[tin^{44}tiʔ^{5}dʑin^{22}do^{22}kəʔ^{5}tɕʰiəʔ^{4}iɔ^{32}kua^{52}kʰo^{55}lei^{43}la^{0}]
转来个时节，[tyə^{44}lei^{43}kə^{0}zɿ^{43}tɕiəʔ^{0}]转来：回来
阿⁼□人还徛埲搭鱼。[aʔ^{4}lə^{44}nin^{43}uɑʔ^{23}gei^{22}tɑʔ^{0}kʰo^{44}n^{433}]
一丘田便翻天倒地，[iəʔ^{4}tɕʰiɯ^{44}diɛ^{43}bəʔ^{23}fã^{44}tʰiɛ^{44}təɯ^{44}di^{231}]
连秧都弄没了啦。[liɛ^{22}iã^{324}to^{32}lən^{32}mei^{55}liɔ^{22}la^{0}]

郑大谷讲：[dʑin^{22}do^{22}kəʔ^{5}kɔ̃^{445}]
"尔[两个]还徛埲等我啊？"[n^{22}la^{55}uɑʔ^{23}gei^{22}tɑʔ^{0}tin^{445}o^{22}a^{0}]

阿□人讲：[aʔ^{4}lə^{44}nin^{43}kɔ̃^{445}]
"弗个嘞，[fəʔ^{5}kə^{0}lɛ^{0}]
神经病，[zən^{43}tɕin^{32}bin^{231}]
直⁼人等尔哪！[dʑiəʔ^{23}nin^{43}tin^{44}n^{22}na^{0}]直⁼人：谁
我[两个]搭鱼呢！"[o^{22}la^{55}kʰo^{44}n^{43}nei^{0}]

再渠[两个]讲：[tsei^{55}gɯ^{22}la^{55}kɔ̃^{445}]
"喏，[nã^{231}]
鱼搭起啦！"[n^{43}kʰo^{55}tɕʰiəʔ^{4}la^{0}]

郑大谷咒语一记念，[dʑin^{22}do^{22}kəʔ^{5}tɕiɯ^{44}ȵy^{223}iəʔ^{4}tsɿ^{55}ȵiɛ^{231}]
再把夺⁼个，[tsei^{55}pa^{44}dəʔ^{2}kə^{44}]夺⁼：那
吊热头个头发一记摒⁼得去，[tiɔ^{52}ȵiəʔ^{2}dəɯ^{43}kə^{0}dəɯ^{22}fɔʔ^{5}iəʔ^{4}tsɿ^{52}mɛ^{55}tiəʔ^{4}xə^{0}]
天便乌了。[tʰiɛ^{32}bəʔ^{23}u^{32}la^{0}]
再咒语一记念，[tsei^{55}tɕiɯ^{44}ȵy^{22}iəʔ^{4}tsɿ^{55}ȵiɛ^{231}]
渠两个手埲搭起个鱼，[gɯ^{22}lɛ^{44}ka^{44}ɕiɯ^{44}tɑʔ^{0}kʰo^{55}tɕʰiəʔ^{4}kə^{0}n^{433}]手埲：手里
变做两只草鞋。[piɛ^{44}tso^{44}lɛ^{22}tsaʔ^{5}tsʰɔ^{44}a^{433}]
再渠[两个]还正晓得，[tsei^{55}gɯ^{22}la^{44}uɑʔ^{2}tɕin^{44}ɕiɔ^{44}tiəʔ^{0}]
郑大谷真个是一个本事猛个人。[dʑin^{22}do^{22}kəʔ^{5}tsən^{32}kə^{0}dzɿ^{22}iəʔ^{4}kəʔ^{0}pə^{44}zɿ^{231}mɛ^{22}kə^{0}nin^{433}]
再以后呢，[tsei^{55}i^{22}əɯ^{22}ni^{0}]
便弗敢对郑大谷清口鼻头了。[bəʔ^{2}fəʔ^{4}kə^{445}tei^{55}dʑin^{22}do^{22}kəʔ^{5}tɕʰin^{44}kʰɯ^{44}bəʔ^{2}dəɯ^{43}la^{0}]

从此以后呢，〔ʑiɔ̃²²tsʰʅ⁴⁴⁵i²²əɯ²²ni⁰〕

夺⁼畈田，〔dəʔ²fã⁵⁵diɛ⁴³³〕

也讴作草鞋畈了。〔ia²³¹o³²tso⁴⁴tsʰɛ⁴⁴a⁴³fã⁵²la⁰〕

　　我们宣平，有个人叫郑大谷。这个人很有本事，会捉妖怪。

　　有一天，郑大谷去捉妖怪。追啊追啊，路过宣平城北宝剑山的山脚下。那里有几个人在干活，快要休息了。

　　这些人问他："郑大谷，你去干什么啊？"郑大谷说："我去捉妖怪呢！"

　　有人说："郑大谷，凭你这烂脚你还捉妖怪啊？"

　　还有些人说："郑大谷，你这把宝剑连柄都没有，还能捉得了妖怪啊？"

　　郑大谷想都不想就和他们说："你们等着我啊，等我收了妖，到时我们一起回去。"

　　这些人就笑他："还等你啊！你还能回来吗？你呀，大概已被妖怪吃了！"

　　那时郑大谷有点生气了。想着："你们呀，太瞧不起人了！我让你们瞎忙忙到半夜去！"

　　于是，郑大谷念了一个咒语。接着，从头上拔了一小撮头发，把太阳吊住。这样太阳就不会落山了。然后，把他们放在田头的一双草鞋，一脚踢到田里去。这两只草鞋，马上就变成两只鲤鱼。这些人看到有鲤鱼，就赶紧去捉鲤鱼。于是，郑大谷自己就去捉妖怪了。

　　等郑大谷捉了妖怪，回来的时候，那些人还在捉鱼。一丘田搞得乱七八糟，秧全都被糟蹋了。

　　郑大谷说："你们还在这儿等我啊？"

　　这些人说："不是的，神经病，谁等你啦，我们捉鱼呢！"

　　他们又说："喏，鱼捉到啦！"

　　郑大谷念一下咒语，再把吊太阳的头发一下子拔了，天瞬间就黑了。再念一下咒语，他们捉到的鱼就变成两只草鞋。这时他们才知道，郑大谷真的是一个很有本事的人。再以后，就不敢瞧不起郑大谷了。

　　从此以后，那片田就叫草鞋畈。

（2018 年 7 月，发音人：叶卫平）

四个兄弟

先时节有四个哥弟，〔ɕiɛ³²sʅ⁵⁵tɕiəʔ⁰ɯ²²sʅ⁵⁵kəʔ⁰ko⁴⁴di²²³〕先时节：以前

喊长脚杆，［xã⁴⁴tɕiã⁴⁴tɕiəʔ²⁴kuɛ⁴⁴⁵］

大眼睛，［do²²ŋɛ⁴³tɕin³²⁴］

大口嘴，［do²²kʰəʔ²⁴tɕy⁴⁴⁵］口嘴：嘴巴

大屁股。［do²²pʰi⁴⁴ku⁴⁴⁵］

讲有一日去钓鱼。［kõ⁴⁴iɯ²²iəʔ²⁴nəʔ²³kʰɯ⁴⁴tiɔ⁴⁴n⁴³³］

阿˭个长脚杆呗无论到直˭埲去，［a⁴⁴kəʔ⁰tɕiã⁴⁴tɕiəʔ²⁴kuɛ⁴⁴pəʔ⁰u⁴³lə²³¹təɯ⁴⁴dʑiəʔ²³tɑʔ⁰xə⁰］

　　阿˭：那。直˭埲：哪儿

海埲也得，［xei⁴⁴tɑʔ⁰ia²²tiəʔ⁵］海埲：海里

便两˭到脚□埲过个。［bəʔ²³lɛ⁵⁵təɯ⁴⁴tɕiəʔ²⁴tɛ³²tɑʔ⁰ko⁵⁵kə⁰］便两˭到：就只到。脚□埲：脚踝那儿

阿˭个水呗，［aʔ⁴kəʔ⁰ɕy⁴⁴pə⁰］

阿˭呗讲鱼一大□钓钓便归去，［aʔ⁴⁰pəʔ⁰kõ⁴³n⁴³³iəʔ²⁴do²²lə⁵⁵tiɔ⁵⁵tiɔ⁰bəʔ²kuei³²xə⁰］一大□：一些

煮煮［起来］个，［i⁴⁴i⁵⁵tɕʰiəʔ²kə⁰］煮：声母脱落。起：韵母促化，轻声

阿˭个大口嘴呗讲尝尝味道唱˭，［aʔ⁴kəʔ⁰do²²kʰəʔ²⁴tɕy⁴⁴pəʔ⁰kõ⁴⁴ziã⁴³ziã⁰mi²²do²²tɕʰiã⁵²］

　　唱˭：看看

"嚯" 一记哩一铜镬来哩都乞渠吃了罢讲。［xo³²iəʔ²tsɿ⁵⁵li⁴⁴iəʔ²⁴tən⁴⁴əʔ²³lei⁴³li⁰to³²⁴kʰəʔ²⁴

　　gɯ²²tɕʰiəʔ⁵laʔ⁰baʔ⁰kõ⁴⁴⁵］

阿˭个大眼睛望着了，［aʔ⁴kəʔ⁰do²²ŋɛ⁴³tɕin³²mõ²³¹tɕiəʔ⁰lə⁰］

便 "呀" □一记嘞，［bəʔ²ia²³¹zə²²iəʔ²tsɿ⁵⁵lei⁰］□：这样

亦讲哭来哩发大水了哇。［iəʔ²kõ⁴⁴kʰəʔ⁵lei⁴³li⁰fɔʔ²⁴do²²ɕy⁴⁴lə⁰ua⁰］亦：又

阿˭大屁股，［aʔ⁴do²²pʰi⁴⁴ku⁴⁴⁵］

快快手□来过去，［kʰua⁴⁴kʰua⁴⁴ɕiɯ⁴⁴⁵kuaʔ⁵lei⁴³ko⁴⁴xə⁰］快快手：很快。□：跑

一袋˭涴放得落去，［iəʔ⁴dei²³¹u⁵²fɔ⁵⁵tiəʔ⁰ləʔ²³xə⁰］一袋˭涴：一堆大便

亦讲作˭牢了罢。［iəʔ²kõ⁴⁴tsəʔ⁵lɔ⁴³lə⁰baʔ⁰］作˭牢：堵住

　　以前有四个兄弟，叫长脚杆，大眼睛，大嘴巴，大屁股。

　　有一天，他们去钓鱼。长脚杆无论到哪里，即使是海里，水也只能没过脚踝。他们钓了一些鱼，回家煮了吃。大嘴巴说尝尝味道，然后"嚯"的一下，一铜锅的鱼被他一口吃完了。大眼睛看到了，就"呀"的一声哭起来，一哭就发洪水了。大屁股立即跑过去，一堆大便拉下去，洪水就给堵住了。

　　　　　　　　　　　　　　　　　　（2018年7月，发音人：陈周鹤）

三、自选条目

谜语

做义⁼猜，做义⁼猜，［tso⁴⁴ȵi²³¹tsʰei³²⁴，tso⁴⁴ȵi²³¹tsʰei³²⁴］义⁼：谜语

一块豆腐划弗开。［iəʔ⁴kʰuei⁵⁵dəɯ²²fu⁵²uaʔ²³fəʔ⁵kʰei³²⁴］

——水［ɕy⁴⁴⁵］

水，水，两头尖尖嘴。［ɕy⁴⁴⁵，ɕy⁴⁴⁵，lɛ²²dəɯ⁴³³tɕiɛ⁴⁴tɕiɛ⁴⁴tɕy⁴⁴⁵］

——担楸［tã⁴⁴tɕʰyən³²⁴］担楸：用于挑柴的尖担

担楸，担楸，两头通。［tã⁴⁴tɕʰyən³²⁴，tã⁴⁴tɕʰyən³²⁴，lɛ²²dəɯ⁴³tʰən³²⁴］

——灯笼［tin⁴⁴lən⁴³³］

灯笼，灯笼，两头红。［tin⁴⁴lən⁴³³，tin⁴⁴lən⁴³³，lɛ²²dəɯ²²ən⁴³³］

——棺材［kuã⁴⁴zei⁴³³］

棺材，棺材，搭戏台。［kuã⁴⁴zei⁴³³，kuã⁴⁴zei⁴³³，taʔ⁴sɿ⁴⁴dei⁴³³］

排排场场请尔来，［ba²²ba²²dʑiã²²dʑiã⁴³³tɕʰin⁴⁴n²²lei⁴³³］

问尔来弗来？［mən²³¹n²²lei⁴³fəʔ⁴lei⁴³³］

来便一记个大天雷。［lei⁴³bəʔ²³iəʔ⁴tsɿ⁵⁵kəʔ⁰do²²tʰiɛ⁴⁴lei⁴³³］

底头火笼山，［ti⁴⁴dəɯ⁴³³xo⁴⁴lən⁴³sã³²⁴］底头：里面

背头水笼山，［pei⁵⁵dəɯ⁴⁴ɕy⁴⁴lən⁴³sã³²⁴］背头：上面

高山叠高山。［kɯ⁴⁴sã³²diəʔ²³kɯ⁴⁴sã³²⁴］

——蒸笼。［tɕin⁴⁴lən⁴³³］

衢州货，［dʑy⁴³tɕiɯ³²xo⁵²］

兰溪架，［lã⁴³tsʰɿ³²ko⁵²］

鼻头埻穿起穿到耳朵埻过。［bəʔ²dəɯ⁴³³taʔ⁰tɕʰyən³²tsʰɿ⁴⁴tɕʰyən³²təɯ⁴⁴n²²to⁴⁴taʔ⁰ko⁵²］

埻：这儿

——草鞋［tsʰɔ⁴⁴a⁴³³］

稀奇稀奇真稀奇，［sɿ⁴⁴dzɿ⁴³³sɿ⁴⁴dzɿ⁴³³tsən³²⁴sɿ⁴⁴dzɿ⁴³³］

鼻头当马骑。〔bəʔ²dəɯ⁴³³tɔ̃⁴⁴mo²²³dʐɿ⁴³³〕

古怪古怪真古怪，〔ku⁴⁴kua⁵²ku⁴⁴kua⁵²tsən³²⁴ku⁴⁴kua⁵²〕

两面两根带。〔lɛ⁴³mə³²⁴lɛ²²kə⁴⁴ta⁵²〕

——眼镜〔ŋã²²tɕin⁵²〕

八个细人扛面鼓，〔pɑʔ⁵kəʔ⁰ɕia⁴⁴nin²²kɔ̃³²miɛ²³¹ku⁴⁴⁵〕细人：小孩

一扛扛到处州府。〔iəʔ⁴kɔ̃³²kɔ̃³²təɯ⁴⁴tɕʰy⁴⁴tɕiɯ⁴⁴fu⁴⁴⁵〕扛：抬

处州府没人买，〔tɕʰy⁴⁴tɕiɯ⁴⁴fu⁴⁴⁵mei⁴⁴nin⁴⁴ma⁴⁴⁵〕

一扛扛到石头下。〔iəʔ⁴kɔ̃³²kɔ̃³²təɯ⁴⁴ʐiəʔ²təɯ⁴⁴ia²²³〕

——蟹〔xa⁴⁴⁵〕

（以上 2018 年 7 月，发音人：陈周鹤）

遂　昌

一、歌谣

荒=鸟哥

荒=鸟哥，荒=鸟娘，[xɔŋ^{55}tiɐɯ^{33}ku^{45}，xɔŋ^{55}tiɐɯ^{33}ȵiaŋ^{221}] 荒=鸟：蜻蜓
到我门口搭个窠；[tɐɯ^{55}ŋɒ^{13}məŋ^{13}k^{h}u^{53}taʔ^{5}kei^{33}k^{h}u^{45}] 窠：窝
荒=鸟哥，荒=鸟娘，[xɔŋ^{55}tiɐɯ^{33}ku^{45}，xɔŋ^{55}tiɐɯ^{33}ȵiaŋ^{221}]
到我门口搭个棚；[tɐɯ^{55}ŋɒ^{13}məŋ^{13}k^{h}u^{53}taʔ^{5}kei^{33}bəŋ^{221}]
荒=鸟哥，荒=鸟娘，[xɔŋ^{55}tiɐɯ^{33}ku^{45}，xɔŋ^{55}tiɐɯ^{33}ȵiaŋ^{221}]
到我门口咥碗饭。[tɐɯ^{55}ŋɒ^{13}məŋ^{13}k^{h}u^{53}tiɛʔ^{3}uɛ̃^{55}vaŋ^{213}] 咥：吃

（2016 年 7 月，发音人：郭雄飞）

摇摇毛竹公

摇摇毛竹公，[iɐɯ^{22}iɐɯ^{21}mɐɯ^{21}tiuʔ^{3}kəŋ^{45}]
摇摇毛竹婆；[iɐɯ^{22}iɐɯ^{21}mɐɯ^{21}tiuʔ^{3}bu^{221}]
我对你一样高，[ŋɒ^{21}tɛʔ^{5}ȵiɛ^{21}iʔ^{5}iaŋ^{21}kɐɯ^{45}]
我对你一样粗。[ŋɒ^{21}tɛʔ^{5}ȵiɛ^{21}iʔ^{5}iaŋ^{21}ts^{h}uə^{45}]

遂昌三样宝

遂昌三样宝，[ʑy^{21}tɕ^{h}iaŋ^{45}saŋ^{45}iaŋ^{21}pɐɯ^{533}]

爬山过岭当棉袄；［bɒ²²saŋ⁴⁵ku³³liŋ¹³tɔŋ³³miɛ̃¹³ɐma⁵³³］

辣椒当油炒，［laʔ²tɕiɐɯ⁴⁵tɔŋ³³iɯ²²tsʰma⁵³³］

簸黄当灯照。［miɛ²³ɔŋ²²tɔŋ³³tiŋ⁴⁵tɕiɐɯ³³⁴］

咕哩噶

咕哩噶，磨豆腐，［ku⁰li⁰ka⁰，mu²¹dəɯ¹³vuə²¹³］

豆腐磨起发豆花；［dəɯ¹³vuə²¹mu²¹tɕʰiʔ³faʔ⁵dəɯ²¹xɒ⁴⁵］

大碗请外甥，［dəɯ²¹uɛ̃⁵³tɕʰiŋ⁵³ua²²ɕiaŋ⁴⁵］

小碗自己咥。［ɕiɐɯ⁵³uɛ̃⁵³zyʔ²kɒ³³tiɛʔ⁵］

咥了慢慢走，［tiɛʔ⁵ləʔ⁰maŋ²²maŋ²¹tsəɯ⁵³³］

一走走到外婆镬灶头；［iʔ³tsəɯ⁵³tsəɯ⁵³tɐɯ³³ua²²bu²¹ʔɕ²³tsɐɯ³³dəɯ²²¹］镬灶：锅灶

三个火樵头，［saŋ⁴⁵kei³³xu³³ʑiɐɯ²²dəɯ²¹³］

划着面上花溜溜。［uaʔ²³dɛʔ²miɛ̃²¹dʑiaŋ¹³xɒ⁴⁵liɯ⁰liɯ⁰］

弗乐叫，弗乐叫，［fəɯʔ⁵ŋɐɯ²¹iɐɯ³³⁴，fəɯʔ⁵ŋɐɯ²¹iɐɯ³³⁴］乐：要

带你门口望花轿；［ta³³ȵiɛ⁴⁵məŋ¹³kʰu⁵³mɔŋ²¹xɒ⁵⁵dʑiɐɯ²¹³］

花轿下撮了个大荒鸡。［xɒ⁵⁵dʑiɐɯ²¹iɒ¹³tsʰəɯʔ⁵ləʔ⁰kei³³dəɯ²¹xɒŋ³³iɛ⁴⁵］撮：捡。荒鸡：公鸡

撼去望外婆，［iaʔ⁵kʰɤ³³mɔŋ²¹ua²²bu²¹³］撼：拿

外婆弗是处；［ua²²bu²¹fəɯʔ⁵zi²³tɕʰyɛ³³⁴］是处：在家

望外公，［mɔŋ²¹ua²²kəŋ⁴⁵］

外公大门顶板拄；［ua²²kəŋ⁴⁵dəɯ¹³məŋ²²tiŋ³³paŋ⁵⁵tyɛ³³⁴］

望姑娘，［mɔŋ²¹kuə⁵⁵ȵiaŋ²¹³］

姑娘隔壁偷鸡娘；［kuə⁵⁵ȵiaŋ²¹kaʔ⁵piʔ⁵tʰəɯ³³iɛ⁵⁵ȵiaŋ²¹³］

望娘舅，［mɔŋ²¹ȵiaŋ²¹dʑiɯ¹³］

娘舅田里褪落苏；［ȵiaŋ²¹dʑiɯ¹³diɛ̃²²lei²¹tʰəŋ³³lɔʔ²suə⁴⁵］褪：摘。落苏：茄子

望小姨，［mɔŋ²¹ɕiɐɯ³³i²²¹］

小姨楼上缉鞋底；［ɕiɐɯ³³i²²ləɯ²²dʑiaŋ²¹tɕʰiɛʔ⁵a¹³tiɛ⁵³³］

靶=得落来唉哟哟，［pɒ⁵³tiʔ⁰lɔʔ²³lei²²ei⁰iɯ⁰iɯ⁰］靶=：跌

唉哟哟！［ei⁰iɯ⁰iɯ⁰］

蚁蚁蚁大哥

蚁蚁蚁大哥，［ŋa⁵⁵ŋa²²ŋa⁵⁵dəɯ²¹ku⁴⁵］

大哥背秤锤，［dəɯ²¹ku⁴⁵pei³³tɕʰiŋ³³dʑy²²¹］

小哥背肉卖；［ɕieɯ³³ku⁴⁵pei³³n̠iuʔ⁵ma²¹³］

哎哟喂，［ei⁵iu³³uei⁰］

哎哟喂，［ei⁵iu³³uei⁰］

哎哟哎哟哎哟喂；［ei⁵iu³³ei⁵iu³³ei⁵iu³³uei⁰］

拨⁼哪西，［pɛʔ⁵na²¹ɕiɛ³³⁴］拨⁼哪西：为什么

拨⁼哪西，［pɛʔ⁵na²¹ɕiɛ³³⁴］

拨⁼西拨⁼西拨⁼哪西？［pɛʔ⁵ɕiɛ³³pɛʔ⁵ɕiɛ³³pɛʔ⁵na²¹ɕiɛ³³⁴］

蜂叮去，［fəŋ⁴⁵tiŋ⁴⁵kʰɤ⁰］

爬上来，［bɒ²²dʑiaŋ¹³lei²²¹］

快些快些爬上来。［kʰua³³sɛʔ⁵kʰua³³sɛʔ⁵bɒ²²dʑiaŋ¹³lei²²¹］

雪花飘飘，［ɕyɛʔ³xɒ⁴⁵pʰieɯ⁴⁵pʰieɯ⁰］

外婆炊糕；［ua²²bu²¹tɕʰy³³keɯ⁴⁵］

雪花浓浓，［ɕyɛʔ³xɒ⁴⁵n̠ioŋ²²n̠ioŋ⁰］

外公煎糖。［ua²²kəŋ⁴⁵tɕiẽ³³dɒŋ²²¹］

（以上 2016 年 8 月，发音人：应瑛）

二、规定故事

牛郎和织女

霉⁼日儿有个后生儿，［mei²²nɛʔ²³n̠iɛ²²uoʔ²³kei⁰u²¹ɕiaŋ⁵⁵n̠iɛ²¹³］霉⁼日儿：从前

渠个爷娘唻早险就死了，［gɤ²²kɛ⁰iu²²n̠iaŋ²¹lɛ⁰tsɐɯ⁵³ɕiẽ⁵³ʑiui²¹sɤ⁵³lə⁰］险：很

罪过险，［zei²²ku³³ɕiẽ⁵³³］罪过：可怜

处里乙⁼有一条牛对渠两侬，［tɕʰyɛ³³lei⁴⁵iʔ⁵uoʔ⁵iʔ⁵dieɯ²²n̠iui²²teʔ³gɤ²²n̠ẽ¹³noŋ⁰］乙⁼有：只有。侬：人

所以唻大势就讴渠牛郎。［su⁵⁵i²²lɛ⁰da²²ɕiɛ³³ʑiui²¹ɐɯ⁴⁵gɤ²¹n̠iui²²loŋ²¹³］大势：大家

牛郎对老牛两侬相依为命，［n̠iui²²loŋ²¹teʔ³lɐɯ¹³n̠iui²²n̠ẽ¹³noŋ²²ɕiaŋ³³i⁴⁵uei²²miŋ²¹³］

靠种田过生活。［kʰɐɯ³³ioŋ³³diẽ²²ku⁵⁵ɕiaŋ³³uaʔ²³］

事实渠处里个乙个老牛唻实际是天上个金牛星。［zuə²¹ziʔ²³gɤ²²tɕʰyɛ³³lei⁴⁵kɛʔ⁰iʔ⁵kei⁰ lɛɯ¹³n̠iui²²lɛ⁰ziʔ²³tɕiɛ³³ziʔ²³tʰiẽ⁴⁵dʑiaŋ⁰kɛ⁰tɕiŋ⁵⁵n̠iui²¹ɕiŋ⁴⁵］乙：这

金牛星望牛郎侬又本分又老实又勤力，［tɕiŋ⁵⁵n̥iɯ²¹ɕiŋ⁴⁵mɔŋ²¹n̥iɯ²²lɔŋ²¹nəŋ²²iɯ¹³pɛ̃⁵⁵ vəŋ²¹iɯ¹³lɐɯ²²ʑiʔ²³iɯ¹³dʑiŋ²¹li²³］

就忖帮渠讲个老婆乞渠成个家。［ʑiɯ²¹tsʰɛ̃⁵³pəɯ⁵¹gɤ²²kɔŋ⁵³kei³³lɐɯ¹³bu²²kʰaʔ⁵gɤ²² ʑiŋ²¹kei³³kɒ⁴⁵］

话讲渠乙个村坊东面个山脚下啊有个大险个水塘，［u²¹kɔŋ⁵³gɤ²²iʔ⁵kei⁰tsʰɛ̃³³fɔŋ⁴⁵təŋ⁴⁵ miɛ̃²¹kɛ⁰saŋ³³tɕiaʔ⁵iɒ¹³a⁰uɔʔ²³kei³³dəɯ²¹ɕiɛ̃⁵³kɛⁿy⁵³dɔŋ²²¹］

大势经常会到许荡＝去洗浴个。［da²²ɕiɛ³³tɕiŋ³³dʑiaŋ²²uei²¹lɐɯ³³xaʔ⁵dɔŋ¹³kʰɤ³³ɕiɛ⁵³iuʔ²³ kɛ⁰］许荡＝：那里

有一日，［uɔʔ²³iʔ⁵nɛʔ²³］

金牛星听讲天上个仙女都乐拼起到许荡＝去洗浴，［tɕiŋ⁵⁵n̥iɯ²¹ɕiŋ⁴⁵tʰiŋ³³kɔŋ⁵³tʰiɛ̃⁴⁵ dʑiaŋ⁰kɛ⁰ɕiɛ̃³³n̥ye¹³təɯ⁵ʔ⁵ŋɐɯ²¹pʰiŋ⁴⁵tɕʰiʔ⁰lɐɯ³³xaʔ⁵dɔŋ¹³kʰɤ³³ɕiɛ⁵³iuʔ²³］

渠就托梦乞牛郎，［gɤ²²ʑiɯ²¹tʰɔʔ⁵məŋ²¹kʰaʔ⁵n̥iɯ²²lɔŋ²²¹］

报渠讲第二日天光早一定乐赶着许个水窟塘去，［pɐɯ³³gɤ⁴⁵kɔŋ⁵³die²²n̥i²¹nɛʔ²³tʰiɛ̃³³ kɔŋ⁴⁵tsɐɯ⁵³iʔ⁵diŋ²²ŋɐɯ²¹kuɛ̃⁵³dɛʔ⁰xaʔ⁵kei³³y⁵³kʰɔʔ⁵dɔŋ²²kʰɤ³³⁴］

到许荡＝唻随便撮件哪个仙女个衣裳来，［lɐɯ³³xaʔ⁵dɔŋ¹³lɛ⁰ʑy²²biɛ̃²¹tsʰəɯʔ⁵dʑiɛ̃²¹na¹³ kei⁰ɕiɛ̃³³n̥ye¹³kɛⁿi⁵⁵ʑiaŋ²¹lei¹³］

再是乐尽快跳归处，［tsei⁴⁵ʑiʔ²³ŋɐɯ²¹zəŋ¹³kʰua³³tʰiɐɯ³³kuei⁵⁵tɕʰye³³⁴］归处：回家

头都无法转个。［dəɯ²²təɯ⁵ʔ⁵muə²¹faʔ³tyɛ̃⁵³kɛ⁰］

牛郎做了乙个梦，［n̥iɯ²²lɔŋ²²tsu³³lɛ⁰iʔ⁵kei⁰məŋ²¹³］

亦弗识着真个假个，［iaʔ²³fəɯʔ³tɕiʔ⁵dɛʔ⁰tɕiŋ⁴⁵kɛⁿkɒ⁵³kɛ⁰］识着：知道

但是渠还是忖去试试察。［daŋ²¹ʑiʔ²³gɤ²²aʔ²ʑiʔ²³tsʰɛ̃⁵³kʰɤ³³ɕiu³³ɕiu⁴⁵tsʰɛʔ⁰］察：看

第二日天光早唻牛郎早险就蹿着了许个水塘，［die²²n̥i²¹nɛʔ²³tʰiɛ̃³³kɔŋ⁴⁵tsɐɯ⁵³lɛ⁰n̥iɯ²² lɔŋ²²tsɐɯ⁵³ɕiɛ⁵³ʑiɯ²¹liɛʔ²³dɛʔ⁰lə⁰xaʔ⁵kei³³y⁵³dɔŋ²²¹］蹿：赶

真个躲雾露洞＝里底啊望着了好几个仙女躲许荡＝洗浴。［tɕiŋ⁴⁵kɛ⁰tiu³³muə²²luə²² dəŋ²¹lei¹³tiɛ⁵³a⁰mɒŋ²¹dɛʔ²³lə⁰xɐɯ³³kei⁵³kei³³ɕiɛ³³n̥ye¹³tiu⁴⁵xaʔ³dɔŋ⁰ɕiɛ⁵³iuʔ²³］

牛郎个侬唻老实险个，［n̥iɯ²²lɔŋ²¹kɛ⁰nəŋ²²lɛ⁰lɐɯ²²ʑiʔ²³ɕiɛ̃⁵³kɛ⁰］

渠啊望都弗敢望，［gɤ²²a⁰mɒŋ²¹təɯʔ⁵fəɯʔ³kɛ̃⁵³mɒŋ²¹³］

随便拖了件粉红儿个衣裳唻就望处里逃。［ʑy²²biɛ̃²¹tʰa³³lə⁰dʑiɛ̃²¹fəŋ³³əŋ²²n̥iɛ²¹kɛⁿi⁵⁵ ʑiaŋ²¹lɛ⁰ʑiɯ²²mɒŋ²¹tɕʰye³³lei⁴⁵dɐɯ²²¹］

原来许件衣裳唻是织女个衣裳。［n̠yɛ̃²²lei²²xaʔ⁵dʑiɛ̃²¹i⁵⁵ʑiaŋ²¹ləⁿʑiʔ²³tɕiʔ⁵n̠yɛ¹³kɛⁿi⁵⁵ʑiaŋ²¹³］

当日个黄昏唻织女就到了牛郎个处里，［tɔŋ⁵³nɛʔ²³kɛⁿɔŋ²¹xuɛ̃⁴⁵ləⁿtɕiʔ⁵n̠yɛ¹³ʑiɯ²¹tɐɯ³³ləⁿn̠iɯ²²lɔŋ²¹kɛⁿtɕʰyɛ³³lei⁴⁵］

对牛郎做了公婆。［tɛʔ⁵n̠iɯ²²lɔŋ²¹tsu³³ləⁿkəŋ⁵⁵bu²¹³］

三年过去了，［saŋ⁴⁵n̠iɛ̃²²ku⁵⁵kʰɤ³³ləⁿ］

牛郎对织女生了一个儿、一个囡儿，［n̠iɯ²²lɔŋ²¹tɛʔ⁵tɕiʔ⁵n̠yɛ¹³ɕiaŋ⁴⁵ləⁿiʔ⁵kei³³n̠iɛ²²¹、iʔ⁵kei³³na¹³n̠iɛ²²¹］

生活过得幸福险。［ɕiaŋ³³uaʔ²³ku³³tiʔ⁵ʑiŋ²¹fəɯʔ⁵ɕiɛ̃ⁿ］

但是乙个道路乞天上个玉皇大帝识着了，［daŋ²¹ʑiʔ²³iʔ⁵keiⁿdəɯ²²luə²¹kʰaʔ⁵tʰiɛ̃⁴⁵dʑiaŋⁿkɛⁿn̠iɔʔ²³ɔŋ²²dɒ¹³tiɛ³³tɕiʔ⁵dɛʔⁿləⁿ］道路：事情

渠就派侬来搭织女。［gɤ²²ʑiɯ²¹pʰa³³nəŋ²²leiⁿkʰɒ³³tɕiʔ⁵n̠yɛ¹³］搭：抓

有一日，［uɔʔ²iʔ⁵nɛʔ²³］

风大险雨亦大险，［fəŋ⁴⁵dəɯ²¹ɕiɛ̃⁵³yɛ¹³iaʔ²³dəɯ²¹ɕiɛ̃⁵³³］

天墨乌个，［tʰiɛ̃³³mɛʔ²³uə³³kɛⁿ］

突然织女就无了。［dəɯʔ²³ʑyɛ̃²²tɕiʔ⁵n̠yɛ¹³ʑiɯ²¹muə²²ləⁿ］

两个小个寻弗着老娘哇哇叫去，［nɛ̃¹³kei³³ɕiɐɯ⁵³kɛⁿzəŋ²²fəɯʔ⁵dɛʔⁿlɐɯ¹³n̠iaŋ²²ua²¹ua¹³iɐɯ³³kʰɤ⁴⁵］

牛郎唻亦急得个无办法。［n̠iɯ²²lɔŋ²²ləⁿiaʔ²³tɕiʔ⁵tiʔⁿkɛⁿmuə²²baŋ²¹faʔ⁵］

老牛望弗落去了，［lɐɯ¹³n̠iɯ²²mɔŋ²¹fəɯʔ³lɔʔ²kʰɤ³³ləⁿ］

渠开口讲话了。［gɤ²²kʰei³³kʰu⁵³kɔŋ⁵⁵u²¹ləⁿ］

渠对牛郎讲：［gɤ²²tei³³n̠iɯ²²lɔŋ²²kɔŋ⁵³³］

"牛郎你弗乐急，［n̠iɯ²²lɔŋ²²n̠iɛ¹³fəɯʔ⁵ŋɐɯ²¹tɕiʔ⁵］

你帮我头上个两个角褪去，［n̠iɛ¹³pɔŋ⁴⁵ŋɒ²²dəɯ²²dʑiaŋ²¹kɛⁿnɛ̃¹³kei³³kɔʔ⁵tʰəŋ³³kʰɤ⁴⁵］

渠就会变成箩箸个。［gɤ²²ʑiɯ²¹uei¹³piɛ̃³³ʑiŋ²²la²²iɛ³³kɛⁿ］箩箸：箩筐

你帮小个拘＝着箩箸内底，［n̠iɛ²¹pɔŋ³³ɕiɐɯ⁵³kɛⁿtɕyɛ³³dɛʔ²³la²²iɛ³³nei¹³tiɛ⁵³³］拘＝：装

就可以飞着天上去寻织女。"［ʑiɯ²¹kʰu⁵³iʔ⁵fi⁴⁵dɛʔⁿtʰiɛ̃⁴⁵dʑiaŋⁿkʰɤ³³zəŋ²²tɕiʔ⁵n̠yɛ¹³］

牛郎望着老牛都讲话了更呆着许荡＝罢。［n̠iɯ²²lɔŋ²²mɔŋ²¹dɛʔ²³lɐɯ¹³n̠iɯ²²təɯʔ⁵kɔŋ⁵⁵u²¹ləⁿkaŋ⁴⁵ŋeiⁿdɛʔⁿxaʔ⁵dɒŋⁿbaⁿ］

乙个时间唻两个牛角唻就自家靶＝落来了，［iʔ⁵keiⁿzɿ²¹kaŋ³³lɛⁿnɛ̃¹³keiⁿn̠iɯ²¹kɔʔ⁵lɛⁿ ʑiɯ²¹ʑɣʔ²³kɒ³³pɒ⁵³lɔʔ²³lei²²lə⁰]

靶꞊落来以后啊真个变成了两个箩簝。[pɒ⁵³lɔʔ²³lei²²iʔ²²u¹³aʔ⁰tɕiŋ⁴⁵kɛ⁰piɛ̃³³ʑiŋ²²lə⁰nɛ̃¹³
kei³³la²²iɛ³³⁴]

牛郎连慌帮两个小个放到箩簝内底担揭起，[ȵiɯ²²lɔŋ²²liɛ̃²²xɔŋ⁴⁵pɔŋ³³nɛ̃¹³kei³³ɕieɯ⁵³
kɛ⁰fɔŋ³³tɐɯ⁴⁵la²²iɛ³³nei¹³tiɛ⁵³taŋ³³gɛʔ²³tɕʰiʔ⁰]揭: 挑

就感觉生了两个尾息꞊样，[ʑiɯ²¹kɛ̃⁵³kɔʔ³³ɕiaŋ⁴⁵lə⁰nɛ̃¹³kei⁰miʔ²ɕiʔ⁵iaŋ⁰]尾息꞊: 翅膀

侬便轻飘飘去就飞着天上去了。[nən²²bɛʔ²tɕʰiŋ⁴⁵pʰiɐɯ⁵³pʰiɐɯ⁰kʰɣ⁰ʑiɯ²¹fi⁴⁵dɛʔ²tʰiɛ̃⁴⁵
dʑiaŋ⁰kʰɣ⁰lə⁰]

牛郎蹚去蹚去，[ȵiɯ²²lɔŋ²²liɛʔ²³kʰɣ⁰liɛʔ²³kʰɣ⁰]

总算快乞渠蹚着织女罢，[tsən⁵³sɛ̃³³kʰua³³kʰaʔ⁵gɣ²²liɛʔ²³dɛʔ²tɕiʔ⁵ȵyɛ¹³ba⁰]

好着弗着，[xɐɯ⁵³dɛʔ²fəɯʔ⁵dɛʔ²³]

天上个皇母娘娘又发现了。[tʰiɛ̃⁴⁵dʑiaŋ⁰kɛ⁰ɔŋ²¹mu¹³ȵiaŋ²²ȵiaŋ²¹iɯ¹³faʔ⁵iɛ̃²¹lə⁰]

皇母娘娘从头上摵落来一根金钗，[ɔŋ²¹mu¹³ȵiaŋ²²ȵiaŋ²¹ʑiɔŋ²²dəɯ²²dʑiaŋ²¹iaʔ⁵lɔʔ⁰lei⁰
iʔ⁵kɛ̃³³tɕiŋ³³tsʰa⁴⁵]

煞煞心心躲牛郎对织女个前头划出一根溪。[saʔ³saʔ⁵ɕiŋ³³ɕiŋ⁴⁵tiu³³ȵiɯ²²lɔŋ²¹tɛʔ³tɕiʔ⁵
ȵyɛ¹³kɛ⁰ʑyɛ̃²²dəɯ²¹ua²²³tɕʰyɣʔ⁰iʔ⁵kɛ̃³³tɕʰiɛ⁴⁵]躲: 在

许个溪啊当弗牢个阔，[xaʔ⁵kei⁰tɕʰiɛ⁴⁵aʔ⁰tɔŋ³³fəɯʔ⁵lɐɯ²²kɛ⁰kʰuɛʔ⁵]

当弗牢个急，[tɔŋ³³fəɯʔ⁵lɐɯ²²kɛ⁰tɕiʔ⁵]

牛郎根本挖꞊弗过去。[ȵiɯ²²lɔŋ²²kɛ̃³³pɛ̃⁵³uaʔ⁵fəɯʔ⁰ku⁵⁵kʰɣ³³⁴]挖꞊: 走

就亨꞊甲活，[ʑiɯ²¹xaŋ⁵³kaʔ⁵ua²³]亨꞊: 那样。甲活: 活生生

牛郎对织女唻就乞王母娘娘分开了。[ȵiɯ²²lɔŋ²²tɛʔ³tɕiʔ⁵ȵyɛ¹³lə⁰ʑiɯ²¹kʰaʔ³iɔŋ²²mu¹³
ȵiaŋ²²ȵiaŋ²¹fəŋ³³kʰei⁴⁵lə⁰]

天上个喜鹊啊望着牛郎对织女亦实在是罪过，[tʰiɛ̃⁴⁵dʑiaŋ⁰kɛ⁰sʅ⁵³tɕʰiɔʔ⁵aʔ⁰mɔŋ²¹dɛʔ²³
ȵiɯ²²lɔŋ²²tɛʔ³tɕiʔ⁵ȵyɛ¹³iaʔ²³zəɯʔ²zei¹³ʑiʔ²zei²²ku³³⁴]

所以，每到七月初七唻，[su⁵³i³³，mei¹³tɐɯ³³tɕʰiʔ⁵ȵyɛʔ²tɕʰiu³³tɕʰiʔ⁵lə⁰]

渠些侬就会整串整串个飞着天上去，[gɣ²²sɛʔ⁵nən²²ʑiɯ²²uei¹³tɕiŋ⁵⁵tɕʰyŋ³³tɕiŋ⁵⁵tɕʰyŋ³³
kɛ⁰fi⁴⁵dɛʔ⁰tʰiɛ̃⁴⁵dʑiaŋ⁰kʰɣ⁰]

头尾连起来变成一座桥，[dəɯ²²mi¹³liɛ̃²²tɕʰiʔ⁰lei²²piɛ̃³³ʑiŋ²²iʔ⁵zəɯ²¹dʑiɐɯ²²¹]

乞牛郎对织女可以见个面，[kʰaʔ⁵ȵiɯ²²lɔŋ²²tɛʔ³tɕiʔ⁵ȵyɛ¹³kʰu⁵³i³³iɛ̃³³kei⁴⁵miɛ̃²¹³]

可以团个圆。[kʰu⁵³i³³dɛ̃²²kei³³yɛ̃²²¹]

从前有一个年轻人，他的父母很早就死了，很可怜，家里只有一头牛跟他两个，所以大家就叫他牛郎。牛郎跟老牛相依为命，靠种田过生活。其实他家里的这头老牛是天上的金牛星。金牛星看牛郎为人本分、老实、勤快，就想帮他娶个老婆成个家。

话说这个村东面的山脚下有一个很大的水塘，大家经常会到那里去洗澡。有一天，金牛星听说天上的仙女要一起到那里洗澡，他就托梦给牛郎，告诉他第二天早晨一定要赶到那个水塘，到那里随便捡上一件仙女的衣服，然后赶快头也别回地跑回家。

牛郎做了这个梦，也不知是真是假，但是他还是想去试一试。第二天早晨牛郎很早就赶到了那个水塘，透过浓雾他真的看到有好几个仙女在那里洗澡。牛郎这个人很老实，他不敢细看，随便拿了件粉红色的衣服就往家里逃。原来那件就是织女的衣服。当天晚上织女就来到了牛郎的家里，跟牛郎做了夫妻。

转眼三年过去了，牛郎跟织女生了一个儿子和一个女儿，生活过得很幸福。但是这件事情被天上的玉皇大帝知道了，他就派人来抓织女。有一天，风很大雨也很大，天一片漆黑，突然织女就不见了。两个孩子找不到妈妈就哇哇大哭，牛郎也急得没办法。

老牛看不下去，就开口说话了。他对牛郎说："牛郎你别着急，你把我头上的两个角拿下来，它们就会变成箩筐。你把小孩儿装进箩筐里，就可以飞到天上去寻找织女。"牛郎看见老牛都会说话了，更是呆在了那里。这个时候两只牛角就自己掉了下来，掉下来以后真的变成了两只箩筐。牛郎连忙把两个小孩儿装进箩筐里用扁担挑起来，就感觉像是长了两只翅膀一样，人就轻飘飘地飞到天上去了。

牛郎追啊追啊，总算快追上织女了，真不凑巧，又被天上的王母娘娘发现了。王母娘娘从头上拔下一根金钗，狠心地在牛郎和织女之间划出了一条河。那条河不知有多宽，有多急，牛郎根本过不去。就这样，牛郎和织女活生生地被王母娘娘分开了。

天上的喜鹊看着牛郎和织女实在可怜，所以，每年到了农历七月初七这一天，它们就会连成串似的飞到天上去，头和尾连接起来变成一座桥，让牛郎和织女可以见上一面，可以团圆。

（2016年8月，发音人：应瑛）

三、自选条目

（一）谚语

一粒老鼠涴，［iʔ^{3}lɛʔ^{5}lɐɯ^{13}tɕ^{h}iɛ^{53}u^{334}］涴：大便
害了一镬粥。［ei^{21}lə^{0}iʔ^{5}ɔʔ^{23}tɕiuʔ^{5}］镬：锅

一侬落水，［iʔ^{5}nəŋ^{22}lɔʔ^{23}y^{533}］
千侬漏尿。［tɕ^{h}iɛ̃^{45}nəŋ^{22}lu^{21}ɕy^{45}］漏尿：撒尿

三日新时四日厌，［saŋ^{45}nɛʔ^{5}ɕiŋ^{55}zɿ^{21}sɿ^{33}nɛʔ^{5}iɛ̃^{334}］
五日腊火烟。［ŋuə^{13}nɛʔ^{5}laʔ^{23}xu^{55}iɛ̃^{334}］腊：熏

百样行当百样难，［piaʔ^{5}iaŋ^{21}ɔŋ^{22}tɔŋ^{33}piaʔ^{5}iaŋ^{21}naŋ^{221}］
讨饭容易躐犬难。［t^{h}uə^{55}vaŋ^{21}iɔŋ^{22}iɛ^{21}liɛʔ^{23}tɕ^{h}iɛ̃^{53}naŋ^{221}］

睏到床上千条路，［k^{h}əŋ^{33}tɐɯ^{45}zɛ̃^{22}dʑiaŋ^{21}tɕ^{h}iɛ̃^{45}diɐɯ^{22}luə^{213}］睏：睡
天光挖$^{=}$起走老路。［t^{h}iɛ̃^{33}kɔŋ^{45}uaʔ^{5}tɕ^{h}iʔ^{0}tsu^{53}lɐɯ^{22}luə^{213}］挖$^{=}$：爬

相争无好言，［ɕiaŋ^{33}tɕiaŋ^{45}muə^{22}xɐɯ^{53}iɛ̃^{221}］相争：吵架
打架无好拳。［tiaŋ^{53}kɒ^{33}muə^{22}xɐɯ^{53}dʑyɛ̃^{221}］

侬情一把锯，［nəŋ^{22}ʑiŋ^{21}iʔ^{3}pu^{53}kɤ^{334}］
拖来又拖去。［t^{h}a^{45}lei^{22}iɯ^{13}t^{h}a^{53}k^{h}ɤ^{334}］

侬惊伤心，［nəŋ^{22}kuaŋ^{45}ɕiaŋ^{33}ɕiŋ^{45}］惊：害怕
树惊剥皮。［dʑiɯ^{21}kuaŋ^{45}pɔʔ^{5}bi^{221}］

侬多好种田，［nəŋ^{22}tu^{45}xɐɯ^{53}iɔŋ^{33}diɛ̃^{221}］
侬少好过年。［nəŋ^{22}tɕiɐɯ^{53}xɐɯ^{53}ku^{33}ȵiɛ̃^{221}］

害侬一千，〔ei¹³nəŋ²²iʔ⁵tɕʰiɛ̃³³⁴〕
自损八百。〔zɹ²¹sɛ̃⁵³paʔ⁵piaʔ⁰〕

做官笔头划一划，〔tsu³³kuɛ̃⁴⁵piʔ⁵du²²yaʔ²³iʔ⁵yaʔ²³〕
百姓眼睛做翻白。〔piaʔ⁵ɕiŋ³³ŋaŋ²²tɕiŋ⁴⁵tsu³³faŋ⁵³biaʔ²³〕

篮里拣花，〔laŋ²²lei²¹kaŋ⁵³xɒ⁴⁵〕
越拣越差。〔yɛʔ²³kaŋ⁵³yɛʔ²tsʰɒ⁴⁵〕

月生毛，〔ȵyɛʔ²³ɕiaŋ⁵⁵mɐɯ²¹³〕
雨坐牢；〔yɛ¹³zu¹³lɐɯ²²¹〕
蚁布桥，〔ŋa¹³puə³³dʑiɐɯ²²¹〕
大水到。〔du¹³y⁵³tɐɯ³³⁴〕

正月出螟虫，〔tɕiŋ⁴⁵ȵyɛʔ²tɕʰyɛʔ³miŋ²²dʑiɔŋ²¹³〕螟虫：蚊子
二月冻死侬。〔ȵi²¹ȵyɛʔ²³təŋ³³sɤ⁵³nəŋ²²¹〕

清明断雪，〔tɕʰiŋ⁵⁵miŋ²¹dəŋ²¹ɕyɛʔ⁵〕
谷雨断霜。〔kəɯʔ⁵yɛ¹³dəŋ²¹ɕiɔŋ⁴⁵〕

（以上 2016 年 7 月，发音人：郭雄飞）

（二）谜语

白簸头

白簸头，拘=乌豆，〔biaʔ²pɛʔ⁵dəɯ²²¹，tɕyɛ⁴⁵uə⁵⁵dəɯ²¹³〕拘=：装
拘=着满街漏。〔tɕyɛ⁴⁵dɛʔ²mɛ̃²²ka⁴⁵ləɯ²¹³〕
大势猜猜察，〔da²²ɕiɛ³³tsʰei⁴⁵tsʰei⁰tsʰɛʔ⁰〕
乙个谜语唻是乐猜一个字。〔iʔ⁵kei⁰mi²²yɛ¹³lə⁰ziʔ²ŋɐɯ²¹tsʰei⁴⁵iʔ⁵kei³³zɤ²¹³〕
你些侬猜出来了嗰啊？〔ȵiɛ¹³sɛʔ⁰nəŋ²²tsʰei⁴⁵tɕʰyɛʔ⁰lei⁰lə⁰vɛ̃²²aʔ⁰〕你些侬：你们
我报你些侬谜底，〔ŋɒ²¹pɐɯ³³ȵiɛ⁴⁵sɛʔ⁰nəŋ²²mi²²tiɛ⁵³³〕报：告诉
就是"羊"，〔ziɯ²¹ziʔ²³iaŋ²²¹〕

"山羊"个"羊"字。［saŋ⁴⁵iaŋ²²kɛ⁰iaŋ²²zɤ²¹³］

一个猪槽两头通

一个猪槽两头通，［iʔ⁵kei³³tɒ⁵⁵zɯ²¹lɛ̃²¹dəɯ²²tʰəŋ⁴⁵］
六个小猪儿哐猪汾゠，［ləɯʔ²³kei³³ɕiɐɯ³³tɒ⁵⁵n̠iɛ²¹tiɛʔ⁵tɒ³³fəŋ⁴⁵］汾゠:泔水
乐问价格有几多，［ŋɐɯ²¹məŋ²¹kɒ³³kaʔ⁵uɔʔ²³kei⁵³təɯ⁴⁵］
问我上处个四叔公。［məŋ²¹ŋɒ¹³dʑiaŋ²²tɕʰyɛ³³kɛ⁰sŋ³³ɕiuʔ³kəŋ⁴⁵］
乙个谜语唻亦是猜一个字。［iʔ⁵kei⁰mi²²yɛ¹³lɛ⁰iaʔ²ʑiʔ²³tsʰei⁴⁵iʔ⁵kei³³zɤ²¹³］
大势猜出来了嚄啊？［da²²ɕiɛ³³tsʰei⁴⁵tɕʰyɛʔ⁰lei⁰lə⁰vɛ̃²²a⁰］
就是"罪"，［ʑiɯ²¹ʑiʔ²³zei¹³］
"犯罪"个"罪"。［vaŋ²¹zei¹³kɛ⁰zei¹³］

（以上 2016 年 8 月，发音人：应瑛）

龙　泉

一、歌谣

月光光

月光光，照婿郎；〔ȵyoʔ kɔŋ kɔŋ，tɕiɑʌ ʑi lɔŋ〕婿郎：女婿

婿郎骑白马；〔ʑi lɔŋ dʐɿ baʔ mo〕

白马上天堂；〔baʔ mo dʑiaŋ tʰiɛ dɔŋ〕

天堂山，好栽姜；〔tʰiɛ dɔŋ saŋ，xɑʌ tsɿ tɕiaŋ〕栽：种

姜无芽，好栽茄；〔tɕiaŋ mɤɯ ŋo，xɑʌ tsɿ dʑio〕

茄无籽，好栽日柿；〔dʑio mɤɯ tsɤɯ，xɑʌ tsɿ ȵiɛʔ sɤɯ〕日柿：柿子

日柿无铃，好栽林檎；〔ȵiɛʔ sɤɯ mɤɯ lin，xɑʌ tsɿ lin dʑin〕林檎：花红，一种小苹果

林檎弗开花，好栽老叭；〔li dʑin fɤɯʔ kʰɛ xuo，xɑʌ tsɿ lɑʌ po〕老叭：指喇叭花

老叭吹弗响；〔lɑʌ po tɕʰy fɤɯʔ ɕiaŋ〕

打你三个大巴掌。〔taŋ ȵi saŋ kəʔ dou po tɕiaŋ〕

（2017 年 7 月，发音人：李文）

山歌便唱个山歌王

山歌便唱个山歌王哎；〔saŋ kou biɛ tɕʰiaŋ gəʔ saŋ kou iɔŋ ɛ〕

你晓着契⁼样开花满田黄；〔ȵi ɕiɑʌ dʑyoʔ tɕʰi iaŋ kʰɛ xuo mɯə diɛ ɔŋ〕晓着：知道。契⁼样：

　　什么

契⁼样开花个成双对；［tɕʰi iaŋ kʰɛ xuo gəʔ ʑin ɕiɔŋ tɛ］

契⁼样开花头上两三重哎；［tɕʰi iaŋ kʰɛ xuo diəu ʑiaŋ laŋ saŋ dʑiɔŋ ɛ］

山歌便回你山歌王哎；［saŋ kou biɛ uəi n̠i saŋ kou iɔŋ ɛ］

我晓着油菜开花满地来黄；［ŋə ɕiaʌ dʑyoʔ iəu tsʰɛ kʰɛ oux mɯə diɛ lɛ ɔŋ］

豇豆开花么成双对；［kɔŋ diəu kʰɛ oux məʔ ʑin ɕiɔŋ tɛ］

包萝开花头上两三重哎；［paʌ lou kʰɛ oux diəu dʑiaŋ laŋ saŋ dʑiɔŋ ɛ］

啰啰唻，唻啰啰；［lou lou lɛ，lɛ lou lou］

啰啰唻唻唻哎啰啰哎。［lou lou lɛ lɛ lɛ ɛ lou lou ɛ］

（2017 年 7 月，发音人：李文、邱有松）

山歌无侬起头么我起头

山歌无侬起头么我起头嘞，［saŋ kou mɯɯ nəŋ tsʰʅ diəu mə ŋo tsʰʅ diəu lɛ］

临江唱到西街里头；［liŋ kɔŋ tɕʰiaŋ taʌ ɕi ka li diəu］

街里促⁼促⁼无救好，［ka li tɕʰiɤɯʔ tɕʰiɤɯʔ mɯɯ tɕiəu xaʌ］促⁼：看。无救：无限

好比温州杂⁼杭州嘞。［xaʌ pi uo tɕiəu zɯəʔ ɔŋ tɕiəu lɛ］杂⁼：和

黄碗⁼蚁，快快来，［ɔŋ uaŋ n̠i，kʰua kʰua li］黄碗⁼蚁：蚂蚁

快来扛老女，［kʰua li kɔŋ laʌ na］老女：丫鬟

女女王，扛新郎，［na na iɔŋ，kɔŋ ɕin lɔŋ］囡囡王：领头的丫鬟

新郎官，担扁担，［ɕin lɔŋ kuaŋ，taŋ biɛ taŋ］

扁担担起两头翘，［biɛ taŋ taŋ tsʰʅ laŋ diəu tɕʰiaʌ］

新娘间底坐埻叫，［ɕin n̠iaŋ kaŋ ti sou toʔ iaʌ］间底：卧室。坐埻：坐着。叫：哭

新客上间笑。［ɕin kʰaʔ dʑiaŋ kaŋ tɕʰiaʌ］新客：新郎。上间：堂屋

哟! 哟! 大路扛老女，［yo! yo! dou lɤɯ kɔŋ laʌ na］

蚂米吊吊飞过墙嘞，［ma mi tiaʌ tiaʌ fi kou ʑiaŋ lɛ］蚂米吊吊：狗尾巴草

劝我大大无攞娘嘞；［tɕʰyo ŋo ta ta mɯɯ lou n̠iaŋ lɛ］大大：爹爹。攞：找，娶

大大坐外娘心慌嘞，［ta ta sou ua n̠iaŋ ɕin xɔŋ lɛ］坐外：在外

大大转来饭也香嘞。［ta ta dɛn li vaŋ io ɕiaŋ lɛ］

啰啰唻，唻啰啰；［lo lo lɛ，lɛ lo lo］

啰啰唻唻唻啰啰。［lo lo lɛ lɛ lɛ lo lo］

（2017 年 11 月，发音人：沈莉薇）

二、规定故事

牛郎对织女

老早老早以前，［lɑʌ²¹tsɑʌ⁵¹lɑʌ²¹tsɑʌ⁵¹i²¹ʑiɛ²¹］

村里有个妹，［tsʰɯə⁴⁴li⁵¹iəu⁵¹gəʔ⁰mɛ⁴⁵］妹：孩子

坐渠老细老细个时候，［sou⁵¹gɤɯ²¹lɑʌ²¹ɕi⁴⁵lɑʌ²¹ɕi⁴⁵gəʔ⁰sʅ⁴⁴ɛu²²⁴］坐：在。老细：很小

爸妈便死唠罢，［pa⁴⁴ma⁴³⁴biɛ²¹sɤɯ⁵¹lɑʌ⁰ba⁰］唠罢：了

留落来渠对一条老牛一起生活。［liəu²¹louʔ²⁴li⁰gɤɯ²¹dɛ²¹ieiʔ³diɑʌ²¹lɑʌ²¹n̠iəu²¹ieiʔ³
tsʰʅ⁵¹saŋ⁴⁵uoʔ²⁴］落来：下来。对：和，跟

白日渠便对牛一起坐田里种田，［baʔ³nɛʔ²⁴gɤɯ²¹biɛ²¹dɛ²¹n̠iəu²¹ieiʔ³tsʰʅ⁵¹sou⁴⁴diɛ²¹li⁵¹
iəŋ²¹diɛ²¹］

昏荫渠便对搭˭条牛一起坐牛棚里睏。［xuo⁴⁴in⁴⁵gɤɯ²¹biɛ²¹dɛ²¹toʔ⁵diɑʌ⁴⁵n̠iəu²¹ieiʔ³
tsʰʅ⁴⁵sou⁴⁴n̠iəu⁴⁵bəŋ²¹li⁰kʰuo⁴⁵］昏荫：晚上。搭˭：这。睏：睡觉

所以，大世˭依都喊搭˭个妹做牛郎。［sou⁴⁴ʅ²¹，da²¹ɕi⁴⁵nəŋ²¹tɤɯ⁴⁴xaŋ⁵¹toʔ⁵gəʔ⁰mɛ⁴⁵
tso⁴⁴n̠iəu⁴⁵lɔŋ²¹］大世˭依：大家

但是，搭˭条牛弗是普通个牛，［daŋ²¹sʅ⁵¹，toʔ⁵diɑʌ⁴⁵n̠iəu²¹fɤɯʔ³ʑʅ²¹pʰou⁴⁴tʰoŋ⁴⁵gəʔ⁰
n̠iəu²¹］

渠是天望上个神仙变个，［gɤɯ²¹ʑʅ²¹tʰiɛ⁴⁴mɔŋ²¹dʑiaŋ²²⁴gəʔ⁰ʑin²¹ɕiɛ⁴³⁴piɛ⁴⁵gəʔ⁰］望上：上面

渠是天望上个金牛星。［gɤɯ²¹ʑʅ²¹tʰiɛ⁴⁴mɔŋ²¹dʑiaŋ²²⁴gəʔ⁰tɕin⁴⁴n̠iəu⁴⁴ɕin⁴³⁴］

搭˭条老牛觉着牛郎依又嫽，［toʔ³diɑʌ²¹lɑʌ²¹n̠iəu²¹koʔ⁵dʑyoʔ⁰n̠iəu⁴⁵lɔŋ²¹nəŋ²¹i²²⁴sɑʌ⁵¹］
依：人。嫽：乖巧

又会做，依又好，［i²²⁴uəi²¹tso⁴⁵，nəŋ²¹i²²⁴xɑʌ⁵¹］

便是一个依太孤独，［biɛ²⁴sʅ⁵¹ieiʔ³gəʔ⁰nəŋ⁵¹tʰɛ²¹kuɤɯ⁴⁵douʔ²⁴］

所以便忖帮渠讲个老太成个家。［sou⁴⁵ʅ⁵¹biɛ²¹tsʰɛn⁵¹pəŋ⁴⁵gɤɯ²¹kɔŋ⁴⁵gəʔ⁰lɑʌ²¹tʰa⁴⁵ʑin²¹
gəʔ⁰ko⁴³⁴］忖：想。老太：老婆

有一日昏荫，［iəu⁵¹ieiʔ³nɛʔ²⁴xuo⁴⁴in⁴⁵］

等牛郎睏唠罢，［tɛ⁴⁴n̠iəu⁴⁵lɔŋ²¹kʰuo⁴⁵lɑʌ⁰ba⁰］

老牛便托梦乞渠对渠讲：[lɑʌ²¹n̠iəu²¹biɛ²¹tʰoʔ⁵ŋ²²⁴kʰaʔ³gɤɯ²¹tɛ⁴⁴gɤɯ²¹kɔŋ⁵¹] 乞：给

明日天光早，[maŋ²¹nɛʔ²⁴tʰiɛ⁴⁴kɔŋ⁴³⁴tsɑʌ⁵¹] 天光早：早上

有七个仙女坐偓村里个溪沿洗澡，[iəu⁵¹tɕʰieiʔ⁵gɛʔ⁰ɕiɛ⁴⁵n̠y⁵¹sou⁵¹ŋa²¹tsʰɯɤ⁴³⁴liⁿgəʔ⁰
ɕi⁴⁵iɛ²¹ʑi²¹tsɑʌ⁵¹] 偓：我们。溪沿：溪边

你过去帮其中一个仙女个衣裳驮转来，[n̠i⁴⁵gou²¹kʰɤɯ⁴⁵poŋ⁴⁴dʐɿ²¹tɕiəŋ⁴³⁴ieiʔ³gɛʔ⁰
ɕiɛ⁴⁵n̠y⁵¹gəʔ⁰i⁴⁵ʑiaŋ²¹dou²¹dɛn²¹liⁿ] 驮：拿。转来：回来

到时候搭⁼个仙女便是你老太罢。[tɑʌ⁴⁵sɿ⁵¹ɛu²²toʔ⁵gəʔ⁰ɕiɛ⁴⁵n̠y⁵¹biɛ²¹sɿ⁵¹n̠i⁴⁴lɑʌ²¹tʰa⁴⁵baⁿ]

第二日，牛郎醒来，[di²¹n̠i²²⁴nɛʔ²⁴, n̠iəu⁴⁵lɔŋ²¹ɕin⁴⁴liⁿ]

想起上暝日昏荫牛对渠讲个话，[ɕiaŋ⁴⁴tsʰɿ²¹zaŋ²¹maŋ⁴⁵nɛʔ²⁴xou⁴⁴in⁴⁵n̠iəu²¹tɛ⁴⁴gɤɯ²¹
kɔŋ⁵¹gɛʔ⁰uo²²⁴] 上暝日：昨天

便新⁼快走到溪沿边，[biɛ²¹ɕin⁴⁴kʰua⁴⁵tɕiəu⁵¹tɑʌ²¹tɕʰi⁴⁴iɛ²¹piɛ⁴³⁴] 新⁼快：赶紧

一促⁼，[ieiʔ³tɕʰiɤɯʔ⁵]

总真有七个仙女坐埭洗澡，[tsɔŋ⁴⁵tsɛn²¹iəu⁵¹tɕʰieiʔ⁵gɛʔ⁰ɕiɛ⁴⁵n̠y⁵¹sou⁵¹toʔ⁰ʑi²¹tsɑʌ⁵¹]

总真：果真。坐埭埭：在那儿

渠拉个衣裳便挂是溪沿边个树望上。[gɤɯ²¹laⁿgəʔ⁰i⁴⁵ʑiaŋ²¹biɛ²¹kuo⁴⁵sɿ²¹tɕʰi⁴⁴iɛ²¹piɛ⁴³⁴
gəʔ⁰dʑiəu²²⁴mɔŋ²¹dʑiaŋ²²⁴] 是：在

牛郎新⁼快过去，[n̠iəu⁴⁵lɔŋ²¹ɕin⁴⁴kʰua⁴⁵kou⁴⁴kʰɤɯ⁴⁵]

驮了一件粉红个衣裳，[tou⁴⁵laⁿieiʔ³dʑiɛ²¹fɛn²¹ŋ²⁴gɛʔ⁰i⁴⁵ʑiaŋ⁵¹]

新⁼快便逃转去。[ɕin⁴⁴kʰua⁴⁵biɛ²²dɑʌ²¹dɛn²¹kʰɤɯ⁴⁵]

当日个昏荫，[tɔŋ⁴⁵nɛʔ²⁴gəʔ⁰xuo⁴⁴in⁴⁵]

搭⁼件衣裳个主人便是仙女织女，[toʔ⁵dʑiɛ²¹i⁴⁵ʑiaŋ²¹gəʔ⁰dʐy²¹nəŋ²¹biɛ²¹sɿ⁵¹ɕiɛ⁴⁵n̠y⁵¹
tsɿʔ³n̠y⁵¹]

便追上来罢。[biɛ²¹tɕy⁴⁵dʑiaŋ²¹li²¹baⁿ]

渠到牛郎处里，[gɤɯ²¹tɑʌ⁵¹n̠iəu⁴⁵lɔŋ²¹tɕʰy⁴⁵li⁵⁵] 处：家

促⁼着牛郎搭⁼个妹老媪，[tɕʰiɤɯʔ⁵dʑyoʔ²⁴n̠iəu⁴⁵lɔŋ²¹toʔ⁵gəʔ⁰mɛ⁴⁵lɑʌ²²⁴sɑʌ⁵¹] 老：很

又会做，侬又老实，[i²²⁴uəi²¹tso⁴⁵, nəŋ²¹i²²⁴lɑʌ²¹zɛʔ²⁴]

所以两个侬便慢慢尔产生唠感情，[sou⁴⁴ɿ²¹laŋ⁴⁴gɛʔ⁰nəŋ²¹biɛ²¹maŋ²¹maŋ²¹sɿ⁵¹tsʰaŋ²¹
saŋ⁴³⁴lɑʌⁿkɯə⁴⁴ʑin²¹]

两个侬便结婚养妹唠。[laŋ⁴⁴gɛʔ⁰nəŋ²¹biɛ²¹tɕiɛʔ³xuo⁴³⁴iɔŋ²¹mɛ⁴⁵lɑʌⁿ] 养妹：生孩子

三四年之后，[saŋ⁴⁵sɿ⁵¹n̠iɛ²¹tsɿ⁴⁴u⁵¹]

织女帮牛郎养唠一个妹，[tsɿʔ³n̠y⁵¹poŋ⁴⁴n̠iəu⁴⁵lɔŋ²¹iɔŋ²¹lɑʌⁿieiʔ³gəʔ⁰mɛ⁴⁵]

养唥一个女儿，［ioŋ²¹laʌ⁰iei?³gə?⁰na²¹n̠i²¹］

两个侬过得老开心老幸福。［laŋ⁴⁴gə?⁰nəŋ²¹kou⁵¹li⁰laʌ²²⁴kʰɛ⁴⁴ɕin⁴³⁴laʌ²²⁴aŋ²¹fu?⁵］

搭ᵊ件事乞天望上个皇帝晓着唥，［to?⁵dʑiɛ²¹zɤɯ²²⁴kʰa?⁵tʰiɛ⁴⁴mɔŋ⁵¹dʑiaŋ²¹gə?⁰iɔŋ²¹ti⁴⁵

　　ɕiaʌ⁵¹dʑyo?²⁴laʌ⁰］晓着：知道

渠弗允许牛郎对织女一起，［gɤɯ²¹fɤɯ?⁵yn⁴⁴ɕy⁵¹n̠iəu⁴⁵lɔŋ²¹tɛ⁴⁴tsʅ?³n̠y⁵¹iei?³tsʰʅ⁵¹］

便忖帮渠两个侬拆散嘞。［biɛ²²⁴tsʰɛn⁵¹pɔŋ⁴⁴gɤɯ²¹laŋ⁴⁴gə?⁰nəŋ²¹tsʰa?⁵saŋ⁴⁵lɛ⁰］

有一日，［iəu⁵¹iei?³nɛ?²⁴］

牛郎坐田里种田，［n̠iəu⁴⁵lɔŋ²¹sou⁵¹diɛ²¹li⁰iəŋ²¹diɛ²¹］

□□促ᵊ着天望上老阴阴落来，［gɛ²¹gɛ²²⁴tɕʰiɤɯ?⁵dʑyo?²⁴tʰiɛ⁴⁴mɔŋ⁵¹dʑiaŋ²²⁴laʌ²²⁴in⁴³⁴

　　in⁴⁵lou?²⁴li⁰］□□：突然。阴：昏暗。落来：下来

雷呗老响打起，［lɛ²¹bɛ⁰laʌ²²⁴ɕiaŋ⁴⁴taŋ⁴⁴tsʰʅ⁰］

雨呗老大落来，［y⁵¹bɛ⁰laʌ²²⁴dou²²⁴lou?²⁴li⁰］

渠两个妹遝出来对渠讲：［gɤɯ²¹laŋ⁴⁴gə?⁰mɛ⁴⁵no?²⁴tɕyo?⁵li⁰tɛ⁴⁴gɤɯ²¹kɔŋ⁵¹］遝：跑

阿爸阿爸，阿妈无唥罢，［a²¹pa⁵¹a²¹pa⁵¹，a²¹ma⁴⁵mɤɯ⁴⁵laʌ⁰ba⁰］

好像飞到天望上去唥样个。［xaʌ⁴⁴ɕiaŋ⁴⁴fi⁴⁴taʌ⁴⁵tʰiɛ⁴⁵mɔŋ⁵¹dʑiaŋ²¹kʰɤɯ⁴⁵laʌ⁰iaŋ²²⁴gɛ?⁰］

牛郎新ᵊ快遝转去，［n̠iəu⁴⁵lɔŋ²¹ɕin⁴kʰua⁴⁵no?²⁴dɛn²¹kʰɤɯ⁴⁵］

一促ᵊ，织女总真无见唥，［iei?³tɕʰiɤɯ?⁵，tsʅ?³n̠y⁵¹tsɔŋ⁴⁵tsɛn²¹mɤɯ⁴⁴tɕiɛ⁴⁵laʌ⁰］

好像是飞到天望上去唥。［xaʌ⁴⁴ɕiaŋ⁴⁴sʅ⁵¹fi⁴⁵taʌ⁵¹tʰiɛ⁴⁴mɔŋ⁵¹dʑiaŋ²²⁴kʰɤɯ⁴⁵laʌ⁰］

渠心想：许呗艺ᵊ办办啊？［gɤɯ²¹ɕin⁴⁵ɕiaŋ⁵¹：xo?²⁴bɛ⁰n̠i²²⁴paŋ⁵¹baŋ²²⁴a⁰］许呗：那么。

　　艺ᵊ：怎么

我又飞弗到天望上去。［ŋo⁴⁴i²¹fi⁴⁴fɤɯ?³taʌ⁵¹tʰiɛ⁴⁴mɔŋ⁵¹dʑiaŋ²²⁴kʰɤɯ⁰］

搭ᵊ时候，［to?⁵zʅ²¹ɛu²²⁴］

搭ᵊ边沿搭ᵊ条老牛便讲话罢［to?⁵piɛ⁴⁵iɛ⁵¹to?⁵diaʌ²¹laʌ²¹n̠iəu²¹biɛ²¹kɔŋ⁵¹uo²²⁴ba⁰］

渠讲：牛郎，［gɤɯ²¹kɔŋ⁵¹：n̠iəu⁴⁵lɔŋ⁵¹］

你促ᵊ着我头里两个牛角未？［n̠i⁴⁴tɕʰiɤɯ?⁵dʑyo?²⁴ŋo⁴⁴diəu²¹li⁰laŋ⁴⁴gə?⁰n̠iəu²¹kou?⁵mi²²⁴］

　　未：没有

到时候，搭ᵊ两个牛角可以变成两个箩筐，［taʌ⁴⁴sʅ⁵¹ɛu²²⁴，to?⁵laŋ⁵¹gə?⁰n̠iəu⁴⁴kou?⁵

　　kʰou⁵¹ʅ²¹piɛ⁴⁵zin²¹laŋ⁴⁴gə?⁰lou⁴⁴kʰuaŋ⁴³⁴］

带你飞到天望上去。〔ta⁴⁵ȵi⁵¹fi⁴⁴tɑʌ⁵¹tʰiɛ⁴⁴mɔŋ⁵¹dʑiaŋ²²⁴kʰɤɯ⁰〕

话一讲，〔uo²²⁴ieiʔ³kɔŋ⁵¹〕

两个牛角便来坠到地里，〔laŋ⁵¹gɛʔ⁰ȵiəu⁴⁴kouʔ⁵biɛ²¹li²²⁴dʐɿ²¹tɑʌ⁵¹di²²⁴li⁰〕

变成两个箩筐。〔piɛ⁴⁵ʑin²¹laŋ⁵¹gəʔ⁰lou⁴⁴kʰuaŋ⁴³⁴〕

牛郎一促＝，〔ȵiəu⁴⁵lɔŋ²¹ieiʔ³tɕʰiɤɯʔ⁵〕

新＝快帮两个妹囥置到箩筐望底，〔ɕin⁴⁴kʰua⁴⁵pɔŋ⁴⁴laŋ⁴⁴gəʔ⁰mɛ⁴⁵kʰɔŋ⁴⁵tsɿ⁵¹tɑʌ²¹lou⁴⁴
　　kʰuaŋ⁴³⁴mɔŋ²¹ti⁵¹〕囥置：放

独自担起一个扁担便追。〔toʔ³zɿ²²⁴taŋ⁴⁵tsʰɿ⁵¹ieiʔ³gɛʔ⁰biɛ²¹taŋ⁴⁵biɛ²²⁴tɕy⁴³⁴〕

等渠飞到天望上之后，〔tɛ⁴⁴gɤɯ²¹fi⁴⁴tɑʌ⁵¹tʰiɛ⁴⁴mɔŋ⁵¹dʑiaŋ²²⁴tsɿ⁴⁴ɛu²²⁴〕

飞呀飞，飞呀飞，〔fi⁴⁴ia⁵¹fi⁴³⁴，fi⁴⁴ia⁵¹fi⁴³⁴〕

终于快追着织女罢，〔tɕiɔŋ⁴⁵y⁵¹kʰua⁴⁴tɕy⁴⁵dʑyoʔ²⁴tsɿʔ³ȵy⁵¹ba⁰〕

渠新＝快便喊：织女，织女！〔gɤɯ²¹ɕin⁴⁴kʰua⁴⁵biɛ²¹xaŋ⁴⁵：tsɿʔ³ȵy⁵¹，tsɿʔ³ȵy⁵¹〕

等等我啊！〔tɛ⁴⁴tɛ⁴⁴ŋo⁵¹a⁰〕

等等两个妹啊！〔tɛ⁴⁴tɛ⁴⁴laŋ⁵¹gəʔ⁰mɛ⁴⁵a⁰〕

渠一喊无要紧，〔gɤɯ²¹ieiʔ³xaŋ⁴⁵mɤɯ⁴⁵iɑʌ²¹tɕin⁵¹〕

搭＝一喊便乞天望上个王母娘娘听着唠。〔toʔ⁵ieiʔ³xaŋ⁴⁵biɛ²¹kʰaʔ³tʰiɛ⁴⁴mɔŋ⁵¹dʑiaŋ²²⁴
　　gəʔ⁰iɔŋ⁴⁵ŋ⁵¹ȵiaŋ⁴⁵ȵiaŋ²¹tʰin⁴⁵dʑyoʔ²⁴lɑʌ⁰〕

王母娘娘一促＝，〔iɔŋ⁴⁵ŋ⁵¹ȵiaŋ⁴⁵ȵiaŋ²¹ieiʔ³tɕʰiɤɯʔ⁵〕

呜哟！牛郎追上来呗，〔u⁴⁵yɛ²²⁴！ȵiəu⁴⁵lɔŋ²¹tɕy⁴⁵dʑiaŋ⁵¹li⁰bɛ⁰〕

千万无好让渠两个侬一起欻！〔tɕʰiɛ⁴⁵maŋ⁵¹mɤɯ⁴⁵xɑʌ⁵¹ȵiaŋ²²⁴gɤɯ²¹laŋ⁵¹gəʔ⁰nəŋ²¹ieiʔ³
　　tsʰɿ⁵¹ɛ⁰〕无好：不可

所以，渠马上坐渠两个侬面头前，〔sou⁴⁵ɿ²¹，gɤɯ²¹mo⁴⁴ɕiaŋ⁴⁵sou⁵¹gɤɯ²¹laŋ⁵¹gəʔ⁰nəŋ²¹
　　miɛ²¹tiəu⁴⁵ʑy²¹〕

变唠一条天河。〔piɛ⁴⁵lɑʌ⁰ieiʔ³diɑʌ²¹tʰiɛ⁴⁵ou²¹〕

搭＝支天河又长又阔，〔toʔ⁵tɕi²¹tʰiɛ⁴⁵ou²¹i²²⁴dɛ²¹i²²⁴kʰuoʔ⁵〕

帮渠两个侬便永远隔开唠。〔pɔŋ⁴⁴gɤɯ²¹laŋ⁵¹gəʔ⁰nəŋ²¹biɛ²¹iɔŋ⁴⁴yo⁵¹kaʔ⁵kʰɛ⁴³⁴lɑʌ⁰〕

渠两个一个坐河个东边，〔gɤɯ²¹laŋ⁵¹gi⁰ieiʔ³ki⁴⁵sou⁵¹ou²¹gəʔ⁰təŋ⁴³⁴piɛ⁴³⁴〕

一个坐河个西边，〔ieiʔ³ki⁴⁵sou⁵¹ou²¹gəʔ⁰ɕi⁴³⁴piɛ⁴³⁴〕

永远都见弗着面罢。〔iɔŋ⁴⁴yo⁵¹tɤɯ⁴⁴tɕiɛ⁴⁵fɤɯʔ³dʑyoʔ²⁴miɛ²²⁴ba⁰〕

搭⁼样事便乞喜鹊晓着唠，［to?⁵iaŋ²¹zɤɯ²²⁴biE²¹kʰa?⁵zi²¹tɕʰia?⁵ɕiaʌ⁴⁴dʐyo?²⁴laʌ⁰］

喜鹊老同情渠两个侬，［ʑi²¹tɕʰia?⁵laʌ²²⁴təŋ⁴⁵dʑin²¹gɤɯ²¹laŋ⁵¹gE?⁰nəŋ²¹］

觉着渠两个侬感情蟹⁼好，［ko?⁵dʐyo?⁰gɤɯ²¹laŋ⁵¹gə?⁰nəŋ²¹guə²¹ʑin²¹xa⁴⁴xaʌ⁵¹］蟹⁼：
　　这么

永远都见弗着面为老可惜，［ioŋ⁴⁴yo⁵¹tɤɯ⁴⁴tɕiE⁴⁵fɤɯ³dʐyo?²⁴miE²¹uəi²¹laʌ²²⁴kʰuɤɯ²¹
sɿ?⁵］

所以，坐每年个农历七月初七搭⁼日，［sou⁴⁴ɿ²¹，sou⁵¹mi⁴⁴ȵiE²¹gə?⁰nəŋ²⁴liei?²⁴tɕʰiei?⁵
ȵyo?²⁴tsʰɤɯ⁴⁴tɕʰiei?⁵to?⁵nE?²⁴］

所有个喜鹊便飞到天河望上，［sou⁵¹iəu²¹gə?⁰ʑi²¹tɕʰia?⁵biE²¹fi⁴⁴taʌ⁵¹tʰiE⁴⁵ou²¹mɔŋ²¹dʑiaŋ²²⁴］

帮渠两个侬搭唠一座桥，［pɔŋ⁴⁴gɤɯ²¹laŋ⁵¹gə?⁰nəŋ²¹to?⁵laʌ⁰iei?³zou²¹dʑiaʌ²¹］

让渠两个侬坐搭⁼座喜鹊搭个桥望上相会。［ȵiaŋ²²⁴gɤɯ²¹laŋ⁵¹gə?⁰nəŋ²¹sou⁵¹to?⁵zou²¹
ʑi²¹tɕʰia?⁵to?⁵gə?⁰dʑiaʌ²¹mɔŋ²¹dʑiaŋ²²⁴ɕiaŋ⁴⁴uE²²⁴］

许唄偓地望上个侬坐农历七月初七搭⁼日，［xo?³bE⁰ŋa⁴⁴di²⁴mɔŋ⁵¹dʑiaŋ²²⁴gə?⁰nəŋ²¹
sou⁵¹nəŋ²⁴liei?²⁴tɕʰiei?⁵ȵyo?²⁴tsʰɤɯ⁴⁴tɕʰiei?⁵to?⁵nE?²⁴］

也是坐葡萄架望下，［ia²¹sɿ⁵¹sou⁵¹bɤɯ²¹taʌ⁵¹ko⁴⁵mɔŋ²¹io⁵¹］望下：下面

故可以听着牛郎对织女相会时讲个悄悄话。［ku⁴⁴kʰuɤɯ⁵¹ɿ²¹tʰin⁴⁵dʐyo?²⁴ȵiəu⁴⁵lɔŋ²¹
tE⁴⁴tsɿ?³ȵy⁵¹ɕiaŋ⁴⁴uE²²⁴sɿ⁵¹kɔŋ⁰gə?⁰tɕʰiaʌ⁴⁴tɕʰiaʌ⁴⁴uo²²⁴］故：还

搭⁼便是牛郎对织女个故事。［to?⁵biE²¹sɿ⁵¹ȵiəu⁴⁵lɔŋ²¹tE⁴⁴tsɿ?³ȵy⁵¹gə?⁰kuɤɯ⁴⁵zɤɯ²²⁴］

　　很早很早以前，村里有个小伙子，在他很小很小的时候，父母就死了，留下他和一头老牛一起生活。白天他和老牛一起耕田，晚上他就和这头牛一起睡在牛棚里。所以大家都叫他牛郎。

　　但是这头牛不是普通的牛，他是天上的神仙变的，他是天上的金牛星。这头老牛觉得牛郎人也乖，又会做（事），人又好，就是一个人太孤独，所以就想帮他讨个老婆成个家。

　　有一天晚上，等牛郎睡了，老牛就托梦给他，对他说：明天早晨，有七个仙女到村里的溪水里洗澡，你过去把其中一个仙女的衣裳拿回来，到时候这个仙女就是你老婆了。

　　第二天牛郎醒来，想起昨天晚上老牛对他讲的话，就赶紧走到溪水边，一看，果然有七个仙女在那里洗澡。她们的衣服就挂在溪边的树上。牛郎赶紧跑过去，拿了一件粉红的衣服。当天晚上，这件衣服的主人就是仙女织女，就追上来了。

她来到牛郎家里，看到牛郎这个小伙子，很乖，又会做（事），人又老实，所以两个人就慢慢产生了感情，两个人就结婚生孩子了。三四年之后，织女为牛郎生了一个男孩子，生了一个女孩子，两个人过得很开心很幸福。

这件事给天上的皇帝知道了，他不允许牛郎织女在一起，就想把他们两个拆散开。

有一天，牛郎在地里种田，突然看到天上阴暗下来，打起了很响的雷，下起了很大的雨，他的两个孩子跑出来跟他说：阿爸阿爸，阿妈不见了，好像飞到天上去了一样。牛郎赶紧跑回去，一看，织女果真不见了，好像飞到天上去了。他想：这下怎么办呢？我又飞不到天上去。

这时候，这边这头老牛说话了，他说：牛郎，你看到我头上两个角没有？到时候，这两个牛角可以变成两个箩筐，带你飞到天上去。话一讲完，两个牛角就落到了地上，变成了两个箩筐。牛郎一看，赶紧把两个孩子放到箩筐里，自己挑起扁担来就追。

等他飞到天上之后，飞呀飞，飞呀飞，终于快追到织女了，他赶紧喊：织女，织女！等等我呀！等等两个孩子呀！

他这一喊不要紧，这一喊就被天上的王母娘娘听见了。王母娘娘一看，哎呀！牛郎追上来了，千万不能让他们两个在一起啊！所以她就马上在两个人面前，变了一条天河，这条天河又长又宽，把两个人永远地分开了。他们俩一个在河的东边，一个在河的西边。永远都见不到面了。

这件事被喜鹊知道了，喜鹊很同情他俩，觉得他俩感情这么好，永远都见不到面太可惜了，所以，在每一年的农历七月初七这天，所有的喜鹊都飞到银河上，帮他俩搭了一座桥，让他俩在这座喜鹊搭的桥上相会。

那么我们地上的人在农历七月初七这天，也是在葡萄架下，还可以听见牛郎和织女相会时讲的悄悄话。

这就是牛郎和织女的故事。

（2017年11月10日，发音人：沈莉薇）

三、自选条目

（一）谚语

冬天无牛是神仙，［təŋ⁴⁴tʰiE⁴³⁴mɣɯ⁴⁵n̠iəu²¹z̩²¹z̠in²¹ɕiE⁴³⁴］
春天无牛喊皇天。［tɕyn⁴³⁴tʰiE⁴³⁴mɣɯ⁴⁵n̠iəu²¹xaŋ⁴⁴ɔŋ⁴⁴tʰiE⁴³⁴］

乐死弗管你十七八，［ŋaʌ⁴⁴sɣɯ⁵¹fɣɯʔ⁵kuaŋ⁴⁵n̠iº zaiʔ³tɕʰieiʔ³poʔ⁵］乐：要
乐败弗管你田地阔。［ŋaʌ⁴⁴ba²²⁴fɣɯʔ⁵kuaŋ⁴⁵n̠iºtiE⁴⁴di²²⁴kʰuoʔ⁵］

六月旱，仓仓满；［lɣɯʔ²⁴n̠yoʔ²⁴uo⁵¹，tsʰɔŋ⁴⁴tsʰɔŋ⁴³⁴mɯə⁵¹］
七月旱，无稻秆。［tɕʰieiʔ⁵n̠yoʔ²⁴uo⁵¹，mɣɯ⁴⁵daʌ²¹kuo⁵¹］

七月蚊虫出獠牙，［tɕʰieiʔ⁵n̠yoʔ²⁴mən⁴⁵dəŋ²¹tɕʰyoʔ⁵liaʌ²¹ŋo²¹］
八月蚊虫上高山。［poʔ⁵n̠yoʔ²⁴mən⁴⁵dəŋ²¹dz̠iaŋ²¹ku⁴⁴saŋ⁴³⁴］

杀头生意有侬做，［soʔ⁵diəu²¹saŋ⁴⁴n̩⁴³⁴iəu²¹nəŋ²¹tso⁴⁵］
折本生意无侬做。［z̠iEʔ³pɯə⁵¹saŋ⁴⁴n̩⁴³⁴mɣɯ⁴⁵nəŋ²¹tso⁴⁵］

山坑无鱼，［saŋ⁴⁴kʰaŋ⁴³⁴mɣɯ⁴⁵ŋɣɯ²¹］坑：溪
石斑为大。［dz̠iaʔ³paŋ⁴³⁴y²¹dou²²⁴］石斑：石斑鱼，溪水里的小鱼

虾有虾路，［xou⁴³⁴iəu²¹xou⁴⁴lɣɯ²²⁴］
蟹有蟹路，［xa⁵¹iəu²¹xa⁵¹lɣɯ²²⁴］
蛙蟆无路跳三步。［o⁴⁵mo²¹mɣɯ⁴⁵lɣɯ²²⁴tʰiaʌ⁴⁵saŋ⁴⁴bɣɯ²²⁴］

冤枉钿，救眼前；［yo⁴⁵iɔŋ⁵¹diE²¹，tɕiəu⁴⁵ŋaŋ⁵¹z̠iE²¹］冤枉钿：不义之财
着力钿，万万年。［dz̠iaʔ³liəʔ³diE²¹，maŋ²⁴maŋ²²⁴n̠iE²¹］着力钿：辛苦钱

咥唠端午粽，［tiEʔ⁵laʌº taŋ⁴⁴ŋou²¹tsəŋ⁴⁵］咥：吃

棉被远远送。[miɛ⁴⁵pi⁵¹yo²¹yo⁵¹sən⁴⁵]

（以上 2017 年 7 月，发音人：沈光寅）

（二）顺口溜

三个老官说前朝后汉，[saŋ⁴⁵gəʔ⁰lɑʌ²¹kuaŋ⁴⁴ɕyoʔ³ɕiɛ⁴⁵dzɑʌ²¹u²¹xuo⁴⁵] _{老官：老汉}

三个细儿卵爬墙滑磂，[saŋ⁴⁵gəʔ⁰ʑi²¹n̠i⁴⁵lɯə⁵¹po⁴⁵ʑiaŋ²¹uo²¹kʰɯə⁴³⁴] _{细儿卵：小孩子}

三个宅眷说老公无干。[saŋ⁴⁵gəʔ⁰daʔ³tɕyo⁴⁵ɕyoʔ³lɑʌ²¹kəŋ⁴³⁴mɤɯ²¹kuo⁴⁵] _{宅眷：女人}

冬至月头，[təŋ⁴⁵tsʅ⁵¹n̠yoʔ³diəu²¹]

卖唠棉被买牛；[ma²²⁴lɑʌ⁰miɛ⁴⁵pi⁵¹ma²¹n̠iəu²¹]

冬至月尾，[təŋ⁴⁵tsʅ⁵¹n̠yoʔ³mi⁵¹]

卖唠牛儿买被；[ma²²⁴lɑʌ⁰n̠iəu⁴⁵n̠i²¹ma²¹pi⁵¹]

冬至月中央，[təŋ⁴⁵tsʅ⁵¹n̠yoʔ³tioŋ⁴⁴ioŋ⁴³⁴]

也无雪来也无霜。[io²²⁴mɤɯ⁴⁵ɕyoʔ⁵lɛ⁰io²²⁴mɤɯ⁴⁵ɕioŋ⁴³⁴]

花对花，柳对柳；[xuo⁴³⁴tɛ⁴⁵xuo⁴³⁴，liəu⁵¹tɛ⁴⁵liəu⁵¹]

破畚箕，对笐帚；[pʰa⁴⁵pɯə⁴⁴ŋ̍⁴³⁴，tɛ⁴⁵ʑiɛ²¹tɕiəu⁵¹]

六月戏，好配粥。[lɤɯʔ²n̠yoʔ²⁴sʅ⁴⁵，xɑʌ⁵¹pʰɛ²¹tɕiouʔ⁵]

（以上 2017 年 7 月，发音人：沈光寅）

景 宁

一、歌谣

香菇儿

香菇儿，香菇儿，〔ɕiɛ³³ku³³n̩i⁴⁵，ɕiɛ³³ku³³n̩i⁴⁵〕

断⁼雨断⁼雪无好嬉。〔daŋ⁵⁵y³³daŋ⁵⁵ɕyœʔ⁵m³⁵xəɯ³³ɕi³²〕断⁼雨断⁼雪：下雨下雪。嬉：玩

山前岩头当凳坐，〔sɔ³⁵ʑiɛ⁴¹ŋɔ³³dəɯ⁴¹tɔŋ³³taŋ³⁵zo³³〕

林中鸟儿当鸡啼。〔liŋ⁵⁵tɕyŋ³²tiau³³n̩i⁴⁵tɔŋ⁵⁵tɕi³²di⁴¹〕

花花街狗

花花街狗爬镬灶，〔xo³³xo³²ka⁵⁵kəɯ³³bo⁴¹oʔ²³tsɑu³⁵〕镬灶：灶台

一记笑，一记叫。〔iʔ³tɕi⁵⁵tɕʰiau³⁵，iʔ³tɕi³⁵iau³⁵〕一记：一会儿。叫：哭

花花街狗爬镬灶，〔xo³³xo³²ka⁵⁵kəɯ³³bo⁵⁵oʔ²³tsɑu³⁵〕

爬得上，亦好笑，〔bo⁴¹tiʔ⁵dʑiɛ¹¹³，iʔ²³xəɯ³³tɕʰiau³⁵〕亦：就

爬弗落，又恼躁。〔bo⁴¹fuʔ⁵loʔ²³，iəɯ³⁵nɑu³³tsɑu³⁵〕爬弗落：爬不下。恼躁：恼火

金竹摇摇

金竹摇摇，〔tɕiaŋ⁵⁵tiuʔ⁵iau³³iau⁴¹〕

肚饥难熬。〔ty³³tɕi³⁵nɔ⁵⁵ŋɔ⁴¹〕肚饥：肚子饿

骗你上吊，〔pʰiɛ³⁵n̩i³³tɕiɛ³³tiau³⁵〕

打落天曹。［ nɛ³³loʔ²³tʰiɛ³³zɑu⁴¹ ］

脱你纱帽，［ tʰəɯʔ⁵n̠i³³sɔ³⁵mɑu¹¹³ ］

剥去龙袍。［ poʔ⁵kʰi³⁵lioŋ¹¹³bɑu⁴¹ ］

十胹歌

一胹穷，［ iʔ⁵lai⁴¹dʑyŋ⁴¹ ］

二胹富，［ n̠i¹¹³lai⁴¹fu³⁵ ］

三胹骗鬼脱布裤，［ sɔ³²⁴lai⁴¹pʰiɛ⁵⁵kuai³³tʰəɯʔ⁵pu³³kʰu³⁵ ］

四胹卖豆腐，［ sɿ⁵⁵lai⁴¹ma⁵⁵dəɯ³³vu¹¹³ ］

五胹担水桶，［ ŋ³³lai⁴¹tɔ³³ɕy⁵⁵təŋ³³ ］

六胹背刀枪，［ liuʔ²³lai⁴¹pai⁵⁵təɯ³³tɕʰiɛ³² ］

七胹杀爷娘，［ tsʰəɯʔ⁵lai⁴¹sɔʔ⁵io¹¹³n̠iɛ⁴¹ ］

八胹八，走广阔，［ pɔʔ³lai⁴¹pɔʔ⁵，tsəɯ³³kɔŋ⁵⁵kʰuɔʔ⁵ ］走广阔：讨饭的意思

九胹九，做太守，［ tɕiəɯ³³lai⁴¹tɕiəɯ³³，tso³³tʰa⁵⁵ɕiəɯ³³ ］

十胹全，中状元，［ zəɯʔ²³lai⁴¹zyœ⁴¹，tɕyŋ³³zioŋ⁵⁵n̠yœ⁴¹ ］

十胹空，做相公。［ zəɯʔ²³lai⁴¹kʰəŋ³²，tso³³ɕiɛ⁵⁵kəŋ³² ］

（以上 2018 年 8 月，发音人：任传奎）

二、规定故事

牛郎和织女

煤⁼先嘞有个后生儿，［ mai¹¹³ɕiɛ³³lɛ⁰iəɯ³³ki³³u³³sɛ³³n̠i⁵⁵ ］煤⁼先：以前

奶伯便都死爻罢。［ na³²paʔ⁵bɛ¹¹³to³²sɿ³³kɑu⁰ba⁰ ］奶伯：父母。爻：掉，用在动词后，表示动作的结果

处里便穷吓人，［ tɕʰy³⁵li³³bɛ¹¹³dʑyŋ⁴¹xaʔ⁵naŋ⁴¹ ］处里：家里。穷吓人：很穷

便是一头老牛，［ bɛ¹¹³dʑi¹¹³iʔ³dəɯ³³lɑu⁵⁵n̠iəɯ⁴¹ ］

大齐拉⁼拨渠个名字喊牛郎讲。［ da⁵⁵ʑi³³la³³pɛʔ³ki³³kɛ³³miŋ⁴¹zɿ¹¹³xɔ³³n̠iəɯ³³lɔŋ⁴¹kɔŋ⁰ ］

大齐拉⁼：大家。拨：把

实际阿⁼个老牛啊，［ zəɯʔ²³tɕiɛ³⁵a³³kɛ⁰lɑu⁵⁵n̠iəɯ⁴¹a⁰ ］阿⁼个：那个

便是天上头园落个何□个金牛星。［ bɛ¹¹³dʑi¹¹³tʰiɛ³²tɕiɛ³³dəɯ⁴¹kʰəŋ³⁵lɔʔ²³kɛ⁰ga¹¹³n̠ia³³ kɛ⁰tɕiaŋ⁵⁵n̠iəɯ⁴¹ɕiŋ³²〕何□：什么

有一日呗阿⁼个天上头阿⁼粒⁼仙女啊，〔iəɯ³³i?³nɛ?²³pɛ⁰a³³kai⁰tʰiɛ³²dʑiɛ¹¹³dəɯ⁴¹a³³lə?³ ɕiɛ⁵⁵n̠y³³a⁰〕阿⁼粒⁼：那些

乐到村里阿⁼个坑里乐洗澡〔个哦〕。〔ŋau¹¹³tau⁵⁵tsʰœ³²li³³a³³kai⁰kʰɛ³²li³³ŋau¹¹³ɕi³³tsau³⁵ ko⁰〕乐：要。坑：溪

渠便托一个梦乞阿⁼个牛郎，〔ki³³bɛ¹¹³tʰo?⁵i?³kə⁰məŋ³²kʰa?³a⁵⁵kai³³n̠iəɯ³³lɔŋ⁴¹〕乞：给

讲〔渠拉〕牢⁼埒洗澡个时间嘞，〔kɔŋ³³ka⁴¹lau⁴¹tɛ?⁵ɕi³³tsau³⁵kə⁰zʅ³³kɔ³²⁴lɛ⁰〕〔渠拉〕：她 们。牢⁼：在。埒：表持续

〔渠拉〕衣裳脱记挂记树上头啊，〔ka⁴¹i³³iɛ⁴¹tʰəɯ?⁵tɕi⁰go¹¹³tɕi⁰ʑy¹¹³tɕiɛ³³dəɯ⁴¹a⁰〕

你便帮渠摭件来，〔n̠i³³bɛ¹¹³mɔŋ³³ki¹¹³ia?⁵tɕiɛ³³li⁴¹〕摭：拿

便逃去归便是罢讲，〔bɛ¹¹³dau³³kʰi⁵⁵kuai³²⁴bɛ¹¹³dzʅ³³ba⁰kɔŋ³³〕

你便头都莫车过来。〔n̠i³³bɛ¹¹³dəɯ⁴¹to³²mo?²³tɕʰio³²ko⁵⁵lai⁴¹〕车：转

阿⁼呗，阿⁼个，〔a³³pɛ⁰，a³³ki⁰〕阿⁼呗：那么

牛郎嘞便之⁼当真便听渠话罢。〔n̠iəɯ³³lɔŋ⁴¹lɛ⁰bɛ¹¹³tsʅ³³tɔŋ⁵⁵tsəŋ³²bɛ¹¹³tʰiŋ³³ki³³o¹¹³ba⁰〕 之⁼当真：真的

第二日天光呗，〔di³³n̠i⁵⁵nɛ?²³tʰiɛ³³kɔŋ³²⁴pɛ⁰〕天光：早上

渠相了之⁼当真仙女牢⁼埒洗澡呢。〔ki³³ɕiɛ³³lau⁰tsʅ³³tɔŋ⁵⁵tsəŋ³²ɕiɛ⁵⁵n̠y⁵⁵lau⁴¹tɛ?⁵ɕi³³ tsau³⁵nɛ⁰〕相：看

乞相着罢咯。〔kʰa?³ɕiɛ³⁵dʑiau³⁵ba⁰lo⁰〕乞：被。相着：看到

相着呗渠便只顾自，〔ɕiɛ³⁵dʑiau³⁵pɛ⁰ki³³bɛ¹¹³tsʅ³⁵ku⁵⁵zʅ¹¹³〕

到阿⁼个走至去帮阿⁼个树上头个衣裳啊，〔təɯ⁵⁵a³³kai⁰tsəɯ³³tsʅ³³kʰi³³maŋ⁵⁵a³³kai⁰ ʑy¹¹³dʑiɛ¹¹³dəɯ⁴¹ki⁰i³³iɛ⁴¹a⁰〕

便摭件来。〔bɛ¹¹³ia?⁵tɕiɛ³³li⁴¹〕

便自蹿归去罢。〔bɛ¹¹³zʅ¹¹³liɛ?²³kuai³²xə³³ba⁰〕蹿：跑

蹿归去罢，〔liɛ?²³kuai³²kʰə³³ba⁰〕

阿⁼粒⁼仙女啊做⁼后晓知，〔a³³lə?³ɕiɛ⁵⁵n̠y³³a⁰tso⁵⁵u³³ɕiau³³tsʅ⁵⁵〕做⁼后：后来。晓知：知道

阿⁼个乞渠摭去阿⁼件衣裳个仙女嘞，〔a³³kai⁰kʰa?³ki³³ia?⁵kʰi³³a³³dʑiɛ¹¹³i³³iɛ⁴¹kai⁰ɕiɛ⁵⁵ n̠y³³lɛ⁰〕

是喊织女呢讲。〔dzʅ³³xɔ³⁵tsʅ⁵⁵n̠y³³nɛ⁰kɔŋ⁰〕

天上头喊织女。［tʰie³²dʑiɛ¹¹³dəɯ⁴¹xɔ³⁵tsʅ⁵⁵n̠y³³］

渠晓知衣裳乞渠搣去呗，［ki³³ɕiɑu³³tsʅ⁵⁵i³³iɛ⁴¹kʰaʔ²³ki³³iaʔ⁵kʰɛ³³pɛ⁰］

当暝暗昏罢，［tɔŋ³³me³⁵œ³³xœ³²pɛ⁰］暝：夜。暗昏：晚上

敲阿ᵈ个牛郎处个门罢咯。［kʰɑu³²a³³kai³³n̠iəɯ³³lɔŋ⁴¹tɕʰy³⁵kai⁰maŋ⁴¹ba⁰lo⁰］处：家

敲底去呗两个做阵碰着呗，［kʰɑu³²ti³³kʰi³³pɛ⁰lɛ³³kai³³tso³³dzaŋ¹¹³pʰən³⁵dziaʔ²³pɛ⁰］

觉得两个人啊比较啊合得来，［koʔ³tiʔ³lɛ³³kai³³naŋ⁴¹a⁰pi³³kɑu³³a⁰kəʔ⁵tiʔ⁵li⁴¹］

两个呗变成夫妻爻罢。［lɛ³³kai³³pɛ⁰piɛ⁵⁵ʑiŋ⁴¹fu³³tɕʰi³³kɑu⁰ba⁰］

便结婚。［bɛ¹¹³tɕiɛʔ³xœ³²⁴］

　

事干过爻啊三年了，［zʅ¹¹³kœ³²ko³⁵kɑu³³a⁰sɔ³²n̠iɛ⁴¹lo⁰］事干：事情

阿ᵈ呗两个嘞啊生了一个囡一个妹，［a³³pɛ⁰lɛ³³ki³³lɛ⁰a⁰sɛ³²liɑu³³iʔ³ki³³nɛ⁵⁵iʔ³ki³³mai³⁵］

　　囡：女儿。妹：儿子

便两个细庚ᵈ儿。［bɛ¹¹³lɛ⁵⁵ki³³ɕi³³kɛ³³n̠i⁴⁵］细庚ᵈ儿：小孩儿

乙个事干嘞因为是天上上头个仙女咯，［iʔ⁵kai³³zʅ¹¹³kœ³²lɛ⁰iŋ³²uai³⁵dzʅ¹¹³tʰie³²dʑiɛ¹¹³

　　tɕiɛ³³dəɯ⁴¹kai³³ɕiɛ⁵⁵n̠y³³lo⁰］乙：这

是落凡个咯，［dzʅ¹¹³loʔ²³vɔ⁴¹kai⁰lo⁰］落凡：下凡

乞阿ᵈ天里个玉帝嘞呗晓知罢。［kʰaʔ³a³³tʰie³²li³³kai⁰n̠ioʔ²³ti³⁵lɛ⁰pɛ⁰ɕiɑu³³tsʅ⁵⁵ba⁰］

晓知呗便是讲，［ɕiɑu³³tsʅ⁵⁵pɛ⁰bɛ¹¹³dzʅ¹¹³kɔŋ³³］

便是乐帮渠收归去咯。［bɛ¹¹³dzʅ¹¹³ŋɑu¹¹³mɔŋ⁵⁵ki³³ɕiəɯ³²kuai³²kʰi³³lo⁰］

　

有一日呗单ᵈ记呗大风大雨哦，［iəɯ³³iʔ³nɛʔ²³pɛ⁰tɔ³²tɕi³³do⁵⁵fəŋ³³do⁵⁵y³³o⁰］单ᵈ记：突然

天雷哦，［tʰiɛ³³lai⁴¹ɔ⁰］

调ᵈ龙哦调ᵈ记起呗，［diɑu³³liɔŋ⁴¹ɔ⁰diɑu³³tsʅ³³tɕʰi³³pɛ⁰］调ᵈ龙：闪电

便阿ᵈ个织女呗无了呗阿ᵈ日呗。［bɛ¹¹³a³³kai³³tsʅ⁵⁵n̠y⁵⁵pɛ⁰m³⁵liɑu³³pɛ⁰a³³nɛʔ²³pɛ⁰］

阿ᵈ个呗牛郎对阿ᵈ个儿囡嘞，［a³³kai³³pɛ⁰n̠iəɯ³³lɔŋ⁴¹tai³⁵a³³kai³³n̠i³²nɛ⁵⁵lɛ⁰］

在埝寻呗咯。［zɛʔ²³tɛʔ⁵zaŋ⁴¹pɛ⁰lo⁰］埝：这儿

相相阿ᵈ粒ᵈ老嬷织女去了呗，［ɕiɛ³³ɕiɛ³³a³³lœʔ²³lɑu⁵⁵mo³³tsʅ⁵⁵n̠y³³kʰi³⁵lɑu³³pɛ⁰］老嬷：

　　老婆

渠便坐埝愁。［ki³³bɛ¹¹³zo³³tɛʔ⁵zɯ⁴¹］

做ᵈ后阿ᵈ个金牛星啊，［tso⁵⁵u³³a³³ki³³tɕiaŋ⁵⁵n̠iəɯ³³ɕiŋ³²a⁰］

渠便对牛郎讲，［ki³³bɛ¹¹³tai³⁵n̠iəɯ³³lɔŋ⁴¹kɔŋ³³］

讲你莫吓，［kɔŋ³³n̠i³³moʔ²³xaʔ⁵］

你帮我个牛角咯熬＝落来啊，［n̠i³³mɔŋ³³ŋo³³ki³³n̠iəɯ⁵⁵koʔ⁵lo⁰ŋau¹¹³loʔ²³li⁴¹a⁰］熬＝落来：

　　折下来

便可以变起帮你带去会寻起样哪。［bɛ¹¹³kʰo³³i¹¹³piɛ³³tɕʰi³³mɔŋ³³n̠i³³tai³⁵kʰi³³uai¹¹³zaŋ⁴¹

　　tɕʰi³³ie¹¹³na⁰］样哪：这样的

做＝后阿＝个牛角咯之＝当真一记跱至地根去，［tso⁵⁵u³³a³³ki³³n̠iəɯ⁵⁵koʔ⁵lo⁰tsɿ³³tɔŋ⁵⁵

　　tsaŋ³²iʔ³tɕi⁵⁵lai³⁵tsɿ³³di⁵⁵kœ³²kʰi³³］跱：掉落

便变记两只箩嘎。［bɛ¹¹³piɛ³³tɕi³⁵lɛ³³tsɿ⁵⁵lo⁴¹ka⁰］

两只箩嘞，［lɛ³³tsɿ⁵⁵lo⁴¹lɛ⁰］

做＝后渠便帮阿＝个，［tso⁵⁵u³³ki³³bɛ¹¹³maŋ³³a³³ki³³］

两个细庚＝儿啊掇上阿＝两个箩去，［lɛ³³ki³³ɕi³³kɛ³³n̠i⁵⁵a⁰tœʔ⁵dʑiɛ¹¹³a³³lɛ³³ki³³lo⁴¹kʰi³⁵］

　　掇：抱

便会飞起哪呗，［bɛ¹¹³uai¹¹³fi³²tɕʰi⁵⁵na⁰pɛ⁰］

阿＝个箩便单＝记飞记起。［a³³kai³³lo⁴¹bɛ¹¹³tɔ³²tɕi⁵⁵fi³²tɕi⁵⁵tɕʰi³³］

飞啊飞呗，［fi³²a⁰fi³²pɛ⁰］

做＝后飞到一半先嘞，［tso⁵⁵u³³fi³³təɯ³³iʔ³pœ³⁵ɕiɛ⁵⁵lɛ⁰］

便乐追上阿＝个织女罢，［bɛ¹¹³ŋau¹¹³tɕy³²dʑiaŋ¹¹³a³³ki³³tsɿ⁵⁵n̠y³³ba⁰］

便快到罢咯，［bɛ¹¹³kʰuɔ³³tau³⁵ba⁰lo⁰］

做＝后碰着阿＝个，［tso⁵⁵u³³pʰəŋ³⁵dʑiaʔ²³a³³kai³³］

王母娘娘啊，［iɔŋ³³mu³³n̠iɛ¹¹³n̠iɛ⁴¹a⁰］

拔支金钗划一记。［bɔʔ²³tɕiʔ³tɕiaŋ³³tsʰa³²uaʔ²³iʔ³tɕi³⁵］

单＝记呗便是一条河，［tɔ³²tɕi⁵⁵pɛ⁰bɛ¹¹³dʑɿ³³iʔ³diau¹¹³o⁴¹］

阔吓人，［kʰuɔʔ³xaʔ⁵naŋ⁴¹］阔吓人：很宽

两个隔记开。［lɛ³³kai³³kaʔ⁵tsɿ⁵⁵kʰai³²］

做＝后阿＝粒＝个喜鹊阿＝粒＝鸟啊，［tso⁵⁵u³³a³³ləʔ³kai³³ɕi⁵⁵tɕʰiaʔ⁵a³³ləʔ³tiau⁵⁵a⁰］

便同情［渠拉］两个险。［bɛ¹¹³dəŋ¹¹³ziŋ⁴¹ka⁴¹lɛ³³kai³³ɕiɛ³²］险：很

便搭记一支桥，［bɛ¹¹³tɔʔ⁵tɕi³³iʔ³tɕi³³dʑiau⁴¹］

铺记起乞［渠拉］两个走记过去，［pʰu³⁵tɕi³³tɕʰi³²kʰaʔ³ka⁴¹lɛ³³ki³³tsəɯ³³tɕi³³ko³⁵kʰi³³］

便［渠拉］两个做＝后呗照原好团圆。［bɛ¹¹³ka⁴¹lɛ³³ki³³tso⁵⁵u³³pɛ⁰tɕiau³⁵n̠yœ⁴¹xəɯ³³tœ³³

　　yœ⁴¹］

以前有个小伙子，父母都去世了，家里非常穷，只有一头老牛，大家都叫他牛郎。其实那头老牛是天上的金牛星。有一天，天上的仙女要到村子的溪里洗澡。他就托梦给牛郎，告诉他趁仙女洗澡的时候，将她们脱下来挂在树上的衣裳，拿一件回来，然后头也不回地逃回家。牛郎听了半信半疑。

第二天早上，他真的看到仙女在洗澡。他看到之后赶紧去拿了一件挂在树上的衣服，然后自个儿跑回家。那个被他拿去衣服的仙女是织女。她知道衣服被他拿走了，所以，当天夜里就去敲牛郎家的门。敲门进去后，两人相见觉得比较投缘，就结成了夫妻。

三年时间过去了，他们生了一儿一女两个孩子。后来仙女下凡的事情被天上的玉皇大帝知道了，他要把织女收回去。

有一天，突然刮风下雨，电闪雷鸣，织女一下子就不见了。牛郎和子女们马上开始找，但找不到。看到老婆织女不见了，牛郎就在那儿发愁。

这时候，金牛星就对牛郎说，你不要怕，你把我的牛角折下来，它就会变身把你带去找。说话间，牛角真的一下就掉落地上变成两只箩筐。牛郎马上把两个孩子抱进箩筐，两只箩筐一下就飞起来了。

飞啊飞，眼看飞到一半时就要追上织女了。没想到王母娘娘突然拔下一支金钗，在他俩中间一划。瞬间，牛郎和织女之间出现一条很宽的河，把两人隔开了。

后来，喜鹊很同情他们，就在天河上搭起一座鹊桥，让他俩走过去，让牛郎和织女团圆。

（2018 年 8 月，发音人：洪卫东）

三、自选条目

俗语

菜头拔爻窟原在。［tsʰai³³dəu⁴¹bɔʔ²³kɑu⁰kʰuʔ³n̩yœ⁴¹zai¹¹³］菜头：萝卜。窟：坑

铁牛弗生毛。［tʰiaʔ⁵n̩iəɯ¹¹³fuʔ⁵se³³mɑu⁴¹］弗：不

各师各法，［koʔ⁵s̩³²koʔ⁵fɔʔ⁵］

共师无结煞。[dʑiɔŋ⁵⁵sʅ³²m¹¹³tɕiɛʔ³sɔʔ⁵] 结煞：结局

牛弗食葱，[ȵiəɯ⁴¹fuʔ³zʅʔ²³tsʰəŋ³²]
狗弗食蒜。[kəɯ³³fuʔ³zʅʔ²³sœ³⁵]

一篮鸡卵敲落地，[iʔ³lɔ⁴¹tɕi⁵⁵ləŋ³³kʰau³²loʔ²³di¹¹³]
无有一个是好个。[m¹¹³iəɯ³³iʔ³ki³⁵dzʅ¹¹³xəɯ³³kɛ⁰]

无风赖天，[m³⁵fəŋ³²la³³tʰiɛ³²]
无树上竹。[m³⁵ʑy¹¹³tɕiɛ³³tiuʔ⁵]

孝顺田头有谷，[xɑu³³ʑiaŋ¹¹³diɛ³³dəɯ⁴¹iəɯ³³kuʔ⁵]
孝顺大人有福。[xɑu³³ʑiaŋ¹¹³do³³naŋ⁴¹iəɯ³³fuʔ⁵]

赌博无结煞，[ty⁵⁵poʔ⁵m³⁵tɕiɛʔ³sɔʔ⁵]
弗吓你田地宽。[fuʔ³xaʔ⁵ȵi³³diɛ³³di¹¹³kʰuɔʔ⁵]

黄金有价，[ɔŋ³³tɕiaŋ³²iəɯ³³ko³⁵]
知识无价。[tsʅ³²sʅ⁵⁵m³⁵ko³⁵]

人心难摸，[naŋ³³saŋ³²nɔ⁴¹moʔ⁵]
泥鳅难捉。[ȵi³³tɕʰiəɯ³²nɔ⁴¹tɕioʔ⁵]

隔墙有耳朵，[kaʔ³ʑiɛ⁴¹iəɯ³³ȵiaŋ⁵⁵to³³]
隔缝有眼睛。[kaʔ³vəŋ¹¹³iəɯ³³ŋɛ⁵⁵tɕiŋ³²]

宁可吃黄连也弗吃甘草。[ȵiaŋ⁴¹kʰo³⁵tɕʰiʔ³ɔŋ³³liɛ⁴¹a¹¹³fuʔ³tɕʰiʔ³kœ⁵⁵tsʰɑu³³]

一笔写弗出两横来。[iʔ³piəɯʔ⁵ɕio³³fuʔ³tɕʰyœʔ⁵lɛ³³ɔŋ³³li⁴¹]

乐求成功弗吓苦。[ŋɑu¹¹³dʑiəɯ⁴¹ʑiŋ³³kəŋ³²fuʔ³xaʔ⁵kʰu³³] 乐：要

烧酒米做，［ɕiɑu⁵⁵tɕiəɯ³³mi³³tso³⁵］

人心肉做。［naŋ³³saŋ³²n̠iuʔ²³tso³⁵］

读书辛苦，［dəɯʔ²³ɕy³²saŋ⁵⁵kʰu³³］

文章值钿。［maŋ³³tɕiɛ³²dʐʅʔ²³diɛ⁴¹］值钿：值钱

一针弗补，［iʔ⁵tsaŋ³²fuʔ³pu³³］

十针难缝。［zəɯʔ²³tsaŋ³²nɔ⁴¹vəŋ⁴¹］

两镬烧弗出一样饭。［lɛ³³oʔ²³ɕiɑu³²fuʔ³tɕʰyœʔ⁵iʔ³iɛ¹¹³vɔ¹¹³］镬：锅

傍风打犁，［bɔŋ¹¹³fəŋ³²nɛ³³li⁴¹］傍风：趁风

顺风放火。［ʑiaŋ¹¹³fəŋ³²fɔŋ⁵⁵xo³³］

求天弗如求地。［dʑiəɯ⁴¹tʰiɛ³²fuʔ³ʑy⁵⁵dʑiəɯ⁴¹di¹¹³］

（以上 2018 年 8 月，发音人：梁平英）

庆 元

一、歌谣

劝姊歌

第一劝姊唉坐家中，〔ti iəɯʔ tɕʰyẽ tsɿ ɛ so ko tɕiɔ̃〕

丈夫出外家中空；〔tɕiã fɤ tɕʰyɛʔ ua ko tɕiɔ̃ kʰɔ̃〕

天光黄昏唉勤检点，〔tʰiã kɔ̃ uæ̃ xuæ̃ ɛ tɕiəŋ tɕiẽ ɖiã〕天光：早上

莫招别人说是非唉。〔mo tɕiɒ piɛʔ ȵiəŋ ɕyɛʔ sɿ fi ɛ〕

第二劝姊唉敬公公，〔ti ȵi tɕʰyẽ tsɿ ɛ tɕiŋ kɔ̃ kɔ̃〕

孝敬公公唉好名声；〔xɐɯ tɕiŋ kɔ̃ kɔ̃ ɛ xɐɯ miŋ ɕiəŋ〕

茶水饭菜亲手驮，〔tso ɕy fã tsʰæi tɕʰiəŋ ɕiɯ to〕驮：端

世间难有百岁侬唉。〔ɕiɛ kɒ nã uɤ ɓaʔ ɕyɛ noŋ ɛ〕侬：人

第三劝姊唉敬婆婆，〔ti sã tɕʰyẽ tsɿ ɛ tɕiŋ po po〕

孝敬婆婆本应当；〔xɐɯ tɕiŋ po po ɓæ̃ iəŋ dɔ̃〕

堂上交椅唉轮流坐唉，〔tɔ̃ ɕiã kɒ i ɛ ləŋ liɯ so ɛ〕

先做新妇后做婆唉。〔ɕiã tso ɕiəŋ fɤ xɐɯ tso po ɛ〕

第四劝姊唉敬丈夫，〔ti sɿ tɕʰyẽ tsɿ ɛ tɕiŋ tɕiã fɤ〕

尊敬丈夫唉是好妻；〔tsæ̃ tɕiŋ tɕiã fɤ ɛ sɿ xɐɯ tɕʰi〕

夫妻吵架唉自难免，〔fɤ tɕʰi tsʰɒ ko ɛ sɿ nã miẽ〕

莫记怨仇在心中唉。〔mo tsɿ yẽ ɕiɯ sɒ ɕiəŋ tɕiɔ̃ ɛ〕

第五劝姊唉养好儿，〔ti ŋuɤ tɕʰyẽ tsɿ ɛ iã xɐɯ ȵiɛ〕

有儿否养难成侬；［uɤ ɳiE fɤ iã nã ɕiəŋ noŋ］否：不

范丹有儿唉贫否久，［fã dã uɤ ɳiE E piəŋ fɤ tɕiɯ］

石崇无儿富不长唉。［sɿ soŋ mɤ ɳiE fɤ ɓɤ tæ̃ E］

第六劝姊唉莫笑侬唉，［ti liɯʔ tɕʰyẽ tsɿ E mo tɕʰiɒ noŋ E］

否乐笑侬破衣裳唉；［fɤ ŋɒ tɕʰiɒ noŋ pʰa i ɕiã E］乐：要

见了蛮夥唉穷了富，［tɕiẽ lɒ mã ua E tɕioŋ lɒ fɤ］夥：多

见了蛮夥唉富了穷唉。［tɕiẽ lɒ mã ua E fɤ lɒ tɕioŋ E］

第七劝姊唉莫贪嘴，［ti tɕʰiəɯʔ tɕʰyẽ tsɿ E mo tʰã tsæi］

好咥宅眷讨人嫌唉；［xɐɯ diaʔ ta tɕyẽ tʰɐɯ ɳiəŋ xã E］咥：吃。宅眷：妇女

兄弟姊妹乐和气唉，［ɕioŋ tiE tsɿ mæi ŋɒ uɤ tsʰɿ E］

叔伯邻里乐侬情唉。［ɕiɯʔ ɓaʔ liəŋ liE ŋɒ noŋ ɕiŋ E］

第八劝姊唉乐持家，［ti ɓoʔ tɕʰyẽ tsɿ E ŋɒ tsɿ ko］

家中铜钿莫乱花；［ko tɕioŋ toŋ tiẽ mo læ̃ xo］

有日也乐思无日，［uɤ nɤʔ ia ŋɒ sɿ mɤ nɤʔ］

存在家中唉否求侬唉。［sæ̃ sa ko tɕioŋ E fɤ tɕiɯ noŋ E］

第九劝姊唉勤织麻唉，［ti tɕiɯ tɕʰyẽ tsɿ E tɕiəŋ tsɿʔ mo E］

多织麻布多纺纱；［do tsɿ mo ɓɤ do fɔ̃ sa］

四季衣裳都做有，［sɿ tsɿ i ɕiã dɤ tso uɤ］

三件麻衣好过冬唉。［sã tɕiẽ mo i xɐɯ kuɤ doŋ E］

第十劝姊唉养好猪，［ti səɯʔ tɕʰyẽ tsɿ E iɔ̃ xɐɯ do］

养得猪大帮自家；［iɔ̃ diʔ do to ɓɔ̃ sɿ ko］

好酒好菜自家有，［xɐɯ tɕiɯ xɐɯ tsʰæi sɿ ko uɤ］

过年过节乐呵呵唉。［kuɤ ɳiã kuɤ tɕiaʔ lɤʔ xo xo E］

（2016 年 7 月，发音人：杨桂芬）

二、规定故事

牛郎和织女

尾꞊年啊有一个细儿，［mĩ²² ɳiã⁵² ɑ⁰ uɤ²² iəɯʔ²³ kæi¹¹ ɕiẽ⁵⁵］尾꞊年：从前。细儿：小孩儿

渠从前便，蛮堂=个时候便无大依了，［kɤ²²ɕiɔ̃⁵²ɕiɛ⁵⁵ɓæ̃³¹，mã⁵²tɔ̃⁵⁵kə⁰sʅ⁵²ɐɯ²²ɓæ̃³¹ mɤ⁵²to³¹noŋ⁵²lɑ⁰］堂=：小

无爷无娘，［mɤ¹¹io⁵²mɤ¹¹n̠iã⁵²］爷：爸爸

渠蛮苦。［kɤ²²mã⁵²kʰuɤ³³］

讲渠家里便是有一个老牛，［kɔ̃³³kɤ²²ko³³⁵liɛ²²¹ɓæ̃³¹sʅ²²uɤ²²iəɯʔ⁵kæi⁰lɒ²²ŋɐɯ⁵²］

实际上搭=个牛呢便是天上个金牛，［səɯʔ³⁴tɕiɛ³³ɕiã²²ɗɑʔ⁵kæi¹¹ŋɐɯ⁵²n̠iɛ⁰ɓæ̃³¹sʅ²² tʰiã³³⁵tɕiã⁰kæi⁰tɕiəŋ³³ŋɐɯ⁵²］搭=：这

金牛座，啊，金牛星。［tɕiəŋ³³ŋɐɯ⁵²so²²¹，ɑ⁰，tɕiəŋ³³ŋɐɯ⁵²ɕiŋ³³⁵］

狭=呢么渠依大家唻村里依呢喊渠做牛郎。［xɑʔ³⁴n̠iɛ³³mo³³kɤ²²noŋ⁵²ta³¹ko³³⁵lɛ⁰tsʰæ³³⁵ liɛ⁰noŋ²²n̠iɛ³³xã¹¹kɤ²²tso¹¹ŋɐɯ⁵²lɔ̃⁵²］狭=呢么：那么

牛郎搭=个细儿便听=搭=个牛一起生活，［ŋəɯ⁵²lɔ̃⁵²ɗɑʔ³kæi¹¹ɕiɛ⁵⁵ɓæ̃³¹tʰiŋ³³⁵ɗɑʔ⁵kæi¹¹ ŋɐɯ⁵²iəɯʔ⁵tsʰʅ³³sæ̃³³⁵uɑʔ³⁴］听=：和

搭=个牛帮渠犁田，［ɗɑʔ⁵kæi¹¹ŋɐɯ⁵²mã³³⁵kɤ²²li⁵²tiã⁵²］

靠犁田帮渠赚咥，［kʰɒ¹¹li⁵²tiã⁵²mã³³⁵kɤ²²tɕyɛ¹¹ɗiɑʔ⁵］赚咥：讨生活

过着蛮苦个生活，［kuɤ¹¹tɕiɑʔ³⁴mã⁵²kʰuɤ³³kæi⁰sæ̃³³⁵uɑʔ³⁴］

渠两个相依为命。［kɤ²²læ̃²²kæi¹¹ɕiã³³⁵i³³uæi³³miŋ³¹］

个老牛呢略着渠搭=个细儿行=勤劳、行=善良，［kæi¹¹lɒ²²ŋəɯ⁵²n̠iɛ³³lɒ³³⁵tɕiɑʔ³⁴kɤ²² ɗɑʔ⁵kæi¹¹ɕiɛ⁵⁵xæ̃³³tɕiəŋ⁵²lɒ⁵²、xæ̃³³ɕiɛ²²liã⁵²］略：看。行=：那么

渠啊蛮忖帮渠成一个家。［kɤ²²ɑ⁰mã⁵²tsʰæ̃³³mã³³⁵kɤ²²ɕiŋ⁵²iəɯʔ⁰kæi⁰ko³³⁵］

有一日，［uɤ²²iəɯʔ⁵nɤʔ³⁴］

老牛唻渠晓得天上个仙女，［lɒ²²ŋəɯ⁵²lɛ⁰kɤ²²ɕiŋ³³ɗiʔ⁵tʰiã³³⁵tɕiã⁰kæi⁰ɕiɛ³³n̠yɛ²²¹］

乐到渠搭=个村东边个湖里去洗澡，［ŋɒ³¹ɗɒ¹¹kɤ²²ɗɑʔ⁵kæi¹¹tsʰæ³³⁵ɗoŋ³³⁵ɓiã³³⁵kæi⁰uɤ⁵² liɛ⁰kʰɤ¹¹ɕiɛ³³tsɒ³³］

黄昏半暝唻渠便托梦乞牛郎，［uæ̃⁵²xuæ̃³³ɓæ̃¹¹mæ̃³¹lɛ⁰kɤ²²ɓæ̃³¹tʰoʔ⁵moŋ³¹kʰɤ¹¹ŋəɯ⁵² lɔ̃⁵²］半暝：半夜

喊牛郎第二日天光早些便挖=了狭=搭=个村东边山下岗个湖里去，［xã¹¹ŋəɯ⁵²lɔ̃⁵² tiɛ²²n̠i³¹nɤʔ³⁴tʰiã³³kɔ̃³³⁵tsɒ³³sɤʔ⁵ɓæ̃³¹uɑʔ⁵lɒxɑʔ⁵ɗɑʔ⁵kæi⁰tsʰæ̃³³⁵ɗoŋ³³⁵ɓiã³³⁵sã³³iɑ²²kɔ̃³³⁵ kæi⁰uɤ⁵²liɛ⁰kʰɤ¹¹］挖=：到、去

去略着便有囡对囡坐埲搞个时候呢，［kʰɤ¹¹lɒ³³⁵tɕiɑʔ³⁴ɓæ̃³¹uɤ²²næ̃²²ɗæi¹¹næ̃²²so²²ɗɑʔ⁵ kɒ³³kæi⁰sʅ⁵²xɐɯ²²n̠iɛ⁰］埲：这里

渠从渠侬无工夫注意个时候，［kɤ²²ɕiɔ̃⁵²kɤ²²noŋ²²mɤ²²koŋ³³⁵fɤ³³tɕyɛ¹¹i¹¹kæi⁰sๅ⁵²xɯ³¹］

帮渠侬个衣裳担一件来。［mã³³⁵kɤ²²noŋ²²kæi⁰i³³ɕiã⁵²dã³³⁵iəɯʔ⁰tɕiẽ⁰liɛ²²¹］担：拿

衣裳担来以后呢否敢笪低头，［i³³ɕiã⁵²dã³³liɛ²²i³³u²²n̠iɛ⁰fɤ³³kæ̃³³tɕʰia³³dĩɛ³³tiɯ⁵²］否敢：

　　不能。笪：斜

赶着过去，［kuæ̃³³dĩʔ⁵kuɤ¹¹kʰɤ¹¹］

帮渠件衣裳园起。［mã³³⁵kɤ²²tɕiẽ³¹i³³ɕiã⁵²kɔ̃¹¹tsʰๅ³³］园：藏

牛郎醒来个时候觉得奇怪，［ŋəɯ²²lɔ̃⁵²ɕiŋ³³liɛ²²kæi⁰sๅ⁵²xɯ³¹tɕyɛʔ³dĩʔ⁵tsๅ⁵²kuɑ¹¹］

行″感着做得好梦。［xæ̃⁵⁵kuæ̃³³tɕiɑʔ³⁴tso¹¹dĩʔ⁵xɯ³³moŋ³¹］

否管渠，［fɤ³³kuã³³kɤ²²¹］

否管渠真也得、假也得，［fɤ³³kuã³³kɤ²²tɕiŋ³³⁵iɑ²²dĩʔ⁵、ko³³iɑ²²dĩʔ⁵］

第二日天光呢，［tiɛ³¹n̠i³³nɤʔ³⁴tʰiã³³kɔ̃³³⁵n̠iɛ⁰］

渠真实ⅼ呢老早倚起倚呢，［kɤ²²tɕiŋ³³sæ̃⁵⁵nɛ⁰lɒ²²tsɒ⁵⁵kæi²²tɕʰiʔ⁵kæi²²n̠iɛ⁰］倚起倚：起床

便挖″路村东边个山骹下个湖里去，［ɓæ̃³¹uɑʔ⁵lɤ³¹tsʰæ̃³³⁵doŋ³³⁵ɓiã³³⁵kæi⁰sã³³kʰɒ³³⁵iɑ²²

　　kæi⁰uɤ⁵²liɛ⁰kʰɤ¹¹］山骹：山脚

朦朦胧胧挖″到埠，［moŋ²²moŋ³³loŋ³³loŋ²²uɑʔ⁵dɒ¹¹dɑʔ⁵］

唉？！真奇怪！［ɛ³³⁵？！tɕiəŋ³³tsๅ⁵²kuɑ¹¹］

真实ⅼ略着有一帮否知几生″光生个囡坐埠，［tɕiŋ³³sæ̃⁵⁵lɒ³³⁵tɕiɑʔ³⁴uɤ²²iəɯʔ⁵ɓɔ̃³³fɤ³³

　　tsๅ⁵⁵kæi³³sæ̃³³kɔ̃³³sæ̃³³⁵kæi⁰næ̃²²so²²dɑʔ⁵］光生：漂亮

坐埠搞水。［so²²dɑʔ⁵kɒ³³ɕy³³］

渠便挖″上去，［kɤ²²ɓæ̃³¹uɑʔ⁵tɕiɑ⁰kʰɤ⁰］

狭″树上面略着一件粉红个衣裳，［xɑʔ⁵tɕiɯ³¹tɕiã²²miẽ³¹lɒ³³⁵tɕiɑʔ³⁴iəɯʔ⁵tɕiẽ³¹fəŋ³³ŋ⁵²

　　kæi⁰i³³ɕiã⁵²］

渠帮件衣裳担起来，［kɤ²²mã³³tɕiẽ³¹i³³ɕiã⁵²dã³³⁵tsʰๅ⁰liɛ²²］

便尽赶尽赶赶着过去园起。［ɓæ̃³¹səŋ⁵²kuæ̃³³səŋ⁵²kuæ̃³³kuã³³dĩʔ⁵kuɤ¹¹kʰɤ¹¹kɔ̃¹¹tsʰๅ³³］

红衣裳无见了个狭″搭″个囡呢，［ŋ²²i³³ɕiã⁵²mɤ²²tɕiẽ¹¹lɒ⁰kæi⁰xɑʔ³⁴dɑʔ⁵kæi¹¹næ̃²²n̠i⁰］

实际上渠便是天上个织女星。［səɯʔ³⁴tɕiɛ¹¹tɕiã²²kɤ²²ɓæ̃³¹sๅ²²tʰiã³³⁵tɕiã⁰kæi⁰tsๅʔ⁵n̠yɛ²²

　　ɕiŋ³³⁵］

狭″日黄昏渠也搭″个织女呢，［xɑʔ³⁴nɤʔ⁵uæ̃²²xuæ̃³³⁵kɤ²²iɑ²²dɑʔ⁵kæi¹¹tsๅʔ⁵n̠yɛ²²n̠iɛ³³］

便挖″到了牛郎个家里门外底搉门，［ɓæ̃³¹uɑʔ⁵dɒ¹¹lɒ⁰ŋəɯ⁵²lɔ̃⁵²kæi⁰ko³³⁵liɛ²²məŋ⁵²uɑ³¹

　　dĩɛ⁰kʰoʔ⁵məŋ⁵²］搉：敲

牛郎门开起，［ŋɯ⁵²lɔ̃⁵²məŋ⁵²kʰæi³³⁵tɕʰi⁰］

开出来一略，［kʰæi³³⁵tɕʰyɛʔ³liɛ²²iəɯʔ⁵lɒ³³⁵］

哦！真实ⅡL便是坐狭＝埮边沿洗澡个顶光生个囡ⅡL！［uo³³！tɕiŋ³³sæ̃⁵⁵ɓæ̃³¹sʅ²²so²²xɑʔ³⁴ɖɑʔ⁵ɓiɛ̃³³iɛ̃⁵²ɕiɛ³³tsɒ³³kæi⁰tiŋ⁵⁵kɔ̃³³sæ̃³³⁵kæi⁰næ̃⁵⁵］

狭＝呢便帮渠喊来得了，［xɑʔ⁵ȵi⁵⁵ɓæ̃³¹mã³³⁵kɤ²²xã¹¹liɛ²²ɖiʔ⁰lɑ⁰］

渠两个唻坐埮讲越讲越投机，［kɤ²²læ̃²²kæi⁵⁵lɛ⁰so²²ɖɑʔ⁵kɔ̃³³yɛʔ³⁴kɔ̃³³yɛʔ³⁴tɯ⁵²tsʅ³³⁵］

狭＝呢，渠织女呢便听＝搭＝牛郎便结为夫妻。［xɑʔ³⁴ȵiɛ³³，kɤ²²tsʅʔ⁵ȵyɛ²²ȵiɛ³³ɓæ̃³¹tʰiŋ³³⁵ɖɑʔ⁵ŋɯ⁵²lɔ̃⁵²ɓæ̃³¹tɕiɛʔ⁵y⁵²fu³³tɕʰi³³⁵］

渠两个过着蛮好个生活，［kɤ²²læ̃²²kæi¹¹kuɤ¹¹tɕiɑʔ³⁴mã⁵²xɯ³³kæi⁰sæ̃³³⁵uɑʔ³⁴］

三年以后，［sã³³⁵ȵiã⁵²i³³u²²］

渠坤＝了一个儿一个囡。［kɤ²²kʰuæ̃³³⁵lɒ⁰iəɯʔ⁵kæi¹¹ȵiɛ²²iəɯʔ⁵kæi¹¹næ̃²²¹］坤＝：生育

实际上搭＝个织女渠是偷偷到人间来个。［ɕiʔ⁵tɕi¹¹ɕiã⁰ɖɑʔ⁵kæi¹¹tsʅʔ⁵ȵyɛ²²kɤ²²sʅ²²tʰiɯ³³tʰiɯ³³⁵ɖɒ¹¹ȵiəŋ⁵²kã³³⁵liɛ²²kæi⁰］

狭＝呢搭＝个事呢乞玉帝晓得了，［xɑʔ³⁴ȵiɛ³³ɖɑʔ⁵kæi⁰sɤ³¹ȵiɛ³³kʰɤ¹¹ȵio ʔ³⁴ɖiɛ¹¹ɕiɒ³³ɖiʔ⁵lɒ⁰］乞：被

玉帝便大发雷霆，［ȵioʔ³⁴ɖiɛ¹¹ɓæ̃³¹ta³¹faʔ⁵læi⁵²tiŋ⁵²］

一记ⅡL便打雷，［iəɯʔ⁵tɕiŋ⁵⁵ɓæ̃³¹næ̃⁵²læi⁵²］

啊，龙烁一现一现，［ɑ³¹，liɔ̃⁵²ɕiɑʔ⁵iəɯʔ⁵iã³¹iəɯʔ⁵iã³¹］龙烁：闪电

亦吹风，亦落雨。［i²²tɕʰy³³foŋ³³⁵，i²²lo ʔ³⁴yɛ²²¹］

狭＝个雷一打，［xɑʔ³⁴kæi⁰læi⁵²iəɯʔ⁵næ̃⁵²］

马上个织女便无见了。［mo²²ɕiã²²kæi¹¹tsʅʔ⁵ȵyɛ²²ɓæ̃³¹mɤ²²tɕiɛ̃¹¹lɒ⁰］

渠牛郎便尽叫，［kɤ²²ŋɯ⁵²lɔ̃⁵²ɓæ̃³¹səŋ⁵²iɒ¹¹］

舌＝个老嬷无见了无主意，［tɕiɛ³⁴kæi¹¹lɒ²²mo⁵²mɤ²²tɕiɛ̃¹¹lɒ⁰mɤ²²tɕyɛ³³i¹¹］

两个细ⅡL也尽叫，［læ̃²²kæi¹¹ɕiɛ̃⁵⁵iɑ²²¹səŋ⁵⁵iɒ¹¹］

乐喊妈妈，［ŋɒ³³xã¹¹mɑ⁵⁵mɑ⁵⁵］

搭＝底乐妈妈了。［ɖɑʔ⁵ɖiɛ³³ŋɒ³³mɑ⁵⁵mɑ⁵⁵lɒ⁰］

正呢个搭＝个时候，［tɕiŋ³³ȵiɛ³³kə¹¹ɖɑʔ⁵kə⁰sʅ⁵²xɯ³¹］

个老牛啊也坐搭＝自也目糙＝流起：［kæi¹¹lɒ⁵²ŋɯ⁵²ɑ⁰iɑ²²so²²ɖɑʔ⁵sʅ³¹iɑ²²mɤʔ³⁴sɤ⁵²liɯ⁵²tsʰʅ³³］目糙＝：眼泪

"牛郎啊你否乐叫了，［ŋɯ⁵²lɔ̃⁵²ɑ⁰ȵiɛ²²fɤ³³ŋɒ³¹iɒ¹¹lɒ⁰］

搭＝个你老嬷是天上个仙女，［ɖɑʔ⁵kæi¹¹ȵiɛ²²lɒ²²mo²²sʅ²²tʰiã³³⁵tɕiã⁰kæi⁰ɕiɛ̃³³ȵyɛ²²¹］

渠乞玉帝喊去了。［kɤ²²kʰɤ¹¹n̠ioʔ³⁴ɖɪɛ¹¹xã¹¹kʰɤ¹¹lɒ³³］

你便乙＝有帮我头上两个角割落来做记做大笭箸，［n̠iɛ²²ɓæ̃³¹iəɯʔ⁵uɤ²²mã³³⁵ŋo²²tiɯ⁵²
　　tɕiã⁰læ²²kæi¹¹koʔ⁵kuɤʔ⁵loʔ⁰liɛ²²tso¹¹tsʅ¹¹tso¹¹toʔ¹laʔ⁵²iɛ¹¹］笭箸：笭筐

帮你两个细儿担起去追。"［mã³³⁵n̠iɛ²²læ²²kæi¹¹ɕiɛ⁵⁵ɖã³³⁵tɕʰiʔ³³kʰɤ¹¹tɕy³³⁵］

牛郎望渠略略，［ŋəɯ⁵²lɔ⁵²mã³³⁵kɤ²²lɒ³³⁵lɒ³³⁵］

奇怪，［tsʅ⁵²kuɑ¹¹］

你狭＝牛角都有启＝用啊？　［n̠iɛ²²xɑʔ³⁴ŋəɯ⁵²koʔ⁵ɖəɯʔ⁵uɤ²²tɕʰiɑ³³iɔ³¹ɑ⁰］启＝：什么

舌＝个时候，［tɕiɛʔ³⁴kæi⁰sʅ⁵²xɯɯ³¹］舌＝个：这个

狭＝个牛个牛角便跶了地下来，［xɑʔ³⁴kæi⁰ŋəɯ⁵²kæi⁰ŋəɯ⁵²koʔ⁵ɓæ̃³¹læi³¹lɒ⁰ti³¹iɑ²²liɛ³³］
　　跶：掉

跶地下来马上真实儿变做两个笭箸。［læi³¹ti³¹iɑ²²liɛ³³mo²²ɕiã⁵²tɕiŋ³³sæ̃⁵⁵ɓiɛ̃¹¹tso¹¹læ²²
　　kæi¹¹lɑ⁵²iɛ¹¹］真实儿：真的

牛郎两记使，［ŋəɯ⁵²lɔ⁵²læ̃²²tsʅ¹¹sɤ³³］

帮渠两个细儿装到笭箸腹底去，［mã³³⁵kɤ²²læ̃²²kæi¹¹ɕiɛ⁵⁵tsɔ³³⁵ɖɒ¹¹lɑ⁵²iɛ¹¹ɓuʔ⁵ɖɪɛ³³kʰɤ¹¹］

岛＝记担里担起，［ɖɒ³³tɕi¹¹ɖã⁵⁵liɛ¹¹ɖã³³⁵tsʰʅ³³］

正真岛＝园记到肩头里去，［tɕiŋ¹¹tɕiŋ⁵⁵ɖɒ³³kʰɔ̃¹¹tsʅ³³ɖɒ¹¹yɛ̃³³tiɯ⁵²liɛ³³kʰɤ¹¹］

便一阵风便吹记来，［ɓæ̃³¹iəɯʔ⁵tɕiəŋ¹¹foŋ³³⁵ɓæ̃³¹tɕʰy³³⁵tsʅ¹¹liɛ⁰］

唉，渠两个笭箸便正真有，［ɛ³³⁵，kɤ²²læ̃²²kæi¹¹lɑ⁵²iɛ¹¹ɓæ̃³¹tɕiŋ¹¹tɕiŋ⁵⁵uɤ²²］

有翼索便飞起了，［uɤ²²iʔ³⁴soʔ⁵ɓæ̃³¹fi³³⁵tsʰʅ³³lɒ⁰］翼索：翅膀

便一飞一去，一飞一去，［ɓæ̃³¹iəɯʔ⁵fi³³⁵iəɯʔ⁵kʰɤ¹¹，iəɯʔ⁵fi³³⁵iəɯʔ⁵kʰɤ¹¹］

便正真是坐云上面了，［ɓæ̃³¹tɕiŋ¹¹tɕiŋ⁵⁵sʅ²²so²²yəŋ⁵²tɕiã²²miɛ̃⁰lɒ⁰］

去了。［kʰɤ¹¹lɒ⁰］

追啊追啊，［tɕy³³⁵ɑ⁰tɕy³³⁵ɑ⁰］

马上便追着织女个时候，［mo²²ɕiã⁵²ɓæ̃³¹tɕy³³⁵tɕiɑʔ⁰tsʅʔ⁵n̠yɛ²²kæi¹¹sʅ⁵²xɯɯ³¹］

搭＝个时候乞王母娘娘发现了。［ɖɑʔ⁵kæi¹¹sʅ⁵²xɯɯ³¹kʰɤ¹¹iɔ⁵²mɤ²²n̠iã⁵²n̠iã⁵²fɑʔ⁵iã³¹lɒ⁰］

王母娘娘马上从渠头上面拔落渠个簪儿，［iɔ⁵²mɤ²²n̠iã⁵²n̠iã⁵²mo²²ɕiã⁵²ɕiɔ⁵²kɤ²²tiɯ⁵²
　　tɕiã⁰miɛ̃⁰pɑʔ³⁴loʔ⁰kɤ²²kæi¹¹tsæ̃⁵⁵］

坐渠两个中央划了一直线，［su²²kɤ²²læ̃²²kæi¹¹ɖiŋ³³iɔ³³⁵uɑʔ⁵lɒ⁰iəɯʔ⁵tɕiʔ³⁴ɕiɛ¹¹］

马上便变成一条天河，［mo²²ɕiã⁵²ɓæ̃³¹ɓiɛ̃¹¹ɕiŋ⁵²iəɯʔ⁵tʰiɒ²²tʰiã³³xo⁵²］

无数夥水，［mɤ²²sɤ¹¹uɑ²²ɕy³³］

水也无数大，［ɕy³³iɑ²²¹mɤ²²sɤ¹¹to³¹］

一流流了，［iəuʔ⁵liɯ⁵²liɯ⁵²lɒ⁰］

越流越大，［yEʔ³liɯ⁵²yEʔ³tɒ³¹］

越流越大，［yEʔ³liɯ⁵²yEʔ³tɒ³¹］

大起便到略都略否着边过。［tɒ³¹tsʰɿ³³6æ³¹dɐɯ¹¹lɒ³³⁵dɤ³³lɒ³³⁵fɤ³³tɕiɑʔ³⁴6iã³³⁵kuɤ¹¹］

从此以后便，［ɕiɔ̃⁵²tsʰɿ³³i²²u²²6æ³¹］

牛郎坐直⁼边，［ŋəɯ⁵²lɔ̃⁵²so²²tsɿʔ³⁴6iã³³⁵］

织女坐狭⁼爿，［tsɿʔ⁵n̠yE²²so²²xɑʔ³⁴pã⁵²］

两个见都见否着。［læ²²kæi¹¹tɕiẽ¹¹dɤ³³tɕiẽ¹¹fɤ³³tɕiɑʔ³⁴］

搭⁼个事啊乞喜鹊晓得了，［dɑʔ⁵kæi¹¹sɤ³¹a³³kʰɤ¹¹ɕi³³tɕʰiɑʔ⁵ɕiɒ³³diʔ⁵lɒ⁰］

喜鹊呢便蛮同情渠唻两个，［ɕi³³tɕʰiɑʔ⁵n̠iE³³6æ³¹mã⁵²toŋ⁵²ɕiŋ⁵²kɤ²²lE⁰læ²²kæi¹¹］

号⁼式渠侬便商量了，［xɒ¹¹sɿʔ⁵kɤ²²noŋ⁵²6æ³¹ɕiã³³liã⁵²lɒ⁰］号⁼式：这样

每一年个七月七，［mæi²²iəuʔ⁵n̠iã⁵²kæi¹¹tɕʰiəuʔ⁵n̠yEʔ³⁴tɕʰiəuʔ⁵］

农历个七月七直⁼一日儿呢，［noŋ⁵²liəuʔ³⁴kæi¹¹tɕʰiəuʔ⁵n̠yEʔ³⁴tɕʰiəuʔ⁵tsɿʔ³⁴iəuʔ⁵næ⁵⁵n̠iE³³］

便喊了无数夥个喜鹊来，［6æ³¹xã³³lɒ⁰mɤ²²sɤ¹¹ua²²kæi¹¹ɕi³³tɕʰiɑʔ⁵liE³³］

渠侬用你个嘴啮着渠个尾苋，［kɤ²²noŋ⁵²iɔ̃³¹n̠iE²²kæi¹¹tsæi³³ŋuɤʔ³⁴tɕiɑʔ⁵kɤ²²kæi¹¹mĩ²²diɯ³³⁵］

来搭一座桥，［liE³³dɑʔ⁵iəuʔ⁵so²²tɕiɒ⁵²］

等渠两个坐埠上面，［dæ̃³³kɤ²²læ²²kæi¹¹so²²dɑʔ⁵tɕiã²²miẽ³¹］

坐埠桥上面团圆。［so²²dɑʔ⁵tɕiɒ⁵²tɕiã²²miẽ³¹tæ⁵²yẽ⁵²］

　　从前有一个男孩，他很小的时候（家里）就没有大人了，没爹没娘，他的生活很苦。话说他家里只有一头老牛，那个老牛实际上是天上的金牛星，所以村里人都称呼男孩为牛郎。牛郎这个小孩子就和那头老牛一起生活，那头老牛帮他犁田，他靠犁田赚钱吃饭，生活过得很辛苦，他们两个相依为命。这个老牛看见牛郎这个孩子很勤劳，很善良，就想着帮他成个家。

　　有一天，老牛他知道天上的仙女，要到他住的这个村东边的湖里去洗澡，晚上，它就托梦给牛郎，叫牛郎第二天一早到很远的村东边的那个湖里去，看到有女孩们在玩的时候，趁她们不注意，把她们的衣服拿一件来。衣服拿来以后不要回头看，赶紧去把他拿的那件衣服藏起来。

　　牛郎醒过来的时候觉得奇怪，感觉做了个好梦。也不管这个梦是真是假，第

二天早上他真的一爬起来就朝村东边山脚下那个湖走去，迷迷糊糊赶到那里，唉？！真奇怪！真的看到了有一群不知道有多漂亮的女孩坐在那里玩水。他就走过去，看见树上有一件粉红色的衣服，他把那件衣服拿起来就赶快藏了起来。

不见了衣服的那个女孩实际上就是天上的织女星。那天晚上织女就走到了牛郎家门外敲门，牛郎打开门一看，哦！真是那些坐在湖边洗澡的女孩中最漂亮的那个！牛郎就叫她进来了，他们两个坐在那里讲话越讲越投机，后来，牛郎就和织女结为夫妻了。

他们两个人过着很好的生活，三年后织女生了一个儿子一个女儿。其实织女是偷偷来到人间的。这件事被玉帝知道了，玉帝就大发雷霆，天空一下子就电闪雷鸣，一边刮风，一边下雨。那个雷一打，织女马上就不见了。牛郎就哭个不停，妻子不见了他不知道该怎么办，两个小孩也大哭，大喊要妈妈，这是要妈妈了。

正在这个时候，牛郎的那头老牛也坐在那儿流着眼泪说："牛郎啊不要哭了，你妻子是天上的织女星，她被玉帝叫去了。你把我头上的两个角割下来做箩筐，带上你的两个孩子去追。"牛郎看了看它，有些纳闷，你这个牛角有什么用呢？这个时候，那对牛角就掉下来了，掉地上马上就真的变成了两个箩筐。牛郎两下就把他的两个小孩装到箩筐里去了，用担子挑起来，刚放到肩膀上去，就有一阵风吹起来，咦，他的两个箩筐就真的像有了翅膀飞起来了，越飞越高，越飞越高，他就真的坐在云上面，飞走了。

追啊追啊，马上要追上织女的时候，却被王母娘娘发现了。王母娘娘马上从她头上拔下她的簪子，在他们两个中间划了一条直线，马上就变成了一条天河，河里有很多水，水也非常大。水流越来越大，大到看都看不到河的另一边为止。从此以后，牛郎就坐在河这边，织女坐在河那边，两个人再也见不到面了。

这件事被喜鹊知道了，喜鹊很同情他们两个，所以它们就商量，每年的七月七，农历七月初七这一天，无数只喜鹊过来，它们一只用嘴咬着另一只的尾巴，搭了一座桥，让他们两个坐在桥上面团圆。

（2016 年 7 月，发音人：杨桂芬）

三、自选条目

（一）谚语

日间否做亏心事，［nɤʔ³⁴kã³³⁵fɤ³³tso¹¹kʰuæi³³ɕiən³³sʅ³¹］
黄昏否吓鬼搉门。［uæ̃⁵²xuæ̃³³⁵fɤ³³xaʔ⁵kuæi³³kʰoʔ⁵mən⁵²］

天变一时，［tʰiã³³⁵ɓiɛ̃¹¹iəɯʔ⁵sʅ⁵²］
侬变一世。［noŋ⁵²ɓiɛ̃¹¹iəɯʔ⁵ɕiɛ¹¹］

孝顺猪，猪有肉；［xɒ¹¹ɕyən¹¹ɗo³³⁵, ɗo³³⁵uɤ²²n̠iɯʔ³⁴］
孝顺田，田出谷；［xɒ¹¹ɕyən¹¹tiã⁵², tiã⁵²tɕʰyɛʔ⁵kuʔ⁵］
孝顺大侬自有福。［xɒ¹¹ɕyən¹¹to³¹noŋ⁵¹sʅ³¹uɤ²²fuʔ⁵］

田在一分土，［tiã⁵²sæi³¹iəɯʔ³fən¹¹tʰɤ³³］
人命值千金。［n̠iən⁵²miŋ³¹tsʅʔ³⁴tɕʰiã³³tɕiən³³⁵］

越嬉越懒，［yɛʔ³⁴sʅ³³⁵yɛʔ³⁴lã²²¹］嬉：玩
越咥越嘴淡。［yɛʔ³⁴ɗiɑʔ⁵yɛʔ³⁴tsæi³³tã²²¹］

侬无计，［noŋ⁵²mɤ¹¹tɕiɛ¹¹］
苦一世。［kʰuɤ³³iəɯʔ⁵ɕiɛ¹¹］

男人贪花花下死，［næ̃⁵²n̠iən⁵²tʰæ̃³³⁵xo³³⁵xo³³⁵iɑ²²sɤ³³］
女人贪花否结籽。［n̠yɛ²²n̠iən⁵²tʰæ̃³³⁵xo³³⁵fɤ³³tɕiɛʔ⁵tsɤ³³］

婿郎半边子。［ɕyɛ¹¹lɔ̃⁵²ɓæ̃¹¹ɓiã³³tsɤ³³］婿郎：女婿

床头无通书，［ɕiɔ̃⁵²tiɯ⁵²mɤ¹¹tʰoŋ³³ɕyɛ³³⁵］通书：历书
百事否乐惧。［ɓɑʔ⁵sɤ³¹fɤ³³ŋɒ³¹tɕyɛ³³⁵］

若乐穷，天光睏到日头红；[nɑ^{31}ŋɒ^{33}tɕioŋ^{52}，tʰiɑ̃^{33}kɔ̃^{335}kʰuæ̃^{11}ɗɐɯ^{11}nɤʔ^{34}tiɯ^{52}ŋ^{52}]睏：睡
若乐富，天光早早去。[nɑ^{31}ŋɒ^{33}fɤ^{11}，tʰiɑ̃^{33}kɔ̃^{335}tsɒ^{33}tsɒ^{33}kʰɤ^{11}]

咥了端午粽，[ɗiɑʔ^{5}lɒ^{0}ɗæ̃^{33}ŋuɤ^{22}tsoŋ^{11}]
棉袄远远送。[miɛ̃^{52}u^{33}yɛ̃^{22}yɛ̃^{22}soŋ^{11}]

一日霜，三日雨；[iəɯʔ^{5}nɤʔ^{34}ɕiɔ̃^{335}，sɑ̃^{335}nɤʔ^{34}yᴇ^{221}]
三日霜，九日晴。[sɑ̃^{335}nɤʔ^{34}ɕiɔ̃^{335}，tɕiɯ^{33}nɤʔ^{34}ɕiŋ^{52}]

重阳无雨一冬晴。[tɕiɔ̃^{52}iɑ̃^{52}mɤ^{11}yᴇ^{221}iəɯʔ^{5}ɗoŋ^{335}ɕiŋ^{52}]

东坑无水西坑有，[ɗoŋ^{335}kʰæ̃^{335}mɤ^{11}ɕy^{33}ɕiᴇ^{335}kʰæ̃^{335}uɤ^{221}]
否会坑坑断水流。[fɤ^{33}uæi^{31}kʰæ̃^{335}kʰæ̃^{335}tæ̃^{22}ɕy^{33}liɯ^{52}]

（以上 2016 年 7 月，发音人：李成山）

（二）谜语

青是一斗

青是一斗，[tɕʰiŋ^{335}sɿ^{22}iəɯʔ^{5}ɗiɯ^{11}]青：生
烧熟了也是一斗，[ɕiɒ^{335}ɕiɯʔ^{34}lɒ^{0}iɑ^{31}sɿ^{22}iəɯʔ^{5}ɗiɯ^{11}]
你咥了以后原旧是一斗。[ȵiᴇ^{22}ɗiɑʔ^{5}lɒ^{0}i^{22}u^{221}ȵyɛ̃^{52}tɕiɯ^{31}sɿ^{22}iəɯʔ^{5}ɗiɯ^{11}]
你依谈记儿是启⁼物事啊？ [ȵiᴇ^{22}noŋ^{11}tɑ̃^{52}tɕiŋ^{55}sɿ^{22}tɕʰiɑ^{33}mɤ^{22}sɤ^{335}ɑ^{0}]谈记儿：猜一下
谈得着［否啊］？ [tɑ̃^{52}ɗiʔ^{5}tɕiɑʔ^{34}fɑ^{0}]
渠便是田螺。[kɤ^{22}ɓæ̃^{31}sɿ^{22}tiɑ̃^{52}læi^{52}]

一间处

一间处，狭么狭，[iəɯʔ^{5}kɑ̃^{55}tɕʰyᴇ^{11}，xɑʔ^{34}moŋ^{11}xɑʔ^{34}]处：房
躲着五粒儿煠⁼。[ɗo^{335}ɗiʔ^{5}ŋuɤ^{22}læ̃^{55}sɑʔ^{5}]煠⁼：蟑螂
你依谈记儿启⁼物事啊？ [ȵiᴇ^{22}noŋ^{11}tɑ̃^{52}tɕiŋ^{55}tɕʰiɑ^{33}mɤ^{22}sɤ^{335}ɑ^{0}]

谈得着［否啊］？　［tã⁵²ɖĩʔ⁵tɕiaʔ³⁴fa⁰］

谈否着哈？　［tã⁵²fɤ³³tɕiaʔ³⁴xɑ⁰］

渠便是鞋。［kɤ²²6æ̃³¹sɿ²²xɑ⁵²］

高高光头一担卵

高高光头一担卵，［kɒ³³kɒ³³⁵kɔ̃¹¹tiɯ⁵²iəɯʔ⁵ɖã³³⁵lən²²¹］一担：一对

有风吹会动，［uɤ³³foŋ³³⁵tɕʰy³³⁵uæi³³toŋ²²¹］

无风吹也会动。［mɤ¹¹foŋ³³⁵tɕʰy³³⁵ia³¹uæi³³toŋ²²¹］

你侬谈记儿启＝物事啊？　［ȵiɛ²²noŋ¹¹tã⁵²tɕiŋ⁵⁵tɕʰia³³mɤ²²sɤ³³⁵ɑ⁰］

谈得着［否啊］？　［tã⁵²ɖĩʔ⁵tɕiaʔ³⁴fa⁰］

渠是目珠。［kɤ²²sɿ²²mɤʔ³⁴tɕyE³³⁵］目珠：眼睛

上批岩

上批岩，下批岩，［tɕiã³¹pʰi³³ŋã⁵²，ia²²pʰi³³ŋã⁵²］

中央一枚红鲤鱼儿跳停＝弹＝。［ɖiŋ³³iɔ̃³³⁵iəɯʔ⁵mæi⁵²ŋ⁵²li²²ŋæi⁵⁵tʰiɒ¹¹tiŋ⁵²tã⁵²］停＝弹＝：蹦跳

　　的样子

你侬谈记儿启＝物事啊？　［ȵiɛ²²noŋ¹¹tã⁵²tɕiŋ⁵⁵tɕʰia³³mɤ²²sɤ³³⁵ɑ⁰］

谈得着［否啊］？　［tã⁵²ɖĩʔ⁵tɕiaʔ³⁴fa⁰］

谈否着哈？　［tã⁵²fɤ³³tɕiaʔ³⁴xɑ⁰］

渠便是舌。［kɤ²²6æ̃³¹sɿ²²tɕiEʔ³⁴］

（以上 2016 年 7 月，发音人：杨桂芬）

（三）顺口溜

布谷、布谷

布谷、布谷！［6uʔ⁵kuʔ³、6uʔ⁵kuʔ³］

插田否调工。［tsʰaʔ⁵tiã⁵²fɤ³³tiɒ⁵²koŋ³³⁵］

帮得渠侬插了田，［6ɔ̃³³⁵ɖĩʔ⁵kɤ²²noŋ²²tsʰaʔ⁵lɒ⁰tiã⁵²］

自个田里［否曾］动工。［sɿ³¹kæi⁰tiã⁵²li⁰fæi⁵⁵toŋ²²koŋ³³⁵］

快打谷

快打谷，快劈山，［kʰuɑ¹¹næ̃⁵²kuʔ⁵，kʰuɑ¹¹pʰiʔ⁵sɑ̃³³⁵］

快些讨樵去蕈山；［kʰuɑ¹¹sɤʔ⁵tʰɤ³³ɕiɒ⁵²kʰɤ¹¹ɕiəŋ²²sɑ̃³³⁵］讨樵：砍柴。蕈：菇

去蕈山，有钿担，［kʰɤ¹¹ɕiəŋ²²sɑ̃³³⁵，uɤ²²tiɛ̃⁵²dɑ̃³³⁵］钿：钱

每年三月转家乡。［mæi⁵²n̪iɑ̃³³sɑ̃³³⁵n̪ʏɛʔ³⁴dʏɛ̃³³ko³³ɕiɑ̃³³⁵］

（以上 2016 年 7 月，发音人：杨桂芬）

泰　顺

一、歌谣

指纹歌

一胝穷，［iʔ⁵læi⁵³tɕioŋ⁵³］

二胝富，［ȵi²¹læi⁵³fø³⁵］

三胝无布裤，［sã²¹læi⁵³m²¹pø²²kʰø³⁵］

四胝磨豆腐，［sʅ³⁵læi⁵³mɔ²²tø²¹uø²²］

五胝骑马上高步，［ŋø⁵⁵læi⁵³tsʅ²²mɔ⁵³tɕiã²²kəu²¹pø²²］

六胝磨刀枪，［ləuʔ²læi⁵³mɔ²¹tɑɔ²²tɕʰiã²¹³］

七胝失爷娘，［tsʰəiʔ⁵læi⁵³səiʔ⁵yɔ²¹ȵiã⁵³］ 爷娘：爸妈

八胝八，田地阔，［pɔʔ⁵læi²¹pɔʔ⁵，tiã²¹ti²²kʰuɔʔ⁵］

九胝九，做太守，［tɕiəu⁵⁵læi²¹tɕiəu⁵⁵，tsu³⁵tʰa²²ɕiəu⁵⁵］

十胝全，做状元，［səiʔ²læi⁵³ɕyɛ⁵³，tsu³⁵ɕiɔ̃²¹ȵyɛ⁵³］

十胝空，做相公，［səiʔ²læi⁵³kʰoŋ²¹³，tsu³⁵ɕiã²²koŋ²¹³］

十胝十簸箕，有吃□有嬉。［səiʔ²læi⁵³səiʔ²pɛʔ²tsʅ²¹³，iəu⁵⁵tsʰʅʔ⁵i²²iəu⁵⁵sʅ²¹³］□：又。嬉：玩

铲田坎

妹，妹，铲田坎，［mɛ³⁵，mɛ³⁵，tsʰã²²tiã⁵³kʰɛ³⁵］妹：孩子

田坎铲枚针。［tiã⁵³kʰɛ³⁵tsʰã⁵⁵mæi⁵³tsəŋ²¹³］

针无眼，兑把伞；［tsəŋ²¹³m³⁵ŋã⁵⁵，tæi³⁵puɔ⁵⁵sã⁵⁵］兑：换

伞无头，兑头牛；［sã⁵⁵m³⁵təu⁵³，tæi³⁵təu²¹n̠iəu⁵³］

牛无角，兑支桌；［n̠iəu⁵³m³⁵kuʔ⁵，tæi³⁵tsʅ²²tiuʔ⁵］

桌无脚，兑只鸭；［tiuʔ⁵m³⁵tɕiɔʔ⁵，tæi³⁵tsʅ²²ɔʔ⁵］

鸭无皮，兑个梨；［ɔʔ⁵m³⁵pi⁵³，tæi³⁵ki³⁵li⁵³］

梨已软，兑个粽；［li⁵³i⁵⁵noŋ³⁵，tæi³⁵ki⁵⁵tsoŋ³⁵］

粽否香，兑粒姜；［tsoŋ³⁵fu⁵⁵ɕiã²¹³，tæi³⁵ləiʔ²tɕiã²¹³］否：不

姜否辣，兑个破酒什。［tɕiã²¹fu⁵⁵lɔʔ²，tæi³⁵ki³⁵pʰa²²tɕiəu²²sɔʔ²］酒什：酒壶

（以上 2019 年 7 月，发音人：林美春）

二、规定故事

牛郎和织女

早时节有个后生星⁼，［tsaɔ⁵⁵sʅ²²tɕiɔʔ⁵iəu⁵⁵ki²²ɑɔ²²sã²²ɕiŋ³³］星⁼：男孩

渠伯渠妈都死哇，［tsʅ²¹paʔ⁵tsʅ²¹ma²²tu²¹³sʅ⁵⁵ua⁰］伯：爸爸

孤苦伶仃，［kø²²kʰø⁵⁵liŋ²²tiŋ²¹³］

渠家底忆⁼内⁼一头老牛，［tsʅ²²kɔ²¹ti⁵⁵i²²næi⁵³iʔ²ɑɔ⁵³laɔ²²n̠iəu⁵³］忆⁼内⁼：只有

所以大家势都喊渠牛郎。［su⁵⁵i⁵⁵tɔ²²kɔ²¹³sʅ⁵³tu²²xã³⁵tsʅ²¹n̠iəu²¹lɔ̃⁵³］大家势：大家

牛郎就靠对⁼头老牛犁地与生活。［n̠iəu²¹lɔ̃⁵³tɕiəu²²kʰaɔ²²tæi³⁵taɔ²²laɔ²²n̠iəu⁵³li⁵³ti²²y²² sã²²uɔ²¹］对⁼头：这头

对⁼头老牛实际就是天上个金牛星，［tæi³⁵taɔ²²laɔ²²n̠iəu⁵³sæi²¹tsʅ³⁵tɕiəu²²sʅ²²tʰiã²¹³tɕiã⁰ kɛ⁰tsəŋ²²n̠iəu²²ɕiŋ²¹³］

老牛喜欢牛郎□善良，□勤力，［laɔ²²n̠iəu⁵³sʅ⁵⁵fã²²n̠iəu²¹lɔ̃⁵³i²²ɕiɛ²¹liã⁵³，i²²tsəŋ²²li²¹］□：又

所以呢就想帮渠成个家。［su⁵⁵i⁵⁵nɛ⁰tɕiəu²¹ɕiã⁵⁵pɔ̃²¹tsʅ²²ɕiŋ⁵³ki⁰kɔ²¹³］

有一日，［iəu⁵⁵iʔ⁵nɛ²¹］

老牛听讲天上个仙女乐来村东边山脚下个水塘底洗浴，［laɔ²²n̠iəu⁵³tʰiŋ²¹kɔ̃⁵⁵tʰiã²¹³ tɕiã⁰kɛ⁰ɕiɛ²¹n̠y⁵⁵ŋaɔ²²li⁵³tsʰɛ²¹toŋ²¹piã²¹³sã²²tɕiɔʔ⁵yɔ⁵⁵kɛ⁰ɕy²²tɔ̃⁵³ti²²sʅ²²iu²¹］乐：要

所以对⁼日昏渠就托梦乞牛郎，［su⁵⁵i⁵⁵tæi³⁵nɛ²¹fɛ⁵⁵tsʅ²¹tɕiəu²²tʰuʔ²mɔŋ²²kʰa³⁵n̠iəu²¹lɔ̃⁵³］

喊渠第二日天光去对⁼个山脚下水塘边上，［xã³⁵tsʅ²²ti²²n̠i²²nɛ²¹tʰiã²²kɔ̃⁵³tsʰʅ³⁵tæi³⁵ki⁰ sã²²tɕiɔʔ⁵yɔ²²ɕy²²tɔ̃⁵³piã²¹tɕiã²²] 天光: 早晨

乐驮走一件，[ŋɑɔ²²tu⁵³tsɑɔ⁵⁵iʔ²tɕiɛ²²] 驮: 拿

傍□两仙女洗浴个时节，[pɔ̃²²kʰiʔle⁵⁵ɕiɛ²²ɳy⁵⁵sɿ⁵⁵iu²¹kɛ⁰sɿ²¹tɕiɔʔ⁵] 傍□: 等待。时节: 时候

驮走一件仙女挂树上个衣裳，[tu⁵³tsɑɔ⁵⁵iʔ²tɕiɛ²²ɕiɛ²²ɳy⁵⁵kuɔ³⁵ɕy²²tɕiã²²kɛ⁰iʔ²ɕiã⁵³]

许样就会有一个好削᷊个仙女做渠个新娘。[xaʔ⁵ɳiã²²tɕiəu²²uæi²²iəu⁵⁵iʔ²ki³⁵xɑɔ²²ɕyɔʔ⁵
　　kiᴼɕiɛ²²ɳy⁵⁵tsu³⁵tsɿ²²kiᴼɕiŋ²²ɳiã⁵⁵] 许样: 那样。好削᷊: 好看

哦，牛郎，第二日天光，[ɑɔ⁵³, ɳiəu²¹lɔ̃⁵³, ti²²ɳi²²nɛ²¹tʰiã²²kɔ̃²¹³]

牛郎半信半疑就来到对᷊个山脚下，[ɳiəu²¹lɔ̃⁵³pɛ³⁵sən³⁵pɛ³⁵ɳi⁵³tɕiəu²²li⁵³tɑɔ²²tæi³⁵kiᴼ
　　sã²²tɕiɔʔ⁵yɔ⁵⁵]

当真就望着七个仙女牢᷊水塘底添᷊水。[tɔ̃²²tsən²¹³tɕiəu²²mɔ̃²²tɕyɔ²¹tsʰæiʔ⁵kiᴼɕiɛ²²ɳy⁵⁵
　　lɑɔ⁵³ɕy²²tɔ̃⁵³ti⁵⁵tʰiã²²ɕy⁵⁵] 牢᷊: 在。添᷊水: 戏水

牛郎驮走一件挂树上个粉红色个衣裳，[ɳiəu²¹lɔ̃⁵³tu⁵³tsɑɔ⁵⁵iʔ²tɕiɛ²²kuɔ³⁵ɕy²²tɕiã²²kɛ⁰
　　foŋ²²uoŋ⁵³sɛʔ⁵kɛ⁰iʔ²ɕiã⁵³]

头也否回个就望家底逃。[tɑɔ⁵³yɔ²²fu²²uæi⁵³kæiᴼtɕiəu²²mɔ̃²²kɔ²¹ti²²tɑɔ⁵³]

阿对᷊日昏当真有一个仙女敲响牛郎家个门，[a²²tæi³⁵nɛ²¹fɛ²²tɔ̃²²tsən²¹³iəu⁵⁵iʔ²ki³⁵ɕiɛ²²
　　ɳy⁵⁵kʰɑɔ²¹ɕiã⁵⁵ɳiəu²¹lɔ̃⁵³kɔ²¹kɛ⁰moŋ⁵³]

搭渠做了夫妻。[tɔʔ⁵tsɿ²²tsu³⁵liɑɔ⁵⁵fu²²tsʰɿ²¹³] 搭: 和

转眼就三年过去哇，[tɕyɛ²²ŋã⁵⁵tɕiəu²²sã²¹³ɳiã⁵³kuɔ³⁵tsʰɿ³⁵ua⁰]

牛郎搭织女也生起一个囡一个星᷊两个妹，[ɳiəu²¹lɔ̃⁵³tɔʔ⁵tsɿʔ²ɳy⁵⁵yɔ²²sã²¹tsʰɿ⁵⁵iʔ²kiᴼ
　　næi²²iʔ²kiᴼɕiŋ³³lɛ⁵⁵kiᴼmɛ³⁵]

一家人也过得否抵᷊开心。[iʔ⁵kɔ²²nɛ⁵³yɔ²²kuɔ³⁵tiʔᴼfu²²ti⁵⁵kʰæi²²sən²¹³] 否抵᷊: 非常

但是，织女独自落凡个事干乞玉皇大帝晓得哇。[tã²²sɿ²¹, tsɿʔ²ɳy⁵⁵ta²¹sɿ²¹lu²¹uã⁵³kɛ⁰
　　sɿ²¹kuɛ³⁵kʰa³⁵y²²ɔ̃⁵³tu²²ti²²ɕiɑɔ²²tiʔ⁵ua⁰] 事干: 事情。乞: 被

有一日，[iəu⁵⁵iʔ²nɛ²¹]

天上就雷刮᷊又闪起，[tʰiã²¹³tɕiã⁰tɕiəu²²læi²¹kuaʔ⁵iəu²¹ɕiɛ⁵⁵tsʰɿ⁰] 雷刮᷊: 闪电

雷也响起，[læi⁵³yɔ²²ɕiã⁵⁵tsʰɿ⁰]

风刮起，[foŋ²¹³kuaʔ⁵tsʰɿ⁰]

雨也断᷊落来，[y⁵⁵yɔ²²təŋ²²lu²¹li⁵³] 断᷊: 下

仙女突记就无哇，[ɕiɛ²²ɳy⁵⁵ta²¹tsɿ³⁵tɕiəu²²m³⁵ma⁰]

两个妹就叫起乐阿妈，[lɛ⁵⁵kiᴼmɛ²¹³tɕiəu²¹tɕiɑɔ³⁵tsʰɿ⁰ŋɑɔ²²a²¹ma⁵⁵]

牛郎也急得着否抵=[尼=样]办好。[n̠iəu²¹lɔ̃⁵³yɔ²²tsæiʔ⁵tiʔ⁰tɕyɔ²¹fu²²ti⁵⁵n̠iã²¹pã²²xɑɔ⁵⁵]

　　[尼=样]: 怎么样

对=个时节对=头老牛就开口讲话哇，[tæi³⁵kiⁿsŋ²²tɕiɔʔ⁵tæi³⁵tɑɔ²¹lɑɔ²²n̠iəu⁵³tɕiəu²²kʰæi²²
　　kʰɑɔ⁵⁵kɔ̃⁵⁵uɔ⁵⁵ua⁰]

渠讲："你也莫难承，[tsŋ²²kɔ̃⁵⁵ : n̠i⁵⁵yɔ²¹mu²¹nã²²ɕiŋ⁵³] 难承: 难受

你挖=我个两个角撇落来，[n̠i⁵⁵uɔʔ⁵ŋɔ⁵⁵kiⁿlɛ⁵⁵kiⁿkuʔ⁵iɔʔ⁵lu²¹li⁵³] 挖=: 把。撇: 拿

就可以变着两个箩，[tɕiəu²²kʰu⁵⁵i⁵⁵pie³⁵tɕyɔ²¹lɛ⁵⁵kiⁿla⁵³]

挖=两个妹放底去，[uɔʔ⁵lɛ⁵⁵kiⁿme²¹³xɔ̃³⁵ti⁵⁵tsʰŋ⁵⁵]

你就可以去天上寻织女哇。"[n̠i⁵⁵tɕiəu²²kʰu⁵⁵i⁵⁵tsʰŋ³⁵tʰiã²¹tɕiã²²səŋ⁵³tsŋʔ²n̠y⁵⁵ua⁰]

牛郎见得否抵=奇怪，[n̠iəu²¹lɔ̃⁵³tɕie²¹tiʔ⁵fu²²ti⁵⁵tsŋ⁵³kua³⁵]

两个牛角当真就跌地个上，[lɛ⁵⁵kiⁿn̠iəu²¹kuʔ⁵tɔ̃²²tsən²¹³tɕiəu²²læi²²ti²¹kɛ⁰tɕiã²²] 跌: 掉
变着两个箩。[pie³⁵tɕyɔ²¹lɛ⁵⁵kiⁿla⁵³]

牛郎挖=两个妹放底去，[n̠iəu²¹lɔ̃⁵³uɔʔ⁵lɛ⁵⁵kiⁿme²¹³xɔ̃³⁵ti⁵⁵tsʰŋ⁰]

用担担起。[iɔ̃²¹tã³⁵tã²¹³tsʰŋ⁰]

唉？！就好像是一丝=风吹得上，[ɛ³⁵？！tɕiəu²²xɑɔ⁵⁵ɕiã²²tsŋ²²iʔ⁵sŋ²²foŋ²¹³tɕʰy²¹³tiʔ⁵tɕiã²²]

对=个箩也好像翼梢出着上，[tæi³⁵kiⁿla⁵³yɔ²²xɑɔ⁵⁵ɕiã²²iⁿsɑɔ²¹³tɕʰyɛʔ⁵tsŋ⁰tɕiã⁰] 翼梢: 翅膀

一记就飞起哇，[iʔ⁵tsŋ³⁵tɕiəu²²fi²¹³tsʰŋ⁰ua⁰]

直接就向天宫飞去。[tsŋ²¹tɕiɛʔ⁵tɕiəu²²ɕiã³⁵tʰiã²²koŋ²¹³fi²¹tsʰŋ⁰]

飞呀飞，[fi²¹ia⁰fi²¹³]

眼望渠就乐赶上织女哇，[ŋã⁵⁵mɔ̃²²tsŋ²²tɕiəu²¹ŋɑɔ²²kuɛ⁵⁵tɕiã²¹tsŋʔ²n̠y⁵⁵ua⁰]

但是□个时节王母娘娘出现哇。[tã²²sŋ²¹kʰiⁿkiⁿsŋ²²tɕiɔʔ⁵iɔ̃²¹mⁿn̠iã²¹n̠iã⁵³tɕʰyɛʔ²iã²²ua⁰]

渠拔落头上个一支金钗，[tsŋ²²pɔ²²lu²¹tɑɔ⁵³tɕiã²²kiⁿiʔ⁵tsŋ²¹³tsəŋ²²tsʰɔ²¹³]

牢=牛郎搭织女中心用力一划，[lɑɔ⁵³n̠iəu²¹lɔ̃⁵³tɔʔ⁵tsŋʔ²n̠y⁵⁵tɔ̃²²səŋ²²iɔ̃²²li²¹iʔ⁵uɔ²¹]

就出现一条天河。[tɕiəu²¹tɕʰyɛʔ²iã²²iʔ⁵tiɑɔ⁵³tʰiã²²u⁵³]

对=个天河否抵=个阔，[tæi³⁵kiⁿtʰiã²²u⁵³fu²²ti⁵⁵kiⁿkʰuɔʔ⁵]

阔得着都望否着对面，[kʰuɔʔ⁵tiʔ⁰tɕyɔ²¹tu²²mɔ̃²²fu⁵⁵tɕyɔ²¹tæi²²mie²²]

两个人就许样隔开哇。[lɛ⁵⁵kiⁿnɛ⁵³tɕiəu²¹xaʔ⁵n̠iã²²kaʔ⁵kʰæi²¹ua⁰]

喜鹊否抵=同情牛郎搭织女，[sŋ²²tɕʰyɔʔ⁵fu²²ti⁵⁵toŋ²¹ɕiŋ⁵³n̠iəu²¹lɔ̃⁵³tɔʔ⁵tsŋʔ²n̠y⁵⁵]

所以每年农历七月初七个时节，[su⁵⁵i⁵⁵mæi⁵⁵n̠iã⁵³noŋ⁵³li²¹tsʰæiʔ⁵n̠yɛ²¹tsʰu²²tsʰæiʔ⁵kiⁿ sɿ²²tɕiɔʔ⁵]

就会有成千上万个喜鹊飞来，[tɕiəu²²uæi²¹iəu⁵⁵ɕiŋ²²tɕʰiã²¹tɕiã²²mã²²ki⁰sɿ²²tɕʰyɔʔ⁵fi²¹li⁵³]

一头衔另外一头个尾菟，[iʔ²tɑɔ⁵³kã⁵³liŋ²²ua²¹iʔ²tɑɔ⁵³ki⁰mæi²²tiəu²¹³]尾菟：尾巴

搭起一条否抵=长个鹊桥，[tɔʔ⁵tsʰɿⁿiʔ²tiɑɔ⁵³fu²²ti⁵⁵tɕiã⁵³ki⁰tɕʰyɔʔ²tɕiɑɔ⁵³]

乞牛郎搭织女相见。[kʰa³⁵ȵiəu²¹lɔ⁵³tɔʔ⁵tsɿʔ²ny⁵⁵ɕiã²¹tɕie³⁵]

　　从前有个男孩，他爸爸妈妈都去世了，孤苦伶仃，家里只有一头老牛，所以大家都叫他牛郎。牛郎就靠这头老牛耕地为生。这头老牛实际上就是天上的金牛星，老牛喜欢牛郎又善良，又勤快，所以就想帮他成个家。

　　有一天，老牛听说天上的仙女要来村东边山脚下的水塘里洗澡，所以那天晚上就托梦给牛郎，叫他第二天早上去那个山脚下的水塘边上，趁那些仙女洗澡的时候，拿走一件仙女挂在树上的衣服，那样就会有一个好看的仙女做他的新娘。

　　第二天早上，牛郎半信半疑地就来到那个山脚下，果真就看见有七个仙女在水塘里戏水。牛郎拿走一件挂在树上的粉红色的衣服，头也不回地就往家里跑。那天晚上果真有一个仙女敲响牛郎家的门，与他做了夫妻。

　　转眼就三年过去了，牛郎和织女生了一个女儿和一个儿子两个孩子，一家人过得非常开心。但是，织女独自下凡的事情被玉皇大帝知道了。有一天，天上雷鸣电闪，刮风下雨，仙女突然就不见了，两个孩子就叫着要妈妈，牛郎也急得不知怎么办才好。

　　这个时候那头老牛开口讲话了，他说："你也别难过，你把我的两只角拿下来，就可以变成两只箩筐，把两个孩子放进去，你就可以去天上找织女了。"牛郎正觉得非常奇怪时，两只牛角果真就掉到地上，变作两只箩筐。牛郎把两个孩子放进去，用扁担挑起来。唉？！就好像是有一阵风吹起来，那箩筐也好像有翅膀长出来，一下子就飞了起来，直接就向天宫飞去。

　　飞呀飞，眼看他就要赶上织女了，但是这个时候王母娘娘出现了。她拔下头上的一支金钗，在牛郎和织女中间用力一划，就出现一条天河。那条天河非常宽，宽得都看不到对面，两个人就这样被隔开了。

　　喜鹊非常同情牛郎和织女，所以每年农历七月初七的时候，就会有成千上万的喜鹊飞来，一只衔着另一只的尾巴，搭起一座很长的鹊桥，让牛郎和织女相见。

（2019 年 7 月，发音人：魏杨）

三、自选条目

（一）谚语

打蛇否死成蛇精。［næi²²ɕyɔ⁵³fu⁵⁵sɿ⁵⁵ɕiŋ⁵³ɕyɔ²¹tɕiŋ²¹³］

阴阳比一比，［iŋ²²iã⁵³pi⁵⁵iʔ⁰pi⁵⁵］
村人做半死。［tsʰuɛ²¹nɛ⁵³tsu³⁵pɛ²²sɿ⁵⁵］

王帝一日千人謷，［iɔ̃⁵³ti³⁵iʔ²nɛ²¹tɕʰiã²¹nɛ⁵³su²¹］謷：骂
讨饭乞一日謷千人。［tʰø⁵⁵uã²¹kʰɛ³⁵iʔ²nɛ²¹su²¹tɕʰiã²¹nɛ⁵³］讨饭乞：乞丐

眼望千遍，［ŋã⁵⁵mɔ̃²²tɕʰiã²¹piã³⁵］
否如手做一遍。［fu⁵⁵ɕy⁵³ɕiəu⁵⁵tsu³⁵iʔ²piã³⁵］

好儿［毋乐］大人业。［xɑɔ⁵⁵n̩i²¹ŋɑɔ³⁵tu²¹nɛ⁵³n̩iɛ²¹］［毋乐］：不要

田乐质好，［tiã⁵³ŋɑɔ²²tsæiʔ⁵xɑɔ⁵⁵］
人乐心好。［nɛ⁵³ŋɑɔ²²səŋ²¹xɑɔ⁵⁵］

补漏傍天晴，［pø⁵⁵lɑɔ⁵⁵pɔ̃²¹tʰiã²²ɕiŋ⁵³］傍：趁
学习傍年轻。［u²¹sæi²¹pɔ̃²²n̩iã²¹tɕʰiŋ²¹³］

日头天上过，［nɛ²¹tɑɔ⁵³tʰiã²¹tɕiã²²kuɔ³⁵］
工夫手底过。［koŋ²²fø²¹ɕiəu⁵⁵ti⁵⁵kuɔ³⁵］

蜈蚣十八支脚，［n̩y²²koŋ²¹sæi²¹pɔʔ⁵tsɿ²¹tɕiɔʔ⁵］
忆=走一支路。［i³⁵tsɑɔ⁵⁵iʔ²tsɿ²¹³lø²²］忆=：只

吃人一碗乞人管；［tsʰɿʔ⁵nɛ²¹iʔ²uã⁵⁵kʰa²¹nɛ⁵³kuã⁵⁵］

吃人三碗，［tsʰɿʔ⁵nɛ²¹sã²²uã⁵⁵］
讲话否响。［kɔ̃²²uɔ²²fu⁵⁵ɕiã⁵⁵］

无灰莫种麦，［m³⁵fæi²¹mu²¹tɕiɔ̃²²ma²¹］
无酒莫请客。［m³⁵tɕiəu⁵⁵mu²¹tɕʰiŋ²²kʰaʔ⁵］

长话难讲，［tɕiã⁵³uɔ²²nã⁵³kɔ̃⁵⁵］
长索难搓。［tɕiã²¹suʔ⁵nã⁵³tsʰu²¹³］索：绳

口舌无骨，［kʰɑɔ⁵⁵tɕiɛ²¹m³⁵kuɛʔ⁵］
随你自讲。［sæi²¹n̠i⁵⁵sɿ²²kɔ̃⁵⁵］

穷人门前莫讲有，［tɕioŋ²¹nɛ⁵³məŋ²¹ɕiã⁵³mu²¹kɔ̃⁵⁵iəu⁵⁵］
富人门前莫讲无。［fø³⁵nɛ⁵³məŋ²¹ɕiã⁵³mu²¹kɔ̃⁵⁵m³⁵］

日间莫讲人，［nɛ²¹kã²¹mu²¹kɔ̃⁵⁵nɛ⁵³］
夜间莫讲鬼。［yɔ²²kã²¹mu²¹kɔ̃⁵⁵kuæi⁵⁵］

生莫近王，［sã²¹mu²¹tsəŋ²¹iɔ̃⁵³］
死莫近江。［sɿ⁵⁵mu²¹tsəŋ²¹kɔ̃²¹³］

兄弟一条心，［ɕioŋ²²ti²¹iʔ²tiɑɔ⁵³səŋ²¹³］
黄土变成金。［ɔ̃²¹tʰø⁵⁵piɛ³⁵ɕiŋ⁵³tsəŋ²¹³］

靠山山塌，［kʰɑɔ³⁵sã²¹sã²¹tʰɔʔ⁵］
靠水水流，［kʰɑɔ³⁵ɕy⁵⁵ɕy⁵⁵liəu⁵³］
靠兄弟吃拳头。［kʰɑɔ³⁵ɕioŋ²²ti²²tsʰɿʔ⁵tɕyɛ²¹tɑɔ⁵³］

一代亲，［iʔ⁵tɛ²²tsʰəŋ²¹³］
两代表，［lɛ⁵⁵tɛ²²piɑɔ⁵⁵］表：表亲
三代了了了。［sã²¹tɛ²²liɑɔ⁵⁵liɑɔ⁵⁵liɑɔ⁵⁵］了：没了

嫁鸡随鸡走，［kɔ³⁵tsʅ²¹ɕy⁵³tsʅ²¹tsɑɔ⁵⁵］
嫁鸟随鸟飞。［kɔ²²tiɑɔ²²ɕy⁵³tiɑɔ²²fi²¹³］

三十讨亲固未迟，［sã²¹³sæi²¹tʰø⁵⁵tsʰən²¹³ku³⁵mi²¹tsʅ⁵³］_{固：仍然}固：仍然
四十讨亲全家来。［sʅ³⁵sæi²¹tʰø⁵⁵tsʰən²¹³ɕyɛ²¹kɔ²¹li⁵³］

妹人否听大人话，［mæi³⁵n̠iŋ²²fu⁵⁵tʰiŋ²¹tu²¹nɛ⁵³uɔ²²］妹人：小孩
吃亏牢⁼门前。［tsʰʅʔ⁵kʰuæi²¹lɑɔ⁵³məŋ²¹ɕiã⁵³］

先苦后甜甜如蜜，［ɕiã²¹kʰø⁵⁵ɑɔ⁵⁵tiã⁵³tiã⁵³ɕy⁵³mi²¹］
先甜后苦苦黄连。［ɕiã²¹tiã⁵³ɑɔ⁵⁵kʰø⁵⁵kʰø⁵⁵ɔ̃²¹liɛ⁵³］

网⁼做网⁼赶，［mɔ̃⁵⁵tsu³⁵mɔ̃⁵⁵kuɛ⁵⁵］网⁼……网⁼：越……越
网⁼嬉网⁼懒，［mɔ̃⁵⁵sʅ²¹³mɔ̃⁵⁵lã⁵⁵］
网⁼吃口网⁼淡。［mɔ̃⁵⁵tsʰʅʔ⁵kʰɑɔ⁵⁵mɔ̃⁵⁵tã²¹］

想乐穷，［ɕiã⁵⁵ŋɑɔ²²tɕioŋ⁵³］
天光睏到日头红。［tʰiã²²kɔ̃²¹kʰuɛ³⁵tɑɔ³⁵nɛ²¹tɑɔ²¹oŋ⁵³］

有菜莫吃蕈，［iəu⁵⁵tsʰæi³⁵mu²¹tsʰʅʔ⁵səŋ²¹］蕈：野菇
有路莫坐船。［iəu⁵⁵lø²²mu²¹sɔ²¹ɕyɛ⁵³］

出门否带伞，［tɕʰyɛʔ³məŋ⁵³fu⁵⁵ta²²sã⁵⁵］
倒来遮稻秆。［tɑɔ³⁵li⁵³tɕyɔ²²tɑɔ²¹kuɛ⁵⁵］

第一懒，［ti²¹iʔ⁵lã⁵⁵］
出门否带伞。［tɕʰyɛʔ³məŋ⁵³fu⁵⁵ta²²sã⁵⁵］

爬得高，［puɔ⁵³tiʔ⁰kɑɔ²¹³］
靶⁼得煞。［puɔ⁵⁵tiʔ⁰sɔʔ⁵］靶⁼：跌。煞：厉害

闲事少管，［ã⁵³sʅ²²ɕiɑɔ⁵⁵kuã⁵⁵］

饭吃三碗。［uã²²tsʰɿ̩ʔ⁵sã²²uã⁵⁵］

六月否晒，［lɑɔ²¹n̥yɛ²¹fu⁵⁵sa³⁵］
无谷还账。［m³⁵kuʔ⁵uã⁵³tiã³⁵］

箩米饲斤鸡，［la²¹mi⁵⁵sɿ̩²¹tsəŋ²²tsɿ̩²¹³］
斤鸡换斗米。［tsəŋ²²tsɿ̩²¹uã²²tɑɔ⁵⁵mi⁵⁵］

七葱八蒜九蓼薑。［tsʰæiʔ⁵tsʰoŋ²¹pɔʔ⁵suɛ³⁵tɕiəu⁵⁵liɑɔ²¹tɕiɑɔ²¹³］

（以上 2019 年 7 月，发音人：魏杨）

（二）吟诵

玉峰庐诗

为爱林泉景最佳，［y⁵³ɛ³⁵liŋ²¹ɕyɛ⁵³tɕiŋ⁵⁵tsɛ³⁵kɔ²¹³］
结庐顶峰卧烟霞。［tɕiɛʔ³lø²²tiŋ⁵⁵foŋ²¹³oʔ⁵iã²²ɔ⁵³］
芳樽时对陶公菊，［xɔ̃²²tsœ²¹³sɿ̩⁵³tæi³⁵tɑɔ²¹koŋ²¹³tɕiəuʔ⁵］
古鼎聊烹陆羽茶。［kø²¹tiŋ⁵⁵liɑɔ⁵³pʰoŋ²¹³ləuʔ²y⁵³tsɔ⁵³］
谷遂自宜梅作坞，［kʰuʔ⁵ɕy²²tsɿ̩²²n̠i⁵³mæi⁵³tsoʔ⁵uø²¹³］
径深雅爱竹为家。［tɕiŋ⁵⁵səŋ²¹³ŋɔ⁵⁵ɛ³⁵tiəuʔ⁵y²²kɔ²¹³］
抱琴更向松冈去，［pɑɔ²²tsəŋ⁵³kɛ³⁵ɕiã³⁵soŋ²²kɔ̃²¹³tsʰɿ̩³⁵］
曲罢清风日未斜。［tɕʰioʔ⁵pa⁵³tɕʰiŋ²²foŋ²¹³nɛʔ²mi²²ɕyɔ⁵³］

（2019 年 7 月，发音人：卢亦挺）

温　州

一、歌谣

叮叮当

叮叮当啰唻，〔təŋ təŋ tuɔ luɔ le〕

叮叮当啰唻，〔təŋ təŋ tuɔ luɔ le〕

山脚门外啰唻，〔sa tɕia maŋ va luɔ le〕

啰啰唻，〔luɔ luɔ le〕

孤老堂。〔ku lɜ duɔ〕_{孤老堂：养老院}

松台山上仙侬井哪啰唻，〔soŋ de sa i ɕi naŋ tsəŋ na luɔ le〕_{仙侬井：仙人井，井名}

妙果寺里猪头钟哪，呵乍。〔miɛ ku zɿ lei tsei dɤu tɕyɔ na，ho tso〕_{猪头钟：钟名}

打玟杯

妹，妹，打玟杯，〔mai⁵¹，mai⁵¹，tiɛ²⁵kuɔ⁴²pai²¹〕_{妹：小孩。玟杯：占卜用具}

玟杯打否准。〔kuɔ⁴²pai²¹tiɛ²⁵fuˀtɕioŋ²⁵〕_{否：不}

担去卖茭笋，〔ta³³kʰeiˀma²²kuɔ⁴²ɕioŋ²⁵〕_{茭笋：茭白}

茭笋皮包皮；〔kuɔ⁴²ɕioŋ²⁵bei²³puɔ³³bei²²³〕

担去卖消⁼梨，〔ta³³kʰeiˀma²³ɕiɛ³³lei²²³〕_{消⁼梨：梨子}

消⁼梨满肚子；〔ɕiɛ³³lei²²³mø²³dø³¹tsɿ²⁵〕

担去卖灿⁼柿；〔ta³³kʰeiˀma²³tsʰa⁴²zɿ¹⁴〕_{灿⁼柿：柿子}

灿⁼柿墨能黑；［tsʰa⁴²zๅ¹⁴mai²¹²naŋ³hei³²³］能：这么

担去卖乌贼，［ta³³kʰei⁰ma²³u⁴⁵ze²¹²］

乌贼单粒板；［u⁴⁵ze²¹²ta³³lø³¹pa²⁵］

担去卖港蟹，［ta³³kʰei⁰ma²³kuɔ⁴²ha²⁵］

港蟹十只脚；［kuɔ⁴²ha²⁵zai²¹²tsei⁴⁵tɕia³²³］

担去卖喜鹊，［ta³³kʰei⁰ma²³sๅ⁴⁵tɕʰia³²³］

喜鹊密密趵；［sๅ⁴⁵tɕʰia³²³mi²mi²¹²puɔ⁵¹］趵：跳

担去卖猪脏，［ta³³kʰei⁰ma²³tsei³³zuɔ¹⁴］

猪脏底反出；［tsei³³zuɔ¹⁴tei³⁴pa⁴⁵tɕʰy³²³］底反出：里朝外

担去卖蟀蟀，［ta³³kʰei⁰ma²³ɕy³ɕy³²³］

蟀蟀弹琴。［ɕy³ɕy³²³da²²dʑiaŋ²²³］

弹拉朔门，［da²²la⁰ɕyɔ³³maŋ²²³］拉：到。朔门：地名

朔门擂鼓；［ɕyɔ³³maŋ²²³lai³¹ku²⁵］

擂拉乡下，［lai²²la⁰ɕi⁴²o¹⁴］

乡下吹班；［ɕi⁴²o¹⁴tsʰๅ³³pa³³］吹班：吹唱班

吹拉大街，［tsʰๅ³³la⁰dɤu³¹ka³³］

大街打钹，［dɤu³¹ka³³tiɛ⁴⁵bø²¹²］

打爻十七八粒，［tiɛ²⁵uɔ⁰zai²tsʰai³po³lø²¹²］爻：了

你也一粒，［ȵi¹⁴a⁰i³lø²¹²］

我也一粒。［ŋa¹⁴a⁰i³lø²¹²］

癞头分否着，［la¹⁴dɤu²¹²faŋ³³fu²⁴dʑia²¹²］

走归乞奶讲。［tsau²⁵kai³³ha⁵¹na³³kuɔ²⁵］走归：回家。乞奶讲：对妈妈说

阿奶否相信，［a³na³³fu²⁵ɕi³³saŋ²⁵］

阿伯缩埪谤，［a³pa³²³ɕio³ta⁰kaŋ⁵¹］阿伯：爸爸。缩埪：在那里。谤：骂人

阿爷打臀顿，［a³i³¹tiɛ³⁴dø²²taŋ²⁵］打臀顿：屁股着地摔倒

娘娘走出寻。［ȵi²ȵi³¹tsau²⁵tɕʰy³²³zaŋ³¹］

（以上 2015 年 8 月，发音人：潘亮）

二、规定故事

牛郎和织女

我讲个牛郎伉织女个故事。〔ŋ¹⁴kuɔ²⁵kai⁰ŋau²²luɔ²²³kʰuɔ³²tsei³n̠y¹⁴ge⁰ku⁴²zʅ²²〕

早日啊，有个后生儿，〔tsɜ⁴⁵ne²¹²a⁰，iau²²kai⁰au²³sie³³ŋ¹²〕

乞渠年龄轻轻能届哪奶伯沃〓过辈爻。〔ha⁰gei³¹n̠i²²lən²²³tɕʰiaŋ³tɕʰiaŋ³³naŋ³ka³³na⁰na³³
　　pa³²³o²⁵ku³pai⁵¹uɔ⁰〕奶伯：妈妈爸爸

屋里直头穷险穷穷险穷，〔u³²³ei⁰dzei²²dɤu²²³dʑioŋ³¹ɕi²⁵dʑioŋ³¹dʑioŋ³¹ɕi²⁵dʑioŋ³¹〕

断草无留，〔dø²²tsʰɜ³³vu²²lɤu²²³〕

就是剩落一头老牛。〔iɤu²²zʅ¹⁴dzəŋ²²lo⁰i³dɤu³¹lɜ³¹ŋau²¹〕

乞渠伉个老牛呢相依为命，〔ha⁰gei³¹kʰuɔ³²kai⁰lɜ³¹ŋau²¹ne⁰ɕi³³i³³vu³¹məŋ²²〕伉：和

代别侬耕田呢为生，〔de²²bi²naŋ³¹kie³³di²²³ne⁰vu²sie³³〕

近厘儿钞票过过日子，〔dʑiaŋ¹⁴niŋ²⁵tsʰuɔ³³pʰie²⁵ku³ku⁵¹ne²tsʅ²⁵〕

所以讲呢别侬沃〓叫渠呢牛郎牛郎。〔so⁴²i¹⁴kuɔ²⁵ne⁰bi²naŋ³¹o³tɕiɛ⁵¹gei³¹ne⁰ŋau²²luɔ²²³
　　ŋau²²luɔ²²³〕

该头老牛呢是天里个金牛星，〔ke³³dɤu²²³lɜ³¹ŋau²¹ne⁰zʅ²²tʰi³³lei⁰ge⁰tɕiaŋ³⁴ŋau²²səŋ³³〕

乞渠啊相当喜欢呢牛郎啊为侬呢正直善良，〔ha⁰gei³¹a⁰ɕi³³tuɔ³³sʅ⁴²ɕy³³ne⁰ŋau²²luɔ²²³
　　a⁰vu²naŋ³¹ne⁰tsəŋ⁴⁵dzei²¹²i³¹li²¹〕

平时呢勤劳，勤力险勤力，〔bəŋ²²zʅ²²³ne⁰dʑiaŋ²²lɜ²²³，dʑiaŋ²⁴lei²¹²ɕi²⁵dʑiaŋ²⁴lei²¹²〕

乞渠只想呢逮渠呢成一个家。〔ha⁰gei³¹tsʅ³³ɕi³³ne⁰de²²gei³¹ne⁰zəŋ³¹i³kai⁰ko³³〕

有一日啊，〔iau¹⁴i³ne²¹²a⁰〕

个金牛星呢得到一个消息，〔kai³tɕiaŋ⁴⁵ŋau²²səŋ³³ne⁰te³²³tɜ⁰i³kai⁰ɕiɛ⁴⁵sei³²³〕

晓得天里有一班仙女啊会走落凡呢，〔ɕia²⁵tei⁰tʰi³³lei⁰iau²²i³pa³³ɕi⁴²n̠y¹⁴a⁰vai²²tsau²⁵lo²
　　va³¹ne⁰〕

缩个村东许个湖里哪缩埠呢洗浴挍劚。〔ɕio³kai⁰tsʰø³³toŋ³³he³³kai⁰vu³¹lei⁰na⁰ɕio³ta⁰ne⁰
　　sei⁴⁵io²¹²kuɔ⁴²die²²〕挍劚：玩耍

乞渠当日黄昏啊就托梦乞个牛郎讲，〔ha⁰gei³¹tuɔ⁴⁵ne²¹²a²²ɕy³³a⁰iɤu²²tʰø³moŋ²²ha⁵¹kai⁰
　　ŋau²²luɔ²²³kuɔ²⁵〕

叫牛郎啊第二日天光早啊走到啊村东该个湖里呢，［tɕiɛ⁵¹ŋau²²luɔ²²³a⁰dei²²ŋ²⁴ne²¹²tʰi³³
kuɔ⁴²tsɜ²⁵a⁰tsau²⁵tɜ⁰a⁰tsʰɵ³³toŋ³³ke³³kai³vu³¹lei⁰ne⁰］

啊山脚边啊个湖里呢，［a⁰sa³³tɕia⁴²pi³³a⁰kai³³vu³¹lei⁰ne⁰］

［否爱］响儿能界个有一个有个挂树里件衣裳呢朵゠拉来啊马上趃归道。［fai²⁵ɕi³³ŋ¹²
naŋ⁰bei²²kai⁰iau²²i³kai⁰iau²²kai⁰ko⁵¹zɿ²²lei⁰dʑi²²i²²i²²³ne⁰to²⁵la⁰lei⁰a⁰mo¹⁴i⁰zei²kai³³dʒ⁰］趃
归：跑回家

哎？天光早牛郎醒起以后啊半信半疑，［e¹⁴？ tʰi³³kuɔ⁴²tsɜ²⁵ŋau²²luɔ²²³səŋ²⁵tsʰɿ⁰i³¹au¹⁴
a⁰pø⁴²saŋ²¹pø⁴²n̩i³¹］

乞渠就走，［ha⁰gei³¹iɤu²²tsau²⁵］

走啊是肚里想，［tsau²⁵a⁰zɿ²²dø¹⁴lei⁰ɕi²⁵］

个事干会是真嘎？［kai³²³zɿ³¹kø²¹vai²²zɿ²²tsaŋ³³ga⁰］

哎？走拉村东啊，［e¹⁴？ tsau²⁵la⁰tsʰɵ³³toŋ³³a⁰］

隔远能朦朦胧胧啊就听着个声音，［ka³y¹⁴naŋ⁰moŋ²moŋ¹⁴loŋ²²loŋ²²³a⁰iɤu²²tʰəŋ³³dʑia⁰
kai³səŋ³³iaŋ³³］

啊，缩埭呢控翢水个声音，啊。［a⁰，ɕio³²³ta⁰ne⁰kuɔ³³diɛ³¹sɿ²⁵ge⁰səŋ³³iaŋ³³，a⁰］

再走走近俫添呢，［tsei⁵¹tsau³tsau³dʑiaŋ¹⁴lei⁰tʰi³³ne⁰］

真真有一班仙女啊缩埭呢洗浴。［tsaŋ³tsaŋ³³iau²²i³pa³³ɕi⁴²n̩y¹⁴a⁰ɕio³²³ta⁰ne⁰sei⁴⁵io²¹²］

乞渠就［否爱］响儿能啊，［ha⁰gei³¹iɤu²²fai²⁵ɕi³³ŋ¹²naŋ⁰a⁰］

就按照梦里个个个牛啊托梦乞渠讲啊，［iɤu²²y³³tɕiɛ²⁵moŋ²²lei⁰ge⁰kai³³kai³²³ŋau³¹a⁰tʰø⁴²
moŋ²²ha³²gei³¹kuɔ²⁵a⁰］

就［否爱］响儿能走拉个树边埏啊，［iɤu²²fai²⁵ɕi³³ŋ¹²naŋ⁰tsau²⁵la⁰kai³³zɿ²²pi³³ɕi³³a⁰］

界有件粉红个衣裳啊，［bei²²iau²²dʑi²²faŋ⁴²oŋ²¹ge⁰i²²i²²³a⁰］

朵゠拉来啊就拼命回头呢望归趃。［to²⁵la⁰lei⁰a⁰iɤu²²pʰəŋ⁴²məŋ²²vai²²dɤu²²³ne⁰muɔ²²kai³
³zei²¹²］

狃゠晓得该件粉红个衣裳啊就是呢天里个仙女——织女着个。［n̩iau²²ɕia²⁵tei⁰ke³³
dʑi²¹²faŋ⁴²oŋ²¹ge⁰i²²i²²³a⁰iɤu²²zɿ¹ne⁰tʰi³³lei⁰ge⁰ɕi⁴²n̩y²⁵——tsei³n̩y¹⁴tɕia³²³ge⁰］狃゠晓得：哪
知道

当日黄昏啊织女呢就轻轻能呢敲开牛郎屋里个门，［tuɔ⁴⁵ne²¹²a²²ɕy³³a⁰tsei³n̩y¹⁴ne⁰
iɤu²²tɕʰiaŋ³tɕʰiaŋ³³naŋ⁰ne⁰kʰuɔ³³kʰe³³ŋau²²luɔ²²³u³²³lei⁰ge⁰maŋ³¹］

两个依呢就成为一对啊恩爱个夫妻。［liɛ¹⁴kai⁰naŋ³¹ne⁰iɤu²²zəŋ³¹vu²²i³tai⁵¹a⁰ø³³e²⁵ge⁰
fø³³tsʰei³³］

个时间哪一闪眼个工夫啊，［kai³³zʅ²²ka³³na⁰i³çia³ŋa¹⁴ge⁰koŋ³³fø³³a⁰］

过去快险快就是三年，［ku⁴²kʰei²¹kʰa⁵¹çi²⁵kʰa⁵¹iɤu²²zʅ¹⁴sa³³n̠i³¹］

在该三年当中啊，［ze¹⁴ke³²³sa³³n̠i³¹tuɔ³³tçioŋ³³a⁰］

牛郎伉织女啊生了一男一女两个妹妹。［ŋau²²luɔ²²³kʰuɔ³tsei³n̠y¹⁴a⁰sie³³liɛ⁰i³nø³¹i³n̠y¹⁴
liɛ¹⁴kai⁰mai³mai³³］

哎，渠两个两夫妻个生活啊过得呢啊相当幸福，［e³¹，gei³¹liɛ¹⁴kai⁰liɛ²³fø³³tsʰei³³ge⁰
siɛ⁴⁵o²¹²a⁰ku⁵¹tei⁰ne⁰a⁰çi³³tuɔ³³e²⁴fu³²³］

啊，美满险美满，能。［a⁰，mei³¹mø¹⁴çi²⁵mei³¹mø¹⁴，naŋ³²³］

狃⁼晓得啊，［n̠iau²²çia²⁵tei⁰a⁰］

个织女啊是天里个仙女，［kai³³tsei³n̠y¹⁴a⁰zʅ²²tʰi³³lei⁰ge⁰çi⁴²n̠y¹⁴］

乞渠私自落凡结婚生妹，［ha⁰gei³¹sʅ³³zʅ²²lo²va³¹tçi³çy³³sie³³mai³³］

该起事干乞玉皇大帝晓得，［ke³³tsʰʅ³³zʅ³¹kø²¹ha³²n̠io²²uɔ²²³da³¹tei²¹çia²⁵tei⁰］

许个玉皇大帝你讲是急吗？　［he²⁵kai⁰n̠io²²uɔ²²³da³¹tei²¹n̠i¹⁴kuɔ²⁵zʅ²²tçiai³²³ma⁰］

渠就有一日啊马上发动天兵天将，［gei³¹iɤu²²iau²³i³ne²¹²a⁰mo¹⁴i⁰ho³doŋ¹⁴tʰi³pəŋ³⁴tʰi³³
tçi²⁵］

许个雷风闪电，［he²⁵kai⁰lai²²hoŋ³³çia⁴²di²²］

啊，刮大风落大雨，［a⁰，ko³dɤu³¹hoŋ³³lo²dɤu³¹vu¹⁴］

风来雨去，［hoŋ³³lei³¹vu¹⁴kʰei⁵¹］

呜啊呜啊呜啊呜啊呜啊，［vu¹⁴a⁰vu¹⁴a⁰vu¹⁴a⁰vu¹⁴a⁰vu¹⁴a⁰］

只一下ㄦ工夫哎，［tsʅ²⁵i³oŋ²⁵koŋ³³fø³³e⁰］

个织女訾那会妆⁼妆⁼拉狃⁼宕爻。［kai³³tsei³n̠y¹⁴tsʅ³³na²²vai²²tçyɔ³³tçyɔ³la⁰n̠iau²²duɔ²²
uɔ³¹］

正好在个时节啊，［tsəŋ⁴²hɔ²⁵ze²²kai³²³zʅ²⁴tçi³²³a⁰］

个牛个牛角啊遁遁拉地下，［kai³³ŋau³¹ge⁰ŋau²⁴ko³²³a⁰daŋ²²daŋ²²la⁰dei³¹o¹⁴］

变做一对篅笭。［pi⁴²tsɤu²¹i³tai⁵¹di³¹lɤu²¹］篅笭: 笭筐

牛郎就拼命界妹妹驮起园拉篅笭里，［ŋau²²luɔ²²³iɤu²²pʰəŋ⁴²məŋ²²bei²²mai³mai³³dɤu³¹
tsʰʅ⁰kʰuɔ⁵¹la⁰di³¹lɤu²¹lei⁰］

扁担春⁼拉起就担拉起哪，［pi⁴²ta³³tçʰioŋ³³la⁰tsʰʅ⁰iɤu²²ta³³la⁰tsʰʅ⁰na⁰］

哎？只见个篅笭啊好比翼生起一色，［e¹⁴？tsʅ³³tçi³³kai³³di³¹lɤu²¹a⁰ha³³pei²⁵iai²¹²sie³³
tsʰʅ⁰i³se³²³］

许个耳朵边一股个清风啊就呼呼声呼呼声望天空里飞。［he²⁵kai⁰ŋ³to⁴²pi³³i³ku²⁵ge⁰
　　tsʰəŋ³³hoŋ³³a⁰iɤu²fuˀfuˀsəŋ³³fuˀfuˀsəŋ³³muɔ²²tʰi³³kʰoŋ³³lei⁰fei³³］

个时节啊，［kai³²³ʑ²⁴tɕi³²³a⁰］

乞个王母娘娘听着罢。［ha⁵¹kai³³yɔ³¹mo¹⁴n̠i²²n̠i²²³tʰəŋ³³dʑia⁰be⁰］

王母娘娘啊马上从头里啊拔落一支金钗，［yɔ³¹mo¹⁴n̠i²²n̠i²²³a⁰mo¹⁴i⁰yɔ²²dɤu³¹lei⁰a⁰bo²¹²
　　lo⁰i³tsei³³tɕiaŋ³³tsʰa³³］

在牛郎伉织女之间哪划一划。［ze²²ŋau²²luɔ²²³kʰuɔ⁵¹tsei³n̠y¹⁴tsʅ³³ka³³na⁰va²¹²i³va²¹］

狃ˀ晓得能一划哪，［n̠iau²²ɕia²⁵tei⁰naŋ³²³i³va²¹²na⁰］

马上眼前出现一条亦长亦阔、［mo¹⁴i⁰ŋa³¹i²¹tɕʰy⁴²i²²i³die³¹i²³dʑi³¹i²³kʰo³²³］

河水滚滚个能个银河，［vu³¹sʅ²⁵kaŋ³kaŋ²⁵ge⁰naŋ³²³ge⁰n̠iaŋ²²vu²²³］

畀渠两个呢隔隔拉开爻。［bei²²gei³¹liɛ¹⁴kai⁰ne⁰ka³²³ka³la³kʰe⁰uɔ⁰］

个喜鹊哪还有情。［kai³²³sʅ⁴⁵tɕʰia³²³na⁰va³¹iau²²zəŋ³¹］

哎，喜鹊哪就定落每一年个七月七号，［e³¹，sʅ⁴⁵tɕʰia³²³na⁰iɤu²²dəŋ²²lo⁰mai¹⁴i³n̠i³¹ge⁰
　　tsʰai³²³n̠y²tsʰai³²³ʒ²²］

就讲七月七哪，哦，［iɤu²²kuɔ²⁵tsʰai³n̠y²tsʰai³²³na⁰，o⁵¹］

就无千大万个喜鹊哪沃ˀ呢飞到天空里啊。［iɤu²²vu²²tɕʰi³³da³¹ma²²ge⁰sʅ⁴⁵tɕʰia³²³na⁰o³²³
　　ne⁰fei³³tɜ⁰tʰi³³kʰoŋ³³lei⁰a⁰］无千大万：成千上万

哎，你畀渠个尾巴儿咬牢，［e³¹，n̠i¹⁴bei²²gei³¹ge⁰mei⁴⁵po³³ŋ¹²ŋuɔ¹⁴lɜ⁰］

渠畀渠个尾巴儿咬牢，［gei³¹bei²²gei³¹ge⁰mei⁴⁵po³³ŋ¹²ŋuɔ¹⁴lɜ⁰］

搭起一条长长个能款式个鹊桥，［ta³²³tsʰʅ⁰i³die³¹dʑi³¹dʑi³¹ge⁰naŋ³²³kʰø⁴⁵sei³²³ge⁰tɕʰia³³
　　dʑiɛ²²³］

乞牛郎织女妹妹一家侬呢团圆。［ha⁵¹ŋau²²luɔ²²³tsei³n̠y¹⁴mai³mai³³i³ko³³naŋ³¹ne⁰
　　dø²²y²²³］

　　我讲一个牛郎和织女的故事。古时候，有一个小伙子，很小的时候父母就死了。家里很穷，只有一头老牛。他和老牛相依为命，以帮人耕地为生，挣点钱过日子，所以别人都叫他牛郎。这头老牛是天上的金牛星，他喜欢牛郎为人正直善良，平时又很勤劳，想替他成个家。

　　有一天这个金牛星得到一个消息，知道天上有一群仙女会下凡到村东的湖里洗澡玩耍。当天晚上他就托梦给牛郎，叫他第二天一早就到村东山脚下的湖里，悄悄地把树上挂的一件衣裳拿来就马上回家。

　　早上，牛郎醒了后半信半疑，他走啊走，心里想这会是真的吗？走到村东远远地朦朦胧胧就听到戏水的声音。再走近一点，真的有一群仙女在那里洗澡。他就悄悄地走到树旁，把一件粉红的衣裳拿了就拼命往家跑。哪里知道这件粉红衣服就是天上的仙女——织女穿的。当天晚上织女就轻轻地敲开了牛郎家的门，两个人成为一对恩爱夫妻。

　　一眨眼的工夫，三年过去了。牛郎和织女生了一男一女两个孩子。他们两夫妻的生活过得相当幸福美满。

　　哪里知道，这个织女是天上的仙女，她私自下凡结婚生子这件事被玉皇大帝知道了，他能不生气吗？有一天他发动天兵天将，打雷闪电，刮大风下大雨，一会儿织女就不知道到哪里去了。这时候，牛的角掉在了地上，变作一对箩筐。牛郎把孩子抱起来放在箩筐里，扁担伸进去就挑起了箩筐，只见这个箩筐好像生了翅膀一样，呼呼地向天空飞去。

　　王母娘娘听见了。她马上从头上拔下一支金钗，在牛郎和织女中间划了一下。哪里知道这么一划，眼前马上就出现一条又长又宽、河水滚滚的银河，把他们两个隔开了。

　　喜鹊有情，定下每一年的七月初七都飞到天上。互相咬住尾巴，搭起一条长长的鹊桥，让牛郎织女和孩子一家人团圆。

（2015 年 8 月，发音人：潘亮）

三、自选条目

（一）歇后语

眯床底角吃糯柿［mei³³yɔ²²tei⁴⁵ko³²³tɕʰʅ³noŋ³¹zʅ¹⁴］
——别侬也会晓得个［bi²naŋ²¹²a²⁵vai²²ɕia²⁵tei⁰ge⁰］

三粒板两条缝［sa³³lø²¹pa²⁵liɛ¹⁴diɛ²¹oŋ²²］
——灵清险个［ləŋ²²tsʰəŋ³³ɕi²⁵ge⁰］灵清：清清楚楚

月光影当银番钿［ȵy²kuɔ⁴²iaŋ²⁵tuɔ³³ȵian¹⁴fa³³di²²³］
——［否爱］无空想［fai³³vu²²kʰoŋ⁴²çi²⁵］银番钿：银元

十八个捣臼还画是岩里［zai²po³²³kai⁵¹tɜ⁴²dʑiau¹⁴va³¹o²²zʅ²²ŋa³¹lei⁰］
——还未险哪［va²²mei²²çi²⁵na⁰］

田螺壳里做道场［di²²lʴu²⁴kʰo³²³lei⁰tsʴu⁵¹dɜ³¹dʑi²¹］
——忒琐哪［tʰo³²³sai²⁵na⁰］琐：小

三八廿八［sa⁴⁵po³²³ȵi²⁴po³²³］
——假懵［ko⁴²moŋ¹⁴］

（以上 2015 年 8 月，发音人：潘亮）

黄翠英卖花［uɔ³¹tsʰai⁴²iaŋ³³ma²²ho³³］
——三等三样［sa³³taŋ⁵¹sa³³i¹⁴］

牛皮写字［ŋau²²bei²²³sei⁴²zʅ²²］
——值否得侬老实［dzei²¹²vu⁰tei⁰naŋ³¹lɜ²⁴zai²¹²］

（以上 2015 年 10 月，发音人：金寿金）

（二）吟诵

雨铃霖

寒蝉凄切，［y³¹i³¹tsʰei³³tɕʰi³²³］
对长亭晚，［tai⁵¹dʑi²²dəŋ²²³ma¹⁴］
骤雨初歇。［dzau³¹vu¹⁴tsʰʴu³³çi³²³］
都门帐饮无绪，［tø³³maŋ²²³tɕi⁴²iaŋ²⁵vu³¹zʅ¹⁴］
伉留恋处，［kʰuɔ⁵¹lʴu²²li²²³tsʰʅ⁵¹］
兰舟催发。［la²²tɕiʴu³³tsʰai³³ho³²³］
执手相看泪眼，［tsai³çiʴu²⁵çi²⁵kʰø⁵¹lai²²ŋa¹⁴］
竟无语凝噎。［tɕiaŋ⁵¹vu²²ȵy¹⁴ȵiaŋ³¹i³²³］

念去去，［n̩i²²tɕʰy³tɕʰy⁵¹］

千里烟波，［tɕʰi³³lei¹⁴i³³pu³³］

暮霭沉沉楚天阔。［mo²¹²ø³²³dzaŋ²²dzaŋ²²³tsʰɤu²⁵tʰi³³kʰo³²³］

多情自古伤离别，［tɤu³³zəŋ²²³z̩²²ku²⁵ɕi³³lei²⁴bi²¹²］

更那堪，［kiɛ⁵¹na²⁵kʰø³³］

冷落清秋节！［liɛ²⁴lo²¹²tsʰəŋ³³tɕʰiɤu³³tɕi³²³］

今宵酒醒何处？［tɕiaŋ³³ɕiɛ³³tɕiɤu²⁵səŋ²⁵vu³¹tsʰ̩⁵¹］

杨柳岸，［i³¹lɤu¹⁴y²²］

晓风残月。［ɕia²⁵hoŋ³³dza²⁴n̩y²¹²］

此去经年，［tsʰ̩²⁵tɕʰy⁵¹tɕiaŋ³³n̩i²²³］

应是良辰好景虚设。［iaŋ³³z̩²²li²²zaŋ²²³hɤ⁴²tɕiaŋ²⁵ɕy³³sei³²³］

便纵有千种风情，［bi²²tɕyɔ⁴²iau¹⁴tɕʰi³³tɕyɔ²⁵hoŋ³³zəŋ²²³］

更与何人说？［kiɛ⁵¹vu³¹vu³¹zaŋ²¹ɕy³²³］

（2015 年 8 月，发音人：潘亮）

永　嘉

一、歌谣

手巾包

妹，妹，你［否爱］响，［mai⁵³，mai⁵³，n̩i¹³fai³³ɕiɛ⁴⁵］

阿爸城底新走上，［a⁴³pa⁴⁴ieŋ³¹tei⁴⁵saŋ³³tsau⁴³iɛ¹³］

手巾包，圆□□，［ɕiəu⁴⁵tɕiaŋ³³puɔ⁴⁴，y¹³lɔ⁴³lɔ⁴⁴］圆□□：圆溜溜

□有饼干还有糖。［z̩¹³iau³¹peŋ⁵³ky⁴⁴va²²iau²²dɔ³¹］□：又

江心塔

江心塔，罗浮塔，［kɔ³³saŋ⁴⁴tʰa⁴²³，lo²¹³u²¹tʰa⁴²³］

尖对尖，［tɕi⁴⁴tai⁵³tɕi⁴⁴］

道士岩背徛神仙。［də³¹z̩¹³ŋa¹³pai⁴³ge¹³zaŋ²²ɕi⁴⁴］

道士山脚龙喷水，［də²²z̩¹³sa⁴⁵tɕia⁴²³lyə¹³pʰaŋ⁵³sʯ⁴⁵］

不如沙滩打秋千。［ba³¹z̩¹³so³³tʰa⁴⁴tɛ⁴⁵tɕʰiəu³³tɕʰi⁴⁴］

燕儿，燕儿

燕儿，燕儿，飞过殿儿，［i⁵³ŋ⁰，i⁵³ŋ⁰，fei³³ku³³di³¹ŋ⁰］

院门关，飞过山，［y²²maŋ²²ka⁴⁴，fei⁴⁴ku⁵³sa⁴⁴］

山平地平，［sa⁴⁴beŋ³¹dei²²beŋ³¹］

飞过大树林，[fei³³ku³³da³¹zʅ²¹leŋ³¹]

碰着李胡童＝，[pʰoŋ⁵³dʑia²¹lei¹³vu²²doŋ²²]

李胡娶亲，[lei¹³vu²²tɕʰiau⁵³tsʰaŋ⁴⁴]

长＝额＝拜敬，[dʑiɛ²²ŋa²¹pa⁵³tɕiaŋ⁴³]

哎，哎，糕儿乞你当点心。[ei⁵³, ei⁵³, kə³³ŋ⁰kʰa⁴³n̠i²²to³³tiɛ⁵³saŋ⁴⁴]乞：给

十二月令

一月灯，[iai²¹n̠y²¹³taŋ⁴⁴]

二月鹞，[ŋ¹³n̠y²¹³yə²²]

三月麦耷做鬼叫，[sa³³n̠y²¹ma³¹loŋ²²tso⁴³tsʅ⁴⁵tɕyə⁵³]

四月冷清清，[sʅ⁵³n̠y²¹lɛ¹³tɕʰien³³tɕʰien⁴⁴]

五月点灯星＝，[ŋ¹³n̠y²¹tiɛ⁴⁵taŋ³³ɕien⁴⁴]

六月六，晒霉臭，[ləu²¹n̠y²¹ləu²¹³, sa⁵³mai¹³tɕʰiəu⁴³]

七月七，蒸倈巧食乞栏头雀儿扚，[tsʰai⁴³n̠y¹³tsʰai⁴²³, tɕien³³lei⁰kʰɔ⁵³zʅ²¹kʰa⁴³la³¹təu²¹

　　tɕiɛ⁵³ŋ⁰tai⁴²³]

八月八，麦饼勔芝麻，[po⁴³n̠y¹³po⁴²³, ma²¹peŋ⁴⁵lai²²tsʅ³³mo²¹]

九月九，灯光勔捣臼，[tɕiau⁴⁵n̠y³¹tɕiau⁴⁵, taŋ³³kɔ⁴⁴lai²²tə⁵³dʑiau³¹]

十月满，水冰骨，[zai²¹n̠y²¹mø¹³, sʅ⁴⁵peŋ⁴⁵ky⁴²³]

十一月，吃汤圆，[zai¹³iai⁴²³n̠y²¹, tɕʰiai⁴³tʰɔ³³y²¹]

十二月，捣稻糕，送状元。[zai²¹ŋ²²n̠y²¹, tə⁴⁵də²²kə⁴⁴, soŋ³³dʑyɔ³¹n̠y³¹]

（以上 2011 年 3 月，发音人：孙秀姆）

二、规定故事

牛郎和织女

早日初，[tsə⁴⁵ne²¹³tsʰu⁴⁴]

有一个后生儿，[iau¹³e³kai³³au⁴⁵sɛŋ⁴⁴]

个后生儿奶阿伯呢沃＝冇爻。[kai³au¹³sɛŋ⁴⁴na⁴⁴a⁴³pa⁴²³ne⁰o³nau³gɔ³¹]沃＝：都。冇：没有。爻：助

　　词，表完成

剩落呢就只孤苦伶仃个渠，[dzeŋ²²lo²²ne⁰zəu²²tsʅ⁰ku⁴⁴kʰu⁴⁵leŋ²²təŋ⁴⁴gi⁰gi³¹]

屋底呢还有头老牛，[u³²³tei⁰ne⁰va³¹iau²²dəu²²lə³¹ŋau³¹]

渠呢噶侊个头老牛呢代别侬拖田呢走过生活，[gi³¹ne⁰ka³kʰɔ⁵³kai³dəu²²lə³¹ŋau³¹ne⁰
　　de²²bi²naŋ³¹tʰa⁴⁴di²²ne⁰tsau³³ku⁵³sɛ⁴⁵vu²¹³] 侊：和

个头老牛呢就比自命啊还值钿。[kai³³dəu²²lə³¹ŋau²¹ne⁰zəu²²pei⁴⁴zɿ²²meŋ²²a⁰va³¹dʑɿ²²di²¹]

事实呢个头老牛啊是天上个金牛星。[zɿ¹³zai²¹³ne⁰kai³³dəu²²lə³¹ŋau²¹a⁰zɿ²²tʰi⁴⁴i²²gi⁰
　　tɕiaŋ³³ŋau²²ɕiŋ⁴⁴]

噶金牛星呢也很喜欢渠，[ka³tɕiaŋ³³ŋau²²ɕiŋ⁴⁴ne⁰a²¹³haŋ⁴⁵sɿ⁵³ɕy⁴⁴gi³¹]

讲渠个后生儿啊□香侬□勤力，[ko⁴⁴gi³¹kai³³au¹³seŋ⁴⁴a⁰zɿ¹ɕiɛ³³naŋ²¹zɿ²¹dʑiaŋ¹³lei²¹³]

　　□：又。香侬：乖

渠想帮助渠呢，[gi³¹ɕiɛ⁴⁴pu⁴⁴zəu¹³gi³¹ne⁰]

想办法逮渠呢娶个老安乞渠，[ɕiɛ⁴⁴ba¹³fɔ⁴²³de²gi³¹ne⁰tɕʰiau⁴⁵kai⁰lə³¹y⁴⁴kʰa⁴⁴gi³¹] 逮：

　　把。老安：老婆

逮渠家成起。[de²²gi³¹ko⁴⁴ieŋ³¹tsʰɿ⁰] 起：表趋向

有一日呢，[iau¹³e³ne²¹³ne⁰]

金牛星呢拼命呢托个梦呢乞牛郎讲，[tɕiaŋ³³ŋau²²ɕiŋ⁴⁴ne⁰pʰeŋ⁴⁴meŋ²²ne⁰tʰø⁴⁴kai⁰
　　moŋ²²ne⁰kʰa⁵³ŋau²²lo²¹ko⁴⁵]

叫牛郎啊，明朝天光啊早俫爬起。[tɕy⁵³ŋau²²lo²¹a⁰，maŋ²²tɕy⁴⁵tʰi³³ko⁴⁴a⁰tsə⁴⁵lei⁰bu³¹
　　tsʰɿ⁰] 爬起：起床

走村个许个东边许个山脚下许个河下面啊，[tsau³³tsʰø⁴⁴gi⁰hai⁴⁵kai⁴⁵doŋ³³pi⁴⁴hai⁴⁵
　　kai⁰sa⁴⁵tɕia⁴²³o¹hai⁴⁵kai⁰u³¹o³¹mai²²a⁰] 许：那

有一班仙女是宕洗身体，[iau¹³e³pa⁴⁴ɕi⁵³ny¹³zɿ¹³dɔ²²sei⁴⁴saŋ⁵³tʰei⁴⁵] 是宕：在那儿

[衣裳] 呢沃⁼脱爻呢沃⁼挂是树上，[iɛ⁴²³ne⁰o³tʰɛ⁴²³ɔ⁰ne⁰o³ku⁵³zɿ²²zɿ²²iɛ²²]

乞你□去啊逮渠 [衣裳] 呢牵一件来呢，[ha³ȵi¹³sɔ⁵³kʰi⁵³a⁰de²²gi³¹iɛ⁴²³ne⁰tɕʰi⁴⁴e³dʑi¹³
　　lei³¹ne⁰] 乞：语气词。□：跑

乞你头也 [否爱] 踩转只管自走归，[ha³ȵi¹³dəu³¹a⁰fai⁴⁴lai²²tɕy⁰tsɿ³³kø⁴⁵zɿ²²tsau³³kai⁴⁴]

　　[否爱]：别。踩：转

走归爻呢就有个仙女呐走寻你会乞你做老安个。[tsau³³kai⁴⁴ɔ⁰ne⁰zəu²²iau²²kai⁰ɕi⁵³
　　ȵy¹³nɔ⁰tsau³³zaŋ³¹ȵi¹³vai²²kʰa³³ȵi¹³tsəu⁵³lə³¹y⁴⁴gi⁰]

第二日天光，[di²²ŋ²²ne²¹³tʰi³³ko⁴⁴]

牛郎只睏醒呢，[ŋau²²lo²¹tsɿ³³kʰø⁵³ɕieŋ⁴⁵ne⁰]

也觉着半信半否信，［a²¹³ko⁴²³dʑia⁰pø⁵³saŋ⁵³pø⁵³fu⁴⁵saŋ⁵³］

走山边张张眙到底是啻那能款式。［tsau⁴⁵sa³³pi⁴⁴tɕiɛ³³tɕiɛ⁴⁴tsʰɻ⁵³də³tei⁴⁵zɻ²²tsɻ⁴⁴na²¹³naŋ²¹kʰø⁴⁵sei⁴²³］张：瞧。眙：看。啻那：怎么。款式：情况

走到山边，［tsau⁴⁵tə⁵³sa³³pi⁴⁴］

真真那眙着许个河底面呐七个仙女是宕洗身体，还是宕拣水。［tsaŋ³tsaŋ⁴⁴na⁰tsʰɻ⁵³dʑia⁰hai⁴⁵kai⁰u³¹tei⁵³mai²²nɔ⁰tsʰai⁴²³kai⁰ɕi⁵³n̠y¹³zɻ²²dɔ⁰sei³³saŋ⁵³tʰei⁴⁵，va³¹zɻ²²dɔ⁰kɔ⁵³sɻ⁴⁵］拣水：玩水

牛郎□去□去树下啊逮［衣裳］牵来呢，［ŋau²²lo²¹sɔ⁵³kʰi⁰sɔ⁵³kʰi⁰zɻ³¹o¹³a⁰de²²iɛ⁴²³tɕʰi⁴⁴lei⁴⁴ne⁰］

望归□头也否踩转眙。［mo²²kai⁴⁴sɔ⁵³dəu³¹a⁰fu⁴⁵lai²²tɕy⁰tsʰɻ⁵³］

许日黄昏，睏到半夜能届，［hai⁴⁵ne²¹³a³¹ɕy⁴⁴，kʰy⁵³la⁰pø⁵³zɻ²²naŋ²²ka⁰］届：……的时候

有个侬啻那会轻轻能缩渠宕门上敲。［iau¹³kai⁵³naŋ³¹tsɻ⁴⁴na²¹³vai²²tɕʰiaŋ³tɕʰiaŋ⁴⁴naŋ⁰ɕyo³gi³¹dɔ⁰maŋ³¹iɛ⁰kʰɔ⁴⁴］缩：在

牛郎拼命爬起开爻张张眙到底是何［物样］侬，［ŋau²²lo²¹pʰeŋ⁴⁴meŋ²²bu³¹tsʰɻ⁰kʰe⁴⁴ɔ⁰tɕiɛ³tɕiɛ⁴⁴tsʰɻ⁵³tə³tei⁴⁵zɻ²²a²²n̠iɛ³¹naŋ³¹］

门只打拉开，正就是天上个个个织女。［maŋ³¹tsɻ³³tɛ⁴⁵la⁰kʰe⁴⁴，tseŋ⁵³zəu²²zɻ²²tʰi⁴⁴iɛ²²gi⁰kai⁴⁴kai⁰tsɻ⁵³n̠y¹³］

渠就拼命逮渠接底，［gi³¹zəu²²pʰeŋ⁴⁴meŋ²²de²²gi³¹tɕi⁴²³tei⁰］底：里面

许日黄昏渠两个侬成亲爻。［hai⁴⁵ne²¹³a³¹ɕy⁴⁴gi³¹lɛ¹³kai⁵³naŋ³¹ieŋ³¹tsʰaŋ⁴⁴ɔ⁰］

成亲以后呢，个时间啊快险，［ieŋ³¹tsʰaŋ⁴⁴i²²au¹³ne⁰，kai³³zɻ²²ka⁴⁴a⁰kʰa⁵³ɕi⁴⁵］

头也未踩转三年就过过去哦，［dəu³¹a⁰mei²²lai²²tɕy⁴⁵sa⁴⁴n̠i³¹zəu²²ku³ku⁵³e⁰ɔ⁰］

还生来来一个儿一个女儿。［va³¹sɛ⁴⁴lei³¹lei⁰e³kai⁰ŋ³¹e³kai⁰na³¹ŋ⁰］

一家侬呢很开心，［e³ko⁴⁴naŋ³¹ne⁰haŋ⁴⁵kʰe³³saŋ⁴⁴］

生活过得呢也很痛快。［sɛ⁴⁵u⁴²³ku⁵³de⁰ne⁰a²¹³haŋ⁴⁵tʰoŋ⁵³kʰa⁵³］

乞天上个玉皇大帝啻那会晓得，［kʰa⁵³tʰi⁴⁴iɛ²²kai³³n̠yo²¹³o²¹da²²dei²²tsɻ³³na²¹³vai²²ɕia⁴⁵de⁰］

讲个个仙女啻那会［否爱］响儿能走落落凡爻伉凡侬结婚生儿，［ko³³kai³³kai⁰ɕi⁵³n̠y¹³tsɻ³³na²¹³vai²²fai⁴⁴ɕieŋ⁴⁴naŋ⁰tsau³³lo⁰lo²¹va²¹³ɔ⁰kʰɔ³³va²¹³naŋ³¹tɕi⁴²³ɕy⁴⁴sɛ⁴⁴ŋ²¹］［否爱］响儿：不声不响

个是违规个用否着个。［kai³³zɻ²²va²²tɕy⁴⁴gi⁰uɔ¹³u⁰dʑia²¹³gi⁰］

有一日啊，［iau¹³e³ne²¹³a⁰］

个玉皇大帝缩天上□打雷□打风□落雨，［kai³³n̠yo²²o²²da²²dei²²çyo³tʰi⁴⁴iɛ²²z̩²¹tɛ³
　　lai³¹z̩²¹tɛ³hoŋ⁴⁴z̩²¹lo²¹ʮ¹³］

整个天呢乌云□海，［tseŋ⁵³kai⁴²tʰi⁴⁴ne⁰u⁴⁴ioŋ²²de³¹he⁴⁵］乌云□海：乌云密布

只一下哎，訾那会个织女訾那会冇爻哎，［ts̩⁴⁴e³o⁵³e⁰，ts̩³³na²¹³vai²²kai³³ts̩⁵³n̠y¹³ts̩³³
　　na²¹³vai²²nau⁴⁵ɔ⁰ɛ⁰］冇：没有

事实呢个织女是乞玉皇大帝呢收天上爻。［z̩¹³zai²¹³ne⁰kai³³ts̩⁵³n̠y¹³z̩²²kʰa³³
　　n̠yo²²o²²da²²dei²²ne⁰çiəu⁴⁴tʰi⁴⁴iɛ²²ɔ⁰］

能呢个妹呢就□命哭□命哭，［naŋ²²ne⁰kai³³mai⁴⁴ne⁰zəu²²dz̩²²meŋ²²kʰu⁴²³dz̩²²meŋ²²
　　kʰu⁴²³］能：这样。妹：孩子。□命：一直

个牛郎呢就急爻呢团团转，［kai³³ŋau²²lo²¹ne⁰zəu²²tçiai⁴²³ɔ⁰ne⁰dø²²dø³¹tçy⁴⁵］

噶［晓否］得訾那好。［ka³çiau⁴⁵tei⁴²³ts̩³³na²¹³hə⁴⁵］

老牛许日啊訾那呢会开口，［lə³¹ŋau²¹hai⁴⁵ne²¹³a⁰ts̩³³na²¹³ne⁰vai²²kʰe⁵³kʰau⁴⁵］

叫牛郎［否爱］急，［tçy⁵³ŋau²²lo²¹fai⁴⁴tçiai⁴²³］

逮我两个牛角掰落，变做两头箩，［de²²ŋ²²lɛ¹³kai⁴⁵ŋau¹³ko⁴²³pʰa⁴²³lo²¹，pi⁵³tso⁵³lɛ¹³
　　dəu¹³lo³¹］

逮两个妹坐箩底，扁担担起就会飞天上，［de²²lɛ¹³kai⁴⁵mai⁴⁴zo¹³lo³¹tei⁰，pi⁵³ta⁴²ta⁴⁴
　　tsʰ̩⁰zəu²²vai²²fei⁴⁴tʰi⁴⁴iɛ²²］

个织女会寻着。［kai³³ts̩⁵³n̠y¹³vai²²zaŋ³¹dʑia²¹³］

牛角呢遁拉田下变做两头箩，［ŋau¹³ko⁴²³a⁰daŋ²²la⁰di³¹o¹³pi⁵³tso⁴²lɛ¹³dəu¹³lo³¹］遁：掉。
　　田下：地上

逮两个妹呢个头也坐一个许头也坐一个，［de²²lɛ¹³kai⁰mai⁴⁴ne⁰kai³³dəu²²a⁰zo¹³e³kai⁵³
　　hai⁴⁵dəu²²a⁰zo¹³e³kai⁵³］

扁担只一担就向天空里飞，［pi⁵³ta⁴²ts̩³³e³ta⁴⁴zəu²²çiɛ⁵³tʰi³³kʰoŋ⁴⁴li⁰fei⁴⁴］

飞哎飞，［fei⁴⁴ɛ⁰fei⁴⁴］

快会逮个织女呢追牢那时节，［kʰa⁵³vai²²de²²kai³³ts̩⁵³n̠y¹³ne⁰tsʮ⁴⁴lə³¹na⁰z̩⁰tçi⁰］

乞王母娘娘訾那会发现，［kʰa⁵³yo¹³mu¹³n̠iɛ²²n̠iɛ²¹ts̩³³na²¹³vai²²fɔ²¹i²²］

王母娘娘逮自头上个金横儿呢拨拉落。［yo¹³mu¹³n̠iɛ²²n̠iɛ²¹de²²z̩²²dəu³¹iɛ⁰gi⁰tçiaŋ⁵³
　　va³¹ŋ⁰ne⁰bu³¹la⁰lo²¹］

缩个牛郎伉织女当中呢划一划，［çyo³kai³³ŋau²²lo²¹kʰɔ³ts̩⁵³n̠y¹³to³³tçioŋ⁴⁴ne⁰va²¹e³va²¹³］

变成一条天河，［pi⁵³ieŋ³¹e³duɔ³¹tʰi⁴⁴u²¹］

个条天河呢□长□阔，［kai³³duɔ²¹tʰi⁴⁴u²¹ne⁰zɿ²¹dʑiɛ³¹zɿ²¹kʰu⁴²³］

逮个两个隔隔拉对岸爻，［de²²gi³¹lɛ¹³kai⁵³ka⁴²³ka⁴²la⁰dei³¹y³¹ɔ⁰］

天上个鸟多险多多险多，［tʰi⁴⁴iɛ²²gi⁰n̠ia⁴⁵təu³³ɕi⁴⁵təu⁴⁴təu³³ɕi⁴⁵təu⁴⁴］险：很

也是同情牛郎伉织女两个侬逮隔开爻。［a²¹³zɿ²²doŋ²²ieŋ²²ŋau²²lo²¹kʰɔ³tsɿ⁵³n̠y¹³lɛ¹³kai⁵³
　　　naŋ²¹³de²²ka⁴²³kʰe⁴⁴ɔ⁰］

水鹊想俅办法，［sɿ⁴⁵tɕʰia⁴²³ɕiɛ⁴⁵lei⁰ba¹³huo⁴²³］水鹊：喜鹊

每年个七月七，［mai⁴⁵n̠i³¹gi⁰tsʰai⁴⁵n̠y²¹tsʰai⁴²³］

逮水鹊吤拢多险多多险多，［de²²sɿ⁴⁵tɕʰia⁴²³ia⁴²³loŋ⁰təu³³ɕi⁴⁵təu⁴⁴təu³³ɕi⁴⁵təu⁴⁴］

渠衔渠个尾巴，渠衔渠个尾巴，［gi³¹ga³¹gi³¹gi⁰mei³¹pu⁴⁴，gi³¹ga³¹gi³¹gi⁰mei³¹pu⁴⁴］

衔起呢一条水鹊个桥，［ga³¹tsʰɿ⁰ne⁰e³duɔ³sɿ⁴⁵tɕʰia⁴²³gi⁰dʑy³¹］

个条桥呢长险长，［kai³³duɔ²²dʑy³¹ne⁰dʑiɛ³¹ɕi⁴⁵dʑiɛ³¹］

横个天河上面，［vɛ³¹kai³³tʰi⁴⁴u²¹iɛ³¹mai²²］

乞个牛郎伉织女两个呢相会，［kʰa⁵³kai³³ŋau²²lo²¹kʰɔ³tsɿ⁵³n̠y¹³lɛ¹³kai⁵³ne⁰ɕiɛ⁴⁴vai²¹］

一家侬呢团圆。［e³ko⁴⁴naŋ³¹ne⁰dø²²y²¹］

　　从前有个小伙子，父母都去世了。家里只有他一个人，孤苦伶仃。家里只有
一头老牛，大家都叫他牛郎。

　　牛郎靠老牛耕地为生，与老牛相依为命。老牛其实是天上的金牛星，他喜欢
牛郎的勤劳、老实，所以想帮他成个家。

　　有一天，金牛星托梦给牛郎，让他第二天早上到村东边山脚的湖边去，那儿
有仙女在洗澡。趁仙女洗澡时，拿走一件仙女挂在树上的衣服，然后头也不回地
跑回家，就会得到一个美丽的妻子。

　　第二天早上，牛郎半信半疑地来到山脚下，果真看见七个美女在那里洗澡、戏
水。他立刻拿起树上的一件粉红的衣服，飞快地跑回家，这个被拿走衣服的仙女就
是织女。当天夜里，织女就轻轻地敲开了牛郎的家门，两个人就成了恩爱夫妻。

　　一转眼三年过去了，牛郎和织女生了一个儿子一个女儿，一家人过得很愉
快。但是织女私自下凡这件事被玉皇大帝知道了。

　　有一天，天上电闪雷鸣，并刮起了大风，下起了大雨，织女也突然不见了，
两个孩子哭着要妈妈，牛郎急得不知如何是好。这时候老牛突然开口了："你不要
着急，你把我的角取下来，变成两个箩筐，装上两个孩子，就可以到天上找织女
了。"牛郎正在奇怪，牛角就掉到地上了，真的变成了两个箩筐。牛郎就把两个孩
子放进箩筐里，用扁担挑起来，突然就飞起来了，向天上飞去。

飞啊飞啊……差一点儿就追上了，最后被王母娘娘发觉了。她就拔下头上面的一根金钗，在牛郎和织女中间一划，立刻就出现了一条天河，宽得一眼望不到边，把他们两个隔开了。

喜鹊非常同情牛郎和织女，每年的农历七月初七，成千上万只喜鹊都飞到天上，一只咬着另外一只的尾巴，搭起一座长长的桥，让牛郎和织女两个人相会，一家人团圆。

（2011年3月，发音人：孙秀姆）

三、自选条目

俗语

浣拉祠堂角，[u⁵³la²²zɿ²²dɔ¹³ko⁴²³]浣：屎
一姓侬淘气。[i⁴³ɕieŋ⁵³naŋ²¹də²²tsʰɿ⁴⁵]淘气：心情不爽

眠梦吃浣讲否得，[mi²²moŋ¹³tɕʰiai⁴³u⁵³kɔ⁴⁵u⁰tei⁴²³]
哑侬吃苦瓜讲否得。[o⁴⁵naŋ³¹tɕʰiai⁴³kʰu⁵³ko⁴⁴kɔ⁴⁵u⁰tei⁴²³]

冷水烫鸡，[lε¹³sʅ⁴⁵tʰɔ⁵³tɕiai⁴⁴]
一毛否拔。[i⁴³mə³¹fu⁴⁵bo²¹³]

猪八戒带花，[tsʅ⁵³po⁴³ka⁵³ta⁵³ho⁴⁴]
越多越丑。[y²¹təu⁴⁴y²¹tɕʰiəu⁴⁵]

和尚撑伞，[u²²iε²¹tsʰε⁵³sa⁴⁵]
无法无天。[u²²huo⁴²u²²tʰi⁴⁴]

老鼠钻风箱，[lə³¹tsʰʅ⁴⁵tsø³³hoŋ³³ɕiε⁴⁴]
两头受气。[lε³¹dəu²¹iəu²²tsʰʅ⁵³]

师姑娘晒尿布，[sʅ⁴⁵ku³³n̠iε²¹sa⁵³sʅ³³pu⁴³]师姑娘：尼姑
阴阴燥。[iaŋ³iaŋ⁴⁴sə⁵³]燥：干

（以上2011年3月，发音人：杜培飞）

乐　清

一、歌谣

对鸟

何物飞过青又青哎？［ga²²m³¹fi⁴⁴ku⁴¹tɕʰieŋ⁴⁴iau²²tɕʰieŋ⁴⁴e⁰］何物：什么

何物飞过打铜铃哦？［ga²²m³¹fi⁴⁴ku⁴¹ta³⁵doŋ²²leŋ²²³o⁰］

何物飞过红夹绿？［ga²²m³¹fi⁴⁴ku⁴¹oŋ²²ka³⁵lo²¹²］

何物飞过摹把胭脂哎搽嘴唇哦？［ga²²m³¹fi⁴⁴ku³¹mɯʌ³¹pɯʌ⁰iɛ⁴⁴tɕi⁴⁴e⁰dʑio³¹tɕy⁴⁵zoŋ²¹²o⁰］

青翠飞过青又青哎，［tɕʰieŋ³⁵tɕʰiai⁴¹fi⁴⁴ku⁴¹tɕʰieŋ⁴⁴iau²²tɕʰieŋ⁴⁴e⁰］青翠：翠花鸟

白鸽飞过打铜铃哦，［be²ke³²³fi⁴⁴ku⁴¹ta³⁵doŋ²²leŋ²²³o⁰］

雉鸡飞过红夹绿，［dʑi³¹tɕi⁴⁴fi⁴⁴ku⁴¹oŋ²²ka³⁵lo²¹²］

长尾巴汀飞过摹把胭脂哎，搽嘴唇哦。［dʑiɯʌ²²ŋ³⁵pɯʌ⁴⁴teŋ⁴⁴fi⁴⁴ku⁴¹mɯʌ³¹pɯʌ⁰iɛ⁴⁴
　　tɕi⁴⁴e⁰，dʑio³¹tɕy⁴⁵zoŋ²¹²o⁰］长尾巴汀：长尾蓝鹊

一个鸡卵

一个鸡卵哎，［i kai tɕi laŋ e］

一个黄。［i kai ɔ］

对面个一班看牛儿郎有冇哎对歌啰？［tai miɛ ge i pɛ kʰø ŋau ŋ lɔ iau mau e tai ko lɔ］

　　看牛儿郎：放牛郎。冇：没有。

若有个歌啰哎来对歌，［dʑiɯʌ iau kai ko lɔ e le tai ko］

冇歌啰相打相謷哪［否爱］骂娘哦。［mau ko lɔ siɯʌ ta siɯʌ zo nɔ fai ma n̠iɯʌ o］

相打：打架。相謷：吵架

啊啰啰啰啰啰啰……［o lo lo lo lo lo lo lo……］

一个鸡卵哎，一个清。［i kai tɕi laŋ e，i kai tɕʰieŋ］

东面落雨哦，西面晴哦。［toŋ miɛ lo y o，si miɛ zeŋ o］落雨：下雨

对面个你听灵清哦，［tai miɛ ge n̠i tʰeŋ leŋ tɕʰieŋ o］灵清：清楚

你抛山歌哎我来唱哦。［n̠i pʰɔ sa ko e ŋ le tɕʰiɯʌ o］

（以上 2016 年 7 月，发音人：孔珊珊）

二、规定故事

牛郎和织女

接落起呢我搭大家侬讲一个牛郎织女个故事。［tɕiɛ³²³lo⁰tɕʰi⁰n̠i⁰ŋ²⁴ta³²da²³ko⁴⁴naŋ²²³ kɔ³⁵i³kai⁴¹ŋau²²lɔ²²³tɕi⁴²n̠y²⁴ge⁰ku⁴²z̩²²］

当原初有个细儿，［tɔ³⁴n̠yɛ²²tɕʰio⁴⁴iau²kai⁰si⁴²ŋ³⁵］当原初：从前

名字叫牛郎，［meŋ²⁴z̩⁴¹tɕiɤ³²ŋau²²lɔ²²³］

屋底呢穷险穷，［u³²³ti⁰n̠i⁰dʑioŋ³¹ɕiɛ³⁵dʑioŋ³¹］

娘搭大呢早早死爻罢。［n̠iɯʌ³¹ta³de²²n̠i⁰tɕiɤ³tɕiɤ³⁵s̩³⁵a⁰be²⁴］大：父亲

渠呢就搭个头牛组队一起，［dʑi³¹n̠i⁰ziu²⁴ta³²kai³⁵du²¹²ŋau³¹tɕio⁴²dai²²i³tɕʰi³⁵］渠：他

个牛呢也搭渠好险好，［kai³ŋau³¹n̠i⁰a³⁵ta³²dʑi³¹hɤ³³ɕiɛ³⁵hɤ³⁵］

渠也搭牛好险好。［dʑi³¹a²²ta³²ŋau³¹hɤ³³ɕiɛ³⁵hɤ³⁵］

个头牛呢眙着牛郎哪能勤力，［kai³⁵du²¹ŋau³¹n̠i⁰tsʰ̩⁴¹dʑiɯʌ⁰ŋau²²lɔ²²³na⁰naŋ³dʑiaŋ²⁴ li²¹²］眙：看

能勤俭，［naŋ³dʑiaŋ³¹dʑiɛ²⁴］

渠呢只想逮渠讲一门亲事，［dʑi³¹n̠i⁰tsɿ³⁵siɯʌ³⁵de²²dʑi³¹kɔ³⁵i³maŋ³¹tɕʰiaŋ³⁵z̩³¹］逮：给

乞渠成一个家。［kʰa³²dʑi³¹zeŋ³¹i³kai⁴¹ko⁴⁴］乞：给

有一日，［iau²⁴i³ne²¹²］

个头牛呢托梦乞牛郎讲，［kai³⁵du²¹ŋau³¹n̠i⁰tʰø⁴²moŋ²²kʰa⁴¹ŋau²²lɔ²²³kɔ³⁵］

叫渠明朝后半日走个个山脚下，［tɕiɤ³dʑi³¹maŋ²²tɕiɤ⁴⁴au³³pɯ³⁵ne²¹²tɕiau³⁵kai³⁵kai³²³sE³³
　　tɕia⁴²o²⁴］

东面个山脚下有个池塘底，［toŋ⁴⁴miE²²ge⁰sE³³tɕia⁴²o²⁴iau²⁴kai⁰dʑi²²dɔ²²³ti⁰］

有俫仙女呢走落起缩个柢洗身体。［iau²⁴li⁰siE⁴²n̩y²⁴n̩i⁰tɕiau³⁵lo²¹²tɕʰi⁰so³kai³⁵ti³²³si³
　　saŋ⁴²tʰi³⁵］柢：这里

叫渠走起呢逮其中一个仙女个衣裳呢逮渠背来，［tɕiɤ³dʑi³¹tɕiau³⁵tɕʰi⁴¹n̩i⁰de²²dʑi²²
　　tɕioŋ⁴⁴i³kai⁴¹siE⁴²n̩y²⁴ge⁰i⁴⁴ziɯʌ²²³n̩i⁰de²²dʑi³¹pai⁴⁴li⁰］

头也［否爱］回勔转眙，［du³¹a⁰fai⁴⁴vai³¹lai²²tɕyE³tsʰ̩⁴¹］勔转：转过来

就望屋底趋。［ziu²⁴mɔ²²u³²³ti⁰bi²¹²］趋：跑

个个牛郎呢想想，［kai³⁵kai³²³ŋau²²lɔ²²³n̩i⁰siɯʌ³siɯʌ³⁵］

喔天，［ɔ⁴¹tʰiE⁴⁴］

个［晓否］得真啊假呢？［kai³²³ɕiau³⁵ti³²³tɕian⁴⁴a⁰ko³⁵n̩i⁰］

渠第二日呢也就照个头牛个意思呢走个个东面个山脚下去。［dʑi³¹di²²ŋ²⁴ne²¹²n̩i⁰a³⁵
　　ziu²⁴tɕiɤ⁴¹kai³⁵du²²ŋau⁰ge⁰i⁴²s̩²¹n̩i⁰tɕiau³⁵kai³⁵kai³²³toŋ⁴⁴miE²²ge⁰sE³³tɕia⁴²o²⁴tɕʰi⁴¹］

渠走到个湖边，［dʑi³¹tɕiau³⁵tɤ⁰kai³vu²²piE⁴⁴］

朦朦胧胧两下眙着个个，［moŋ²moŋ²⁴loŋ²²loŋ²²³la²⁴o⁰tɕʰ̩⁴¹dʑiɯʌ⁰kai³⁵kai³²³］

诶？［e²⁴］

柢汤゠真有多险多个仙女呢是底洗身体。［ti³²³tʰɔ⁴⁴tɕian⁴⁴iau²²to³³ɕiE³⁵to⁴⁴ge⁰siE⁴²n̩y²⁴n̩i⁰
　　z̩²³ti⁰si³saŋ⁴²tʰi³⁵］汤゠真：真的

乞渠呢眙着呢树上有一件粉红个衣裳呢挂是底，［kʰa³²dʑi³¹n̩i⁰tɕʰ̩⁴¹dʑiɯʌ⁰n̩i⁰zy²²
　　ziɯʌ³¹iau²²i³dʑiE²⁴faŋ³⁵oŋ²¹²ge⁰i⁴⁴ziɯʌ²²³n̩i⁰kuɯʌ⁴¹z̩²²ti⁰］

渠马上走去逮个个粉红个衣裳背背来，［dʑi³¹mɯʌ²⁴ziɯʌ⁰tɕiau³⁵tɕʰi³de²²kai³⁵kai³²³
　　faŋ³⁵oŋ²¹²ge⁰i⁴⁴ziɯʌ²²³pai³pai⁴⁴li⁰］

头也否勔转望屋底趋。［du³¹a⁰fu³⁵lai²²tɕyE⁰mɔ²²u³²³ti⁰bi²¹²］

其实渠逮个件衣裳背来呢个个就是织女个衣裳。［dʑi²⁴zɤ²¹²dʑi³¹de²²kai³⁵dʑiE²¹²i⁴⁴
　　ziɯʌ²²³pai⁴⁴li⁰n̩i⁰kai³⁵kai³²³ziu²²z̩²²tɕi⁴²n̩y²⁴ge⁰i⁴⁴ziɯʌ²²³］

个牛郎呢走归以后呢半夜娘゠呢个织女呢就走渠屋底敲门，［kai³³ŋau²²lɔ²²³n̩i⁰tɕiau³
　　kuai⁴⁴i³au²⁴n̩i⁰pɯ⁴²i²²n̩iɯʌ³n̩i⁰kai³³tɕi⁴²n̩y²⁴n̩i⁰ziu²tɕiau³⁵dʑi³¹u³²³ti⁰kʰa⁴⁴maŋ²²³］

许日黄昏喏渠两个就成亲爻。［he³⁵ne³¹a²²fɤ⁴⁴no⁰dʑi³¹la²⁴kai⁴¹ziu²²zeŋ²²tɕʰian⁴⁴ga⁰］

成亲以后呢，［zeŋ²²tɕʰian⁴⁴i³au²⁴n̩i⁰］

三年以后呢渠俫生来一个儿一个女，［sE⁴⁴n̩iE³¹i³au²⁴n̩i⁰dʑi³¹li⁰saŋ⁴⁴li³¹i³kai⁰n³¹i³kai⁰ne³¹］

个一对呢渠快活险快活，［kai³²³i³tai⁴¹n̠i⁰dʑi³¹kʰa³⁵va²¹²ɕiɛ³⁵kʰa³⁵va²¹²］

屋底呢生活呢好险好。［u³²³ti⁰n̠i⁰sa³⁵va²¹²n̠i⁰hɤ³⁵ɕiɛ³⁵hɤ³⁵］

牛郎呢沃᐀走田底种田，［ŋau²²lɔ²²³n̠i⁰o³⁵tɕiau³⁵diɛ³¹ti⁰tɕyɯʌ³diɛ³¹］沃᐀：都

织女呢缩屋底呢织布，［tɕi⁴²n̠y²⁴n̠i⁰so³²u³²³ti⁰n̠i⁰tɕi³pu⁴¹］

生活过得很好。［sa³⁵va²¹²ku⁴¹ti⁰haŋ³⁵hɤ³⁵］

突然有一日啊，［dø²⁴ziɛ³¹iau²²i³nɛ²¹²ɛ⁰］

乌云胀起，［u⁴⁴iaŋ²²³tɕiɯʌ⁴¹tɕʰi⁰］

雷响起，［lai³¹ɕia³⁵tɕʰi⁰］

电闪起，［diɛ²²siɯʌ³²³tɕʰi⁰］

落大雨落大险。［lo²du³¹y²⁴lo²du²²ɕiɛ³⁵］

个是妆᐀何物呢？［kai³²³z̩⁰tɕyɯʌ⁴¹ga²²m³¹n̠i⁰］妆᐀何物：干什么

原来就是个织女走人间个时候呢渠屋底呢渠个个个个王母娘娘渠倸沃᐀［晓否］得个。［n̠yɛ²²le²²³ziu²²z̩⁰kai³²³tɕi⁴²n̠y²⁴tɕiau³⁵zaŋ²²kɛ⁴⁴ge⁰z̩²⁴au³¹n̠i⁰dʑi³¹u³²³ti⁰n̠i⁰dʑi³¹kai⁴⁵kai³²³kai³kai³iɔ³m²⁴n̠iɯʌ²²n̠iɯʌ²²³dʑi³¹li⁰o³⁵ɕiau³⁵ti³²³ge⁰］

［晓否］得呢渠沃᐀走落去呢渠两个是走落捉拿个个织女，［ɕiau³⁵ti³²³n̠i⁰dʑi³¹o³⁴tɕiau³⁵lo²¹²tɕʰi⁴¹n̠i⁰dʑi³¹la²⁴kai⁴¹z̩²²tɕiau³⁵lo²¹²tɕio³⁵na²¹²kai³⁵kai³²³tɕi⁴²n̠y²⁴］

叫渠走归转起个。［tɕiɤ³dʑi³¹tɕiau³kuai⁴⁴tɕyɛ³⁵tɕʰi⁰ge⁰］走归：回家

许个雷公闪电，［he³⁵kai⁰lai²²koŋ⁴⁴siɯʌ⁴²diɛ²²］许个：那个

落雨落大雨，［lo²y²⁴lo²du³¹y²⁴］

突然哎个个织女讲走［唔宕］爻。［dø²⁴ziɛ⁴¹e⁰kai³⁵kai³²³tɕi⁴²n̠y²⁴kɔ³³tɕiau³³nɔ²²ga³¹］

哟᐀个个妹妹呢两个妹呢缩底哭，［io³²³kai³⁵kai³²³mai³mai⁴⁴n̠i⁰la²⁴kai⁴¹mai⁴⁴n̠i⁰so³ti⁰kʰu³²³］

缩底叫娘。［so³ti⁰tɕiɤ³n̠iɯʌ³¹］

个牛郎呢急急，［kai³²³ŋau²²lɔ²²³n̠i⁰tɕiɤ³tɕiɤ³²³］

喔天啊，哟᐀訾那好呢？［o³³tʰiɛ⁴⁴a⁰，io³²³tsʅ³³na⁰hɤ³⁵n̠i⁰］

渠个急个急起哪团团旋。［dʑi³¹kai⁰tɕiɤ³²³ge⁰tɕiɤ³²³tɕʰi⁰na⁰dø²dø³¹zyɛ²²］

许下呢个头老牛呢开始讲话罢，［he³⁵o⁰n̠i⁰kai³⁵du²¹²lɤ²²ŋau³¹n̠i⁰kʰe⁴²sʅ³⁵kɔ⁴²vɯʌ²²bɛ⁰］

渠意思讲："你［否爱］难过，［dʑi³¹i⁴¹sʅ²¹kɔ³⁵：n̠i²⁴fai³⁵nɛ²⁴ku⁴¹］

你逮我呢个个牛角呢遁落遁个地下以后呢，［n̠i²⁴de²²ŋ²⁴n̠i⁰kai³⁵kai³²³ŋau²⁴kɔ³²³n̠i⁰daŋ²²lo⁰daŋ²²kai³di³¹o²⁴i³au²⁴n̠i⁰］遁：掉

渠会变成两个脚笐。［dʑi³¹vai²²piɛ⁴¹zeŋ²¹la²⁴kai⁴¹tɕia⁴⁴lo²²³］

个脚笐呢你可以逮两个妹呢园脚笐底呢，［kai³²³tɕia⁴⁴lo²²³n̠i⁰n̠i²⁴kʰo³⁵i³¹de²²la²⁴kai⁴¹ mai⁴⁴n̠i⁰kʰɔ⁴¹tɕia⁴⁴lo²²³ti⁰n̠i⁰〕囥：放

寻个织女。"〔zaŋ³¹kai³²³tɕi⁴²n̠y²⁴〕

个牛郎呢牛郎呢亦有□否相信，〔kai³²³ŋau²²lɔ²²³n̠i⁰ŋau²²lɔ²²³n̠i⁰i²²iau²⁴ŋe³⁵fu³⁵siɯʌ³⁵
saŋ⁴¹〕□：点儿

渠讲："诶，汤⁼真有能个事干啊？"〔dʑi³¹kɔ³⁵：e²⁴，tʰɔ⁴⁴tɕiaŋ⁴⁴iau²²naŋ³²³ge⁰z̩³¹kuɤ²¹
a⁰？〕

哟⁼渠正式一胎哎个个牛呢逮个牛角遁遁个地下，〔io³²³dʑi³¹tɕieŋ³⁵si³²³i³tsʰɿ⁴¹e⁰kai³⁵
kai³²³ŋau³¹n̠i⁰de²²kai³ŋau²⁴ko³²³daŋ²daŋ²²kai³²³di³¹o²⁴〕

汤⁼真讲变变起一对脚箩。〔tʰɔ⁴⁴tɕiaŋ⁴⁴kɔ³³piɛ³piɛ⁴¹tɕʰi⁰i³tai⁴¹tɕia⁴⁴lo²²³〕

乞渠呢马上逮个个妹妹呢门前一个后半一个呢担起，〔kʰa³²dʑi³¹n̠i⁰mɯʌ²⁴ziɯʌ⁰de²²
kai³⁵kai³²³mai³mai⁴⁴n̠i⁰maŋ²²ziɛ³¹i³kai⁴¹au⁴¹pɯ⁴⁴i³kai⁴¹n̠i⁰tɛ⁴⁴tɕʰi⁰〕

个脚箩呢突然个翼膀生生起，〔kai³²³tɕia⁴⁴lo²²³n̠i⁰dø²⁴ziɛ³¹kai³iɤ²pʰa³⁵sa³sa⁴⁴tɕʰi⁰〕翼膀：
翅膀

个脚箩呢马上会飞罢，〔kai³²³tɕia⁴⁴lo²²³n̠i⁰mɯʌ²⁴ziɯʌ⁰vai²²fi⁴⁴bɛ⁰〕

渠就逮个个两个妹妹呢担担个肩胛头呢望上望天上飞。〔dʑi³¹ziu²²de²²kai³⁵kai³²³la²⁴
kai⁴¹mai³mai⁴⁴n̠i⁰tɛ³tɛ⁴⁴kai³tɕiɛ³⁴ka⁴⁴diu²²³n̠i⁰mɔ²²ziɯʌ²⁴mɔ²³tʰiɛ⁴⁴ziɯʌ⁰fi⁴⁴〕

飞啊飞，〔fi⁴⁴a⁰fi⁴⁴〕

飞啊飞，〔fi⁴⁴a⁰fi⁴⁴〕

走上起呢，〔tɕiau³⁵ziɯʌ⁰tɕʰi⁴¹n̠i⁰〕

两下马上就着胎着个织女罢，〔la²⁴o⁰mɯʌ²⁴ziɯʌ⁰ziu²²dʑiɯʌ⁰tsʰɿ⁴¹dʑiɯʌ⁰kai³tɕi⁴²n̠y²⁴
bɛ⁰〕

渠就着马上逮拔等于逮拔拔到罢。〔dʑi³¹ziu²²dʑiɯʌ⁰mɯʌ²⁴ziɯʌ⁰de²²bɯʌ²¹²taŋ³⁵y³¹de²²
bɯʌ²bɯʌ²¹²tɤ⁴¹bɛ⁰〕

个个王母娘娘呢发现以后呢，〔kai³⁵kai³²³iɔ³¹m²⁴n̠iɯʌ²²n̠iɯʌ²²³n̠i⁰fa⁴²iɛ²²i³au²⁴n̠i⁰〕

个王母娘娘哪吞⁼险吞⁼，〔kai³²³iɔ³¹m²⁴n̠iɯʌ²²n̠iɯʌ²²³na⁰tʰaŋ³³ɕiɛ³⁵tʰaŋ⁴⁴〕吞⁼险吞⁼：很坏

马上从自个头上呢逮个金钗呢背背落，〔mɯʌ²⁴ziɯʌ⁰zɯʌ²²z̩²²ge⁰diu³¹ziɯʌ⁰n̠i⁰de²²
kai³tɕiaŋ⁴⁴tɕʰie⁴⁴n̠i⁰pai³pai⁴⁴lo⁰〕

从渠个两个侬当中呢划一条银河。〔zɯʌ²²dʑi³¹kai⁰la²⁴kai⁴¹naŋ³¹tɔ⁴⁴tɕioŋ⁴⁴n̠i⁰ve²¹²i³
diɯʌ³¹n̠iaŋ²²o²²³〕

个银河呢亦阔亦大，〔kai³²³n̠iaŋ²²o²²³n̠i⁰i²⁴kʰua³²³i²⁴du²²〕

逮渠两个侬呢活生生个拆拆开。〔de²²dʑi³¹la²⁴kai⁰naŋ³¹n̠i⁰va²³sa³sa⁴⁴ge⁰tɕʰie³⁵tɕʰie³²³
kʰe⁰〕

个个时候呢有俫喜鹊呢眙着呢很同情牛郎搭织女，[kai³⁵kai³²³zʅ²⁴au³¹n̠i⁰iau²²liʔɕi³⁵
　　tɕʰiɯʌ³²³n̠i⁰tsʰʅ⁴¹dʑiɯʌ⁰n̠i⁰haŋ³⁵doŋ²²zeŋ²²³ŋau⁰lɔ²²³ta⁴¹tɕi⁴²n̠y²⁴]

渠呢为了渠个相会，[dʑi³¹n̠i⁰y²²liɯʌ⁰dʑi³¹geʔsiɯʌ³⁵vai³¹]

每年渠七月七，[mai²⁴n̠iɛ³¹dʑi³¹tɕʰiɤ³n̠yɛ²⁴tɕʰiɤ³²³]

喜鹊呢沃=有成千上万个喜鹊呢沃=走个银河上。[ɕi³⁵tɕʰiɯʌ³²³n̠i⁰o³⁵iau²²zeŋ²²tɕʰiɛ⁴⁴
　　ziɯʌ³¹mɛ²²geʔɕi³⁵tɕʰiɯʌ³²³n̠i⁰o³⁵tɕiau³⁵kaiʔn̠iaŋ²²o²²³ziɯʌ⁰]

用自个尾巴呢搭起一条搭起一条桥，[io²²zʅ²²geʔŋ̍⁰²pɯʌ⁴⁴n̠i⁰ta³²³tɕʰi⁰i³diɯʌ³¹ta³²³tɕʰi⁰i³
　　diɯʌ³¹dʑiɤ³¹]

乞个牛郎织女两个侬呢相会。[kʰa⁴¹kai³ŋau²²lɔ²²³tɕi⁴²n̠y²⁴la²⁴kai⁰naŋ³¹n̠i⁰siɯʌ³⁵vai³¹]

　　接下来我跟大家讲个牛郎织女的故事。从前有个年轻人，名字叫牛郎，家里很穷，父母早死。他和一头牛作伴，这头牛对他很好，他也对牛很好。这头牛看牛郎这么勤劳节俭，想给他讲一门亲事成个家。

　　有一天，这头牛托梦给牛郎，告诉他明天下午到东面山脚下的池塘去，有一些仙女会去那里洗澡。叫他去把其中一个仙女的衣服拿来，头也不要回就跑回家去。牛郎想这不知道是真是假？第二天他就照老牛的意思去了东面的山脚下。他走到湖边，朦朦胧胧看到湖里有许多仙女在洗澡。他看见树上挂着一件粉红衣服，他马上把这件衣服拿走，头也不回地跑回家。其实这件衣服就是织女的。牛郎回家后，半夜织女来敲门，那天他们就成了亲。

　　成亲三年后他们有了一儿一女，一对孩子很快活，家里生活很好。突然有一天，乌云密布，电闪雷鸣，下起了大雨，这是怎么了？王母娘娘他们原来不知道织女去了人间。现在他们来捉拿织女，叫她回家。打雷闪电，下大雨，突然织女不知哪里去了。两个孩子哭着叫娘，牛郎很着急，这怎么办呢？他急得团团转。这下老牛说话了，他说："你不要难过，我的牛角掉地下，就会变成两个箩筐。你把两个孩子放进箩筐，去找织女。"牛郎有点儿不相信，他讲："真有这样的事？"他一看，牛角掉在了地上，真的变成了两个箩筐。他马上把孩子一前一后放进去，箩筐突然长了翅膀。他把两个孩子挑在肩膀上就往天上飞。飞呀飞，马上就看到仙女了。这时候王母娘娘发现了，她很坏，从头上拿下金钗，在两人中间划了一条银河。银河又宽又大，把他们活活拆开了。喜鹊很同情牛郎织女，每年（农历）七月七日，成千上万的喜鹊来到银河上，用自己的尾巴搭起了一座桥让牛郎织女相会。

（2016 年 7 月，发音人：孔珊珊）

三、自选条目

（一）谜语

高高山头一蓬葱，［kɤ³kɤ⁴⁴sɛ⁴⁴diu²²³i³boŋ²²tɕʰioŋ⁴⁴］
每日天光削削松。［mai²⁴ne³¹tʰiɛ⁴⁴kɔ⁴⁴siɯʌ³⁵siɯʌ³²³soŋ⁴⁴］
——头发［diu³⁵fa³²³］

大哥岩上拖拖，［du²²ko⁴⁴ŋɛ³¹ziɯʌ⁰tʰo³tʰo⁴⁴］
二哥岩下捉田螺，［ŋ²²ko⁴⁴ŋɛ³¹o²⁴tɕio³⁴diɛ²²lo²²³］
三哥打肉否用秤，［sɛ⁴⁴ko⁴⁴ta³⁵ɳiau²¹²fu⁴²iɔ²²tɕʰiɛn⁴¹］
四哥粜米否用箩。［sʅ⁴⁴ko⁴⁴tʰiɯʌ⁴²mi²⁴fu⁴²iɔ²²lo³¹］
——岩獭、鸭、老鹰、老鼠［ŋɛ²⁴tʰa³²³、a³²³、lɤ³¹iaŋ⁴⁴、lɤ³¹tɕʰi³⁵］

佝背公公，［hau³³pai³⁵koŋ³koŋ⁴⁴］
胡须冲冲，［vu²²sy⁴⁴tɕʰioŋ³tɕʰioŋ⁴⁴］
煠爻冇血，［tʰai⁴⁴ga⁰mau³²³ɕyɛ³²³］
烧起红冬冬。［sɤ⁴⁴dʑi⁰oŋ²³toŋ³toŋ⁴⁴］
——虾［ho⁴⁴］

两个细儿同排走，［la²⁴kai⁴¹si³²ŋ³⁵doŋ²²be²²³tɕiau³⁵］
背脊朝前肚朝后。［pai³⁵tɕi³²³dʑiɤ²²ziɛ³¹du²⁴dʑiɤ²¹au²⁴］
——腿［tʰai³⁵］

七七四十九，［tɕʰiɤ³tɕʰiɤ³²³sʅ³³a³¹tɕiau³⁵］
红线绷红斗，［oŋ²⁴siɛ⁴¹pa³³oŋ³¹tau³⁵］
楼上叮当响，［lau³¹ziɯʌ⁰teŋ³³tɔ⁴²ɕia³⁵］
楼下有侬走。［lau³¹o²⁴iau²²naŋ²²tɕiau³⁵］
——伞［sɛ³⁵］

（以上 2016 年 8 月，发音人：周滇生）

奇怪真奇怪，［dʑi²⁴kue⁴¹tɕiaŋ⁴⁴dʑi²⁴kue⁴¹］

骨头生皮外，［kuɤ⁴⁴diu²²³sa⁴³bi²⁴ve³¹］

双须朝东海，［suɯʌ⁴⁴sy⁴⁴dʑiɤ³¹toŋ⁴²he³⁵］

蕈笠徛门外。［dø²⁴li²¹²ge³¹maŋ²⁴ve³¹］蕈笠：竹编器具

——田螺［diɛ²²lo²²³］

（2016 年 7 月，发音人：陈其松）

（二）歇后语

屁打道士岩——冇劲［pʰi⁴²ta³⁵dɤ²²zๅ²²ŋɛ³¹——mau³tɕian⁴¹］

天萝瓜打鼓——两橛断［tʰiɛ³⁴lo²²kuɯʌ⁴⁴ta⁴²ku³⁵——la²²guɤ³¹daŋ²⁴］

外婆娘流鼻涕——生相［ve²³bu²²n̠ia²²³liu³¹bi²tʰi⁴¹——sa³⁵siɯʌ⁴¹］

（以上 2016 年 8 月，发音人：周滇生）

（三）顺口溜

大鱼吃琐鱼，［du²⁴n̠i²¹²tɕʰiɤ³sai³⁵n̠i²¹²］

琐鱼吃虾皮，［sai³⁵n̠i²¹²tɕʰiɤ³ho³⁵bi²¹²］

虾皮吃虾虮，［ho³⁵bi²¹²tɕʰiɤ³ho⁴²tɕi³⁵］

虾虮吃烂糊泥。［ho⁴²tɕi³⁵tɕʰiɤ³lɛ²²vu²²n̠i³¹］

（2016 年 8 月，发音人：周滇生）

瑞　安

一、歌谣

吃馄饨

妹，妹，你香侬，[me^{44}, me^{44}, n̠i^{13}ɕiɛ^{33}naŋ^{21}]妹：孩子。香侬：乖

阿妈乞你吃馄饨。[a^{3}ma^{13}kʰɔ^{33}n̠i^{13}tɕʰi^{3}vaŋ^{22}daŋ^{21}] 乞：给

乞到温州小南门，[kʰɔ^{53}tɛ^{42}y^{33}tsou^{44}ɕy^{35}ne^{22}maŋ^{21}] 乞：嫁

架子店，两对门。[ko^{33}tsʅ^{53}tiɛ^{42}, la^{13}tai^{33}maŋ^{21}]

地家娘，煮馄饨。[dei^{13}ko^{33}n̠iɛ^{21}, tsei^{35}vaŋ^{22}daŋ^{21}] 地家娘：婆婆

馄饨汤，呷眼光；[vaŋ^{13}daŋ^{22}tʰo^{44}, hɔ^{3}ŋɔ^{13}ko^{44}] 呷：喝。眼光：明目

馄饨皮，配番薯；[vaŋ^{13}daŋ^{22}bei^{21}, pʰai^{35}fɔ^{33}zei^{21}]

馄饨肉，配白粥；[vaŋ^{22}daŋ^{13}n̠iou^{212}, pʰai^{33}ba^{13}tsou^{323}]

馄饨碗，吃爻团团转。[vaŋ^{22}daŋ^{31}y^{35}, tɕʰi^{323}ɔ^{0}dø^{22}dø^{31}tɕy^{35}]爻：助词，表完成

（2016 年 9 月，发音人：林爱棉）

解锯

解鼓=骑=鼓=，[ka^{53}kɯ^{35}dʑi^{31}kɯ^{35}]解鼓=骑=鼓=：形容拉锯的声音

解板老师着红裤，[ka^{53}pɔ^{35}lɛ^{31}sʅ^{33}tɕiɔ^{3}oŋ^{22}kʰɯ^{35}]着：穿

红裤腰擢爻完。[oŋ^{22}kʰɯ^{53}y^{31}do^{212}ɔ^{0}n̠y^{31}]擢：撕

阿大坐上横，[a^{3}dou^{22}zo^{22}iɛ^{31}va^{31}]

阿弟坐下横。[a³dei¹³zo²²o³¹va³¹]

夹粒肥腊腊，[kɔ³²³lø²¹bei¹³la²¹²la²¹]肥腊腊：肥肉

遁落望狗争。[daŋ²²lo²¹mo²²kau³⁵dza³¹]遁：掉。望：和

争到眠床下，[dza³¹tɛ⁴²mei³³yo³¹o¹³]

老鼠同排坐。[lɛ³¹tsʰei³⁵doŋ²²ba²²zo¹³]

争到眠床背，[dza³¹tɛ⁴²mei³⁵yo²²pai³⁵]

老鼠打呵会⁼。[lɛ³¹tsʰei³⁵ta³⁵hɔ³³vai²¹]打呵会⁼：打哈欠

争到尿盆边，[dza³¹tɛ⁴²sɤu³⁵bø²²pi⁴⁴]

尿盆倒爻叫皇天。[sɤu³³bø²²tɛ³⁵ɔ²¹tɕy³⁵o²²tʰi⁴⁴]

（2016 年 12 月，发音人：李阿英）

懒汉歌

天光露水白洋洋，[tʰi³³ko³³lɤu³¹sɤu³⁵ba²¹²iɛ²²iɛ²¹]天光：早上

愿讲日昼晒太阳；[ȵy²²ko³³ne³¹tsou³¹sa³⁵tʰa³³iɛ²¹]愿讲：宁愿。日昼：中午

日昼太阳上晒落，[ne³¹tsou³¹tʰa³³iɛ²¹iɛ²²sa³⁵lo²¹²]

愿讲黄昏拣暗摸；[ȵy²²ko³³ɔ²²ɕy⁴⁴kɔ³⁵e³⁵mo²¹²]黄昏：晚上

黄昏蚊虫嗯啊啊，[ɔ²²ɕy⁴⁴maŋ²²dʑioŋ²¹eŋ³⁵a³³a⁴⁴]

愿讲明朝天光起五更。[ȵy²²ko³³maŋ²²tɕy³⁵tʰi³³ko⁴⁴tɕʰi³ŋ³¹ka⁴⁴]

（2016 年 12 月，发音人：李阿英、蔡念函）

二、规定故事

牛郎和织女

早日，有个琐细儿呐，[tsɛ³⁵ne²¹², iau¹³kai³³sai³⁵se³³ŋ⁰nɔ⁰]琐细儿：小孩

渠阿奶渠阿伯那死爻早。[gi³¹a⁰na⁴⁴gi³¹a⁰pa³²³ne⁰sʅ³⁵ɔ⁰tsɛ³⁵]阿奶：妈妈。阿伯：爸爸

孤苦伶仃，无依无靠哇。[ku⁵³kʰɯ³⁵ləŋ²²təŋ⁴⁴, vu²²i⁴⁴vu²²kʰɛ⁵³ua⁰]

渠阿屋底呢就有头牛相依为命，[gi³¹a⁰ɯ³²³tei⁰ne⁰zɤu²iau²²dou²²ŋau³¹ɕiɛ³³i⁴⁴ɣ²²məŋ²²]

大家依呢沃⁼叫渠牛郎。[da¹³ko³³naŋ²¹ne⁰o³tɕy⁵³gi⁰ŋau²²lo²¹]沃⁼：都

该头牛啊，[ke³³dou²²ŋau³¹a⁰]

就是天上个金牛星派落。[zɤu²zʅ²¹tʰi³³iɛ²²gi⁰tɕiaŋ³⁵ŋau²²səŋ⁴⁴pʰa⁵³lo²¹]

个金牛星呢眙个，［kai³³tɕiaŋ³⁵ŋau²²səŋ⁴⁴ne⁰tsʰ ̩³³kai³³］眙：看

个琐细儿呢，［kai³³sai³⁵se³³ŋ⁰ne⁰］

是勤劳苦干，香侬险香侬，［z ̩²²dʑiaŋ²²lɛ²¹kʰɯ⁵³kø⁴²，ɕiɛ³³naŋ²¹ɕi³⁵ɕiɛ³³naŋ²¹］香侬：
乖。……险……：很

有心呢帮渠成个家能个。［iau²²səŋ⁴⁴ne⁰pu³³gi³³zəŋ³¹kai⁰ko⁴⁴naŋ²¹kai⁰］能个：这样

有日呢托梦乞讲，［iau¹³ne²¹²ne⁰tʰø³møŋ²²kʰɔ³³ko³⁵］

明朝天光早呐，［maŋ²²tɕy⁴⁴tʰi³³ko⁵³tsɛ³⁵nɔ⁰］

渠讲犰゠狃底山边呐，［gi³¹ko³³hau³⁵n ̣iau²tei⁰sɔ³³pi⁴⁴nɔ⁰］犰゠狃底：那里

有一个溪坑边，［iau¹³e³kai⁰tɕʰi³⁵kʰa³³pi⁴⁴］

有一班许傸天仙女缩犰゠洗浴。［iau¹³e³pɔ³³he³⁵lei⁰tʰi³³ɕi⁵³n ̣y¹³ɕyo³au⁰sei³⁵yo²¹²］犰゠：那
里。洗浴：洗澡

乞你明朝天光早傸爬起走犰゠能讲，［kʰɔ³³n ̣i¹³maŋ²²tɕy⁴⁴tʰi³³ko⁴⁴tsɛ³⁵lei⁰bu³¹tɕʰi⁰tsau³³
hau³⁵naŋ²²ko⁰］

逮渠［衣裳］偷件来。［de²gi²²iɛ³²³tʰau⁴⁴dʑi²²lei³¹］

噶黄昏睏梦乞渠讲呢，［ka³ɔ²²ɕy⁴⁴kʰy⁵³moŋ²²kʰɔ³³gi³¹ko³⁵ne⁰］

该个牛郎呢半信半疑，［ke³³kai⁰ŋau²²lo²¹ne⁰pø³³saŋ³³pø⁵³n ̣i³¹］

噶天光呢实才起五早爬起。［ka³tʰi³³ko⁴⁴ne⁰za²ze¹³tɕʰi³³ŋ ̩³¹tsɛ³⁵bu³¹tɕʰi⁰］实才：真的

起五更爬起呢走去呢犰゠实才许个溪坑边呢，［tɕʰi³³ŋ ̩³¹ka³³bu³¹tɕʰi⁰ne⁰tsau³⁵e⁰ne⁰hau³⁵
za²ze¹³he³³kai⁰tɕʰi³⁵kʰa³³pi⁴⁴ne⁰］

多险多一班呢七仙女呢是犰゠洗浴，［tou³³ɕi³⁵tou³³e³pɔ³³ne⁰tsʰa³ɕi⁵³n ̣y¹³ne⁰z ̩²²au²²sei³⁵yo²¹²］

渠啊埋去埋去，［gi³¹a⁰ma²¹²e⁰ma²¹²e⁰］

偷半事呢逮［衣裳］偷，［tʰau³³pø⁵³z ̩²²ne⁰de²iɛ³²³tʰau³³］

挂树上呢逮偷一件来炎。［ku⁵³zɯ²²iɛ²²ne⁰de²tʰau³³e³dʑi¹³lei³¹ɔ⁰］

自皮゠牙起就自逃拉来炎。［z ̩²²bei³¹ŋɔ²²tɕʰi⁰zɯ²²z ̩²²dɛ³¹la⁰lei³¹gɔ⁰］皮゠牙起：慌忙

逃拉来炎呢，［dɛ³¹la⁰lei³¹gɔ⁰ne⁰］

许班天仙女呢还是犰゠洗浴。［he³⁵pɔ³³tʰi³³ɕi⁵³n ̣y¹³ne⁰uɔ³¹z ̩²²au²²sei³⁵yo²¹²］

洗浴洗洗炎过后啊，［sei³⁵yo²¹²sei³³sei³³ɔ⁰kɯ³³au¹³a⁰］

有件［衣裳］呢，少一件炎，［iau²²dʑi⁰iɛ³²³ne⁰，ɕy³⁵e³dʑi¹³ɔ⁰］

许个天仙女呢就是织女。［he³⁵kai⁰tʰi³³ɕi⁵³n ̣y¹³ne⁰zɯ²²z ̩²¹tsei³n ̣y¹³］

噶黄昏呢，渠啊走来，［ka⁰ɔ²²ɕy⁴⁴ne⁰，gi³¹a⁰tsau³³lei²¹］

偷半事走来呢，〔tʰau³³pø⁵³zʅ²²tsau³³lei²¹ne⁰〕

逮牛郎呢门敲起，〔de²ŋau²²lo²¹ne⁰maŋ³¹kʰɔ³³tɕʰi⁰〕

门敲起呢，〔maŋ³¹kʰɔ³³tɕʰi⁰ɔ⁰ne⁰〕

噶就乞渠当老安爻。〔ka³zəɯ²²kʰɔ³³gi²²to³³lɛ³¹ø⁴⁴ɔ⁰〕老安：老婆

当老安爻呢，〔to³³lɛ³¹ø⁴⁴ɔ⁰ne⁰〕

两个侬啊蛮恩爱，蛮好甚。〔la³⁵kai³³naŋ²¹a⁰mɔ²²ø³³e³⁵，mɔ²²hɛ³⁵zaŋ¹³〕

噶过爻三年，〔ka³kɯ⁵³ɔ⁰sɔ³³n̠i³¹〕

噶有个儿搭女儿生来，〔ka³iau²²kai³³ŋ³¹tɔ³na³¹ŋ⁰sɔ³³lei²¹〕

儿搭女儿生来呢，〔ŋ³¹tɔ³na³¹ŋ⁰sa³³lei²¹ne⁰〕

两个侬呢险勤劳，噶蛮恩爱能个。〔la³⁵kai³³naŋ²¹ne⁰ɕi³⁵dʑiaŋ²²lɛ²¹，ka³mɔ²²ø³³e³⁵naŋ²²kai⁰〕

正好渠自天仙女私自落凡呢，〔tsəŋ⁵³hɛ³⁵gi²²zʅ²²tʰi³³ɕi⁵³n̠y¹³sʅ³³zʅ²²lo²vo³¹ne⁰〕

乞天上许个玉皇大帝呢晓得。〔kʰɔ³³tʰi³³iɛ²²he³³kai⁰n̠yo²o²²da³¹dei²²ne⁰ɕiɔ³⁵tei⁰〕

玉皇大帝晓得呢，派呢许俫，天上呢许俫仙，〔n̠yo²o²²da³¹dei²¹ɕiɔ³⁵tei⁰ne⁰，pʰa⁵³ne⁰he³³lei⁰，tʰi³³iɛ²²ne⁰he³³lei⁰ɕi³³〕

天兵天将走落呢，〔tʰi³³pəŋ⁴⁴tʰi³³tɕiɛ³⁵tsau³³lo²¹ne⁰〕

噶雷公烁电能个。〔ka³lai³¹koŋ⁴⁴ɕiɔ³di²²naŋ²²kai⁰〕

雷公烁电呢，〔lai³¹koŋ⁴⁴ɕiɔ³di²²ne⁰〕

断意间呢就，刮起呢，〔dø²²i³⁵kɔ³³ne⁰zəɯ²²，kuɔ³tɕʰi⁰ne⁰〕断意间：突然

个狂风大雨呢刮起大险大，〔kai⁰dʑyo²²foŋ⁴⁴dou³¹ɣ¹³ne⁰kuɔ³²³tɕʰi⁰dou²²ɕi³⁵dou²¹〕

就能个大险大呢，〔zəɯ²²naŋ²²kai⁰dou²²ɕi³⁵dou²²ne⁰〕

好，一下儿过呢，〔hɛ³⁵，e³oŋ³⁵kɯ⁴²ne⁰〕

个织女呢就，〔晓否〕否得乞刮刮啊狃＝爻。〔kai³³tsei³n̠y¹³n̠e⁰zəɯ²²，ɕiau³⁵vu⁰tei³⁵kʰɔ³³kuɔ³kuɔ³a⁰n̠iau²¹²gɔ³¹〕狃＝：哪里

头也未踉转乞刮狃＝爻罢，〔dou³¹a⁰mei²²lai²²tɕy³⁵kʰɔ³³kuɔ³n̠iau²¹²gɔ³¹ba¹³〕踉：倒

个牛郎呢就急爻弹弹绑＝。〔kai³³ŋau²²lo²¹ne⁰zəɯ²²tɕia³²³ɔ⁰dɔ²²dɔ³¹pu³⁵〕弹弹绑＝：形容急得跳脚的样子

噶渠拉个许俫儿搭囡儿呢沃＝想寻个渠阿妈，〔ka³gi²²la⁰kai³³he³³lei⁰ŋ³¹tɔ³na³¹ŋ⁰ne⁰o³ɕiɛ³³zaŋ³¹kai⁰gi²²a⁰ma¹³〕

渠阿妈呢噶走狃＝寻呢，〔gi²²a⁰ma¹³ne⁰ka³tsau³³n̠iau²¹²zaŋ³¹ne⁰〕

乞风［晓否］否得刮狃⁼爻罢，［kʰɔ³³foŋ⁴⁴ɕiau³⁵vɯ⁰tei³⁵kuɔ³n̠iau²¹²ɔ⁰ba¹³］

噶能个有办法，［ka³naŋ²²kai⁰nau³³bɔ¹³fɔ³²³］

有办法呢，个老牛啊噶开口。［nau³³bɔ¹³fɔ³²³ne⁰，kai³³lɛ³¹ŋau²¹a⁰ka³kʰe⁵³kʰau³⁵］

开口讲，意思能讲，［kʰe⁵³kʰau³⁵ko³³，i⁵³sɿ³³naŋ²²ko³³］

乞你牛郎你急也急否来。［kʰɔ³³n̠i¹³ŋau²²lo²¹n̠i²²tɕia³²³a⁰tɕia³²³vɯ⁰lei³¹］

织女呢乞天上玉皇大帝捉去爻罢，［tsei³n̠y¹³ne⁰kʰɔ³³tʰi³³iɛ²²n̠yo²o²²da³¹dei²²tɕyo³²³e⁰
　　gɔ³¹ba⁰］

你若想逮渠能牢，［n̠i¹³dʑiɔ⁰ɕiɛ³⁵de²gi³¹naŋ²²lɛ²¹］着：若

只好逮我个牛角呐，［tsɿ³hɛ³³de²i¹³gi⁰ŋau¹³ko³²³nɔ⁰］

两只牛角倒落能讲，［la³⁵tsei²¹ŋau¹³ko³²³te³⁵lo²¹naŋ²²ko⁰］

倒落呢，噶变成两只许俫箩筐，箩能个哦。［tɛ³⁵lo²¹ne⁰，ka³pi⁵³zən²²la³⁵tsei²¹he³³lei⁰
　　lou²²kʰuɔ⁴⁴，bɣ¹³naŋ²²e⁰ɔ⁵³］箩：箩筐

噶乞个个渠啊儿搭囡儿，［ka³kʰɔ³³kai³³kai⁰gi³¹a⁰ŋ³¹tɔ³na³¹ŋ⁰］

逮渠缩拉底，［de²gi²²ɕyo³²³la⁰tei⁰］

噶乞牛郎担起呢，囡狃⁼趋。［ka³kʰɔ³³ŋau²²lo²¹tɔ³³tɕʰi⁰ne⁰，kʰɔ³³au⁰bi²¹²］趋：追

趋趋呢，趋快险趋快，［bi²bi²¹²ne⁰，bi²kʰa⁵³ɕi³⁵bi²kʰa⁵³］

白⁼近趋牢罢，［ba²dʑiaŋ¹³bi²lɛ³¹ba⁰］白⁼近：马上

正好乞玉母娘娘啊，［tsəŋ⁵³hɛ³⁵kʰɔ³³n̠yo²mu¹³n̠iɛ²²n̠iɛ²²a⁰］

渠噶头上呢有个金钗呢拔拉落，［gi³¹ka³dou³¹iɛ²¹ne⁰iau²²kai³³tɕiaŋ³³tsʰa⁴⁴ne⁰bɔ²¹²la⁰
　　lo²¹］

逮渠划拉去，一条河，［de²gi²va²¹²la⁰kʰei⁵³，e³duɔ²²vɯ³¹］

个条河呢，就讲银河。［ke⁰duɔ²²vɯ³¹ne⁰，zəu²²ko³³n̠iaŋ²²vɯ²¹］

噶就一个纠⁼拉个面，纠⁼拉个岸，［ka³zəu²²e³kai³³tɕiau³³la⁰ke³³mai²¹²，tɕiau³³la⁰ke³³ø²¹］

一个纠⁼拉许岸能个。［e³kai³³tɕiau³³la⁰he³⁵ø¹³naŋ²²kai⁰］纠⁼：在

许俫喜鹊阿，摩着讲，［he³³lei⁰ɕi³⁵tɕʰiɔ³²³a⁰，mo²dʑiɔ⁰ko⁰］

渠能逮个爱情呐能忠贞能好，［gi³¹naŋ²¹de²kai³³e³³zəŋ²¹nɔ⁰naŋ²²tsoŋ³³tsaŋ⁴⁴naŋ²²hɛ³⁵］
　　能：这么

走许俫喜鹊多险多，［tsau³³he³³lei⁰ɕi³⁵tɕʰiɔ³²³tou³³ɕi³⁵tou³³］

噶沃⁼走逮许俫树枝啊树叶啊逮衔来衔来，［ka³o³tsau³³de²he³³lei⁰zəu³¹tsei⁴⁴zəu¹³i²¹²
　　a⁰de²gɔ³¹lei⁰gɔ³¹lei⁰］

造根桥起，叫牛郎走旁面，过旁向。［zɛ¹³kø³³dʑy³¹tɕʰi⁰，tɕy³³ŋau²²lo²¹tsau³³bɔ¹³mai²¹²，kɯ³³bɔ²²ɕiɛ³⁵］旁面：对面

每年七月七，［mei¹³n̩i³¹tsʰa³n̩y²tsʰa³²³］

乞牛郎织女会一遍。［kʰɔ³³ŋau²²lo²¹tsei³n̩y¹³vai²²e³pi⁵³］

噶好思＝民间故事呢，［ka³hɛ⁵³sʮ³³məŋ²²kɔ⁴⁴kɯ⁵³zʮ²²ne⁰］

渠讲是讲个七月七，［gi³¹kɔ⁰zʮ²²kɔ⁰kai¹³tsʰa³n̩y²tsʰa³²³］

牛郎织女鹊桥上相会。［ŋau²²lo²¹tsei³n̩y¹³tɕʰiɔ³²³dʑy²¹iɛ²¹ɕiɛ³³vai¹³］

　　以前，有个小孩儿，他的爸妈死得早。孤苦伶仃，无依无靠。他家里只有一头牛和他相依为命，大家都叫他牛郎。这头牛就是天上的金牛星。金牛星觉得牛郎又勤劳又肯干，很懂事，所以想帮牛郎成个家。

　　有一天，老牛托梦跟牛郎说，第二天早上，山脚溪边，有一群仙女在那儿洗澡。让他早点起来去那里，把仙女的衣服偷一件过来。牛郎半信半疑，但是早上还是很早起床去那个溪边，看到七个仙女在洗澡。牛郎偷偷过去把一件挂在树上的衣服偷了过来，然后拼命往回跑。

　　那群仙女洗完后发现衣服少了一件，衣服被偷的仙女就是织女。织女半夜来到牛郎家敲门，之后就成了牛郎的妻子。成家之后，两人很恩爱，生活幸福。过了三年，两人生了一个儿子一个女儿，有了儿女之后，两个人都很勤劳，而且恩爱。

　　仙女私自下凡的事情被玉皇大帝知道了。玉皇大帝派了天兵天将下凡，突然电闪雷鸣，狂风暴雨，织女一下子就被刮走了，不知被刮到了哪里。

　　转头之间织女就不见了，牛郎十分着急。小孩儿都想要妈妈，但是织女不知道被刮到哪里去了，没有办法，老牛开口了。

　　他说，牛郎你不要急，急也没用，织女被玉皇大帝抓走了，你要想追上救织女，你就把我的两只牛角拿下来，变成箩筐，把两个孩子放到箩筐里，你挑着箩筐去追织女。

　　牛郎挑着箩筐去追织女，很快看见织女了，马上就要追上了，王母娘娘拔下头上的金钗，金钗一划就出现一条河，这条河就是银河。牛郎织女被银河分隔两岸。喜鹊看见了，认为牛郎织女对爱情忠贞，很同情牛郎织女，成千上万的喜鹊，衔着树枝树叶，为牛郎织女造了一座桥。每年（农历）七月七日，牛郎和织女都在桥上相会。民间就流传着七月七牛郎织女相会于鹊桥的事。

（2016年9月，发音人：徐金川）

三、自选条目

（一）谚语

得侬钿财，〔de³²³naŋ³¹di²²zei²¹〕
免侬险灾。〔mi¹³naŋ³¹ɕi³³tse³³〕

日底游游，〔ne²¹²tei⁰iau²²iau²²〕
黄昏熬油。〔ɔ²²ɕy⁴⁴ŋɔ²²iau²¹〕

养儿着好娘，〔iɛ³³ŋ³¹dʑiɔ²hɛ⁵³n̠iɛ²¹〕着：需要
插田着好秧。〔tsʰɔ³di³¹dʑiɔ²hɛ⁵³iɛ⁴⁴〕

生育个功劳值千金，〔sa³⁵iou³²³gi⁰koŋ³³lɛ²¹dzei²tɕʰi³³tɕiaŋ³³〕
养育个功劳重千金。〔iɛ¹³iou³²³gi⁰koŋ³³lɛ²¹dʑyo¹³tɕʰi³³tɕiaŋ³³〕

后生无儿似神仙，〔au³¹sa³³vɯ²²ŋ²²zʅ¹³zaŋ²²ɕi⁴⁴〕后生：年轻人
临老无儿苦黄连。〔leŋ³¹lɛ¹³vɯ²²ŋ²²kʰɯ³⁵o²²li²¹〕

扇风否凉发风凉，〔ɕi⁵³foŋ³³fɯ³⁵liɛ³¹fɔ³foŋ³³liɛ³¹〕
地家甚好否值娘。〔dei³¹ko³³zaŋ¹³hɛ¹³fɯ³⁵dzei²¹²n̠iɛ³¹〕地家：婆婆

娘亲爷亲自脚手亲，〔n̠iɛ³¹tsʰaŋ⁴⁴i³¹tsʰaŋ⁴⁴zʅ²²tɕiɔ³sou³⁵tsʰaŋ⁴⁴〕
娘有爷有自怀底有。〔n̠iɛ³¹iou¹³i³¹iou¹³zʅ²²ga³¹tei⁰iou¹³〕

（以上 2016 年 9 月，发音人：林爱棉）

（二）谜语

我住尼姑本姓方，［ŋ¹³dzəɯ²²n̠i²²kɯ⁴⁴paŋ³⁵seŋ⁵³fɔ⁴⁴］

五子孙带我过焦关。［ŋ²²tsɿ⁵³sø³³ta³³ŋ¹³kɯ⁵³tɕy³³kuɔ⁴⁴］<small>五子孙：手指</small>

露霖响雷来迎接，［ləɯ²²leŋ²¹ɕiɛ⁵³lei³¹lei²²n̠iŋ¹³tɕi³²³］

后等红日晒上山。［au¹³taŋ³⁵oŋ¹³n̠ia²¹²sa⁵³iɛ²¹sɔ⁴⁴］

——晒番薯丝［sa⁵³fɔ³⁵zei²¹²sɿ⁴⁴］

清清水水，［tsʰeŋ³³tsʰeŋ³³səɯ³³səɯ³⁵］

白如院主，［ba²¹²zəɯ³¹y⁵³tsəɯ³⁵］<small>院主：女孩</small>

未配夫郎，［mei²²pʰai⁵³fɯ³³lɔ²¹］

担心大肚。［tɔ³³saŋ³³dou³¹dəɯ¹³］

——茭笋［kɔ⁵³soŋ³⁵］

我住深山大海洋，［ŋ¹³dzəɯ²²saŋ³³sɔ³³da²²he⁵³iɛ²¹］

无冇叔伯无冇娘，［ŋ²nau³⁵sou³pa³²³ŋ²nau³⁵n̠iɛ³¹］

三百田地归我管，［sɔ³³pa³di²²dei¹³kai³³ŋ¹³ky³⁵］

一世着俫破衣裳。［e³sei⁵³tɕiɔ³²³lei²²pʰa³⁵i³²³iɛ²¹］<small>着：穿</small>

——稻秆侬儿［dɛ²²kø³⁵naŋ²²ŋ⁰］

（以上 2016 年 9 月，发音人：徐金川）

平 阳

一、歌谣

月光光溜溜

月光光溜溜，女儿乞温州。[ȵye²¹ko³³ko³³lɛu²¹lɛu²¹，nʌ⁴²ŋ²¹kʰai⁴⁵ye²¹tʃɛu³³]

温州侬家好，吃来⁼番薯枣。[ye²¹tʃɛu³³naŋ²¹kuo³³xɛ⁴⁵，tɕʰi³³le³³fɔ³⁵ie²¹tʃɛ⁴⁵]

番薯枣打擂，碰着表妹。[fɔ³⁵ie²¹tʃɛ⁴⁵tʌ⁴⁵le²¹，pʰoŋ³⁵dʒɔ²¹pie⁴⁵mai²¹]

表妹哮咕，碰着姨夫。[pie⁴⁵mai²¹xɔ²¹ku³³，pʰoŋ³⁵dʒɔ²¹i²¹fu³³]

姨夫麻脸，碰着保长。[i²¹fu³³mo³⁵lie⁴²，pʰoŋ²¹dʒɔ³³pɛ⁴⁵tɕie²¹]

保长跑马灯，跑到后垟罾。[pɛ⁴⁵tɕie²¹pʰɔ³³mo⁴⁵taŋ²¹，pʰɔ⁴⁵tɛ²¹au⁴⁵ie²¹saŋ³³]

摆起十八盘，外面叫兜添，[pʌ⁴⁵tɕʰi²¹zʌ¹²po²¹bɵ²¹，vʌ²⁴mai²¹tɕye³³tau⁴⁵tʰye²¹]

底面戳饭里焦，外面讲谢谢，[ti⁴⁵mai²¹tʃʰuo³³vɔ³³li⁴⁵tɕye²¹，vʌ²⁴mai²¹kuo³³zi²⁴zi²¹]

底面流眼泪。[ti⁴⁵mai²¹lɛu²¹ŋɔ⁴⁵lei²¹]

十二月谣

正月灯，二月鹞，[tseŋ³³ȵye³³taŋ³³，ŋ¹³ȵye³³ye¹³]

三月麦稂ɪ做鬼叫，[sɔ³³ȵye¹³mʌ²¹lɔŋ¹³tʃu⁵³tɕy⁴⁵tɕye⁵³]

四月地擂密密跳，[sʅ⁵³ȵye¹³di²¹le¹³mie¹³mie¹³tʰye⁵³]

五月龙船两头翘，[ŋ¹³ȵye¹³luo¹³ye¹³lʌ⁴⁵dɛu¹³tɕʰye⁵³]

六月六，狗洗头，[lɛu²¹ȵye¹³lɛu²¹，kau⁴⁵si⁴²dɛu²¹]

七月七，风烧杂麦麦，［tʃʰA³⁴n̩ye²¹tʃʰA¹³，foŋ¹³ɕye¹³zθ¹³mA²⁴mA²¹］

八月八，月饼嵌芝麻，［po²¹n̩ye²¹po²¹，n̩ye²¹peŋ⁴⁵kʰɔ⁵³tsʅ²¹mo²¹］

九月九，灯糕上捣臼，［tʃau⁴⁵n̩ye²¹tʃau⁴⁵，taŋ³³kɛ³³ie²¹tɛ²¹gau¹³］

十月十，眙徕眼火塔，［zA¹³n̩ye¹³zA¹³，tsʰʅ³³le²¹ŋɔ⁴²fu²¹tʰA²¹］

十一月，吃汤圆，［zA¹³iA¹³n̩ye¹³，tɕʰi³⁴tʰo²¹ye¹³］

十二月，糖糕中状元。［zA¹³ŋ¹³n̩ye¹³，do²¹kɛ³³tʃoŋ²¹dʒuo²¹ye²¹］

手胭谣

一胭穷，两胭富，［iA³⁴lai¹³dʒoŋ⁴²，lA⁴⁵lai¹³fu⁵³］

三胭平平过，［sɔ³³lai³³beŋ⁴⁵beŋ²¹ku⁵³］

四胭刮猪屙，［sʅ⁴⁵lai¹³kɔ³⁴tɕi²¹uo⁴⁵］

五胭骑白马，［ŋ²⁴lai¹³dʑi³⁵bA²¹mo⁴²］

六胭坐天下，［lɛu³⁵lai¹³zu²¹tʰie²¹uo⁴²］

七胭背刀枪，［tʃʰA³³lai³³pai⁵³tɛ²¹tɕʰie³⁵］

八胭杀爹娘，［po³⁴lai³³sɔ³⁴ti²¹n̩ie³⁵］

九胭公，十胭婆。［tʃau⁴⁵lai³³koŋ⁴²，zA¹³lai³³bu¹³］

（以上 2017 年 7 月，发音人：刘昌馀）

二、其他故事

人心不足蛇吞象

我是平阳陈斌，［ŋ³³zʅ²¹beŋ²¹ie¹³dʑiaŋ²¹peŋ²¹］

该日乞大家侬讲个故事，［ke³³ne¹³kʰai³³dA⁵³ko³³naŋ³³kuo³³kai³³ku²¹zʅ³³］

个故事个题目就是"人心否足蛇吞象"。［kai³³ku⁴⁵zʅ¹³ke²¹di³⁵mu²¹zɛu²¹zʅ¹³zaŋ²¹saŋ³³
　　fu⁴⁵tʃuo¹³zi¹³tʰθ²¹ɕie³⁵］

生早显早，南雁山里有个打柴个侬。［sA³³tʃɛ³³ɕie³⁵tʃɛ³³，nθ²¹ŋɔ³⁵sɔ³³li³³iau³⁵kai³³tA⁴⁵
　　zA³³ke²¹naŋ²¹］

渠有日呢捉嘞一条蟹⁼蛇，［gi³³iau⁴⁵ne³³n̩i³³tʃuo³³le²¹i⁴⁵dye³³xA³³zi⁴²］蟹⁼：大

渠就乞个蟹⁼蛇放［去爻］罢。［gi³³zɛu¹³kʰai²¹kai³³xA³³zi⁴²fɔ³⁵kʰɔ¹³uɔ²¹］

过爻几百年以后，［ku³³ɔ³³ke⁴⁵pʌ²¹n̠ie¹³i²¹au¹³］

个条蟹＝蛇变大起，［kai³³dye³³xʌ³³zi⁴²pie⁵³du²¹tɕʰi¹³］

蟹＝蛇个腰呢就水桶能粗，［xʌ³³zi⁴²ke²¹ye³³ne⁰zɛu¹³ɕye⁵³doŋ¹³naŋ¹³tʃʰu³³］

又有几十米长。［i⁴⁵iau³³ke⁴⁵zʌ¹³mi²¹dʑie¹³］

个蟹＝蛇要想报答代渠放［去爻］个侬，［kai²¹xʌ³³zi⁴²ɕie⁴⁵pɔ⁵³tɔ³³de²¹gi¹³fɔ⁵³kʰɔ²¹kai²¹

　　naŋ²⁴²］

就宿吼＝寻来寻去，［zɛu¹³ʃuo³⁵xau⁴²zaŋ¹³le²¹zaŋ¹³kʰi²¹］

结果几百年过［去爻］罢，［tɕi²¹ku³³ke⁴⁵pʌ²¹n̠ie³³ku⁵³kʰɔ³³uɔ²¹］

个侬早早就过辈罢，［kai³³naŋ³³tʃɛ⁴⁵tʃɛ⁴⁵zɛu¹³ku⁵³pai⁵³uɔ²¹］

只寻着渠九代以后个孙。［tsɿ³³zaŋ⁵³dʒɔ¹³gi²¹tʃau⁴⁵de³³i²¹au¹³kai²¹sɵ⁵⁵］

所以呢，［su³³i³³n̠i³³］

个蟹＝蛇就托梦乞个救渠个侬个九代以后，［kai³³xʌ³³zi⁴²zɛu³³tʰo³⁴moŋ¹³kʰai³³kai³³

　　tʃau⁵³gi²¹kai²¹naŋ⁴²kai³³tʃau⁴⁵de³³i²¹au¹³］

对渠讲："以后啊，［te²¹gi²¹ko⁴⁵ : i²¹au¹³ʌ²¹］

你要是碰着年＝事干对我讲，［n̠i³³ye³³zɿ³³pʰoŋ³³dʒɔ³³n̠ie¹³zɿ¹³kɵ⁴²te⁵³ŋ⁴⁵ko⁴²］

我可以帮助你，［ŋ³³kʰu⁴²i²¹po²¹zʉ³⁵n̠i³³］

可以帮助你升官发财。"［ku⁴²i²¹po²¹zʉ³⁵n̠i³³saŋ³³kye³⁵fɔ³³ze⁴²］

过一年以后，［kɔ³³i²¹n̠ie¹³i²¹au¹³］

个个救蟹＝蛇侬个九世孙有日走到绕城底面，［kai³³kai³³tʃau³⁵xʌ⁴²zi³³naŋ³³kai³³tʃau³⁵

　　sɿ²¹sɵ³³iau³⁵ne³³tʃau³⁵tɛ²¹ye³⁵zeŋ¹³ti²¹mai²¹］

眙绕城城门吼＝贴着张皇榜，［tsʰɿ³³ye³⁵zeŋ³³zeŋ³³maŋ²¹xau³⁵tʰye³³dʒɔ¹³tɕie²¹uo²⁴²po³⁵］

皇榜里写着呢，［uo²⁴²po³⁵li²¹si³⁵dʒɔ²¹n̠i³³］

就能讲，渠讲：［zɛu³³naŋ³³ko³³, gi³³ko³³］

"国母娘娘生一个重病，［kye²¹mu³⁵n̠ie¹³n̠ie¹³sʌ³³i²¹kai³³dʒuo²³beŋ¹³］

需要呢一副药引配药吃，［sʉ³³ye³⁵n̠i³³i³³fu³³iɔ²¹iaŋ³⁵pʰai⁵³iɔ¹²tɕʰi²¹］

定能够代渠个病眙好，［deŋ³³naŋ²¹kau³³de²¹gi²¹kai³³beŋ¹³tsʰɿ³³xɛ⁴⁵］

个药引呢就是蟒蛇个肝。"［kai³³iɔ²¹iaŋ³⁵n̠i³³zɛu³³zɿ³³mo⁵³zi³⁵ke²¹kɵ⁵⁵］

个救蟹＝蛇侬个九世孙想想，［kai³³tʃau⁵³xʌ³³zi⁴²naŋ¹³ke³³tʃau⁴⁵sɿ²¹sɵ⁵⁵ɕie³⁵］

渠讲个呀，"我可以走寻个蟒蛇"。［gi¹³ko⁴²kai²¹iʌ²¹, ŋ¹³kʰu⁴²i²¹tʃau⁴⁵zaŋ⁴²kai²¹mo⁴²

　　zi⁴²］

渠拼命乞皇榜驮啦落。［gi³³pʰeŋ³³meŋ³³kʰai³³uo²⁴²po³⁵do²¹lʌ¹³lo³⁵］

驮啦落以后，走到南雁山，［do²¹lA¹³lo³⁵i⁴²au¹³，tʃau³³tɛ³³nθ²¹ŋɔ³³sɔ³³］

眙对着个蛇洞跪吼=拜，渠讲：［tsʰ̩³³te³³dʒɔ²¹kai²¹zi³⁵doŋ²¹dʑy²¹xau¹³pA⁵³，gi³³ko³³］

"蟒蛇啊蟒蛇"，［mo⁴²zi²¹iA²¹mo⁴²zi²¹］

讲："你上次托梦对我讲，［ko³³：n̠i³³ie³³tsʰ̩⁴²tʰo³⁴moŋ¹³te²¹ŋ³³ko³³］

可以帮助我升官发财。"渠讲：［kʰu³³i³³po²¹zʉ¹³ŋ¹³saŋ³³kye³³fɔ²¹ze⁴²。gi²¹ko⁴⁵］

"我个几日就走来寻你罢。"［ŋ³³kai³³ke⁴⁵ne¹³zɛu⁴⁵li³³zaŋ¹³n̠i¹³uɔ⁰］

乞个事干原因搭经过讲一遍，［kʰai²¹kai²¹z̩³⁵kye³⁵n̠ye²¹iaŋ³³tɔ³³tʃaŋ³³ku⁴⁵ko⁴⁵i³⁵pie²¹］

渠讲："你如果愿意个话你就点点头，［gi²¹ko⁴⁵：n̠i⁴⁵zʉ²¹ku³⁵n̠ye²¹i³⁵kai³³uo³³n̠i³³zɛu³³
　　tye³³tye³³dɛu⁴²］

你否愿意个话你就摇摇头。"［n̠i³³fu⁵³n̠ye²¹i³⁵kai³³uo³³n̠i³³zɛu³³ye³³ye³³dɛu⁴²］

只眙个蟹=蛇代头点起，［tsʅ³³tsʰ̩³³kai³³xA⁴²zi⁴²de²¹dɛu⁴²tye⁴²tɕʰi³³］

点起以后，渠吉=嘴掰啦开。［tye⁴⁵tɕʰi³³i⁴²au¹³，gi²¹tɕi³⁴tɕy⁴⁵pA³³lA³³kʰe³³］

个侬呢捉把刀，［kai³³naŋ¹³n̠i²¹tʃuo²¹po²¹te³³］

爬啦蟹=蛇吉=嘴底，［bo¹³lA¹³xA³³zi⁴²tɕi²¹tɕy²¹te⁴²］

代个蟹=蛇个肝切一琐片来，［de³³kai³³xA⁴²zi²¹ke²¹kθ³³tɕʰie¹³i³⁵sai⁵³pʰie³³li²¹］

夺=送乞皇帝。［dA¹²soŋ⁵³kʰai²¹uo²¹ti³⁵］夺：很快

皇帝呢，代个药配起，［uo²¹ti³⁵n̠i³⁵，de³³kai³³iɔ¹²pʰai⁵³tɕʰi²¹］

乞国母娘娘吃，［kʰai³³kye²¹mu³⁵n̠ie¹³n̠ie¹³tɕʰi³⁴］

吃啦呢国母娘娘身体好起罢，［tɕʰi³⁴lA¹²n̠i³⁵kye²¹mu¹³n̠ie¹³n̠ie¹³saŋ⁴²tʰi²¹xɛ¹³tɕʰi³³uɔ⁴²］

皇帝就封个个进宝个侬做呢"进宝状元"。［uo²¹ti³⁵zɛu¹³foŋ³³kai³³kai³³tʃaŋ⁴²pɛ³⁵ke²¹
　　naŋ⁴²tʃu³³n̠i²¹tʃaŋ⁴²pɛ¹³dʒɔ¹³n̠ye³³］

过一年以后，［ku³⁵i²¹n̠ie²¹i²¹au⁵³］

国母娘娘个病又重新发起，［kye⁴²mu³⁵n̠ie²¹n̠ie²¹ke³³beŋ¹³i¹³dʒoŋ²¹saŋ³³fɔ³³tɕʰi³³］

发起呢，皇帝叫个进宝状元，讲：［fɔ³³tɕʰi³³ne³³，uo²¹ti³⁵tɕye³⁵kai²¹tʃaŋ⁵³pɛ³⁵dʒɔ²¹
　　n̠ye²¹，ko¹³］

"你再代蟹=蛇个肝切宁=来，［n̠i³³tʃe⁵³de³³xA³³zi⁴²ke²¹kθ¹³tɕʰie¹³neŋ²¹le¹³］

乞国母娘娘配药。"［kʰai³³kye²¹mu³⁵n̠ie²¹n̠ie¹³pʰai³⁵iɔ¹²］

个进宝状元第二次走去寻个蟒蛇，［kai³³tʃaŋ²¹pɛ³³dʒɔ³³n̠ye³³di¹³ŋ³³tsʰ̩⁴²tʃau³³kʰi⁴²zaŋ⁴²
　　kai²¹mo⁴²zi⁴²］

又对蟒蛇［那样］讲。［i³⁵te³³mo³³zi¹³naŋ³³ko⁴²］

蟒蛇也同意，［mo³³zi¹³iA⁴²doŋ²¹i⁴²］

又乞渠割宁＝个个蟹＝蛇个肝来，［i³⁵kʰai³³gi²¹kɵ³³neŋ³³kai³³kai³³xA⁴²zi⁴²ke³³kɵ³³le³³］

代国母娘娘个病眙好。［de³³kye²¹mo³⁵n̠ie²¹n̠ie²¹ke³³beŋ¹³tsʰɿ³³xɛ⁴⁵］

过爻三年，［kɔ⁵³uɔ⁴²sɔ²¹n̠ie¹³］

国母娘娘个病又一次发起，［kye²¹mu³⁵n̠ie²¹n̠ie¹³ke³³beŋ¹³iau⁴⁵ⁱ³³tsʰɿ²¹fɔ²¹tɕʰi²¹］

皇帝再一次叫个个进宝状元走去割蛇肝。［uo²¹ti³³tʃe⁵³i²¹tsʰɿ²¹tɕye²¹kai³³kai³³tʃaŋ⁵³pɛ³⁵dʒo¹³n̠ye¹³tʃau⁴⁵kʰi³³kɵ³³zi²¹kɵ³³］

个进宝状元又走到南雁山洞门前对蟹＝蛇［那样］讲，［kai³³tʃaŋ³³pɛ³³dʒo³³n̠ye¹³ⁱ³⁵tʃau⁴⁵tɛ²¹nɵ²¹ŋɔ³³sɔ³³doŋ¹³maŋ⁴²ie¹³te³³xA⁴²zi⁴²naŋ⁴²ko¹³］

蟹＝蛇也点头同意。［xA³³zi⁴²A³⁵tye⁴²dɛu⁴²doŋ¹³i³³］

个时间，个进宝状元啊，［kai³³zɿ²¹kɔ³³，kai³³tʃaŋ⁴⁵pɛ⁴⁵dʒo²¹n̠ye²¹A²¹］

走到蟹＝蛇个吉＝嘴底面捉刀捉出，［tʃau⁴⁵tɛ³³xA³³zi⁴²kai²¹tɕi²¹tɕy⁴⁵ti⁴⁵mai¹³tʃuo³³tɛ³³tʃuo³³tʃʰɵ²¹］

代蟹＝蛇个肝想割，［de³³xA³³zi⁴²kai²¹kɵ³³ɕie⁴⁵kɵ²¹］

渠想想，［gi²¹ɕie²¹ɕie²¹］

能＝一次割宁＝宁＝割宁＝宁＝几倈＝生头＝，［naŋ⁴⁵ⁱ³⁵tsʰɿ⁵³kɵ³³neŋ²¹neŋ⁴⁵kɵ³³neŋ²¹neŋ⁴⁵ke⁴⁵lɛ⁴²sA⁴²dɛu¹³］

否如多割来，以后园吼＝慢慢用，［fu⁴⁵zʉ¹³tu⁴²kɵ⁴²le¹³，i⁴²au¹³kʰo⁴²xau³³mɔ¹³mɔ²¹yo¹³］

所以用刀用力代蟹＝蛇个肝切半落，［su¹³ⁱ⁴²yo²¹tɛ¹³yo³⁵le¹³de³³xA⁴²zi⁴²ke²¹kɵ¹³tɕʰie³⁴pɵ⁵³lo²¹］

蟹＝蛇也一痛蟹＝起，［xA³³zi⁴²iA¹³ⁱ³⁵tʰoŋ⁴⁵xA⁴²tɕʰi²¹］

吉＝嘴一合拢，就代个侬吞啦肚落，［tɕi²¹tɕy⁴⁵ⁱ⁴⁵ɵ²¹loŋ¹³，zɛu³³de³³kai²¹naŋ⁴²tʰɵ³³lA³³du¹³lo²¹］

个故事就叫"人心否足蛇吞象"。［kai²¹ku⁴⁵zɿ¹³zɛu²¹tɕye³⁵zaŋ²¹saŋ³³fu⁴⁵tʃuo¹³zi¹³tʰɵ²¹ɕie³⁵］

　　我是平阳陈斌，今天给大家讲个故事，这个故事的名字就叫作"人心不足蛇吞象"。在很早以前，南雁山上有个砍柴的人。有一天他捉到一条蛇，但他把蛇放走了。后来，这条蛇长大了，有水桶那么粗，几十米长。这条蛇想报答以前放走它的那个人，就到处寻找，结果几百年过去了，那个人早就死了，只找到他九代以后的孙子。

于是这条蛇就托梦给那个人九代以后的孙子，对他说以后你要是碰到什么事情跟我说，我可以帮助你升官发财。过了一年之后，那个救蛇人的九世孙有一天来到了绕城里面，看到绕城城门那里贴着一张皇榜，皇榜上写着，国母娘娘生了一种重病，需要一副药引配药吃，才能够把她的病治好，那个药引就是蟒蛇的肝。

那个救蛇人的九世孙想了想，觉得他可以去找蟒蛇，他连忙把皇榜揭了下来。揭下来之后，他急忙跑到南雁山上对着蛇洞跪下拜。他说："蟒蛇啊蟒蛇，你上回托梦跟我说可以帮助我升官发财，我今天就来找你了。"他把事情的原因经过都讲了一遍，对蛇说："你如果愿意的话就点点头，你不愿意的话就摇摇头。"就看到这条蛇点了点头，点完后张开嘴，这个人就拿了一把刀，爬进这条蛇的嘴里，把它的肝切下一小片，然后送去给皇帝。皇帝把药配起来，给国母娘娘吃，国母娘娘一吃完身体就好起来了，于是皇帝就封这个进宝的人为"进宝状元"。

过了一年之后，国母娘娘的病又重新发起来了，发起来之后皇帝就叫这个进宝状元去把蛇的肝再切一小片来，给国母娘娘配药。这个进宝状元就第二次去找那条蟒蛇，又跟蟒蛇说了。蟒蛇也同意，又让他割了一小片它的肝把国母娘娘的病看好。过了两三年，国母娘娘的病又一次发起来，皇帝再一次叫这个进宝状元去割蛇肝。这个进宝状元又走到了南雁山山洞前对蛇说，那条蛇又点头同意。

那个进宝状元，进了蛇的嘴里面把刀拿出来，想要割蛇的肝，他想了想，一次割一点多么麻烦，不如多割一点放着慢慢用，于是用刀把蛇的肝切了一半下来。蛇痛了起来，把嘴巴合上，就把这个人吞进肚子里，这个故事就叫"人心不足蛇吞象"。

（2017 年 7 月，发音人：陈斌）

三、自选条目

（一）谚语

神头否灵清，$[\mathrm{z}\theta\eta^{21}\mathrm{d}\epsilon\mathrm{u}^{33}\mathrm{fu}^{45}\mathrm{le}\eta^{21}\mathrm{t}\int^{h}\mathrm{e}\eta^{33}]$
茅坑当餐厅。$[\mathrm{m}\mathrm{\sigma}^{21}\mathrm{k}^{h}\mathrm{A}^{33}\mathrm{to}^{45}\mathrm{ts}^{h}\mathrm{\sigma}^{21}\mathrm{t}^{h}\mathrm{e}\eta^{33}]$
警察当盐兵，$[\mathrm{tse}\eta^{45}\mathrm{ts}^{h}\mathrm{\sigma}^{34}\mathrm{to}^{45}\mathrm{ie}^{21}\mathrm{pe}\eta^{33}]$
媛主儿当妖精。$[\mathrm{ye}^{21}\mathrm{t}\varphi\mathrm{y}^{42}\eta^{13}\mathrm{to}^{45}\mathrm{ye}^{21}\mathrm{tse}\eta^{33}]$

别侬老安过否得夜。〔bie²¹naŋ³⁵lɛ¹³ye¹³ku³³fu²¹te²¹i²¹〕

吃一膯，〔tɕʰi³⁴iA³⁴taŋ⁵³〕
着一身，〔dʒɔ²¹iA²¹saŋ²¹〕
三个炮仗送起身。〔sɔ³³kai³³pʰɔ⁵³ie¹³soŋ²¹tɕʰi²⁴saŋ¹³〕

（以上 2017 年 8 月，发音人：陈斌）

（二）谜语

佝背公公，〔xau⁴²pai³³koŋ³³koŋ³³〕
胡须葱葱，〔vu²¹ɕye³³tʃʰoŋ³³tʃʰoŋ³³〕
推⁼也有血，〔tʰai³³iA³³nau²⁴ɕye³⁴〕
烧起红咚咚。〔ɕye³³tɕʰi⁴⁵oŋ³⁵toŋ³³toŋ³³〕
——虾儿〔xoŋ⁴⁴〕

你姓车，我姓炮。〔n̠i³⁵seŋ³³tɕy³³，ŋ⁴²seŋ³³pʰɔ⁴²〕
日里组份，黄昏分嵌。〔ne²¹li³³tʃu⁴⁵vaŋ¹³，o²¹ɕye³³feŋ³³kʰɔ⁴²〕
——布纽〔pu⁴²n̠iau³⁵〕

（以上 2017 年 8 月，发音人：陈斌）

（三）歇后语

鼻涕流嘴里过——顺路〔bi¹³tʰi⁵³leu¹³tse⁴⁵li⁴⁵ku²¹——zɵŋ⁴²lu²¹〕

爬楼梯尾⁼搇鼻涕——好高〔bo¹³lau²¹tʰi⁵⁵mai¹³sei⁴²bi²¹tʰi⁵³——xɛ⁴⁵kɛ²¹〕

（以上 2017 年 8 月，发音人：陈斌）

文　成

一、歌谣

落岭无有上岭长

落岭无有上岭长，［lo²¹leŋ³³n¹³nau⁴²ʑie³³leŋ³³dʑie¹³］
扇风无有吹风凉；［ɕie²¹foŋ³³n¹³nau⁴²tɕʰy⁵⁵foŋ⁵⁵lie¹³］
糖霜无有蜂蜜甜，［do¹²ʃuo⁴²n¹³nau⁴²foŋ⁴²mei²⁴die¹³］
地家尽好否值娘。［di¹³ko⁴²zaŋ¹³xɛ⁴²fu⁵⁵dzei²¹ȵie³³］

牧歌

牧牛有好嬉，［mo⁴²ŋau¹³iau¹³xɛ³³ɕi³³］
牧马有好骑，［mo⁴²mo¹³iau¹³xɛ⁴²dʑi³³］
牧羊踢破脚踭皮，［mo⁴²ie¹³tʰie³³pʰɔ³³tʃa¹³teŋ³³bi³³］
牧猪哭啼啼。［mo⁴²tɕi³³kʰu¹³dei³³dei³³］

月光圆圆

月光圆圆，［ȵyø⁴²kuo³³vø¹³vø³³］
金银盆盆。［tʃaŋ⁵⁵iaŋ⁵⁵bø¹³bø¹³］
盆盆金，盆盆银，［bø¹³bø¹³tʃaŋ⁵⁵，bø¹³bø¹³iaŋ⁵⁵］
打双手夹⁼好定亲。［ta⁴⁵ʃuo³³ɕiou⁴⁵gɔ¹³xɛ⁴⁵deŋ²¹tʃʰaŋ⁵⁵］

几侾岁？十八岁；［ke⁴⁵le³³kɛ⁵⁵？　za²¹po³⁴søy³³］

几侾高？头戴凤冠顶堂梁。［ke⁴⁵le³³kɛ⁵⁵？　diou¹³te³³voŋ⁴⁵kuø³³teŋ⁴⁵do¹³lie³³］

单爿门，抬否过；［tɔ⁴²bɔ¹³maŋ³³，de¹³fu⁴⁵ku³³］

双爿门，正好过。［ʃuo³³bɔ¹³maŋ³³，tʃen³³xɛ⁴⁵ku²¹］

抬到姑娘门台底，［de²¹tɛ²¹ku³³n̠ie³³maŋ³³de⁴⁵ti¹³］

姑娘向渠道声喜。［ku³³n̠ie³³ɕie²¹gei²¹dɛ¹³sen³³sei⁴⁵］

姑娘向渠道声喜。［ku³³n̠ie³³ɕie²¹gei²¹dɛ¹³sen³³sei⁴⁵］

着爽罢新郎衣

着爽罢新郎衣，［tɕie²¹ʃuo³³bɔ³³saŋ⁴²lo²¹i⁵⁵］

睏爽罢新棉被；［kʰø²¹ʃuo³³bɔ²¹saŋ⁴²mie²⁴²bi³³］

吃罢乌骨鸡，［tɕʰi²¹bɔ³³vu²¹kuø²¹tɕi⁴²］

吃爽罢做月里。［tɕʰi²¹ʃuo³³bɔ³³tɕiou⁴²n̠yø⁴²li³³］

世事重重叠叠山

世事重重叠叠山，［sei³³z̩²¹dʒuo²¹dʒuo²¹die²¹die²¹sɔ⁵⁵］

有有无无总是烦。［iau³³iau⁴⁵vu²¹vu²¹tʃoŋ⁴⁵z̩³³vɔ²¹］

忙忙碌碌几时闲，［mo³³mo⁴⁵luo²¹luo²¹ke⁴⁵z̩³³ɔ²¹］

侬情弯弯曲曲水。［naŋ²¹dʒaŋ³³vɔ³³vɔ²¹tʃʰou²¹tʃʰuo²¹søy⁴⁵］

十个打赌九个穷

十个打赌九个穷，［za²¹kai³³ta³³tu⁴⁵tʃau⁴⁵kai³³dʒoŋ¹³］

剩个头家做富翁；［dʒeŋ²¹kai³³diou²¹ko⁵⁵tʃuo³³fu⁴⁵oŋ³³］

若是头家凑凑脚，［ʑie²¹z̩⁴²diou²¹ko⁵⁵tʃʰau²¹tʃʰau³³tʃa³⁴］

十个都是一色穷。［za²¹kai³³o⁴⁵z̩³³i²¹se³⁴dʒoŋ²¹］

（以上 2018 年 8 月，发音人：赵玲玲）

二、其他故事

阿爸謷儿

有个叫阿爸个侬，［iau³³kai³³tɕyø³³a²¹pa⁴²⁴kai³³naŋ²¹］

整日教训儿子，［tʃeŋ⁴⁵ne¹³kɔ³³zøn²¹n³³tsɿ⁴⁵］

是也謷，否是也謷。［zɿ¹³a³³zo²¹，fu⁴⁵zɿ³³a³³zo²¹］

晓一日阿爸交待个个妹儿做事干没有完成。［ɕyø³³i³⁴ne¹³a³³pa³³kɔ³³de²¹ke²¹kai²¹mai³³
　　n²⁴tʃou³³zɿ²¹kø⁵⁵nau⁴⁵yø¹³dzeŋ³³］

阿爸謷渠：［a³³pa³³zo¹³gei¹³］謷：骂

"像你能样个做事干，［ʑie²¹n̩i³³naŋ⁴²ie²¹kai³³tʃou²¹zɿ¹³kø⁵⁵

謷能做得好？"［tsɿ³³naŋ³³tʃou³³te³³xɛ⁴⁵］

就讲："有一年冬节，［zou²¹kuo⁴⁵：iau³³i³⁴n̩ie¹³toŋ⁴²tɕie³⁴］

我走去平阳担盐，［ŋ¹³tʃau³³kʰei³³beŋ²¹ie¹³tɔ³³ie³³］

走转还插三亩田，［tʃau³³tɕyø⁴⁵vɔ¹³tsʰɔ³⁴sɔ³³mɔ⁴⁵die²¹］

眙着天光还没黑。"［tsʰɿ²¹tɕie²¹tʰie⁴²kuo⁴²vɔ¹³me¹³xe¹³］

该个儿听见以后，［ke²¹kai³³n¹³tʰeŋ⁴²tɕie²¹i²¹au¹³］

问阿爸："冬节冇稻謷能会插稻？"［maŋ³³a³³pa³³，toŋ⁴²tɕie²¹nau⁴⁵dɛ¹³tsɿ⁴²naŋ²¹vai¹³tʃʰ
　　ɔ²¹dɛ¹³］

该个阿爸气起来讲：［ke²¹kai³³a³³pa³³tɕʰi²¹tɕʰi²¹lei²¹kuo²¹］

"阿爸謷儿随便謷，［a³³pa³³zo¹³n¹³zei¹³bie³³zo²¹］

有念⁼讲错该⁼？"［iau²⁴n̩ia¹³kuo³³tʃʰou²¹ke¹³］

该个阿爸謷儿个出处就在嗀。［ke²¹kai¹³a³³pa³³zo¹³n¹³kai³³tɕʰy³³tɕʰy³³zou²¹ze⁴⁵gau²¹］

　　有个叫阿爸的人，整日教训儿子，是也骂，不是也骂。有一日阿爸交待这个小孩做事情没有完成。阿爸骂他像你这样做事情怎么做得好？就讲有一年冬至，我走去平阳担盐，回来还插三亩田，看到天光还没有黑。这个儿子听见以后，问阿爸，冬至没有稻怎么插稻？这个阿爸气起来讲，阿爸骂儿随便骂，有什么讲错的，这个阿爸骂儿的出处就在这。

酒老笼

我有个地方侬，［ŋ¹³iau⁴²kai³³di⁴²fo³³naŋ³³］

名字叫阿三，［miŋ²¹zꞵ²¹tɕyø³³a³³sɔ⁵⁵］

侬侬下叫渠酒老笼。［naŋ²¹naŋ²¹o²⁴tɕʰyø²¹gei²¹tɕiou⁴²lɛ³³loŋ¹³］

因为渠酒呢是在吃太威［iaŋ³³vɨ³³gei³³tɕiou⁴⁵n̩i¹³zꞵ³³ze²⁴tɕʰi²¹tʰa³³vai⁵⁵］

每日天光爬起吃、［mai¹³ne²¹tʰie³³kuo³³bo²¹tɕʰi⁴⁵tɕʰi²¹］

日昼吃、黄昏吃。［nei¹³tʃou²¹tɕʰi²¹、o²¹fuø³³tɕʰi²¹］

渠老婆否晓得对渠讲几侲次，［gei²¹lɛ⁴²bu¹³fu⁴⁵ɕyø⁴⁵te²¹te²¹gei¹³kuo⁴⁵ke²¹lɛ³³tsʰʅ²¹］

总是否听。［tʃoŋ³³zꞵ²¹fu⁴⁵tʰeŋ³³］

后半渠老婆想想啊，［au⁴²pø³³gei¹³lɛ⁴²bu¹³ɕie²¹ɕie⁴⁵a²¹］

想想还是渠伯就是酒老笼个亲爷。［ɕie²¹ɕie⁴⁵vɔ³³zꞵ³³gei³³pa⁴²⁴ʑiou²¹zꞵ¹³tɕiou⁴²lɛ³³loŋ¹³ kai³³tʃʰaŋ³³i³³］

应该讲渠讲讲应该听。［iaŋ³³ke³³kuo⁴⁵gei²¹kuo²¹kuo⁴⁵iaŋ³³ke³³tʰeŋ³³］

狃晓底啊，渠个亲爷走来，［n̩iau⁴²ɕyø⁴⁵ti¹²a²¹，gei²¹kai³³tʃʰaŋ³³i³³tʃau⁴⁵lei²¹］

从天光讲到黄昏，就是否听。［dʒuo³³tʰie³³kuo³³kuo⁴⁵dɛ³³o²¹fuø⁴⁵，zou²¹zꞵ³³fu⁴⁵tʰeŋ³³］

搭渠亲爷气个就下巴须啊气翘起。［te²¹gei³³tʃʰaŋ³³i³³tɕʰi²¹ke¹³zou²¹o⁴²po²¹søy⁴⁵a³³tɕʰi³³ tɕʰyø³³tɕʰi²¹］

再最后燥燥起，［tʃe³³tsai⁴²au¹³tʃɛ³³tʃɛ³³tɕʰi⁴⁵］

搭渠酒老笼用力接牢。［te³³gei³³tɕiou³³lɛ³³loŋ¹³yo⁴²lei¹²tɕie²¹lɛ³³］

驮渠边向个大酒缸，［dou³³gei¹³pie³³ɕie³³ke²¹dou¹³tɕiou²¹kuo³³］

搭渠丢落底面个。［te²¹gei³³tiou³³la⁴⁵tei³³mai²¹ke²¹］

认为自个乞你到老乐吃酒。［n̩iaŋ²¹vɨ¹³zꞵ²¹kai³³kʰa²¹n̩i¹³te²¹lɛ³³ŋo²¹tɕʰi³⁴tɕiou⁴⁵］

搭你乞你酒吃吃底冤⁼冤⁼死好罢。［te²¹n̩i³³kʰa²¹n̩i³³tɕiou⁴⁵tɕʰi²¹tɕʰi²¹tei¹³yø²¹yø²¹sꞵ⁴⁵xɛ⁴⁵ bɔ²¹］

该个丢起酒缸以后冇声音，［ke²¹kai³³tiou³³tɕʰi⁴⁵tɕiou³³kuo³³i¹³au³³nau³³seŋ³³iaŋ³³］

渠老婆听听啊，［gei²¹lɛ⁴²bu¹³tʰeŋ³³tʰeŋ³³a³³］

认为渠老公个会乞酒吃死罢，［n̩iaŋ⁴²vɨ¹³gei²¹lɛ⁴²koŋ⁴²kai¹³vai⁴²kʰa²¹tɕiou²¹tɕʰi²¹sꞵ⁴⁵bɔ²¹］

渠老婆想想啊，［gei²¹lɛ⁴²bu¹³ɕie²¹ɕie⁴⁵a²¹］

个死呗就用力走外面哭。［kai²¹sꞵ³⁵pe⁵⁵ʑiou²¹yo⁴²lei²¹tʃau⁴⁵ŋɔ³³mai³³kʰu³⁴］

哭勒悲伤显悲伤。［kʰu³⁴la²¹pai³³ɕie³³ɕie⁴⁵pai³³ɕie³³］

渠后半渠个老公该听见该老婆媳哭起。［gei²¹au⁴²pø³³gei²¹kai²¹lɛ⁴²koŋ³³ke²¹tʰeŋ⁴²tɕie²¹ ke²¹lɛ⁴²bu²¹ɕi³⁴kʰu³⁴tɕʰi⁴⁵]

就是后尾就是讲，[ʑiou²¹zŋ¹³au⁴²mai³³ʑiou²¹zŋ¹³kuo⁴⁵]

渠个念一句诗乞该老婆：[gei²¹kai³³ȵia⁴²i²¹tɕy⁴⁵sŋ⁴⁵kʰa²¹ke³³lɛ⁴²bu²¹]

"老婆老婆你[否会]悲伤啊，[lɛ⁴²bu²¹lɛ⁴²bu²¹ȵi³³fai²¹pai³³ɕie³³a²¹]

你个老公能格＝就是缸中央啊，[ȵi¹³kai³³lɛ⁴²koŋ³³naŋ³³ka¹³zou²¹zŋ³³kuo³³tɕioŋ³³ie³³a²¹]

老婆你若心有情啊，[lɛ⁴²bu²¹ȵi³³dʑie²¹seŋ³³iau³³dʑiŋ²¹a²¹]

你赶紧端酒端菜乞我先啊。" [ȵi³³kø⁴²tʃaŋ⁴⁵tø²¹tɕiou⁴⁵tø³³tʃʰe³³kʰa³⁴ŋ¹³ɕie¹³a²¹]

　　我这里有个地方人，名字叫阿三，人人都叫他酒老笼。因为他酒呢实在吃太多，每日早上起床吃、中午吃、晚上吃。他老婆不知道劝了他多少次，他就是不听，后来他的老婆想，酒老笼的亲爸讲他他应该听。谁知道啊，他的爸爸来了，从早上讲到晚上，酒老笼就是不听。把他爸爸气得胡须都翘起来。最后他爸火起来，把酒老笼用力缠住，驮到旁边的大酒缸，把他丢到里面。他还认为他还总要喝酒，让他酒喝进去淹死好。酒老笼被丢进酒缸以后没有声音，他老婆听听，以为他老公被酒呛死了，就在外面用力哭。哭得非常悲伤。酒老笼听见他老婆在哭，就念一句诗给他老婆"老婆老婆你别悲伤啊，你的老公现在就在缸中央啊，老婆你如果有情啊，你赶紧端汤端菜给我啊。"

（以上 2018 年 8 月，发音人：周安定）

三、自选条目

（一）谚语

饭吃三碗，[vɔ⁴²tɕʰi²¹sɔ³³yø⁴⁵]

走路倒退转。[tʃau²¹lu²¹tɛ³³tʰe³³tɕyø⁴⁵]

上横睚着下横大，[ʑie¹³va¹³tsʰŋ³³dʑie²¹o²¹va¹³dou⁴²⁴]

大山睚着旁山高。[dou²¹sɔ⁵⁵tsʰŋ³³dʑie²¹bo²¹sɔ⁵⁵kɛ⁵⁵]

肚痛否埋怨刺瓜。[tøy³³tʰoŋ¹³fu²¹mɔ²¹yø³³tɕʰi³³ko⁵⁵]

雷公也否会打吃饭侬。〔lai²¹koŋ³³a³³fu⁴⁵ve¹³ta³³tɕʰi³⁴vɔ⁴²naŋ²¹〕

少吃轻走，〔ɕyø⁴⁵tɕʰi³⁴tʃʰaŋ³³tʃau⁴⁵〕
百事否求。〔pa²¹zɿ³³fu⁴⁵dʒau²¹〕

日里否讲侬，〔ne²¹lei²¹fu⁴⁵kuo³³naŋ¹³〕
夜里否讲贼。〔i²¹lei²¹fu⁴⁵kuo³³ze²¹〕

忍一忍，〔n̠iaŋ³³i³³n̠iaŋ⁴⁵〕
吃否尽。〔tɕʰi²¹fu⁴⁵zaŋ³³〕

树抖叶落，〔zøy⁴²tau²⁴ie¹²lo²¹〕
鸡抖毛落，〔tɕi⁴²tau²⁴mɛ³³lo²¹〕
侬抖财落。〔naŋ⁴²tau²⁴ze⁴²lo²¹〕

讲自好，〔kuo²⁴zɿ⁴²xɛ⁴⁵〕
烂稻草。〔lɛ¹³dɛ²¹tʃʰɛ⁴⁵〕

吃否好只要一夹，〔tɕʰi²¹fu²¹xɛ⁴⁵tsɿ³³iɔ³³i³⁴gɔ²¹〕
走否好只要一脚。〔tʃau¹³fu⁴⁵xɛ⁴⁵tsɿ³³iɔ³³i³⁴tɕia²¹〕

小洞否补，〔sai⁴²doŋ²⁴²fu⁴⁵pu²⁴〕
大洞吃苦。〔dou⁴²⁴doŋ⁴²⁴tɕʰi³⁴kʰu⁴⁵〕

船冇几年好撑，〔ʐyø¹³nau¹³ke²⁴n̠ie²¹xɛ⁴⁵tsʰa³³〕
人冇几年后生。〔naŋ²¹nau¹³ke²⁴n̠ie²¹au²⁴sa³³〕

读书趁年轻，〔dou²¹søy⁵⁵tʃʰaŋ⁴²n̠ie²¹tʃʰaŋ⁵⁵〕
补漏趁天晴。〔pu²⁴lou²¹tʃʰaŋ³³tʰie³³zeŋ³³〕

灵侬乐带三分呆。〔leŋ¹³naŋ³³ŋo²¹tɔ³³sɔ⁵⁵faŋ⁵⁵ŋe¹³〕
灵侬否乐多吩咐。〔leŋ¹³naŋ³³fu⁴⁵ŋo²¹tou⁵⁵faŋ⁵⁵fu³³〕

（以上 2018 年 8 月，发音人：赵玲玲）

苍 南

一、歌谣

月亮

月亮佛，[ȵyɛ¹¹ko³³uɛ¹¹²]

光溜溜。[ko³³lɐu³³lɐu⁴⁴]

一个女儿，[e³kai⁴²nia³¹ŋ⁰]

乞温州。[kʰɛ⁴²y³³tsɐu⁴⁴]乞：嫁

温州侬家好，[y³³tsɐu⁴⁴naŋ¹¹ko⁴⁴hɛ⁵³]

吃侎番薯枣。[tɕʰi³lei⁰fa³³dʑi¹¹²tsɛ⁵³]

番薯枣地下跦，[fa³³dʑi¹¹²tsɛ⁵³dia¹¹a⁰lai¹¹]跦：滚

碰着表妹。[pʰoŋ⁴²dʑia⁰pyɛ⁴²mai¹¹]

表妹哅咕，[pyɛ⁴²mai¹¹ha⁴⁴ku⁴⁴]哅咕：哮喘

碰着姨夫。[pʰoŋ⁴²dʑia⁰i¹¹fu⁴⁴]

姨夫麻脸，[i¹¹fu⁴⁴mo³¹liɛ⁵³]

碰着保长。[pʰoŋ⁴²dʑia⁰pɛ⁴²tɕiɛ⁵³]

保长股臀打个沙沙响。[pɛ⁴²tɕiɛ⁵³ku⁴²tø³¹tia⁵³kai⁴²so³³so³³ɕiɛ⁵³]股臀：屁股

打珓杯

妹，妹，打珓杯。[mai⁴⁴，mai⁴⁴，tia⁴²kia⁴²pai⁴⁴]珓杯：占卜用的器具

玦杯打否准，吃冬笋。［kia⁴²pai⁴⁴tia⁴²u⁰tsueŋ⁵³tɕʰi³toŋ⁴²sueŋ⁵³］

冬笋皮，妆＝糖蔗，［toŋ⁴²sueŋ⁵³bi³¹tɕyɔ³³do¹¹tɕi⁵³］妆＝：兑换

糖蔗渣，妆＝棉花，［do¹¹tɕi⁵³tso⁴⁴，tɕyɔ³³miɛ¹¹huɔ⁴⁴］

棉花籽，妆＝懦柿，［miɛ¹¹huɔ⁴²tsɿ⁵³，tɕyɔ³³noŋ³¹zɿ²⁴］

懦柿□，妆＝蟹□，［noŋ¹¹zɿ²⁴n̩iɛŋ¹¹²，tɕyɔ³³hia³³liɛŋ¹¹²］懦柿□：柿子核。蟹□：一种螃蟹，体型小

蟹□齷，妆＝鸡卵，［hia³³liɛŋ³¹kaŋ⁵³，tɕyɔ³³tɕi⁴²naŋ⁵³］齷：盖。卵：蛋

鸡卵黄，捣冰糖，［tɕi⁴²naŋ⁵³o³¹，tɛ³³beŋ¹¹do¹¹²］

冰糖水，妆＝猪肚。［beŋ¹¹do³¹ɕy⁵³，tɕyɔ³³tɕi⁴²dy²⁴］

十二月令

正月灯，［tseŋ³³n̩yɛ¹¹taŋ⁴⁴］

二月龙，［ŋ¹¹n̩yɛ¹¹lyɔ³¹］

三月麦秆做鬼叫，［sa³³n̩yɛ¹¹mia¹¹kia²⁴tsu⁴²tɕy²⁴tɕyɔ⁴²］

四月滥湖□□跳，［sɿ⁴²n̩yɛ¹¹la¹¹u¹¹byɛ¹¹byɛ³¹tʰyɔ⁴²］滥湖：跳跳鱼。□□跳：形容跳动的样子

五月黄鱼两头翘，［ŋu⁵³n̩yɛ¹¹o¹¹n̩yɛ¹¹lia¹¹dɛu¹¹tɕʰyɔ⁴²］

六月六，狗惜＝畜＝，［lɛu¹¹n̩yɛ¹¹lɛu¹¹²，kau⁵³ɕi³tsʰu²²³］狗惜＝畜＝：狗尾巴草

七月七，宝盒炒麦麦，［tsʰɛ³n̩yɛ¹¹tsʰɛ²²³，pɛ³³ø¹¹²tsʰa³³mia¹¹mia¹¹²］麦麦：蚕豆

八月八，大饼嵌芝麻，［puɔ³n̩yɛ¹¹puɔ²²³，du¹¹peŋ⁵³kʰa³³tsɿ³³muɔ²¹］

九月九，登高护娘舅，［tɕiau³³n̩yɛ¹¹tɕiau⁵³，taŋ³³kɛ⁴⁴u¹¹n̩iɛ³¹dʑiau²⁴］

十月末，水冰骨，［zɛ¹¹n̩yɛ¹¹mø¹¹²，ɕy⁵³peŋ⁴⁴kyɛ²²³］

十一月，吃汤圆，［zɛ¹¹iɛ³n̩yɛ¹¹²，tɕʰi³tʰo³³y²¹］

十二月，捣起糖糕过新年。［zɛ¹¹ŋ¹¹n̩yɛ¹¹²，tɛ⁵³i⁰do¹¹kɛ⁴⁴ku⁴²saŋ³³n̩iɛ²¹］

（以上 2018 年 8 月，发音人：黄康定）

二、规定故事

牛郎和织女

很早以前啊，［haŋ⁵³tsɛ⁵³i¹¹dʑiɛ³¹a⁰］

有个望牛妹ɕ，［iau⁵³kai⁴²mo¹¹ŋau¹¹maŋ²²³］妹ɕ：娃娃

屋里有头牛。[u²²³li⁰iau⁵³dɛu³¹ŋau³¹]

渠啊妈渠啊伯死个早，[gi³¹a⁰ma⁴⁴gi³¹a⁰pa²²³sɿ⁵³i⁰tsɛ⁵³] 伯：父亲

跟个牛呢做伴，喔，[kaŋ⁴⁴kai⁴⁴ŋau³¹ne⁰ tsu³bø²⁴，o⁴²]

两个侬感情很好啊，[lia²⁴kai⁴²naŋ²¹kø⁵³zeŋ³¹haŋ³³hɛ⁵³a⁰]

日日跟牢牢。[ne¹¹ne¹¹²kaŋ⁴⁴lɛ¹¹lɛ¹¹²]

有一日呢，[iau⁵³e³ne¹¹²ne⁰]

该牛啊想帮渠娶老人儿，[ke³ŋau³¹a⁰ɕiɛ³³puɔ³³gi¹¹tɕʰiau⁵³lɛ³³n̠iaŋ¹¹²] 老人儿：老婆

老婆娶个乞渠。[lɛ⁵³bu³¹tɕʰiau⁵³kai⁴²kʰa⁴²gi²¹]

该个妹儿□能香侬能讲哈，[ke³kai⁴²maŋ²²³ga¹¹naŋ¹¹²ɕiɛ³³naŋ²¹naŋ¹¹²ko⁵³ho⁴²] □能：这么

噶托一个梦乞渠。[ka²²³tʰo²²³e³kai⁴²moŋ¹¹kʰa⁴²gi³¹]

讲你走湖边去，[ko³³n̠i⁵³tsau⁵³u¹¹piɛ⁴⁴kʰi⁴²]

有仙女缩犰ᵌ个能讲哈。[iau⁵³ɕiɛ⁴²n̠yɛ⁵³ɕyɔ³au²²³gi⁰naŋ¹¹²ko⁵³ho⁴²] 犰ᵌ：那里

个望牛妹儿呢，个牛郎呢，就是[kai³³mo¹¹ŋau¹¹maŋ²²³ne⁰，kai³³ŋau¹¹lo¹¹ne⁰，zɛu¹¹zɿ²⁴]

半信半疑啊。[pø⁴²saŋ⁴²pø⁴²n̠i²¹a⁰]

第二日起早呢，[di¹¹ŋ¹¹ne¹¹²tɕʰi³³tsɛ⁵³ne⁰]

就走到河边，[zɛu¹¹tsau⁵³tɛ⁴²u¹¹piɛ⁴⁴]

眙着呢有七个仙女啊，[tsʰɿ⁴²dʑia⁰ne⁰iau⁵³tsʰɛ²²³kai⁰ɕiɛ⁴²n̠yɛ⁵³a⁰] 眙：看

干ᵌ吃ᵌ险啊，[kø⁴⁴tɕʰi²²³ɕiɛ⁵³a⁰] 干ᵌ吃ᵌ：漂亮。险：很

缩犰ᵌ呢洗身体[ɕyɔ³hau²²³ne⁰ɕi⁵³saŋ⁴²tʰi⁵³]

仙女[衣裳]脱在岸里。[ɕiɛ⁴²n̠yɛ⁵³iɛ²²³tʰɛ²²³kʰo⁰ø¹¹li⁰]

乞渠就拼命走去拑，[kʰa³³gi³¹zɛu¹¹pʰeŋ⁴²meŋ¹¹tsau⁵³i⁰tso²²³] 拑：拿

拑一件来，[tso²²³e³dʑiɛ²⁴li³¹]

拼命跑跑跑，跑到屋。[pʰeŋ⁴²meŋ¹¹pʰa⁵³pʰa⁵³pʰa⁵³，pʰa⁵³tɛ⁴²u²²³]

跑到屋啊，噶高兴险高兴。[pʰa⁵³tɛ⁴²u²²³a⁰，ka²²³kɛ⁴⁴ɕiaŋ⁴²ɕiɛ⁵³kɛ⁴⁴ɕiaŋ⁵³]

噶许日黄昏，[ka²²³he³³ne¹¹²a¹¹hyɛ⁴⁴]

仙女呢就越渠屋里来底寻哦。[ɕiɛ⁴²n̠yɛ⁵³ne⁰zɛu¹¹dyɔ³¹gi³¹u²²³li⁰ti⁰zaŋ³¹o⁰] 越：走

寻到渠屋里，[zaŋ³¹tɛ⁴²gi³¹u²²³li⁰]

该仙女越来底啊，[ke³ɕiɛ⁴²n̠yɛ⁵³dyɔ³¹li⁰ti⁵³a⁰]

该牛郎眙眙着呢，[ke³ŋau¹¹lo¹¹tsʰɿ⁴²tsʰɿ⁴²dʑia¹¹²ne⁰]

该仙女□能天仙女落凡一色，[ke³ɕiɛ⁴²n̠yɛ⁵³ga¹¹naŋ¹¹²tʰiɛ³³ɕiɛ⁴²n̠yɛ⁵³lo¹¹ua³¹e³se²²³]

□能干﹦吃﹦，［ga¹¹naŋ¹¹²kø³³tɕʰi²²³］

噶直逮留渠过夜罢，哈。［ka²²³dʑi¹¹de¹¹lɛu³¹li³¹ku⁴²i¹¹ba⁰，ho⁴²］

噶呢，就两个侬呢就是，感情好呢两个侬就，［ka²²³ne⁰，zɛu¹¹lia⁵³kai⁴²naŋ³¹zɛu¹¹zʅ²⁴，kø⁵³zeŋ³¹hɛ⁵³ne⁰lia⁵³kai⁴²naŋ³¹zɛu¹¹］

就是结婚罢。［dzɛu¹¹zʅ²⁴tɕiɛ³hyɛ⁴⁴ba⁰］

噶缩园毃﹦啊就逮生两个，［ka²²³ɕyɔ³kʰo⁰kau²²³a⁰zɛu¹¹de¹¹ɕia⁴⁴lia⁵³kai⁴²］毃﹦：这里

一个男一个女，［e³kai⁴²ne³¹e³kai⁴²ȵyɛ⁵³］

生两个妹儿乞渠。［ɕia³³lia⁵³kai⁴²mai³³ŋ¹¹²kʰa³³gi³¹］

生两个妹儿两个侬呢，［ɕia³³lia⁵³kai⁴²mai³³ŋ¹¹²lia⁵³kai⁴²naŋ³¹ne⁰］

四个侬过生活呢，［sʅ⁴²kai⁴²naŋ³¹ku⁴ɕia³³uɔ¹¹²ne⁰］

一家侬呢很快乐。［e³ko⁴⁴naŋ³¹ne⁰haŋ⁵³kʰia³³lo¹¹²］

噶呢，该起事干啊乞玉皇大帝晓得，［ka²²³ne⁰，ke³tɕʰi⁵³zʅ¹¹kø⁴²a⁰kʰa⁴²ȵyɔ¹¹o¹¹da³¹de¹¹ɕia⁵³li⁰］

玉皇大帝晓得啊，就是想阻止渠啊，［ȵyɔ¹¹o¹¹da³¹de¹¹ɕia⁵³li⁰a⁰，zɛu¹¹zʅ²⁴ɕiɛ⁵³tsu⁵³tsʅ⁵³gi³¹a⁰］

玉皇大帝就派，天空里个侬趒落来捉，［ȵyɔ¹¹o¹¹da³¹de¹¹zɛu¹¹pʰia⁴²，tʰiɛ³³kʰoŋ⁴⁴li⁰gi⁰naŋ³¹dyɔ³¹lo¹¹²li⁰tɕyɔ²²³］

把仙女捉上天。［puɔ³³ɕiɛ⁴²ȵyɛ⁵³tɕyɔ²²³dʑiɛ¹¹tʰiɛ⁴⁴］

噶呢，牛郎何［物样］办法好呢，［ka²²³ne⁰，ŋau¹¹lo¹¹ga¹¹ȵiɛ³¹bɔ¹¹fa²²³hɛ⁵³ne⁰］何［物样］：什么

噶该两个妹儿能琐啊，噶儿啊女儿要娘呢，［ka²²³ke³lia⁵³kai⁴²mai³³ŋ¹¹²naŋ¹¹²sai⁵³a⁰，ka³ŋ³¹a⁰nia³¹ŋe⁴²ȵiɛ³¹ne⁰］

噶就呢□，走追。［ka²²³zɛu¹¹ne⁰lia¹¹²，tsau³³tɕy⁴⁴］□：追

追否牢，渠噶冇办法呢。［tɕy⁴⁴u⁰lɛ³¹，gi³¹ka³nau²⁴bɔ¹¹fa²²³ne⁰］

噶该时节啊，许头牛呢，［ka³ke³zʅ¹¹tɕiɛ²²³a⁰，he⁵³dɛu⁴ŋau³¹ne⁰］

就想帮渠牛角呢拗落来乞渠，［zɛu¹¹ɕiɛ⁵³puɔ³³gi²¹ŋau¹¹ko²²³ne⁰ŋɔ⁵³lo¹¹²li⁰kʰa⁴²gi²¹］

牛角拗落来变做一担个篁笋。［ŋau¹¹ko²²³ŋɔ⁵³lo¹¹²li⁰piɛ⁴²tsu⁴²e³tɔ⁴²gi⁰dia³¹lu³¹］

乞渠担两个妹儿，驮底篁笋里担。［kʰa⁴²gi³¹tɔ⁴⁴lia⁵³kai⁴²mai³³ŋ¹¹²，du³¹ti⁰dia³¹lu³¹li⁰tɔ⁴⁴］

担起去寻，你走天空寻能讲追渠。［tɔ⁴⁴tɕi⁰kʰi⁰zaŋ³¹，ȵi⁵³tsau⁵³tʰiɛ³³kʰoŋ⁴⁴zaŋ³¹naŋ¹¹²ko⁰tɕy⁴⁴gi⁰］

会追牢个能讲。［uai¹¹tɕy⁴⁴lɛ⁰gi⁰naŋ¹¹²ko⁰］

好，正要追追追啊，就要追到个时节罢，[hɛ⁵³, tseŋ⁴²yɔ⁴²tɕy⁴⁴tɕy⁴⁴tɕy⁴⁴a⁰, zɛu¹¹yɔ⁴²
　　tɕy⁴⁴tɛ⁴²gi⁰zŋ¹¹tɕiɛ²²³ba⁰]

乞该个天里个王母娘娘晓得。[kʰa⁴²ke³kai⁴²tʰiɛ⁴⁴li⁰gi⁰yɔ³¹mu⁵³n̠iɛ¹¹n̠iɛ¹¹ɕia⁵³li⁰]

王母娘娘就呢就要阻止渠啊，[yɔ³¹mu⁵³n̠iɛ¹¹n̠iɛ¹¹zɛu¹¹ne⁰zɛu¹¹yɔ⁴²tsu⁵³tsŋ⁵³gi³¹a⁰]

用何[物样]办法呢？[yɔ¹¹a¹¹n̠iɛ³¹bɔ¹¹fa²²³ne⁰]

拔落金钗，拔落来，[bu¹¹²lo⁰tɕiaŋ³³tɕʰia⁴⁴, bu¹¹²lo⁰li⁰]

划划中央过啊，逮渠两侬分分开啊去。[uɛ¹¹²uɛ²¹tsoŋ³³iɛ⁴⁴ku⁴²a⁰, de¹¹gi³¹lia⁵³naŋ³¹
　　faŋ⁴⁴faŋ⁴²kʰe⁴⁴a⁰kʰi⁴²]

该金钗呢划划落呢就是一条河，[ke³tɕiaŋ³³tɕʰia⁴⁴ne⁰uɛ¹¹²uɛ²¹lo¹¹²ne⁰zɛu¹¹zŋ¹¹e³dyɔ³¹u³¹]

一条银河就是能届讲个银河。[e³dyɔ³¹n̠iaŋ¹¹u¹¹zɛu¹¹zŋ¹¹naŋ¹¹²kia⁰ko⁵³gi⁰n̠iaŋ¹¹u¹¹]

噶呢该时节啊，[ka²²³ne⁰ke³zŋ¹¹tɕiɛ²²³a⁰]

又有喜鹊趆来帮渠，[iau¹¹²iau⁵³ɕi³³tɕʰia²²³dyɔ³¹li⁰puɔ⁴⁴gi⁰]

该喜鹊呢，噶帮渠啊用，搭一条桥，[ke³ɕi³³tɕʰia²²³ne⁰, ka³puɔ⁴⁴gi⁰a⁰yɔ¹¹, ta²²³e³
　　dyɔ³¹dʑyɔ³¹]

一条桥呢叫鹊桥。[e³dyɔ³¹dʑyɔ³¹ne⁰tɕyɔ⁵³tɕʰia³dʑyɔ²¹]

搭搭起乞渠两侬呢缩该上面相会。[tɔ³tɔ²²³tɕʰi⁰kʰa⁴²gi³¹lia⁵³naŋ³¹ne⁰ɕyɔ³ke³dʑiɛ³¹mai¹¹
　　ɕiɛ¹¹uai¹¹]

该日呢，当当相会许日呢，七月七日，[ke³ne¹¹²ne⁰, to³³to⁴⁴ɕiɛ⁴⁴uai¹¹he³³ne¹¹²ne⁰, tsʰɛ³
　　n̠yɛ¹¹tsʰɛ³ne¹¹²]

能届流传落来啊，[naŋ¹¹²kia⁰lɛu¹¹dʑyɛ¹¹lo¹¹²li⁰a⁰]能届：现在

七月七日，牛郎织女会个。[tsʰɛ³n̠yɛ¹¹tsʰɛ³ne¹¹², ŋau¹¹lo¹¹tɕi³n̠yɛ⁵³uai¹¹gi⁰]

　　很早以前，有个放牛娃，家里有头牛，他爸妈死得早，牛郎跟牛做伴，感情很好，每天在一起。有一天，老牛想帮牛郎成家，给牛郎娶个老婆，他觉得牛郎很懂事。

　　老牛给牛郎托梦，让牛郎去湖边，有仙女在那儿洗澡。牛郎半信半疑，第二天早起，来到湖边，看到有七个仙女，很漂亮，在湖里洗澡。仙女们的衣服都脱在岸上，牛郎偷偷拿了一件以后，就拼命往家跑。到了家，牛郎很高兴。

　　当天晚上，仙女就到他家里找衣服。仙女一进牛郎家，牛郎一见，犹如仙女下凡，非常漂亮，就留仙女过夜了。两个人感情越来越好，就结婚了。生了两个孩子，一男一女。两夫妻和两个孩子，四个人一起生活，非常幸福。

织女私自下凡的事被玉皇大帝知道了。玉皇大帝就天兵天将下来捉织女。牛郎不知道怎么办，孩子还小，要母亲。牛郎就去追，追不上，没办法。这时，老牛就想帮牛郎。他把牛角掰下来给牛郎，变成一对簟箩，让牛郎把两个孩子放到簟箩里，挑着簟箩去追织女。正要追上的时候，被王母娘娘知道了。王母娘娘拔下金钗在两人中间一划，把两人分开了。金钗划出的一条河就是银河。

这时候，喜鹊来帮忙了。喜鹊帮牛郎搭了一座桥。这座桥就是鹊桥，让牛郎织女在桥上相会。这一天是七月七日。所以，七月七这一天就是现在流传的牛郎织女相会的日子。

（2018 年 8 月，发音人：周美凤）

三、自选条目

（一）谚语

百亩礁闪一闪，［pa³mɛ⁵³tɕyɔ⁴⁴ɕia³e³ɕia²²³］
一亩地去一篋。［e³mɛ⁵³di¹¹kʰi⁴²e³tɕʰia²²³］

雷打秋，［lai³¹tia⁵³tsʰɛu⁴⁴］秋：立秋
对半收。［tai⁴²pø⁴²sɛu⁴⁴］

吃爻重五粽，［tɕʰi²²³ga⁰dʑyɔ³¹ŋu⁵³tsoŋ⁴²］
棉衣紧紧送。［miɛ¹¹i⁴⁴tɕiaŋ³³tɕiaŋ⁵³soŋ⁴²］

妹儿否打否成侬，［mai³³ŋ¹¹²fu³tia⁵³fu³dzeŋ¹¹naŋ¹¹］
芥菜否拔否大株。［kia⁴²tsʰe⁴²fu³buɔ¹¹²fu³du¹¹tɕy⁴⁴］

宠子不孝，［tɕʰyɔ⁵³tsʅ⁵³pa³ha⁴²］
宠狗爬灶。［tɕʰyɔ⁵³kau⁵³buɔ¹¹tsɛ⁴²］

白露白，［bia³¹ly¹¹bia¹¹²］
一亩地出一百。［e³mɛ⁵³di¹¹tɕʰyɛ³e³bia¹¹²］

横河横藻溪，［ya¹¹u¹¹ya³¹sɛ⁵³tɕʰi⁴⁴］横河：银河。藻溪：地名

家家有得嬉；［ko³ko⁴⁴iau⁵³li⁰ɕi⁴⁴］嬉：玩

横河横灵风，［ya¹¹u¹¹ya³¹leŋ¹¹hoŋ⁴⁴］灵风：地名

十个米桶九个空。［zɛ¹¹kai⁴²mi⁵³doŋ²⁴tɕiau⁵³kai⁴²kʰoŋ⁴⁴］

（以上 2018 年 8 月，发音人：陈舜远）

徽

语

建　德

一、歌谣

尔姓啥里

尔姓啥里？印信黄。［n²¹ɕin³³so⁵⁵li⁰？　aŋ²¹ɕin³³o³³］尔：你。啥里：什么。印：我

啥里黄？草头黄。［so⁵⁵li⁰o³³？　tsʰɔ⁵⁵tɤɯ⁰o³³］

啥里草？青草。［so⁵⁵li⁰tsʰɔ²¹³？　tɕʰin⁵³tsʰɔ²¹³］

啥里青？碧青。［so⁵⁵li⁰tɕʰin⁵³？　piɐʔ⁵tɕʰin⁵³］

啥里笔？毛笔。［so⁵⁵li⁰piɐʔ⁵？　mɔ³³piɐʔ⁵］

啥里毛？羊毛。［so⁵⁵li⁰mɔ³³？　ȵiɛ³³mɔ³³］

啥里羊？山羊。［so⁵⁵li⁰ȵiɛ³³？　sɛ⁵³ȵiɛ³³］

啥里山？高山。［so⁵⁵li⁰sɛ⁵³？　kɔ⁵³sɛ⁵³］

啥里高？年糕。［so⁵⁵li⁰kɔ⁵³？　ȵiɛ³³kɔ⁵³］

啥里年？两零一五年。［so⁵⁵li⁰ȵie³³？　nie²¹lin³³iɐʔ⁵n²¹ȵie³³］

天旺旺

天旺旺，地旺旺，［tʰie⁵³o³³o³³，　tʰi⁵⁵o³³o³³］

印家有个睏囡。［aŋ²¹ko⁵³iɤɯ²¹kɐʔ⁰kʰuen⁵³no³³］睏：睡。囡：女儿

过路君子看一遍，［ku³³lu⁵⁵tɕyn⁵³tsɿ²¹³kʰɛ³³iɐʔ⁵pie⁰］

一夜睏到大天亮。［iɐʔ³iɑ⁵⁵kʰuen³³tɔ³³tʰu⁵⁵tʰie⁵³nie⁵⁵］

吃龙头

吃龙头，有骨头。[tɕʰieʔ⁵loŋ³³tɤɯ³³，iɤɯ²¹kuɐʔ³tɤɯ⁵⁵]

吃身子，有胡子。[tɕʰieʔ⁵sən⁵³tsɿ²¹³，iɤɯ²¹u³³tsɿ²¹³]

当当此，此当此。[taŋ³³taŋ³³tsʰɿ²¹³，tsʰɿ²¹taŋ³³tsʰɿ²¹³]

老虎生几只？生三只。[lɔ⁵⁵hu²¹³sɛ⁵³tɕi²¹tsa⁵⁵ ？　sɛ⁵³sɛ⁵³tsɐʔ⁵]

问尔讨一只，弗肯。[mən⁵⁵n²¹³tʰɔ²¹ieʔ³tsa⁵⁵，fɐʔ⁵kʰən²¹³] 弗：不

金子银子问你换一只，弗肯。[tɕin⁵³tsɿ²¹³n̠in³³tsɿ²¹³mən⁵⁵n²¹³uɛ⁵⁵ieʔ⁵tsa⁰，fɐʔ⁵kʰən²¹³]

城墙多少高？三丈两尺高。[sən³³ɕie³³tu⁵³sɔ¹³kɔ⁵³ ？　sɛ⁵³tsɛ²¹nie²¹tsʰɑ¹³kɔ⁵³]

城墙多少低？三尺两寸低。[sən³³ɕie³³tu⁵³sɔ¹³ti⁵³ ？　sɛ⁵³tsʰɑ¹³nie²¹tsʰən³³ti⁵³]

一门开弗开？弗开。[ieʔ⁵mən³³kʰɛ⁵³fɐʔ³kʰɛ⁵³ ？　fɐʔ⁵kʰɛ⁵³]

二门开弗开？弗开。[n¹³mən³³kʰɛ⁵³fɐʔ³kʰɛ⁵³ ？　fɐʔ⁵kʰɛ⁵³]

三门冲进来！哦……嗬嗬……[sɛ⁵³mən³³tsʰoŋ⁵³tɕin²¹le³³ ！　ɤɯ⁵³hɤɯ³³hɤɯ¹³]

（以上 2015 年 9 月，发音人：胡霭云）

二、规定故事

牛郎和织女

底下呢，卬北⁼大家讲一个闲话，[ti⁵⁵ho²¹ne⁰，aŋ²¹pɐʔ⁵tʰɑ⁵⁵kɔ⁵³kɔ²¹ieʔ³kɐʔ⁵hɛ²¹o⁵⁵] 北⁼：给，把。闲话：故事

题目呢就讴《吆牛鬼儿好⁼织布囡儿》。[ti³³mɐʔ¹²ne⁰ɕiɤɯ⁵⁵ɤɯ⁵³iɔ⁵³n̠iɤɯ³³kue⁵⁵n⁰hɔ²¹tsɐʔ⁵pu³³nɔ⁵⁵n⁰] 讴：叫。吆牛：放牛。鬼儿：男孩，儿子。好⁼囡儿：女孩，女儿

那么老早个时候呢，有一个后生家，[nɑ³³mɐʔ³lɔ²¹tsɔ¹³kɐʔ⁰sɿ³³hɤɯ²¹ne⁰，iɤɯ²¹ieʔ³kɐʔ³hɤɯ¹³sɛ⁵³kɔ³³] 后生家：小伙子

伯伯姆妈呢，都过辈罢，光光孤独。[pa²¹pa¹³m²¹ma¹³ne⁰，tu³³ku³³pe³³pɐʔ⁰，kuaŋ⁵³kuaŋ⁰ku³³tɐʔ¹²] 伯伯：父亲。姆妈：母亲。过辈：去世

家里呢，只有一只老牛丬。[kɔ⁵³li²¹ne⁰，tsɿ⁵⁵iɤɯ²¹³ieʔ³tsa³³lɔ²¹n̠iɤɯ³³pɛ⁰] 老牛丬：老牛

大家呢都讴渠吆牛鬼儿。[tʰɑ⁵⁵kɔ⁵³ne⁰tu³³ɤɯ⁵³ki³³iɔ⁵³n̠iɤɯ³³kue⁵⁵n⁰]

个吆牛鬼儿呢，就靠葛只老牛呢，[kɐʔ³iɔ⁵³n̠iɤɯ³³kue⁵⁵n⁰ne⁰，ɕiɤɯ⁵⁵kʰɔ³³kɐʔ³tsa³³lɔ²¹n̠iɤɯ³³ne⁰] 葛：这

犁田，做生活，[li³³tie³³，tsu³³sɛ⁵³o²¹³] 做生活：干活儿

吃吃用用，一起过日子。[tɕʰiɐʔ⁵tɕʰiɐʔ⁵ioŋ¹³ioŋ⁰，iɐʔ⁵tɕʰi²¹ku³³n̠iɐʔ²¹tsɿ²¹³]

那么葛只老牛呢，[nɑ³³mɐʔ³kɐ³tsa³³lɔ²¹n̠iɤɯ³³ne⁰]

实际上是天上个金牛星。[sɐʔ¹²tɕi⁵⁵so⁰tsɿ¹³tʰie⁵³so²¹kɐʔ⁰tɕin⁵³n̠iɤɯ³³ɕin⁵³]

渠呢，欢喜葛个吆牛鬼儿个老实，良心好，[ki³³ne⁰，huɐ⁵³ɕi²¹³kɐʔ³kɐʔ⁵iɔ⁵³n̠iɤɯ³³kue⁵⁵
　　n⁰kɐʔ⁰lɔ²¹sɐʔ¹²，nie³³ɕin⁵³hɔ²¹³]欢喜：喜欢

渠呢忖帮渠立个家。[ki³³ne⁰tsʰən²¹³pɐ⁵³ki³³liɐʔ¹²kɐʔ³ko⁵³]忖：想

有一日啊，渠听讲天上个仙女，[iɤɯ²¹iɐʔ⁵n̠iɐʔ¹²ɑ⁰，ki³³tʰin⁵³ko²¹³tʰie⁵³so²¹kɐʔ⁰ɕie³³
　　n̠y⁵⁵]

要到村东面山脚个湖里头来汏浴。[iɔ³³tɔ³³tsʰən⁵³toŋ⁵³mie¹³sɐ⁵³tɕiɑ⁵⁵kɐʔ⁰u³³li²¹tɤɯ³³
　　lɐ³³tʰɑ⁵⁵n̠yɐʔ¹²]汏浴：洗澡

渠呢就托梦北ⁿ吆牛鬼儿。[ki³³ne⁰ɕiəɯ³³tʰo³³moŋ¹⁴pɐʔ⁵iɔ⁵³n̠iɤɯ³³kue⁵⁵n⁰]

讴渠第两日五更呢，[ɤɯ⁵³ki³³tʰi⁵⁵nie²¹iɐʔ¹²n¹³kɐ⁵³ne⁰]五更：早上

到村东边山脚个湖边去。[tɔ³³tsʰən⁵³toŋ⁵³pie⁰sɐ⁵³tɕiɑ⁵⁵kɐʔ⁰u³³pie⁵³kʰi³³]

对ⁿ葛个仙女汏浴个时候呢，[te²¹kɐʔ³kɐʔ⁵ɕie³³n̠y⁵⁵tʰɑ⁵⁵n̠yɐʔ¹²kɐʔ⁰sɿ³³hɤɯ⁰ne⁰]对ⁿ：在

担走一件渠啦挂得末个树上个衣服，[tɐ⁵³tsɤɯ²¹³iəʔ⁵tɕie²¹³ki³³lɑ⁰ko³³tɐʔ⁰mɐʔ¹²kɐʔ⁵ɕy⁵⁵
　　so²¹kɐʔ⁰i²¹fu²¹³]担：拿。末：那

头也弗要回个趖过来，[tɤɯ³³iɛ⁵⁵fɐʔ⁵iɔ³³ue³³kɐʔ⁰piɐʔ¹²ko⁰lɛ⁰]趖：跑

就会弄着一个漂亮个仙女呢做老嬷。[ɕiɤɯ⁵⁵ue⁵⁵noŋ⁵³tsɐʔ¹²iɐʔ³kɐʔ⁵pʰiɔ²¹nie⁵⁵kɐʔ⁰ɕie³³
　　n̠y⁵⁵ne⁰tsu³³lɔ²¹mo²¹³]老嬷：妻子

那个吆牛鬼儿第二日五更呢，[nɑ³³kɐʔ³iɔ⁵³n̠iɤɯ³³kue⁵⁵n⁰tʰie⁵⁵nie²¹iɐʔ¹²n¹³kɐ⁵³ne⁰]

渠奇ⁿ奇ⁿ滑ⁿ滑ⁿ个到了村东面个山脚。[ki³³tɕi³³tɕi³³uɐʔ¹²uɐʔ¹²kɐʔ⁰tɔ³³lɐʔ⁰tsʰən⁵³toŋ⁵³
　　mie²¹kɐʔ⁰sɐ⁵³tɕiɑ⁵⁵]奇ⁿ奇ⁿ滑ⁿ滑ⁿ：半信半疑

雾蒙蒙末里头啊，[u⁵⁵moŋ¹³moŋ¹³mɐʔ¹²li⁵⁵tɤɯ³³ɑ⁰]

真个看见有七个漂亮囡儿对ⁿ末里嬉水。[tsən⁵³kɐʔ⁰kʰɛ³³tɕie⁵⁵iɤɯ²¹tɕʰiɐʔ⁵kɐʔ⁵pʰiɔ²¹
　　nie⁵⁵no⁵n⁰te²¹mɐʔ²¹li²¹³ɕi⁵³ɕye²¹³]

渠呢豪悷就对ⁿ末树上担了一件粉红个衣裳，[ki³³ne⁰sɔ²¹so⁵⁵ɕiɤɯ⁵⁵te²¹mɐʔ¹²ɕy⁵⁵so²¹³
　　tɐ⁵³lɐʔ⁰iɐʔ⁵tɕie²¹³fən⁵⁵oŋ³³kɐʔ⁰i⁵³so⁰]豪悷：马上

头也弗回个趖过来了。[tɤɯ³³iɛ⁵⁵fɐʔ⁵ue³³kɐʔ⁰piɐʔ¹²ko⁰lɛ⁰lɐʔ⁰]

那么让渠担走衣服葛个仙女呢，[nɑ³³mɐʔ³iɛ³³ki³³tɛ⁵³tsɤɯ²¹i²¹fu¹³kɐʔ³kɐʔ⁵ɕie³³n̩y⁵⁵ne⁰]

实际上呢，是天上个织布囡儿。[sɐʔ¹²tɕi⁵⁵so⁰ne⁰, tsɿ²¹³tʰie⁵³so²¹kɐʔ⁰tsɐʔ⁵pu³³no⁵⁵n̩⁰]

当日夜里，渠呢就敲开葛个吆牛鬼儿家个门。[to⁵³iɐʔ¹²iɑ⁵⁵li⁰, ki³³ne⁰tɕiɤɯ¹³kʰɔ⁵³
　　kʰɛ⁵³kɐʔ³kɐʔ⁵iɔ⁵³n̩iɤɯ³³kue⁵⁵n̩⁰ko⁵³kɐʔ⁰mən³³]

两个人呢，就做了交关好交关好个两老嬷罢。[nie²¹kɐʔ⁰in³³ne⁰, ɕiɤɯ⁵⁵tsu³³lɐʔ⁰tɕyɑ²¹
　　kuɑ⁵⁵hɔ²¹³tɕyɑ²¹kuɑ⁵⁵hɔ²¹³kɐʔ⁰nie⁵⁵lɔ²¹mo³³pɐʔ⁵]交关：非常

眼睛一下眨，三年过去罢。[ɛ⁵⁵tɕin³³iɐʔ³ho⁵⁵tsa¹³, sɛ⁵³n̩ie³³ku³³kʰi³³pɐʔ⁰]

吆牛鬼儿好˭织布囡儿呢，[iɔ⁵³n̩iɤɯ³³kue⁵⁵n̩⁰hɔ³³tsɐʔ⁵pu³³no⁵⁵n̩⁰ne⁰]

生了一个鬼儿，一个囡儿，两个细人家。[sɛ⁵³lɐʔ⁰iɐʔ³kɐʔ⁵kue⁵⁵n̩⁰, iɐʔ³kɐʔ⁵no⁵⁵n̩⁰,
　　nie²¹kɐʔ⁵ɕie³³in³³ko⁵³]细人家：小孩

日子啊，过得是木佬佬个开心。[n̩iɐʔ¹²tsɿ²¹³ɑ⁰, ku³³tɐʔ⁰tsɿ²¹³mɐʔ¹²lɔ¹³lɔ⁰kɐʔ⁰kʰɛ⁵³
　　ɕin⁵³]木佬佬：非常

哪里晓得呢，[lɑ⁵⁵li⁰ɕiɔ²¹tɐʔ⁰ne⁰]

葛个仙女落凡个事干呢，[kɐʔ³kɐʔ⁵ɕie³³n̩y⁵⁵lɔ²¹fɛ³³kɐʔ⁰sɿ⁵⁵kɛ³³ne⁰]事干：事情

让玉皇大帝晓得罢。[iɛ⁵⁵yɐʔ¹²uɑŋ²¹tɑ¹³ti¹³ɕiɔ⁵⁵tɐʔ⁰pɐʔ⁰]

有一日啊，[iɤɯ²¹iɐʔ⁵n̩iɐʔ¹²ɑ⁰]

天上是起大风，打大雷，落大雨。[tʰie⁵³so²¹³tsɿ¹³tɕʰi²¹tʰu⁵⁵foŋ⁵³, tɛ²¹tʰie³³nɛ⁵⁵,
　　lɔ²¹tʰu⁵⁵y²¹³]

织布囡儿呢，一下儿呢就弗有掉罢。[tsɐʔ⁵pu³³no⁵⁵n̩⁰ne⁰, iɐʔ³ho⁵⁵n̩⁰ne⁰ɕiɤɯ⁵⁵fɐʔ⁵
　　iɤɯ²¹tʰiɔ⁵⁵pɐʔ⁰]

两个细人家啊"哇啦哇啦"哭起来要寻姆妈。[nie²¹kɐʔ⁵ɕie³³in³³ko⁵³ɑ⁰uɑ³³lɑ³³uɑ³³
　　lɑ³³kʰuɐʔ⁵tɕʰiɐʔʔ⁰lɛ⁰iɔ³³ɕin³³m²¹mɑ³³]

个吆牛鬼儿哪，[kɐʔ⁵iɔ⁵³n̩iɤɯ³³kue⁵⁵n̩⁰nɑ⁰]

急得嘞实在是[弗有]办法。[tɕiɐʔ⁵tɐʔ⁰le⁰sɐʔ¹²tsɛ¹³tsɿ²¹fe⁵⁵pʰɛ¹³fo⁰]

葛个时候啊，[kɐʔ³kɐʔ⁵sɿ³³hɤɯ⁰ɑ⁰]

家里葛只老牛爿开口罢。[ko⁵³li²¹³kɐʔ³tsa⁵⁵lɔ²¹n̩iɤɯ³³pɛ³³kʰɛ⁵³kʰɤɯ²¹³pɐʔ⁰]

尔弗要难过，帮葛两只角担落来，[n²¹³fɐʔ⁵iɔ³³nɛ³³ku³³, pɑŋ⁵³kɐʔ³nie²¹tsa³³ku⁵⁵tɛ⁵³
　　lɔ²¹lɛ⁰]

变[起来]两只箩。[pie³³tɕʰiɛ⁵⁵nie²¹tsa⁵⁵lɔ³³]

北⁼两个细人家呢，园进去，[pɐʔ⁵nie²¹kɐʔ⁵ɕie³³in³³ko⁵³ne⁰，kʰo³³tɕin⁵⁵kʰi⁰]园：放

就好到天上去寻织布囡儿罢。[ɕiɤɯ⁵⁵hɔ²¹³tɔ³³tʰie⁵³so²¹kʰi³³ɕin³³tsɐʔ⁵pu³³no⁵⁵n⁰pɐʔ⁰]

个吆牛鬼儿呢，[kɐʔ⁵iɔ⁵³n̠iɤɯ³³kue⁵⁵n⁰ne⁰]

看看还觉得奇怪。[kʰɛ³³kʰɛ⁵⁵ua³³tɕyɐʔ⁵tɐʔ⁵tɕi³³kua³³]

个老牛爿个两只角呢，就真个脱落来罢。[kɐʔ⁵lɔ²¹n̠iɤɯ³³pɛ³³kɐʔ⁰nie²¹tsa⁵⁵ku⁵⁵ne⁰，ɕiɤɯ⁵⁵tsən⁵³kɐʔ⁰tʰɐʔ³lo¹³lɛ⁰pɐʔ⁰]

脱下得地上啊，真个变[起来]两只箩。[tʰɐʔ³ho⁵⁵tɐʔ⁰tʰi⁵⁵so²¹a⁰，tsən⁵³kɐʔ⁰pie³³tɕʰiɛ⁵⁵nie²¹tsa⁵⁵lo³³]

渠呢就北⁼两个细人家呢，[ki³³ne⁰ɕiɤɯ⁵⁵pɐʔ⁵nie²¹kɐʔ⁵ɕie³³in³³ko⁵³ne⁰]

园得箩里，用扁担呢，北⁼两只箩呢挑起来。[kʰo³³tɐʔ⁰lo³³li⁰，ioŋ⁵⁵pie⁵⁵tɛ³³ne⁰，pɐʔ⁵nie²¹tsa⁵⁵lo³³ne⁰tʰiɔ⁵³tɕʰiɛʔ⁵lɛ⁰]

葛个时候啊，一阵清风啊，朝耳朵边吹过。[kɐʔ³kɐʔ⁵sɿ³³hɤɯ⁰a⁰，iɐʔ³tsʰən⁵⁵tɕʰin⁵³foŋ⁵³a⁰，tsʰɔ³³n⁵⁵tu²¹pie³³tɕʰye⁵³ku⁰]

两只箩呢，就好像生[起来]两只翼消⁼半⁼，[nie²¹tsa⁵⁵lo³³ne⁰，tɕʰiɤɯ⁵⁵hɔ⁵³ɕie²¹sɛ⁵³tɕʰiɛ⁵⁵nie²¹tsa⁵⁵i²¹ɕiɔ⁵³pɛ³³]翼消⁼半⁼：翅膀

真个朝天上飞起来罢。[tsən⁵³kɐʔ⁰tsʰɔ³³tʰie⁵³so²¹³fi⁵³tɕʰiɛʔ⁰lɛ⁰pɐʔ⁰]

葛踩得云头里啊，飞呀飞呀。[kɐʔ⁵tsʰa²¹tɐʔ⁰yn³³tɤɯ³³li⁰a⁰，fi⁵³ia⁰fi⁵³ia⁰]

看看就要追着个织布囡儿罢，[kʰɛ³³kʰɛ³³ɕiɤɯ⁵⁵iɔ³³tɕye⁵³tsa²¹kɐʔ⁵tsɐʔ⁵pu³³no⁵⁵n⁰pɐʔ⁰]

哪里晓得呢，[la⁵⁵li⁰ɕiɔ²¹tɐʔ⁰ne⁰]

让王母娘娘看见罢。[ie⁵⁵uaŋ²¹m⁵⁵n̠iaŋ²¹n̠iaŋ⁵⁵kʰɛ³³tɕie⁵⁵pɐʔ⁰]

渠呢，摒落来头上个一根金簪儿，[ki³³ne⁰，pɛ³³lo⁰lɛ⁰tɤɯ³³so⁰kɐʔ⁰iɐʔ³kən⁵³tɕin⁵³tsɛ³³n⁵⁵]摒：拔

葛么对⁼吆牛鬼儿好⁼织布囡儿个中央一下划。[kɐʔ³mɐʔ³te²¹iɔ⁵³n̠iɤɯ³³kue⁵⁵n⁰hɔ²¹tsɐʔ⁵pu³³no⁵⁵n⁰kɐʔ⁵tsoŋ⁵³iɛ⁰iɐʔ³ho⁵⁵ua²¹³]

就变[起来]了一条满得木佬佬木佬佬个天河，[ɕiəɯ⁵⁵pie³³tɕʰiɛ⁰lɐʔ⁰iɐʔ³tiɔ³³mɛ⁵⁵tɐʔ⁰mɐʔ¹²lɔ⁵⁵lɔ⁰mɐʔ¹²lɔ⁵⁵lɔ⁰kɐʔ⁰tʰie⁵³u³³]

阔得来看弗见对面个岸上。[kʰo⁵⁵tɐʔ⁰lɛ⁰kʰɛ³³fɐʔ⁵tɕie³³tie³³mie⁵⁵kɐʔ⁰ɛ⁵⁵so⁰]阔：宽

把吆牛鬼儿好⁼织布囡儿两个人呢隔开罢。[pɐʔ⁵iɔ⁵³n̠iɤɯ³³kue⁵⁵n⁰hɔ²¹tsɐʔ⁵pu³³no⁵⁵n⁰nie²¹kɐʔ⁵in³³ne⁰ka⁵⁵kʰɛ⁰pɐʔ⁰]

再讲个喜鹊鸟儿呢，［tsɛ⁵⁵ko²¹kɐʔ⁵ɕi⁵³tɕʰiɐʔ⁵tiɔ⁵⁵n⁰ne⁰］

木佬佬木佬佬怜悯个吤牛鬼儿好＝织布囡儿。［mɐʔ¹²lɔ⁵⁵lɔ⁰mɐʔ¹²lɔ⁵⁵lɔ⁰nie²¹mie¹³kɐʔ⁵iɔ⁵³
　　　ȵiɤɯ³³kue⁵⁵n⁰hɔ²¹tsɐʔ⁵pu³³no⁵⁵n⁰］

每一年阴历个七月初七，［me²¹iɐʔ⁵nie³³in⁵³liɐʔ¹²kɐʔ⁵tɕʰiɐʔ⁵y²¹tsʰu⁵³tɕʰiɐʔ⁵］

成千上万只个喜鹊鸟儿呢，［sən³³tɕʰie⁵³sɔ²¹uɐ⁵⁵tsɑ⁰kɐʔ⁰ɕi⁵³tɕʰiɐʔ⁵tiɔ⁵⁵n⁰ne⁰］

飞到葛个天上个河高头。［i⁵³tɔ³³kɐʔ⁵kɐʔ⁵tʰie⁵³sɔ²¹kɐʔ⁰u³³kɔ⁵³tɤɯ⁰］高头：上面

一只衔牢一只个尾巴，［iɐʔ⁵tsa⁵⁵ɦɛ³³lɔ⁰iɐʔ⁵tsa⁵⁵kɐʔ⁵mi⁵⁵po⁵³］

搭［起来］一桥木佬佬长木佬佬长个鹊桥，［tɔ⁵⁵tɕʰiɐʔ⁰iɐʔ⁵tɕiɔ³³mɐʔ¹²lɔ⁵⁵lɔ⁰tsɐ³³mɐʔ¹²lɔ⁵⁵
　　　lɔ⁰tsɐ³³kɐʔ⁰tɕʰiɐʔ⁵tɕiɔ³³］

让吤牛鬼儿好＝织布囡儿两个人呢团圆、相会。［iɐ⁵⁵iɔ⁵³ȵiɤɯ³³kue⁵⁵n⁰hɔ²¹tsɐʔ⁵pu³³
　　　no⁵⁵n⁰nie²¹kɐʔ⁵in³³ne⁰tɐ³³ȵye³³、ɕie⁵³ue²¹³］

印个闲话呢，讲好罢。［ɑŋ²¹kɐʔ⁰hɛ²¹o¹³ne⁰，kɔ⁵⁵hɔ²¹pɐʔ⁰］

　　　下面我给大家讲个故事，题目就叫《牛郎和织女》。古时候，有一个小伙子，父母都去世了，孤身一人。家里只有一只老牛，大家都叫他牛郎。

　　　牛郎就靠着这头牛耕地为生，一起过日子。这头牛实际上是天上的金牛星。他喜欢牛郎老实善良，想帮他成个家。

　　　有一天，他听说天上的仙女要到村东头山脚的湖里洗澡。他就托梦给牛郎，叫他第二天早上到村东边山脚下的湖边去。趁仙女们洗澡的时候，拿走一件她们挂在树上的衣服，头也不回地跑回家，就会得到一个漂亮的仙女做妻子。

　　　第二天早上，牛郎半信半疑地来到村东山脚下。朦胧里果真看见七个美女在湖里嬉水，他马上从树上拿起一件粉红色的衣服，头也不回地跑回来了。

　　　被他拿走衣服的这个仙女，实际上是天上的织女。当天夜里，她敲开牛郎家的门，两个人就成了恩爱夫妻。

　　　一晃三年过去了。牛郎和织女生了一儿一女，两个孩子。日子过得非常开心。谁知道织女下凡的事情让玉皇大帝知道了。有一天，天上刮起大风，雷雨交加。织女突然不见了。两个孩子"哇哇"大哭，要找妈妈。牛郎急得不知如何是好。

　　　这时家里这头老牛便开口了："你不要难过，把我两只角拿下来，变成两只箩筐。把两个孩子放进去，就可以到天上找织女了。"牛郎觉得很奇怪，老牛的两只角就真的掉下来了。掉到地上，真的变成两只箩筐。

　　他就把两个孩子放进箩筐，用扁担挑起来，只觉耳边一阵清风吹过，两只箩筐就像长了翅膀一样，真的朝天上飞去。牛郎踩在云里，飞呀飞。

　　眼看牛郎就要追上织女了，可谁知道，被王母娘娘发现了。她拔下头上一根金钗，在牛郎和织女中间一划，就出现一条波涛滚滚的天河，宽得望不到对岸，把牛郎和织女隔开了。

　　喜鹊非常同情牛郎和织女。每年农历的七月初七，成千上万只喜鹊都飞到天河上，一只衔着另一只的尾巴，搭起一座长长的鹊桥，让牛郎织女团圆。

　　我的故事讲完了。

（2015 年 9 月，发音人：胡霭云）

三、自选条目

（一） 谚语

雨打梅头，$[y^{13}tɛ^{213}me^{33}tɤɯ^{33}]$ 梅：梅雨季

十八个大日头。$[sɐʔ^{12}po^{55}kɐʔ^0tʰu^{55}ȵiɛʔ^{12}tɤɯ^{33}]$

雨打梅脚，$[y^{13}tɛ^{213}me^{33}tɕiɑ^{55}]$

田缺弗要作ᵈ。$[tie^{33}tɕʰy^{55}fɐʔ^5iɔ^{33}tsu^{55}]$ 田缺：田的进、排水口。作ᵈ：堵

雪落乌龙山顶，$[ɕi^{55}lo^{213}u^{21}loŋ^{13}sɛ^{53}tin^{213}]$

天气要转晴。$[tʰie^{53}tɕʰi^{33}iɔ^{33}tɕye^{21}ɕin^{33}]$

大旱弗过七月半。$[tʰu^{55}hɛ^{213}fɐʔ^5ku^{33}tɕʰiɛʔ^5y^{21}pɛ^{33}]$

雨加雪，$[y^{213}ko^{53}ɕi^{55}]$

落弗歇。$[lo^{21}fɐʔ^3ɕi^{55}]$

重阳弗有雨看十三，$[tsoŋ^{33}ȵiɛ^{33}fɐʔ^5iɤɯ^{21}y^{213}kʰɛ^{33}sɐʔ^{12}sɛ^{53}]$

十三弗有雨一冬干。$[sɐʔ^{12}sɛ^{53}fɐʔ^5iɤɯ^{21}y^{213}iɐʔ^5toŋ^{53}kɛ^{53}]$

吃了端午粽，$[tɕʰiɛʔ^3lɐʔ^5tɛ^{53}n^{213}tsoŋ^{33}]$

棉袄才好送。［mie³³ɔ²¹³tsɛ³³hɔ⁵⁵soŋ³³］

稻头花绿绿，［tɔ²¹tɤɯ³³ho⁵³lɐʔ³leʔ⁵］
一把炉灰一把谷。［iɐʔ⁵po²¹³lu³³hue⁵³iɐʔ⁵po²¹³kuɐʔ⁵］

一把塘泥四两谷，［iɐʔ⁵po²¹³to³³n̠i³³ɕi³³nie²¹kuɐʔ⁵］
二担塘泥一餐粥。［nie²¹tɛ³³to³³n̠i³³iɐʔ³tsʰɛ⁵³tɕyɐʔ⁵］

乌龙山戴帽，［u²¹loŋ¹³sɛ⁵³ta³³mɔ⁵⁵］
种田人坐轿。［tsoŋ³³tie³³in³³su²¹tɕʰiɔ⁵⁵］

麦把抖一抖，［mɑ²¹po²¹³tɤɯ²¹iɐʔ⁵tɤɯ²¹³］
一亩多一斗。［iɐʔ⁵m²¹³tu⁵³iɐʔ⁵tɤɯ²¹³］

春霜三日白，［tɕʰyn⁵³so⁵³sɛ⁵³iɐʔ¹²pɑ²¹³］
晴到割大麦。［ɕin³³tɔ³³ki⁵⁵tʰu⁵⁵mɑ²¹³］

六月盖棉被，［lɐʔ¹²y²¹³kɛ³³mie⁵⁵pi²¹³］
有谷弗有米。［iɤɯ²¹kuɐʔ⁵fɐʔ⁵iɤɯ²¹mi²¹³］

细满山头雾，［ɕie³³mɛ²¹³sɛ⁵³tɤɯ³³u⁵⁵］细满：小满
细麦变成糊。［ɕie³³mɑ⁵⁵pie³³tsʰən²¹¹u²¹³］

娘好囡儿好，［n̠ie³³hɔ²¹³no⁵⁵n⁰hɔ²¹³］
种好稻好。［tsoŋ²¹hɔ²¹³tɔ¹³hɔ²¹³］

吃弗穷，［tɕʰiɐʔ³fɐʔ⁵tɕioŋ³³］
穿弗穷，［tɕʰye⁵³fɐʔ⁵tɕioŋ³³］
打算弗好一世穷。［tɛ²¹sɛ³³fɐʔ⁵hɔ²¹³iɐʔ⁵sʅ³³tɕioŋ³³］

宠子么弗孝，［tsʰoŋ²¹tsʅ²¹³mɐʔ⁰fɐʔ⁵ɕiɔ³³］
宠狗么要上灶。［tsʰoŋ²¹kɤɯ²¹³mɐʔ⁰iɔ³³so²¹tsɔ³³］

冷么冷得风里，[nɛ²¹mɐʔ⁰nɛ²¹lɐʔ⁰foŋ⁵³li²¹³] "得" 声殊

穷么穷得债里。[tɕioŋ³³mɐʔ⁰tɕioŋ³³tɐʔ⁰tsa³³li²¹³]

年纪活到八十八，[ȵie³³tɕi³³o²¹tɔ³³po⁵⁵sɐʔ¹²po⁵⁵]

弗要笑别个跷脚眼瞎。[fɐʔ³io³³ɕio³³pi²¹ka³³tɕʰiɔ⁵³tɕia⁵⁵ɛ²¹ho⁵⁵] 跷脚: 瘸腿

伤风弗避风，[so⁵³foŋ⁵³fɐʔ³pʰi⁵⁵foŋ⁵³]

从春呛到冬。[tsoŋ³³tɕʰyn⁵³tɕʰie³³tɔ³³toŋ⁵³]

（以上 2015 年 9 月，发音人：胡霭云）

（二）歇后语

八十岁学绣花——来弗及罢[po⁵⁵sɐʔ⁰ɕi³³hu²¹ɕiɤɯ³³ho⁵³——lɛ⁵⁵fɐʔ⁰kʰɛ¹³pɐʔ⁰]

跷子趋渡船——趋弗着罢[tɕʰiɔ⁵³tsɿ²¹³piɐʔ¹²tʰu²¹ɕye³³——piɐʔ¹²fɐʔ⁵tsɐʔ¹²pɐʔ⁰]

城隍菩萨拉胡琴——鬼听[sən³³o³³pu³³so⁵⁵la⁵³u³³tɕin³³——kue¹³tʰin⁵³]

痴进弗痴出——假痴个啦[tsʰɿ⁵³tɕin³³fɐʔ⁵tsʰɿ⁵³tɕʰyɐʔ⁵——ko¹³tsʰɿ⁵³kɐʔ⁰la⁰]

对板壁哈气——讲了弗有用个[te³³pɛ¹³piɐʔ⁵ha²¹tɕʰi³³——ko²¹lɐʔ⁰fɐʔ⁵iɤɯ²¹ioŋ⁵⁵kɐʔ⁰]
板壁: 墙壁

船底下放响炮——闷声弗响[ɕye³³ti⁵⁵ho²¹³fo³³ɕie²¹pʰɔ³³——mən⁵⁵sən⁵³fɐʔ⁵ɕie²¹³]

肥桶改水桶——臭气还在[fi³³tʰoŋ²¹³kɛ²¹³ɕye⁵⁵tʰoŋ²¹³——tsʰɤɯ³³tɕʰi³³ua⁵⁵tsɛ²¹³]

两个哑子睏一头——弗有白话讲个[nie²¹kɐʔ⁰o²¹tsɿ⁵⁵kʰuen³³iɐʔ⁵tɤɯ³³——fɐʔ⁵iɤɯ²¹³
pɑ²¹o⁵⁵ko²¹kɐʔ⁰]

蚂蟥叮脚——敲也敲弗掉[mo⁵⁵o³³tin⁵³tɕia⁵⁵——kʰɔ⁵³iɛ⁵⁵kʰɔ⁵³fɐʔ⁵tʰiɔ⁰]

门背后等天亮——弗有用个［mən³³pe³³hɤɯ²¹³tən²¹tʰie⁵³nie⁵⁵——fɐʔ⁵iɤɯ²¹ioŋ⁵⁵kɐʔ⁰］

木匠推刨——直来直去［mɐʔ¹²ɕie⁵⁵tʰe⁵³pʰɔ⁵⁵——tsɐʔ¹²lɛ³³tsɐʔ¹²kʰi³³］

牛皮灯笼——肚皮里亮［ɲiɤɯ³³pi³³tən⁵³loŋ³³——tʰu⁵⁵pi³³li⁵⁵nie³³］

三十夜个刀砧板——弗有空［sɛ⁵³sɐʔ¹²iɑ⁵⁵kɐʔ⁵tɔ⁵³tsən⁵⁵pɛ²¹³——fɐʔ⁵iɤɯ²¹kʰoŋ³³］

问客杀鸡——空客气［mən⁵⁵kʰɑ³³so⁵⁵tɕi⁵³——kʰoŋ⁵³kʰɑ⁵⁵tɕʰi³³］空客气: 假客气

屋顶上开门——六亲弗认［uɐʔ⁵tin²¹so²¹³kʰɛ⁵³mən³³——lɐʔ¹²tɕʰin⁵³fɐʔ³in⁵⁵］

鸭吃螺蛳——啰里啰唆［o⁵⁵tɕʰiɐʔ⁵lu³³sɿ⁵³——lu⁵³li²¹³lu⁵³su⁵³］

雨里挑稻草——越挑越重［y²¹li⁵⁵tʰiɔ⁵³tɔ²¹tsʰɔ²¹³——yɐʔ¹²tʰiɔ⁵³yɐʔ¹²tsoŋ²¹³］

（以上 2015 年 9 月，发音人: 胡霭云）

寿　昌

一、歌谣

火萤虫

火萤虫，幺幺虫，［xu³³ien¹¹tɕʰiɔŋ³³, iɑ¹¹iɑ²⁴tɕʰiɔŋ⁰］
后头挂个红灯笼。［xəɯ³³təɯ¹¹kuə³³kəʔ³ɔŋ¹¹ten¹¹lɔŋ⁵⁵］
红灯笼，像朵花，［ɔŋ¹¹ten¹¹lɔŋ⁵⁵, ɕiɑ̃⁵³tu⁵⁵xuə¹¹²］
飞来飞去照大家。［fi¹¹liæ¹¹fi¹¹kʰəɯ³³tsɤ³³tʰɑ³³kuə¹¹²］
飞到东，飞到西，［fi¹¹tɤ³³tɔŋ¹¹², fi¹¹tɤ³³ɕi¹¹²］
装到瓶里照读书。［tsɑ̃¹¹tɤ³³pʰien⁵⁵li³³tsɤ³³tʰɔʔ³ɕy¹¹²］_{照读书：好看书。}
飞到西，飞到东，［fi¹¹tɤ³³ɕi¹¹², fi¹¹tɤ³³tɔŋ¹¹²］
麦秆芯里去过冬。［məʔ³kiɛ³³ɕien¹¹li¹¹kʰəɯ³³ku³³tɔŋ¹¹²］

知夜゠叫

知夜゠知夜゠，蚊虫叮到夜。［tsɿ³³iɑ²⁴tsɿ³³iɑ²⁴, mien¹¹tɕʰiɔŋ³³tien¹¹tɤ²⁴iɑ³³］_{知夜゠：知了。}
大麦叫，小麦叫，［tʰu⁵⁵məʔ³¹tɕiɤ³³, ɕie⁵⁵məʔ³¹tɕiɤ³³］
东司角头鬼叫，［tɔŋ¹¹sɿ³³kuəʔ³tʰəɯ⁵⁵kuei²⁴tɕiɤ¹¹²］_{东司：厕所。角头：角落}
山上是野猫儿叫，［ɕyə¹¹sɑ̃²⁴tsɿ³³iɑ³³mɔŋ⁵⁵tɕiɤ¹¹²］
田里是哞哞牛叫，［tʰi⁵⁵li³³tsɿ³³mɑ¹¹mɑ¹¹n̠iəɯ³³tɕiɤ¹¹²］
壁落角头"嘀嘀"叫。［piʔ³lɔʔ³kəʔ³tʰəɯ⁵⁵ti³³ti⁵⁵tɕiɤ¹¹²］_{壁落角头：角落里}

（以上 2018 年 7 月，发音人：邓双林）

摇依摇

摇咿摇，摇到婆婆家［iɤ¹¹i⁵⁵iɤ³³，iɤ¹¹tɤ³³pʰu⁵⁵pʰu⁵⁵kuə³³］

婆婆勿在家。［pʰu⁵⁵pʰu⁵⁵uəʔ³tɕiæ²⁴kuə¹¹²］勿：不

娘舅山上摘时＝杷，［ȵiã¹¹tɕʰiəɯ⁵⁵ɕyə¹¹sã⁵⁵tsəʔ³sʅ¹¹pʰɤ³³］时＝杷：枇杷

勿是娘舅勿拎清。［uəʔ³tsʅ⁵⁵ȵiã¹¹tɕʰiəɯ⁵⁵uəʔ³lien¹¹tɕʰien¹¹²］勿拎清：弄不清楚

外公讲：时＝杷黄，甜咪咪。［ua¹¹kɔŋ⁵⁵kã²⁴：sʅ¹¹pʰɤ³³uã⁵²，tʰi¹¹mi³³mi¹¹²］

舅母讲：时＝杷青，酸嘴嘴。［tɕʰiəɯ³³m⁵⁵kã²⁴：sʅ¹¹pʰɤ³³tɕʰien¹¹²，ɕiæ¹¹tɕyei³³tɕyei¹¹²］

（2018 年 7 月，发音人：邵素云）

二、其他故事

铁老爷

寿昌个溪滩呢，［səɯ³³tsʰã¹¹kəʔ⁰tɕʰi¹¹tʰuə¹¹lɛ⁰］溪滩：河，指现在的寿昌江

老早□艾溪，［lɤ⁵³tsɤ³³ya⁵²æ¹¹tɕʰi¹¹²］□：叫

格记罢有些侬□寿昌、寿昌江。［kəʔ³tɕiəʔ³paᵒiəɯ⁵³ɕiã¹¹nɔŋ³³ya³³səɯ³³tsʰã¹¹²、səɯ³³tsʰã¹¹tɕiã¹¹²］侬：人

旧年开始呢，［tɕʰiəɯ³³ȵi⁵⁵kʰiɛ³³sʅ³³lɛ⁰］旧年：去年

就是讲造了、［tɕʰiəɯ³³sʅ³³kã³³sɤ³³ləʔ⁰］

在格个艾溪高头，［tɕʰiæ³³kəʔ³kəʔ⁰æ³³tɕʰi¹¹kɤ¹¹təɯ⁵²］高头：上面

造了一个廊桥，［sɤ³³ləʔ⁰iəʔ³kəʔ⁰lã¹¹tɕʰia¹¹²］

廊桥取名字呢，［lã¹¹tɕʰia¹¹tɕʰy²⁴mien¹¹sʅ³³lɛ⁰］

□做"状元廊"。［ya⁵²tsu³³tɕyã²⁴yɛ̃¹¹lã¹¹²］

有些年纪轻个寿昌侬就讲，［iəɯ³³ɕiɛ¹¹ȵi¹¹tɕi³³tɕʰien¹¹kəʔ⁰səɯ³³tsʰã¹¹nɔŋ²⁴tɕʰiəɯ⁵⁵kã²⁴］

寿昌又勿曾出过状元，［səɯ³³tsʰã¹¹iəɯ³³uəʔ³sen⁵⁵tɕʰyəʔ³ku⁵⁵tɕʰyã³³yei⁵²］勿曾：没有

做奇要又讲"状元廊"呢？［tsu³³tɕʰi⁵²iɤ³³iəɯ³³kã³³tɕyã²⁴yɛ̃¹¹lã¹¹lɛ⁰］做奇：为什么

其实，寿昌是出过状元个，［tɕʰi¹¹səʔ³¹，səɯ³³tsʰã¹¹tsʅ³³tɕʰyəʔ³ku⁵⁵tɕʰyã³³yei³³kəʔ⁰］

不过勿是就是讲侬家认为个末个文个状元，［pəʔ³ku⁵⁵uəʔ³tsʅ⁵⁵tɕʰiəɯ²⁴tsʅ³³kã³³nɔŋ¹¹kuə¹¹len²⁴uei³³kəʔ⁰məʔ³kəʔ⁰uen⁵²kəʔ³tɕʰyã³yei⁵²］侬家：别人。末个：那个

而是出过一个武状元，［əɯ¹¹tsʅ³³tɕʰyəʔ³ku⁵⁵iəʔ³kəʔ⁰u⁵²tɕʰyã³³yei⁵²］

是在宋朝个时景。［tsๅ³³tɕʰiæ³³sɔŋ¹¹tsʰɤ⁵²kəʔ⁰sๅ¹¹tɕien³³］时景：时候

宋朝个时景呢，［sɔŋ¹¹tsʰɤ⁵²kəʔ⁰sๅ¹¹tɕien³³lɛ⁰］

是要考武状元个，［tsๅ³³iɤ²⁴kʰɤ²⁴u³³tɕʰyã³³yei⁵²kəʔ⁰］

尔像岳飞，也就是武状元。［n³³ɕiã³³ŋuəʔ³fi¹¹²，iæ²⁴tɕʰiəɯ³³tsๅ¹¹u³³tɕʰyã³³yei⁵²］

□格个武状元呢，［mã²⁴kəʔ³kəʔ⁰u³³tɕʰyã³³yei⁵²lɛ⁰］□：那样，"末样"的合音

是我拉寿昌东门侬，［tsๅ³³a³³la¹¹səɯ³³tsʰã¹¹tɔŋ¹¹men⁵⁵nɔŋ⁵⁵］我拉：我们

姓叶个，□叶林。［ɕien³³i²⁴kəʔ⁰，ya³³iɛ²⁴lien¹¹²］

□我格记就讲一记呢，［mã²⁴a³³kəʔ³tɕiəʔ⁰tɕʰiəɯ³³kã²⁴iəʔ³tɕiəʔ⁰lɛ⁰］

渠小时景个一个故典。［kəɯ³³ɕiɛ¹¹sๅ¹¹tɕien²⁴kəʔ⁰iəʔ³kəʔ⁰ku³³ti¹¹²］小时景：小时候

格个叶林小时景呢，［kəʔ³kəʔ⁰iɛ²⁴lien¹¹ɕiɛ¹¹sๅ¹¹tɕien²⁴lɛ⁰］

家里蛮穷个。［kua¹¹li¹¹mæ̃⁵²tɕʰiɔŋ⁵²kəʔ⁰］

□渠个渠婆婆家里呢，［mã³³kəɯ⁵²kəʔ⁰kəɯ¹¹pʰəɯ⁵⁵pʰəɯ⁵⁵kua¹¹li³³lɛ⁰］婆婆：外婆
是以余个，［tsๅ³³i³³y⁵⁵kəʔ⁰］以余：当地地名

离开寿昌呢，大概七八里路。［li¹¹kʰiɛ¹¹səɯ³³tsʰã¹¹lɛ⁰，ta³³kɛ³³tɕʰiəʔ³pɤ³³li⁵⁵lu³³］

□渠十来岁个时景呢，［mã³³kəɯ⁵²səʔ³lɛ⁰ɕi³³kəʔ⁰sๅ⁵⁵tɕien⁵⁵lɛ⁰］

有一次到婆婆家去嬉，［iəɯ⁵³iəʔ³tsʰๅ³³tɤ³³pʰəɯ⁵⁵pʰəɯ⁵⁵kua³³kʰəɯ³³ɕi¹¹²］嬉：玩

渠促⁼见末个壁落角头呢，［kəɯ⁵²tsʰɔʔ³tɕi³³məʔ³kəʔ⁰piʔ³lɔʔ³kəʔ³tʰəɯ⁵⁵lɛ⁰］促⁼见：看见

一只食镬覆落末里。［iəʔ³tsəʔ⁰səʔ³ɔʔ³¹pʰɔʔ³lɔʔ⁰məʔ³li⁰］食镬：饭锅。覆：反过来放

其实渠家里呢，［tɕʰi¹¹səʔ³¹kəɯ⁵²kua¹¹li⁰lɛ⁰］

渠晓着自家家里末只食镬呢，［kəɯ⁵²ɕiɤ²⁴tsʰɔʔ³zๅ³³ka⁵⁵kua¹¹li⁰məʔ³tsəʔ⁰səʔ³ɔʔ³¹lɛ⁰］

装饭末个食镬呢，有点渗水罢，［tɕyã³³fɤ³³məʔ³kəʔ⁰səʔ³ɔʔ³¹lɛ⁰，iəɯ⁵⁵ti³³sen⁵⁵ɕyei²⁴pa⁰］

末个水呢，［məʔ³kəʔ⁰ɕyei²⁴lɛ⁰］

结果流下渠"呲嗒呲嗒"，［tɕiəʔ³ku²⁴liəɯ¹¹xuə⁰kəɯ¹¹tsʰๅ³³təʔ⁰tsʰๅ³³təʔ⁰］

□渠就想把格个食镬拿家去。［mã³³kəɯ⁵²tɕʰiəɯ³³ɕiã²⁴pa³³kəʔ³kəʔ⁰səʔ³ɔʔ³¹nuə¹¹kuə¹¹kʰəɯ³³］家去：回家

渠十来岁侬勿晓着□□处理，［kəɯ⁵²səʔ³lɛ⁰ɕi³³nɔŋ⁵⁵uəʔ³ɕiɤ⁵⁵tsʰɔʔ³xæ̃³³li⁰tɕʰy³³li⁵⁵］勿晓着：不知道。□□：怎样

□渠就想半夜三更把渠拿家去。［mã³³kəɯ⁵²tɕʰiəɯ³³ɕiã³³piæ³³ia⁵⁵suə¹¹kæ̃¹¹²pa³³kəɯ³³nuə¹¹kuə¹¹kʰəɯ³³］

□渠就半夜爬［起来］，［mã³³kəɯ⁵²tɕʰiəɯ³³piæ³³ia⁵⁵pʰɤ⁵²tɕʰiæ⁰］

等娘舅、婆婆大都睏着罢，［ten²⁴n̠iã¹¹tɕʰiəɯ²⁴、pʰəɯ⁵⁵pʰəɯ⁵⁵ta³³tu¹¹²kʰuen³³tsʰɔʔ³pa⁰］

眠着: 睡着

渠把格个食镬呢就一记背，［kəɯ⁵²pɑ³³kəʔ³kəʔ⁰səʔ³ɔʔ³¹lɛ⁰tɕʰiəɯ³³iəʔ³tɕiʔ³piæ³³］

背到寿昌来罢，［piæ¹¹tɤ³³səɯ³³tsʰã¹¹liæ¹¹²pɑ⁰］

背到东门。［piæ¹¹tɤ³³tɔŋ¹¹men¹¹²］

把门□记□以后呢，［pɑ³³men⁵⁵yɑ⁵²tɕiʔ³tʰuə³³i³³xəɯ⁵²lɛ⁰］□记□: 叫开

渠老妈一促⁼，［kəɯ⁵²lɑ³³mɑ⁵⁵iʔ³tsʰɔʔ³］促⁼: 看

你讲半夜一个食镬背家来做奇啊，［n³³kã²⁴piæ³³iɑ⁵⁵iəʔ³kəʔ³səʔ³ɔʔ³¹piæ¹¹kuə¹¹liæ¹¹² tsu³³tɕʰi⁵²ɑ⁰］

渠讲罢，渠讲，［kəɯ⁵²kã³³pɑ⁰，kəɯ⁵²kã³³］

娘舅埦园落末里无没用。［n̦iã¹¹tɕʰiəɯ²⁴taʔ³kʰã³³ləʔ³məʔ³li⁵³m⁵⁵mɑ⁰iɔŋ³³］囥: 放

讲尔跟渠拉讲过勿曾？［kã²⁴n³³ken¹¹kəɯ⁵²lɑ³³kã²⁴kuʔ³uəʔ³sen⁵⁵］

渠讲勿曾。［kəɯ⁵²kã³³uəʔ³sen⁵²］

□尔格个是偷东西喂，［mã³³n⁵³kəʔ³kəʔ⁰tsʅ³³tʰəɯ¹¹tɔŋ³³ɕi¹¹²uɛ⁰］

勿行个！［uəʔ³ɕien⁵²kəʔ⁰］

□你一定要拿归去。［mã³³n⁵³iʔ³tʰien⁵³iɤ³³nuə¹¹kuə¹¹kʰəɯ³³］

再后半夜呢，就是讲，［tɕiæ³³xəɯ⁵⁵piæ³³iɑ³³lɛ⁰，tɕʰiəɯ³³sʅ³³kã³³］

再要拿归去呢□末个要天亮罢，［tɕiæ³³iɤ⁵⁵nuə¹¹kuə¹¹kʰəɯ³³lɛ⁰mã³³məʔ³kəʔ³iɤ³³tʰi¹¹ liã³³pɑ⁰］

天亮再讲一个食镬背［起来］呢，［tʰi¹¹liã³³tɕiæ³³kã³³iəʔ³kəʔ⁰səʔ³ɔʔ³¹piæ¹¹tɕʰiæ⁰lɛ⁰］

多少难促⁼相！［tu¹¹sɤ²⁴nuə¹¹tsʰɔʔ³ɕiã³³］

格个叶林呢，勿肯背去。［kəʔ³kəʔ⁰iɛ²⁴lien¹¹lɛ⁰，uəʔ³kʰen²⁴piæ¹¹kʰəɯ³³］

□渠老妈呢，［mã³³kəɯ⁵²lɑ³³mɑ³³lɛ⁰］

就讲、就点了三支香，［tɕʰiəɯ³³kã²⁴、tɕʰiəɯ³³ti²⁴ləʔ⁰suə¹¹tsʅ¹¹²ɕiã¹¹²］

就跪落格个天井里。［tɕʰiəɯ³³kʰuei⁵³ləʔ⁰kəʔ³kəʔ⁰tʰi¹¹tɕien¹¹li⁰］

渠讲咱向天公求情，［kəɯ⁵²kã³³tsɑ⁵²ɕiã³³tʰi¹¹kɔŋ¹¹²tɕʰiəɯ¹¹tɕʰien⁵²］

□天公保佑，［yɑ⁵²tʰi¹¹kɔŋ¹¹pəɯ³³y³³］

啊渠支香点光、渠三支香点光，［ɑ⁰kəɯ¹¹tsʅ¹¹²ɕiã¹¹²ti²⁴kuã¹¹²、kəɯ¹¹suə¹¹tsʅ¹¹²ɕiã¹¹ti²⁴ kuã¹¹²］

天公再亮，［tʰi¹¹kɔŋ¹¹²tɕiæ²⁴liã³³］

□你格即背去还来得及个。［mã³³n⁵³kəʔ³tɕiʔ³piæ¹¹kʰəɯ³³uə¹¹liæ⁵²tiʔ⁰tɕʰiʔ³kəʔ⁰］格即: 现在

格个叶林一记听呢，［kəʔ³kəʔ⁰iɛ²⁴lien¹¹iʔ³tɕiʔ³tʰien³³lɛ⁰］

蛮有道理个，［mæ̃³³iəɯ⁵³tʰɤ⁵⁵li⁵⁵kəʔ⁰］

□渠就背［起来］就跳罢。［mã³³kəɯ⁵²tɕʰiəɯ³³piæ¹¹tɕʰiæ⁵⁵tɕʰiəɯ³³tʰiɤ³³pa⁰］跳：跑

□渠就把格个，［mã³³kəɯ⁵²tɕʰiəɯ³³pa³³kəʔ³kəʔ⁰］

到娘舅家里呢天还勿曾亮，［tɤ²⁴n̠iã¹¹tɕʰiəɯ²⁴kuə¹¹li³³lɛ⁰tʰi¹¹uə⁵²uəʔ³sen⁵²liã³³］

□渠就把末个食镬园记好，［mã³³kəɯ⁵²tɕʰiəɯ³³pa³³məʔ³kəʔ⁰səʔ³ɔʔ³¹kʰã³³tɕi³³xɤ²⁴］

覆到眠床上去睏罢。［pʰɔʔ³tɤ³³mi¹¹ɕyã³³sã⁰kʰəɯ³³kʰuen³³pa⁰］眠床：床

□格个情况呢，［mã³³kəʔ³kəʔ⁰tɕʰien¹¹kʰuã³³lɛ⁰］

□就是讲寿昌依呢，［mã³³tɕʰiəɯ³³sɿ³³kã³³səɯ³³tsʰã¹¹noŋ¹¹²lɛ⁰］

□"天亮黑"，［ya³³ "tʰi¹¹liã³³xəʔ³"］

就是讲天亮以前呢，［tɕʰiəɯ³³sɿ³³kã³³tʰi¹¹liã³³i³³ɕi⁵²lɛ⁰］

格个、渠一记黑是顶黑个，［kəʔ³kəʔ⁰、kəɯ¹¹²iʔ³tɕiʔ³xəʔ³tsɿ³³tien²⁴xəʔ³kəʔ⁰］顶黑个：最黑的

就是叶林个阿姆求来个。［tɕʰiəɯ³³sɿ³³iɛ²⁴lien¹¹kəʔ⁰aʔ³m²⁴tɕʰiəɯ⁵⁵liæ¹¹kəʔ⁰］阿姆：妈妈

□有些书生啊就讲咯，［mã³³iəɯ⁵³ɕiæ⁰ɕy¹¹sen¹¹²aʔ⁰tɕʰiəɯ³³kã³³lɔ⁰］

黎明前的黑暗是顶黑个。［li¹¹mien¹¹tɕʰiɛ̃¹¹²tiʔ⁰xəʔ³æ̃²⁴sɿ³³tien²⁴xəʔ³kəʔ⁰］

□格叶林格次，［mã³³kəʔ³iɛ²⁴lien¹¹kəʔ³tsʰɿ⁵⁵］

通过格次事干以后呢，［tʰoŋ³³ku³³kəʔ³tsʰɿ⁵⁵sɿ³³kiɛ³³i³³xəɯ⁵³lɛ⁰］

渠就勤练武功。［kəɯ⁵²tɕʰiəɯ³³tɕʰien³³li³³u³³koŋ¹¹²］

武功练得吓依好，［u³³koŋ¹¹li³³təʔ³⁰xəʔ³noŋ⁵²xɤ³³］吓依：很

□考个、考状元呢，［mã³³kʰɤ²⁴kəʔ⁰、kʰɤ²⁴tɕʰyã³³yei⁵²lɛ⁰］

就让渠考着罢。［tɕʰiəɯ³³n̠iã³³kəɯ⁵²kʰɤ²⁴tsʰɔʔ³¹pa⁰］

考着状元呢，［kʰɤ²⁴tsʰɔʔ³¹tɕʰyã³³yei⁵²lɛ⁰］

□就当了一个军官，［mã³³tɕʰiəɯ³³tã¹¹ləʔ⁰iʔ³kəʔ⁰tɕyen¹¹kuẽ¹¹²］

在边关高头呢，［tɕʰiæ⁵³piɛ̃³³kuẽ³³kɤ³³təɯ⁵²lɛ⁰］

抵抗外国个侵略，［ti³³kʰã³³ua³³kuəʔ³kəʔ⁰tɕʰien³³liəʔ³¹］

也立了勿少个战功。［ia³³liəʔ³¹ləʔ⁰uəʔ³sɤ³³kəʔ⁰tsɛ̃³³koŋ¹¹²］勿少：不少

□就是讲仗打了多罢，［mã²⁴tɕʰiəɯ³³sɿ³³kã³³tsã³³tæ²⁴tiʔ⁰tu¹¹pa⁰］

有一次呢，受了吓依重个伤，［iəɯ⁵³iʔ³tsʰɿ³³lɛ⁰，səɯ³³ləʔ⁰xəʔ³noŋ⁵⁵tɕʰioŋ⁵³kəʔ⁰sã¹¹²］

后头医勿好，［xəɯ³³təɯ¹¹i¹¹uəʔ³xɤ²⁴］后头：后来

死掉去罢。［sɿ³³tiɤ²⁴kʰəɯ³³pa⁰］死掉去：死了

死掉去以后呢，［sๅ³³tiɤ²⁴kʰəɯ³³i³³xəɯ⁵³lɛ⁰］

□寿昌侬呢，就吓侬崇重渠，［mã²⁴səɯ³³tsʰã¹¹noŋ¹¹²lɛ⁰，tɕiəɯ³³xəʔ³noŋ⁵²tsʰoŋ³³ tɕʰioŋ³³kəɯ¹¹²］崇重：崇敬、尊重

啊，渠个品德又好，［ɑ⁰，kəɯ⁵²kəʔ⁰pʰien³³təʔ³iəɯ³³xɤ²⁴］

又保卫国家。［iəɯ²⁴pɤ³³uei²⁴kuəʔ³kuə¹¹²］

□寿昌侬呢就把渠，［mã²⁴səɯ³³tsʰã¹¹noŋ¹¹²lɛ⁰tɕiəɯ⁵³pɑ³³kəɯ³³］

塑了一个佛像，［ɕy³³ləʔ⁰iʔ³kəʔ⁰fəʔ³ɕiã²⁴］

就是讲把渠取名字□"铁老爷"，［tɕʰiəɯ³³sๅ³³kã³³pɑ³³kəɯ³³tɕʰy²⁴mien¹¹sๅ³³ya⁵²tʰiɛ⁵⁵ lɤ³³iɑ⁵²］

就园了东隍殿边上一个三圣庙里头，［tɕʰiəɯ³³kʰã³³ləʔ⁰toŋ¹¹uã¹¹tʰi³³pi¹¹sã¹¹²iʔ³kəʔ⁰sɛ̃¹¹ sen³³miɤ²⁴li³³təɯ⁰］东隍殿：当地的庙宇名

就是格个是其中个一个。［tɕʰiəɯ³³sๅ³³kəʔ³kəʔ⁰tsๅ³³tɕʰi¹¹tɕioŋ¹¹²kəʔ⁰iʔ³kɑ³³］

格个也就是寿昌农二月十要扛个"铁老爷"。［kəʔ³kəʔ⁰iɑ³³tɕʰiəɯ³³sๅ³³səɯ³³tsʰã¹¹ noŋ¹¹²n̩³³n̩yei²⁴səʔ³iɤ³³kã¹¹kəʔ³tʰiɛ⁵⁵lɤ³³iɑ⁵²］格个：这个

　　寿昌的河，很早以前叫作艾溪，现在有些人叫它寿昌江。去年人们在这个艾溪上造了一座廊桥，叫作"状元廊"。有些年纪轻的寿昌人很奇怪，寿昌又没有出过状元，为什么要叫"状元廊"呢？其实，寿昌在宋朝的时候是出过状元的，不过不是人们认为的那种文状元，而是一个武状元。宋朝的时候是有武状元的，岳飞就是武状元。这个武状元呢，是寿昌东门人，姓叶，叫叶林。那么，我现在就来讲一下他小时候的一个故事。

　　这个叶林小时候家里挺穷的，他外婆家在以余，离寿昌大概七八里路。他十来岁的时候，有一次到外婆家去玩，看见角落里有口锅，那个时候他家里的那口饭锅漏了，水流下来嘀嘀嗒嗒的，他就想把这只饭锅拿回家去。他一个才十来岁的人不知道怎么处理，就想半夜三更把它拿回家去。等舅舅、外婆都睡着了，他爬起来把这只饭锅背到寿昌东门来了。

　　把门叫开以后，他妈妈一看，问他半夜背一个饭锅到家来做什么，他说在舅舅家放着也没用。他妈妈问他有没有跟舅舅说，他说没有。他妈妈说不能偷东西，一定要他还回去。叶林说都后半夜了，再拿回去就要天亮了，天亮了背着这个锅太难看！叶林不肯背回去。他妈妈就点了三支香，跪在天井里，向老天求情，求老天保佑，等这支香点完天再亮，叫叶林现在就背回去。这个叶林一听，蛮有道理的，他就背起来跑，背到舅舅家时天还没有亮，他就把饭锅放好，然后

回到床上去睡了。

　　这个情况，寿昌人叫作"天亮黑"，就是说天亮以前的黑暗是最黑的，是叶林的妈妈求来的。有些书生就说，黎明前的黑暗是最黑的。这次事情之后，叶林就勤练武功，武功练得非常好，考上了武状元，并且当了一个军官，在边关抵抗外国侵略，也立了不少战功。有一次，他受了非常重的伤，没有治好，就死了。叶林死了以后，寿昌人因为他品德好、保卫国家，所以非常尊重他，就为他塑了一个佛像，给他取了个名字叫做"铁老爷"，放在东隍殿边上的一个三圣庙里。寿昌每年农历二月初十有抬菩萨的活动，"铁老爷"就是其中一个要抬的菩萨。

（2018 年 7 月，发音人：邓双林）

三、自选条目

（一）俗语

竖勿［起来］个烂稻秆。［ ɕy³³uə²³tɕʰiæ⁵⁵kə²⁰luə³³tʰɤ³³kiɛ²⁴ ］

（2018 年 7 月，发音人：邓双林）

（二）歇后语

黄鼠狼跟鸡拜年［ uã¹¹tsɿ³³lã⁵²ken¹¹tɕi¹¹pa³³n̪i⁵² ］跟：给
——勿是好心。［ uə²³tsɿ³³xɤ²⁴ɕien¹¹² ］勿：不

害别侬一千，自家搭八百［ ɕie³³pʰiə²³nəŋ¹¹iə²³tɕʰi¹¹²，sɿ³³ka³³tə²³pɤ⁵⁵pə²³ ］别侬：别人。自家：自己
——害来害去害自家。［ ɕie³³liæ¹¹ɕie³³kʰəɯ³³ɕie³³sɿ³³ka³³ ］

一日着蜂叮，三日惊苍蝇［ iə²³n̪iə²³tsʰɔ²ɕʔfəŋ¹¹tien¹¹²，suə¹¹n̪iə²³kuæ̃¹¹tsʰã¹¹ɕien¹¹² ］着：被。惊：怕
——吓惊罢。［ xə²³kuæ̃¹¹pɑ⁰ ］

着蓑衣救火［ tsɔ²ɕʔsəŋ¹¹i¹¹tɕiəɯ³³xu²⁴ ］着：穿
——自家寻苦吃。［ sɿ³³ka³³ɕien³³kʰu²⁴tɕʰiə²³ ］

冬瓜棚牵西瓜棚［tɔŋ¹¹kuə¹¹pʰæ̃⁵⁵tɕʰi¹¹ɕi¹¹kuə¹¹pʰæ̃⁵⁵］
——牵东攀西。［tɕʰi¹¹tɔŋ¹¹pæ̃²⁴ɕi¹¹²］

一碗虾公都是头［iəʔ³ŋuə²⁴xuə¹¹kɔŋ¹¹tu²⁴tsʅ³³tʰəɯ⁵²］虾公：虾
——无法做事干。［m⁵⁵fɤ³³tsu³³sʅ³³kiɛ¹¹²］事干：事情

草蓬窠里寻蛇［tsʰɤ³³pʰɔŋ¹¹kʰu¹¹li¹¹ɕien⁵²ɕyə⁵²］草蓬窠：草窝
——无事干寻事干。［m⁵⁵sʅ³³kiɛ¹¹ɕien⁵⁵sʅ³³kiɛ¹¹²］

（以上 2018 年 7 月，发音人：邵素云）

棺材里牵手［kuə¹¹ɕiæ⁵⁵li⁵⁵tɕʰi¹¹səɯ²⁴］牵手：伸手
——死要。［sʅ²⁴iɤ³³］

泥菩萨过水［ȵi¹¹pʰu¹¹suə⁵⁵ku³³ɕyei²⁴］过水：过河
——自家难保。［sʅ³³kɑ³³nuə⁵⁵pəɯ²⁴］

楼搁板上铺草席［liəɯ¹¹kɔʔ³pɤ¹¹sɑ̃³³pʰu¹¹tsʰɤ³³ɕiəʔ³¹］
——高低有数。［kɤ¹¹ti¹¹iəɯ⁵³su⁵⁵］

（以上 2018 年 7 月，发音人：邵素娥）

淳　安

一、歌谣

拍拍胸

拍拍胸，不伤风，[pʰaʔ⁵pʰaʔ⁵ɕion²⁴，pəʔ⁵sã²⁴fon²⁴]
拍拍背，射浼老大块。[pʰaʔ⁵pʰaʔ⁵pie²⁴，tsʰa⁵³u²⁴lɤ⁵⁵tʰu⁵³kʰue²⁴] 射浼：拉屎

扇子扇凉风

扇子扇凉风，时时在手中。[sã²⁴tsɿ⁰sã²⁴liã⁴³fon²⁴，sɿ²⁴sɿ²⁴tse³³suɯ⁵⁵tson²¹]
别侬问我借，借扇不借风。[pʰiəʔ¹³lon²⁴uen⁵³u⁵⁵tɕia²⁴，tɕia²⁴sã²⁴pəʔ⁵tɕia²⁴fon²⁴] 别侬：
　　别人

扇子扇凉风，时时在手中。[sã²⁴tsɿ⁰sã²⁴liã⁴³fon²⁴，sɿ²⁴sɿ²⁴tse³³suɯ⁵⁵tson²¹]
年年五六月，夜夜赶蚊虫。[iã⁴³iã⁴³ia⁵⁵laʔ¹³vəʔ¹³，ia⁵³ia⁵³kã⁵⁵men⁴³tsʰon²⁴] 蚊虫：蚊子

麻子麻两点

麻子麻两点，心里想开店。[mo⁴³tsɿ⁵³mo⁴³liã⁵⁵tiã⁵⁵，ɕin²⁴li²¹ɕiã⁵⁵kʰie²⁴tiã²⁴]
店里没有货，麻雀来射浼。[tiã²⁴li²¹məʔ²³iɯ⁵⁵hu²⁴，mo⁴³tsa²⁴lie⁴³tsʰa⁵³u²⁴]

脚踏乌炭火

脚踏乌炭火，[tɕiaʔ⁵tʰaʔ³va²⁴tʰã⁴³hu⁵⁵] 乌炭火：炭火

手捧包萝馃，［ sɯ⁵⁵pʰon⁵⁵pɤ²⁴lu⁴³ku⁵⁵］包萝馃：玉米饼

除去皇帝就是我。［ tɕʰya⁴³kʰɯ²⁴uã⁴³ti⁵³ɕiɯ⁵³sɿ⁵³u⁵⁵］

天子基

天子基，［ tʰiã²⁴tsɿ⁵³tɕi²⁴］

万年楼，［ uã⁵³iã³³lɯ⁴³⁵］

东水向西流，［ ton²¹ɕy⁵⁵ɕiã⁵³ɕi²⁴lɯ⁴³⁵］

真龙天子迈山头。［ tsen²⁴lon²¹tʰiã²⁴tsɿ²¹mɑ³³sã²⁴tʰɯ⁴³⁵］

老鸡骂细鸡

老鸡骂细鸡，［ lɤ³³tɕi⁵⁵mo⁵³ɕia²⁴tɕi²⁴］细鸡：小鸡

尔个笨东西，［ n⁵⁵kɑ⁰pen²⁴ton²¹ɕi⁵⁵］尔：你

叫尔"咯咯咯"，［ tɕio²⁴n⁵⁵koʔ⁵koʔ⁵koʔ⁵］

尔要"唧唧唧"。［ n⁵⁵iɤ²⁴tɕiʔ⁵tɕiʔ⁵tɕiʔ⁵］

（以上 2017 年 8 月，发音人：应陶明）

二、规定故事

牛郎和织女

顶老早顶老早时候啊，［ tin⁵⁵lɤ⁵⁵tsɤ⁵⁵tin⁵⁵lɤ⁵⁵tsɤ⁵⁵sa⁴³hɯ⁵³a⁰］

有只男子啊，［ iɯ⁵⁵tsɑʔ⁵lã⁴³tsɿ⁵⁵a⁰］

家里娘母老子都不在里罢，没有罢。［ ko²⁴li⁰iã⁴³mon⁵³lɤ⁵⁵tsɿ²¹tu²⁴pəʔ³tsʰa⁵⁵li⁰pəʔ⁰，
　məʔ³iɯ⁵⁵pə⁰］娘母：母亲。老子：父亲

就剩下一只牛啊，［ ɕiɯ⁵³sen⁵³hoʔiʔ³tsɑʔ⁵iɯ⁴³⁵a⁰］

搭渠一起过日子。［ tɑʔ⁵kʰɯ⁴³⁵iʔ⁵tɕʰi⁵⁵ku²⁴iəʔ¹³tsɿ⁵⁵］搭：和

一只水牛啊，［ iʔ³tsɑʔ⁵ɕya⁵⁵iɯ²¹a⁰］

那么，侬家就叫渠牛郎，［ ləʔ¹³məʔ¹³，lon⁴³ko²⁴ɕiɯ⁵³tɕiɤ²⁴kʰɯ⁴³⁵iɯ⁴⁴lã⁴³⁵］侬家：人家。

　　渠：他

取个名字叫渠牛郎，［ tɕʰya⁵⁵kəʔ⁰min⁴³sɿ⁵³tɕiɤ²⁴kʰɯ⁵³iɯ⁴⁴lã⁴³⁵］

他没记得，没姓他个名字。[tʰa⁵⁵me⁵⁵tɕi²⁴təʔ⁰, me⁵⁵ɕin²⁴tʰa⁵⁵kəʔ⁰min⁴³sɿ⁵³] 个：的

渠平常过日子，就是靠一只牛啊，[kʰɯ⁴³⁵pʰin⁴³tsʰa²⁴ku²⁴iəʔ¹³tsɿ⁵⁵, ɕiɯ⁵³sɿ⁰kʰɤ²⁴iʔtsaʔ⁵niɯ⁴³⁵a⁰]

勒ᵌ别侬耕田啊。[ləʔ⁵pʰiəʔ¹³lon²⁴kã²⁴tʰiã⁴³⁵a⁰] 勒ᵌ：给，把

厂ᵌ星ᵌ钞票啊，[tsʰã⁵⁵inⁿtsʰɤ⁵⁵pʰiɤ²⁴a⁰] 厂ᵌ：挣。星ᵌ：些，声殊

过过日子啊。[ku²⁴ku²⁴iəʔ¹³tsɿ⁵⁵a⁰]

哪个晓得那个牛咧是天上个金牛星啊，[la⁴³kəʔ⁰ɕiɤ⁵⁵tiʔ⁵ləʔ¹³kəʔ⁵niɯ⁴³te²⁴sɿ⁵³tʰiã²⁴sã⁵³ kəʔ⁰tɕin²⁴niɯ⁴³ɕin²⁴a⁰]

下凡来个啊，[ho⁵⁵fã²⁴lie⁴³kəʔ²⁴a⁰]

是只神牛啊。[sɿ⁵³tsaʔ⁵sen⁴³niɯ⁴³⁵a⁰]

渠促ᵌ见牛郎个侬咧，做侬做得好。[kʰɯ⁴³⁵tsoʔ⁵tɕiã⁰niɯ⁴⁴lã⁴³⁵kəʔ⁵lon⁴³⁵le²⁴, tsu²⁴lon⁴³⁵ tsu²¹tiʔ⁵hɤ⁵⁵] 促ᵌ：看。侬：人

渠咧就想帮助渠一下。[kʰɯ⁴³le²⁴ɕiɯ⁵³ɕiã⁵⁵pã²⁴tsʰu⁵³kʰɯ⁴³⁵iʔ³ho⁵⁵]

帮助渠成个家啊，或者讨个老婆啊。[pã²⁴tsʰu⁵³kʰɯ⁴³⁵tsʰen⁴³kəʔ²⁴ko²⁴a⁰, hoʔ⁵tsəʔ⁰ tʰɤ⁵⁵kəʔ⁰lɤ⁵⁵pʰu²¹a⁰]

让渠做个过上好日子喽。[iã⁵³kʰɯ⁴³⁵tsu²⁴kəʔ⁰ku²⁴sã⁵³hɤ⁵⁵iəʔ¹³tsɿ⁵⁵lɯ⁰]

那么，有一日咧，那个牛咧，[ləʔ¹³məʔ¹³, iɯ⁵⁵iʔ⁵iəʔ¹³le²⁴, ləʔ¹³kəʔ¹³niɯ⁴³le²⁴]

算出来罢。[sã²¹tsʰuəʔ⁵lie⁰pa⁰]

渠晓得天上咧，有一些织女啊，[kʰɯ⁴³⁵ɕiɤ⁵⁵tiʔ⁵tʰiã²⁴sã⁵³le⁰, iɯ⁵⁵iʔ³səʔ⁵tsəʔ⁵y⁵⁵a⁰]

要到凡家来洗澡个。[iɤ²⁴tɤ²⁴fã⁴³ko²⁴lie⁴³⁵ɕi⁵⁵tsɤ⁵⁵kəʔ⁰]

那么渠要托梦勒ᵌ牛郎，[ləʔ¹³məʔ¹³kʰɯ⁴³⁵iɤ²⁴tʰaʔ⁵mon⁵³ləʔ¹³niɯ⁴³lã²¹]

讲，嗯，明朝啊，[kon⁵⁵, en³³, men⁴³tsɤ²⁴a⁰] 明朝：明天

肯定有一批天上的仙女啊有七个仙女啊，[kʰen⁵⁵tʰinⁿiɯ⁵⁵iʔ⁵pʰi²⁴tʰiã²⁴sã⁵³kəʔ⁰ɕiã²¹ ya⁵⁵a⁰iɯ⁵⁵tɕʰiʔ⁵kəʔ⁰ɕiã²¹ya⁵⁵a⁰]

渠会到村东边那个湖里来洗澡个，[kʰɯ⁴³⁵ve⁵³tɤ²⁴tsʰan²⁴ton²¹piã⁵⁵ləʔ¹³kəʔ⁰hu⁴³li²⁴lie⁴³⁵ ɕi⁵⁵tsɤ⁵⁵kəʔ⁰]

来洗浴个。[lie⁴³⁵ɕi⁵⁵iaʔ¹³kəʔ⁰] 洗浴：洗澡

渠洗浴个时候咧，渠些衣服咧，[kʰɯ⁴³⁵ɕi⁵⁵iaʔ¹³kəʔ⁰sa⁴³hu²⁴le⁰, kʰɯ⁴³⁵səʔ⁰i⁵⁵fu⁰le⁰]

脱下来咧，[tʰiʔ⁵ho⁰lie⁰le⁰]

是挂在那个树上个。[sɿ⁵³ko²⁴tse⁰ləʔ¹³kəʔ⁰ɕya⁵³sã⁰kəʔ⁰]

尔滴ᵌ要跑过去，抢住一件衣服，[n⁵⁵tiʔ⁵iɤ²⁴pʰɤ³³ku⁰kʰɯ⁰, tɕʰiã⁵⁵tɕʰyʔiʔ⁵tɕʰiã³³i⁵⁵fu⁰]

滴ᵌ：只

不要回头就走归家里。[pəʔ⁵iɤ³³hue⁴³tʰɯ²⁴ɕiɯ⁵³tsɯ⁵⁵kue³³ko²⁴li⁰]

那么，夜假⁼咧，[ləʔ¹³məʔ¹³, iɑ⁵³ko⁵⁵le⁰]夜假⁼: 夜晚

就一个女个就一个仙女，[ɕiɯ⁵³iʔ⁵kəʔ⁵ya⁵⁵kəʔɕiɯ⁵³iʔ³kəʔ⁵ɕiɑ̃²¹ya⁵⁵le⁰]

会来[勒⁼尔]成亲个，[勒⁼尔]做老嬃个。[ve⁵⁵lie⁵⁵len⁵⁵tsʰen⁴³tɕin²⁴kəʔ⁰, len⁵⁵tsu²¹lɤ⁵⁵

　　y⁰kəʔ⁰]老嬃: 妻子

那么天亮喽。[ləʔ¹³məʔ¹³tʰiɑ̃²⁴liɑ̃⁵³lɯ⁰]

那个牛郎咧，半信半疑喽。[ləʔ¹³kəʔ⁵iɯ⁴⁴lɑ̃⁴³⁵le⁰, pɑ̃²¹ɕin²⁴pɑ̃²¹i⁴³⁵lɯ⁰]

那么，总得去碰下促⁼，去促⁼促⁼咧。[ləʔ¹³məʔ¹³, tson⁵⁵tiʔ⁵kʰɯ²⁴pʰon⁵³ho⁰tsʰoʔ⁰,

　　kʰɯ²⁴tsʰoʔ⁰tsʰoʔ⁰le⁰]

那不⁼，就跑到那个湖边去罢。[ləʔ¹³pəʔ⁵, ɕiɯ⁵³pʰɤ³³tɤ²⁴ləʔ¹³kəʔ⁵hu⁴³piɑ̃²⁴kʰɯ²⁴uəʔ⁰]

　　"罢" 音殊

哎，老远就促⁼见罢，有七个仙女跑来洗澡，[e²⁴, lɤ⁵⁵vɑ̃⁵⁵ɕiɯ⁵³tsʰoʔ⁵tɕiɑ̃⁰pəʔ⁰, iɯ⁵⁵

　　tɕʰiəʔ⁵kəʔ⁰ɕiɑ̃²¹ya⁵⁵pʰɤ³³lie⁰ɕi⁵⁵tsɤ⁵⁵]

跑来洗浴啊。[pʰɤ³³lie⁰ɕi⁵⁵iɑʔ¹³a⁰]

渠咧就按照那个牛托梦勒⁼渠个意思，[kʰɯ⁴³⁵le⁰ɕiɯ⁵³ɑ̃²⁴tsɤ⁵⁵ləʔ¹³kəʔ⁵iɯ⁴³⁵tʰɑʔ⁵mon⁵³

　　ləʔ¹³kʰɯ⁴³kəʔ⁰i³³sŋ⁵⁵]

渠就跑过去，抢住一件粉红个裙啊，[kʰɯ⁴³⁵ɕiɯ⁵³pʰɤ⁵⁵ku⁰kʰɯ⁰, tɕʰiɑ̃⁵⁵tɕʰy⁰iʔ⁵tɕiɑ̃⁰

　　fen⁵⁵on⁰kəʔ⁰tsʰuen⁴³⁵a⁰]

就走归家里罢。[ɕiɯ⁵³tsɯ⁵⁵kue³³ko²⁴li⁰pəʔ⁰]

走归家里以后咧，[tsɯ⁵⁵kue³³ko²⁴li⁰i⁵⁵hɯ⁵⁵le⁰]

到夜假⁼咧，[tɤ²⁴iɑ⁵³ko⁵⁵le⁰]

哎，真个有侬来敲门罢。[e²⁴, tsen²¹kəʔ⁵iɯ⁵⁵lon⁴³⁵lie⁴³⁵kʰɤ²⁴men⁴³⁵pəʔ⁰]

开门以后咧，[kʰie²⁴men⁴³⁵i⁵⁵hɯ⁵⁵le⁰]

就是日里洗浴那个女个。[ɕiɯ⁵³sŋ⁰iəʔ¹³li⁵⁵ɕi⁵⁵iɑʔ¹³ləʔ¹³kəʔ⁵ya⁵⁵kəʔ⁵]

那么，两个侬咧，就成亲罢，[ləʔ¹³məʔ¹³, liɑ̃⁵⁵kəʔ⁰lon⁴³⁵le⁰, ɕiɯ⁵³tsʰen⁴³tɕʰin²⁴pəʔ⁰]

就勒⁼渠做老嬃罢。[ɕiɯ⁵³ləʔ¹³kʰɯ⁴³⁵tsu²¹lɤ⁵⁵y⁰pəʔ⁰]

那日子过得快，[ləʔ¹³iəʔ¹³tsŋ⁵⁵ku²⁴tiʔ⁵kʰua²⁴]

慢慢地过去咧已经三年罢。[mɑ̃⁵³mɑ̃⁵³tiʔ⁰ku²⁴kʰɯ⁰le⁰i⁵⁵tɕin⁰sɑ̃²⁴iɑ̃⁰pəʔ⁰]

乙生去一个囡人嫩⁼子，[iʔ⁵sɑ̃²¹kʰɯ²⁴iʔ⁵kəʔ⁵lɑ̃²¹in⁵⁵lɑ̃⁵³tsŋ⁵³]乙: 这。囡人: 女儿。嫩⁼子: 儿子

有一对侬罢。[iɯ⁵⁵iʔ⁵tie²⁴lon⁴³⁵pəʔ⁰]

那么，日子一久罢，天上就晓得罢哙。[ləʔ¹³məʔ¹³, iəʔ¹³tsʅ⁵⁵iʔ³tɕiɯ⁵⁵pəʔ⁰, tʰiã²⁴sã⁵³ ɕiɯ⁵³ɕiɤ⁵⁵tiʔ⁵pəʔ⁰lɤ⁰]

那个，玉皇大帝咧就发脾气罢哙：[ləʔ¹³kəʔ⁵, y²¹uã⁵⁵tɑ⁵³ti⁵³le⁰ɕiɯ⁵³faʔ⁵pʰi⁴³tɕʰi²⁴pəʔ⁰ lɤ⁰]

"赶快勒꞊我一个侬勒꞊我，捆归来，捆得天上来。"[kã⁵⁵kʰuɑ²⁴ləʔ¹³u⁵⁵iʔ⁵kəʔ⁰lon⁴³⁵ ləʔ¹³u⁵⁵, kʰuen⁵⁵kue⁰lie⁰, kʰuen⁵⁵təʔ⁰tʰiã²⁴sã⁵³lie⁰]

那么就，天上就狂风大雨，[ləʔ¹³məʔ¹³ɕiɯ⁵³, tʰiã²⁴sã⁵³ɕiɯ⁵³kʰuã⁴³fon²⁴tʰu⁵³ya⁵⁵]

那个织女啊，[ləʔ¹³kəʔ⁵tsəʔ⁵y⁵³a⁰]

狂风勒꞊渠转起来，转得天上去罢了。[kʰuã⁴³fon²⁴ləʔ¹³kʰɯ⁴³⁵tsuã⁵⁵tɕʰi⁰lie⁰, tsuã⁵⁵təʔ⁵ tʰiã²⁴sã⁵³kʰɯ⁰pəʔ⁰ləʔ⁰]

两个嫩꞊免꞊就追꞊得地上哭了。[liã⁵⁵kəʔ⁰lã⁵³miã⁵⁵ɕiɯ⁵³tɕye²⁴təʔ⁰tʰi⁵³sã⁰kʰoʔ⁵ləʔ⁰]追꞊：扔

乙个时候咧，[iʔ⁵kəʔ⁵sa⁴³hɯ²⁴le⁰]乙：这

牛郎肯定不[晓得]大꞊事体。[iɯ⁴⁴lã⁴³⁵kʰen⁵⁵tʰin⁰pəʔ⁵iʔ⁵tʰɑ⁵⁵sa⁵³tʰi⁰]大꞊：什么，作定语

那么，那个牛咧，[ləʔ¹³məʔ¹³, ləʔ¹³kəʔ⁵iɯ⁴³le²⁴]

就古怪就开口罢讲侬说话罢。[ɕiɯ⁵³kua⁵⁵kuɑ²⁴ɕiɯ⁵³kʰie²¹kʰɯ⁵⁵pəʔ⁰kon⁵⁵lon⁴³⁵suəʔ⁵u⁰ pəʔ⁰]

牛郎牛郎，[iɯ⁴⁴lã⁴⁴iɯ⁴⁴lã⁴³⁵]

讲尔覅慌啊，[kon³³n⁵⁵pie⁵⁵xuã²⁴a⁰]

勒꞊我头上两只角，[lə¹³ʔu⁵⁵tʰɯ⁴³sã⁵³liã⁵⁵tsaʔ⁵koʔ⁵]

剁下来，[tu²⁴ho⁰lie⁰]

担住变得两只笋。[tã²⁴tɕʰy⁰piã²⁴təʔ⁵liã⁵⁵tsaʔ⁵lu⁴³⁵]

尔挑住两个嫩꞊免꞊，[n⁵⁵tʰiɤ²⁴tɕʰy⁵³liã⁵⁵kəʔ⁰lã⁵³miã⁵⁵]嫩꞊免꞊：小孩

就会追着尔个老嬬。[ɕiɯ⁵³hue⁵³tɕye²⁴tsʰɑ²⁰n⁵⁵kəʔ⁵lɤ⁵⁵y⁰]

那么，一边讲个时候咧，[ləʔ¹³məʔ¹³, iʔ⁵piã²⁴kon⁵⁵kəʔ⁰sa⁴³hɯ²⁴le⁰]

头上两只角就□下来罢。[tʰɯ⁴³sã⁵³liã⁵⁵tsaʔ⁵koʔ⁵ɕiɯ⁵³liʔ⁵ho⁰lie⁰pəʔ⁰]□：丢，掉

□下来咧，[liʔ⁵ho⁰lie⁰le⁰]

马上就变得两只笋啊。[mo⁵⁵sã⁰ɕiɯ⁵³piã²⁴təʔ⁵liã⁵⁵tsaʔ⁵lu⁴³⁵a⁰]

那么牛郎就听渠说话啊。[ləʔ¹³məʔ¹³iɯ⁴⁴lã⁴³⁵ɕiɯ⁵³tʰin²¹kʰɯ⁴³⁵suəʔ⁵u⁰a⁰]

两个嫩꞊免꞊一头一个，[liã⁵⁵kəʔ⁵lã⁵³miã⁵⁵iʔ⁵tʰɯ⁴³⁵iʔ⁵kɑ²⁴]

装牢住，[tsuã²¹lɤ⁵⁵tɕʰy⁰]

挑得住来，就那么罢，[tʰiɤ²⁴tiʔ⁰tɕʰy⁰lie⁰, ɕiɯ⁵³ləʔ¹³məʔ¹³pəʔ⁰]

古怪哎，［kua⁵⁵kuɑ²⁴e⁰］

挑得住来，［tʰiɤ²⁴tiʔ⁰tɕʰy⁰lie⁰］

就像坐飞机样个飞起来罢。［ɕiɯ⁵³ɕiɑ̃⁵⁵su⁵⁵fi²¹tɕi⁵⁵iɑ̃⁵³kəʔ⁰fi²⁴tɕʰi⁰lie⁰pəʔ⁰］

往天上飞去罢。［uɑ̃⁵⁵tʰiɑ²⁴sɑ̃⁵³fi²⁴kʰɯ⁰pəʔ⁰］

马上就要追着那个老嬃罢，［mo⁵⁵sɑ̃⁰ɕiɯ⁵³iɤ⁰tɕye²⁴tsʰɑʔ⁰ləʔ¹³kəʔ⁵lɤ⁵⁵y⁰pəʔ⁰］

那个，王母娘娘晓得罢。［ləʔ¹³kəʔ⁵，uɑ̃⁴³mo⁵⁵iɑ̃⁴³iɑ̃²⁴ɕiɤ⁵⁵tiʔ⁰pəʔ⁰］

渠马上，摒下，头上摒下一个簪来了。［kʰɯ⁴³⁵mo⁵⁵sɑ̃⁰，pɑ̃²⁴ho⁰，tʰɯ⁴³sɑ̃⁵³pɑ̃²⁴ho⁰iʔ³kəʔ⁵tsɑ̃²¹lie⁰ləʔ⁰］摒：拔

就跟两个侬当中哪，［ɕiɯ⁵³ken²⁴liɑ̃⁵⁵kəʔ⁰lon⁴³⁵tɑ̃²⁴tson²⁴na⁰］

划考═一条痕啊，［uɑʔ¹³kʰɤ⁵⁵iʔ⁵tʰiɤ⁴³⁵hen⁴³⁵a⁰］考═：了

一条痕哪，［iʔ⁵tʰiɤ⁴³⁵hen⁴³⁵na⁰］

马上就变得一个大水滚滚，［mo⁵⁵sɑ̃⁰ɕiɯ⁵³piɑ̃²⁴təʔ⁰iʔ⁵kəʔ⁵tʰu⁵³ɕya⁵⁵kuen⁵⁵kuen⁵⁵］

大浪滚滚，［tʰu⁵³lɑ̃⁵³kuen⁵⁵kuen⁵⁵］

乙勒═两个侬隔塔═来罢。［iʔ⁵ləʔ¹²liɑ̃⁵⁵kəʔ⁰lon⁴³⁵kɑʔ³tʰɑʔ⁵lie⁰pəʔ⁰］

一个在河乙边，一个在河拎═边。［iʔ⁵kəʔ⁰tse⁵⁵hu⁴³⁵iʔ⁵piɑ̃⁰，iʔ⁵kəʔ⁰tse⁵⁵hu⁴³⁵len⁴³piɑ̃²⁴］

　　　拎═：那

再追也追不着，再行也行不得一起。［tɕie²⁴tɕye²⁴ie⁵⁵tɕye²⁴pəʔ⁵tsʰɑʔ⁰，tɕie²⁴hɑ̃⁴³⁵ie⁵⁵hɑ̃⁴³⁵pəʔ⁵təʔ⁵iʔ³tɕʰi⁵⁵］行：走

那么，天底下有许多有好星═好星═个水鸭鹊鹊了，［ləʔ¹³məʔ¹³，tʰiɑ²⁴tiɑ⁵⁵ho⁵⁵iɯ⁵⁵ɕy⁵⁵tu⁰iɯ⁵⁵hɤ⁵⁵ɕin⁰hɤ⁵⁵ɕin⁰kəʔ⁰ɕy⁵⁵ɑʔ⁵tɕʰiɑʔ⁵tɕʰiɑʔ⁵ləʔ⁰］

渠怜悯渠一种，那个了，［kʰɯ⁴³⁵liɑ̃⁴³min⁵⁵kʰɯ⁴³⁵iʔ⁵tson⁵⁵，ləʔ¹³kəʔ⁵ləʔ⁰］

喜鹊吧，［ɕi⁵⁵tɕʰiɑʔ⁵pəʔ⁰］

各侬各侬，［koʔ⁵lon⁴³⁵koʔ⁵lon⁴³⁵］

自发个来，［sʅ⁵³fɑʔ⁵kəʔ⁰lie⁴³⁵］

尔□住我个尾巴，我□住渠个，那个了。［n⁵⁵iɑ²⁴tɕʰy⁵³u⁵⁵kəʔ⁰mi⁵⁵po⁵⁵，u⁵⁵iɑ²⁴tɕʰy⁵³kʰɯ⁴³⁵kəʔ⁵，ləʔ¹³kəʔ⁵ləʔ⁰］□：咬

尾巴，连起来连起来，［mi⁵⁵po⁵⁵，liɑ̃⁴³tɕʰi⁵⁵lie⁰liɑ̃⁴³tɕʰi⁵⁵lie⁰］

越连越多，越连越多了，［vəʔ¹³liɑ̃⁴³⁵vəʔ¹³tu²⁴，vəʔ¹³liɑ̃⁴³⁵vəʔ¹³tu²⁴ləʔ⁰］

变着一座桥了。［piɑ̃²⁴tsoʔ⁰iʔ⁵tsu⁵³tɕʰiɤ⁴³⁵ləʔ⁰］

那么牛郎哪，搭织女从桥上，［ləʔ¹³məʔ¹³iɯ⁴⁴lɑ̃⁴³⁵na⁰，təʔ⁵tsəʔ⁵y⁵⁵tsʰon⁴³⁵tɕʰiɤ⁴⁴sɑ̃⁵³］

从喜鹊搭起个桥上哪，［tsʰon⁴³⁵ɕy³³tɕʰiəʔ⁵taʔ⁵tɕʰiʰ⁰kəʔ⁰tɕʰix⁴⁴sã⁵³na⁰］ "喜鹊" 音殊

行过来罢，两个侬重新相会罢。［hã⁴³ku²⁴lieʰ⁰pəʔ⁰，liã⁵⁵kəʔ⁰lon⁴³⁵tsʰon⁴³ɕin²⁴ɕiã³³ve⁵³
　　pəʔ⁰］

那么，乙个就是讲每年七月七日，［ləʔ¹³məʔ¹³，iʔ⁵kəʔ⁰ɕiɯ⁵³sʅ⁰kon⁵⁵mie⁵⁵iã⁴³⁵tɕʰiʔ⁵
　　vəʔ¹³tɕʰiʔ⁵iəʔ¹³］

农历个七月七日，［lon⁴³li⁵³kəʔ⁰tɕʰiʔ⁵vəʔ¹³tɕʰiʔ⁵iəʔ¹³］

都有乙式一回，［tu²⁴iɯ⁵⁵iʔ³səʔ⁵iʔ⁵ve⁴³⁵］乙式：这么

就是夜假⁼，［ɕiɯ⁵³sʅ⁰ia⁵³ko⁵⁵］

有好星⁼侬都能促⁼见，［iɯ⁵⁵hx⁵⁵ɕinʰ⁰lon⁴³⁵tu²⁴len⁴³⁵tsʰoʔ⁵tɕiã⁰］

牛郎织女。［iɯ⁴³lã²⁴tsəʔ³y⁵⁵］

那个天上有喜鹊啊，［ləʔ¹³kəʔ⁵tʰiã²⁴sã⁵³iɯ⁵⁵ɕy⁵⁵tɕʰiəʔ⁵aʰ⁰］

牛郎织女在鹊桥上相会。［iɯ⁴⁴lã⁴³⁵tsəʔ⁵y⁵⁵tse⁵⁵tɕʰiəʔ⁵tɕʰix⁴³sã⁵³ɕiã³³ve⁵³］

乙个就是牛郎织女个故事。［iʔ⁵kəʔ⁵ɕiɯ⁵³sʅ⁰iɯ⁴⁴lã⁴³⁵tsəʔ⁵y⁵⁵kəʔ⁰ku²⁴sʅ⁰］

很早很早以前，有个男子，父母都没有了，就剩下一只牛和他一起过日子。于是大家就叫他牛郎，没有人记得他真正的名字。牛郎平常生活就靠这只牛耕地。挣了钱，过日子啊。谁知道这头牛是天上的金牛星，下凡来的，是只神牛。他看见牛郎做人很好，于是就想帮助他，帮助他成个家娶个妻子，然后过上好日子。

有一天，牛郎……那只牛呢，算出来了。他知道天上有个织女啊，要到凡间来洗澡了。那么他托梦给牛郎，说："明天，天上有一批仙女，七个仙女啊，会到村东头的湖里洗澡。她洗澡的时候，衣服脱下来，是挂在树上的。你只要跑去抢到一件衣服，不要回头地走回家。然后，晚上就有一个仙女，会来和你成亲，给你做老婆。"

牛郎半信半疑的。那总得去碰一下运气。他就跑到湖边去了。哎，老远就看见真的有七个仙女来洗澡了，跑来洗澡了。他一看就按照梦中的做法，跑过去抢了一件粉红色的衣服，就跑回家。跑回家后，到了晚上，真的有人来敲门了。开门以后呢，就是白天洗澡的女人。于是，两个人就成亲了，女人就做了他老婆。

那日子过得快，很快三年多过去了。又生了一对儿女，有一堆人了。

　　那么，时间一长天上就知道了。那个玉皇大帝就发脾气了："赶快啊，让人捆回来，捆到天上来。"于是天上就狂风大雨，那个织女，就被狂风卷到天上去了。两个孩子就坐在地上哭。在这个时候，牛郎还不知道什么事情。于是那头牛，就很神奇地开口说人话了："牛郎啊牛郎，你不要担心，把我头上两只角，摘下来，变成两只箩筐。你挑着两个孩子，就能追上你的老婆。"那么，正说的时候，头上两只角就掉下来了，马上就变成了箩筐。牛郎就听它的话，将两个孩子一头一个，装上去，挑着去找妈妈，奇怪的是，一挑上，就像坐飞机一样飞起来了。向天上飞去了。

　　牛郎马上就要追上老婆了，却王母娘娘发现了。她马上从头上拔下一根簪子来，在两个人中间划开一条河，马上就大浪翻滚，大浪滚滚啊，他们两个人被隔开了。一个在河这边，一个在河那边。

　　天空中有许多许多的小喜鹊，看到他们很同情，喜鹊就叫着，自发地，头尾相接，尾巴相连。尾巴连起来，越连越多，连成了一座桥。牛郎和织女走过来，在喜鹊搭起的桥上，相会了。

　　那么这个就是讲每年七月七日，农历的七月七日晚上，很多人会看见牛郎和织女。天上有喜鹊，牛郎织女在鹊桥上相会。

　　这个就是牛郎和织女的故事。

（2017 年 8 月，发音人：胡小马）

三、自选条目

谚语

种子年年调，[tson⁵⁵tsɻ⁰iã⁴³iã²⁴tʰiɤ⁵³] 调：换
好比上肥料。[hɤ⁵⁵pi⁰sã⁵³fi⁴³liɤ⁵³]

种子换一换，[tson⁵⁵tsɻ⁰uã⁵³iʔ⁵uã⁰]
多收好几担。[tu²⁴sɯ²⁴hɤ⁵⁵tɕi⁰tã²⁴]

种田要抢先，[tson²⁴tʰiã²⁴iɤ²⁴tɕʰiã⁵⁵ɕiã²⁴]
割稻要抢天。[kəʔ⁵tʰɤ⁵⁵iɤ²⁴tɕʰiã⁵⁵tʰiã²⁴]

十个指头有长短，［səʔ¹³kəʔ⁵tsʅ⁵⁵tʰɯ⁰iɯ⁵⁵tsʰã⁴³tuã⁵⁵］

十个果子有酸甜。［səʔ¹³kəʔ⁵ku⁵⁵tsʅ⁰iɯ⁵⁵suã²⁴tʰiã⁴³⁵］比喻各有所长

横切萝卜侧切姜，［uã⁴³tɕʰiaʔ⁵lɤ⁴³pʰoʔ⁵tsʰəʔ³tɕʰiaʔ⁵tɕiã²⁴］

倒吃甘蔗甜又香。［tɤ²¹tɕʰiʔ⁵kã²⁴tsen⁵³tʰiã⁴³iɯ⁵³ɕiã²⁴］"蔗"音殊

一手难搭两只鱼，［iʔ⁵sɯ⁵⁵lã⁴³kʰo²⁴liã⁵⁵tsəʔ⁵ya⁴³⁵］搭：抓

双脚不踏两只船。［son²¹tɕiaʔ⁵poʔ⁵tʰɑ³³liã⁵⁵tsəʔ⁵suã⁴³⁵］

问路不行礼，［ven⁵³la⁵³poʔ⁵ɕin⁴³li⁵⁵］

多行几十里。［tu²⁴hã⁴³⁵tɕi⁵⁵səʔ¹³li⁵⁵］

树要根好，［ɕya⁵³iɤ²⁴ken²⁴hɤ⁵⁵］

侬要心好。［lon⁴³⁵iɤ²⁴ɕin²⁴hɤ⁵⁵］

忍得气中气，［len⁵⁵tiʔ⁵tɕʰi²¹tson²⁴tɕʰi²⁴］

做得侬上侬。［tsu²¹tiʔ⁵lon⁴³sã⁵³lon⁴³⁵］

要打当面锣，［iɤ²⁴tã⁵⁵tã²⁴miã⁵³lu⁴³⁵］

不敲背后鼓。［poʔ⁵kʰɤ²⁴pe²¹hɯ⁵⁵kua⁰］

说话讲得明处，［suəʔ⁵u⁰kon⁵⁵təʔ⁵min⁴³tɕʰy⁵³］

膏药贴得痛处。［kɤ²⁴iɑʔ⁰tʰiaʔ⁵təʔ⁰tʰon²⁴tɕʰy⁵³］

瞒病要死侬，［mã⁴³pʰin⁵³iɤ²⁴sa⁵⁵lon⁴³⁵］

瞒债要失信。［mã⁴³tsɑ²⁴iɤ²⁴səʔ⁵ɕin²⁴］

亲戚像把锯，［tɕʰin²¹tɕʰiʔ⁵ɕiã⁵⁵po⁰kɯ²⁴］

拖来一═拖去。［tʰɑ²⁴lie⁴³⁵iʔ⁵tʰɑ²⁴kʰɯ²⁴］一═：又

大养细，［tʰu⁵³iã⁵⁵ɕia²⁴］细：小

笑眯眯。［ɕiɤ²¹mi³³mi⁵⁵］

细养大，[ɕiɑ²⁴iã⁵⁵tʰu⁵³]

哭啼啼。[kʰoʔ³tʰi³³tʰi⁵⁵]

做大不正经，[tsu²¹tʰu⁵³poʔ⁵tsen²⁴tɕin⁰]

做细要看轻。[tsu²⁴ɕiɑ²⁴iɤ²⁴kʰã²⁴tɕʰin⁰]

男勤劳，锄头角上出黄金，[lã⁴³⁵tɕʰin⁴³lɤ⁴³⁵，ɕyɑ⁴³tʰɯ²⁴koʔ⁵sã⁰tsʰuəʔ⁵uã⁴³tɕin²⁴]

女勤劳，猪栏角头出白银。[yɑ⁵⁵tɕʰin⁴³lɤ⁴³⁵，tɕyɑ²⁴lã⁰koʔ⁵tʰɯ⁰tsʰuəʔ⁵pʰɑʔ¹³in²⁴]

（以上 2017 年 8 月，发音人：胡小马）

遂 安

一、歌谣

老鸡骂小鸡

老鸡骂小鸡，［lɔ²¹tɕiɛ⁵⁵ma⁵²ɕiɛ²¹³tɕiɛ⁵⁵］
你个笨户⁼践⁼，［i³³kə³³pəŋ⁵⁵u⁵⁵tɕʰiɛ̃⁵²］户⁼践⁼：东西
叫你咕咕咕，［tɕiɔ⁵²i³³ku³³ku³³ku³³］
你要叽叽叽。［i³³iɔ⁵⁵tɕi³³tɕi³³tɕi³³］

十八囡姑七岁郎

十八囡姑七岁郎，［ɕiɛ²¹pa⁵⁵lã³³ku³³tɕʰiɛ²¹ɕiɛ⁴³lã³³］
夜夜带渠上牙床，［iɛ⁵⁵iɛ⁵⁵tɛ⁵⁵kʰəɯ³³sã⁴³ia³³soŋ³³］
公公婆婆不在家，［kəŋ⁵⁵kəŋ³³po³³po³³pəɯ²⁴tsɛ⁴³ka⁵⁵］
你当儿子我当娘。［i³³tã⁵⁵əɯ³³tsʅ³³kɔ³³tã³³liã³³］

月光毛毛

月光毛毛，［ye³³kuã⁵⁵mɔ³³mɔ³³］
要吃茅草。［iɔ⁵⁵tsʰʅ³³mɔ³³tsʰɔ²⁴］
茅草抽芯，［mɔ³³tsʰɔ²⁴tsʰʅ⁵⁵ɕin³³］
要吃菜心。［iɔ⁵⁵tsʰʅ³³tsʰəɯ⁵⁵ɕin⁵⁵］

菜心结籽，［tsʰəɯ⁵⁵ɕin⁵⁵tɕiɛ³³tsʅ³³］

要吃瓜子。［iɔ⁵⁵tsʰʅ³³kuɑ⁵⁵tsʅ³³］

瓜子剥壳，［kuɑ⁵⁵tsʰʅ³³po²⁴kʰo³³］

要吃橘壳。［iɔ⁵⁵tsʰʅ³³kue⁵⁵kʰo³³］

橘壳生酸，［kue⁵⁵kʰo³³sɑ̃⁵⁵sə³³］

要吃黄连。［iɔ⁵⁵tsʰʅ³³uɑ̃³³liɛ̃³³］

黄连稀苦，［uɑ̃³³liɛ̃³³ɕiɛ⁵⁵kʰu²¹³］

要吃猪肚。［iɔ⁵⁵tsʰʅ³³tɕy⁵⁵tu²⁴］

猪肚扒韧，［tɕy⁵⁵tu²⁴pʰɑ³³in⁵²］

要吃馃印。［iɔ⁵⁵tsʰʅ³³ko²⁴in⁵²］

馃印刻花，［ko²⁴in⁵²kʰəɯ⁵⁵fɑ³³］

要吃冬瓜。［iɔ⁵⁵tsʰʅ³³təŋ⁵⁵kuɑ³³］

冬瓜刨壳，［təŋ⁵⁵kuɑ³³pʰo²⁴kʰo²¹］

要吃菱角。［iɔ⁵⁵tsʰʅ³³lin³³ko²¹］

菱角两头尖，［lin³³ko²¹liɑ̃²¹tʰiu³³tɕiɛ̃³³］

一脚踏上天。［i²⁴tɕiɑ²¹tʰɑ²¹sɑ̃⁵⁵tʰiɛ̃⁵⁵］

萤火虫虫

萤火虫虫，［in³³fə³³tsʰəŋ³³tsʰəŋ³³］

打灯笼笼。［tɑ²¹təŋ⁵⁵nəŋ³³nəŋ³³］

不敲渠，［pəɯ²⁴kʰəɯ³³kʰəɯ³³］

不骂渠，［pəɯ²⁴mɑ⁵²kʰəɯ³³］

低下来，［ti⁵⁵xɑ⁵⁵ləɯ³³］

低下来，［ti⁵⁵xɑ⁵⁵ləɯ³³］

给渠奶儿吃。［n³³kʰəɯ³³nɛ²¹n³³tsʰʅ⁵²］

手胢谣

一胢贫，［e³³ləɯ³³pʰin³³］

二胢富，［əɯ⁵²ləɯ³³fu⁴³］

三胢开典当，［sɑ̃⁵⁵ləɯ³³kʰəɯ⁵⁵tiɛ̃²¹tɑ̃⁵²］

四胢换豆腐，［sʅ⁵²ləɯ³³uɑ⁵²tʰi⁵²fu³³］

五胠做贼，［u³³ləɯ³³tsəɯ⁵²səɯ²⁴］

六胠挑盒，［lu²⁴ləɯ³³tʰiɔ⁵⁵xə³³］

七胠打劫，［tɕʰiɛ²⁴ləɯ³³ta²¹tɕiɛ³³］

八胠捞缺，［pɑ⁵⁵ləɯ³³lɔ³³kʰuɛ²⁴］

九胠做屋，［tɕiu²¹ləɯ³³tsə⁵²u²¹］

十胠享福。［ɕiɛ²⁴ləɯ³³ɕiɑ̃²¹fu⁵²］

菊花菊花他时开

菊花菊花大˭时开，［tsu²¹fə⁵⁵tsu²¹fə⁵⁵tʰɑ⁵²sʅ³³kʰəɯ⁵⁵］大˭时: 何时

一月不开二月开，［e⁵²ye²¹pəɯ²¹kʰəɯ⁵⁵əɯ⁵²ye²¹kʰəɯ⁵⁵］

菊花菊花大˭时开，［tsu²¹fə⁵⁵tsu²¹fə⁵⁵tʰɑ⁵²sʅ³³kʰəɯ⁵⁵］

二月不开三月开，［əɯ⁵²ye²¹pəɯ²¹kʰəɯ⁵⁵sɑ̃⁵⁵ye²¹kʰəɯ⁵⁵］

菊花菊花大˭时开，［tsu²¹fə⁵⁵tsu²¹fə⁵⁵tʰɑ⁵²sʅ³³kʰəɯ⁵⁵］

三月不开四月开，［sɑ̃⁵⁵ye²¹pəɯ²¹kʰəɯ⁵⁵sʅ⁵²ye²¹kʰəɯ⁵⁵］

菊花菊花大˭时开，［tsu²¹fə⁵⁵tsu²¹fə⁵⁵tʰɑ⁵²sʅ³³kʰəɯ⁵⁵］

四月不开五月开，［sʅ⁵²ye²¹pəɯ²¹kʰəɯ⁵⁵n̩²¹ye²¹kʰəɯ⁵⁵］

菊花菊花大˭时开，［tsu²¹fə⁵⁵tsu²¹fə⁵⁵tʰɑ⁵²sʅ³³kʰəɯ⁵⁵］

五月不开六月开，［n̩²¹ye²¹pəɯ²¹kʰəɯ⁵⁵lu⁵²ye²¹kʰəɯ⁵⁵］

菊花菊花大˭时开，［tsu²¹fə⁵⁵tsu²¹fə⁵⁵tʰɑ⁵²sʅ³³kʰəɯ⁵⁵］

六月不开七月开，［lu⁵²ye²¹pəɯ²¹kʰəɯ⁵⁵tɕʰiɛ²¹ye²¹kʰəɯ⁵⁵］

菊花菊花大˭时开，［tsu²¹fə⁵⁵tsu²¹fə⁵⁵tʰɑ⁵²sʅ³³kʰəɯ⁵⁵］

七月不开八月开，［tɕʰiɛ²¹ye²¹pəɯ²¹kʰəɯ⁵⁵pɑ²¹ye²¹kʰəɯ⁵⁵］

菊花菊花大˭时开，［tsu²¹fə⁵⁵tsu²¹fə⁵⁵tʰɑ⁵²sʅ³³kʰəɯ⁵⁵］

八月不开九月开，［pɑ²¹ye²¹pəɯ²¹kʰəɯ⁵⁵tsʅ³³ye²¹kʰəɯ⁵⁵］

菊花菊花大˭时开，［tsu²¹fə⁵⁵tsu²¹fə⁵⁵tʰɑ⁵²sʅ³³kʰəɯ⁵⁵］

九月不开十月开，［tsʅ³³ye²¹pəɯ²¹kʰəɯ⁵⁵ɕiɛ²¹ye²¹kʰəɯ⁵⁵］

菊花菊花大˭时开，［tsu²¹fə⁵⁵tsu²¹fə⁵⁵tʰɑ⁵²sʅ³³kʰəɯ⁵⁵］

十月不开十一月开，［ɕiɛ²¹ye²¹pəɯ²¹kʰəɯ⁵⁵ɕiɛ²¹e⁵²ye²¹kʰəɯ⁵⁵］

菊花菊花大˭时开，［tsu²¹fə⁵⁵tsu²¹fə⁵⁵tʰɑ⁵²sʅ³³kʰəɯ⁵⁵］

十一月不开十二月大大地开。［ɕiɛ²¹e⁵²ye²¹pəɯ²¹kʰəɯ⁵⁵ɕiɛ²¹əɯ⁵²ye²¹tʰɑ⁵⁵tʰɑ⁵²te³³

kʰəɯ⁵⁵］

（以上 2019 年 7 月，发音人：徐姣娉）

二、其它故事

武强溪的传说

我给大家讲个白话啊，［kɔ³³ke³³tʰa⁵⁵ka⁵⁵koŋ²¹³kə³³pʰa²¹ua⁵²a³³］

武强溪的传说。［u³³tɕʰiã³³ɕi⁵²kə³³tsʰuã³³so⁵⁵］

十三都里啊老早有一户姓武个人歇个山上，［ɕiɛ²¹sã⁵²tu³³li³³a³³lɔ³³tsɔ³³iu³³i²⁴xu⁵²ɕin⁵²
　　u³³kə³³ləŋ³³ɕiɛ³³kə³³sã⁵⁵sã⁵²］

渠家里有三个儿子，［kʰəɯ³³ka⁵⁵li³³iu³³sã⁵⁵kə⁵²əɯ³³tsɿ³³］

老大儿子叫武源，［lɔ³³tʰəɯ⁵⁵əɯ³³tsɿ³³tɕiɔ⁵⁵vu³³yã³³］

老二儿子叫武斌，［lɔ³³əɯ⁵⁵əɯ³³tsɿ³³tɕiɔ⁵⁵vu³³pin⁵²］

老三儿子叫武强。［lɔ³³sã⁵⁵əɯ³³tsɿ³³tɕiɔ⁵⁵vu³³tɕʰiã³³］

渠家里山又高又没水，［kʰəɯ³³ka⁵⁵li³³sã⁵⁵iu⁵²kɔ⁵²iu⁵²ma³³ɕy²¹］

渠一家人歇个位置啊一点点办法都没，［kʰəɯ³³i²⁴ka⁵⁵ləŋ³³ɕiɛ³³kə³³vəɯ⁵⁵tsɿ²¹a³³i²⁴tiɛ̃³³
　　tiɛ̃³³pʰã⁵²fa³³tu⁵⁵ma³³］

准备叫三个儿子去寻那个观音娘娘想下办法。［tɕyn²¹pe⁵⁵tɕiɔ⁵⁵sã⁵⁵kə³³əɯ³³tsɿ³³kʰəɯ⁵⁵
　　ɕin³³kuã⁵⁵in³³liã³³liã³³ɕiã³³xa⁵⁵pʰã⁵⁵fa³³］

渠爸爸是想叫老大儿子去个，［kʰəɯ³³pa⁵⁵pa³³sɿ⁵⁵ɕiã³³tɕiɔ⁵²lɔ³³tʰəɯ⁵⁵əɯ³³tsɿ³³tɕʰy⁵²
　　kə³³］

老大儿子促≡见家里有老妪，［lɔ³³tʰəɯ⁵⁵əɯ³³tsɿ³³tsʰu³³tɔ³³ka⁵⁵li³³iu³³lɔ³³y⁵⁵］

渠摇摇头，［kʰəɯ³³iɔ³³iɔ³³tʰiu³³］

对爸爸讲："我不去。"［te⁵⁵pa⁵⁵pa⁵⁵koŋ：kɔ³³pəɯ²⁴kʰəɯ⁵²］

老二儿子促≡他长子不去嘞，［lɔ³³əɯ⁵⁵əɯ³³tsɿ³³tsʰu³³kʰəɯ³³tsa³³tsɿ³³pəɯ²⁴kʰəɯ⁵⁵lɛ³³］

害撒渠爸爸叫他去，［xa²⁴sa³³kʰəɯ³³pa⁵⁵pa³³tɕiɔ⁵²kʰəɯ³³tɕʰy⁵²］

渠赶紧对他爸爸讲，［kʰəɯ³³tɕʰiã³³tsɿ³³te⁵⁵kʰəɯ³³pa⁵⁵pa³³koŋ²¹³］

"爸爸，我嘞刚刚搭一个姑娘谈对象，［pa⁵⁵pa³³，kɔ³³kã⁵⁵kã³³tʰã³³te⁵²ɕiã⁵²］

定亲嘞，［tin⁵²tɕʰin⁵⁵lɛ³³］

我再去不是害了人家因啊？［kɔ³³tsɛ⁵⁵kʰəɯ⁵⁵pəɯ²⁴sɿ⁵²xɛ⁵²la³³ləŋ³³ka⁵⁵lã⁵⁵a³³］

你还是叫老三去好了。"［i³³uã³³sɿ⁵⁵tɕiɔ⁵²lɔ²¹sã⁵²kʰəɯ⁵⁵xɔ³³la⁰］

渠爸爸促⁼到他老大老二儿子都不去，﹝kʰəɯ³³pa⁵⁵pa³³tsʰu³³tɔ⁵⁵kʰəɯ³³lɔ³³tʰəɯ⁵⁵lɔ³³əɯ⁵²əɯ³³tsʅ³³tu⁵⁵pəɯ²⁴kʰəɯ⁵⁵﹞

叹冷气嘞。﹝tʰã⁵⁵lã³³tsʰʅ⁵⁵lɛ³³﹞

那个老三儿子促⁼到爸爸叹冷气，﹝la⁵⁵kə³³lɔ³³sã⁵⁵əɯ³³tsʅ³³tsʰu³³tɔ⁵⁵pa⁵⁵pa³³tʰã⁵²lã³³tsʰʅ⁵²﹞

抢着说："爸爸，还是我去啊。"﹝tɕʰiã³³tsə⁰so⁵⁵：pa⁵⁵pa³³，uã³³sʅ⁵⁵kɔ³³kʰəɯ⁵²a⁰﹞

渠爸爸高兴得很。﹝kʰəɯ³³pa⁵⁵pa³³kɔ⁵⁵ɕin⁵⁵tɛ³³xəŋ²¹³﹞

第二日，﹝ti⁵⁵əɯ⁵⁵i²⁴﹞

就干粮带着呗，﹝ɕiu⁵²kã⁵⁵liã³³tɛ⁴¹tsə³³pɛ⁵⁵﹞

到观音娘娘那去了，﹝tɔ⁵²kuã⁵⁵in³³liã³³liã³³la⁵²kʰəɯ⁵⁵la⁰﹞

爬山爬了九九八十一座山，﹝pʰa³³sã⁵²pʰa³³la³³tɕiu²¹³tɕiu²¹³pa⁵⁵ɕiɛ²⁴i²⁴tso⁵⁵¹sã⁵²﹞

过溪过了七七四十九条溪。﹝ko⁵⁵tɕʰiɛ⁵⁵ko⁵⁵la³³tɕʰiɛ²⁴tɕʰiɛ²⁴sʅ⁵⁵ɕiɛ²⁴tɕiu²¹³tʰiɔ³³tɕʰiɛ⁵²﹞

终于到了观音娘娘那里，﹝tsəŋ⁵⁵y⁵²tɔ⁵²la³³kuã⁵⁵in³³liã³³liã³³la⁵²li³³﹞

观音娘娘促⁼到渠行了雾⁼里多路啊，﹝kuã⁵⁵in³³liã³³liã³³tsʰu³³tɔ⁵⁵kʰəɯ³³xã³³la³³u⁵²li³³təɯ⁵²lu⁵⁵﹞雾⁼里：这么

感动得雾⁼拉哩。﹝kã²¹³tʰoŋ⁵²tɛ³³u³³la³³li³³﹞

抢着拿一把锁匙渠，﹝tɕʰiã³³tsʅ³³la³³i²⁴pa³³səɯ²¹³sʅ⁵⁵kʰəɯ⁵⁵﹞

再跟渠讲：﹝tsɛ⁵²kəŋ⁵⁵kʰəɯ³³koŋ²¹³﹞

"锁匙给你要念下经，﹝səɯ²¹³sʅ⁵⁵ke³³i³³iɔ⁵⁵iɛ̃⁵⁵xa⁵⁵tɕin⁵²﹞

山才能开。"﹝sã⁵⁵tsʰɛ³³ləŋ³³kʰəɯ⁵²﹞

山有顶，溪有脚，﹝sã⁵²iu³³tin²¹³，tɕʰiɛ⁵⁵iu³³tɕia³³﹞

那个锁匙给渠，﹝la⁵⁵kə³³səɯ²¹³sʅ⁵⁵kʰə³³kʰəɯ³³﹞

还命令十个神仙，﹝uã³³min⁵⁵lin⁵²ɕiɛ²¹³kə³³ɕin³³ɕiɛ̃⁵⁵﹞

送格个武强来家。﹝səŋ⁵²kə⁵²kə³³u³³tɕʰiã³³lɛ³³ka⁵²﹞

武强第二日真个神仙送渠来家了。﹝u³³tɕʰia³³ti⁵⁵əɯ⁵⁵i²¹tɕin⁵²kə³³ɕin³³ɕiɛ̃⁵²səŋ⁵²kʰəɯ³³lɛ³³ka⁵²la³³﹞

来家得，﹝lɛ³³ka⁵⁵tɛ³³﹞

再渠真个到山洞里去了，﹝tsɛ⁵²kʰəɯ³³tɕin⁵²kə³³tɔ⁵⁵sã⁵⁵tʰəŋ⁵²li³³kʰəɯ⁵⁵la³³﹞

真个有一把锁啊，﹝tɕin⁵⁵kə³³iu³³i²⁴pa²¹³səɯ²¹³a⁰﹞

那个锁匙，﹝la⁵²kə³³səɯ²¹³sʅ³³﹞

金锁匙插过去，［tɕin⁵⁵səɯ²¹³sʅ³³tsʰɑ⁵²ko⁵⁵kʰəɯ⁵⁵］

渠再那个神仙教渠个话，［kʰəɯ³³tsɛ⁵²lɑ⁵²kə³³ɕin³³ɕiɛ̃⁵⁵ko⁵⁵kʰəɯ³³kə³³uɑ⁵²］

渠又讲：［kʰəɯ³³iu⁵²koŋ²¹³］

"山有顶，溪有脚，［sɑ̃⁵²iu³³tin²¹³，tɕʰiɛ⁵⁵iu³³tɕiɑ²⁴］

你个个龙好醒过来，［i³³kə⁵²kə³³ləŋ³³xɔ³³ɕin³³ko⁵²lɛ³³］

家来做事嘞。"［kɑ⁵⁵lɛ³³tsə⁵²sʅ⁵⁵lɛ³³］

阿⁼句话讲好，［ɑ³³tɕy⁵²uɑ⁵²koŋ²¹³xɔ³³］

阿⁼个山真个轰隆隆的一下嘞，［ɑ³³kə³³sɑ̃⁵²tɕin⁵⁵kə³³xoŋ⁵⁵ləŋ³³ləŋ³³i²⁴xɑ⁵⁵lɛ³³］

一只老龙动起来了，［i²⁴tsɑ³³lɔ³³ləŋ³³tʰoŋ⁵²tsʅ²¹lɛ³³lɑ³³］

那个石头洞里出来一个金犁，［lɑ⁵²kə³³sɑ²⁴tʰiu³³tʰoŋ⁵²li³³tɕʰye³³lɛ³³i²⁴kə³³tɕin⁵⁵li³³］

用来耕田个犁，［ləŋ⁵²lɛ³³kəŋ⁵⁵tʰiɛ̃³³kə³³li³³］

那个犁但是一个铁索冻住了，［lɑ⁵⁵kə³³li³³tɑ̃⁵²sʅ³³i²⁴kə⁵²tʰiɛ²⁴səɯ²¹təŋ²¹tsu⁵⁵lɑ³³］

放在石头里。［fɑ̃⁵⁵tsɛ⁵²sɑ²⁴tʰiu³³li³³］

再渠那个武强念道：［tsɛ⁵⁵kʰəɯ³³lɑ⁵⁵kə³³u³³tɕʰiɑ̃³³liɛ̃⁵⁵tɔ⁵⁵］

"山有顶，溪有脚，［sɑ̃⁵²iu³³tin²¹³，tɕʰiɛ⁵⁵iu³³tɕiɑ²⁴］

有家来耕田嘞。"［iu³³kɔ³³lɛ³³kəŋ⁵⁵tiɛ̃³³lɛ⁰］

那个山真的轰隆轰隆响嘞，［lɑ⁵⁵kə³³sɑ̃⁵²tɕin⁵⁵kə³³xoŋ⁵⁵loŋ³³xoŋ⁵⁵loŋ³³ɕiɑ̃⁵³⁴lɛ³³］

那只龙跳起来，［lɑ⁵⁵tɕiɛ²⁴ləŋ³³tʰiɔ⁵²tsʅ²¹³lɛ³³］

那个铁索都没嘞。［lɑ⁵⁵kə³³tʰiɛ²⁴səɯ²¹tu³³mɑ³³lɛ³³］

那个武强把住那个犁，［lɑ⁵⁵kə³³u³³tɕʰiɑ̃³³pɑ²⁴tsu⁵²lɑ⁵⁵kə³³li³³］

金犁去耕田嘞，［tɕin⁵²li³³kʰəɯ⁵⁵kəŋ⁵⁵tʰiɛ̃³³lɛ⁰］

渠耕嘞，［kʰəɯ⁵⁵kəŋ⁵⁵lɛ³³］

耕啊三日三夜，［kɑ̃⁵²ɑ³³sɑ̃⁵²i²¹sɑ̃³³iɛ⁵⁵］

耕啊三条老阔个溪，［kɑ̃⁵²ɑ³³sɑ̃⁵²tʰiɔ³³lɔ³³kʰo⁵⁵kə³³tɕʰiɛ⁵²］

一条唄通到白济嘎，［i²⁴tʰiɔ³³pe³³tʰəŋ⁵²tɔ⁵⁵pʰɑ²⁴tɕiɛ²¹kɑ³³］

一条唄通到那个徽州个黄建，［i²⁴tʰiɔ³³pe³³tʰəŋ⁵²tɔ⁵⁵lɑ⁵⁵kə³³xui⁵²tsəu³³kə³³uɑ̃³³tɕiɛ̃⁵²］

一条唄通到就是现在个武强溪了，［i²⁴tʰiɔ³³pe³³tʰəŋ⁵²tɔ⁵⁵tɕʰiu⁵⁵sʅ⁵²ɕiɛ̃⁵²tsɛ⁵⁵kə³³u³³tɕʰiɑ̃³³
　　tɕʰiɛ⁵²lɑ³³］

再唄，现在为了那条溪是武强耕出来个，［tsɛ⁵²pe³³，iɛ̃⁵⁵sɛ⁵²ui⁵²lɑ³³lɑ⁵⁵tʰiɔ³³tɕʰiɛ⁵²sʅ⁵⁵
　　u³³tɕʰiɑ³³kəŋ⁵²tɕʰy⁵⁵lɛ³³kə³³］

耕出来呗，［kã⁵²tɕʰye²⁴lɛ³³pe³³］

现在汾口那就叫武强溪。［iɛ⁵⁵sɑ³³fəŋ⁵²kʰəɯ³³lɑ⁵⁵tɕʰiu⁵⁵tɕio⁵²u³³tɕʰiɑ³³tɕʰiɛ⁵²］

我给大家讲个故事，武强溪的传说。十三都以前住着一户姓武的人家，家里有三个儿子，长子叫武源，次子叫武斌，三子叫武强。

这里山高缺水，父亲没有办法，准备叫三个儿子去找观音娘娘想想办法。父亲想让大儿子去，大儿子看看家里的妻子和孩子，对父亲摇摇头，说："我不去。"老二看老大不去，怕父亲叫他去，急忙抢着说："爸爸，我不能去。我已经定了亲，假如回不来，岂不害了人家姑娘？你还是叫老三去吧。"

父亲看两个儿子都不去，叹了口气，老三武强上前说："爸爸，让我去吧。"父亲很高兴。

第二日，武强出发去找观音娘娘，他翻过了九九八十一座山，跨过了七七四十九条河，终于到了观音娘娘那里。观音娘娘被他感动了，给了他一把钥匙，说："钥匙给你，要念经，山才能开，山有顶，溪有脚，有了金钥匙，卧龙就听话。"说完，便命童子送武强回家。

第二天，神仙真的送武强回家了。到家后，他到山洞里去了。那里真的有一把锁。他把金钥匙插进去，接着说："山有顶，溪有脚，卧龙醒醒，起来干活。"山洞里轰隆一声，一条老龙跃出岩洞，金犁出现了。可金犁上两根大铁索还埋在岩石里。

武强又念道："山有顶，溪有脚，卧龙醒醒，起来干活！"老龙脖子就套上了金犁上的铁索。武强扶着金犁，跟着老龙犁，犁了三天三夜，犁出了三条溪流：一条通白际，一条通徽州黄建，还有一条就是现在的武强溪。因这条溪是武强赶龙犁出来的，所以就叫"武强溪"。

（2019年7月，发音人：李雯钰）

三、自选条目

（一）顺口溜

脚踏木炭火，［tɕiɑ³³tʰɑ⁵⁵mu²¹tʰɑ̃⁴³fəɯ²¹³］
手捧苞芦粿，［ɕiu²¹pʰəŋ²⁴po⁵⁵lu²¹³kuəɯ²¹³］
除了皇帝就是我。［tɕʰy³³liɔ³³oŋ³³te⁴³tɕiu²¹sʅ²⁴kɔ⁵²］

（2019 年 7 月，发音人：李雯钰）

吃光用光，［tsʰʅ²¹kuɑ̃⁵⁵nəŋ⁴³kuɑ̃⁵⁵］
身体健康。［ɕin⁵⁵tʰe²¹tɕiɛ̃²¹kʰɑ̃³³］

（2019 年 7 月，发音人：徐姣娉）

（二）谚语

雨打朝饭粥，［y²¹tɑ²⁴tɕiɔ²¹fɑ̃²⁴tsu²¹］
午时好晒谷。［n⁵⁵sʅ³³xɔ²¹sɛ²¹ku²⁴］

冬风冽冽，［təŋ⁵⁵fəŋ⁵³⁴liɛ⁵⁵liɛ²¹］
不是雨就是雪。［pəɯ²⁴sʅ⁴³y²¹³tɕiu²¹sʅ²⁴ɕiɛ²¹³］

（以上 2019 年 7 月，发音人：徐姣娉）

大旱不过七月半。［tʰəɯ⁵⁵xɑ̃²¹pəɯ³³kuəɯ⁴³tɕʰiɛ²¹vɛ²⁴pəŋ⁴³］

（2019 年 7 月，发音人：李雯钰）

闽语

苍 南

一、歌谣

天乌乌

天乌乌，［tʰĩ⁵⁵ɔ²¹ɔ⁵⁵］
慕落雨。［bɔ²¹lo²¹hɔ³²］<small>慕：要</small>
公个掠蜀尾红大鱼，［kɑŋ⁵⁵ge³³lia²⁴tɕie²¹bə⁴³an²⁴ta²¹hɯ²⁴］<small>掠：捞。蜀尾：一条</small>
三斤五，［sã⁵⁵kən⁵⁵gɔ³²］
公个慕加醋，［kɑŋ⁵⁵ge³³bɔ²¹ka³³tsau⁵⁵］
妈慕加醋。［ma³²bɔ³³ka³³tsʰɔ²¹］
公个食落红丢丢，［kɑŋ⁵⁵ge³³tɕie²⁴lo⁵⁵an²¹tiu³³tiu⁵⁵］
妈食落射屎溜。［ma³²tɕie²⁴lo⁵⁵tsʰua²⁴sai⁴³liu⁵⁵］

看牛大王

看牛大王，［kʰũã³³gu²⁴tai²¹ɑŋ²⁴］
四骹天笙。［ɕi²⁴kʰa²⁴tʰian²⁴sɑŋ²¹］
踏石石剑溜，［ta²¹tɕieu²⁴tɕieu²⁴bue²¹liu²⁴］
踏涂涂剑旺。［ta²¹tʰɔ²⁴tʰɔ²⁴bue²¹ɑŋ²⁴］
牛索铁链，［gu²¹so⁴³tʰi²⁴lian²¹］
□梳镇鞭。［tsʰə²¹sue³³tin²¹pian⁵⁵］<small>□：寻找</small>

刷牛勏疼，[so³³gu²⁴bue²¹tʰiã²¹]

刷鬼后骸叫"洪天"。[so³³kui⁴³au²¹kʰa³³kiau³³haŋ²¹tʰian⁵⁵]

公廊马廊

公廊马廊，马廊经，[kaŋ³³laŋ²⁴be²⁴laŋ²⁴，be⁴³laŋ²⁴kin⁵⁵]

扭囝来起经。[niu³³kã⁴³lai²⁴kʰi³³kin⁵⁵]扭囝：蚕

经[无未]够⁼，[kin⁵⁵bə²¹kau²¹]

扭囝爱食豆；[niu³³kã⁴³ai⁴³tɕie²¹tau⁴³]

豆[无未]熟，[tau⁴³bə²¹ɕie²⁴]

扭囝爱食肉；[niu³³kã⁴³ai⁴³tɕie²¹hie²⁴]

肉[无未]拍，[hie²⁴bə²¹pʰa⁴³]

扭囝爱食鸭；[niu³³kã⁴³ai⁴³tɕie²¹a⁴³]

鸭[无未]烤，[a⁴³bə²¹kʰo⁵⁵]

扭囝爱食糕；[iu³³kã⁴³ai⁴³tɕie²¹ko⁵⁵]

糕[无未]买，[ko⁵⁵bə²¹bue⁴³]

扭囝拍尻穿买。[niu³³kã⁴³pʰa⁴³kʰa³³tsʰɯŋ³³bue⁴³]尻穿：屁股

（以上 2019 年 7 月，发音人：赖陈香）

二、其他故事

罗寒成

我蜀讲蜀个罗寒成，蜀个意思呢，[gua³²tɕie⁴³kaŋ⁴³tɕie⁴³ge²⁴lo²⁴han²¹ɕin²⁴，tɕie⁴³ge²¹
　　i²⁴sɯ²¹ni⁰]蜀个：这个

蜀个早细项⁼，[tɕie⁴³ge²⁴tsa⁴³se²⁴han²¹]

伊是无没跟尹母呢去讨米个。[i³³ɕi³²bə²¹be⁴³kən³³in³³bu⁴³ni⁰kʰɯ³³tʰo³³bi⁴³ge²¹]

走矾山讨米合许煮食，[tsau⁴³huan²⁴suã⁵⁵tʰo²⁴bi⁴³kʰa²¹hɐ⁴³tsɯ³³tɕia²⁴]

石头烧，有矾烧出来，[tɕieu²¹tʰau²⁴ɕieu³³，u²¹huan²⁴ɕieu³³tsʰuə⁴³lai⁰]

烧出来矾山侬就合伊⁼提来当宝贝，[ɕieu³³tsʰuə⁴³lai⁰huan²¹suã³³lan²⁴tɕiu²¹kʰa²¹i³³tʰe³³
　　lai³³tɯŋ³³po²⁴pue²¹]

就提来烧矾提伊卖了。［tɕiu²¹tʰe³³lai⁵⁵ɕieu³³huan²⁴tʰe³³i³³bue²¹lə⁰］

提伊卖呢蜀提伊蜀卖，［tʰe³³i⁵⁵bue²¹ni⁰tɕie⁴³tʰe³³i⁵⁵tɕie⁴³bue²¹］

哒，蜀矾山老板算销，［ta²⁴，tɕie²¹huan²⁴sũã⁵⁵lau²⁴pan⁴³sɯŋ²⁴ɕiau²¹］

算销蜀个算盘拍伊唔出来，［sɯŋ²⁴ɕiau²¹tɕie³³ge²⁴sɯŋ²⁴pũã²⁴pʰa²¹i⁵⁵m²¹tsʰuə⁴³lai²¹］

拍来拍去，算盘子拍唔出来，［pʰa²¹lai⁵⁵pʰa³³kʰɯ²¹，sɯŋ²¹pũã²¹tɕi⁴³pʰa²¹m²¹tsʰuə⁴³lai²］

拍唔出来。［pʰa⁴³m²¹tsʰuə⁴³lai²¹］

蜀个讨米蜀个团团无宗＝啥，［tɕie³³ge²⁴tʰo²⁴bi⁴³tɕie⁴³ge²⁴kin³³kã⁴³bɔ²¹tsɑŋ³³ɕiã⁴³］

徛伊边呐贴桃，［kʰia³²i³³pĩ³³nã³³tʰie³³tʰo²⁴］

哒，伊讲："汝拍唔出，蜀粒算盘子许拍过来，着吗？"［ta²⁴，i²⁴kɑŋ³³：lɯ³²pʰa²¹m²¹tsʰuə⁴³，tɕie⁴³lie²⁴sɯŋ²¹pũã²¹tɕi⁴³hɐ⁴³pʰa⁴³kə²¹lai²¹，tieu²⁴ma³³？］

爱＝讲，哒，爱＝拍蜀下来伊就着了。着哒。［ai⁴³kɑŋ⁴³，ta²⁴，ai⁴³pʰa³³tɕie²¹e³²lai²⁴ʲ³³tɕiu²¹tieu³³lə⁰。tieu²⁴ta²⁴］爱＝：这样

蜀个老板呢讲：［tɕie⁴³ge²¹lau²⁴pan⁴³ni⁰kɑŋ³³］

看蜀团团蜀活，［kʰũã³³tɕie⁴³kin²⁴kã⁴³tɕie⁴³ue²¹］

"尔蜀活，讨米唔使去，汝踞＝我际＝，［lɯ³²tɕia⁴³ue²¹，tʰo³³bi⁴³m²¹sai²⁴kʰɯ²¹，lɯ³²ku³³gua⁴³tse²¹］

跟我做掌柜，解使吗？"［kən³³gua³²tsue³³tɕiɑŋ²⁴kui²¹，e²¹sai²¹ma³³］

伊讲："蜀解使啊。"［i³³kɑŋ⁴³：tɕie⁴³e²¹sai²¹a⁰］

解使。蜀踞＝踞＝际＝踞＝许踞＝，［e²¹sai²¹。tɕie⁴³ku³³ku³³tse²¹ku³³hɐ⁴³ku⁴³］

是看伊真聪明，"汝蜀聪明，我矾慕去外销，［ɕi³²kũã³³i⁴³tsan³³tsʰan³³miã²⁴，lɯ³²tɕie⁴³tsʰan³³miã²⁴，gua³²huan²⁴bɔ⁴³kʰɯ³³gua²¹ɕieu⁵⁵］

慕去过海，过海汝呢过粒＝出吧？"［bɔ³³kʰɯ³³kə²⁴hai⁴³，kə²⁴hai⁴³lɯ³²ni⁰kə²⁴lie³³tsʰuə⁴³pa⁰］

伊讲："过海我跟去嘻，合汝跟，合汝押押蜀色跟出伊嘻。"［i³³kɑŋ⁴³：kə²⁴hai⁴³gua²⁴kən³³kʰɯ²⁴ɕi³³，kʰa²¹lɯ³³kən³³，kʰa²¹lɯ³²a²⁴a⁴³tɕie²¹ɕie⁴³kən³³tsʰuə⁴³i³²¹ɕi³³"］

跟出伊，哒，踞＝饭店里，［kən³³tsʰuə⁴³i²¹，ta²⁴，ku³³pun²¹tãĩ²¹lai²¹］

踞＝许食糜，［ku³³hɐ²¹tɕie²¹mãĩ⁵⁵］

食糜蜀过海过呃，［tɕie²¹mãĩ⁵⁵tɕie⁴³kə²¹hai⁴³kə²¹ə⁰］

海呐有蜀个海贼头，［hai⁴³nã²¹u³³tɕie²¹ge²⁴hai⁴³tsʰɐ²¹tʰau²⁴］

蜀海贼头呐是无勾掉呢，［tɕie²¹hai⁴³tsʰɐ²¹tʰau²⁴nã²¹ɕi³²bɔ²¹kau³³tiau²⁴ni⁰］

汝甚棉＝脑＝也过唔过，［lɯ³³ɕiã⁴³mĩ²¹nõ⁴³a²¹kə²¹m²¹kə²¹］

过去伊也下꞊合汝收伊个，［kə²¹kʰɯ²¹i²¹a²¹e²¹kʰa²¹lɯ³²ɕieu³³i³³ge³³］

哒，伊看蜀海贼头踞꞊伊蜀饭店里，［ta²⁴，i³³kʰũã³³tɕie⁴³hai³³tsʰɐ²¹tʰau²⁴ku³³i²¹tɕie⁴³
　　pun²⁴tãĩ²¹lai²⁴］

食蜀碗点心，［tɕie²⁴tɕie²¹ũã⁴³tĩ³³ɕin⁵⁵］

蜀个团团就合蜀海贼头拆蜀碗点心钱，［tɕie⁴³ge²⁴kin²⁴kã⁴³tɕiu²¹kʰa²¹tɕie⁴³hai³³tsʰɐ²¹
　　tʰau²¹tʰia³³tɕie⁴³ũã⁴³tĩ³³ɕin⁵⁵tɕĩ²⁴］

伊食呐去。看伊唔是使，［i³³tɕie³³nã⁰kʰɯ²¹。kʰũã²¹i³³m²¹ɕi²¹sei²¹］

伊就蜀碗点心钱、［i³³tɕiu²¹tɕie⁴³ũã⁴³tĩ³³ɕin⁵⁵tɕĩ²⁴］

就海贼头食落、［tɕiu²¹hai³³tsʰɐ²¹tʰau²¹tɕie²¹lo⁵⁵］

就蜀个团团合伊拆呐去，［tɕiu²¹tɕie⁵⁵ge²⁴kin³³kã⁴³kʰa²¹i³³tʰia⁴³nã²¹kʰɯ²¹］

蜀个罗寒成合伊拆呐，［tɕie³³ge²⁴lo²⁴han²¹ɕin²⁴kʰa²¹i²⁴tʰia⁴³nã⁰］

点心钱合伊拆呐。［tĩ³³ɕin⁵⁵tɕĩ²⁴kʰa²¹i²⁴tʰia⁴³nã²¹］

拆呐呃，蜀个雨伞呃，［tʰia⁴³nã²¹ə⁰，tɕie⁴³ge²⁴hɔ²¹sũã²¹ə⁰］

罗寒成蜀个雨伞，［lo²⁴han²¹ɕin²⁴tɕie⁴³ge²⁴hɔ²¹sũã²¹］

就提合海贼头，［tɕiu²¹tʰe³³kʰa²¹hai⁴³tsʰɐ²¹tʰau²⁴］

提合海贼头带伊，合伊带伊了。［tʰe²¹kʰa²¹hai⁴³tsʰɐ²¹tʰau²⁴tua²¹i²¹，kʰa²¹i²⁴tua²¹i²¹lə⁰］

哒，伊蜀讲伊蜀好，［ta²⁴，i²⁴tɕie⁴³kɑŋ⁴³i²⁴tɕie⁴³ho⁴³］

哒，过船了，过船，矾过出，［ta²⁴，kə³³tsun²⁴lə⁰，kə³³tsun²⁴，huan²⁴kə³³tsʰuə⁴³］

外面私货入来，［gua²¹bin²¹sɯ²⁴hə²¹dʑie²⁴lai⁵⁵］

老早无能食，入来能蜀厝卖，矾卖，［lau³³tsa⁴³bɔ²¹lan³³tɕia²⁴，tɕie²⁴lai⁵⁵lan⁴³tɕie⁴³tsʰɔ²¹
　　bue²¹，huan²⁴bue²¹］

矾出去，外面入来，许哒，很顺意，［huan²⁴tsʰuə²⁴kʰɯ²¹，gua²¹bin²¹tɕie²⁴lai⁵⁵，hɐ⁴³
　　ta²⁴，hən⁴³sun²¹i²¹］

哒，爱꞊正叫罗寒成……［ta²⁴，ai⁴³tɕĩã³³kieu³³lo²⁴han²¹ɕin²⁴］

煞尾呢，正发财来，［sa²⁴bə⁴³ni⁰，tɕiã³³huə³³tsai²⁴lai⁵⁵］

蜀矾呢，提来正发财来，［tɕie⁴³huan²⁴ni⁰，tʰe³³lai⁵⁵tɕĩã³³huə³³tsai²⁴lai⁵⁵］

蜀久呢，我许尾村□呢，［tɕie⁴³ku⁴³ni⁰，gua³²hɐ⁴³bə⁴³tsʰun³³nã⁰ni⁰］

许叫正厝两村骹，蜀圈圆，［hɐ⁴³kieu²¹tɕĩã²⁴tsʰɔ²¹nuŋ²¹tsʰun³³kʰa³³，tɕie²¹kʰuan³³ĩ²⁴］

许正叫当当阔阔走背头。［hɐ²¹tɕĩã²¹tɕieu²¹tuŋ³³tuŋ³³kʰua⁴³kʰua⁴³tsau³³pue³³tʰau²⁴］

爱꞊个厝呐，很骨꞊七꞊，老早古厝，［ai⁴³ge²⁴tsʰɔ²¹nã⁰，hən⁴³kuə²⁴tɕʰie⁴³，lau²⁴tsa⁴³kɔ²⁴ tsʰɔ²¹] 骨⁼七⁼: 漂亮

够⁼蜀久⁼呢是要⁼踞⁼许，[kau²¹tɕie²⁴ku⁴³niºɕi³²iau⁴³ku³³hɐ²¹]

后沟来呢，每个子孙统工作，[au²¹kau⁵⁵lai²⁴niº，mũ̃⁴³ge²⁴tsɯ²⁴sun³³tʰaŋ⁴³kaŋ²⁴tso⁴³]

够⁼蜀久子孙、元孙落全工作，无点⁼踞做，[kau³³tɕie⁴³ku⁴³tsɯ²⁴sun⁵⁵、guan²¹sun⁵⁵ lo²⁴tsuan²¹kaŋ³³tso⁴³，bɔ²¹tian²⁴ku³³tso⁴³]

发财显发财，统好命。[huə³³tsai²⁴hian⁴³huə³³tsai²⁴，tʰaŋ⁴³ho²⁴miã²¹]

我就总爱⁼讲蜀句……蜀从头够⁼尾就爱⁼……[gua³²tɕiu²¹tsaŋ⁴³ai⁴³kaŋ⁴³tɕie⁴³ku²¹…… tɕie⁴³tɕiaŋ²¹tʰau²⁴kau³³bə⁴³tɕiu²¹ai⁴³]

蜀个罗寒成，从早呢，[tɕie²¹ge²⁴lo²⁴han²¹ɕin²⁴niº，tɕiaŋ²¹tsa⁴³niº]

困难时节呢，后沟出来，[kʰun³³lan²⁴ɕi²¹tsue⁴³，au²¹kau³³tsʰuə⁴³lai²⁴]

蜀发财，子孙全发进⁼，我就讲蜀个爱⁼了。[tɕie⁴³huə²¹tsai²⁴，tsɯ³³sun⁵⁵tsuan²⁴ huə²⁴paŋ²¹，gua³²tɕiu²¹kaŋ⁴³tɕie²¹ge²⁴ai⁴³ləº]

　　我就讲个罗寒成。早些时候，他是跟着他妈妈去讨饭的，他们到矾山讨米，把讨来的米煮着吃。烧石头，烧出来矾，矾山人就找他拿宝贝，拿去卖了。矾山老板算销量，用算盘算不出来，打来打去，算盘算不出来。那个讨饭的小孩没做啥，就在一边玩耍，他说你打不出，这个算盘子得打过来，对吗？打下来就对了。

　　这个老板看这个小子聪明，就说你不要去讨饭了，留在我身边。他说："讨饭不要去了，跟着我做掌柜可以吗？"他说："可以啊。"跟着跟着，老板看他聪明说："你聪明，带你去外销，要出海，你去过吗？"他说："我去过的，跟着你去。"就跟着去了。就在饭店吃饭。有个海贼头，哒，他看那个海贼头在饭店里吃了碗点心，这个孩子就给海贼头付钱，罗寒成付钱了后，就拿雨伞给海贼。

　　他讲好就过船了，矾卖出去外面私货进来拿回去卖，出入很顺利。罗寒成就发财了，发财了之后造大房子。那个大房子很漂亮。后来他的每个子孙都工作，每个子孙的子孙都工作发财，都命好。从头到尾就这样，这个罗寒成，以前困难的时候出来发财，后来子孙发达，我就讲这个了。

（2019 年 7 月，发音人: 赖陈香）

三、自选条目

（一）摇篮曲

育团团，育团团，［iɔ²¹kã²¹kin⁵⁵，iɔ²¹kã²¹kin⁵⁵］

育团育团真苦情。［iɔ²¹kã²¹iɔ²¹kin³⁵tɕin³³kʰɔ²¹tɕʰin²⁴］

轻轻手，开房门，［kʰin³³kʰin³³tɕʰiu⁴³，kʰui³³pan²⁴mən²⁴］

轻轻骹，跪落床。［kʰin³³kʰin³³kʰa⁵⁵，kui³³lo²¹tsʰɯŋ²⁴］

篮⁼惊外面甚侬叫，［lã³³kĩã⁵⁵gua²¹bin²¹ɕiã³³lan²⁴kieu²¹］

篮⁼惊团子睏无眠。［lã³³kĩã⁵⁵kã³³tɕi²⁴kʰun³³bɔ²¹bin²⁴］无眠：睡不着

讲了亲，娶了亲，［kɑŋ⁴³liau⁰tɕʰin³³，tsʰua²¹liau⁰tɕʰin³³］

亲伯亲母提来当别侬。［tɕʰin²⁴pe⁴³tɕʰin²⁴bɔ⁴³tʰe²⁴lai⁵⁵tɑŋ³³pie²¹lan²⁴］

伯母铰条丝巾，［pe²¹bɔ⁴³ka³³tiau²⁴se³³kən⁵⁵］

声声句句讲无银。［ɕĩ³³ɕĩ³³ku²⁴ku²¹kɑŋ⁴³bɔ²¹gən²⁴］

老妈铰条红尼裙，［lau²¹ma⁴³ka³³tiau²⁴an²¹ni²¹kun²⁴］

开箱开笼来称银。［kʰui³³ɕĩũ⁵⁵kʰui²⁴lan²⁴lai²⁴tɕʰin²¹gən²⁴］

（2019 年 7 月，发音人：赖陈香）

（二）歇后语

棺材头放炮——急死侬［kũã²¹tsai²¹tʰau²⁴pan²⁴pʰau²¹——kie³³ɕi³³lan²⁴］

死老蛇曝竹竿——无了无尽［ɕi²¹lau²¹tsua²⁴pʰa²¹tie²¹kũã⁵³——bɔ²¹liau²⁴bɔ²¹tɕin²¹］

三边半暝食带鱼——头尾无知［sã³³pĩ³³pũã³³mĩ²⁴tɕie²¹tua³³hɯ²¹——tʰau²⁴bə⁴³mĩ²¹tsai³³］

屎放面花顶面——洗擦无担⁼［sai⁴³pan²¹mĩ²¹hue³³tin⁴³bin²¹——sue⁴³tɕʰie⁴³bɔ²¹tã²¹］

（2019 年 7 月，发音人：周小春）

泰 顺

一、歌谣

砻米该

砻米该，米砻砻；［ləŋ²¹mi³⁴⁴kai²¹³，mi³⁴⁴ləŋ²¹ləŋ²²］砻米该：碾米发出声音。米砻砻：米不断流出来

糠饲猪，米饲侬；［ko²²tɕʰi³⁴ty²¹³，mi³⁴⁴tɕʰi³⁴nəŋ²²］饲：喂。侬：人

□粟饲鸭姆。［xæŋ²¹tsʰøi⁵³tɕʰi⁵³ɛʔ⁵mou³⁴⁴］□粟：秕谷。鸭姆：母鸭

鸭姆生卵还借侬；［ɛʔ⁵mou³⁴⁴sæŋ²²lo²²xɛ²¹tɕia⁵³nəŋ²²］

细个独自食；［sei²¹kɔi⁵³tøʔ³tɕi³¹ɕia³¹］细个：小的

大个还别侬。［ta³¹kɔi⁵³xɛ²¹pøʔ³nəŋ²²］大个：大的

别侬讲我心唔平；［pøʔ³nəŋ²²ko³⁴⁴ŋa³⁴⁴sieŋ²¹³n³¹pieŋ²²］唔：不

鸭姆生卵也生成。［ɛʔ⁵mou³⁴⁴sæŋ²¹³lo²²ia²¹sæŋ²¹³ɕiæŋ²²］

萤火虫

萤火□，飞落来；［niæŋ²¹fɔi³⁴⁴i²²，pɔi²²lou²²li²²］萤火□：萤火虫

飞我鼎底食麻糍。［pɔi²²ŋa³⁴⁴tiæŋ²¹tei³⁴⁴ɕia²¹³ma²¹ɕi²²］鼎底：锅底

麻糍头，请阿刀；［ma²¹ɕi²²thau²²，tɕiæŋ³⁴⁴a²¹tou²¹³］阿刀：音，吴语指爷爷

麻糍尾，请角螺；［ma²¹ɕi²²mɔi³⁴⁴，tɕiæŋ²¹kɒʔ⁵lou²²］角螺：小孩

麻糍中央请萤火。［ma²¹ɕi²²təŋ²¹o²¹³tɕiæŋ³⁴⁴niæŋ²¹fɔi³⁴⁴］

萤火街，过大溪；［niæŋ²¹fɔi³⁴⁴kei²¹³，kou⁵³ta²¹kʰei²¹³］

大溪水，好煮饭；［ta²¹kʰei²¹³tɕy³⁴⁴，xou²²tɕy²²pɔi³¹］

饭未熟，去治肉；［pɔi³¹mɔi²¹sø?³，kʰøi³⁴tʰai²¹nyø?⁵］治：杀，割

肉未治，好烧还⁼；［nyø?⁵mɔi³¹tʰai²²，xou³⁴⁴ɕiɐu²¹xai²²］还⁼：陶器

还⁼未过，讴驮桌。［xai²²mɔi²²kou⁵³，eu³⁴⁴tou²¹tɒ?⁵］讴：叫

长尾乌

长尾乌，叫其锅；［to²¹mɔi⁴⁴ou²¹³，kiɐu⁵³ki²¹kou²¹³］叫其锅：象声词

三缸粟，讨外婆。［sæŋ²²ko²¹³tsʰøi⁵³，tʰou³⁴⁴nia²¹pou²²］

外婆生我驰，［nia²¹pou²²sæŋ²¹³ŋa³⁴⁴tɕia²²］驰：母亲

我驰生我姊妹哥。［ŋa³⁴⁴tɕia²²sæŋ²¹³ŋa³⁴⁴tɕi²¹mɔi³⁴⁴kou²²］

大哥细哥都有嫂；［ta²¹kou²¹³sei³⁴kou²²tu²¹³u³¹sou³⁴⁴］

剩个尾赖冇老婆。［tio³¹kou³⁴mɔi³⁴⁴lai³¹mou²²lau²²pou²²］尾赖：指最后生的小弟弟。冇：没有

保佑皇天做大水；［pou²¹iøu³¹uo²¹tʰie²¹³tsou²²ta³¹tɕy³⁴⁴］做大水：发大水

流去全大营冇。［lau²²kʰøi⁵³tɕye²²ta³¹iæŋ²²mou²²］全大营：大家。

恶语伤侬［唔解］消烊 消烊：消磨融化

竹囝未大大竹枝；［tø?⁵ki²²mɔi²¹ta³¹ta²¹tø?⁵ki²¹³］竹囝：小竹子

角螺未大受侬气。［kɒ?⁵lou²²mɔi²¹ta³¹ɕiøu³¹nəŋ²¹kʰi⁵³］角螺：小孩子

长长布袋□言语；［to²¹to²²pou²¹tɔi³¹lou³¹nie²¹ny³⁴⁴］□：套

短短布袋□柴槌。［tɔi²¹tɔi²²pou²¹tɔi³¹lou³¹tsʰa²²tʰy²²］

头发割□都会长；［tʰau²¹pø?⁵kɐ?⁵lɛ?⁰tu²¹³uø?³to²²］头发割□：掉头发

恶语伤侬［唔解］消烊。［ɒ?⁵ny³⁴⁴ɕyo²²nəŋ²²mei²¹ɕiɐu²²yo²²］［唔解］：不会

（以上 2019 年 7 月，发音人：董直善）

二、规定故事

牛郎和织女

古时节啊，有蜀个该角螺囝，［ku²²ɕi²¹tsɛ?⁵a⁰，u²¹ɕiɿ?³kɔi⁵³kai²²kɒ?³lou²²ki³⁴⁴］时节：时

候。蜀个：一个。角螺囝：小孩子

伊阿爸阿驰都过世了，［i²²a²²pa²²ɑ²²tɕia²²tu²²kou²¹sei⁵³løʔ⁰］阿驰：母亲

家底也尽诶困难。［tɕia²¹tei³⁴⁴ia²¹tsien³¹eiʔkʰuən²²næn²²］家底：家里。尽诶：非常

平时家底也粥〓□蜀头老牛，［pien²²ɕi²²ka²¹ti³⁴⁴ia²¹tsøʔ³na⁵³ɕiɪʔtʰau²²lau²²n²²］粥〓□：只有。

　　蜀：一

全大营呢都讴伊牛郎。［tɕye²¹ta³⁴⁴iæn²²neiⁿtu²¹³eu²¹i²²n²¹lo²²］讴伊：称呼他

牛郎靠着老牛犁塍过生活，［n²¹lo²²kʰou⁵³tɕiɛʔ³lau²²n²²lei²²tsʰɛ²²kou³⁴sæn²¹uɛʔ³］犁塍：

　　耕地

平时□老牛相依为命。［pien²¹ɕi²²kie²²lau²²n²²ɕyo²²i²¹³uei²¹³miæn³¹］□：和

其实啊，这头老牛是天上个金牛星。［ki²¹ɕi²²a²²，tɕi²¹tʰau²²lau²²n²²ɕiɪʔⁿtʰie²¹³ɕyo³¹

　　keiⁿkien²²n²²sien²¹³］

伊呢，非常欣赏牛郎个勤劳跟善良，［i²²neiⁿ，fei²²ɕyo²²sien²¹ɕyo³⁴⁴n²¹lo²²keiⁿkʰyen²²

　　lau²²kɛ²²ɕie²¹lio²²］

总忖□伊成蜀个家。［tsən²¹tsʰo³⁴⁴pi²¹i²²ɕiæn²²ɕiɪʔ³kɔi⁵³ka²¹³］忖：想。□：帮

有蜀工啊，这金牛星啊，［u²¹³ɕiɪʔ³kən²¹³a⁰，tɕiɪʔⁿkien²²n²²sien²¹³a⁰］蜀工：一天

得知天上个仙女侬，［tøʔ⁵tsei²¹³tʰie²¹³ɕyo²²kei⁵³ɕie²¹ny³⁴⁴nən²²］仙女侬：仙女们

要到山骹个蜀个湖底洗身体，［nən²²ɔi³¹tau⁵³sæn²²kʰɑ²¹³kei⁵³ɕiɪʔ³kɔi⁵³fv²²tei³⁴⁴sei³⁴⁴

　　sien²²tʰei³⁴⁴］山骹：山脚。湖底：湖里

伊就托梦给牛郎，［i²²tɕiøu³¹tʰɒʔ⁵møn⁵³kei³⁴⁴n²¹lo²²］

讴伊第二工天光早到湖边去，［eu²¹i²tei³¹n²¹kən²¹³tʰie²²kuo²¹³tsa³⁴⁴tau⁵³fv²²pie²¹³kʰøi⁵³］

　　天光早：早上

趁着仙女侬全大营蹴许洗身体吧时节，［tsʰien²¹tɕiɛʔ³ɕie²¹ny³⁴⁴nən²²tɕye²¹ta³⁴⁴iæn²²

　　kiøu²¹ɕy³⁴⁴sei³⁴⁴sien²¹tʰei³⁴⁴paⁿɕi²¹tsɛ⁵］蹴许：蹲那儿。时节：时候

偷偷摸摸地把伊衣裳驮蜀领□起就走，［tʰau²²tʰau²²mou²²mou²¹³pa³⁴⁴i²²i²²ɕyo²²tou²²

　　ɕiɪʔ³liæn³⁴⁴kuæn²¹xɛ²²tɕiøu²¹tsau³⁴⁴］驮蜀领□起：拿起一件（衣服）

跳倒家底去。［tʰeu³¹tou⁵³ka²¹³tei³⁴⁴kʰøi⁵³］倒：回

许工个天光早，［ɕy²¹kən²¹³keiⁿtʰie²²kuo²²tsa³⁴⁴］许工：说好的那一天

牛郎半疑半信地来到山骹下丬，［n²¹lo²²piæn³⁴ni³³piæn²¹sien⁵³teiⁿli²¹tau⁵³sæn²²kʰa²¹a⁵³

　　pɛ²²］下丬：下面

哎，朦朦胧胧地映着湖边真真有七个美女，［ai³⁴⁴，møn²²møn³⁴løn²¹løn³⁴tiⁿŋo²²tɕiɛʔ³

　　fv²¹pie²¹³tsien³⁴tsien²¹³u²²tɕʰiɪʔ⁵kɔi⁵³mi²¹ny³⁴⁴］映着：看见。真真：真的

蹴许洗身体了。[kiøu²¹ɕy³⁴sei³⁴⁴sien²²tʰei³⁴⁴løʔ⁰]

伊马上按照梦底爿指点个意思，[i²²ma²²ɕyo³¹æŋ²¹tɕiɐu⁵³mən²¹tei³⁴pɛ³³tɕi²¹tɛ³⁴⁴køʔi²¹ɕi³⁴⁴] 底爿：里面

伊偷偷隐囝地把蜀领挂在柴上爿红色个衣裳，[i²²tʰau²²tʰau²²iæŋ²²ki³⁴⁴tøʔ⁵pa³⁴⁴ɕiɪʔ³liæŋ³⁴⁴kua⁵³tsai³¹tsʰa²²ɕyo³¹pɛ²²uəŋ²¹sɛʔ⁵køʔ⁰ni²²ɕyo²²] 隐囝地：躲躲藏藏地。柴上爿：树上面

驮来□起就倒到家底去。[tou²²li²²kuæŋ²¹kʰi³⁴⁴tɕiøu²²tou²²tau²²ka²¹tei³⁴⁴kʰøi⁵³] □起：拿起

这爿啊，[tɕy³⁴⁴pɛ²²a⁰] 这爿：这里

再讲许领冇落⁼衣裳个仙女啊，[tsai⁵³ko²²ɕy³⁴⁴liæŋ³⁴⁴mou²²lai²¹ni²²ɕyo²²kɛ⁰ɕie²1ny²²a⁰]

　　许领：那件。冇落⁼：没有

就是织女。[tɕiøu²¹ɕi²²tɕiɪ⁵ny³⁴⁴]

当工许暝间啊，[to²²kəŋ²¹³ɕy³⁴⁴mæŋ²¹³kou³³a⁰] 当工：当天。暝间：夜晚

织女慢轻轻地敲开了牛郎家底个门。[tɕiɪ⁵ny³⁴⁴mɛ³¹kʰieŋ²²kʰieŋ²¹tei⁰kʰau²¹³kʰai²¹³løʔ⁰ n²¹lo²²ka²²tei³⁴⁴køʔ⁵mɔi²²]

从此啊，伊侬两个就结为夫妻了。[tsən²¹tsʰɿ³⁴⁴a⁰, i²²nəŋ²²lo²²kɔi²²tɕiøu²²kiɪʔ⁵uei²² fv²²tsʰei²¹³løʔ⁰] 伊侬两个：他们两个

讲来啊，时间尽得快，[ko²¹li²²a⁰, ɕi²²kæŋ²¹³tsieŋ³¹tøʔ⁵kʰei⁵³] 尽得快：过得快

蜀下三年又过了，[ɕiɪʔ³xa³¹sæŋ²¹³nie²²iøu³¹kou²²løʔ⁰] 蜀下：一下

牛郎跟织女生了蜀男蜀女两个角螺囝，[n²¹lo²²kɛ²²tɕiɪ⁵ny³⁴⁴sæŋ²¹løʔ⁵ɕiɪʔ³næŋ²²ɕiɪʔ³ ny³⁴⁴lo²¹kɔi³⁴⁴kɒʔ⁵lou²²ki³⁴⁴] 蜀男蜀女：一男一女

生活也过得尽个快活。[sæŋ²¹uɛʔ³ia²¹kou²²tei⁰tsieŋ²¹køʔ⁰kʰei³⁴uɛʔ³] 尽个：非常

这把时节，[tɕi²²pa³⁴⁴ɕi²¹tsɛʔ⁵]

织女私自下凡个事乞玉皇大帝晓得了，[tɕiɪ⁵ny³⁴⁴sɿ²¹³tsɿ³¹a²²fæŋ²²køʔ⁰sɿ³¹xɛʔ⁵nyɪʔ³uo²² ta²²tei⁵³ɕiɐu²²tiøʔ⁵la⁰] 乞：叫、被

伊尽个气，[i²²tsieŋ²¹køʔ⁰kʰi⁵³]

在蜀场龙风暴雨个时间底爿，[tsai³¹ɕiɪʔ³tiɐu³³ləŋ²¹fəŋ²¹³pou³¹y³⁴⁴køʔ⁰ɕi²²kəŋ²¹³tei³⁴⁴ pɛ²²] 蜀场：一场

把织女讴倒了。[pa²¹tɕiɪ⁵ny³⁴⁴eu²¹tou²²løʔ⁰]

两个角螺囝寻唔着阿驰也尽个叫，[lo³¹kɔi⁵³kɒʔ⁵lou²²ki³⁴⁴ɕyeŋ²²n²¹tɕiɛʔ³a²¹tɕia³⁴⁴ia²¹ tsieŋ²¹kɛ⁰kiɐu⁵³] 寻唔着：找不到

牛郎许把时节也全下冇主意。[n²¹lo²²ɕy²²pa²¹ɕi²¹tsɛʔ⁵ia²¹tɕye³⁴⁴xa³¹mou³¹tsøi²¹i⁵³] 全下：完全

讲来奇□啊，许头牛啊，[ko²²li²²kʰi²²kʰa⁵³a⁰，ɕy²²tʰau²²n²²a⁰] 奇□：奇怪

猛空꞊有驱口讲话了。[məŋ²²kʰəŋ²¹³uøʔ⁰kʰy²¹kʰeu³⁴⁴ko³⁴⁴ua³¹øʔ⁰] 猛空꞊：突然。驱口：开口

伊讲，牛郎你莫慌，[n²²ko³⁴⁴，n²¹lo²²n²¹møʔ⁰fo²¹³]

你□□衖꞊把我头上个角驮落来，[n²¹tøʔ³na²¹ŋa³⁴⁴pa³⁴⁴ŋa³⁴⁴tʰau²²ɕyo³¹køʔ⁰kɒʔ⁵tou²²lou²²li²²] □□衖꞊：现在赶紧。驮落来：拿下来

变成两个篮，[pie²¹ɕiæŋ²²lo²¹kɔi³⁴læŋ²²]

让你两个角螺团坐底去，[nia²¹n²¹lo²¹kɔi³⁴kɒʔ⁵lou²²ki³⁴⁴sɔi²¹tei³⁴⁴kʰøi⁵³]

你就可到天宫去寻伊阿弛织女了。[n²¹tɕiøu³¹kʰou³⁴⁴tau⁵³tʰie²²kieŋ²¹³kʰeu⁵³ɕyeŋ²²i²²a²¹tɕia²²tɕiɿ⁵ny³⁴⁴løʔ⁰]

牛郎尽个奇怪，[n²¹lo²²tsieŋ²¹køʔ⁰ki²¹kuai⁵³]

哎，牛角讲上马上就□地兜上来，[ai³⁴⁴，n²¹kɒʔ⁵ko³⁴⁴ɕyo²²ma³⁴⁴ɕyo²²tɕiøu³¹lai⁴⁴ti³¹tau²¹³ɕyo²²li²²] □：掉。地兜：地上

就变了两个篮。[tɕiøu³¹pie²¹løʔ⁰lo³⁴⁴kɔi³⁴læŋ²²]

伊呢，把伊两个角螺团呢，[i²²nei⁰，pa³⁴⁴i²²lo²¹kɔi³⁴⁴kɒʔ⁵lou²²ki³⁴⁴nei⁰]

放底篮底去，[pɒŋ²¹tei³⁴⁴læŋ²²tei³⁴⁴kʰøi⁵³]

用扁担担起。[iəŋ²¹pie²¹tæŋ⁵³tæŋ²¹kʰi²²]

这把时节，猛空꞊也讲来，[tɕi²¹pa²²ɕi²¹tsɛʔ⁵，məŋ²²kʰəŋ²¹³ia³⁴⁴ko³⁴⁴li²²]

奇怪这篮啊，[ki²²kuai⁵³tɕiøʔ⁰læŋ²²a⁰]

也好像变成飞燕翼梢一样，[xou³⁴⁴tɕʰyo³¹pie⁵³ɕiæŋ²²pɔi²²ie⁵³iɿʔ³sou²¹iɿʔ⁵yo³¹] 翼梢：翅膀

就映上飞去飞去。[tɕiøu³¹ŋo²²ɕyo³¹pɔi²¹kʰøi⁵³pɔi²¹kʰøi⁵³] 映：看

映伊飞去就乐赶到织女把节，[ŋo²²i²²pɔi²¹³tɕiøu²²ŋa²²kæŋ²²tau⁵³tɕiɿ⁵ny³⁴⁴pa²²tsɛʔ⁵] 乐：要

乞王母娘娘晓得了，[xɛʔ⁵uo²¹mu³⁴⁴nyo²¹nyo²²ɕiɐu²¹tiøʔ⁰løʔ⁰] 乞：被

伊把头上个金钗拔落来，[i²²pa²¹tʰau²²ɕyo²²køʔ⁰kieŋ²²tsai²¹³pɛʔ³lou²²li²²] 拔落来：拔下来

在牛郎跟织女之间划了蜀下，[tsai³¹n²¹lo²²kɛ²¹³tɕiɿ⁵ny³⁴⁴tsɿ²¹kæŋ²¹³ua²¹løʔ⁰ɕiɿʔ³xa²²]

哎，天上猛空꞊变了蜀条尽阔个天河[ai³⁴⁴，tʰie²¹ɕyo³⁴məŋ²¹kʰəŋ²¹³pie²¹løʔ⁰ɕiɿʔ³teu²¹tsieŋ²¹kʰuɛʔ⁵køʔ⁰tʰie²²ou³³] 尽阔：很宽

又把牛郎织女隔阿了。[i²¹pa³⁴⁴n²¹lo²²tɕiɿ⁵ny³⁴⁴ka²¹a²²løʔ⁰] 隔阿：隔开

到这把时节啊，[tau²²tɕi²¹pa²²ɕi²¹tsɛʔ⁵a⁰]

我侬地上个喜鹊晓得了这件事，[ŋa³⁴⁴nəŋ²²ti²²ɕyo²¹³køʔ⁰kʰi²¹kʰiɛʔ⁵ɕieu²²tiøʔ⁰løʔ⁰tɕi²²kye²²sʅ⁵³] 我侬：我们

伊侬尽同情牛郎织女个遭遇，[i²²nəŋ²²tsieŋ²¹təŋ²¹tsieŋ²²n²¹lo²²tɕiʔny³⁴⁴køʔ⁰tɕieu²²ny³¹]

就约好每年个农历七月七，[tɕiøu³¹ieʔ⁵xou²²mɔi²¹nie²²køʔ⁰nəŋ²¹lieʔ³tɕʰiɪʔ⁵ŋuøʔ³tɕʰiɪʔ³]

全大营都飞上天河去，[tɕye²¹ta³⁴⁴iæŋ²²tu⁵³pɔi²¹³ɕyo³¹tʰie²²ou²²kʰøi⁵³]

用独自个喙干⁼甲衔牢尾菟，[iəŋ³¹tɛʔ³tɕi³¹køʔ⁰tɕʰy²¹kæŋ⁵³kɛʔ⁵kæŋ²¹lau²²mɔi³⁴⁴tiøu²¹³]

独自：自己。尾菟：尾巴

搭成蜀条尽头长个喜鹊桥，[tɛʔ⁵ɕiæŋ²²ɕiɪʔ³teu²²tsieŋ²¹tʰau²²to²²køʔ⁰kʰi²¹kʰiɛʔ⁵kieu²²]

尽头长：非常长

让牛郎跟织女相聚。[nia²¹n²¹lo²²kɛ²¹³tɕiʔ⁵ny³⁴⁴ɕyo²²tɕy³¹]

　　古时候，有个小孩子，爹妈都去世了，家里也很困难。家里只有一头老牛，大家都叫他牛郎。牛郎靠老牛耕地为生，平时与老牛相依为命。其实啊，这头老牛是天上的金牛星，它呢，非常喜欢牛郎勤劳善良，总想帮他成个家。

　　有一天，这金牛星啊，得知天上的仙女门要到山底下一个湖里洗澡，他就托梦给牛郎，叫他第二天早上到湖边去，趁那些仙女们都洗澡时，偷偷摸摸拿走一件仙女的衣服，跑回家去，这样就会得到一个美丽的妻子。

　　第二天天刚亮，牛郎半信半疑地来到山底下，朦朦胧胧地他真的看到七个美女，在那里洗澡。他马上按照梦里的指示，拿起挂在树上的一件红色的衣服，飞快地跑回家。被拿走衣服的仙女就是织女。当天夜里，织女就轻轻地敲了牛郎的门，两个人就结为夫妻。

　　时间过得真快，一下三年过去了，牛郎和织女生了一男一女两个孩子，生活也过得很快乐。

　　后来，织女私自下凡这件事被玉皇大帝知道了，非常生气。有一天，天上电闪雷鸣，并刮起了大风，下起了大雨，织女被抓走了。两个孩子哭着找不见妈妈，牛郎这时也不知如何是好。

　　说来也怪，这头老牛突然开口了，它说："你不要着急，你把我的角取下来，变成两个篮子，让两个孩子坐里面，你就可以到天宫找织女了。"牛郎非常奇怪，牛角就掉在地上了，变成两个篮子。牛郎把两个孩子放进篮子里，用扁担挑起来。这时，这篮子呀，就像飞燕一样就飞起来了。眼看就要赶上织女了，被王母

娘娘知道了，就把头上的金簪拔下来，在牛郎和织女之间划了一下，立刻就出现了一条波涛滚滚的天河，把他们两个又隔开了。

喜鹊知道这件事后，非常同情牛郎和织女。约好每年的农历七月初七，所有的喜鹊都飞到天上，用它们的喙一只咬着另外一只的尾巴，搭起一座长长的桥，让牛郎和织女在上面团圆。

（2019 年 7 月，发音人：董直善）

三、自选条目

（一）谚语

龙窠唔达祖窟。［ləŋ²¹kʰou³⁴⁴n²¹tɛʔ³tsɿ²¹kʰuøʔ⁵］

千斤岩，［tsʰɛ²²kyeŋ²²ŋæŋ²²］
三两鼻。［sæŋ²²lyo³⁴⁴pʰi⁵³］

眼映千遍，［ŋɛ²²ŋo⁵³tsʰɛ²¹pie⁵³］
唔达手做蜀遍。［n²¹tɛʔ³tɕʰiøu²²tsou⁵³ɕiiʔ³pie⁵³］

岩头下粥゠□有扁蟹冇死蟹。［ŋæŋ²²tʰau²²a³¹tsøʔ³na⁵³u²²pie²¹xai⁵³mou²²ɕi²¹xai⁵³］粥゠□：只

好儿唔要达农业。［xou³⁴⁴n²²n²²ma⁵³ta³⁴nəŋ²¹niɛʔ⁵］

胆大得着将军做。［tæŋ²²ta⁵³tøʔ³tɕiɛʔ³tɕyo²²kuəŋ²¹³tsou⁵³］

既做泥鳅头，［tɕi⁵³tsou⁵³nei²²tɕʰiøu²²tʰau²²］
唔惊头沾泥。［n²¹kieŋ²¹³tʰau²²kɛ²²nei²²］

塍乐□好，［tsʰɛ²²ŋa²²tsa⁵³xou³⁴⁴］□：底
农乐心好。［nəŋ²²ŋa²²sieŋ²¹xou³⁴⁴］

手头未驮刀，［tɕʰiɵu³⁴⁴tʰau²²mɔi²²tou²²tou²¹³］
心底空落落。［sieŋ²¹tai³⁴⁴kʰəŋ²²lou³⁴ lou²¹³］

角螺唔读书，［kɒʔ³lou²²n²²tʰɵʔ³ɕy²¹³］
黄牛讲是猪。［uo²²n²²ko³⁴⁴sei²¹ty²¹³］

磨刀铣锯，［mia²¹tou³⁴⁴sei²¹ky⁵³］
工夫有余。［kəŋ²¹xou²²u²²y²²］

柴末上捺，［tsʰa²²mɵʔ³ɕyo³⁴nai⁵³］
侬莫上十。［nəŋ²²mɵʔ³ɕyo³⁴sɛʔ⁵］

单爿墙，［tæŋ²¹³pie⁵³tɕʰyo²²］
做唔上。［tsou⁵³n²¹ɕyo⁵³］

家穷志莫穷。［ka²¹³kiəŋ²²tɕi⁵³mɵʔ³kiəŋ²²］

借侬牛，［tɕia²¹nəŋ²²n²²］
还侬马。［xei²¹nəŋ²²ma³⁴⁴］

家底唔和叔伯欺，［ka²²tai³⁴n²¹xou²²tsɵʔ³pa³¹kʰi²²］
叔伯唔和村底欺。［tsɵʔ³pa³¹n²¹xou²²tsʰo²²tai³⁴kʰi²²］

骄囝不孝，［kiɐu²¹ki²²pɵʔ³xau⁵²］
由鸡上灶。［iɐu²²ki²¹³ɕyo³⁴⁴tsau⁵³］

唔惊暗，［n²¹kiæŋ²¹³æŋ⁵³］惊：怕
唔惊迟，［n²¹kiæŋ²¹³ti²²］
就惊工工来。［tɕiɵu⁵kiæŋ²¹³kəŋ²²kəŋ²²li²²］

墿墘塍，［leu²¹kie²²tsʰɛ²²］墿墘：路边
老妈面。［lau²¹ma²¹³mie⁵³］

穷侬冇补，［kieŋ²¹nəŋ²²mou²¹pou³⁴⁴］

床头躲躲。［tsʰo²¹tʰau²²tou²¹tou³⁴⁴］

（以上 2019 年 7 月，发音人：董直善）

（二）谜语

白瓮团，囡乌枣，［pa²²uəŋ²¹ki³⁴⁴，kʰo⁵³ou²¹tsou³⁴⁴］囡：放，藏

日间开，暝间锁。［niɪʔ³kæŋ²¹³kʰy²¹³，mæŋ²²kæŋ²¹³sou³⁴⁴］

——眼睛［ŋɛ³⁴tsʰieŋ²¹³］

远远映见蜀头马，［fo³⁴⁴fo²¹ŋo²¹kie⁵³ɕiɪʔ³tʰau²²ma³⁴⁴］

近近映见冇马头；［kyeŋ²²kyeŋ²¹ŋo²¹kie⁵³mou²²ma³⁴⁴tʰau²²］

心肝叶叶动，［sieŋ²²kæŋ²¹³iɪʔ²iɪʔ²təŋ³¹］

金珠马面流。［kieŋ²²tseu²¹³ma²¹mie³¹lou²²］

——米扇［mi²¹ɕie⁵³］

（以上 2019 年 7 月，发音人：董直善）

洞 头

一、歌谣

天乌乌

天乌乌，［tʰĩ³³ɔ³³ɔ³³］

慕落雨。［bə⁵³lo²¹hɔ²¹］

几时落？［tɕi⁵³ɕi²¹lo²⁴］

初一十五落。［tsʰue³³ie⁵³tsɐ²¹gɔ²¹lo²⁴］

阿公阿婆举蜀个锄头去掘芋。［a³³koŋ³³a³³po²⁴kia³³tɕie²¹ki³³tɯ³³tʰau³³kʰɯ³³kuə²¹ɔ²¹］

掘着蜀尾鲤鱼，［kuə²¹tieu²¹tɕie²bə³³li³³hɯ³³］

三斤五。［sã³³kun³³gɔ²¹］

牛担灯，［gu³³tã³³tin³³］

天拍鼓。［tʰĩ³³pʰa³³kɔ⁵⁵］

虎蝇举彩旗，［hɔ³³ɕin³³kia³³tsʰai³³ki²⁴］

蚊仔喷大笛。［maŋ²¹a⁵³pan²¹ta²¹ti²⁴］

大笛放树，［ta²¹ti²⁴paŋ³³tɕʰiu²¹］

青狗蛙嚎嚎溜。［tsʰĩ²¹kau²¹ua²⁴ho²¹ho²¹liu²¹］

正月去探爹

正月去探爹，［tɕĩã²⁴gə²⁴¹kʰɯ³³tʰan³³tia³³］

二月工夫忙车≡车≡。［dʑi²¹gə²⁴¹kaŋ³³hu³³maŋ²¹tɕʰia³³tɕʰia³³］

三月黄蜂采食叶，［sã³³gə²⁴¹ɯŋ²¹pʰaŋ³³tsʰai⁵³tɕiek²¹hieu²⁴¹］

四月黄蜂采黄花。［ɕi⁵³gə²⁴¹ɯŋ²¹pʰaŋ³³tsʰai³³ɯŋ²¹hue³³］

五月日子长用≡长，［gɔ²¹gə²⁴¹dʑiek²¹tɕi³³tiɯŋ³³ieŋ²¹tiɯŋ³³］

六月手举大扇扇风凉。［lɐk²¹gə²⁴¹tɕʰiu³³kia²⁴tua²⁴ɕĩ²¹ɕĩ³³huaŋ²¹liaŋ³³］

七月抽丝罕得见，［tɕʰiek⁵gə²⁴¹tʰiu³³ɕi³³han²⁴tiek⁵kian²¹］

八月手举铰刀做衣裳。［pue⁵³gə²⁴¹tɕʰiu⁵³kia²⁴ka³³tɔ³³tsue³³i³³ɕioŋ³³］

九月黄花直溜溜，［kau³³gə²⁴¹ɯŋ²¹hue³³tiek²¹liu³³liu³³］

十月大冬正好收。［tsɐt²¹gə²⁴¹tua²¹taŋ³³tɕĩã³³ho²¹ɕiu²¹］

十一月拍侬侬会比≡，［tsɐt²⁴iek⁵gə²⁴¹pʰa⁵³laŋ³³laŋ³³ue²¹pi⁵³］比≡：躲避

十二月载米居杭州。［tsɐt²¹dʑi²¹gə²⁴¹tsai³³bi⁵³ku³³hoŋ²⁴tɕiu⁵⁵］

（以上 2019 年 8 月，发音人：林忠营）

二、其他故事

墨贼娘娘

今日合大个侬讲蜀个洞头古早个故事，［kĩã²¹tɕie²⁴kɐ²¹tə³³e²⁴laŋ¹³koŋ⁵³tɕie²¹e²⁴toŋ³³
tʰau³³kɔ²¹tsa⁵³e²¹kɔ²⁴ɕi²¹］

叫《墨贼娘娘》。［kieu³³bə²¹tsɐ²⁴nĩũ³³nĩũ³³］

尽早以早，有蜀个讨海侬，叫海旺。［tɕin²¹tsa⁵³i²¹tsa⁵³，u³³tɕie³³e³³tʰo³³hai²⁴laŋ²¹，
kieu³³hai²⁴boŋ²¹］

蜀个海旺啊，合尹娘娘，［tɕie³³e³³hai²⁴boŋ²¹a⁰，kɐ²¹in³³n̠ĩã²⁴n̠ĩã²⁴］

从细罕≡使过≡大，［tɕioŋ²¹sue⁵³han²¹sai²⁴kɐ⁵³tua²¹］

老伯无啊，尽艰苦，是伊娘合饲大个，［lau²¹pe⁵³bɔ³³a⁰，tɕin²¹kan³³kɔ⁵³，ɕi³³i³³n̠ĩã⁵³
kɐ²¹tɕʰi²¹tua²¹e²¹］

生活过个尽苦。［ɕin²¹ua²⁴kə²¹e²¹tɕin²¹kʰɔ⁵³］

尹娘有好食个门≡西，［in²¹n̠ĩã⁵³u²¹ho²¹tɕie²⁴e²¹mɯŋ²⁴sai²¹］

拢留与海旺，［loŋ²⁴lau²¹ha²¹hai²⁴boŋ²¹］

海旺尽感动。［hai²⁴boŋ²¹tɕin²⁴kan²⁴toŋ²¹］

爱꞊年꞊，有蜀日啊，［ai³³n̠ĩ³³，u²¹tɕie²¹dʑie²⁴a⁰］爱꞊年꞊：那样

尹娘感觉阿己心肝头尽痛，［in²¹n̠ĩã⁵³kan²¹ke⁵³a²¹ki²¹ɕin³³kũã³³tʰau³³tɕin²¹tʰĩã²¹］阿己：自己

果꞊会吐酸水。［ko⁵³ue²¹tʰɔ³³suɯŋ³³tsui⁵³］果꞊：副词，还

海旺听着，尽紧张。［hai²⁴boŋ²¹tʰĩã³³tieu³³，tɕin²¹kin³³tiuɯŋ³³］

海旺想啊，［hai²⁴boŋ²¹ɕiuɯŋ²¹a⁰］

尹娘病生爱꞊慕怎么办，［in²¹n̠ĩã⁵³pĩ²¹ɕĩ³³ai²⁴bə²¹tsoŋ²⁴ŋ²¹pan²¹］

合꞊厝爱꞊年꞊无钱，医生也请劲起，［he⁵³tsʰɔ²¹ai²¹n̠ĩ³³bɔ²¹tɕĩ²¹，i³³ɕĩ³³a²¹tɕʰĩã²¹bue²¹kʰi⁵³］

病生爱꞊蜀在她死也唔可能。［pĩ²¹ɕĩ³³ai²⁴tɕie⁵³tsai²¹i³³ɕi⁵³a²¹m²¹kʰɔ³³lin³³］

所以尽着急，［so³³i³³tɕin²¹tieu³³kie²⁴］

但是无办法，［tan²¹ɕi²¹bɔ²¹pan²¹huo⁵³］

合꞊厝无钱，果꞊着讨海，［he⁵³tsʰɔ²¹bɔ²¹tɕĩ²¹，ko⁵³tieu²¹tʰo³³hai⁵³］

不讨海用꞊着枵死。［m²¹tʰo³³hai⁵³ieŋ²¹tieu²¹iau³³ɕi²¹］枵：饿

就爱꞊年꞊，有蜀日啊，［tɕiu²¹ai³³nĩ³³，u²¹tɕie²¹dʑie²⁴a²¹］

海旺走讨海去啊，［hai²⁴boŋ²¹tsau³³tʰau³³hai²⁴kʰɯ³³a⁰］

许无法着，［ha³³bɔ²¹huo⁵³tieu²¹］

伊娘爱꞊年꞊也无法着，生活着。［i²¹n̠ĩã²⁴ai³³nĩ³³a²¹bɔ²¹huo⁵³tieu²¹，ɕĩ³³ua²⁴tieu²¹］

许日风啊雨啊统无风无雨，［ha³³dʑie²⁴huaŋ³³a³³hɔ²¹a³³tʰoŋ³³bɔ²¹huaŋ³³bɔ²¹hɔ²¹］

海尽平，尽平，［hai³³tɕin²¹pin²¹，tɕin²¹pin²⁴］

讨海么，蜀个网夜꞊落去，鱼无［啥儿］个，［tʰo³³hai⁵³m⁰，tɕie³³e²¹baŋ²¹ia²¹lo²¹kʰɯ²¹，hɯ³³bɔ²¹ɕĩã³³ke³³］夜：挖

大概有半篮左右，鱼果꞊尽小尾的。［tai²¹kai²¹u³³pũã³³nã²¹tso²⁴iu²¹，hɯ³³ko³³tɕin²¹sue³³bə⁵³ti⁰］

海旺想啊，讨蜀点仔鱼啊，［hai²⁴boŋ²¹ɕiuɯŋ²¹a⁰，tʰo³³tɕie⁵³tĩ²¹ia⁵³hɯ²¹a⁰］

大加食蜀星期，［tei²⁴ke³³tɕie²¹tɕie²¹ɕĩ²¹ki²¹］

就算走卖，也卖无加钞票，［tɕiu²¹suan²¹tsau²⁴bue²¹，a²⁴bue²¹bɔ²¹ke³³tsʰau²⁴pʰieu²¹］

到꞊恶有够看医生看病，［to²¹ɐkʰu²¹kau⁵³kʰũã³³i³³ɕĩ³³kʰũã³³pĩ²¹］恶：还，副词

药也买不起。［ieu²⁴a²¹bue⁵³bɔ²¹kʰi⁵³］

但是无法着啊，网已经夜꞊落了，［tan²¹ɕi²¹bɔ²¹huo⁵³tieu²¹a⁰，baŋ²¹i²¹kin³³ia²¹lo²¹liau³³］

讨也讨蜀点仔，［tʰo⁵³a⁵³tʰo³³tɕie⁵³tĩ²¹ia³³］

只有过几日渐꞊来讨啊。［tsɿ²⁴u²¹kə²¹kui²¹dʑiek²⁴tɕie⁵³lai²⁴tʰo⁵³a⁰］

海水个骸有蜀个墨贼娘娘，[hai²¹tsui⁵³e²¹kʰa³³u²¹tɕie²¹e²¹bə²¹tsɐ²⁴n̠ĩũ³³n̠ĩũ³³]

听着海旺蜀个代‗志‗，[tʰĩã³³tieu³³hai²⁴boŋ²¹tɕie⁵³e³³tai²¹tɕi²¹]代‗志‗：事情

感觉海旺尽孝顺，[kan²¹kɐ⁵³hai²⁴boŋ²¹tɕin²¹hau²⁴sun²¹]

想慕帮海旺合尹娘病治好爱‗。[ɕiɯŋ²¹bə³³poŋ³³hai²⁴boŋ²¹kɐ¹in²¹n̠ĩã⁵³pĩ²¹ti²⁴ho⁵³ai⁰]

正好海旺开船慕逃去啊，[tɕĩã²⁴ho⁵³hai²⁴boŋ²¹kʰui³³tsun³³bə³³to²¹kʰɯ⁰a⁰]

墨贼娘娘合叫着讲：[bə²¹tsɐ²⁴n̠ĩũ³³n̠ĩũ³³kɐ²¹kieu²¹tieu²koŋ⁵³]

"海旺啊，汝唔赶走先，[hai²⁴boŋ²¹a⁰, lɯ⁵³m²¹kan³³tsau⁵³sãĩ³³]

听讲讲恁娘生病啦，心口疼，[tʰĩã³³koŋ²⁴koŋ⁵³lin²¹n̠ĩã⁵³ɕĩ²⁴pĩ²¹la⁰, ɕin³³kʰau²¹tʰĩã²¹]恁：你们

还果‗吐酸水添，讲是无法救。[ã²¹ko³³tʰɔ⁵³suɯŋ³³tsui⁵³tʰĩ³³, koŋ³³ɕi²¹bə²¹huo⁵³kiu²¹]

但是我有办法救。"[tan³³ɕi²¹gua⁵³u²¹pan²¹huo⁵³kiu²¹]

海旺听着，尽奇怪。[hai²⁴boŋ²¹tʰĩã³³tieu²¹, tɕin²¹ki²¹kuai²¹]

"诶，"伊讲：[ei²⁴, i³³koŋ³³]

"医生也无法着救，汝怎么有法着？"[i³³ɕi³³a²¹bə²¹huo⁵³tieu²¹kiu²¹, lɯ⁵³tsaŋ²⁴ŋ²¹u²¹huo⁵³tieu²¹]

墨贼娘娘就说："我以早是龙王个，[bə²¹tsɐ²⁴n̠ĩũ³³n̠ĩũ³³koŋ⁵³：gua⁵³i²¹tsa⁵³ɕi²¹leŋ³³oŋ³³e³³]

龙子是合饲奶大个，[leŋ²¹tsɻ⁵³ɕi²¹kɐ²¹tɕʰi²¹ne³³tua²¹e⁰]

就是奶母。[tɕiu²¹ɕi²¹ne³³mu⁵³]

龙王叫我合龙子饲大，[leŋ²¹oŋ³³kieu²¹gua³³kɐ²¹leŋ²¹tsɻ⁵³tɕʰi²¹tua²¹]

爱‗年‗我饲啊尽加龙子，[ai³³nĩ³³gua³³tɕʰi²¹ia³³tɕin²¹ke³³leŋ²¹tsɻ⁵³]

龙王么看我蛮功劳，[leŋ²¹oŋ³³m⁰kʰũã³³gua³³man²¹koŋ³³lau³³]

就合蜀个叫定水珠个宝贝送我。[tɕiu²¹kɐ²¹tɕie²¹e²⁴kieu²¹tĩã²¹tsui³³tsu⁰e²¹po²⁴pue²¹saŋ²¹gua²¹]

啊，蜀个定水珠啊，[a²¹, tɕie²¹e³³tĩã²¹tsui²⁴tsu³³a⁰]

是蜀宝贝，[ɕi²¹tɕie²¹po²⁴pue²¹]

我么合园个我胂脊边爱‗在，[gua³³m⁰kɐ²¹kʰɯŋ²¹e³³gua³³ka²¹tɕia⁵³pĩ³³ai³³tsai³³]

骨头个在，园在，爱‗年‗讲，[kuo⁵³tʰau⁵³e³³tsai³³, kʰɯŋ³³tsai³³, ai³³nĩ³³koŋ⁵³]

蜀定水珠应该可以治恁娘个病。[tse³³tĩã²¹tsui³³tsu³³in³³kai³³ko²⁴i²¹ti²¹lin²¹n̠ĩã⁵³e²¹pĩ²¹]

汝合我胂脊骨头个蜀袋‗定水珠夜‗去，[lɯ⁵³kɐ²¹gua⁵³ka²⁴tɕia⁵³kuo⁵³tʰau²⁴e²⁴tɕie³³tə³³ tĩã²¹tsui³³tsu³³ia³³kʰɯ²¹]

合恁娘食落，[kɐ²¹lin²¹n̥ĩã⁵³tɕie²¹lo²¹]

恁娘病应该就会好爱⁼。"[lin²¹n̥ĩã⁵³pĩ²¹in³³kai³³tɕiu²¹e²¹ho⁵³ai⁰]

海旺听讲，爱⁼年⁼听着啊，[hai²⁴boŋ²¹tʰĩã³³koŋ⁵³，ai³³nĩ³³tʰĩã³³tieu²¹a⁰]

唔想也无法着，[n²¹ɕiɯŋ²¹a²¹bɔ²¹huo⁵³to²¹]

唔想也着想。[n²¹ɕiɯŋ²¹a²¹tieu²⁴ɕiɯŋ²¹]

就举啊蜀支船个面顶蜀支刀，[tɕiu²¹kia³³a³³tɕie²¹ki³³tsun⁵³e³³mĩ²¹tieŋ⁵³tɕie²¹ki³³to³³]

□着墨贼娘娘个胼脊，去夜⁼落。[tsʰɔ⁵³tieu²¹bə²¹tsɐ²⁴n̥ĩũ³³n̥ĩũ²⁴e²¹ka²¹tɕia⁵³，kʰɯ²¹ia⁵³
lo²¹]□: 寻找

夜⁼落么，唉，[ia⁵³lo²¹m⁰，e²⁴]

夜⁼来夜⁼去，夜⁼无蜀粒珠。[ia⁵³lai²⁴ia⁵³kʰɯ²¹，ia⁵³bɔ²¹tɕie⁵³lie²¹tsu³³]

墨贼娘娘讲：[bə²¹tsɐ²⁴n̥ĩũ³³n̥ĩũ²⁴koŋ⁵³]

"紧蜀紧蜀，紧夜⁼紧夜⁼。"[kin³³tse²¹kin³³tse²¹，kin²¹ia⁵³kin²¹ia⁵³]

海旺尽着急，夜⁼夜⁼夜⁼，统夜⁼一块粉出来。[hai²⁴boŋ²¹tɕin²¹tɕiau²¹kie²⁴，ia⁵³ia⁵³
ia⁵³，tʰoŋ³³ia⁵³tɕie²¹kʰua³³hun⁵³tsʰuə⁵³lai⁰]

伊讲："珠也无夜⁼着珠啊。"[i³³koŋ⁵³ : tsu³³a³³bɔ²¹ia⁵³tieu²¹tsu³³a³³]

墨贼娘娘讲：[bə²¹tsɐ²⁴n̥ĩũ³³n̥ĩũ³³koŋ⁵³]

"大概时间过尽久啊，[tai²¹kai²¹ɕi²¹kan²⁴kə³³ɕin³³ku⁵³a⁰]

蜀珠统变无去啊，化成粉啊。"[tɕie⁵³tsu³³tʰoŋ²⁴pian³³bɔ³³kʰɯ²¹a⁰，hua³³ɕin³³hun⁵³la⁰]

爱⁼年⁼讲："唔奶⁼汝合蜀粉啊夜⁼到，泡水与恁娘淋，[ai³³nĩ³³koŋ⁵³，m²¹ne²¹lɯ⁵³kɐ²¹
tse³³hun⁵³a⁰ia³³to²¹，pʰau³³tsui⁵³ha²¹lin²¹n̥ĩã⁵³lin³³]

看会好爱⁼勿，应该也会好爱⁼。"[kʰũã³³ue²¹ho⁵³ai²¹bue²¹，in³³kai³³a³³ue²¹ho⁵³ai²¹]

海旺听着，无法着，[hai²⁴boŋ²¹tʰĩã³³tieu²¹，bɔ²⁴huo⁵³to²¹]

么合蜀粉带到，[m²¹kɐ²¹tse³³hun⁵³tua²¹to²¹]

带到么泡水，泡水与恁娘淋落。[tua²¹to²¹m²¹pʰau³³tsui⁵³，pʰau³³tsui⁵³ha²¹in²⁴n̥ĩã⁵³lin²⁴
lo²¹]

淋落以后，过几日以后，[lin²⁴lo²¹i²⁴au²¹，kə³³kui²⁴tɕie²⁴i²⁴au²¹]

尹娘么，蜀病越来越好爱⁼，[in²²n̥ĩã⁵³m²¹，tɕie⁵³pĩ²¹na³³lai³³na³³ho⁵³ai²¹]

心口也勿痛啊，也无吐酸水啊，[ɕin³³kʰau⁵³a⁵³bue²¹tʰĩã²¹a⁰，a²¹bɔ²¹tʰɔ³³sɯŋ³³tsui⁵³a⁰]

海旺看着尽欢喜啊。[hai²⁴boŋ²¹kʰũã²¹tieu²¹tɕin²¹huan³³hi⁵³a⁰]

尽欢喜啊，尹娘个病越来越好爱⁼，[tɕin^{21}huan^{33}hi^{53}a^{0}，in^{21}ȵĩã^{53}e^{21}pĩ^{21}na^{33}lai^{33}na^{33}ho^{53} ai^{0}]

爱⁼年⁼感谢蜀个墨贼娘娘。[ai^{33}nĩ^{33}kã^{24}ɕia^{21}tɕie^{33}e^{21}bə^{21}tsɐ^{24}nĩũ^{21}nĩũ^{24}]

嗯，然后蜀个代⁼志⁼海旺合厝边头尾讲，[n^{21},dʑiã^{21}au^{21}tɕie^{53}e^{21}tai^{21}tɕi^{21}hai^{24}boŋ^{21}kɐ^{21} tsʰɔ^{33}pĩ^{33}tʰau^{21}bə^{53}koŋ^{53}，]

讲蜀个代⁼志⁼。[koŋ^{21}tɕie^{53}e^{33}tai^{21}tɕi^{21}]

袋⁼个侬知啊蜀墨贼个胛脊有蜀袋⁼骨，[tə^{21}e^{21}laŋ^{13}tsai^{21}a^{33}tse^{33}bə^{21}tsɐ^{24}e^{21}ka^{33}tɕia^{53}u^{21} tɕie^{21}tə^{13}kuo^{53}]

合抠弄，[kɐ^{53}kʰau^{33}laŋ^{33}]

可以治蜀个心口蜀个病啊。[kʰo^{33}i^{33}ti^{21}tɕie^{33}e^{33}ɕin^{33}kʰau^{53}tɕie^{53}e^{24}pĩ^{21}a^{0}]

蜀个病啊，蜀个药啊，汝哪看医生啊，[tɕie^{53}e^{24}pĩ^{21}a^{0}，tɕie^{53}e^{24}ieu^{24}a^{0}，lɯ^{53}na^{21} kʰũã^{51}i^{33}ɕĩ^{33}a^{0}]

无钱侬根本看㓜起，[bɔ^{33}tɕĩ^{24}laŋ^{13}kun^{33}pun^{53}kʰũã^{53}bue^{21}kʰi^{53}]

讨海侬阿己有能力可以治蜀个病，[tʰo^{33}hai^{33}laŋ^{33}a^{21}ki^{21}u^{21}lin^{21}lie^{24}ko^{33}i^{53}ti^{21}tɕie^{33}e^{33} pĩ^{21}]

也唔免走看医生啊，[a^{21}m^{21}mian^{53}tsau^{33}kʰũã^{53}i^{33}ɕĩ^{33}a^{0}]

钞票省尽加省爱⁼。[tsʰau^{24}pʰieu^{21}ɕĩ^{24}tɕin^{21}ke^{24}ɕĩ^{53}ai^{0}]

爱⁼年⁼从此以后，蜀讨海侬啊，[ai^{21}nĩ^{21}tɕioŋ^{21}tsʰɿ^{53}i^{53}au^{21}，tɕie^{33}tʰo^{33}hai^{33}laŋ^{33}a^{0}]

统合，合墨贼掠着啊，[tʰoŋ^{33}kɐ^{21}，kɐ^{21}bə^{21}tsɐ^{24}lia^{24}tieu^{21}a^{0}]

拢合伊胛脊个骨头戳掉，[loŋ^{24}kɐ^{21}i^{33}ka^{33}tɕia^{53}e^{21}kuo^{53}tʰau^{21}tsʰu^{53}la^{0}]

做成药，治病。[tsue^{53}ɕin^{21}ieu^{24}，ti^{21}pĩ^{21}]

啊，蜀个故事就是爱⁼年⁼。[a^{21}，tɕie^{33}e^{33}kɔ^{24}sɿ^{21}tɕiu^{21}ɕi^{21}ai^{33}nĩ^{33}]

蜀个墨贼娘娘蜀个骹脊蜀袋⁼骨就是蜀种中药。[tɕie^{33}e^{33}bə^{21}tsɐ^{24}nĩũ^{33}nĩũ^{33}tɕie^{33}e^{33} ka^{33}tɕia^{53}tɕie^{33}tə^{33}kuo^{53}tɕiu^{21}ɕi^{33}tɕie^{21}tɕioŋ^{53}tioŋ^{21}ieu^{24}]

嗯，谢谢，就爱⁼年⁼。[n^{21}，ɕia^{24}ɕia^{21}，tɕiu^{21}ai^{33}nĩ^{33}]

今天给大家讲一个洞头古老的故事，叫《乌贼娘娘》。很久以前，有一个讨海人，叫海旺。这个海旺啊，和他妈妈，从小就相依为命父亲没了，很艰苦，是他妈妈把他喂大的，生活过得很苦。

他妈妈有好吃的东西，都留给海旺，海旺很感动。有一天啊，他妈妈感觉自己心口很痛，还会吐酸水。海旺听到，很紧张。海旺心想，他妈妈生病要怎么办？家里那么没钱，医生也请不起，生病了现在任凭她死也不可能。所以很着急。

　　但是没办法，家里没钱，还得讨海，不讨海又要饿死。就这样，有一天啊，海旺去讨海去了，没办法。他妈妈这样也没办法，生活要过。那天没风没雨，海很平，海旺又去讨海。讨海么，一个网扔下去，鱼不多，大概有半箩筐左右，鱼还很小。

　　海旺想啊，讨这么点鱼啊，最多吃一星期，就算去卖，也卖不了多少钞票，哪里够看病啊，药也买不起。但是没办法啊，网已经扔下去了，讨也只讨这一点，只能过几天再来讨啊。海水底下有一个乌贼娘娘，听到海旺的这个事情，觉得海旺很孝顺，想要帮海旺把他妈妈病治好。正好海旺开船要回去了，乌贼娘娘把他叫住："海旺啊，你先不要走，听说说你妈妈生病了，心口痛，还吐酸水呢，说是没法救。但是我有办法救。"

　　海旺听到，很奇怪。"诶，"他说："医生也没办法救，你怎么有办法？"乌贼娘娘就说："我以前是龙王的，给龙子喂奶，就是奶妈。龙王叫我把龙子喂养大。我喂了很多龙子，龙王看我很有功劳，就把一个叫定水珠的宝贝送我。啊，这个定水珠是个宝贝，我就把它放在我背部，骨头这里，这定水珠应该可以治你妈妈的病。你把我背上骨头这里的定水珠挖过去，给你妈妈吃下去，你妈妈的病应该就会好了。海旺听后，不想也没法了，不想也得想，就拿了一把船上的刀，找到乌贼娘娘的背，挖下去了。挖来挖去，诶，怎么也挖不到那颗珠。

　　乌贼娘娘说："快点快点，快挖快挖。"海旺很着急，挖挖挖，都挖一些粉出来。他说："也没挖到珠啊。"乌贼娘娘说：大概时间太久了，这珠都变没了，化成粉了，要不你把这些粉啊带回家，泡水给你妈妈喝，看会不会好起来，应该也是会好起来的。海旺听了，也没办法了，就把这些粉带回家了，带回家泡水了，泡水给他妈妈喝下了。过了几天以后，他妈妈的身体越来越好了，心口也不痛了，也不吐酸水了，海旺看到很欢喜。

　　很欢喜嘛，他妈妈的病越来越好了，他感谢这个乌贼娘娘。然后海旺给厝边邻居讲这个事情。每个人都知道这个乌贼的背上有一块骨头，把它抠掉，可以治心口的病。这个病啊，没钱人根本看不起，讨海人自己有能力可以治这个病，也不用去看医生了，钞票省很多。从此以后，这些讨海人，都抓乌贼啊，都把它背上的骨头戳掉，做成药治病。嗯，这个故事就是这样，这个乌贼娘娘背上这块骨头就是一种中药。

　　　　　　　　　　　　　　　　　　（2019 年 8 月，发音人：韩一剑）

三、自选条目

（一）谚语

船无定，［tsun³³bɔ²¹tĩã²¹］
侬无命。［laŋ³³bɔ²¹mĩã²¹］

树根安，［tɕʰiu²¹kun⁵⁵an⁵⁵］
唔惊风拍倒。［m²¹kĩã³³huaŋ³³pʰa³³to⁵³］

蜀项米饲百种侬。［tɕiek²¹haŋ²⁴bi⁵³tɕʰi²¹pa⁵³tɕieŋ²¹laŋ²⁴］

（2019 年 8 月，发音人：林忠营）

（二）吆喝

卖菜油哦，［bue²¹tsʰai⁵³iu³³o²¹］
正菜油抹头货。［tɕĩã³³tsʰai³³iu³³bua⁵³tʰau²¹hə²¹］
卖菜油哦，［bue²¹tsʰai⁵³iu³³o²¹］
正菜油抹头货。［tɕĩã³³tsʰai³³iu³³bua⁵³tʰau²¹hə²¹］
卖菜油哦，［bue²¹tsʰai⁵³iu³³o²¹］
正菜油抹头货。［tɕĩã³³tsʰai³³iu³³bua⁵³tʰau²¹hə²¹］

风静啊，［huaŋ⁵⁵tɕin²¹ia⁰］
撑船啰！［tɕʰĩã³³tsun³³lo⁰］
风静啊，［huaŋ⁵⁵tɕin²¹ia⁰］
撑船啰！［tɕʰĩã³³tsun³³lo⁰］
风静啊，［huaŋ⁵⁵tɕin²¹ia⁰］
撑船啰！［tɕʰĩã³³tsun³³lo⁰］

前＝猪喽，［tsan²¹tɯ⁵⁵lo⁰］前＝:阄

有猪慕前⁼无［u²¹tɯ⁵⁵bə⁵⁵tsan³³bɔ³³］

前⁼猪喽，［tsan²¹tɯ⁵⁵lo⁰］

有猪慕前⁼无［u²¹tɯ⁵⁵bə⁵⁵tsan³³bɔ³³］

前⁼猪喽，［tsan²¹tɯ⁵⁵lo⁰］

有猪慕前⁼无［u²¹tɯ⁵⁵bə⁵⁵tsan³³bɔ³³］

（2019 年 8 月，发音人：林忠营）

畲

话

景　宁

一、歌谣

细崽细

细崽细，［sat tsoi sai］

哩啰细崽着啊裙吼，［li lo sa tsoi tɕioʔ a kʰuən xo］

驼＝啰到哩啰泥哈。［tʰo lo tʰiəu li lo nai xai］驼＝：弯弯地垂挂

眼头间＝到啊晏晡转哩，［ȵian tʰiəu tɕian tʰiəu a ɔn pu tɕyon li］眼头：早晨。间＝：玩耍。晏

晡：晚上

哩啰哩呐嘀嘿，［li lo li na ti xe］

连耳朵哈是哩啰泥哈。［lien ȵi to xa ɕi li lo nai xa］

鸡公上岭

鸡公上岭啊尾驼＝驼＝吼。［kiai koŋ ɕioŋ liaŋ a muei tʰo tʰo xo］

哩啰鸭崽落啊田哈夹啰草哩啰禾吼，［li lo ɔt tsoi loʔ a tʰan xa kaʔ lo tsʰau li lo uo

xo］

鸦鹊上树呜唛名字嘿，［ɔ ɕiaʔ ɕioŋ ɕy uo miaŋ tɕʰi xe］鸦鹊：喜鹊。呜：叫

哩啰画哈眉嘿鸟崽唱啊山哩啰歌吼。［li lo fɔ xa mi xe tau tsoi tsʰioŋ a san li lo ko

xo］

鸡公咕嗒

鸡公咕嗒有鹞来，［kiai koŋ ku taʔ xɔ iəu loi］

细崽叫叫啊有食糜。［sa tsoi kiəu kiəu a xo ɕiʔ moi］叫：哭。糜：粥

哩啰鸡公咕哩嗒有啰鹞哩来嗨，［li lo kiai koŋ ku li taʔ xo lo iəu loi xai］

野狗吠吠哈有丐粮哩，［ia kau pʰoi pʰoi xa xo xɔ lau li］

哩啰细崽挡啊门吼无啰肯哩啰放嗨。［li lo sa tsoi taŋ a muən xo m lo xieŋ li lo fɔŋ xai］

田螺生卵

田螺生卵水缺头吼，［tʰaŋ lo saŋ lon ɕy kʰat tʰiəu xo］

哩啰鲤哈鱼嘿生卵远哈遥哩啰遥嘿。［li lo li xa ȵy xe saŋ lon yon xa iəu li lo iəu xe］

读书啊人女背包袱吼，［tʰoʔ ɕy a ȵin ȵy pie pau fuʔ xo］

哩啰做啊田啊人女戴哈笠哩啰头吼。［li lo tso a tʰan a ȵin ȵy toi xa lieʔ li lo tʰiəu xo］

财主头

财主头吼，［tsʰai tɕy tʰiəu xo］

哩啰映哈你嘿借米头哈摇哩啰摇吼。［li lo ȵiaŋ xa ȵi tsa mai tʰiəu xa iəu li lo iəu xo］映：看

个世是你呀做财主哩，［kɔi ɕie ɕi ȵi ia tso tsʰai tɕy li］个：这

哩啰下世告啰你嘿坐路尔嘿哩啰叫嘿。［li lo xɔ ɕie kau lo ȵi xe tsʰo loʔ ȵi xe li kiəu xe］路尔：路上

两姐妹

两姊妹哩好笑笑哈，［lioŋ tɕi moi li xau sau sau xa］

哩啰手拿哩利刀哈去啰割哩啰茅哈。［li lo ɕiəu na li li tau xa ɕy lo kɔt li lo mau xa］

割担茅崽油油嫩吼，［kɔt tɔn mau tsoi iəu iəu nuən xo］

哩啰担到路哩上哈风啰吹哩啰焦哈。［li lo tɔn tʰiəu lu li xa ɕioŋ pyŋ lo tɕʰyoi li lo tsau xa］

砌寮歌

人讲起寮啊莫慌忙哈，［ȵin kɔŋ xi lau a moʔ xɔŋ mɔŋ xa］寮：房屋

哩啰去哈问哈神仙老哈阴哩啰阳哈。［li lo xi xɔ muən xa ɕiɔŋ ɕian lɔ xa in li lo lɔŋ
　　xa］

阴阳拣得啊好日子嘿，［in iɔŋ kʰan tiʔ a xau ȵit tsi xei］

哩啰便有人哩工吼，［li lo pian xɔ ȵin li kɔŋ xo］

担啰寮哩啰场哈。［tan lo lau li lo tɕʰiɔŋ xa］

娘是个边，郎那边

娘是个边呐，［ȵiɔŋ ɕi kɔi pan na］

郎那边哈。［lɔŋ nai pan xa］

哩啰唱条山哩歌吼分啰郎哩啰还哈。［li lo tɕʰiɔŋ tʰau san li ko xo puən lo lɔŋ li lo
　　ian xa］分：给

唱条歌崽分郎峒哩。［tɕʰiɔŋ tʰau ko tsoi puən lɔŋ tʰoŋ li］峒：住处

哩啰唔等你哈郎吼还啰唔哩啰还哈。［li lo m teŋ ȵi xa lɔŋ xo ian lo m li lo ian xa］

　　唔：不

敬酒歌

一双酒樽花来红吼。［it soŋ tɕiəu tsuən fɔ loi foŋ xo］

哩啰奉上酒啰筵嘿劝啰舅哩啰公吼。［li lo foŋ ɕiɔŋ tɕiəu lo ian xe xyon lo kʰiəu li
　　lo kɔŋ xo］

劝你舅公啊一双酒哩。［xyon ȵi kʰiəu kɔŋ a it soŋ tɕiəu li］

哩啰酒哈筵嘿圆满结哈成哩啰双吼。［li lo tɕiəu xa ian xe yon mɔn kiet xa ɕiaŋ li lo
　　soŋ xo］

（2015 年 7 月，发音人：蓝仙兰）

二、其他故事

山客酒的传说

山客酒啊有个式一个传说。［san⁴⁴xaʔ⁵tɕiəu³²⁵a⁰xo⁴⁴kɔi⁴⁴ɕiʔ⁵itˀ⁵kə⁰tɕʰyon²²ɕioʔ⁵］个式:
　　这样

古代个时节，［ku⁵⁵tʰoi²²kə⁰ɕi²²tsat⁵］

有一个后生崽落山去做事。［xo⁴⁴iʔ⁵kɔi⁵¹fu²²saŋ⁴⁴tsoi⁵⁵loʔ²san⁴⁴xy⁴⁴tso⁴⁴ɕi⁵¹］后生崽: 小伙
　　子。落山: 下山

因为寮亦无奚毛食，［in⁴⁴ueiⁿ⁰lau⁴⁴⁵iaʔ²mau²²ɕi⁴⁴nɔʔ⁵ɕiʔ²］寮: 家。奚毛: 什么

做啊做下哩人就睏尔边过去。［tso⁴⁴aⁿ⁰tsoˀxɔ⁰liⁿnin²²tɕiəu⁰xuən⁴⁴ŋ³²⁵panˀko⁴⁴xy⁰］尔: 那

□尔就睏过去。［lin⁵¹ŋ³²⁵tɕiəu⁰fuən⁴⁴ko⁴⁴xy⁰］□: 躺。睏: 睡

渠在睏中啊梦着一个老实人，［ki⁴⁴tsai⁵¹fuən⁴⁴tɕyŋ⁴⁴aⁿ⁰moŋ⁵¹tɕʰioʔ²iʔ⁵kai⁰lau⁵⁵ɕi⁴⁴ȵin²²］
　　老实人: 老人

头毛白白个，［tʰiəu²²mau⁵⁵pʰaʔ⁵pʰaʔ⁵kə⁰］头毛: 头发

抵ⁿ渠讲:［ti⁵¹ki⁴⁴kɔŋ³²⁵］抵ⁿ: 和，同

讲后生崽哎，［kɔŋ⁵⁵fu²²saŋ⁴⁴tsoi³²⁵ai⁰］

人做是力阿ⁿ就会睏，［ȵin²²tso⁵¹tɕʰioʔ²liʔ²aⁿ⁰tɕiəu⁰xai⁴⁴fuən⁴⁴］阿ⁿ: 了

无力阿ⁿ个。［mau⁵⁵liʔ²aⁿ⁰kai⁰］

你转寮去有哪有米。［ȵi⁴⁴tɕyon⁵⁵nau²²xy⁴⁴xo⁴⁴nan²²xo⁴⁴mai³²⁵］转寮: 回家

装点起身ⁿ，［tɕiɔŋ⁴⁴tieʔ⁵ɕi⁵⁵ɕin⁴⁴］起身ⁿ: 以后

我教你一种方法。［ŋɔi⁴⁴kau⁴⁴ȵi⁴⁴iʔ⁵tɕyŋ³²⁵fɔŋ⁴⁴fɔt⁵］

做酒做来，食阿ⁿ就有力气阿ⁿ。［tso⁴⁴tɕiəu³²⁵tso⁴⁴loi²²，ɕiʔ²aⁿ⁰tɕiəu⁰xo⁴⁴liʔ²kʰiⁿ⁴⁴aⁿ⁰］

后生崽醒来之后啊，［fu²²saŋ⁴⁴tsoi⁵⁵saŋ³²⁵loi⁰tsŋ⁴⁴xiəu⁵¹aⁿ⁰］

觉着老实人对渠讲个十分正确。［koʔ⁵tɕʰioʔ²lɔ⁵⁵ɕi⁴⁴ȵin²²toi⁴⁴ki⁴⁴kɔŋ⁵¹kə⁰ɕit²fuən⁴⁴tɕiŋ⁴⁴
　　tɕʰiaʔ⁵］

转寮去之后抵ⁿ夫娘一商量，［tɕyon⁵⁵nau²²xy⁰tsŋ⁴⁴xiəu⁵¹ti⁵⁵pu⁴⁴ȵiɔŋ²²itˀ⁵soŋ⁴⁴liɔŋ²²］夫
　　娘: 妻子

拿出一斗米，［naŋ⁴⁴tɕʰytˀ⁵itˀ⁵tiəu³²⁵mai⁵¹］

就是个时个大概两斤半左右个数量。[tɕiəu²²ɕi⁵¹kɔi⁵¹ɕi²²kə⁰ta⁴⁴kai⁵¹liŋ⁵¹kyn⁴⁴pɔn⁴⁴tso⁵⁵
　　iəu⁰kə⁰su⁴⁴liɔŋ⁵¹]

先呢抵ᵈ个两斤半个米园尔蒸作半熟，[ɕian⁴⁴nai⁰ti⁵⁵kɔi⁰liɔŋ⁵¹kyn⁴⁴pɔn⁴⁴kə⁰mai³²⁵kʰɔŋ⁵¹
　　n̠i²²tɕin⁴⁴tsɔʔ⁵pɔn⁴⁴ɕyt²]园: 放

再倒尔簟上，[tsai⁵¹tau³²⁵n̠i²²tien³²⁵ɕiɔŋ⁵¹]簟: 竹席

簟上哩铺□草上去。[tien⁵¹ɕiɔŋ⁵¹li⁰pʰu⁴⁴tiəʔ⁵tsʰau³²⁵ɕiɔŋ⁵¹xy⁰]

个下经过半来个月，[kəʔ⁵xɔ⁰tɕin⁴⁴ku⁴⁴pɔn⁴⁴loi⁵⁵kə⁰n̠yot²]

尔个米呢毛绒绒个尔式，[n̠i²²kə⁰mai³²⁵ne⁰tɕiəu²²mau⁴⁴zoŋ²²zoŋ²²kəʔ⁵ŋ²²ɕiʔ²]

生出一层毛来。[saŋ⁴⁴tɕʰyt⁵iʔ⁵tɕʰien²²mau⁵¹loi⁰]

渠屎头ᵈ就按照老实人个嘱咐啊，[ki⁴⁴ɕi⁵⁵tʰiəu⁰tɕiəu²²ɔn⁴⁴tɕiəu⁴⁴lɔ⁵⁵ɕi⁴⁴n̠in²²kə⁰tɕyʔ⁵fu⁴⁴a⁰]
屎头ᵈ: 后来

抵ᵈ个多米再园尔饭甑去炊。[ti⁵⁵kɔi⁵¹to⁴⁴mai³²⁵tsai⁵¹kʰɔŋ⁴⁴n̠i²²pʰɔn⁵¹tɕin⁴⁴xy⁰tɕʰyoi⁴⁴]

按比例，[ɔn⁴⁴pi⁵⁵li⁰]

两斤半个籼配阿ᵈ二十几斤米，[liɔŋ⁵¹kyn⁴⁴pɔn⁴⁴kə⁰tɕʰyt⁵pʰoi⁴⁴a⁰n̠i²²ɕit²ki⁵⁵kyən⁴⁴mai³²⁵]

随水配好，[soi²²ɕy³²⁵pʰoi⁴⁴xau³²⁵]

一斤米是斤一斤五两水尔式。[it⁵kyn⁴⁴mai³²⁵ɕi⁵¹kyn⁴⁴it⁵kyn⁴⁴ŋ⁵¹liɔŋ⁵¹ɕy³²⁵ŋ²²ɕiʔ²]

就园尔缸ᵈ内肚去炊，[tɕiəu²²kʰɔŋ⁴⁴n̠i²²kɔŋ⁴⁴lə⁰tu⁴⁴xy⁰tɕʰyoi⁴⁴]

经过一个月个酵啊，[tɕʰiŋ⁴⁴ku⁴⁴it⁵kə⁰n̠yot²kə⁰fat⁵xau⁴⁴a⁰]

就变成酒阿ᵈ。[tɕiəu²²pian⁴⁴ɕiaŋ²²tɕiəu³²⁵a⁰]

个个后生崽抵ᵈ酒食去阿ᵈ，[kə⁵¹kə⁰fu²²saŋ⁴⁴tsoi⁵⁵ti⁵⁵tɕiəu³²⁵ɕiʔ²xy⁴⁴a⁰]

做事就更有力阿ᵈ，[tso⁴⁴ɕi⁵¹tɕiəu²²kaŋ³²⁵xo⁴⁴liʔ²a⁰]

精神也更好阿ᵈ。[tɕin³²⁵ɕin²²iaʔ²kaŋ³²⁵xau³²⁵a⁰]

所以山客酒呢，[so⁵⁵i⁰saŋ⁴⁴xaʔ⁵tɕiəu³²⁵ne⁰]

渠是香甜可口纯正。[ki⁴⁴ɕi⁵¹ɕiɔŋ⁴⁴tʰan²²kʰo⁵⁵kʰiəu³²⁵ɕyn²²tɕiaŋ⁵¹]

人食了之后阿ᵈ，[n̠in²²ɕiʔ²a⁰tsɿ⁴⁴xiəu⁵¹a⁰]

食在嘴内肚，[ɕiʔ²tsai⁵¹tɕyoi³²⁵lə⁰tu⁵⁵]

甜在心上。[tʰan²²tsai⁵¹ɕin⁴⁴ɕiɔŋ⁰]

个□哪古ᵈ有乃ᵈ人呢在炊酒个时节个式唱：[kʰoi⁴⁴tɕʰin⁴⁴nan²²ku⁵¹xɔ⁴⁴nai³²⁵n̠in²²ne⁰tsai⁵¹
　　tɕʰyoi⁴⁴tɕiəu³²⁵kə⁰ɕi²²tsat⁵kɔi⁴⁴ɕiʔ²tɕʰiɔŋ⁴⁴]个□: 现在。哪古ᵈ: 仍旧。有乃ᵈ: 有些

“好食酒，□家炊。[xau⁵¹ɕiʔ²tɕiəu³²⁵, tɔ⁵¹kɔ⁵¹tɕʰyoi⁴⁴]□家: 自己

糯米爱使籼来拌，[no²²mai³²⁵oi⁴⁴soi⁵¹kʰyt⁵loi²²pɔn⁵¹]爱: 要。使: 用

炊酒也爱水扣对。[tɕʰyoi⁴⁴tɕiəu³²⁵iaʔ²oi⁵¹ɕy³²⁵kʰiəu⁴⁴toi⁵¹]

炊酒本是古人传，[tɕʰyoi⁴⁴tɕiəu³²⁵puən³²⁵ɕi⁴⁴ku⁵⁵n̠in²²tɕyon⁵¹]

传落代代分崽孙。" [tɕʰyon²²loʔ²tʰoi⁵¹tʰoi⁵¹poʔ⁵tsoi⁵⁵suən⁴⁴] 分：给

个个就是山客酒个来历。[kɔi⁴⁴ki⁵⁵tɕiəu²²ɕi⁵¹saŋ⁴⁴xaʔ⁵tɕiəu³²⁵kə⁰loi²²liʔ²]

　　山客酒有这样一个传说。古代的时候，有个小伙子下山去做事。因为家里没什么吃的，做呀做呀人就昏睡过去了。

　　他在昏睡中梦到一个老人，头发白白的，跟他讲："小伙子哎，人做吃力了就会发昏，没力气了。你回家去看有没有米，装点起来，我教你一种方法，做起酒来，吃了就有力气了。"

　　小伙子醒来之后，觉着老人讲的十分正确。回家之后和老婆一商量，拿出一斗米，就是现在的大概两斤半左右的这个数量。先把这两斤半的米拿去蒸到半熟，再倒在竹席上，竹席上铺点草上去。经过半来个月，那个米就毛绒绒的，生出一层毛来。按着老人的嘱咐，把这个米放到饭甑里面去炊。按比例，将两斤半的粬配了二十几斤的米和水配好，一斤米是一斤到一斤半的水。放在缸里去炊，经过一个月的发酵，就变成酒了。这个小伙子把酒喝进去，做事就更有力气了，精神也更好了。所以，山客酒是香甜、可口、纯正，人喝了之后，喝在嘴里头，甜在心上。

　　现在仍有些人在酿酒时还这样唱："好吃酒，自己炊。糯米要和粬来拌，酿酒也要水扣对。酿酒本是古人传，传来代代给子孙。"这个就是山客酒的来历。

（2015 年 7 月，发音人：雷松林）

三、自选条目

谚语

牛歇四月八，[ŋau²²ɕiet⁵ɕi⁴⁴n̠yot²pat⁵]

人歇五月节。[n̠in²²ɕiet⁵ŋ³²⁵n̠yot²tsat⁵] 五月节：端午

有牛唔吓慢，[xo⁴⁴ŋəu²²ŋ²²xaʔ⁵mɔn⁵¹]

有饭唔吓烂。[xo⁴⁴pʰɔn⁵¹ŋ²²xaʔ⁵lɔn⁵¹]

十日打铳九日空，［ɕiuʔ²n̠iʔ²taŋ⁵⁵tɕʰyŋ⁴⁴kiəu³²⁵n̠itʔkʰoŋ⁴⁴］
一日打来补九功。［itⁿ⁵n̠itⁿ⁵taŋ⁵⁵loi²²pu⁵⁵kiəu⁵⁵koŋ⁴⁴］

播田无老人，［pu⁵⁵tʰan²²mau²²lau⁵⁵n̠in²²］
割禾无空箩。［kɔtⁿ⁵uo²²mau²²kʰoŋ⁴⁴lo²¹］

七死八活九大晴。［tɕʰitⁿ⁵ɕi³²⁵patⁿ⁵uɔtⁿ²kiəu⁵⁵tʰɔi⁵¹tsʰaŋ²²］

水合雪，［ɕy³²⁵kɔtⁿ⁵sɔtⁿ⁵］
落唔脱。［loʔ²ŋ²²tʰɔʔ⁵］

六月落水隔田塍。［lyʔⁿ⁵n̠yotⁿ²lɔʔ²ɕy³²⁵kaʔⁿ⁵tʰan²²ɕyn²²］

烂冬油菜早冬麦。［lɔn²²toŋ⁴⁴iəu²²tsʰoi⁴⁴tsau⁵⁵toŋ⁴⁴maʔ²］

山坑无鱼石斑大，［san⁴⁴xaŋ⁴⁴⁵mau²²n̠y⁵¹ɕiaʔⁿ⁵pan⁴⁴tʰuɔi⁵¹］
山中无虎狨为主。［san⁴⁴tɕyŋ⁴⁴mau²²fu³²⁵suen⁴⁴uei²²tɕy³²⁵］

救蛇莫救蚓，［kiəu⁴⁴ɕia²²moʔ²kiəu⁴⁴kiai³²⁵］ 蚓：蛙
莫救路上两脚人。［moʔ²kiəu⁴⁴lu⁵¹ɕiɔŋ⁵¹liɔŋ³²⁵kioʔⁿ⁵n̠in²²］

高人有力，［kau⁴⁴n̠in²²xo⁴⁴liʔ²］
矮人有计。［ai³²⁵n̠in²²xo⁴⁴kie⁵¹］

重担担伤人，［tɕʰyŋ⁴⁴t ɑ m⁴⁴t ɑ m⁴⁴ɕiɔŋ⁴⁴n̠in²²］
轻担担伤山。［kʰiaŋ⁴⁴t ɑ m⁴⁴t ɑ m⁴⁴ɕiɔŋ⁴⁴san⁴⁴］

火心爱空，［fu³²⁵ɕin⁴⁴oi⁴⁴kʰoŋ⁴⁴］
人心爱直。［n̠in²²ɕin⁴⁴oi⁴⁴tɕʰiʔ²］

学懒三日，［xoʔ²lɔn⁵¹san⁴⁴n̠itⁿ⁵］
学□三年。［xoʔ²maŋ⁴⁴sam⁴⁴nan²²］ □［maŋ⁴⁴］：勤快

孝顺田头有谷，[xau⁴⁴suən⁵¹tʰan²²tʰiəu²²xo⁴⁴kuʔ⁵]
孝顺大人有福。[xau⁴⁴suən⁵¹tʰɔi⁵¹n̠in²²xo⁴⁴fuʔ⁵]

有财莫瞒妻，[xo⁴⁴tsai²²moʔ²mɔn²²tɕʰi⁴⁴]
有病莫瞒医。[xo⁴⁴pʰiaŋ⁵¹moʔ²mɔn²²i⁴⁴]

（2015 年 7 月，发音人：蓝木昌）

附录一　发音人、调查点及调查人信息一览表

01 杭州

发音合作人信息表

调查点	发音角色	姓名	性别	出生年月	文化程度	职业
杭州	方言老男	周杰人	男	1957 年 8 月	初中	保安
	方言老女	盖教英	女	1955 年 4 月	初中	职工
	方言青男、口头文化	谢浩宇	男	1984 年 3 月	本科	基层干部
	方言青女	丁姝妮	女	1987 年 9 月	本科	教师

调查点及调查人信息表

调查点	杭州
调查人	王文胜，陈瑜，沈敏佳，雷艳萍
协助调查者	郑文裕
调查设备	SAMSON C03U，SONY FDR-AX30
调查时间	2015 年 7 月 18 日—2015 年 8 月 7 日
调查地点	杭州市上城区（枝头巷）教育学院

02 嘉兴

发音合作人信息表

调查点	发音角色	姓名	性别	出生年月	文化程度	职业
嘉兴	方言老男、口头文化	黄永春	男	1951 年 10 月	初中	职工
	方言老女、口头文化	许瑞芬	女	1951 年 7 月	初中	职工
	方言青男	张宁宇	男	1986 年 8 月	本科	基层干部
	方言青女	史怡雯	女	1989 年 11 月	本科	职工

调查点及调查人信息表

调查点	嘉兴
调查人	孙宜志，程平姬，马欣欣，刘斌，仲莉莉
协助调查者	熊国红
调查设备	SAMSON C03U
调查时间	2015 年 8 月 15 日—2015 年 12 月 16 日
调查地点	嘉兴市万信酒店

03 嘉善

发音合作人信息表

调查点	发音角色	姓名	性别	出生年月	文化程度	职业
嘉善	方言老男	郎国帆	男	1964 年 9 月	初中	职工
	方言老女	王彩英	女	1954 年 4 月	初中	职工
	方言青男	郎佳俊	男	1991 年 9 月	本科	职工
	方言青女	陈洁	女	1987 年 6 月	本科	职工
	口头文化	钟爱文	女	1954 年 8 月	大专	职工
	口头文化	徐越	女	1963 年 4 月	研究生	教师
	口头文化	孟雅琴	女	1969 年 4 月	本科	教师

调查点及调查人信息表

调查点	嘉善
调查人	徐越，周汪融，葛果
协助调查者	钱贺成
调查设备	SAMSON C03U，SONY FDR-AX30，LOGITECH C930E
调查时间	2019 年 6 月 13 日—2019 年 7 月 10 日
调查地点	嘉善县档案馆

04 平湖

发音合作人信息表

调查点	发音角色	姓名	性别	出生年月	文化程度	职业
平湖	方言老男、口头文化	龚国铭	男	1951 年 12 月	大专	教师
	方言青男	于晨哲	男	1986 年 3 月	本科	基层干部
	方言老女	金其英	女	1959 年 9 月	高中	职工
	方言青女、口头文化	马旻斐	女	1990 年 11 月	本科	基层干部
	口头文化	黄萌萌	女	1997 年 5 月	本科	学生
	口头文化	邵婷婷	女	1980 年 2 月	本科	教师

调查点及调查人信息表

调查点	平湖
调查人	张薇，黄晓东
协助调查者	陆忠民，曹嘉伟
调查设备	SAMSON C03N，SAMSON C03N 内置声卡，SONY HDR-CX700E
调查时间	2017 年 8 月 10 日—2017 年 8 月 25 日
调查地点	平湖市实验小学

05 海盐

发音合作人信息表

调查点	发音角色	姓名	性别	出生年月	文化程度	职业
海盐	方言老男、口头文化	王国翼	男	1952 年 1 月	大专	教师
	方言青男	朱垸熠	男	1992 年 12 月	本科	基层干部
	方言老女、口头文化	张圣英	女	1951 年 1 月	初中	职工
	方言青女	富小燕	女	1980 年 7 月	本科	基层干部
	口头文化	沈永康	男	1944 年 11 月	中师	教师
	口头文化	徐玉英	女	1954 年 1 月	小学	农民

调查点及调查人信息表

调查点	海盐
调查人	张薇，黄晓东
协助调查者	叶惠玉，汤雪民
调查设备	SAMSON C03N，SAMSON C03N 内置声卡，SONY HDR-CX700E
调查时间	2016 年 7 月 1 日—2016 年 7 月 30 日
调查地点	海盐高级中学

06 海宁

发音合作人信息表

调查点	发音角色	姓名	性别	出生年月	文化程度	职业
海宁	方言老男、口头文化	徐伟平	男	1953 年 7 月	初中	职工
	方言老女、口头文化	陈韵超	女	1962 年 10 月	高中	职工
	方言青男	陈贤彪	男	1984 年 5 月	研究生	教师
	方言青女	汤 虹	女	1984 年 2 月	本科	职工
	口头文化	夏忠杰	男	1959 年 10 月	中师	基层干部

调查点及调查人信息表

调查点	海宁
调查人	徐越，周汪融，葛果
协助调查者	倪有章，刘琛哲
调查设备	SAMSON C03U，SONY FDR-AX30，LOGITECH C930E
调查时间	2018 年 6 月 20 日—2018 年 7 月 10 日
调查地点	海宁文苑小学

07 桐乡

发音合作人信息表

调查点	发音角色	姓名	性别	出生年月	文化程度	职业
桐乡	方言老男	姚文洲	男	1955 年 10 月	高中	文艺工作者
	方言青男	倪一震	男	1984 年 7 月	本科	基层干部

续表

调查点	发音角色	姓名	性别	出生年月	文化程度	职业
桐乡	方言老女、口头文化	张幸华	女	1955 年 12 月	初中	基层干部
	方言青女	钱家欢	女	1992 年 3 月	本科	教师
	口头文化	席丽萍	女	1957 年 10 月	高中	文艺工作者

调查点及调查人信息表

调查点	桐乡
调查人	张薇，黄晓东
协助调查者	丁钰芬
调查设备	SAMSON C03N，SAMSON C03N 内置声卡，SONY HDR-CX700E
调查时间	2018 年 7 月 24 日—2018 年 8 月 12 日
调查地点	桐乡市教育局

08 崇德

发音合作人信息表

调查点	发音角色	姓名	性别	出生年月	文化程度	职业
崇德	方言老男	杜秋熊	男	1950 年 9 月	大专	职工
	方言青男	吴昊	男	1981 年 3 月	本科	基层干部
	方言老女	蔡淑敏	女	1961 年 6 月	高中	职工
	方言青女	娄蕴芝	女	1988 年 8 月	大专	旅游工作者
	口头文化	徐建人	男	1958 年 2 月	大专	基层干部
	口头文化	胡金林	男	1957 年 12 月	大专	基层干部

调查点及调查人信息表

调查点	崇德
调查人	张薇，黄晓东
协助调查者	丁钰芬，李彦杰
调查设备	SAMSON C03N，SAMSON C03N 内置声卡，SONY HDR-CX700E
调查时间	2019 年 8 月 7 日—2019 年 8 月 25 日
调查地点	桐乡市崇德小学语溪校区

09 湖州

发音合作人信息表

调查点	发音角色	姓名	性别	出生年月	文化程度	职业
湖州	方言老男	冯伟民	男	1955 年 12 月	高中	职工
	方言老女	蕲宜萍	女	1958 年 4 月	研究生	教师
	方言青男	魏霈侃	男	1985 年 2 月	研究生	基层干部
	方言青女	高佳薇	女	1989 年 12 月	本科	教师
	口头文化	崔少俊	男	1982 年 12 月	本科	教师

调查点及调查人信息表

调查点	湖州
调查人	徐越，周汪融，葛果
协助调查者	董萍
调查设备	SAMSON C03U，SONY FDR-AX30，LOGITECH C930E
调查时间	2018 年 7 月 10 日—2018 年 7 月 29 日
调查地点	湖州市高级中学

10 德清

发音合作人信息表

调查点	发音角色	姓名	性别	出生年月	文化程度	职业
德清	方言老男	余敏强	男	1961 年 10 月	高中	职工
	方言老女	潘自英	女	1962 年 4 月	高中	职工
	方言青男	钱程新	男	1987 年 1 月	本科	职工
	方言青女	朱桓瑾	女	1986 年 12 月	本科	职工
	口头文化	唐小英	男	1950 年 6 月	小学	职工

调查点及调查人信息表

调查点	德清
调查人	徐越，周汪融，葛果
协助调查者	倪有章，刘琛哲
调查设备	SAMSON C03U，SONY FDR-AX30，LOGITECH C930E
调查时间	2018 年 7 月 24 日—2018 年 8 月 10 日
调查地点	德清县第四中学

11 武康

发音合作人信息表

调查点	发音角色	姓名	性别	出生年月	文化程度	职业
武康	方言老男	凌志国	男	1958 年 7 月	高中	职工
	方言老女	王法娣	女	1962 年 6 月	高中	职工
	方言青男	李列伟	男	1991 年 2 月	大专	工商业者
	方言青女	杨洁	女	1990 年 9 月	大专	职工
	口头文化	余洁	男	1977 年 3 月	小学	职工
	口头文化	王红琴	女	1965 年 3 月	初中	职工

调查点及调查人信息表

调查点	武康
调查人	徐越，周汪融，葛果
协助调查者	倪有章，刘琛哲
调查设备	SAMSON C03U，Sony FDR-AX30，LOGITECH C930E
调查时间	2019 年 7 月 20 日—2018 年 8 月 10 日
调查地点	德清县第二中学

12 安吉

发音合作人信息表

调查点	发音角色	姓名	性别	出生年月	文化程度	职业
安吉	方言老男、口头文化	章云天	男	1948 年 4 月	小学	农民
	方言老女、口头文化	章美莉	女	1955 年 3 月	初中	农民
	方言青男、口头文化	吴章伟	男	1983 年 2 月	本科	教师
	方言青女、口头文化	张丹妮	女	1986 年 6 月	本科	教师
	口头文化	杨芳芳	女	1959 年 8 月	中专	农民

调查点及调查人信息表

调查点	安吉
调查人	叶晗，赵翠阳，赵春阳，王杰于
协助调查者	杨芳芳
调查设备	SAMSON C03U，SONY HDR-PJ670
调查时间	2015 年 7 月 27 日—2015 年 8 月 28 日
调查地点	安吉县递铺社区

13 孝丰

发音合作人信息表

调查点	发音角色	姓名	性别	出生年月	文化程度	职业
孝丰	方言老男、口头文化	刘勤	男	1951 年 9 月	大专	教师
	方言老女	马小菊	女	1963 年 5 月	高中	基层干部
	方言青男	查金良	男	1986 年 6 月	本科	基层干部
	方言青女、口头文化	朱云	女	1983 年 8 月	本科	护士
	口头文化	戴彩艳	女	1979 年 9 月	本科	基层干部

调查点及调查人信息表

调查点	孝丰镇
调查人	叶晗，赵翠阳，赵春阳，郑新悦，周哲楠
协助调查者	张博
调查设备	SAMSON C03U，摄录一体机；LOGITECH 920
调查时间	2018 年 7 月 27 日—2018 年 8 月 14 日
调查地点	安吉县孝丰镇孝景酒店

14 长兴

发音合作人信息表

调查点	发音角色	姓名	性别	出生年月	文化程度	职业
长兴	方言老男、口头文化	乔纪良	男	1950 年 3 月	大专	职工
	方言老女	肖慧勤	女	1955 年 12 月	初中	基层干部
	方言青男	李晟	男	1991 年 12 月	大专	职工
	方言青女、口头文化	舒悦	女	1982 年 2 月	本科	教师
	口头文化	王兵	男	1937 年 2 月	中专	基层干部
	口头文化	江语萧	女	2009 年 10 月	小学	学生
	口头文化	吴印哲	男	2009 年 12 月	小学	学生
	口头文化	吴利勇	男	1977 年 9 月	大专	工商业者
	口头文化	周建丽	女	1981 年 9 月	本科	教师
	口头文化	李荣祥	男	1950 年 11 月	高中	工商业者
	口头文化	窦新红	女	1955 年 9	初中	职工

调查点及调查人信息表

调查点	长兴
调查人	叶晗，赵翠阳，赵春阳，王杰于，郑新跃
协助调查者	钱锋
调查设备	SAMSON C03U，摄录一体机，LOGITECH 920
调查时间	2016 年 7 月 10 日—2016 年 7 月 31 日
调查地点	长兴县皇冠假日大酒店

15 余杭

发音合作人信息表

调查点	发音角色	姓名	性别	出生年月	文化程度	职业
余杭	方言老男、口头文化	叶天法	男	1952 年 8 月	小学	职工
	方言老女	姚和玉	女	1959 年 12 月	中专	职工
	方言青男、口头文化	金良瓶	男	1983 年 1 月	高中	职工
	方言青女	郎良燕	女	1985 年 1 月	本科	职工

调查点及调查人信息表

调查点	余杭
调查人	徐越，王晨欣，沈敏佳
协助调查者	余杭区教育局相关人员
调查设备	SAMSON C03U，SONY FDR-AX30，LOGITECH C930E
调查时间	2016 年 8 月 2 日—2016 年 8 月 30 日
调查地点	纸笔调查地点：余杭区崇福山居 摄录地点：杭州文澜未来科技学校

16 临安

发音合作人信息表

调查点	发音角色	姓名	性别	出生年月	文化程度	职业
临安	方言老男	王炳南	男	1958 年 9 月	高中	职工
	方言老女	马丽娟	女	1956 年 1 月	小学	农民
	方言青男	章杭	男	1988 年 10 月	大专	职工
	方言青女	章立	女	1988 年 8 月	本科	职工
	口头文化	黄金森	男	1948 年 1 月	小学	职工

调查点及调查人信息表

调查点	临安
调查人	徐越，周汪融，葛果
协助调查者	方以苏
调查设备	SAMSON C03U，SONY FDR-AX30，LOGITECH WEBCAM C930E
调查时间	2017 年 8 月 10 日—2017 年 8 月 28 日
调查地点	临安电视台

17 昌化

发音合作人信息表

调查点	发音角色	姓名	性别	出生年月	文化程度	职业
昌化	方言老男、口头文化	张南云	男	1961 年 3 月	高中	基层干部
	方言老女	吴丽娜	女	1961 年 10 月	初中	农民
	方言青男、口头文化	吴陈焘	男	1991 年 5 月	专科	基层干部
	方言青女、口头文化	邱冰鑫	女	1988 年 7 月	本科	职工
	口头文化	翁三芳	女	1975 年 7 月	高中	工商业者
	口头文化	公仲木	男	1956 年 9 月	高中	农民
	口头文化	郑惠仙	女	1965 年 9 月	小学	工商业者
	口头文化	姚亚平	男	1959 年 10 月	小学	农民

调查点及调查人信息表

调查点	昌化
调查人	赵翠阳，赵春阳，欧阳艳华，何培文
协助调查者	唐礼平，卢丽亚
调查设备	SAMSON C03U，摄录一体机，LOGITECH 920
调查时间	2019 年 7 月 19 日—2019 年 8 月 6 日
调查地点	昌化镇华悦松泉酒店

18 於潜

发音合作人信息表

调查点	发音角色	姓名	性别	出生年月	文化程度	职业
於潜	方言老男、口头文化	潘敏	男	1956 年 7 月	初中	职工
	方言老女、口头文化	汪雪姣	女	1961 年 3 月	初中	农民
	方言青男	叶锋	男	1981 年 12 月	中专	基层干部
	方言青女、口头文化	应思帆	女	1994 年 1 月	专科	工商业者
	口头文化	何雅芬	女	1968 年 8 月	初中	自由职业者

调查点及调查人信息表

调查点	於潜
调查人	程永艳，胡云晚，谢珊，胡徐梁，陈雨欣
协助调查者	唐礼平，卢露，叶萍
调查设备	SAMSON C03U，摄录一体机，LOGITECH 920
调查时间	2019 年 7 月 15 日—2019 年 8 月 31 日
调查地点	於潜镇彩丽商务酒店

19 萧山

发音合作人信息表

调查点	发音角色	姓名	性别	出生年月	文化程度	职业
萧山	方言老男	吴怀德	男	1960 年 4 月	初中	职工
	方言老女	赵庆林	女	1956 年 8 月	初中	职工
	方言青男	邱超峰	男	1992 年 1 月	大学本科	工程师
	方言青女	严淑娜	女	1984 年 10 月	本科	基层干部
	口头文化	邱超峰	男	1992 年 1 月	大学本科	工程师
	口头文化	吴怀德	男	1960 年 4 月	初中	职工

调查点及调查人信息表

调查点	萧山
调查人	孙宜志，林丹丹，何月
协助调查者	钱国灿
调查设备	SAMSON C03U
调查时间	2018 年 7 月 15 日—2018 年 7 月 30 日
调查地点	萧山区广播电视台

20 富阳

发音合作人信息表

调查点	发音角色	姓名	性别	出生年月	文化程度	职业
富阳	方言老男	唐正元	男	1959 年 4 月	小学	自由职业者
	方言老女	倪华安	女	1958 年 7 月	初中	工商业者
	方言青男	章捷	男	1984 年 11 月	本科	职工
	方言青女	孙丽琦	女	1984 年 10 月	本科	教师
	口头文化	江幽松	男	1950 年 9 月	高中	职工
	口头文化	蒋金乐	男	1962 年 6 月	大专	自由职业者

调查点及调查人信息表

调查点	富阳
调查人	吴众，程永艳，徐思越，孟桐羽，周哲楠，陈慧琳
协助调查者	杭州市富阳区教育局及徐晖老师，杭州市富阳电视台
调查设备	SAMSON C03U，SONY FDR-AX30，LOGITECH WEBCAM C930E
调查时间	2018 年 7 月 12 日—2018 年 7 月 28 日
调查地点	富阳电视台

21 新登

发音合作人信息表

调查点	发音角色	姓名	性别	出生年月	文化程度	职业
新登	方言老男	吴新人	男	1955 年 10 月	高中	基层干部
	方言老女	陈银娟	女	1955 年 1 月	小学	裁缝
	方言青男	林建新	男	1985 年 6 月	本科	基层干部
	方言青女	陈堃	女	1985 年 7 月	本科	教师
	口头文化	陈银娟	女	1955 年 1 月	小学	裁缝
	口头文化	罗雁	女	1989 年 4 月	本科	教师
	口头文化	陈堃	女	1985 年 7 月	本科	教师
	口头文化	楼雨文	男	1955 年 1 月	初中	农民

调查点及调查人信息表

调查点	新登
调查人	吴众，徐思越，殷倩雯，李玥萱，程晓雨
协助调查者	富阳教育局徐晖，新登镇中心小学杨丽华，松溪小学
调查设备	SAMSON C03U，SONY FDR-AX30，LOGITECH WEBCAM C930E
调查时间	2019 年 7 月 3 日—2019 年 7 月 27 日
调查地点	松溪小学

22 桐庐

发音合作人信息表

调查点	发音角色	姓名	性别	出生年月	文化程度	职业
桐庐	方言老男	林胜华	男	1956 年 12 月	高中	职工
	方言老女	金超英	女	1959 年 8 月	初中	职工
	方言青男	孙余伟	男	1990 年 12 月	本科	基层干部
	方言青女	向杭玥	女	1987 年 8 月	大专	基层干部
	口头文化	林胜华	男	1956 年 12 月	高中	职工
	口头文化	金超英	女	1959 年 8 月	初中	职工

调查点及调查人信息表

调查点	桐庐
调查人	孙宜志，程平姬，林丹丹
协助调查者	潘胜君，何彩珍，华斌
调查设备	SAMSON C03U
调查时间	2017 年 07 月 10 日—2017 年 07 月 25 日
调查地点	桐庐县桐庐杭州传媒高级中学

23 分水

发音合作人信息表

调查点	发音角色	姓名	性别	出生年月	文化程度	职业
分水	方言老男	邱水明	男	1954 年 6 月	高中	职工
	方言老女	刘春美	女	1955 年 3 月	文盲	无
	方言青男	吴志华	男	1988 年 5 月	初中	职工
	方言青女	江亚芬	女	1983 年 9 月	初中	无
	口头文化	何明珠	女	1964 年 2 月	初中	工商业者
	口头文化	刘春美	女	1955 年 3 月	文盲	无

调查点及调查人信息表

调查点	分水
调查人	许巧枝，施伟伟，徐梦菲，谢娇娇，魏振国
协助调查者	潘胜君
调查设备	SAMSON C03U，SONY FDR-AX45
调查时间	2018 年 7 月 20 日—2018 年 8 月 6 日
调查地点	桐庐分水高级中学

24 绍兴

发音合作人信息表

调查点	发音角色	姓名	性别	出生年月	文化程度	职业
绍兴	方言老男	杨永祥	男	1952 年 7 月	初中	职工
	方言老女、口头文化	董之洁	女	1954 年 4 月	高中	财会人员
	方言青男	魏昉昊	男	1989 年 9 月	大专	自由职业者
	方言青女	金晶	女	1984 年 4 月	本科	护士
	口头文化	宋小青	女	1945 年 3 月	初中	文艺工作者
	口头文化	陆纪生	男	1944 年 11 月	中专	医生
	口头文化	韦菊儿	女	1949 年 11 月	初中	职工
	口头文化	郭耀灿	男	1951 年 6 月	初中	销售员

调查点及调查人信息表

调查点	绍兴
调查人	施俊
协助调查者	张芳芽
调查设备	SAMSON C03U，SONY HDR-PJ670
调查时间	2015 年 7 月 20 日—2015 年 8 月 24 日
调查地点	绍兴市绍兴文理学院人文学院会议室，绍兴市绍兴文理学院附中语音室

25 上虞

发音合作人信息表

调查点	发音角色	姓名	性别	出生年月	文化程度	职业
上虞	方言老男	俞夫根	男	1956 年 4 月	高中	基层干部
	方言老女、口头文化	朱丽娟	女	1959 年 1 月	高中	职工
	方言青男	张辰	男	1988 年 8 月	本科	基层干部
	方言青女	杭玉枫	女	1988 年 6 月	大专	教师

调查点及调查人信息表

调查点	上虞
调查人	肖萍，汪阳杰
协助调查者	谢琼，董洪根
调查设备	SAMSON C03U，SONY EX280
调查时间	2018 年 5 月 31 日—2018 年 7 月 24 日
调查地点	绍兴市上虞区百官街道，绍兴市上虞区体育馆

26 嵊州

发音合作人信息表

调查点	发音角色	姓名	性别	出生年月	文化程度	职业
嵊州	方言老男、口头文化	钱樟明	男	1958 年 6 月	初中	自由职业者
	方言老女	虞和亚	女	1962 年 5 月	高中	职工
	方言青男	胡科铭	男	1984 年 10 月	本科	基层干部
	方言青女	袁璐	女	1986 年 4 月	本科	工商业者
	口头文化	沈初耀	男	1948 年 8 月	中专	职工
	口头文化	贝仲林	男	1955 年 6 月	大专	统计员
	口头文化	丁娟兰	女	1956 年 4 月	高中	自由职业者

调查点及调查人信息表

调查点	嵊州
调查人	施俊
协助调查者	求佳莉，丁胜
调查设备	SAMSON C03U，SONY HDR-PJ670
调查时间	2016 年 6 月 26 日—2016 年 7 月 24 日
调查地点	嵊州市教育局办公室，嵊州市城南小学语音室

27 新昌

发音合作人信息表

调查点	发音角色	姓名	性别	出生年月	文化程度	职业
新昌	方言老男	俞魁忠	男	1955 年 9 月	初中	职工
	方言老女	陈金妹	女	1954 年 10 月	中专	护士
	方言青男	石程超	男	1991 年 5 月	大专	职工
	方言青女	黄伟伟	女	1984 年 11 月	大专	职工
	口头文化	王莺	女	1971 年 10 月	大专	文艺工作者
	口头文化	张婷芳	女	1995 年 11 月	大专	文艺工作者
	口头文化	何玉燕	女	1953 年 8 月	初中	职工
	口头文化	陈金妹	女	1954 年 10 月	中专	护士

调查点及调查人信息表

调查点	新昌
调查人	施俊
协助调查者	陈钢，梁杉杉
调查设备	SAMSON C03U，SONY HDR-PJ670
调查时间	2017 年 6 月 26 日—2017 年 7 月 17 日
调查地点	绍兴市新昌县锦江之星酒店，绍兴市新昌县实验中学录播室

28 诸暨

发音合作人信息表

调查点	发音角色	姓名	性别	出生年月	文化程度	职业
诸暨	方言老男	朱雷	男	1952 年 6 月	初中	职工
	方言老女	章苗芳	女	1960 年 4 月	初中	职工
	方言青男	蒋咏凯	男	1981 年 9 月	本科	基层干部
	方言青女	应红叶	女	1982 年 9 月	中专	职工
	口头文化	朱雷	男	1952 年 6 月	初中	职工
	口头文化	蒋咏凯	男	1981 年 9 月	本科	基层干部
	口头文化	应红叶	女	1982 年 9 月	中专	职工

调查点及调查人信息表

调查点	诸暨
调查人	孙宜志，程平姬，仲莉莉，林丹丹，程康平
协助调查者	虞颖洁
调查设备	SAMSON CO3U
调查时间	2016 年 7 月 11 日—2016 年 8 月 12 日
调查地点	诸暨市锦江之星酒店大桥路店

29 慈溪

发音合作人信息表

调查点	发音角色	姓名	性别	出生年月	文化程度	职业
慈溪	方言老男	叶爱银	男	1946 年 8 月	初中	基层干部
	方言老女	陈美仙	女	1949 年 7 月	初中	基层干部
	方言青男	蒋熠	男	1979 年 10 月	本科	基层干部
	方言青女、口头文化	罗许云	女	1978 年 3 月	大专	单证员

调查点及调查人信息表

调查点	慈溪
调查人	肖萍，骆柔嘉，李俊杰，肖介汉
协助调查者	马拉吉，任央君
调查设备	SAMSON C03U，SONY PMW-EX160
调查时间	2017 年 5 月 25 日—2017 年 6 月 28 日
调查地点	慈溪市教育局

30 余姚

发音合作人信息表

调查点	发音角色	姓名	性别	出生年月	文化程度	职业
余姚	方言老男	周凤朝	男	1955 年 10 月	大专	基层干部
	方言老女	翁小谦	女	1950 年 11 月	初中	基层干部
	方言青男	朱梁	男	1986 年 10 月	本科	基层干部

续表

调查点	发音角色	姓名	性别	出生年月	文化程度	职业
余姚	方言青女	张洁	女	1979 年 6 月	大专	旅游工作者
	口头文化	鲁桂花	女	1952 年 10 月	初中	职工

调查点及调查人信息表

调查点	余姚
调查人	肖萍，马玉佩，朱瑾丽，张细呈，肖介汉
协助调查者	马再英，陈燕娟
调查设备	SAMSON C03U，SONY HDR-PJ670
调查时间	2015 年 8 月 1 日—2015 年 8 月 15 日
调查地点	余姚市阳明街道新城市社区，宁波市宁波大学

31 宁波

发音合作人信息表

调查点	发音角色	姓名	性别	出生年月	文化程度	职业
宁波	方言老男	方芝萍	男	1954 年 3 月	大专	职工
	方言老女	沈良敏	女	1948 年 5 月	小学	农民
	方言青男	邵国强	男	1982 年 6 月	大专	职工
	方言青女	汪鸿	女	1983 年 1 月	本科	基层干部
	口头文化	林国芳	男	1960 年 12 月	初中	职工
	口头文化	张根娣	女	1951 年 11 月	大专	教师

调查点及调查人信息表

调查点	宁波
调查人	肖萍，马玉佩，朱瑾丽，张细呈，肖介汉
协助调查者	蒋和法，曾吉女，胡尧龙
调查设备	SAMSON C03U，SONY HDR-PJ670
调查时间	2016 年 4 月 24 日—2016 年 5 月 24 日
调查地点	宁波市海曙区，宁波市宁波大学

32 镇海

发音合作人信息表

调查点	发音角色	姓名	性别	出生年月	文化程度	职业
镇海	方言老男	竺联民	男	1957 年 6 月	高中	工商业者
	方言老女、口头文化	张兆进	女	1959 年 9 月	中师	教师
	方言青男	俞凌	男	1991 年 8 月	大专	电工
	方言青女	郑佳	女	1985 年 12 月	本科	基层干部
	口头文化	周惠蒙	男	1946 年 4 月	初中	人民调解员
	口头文化	周培元	男	1949 年 1 月	初中	职工
	口头文化	秦家声	男	1944 年 5 月	中专	财会人员

调查点及调查人信息表

调查点	镇海
调查人	肖萍，沈子洋，汪阳杰
协助调查者	沈家裕
调查设备	SAMSON C03U，SONY HVR-V1C
调查时间	2019 年 8 月 19 日—2019 年 8 月 26 日
调查地点	宁波市镇海应行久外语实验学校

33 奉化

发音合作人信息表

调查点	发音角色	姓名	性别	出生年月	文化程度	职业
奉化	方言老男	陈撷平	男	1955 年 3 月	初中	职工
	方言老女	张伏意	女	1954 年 4 月	中专	教师
	方言青男	陆立峰	男	1986 年 1 月	大专	销售员
	方言青女	舒芬	女	1988 年 8 月	本科	教师
	口头文化	徐恩琴	女	1967 年 12 月	大专	陪审员

调查点及调查人信息表

调查点	奉化
调查人	肖萍，汪阳杰，骆柔嘉
协助调查者	顾文斌
调查设备	SAMSON C03U，SONY EXIR
调查时间	2018 年 5 月 14 日—2018 年 8 月 20 日
调查地点	宁波市奉化区教育局九楼会议室

34 宁海

发音合作人信息表

调查点	发音角色	姓名	性别	出生年月	文化程度	职业
宁海	方言老男	丁良荣	男	1952 年 11 月	初中	职工
	方言老女	裘春绵	女	1961 年 5 月	初中	职工
	方言青男	胡挺	男	1985 年 10 月	高中	驾校教练
	方言青女	袁柳静	女	1981 年 8 月	本科	教师
	口头文化	陈一兵	男	1962 年 12 月	大专	工程师

调查点及调查人信息表

调查点	宁海
调查人	肖萍，宋李佳，王舰，李俊杰
协助调查者	黄晓莹，魏超辉
调查设备	SAMSON C03U，SONY 280
调查时间	2017 年 2 月 13 日—2017 年 6 月 29 日
调查地点	宁波市宁海县教育局

35 象山

发音合作人信息表

调查点	发音角色	姓名	性别	出生年月	文化程度	职业
象山	方言老男	蒋明杨	男	1963 年 10 月	大专	基层干部
	方言老女	费素琴	女	1956 年 7 月	中专	医生

续表

调查点	发音角色	姓名	性别	出生年月	文化程度	职业
象山	方言青男	沈欣增	男	1990 年 12 月	本科	职工
	方言青女	费越	女	1993 年 1 月	本科	教师
	口头文化	倪赛娟	女	1946 年 6 月	小学	职工

调查点及调查人信息表

调查点	象山
调查人	肖萍，汪阳杰
协助调查者	鲍瑞燕
调查设备	SAMSON C03U，SONY X280
调查时间	2019 年 6 月 3 日—2019 年 7 月 20 日
调查地点	宁波市象山县教育局

36 普陀

发音合作人信息表

调查点	发音角色	姓名	性别	出生年月	文化程度	职业
普陀	方言老男、口头文化	周海儿	男	1958 年 11 月	高中	保安
	方言老女	周明珠	女	1959 年 5 月	初中	职工
	方言青男	李奇	男	1986 年 4 月	大专	职工
	方言青女	柳莺	女	1983 年 1 月	本科	教师
	口头文化	徐正泰	男	1948 年 11 月	高中	教师

调查点及调查人信息表

调查点	普陀
调查人	王文胜，周倩倩，王晨欣，李嘉玲
协助调查者	李雨纯
调查设备	SAMSON C03U，SONY FDR-AX30，LOGITECH C930E
调查时间	2015 年 8 月 2 日—2015 年 8 月 17 日
调查地点	舟山市普陀区沈家门小学

37 定海

发音合作人信息表

调查点	发音角色	姓名	性别	出生年月	文化程度	职业
定海	方言老男	刘汉龙	男	1956 年 10 月	初中	职工
	方言老女	沈鱼熊	女	1950 年 10 月	初中	职工
	方言青男	林宏磊	男	1983 年 10 月	本科	工商业者
	方言青女	张晶晶	女	1983 年 6 月	本科	教师
	口头文化	孙瑞珍	女	1947 年 12 月	初中	职工
	口头文化	毕文	女	1968 年 11 月	本科	教师
	口头文化	赵翔	男	1973 年 6 月	大专	自由职业者
	口头文化	冯岳平	女	1958 年 4 月	高中	面点师

调查点及调查人信息表

调查点	定海
调查人	徐波，任文轩，李枚，沈栋，聂子怡
协助调查者	朱建军，李清秋
调查设备	SONY PMW-580K
调查时间	2016 年 5 月 31 日—2016 年 9 月 30 日
调查地点	舟山市民盟振华职业技术学校，浙江海洋大学

38 岱山

发音合作人信息表

调查点	发音角色	姓名	性别	出生年月	文化程度	职业
岱山	方言老男	徐国平	男	1956 年 8 月	中专	教师
	方言老女	周亚娣	女	1962 年 5 月	初中	自由职业者
	方言青男	邱梁	男	1988 年 12 月	本科	基层干部
	方言青女	刘缘	女	1987 年 6 月	本科	教师
	口头文化	张平球	男	1949 年 3 月	专科	职工
	口头文化	张亚珍	女	1953 年 11 月	初中	职工

调查点及调查人信息表

调查点	岱山
调查人	徐波，陈筱姁，俞海静，王天鸽，杨柯
协助调查者	徐伟波，邱宏方
调查设备	SONY PMW-580K
调查时间	2017 年 5 月 31 日—2017 年 9 月 30 日
调查地点	舟山市岱山县教育局，岱山县高亭中心小学微格教室

39 嵊泗

发音合作人信息表

调查点	发音角色	姓名	性别	出生年月	文化程度	职业
嵊泗	方言老男	邵金坤	男	1950 年 9 月	中专	基层干部
	方言老女	叶亚彬	女	1954 年 11 月	中师	教师
	方言青男	徐奇能	男	1985 年 11 月	本科	基层干部
	方言青女	谢燕	女	1989 年 8 月	本科	基层干部
	口头文化	洪国强	男	1946 年 3 月	初中	文艺工作者
	口头文化	沈利兵	男	1967 年 3 月	本科	基层干部
	口头文化	毛银来	男	1947 年 12 月	初中	基层干部
	口头文化	徐海梅	女	1906 年 3 月	中专	教师
	口头文化	黄佳优一	女	2010 年 7 月	小学	学生

调查点及调查人信息表

调查点	嵊泗
调查人	陈筱姁，徐波，任文轩，黄鑫，李晨阳
协助调查者	沈君霞
调查设备	SONY FDR AX100
调查时间	2018 年 5 月 24 日—2018 年 10 月 7 日
调查地点	舟山市嵊泗县初级中学，浙江海洋大学

40 临海

发音合作人信息表

调查点	发音角色	姓名	性别	出生年月	文化程度	职业
临海	方言老男、口头文化	沈建中	男	1956 年 7 月	中专	基层干部
	方言老女	张丽君	女	1953 年 6 月	初中	职工
	方言青男	谢华义	男	1985 年 12 月	本科	工商业者
	方言青女	江璟妮	女	1985 年 3 月	本科	教师
	口头文化	赵宏禄	男	1956 年 4 月	大专	律师
	口头文化	柯华富	男	1965 年 9 月	高中	教师

调查点及调查人信息表

调查点	临海
调查人	阮咏梅，丁薇
协助调查者	王天亚，贺俊燕，单仁慰，王万康，朱瑾丽，叶泽成，项小红，杨钰
调查设备	SAMSON C03U；SONY PXW-X160
调查时间	2017 年 6 月 18 日—2017 年 8 月 18 日
调查地点	台州市临海市回浦中学

41 椒江

发音合作人信息表

调查点	发音角色	姓名	性别	出生年月	文化程度	职业
椒江	方言老男	张鸣	男	1955 年 1 月	大专	基层干部
	方言老女、口头文化	洪文聪	女	1954 年 11 月	大专	基层干部
	方言青男	王勇	男	1980 年 11 月	高中	工商业者
	方言青女	於佳倩	女	1982 年 10 月	大学	职工
	口头文化	林锦红	女	1963 年 7 月	初中	职工
	口头文化	张华飞	女	1955 年 1 月	高中	文艺工作者
	口头文化	王振华	男	1956 年 3 月	高中	医生

调查点及调查人信息表

调查点	椒江
调查人	阮咏梅，王万康
协助调查者	王能，张建英，刘勇，阮永瑜
调查设备	SAMSON C03U，SONY AX2000，LOGITECH C930E
调查时间	2017 年 6 月 26 日—2017 年 7 月 23 日
调查地点	台州市椒江区第二职业技术学校

42 黄岩

发音合作人信息表

调查点	发音角色	姓名	性别	出生年月	文化	职业
黄岩	方言老男	董济忠	男	1955 年 7 月	初中	职工
	方言老女、口头文化	徐桂妹	女	1962 年 6 月	大专	职工
	方言青男	陈一楔	男	1993 年 9 月	本科	教师
	方言青女	牟晗嘉	女	1990 年 3 月	本科	教师
	口头文化	陈信义	男	1954 年 11 月	初中	文艺工作者
	口头文化	胡从德	女	1950 年 2 月	高中	文艺工作者
	口头文化	周姿含	女	2008 年 2 月	初中	学生
	口头文化	陈明达	男	1953 年 2 月	大专	职工

调查点及调查人信息表

调查点	黄岩
调查人	阮咏梅，钱燕群，吴腾飞，孙铭洺，喻志远
协助调查者	林斌，夏吟，王以贤，许守胜
调查设备	SAMSON C03U，LOGITECH C930E，CANON 5D4
调查时间	2019 年 7 月 30 日—8 月 9 日
调查地点	台州市黄岩实验小学，黄岩第一职技校

43 温岭

发音合作人信息表

调查点	发音角色	姓名	性别	出生年月	文化	职业
温岭	方言老男	王根土	男	1946 年 10 月	初中	记者
	方言老女	林香莲	女	1956 年 10 月	高中	基层干部
	方言青男	李靖	男	1978 年 1 月	本科	工商业者
	方言青女、口头文化	王霞	女	1986 年 7 月	大专	教师
	口头文化	金明才	男	1944 年 11 月	初中	文艺工作者
	口头文化	阮素琴	女	1971 年 3 月	高中	文艺工作者
	口头文化	应光远	男	1939 年 2 月	小学	文艺工作者
	口头文化	王云兵	男	1972 年 3 月	初中	工商业者
	口头文化	林晓春	男	1941 年 12 月	初中	文艺工作者

调查点及调查人信息表

调查点	温岭
调查人	阮咏梅，王万康
协助调查者	滕林华，金建辉，张俊杰，王敏杰，阮小春，阮法根，黄晓慧
调查设备	SAMSON C03U，SONY PMW-EX260（补录时用 SONY HDR-PJ670）
调查时间	2015 年 7 月 25 日—8 月 10 日
调查地点	台州市温岭市教育局，温岭市第三中学

44 仙居

发音合作人信息表

调查点	发音角色	姓名	性别	出生年月	文化程度	职业
仙居	方言老男、口头文化	张真弟	男	1956 年 9 月	初中	农民
	方言老女	王燕青	女	1955 年 10 月	中师	教师
	方言青男	王均吉	男	1987 年 11 月	大专	工商业者
	方言青女	赵璐雯	女	1990 年 10 月	本科	教师
	口头文化	吴建设	男	1967 年 2 月	大专	教师
	口头文化	王燕青	女	1955 年 10 月	中专	教师
	口头文化	吴云香	女	1936 年 4 月	文盲	农民

调查点及调查人信息表

调查点	仙居
调查人	黄晓东，张薇，罗璐霞，吴梦瑜，任令如
协助调查者	吴伟亚，朱晓勇
调查设备	SAMSON C03U，SAMSON C03U 内置声卡，SONY HDR-CX700E
调查时间	2019 年 7 月 1 日—2019 年 8 月 6 日
调查地点	丽水市仙居县第四小学

45 天台

发音合作人信息表

调查点	发音角色	姓名	性别	出生年月	文化程度	职业
天台	方言老男	袁相爱	男	1951 年 12 月	初中	驾驶员
	方言老女、口头文化	陈美玲	女	1945 年 10 月	初中	职工
	方言青男	余波	男	1992 年 4 月	本科	基层干部
	方言青女	肖颖颖	女	1981 年 8 月	本科	教师
	口头文化	潘祖来	男	1948 年 10 月	初中	农民
	口头文化	张哲炎	男	1955 年 1 月	初中	农民
	口头文化	梅碧婷	女	1951 年 6 月	小学	职工

调查点及调查人信息表

调查点	天台
调查人	肖萍，丁薇
协助调查者	王洪钟，王培红，王万康，朱瑾丽，许世琪
调查设备	SAMSON C03U，SONY PMW-EX260
调查时间	2016 年 1 月 15 日—2016 年 4 月 18 日
调查地点	天台县赤城中学

46 三门

发音合作人信息表

调查点	发音角色	姓名	性别	出生年月	文化程度	职业
三门	方言老男	郑志青	男	1960 年 1 月	高中	职工
	方言老女、口头文化	蒋智会	女	1962 年 2 月	初中	职工
	方言青男	郑寒文	男	1990 年 7 月	本科	教师
	方言青女、口头文化	林唯侬	女	1984 年 11 月	本科	工商业者
	口头文化	施甜甜	女	2010 年 6 月	小学	学生
	口头文化	章思营	男	1956 年 2 月	高中	农民
	口头文化	章丹葳	女	1990 年 6 月	本科	教师
	口头文化	叶维虎	男	1946 年 1 月	小学	农民

调查点及调查人信息表

调查点	三门
调查人	叶晗，赵翠阳，何培文，黄依娜
协助调查者	丁赵明
调查设备	SAMSON C03U，摄录一体机，LOGITECH C920
调查时间	2019 年 8 月 17 日—2019 年 9 月 8 日
调查地点	三门县台湾卡特主题酒店

47 玉环

发音合作人信息表

调查点	发音角色	姓名	性别	出生年月	文化	职业
玉环	方言老男	张崇利	男	1953 年 10 月	高中	工程管理
	方言老女	胡玲俐	女	1958 年 1 月	大专	财会人员
	方言青男	董西强	男	1981 年 6 月	大专	职工
	方言青女	林璐	女	1987 年 6 月	本科	教师
	口头文化	鲍迪胜	男	1966 年 2 月	初中	文艺工作者
	口头文化	陆绍朗	男	1968 年 6 月	高中	主持人
	口头文化	陈帮强	男	1957 年 11 月	小学	农民

调查点及调查人信息表

调查点	玉环
调查人	阮咏梅，郑敏敏，钱燕群，吴腾飞
协助调查者	张伟斌，杨艳艳，庄飞娥
调查设备	SAMSON C03U，PANASONIC 3MOS，LOGITECH C930E
调查时间	2018 年 8 月 1 日—2018 年 8 月 16 日
调查地点	玉环市城关中心小学

48 金华

发音合作人信息表

调查点	发音角色	姓名	性别	出生年月	文化程度	职业
金华	方言老男	汪新潮	男	1949 年 5 月	高中	工商业者
	方言老女	金晚生	女	1948 年 12 月	高中	财会人员
	方言青男	姜谦	男	1984 年 7 月	本科	记者
	方言青女	陈媛	女	1983 年 3 月	本科	教师
	口头文化	金晚生	女	1948 年 12 月	高中	财会人员
	口头文化	叶琳	男	1948 年 2 月	中专	技术员
	口头文化	傅海菊	女	1949 年 8 月	初中	职工

调查点及调查人信息表

调查点	金华
调查人	黄晓东，张薇，肖潇，吴露露，徐小甜
协助调查者	王洪钟，刘力坚
调查设备	SAMSON C03U，SAMSON C03U 内置声卡，SONY HDR-CX700E
调查时间	2015 年 5 月 1 日—2015 年 8 月 10 日
调查地点	金华市浙江师范大学

49 汤溪

发音合作人信息表

调查点	发音角色	姓名	性别	出生年月	文化程度	职业
汤溪	方言老男	魏雪清	男	1954 年 12 月	小学	工商业者
	方言老女	汪素云	女	1957 年 6 月	小学	职工
	方言青男	严俊阳	男	1994 年 3 月	高中	工商业者
	方言青女、口头文化	何莉丹	女	1984 年 7 月	本科	职工
	口头文化	魏雪清	男	1954 年 12 月	小学	工商业者
	口头文化	汪素云	女	1957 年 6 月	小学	职工
	口头文化	郑宗林	男	1944 年 3 月	初中	基层干部

调查点及调查人信息表

调查点	汤溪
调查人	宋六旬，奚佳佳，陈懿，李双宏，程朝
协助调查者	苏战辉，谢惠娟
调查设备	SAMSON C03U，SONY FDR-Ax30，LOGITECH C930E
调查时间	2019 年 7 月 6 日—2019 年 7 月 22 日
调查地点	金华市汤溪小学

50 兰溪

发音合作人信息表

调查点	发音角色	姓名	性别	出生年月	文化程度	职业
兰溪	方言老男	王文荣	男	1952 年 12 月	初中	职工
	方言老女	唐筱薇	女	1957 年 6 月	高中	教师
	方言青男	金树	男	1986 年 5 月	本科	教师
	方言青女	陈晓瑶	女	1986 年 11 月	本科	教师
	口头文化	李关根	男	1948 年 4 月	小学	职工

调查点及调查人信息表

调查点	兰溪
调查人	吴众，陈艺雯
协助调查者	兰溪市教育局，兰溪市文化馆，毛俊寅，许峥
调查设备	SAMSON C03U；SONY FDR-AX30；LOGITECH C930E
调查时间	2017 年 7 月 30 日—2017 年 8 月 19 日
调查地点	兰溪市文化馆

51 浦江

发音合作人信息表

调查点	发音角色	姓名	性别	出生年月	文化程度	职业
浦江	方言老男	应平	男	1955 年 10 月	小学	农民
	方言老女	张灵仙	女	1956 年 10 月	初中	职工
	方言青男	洪建松	男	1980 年 10 月	高中	工商业者
	方言青女	张婷婷	女	1990 年 8 月	大专	教师
	口头文化	楼桂元	女	1956 年 11 月	小学	农民
	口头文化	方鼎晟	男	1935 年 11 月	高中	教师

调查点及调查人信息表

调查点	浦江
调查人	黄晓东，张薇，严彩云，肖潇，吴露露
协助调查者	傅江英
调查设备	SAMSON C03U，SAMSON C03U 内置声卡，SONY HDR-CX700E
调查时间	2016 年 6 月 11 日—2016 年 8 月 18 日
调查地点	金华市浦江县浦江第四中学

52 义乌

发音合作人信息表

调查点	发音角色	姓名	性别	出生年月	文化程度	职业
义乌	方言老男	陈雄文	男	1962 年 8 月	高中	自由职业者
	方言老女、口头文化	楼飞	女	1963 年 12 月	高中	职工
	方言青男	孟正昂	男	1987 年 2 月	大专	工商业者
	方言青女	陈晓倩	女	1990 年 10 月	本科	教师
	口头文化	陈碧瑛	女	1961 年 11 月	初中	自由职业者
	口头文化	贾来香	女	1947 年 7 月	文盲	文艺工作者
	口头文化	宋松芳	女	1975 年 1 月	大专	文艺工作者

调查点及调查人信息表

调查点	义乌
调查人	施俊
协助调查者	虞润尧，胡雨卉
调查设备	SAMSON C03U，SONY HDR-PJ670
调查时间	2018 年 7 月 12 日—2018 年 8 月 4 日
调查地点	义乌市绣湖小学

53 东阳

发音合作人信息表

调查点	发音角色	姓名	性别	出生年月	文化程度	职业
东阳	方言老男	蒋文星	男	1953 年 8 月	初中	农民
	方言老女	卢慧芳	女	1963 年 12 月	初中	职工
	方言青男	张丹锋	男	1988 年 3 月	本科	教师
	方言青女	吴蓉蓉	女	1989 年 11 月	本科	教师
	口头文化	吴锡华	男	1928 年 12 月	中专	职工
	口头文化	王子平	男	1955 年 6 月	初中	农民
	口头文化	张允诊	女	1957 年 2 月	初中	工商业者
	口头文化	王荷姣	女	1963 年 7 月	初中	农民

调查点及调查人信息表

调查点	东阳
调查人	刘力坚，施佳红，张纯纯，张爽
协助调查者	金黎明，申屠婷婷
调查设备	SAMSON C03U，SONY FDR-AX30，LOGITECH C930E
调查时间	2016 年 4 月 28 日—2017 年 12 月 30 日
调查地点	东阳市吴宁镇

54 永康

发音合作人信息表

调查点	发音角色	姓名	性别	出生年月	文化程度	职业
永康	方言老男	胡仲继	男	1954 年 4 月	小学	自由职业者
	方言老女	颜绿林	女	1960 年 5 月	初中	职工
	方言青男	楼滔	男	1987 年 6 月	本科	职工
	方言青女	李卫洁	女	1985 年 12 月	本科	教师
	口头文化	程静	女	1960 年 4 月	大专	基层干部

调查点及调查人信息表

调查点	永康
调查人	程永艳，吴众，王杰于，徐思越，周哲楠
协助调查者	王艾荷
调查设备	SAMSON C03U，SONY FDR-AX30，LOGITECH C930E
调查时间	2017 年 8 月 21 日—2017 年 9 月 9 日
调查地点	永康市广播电视台

55 武义

发音合作人信息表

调查点	发音角色	姓名	性别	出生年月	文化程度	职业
武义	方言老男	项琳	男	1959 年 10 月	初中	财会人员
	方言老女	徐丽英	女	1958 年 8 月	中专	医生
	方言青男	廖俊	男	1990 年 11 月	大专	基层干部
	方言青女	董彬	女	1988 年 6 月	大专	自由职业者
	口头文化	何淑芝	女	1953 年 9 月	初中	播音员
	口头文化	王青	女	1954 年 11 月	初中	职工
	口头文化	贺兰仙	女	1949 年 10 月	高中	播音员

调查点及调查人信息表

调查点	武义
调查人	叶晗，吴众，程永艳，徐思越，周哲楠，余茂龙
协助调查者	武义县教育局
调查设备	SAMSON C03U，SONY FDR-AX30，LOGITECH C930E
调查时间	2017 年 7 月 5 日—2017 年 7 月 27 日
调查地点	武义县广播电视台

56 磐安

发音合作人信息表

调查点	发音角色	姓名	性别	出生年月	文化程度	职业
磐安	方言老男、口头文化	陈德品	男	1956 年 9 月	中师	教师
	方言老女	陈促进	女	1958 年 3 月	中师	教师
	方言青男	陈健汉	男	1990 年 5 月	本科	职工
	方言青女	陈晶晶	女	1986 年 3 月	本科	职工
	口头文化	陈旭中	男	1962 年 10 月	大专	基层干部
	口头文化	杨良福	男	1947 年 2 月	大专	基层干部

调查点及调查人信息表

调查点	磐安
调查人	雷艳萍，程朝，蒋婷婷，曾霁馨，刘乙霖
协助调查者	潘向红
调查设备	SAMSON C03U，SONY FDR-AX40，LOGITECH C930E
调查时间	2019 年 7 月 15 日—2019 年 8 月 12 日
调查地点	磐安县教育局，磐安县第二中学

57 缙云

发音合作人信息表

调查点	发音角色	姓名	性别	出生年月	文化程度	职业
缙云	方言老男	黄国盛	男	1954 年 10 月	初中	自由职业者
	方言老女	李自端	女	1956 年 8 月	小学	农民
	方言青男	李凯斌	男	1986 年 11 月	大专	职工
	方言青女	黄佳丽	女	1983 年 12 月	本科	职工
	口头文化	李月华	女	1953 年 7 月	初中	农民
	口头文化	蔡玮华	女	1957 年 10 月	本科	新闻工作者
	口头文化	丁新燕	女	1979 年 4 月	本科	教师
	口头文化	杜志方	男	1945 年 7 月	大专	基层干部

调查点及调查人信息表

调查点	缙云
调查人	程永艳，吴众，徐思越，孟桐羽，周哲楠，陈慧琳
协助调查者	丁新燕，李江丽
调查设备	SAMSON C03U，SONY FDR-AX30，LOGITECH C930E
调查时间	2018 年 8 月 6 日—2018 年 8 月 27 日
调查地点	缙云县五云镇仙都中学

58 衢州

发音合作人信息表

调查点	发音角色	姓名	性别	出生年月	文化程度	职业
衢州	方言老男、口头文化	郑文奎	男	1952 年 6 月	初中	职工
	方言老女、口头文化	刘慧珍	女	1955 年 9 月	小学	无
	方言青男	龚舜	男	1986 年 3 月	本科	主持人
	方言青女	胡月	女	1983 年 1 月	本科	护士
	口头文化	陈大槐	男	1945 年 12 月	初中	自由职业者
	口头文化	杨欣	女	1970 年 5 月	高中	职工

调查点及调查人信息表

调查点	柯城
调查人	王洪钟，吴露露，郑敏敏，陈佩云
协助调查者	许建芳，朱碧月
调查设备	SAMSON C03U，SONY FDR-AX30，LOGITECH C930E
调查时间	2018 年 7 月 24 日—2018 年 8 月 10 日
调查地点	衢州市柯城区白云小学，衢州市柯城区美林宾馆

59 衢江

发音合作人信息表

调查点	发音角色	姓名	性别	出生年月	文化程度	职业
衢江	方言老男、口头文化	程明洪	男	1963 年 1 月	初中	农民
	方言老女、口头文化	杜巧英	女	1962 年 11 月	高中	农民
	方言青男	徐伟	男	1986 年 3 月	本科	辅警
	方言青女	徐淑娟	女	1988 年 11 月	中专	工商业者
	口头文化	杜忠德	男	1966 年 6 月	初中	农民
	口头文化	周炎福	男	1963 年 6 月	初中	农民

调查点及调查人信息表

调查点	衢江
调查人	王洪钟，张恬
协助调查者	吴红艳，祝志明
调查设备	SAMSON C03U，SONYFDR-AX30，LOGITECH C930E
调查时间	2019 年 7 月 22 日—2018 年 8 月 3 日
调查地点	衢江区杜泽镇杜三村，衢江区第二小学

60 龙游

发音合作人信息表

调查点	发音角色	姓名	性别	出生年月	文化程度	职业
龙游	方言老男、口头文化	陈玉柱	男	1953 年 9 月	初中	财会人员
	方言老女、口头文化	陈美蓉	女	1954 年 10 月	高中	职工
	方言青男	游佳	男	1983 年 9 月	大专	记者
	方言青女、口头文化	周芸	女	1984 年 2 月	本科	教师
	口头文化	袁耀明	男	1944 年 1 月	高中	文艺工作者
	口头文化	施维嘉	男	1994 年 10 月	大专	主持人
	口头文化	林信怡	男	1941 年 9 月	初中	职工

调查点及调查人信息表

调查点	龙游
调查人	王洪钟，陈佩云，郑敏敏
协助调查者	赖正清，雷慧清
调查设备	SAMSON C03U；SONY HDR-CX550；LOGITECH C930E
调查时间	2017 年 7 月 17 日—2017 年 7 月 28 日
调查地点	龙游县实验小学，龙游县万豪酒店

61 江山

发音合作人信息表

调查点	发音角色	姓名	性别	出生年月	文化程度	职业
江山	方言老男、口头文化	蔡秉洪	男	1954 年 1 月	小学	职工
	方言老女	祝文娟	女	1956 年 8 月	高中	自由职业者
	方言青男	张康	男	1989 年 10 月	中专	文艺工作者
	方言青女、口头文化	徐珺	女	1980 年 12 月	本科	基层干部
	口头文化	邓作友	男	1945 年 10 月	初中	地理先生
	口头文化	刘青青	女	1988 年 8 月	本科	基层干部

调查点及调查人信息表

调查点	江山
调查人	王洪钟，邢芬，李仪
协助调查者	陈丁亮，赵普义
调查设备	SAMSON C03U，SONY CX550E
调查时间	2015 年 7 月 25 日—2017 年 9 月 2 日
调查地点	江山市江山中学

62 常山

发音合作人信息表

调查点	发音角色	姓名	性别	出生年月	文化程度	职业
常山	方言老男、口头文化	王生根	男	1952 年 9 月	初中	职工
	方言老女、口头文化	占姣兰	女	1953 年 10 月	初中	职工
	方言青男	汪建荣	男	1983 年 4 月	本科	教师
	方言青女	彭莹	女	1984 年 9 月	本科	基层干部
	口头文化	陈土根	男	1945 年 6 月	初中	职工
	口头文化	曾令兵	男	1956 年 6 月	本科	自由职业者

调查点及调查人信息表

调查点	常山
调查人	黄沚青，王洪钟，戈光敏，陈容生
协助调查者	陈懿，范晨菲
调查设备	SAMSON C03U，SONY FDR-AX30，LOGITECH C930E
调查时间	2018 年 7 月 24 日—2018 年 8 月 10 日
调查地点	常山县常山育才小学

63 开化

发音合作人信息表

调查点	发音角色	姓名	性别	出生年月	文化程度	职业
开化	方言老男、口头文化	凌润初	男	1960 年 3 月	初中	职工
	方言老女	叶爱美	女	1963 年 7 月	高中	基层干部
	方言青男	叶校政	男	1983 年 12 月	中专	职工
	方言青女	汪娟	女	1983 年 1 月	高中	职工
	口头文化	夏启明	男	1957 年 4 月	中师	教师

调查点及调查人信息表

调查点	开化
调查人	王洪钟，戈光敏，王怡雯，宋六旬
协助调查者	郑磊，齐朝阳
调查设备	SAMSON C03U，SONY FDR-AX30，LOGITECH C930E
调查时间	2018 年 7 月 17 日—2018 年 7 月 30 日
调查地点	开化县第二中学

64 丽水

发音合作人信息表

调查点	发音角色	姓名	性别	出生年月	文化程度	职业
丽水	方言老男	何卫军	男	1956 年 3 月	中师	教师
	方言老女	叶旭霞	女	1960 年 5 月	本科	教师
	方言青男	汪剑锋	男	1987 年 9 月	本科	基层干部
	方言青女	张海云	女	1987 年 11 月	大专	基层干部
	口头文化	赵丽珍	女	1970 年 2 月	大专	基层干部
	口头文化	周丽君	女	1947 年 1 月	高中	基层干部
	口头文化	周佩君	女	1957 年 1 月	大专	基层干部

调查点及调查人信息表

调查点	丽水
调查人	雷艳萍，蒋婷婷，董晓英
协助调查者	陈久远
调查设备	SAMSON C03U，SONY FDR-AX40，LOGITECH C930E
调查时间	2016 年 5 月 1 日—2016 年 11 月 20 日
调查地点	丽水市云图文化传媒公司

65 青田

发音合作人信息表

调查点	发音角色	姓名	性别	出生年月	文化程度	职业
青田	方言老男	姚观遇	男	1961 年 11 月	高中	农民
	方言老女、口头文化	詹爱琴	女	1963 年 8 月	初中	农民
	方言青男	蒋顺恺	男	1989 年 12 月	本科	基层干部
	方言青女、口头文化	吴佩艳	女	1990 年 3 月	本科	教师
	口头文化	李雪静	女	1971 年 12 月	本科	教师
	口头文化	虞惠阳	男	1964 年 11 月	本科	教师
	口头文化	徐汉民	男	1958 年 7 月	大专	基层干部

调查点及调查人信息表

调查点	青田
调查人	王文胜，程朝，盛思文
协助调查者	徐绍来
调查设备	SAMSON C03U，SONY FDR-AX30，LOGITECH C930E
调查时间	2018 年 7 月 24 日—2018 年 8 月 10 日
调查地点	青田县教育局，青田县华侨中学

66 云和

发音合作人信息表

调查点	发音角色	姓名	性别	出生年月	文化程度	职业
云和	方言老男、口头文化	邱裕森	男	1952 年 9 月	初中	农民
	方言老女	赵美云	女	1961 年 8 月	高中	职工
	方言青男、口头文化	褚炜	男	1993 年 6 月	本科	造价员
	方言青女	陈晶	女	1991 年 1 月	本科	基层干部
	口头文化	赵美云	女	1961 年 8 月	高中	职工
	口头文化	宋李娟	女	1965 年 7 月	初中	农民
	口头文化	魏以南	男	1966 年 9 月	高中	工程师
	口头文化	梅素英	女	1958 年 12 月	高中	职工
	口头文化	林土清	男	1945 年 8 月	高小	农民

调查点及调查人信息表

调查点	云和
调查人	雷艳萍，蒋婷婷，董晓英，沈桂松，刘美娟
协助调查者	项菲
调查设备	SAMSON C03U，SONY FDR-AX40，LOGITECH C930E
调查时间	2017 年 7 月 10 日—2017 年 10 月 30 日
调查地点	云和县古坊小学

67 松阳

发音合作人信息表

调查点	发音角色	姓名	性别	出生年月	文化程度	职业
松阳	方言老男、口头文化	刘志宏	男	1963 年 9 月	大专	工商业者
	方言老女	余金秀	女	1962 年 8 月	初中	职工
	方言青男	叶啸	男	1985 年 9 月	本科	医生
	方言青女	叶乐影	女	1987 年 9 月	大专	医生
	口头文化	刘超英	女	1960 年 8 月	大专	主持人

调查点及调查人信息表

调查点	松阳
调查人	王文胜，程朝，窦林娟
协助调查者	胡志伟，尹颖，王跃，池积善
调查设备	SAMSON C03U，SONY FDR-AX30，LOGITECH C930E
调查时间	2017 年 7 月 29 日—2017 年 8 月 13 日
调查地点	丽水市松阳县西屏街道丽水学院幼儿师范学院，丽水市松阳县西屏街道天元名都大酒店

68 宣平

发音合作人信息表

调查点	发音角色	姓名	性别	出生年月	文化程度	职业
宣平	方言老男	何新海	男	1956 年 9 月	初中	农民
	方言老女	王玫玲	女	1962 年 11 月	高中	农民
	方言青男	马骏	男	1984 年 7 月	本科	教师
	方言青女	何欣	女	1987 年 3 月	本科	教师
	口头文化	叶卫平	男	1960 年 12 月	本科	教师
	口头文化	陈周鹤	男	1997 年 2 月	高中	学生
	口头文化	楼火木	男	1948 年 9 月	小学	木工
	口头文化	吴宣娇	女	1956 年 5 月	高中	职工

调查点及调查人信息表

调查点	宣平
调查人	雷艳萍，蒋婷婷，华国盛，陈缪
协助调查者	蓝寅剑
调查设备	SAMSON C03U，SONY FDR-AX40，LOGITECH C930E
调查时间	2018 年 7 月 16 日—2018 年 8 月 22 日
调查地点	武义县柳城畲族镇政府，浙江省武义县柳城小学

69 遂昌

发音合作人信息表

调查点	发音角色	姓名	性别	出生年月	文化程度	职业
遂昌	方言老男、口头文化	郭雄飞	男	1961 年 5 月	大专	教师
	方言老女	李桂飞	女	1951 年 7 月	初中	职工
	方言青男	江汇	男	1988 年 9 月	大专	职工
	方言青女、口头文化	应瑛	女	1981 年 11 月	本科	职工

调查点及调查人信息表

调查点	遂昌
调查人	王文胜，周倩倩，窦林娟
协助调查者	雷巧菁
调查设备	SAMSON C03U，SONY FDR-AX30，LOGITECH C930E
调查时间	2016 年 7 月 22 日—2016 年 8 月 3 日
调查地点	丽水市遂昌县妙高小学，丽水市遂昌县凯恩大酒店

70 龙泉

发音合作人信息表

调查点	发音角色	姓名	性别	出生年月	文化	职业
龙泉	方言老男	沈光寅	男	1949 年 4 月	小学	职工
	方言老女	吴俐伶	女	1961 年 12 月	高中	财会人员
	方言青男	俞鑫	男	1990 年 7 月	大专	职工

续表

调查点	发音角色	姓名	性别	出生年月	文化	职业
龙泉	方言青女	沈莉薇	女	1984 年 8 月	本科	职工
	口头文化	李文	男	1935 年 9 月	大专	教师
	口头文化	邱友松	男	1947 年 11 月	初中	基层干部

调查点及调查人信息表

调查点	龙泉
调查人	王洪钟，吴露露，孙家荣，王雪凝
协助调查者	钟小伟，李仪
调查设备	SAMSON C03U，SONY HDR-CX550
调查时间	2017 年 7 月 6 日—2017 年 7 月 16 日，同年 11 月 10 日—12 日补录
调查地点	龙泉市西新小学，龙泉市水南小学

71 景宁

发音合作人信息表

调查点	发音角色	姓名	性别	出生年月	文化程度	职业
景宁	方言老男、口头文化	洪卫东	男	1958 年 10 月	初中	农民
	方言老女、口头文化	梁平英	女	1962 年 7 月	初中	农民
	方言青男	陈赞文	男	1993 年 6 月	本科	职工
	方言青女	陈璇	女	1991 年 12 月	本科	职工
	口头文化	任传奎	男	1951 年 6 月	本科	教师

调查点及调查人信息表

调查点	景宁
调查人	蒋婷婷，雷艳萍，华国盛，陈缪
协助调查者	叶良
调查设备	SAMSON C03U，SONY FDR-AX40，LOGITECH C930E
调查时间	2018 年 7 月 25 日—2018 年 8 月 25 日
调查地点	景宁畲族自治县电视台，浙江省丽水市莲都小学

72 庆元

发音合作人信息表

调查点	发音角色	姓名	性别	出生年月	文化程度	职业
庆元	方言老男、口头文化	李成山	男	1951 年 12 月	小学	农民
	方言老女、口头文化	杨桂芬	女	1958 年 4 月	中师	教师
	方言青男	杨丽坤	男	1989 年 11 月	大专	职工
	方言青女	吴春芳	女	1981 年 7 月	大专	教师

调查点及调查人信息表

调查点	庆元
调查人	王文胜，陈瑜，窦林娟
协助调查者	杨申花
调查设备	SAMSON C03U，SONY FDR-AX30，LOGITECH C930E
调查时间	2016 年 7 月 5 日—2016 年 7 月 18 日
调查地点	丽水市庆元县城东小学，丽水市庆元县国际大酒店

73 泰顺

发音合作人信息表

调查点	发音角色	姓名	性别	出生年月	文化程度	职业
泰顺	方言老男、口头文化	卢亦挺	男	1948 年 12 月	本科	教师
	方言老女、口头文化	赖晓珍	女	1953 年 4 月	初中	职工
	方言青男	胡昌敏	男	1987 年 12 月	本科	职工
	方言青女、口头文化	魏杨	女	1985 年 4 月	本科	教师
	口头文化	林美春	男	1973 年 5 月	本科	教师

调查点及调查人信息表

调查点	泰顺
调查人	王文胜，李金燕，盛思文，程朝
协助调查者	陈修远
调查设备	SAMSON C03U，SONY FDR-AX30，LOGITECH C930E
调查时间	2019 年 7 月 3 日—2019 年 7 月 28 日
调查地点	温州市泰顺县罗阳镇泰顺中学，温州市泰顺县罗阳镇柏悦酒店

74 温州

调查点	发音角色	姓名	性别	出生年月	文化程度	职业
温州	方言老男、口头文化	潘亮	男	1947 年 1 月	中专	基层干部
	方言老女	徐兰琴	女	1961 年 8 月	初中	基层干部
	方言青男	郑重	男	1988 年 12 月	本科	学生
	方言青女	白瑶	女	1990 年 4 月	本科	职工
	口头文化	陈海娅	女	1975 年 1 月	中专	基层干部
	口头文化	金寿金	男	1941 年 5 月	初中	职工

调查点及调查人信息表

调查点	温州
调查人	蔡嵘，周艳
协助调查者	郑上忠
调查设备	SAMSON C03U，SONY FDR-AX30
调查时间	2015 年 8 月 2 日—2015 年 8 月 30 日
调查地点	温州市温州大学

75 永嘉

发音合作人信息表

调查点	发音角色	姓名	性别	出生年月	文化	职业
永嘉	方言老男	杜培飞	男	1953 年 12 月	小学	木工
	方言老女	孙秀姆	女	1954 年 6 月	中师	教师
	方言青男	叶疆明	男	1990 年 4 月	本科	基层干部
永嘉	方言青女	胡建晓	女	1982 年 5 月	本科	教师

调查点及调查人信息表

调查点	上塘
调查人	徐丽丽，王洁曼，吴晓菲
协助调查者	徐晓当，叶军海，李晓瑜
调查设备	SAMSON C03U，SONY FDR-AX30
调查时间	2017 年 6 月 25 日—2017 年 7 月 16 日
调查地点	永嘉县永嘉宾馆，永嘉职业中学

76 乐清

调查点	发音角色	姓名	性别	出生年月	文化程度	职业
乐清	方言老男、口头文化	周滇生	男	1949 年 9 月	大专	教师
	方言老女、口头文化	孔珊珊	女	1955 年 9 月	中专	播音员
	方言青男	李浩	男	1987 年 5 月	本科	主持人
	方言青女	李逸听	女	1988 年 7 月	本科	职工
	口头文化	陈其松	男	1930 年 6 月	文盲	农民

调查点及调查人信息表

调查点	乐清
调查人	蔡嵘，周艳
协助调查者	章明朗
调查设备	SAMSON C03U，SONY FDR-AX30
调查时间	2016 年 7 月 14 日—2016 年 8 月 1 日
调查地点	乐清市委党校

77 瑞安

发音合作人信息表

调查点	发音角色	姓名	性别	出生年月	文化	职业
瑞安	方言老男	徐金川	男	1959 年 5 月	小学	农民
	方言青男	许可	男	1985 年 9 月	本科	教师
	方言老女、口头文化	林爱棉	女	1957 年 6 月	小学	职工
	方言青女	管慧春	女	1990 年 1 月	本科	护士
	口头文化	夏锡桃	男	1957 年 8 月	文盲	工商业者
	口头文化	阮爱兰	女	1964 年 9 月	初中	文艺工作者

调查点及调查人信息表

调查点	瑞安
调查人	徐丽丽，金碧，吴晓菲
协助调查者	徐晓当
调查设备	SAMSON C03U，SNOY FDR-AX30
调查时间	2016 年 7 月 14 日—2016 年 10 月 7 日
调查地点	瑞安市集云实验学校

78 平阳

发音合作人信息表

调查点	发音角色	姓名	性别	出生年月	文化程度	职业
平阳	方言老男、口头文化	刘昌馀	男	1962 年 5 月	初中	职工
	方言老女	施世俊	男	1987 年 7 月	大专	职工
	方言青男	王爱华	女	1958 年 6 月	初中	职工
	方言青女	叶茜茜	女	1988 年 4 月	本科	教师
	口头文化	叶来旺	男	1950 年 11 月	初中	文艺工作者
	口头文化	胡玉燕	女	1964 年 3 月	初中	文艺工作者
	口头文化	陈斌	男	1962 年 10 月	本科	基层干部

调查点及调查人信息表

调查点	平阳
调查人	孙宜志
协助调查者	程平姬，林丹丹
调查设备	SAMSON CO3U，SONY HDR-PJ670，LOGITECH C930E
调查时间	2017 年 8 月 6 日—2017 年 8 月 20 日
调查地点	浙江省温州市平阳县昆阳镇第一小学

79 文成

发音合作人信息表

调查点	发音角色	姓名	性别	出生年月	文化程度	职业
文成	方言老男、口头文化	周安定	男	1953 年 11 月	小学	职工
	方言老女、口头文化	赵凤柳	女	1960 年 8 月	高中	职工
	方言青男	吴朝杰	男	1987 年 12 月	研究生	教师
	方言青女	金丽春	女	1986 年 1 月	本科	教师
	口头文化	季慧聪	女	1977 年 7 月	高中	基层干部
	口头文化	赵玲玲	女	1971 年 4 月	初中	工商业者

调查点及调查人信息表

调查点	文成
调查人	孙宜志，林丹丹，何月
协助调查者	胡国栋，陈学峰
调查设备	SAMSON CO3U
调查时间	2018 年 8 月 1 日—2018 年 8 月 15 日
调查地点	浙江省温州市文成县大峃镇

80 苍南

发音合作人信息表

调查点	发音角色	姓名	性别	出生年月	文化	职业
苍南	方言老男	陈舜远	男	1958 年 9 月	大专	教师
	方言老女	周美凤	女	1955 年 7 月	中专	教师
	方言青男	黄康定	男	1991 年 5 月	本科	职工
	方言青女	周雯雯	女	1991 年 5 月	大专	外贸业务员
	口头文化	黄兴安	男	1964 年 6 月	初中	手艺人

调查点及调查人信息表

调查点	苍南
调查人	徐丽丽，王洁曼，金碧，吴晓菲
协助调查者	徐晓当，杨守铭
调查设备	SAMSON C03U，SNOY FDR-AX30
调查时间	2018 年 7 月 16 日—2018 年 10 月 7 日
调查地点	苍南县职业中等专业学校

81 建德徽

发音合作人信息表

调查点	发音角色	姓名	性别	出生年月	文化程度	职业
建德	方言老男	胡尚武	男	1942 年 12 月	小学	职工
	方言老女	胡蔼云	女	1948 年 9 月	高中	教师
	方言青男	丁勋	男	1980 年 11 月	本科	教师
	方言青女	唐春燕	女	1979 年 1 月	本科	教师
	口头文化	胡蔼云	女	1948 年 9 月	高中	教师

调查点及调查人信息表

调查点	建德
调查人	黄晓东，张薇，肖潇，吴露露，支亦丹
协助调查者	陈利群
调查设备	SAMSON C03U，SONY HDR-CX700E
调查时间	2015 年 7 月 16 日—2015 年 9 月 10 日
调查地点	建德市梅城镇

82 寿昌徽

发音合作人信息表

调查点	发音角色	姓名	性别	出生年月	文化程度	职业
建德寿昌	方言老男、口头文化	邓双林	男	1951 年 5 月	小学	职工
	方言青男	林子傑	男	1992 年 10 月	本科	教师
	方言老女、口头文化	邵素云	女	1963 年 3 月	初中	职工
	方言青女	占金雅	女	1990 年 11 月	大专	自由职业者
	口头文化	邵素娥	女	1965 年 10 月	初中	工商业者

调查点及调查人信息表

调查点	寿昌
调查人	王文胜，程朝，盛思文，那日松
协助调查者	乐先珽
调查设备	SAMSON C03U，SONY FDR-AX30，LOGITECH C930E
调查时间	2018 年 7 月 8 日—2018 年 7 月 23 日
调查地点	建德市寿昌第一小学，建德市新安江中学

83 淳安徽

发音合作人信息表

调查点	发音角色	姓名	性别	出生年月	文化程度	职业
淳安	方言老男、口头文化	应陶明	男	1950 年 3 月	初中	基层干部
	方言老女	邵梅娇	女	1951 年 11 月	初中	职工
	方言青男	任蔚江	男	1988 年 9 月	本科	基层干部
	方言青女	徐敏燕	女	1975 年 5 月	高中	工商业者
	口头文化	胡小马	男	1954 年 9 月	高中	农民

调查点及调查人信息表

调查点	淳安
调查人	黄晓东，张薇
协助调查者	刘勇
调查设备	SAMSON C03U，SONY HDR-CX700E
调查时间	2017 年 7 月 1 日—2017 年 8 月 10 日
调查地点	淳安县千岛湖丽景度假酒店

84 遂安徽

发音合作人信息表

调查点	发音角色	姓名	性别	出生年月	文化程度	职业
遂安	方言老男	毛立忠	男	1962 年 2 月	高中	职工
	方言老女	沈娟妹	女	1957 年 5 月	小学	无
	方言青男	刘英俊	男	1986 年 1 月	高中	职工
	方言青女、口头文化	李雯钰	女	1983 年 7 月	大专	基层干部
	口头文化	徐姣娉	女	1998 年 12 月	本科	学生

调查点及调查人信息表

调查点	遂安
调查人	许巧枝，徐梦菲，谢娇娇，魏振国
协助调查者	徐兰花，汪洋
调查设备	SAMSON C03U，SONY FDR-AX45
调查时间	2019 年 7 月 9 日—2019 年 8 月 2 日
调查地点	遂安姜家镇中心小学

85 苍南闽

发音合作人信息表

调查点	发音角色	姓名	性别	出生年月	文化程度	职业
苍南闽	方言老男、口头文化	宋显炸	男	1960 年 10 月	小学	农民
	方言老女	杨玉辉	女	1956 年 11 月	小学	农民
	方言青男、口头文化	黄节安	男	1984 年 12 月	本科	自由职业者
	方言青女、口头文化	周小春	女	1985 年 12 月	大专	工商业者
	口头文化	赖陈香	女	1950 年 8 月	文盲	自由职业者

调查点及调查人信息表

调查点	苍南
调查人	孙宜志，何月，沈娅玲
协助调查者	杨守铭
调查设备	SAMSON CO3U
调查时间	2019 年 7 月 10 日—2019 年 7 月 20 日
调查地点	温州市苍南县灵溪镇苍南第三中学

86 泰顺[闽]

发音合作人信息表

调查点	发音角色	姓名	性别	出生年月	文化程度	职业
泰顺[闽]	方言老男、口头文化	董直善	男	1963 年 12 月	高中	基层干部
	方言老女、口头文化	包旺旭	女	1958 年 9 月	中专	教师
	方言青男、口头文化	张亚凤	男	1987 年 5 月	中专	教师
	方言青女、口头文化	赖淑楠	女	1991 年 1 月	中专	教师

调查点及调查人信息表

调查点	泰顺
调查人	李建校，盛思文
协助调查者	陈修远
调查设备	SAMSON C03U，SONY FDR-AX30，LOGITECH C930E
调查时间	2019 年 7 月 3 日—2019 年 7 月 28 日
调查地点	温州市泰顺县罗阳镇泰顺中学；温州市泰顺县罗阳镇柏悦酒店

87 洞头[闽]

发音合作人信息表

调查点	发音角色	姓名	性别	出生年月	文化程度	职业
洞头[闽]	方言老男、口头文化	林忠营	男	1958 年 8 月	高中	基层干部
	方言老女、口头文化	陈爱雪	女	1963 年 2 月	小学	农民
	方言青男、口头文化	韩一剑	男	1991 年 8 月	大学	职工
	方言青女、口头文化	林姿婷	女	1985 年 11 月	高中	职工

调查点及调查人信息表

调查点	洞头
调查人	孙宜志，何月，沈娅玲
协助调查者	林攀树，陈松财，陈旭东
调查设备	SAMSON CO3U
调查时间	2019 年 7 月 21 日—2019 年 7 月 31 日
调查地点	温州市洞头区北岙街道实验中学

88 景宁畲

调查点	发音角色	姓名	性别	出生年月	文化程度	职业
景宁畲	方言老男	雷松林	男	1950 年 9 月	中专	教师
	方言老女	雷桂契	女	1960 年 4 月	初中	农民
	方言青男	蓝旭忠	男	1980 年 7 月	本科	教师
	方言青女	雷晓英	女	1984 年 6 月	本科	教师
	口头文化	蓝木昌	男	1958 年 8 月	小学	农民
	口头文化	蓝仙兰	女	1963 年 10 月	小学	文艺工作者

调查点及调查人信息表

调查点	景宁
调查人	刘力坚，施佳红，陈礼梅
协助调查者	雷艳萍
调查设备	SAMSON C03U；SONYFDR-AX30；LOGITECH C930E
调查时间	2015 年 1 月 24 日—2016 年 8 月 10 日
调查地点	景宁鹤溪镇；东弄村等

附录二　方言点及撰稿人信息一览表

序号	方言点	地级市	方言区	方言片	方言小片	撰稿人	单位
01	杭州	杭州	吴语	太湖	杭州	王文胜	浙江师范大学
02	嘉兴	嘉兴	吴语	太湖	苏嘉湖	孙宜志	杭州师范大学
03	嘉善	嘉兴	吴语	太湖	苏嘉湖	徐越	杭州师范大学
04	平湖	嘉兴	吴语	太湖	苏嘉湖	张薇	杭州师范大学
05	海盐	嘉兴	吴语	太湖	苏嘉湖	张薇	杭州师范大学
06	海宁	嘉兴	吴语	太湖	苏嘉湖	徐越	杭州师范大学
07	桐乡	嘉兴	吴语	太湖	苏嘉湖	张薇	杭州师范大学
08	崇德	嘉兴	吴语	太湖	苏嘉湖	张薇	杭州师范大学
09	湖州	湖州	吴语	太湖	苏嘉湖	徐越	杭州师范大学
10	德清	湖州	吴语	太湖	苏嘉湖	徐越	杭州师范大学
11	武康	湖州	吴语	太湖	苏嘉湖	徐越	杭州师范大学
12	安吉	湖州	吴语	太湖	苏嘉湖	赵翠阳 叶晗	浙江科技学院
13	孝丰	湖州	吴语	太湖	苏嘉湖	叶晗 赵翠阳	浙江科技学院
14	长兴	湖州	吴语	太湖	苏嘉湖	赵翠阳 叶晗	浙江科技学院
15	余杭	杭州	吴语	太湖	苏嘉湖	徐越	杭州师范大学
16	临安	杭州	吴语	太湖	临绍	徐越	杭州师范大学
17	昌化	杭州	吴语	太湖	临绍	赵翠阳	浙江科技学院
18	於潜	杭州	吴语	太湖	临绍	胡云晚 程永艳	浙江科技学院
19	萧山	杭州	吴语	太湖	临绍	孙宜志	杭州师范大学
20	富阳	杭州	吴语	太湖	临绍	吴众	浙江科技学院
21	新登	杭州	吴语	太湖	临绍	吴众	浙江科技学院
22	桐庐	杭州	吴语	太湖	临绍	孙宜志	杭州师范大学
23	分水	杭州	吴语	太湖	临绍	许巧枝	湖州师范学院

续表

序号	方言点	地级市	方言区	方言片	方言小片	撰稿人	单位
24	绍兴	绍兴	吴语	太湖	临绍	施俊	绍兴文理学院
25	上虞	绍兴	吴语	太湖	临绍	肖萍	宁波大学
26	嵊州	绍兴	吴语	太湖	临绍	施俊	绍兴文理学院
27	新昌	绍兴	吴语	太湖	临绍	施俊	绍兴文理学院
28	诸暨	绍兴	吴语	太湖	临绍	孙宜志	杭州师范大学
29	慈溪	宁波	吴语	太湖	临绍	肖萍	宁波大学
30	余姚	宁波	吴语	太湖	临绍	肖萍	宁波大学
31	宁波	宁波	吴语	太湖	甬江	肖萍	宁波大学
32	镇海	宁波	吴语	太湖	甬江	肖萍	宁波大学
33	奉化	宁波	吴语	太湖	甬江	肖萍	宁波大学
34	宁海	宁波	吴语	太湖	甬江	肖萍	宁波大学
35	象山	宁波	吴语	太湖	甬江	肖萍	宁波大学
36	普陀	舟山	吴语	太湖	甬江	王文胜	浙江师范大学
37	定海	舟山	吴语	太湖	甬江	徐波	浙江海洋大学
38	岱山	舟山	吴语	太湖	甬江	徐波	浙江海洋大学
39	嵊泗	舟山	吴语	太湖	甬江	陈筱婀	舟山市普陀区商务局
40	临海	台州	吴语	台州		丁薇 卢笑予	宁波大学 北京师范大学
41	椒江	台州	吴语	台州		阮咏梅	宁波大学
42	黄岩	台州	吴语	台州		阮咏梅	宁波大学
43	温岭	台州	吴语	台州		阮咏梅	宁波大学
44	仙居	台州	吴语	台州		黄晓东	北京语言大学
45	天台	台州	吴语	台州		肖萍 丁薇	宁波大学
46	三门	台州	吴语	台州		赵翠阳 叶晗	浙江科技学院
47	玉环	台州	吴语	台州		阮咏梅	宁波大学
48	金华	金华	吴语	金衢		黄晓东	北京语言大学
49	汤溪	金华	吴语	金衢		宋六旬	嘉兴学院
50	兰溪	金华	吴语	金衢		吴众	浙江科技学院

续表

序号	方言点	地级市	方言区	方言片	方言小片	撰稿人	单位
51	浦江	金华	吴语	金衢		黄晓东	北京语言大学
52	义乌	金华	吴语	金衢		施俊	绍兴文理学院
53	东阳	金华	吴语	金衢		刘力坚	浙江师范大学
54	永康	金华	吴语	金衢		吴众 程永艳	浙江科技学院
55	武义	金华	吴语	金衢		吴众 叶晗	浙江科技学院
56	磐安	金华	吴语	金衢		雷艳萍	丽水学院
57	缙云	丽水	吴语	金衢		吴众 程永艳	浙江科技学院
58	衢州	衢州	吴语	金衢		王洪钟	浙江师范大学
59	衢江	衢州	吴语	金衢		王洪钟	浙江师范大学
60	龙游	衢州	吴语	金衢		王洪钟	浙江师范大学
61	江山	衢州	吴语	上丽	上山	王洪钟	浙江师范大学
62	常山	衢州	吴语	上丽	上山	黄沚青	浙江师范大学
63	开化	衢州	吴语	上丽	上山	王洪钟	浙江师范大学
64	丽水	丽水	吴语	上丽	丽水	雷艳萍	丽水学院
65	青田	丽水	吴语	上丽	丽水	王文胜	浙江师范大学
66	云和	丽水	吴语	上丽	丽水	雷艳萍	丽水学院
67	松阳	丽水	吴语	上丽	丽水	王文胜	浙江师范大学
68	宣平	金华	吴语	上丽	丽水	雷艳萍	丽水学院
69	遂昌	丽水	吴语	上丽	丽水	王文胜	浙江师范大学
70	龙泉	丽水	吴语	上丽	丽水	王洪钟	浙江师范大学
71	景宁	丽水	吴语	上丽	丽水	雷艳萍 蒋婷婷	丽水学院
72	庆元	丽水	吴语	上丽	丽水	王文胜	浙江师范大学
73	泰顺	丽水	吴语	上丽	丽水	王文胜	浙江师范大学
74	温州	温州	吴语	瓯江		蔡嵘	温州大学
75	永嘉	温州	吴语	瓯江		徐丽丽	温州大学
76	乐清	温州	吴语	瓯江		蔡嵘	温州大学
77	瑞安	温州	吴语	瓯江		徐丽丽	温州大学

续表

序号	方言点	地级市	方言区	方言片	方言小片	撰稿人	单位
78	平阳	温州	吴语	瓯江		孙宜志	杭州师范大学
79	文成	温州	吴语	瓯江		孙宜志	杭州师范大学
80	苍南	温州	吴语	瓯江		徐丽丽	温州大学
81	建德徽	杭州	徽语	严州		黄晓东	北京语言大学
82	寿昌徽	杭州	徽语	严州		程朝	浙江师范大学
83	淳安徽	杭州	徽语	严州		黄晓东	北京语言大学
84	遂安徽	杭州	徽语	严州		许巧枝	湖州师范学院
85	苍南闽	温州	闽语	闽南		孙宜志	杭州师范大学
86	泰顺闽	温州	闽语	闽东		李建校	曲阜师范大学
87	洞头闽	温州	闽语	闽南		孙宜志	杭州师范大学
88	景宁畲	丽水	畲话			刘力坚	浙江师范大学

后　记

　　浙江省从 2015 年年初开始试点实施中国语言资源保护工程项目，前后历时 5 年，完成了全省 88 个汉语方言点的调查任务，其中国家规划的方言点 77 个，浙江省自筹经费增加的旧县方言点 11 个，由此积累了非常丰富而宝贵的方言语料。关于方言资源的开发和利用，省语委办和省教育厅于 2016 年开始谋划，先后组织高校方言专家及出版编辑人员进行专题研讨，于 2018 年年底正式推出了"浙江方言资源典藏"丛书首批 16 部，开启了阅读并聆听浙江乡音的崭新模式。

　　根据教育部办公厅的统一部署，随着语保工程一期的陆续收官，从 2019 年起，作为语保工程标志性成果的"中国语言资源集·浙江"的编纂成为浙江语保团队的工作重点。2020 年 2 月，浙江省语委办下发《关于启动 < 中国语言资源集·浙江卷 > 编写工作的通知》，明确了组织架构，设立了编写课题，省语委办朱鸿飞同志任编委会主任，王洪钟、黄晓东、叶晗、孙宜志任主编，各调查点的负责专家任编委。随后，主编团队根据《中国语言资源集 (分省) 编写出版规范》开列了需交材料与文稿清单，初步拟定了体例规范及编写样例。2020 年 6 月初，"中国语言资源集·浙江 (样稿)"通过了中期验收。

　　2020 年 12 月，在汇齐全部语料的基础上，根据中期验收反馈意见，主编团队编成"中国语言资源集·浙江 (初稿)"9 册，在浙江义乌接受了项目预验收，曹志耘、顾黔、陶寰、汪国胜、严修鸿 5 位专家分头进行了严谨细致的审阅，指出存在的主要问题是：缺少卷首总体概述，体例用字不一致，内容详略不均衡。同时，专家组也提出了修改指导建议：准确性应优先于一致性，根据浙江方言的具体情况进行必要的体例创新。

　　2021 年 3 月，在预验收意见的基础上，王洪钟起草了语音、词汇、语法各卷的校对意见，重点规范字词注释的体例、词汇语法的用字、音标与符号的格式等；黄晓东拟定了方音样本及口头文化样本，重点规范章节构成、资料来源及体例格式等。校对意见和样本经主编团队讨论修订后，由编委们开展新一轮修改。2021年8月，在各点修改稿的基础上，王洪钟与黄晓东重新编纂形成了"中国语言资源集·浙江（修订稿）"各卷，初步解决了用字不统一、体例不规范、内容有缺漏等问题。

为进一步提高书稿质量，尽可能减少差错与分歧，主编团队酝酿召开若干场编委定稿会，按方言片区的不同，编委分批参与，就同一套纸质书稿从头通读到尾，通过前后左右的相互比照，检视彼此尚存的差错与分歧，以现场讨论的方式解决问题并记录在册，最后由主编集中定稿，由于疫情，这个设想始终没能等到合适的时机来实现。2021年11月，主编团队决定放弃会议形式的定稿过程，改为先由编委各自校对修订稿电子版，再由主编汇总校对意见后讨论定稿的形式。定稿阶段主编们进一步明确了分工：王洪钟负责语音卷（字音对照）及词汇卷，执笔撰写全书后记；黄晓东负责语音卷（各地方音）及口头文化卷；叶晗负责沟通国家语保中心和省语委办，对接出版社；孙宜志负责语法卷，执笔撰写全书序，落实调查点分布图。当然，这只是大致的分工，实际上编纂过程中团队经常进行互校和讨论。另外，王文胜、雷艳萍、肖萍、阮咏梅、张薇等老师也参与了部分审校工作。

2022年3月底，语音卷、词汇卷定稿交付出版社；5月底，语法卷、口头文化卷定稿交付出版社。浙江大学出版社极其重视资源集的出版，早在浙江语保工程启动的次年，出版社的专家就加入了浙江语保团队，提前参与筹划浙江语保成果的编辑出版。收到定稿后，出版社迅即组织精兵强将，精心分解编校任务，详细制定进度日程。进入8月，出版社编辑与编写团队之间开始了更为频繁的互动，通过线上线下的统稿会及微信、邮件等方式进行密集交流，解决书稿中一字一符的准确性、规范性、一致性问题。

在书稿即将付梓的时刻，蓦然回首，我辈学人居然已在浙江语保的旗下时聚时散、不离不弃地一路同行了七八个寒暑！多少青丝染上了霜雪，几多"语宝"已呱呱而生。如今即将修成正果，我们的心中不由涌起万千感慨。这一刻，我们首先要感谢省语委办、省教育厅对浙江语保工程的高度重视和大力支持，尤其要真诚地感谢浙江资源集编写项目负责人朱鸿飞同志，他不仅对前期的科学编纂进行了周密部署，而且为后期的顺利出版付出了大量心血。同时，我们也很想跟此前主事的李斌同志分享我们的喜悦，传递我们的感念，感谢他主事期间为浙江语保所创设的良好开端与长远规划。我们还要感谢各地教育局语委系统为语保工程的宣传发动、发音人的征召遴选、摄录场地的挑选落实等工作所付出的努力，感谢省内各高校的通力合作，感谢志愿协助调查与摄录的各高校师生，感谢各地发音人不畏酷暑、不厌其烦地接受调查与咨询，感谢浙江科技学院语保团队在会务组织、对外宣传、出版联络等方面做出的诸多贡献。尤其需要感谢浙江科技学院房纪东老师，他为整个浙江语保团队做了大量后勤保障工作，是浙江语保的幕后英雄。

本书的调查研究得到了中国语言资源保护工程专项资金的资助，成果出版得到了浙江省财政的资助，谨此致谢。同时，感谢教育部语信司和中国语言资源保护研究中心的诸位专家、历次检查验收的众位省外方家所给予的指导和帮助，感谢顾黔教授在担任浙江语保首席专家期间对我们团队的悉心指教与热情鼓励，尤其感谢曹志耘教授在浙江语保的各个关键节点所给予的特别关注与倾力指引，感谢浙江大学出版社，特别是包灵灵老师、陆雅娟老师等编辑的鼎力支持与紧密合作。她们的专业水准和敬业精神令人感佩！

浙江方言的多样性与差异性超乎想象，本书编写者的学术背景与研究风格又各不相同，各方言点之间的材料就难免参差不齐。我们虽时时想做统一的"格式化"处理，但每每喟叹自身学养与水平太过有限，率尔操觚的结果必然是牵一发而动全身，以致最后顾此失彼甚挂一漏万。因此，我们仅在尊重调查者原稿及发音人原始录音的前提下做了有限的修改与补正，书中有待商榷及错谬缺漏之处定然不少，敬请各位读者不吝指教。

身处时间空距离缩小、边界模糊或消失的信息时代，各地方言的存亡去留格外令人揪心。浙江境内的方言丰富而复杂，每一种方言都是一条自古至今流淌不息的溪流，每一滴溪水里都蕴含着特定时空里的历史文化信息。

在这样一个全球化的时空节点，我们以统一的规格，掬起一瓢瓢浙江大地上的方言之水善加保存，或许它们只是终将逝去的几滴乡愁之泪，但就我们这一代方言学人而言，这何尝不是一种致敬母语的深情回馈？

是为记。

编委

2020 年 3 月 31 日